Mischw	Mischwald
Mon	Monat
N, N-	Norden, Nord-
Na	Nahrung
Nadelw	Nadelwald
n. Br.	nördliche Breite
nördl.	nördlich
O	Ober-
O, O-	Osten, Ost-
od.	oder
ö. L.	östliche Länge
Pal, pal	Paläarktis, paläarktisch
S	Seite, Seite-
S, S-	Süden, Süd-
sec	Sekunde
Std.	Stunde
südl.	südlich
Tg	Tag
Trop, trop	Tropen, tropisch
Tst	Taster
U	Unter-
u.	und
u. U.	unter Umständen
V.	Verbreitung
V	Vorder-
vgl.	vergleiche
vor. Art	vorige Art
W, W-	Westen, West-
westl.	westlich
Wo	Wochen
z. B.	zum Beispiel
z. T.	zum Teil
♂	männlich, Männchen
♀	weiblich, Weibchen
±	mehr od. weniger
–	bis
I–XII	Januar bis Dezember
∅	Durchmesser
∇	geschützte Art

Exkursionsfauna
von Deutschland

Band 1
Wirbellose

Exkursionsfauna

von Deutschland

Band 1
Wirbellose (ohne Insekten)

Begründet von Prof. Dr. Erwin Stresemann †
Weitergeführt von Prof. Dr. Hans-Joachim Hannemann,
Prof. Dr. Bernhard Klausnitzer
und Prof. Dr. Konrad Senglaub

Volk und Wissen Verlag GmbH Berlin 1992

Die erste bis siebente Auflage erschien unter der Titelnummer 01 25 07; sie wurde bearbeitet von: Dr. Wolfgang Crome (Schlüssel der Hauptgruppen, *Pentastomida, Tardigrada, Arachnida, Pantopoda, Myriapoda*), Prof. Dr. Kurt Deckert *(Acrania)*, Prof. Dr. Horst Füller *(Coelenterata, Annelida)*, Prof. Dr. Hans-Eckhard Gruner *(Crustacea, Echinodermata, Chaetognatha, Tunicata)*, Dr. Gerhard Hartwich *(Priapulida, Plathelminthes, Sipunculida, Echiurida)*, Prof. Dr. Siegfried H. Jaeckel *(Porifera, Kamptozoa, Nemertini, Mollusca, Tentaculata)*, Dr. Brigitte Löliger-Müller *(Nemathelminthes)*.

Autoren der neuen Ausgabe (Titelnummer 01 25 33):
Prof. Dr. Kurt Deckert (†), Kallinchen *(Acrania)*, Prof. Dr. Hans-Eckhard Gruner, Berlin *(Crustacea, Echinodermata, Chaetognatha, Tunicata)*, Prof. Dr. Hans-Joachim Hannemann, Berlin (Hinweise für den Gebrauch des 1. Bandes, Schlüssel der Hauptgruppen), Dr. Gerhard Hartwich, Berlin *(Kamptozoa, Priapulida, Nemathelminthes, Plathelminthes, Nemertini, Sipunculida, Echiurida, Annelida)*, Dr. Dr. Jürgen H. Jungbluth, Neckarsteinach (*Mollusca*, z. T.), Prof. Dr. Rudolf Kilias, Berlin (*Mollusca*, z. T., *Tentaculata*), Prof. Dr. Bernhard Klausnitzer, Dresden (*Mollusca*, z. T.), Dr. Dietrich von Knorre, Jena (*Mollusca*, z. T.), Dr. Dietrich Kühlmann, Berlin *(Porifera, Cnidaria, Ctenophora)*, Dr. Manfred Moritz, Berlin *(Pentastomida, Tardigrada, Arachnida, Pantopoda)*, Prof. Dr. Konrad Senglaub, Berlin (Benennung der Tiere, System der Tiere), Dr. Karin Voigtländer, Görlitz *(Myriapoda)*, Dr. Ruth Wegelin, Leipzig *(Protozoa)*.

Exkursionsfauna von Deutschland / begr. v. Erwin Stresemann. Weitergef. von Hans-Joachim Hannemann, Bernhard Klausnitzer u. Konrad Senglaub. – Berlin: Volk u. Wissen
Bd. 1. Wirbellose (ohne Insekten). – 8. Aufl. – 1992. – 638 S. : Ill.
NE: Stresemann, Erwin [Hrsg.]

ISBN 3-06-012558-9 (f. d. Gesamtw.)
ISBN 3-06-012533-3

8. Auflage

Printed in Germany
Satz und Druck: INTERDRUCK Leipzig GmbH
Redaktion: Klaus Heinzel
Illustrationen: Hans-Joachim Behrendt, Hans-Jürgen Ehricht, Brigitte Mehle
Einband: Werner Fahr
Typographische Gestaltung: Wolfgang Lorenz, Torsten Lemme

Inhalt

Vorwort 7

Benennung der Tiere 9

Hinweise für den Gebrauch des 1. Bandes 11

Das System der Tiere 14

Schlüssel der Hauptgruppen 17

Protozoa – **Urtiere** 32

Porifera – **Schwämme** 40

Cnidaria – **Nesseltiere** 46

Ctenophora – **Rippenquallen** 78

Plathelminthes – **Plattwürmer** 80

Nemertini – **Schnurwürmer** 103

Entoprocta – **Kelchwürmer** 106

Nemathelminthes – **Schlauchwürmer, Rundwürmer** 108

Priapulidae – **Priapswürmer** 139

Mollusca – **Weichtiere** 141

Sipunculida – **Sipunkuliden** 320

Echiurida – **Igelwürmer** 322

Annelida – **Ringelwürmer** 324

Tardigrada – **Bärtierchen** 380

Pentastomida – **Zungenwürmer** 382

Pantopoda – **Asselspinnen** 384

Arachnida – **Spinnentiere** 386

Crustacea – **Krebse** 481

Myriapoda – **Vielfüßer, Tausendfüßer** 544

Tentaculata – **Kranzfühler** 567

Chaetognatha – **Pfeilwürmer** 598

Echinodermata – **Stachelhäuter** 600

Tunicata – **Manteltiere** 608

Acrania – **Schädellose** 615

Register 617

Abbildungsnachweis 635

Vorwort

Die von Prof. Dr. ERWIN STRESEMANN begründete „Exkursions-Fauna" umfaßt neben dem vorliegenden Band „Wirbellose 1" den aus zwei Halbbänden bestehenden und ausschließlich den Insekten gewidmeten Band 2 sowie Band 3, der die Wirbeltiere behandelt.
Der Band „Wirbellose 1" erschien in 1. Auflage 1957. Es folgten danach mehrere Auflagen, in denen aus verschiedenen Gründen nur die allernotwendigsten Veränderungen und Korrekturen vorgenommen werden konnten. Nunmehr legen die Autoren eine stark bearbeitete Neuauflage vor, die all das zu berücksichtigen sucht, was an praktischen Erfahrungen bei der Benutzung des Buches gesammelt wurde, und die dem gewachsenen Kenntnisstand und veränderten Sachverhalten gerecht wird. Denjenigen, die mit Ratschlägen und Hinweisen zur Verbesserung dieses Bestimmungswerkes beitrugen, sei an dieser Stelle sehr herzlich gedankt.
Wie Prof. Dr. ERWIN STRESEMANN sind auch die Autoren Dr. WOLFGANG CROME, Prof. Dr. K. DECKERT und Prof. Dr. SIEGFRIED H. JAECKEL nicht mehr am Leben. Neue Autoren wurden gewonnen, denen wir für ihre Bereitschaft und ihr starkes Engagement ebenso danken möchten wie denen, die ihre Kenntnisse und Erfahrungen wiederum bereitwillig in den Dienst der Sache stellten. Große Abschnitte des Bandes wurden völlig neu bearbeitet, alle Abbildungen neu geschaffen, und in der Ausstattung wurde der Band den übrigen, schon in stark bearbeiteten Neuauflagen vorliegenden Bänden angeglichen.
Die Benutzung der „Exkursionsfauna" soll ermöglichen, auf möglichst einfachen Wegen, die auch Bestimmungen im Gelände gestatten, zum jeweils richtigen Bestimmungsergebnis zu kommen, wobei in der Regel eine zehnfach vergrößernde Lupe als einziges optisches Hilfsmittel genügt. In den Bestimmungsschlüsseln wird auf Merkmale, die eine Zerlegung der Objekte oder spezielle Präparationstechniken voraussetzen, verzichtet. Tiergruppen von sehr geringer Körpergröße, die nur mikroskopisch erfolgversprechend zu bestimmen sind, wurden der Vollständigkeit und allgemeinen Informationen wegen mit aufgenommen (z. B. *Protozoa, Rotatoria, Gastrotricha, Tardigrada*) und ihre körperlichen und biologischen Gruppenmerkmale beschrieben. Nur dort, wo es sinnvoll erschien, schließt sich ein Schlüssel an, der zu Untergruppen oder Artbeispielen führt. Trotz der großen Anzahl der in diesem Band zu behandelnden Tierformen wurde auf knappe, informative Angaben zur Gestalt, zur Biologie, zu den Lebensstätten und zur Verbreitung Wert gelegt.
Als einziger Band der „Exkursionsfauna" enthält der vorliegende einen „Schlüssel der Hauptgruppen" für alle Formengruppen des Tierreiches, die in Deutschland vorkommen. Der zoologisch erfahrene Benutzer wird auf diesen Schlüssel, der nicht leicht zu entwickeln war, verzichten können, aber dem weniger erfahre-

nen dürfte er in vielen Fällen von Nutzen sein. Der Hauptschlüssel wurde in 5 Schlüssel untergliedert, die nunmehr eine besser überschaubare Anzahl von Merkmalspaaren enthalten. Die Anzahl der Abbildungen wurde erhöht, um die im Text genannten wesentlichen Merkmale durch eine Abbildung zu ergänzen. Solche Abbildungen sind oft aussagekräftiger als verbale Erläuterungen und veranlassen die Benutzer zum sorgfältigen Beobachten.

Den Mitarbeitern des Verlages, vor allem Herrn KLAUS HEINZEL, sind wir für die sachkundige, alle schwierigen Situationen meisternde Hilfe und die ausgezeichnete Zusammenarbeit dankbar.

Möge auch dieser Band der „Exkursionsfauna“ weiter dazu beitragen, die Anzahl der an der heimischen Tierwelt Interessierten zu mehren und all denen eine Hilfe zu sein, für die die exakte Bestimmung der Art unabdingbar ist, um weitere Informationen zu erschließen oder Zusammenhängen nachzugehen.

Berlin, 1992

K. Senglaub
H.-J. Hannemann
B. Klausnitzer

Benennung der Tiere

Tiere, die sich in der freien Natur miteinander paaren und fruchtbare Nachkommen hervorbringen, gehören der gleichen Art an. Arten sind folglich Fortpflanzungsgemeinschaften, sie besitzen einen gemeinsamen Bestand an Erbanlagen (Artgenom). Jedes Einzeltier bezieht sein individuelles Genom aus diesem Bestand und trägt durch eigene Reproduktion zu dessen Erhalt bei. Fortpflanzungsmäßig sind Arten voneinander isoliert, und eine Durchbrechung dieser Schranken kommt in der Natur nur sehr selten vor (Bastardierung). Arten haben sich auf langem historischem Weg an ihre Umwelt angepaßt, und das ständige Eindringen fremder Erbanlagen würde eingespielte Beziehungen stören.
Der Erbanlagenbestand einer Art ist in gewissen Grenzen variabel, somit bestehen individuelle Unterschiede. Aber die Zugehörigkeit eines Individuums zu einer bestimmten Art läßt sich in den allermeisten Fällen an Hand morphologischer Merkmale erschließen. Darauf bauen Bestimmungsbücher, wie das vorliegende, auf. Der alte „typologische" Artbegriff sah in der morphologischen Übereinstimmung das Wesen der Art, was falsch ist und beispielsweise dazu führte, abweichenden Varianten oder lokalen Gruppierungen Artstatus zuzuerkennen. Für den neuzeitlichen „biologischen" Artbegriff ist die morphologische Ähnlichkeit zwischen den Angehörigen der gleichen Art nur die beiläufige Folge eines gemeinsamen Artgenoms, der äußerliche Ausdruck eines viel komplizierteren evolutionsbiologischen Sachverhalts.
Während die Art hinsichtlich der Fortpflanzung eine geschlossene Einheit darstellt, sind innerartliche Gruppierungen (Populationen) offen, d. h. zwischen ihnen findet ein mehr oder weniger ausgeprägter Austausch statt. Da die Lebensbedingungen im Verbreitungsgebiet einer Art nicht gleich sind, können regional im Zuge der Anpassung manche Erbanlagen begünstigt, andere zurückgedrängt werden. Die Folge sind geographische Unterschiede, die vor allem dann stärkere Ausmaße erreichen, wenn zwischen benachbarten Populationen der Erbanlagenaustausch gedrosselt ist. Populationen und Populationsgruppen, die sich aus solcherlei Gründen deutlich voneinander unterscheiden, werden als Unterarten bezeichnet, wobei wegen der nicht ganz treffsicheren Definition Auffassungsunterschiede möglich sind. Wesentlich ist, daß sich Unterarten im Fortpflanzungsgebiet (Areal) der Art geographisch vertreten.
Bestehen Verbreitungslücken zwischen Populationen oder Populationsgruppen sehr lange und wird der Erbanlagenaustausch total unterbrochen, so können erbliche Unterschiede sehr erheblich werden. Die geschlechtliche Affinität kann verlorengehen und die Erzeugung fruchtbarer Nachkommen wegen genetischer Unverträglichkeit unmöglich werden. Aus einer Art sind dann zwei Arten entstanden. Jede dieser beiden Arten schlägt dann eigene Entwicklungs- und Ausbreitungsrichtungen ein. Sie kann dabei in das Areal ihrer Schwesterart eindrin-

gen, und mitunter sind solche, im gleichen Gebiet lebende und einander sehr ähnliche Arten morphologisch schwer zu unterscheiden. Es gibt auch andere Möglichkeiten zur Neubildung von Arten, weitaus am häufigsten ist jedoch die angedeutete „geographische" Artbildung.

Aufgabe der wissenschaftlichen Namengebung ist es, unsere Vorstellungen von den evolutionshistorischen Verwandtschaftsbeziehungen auszudrücken. Zum Namen einer jeden Art (species) gehört unbedingt der Name der Gattung (genus), der jenem vorangestellt wird. Arten, die als eng verwandt gelten, erhalten den gleichen Gattungsnamen. Jede von anderen Arten entfernt stehende Art dagegen trägt neben dem Artnamen einen ihr allein zukommenden Gattungsnamen. Die Beständigkeit der wissenschaftlichen Namen wird durch internationale Regeln gesichert. Die wichtigste ihrer Bestimmungen lautet, daß unter mehreren Benennungen, die einer Art oder Gattung zuteil wurden, die älteste den Vorrang hat. Der Willkür überlassen bleibt dagegen die Umgrenzung des Begriffs Gattung. Viele Arten der gleichen Gattung unterzuordnen, halten manche Zoologen für zweckmäßig, andere für unzweckmäßig. Das hat eine gewisse Unbeständigkeit der Zweinamenkombination (binäre Nomenklatur) zur Folge, wovon die deutsche Bezeichnung („Trivialname") des Tieres verschont bleibt, falls sie sich im Laufe der Zeit fest eingebürgert hat. Ein häufiger Nachteil der Trivialnamen ist, daß sie innerhalb eines Sprachgebietes von Gegend zu Gegend verschieden sein können, was die Verständigung erschwert.

Zur Vollständigkeit der wissenschaftlichen Bezeichnung gehört es, daß man dem Artnamen den Namen dessen hinzufügt, der ihn in die Wissenschaft eingeführt hat. Man schließt diesen Personennamen nur dann in Klammern ein, wenn man, um die Verwandtschaft der Species auszudrücken, einen anderen Gattungsnamen verwendet als der Autor. Der Name des Autors ist in der „Exkursionsfauna" mit wenigen Ausnahmen nicht abgekürzt worden. Das Symbol L. bedeutet LINNAEUS (LINNÉ).

Will man sich über eine Tierform mit Hilfe der Benennung verständigen, dann reicht das Zweinamensystem vielfach nicht aus, denn es berücksichtigt nicht die Unterarten. Einen Ausweg hat man im Dreinamensystem (trinäre Nomenklatur) gefunden. Man benennt dabei die Unterarten (subspecies) und läßt ihren Namen auf den der Art folgen [Beispiel: *Natrix natrix* (L.), die Ringelnatter; *Natrix natrix natrix* (L.), die Gewöhnliche Ringelnatter; *Natrix natrix helvetica* (LACÉPÈDE), die Barrenringelnatter].

Die Anwendung des Dreinamensystems setzt voraus, daß Variabilität, geographische Verbreitung und Ökologie der betreffenden Tierart und ihrer nächsten Verwandten gründlich erforscht sind. Außer bei den Wirbeltieren wird es von Systematikern in gewissem Umfang beispielsweise bei Käfern, Schmetterlingen und Weichtieren verwendet. In den meisten Tiergruppen fährt man noch fort, Formen, die einander ähnlich sind, als verschiedene Arten (species) zu bezeichnen, auch wenn sie sich geographisch vertreten.

Auch höhere Gruppierungen von Arten sollen unseren Kenntnisstand von den verwandtschaftlichen Beziehungen ausdrücken. In aufsteigender Reihe unterscheidet man in der Regel folgende Verwandtschaftsstufen: Art – Gattung – Familie – Ordnung – Klasse – Stamm. Wenn eine noch reichere Unterteilung der verwandtschaftlichen Abstufung erforderlich ist, hilft man sich mit der Benennung von Zwischenkategorien (z. B. Unterfamilie, Unterordnung, Unterklasse, Unterstamm).

Hinweise für den Gebrauch des 1. Bandes

Das Bestimmen unbekannter Tiere erfolgt mit Hilfe von Bestimmungsschlüsseln. Eine 10fach vergrößernde Lupe, eine Pinzette, Präpariernadeln sowie Röhrchen oder Gläschen zur Aufbewahrung der Fänge genügen als technische Ausrüstung. Die für die Tierarten charakteristischen morphologischen Merkmale sowie Angaben über ihre Biologie und Ökologie sind ebenfalls enthalten. Soweit es notwendig ist, werden die entscheidenden Merkmale durch Abbildungen veranschaulicht.

Die Schlüssel sind nach dem dichotomen Prinzip angelegt, d.h. zwei Merkmale oder Kombinationen derselben, die durch eine halbfett gedruckte Ziffer am Beginn der Zeile gekennzeichnet sind (z.B. **1** und **1***), bilden jeweils ein Merkmalspaar (These und Antithese). Zusammengehörige Merkmalspaare sind durch dieselbe halbfett gedruckte Ziffer am Beginn der Zeile erkennbar (z.B. **2** und **2*** od. **3** und **3*** usw.). Die angegebenen Merkmale sind am Objekt sorgfältig zu prüfen, im zutreffenden Fall führt eine Ziffer am Ende der Zeile zum nächsten Merkmalspaar. Dieser Vorgang wiederholt sich so lange, bis man auf eine Tiergruppe (z. B. Familie, Gattung) oder auch unmittelbar auf den Artnamen mit Angabe der Seitenzahl verwiesen wird.

Die Exkursionsfauna kann natürlich keinen Anspruch auf vollständige Erfassung aller heimischen Tierarten erheben, da deren Anzahl sehr hoch ist und die Verwendung einer 10fach vergrößernden Lupe die Anzahl der hiermit bestimmbaren Formen begrenzt. In den Fällen, wo die Bestimmung nur bis zur Gattung oder einer noch höheren Kategorie, wie Unterfamilie oder Familie, führt, kann die Artbestimmung mit den in den Literaturverzeichnissen aufgeführten Spezialwerken erfolgen.

Die wichtigsten Aussagen zur Kennzeichnung der Tiere erfolgen in der Regel in gleichbleibender Abfolge. Neben dem wissenschaftlichen Namen steht – falls vorhanden – die deutsche Bezeichnung. Synonyme stehen in eckigen Klammern. Außerdem werden knapp formulierte Angaben zur äußeren Morphologie (Gestalt, **G.**), Verbreitung **(V.)**, Lebensstätte **(L.)** und Biologie **(B.)** gemacht.

Im Text wird auf eine Abbildung durch Angabe der Seitenzahl und der Abbildungsnummer auf der betreffenden Seite verwiesen.

Unter Naturschutz stehende Arten sind durch ein Symbol (▽) gekennzeichnet.

Beim Bestimmen empfiehlt es sich, folgende Hinweise für den Gebrauch der Schlüssel zu beachten:

1. Die Merkmalspaare müssen aufmerksam und vollständig gelesen werden, besonders gründlich bei Merkmalskombinationen.
2. Die Zeichnungen sollen gründlich mit dem betreffenden Objekt verglichen werden.

3. Bei der Verwendung von Maßangaben als Unterscheidungsmerkmale sollten – wenn möglich – immer mehrere Tiere gemessen werden.
4. Der Anfänger sollte stets mit dem Schlüssel der Hauptgruppen beginnen und das Bestimmen zunächst an einem ihm bekannten Tier üben.
5. Der Fortgeschrittene wird sich einem der 5 Hauptschlüssel zuwenden bzw. gleich bei der betreffenden Tiergruppe beginnen.

Beispiel zum Gebrauch der Bestimmungsschlüssel

Es wird der Bestimmungsweg für den allgemein bekannten, durch die langen Beine und die kalkweiße Unterseite des Körpers auffälligen Weberknecht oder Kanker (*Phalangium opilio* L.) aufgezeigt. Wir beginnen mit dem Schlüssel der Hauptgruppen auf S. 17. (Wer das Tier aber sofort als „Spinne" erkennt, wird mit dem Schlüssel für die Gruppen der Spinnentiere auf S. 386 anfangen.)
Im ersten Merkmalspaar **1/1*** trifft **1*** zu, da der Weberknecht vielzellig und größer als 1 mm ist. Der Benutzer wird auf das Merkmalspaar **2/2*** verwiesen. Er muß sich hier für **2*** entscheiden, denn der Weberknecht ist kein Wirbeltier. Von hier erfolgt der Verweis auf das Merkmalspaar **3/3***. Weil das Tier nicht festsitzend, sondern frei beweglich ist, führt der Bestimmungsweg über **3*** zum vierten Merkmalspaar. Hier erweist sich **4*** als zutreffend, denn der Weberknecht ist kein Parasit oder Kommensale. So wird man auf das fünfte Merkmalspaar verwiesen. Da das Tier gegliederte Gliedmaßen aufweist und auch der Körper gegliedert ist, trifft **5** zu, und das Bestimmen geht mit dem Schlüssel für *Articulata* – **Gliedertiere** auf S. 25 weiter.
Wir beginnen wieder mit dem ersten Merkmalspaar. Der Weberknecht hat keine schalige Umhüllung, also trifft **1*** zu und wir werden auf **5** verwiesen. Da Beine vorhanden sind, entscheiden wir uns für **5*** und gelangen zum achten Merkmalspaar. Die gegliederten, thorakalen Beine des Weberknechtes führen über **8** zum Merkmalspaar **9/9***. Hier ist **9*** zutreffend, da das gesuchte Tier auf dem Land lebt. Wir werden auf das vierzehnte Merkmalspaar verwiesen. Da Fühler fehlen, und vier Beinpaare vorhanden sind, gelangen wir über **14*** zu den Spinnentieren *(Arachnida)* S. 386.
Wir bestimmen nun mit diesem Schlüssel, der zu den verschiedenen Gruppen der Spinnentiere führt, weiter.
Vorderkörper und Hinterleib des Weberknechtes sind nicht durch einen dünnen Stiel beweglich miteinander verbunden, sondern in ganzer Breite verwachsen. Wir entscheiden uns also für **1*** und gelangen zum zweiten Merkmalspaar. Da der Hinterleib segmental gegliedert ist, führt uns der Weg über **2** zum dritten Merkmalspaar. Hier gibt **3*** den Ausschlag, denn die Pedipalpen sind nicht größer, sondern wesentlich kürzer als die Laufbeine. So gelangen wir schließlich zur Ordnung der *Opiliones* oder Weberknechte auf S. 470.
Im Schlüssel für das Bestimmen der Familien auf S. 470 beginnt man wieder mit dem ersten Merkmalspaar. Die für unser Tier charakteristischen Merkmale sind in **1*** aufgeführt, nämlich die auffallend langen, kankerartigen Beine. So kommen wir zum zweiten Merkmalspaar. Zutreffend ist **2***, da das Grundglied der Cheliceren wesentlich kürzer als der Körper ist. Die beigefügte Abbildung ver-

deutlicht dies. Im dritten Merkmalspaar entscheiden wir uns für **3** und gelangen zur Familie der *Phalangiidae*, zu der der Weberknecht gehört.
Auf der S. 475 schließlich stellen wir fest, daß es 14 heimische Gattungen mit 23 Arten gibt, die im Gelände nicht sicher bestimmbar sind. Unser gesuchtes Tier wird als Beispiel aufgeführt, es trägt den wissenschaftlichen Namen *Phalangium opilio* L. In der Abb. **470**/2 wird das Tier dargestellt.

Das System der Tiere

Im zoologischen System wird die Vielzahl der Arten nach Verwandtschaftsbeziehungen abgestuft gruppiert. Wie in jeder Forschung gibt es dazu unterschiedliche Auffassungen. Folglich unterscheiden sich zoologische Systeme.
In der „Exkursionsfauna“ wird ein System benutzt, das sich weitgehend nach dem von ALFRED KAESTNER begründeten „Lehrbuch der Speziellen Zoologie“ (Gustav Fischer Verlag, Jena) richtet. Alle in Deutschland durch Arten vertretene Stämme bzw. Klassen sind durch * gekennzeichnet.

Unterreich *Protozoa* – Urtiere
- Stamm *Protozoa*
  - Klasse *Flagellata* – Geißeltiere *
  - Klasse *Rhizopoda* – Wurzelfüßer *
  - Klasse *Ciliata* – Wimpertiere *
  - Klasse *Sporozoa* – Sporentierchen *
  - Klasse *Cnidosporidia* *

Unterreich *Metazoa* – Vielzeller
- Stamm *Placozoa*
- Stamm *Porifera* – Schwämme
  - Klasse *Calcarea* – Kalkschwämme *
  - Klasse *Demospongiae* *
  - Klasse *Hexactinellida* – Glasschwämme
- Stamm *Cnidaria* – Nesseltiere
  - Klasse *Scyphozoa* *
  - Klasse *Cubozoa*
  - Klasse *Hydrozoa* *
  - Klasse *Anthozoa* – Blumenpolypen
- Stamm *Ctenophora* – Rippenquallen
  - Klasse *Tentaculifera* *
  - Klasse *Atentaculata* *
- Stamm *Mesozoa*
  - Klasse *Orthonectida*
  - Klasse *Dicyemida*
- Stamm *Plathelminthes* – Plattwürmer
  - Klasse *Turbellaria* – Strudelwürmer *
  - Klasse *Trematoda* – Saugwürmer *
  - Klasse *Monogenea* – Hakensaugwürmer *
  - Klasse *Cestoda* – Bandwürmer *
- Stamm *Nemertini* – Schnurwürmer *

Stamm *Entoprocta [Kamptozoa]* – Kelchwürmer *
Stamm *Nemathelminthes* – Schlauchwürmer, Rundwürmer
Klasse *Rotatoria* – Rädertierchen *
Klasse *Gastrotricha* – Bauchhärlinge *
Klasse *Nematoda* – Fadenwürmer *
Klasse *Kinorhyncha* – Kinorhynchen *
Klasse *Acanthocephala* – Kratzer *
Stamm *Priapulida* – Priapuliden, Priapswürmer *
Stamm *Mollusca* – Weichtiere
Unterstamm *Aculifera* – Stachel-Weichtiere
Klasse *Aplacophora* – Wurmmollusken
Klasse *Polyplacophora* – Käferschnecken *
Unterstamm *Conchifera* – Schalen-Weichtiere
Klasse *Monoplacophora*
Klasse *Gastropoda* – Schnecken *
Klasse *Scaphopoda* – Grabfüßer *
Klasse *Bivalvia* – Muscheln *
Klasse *Cephalopoda* – Kopffüßer *
Stamm *Sipunculida* – Sipunkuliden *
Stamm *Echiurida* – Igelwürmer *
Stamm *Annelida* – Ringelwürmer
Klasse *Polychaeta* – Vielborster *
Klasse *Myzostomida*
Klasse *Clitellata* – Gürtelwürmer *
Stamm *Onychophora* – Stummelfüßer
Stamm *Tardigrada* – Bärtierchen *
Stamm *Pentastomida* – Zungenwürmer *
Stamm *Arthropoda* – Gliederfüßer
Unterstamm *Arachnata*
Überklasse *Chelicerata*
Klasse *Pantopoda* – Asselspinnen *
Klasse *Xiphosura* – Pfeilschwänze
Klasse *Arachnida* – Spinnentiere *
Unterstamm *Mandibulata*
Überklasse *Branchiata*
Klasse *Crustacea* – Krebse *
Überklasse *Tracheata*
Klasse *Myriapoda* – Vielfüßer, Tausendfüßer *
Klasse *Hexapoda [Insecta]* – Insekten *
Stamm *Tentaculata* – Kranzfühler
Klasse *Phoronida* – Hufeisenwürmer
Klasse *Bryozoa* – Moostierchen *
Klasse *Brachiopoda* – Armfüßer
Stamm *Chaetognatha* – Pfeilwürmer
Stamm *Pogonophora*
Stamm *Echinodermata* – Stachelhäuter
Klasse *Crinoida* – Haarsterne
Klasse *Asteroida* – Seesterne

Klasse *Ophiuroida* – Schlangensterne *
Klasse *Echinoida* – Seeigel *
Klasse *Holothurioida* – Seewalzen *
Stamm *Hemichordata*
Klasse *Enteropneusta* – Eichelwürmer
Klasse *Pterobranchia*
Stamm *Chordata*
Unterstamm *Tunicata* – Manteltiere
Klasse *Appendicularia* – Geschwänzte Manteltiere *
Klasse *Ascidiacea* – Seescheiden *
Klasse *Pyrosomida* – Feuerwalzen
Klasse *Thaliacea* – Salpen
Unterstamm *Acrania* – Schädellose *
Unterstamm *Vertebrata* – Wirbeltiere
Klasse *Cyclostomata* – Rundmäuler *
Klasse *Chondrichthyes* – Knorpelfische *
Klasse *Osteichthyes* – Knochenfische *
Klasse *Amphibia* – Lurche *
Klasse *Reptilia* – Kriechtiere *
Klasse *Aves* – Vögel *
Klasse *Mammalia* – Säugetiere *

Schlüssel der Hauptgruppen

1 Einzellig, mit od. ohne Hüllen bzw. Schalen. Meist unter 1 mm. Freilebend im Wasser od. in feuchter Umgebung od. parasitisch in Tieren u. Pflanzen.
Protozoa – **Urtiere** S. 32

1* Vielzellig u. meist größer als 1 mm od. im Tierstock mit Einzeltieren meist unter 0,5 mm **2**

2 Körper mit knorpeligem od. knöchernem Innenskelett (Wirbelsäule od. elastischer Zellstab bei *Acrania*).
Schlüssel 1 *Acrania* – **Schädellose** u. *Vertebrata* – **Wirbeltiere** S. 18

2* Körper mit Außenskelett od. ohne feste Teile **3**

3 Meist auf der Unterlage festsitzend od. festgewachsen bzw. im Untergrund eingegraben od. eingebohrt. **Schlüssel 2** S. 20

3* Nicht festsitzend, festgewachsen, eingegraben od. eingebohrt **4**

4 Als Parasiten od. Kommensalen in od. an Tieren od. Pflanzen lebend.
Schlüssel 3 S. 22

4* Nicht als Parasiten od. Kommensalen in od. an Tieren od. Pflanzen lebend . **5**

5 Mit gegliederten Gldmaßen (bei Larven können sie fehlen) od. Gldmaßen mit Krallen. Körper meist ungleichmäßig gegliedert u. meist mit festem Außenskelett. Bärtierchen bis 1,2 mm lg, mit 4 Paar bekrallten, ungegliederten Stummelbeinen. Zungenwürmer haben reduzierte Gldmaßen u. leben endoparasitisch in Wirbeltieren (siehe Schlüssel 3). **Schlüssel 4** *Articulata* – **Gliedertiere** S. 25
(Als *Articulata* werden folgende Stämme zusammengefaßt: *Annelida, Onychophora, Tardigrada, Pentastomida, Arthropoda.*)

Abb. **17/1–4** **1** Vogel; **2** Wal; **3** Fledermaus; **4** Schädelloser (Lanzettierchen)

5* Ohne Gldmaßen od. Gldmaßen nicht gegliedert u. ohne Krallen. Körper nicht gegliedert, kann aber geringelt u. in 2 od. 3 Abschnitte geteilt sein. Mit od. ohne Außenskelett. **Schlüssel** 5 S.28

Schlüssel 1

Acrania – **Schädellose** u. *Vertebrata* – **Wirbeltiere**

1 Körper mit Federn. VGldmaßen als Flügel ausgebildet (Abb. **17**/1).
Aves – **Vögel** Band 3

1* Körper ohne Federn 2

2 Körper mit Haaren od. außerdem mit Stacheln (Igel), selten nackt, dann aber mit waagerechter Schwanzflosse u. nur einem Paar flossenförmiger Gldmaßen u. ständig im Wasser (Wale). Flughäute können ausgebildet sein (Fledermäuse). Lungenatmung. Junge werden mit Milch gesäugt (Abb. **17**/2–3).
Mammalia – **Säugetiere** Band 3

2* Körper ohne Haare 3

3 Körper mit Schädel 4

3* Körper ohne Schädel, weidenblattähnlich, seitlich abgeflacht, bis 5 cm lg, im Meer. Mundöffnung von 12–20 Cirren umgeben (Abb. **17**/4).
Acrania – **Schädellose** S.615

4 Mit 4 Beinen 5

4* Ohne Beine 6

5 Haut drüsenarm, ganz od. größtenteils mit hornigen Schuppen od. Schilden bedeckt, die von Knochentafeln unterlegt sein können. Zehen mit Krallen (Abb. **18**/1–2). *Reptilia* – **Kriechtiere** Band 3

5* Haut nackt u. drüsenreich, Zehen ohne Krallen (Abb. **18**/3–4).
Amphibia – **Lurche** Band 3

6 **(4)** Körper meist mit paarigen Flossen od. mit Flossensaum (wenn ohne paarige Flossen, dann Mund in Form einer Saugscheibe) 7

6* Körper ohne paarige Flossen od. Flossensaum. Haut mit Schuppen od. Schilden bedeckt (Abb. **19**/1). (Schlangen, Blindschleiche).
Zu *Reptilia* – **Kriechtiere** Band 3

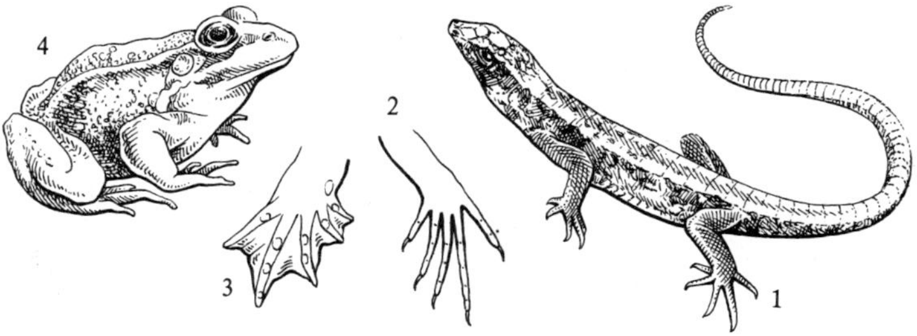

Abb. **18/1–4** **1** Kriechtier; **2** Kriechtierfuß; **3** Froschlurchfuß; **4** Froschlurch

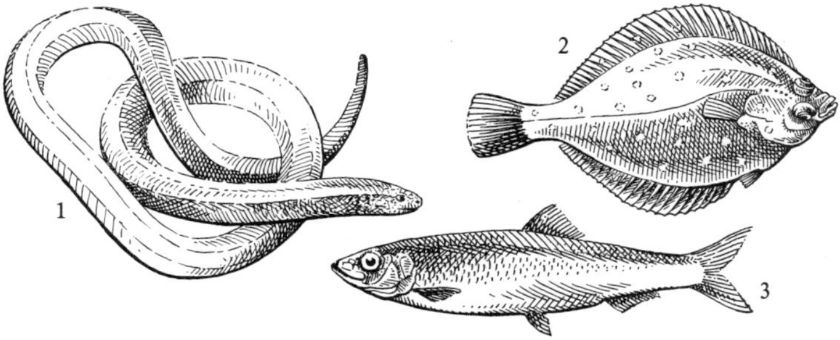

Abb. **19/1–3** **1** Blindschleiche; **2** Plattfisch; **3** typischer Fisch

7 Körper meist mit zwei Paar Flossen (bei Schlangennadeln zurückgebildet). Wenn Schwanzflosse vorhanden, dann senkrecht stehend. (Wenn waagerecht, dann Haut schuppig. SLinie vorhanden: Plattfisch). Wenn ohne Schwanzflosse, dann ist das HE peitschenförmig wie bei Chimären, Schlangennadeln u. Seepferdchen. Körper selten nackt, meist mit Schuppen, Knochenplatten od. Hautzähnchen bedeckt u. mit ± dicker Schleimschicht (Abb. **19**/2–3 u. **19 A**/1–2). *Pisces* – **Fische** Band 3

7* Körper ohne paarige Flossen, aber mit Flossensaum **8**

8 Hinter den Augen je 7 deutlich sichtbare Kiemenöffnungen (Neunaugen, Abb. **19 A**/3) od. mit nur 2 Kiemenöffnungen an der BauchS (Inger, Abb. **19 A**/4). Mit kieferlosem Saugmund. *Cyclostomata* – **Rundmäuler** Band 3

8* Hinter den Augen keine sichtbaren Kiemenöffnungen **9**

9 Körper eiförmig, mit lg Ruderschwanz. Mundöffnung mit Hornschnabel u. Raspelzähnchen (Froschlurchlarven, Abb. **20**/2). Zu *Amphibia* – **Lurche** Band 3

9* Körper lggestreckt, mit äußeren Kiemenbüscheln (Abb. **20**/1). (Schwanzlurchlarven). Zu *Amphibia* – **Lurche** Band 3

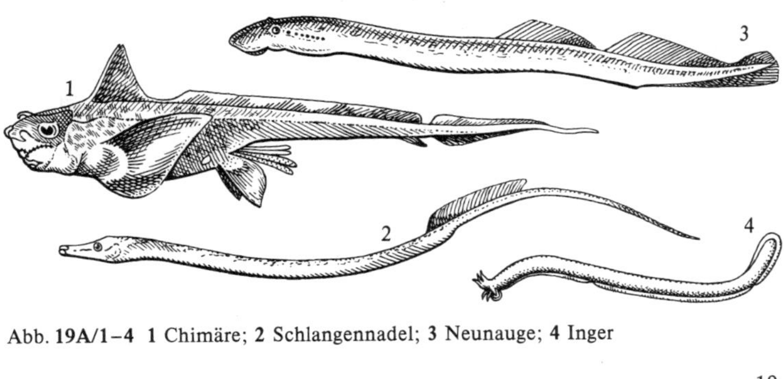

Abb. **19 A/1–4** **1** Chimäre; **2** Schlangennadel; **3** Neunauge; **4** Inger

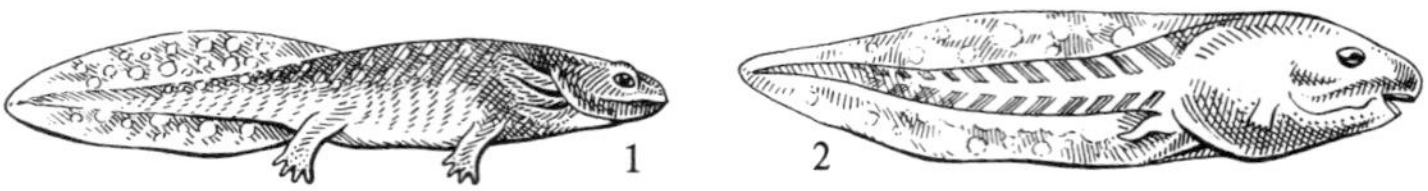

Abb. **20/1–2** **1** Schwanzlurchlarve; **2** Froschlurchlarve

Schlüssel 2

Auf der Unterlage festsitzende od. festgewachsene od. in der Erde liegende bzw. in den Untergrund eingegrabene od. eingebohrte Tiere

1 Körper völlig von einer Chitinhülle umgeben (manchmal zusätzlich mit fädiger, weißlicher Sekretauflage oder deckelähnlichem Schild), frei in der Erde, an Pflanzen, Zäunen od. Hauswänden mit einem Faden befestigt (Abb. **20A**/1–2) od. Körper in einem Gespinst- od. Erdkokon (Abb. **20A**/3–4) od. in tütenförmigen Chitin-Halbröhren im fließenden Wasser (Simuliidenpuppen, Abb. **20A**/5). (Puppen). Zu *Insecta* – **Insekten** Bände 2/1 u. 2/2

1* Merkmalskombinationen anders **2**

2 Körper von schild- od. klappenförmigen Kalkschalen umgeben **3**

2* Körper nicht von solchen Schalen umgeben **4**

3 Schalen zweiklappig. Ohne gegliederte Beine (Abb. **20A**/6–7). (Muscheln). *Mollusca* – **Weichtiere** S. 141

3* Schalen aus 4–6 ± pyramidenförmigen Kalkplatten. Zwischen den Schalenplatten zweiästige, gegliederte, stark beborstete Spaltbeine sichtbar (Abb. **20A**/8–9). (*Cirripedia* – Rankenfußkrebse). Zu *Crustacea* – **Krebse** S. 481

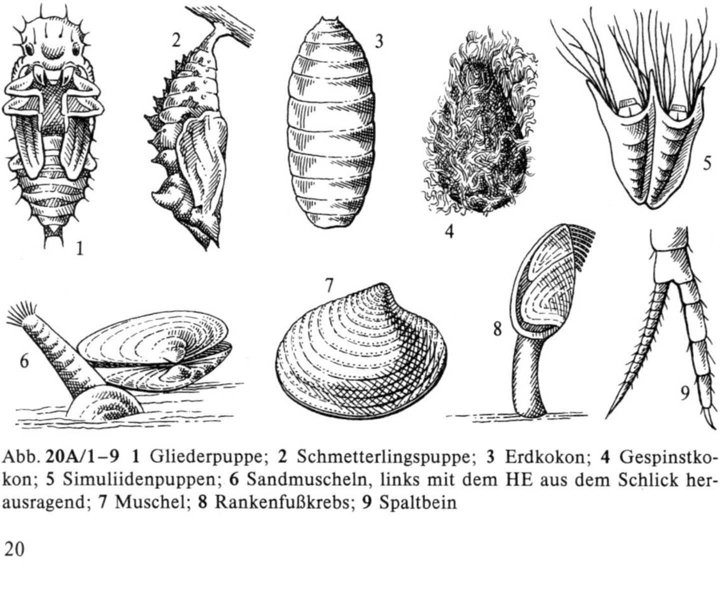

Abb. **20A/1–9** **1** Gliederpuppe; **2** Schmetterlingspuppe; **3** Erdkokon; **4** Gespinstkokon; **5** Simuliidenpuppen; **6** Sandmuscheln, links mit dem HE aus dem Schlick herausragend; **7** Muschel; **8** Rankenfußkrebs; **9** Spaltbein

4 **(2)** Körper gleichmäßig geringelt. Tiere einzeln, oft aber dicht beieinander, in Erd-, Sand-, Schlick-, Sekret- od. Kalkröhren. Meist mit beborsteten Stummelbeinen (Parapodien) od. verschiedenartigen, direkt in der Körperwand sitzenden Borsten od. borstenlos od. mit Kiemenkranz bzw. Kiemenfächer (Abb. **21**/3–4, 6–7). *Annelida* – **Ringelwürmer** S. 324

4* Körper nicht geringelt. Tiere einzeln od. als Tierstock in Röhren zusammenlebend. Rumpf kann von Gallert- od. Detritushülle umgeben sein 5

5 Körper gegliedert, Kopf mit Borstenkämmen, HE mit einem Saugnapf an der Unterlage festgeheftet (Abb. **21**/1). (Simuliidenlarven). Zu *Insecta* – **Insekten** Band 2/2

5* Körper ungegliedert, Kopf ohne Borstenkamm 6

6 Mit Tentakeln od. einem aus 2 bewimperten Lappen des VE bestehendem Räderorgan 7

6* Ohne Tentakel od. Räderorgan **10**

7 Tentakel dicht bewimpert od. beborstet (Tiere größtenteils Strudler) **8**

7* Tentakel nicht bewimpert od. beborstet. Tiere einzeln od. stockbildend (Abb. **21**/2). (Polypen). Zu *Cnidaria* – **Nesseltiere** S. 46

8 VE mit Räderorgan od. starren Tentakeln. Körper wurmförmig, oft in einem eigenen Gehäuse sitzend. Bis 2 mm lg, Meer, Brack- u. Süßwasser. (Abb. **21**/5). (*Rotatoria* – Rädertiere). Zu *Nemathelminthes* – **Rundwürmer** S. 108

8* VE ohne Räderorgan 9

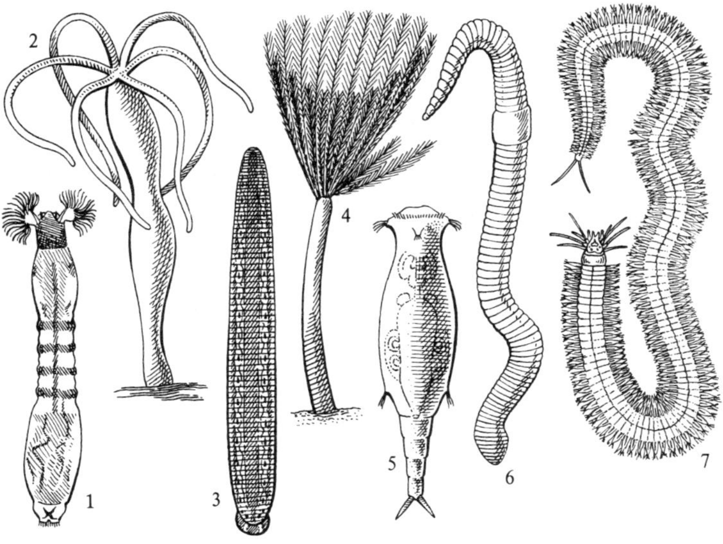

Abb. **21/1–7** **1** Simuliidenlarve; **2** Nesseltier (Süßwasserpolyp); **3** Egel; **4** röhrenbewohnender Ringelwurm mit Kiemenfächer; **5** Rädertier; **6** Ringelwurm (Regenwurm); **7** Ringelwurm mit Parapodien

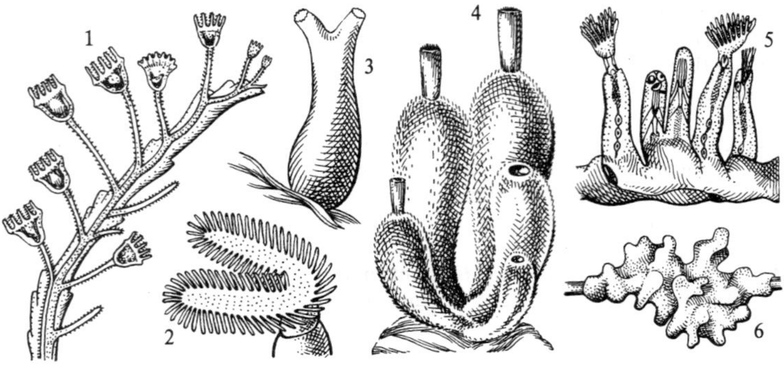

Abb. **22/1–6** **1** Kelchwurmkolonie; **2** Einzeltier einer Moostierkolonie; **3** Seescheide; **4** Schwammstock; **5** Moostierkolonie; **6** Süßwasserschwamm

9 Einzeltier 1–6 mm lg, aus Stiel u. Kelch bestehend. Kelch mit Tentakelkranz, der nicht einziehbar, sondern über dem Kelch zusammenrollbar ist. Tiere einzeln od. stockbildend. Marin (Nordseeküste, Helgoland, Sylt, westl. Ostsee), eine Art im Süßwasser (Abb. **22**/1). *Kamptozoa (Entoprocta)* – **Kelchwürmer** S. 106

9* Einzeltier meist unter 0,5 mm, mit kreis- od. hufeisenförmigem, einziehbarem Tentakelkranz. Vorwiegend stockbildend. Stöcke 0,5–15 cm groß u. bis 9 cm h. Im Meer, Brack- u. Süßwasser (Abb. **22**/2, 5). (*Bryozoa* – Moostiere). Zu *Tentaculata* – **Kranzfühler** S. 567

10 **(6)** Körper der Tiere oval, kugelig, sack- od. schlauchförmig, 2–60 mm lg. Ein- u. Ausströmöffnung röhrenähnlich (Abb. **22**/3). Einzeln od. stockbildend, marine Bodenbewohner. (*Ascidiacea* – Seescheiden). Zu *Tunicata* – **Manteltiere** S. 608

10* Im Wasser lebende Einzeltiere od. Tierstöcke. Einzeltiere meist nicht erkennbar, meist in Kolonien von sehr variabler Form, krustenförmig, klumpig, busch- od. geweihförmig. Körperoberfläche mit Poren. Im weichen Körper Skelettnadeln od. Spongiolinfasern (Abb. **22**/4, 6). *Porifera* – **Schwämme** S. 40

Schlüssel 3

Parasiten u. Kommensalen in od. an Tieren od. Pflanzen

1 Mit gegliederten Beinen 2

1* Ohne gegliederte Beine 5

2 Mit zwei Paar Fühlern. Körper dorsoventral abgeflacht. Vier Paar Spaltbeine. Zwei große Saugnäpfe. Parasiten auf Fischen (u. Lurchen) (Abb. **23**/1). (*Branchiura* – Karpfenläuse). Zu *Crustacea* – **Krebse** S. 481

2* Ohne Fühler od. nur ein Paar Fühler, keine Spaltbeine 3

3 4 od. 8 Beine. Körper sehr verschiedengestaltig, ei-, sack- od. wurmförmig. Mundgliedmaßen beißend, sägend, stechend od. saugend (Abb. **23**/2). (*Acari* – Milben). Zu *Arachnida* – **Spinnentiere** S. 386

3* 6 Beine 4

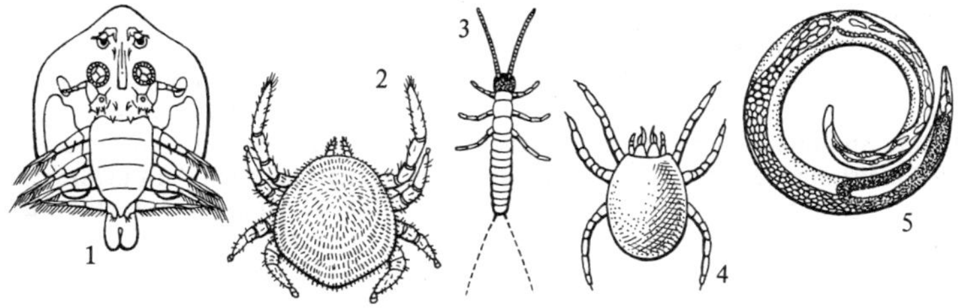

Abb. **23/1–5** **1** Karpfenlaus; **2** Hornmilbe; **3** Doppelschwanz; **4** Milbenlarve; **5** Fadenwurm (Weizenälchen)

4 Kopf deutlich abgesetzt. 1 Paar Fühler (Abb. **23**/3).
Insecta – **Insekten** Bände 2.1 u. 2.2

4* Kopf nicht deutlich abgesetzt. Ohne Fühler (Abb. **23**/4). (Milbenlarven).
Zu *Arachnida* – **Spinnentiere** S. 386

5 An od. in Pflanzen. Körper spindel- bis kurz fadenförmig (Abb. **23**/5, **24**/2). Wenn Körper segmentiert u. VE mit Mundhaken, dann handelt es sich um Fliegenlarven (z. B. der Agromyziden, siehe Band 2/2). (*Nematoda* – Fadenwürmer).
Zu *Nemathelminthes* – **Rundwürmer** S. 108

5* An od. in Tieren **6**

6 Außen an den Tieren lebend (auch in den Kiemen od. Atemhöhlen von Wassertieren) **7**

6* In inneren Organen od. in der Leibeshöhle lebend **10**

7 Körper nicht geringelt **8**

7* Körper geringelt **9**

8 HE od. BauchS mit in Sauggruben unterteilter od. mit Saugnäpfen od. Haken besetzter Haftscheibe (Abb. **23 A**/1). An Kiemen od. Haut von Fischen u. Kaulquappen od. in der Atemhöhle der Fluß- u. Teichmuschel. (*Monogenea* – Hakensaugwürmer u. *Trematoda* – Saugwürmer *[Aspidobothria]*).
Zu *Plathelminthes* – **Plattwürmer** S. 80

8* HE bauchseits mit einfachem, muskulösem Saugnapf (Abb. **23 A**/2). In der Mantelhöhle von Meeresmuscheln. Zu *Nemertini* – **Schnurwürmer** S. 103

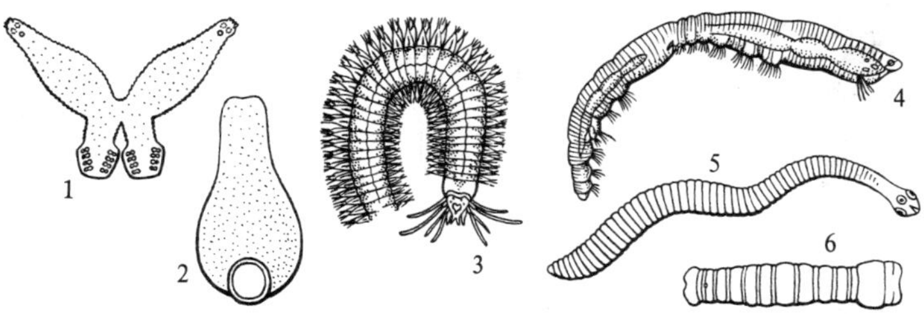

Abb. **23A/1–6** **1** Saugwurm *(Diplozoon paradoxum)*; **2** Schnurwurm *(Malacobdella)*; **3** Ringelwurm, Teilansicht von *Nereis diversicolor*; **4** Ringelwurm *(Chaetogaster)*; **5** Bandwurm *(Hymenolepis)*; **6** Ringelwurm *(Branchiobdella)*

9 **(7)** Mit seitlichen ungegliederten, beborsteten Stummelfüßen (Abb. **23A**/3) od. paarigen bauchseitigen Borstenbüscheln (siehe *Chaetogaster*, S. 360) (Abb. **23A**/4). An marinen Wirbellosen u. Süßwasserschnecken. (*Polychaeta* u. *Oligochaeta*). Zu *Annelida* – **Ringelwürmer** S. 324

9* Ohne Stummelfüße od. Borstenbüschel. HE mit Saugnapf od. Haftscheibe. Am VE meist ein kleinerer, oft nicht deutlich abgesetzter Saugnapf. An Flußkrebsen u. anderen Wirbellosen od. an Wirbeltieren (Abb. **23A**/6). [*Oligochaeta (Branchiobdellidae)* u. *Hirudinea* – Egel]. Zu *Annelida* – Ringelwürmer S. 324

10 **(6)** Körper aus kleinem Kopf mit Saugnäpfen od. Sauggruben u. z.T. mit Hakenkränzen u. anschließender Kette aus 3 bis zahlreichen Gld bestehend, meist sehr lggestreckt u. bandförmig (wenige mm bis über 10 m lg) (Abb. **23A**/5). Im Darm von Wirbeltieren. (*Cestoda* – Bandwürmer). Zu *Plathelminthes* – **Plattwürmer** S. 80

10* Körper ungegliedert od. nur in 2 Abschnitte geteilt. (Ist der Körper segmentiert, mit starken Dornen besetzt u. sind Mundhaken u. HStigmen vorhanden, dann handelt es sich um Fliegenlarven, z.B. von Dasselfliegen; siehe Band 2/2.) . **11**

11 Körper in sack- bis schlauchförmigen Rumpf u. einstülpbaren, mit Haken besetzten Rüssel gegliedert (Abb. **24**/1). Im Darm von Wirbeltieren. (*Acanthocephala* – Kratzer). Zu *Nemathelminthes* – **Rundwürmer** S. 108

11* Körper anders gestaltet **12**

12 Körper fest, elastisch, im Querschnitt drehrund, spindel- bis fadenförmig (ausnahmsweise sackförmig) (Abb. **24**/2–3). VE u. BauchS ohne Haftorgane (HE gelegentlich mit Saugnapf). In Wirbellosen u. Wirbeltieren. (*Nematoda* – Fadenwürmer u. *Nematomorpha* – junge Saitenwürmer). Zu *Nemathelminthes* – **Rundwürmer** S. 108

12* Körper weich, ± abgeflacht. Mit Haftorganen (Saugnäpfe u. -gruben, Haftscheibe, Krallen) **13**

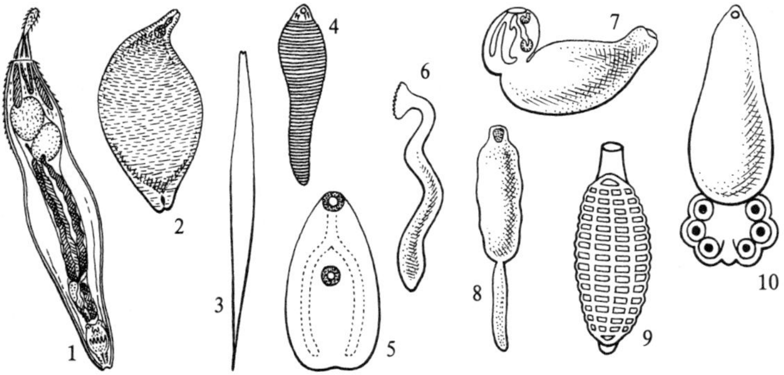

Abb. **24/1–10** **1** Rundwurm (Kratzer); **2** Fadenwurm (Rübenälchen); **3** Fadenwurm (Madenwurm); **4** Zungenwurm *(Linguatula)*; **5** Saugwurm; **6** Bandwurm *Caryophyllaeus)*; **7** Saugwurm *(Strigea)*; **8** parasitischer Plattwurm *(Archigetes)*; **9** parasitischer Plattwurm *(Aspidogaster)*; **10** Saugwurm *(Polystoma)*

13 VE dicht hinter der bauchseits verschobenen Mundöffnung mit 2 Paar aus Gruben vorstreckbaren Krallen od. Stummelfüßen mit Haken (Abb. **24**/4). Körper zungen- od. kurz wurmförmig, wenigstens in der hinteren Hälfte geringelt. 1–12 cm lg. In den Lungen von Reptilien, bes. von Schlangen, in den Nasen- u. Stirnhöhlen von Raubtieren, auch des Menschen, od. in den Luftsäcken von Möwen u. Seeschwalben. *Pentastomida* – **Zungenwürmer** S. 382

13* VE ohne Krallen od. Stummelfüße mit Haken. Körper nicht geringelt . . . **14**

14 VE u. meist auch BauchS mit einfachem Saugnapf (Abb. **24**/5). Körper lanzettlich bis blattförmig, manchmal konisch od. in einen meist abgeflachten V- u. einen längeren drehrunden HAbschnitt geteilt (Abb. **24**/7). Erwachsen in Wirbeltieren. (*Trematoda* – Saugwürmer). Zu *Plathelminthes* – **Plattwürmer** S. 80

14* Haftorgane anders angeordnet **15**

15 VE mit 1 Paar kleiner Sauggruben u. Körper in gedrungenen Rumpf u. ebenso lg, schmalen Schwanz gegliedert (Abb. **24**/8), od. VE zu einem Haftpolster verbreitert u. das Tier einer Gewürznelke ähnelnd (Abb. **24**/6). In Oligochaeten od. Karpfenfischen. [*Cestoda* – Bandwürmer *(Biacetabulum, Caryophyllaeus)*]. Zu *Plathelminthes* – **Plattwürmer** S. 80

15* VE ohne Sauggruben, Haftorgan als Haftscheibe an der BauchS od. am HE ausgebildet **16**

16 BauchS fast völlig von einer gefelderten Haftscheibe bedeckt (Abb. **24**/9). In der Fluß- u. der Teichmuschel. [*Trematoda* – Saugwürmer *(Aspidogaster)*]. Zu *Plathelminthes* – **Plattwürmer** S. 80

16* HE mit runder Haftscheibe, die 6 Saugnäpfe u. 1 Paar Haken trägt (Abb. **24**/10). In der Harnblase von Froschlurchen. [*Monogenea* – Hakensaugwürmer *(Polystoma)*]. Zu *Plathelminthes* – **Plattwürmer** S. 80

Schlüssel 4
Articulata – Gliedertiere

1 Körper mit schaliger Umhüllung od. mit festem Sekret bedeckt od. Tiere in Röhren lebend 2

1* Körper ohne diese Merkmale 5

2 Tiere mit röhrenförmigem Köcher aus versponnenem Material wie Erde, Steine u. Pflanzen od. mit allseitiger Chitinhülle, die frei od. in einem Gespinst liegt od. Tiere in der Unterlage flach aufliegenden Chitin-Halbröhren (Abb. **26**/1–4, **26**/5). (Larven u. Puppen von *Trichoptera, Lepidoptera* u. *Diptera*). Zu *Insecta* – **Insekten** Bände 2/1 u. 2/2

2* Tiere nicht in Röhren od. Gespinsten 3

3 Körper mit faden- od. schuppenartiger od. pulveriger, meist weißer Sekretauflage od. in kapselartiger Hülle eingeschlossen od. von deckelähnlichem Schild bedeckt (Abb. **26**/6–7). (*Coccina* u. Puparien der *Aleyrodina*). Zu *Insecta* – **Insekten** Band 2/2

3* Körper von seitlichen Schalenklappen umgeben 4

4 Schalen aus 4–6 Kalkplatten (undeutlich zweiklappig). Tiere auf einer Unterlage festgewachsen, mit rankenförmigen Beinen (Abb. **26**/8). (Rankenfußkrebse). Zu *Crustacea* – **Krebse** S. 481

4* Schale deutlich zweiklappig, den gesamten Körper einhüllend od. den Kopf frei-

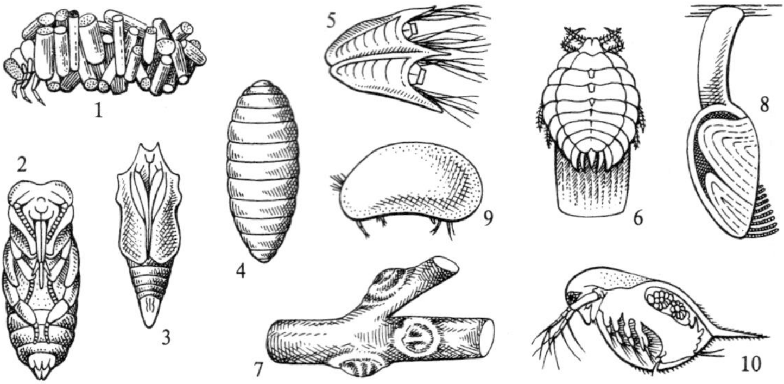

Abb. **26/1–10** **1** Köcherfliegenlarve; **2–4** Insektenpuppen; **5** Simulidenpuppen; **6** Röhrenschildlaus; **7** Pockenschildlaus an Eichenzweig; **8** Rankenfußkrebs; **9** Muschelkrebs; **10** Wasserfloh

lassend. Tiere nicht festgewachsen, mit stab- od. blattförmigen Beinen (Abb. **26**/9–10). (Muschelschaler, Wasserflöhe, Muschelkrebse).
Zu *Crustacea* – **Krebse** S. 481

5 **(1)** Ohne Beine **6**

5* Mit Beinen **8**

6 Meeresbewohner, Körper sackförmig. Parasiten an Zehnfußkrebsen *(Decapoda)* (Abb. **26A**/1). *(Rhizocephala).* Zu *Crustacea* – **Krebse** S. 481

6* Keine Meeresbewohner **7**

7 Körper abgeflacht zungenförmig, mit über 100 Ringeln, 0,7–12 cm lg. Parasiten in Landwirbeltieren (Abb. **26A**/2). (Siehe auch Schlüssel 3).
Pentastomida – **Zungenwürmer** S. 382

7* Körper im Querschnitt drehrund bis oval, höchstens bis 5 cm lg. Kopf ± deutlich abgesetzt, Mandibeln od. Mundhaken vorhanden. (Larven von *Hymenoptera, Coleoptera* u. *vieler Diptera*). Zu *Insecta* – **Insekten** Bände 2/1 u. 2/2

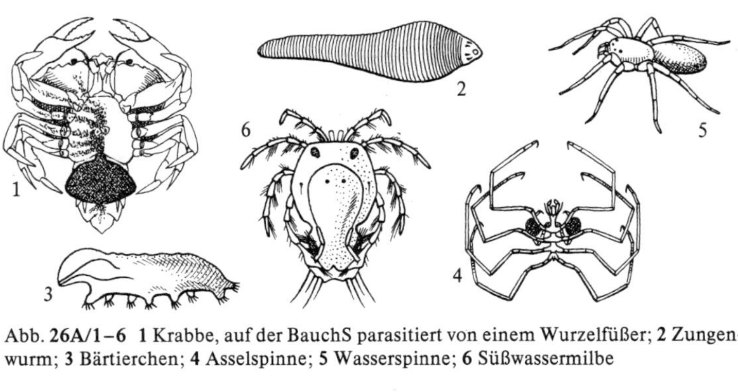

Abb. **26A/1–6** **1** Krabbe, auf der BauchS parasitiert von einem Wurzelfüßer; **2** Zungenwurm; **3** Bärtierchen; **4** Asselspinne; **5** Wasserspinne; **6** Süßwassermilbe

8 **(5)** Thorakale Beine gegliedert (die abdominalen meist ungegliedert). Minierende Larven oft beinlos **9**

8* Beine ungegliedert, 4 Paar Stummelfüße mit Krallen. Körper höchstens 1,2 mm lg (Abb. **26A**/3). In Kleinstgewässern, Flechten- u. Moospolstern. *Tardigrada* – **Bärtierchen** S. 380

9 Im Wasser lebend **10**

9* Auf dem Land (od. auf dem Wasser) lebend **14**

10 Ohne Fühler. Kopf nicht abgesetzt **11**

10* Mit Fühlern. Kopf meist abgesetzt **13**

11 Körper verkümmert, walzen- od. scheibenförmig. 4 od. 5 Paar meist sehr lg Beine (Abb. **26A**/4). Mit Saugrüssel, nur im Meer, vorwiegend an Nesseltieren *(Cnidaria)*. *Pantopoda* – **Asselspinnen** S. 384

11* Körper nicht verkümmert. 4 (Milbenlarven 3) Beinpaare von normaler Lg . **12**

12 Körper gegliedert in V- u. HKörper, taillenartig durch einen dünnen Stiel beweglich verbunden (Abb. **26A**/5). Süßwasser. (Wasserspinne). Zu *Arachnida* – **Spinnentiere** S. 386

12* Körper kompakt, sackförmig, ohne taillenartige Einschnürung (Abb. **26A**/6). 4 Beinpaare (Milbenlarven 3). Meer u. Süßwasser. (Wassermilben). Zu *Arachnida* – **Spinnentiere** S. 386

13 **(10)** In der Regel 2 Paar Fühler, 4 od. mehr Beinpaare, Beine oft zweiästig (Abb. **27**/1). Meer u. Süßwasser. *Crustacea* – **Krebse** S. 481

13* Stets nur 1 Paar Fühler, 3 gegliederte thorakale Beinpaare, Beine immer einästig, minierende Insektenlarven oft beinlos (Abb. **27**/2–3). Imagines u. Larven von Insekten. *Insecta* – **Insekten** Bände 2.1. u. 2.2.

14 **(9)** Mit Fühlern. Kopf deutlich abgesetzt. Fühler vieler Raupen u. Blattwespenlarven nur schwer erkennbar **15**

14* Ohne Fühler. Kopf nicht abgesetzt. 4 Beinpaare (Abb. **27**/7). *Arachnida* – **Spinnentiere** S. 386

15 Mit 2 Paar Fühlern (das 1. oft winzig klein), mit 7 Paar Laufbeinen (Abb. **27**/5). (Landasseln, Strandhüpfer). Zu *Crustacea* – **Krebse** S. 481

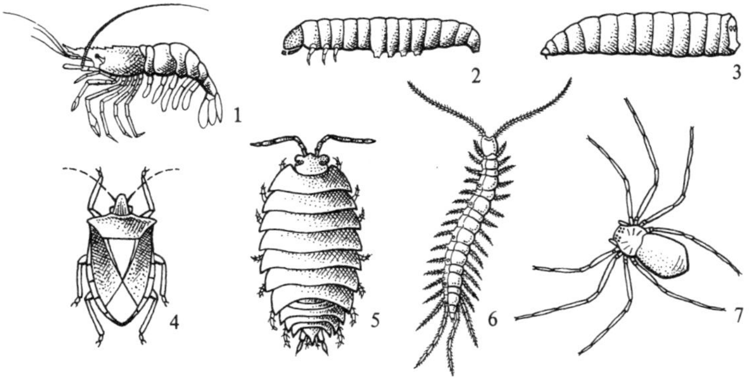

Abb. **27**/1–7 **1** Garnele; **2** Schmetterlingsraupe; **3** Fliegenmade; **4** Baumwanze; **5** Landassel; **6** Vielfüßer, Tausendfüßer; **7** Webespinne

15* 1 Paar Fühler, mit 3, 9 od. mehr Beinpaaren **16**

16 Mit 9 od. mehr (z.T. über 100) Beinpaaren (Abb. **27**/6).
Myriapoda – **Tausendfüßer, Vielfüßer** S.544

16* Mit 3 gegliederten thorakalen Beinpaaren (Abb. **27**/4). Zusätzlich können abdominale Beinpaare auftreten. Minierende Larven oft beinlos. (Imagines u. Larven von Insekten). Zu *Insecta* – **Insekten** Bände 2/1 u. 2/2

Schlüssel 5

Tiere ohne Gldmaßen od. mit ungegliederten, krallenlosen Gldmaßen

1 Körper ± radiärsymmetrisch (Abb.**28**/2) **2**

1* Körper bilateralsymmetrisch (aus zwei gleichen Seiten) od. von unsymmetrischer Gestalt **3**

2 Körper zart, gallertig, oft durchscheinend, schlauch-, kugel-, glocken- od. schirmartig. Mit od. ohne 8 Reihen mit Wimperplatten (Abb. **28**/1–2). Wasserbewohner. *Cnidaria* – **Nesseltiere** u. *Ctenophora* – **Rippenquallen** S.46, 78

2* Körper fest, meist mit kalkigen Stacheln besetzt, kugel-, scheiben-, ei- od. halbkugelförmig, Mundöffnung zentral. Mit 5 od. mehr Armen od. ohne Arme. Mit Skelett aus Kalkplatten od. mit Kalkkörperchen, Körper dann walzenförmig mit Mundöffnung am VE, die von Tentakelkranz umgeben ist. Marine Tiere. (Abb.**28**/3–5). *Echinodermata* – **Stachelhäuter** S.600

3 **(1)** Tiere mit schwanzartigem Anhang, der gegen den Rumpf um 90° abgeknickt ist. Marine Planktontiere (Abb. **28**/6). Rumpf bis 1,5 mm lg. (*Appendicularia* – Geschwänzte Manteltiere). Zu *Tunicata* – **Manteltiere** S.608

3* Tiere ohne abgeknickten schwanzartigen Anhang **4**

4 Körper ungegliedert, meist mit einheitlichem Kalkgehäuse (röhrenförmig bei *Scaphopoda*, Abb. **29**/1, kappenförmig bis spiralig gewunden bei *Gastropoda*, Abb. **29**/3) od. mit 2teiliger (*Bivalvia*, Abb. **29**/2) od. 8teiliger (*Polyplacophora*, Abb. **29**/5) Kalkschale. Wenn ohne Kalkschale, dann mit deutlich abgesetztem Kopf (meist mit Augen u. 2–4 Kopftentakeln bei Nacktschnecken, Abb. **29**/6, bzw. 8–10 saugnapfbesetzten Kopfarmen bei *Cephalopoda*, Abb.**29**/4) u. vielfach

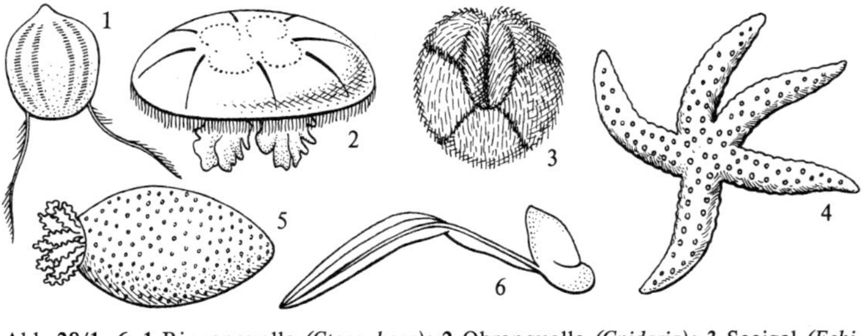

Abb. **28/1–6** **1** Rippenqualle *(Ctenophora)*; **2** Ohrenqualle *(Cnidaria)*; **3** Seeigel *(Echinodermata)*; **4** Seestern *(Echinodermata)*; **5** Seewalze *(Echinodermata)*; **6** Geschwänztes Manteltier *(Appendicularia, Tunicata)*

mit Rückenanhängen (marine Nacktschnecken). Körperhaut meist schleimig, oft mit unpaarem Kriech- od. Grabfuß. *Mollusca* – **Weichtiere** S. 141

4* Merkmalskombinationen nicht zutreffend **5**

5 Körper pfeilförmig, glasklar. Kopf mit Greifhaken. Schwanz mit unpaarer Schwanzflosse. Marine Planktontiere, bis 3 cm lg (Abb. **30**/1). *Chaetognatha* – **Pfeilwürmer** S. 598

5* Körper nicht pfeilförmig **6**

6 KörperLg unter 2,5 mm **7**

6* KörperLg über 2,5 mm **10**

7 Körper mit Schuppen, Borsten od. Stacheln **9**

7* Körper ohne Schuppen, Borsten od. Stacheln od. nur mit einigen Sinnesborsten am VE **8**

8 Körper bewimpert, abgeflacht oval bis gedrungen spindelförmig (Abb. **30**/2–3), manchmal Ketten bis zu 8 Tieren bildend. Ohne After. Bewegung schneckenartig gleitend od. schwimmend. (*Turbellaria* – Strudelwürmer). Zu *Plathelminthes* – **Plattwürmer** S. 80

8* Körper im Querschnitt ± drehrund, unbewimpert, lg fadenförmig bis kurz spindelförmig (Abb. **30**/4). After vorhanden. Bewegung schlängelnd. (*Nematoda* – Fadenwürmer). Zu *Nemathelminthes* – **Rundwürmer** S. 108

9 **(7)** Körper gegliedert in einziehbaren K mit Stachelkränzen u. 12 ringförmige, von Platten bedeckte u. rückenseits mit Stacheln besetzte Rumpfabschnitte. Ohne Wimpern (Abb. **30**/5). Marine Bodenbewohner. 0,5–1 mm lg. (*Kinorhyncha* – Kinorhynchen). Zu *Nemathelminthes* – **Rundwürmer** S. 108

9* Körper ungegliedert, beschuppt od. bestachelt. BauchS u. VE mit Wimpern. An den KörperS zahlreiche Haftröhrchen od. nur am HE 1 od. 2 Paar z. T. an „Zehen“ sitzende Haftröhrchen (Abb. **30**/6). 0,1–1,5 mm lg. Bodentiere, im Meer u. Süßwasser. (*Gastrotricha* – Bauchhärlinge). Zu *Nemathelminthes* – **Rundwürmer** S. 108

10 **(6)** Körper in einen manchmal einziehbaren Rüssel od. Kopfanhang u. einen sack- od. schlauchförmigen Rumpf gegliedert. Wenn Rüssel nur beim Beutefang ausgestreckt wird, dann weiter unter Merkmalspaar **15** **11**

10* Körper nicht in Rumpf u. Rüssel geteilt **13**

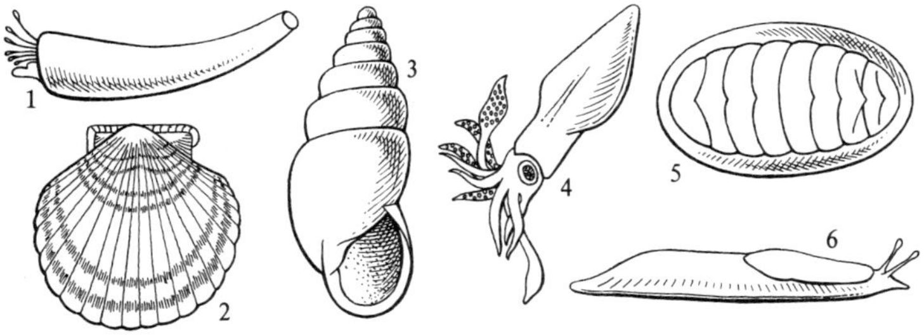

Abb. **29**/1–6 **1** Röhrenschaler *(Scaphopoda)*; **2** Kammuschel *(Bilvalvia)*; **3** Schnecke *(Gastropoda)*; **4** Kalmar *(Cephalopoda)*; **5** Käferschnecke *(Polyplacophora)*; **6** Nacktschnecke *(Gastropoda)*

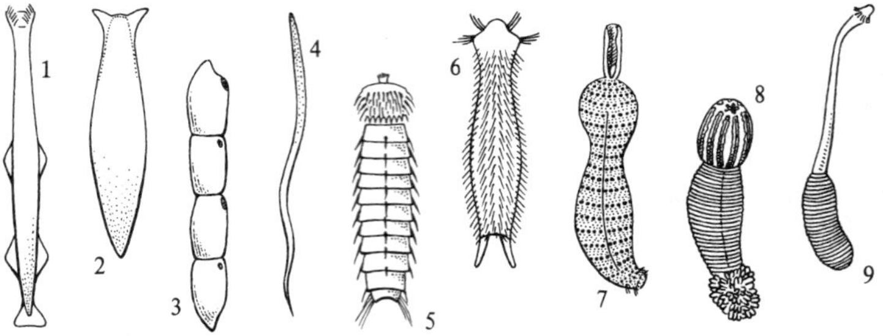

Abb. **30**/1–9 **1** Pfeilwurm *(Chaetognatha)*; **2** Strudelwurm *(Turbellaria)*; **3** Strudelwurmkette; **4** Fadenwurm *(Nematoda)*; **5** Rundwurm *(Kinorhyncha, Nemathelminthes)*; **6** Bauchhärling *(Gastrotricha)*; **7** Igelwurm *(Echiurida)*; **8** Priapswurm *(Priapulida)*; **9** Sipunkulide *(Sipunculida)*

11 Rüssel (Kopfanhang) halbröhrenförmig, unterseits offen, nicht einziehbar. Mundöffnung am Rumpf hinter dem Rüsselansatz. Haut runzelig od. mit Papillen (Abb. **30**/7). Bis 15 cm lg. Am Meeresgrund in Gängen od. Höhlen. Nur Nordsee. *Echiurida* – **Igelwürmer** S. 322

11* Rüssel nicht halbröhrenförmig, Mundöffnung am VE des Rüssels **12**

12 Rüssel birnenförmig od. kurz zylindrisch, etwa ebenso dick wie der Rumpf, einziehbar, mit 25 auf Längsleisten stehenden Hakenreihen. Rumpf mit Ringfurchen, Warzen u. Stacheln, trägt am HE z. T. einen paarigen, mit vielen Bläschen besetzten Schwanzanhang (Abb. **30**/8). 1,5–20 cm lg. Marine Bodenbewohner, oft in Gängen. *Priapulida* – **Priapswürmer** S. 139

12* Rüssel schlank zylindrisch, deutlich dünner als Rumpf, nicht einziehbar, mit Tentakelkranz od. Tentakularmembran um die Mundöffnung. Rumpfhaut durch Furchen gefeldert od. mit Papillen (Abb. **30**/9). 1,5–30 cm lg. Nur Nordseeküste u. Helgoland. In Gängen, Höhlen u. Tiergehäusen. *Sipunculida* – **Sipunkuliden** S. 320

13 **(10)** Körper deutlich geringelt oder segmentiert. Mit Bewegungsorganen (Stummelfüße, Borstenbüschel) od. Haftorganen (Saugnäpfe, Haftscheiben) od. einer chitinisierten Kopfkapsel; fehlt diese, dann mit Mundhaken **14**

13* Körper ungeringelt od. nur sehr fein geringelt, ohne Bewegungs- od. Haftorgane u. ohne chitinisierte Kopfkapsel **15**

14 Mit stummelförmigen Bewegungsorganen (Abb. **31**/2) od. Borstenbüscheln (Abb. **31**/4) od. KörperHE, meist auch VE mit Saugnapf od. Haftscheibe (Abb. **31**/3). VE manchmal mit Tentakeln od. Kiemen (Abb. **31**/1), selten mehrere Ringe od. HE mit Kiemen. Im Meer, Süßwasser od. in der Erde. *Annelida* – **Ringelwürmer** S. 324

14* Ohne stummelförmige Bewegungsorgane, Borstenbüschel u. Haftorgane können auftreten. Mundhaken vorhanden, eine chitinisierte Kopfkapsel kann ausgebildet sein (Abb. **31**/5, Fliegenlarven). (Frisch geschlüpfte Larven oft kleiner als 2,5 mm). Zu *Insecta* – **Insekten** Band 2/2

15 **(13)** Körper unbewimpert, fest, nicht kontrahierfähig, im Querschnitt drehrund,

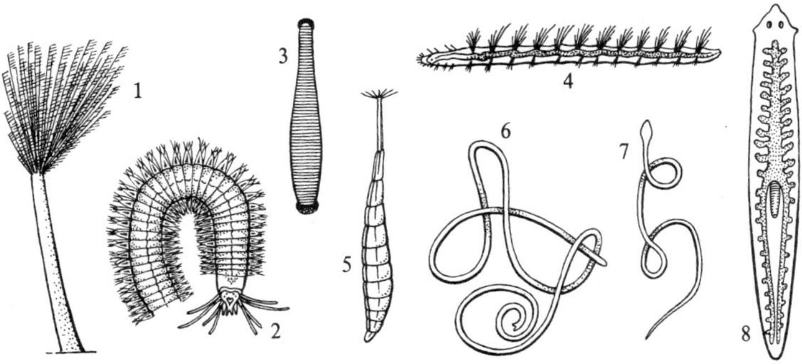

Abb. **31/1–8** **1** röhrenbewohnender Borstenwurm *(Annelida)*; **2** Ringelwurm *(Annelida)*; **3** Egel *(Annelida)*; **4** Ringelwurm *(Annelida)*; **5** Waffenfliegenlarve *(Diptera)*; **6** Saitenwurm *(Nematomorpha)*; **7** Schnurwurm *(Nemertini)*; **8** Strudelwurm *(Turbellaria)*

gestreckt spindel- bis lg fadenförmig (Abb. **31**/6). (*Nematoda* – Fadenwürmer u. *Nematomorpha* – Saitenwürmer). Zu *Nemathelminthes* – **Rundwürmer** S. 108

15* Körper bewimpert, weich, kontrahierfähig, meist abgeflacht, oval bis lanzettlich od. band- od. schnurförmig **16**

16 Mit After u. aus dem VE ausstoßbarem, lg Fangrüssel. Körper meist band- od. schnurförmig (Abb. **31**/7). Im Meer od. selten im Süßwasser. *Nemertini* – **Schnurwürmer** S. 103

16* Ohne After u. ohne lg Fangrüssel. Körper meist oval bis lg lanzettlich, bei landlebenden Arten auch bandförmig (Abb. **31**/8). Im Meer od. Süßwasser, selten auf dem Lande. (*Turbellaria* – Strudelwürmer). Zu *Plathelminthes* – **Plattwürmer** S. 80

Protozoa – Urtiere

G. Größe meist unter 1 mm. Im Gegensatz zu einzelligen Bakterien u. blaugrünen Algen *(Prokaryota)* Einzelzellen mit einem od. mehreren echten Kernen *(Eukaryota)*. Bildung von Zellverbänden (Kolonien) möglich. Farblos od. mit Farbstoffträgern (Plastiden, Chromatophoren, Abb. **33**/1) od. grüngefärbt durch symbiotische Algen (Zoochlorellen). Hoher Differenzierungsgrad, da sie mit Hilfe von membranösen u. tubulären Strukturen, die für Zellen aller *Eukaryota* charakteristisch sind, alle fundamentalen Lebensfunktionen als selbständige Organismen ausüben. Für bestimmte Funktionen spezialisierte Zellteile [z. B. kontraktile Vakuolen (Abb. **33**/1) für Osmoregulation u. Exkretion od. auf bestimmte Reize „explodierende" quellende Stäbchen, sogenannte Trichocysten (Abb. **36**/2) zum Zwecke der Verteidigung, des Angriffs u. zur Befestigung] werden als Organellen bezeichnet. – Zellen nackt, d. h. nur von einer Elementarmembran begrenzt, dann von wechselnder Form (Abb. **34**/1) od. von einer Pellikula umgeben (Abb. **36**/2), die alle Stufen der Festigkeit zeigt u. so die Aufrechterhaltung einer konstanten Gestalt, aber auch peristaltische Formänderungen (Metabolie) ermöglicht. Besondere Hüllen, die der Zelle anliegen, bestehen aus Gallerte, Pseudochitin od. Cellulose. Gehäuse- od. Schalenbildung aus Chitin od. einer organischen Grundsubstanz, die durch Ein- od. Auflagerung von Kalk, Kieselsäureplättchen od. Fremdkörpern (Sandkörnchen, Abb. **35**/1, 2) verfestigt ist. – **V**. Zahlreiche Protozoen sind kosm. Für manche Gruppen bildet ihre Temperaturgebundenheit eine Ausbreitungsschranke. Auch bestimmte Entoparasiten, z. B. die Erreger der Schlafkrankheit *(Flagellata)* u. der Malaria *(Sporozoa)*, sind wegen der geographischen Verbreitung ihrer Überträger u. Wirte an begrenzte Verbreitungsgebiete gebunden. Weitere regulierende Faktoren sind Salzgehalt u. Wasserstoff-Ionenkonzentration des Wassers. – **L**. In großer Artenzahl im Süßwasser u. Meer. Eine besondere Lebensgemeinschaft des Meeres besteht im Sandlückensystem. Bewohner von Biotopen wie Regenpfützen, Tümpeln, Moospolstern, feuchter Erde, die der Gefahr der Austrocknung ausgesetzt sind, besitzen meist die Fähigkeit der Enzystierung u. überstehen so Trockenperioden u. Temperaturschwankungen. Außerdem Besiedlung extremer Biotope, wie heiße Quellen, Schnee des Hochgebirges od. kleinste Flüssigkeitsansammlungen (z. B. „Kuckucksspeichel" der Schaumzikade, Feuchtigkeit an Kiemen von Landasseln). 20 % der Protozoen leben als Kommensalen, Symbionten od. Parasiten. Zahlreiche Arten von wasserbewohnenden Protozoen sind dem Reinheitszustand der Gewässer eng angepaßt u. als Leitformen (Indikatoren) für die Beurteilung des Verschmutzungsgrades (Saprobität) in ein Saprobiensystem eingeordnet. Sie tragen entscheidend zur „Selbstreinigung" der Gewässer u. zur biologischen Reinigung von Abwasser in Kläranlagen bei. – **B**. Meist zur aktiven Bewegung befähigt, auch festsitzend. Als besondere Bewegungsorganellen werden Geißeln (Flagellen, Abb. **33**/1) od. Wimpern (Cilien, Abb. **36**/2) vorrangig zum Schwimmen benutzt. Im Gegensatz dazu werden Scheinfüßchen (Pseudopodien, Abb. **34**/1, **35**/1, 2) nur vorübergehend ausgebildet; keine eigentlichen Fortbewegungsorganellen. „Schreiten" od. „Stelzen" auf Pseudopodien od. auf zu Cirren verwachsenen Cilienbündeln möglich. Aktive Formveränderungen (Schlängelbewegung), die auch der Lokomotion dienen können, mit Hilfe von Bündeln kontraktiler Filamente (Myoneme, Abb. **37**/1). Diese durchziehen auch die Stiele festsitzender Formen (Abb. **37**/1) u. ermöglichen bei Störungen durch Kontraktion ein Zurückziehen aus dem Gefahrenbereich. – Die meisten Protozoen ernähren sich heterotroph, die häufigste Form der NaAufnahme ist die Aufnahme fester NaPartikel (Phagozytose). Kleine Beuteorganismen od. Teile davon können durch Pseudopodien an jeder beliebigen Stelle der Zelloberfläche eingeschlossen werden. Formen mit fester Pellikula besitzen einen für die NaAufnahme vorgebildeten Bereich, den Zellmund (Cytostom, Abb. **36**/2, **37**/1). Dieser ist umstellt von aus verschmolzenen Cilien bestehenden Wimperblättchen (Membranellen), die an der Erzeugung eines Wasserstromes, der NaPartikel zum Zellmund transportiert, beteiligt sind („Strudler" u. „Schlinger"). Bei Sauginfusorien finden sich Saugtentakel. Verdauung aufgenommener Na erfolgt in NaVakuolen (Gastriolen, Abb. **34**/1, **36**/1); unverdauliche Reste werden entweder an beliebigen Stellen der Zelle od. durch einen Zellafter (Cytopyge, Abb. **36**/2) ausgeschieden. – Autotrophe (phototrophe) Phytoflagellaten können mit Hilfe bestimmter Farbstoffe u. von Lichtenergie (Photosynthese) organische Substanzen (Kohlenstoffverbindungen) aufbauen. – Vermehrung durch ungeschlechtliche Fortpflanzung entweder als Zwei- od. Vielfachteilung. Geschlechtliche Fortpflanzung durch Verschmelzen von Geschlechtsindividuen (Gameten). Diese können unter sich morphologisch gleich (Isogameten) od. ungleich (Anisogameten) sein. Vorrangig bei parasitischen Protozoen wechseln ungeschlechtliche u. geschlechtliche Fortpflanzung in einem gesetzmäßig ablaufendem Zyklus (Generationswechsel) einander ab.

Über 27 000 Arten. Bis auf wenige charakteristische u. verhältnismäßig große Arten sind Protozoen nur durch Untersuchung ihres Feinbaues u. evtl. ihres Entwicklungskreislaufes zu bestimmen.

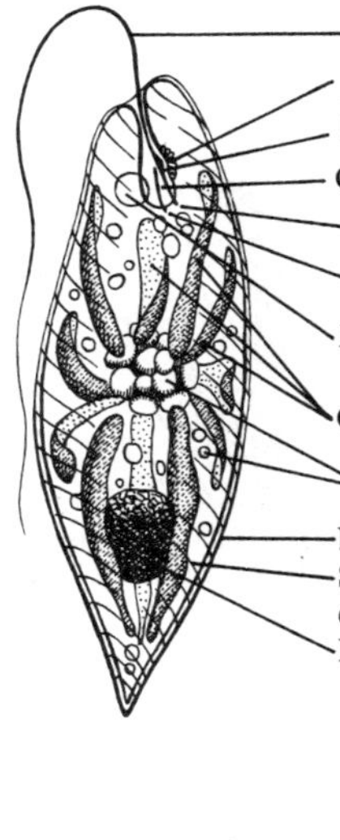

Abb. **33/1**
Euglena viridis

Klasse *Flagellata* – **Geißeltierchen**

Eine od. mehrere Geißeln (Flagellen) als Bewegungsorganellen. Unter bestimmten Bedingungen Übergang in einen geißellosen Zustand (Palmella-Stadium). Viele Flagellaten ernähren sich autotroph u. besitzen Plastiden mit grünem, gelbem, braunem od. auch rotem Farbstoff. In einigen Flagellatenordnungen neben Arten mit Plastiden auch solche, die nach Plastidenverlust farblos sind u. von diesen abgeleitet werden können. Vermehrung meist durch Längsteilung. 13 Ordnungen.

Ordnung *Euglenoidina*

Durch zahlreiche Plastiden mit Chlorophyll a u. b meist grün gefärbt. Viele Arten auch farblos. Als Reservestoff tritt das stärkeähnliche Paramylon in Form von Körnern od. Schollen auf. Meist eine lange, freie, lokomotorische Geißel u. eine kurze innerhalb des Geißelsäckchens (Abb. **33**/1). In einer Eindellung der Wandung des Geißelsäckchens Ansammlung von Pigmentkörnchen aus Carotinoiden, das Stigma, eine Beschattungsstruktur des Lichtsinnesrezeptororganells (Photorezeptor, Abb. **33**/1). Durch eine hochdifferenzierte Pellikula Aufrechterhaltung der spindelförmigen Gestalt, aber auch Metabolie möglich.
Gattung *Euglena* EHRENBERG. Zahlreiche Arten. Färben Wasser bei Massenentfaltung grün. *E. viridis* EHRENBERG (Abb. **33**/1). 52–57 µm. Mehrere Plastiden sternförmig um zentrale Paramylonansammlung angeordnet. Meist in stark fauligem Wasser.

Klasse *Rhizopoda* – **Wurzelfüßer**

Fortbewegung u. NaAufnahme mit Hilfe von Pseudopodien. Vermehrung durch Zweifach- od. multiple Teilung, Knospung od. geschlechtliche Fortpflanzung. 5 Ordnungen.

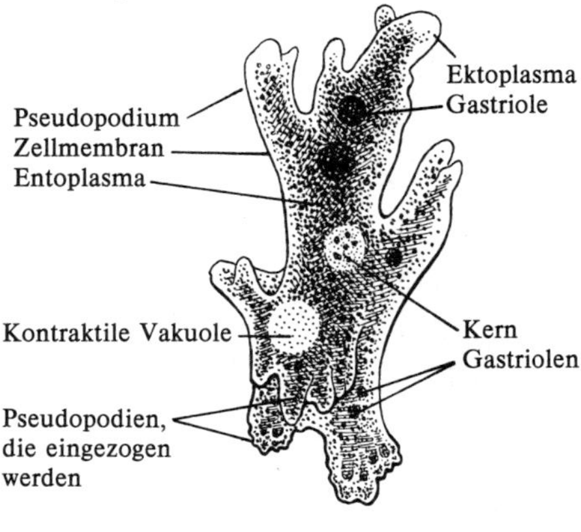

Abb. **34/1**
Amoeba proteus

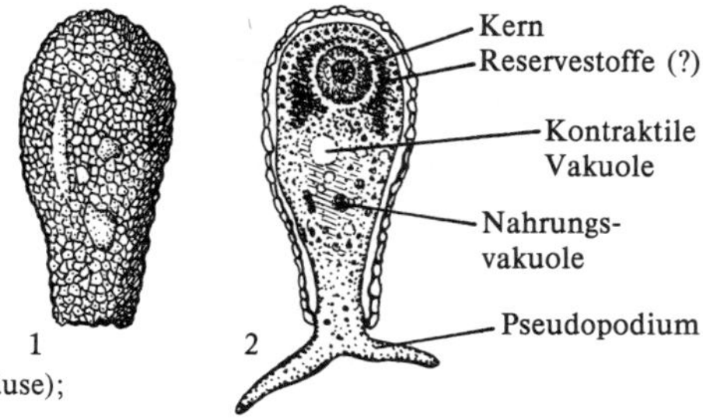

Abb. **35/1–2**
1 *Difflugia pyriformis* (mit Gehäuse);
2 *D. pyriformis*, Längsschnitt

Ordnung *Amoebina*

Zellen nackt, aus 2 Schichten bestehend (Ekto- u. Entoplasma, Abb. **34**/1). Mannigfache Gestaltsveränderungen („Wechseltierchen"). Pseudopodien finger- od. lappenförmig (Lobopodien). Bei manchen Arten Bewegung rollend od. kriechend ohne Ausbildung von Pseudopodien. Zellen in der Regel einkernig. Die meisten Amöben leben im Süßwasser u. im Meer, zahlreiche Arten als Kommensalen von Wirbellosen u. Wirbeltieren; einige sind pathogen.
Amoeba proteus PALLAS (Abb. **34**/1). 200–500 µm. Häufigste Amöbe des Süßwassers, am Grunde stehender Gewässer od. an den BlattUS von Wasserpflanzen. Frißt Algen u. andere Protozoen. *Entamoeba gingivalis* (GROS) in der Mundhöhle u. *E. coli* SCHAUDINN im Dickdarm des Menschen. Bestimmte Stämme der „*Limax*-Amöben" sind für den Menschen pathogen (Meningo-Enzephalitis).

Ordnung *Testacea* – **Beschalte Amöben**

Besitzen ungekammerte Schalen aus organischem Material, verbunden mit anorganischen Komponenten od. Fremdkörpern. In der Regel nur mit einer Öffnung, aus der die Pseudopodien herausgestreckt werden. Typische Bewohner des Süßwassers, vor allem von Moortümpeln u. Moosrasen. Artenreichste Gattung ist *Difflugia* LECLERC. *D. pyriformie* PERTY größte Art, bis 500 µm (Abb. **35**/1). Schale flaschenförmig, mit Sandkörnchen verfestigt.

Ordnung *Heliozoa*

Der kugelige Zellkörper besteht aus einer lockeren „Rindenschicht" (Ektoplasma) u. einer dichteren „Markschicht" (Entoplasma), darin ein od. mehrere Zellkerne. Die strahlenförmigen Pseudopodien besitzen einen Achsenstab aus Mikrotubuli (Axopodien). Im Süßwasser.
Actinosphaerium eichhorni EHRENBERG (Abb. **36**/1). 150–1 000 µm. Zahlreiche Zellkerne im Entoplasma. Vermehrung durch Zweiteilung od. geschlechtliche Fortpflanzung. In klaren Gewässern.

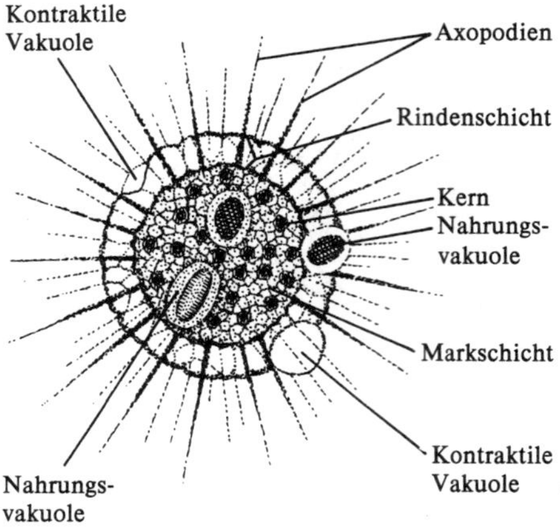

Abb. **36/1**
Actinosphaerium eichhorni

Klasse *Ciliata* – **Wimpertierchen**

Cilien (Wimpern) als Bewegungsorganellen. Zwei Kerntypen, ein somatischer Makronukleus u. ein generativer Mikronukleus (Abb. **36**/2, **37**/1), kommen gleichzeitig nebeneinander vor (Kerndualismus). Die Pellikula verleiht der Zelle eine spezifische Gestalt. Große Formenmannigfaltigkeit. Freibeweglich od. fest-

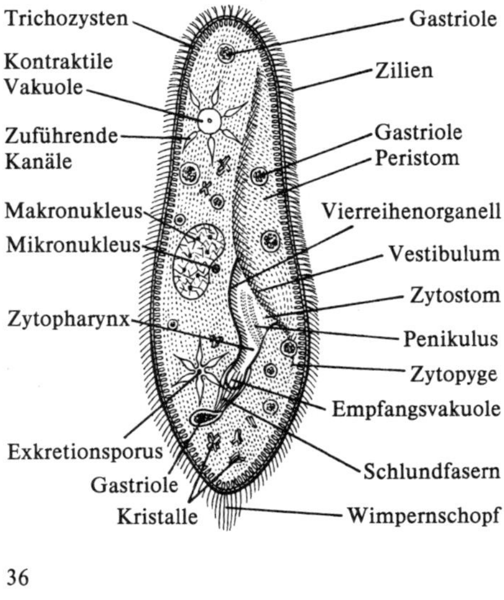

Abb. **36/2**
Paramecium caudatum

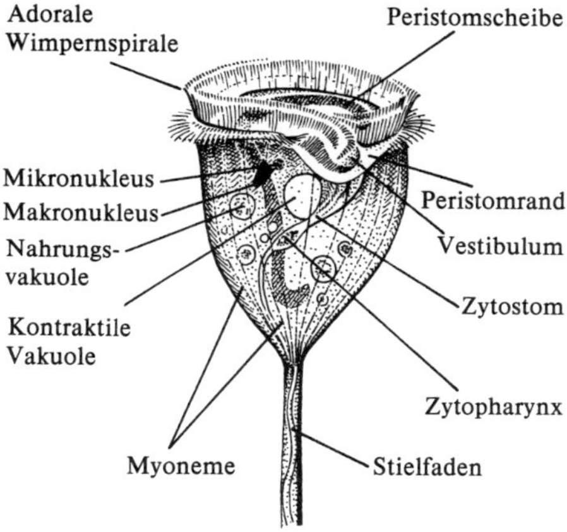

Abb. **37/1**
Vorticella spec.

sitzend, dann häufig mit einem Sekretionsprodukt der Zelle, einem Stiel, festgeheftet (Abb. **37**/1). Gehäusebildung tritt auf. Vermehrung durch Quer- od. Längsteilung u. geschlechtliche Fortpflanzung. Im Süßwasser u. im Meer, auch als Kommensalen u. Parasiten von Wirbellosen u. Wirbeltieren. – Für die Gliederung in 6 Ordnungen wird vorrangig die Art der Bewimperung des Zellkörpers zugrunde gelegt.

Ordnung *Holotricha*

Zellkörper meist ganz bewimpert. Cilien gleichartig. Zu den bekanntesten u. am besten untersuchten Wimpertierchen gehört die Gattung *Paramecium* STEIN. *P. caudatum* EHRENBERG – **Geschwänztes Pantoffeltierchen** (Abb. **36**/2). 120–330 µm. Überall in fauligem Wasser, leicht in Strohaufgüssen zu züchten.

Ordnung *Peritricha [Sessilia]*

Festsitzend (sessil), teils solitär, teils Kolonien bildend. Scheibenförmiges Mundfeld (Peristom, Abb. **37**/1) von 2 Wimperspiralen umstellt, die in den Mundtrichter (Vestibulum, Abb. **37**/1) führen.
Gattung *Vorticella* EHRENBERG (Abb. **37**/1). Der kontraktile Stiel trägt nur ein Individuum. Über 100 Arten an Wasserpflanzen u. -tieren.

Klasse *Sporozoa* – **Sporentierchen**

Entoparasiten, die extrazellulär in Körperhöhlen (Darmlumen, Leibeshöhle) od. intrazellulär in Gewebezellen leben. Bei ihrer Entw wechseln eine (Sporogonie)

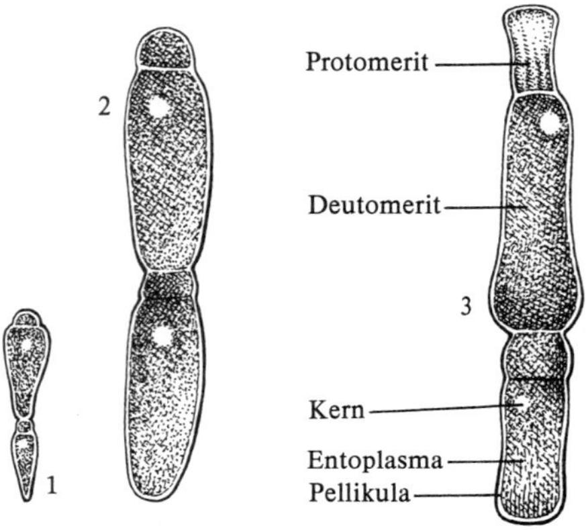

Abb. **38/1–3**
1 *Gregarina steini*;
2 *G. polymorpha*; **3** *G. cuneata*

od. zwei (Sporo- u. Schizogonie) ungeschlechtliche Vielfachteilungen mit einer geschlechtlichen Fortpflanzung (Gamogonie) gesetzmäßig miteinander ab (Generationswechsel). 2 Ordnungen.

Ordnung *Gregarinida*

Keine Schizogonie. Wurmförmige Parasiten in Körperhöhlen von Wirbellosen. Zellkörper meist durch eine Scheidewand in Proto- u. Deutomerit mit dem Kern unterteilt (Abb. **38**/3). Am VorderE evtl. ein verschieden gestaltetes Haftorganell (Epimerit). Häufig zwei Tiere aneinandergereiht, aus denen später in einer Cyste zahlreiche Sporen hervorgehen. Bewegung ist ein langsames Gleiten, manche Arten führen Schlängelbewegungen aus. NaAufnahme durch die Zellhülle. *Gregarina polymorpha* (HAMMER-SCHMIDT), *G. cuneata* STEIN, beide 350 µm, *G. steini* BERNDT, 150 µm (Abb. **38**/1–3), im Darm der Larven des Mehlkäfers *Tenebrio molitor.*

Ordnung *Coccidia*

Der Gamogonie geht eine Schizogonie voraus. Da der größte Teil der Entw in Wirtszellen verläuft, rufen manche Arten bei Menschen u. Nutztieren Krankheiten hervor, die von großer volkswirtschaftlicher u. medizinischer Bedeutung sind. Artenreichste Gattung: *Eimeria* A. SCHNEIDER; verschiedene Arten sind Erreger der Kaninchenkokzidiose, der „roten Ruhr“ der Rinder, der Geflügelkokzidiose. – *Toxoplasma gondii* NICOLLE U. MANCEAUX, Erreger der Toxoplasmose. Weltweit verbreitet bei Vögeln, Säugetieren einschließlich Mensch. Infektion beim Erwachsenen meist symptomlos; Foeten können über die Plazenta der Mutter infiziert werden, kann bei Neugeborenen zu Mißbildungen (Hydrocephalus u. a.) führen, vielfach Totgeburten.

Klasse *Cnidosporidia*

Parasiten, deren Verbreitung ebenfalls durch Sporen erfolgt. Entw u. Aufbau der Sporen jedoch anders als bei Sporozoen. Durch Ausschaltung der befallenen Gewebe tödlich verlaufende Krankheiten hervorrufend, die z.T. epidemisch auftreten u. von volkswirtschaftlicher Bedeutung sind, z.B. *Nosema apis* ZANDER, Erreger der Bienenruhr. – Extrazellulär lebende Parasiten bei Meeres- u. Süßwasserfischen: *Myxobolus pfeifferi* THÉLOHAN, Erreger der Beulenkrankheit; *Myxosoma cerebrale* (HOFER), Erreger der Drehkrankheit bei Regenbogenforellen.

Literatur

DOFLEIN, F. u. E. REICHENOW: Lehrbuch der Protozoenkunde. Jena 1953.

FOTT, B.: Algenkunde. Jena 1971.

KÄSTNER, A.: Lehrbuch der Speziellen Zoologie. Teil I: Wirbellose. Jena 1954/55.

–: Lehrbuch der Speziellen Zoologie. Bd. 1. Wirbellose Tiere. Hrsg. von H.-E. GRUNER. Jena 1980.

KÜHN, A.: Morphologie der Tiere in Bildern. 1. Teil: Flagellata. Berlin 1921. 2. Teil: Rhizopoda. Berlin 1926.

KÜKENTHAL, W. u. RENNER, M.: Leitfaden für das Zoologische Praktikum. Jena 1978.

MACKINNON, D. L. AND R. S. J. HAWES: An Introduction of the Study of Protozoa. Oxford 1961.

Porifera – Schwämme

G. Im Wasser lebende, festsitzende, vielzellige, hinsichtlich Gestalt u. Farbe sehr variable Tierstöcke ohne echtes Zellgewebe u. Organe, ohne Nerven- u. Sinneszellen *(Parazoa).* Kragengeißelzellen strudeln Wasserstrom durch winzige Poren in das Hohlraumsystem des Schwammes u. durch eine größere Öffnung (Osculum) wieder hinaus; dadurch werden Atmung, Ernährung sowie Abführung der Abstoffe u. Geschlechtsprodukte vollzogen. Im Weichkörper befindet sich ein Stützskelett aus hornartigen Fasern (Spongiolin), harten Skelettnadeln u. wesentlich kleineren Fleischnadeln, Spangen sowie bei Süßwasserarten kugelige, dauerknospenartige, ca. 0,5 mm große Gemmulae mit Panzerhüllen aus Nadeln od. hantelförmigen Amphidisken. – **V.** Weltweit in allen Meeren u. Binnengewässern. – **L.** im Meer bis in über 5 000 m Tiefe, in Binnengewässern bis in über 3 000 m H. – **B.** Bis auf ein Kontraktionsvermögen der Oscula sind Schwämme bewegungslos. Ernährung von kleinsten Organismen u. Detritus. Eine hohe Filtrationsleistung ist für die Gewässerreinhaltung bedeutsam. Die Vermehrung erfolgt geschlechtlich durch Eier über Flimmerlarven, ungeschlechtlich durch Sprossung u. Gemmulae, die zur Überdauerung ungünstiger Lebensverhältnisse (Austrocknung, Kälte) gebildet werden. Die Gemmulae enthalten Zellen mit Reservestoffen, aus denen ein neuer Schwamm hervorgehen kann. Entsprechend den Umweltbedingungen haben die einzelnen Arten sehr unterschiedliche Wuchsformen. Die Bestimmung ist deshalb nur mikroskopisch an Hand der harten Skelettelemente möglich. Am längs u. quer geschnittenen Schwamm sieht man das Kanalsystem, an feinen Zupfpräparaten in Wasser auf schwarzem Untergrund das Innenskelett (Lupe) u. seine Elemente (Mikroskop).

Zum Erkennen eines Kalkschwammes ein Stückchen Schwamm mit einem Tropfen konzentrierter Salzsäure zusammenbringen: Kalk löst sich unter Kohlendioxidentwicklung (Aufbrausen).

Ca. 3 000 Arten, heimisch 31, davon 6 in Binnengewässern.

1 In Nordsee u. westl. Ostsee bis Darßer Schwelle, ohne Gemmulae, Meeresschwämme **2**

1* In Binnengewässern u. im Brackwasser der mittleren u. östl. Ostsee, mit Gemmulae. Süßwasserschwämme **11**

2 Skelett aus einfachen u. 3- bis 4-strahligen Kalknadeln **3**

2* Keine Skelettelemente od. diese nicht aus Kalk **4**

3 Eiförmig, gurkenförmig, kugelig od. gestielt, Osculum mit „Kragen", 15–50 mm h, 2–5 mm dick, weiß, grau od. bräunlich (Abb. **41**/1). – **V.** Nordsee, westl. Ostsee, Meere der nördl. Hemisphäre. – **L.** Flachwasser bis 70 m Tiefe, auf Stein, Tang, Schlamm- u. Sandgrund. *Sycon ciliatum* (FABRICIUS) – **Meergürkchen**

3* Krustig, höckerig, gestielt, röhrenförmig, verzweigt, netzförmig, stets klein, 0,2–2,0 cm hoch, weiß, auch grau, gelb, rot od. braun. – **V.** Nordsee, westl. Ost-

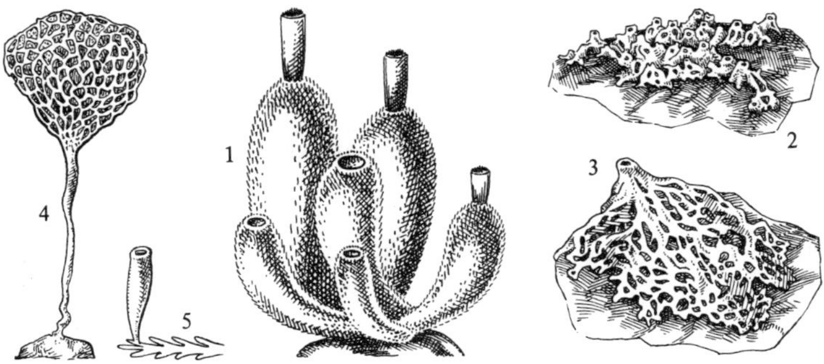

Abb. **41/1–5** **1** *Sycon ciliatum*; **2** *Leucosolenia coriacea*, Übersicht; **3** *L. coriacea*, Einzelstock; **4** *L. blanca*; **5** *L. sagittaria*

see, kosm. – **L.** Flachwasser bis 20 m Tiefe, auf Steinen, Muscheln, Algen, Hydrozoen.

Mehrere Arten von *Leucosolenia* BOWERBANK, z. B. *L. coriacea* BOWERBANK (Abb. **41**/2–3), *L. sagittaria* HENSCHEL (Abb. **41**/5), *L. blanca* (MIKLUCHO-MAKLAI) (Abb. **41**/4), *L. botryoides* ELLIS ET SOLANDER Abb. **41A**/1), *L. fragilis* (HENSCHEL) (Abb. **41 A**/2–3), *L. complicata* (MONTAGU) (Abb. **41 A**/4).

4 **(2)** Mit harten Skelettelementen **5**

4* Ohne harte Skelettelemente, Fasernetz vorhanden. Schwamm krustig, höckerig, weich, gallertig, weißlich, gelblich, bräunlich, bildet Flecken bis 10 cm Lg, um 5 mm dick. – **V.** Nord- u. westl. Ostsee bis Darßer Schwelle, Arkt, Atl Ozean, Mittelmeer. – **L.** Flachwasser bis 30 m Tiefe, auf Tangen, Steinen usw.
Halisarca dujardini JOHNSTON – **Gallertschwamm**

5 Große Skelettnadeln meist an einem E knopfähnlich verdickt **6**

5* Große Skelettnadeln am E nicht auffallend verdickt **7**

6 Schwammkörper ballenförmig, rundlich, elastisch, fest, bis kopfgroß, grau, orange, innen gelb. – **V.** Nordsee, westl. Ostsee, Arkt, N-Atl Ozean, Mittelmeer, N-Pazifik. – **L.** Flachwasser bis 400 m Tiefe. Auf Molluskenschalen, oft mit Einsiedlerkrebsen. *Suberites ficus* (GRAY) – **Korkschwamm**

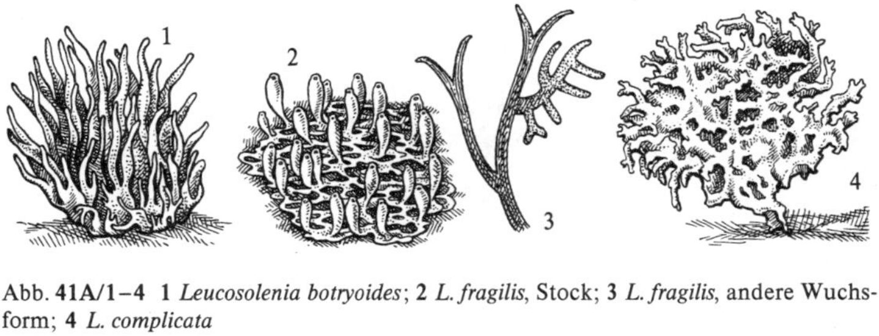

Abb. **41A/1–4** **1** *Leucosolenia botryoides*; **2** *L. fragilis*, Stock; **3** *L. fragilis*, andere Wuchsform; **4** *L. complicata*

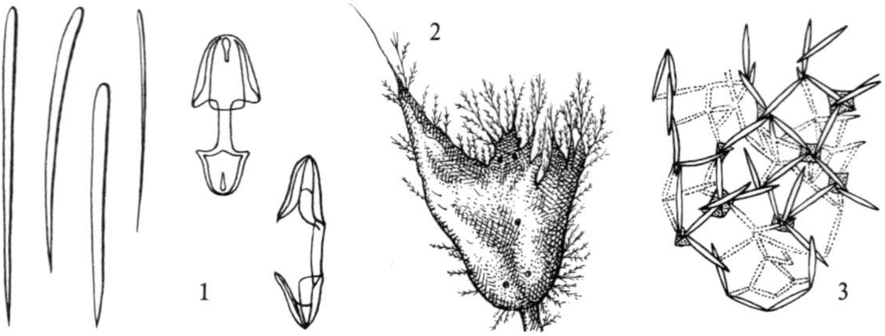

Abb. **42/1–3** **1** *Mycale ovulum*, Skelettelemente; **2** *M. ovulum*, Stock; **3** *Adocia cinerea*, Skelettnadeln

6* Schwamm durch Löcher in Kalkstein u. Muschelschalen auffällig, wo er bohrt. Körper klein, papillenförmig, gelb, kontraktil u. meist in Bohrlöcher eingezogen, später durch Wachstum rundlich od. krustig. – **V.** Nordsee, kosm. – **L.** Flachwasser bis in 200 m Tiefe. *Cliona celata* GRANT – **Bohrschwamm**

7 **(5)** Ausschließlich glatte Skelettnadeln **8**

7* Glatte Skelettnadeln u. kleine Spangen (Abb. **42**/1), Schwammkörper meist kleiner als 1 cm, aber auch bis 5 cm, polsterartig, gelblich (Abb. **42**/2). – **V.** Nordsee, westl. Ostsee, Arkt, N-Atl, N-Pazifik. – **L.** 3–200 m Tiefe, in Verästelungen von Algen u. Hydroiden. *Mycale ovulum* (O. SCHMIDT) – **Polsterschwamm**

8 Skelettnadeln unter 400 µm lg **9**

8* Skelettnadeln bis 1 000 µm lg. Schwammkörper bis 15 cm groß, unregelmäßig klumpig, krustig od. ästig, leicht bröckelnd, bräunlich, gelblich, rötlich, grau od. grün, Osculum oft auf Erhebungen (Abb. **42 A**/1). – **V.** In Nordsee u. westl. Ostsee, kosm. – **L.** Flachwasser bis über 500 m Tiefe, auf Steinen, Holz, Molluskenschalen, Tangen. *Halichondria panicea* (PALLAS) – **Brotkrumenschwamm**

9 Skelettnadeln gebündelt **10**

9* Skelettnadeln ± einzeln, lockere Maschen bildend (Abb. **42**/3). Schwammkörper 2–10 cm h, unregelmäßig, krustig, polsterartig od. verzweigt, sehr weich, bläu-

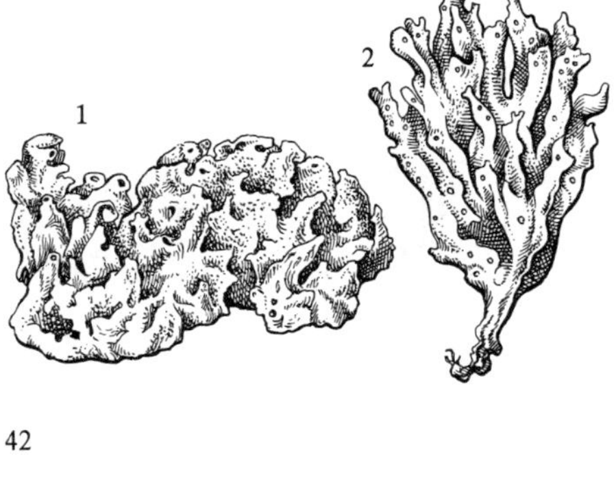

Abb. **42A/1–2**
1 *Halichondria panicea*;
2 *Haliclona oculata*

lich, weißlich, gelblich, rötlich, lila. – **V.** Nordsee, westl. Ostsee, kosm. – **L.** Flachwasser bis 200 m Tiefe auf Steinen, Tangen, Seepocken, Muschelschalen. *Adocia cinerea* (GRANT) – **Wattschwamm**

10 Schwammkörper deutlich verzweigt od. fingerförmig, bis 30 cm h, Oberfläche glatt, elastisch, zäh, grünlich, gelblich, rosa, purpurn (Abb. **42A**/2). – **V.** Nordsee, westl. Ostsee, kosm. – **L.** Flachwasser bis 150 m Tiefe auf Sand- u. Schlammgrund, an Fels, Steinen, Molluskenschalen u. auf Seespinnen. *Haliclona oculata* (PALLAS) – **Geweihschwamm**

10* Schwammkörper nicht verzweigt, höchstens mit kurzen Röhren, bis 4 cm h, meist unregelmäßig verwachsene rundliche od. kugelförmige Massen, bis 9 cm groß, Oberfläche rauh, sehr elastisch, ziegelrot, gelblich od. bräunlich. – **B.** Nordsee, westl. Ostsee, Arkt, N-AtlOzean. – **L.** Flachwasser bis 25 m Tiefe auf Tangen, Seegras, Steinen, Molluskenschalen. *Haliclona limbata* (MONTAGU) – **Klumpenschwamm**

11 **(1)** Gemmula-Hülle aus bedornten Nadeln **12**

11* Gemmula-Hülle aus Amphidisken **13**

12 Ohne Fleischnadeln. Skelettnadeln leicht gebogen od. gerade, glatt (Abb. **44**/1). Gemmulaenadeln gedrungen bis schlank, leicht bedornt (Abb. **44**/2). Schwammkörper meist klumpig od. krustig, evtl. Fortsätze unverzweigt, selten strauchig; ∅ bis 45 cm; weich, bröckelig, weißlich, grau, bräunlich, selten grün od. rötlich; Oscula klein, sternförmig; Gemmulae gehäuft. – **V.** Eur, As, Am, Austr. – **L.** Bis in 30 m Tiefe in stehenden u. langsam fließenden Gewässern, im Geb bis fast 2 000 m. *Spongilla fragilis* LEIDY – **Sternlochschwamm**

12* Mit fein bedornten Fleischnadeln (Abb. **44**/4). Skelettnadeln gerade od. fast gerade, glatt (Abb. **44**/3). Gemmulaenadeln gedrungen u. leicht bedornt (Abb. **44**/5). Schwammkörper im Stillwasser geweih-, busch- od. baumförmig verzweigt (Abb. **43**/1), im Fließwasser klumpig od. mit kurzen Fortsätzen, jung flach krustig, bis über 1 m h, weich, lebend zäh, grün, gelblich, bräunlich, rötlich, weißlich, riecht streng, Oscula winzig, unauffällig, Gemmulae einzeln. – **V.** Kosm. – **L.** Bis 30 m tief in Binnen- u. Brackgewässern bis Salzgehalt 16 ‰, häufig, im Geb bis über 3 000 m H. *Spongilla lacustris* **(L.)** – **Stinkschwamm**

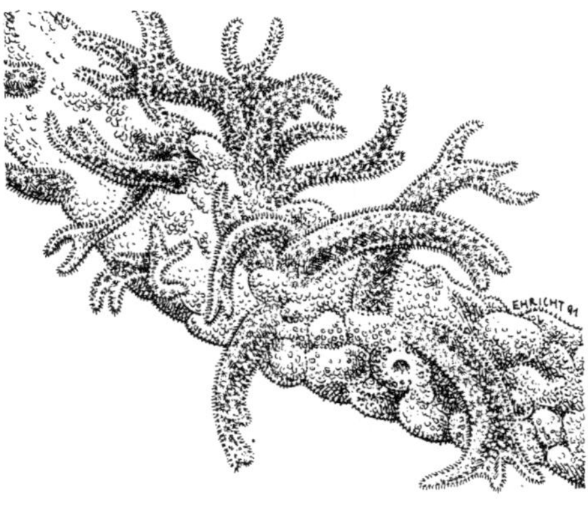

Abb. **43/1**
Spongilla lacustris

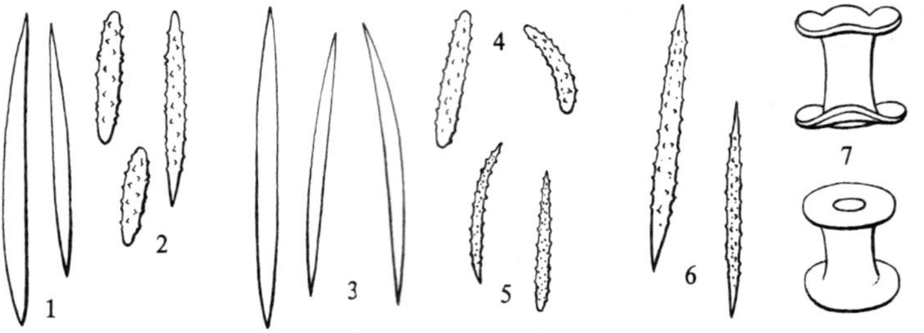

Abb. **44/1–7** **1** *Spongilla fragilis*, Skelettnadeln; **2** *S. fragilis*, Gemmulaenadeln; **3** *S. lacustris*, Skelettnadeln; **4** *S. lacustris*, Fleischnadeln; **5** *S. lacustris*, Gemmulaenadeln; **6** *Trochospongilla horrida*, Skelettnadeln; **7** *T. horrida*, Amphidisken

13 **(11)** Rand der Amphidisken zerteilt, Skelettnadeln glatt od. fast glatt **14**

13* Rand der Amphidisken glatt (Abb. **44**/7), Skelettnadeln bedornt (Abb. **44**/6), Schwammkörper krusten- od. klumpenförmig, bis 10 cm groß, Oberfläche eben u. rauh, weißlich, gelb, braun. – **B.** Eur, As, NAm. – **L.** In stehenden u. langsam fließenden Gewässern des Flachlandes.

Trochospongilla horrida WELTNER – **Rauher Süßwasserschwamm**

14 Bildet Klumpen od. Polster **15**

14* Bildet keine Klumpen od. Polster. Lange u. kurze Amphidisken, Ränder gezähnt od. hakenförmig (Abb. **44A**/3), Fleischnadeln mit auffallender, z. T. unregelmäßiger Bedornung (Abb. **44A**/2). – **V.** O- u. M-Eur, N-Am. – **L.** In Weihern u. Seen im Schatten auf Schilfstengeln, Holz, Steinen.

Heteromeyenia baleyi BOWERBANK – **Borkenschwamm**

15 Die gleich großen Amphidisken haben Ränder mit wenigen groben Zähnen (Abb. **44A**/5), Skelettnadeln teilweise bedornt (Abb. **44A**/4), Schwammkörper bildet rasenartige Polster od. Klumpen bis 12 cm ∅, selten kurz verzweigt, meist hart, grünlich, gelblich, bräunlich, weißlich, rötlich. – **B.** Eur, As, N-Am. – **L.**

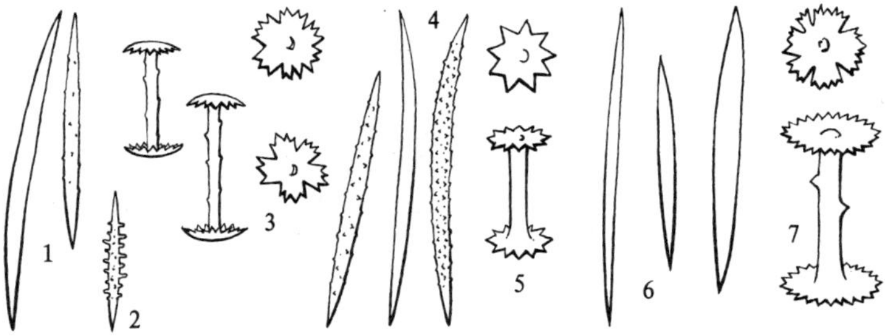

Abb. **44A/1–7** **1** *Heteromeyenia baileyi*, Skelettnadeln; **2** *H. baileyi*, Fleischnadel; **3** *H. baileyi*, Amphidisken; **4** *Ephydatia muelleri*, Skelettnadeln; **5** *E. muelleri*, Amphidisken; **6** *E. fluviatilis*, Skelettnadeln; **7** *E. fluviatilis*, Amphidisken

Im Flachwasser stehender u. langsam fließender Gewässer, im Geb bis über 1 000 m H. *Ephydatia muelleri* (LIEBERKÜHN) – **Kleiner Süßwasserschwamm**

15* Die gleich großen Amphidisken haben Ränder mit vielen feinen Zähnen (Abb. **44** A/7), Skelettnadeln glatt (Abb. **44** A/6). Schwammkörper bildet rasenartige Polster von über 50 cm ∅ od. Klumpen bis 30 cm ∅, meist weich, grün, bräunlich, gelblich, rötlich, weißlich. – **V.** Eur, As, Afr, N-Am. – **L.** Im Brackwasser bis 6 ‰ Salzgehalt u. im Flachwasser von stehenden u. langsam fließenden Binnengewässern, im Geb bis über 2 000 m H.

Ephydatia fluviatilis (L.) – **Großer Süßwasserschwamm**

Literatur

ARNDT, W.: Porifera in F. DAHL: Die Tierwelt Deutschlands und der angrenzenden Meeresteile. Jena 1928.

–: Porifera in G. GRIMPE u. E. WAGLER: Die Tierwelt der Nord- und Ostsee, Teil 3a, 1. Leipzig 1935.

JAECKEL, S.: Porifera – Schwämme in E. STRESEMANN: Exkursionsfauna. Wirbellose I. Berlin, 1986.

Cnidaria – **Nesseltiere**

G. Einfach organisiert, meist radiärsymmetrisch. Einzeln lebend od. koloniebildend. Körper mit 2 Zellschichten, dazwischen Stütz- od. Gallertschicht. Magen-Darmraum sackförmig od. ± regelmäßig verzweigt, mit nur einer Öffnung (Mund). Die hauptsächlich in den Tentakeln konzentrierten mikroskopisch kleinen, hinsichtlich Form u. Funktion verschiedenartigen Nesselkapseln sind in der Organismenwelt einmalig u. geben dem Tierstamm den Namen. Zwei Lebensformen: Polyp u. Meduse. Polyp (Abb. **52**/1–6, **55**/1–3) mit sack- od. schlauchförmigem Körper, überwiegend in Fußscheibe, Rumpf u. Mundscheibe gegliedert. Mund meist von Tentakeln umgeben. Meduse (Abb. **68**/1–3, **69**/1–5) glocken- od. schirmförmig mit gallertiger Mittelschicht, am Rand meist Tentakeln. An US des Schirms ein Mundrohr. – **L.** Ausschließlich aquatisch, überwiegend marin, einige Arten im Brack- u. Süßwasser. – **B.** Koloniebildende Polypen festsitzend, einzeln lebende oft zu langsamem Ortswechsel befähigt. Meduse meist mundabwärts schwebend od. schwimmend. Manche Arten phosphoreszieren. Vermehrung geschlechtlich u. ungeschlechtlich, Generationswechsel häufig. Tochterpolypen od. Medusen werden ungeschlechtlich durch Knospung erzeugt. Aus Eiern entwickeln sich Polypen. Manche Arten treten nur als Polypen od. Medusen auf. Durch Knospung ohne Trennung können Polypenkolonien, selten Medusenkolonien entstehen. Fortbewegung der Medusen passiv durch Verdriftung u. aktiv durch Rückstoß bewirkende Kontraktion der Glocke. Na: vorwiegend Tiere. Beute wird durch Gift der bei Berührung explodierenden Nesselkapseln gelähmt od. durch Haftkapseln festgehalten. Tentakeln führen sie zum Mund, wo sie als Ganzes verschlungen wird. Kleine NaPartikel, Bakterien u. Detritus werden dem Mundfeld durch koordinierte Schlagrichtung des Wimperkleides zugeführt. Die Aufnahme im Wasser gelöster Nährstoffe durch die Oberhaut ist erwiesen. Große Bedeutung kommt einzelligen symbiotischen Algen zu (bei Hydren, vielen Anthozoen), deren Assimilationsprodukte aufgenommen werden. Die Algen nehmen hingegen Abstoffe auf, wordurch die Nesseltiere entschlackt werden. – Etwa 7700 Arten in 4 Klassen: *Scyphozoa, Cubozoa, Hydrozoa, Anthozoa.* Im Gebiet ca. 130 Arten, *Cubozoa* nicht vertreten. – Tiere lebend beobachten, da die Größenangaben sich hauptsächlich auf ausgestreckte Organismen beziehen. Kleinere Formen im durchfallenden u. auffallenden Licht auf weißem u. schwarzem Untergrund betrachten. Einige Arten nesseln.

1 Frei schwimmend, Körper medusenförmig **10**
1* Festsitzend od. kriechend, Körper polypenförmig **2**
2 Polypen mit deutlichen Tentakeln **4**
2* Polypen ohne od. mit nur stummelförmigen Tentakeln, bis 2 mm lg **3**
3 Im Brackwasser *Protohydra* S. 52
3* Im Süßwasser *Microhydra* S. 72

4 **(2)** Tentakel büschelartig am Ende von 8 Fortsätzen. Körper gestielt, becherförmig. *(Lucernaria, Haliclystus, Craterolophus)* *Stauromedusae* S.48
4* Tentakel anders angeordnet **5**
5 Mit 8 gefiederten Tentakeln. Koloniebildend. *Alcyonium* S.73
5* Tentakel nicht gefiedert **6**
6 Koloniebildend (Abb.**58**/1, 6). Hydroidpolypen S.51
6* Einzeln lebend **7**
7 Im Süßwasser. *Hydridae* S.51
7* Im Meer od. Brackwasser **8**
8 Körper kleiner als 1 mm. *Halammohydra* S.72
8* Körper größer als 1 mm **9**
9 Polypen kleiner als 10 mm od. basal mit Wurzelhaaren. Hydroidpolypen S.51
9* Polypen größer als 10 mm, fleischig, basal ohne Wurzelhaare. *Anthozoa* S.72
10 **(1)** Im Süßwasser. *Microhydra [Craspedacusta]* S.72
10* Im Meer- od. Brackwasser **11**
11 Schirmrand glatt; ∅ kleiner als 3 cm; Glockenhöhle mit Segel (Velum) (Abb.**71 A**/4) **12**
11* Schirmrand gegliedert, ∅ bei voll entw Tieren größer als 3 cm, Glockenhöhle ohne Segel. *Scyphozoa* S.47
12 Glocke hoch, fingerhutförmig, oben zugespitzt. Mit langem Magenstiel u. 80 winzigen Tentakeln. *Aglantha* S.71
12* Glocke anders gebaut. *Hydromedusen* S.63

Klasse *Scyphozoa*

G. Ungeschlechtliche Generation wenig auffällig. Scyphopolypen 1–4 mm h, nicht koloniebildend. In den Magen ragende 4 Längsfalten. Scyphomedusen im allgemeinen groß, teils über 2 m ∅. Ohne Velum. Keimdrüsen in innerer Magenwandung, entleeren Geschlechtszellen in den Magen. Glockenrand durch Kerben, Buchten u. Lappen gegliedert, in Kerben häufig Sinneskörper. Mit od. ohne Randtentakel. Mundöffnung kreuzförmig, häufig mit lg, fahnenartigen Mundarmen. Vom Magen zweigt kompliziertes Gefäßnetz in Glocke ab. Becherquallen (Abb. **48**/5) nehmen Mittelstellung zwischen Polypen u. Medusen ein. – **B.** Kosm. Meer- u. Brackwasser. – **L.** Stielquallen angeheftet, übrige im freien Wasser. – **B.** Scyphomedusen schweben u. schwimmen frei in Strömungen, bilden oft riesige Schwärme (bis 45 km Lg). Sie ergreifen NaTiere mit Mundarmen od. Tentakeln. Viele Medusen schwimmen in Grundnähe u. kommen periodisch an MeeresOFläche. – Stielquallen vorwiegend auf Tangen u. Seegras sitzend (meist Mund abwärts od. Körper waagerecht). Nach Lösen der Fußscheibe Fortbewegung auf Tentakelspitzen durch abwechselndes Vorstrecken eines Armpaares od. spannerartig. Ernährung meist räuberisch. Beute wird mit Tentakelquasten aufgetupft. Entw der Stielquallen über Larven, die zu Polypen werden u. dann endgültige Gestalt annehmen. Bei übrigen Scyphozoen schnüren Polypen durch Querteilungen Medusen ab (Strobilation). Medusen meist getrenntgeschlechtig. Etwa 200 Arten, davon 8 im Gebiet. – Freiwasserbeobachtungen offenbaren Schönheit u. Bewegungsweise der Medusen, jedoch ist bei Nesselquallen Vorsicht vor Berührung geboten. Abtöten durch Zugabe von 5%iger Formalinlösung in Seewasser. Zur Fixierung allmählich Formalin hinzufügen. Zur endgültigen Aufbewahrung nach einigen Stunden in 10%ige Formalinlösung überführen.

1 Tiere frei schwimmend, medusenförmig **4**

1* Tiere festsitzend, polypenähnlich. Körper becherförmig, 8 Arme mit Büscheln geknöpfter Tentakel (Abb. **48**/5–6) (Ordnung *Stauromedusae* – Becherquallen) **2**

2 Arme nicht paarweise angeordnet, gleich weit voneinander entfernt **3**

2* Arme paarweise angeordnet (Abb. **48**/5). Becher 2mal so br wie h, 50–60 mm ∅. Stiel länger als Körper. An jedem Arm 100–120 Tentakel. Farbe grau, grün od. braun, veränderlich. – **V.** Nordsee, westl. Ostsee. – **L.** Auf Tangen *(Fucus, Laminaria)* od. Seegras. *Lucernaria quadricornis* O.F.MÜLLER – **Breite Becherqualle**

3 Becher so br wie h, 20–30 mm ∅. 30–60 Tentakel je Arm. Am Grunde der Arme 8 große, eiförmige Randanker. Stiel mit 5 Muskelbändern. Farbe je nach Unterlage grau, gelb, braun, grün od. rot. – **V.** Nordsee. – **L.** An felsigen Küsten, auf Algen. *Haliclystus octoradiatus* CLARK – **Kleine Becherqualle**

3* Becher höher als br, glockenförmig, 15–25 mm ∅. Stiel kurz, ¼ od. ⅓ der GlockenH, ohne Längsmuskeln. H mit Stiel 25–30 mm. Arme kurz, mit jeweils 60–80 Tentakeln, ohne Randanker (Abb. **48**/6). Farbe ja nach Unterlage olivgrün od. bräunlich. – **V.** Nordsee. – **L.** Auf Algen *(Halidrys, Ulva, Chorda, Fucus, Laminaria).* *Craterolophus tethys* CLARK – **Schlanke Becherqualle**

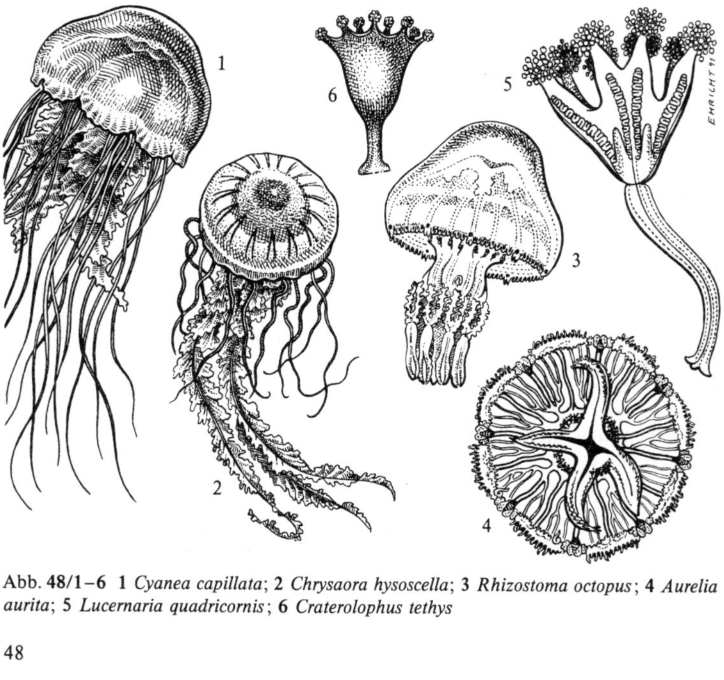

Abb. **48**/1–6 **1** *Cyanea capillata*; **2** *Chrysaora hysoscella*; **3** *Rhizostoma octopus*; **4** *Aurelia aurita*; **5** *Lucernaria quadricornis*; **6** *Craterolophus tethys*

4 **(1)** Ohne Tentakel. Mundrohr gallertartig starr, aus 8 an der Basis miteinander verwachsenen Mundarmen mit am Glockenansatz u. in halber H dicht gekräuselten Falten (Abb. **48**/3). Schirm helmartig, bis 600 mm ∅, bläulich, milchigweiß mit zahlreichen lila Randlappen. Enden der Mundarme blau, Krausen der Mundarme gelblich od. violett. – **V.** Nordsee, zeitweise nicht selten. – NaAufnahme unklar, da erwachsene Tiere ohne Mundöffnung. Saugkrausen mit zahlreichen Poren deuten auf Mikroplankton als Na. Schwimmt geradlinig od. in kurvigen Bahnen. (Ordnung *Rhizostomae* – Wurzelmundquallen).
Rhizostoma octopus (L.) – **Blumenkohlqualle**

4* Mit Tentakeln. Mundrohr in 4 fahnenartige faltige Mundarme verlängert. (Ordnung *Semaeostomae* – Fahnenmundquallen) 5

5 Schirmrand mit Tentakeln 7

5* Schirmrand ohne Tentakel, meist mit 16 größeren u. 16 kleineren Lappen. Zahlreiche Tentakel in 8 Gruppen an der SchirmUS. Mundarme gardinenartig verbreitert u. gefaltet (Abb. **48**/1) 6

6 Schirm gelblichbraun, bis 500 mm ∅, oft kleiner. – **V.** Nordsee, westl. u. mittlere Ostsee. Nicht selten. – **B.** Embryonalentw in Krausen der Mundarme. Die mehrere m lg Fangarme werden beim Schwimmen wie Spinnfäden hinterhergeschleppt. Beim langsamen Absinken der Qualle ein mehrere m^3 großer Raum mit Fangfäden der Tentakeln durchsetzt. Vorsicht, nesselt stark (u. U. Vergiftungserscheinungen). *Cyanea capillata* (L.) – **Gelbe Haarqualle**

6* Schirm kornblumenblau, bis 300 mm ∅. – **V.** Nordsee, westl. Ostsee. – **B.** Wie vor. Art. *Cyanea lamarcki* PÉRON U. LESUEUR – **Blaue Nesselqualle**

7 **(5)** Am Schirmrand 24 kräftige Randtentakel zwischen den fast halbkreisförmigen 32 Randlappen. Schirm bis 300 mm ∅. Mundarme lg, fahnenartig gekräuselt, am E verschmälert. Schirm weiß od. gelblich mit brauner od. rötlicher Strahlenzeichnung (Abb. **48**/2), Mundarme blaßrötlich. – **V.** Nordsee, Spätsommer. – **B.** Kann zwittrig sein. Embryonalentw im Ovar. Larven u. Polypen vermehren sich auch ungeschlechtlich. Fußscheiben der Polypen bilden Überdauerungsstadien (Podocysten). *Chrysaora hysoscella* (L.) – **Kompaßqualle**

7* Zahlreiche kurze, zarte Randtentakel. Mund kreuzförmig in 4 kräftige Mundarme verlängert (Abb. **48**/4). Schirm im Herbst bis 400 mm ∅. Gonaden umstehen den Mund in 4 halbkreisförmigen Krausen. Schirm farblos. Kanalsystem, Gonaden, Mundarme u. Tentakel weißlich, gelblich, rötlich, bläulich od. violett. Zahl der Sinneskörper, Mundarme u. Gonaden kann variieren. – **V.** Nordsee, Ostsee, häufig. – **B.** Na: Plankton, auch größere Tiere wie Flohkrebse, Polychaeten, Fische. Embryonalentw in Randfalten der Mundarme. Polyp kann sich ungeschlechtlich vermehren, Polypengeneration fällt zuweilen aus (direkte Entw). *Aurelia aurita* (L.) – **Ohrenqualle**

Klasse *Hydrozoa*

G. Polypen einfach gebaut (Abb. **54**/9), meist Tentakel tragender Polypenkopf (Hydranth) auf schlankerem Stiel (Hydrocaulus). Mundöffnung auf flacher Mundscheibe od. am E eines beweglichen Mundrohres. Tentakel fadenförmig od. am E knopfartig. Polypen selten einzeln lebend, dann mitunter länger als 10 mm, meist koloniebildend u. kleiner. Kolonien entstehen durch Knospung am Polypenstiel (Abb. 55/1) od. durch Auswachsen von Röhren (Stolonen), an deren Enden neue Polypen knospen (Abb. 55/3). Kolonieformen vielfältig. Hauptachse der Kolonie von einem ständig weiterwachsenden Polypen gebildet (monopodiales Wachstum, Abb. **62**/1), aus aufeinanderfolgenden Polypengenerationen zusammengesetzt (sympodiale Verzweigung, Abb. **61**/2) od. aus Stolonenbündeln bestehend (Abb. **54**/5). Polypenstiele u. Stolonen werden oft durch chitinige Hüllen (Periderm) gestützt, Hydranthen von becherartigen Hydranthen umgeben. – Der Polypen- folgt meist eine Medusengeneration. Medusenknospen (Gonophoren) entw sich in spezialisierten Polypen mit größeren Hüllen (Gonotheken). Die kleinen Hydromedusen erreichen über eine Reihe verschiedener EntwStadien selten über 50 mm ∅ (Abb. **56**/8–11). Die hier ausschließlich berücksichtigten adulten Hydromedusen unterscheiden sich von den Scyphomedusen durch einfachen, durchgehenden Glockenrand u. meist durch ein Velum (dünnes, ringförmiges Häutchen, das die Glockenhöhle blendenartig umschließt) sowie die Lage der Keimdrüsen in der äußeren Körperschicht. Vom Magen führen Radialkanäle zum Ringkanal am Glockenrand. Keimdrüsen an Radialkanälen unter der Glocke od. in Wandung des Mundrohrs. Am Glockenrand oft Sinnesorgane (Augenflecke u. Sinneskolben). – **V.** Kosm. Verbreitung durch Meeresströmungen. Ordnung *Trachylina* vorwiegend in wärmeren Meeren. Ordnung *Siphonophora* (Staatsquellen) nicht im Gebiet, von einigen Arten ist hier nur die Medusen- od. die Polypengeneration bekannt od. auffällig. – **L.** Meer od. Brackwasser, selten Süßwasser. Polypenkolonien auf festen Substraten, wie Steinen, Holz od. Algen. Medusen meist Saisontiere des Planktons. – **B.** Von den Polypen sind nur einzellebende (z. B. Süßwasserpolypen) zu aktiver Ortsveränderung befähigt. Die Fortbewegung der Medusen erfolgt nach dem Rückstoßprinzip durch Zusammenziehen des Schirms u. Herauspressen des Wassers aus dem Glockenraum. Räuber, deren Beutetiere die Polypen an Größe übertreffen können. Geschlechtliche Vermehrung meist über Generationswechsel, doch können Medusen rückgebildet sein, als Gonophoren am Polypenstock verbleiben od. nur wenige Stunden frei leben. Medusen überwiegend getrenntgeschlechtig. Ungeschlechtliche Vermehrung überwiegend durch Knospung, wobei an Polypen Medusen od. Polypen, an Medusen durchweg wieder Medusen entstehen. Längs- od. Querteilung selten. Feinde der Polypen vor allem Nacktkiemer u. Pantopoden, der Medusen u.a. Ctenophoren. 2 600 Arten, davon etwa 100 im Gebiet. – Bewegung u. Beutefang in Aquarien u. Uhrglasschälchen mit Lupe od. Mikroskop am lebenden Objekt beobachten. Süßwasserpolypen lange haltbar. Betäubung durch Zusatz von 10%iger Magnesiumsulfatlösung zum Wasser. Fixierung der Polypen in 80%igem Alkohol od. 4%igem Formalin. Schwimmende Medusen unter allmählichem Zusatz von 10%igem Formalin fixieren. Wegen mangelnder Kenntnisse bestehen für Medusen u. Polypen z. T. noch unterschiedliche Nomenklaturen.

Ordnung *Hydroidea*

A. Hydroidpolypen

1 Polypenkörper ohne Hydrotheken (Unterordnung *Athecatae*) 2
1* Polypenkörper von Hydrotheken umgeben (Unterordnung *Thecatae*) 9
2 Einzeln lebende Formen ohne Koloniebildung, höchstens vorübergehend Knospenbildung. Ohne Gonophoren u. Periderm. Süßwasser, selten Brackwasser. *Hydridae* S. 51
2* Kolonien bildend, selten einzeln lebend. Gonophoren u. Periderm vorhanden. Meist Meerestiere 3
3 Tentakel geknöpft (Abb. **52**/6) 4
3* Tentakel ungeknöpft 5
4 Tentakel groß, grob, meist geknöpft, basale fadenförmig. *Pennariidae* S. 53
4* Alle Tentakel geknöpft. *Corynidae* S. 53
5 (3) Tentakel unregelmäßig verteilt. *Clavidae* S. 54
5* Tentakel ± kreisförmig angeordnet 6
6 Tentakel bilden einen lockeren, unregelmäßig erscheinenden Kreis. *Clavopsellidae* S. 55
6* Tentakel bilden 1 od. 2 geschlossene Kreise 7
7 Tentakel bilden 1 Kreis 8
7* Tentakel bilden 2 Kreise *Tubulariidae* S. 53
8 Polypenkörper spindelförmig, Mundregion zugespitzt. *Bougainvilliidae* S. 55
8* Basis schmal, Polypenkörper glockenförmig. *Eudendriidae* S. 57
9 (1) Polypenkörper br, Mundregion trompeten- od. keulenförmig. *Campanulariidae* S. 61
9* Polypenkörper schmal, Mundregion konisch zugespitzt 10
10 Hydrotheken lg u. auffällig 11
10* Hydrotheken kurz, umgeben Polypenkörper nur unten 13
11 Hydrotheken röhrenförmig, ohne Deckelapparate (Abb. **59**/2). *Lafoëidae* S. 58
11* Hydrotheken mit Deckelapparaten (Abb. **60**/3) 12
12 Hydrotheken reihenartig, bilateral, überwiegend stiellos od. in Zweigen ± eingewachsen (Abb. **60**/5). *Sertulariidae* S. 60
12* Hydrotheken radiär gestielt, freistehend (Abb. **59**/4). *Campanulinidae* S. 61
13 (10) Hydrotheken reihenartig, bilateral, mit Zweigen ± verwachsen od. endständig (Abb. **58**/1). *Plumulariidae* S. 58
13* Hydrotheken radiär, kurz od. nicht gestielt, aber nicht mit Zweigen verwachsen (Abb. **58**/3). *Haleciidae* S. 57

Unterordnung *Athecatae*

Familie *Hydridae* – **Süßwasserpolypen**

G. Einzeln lebende Formen mit vorübergehender Knospenbildung. Einige Polypen entw zeitweise Keimdrüsen. Ohne Periderm u. Hydrotheken. – **V.** Kosm. – **L.** Süßwasser, vom Tiefland bis in über 2 000 m H. In stehenden u. langsam fließenden Gewässern. Bes. an Pflanzen, auch an Holz, Wurzeln, Schnecken, Köcherfliegenlarvengehäusen u. ä. Meist in den oberen Wasserschichten, aber auch bis 300 m Tiefe. *Protohydra* im Brackwasser. – **B.** Befestigung an Unterlage durch Sekret der Fußscheibe. Sitzen lange Zeit an einer Stelle, können aber durch abwechselndes Anheften von Fußscheibe u. Tentakelkranz Ortswechsel vornehmen. Gefräßige Räuber. Na: bes. Kleinkrebse, Würmer, Insektenlarven. Große Arten können Jungfische fangen. Beute kann eigene Körpergröße übertreffen. Reagieren auf chemische u. mechanische Reize. Lebensdauer bis 2 Jh. Vermehrung ganzjährig ungeschlechtlich durch Knospung, selten Teilung. Zeitweilige Ausbildung von Keimdrüsen u. geschlechtliche Fortpflanzung. Regenerationsfähigkeit groß.

1 Polypen ohne Tentakel, 0,7–1,5 mm lg (Abb. **52**/1–2). – **V.** Ost- u. Nordsee. – **L.** Im Brackwasser auf Sandboden u. in Flußmündungen. – **B.** Vermehrung durch Querteilung, im Herbst geschlechtlich. Geschlechter getrennt. Na: Nematoden. *Protohydra leuckarti* GREEF

1* Polypen mit Tentakelkranz 2

2 Körper ohne Stiel. Tentakel höchstens 2mal so lg wie Körper. Knospen mit mehr als 2 Tentakeln (Abb. **52**/3) 4

2* Körper mit abgesetztem Stiel. Tentakel vielmals länger als Körper. Knospen anfangs mit 2 Tentakeln 3

3 Getrenntgeschlechtig. Eier kugelig mit Höckern. Lg bis 30 mm, Tentakel bis 250 mm (!) ausstreckbar u. ruckartig auf 3–4 mm verkürzbar. – **V.** Ostsee, Binnengewässer. – **L.** Überall in stehendem Wasser. – **B.** Sucht lichtdurchflutete Stellen aktiv auf. Geschlechtsreife im Herbst u. Winter. Kann Winter überdauern. *Pelmatohydra oligactis* (PALLAS)

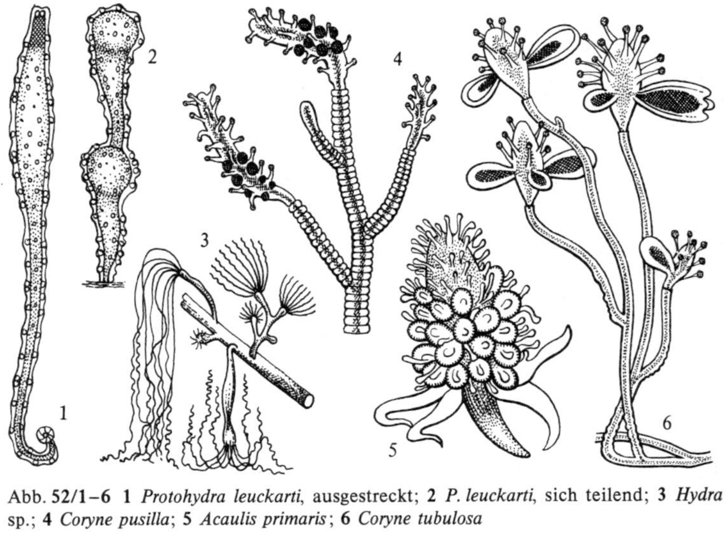

Abb. **52/1–6** **1** *Protohydra leuckarti*, ausgestreckt; **2** *P. leuckarti*, sich teilend; **3** *Hydra* sp.; **4** *Coryne pusilla*; **5** *Acaulis primaris*; **6** *Coryne tubulosa*

3* Zwitter. Eier bilden runde, gewölbte Scheiben mit Stacheln. – **V.** N des Gebiets selten. Wohl Eiszeitrelikt. *Pelmatohydra braueri* (BEDOT)

4 (2) Grün gefärbt. 10–15 mm lg. 6–12 Tentakel kürzer als Körper. – **V.** Überall in M-Eur. – **L.** Bes. zwischen Wasserpflanzen in klaren stehenden Gewässern. – **B.** Sucht durchlichtete Stellen auf. Lebt in Endosymbiose mit Grünalgen, die bei Fortpflanzung über das Ei auf die nächste Generation übertragen werden. Klassisches Objekt der Symbioseforschung. Geschlechtsreife im Frühjahr u. Sommer. Überwinterung als Ei. Zwitter. *Chlorohydra viridissima* (PALLAS)

4* Je nach Na verschieden gefärbt, selten grün. Bestimmung der Arten nur nach dem Bau der Nesselkapseln möglich. In M-Eur 5 Arten. *Hydra* L.

Familie *Corynidae*

1 Gonophoren kugelförmig, seßhaft zwischen den Tentakeln der unteren Körperhälfte (Abb. **52**/4, **64**/3). Polypenstiele vollständig geringelt. Stöcke kräftig, bis 25 mm h. – **V.** Nordseeküste. – **L.** An Algen u. Tangen, häufig. – **B.** Verträgt zeitweiliges Trockenfallen bei Ebbe. *Coryne pusilla* GÄRTNER

1* Gonophoren medusenförmig mit 4 Tentakeln od. freie Medusen. Polypenstiel glatt od. nur an der Basis geringelt (Abb. **52**/6). – **V.** Nordsee, westl. Ostsee. – **L.** An Tangen. – **B.** Kolonien im Winter üppig, im Sommer rückgebildet. Aus Dauerstadien (Sommerstolonen) im folgenden Winter neue Kolonieentfaltung. Erzeugt normalerweise freie Medusen, im 2.J mehrere, im 3. alle Medusen unter ± stärkerer Rückbildung seßhaft. *Coryne tubulosa* (M. SARS)

Familie *Pennariidae*

Polypen einzeln lebend, etwa 7 mm groß (Abb. **52**/5). Tentakel mit Ausnahme der untersten geknöpft. Leuchtend orange bis rot. – **V.** Westl. Ostsee, selten. – **L.** Auf Sandgrund. – **B.** Erzeugt kugelige Gonophoren zwischen unteren Tentakeln. Um den Stiel eine Sandröhre. *Acaulis primaris* STIMPSON

Familie *Tubulariidae*

1 Einzeln lebend, sehr groß (bis 100 mm h), mit Wurzelhaaren zur Verankerung im Boden (Abb. **54**/1–4). Tentakel bilden an Mundöffnung dichtgedrängt mehrere Kränze. – **V.** Nordsee, westl. Ostsee. – **L.** Verbreitet auf sandigen Stellen in geringer Tiefe. – **B.** Bildet freie Medusen, s. S. 65. *Corymorpha nutans* M. SARS

1* Koloniebildend 2

2 Polypenstiele sehr kräftig, bis 200 mm lg, gelb, längsgestreift, basal umeinander gewunden (Abb. **54**/5–6). Kolonien individuenarm. – **V.** Nordsee, häufig; westl. Ostsee. – **L.** Ab 10 m auf Hartsubstrat. – **B.** Bildet Trauben seßhafter Gonophoren, ♂ medusenartig, ♀ reduzierter. Eier entw sich in Gonophoren zu stiellosen Primitivpolypen (Actinulae). *Tubularia indivisa* L.

2* Polypenstiele kleiner, basal nicht umeinander gewunden 3

3 Polypenstiele um 50 mm h, unten sehr dünn, nach oben dicker werdend, unterhalb des Polypenköpfchens geringelt (Abb. **54**/7–8). 16–25 Randtentakel lg u. kräftig, 16 Mundtentakel halb so lg. Färbung orangerot. – **V.** Nordsee, westl. Ostsee. – **B.** s. *Hydromedusae* (S.63). *Tubularia prolifer* (L. AGASSIZ)

3* Polypenstiele bis 70 mm h, ± gleichmäßig stark, unterhalb der Polypenköpfchen nicht geringelt (Abb. **54**/9). Milchig weiß, Hydranthen rot. – **V.** Nordsee sehr häufig, Beltsee. – **L.** An harten Gegenständen u. Algen, untere Gezeitengrenze bis 100 m Tiefe. – **B.** Bildet Trauben seßhafter Gonophoren. Actinula-Entw wie bei *T. indivisa.* *Tubularia larynx* ELLIS U. SOLANDER

Familie *Clavidae*

1 Kolonien büschelig, aufrecht, verzweigt, bis 75 mm h, rötlich. Gonophoren einzeln an Hydranthenstielen (Abb. **55**/1). – **V.** Küstengebiete der Nord- u. Ostsee. – **L.** Brackwasserform, auch im Süßwasser in Seen u. Flüssen. – **B.** Bildet seßhafte Gonophoren. Geschlechter getrennt auf unterschiedlichen Kolonien. Im Winter sterben aufrechte Zweige mit Polypen ab, aus zurückbleibenden Basisteilen im Frühjahr Neubildung. Im Brackwasser üppiger als im Süßwasser. *Cordylophora caspia* (PALLAS)

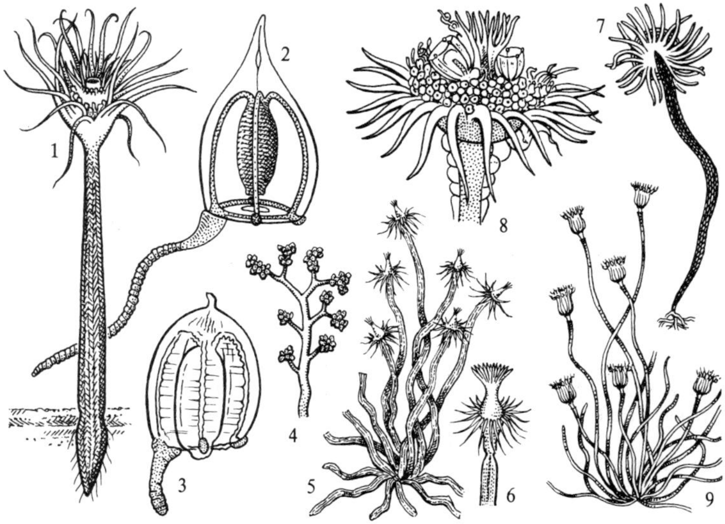

Abb. **54**/1–9 **1** *Corymorpha nutans*, Polyp; **2** *C. nutans*, lebende Meduse; **3** *C. nutans*, fixierte Meduse; **4** *C. nutans*, Geschlechtsorgane; **5** *Tubularia indivisa*, Kolonie; **6** *T. indivisa*, Polypenkopf; **7** *T. prolifer*, Einzelpolyp; **8** *T. prolifer*, Polypenkopf; **9** *T. larynx*, Kolonie

1* Kolonien kriechend. Rötliche Polypen entspringen direkt an Stolonen (Abb. 55/2). Hydranth 6 mm h. Gonophoren meist gehäuft, unterhalb der Tentakel. – **V.** Küstenregion der Nord- u. Ostsee bis Bucht von Gdańsk. – **L.** An Algen u. auf harten Unterlagen. – **B.** Bildet seßhafte, gelegentlich zwittrige Gonophoren. Sehr gefräßig. Na: lebende u. tote Ringelwürmer, Nacktschnecken, Muscheln, Krebse u. Fischlarven. Bei Überernährung Tentakelrückbildung.
Clava multicornis (FORSKAL)

Familie *Clavopsellidae*

Kolonien verzweigt auf lockerem Stolonennetz, bis 30 mm h. Polypenköpfchen 1,0–1,8 mm lg. 14–24 Tentakel bilden unter dem Mundkegel einen lockeren, scheinbar unregelmäßigen Kranz (Abb. 55/3). Geschlechtspolypen an untergeordneten Verzweigungen. Polypen rötlich bis rot mit gelblicher Außenhaut. – **V.** Westl. Ostsee, Kieler Bucht. – **L.** Bei einem Salzgehalt von 8–28 ‰ auf festen Gegenständen wie Holz, Eisen, Muschelschalen, Tangen. – **B.** Von III bis XI zwei Fortpflanzungsperioden. Na: Plankton u. Detritus, auch Fischlarven.
Clavopsella quadranularia H. THIEL

Familie *Bougainvilliidae*

1 Kolonien mit krustenförmigem, derbem Perisark, überziehen Gehäuse lebender od. toter Schnecken 2
1* Kolonien nicht von krustenförmigem Perisark bedeckt 3

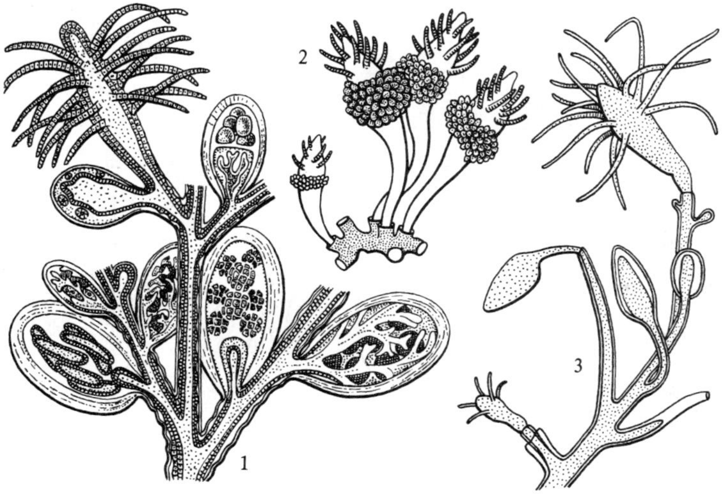

Abb. 55/1–3 1 *Cordylophora caspia*; 2 *Clava multicornis*; 3 *Clavopsella quadranularia*

2 Periderm mit großen, zackigen Stacheln u. vielen kleinen Dörnchen. Hydranth bis 13 mm h (Abb. **56**/1). – **V.** Nordsee häufig, Beltsee selten. – **L.** An Schnekkengehäusen mit Einsiedlerkrebsen. – **B.** Symbiotisch mit Einsiedlerkrebsen. Kolonie mit differenzierten Freß-, Geschlechts-, Wehr- u. Stachelpolypen (Funktionsteilung). Bildet seßhafte Gonophoren. *Hydractinia echinata* (FLEMING)

2* Periderm ohne Dornen od. Dornen nur angedeutet, kegelförmig, glatt. Hydranth 5 mm h. – **V.** Nordsee häufig, westl. Ostsee. – **L.** Meist auf Gehäusen lebender Schnecken *(Nassa)*, auch an Schneckengehäusen mit Einsiedlerkrebsen. – **B.** Wie vor. Art. Bildet freie Medusen, s. S. 67. *Hydractinia carnea* (M. SARS)

3 (1) Polypen bis zur Tentakelbasis von dicht anliegender, weicher, faltiger Hülle umgeben 4

3* Ohne weiche Hülle 7

4 Kolonien aufrecht 5

4* Kolonien kriechend, 5–6 mm h. Normale Polypen od. Stolonen mit gestielten Gonophoren. Periderm oft mit gallertigem Überzug. – **V.** Nordsee häufig. – **L.** An lebenden Mollusken od. größeren Krebsen, auch auf festem Untergrund. – **B.** Bildet freie Medusen, s. S. 68. *Perigonimus repens* (WRIGHT)

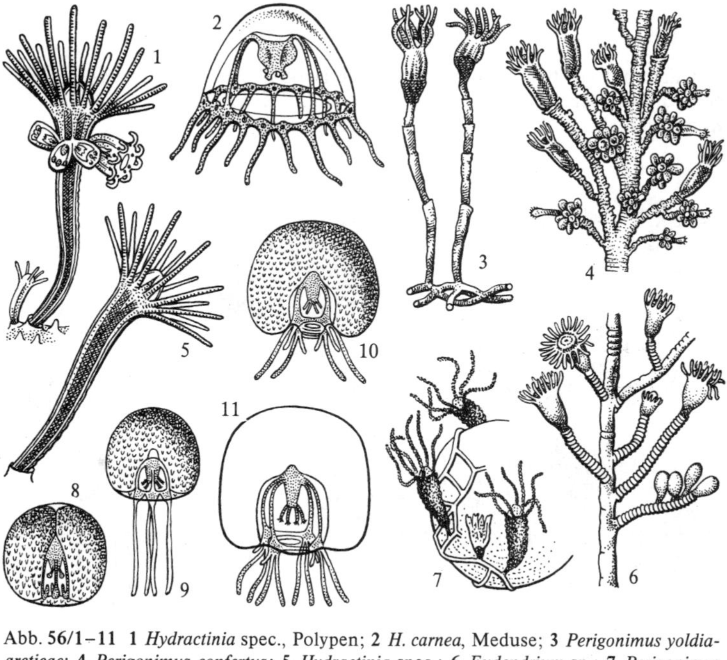

Abb. **56/1–11** **1** *Hydractinia* spec., Polypen; **2** *H. carnea*, Meduse; **3** *Perigonimus yoldia-arcticae*; **4** *Perigonimus confertus*; **5** *Hydractinia* spec.; **6** *Eudendrium* sp.; **7** *Perigonimus yoldia-arcticae*, junge Polypen; **8–11** *Bougainvillia britannica*, EntwStadien der Meduse

5 Kolonien bis 100 mm h 6

5* Kolonien bis 200 mm h. Stiele bräunlich bis schwärzlich. Polypen etwa 0,6 mm lg, mit 9–12 Tentakeln. Gonophoren an Stielen der Seitenpolypen. – **V.** Nord-Ostsee-Kanal, Mecklenburger Bucht. – **L.** Brackwasser, an Pfählen. – **B.** Bildung der seßhaften Gonophoren VI–IX bei über 14 °C Wassertemperatur. X Rückbildung, IV/V Neubildung der Polypenköpfchen. *Perigonimus megas* KINNE

6 Polypen 2–9 mm lg auf Stolonennetz. Perisark feinsandig u. undurchsichtig. Gonophoren auffällig, birnenförmig an ungeringelten, ziemlich lg Stielen (Abb. **56**/3, 7). – **V.** Bucht von Gdańsk, Bornholmmulde, südl. Ostsee, Mecklenburger Bucht. – **L.** Auf Steinen, Algen, Asseln, vor allem lebenden *Astarte.* – **B.** Na: bes. Nematoden. Bildet freie Medusen, s. S. 68. *Perigonimus yoldia-arcticae* BIRULA

6 Polypen etwa 1 mm lg, mit 16–18 Tentakeln. Kolonien um 20 mm h. Polypenstiele derb, deutlich geringelt. Gonophoren an rückgebildeten Polypen, Stamm od. Stolonen (Abb. **56**/4). – **V.** Nordsee, häufig. – **L.** An lebenden Schnecken *(Buccinum, Fusus, Aporrhais)* od. Gehäusen von Einsiedlerkrebsen. – **B.** Lebt stellenweise zusammen mit Moostierchen auf Einsiedlerkrebsen. Gonophoren lösen sich als eiförmige, bewimperte Gebilde mit 2 Tentakeln *(Dicoryne).* *Perigonimus confertus* ALDER

7 **(3)** Kolonien stark verzweigt, büschelig, oft rasenförmig; bis 75 mm h. Gonophoren nicht in Trauben. – **V.** Nordsee, häufig. – **L.** Auf festen Unterlagen. – **B.** Bildet freie Medusen, s. S. 67. *Bougainvillia ramosa* (VAN BENEDEN)

7* Kolonien wenig verzweigt. Bis zu 6 Gonophoren in kurzgestielten Trauben am Polypenstiel (Abb. **66**/5). – **V.** Nordsee, selten. – **L.** An Muschelschalen. – **B.** Bildet freie Medusen, s. S. 67. *Bougainvillia britannica* FORBES

Familie *Eudendriidae*

G. Stamm ± verzweigt, einfach od. aus mehreren Röhren zusammengesetzt. Wurzeln kriechend, fadenförmig. Gonophoren an Polypen od. Stolonen. Mundregion der Polypen keulen- od. trompetenförmig mit verjüngter Basis (Abb. **56**/6). Kolonie pflanzenähnlich. – **V.** Nordsee, *E. rameum* auch in westl. Ostsee. – **L.** Laminarienzone u. tiefer. – **B.** Wachstum durch Licht günstig beeinflußbar. Polypen mit seßhaften Gonophoren werden gegen E der Geschlechtsreife zunehmend zurückgebildet. Kolonie wirft bei Wechsel der Lebensbedingungen (Versetzen in Aquarien) häufig Hydranthen ab, die später neu gebildet werden. Im Gebiet 4 schwer unterscheidbare Arten. *Eudendrium* EHRENBERG

Unterordnung *Thecatae*

Familie *Haleciidae*

1 Primärhydrothek ungestielt am Zweig (Abb. **58**/3, 5, 6). Kolonien starr, feder- od. fächerförmig, mit kräftigem Hauptstamm, bis 100 mm h. – **V.** Nordsee, westl. Ostsee. – **L.** Laminarienzone u. tiefer. – **B.** Polypenköpfchen werden häufig abgeworfen und neu gebildet, neue Hydrotheken tütenförmig in alten. Junge Go-

notheken am E seitlich mit Hydranthenpaar, das während Eifurchung abstirbt. Larven schwimmen durch entstandene Gonothekenöffnung aus.
Halecium halecinum (L.)

1* Primärhydrothek auf Stiel mit einer od. mehreren Einschnürungen. Hydrothekkante krempenartig umgebogen. – **V.** Nordsee, bei Helgoland. – **L.** Auf festen Unterlagen. – **B.** Wie vor. Art. *Halecium labrosum* ALDER

Familie *Plumulariidae*

1 Kleinpolypen mit gut ausgebildeten, beweglichen Theken (Abb. **58**/1, 2). Zweige in einzelne Abschnitte gegliedert. Gonotheken flaschenförmig. Kolonie grob fiederteilig, bis 50 mm h. – **V.** Nordsee. – **L.** Laminarienzone u. tiefer. – **B.** Funktionsteilung wie bei folg. Art. Zwittrig, ♂ u. ♀ Gonophoren an gleicher Kolonie in verschiedenen Gonotheken. *Plumularia setacea* (L.)

1* Kleinpolypen treten aus Löchern des Periderms hervor, ihre Theken nicht ausgebildet od. reduziert (Abb. **58**/4). Kolonien zart federförmig. – **V.** Nordsee, selten. – **L.** Laminarienzone u. tiefer. – **B.** Funktionsteilung: Neben normalen Polypen amöbenartig bewegliche Kleinpolypen vorhanden, die Fremdorganismen festhalten u. Kolonien reinigen. *Kirchenpaueria pinnata* (L.)

Familie *Lafoëidae*

1 Hydrotheken stehen als gerade, basal schwach verjüngte Röhren in fast rechtem Winkel vom Zweig, nicht mit Zweig verwachsen. Kolonien fast aufrecht, infolge der nach allen S gerichteten Hydrotheken von sperrigem Aussehen (Abb. **59**/1). – **V.** Nordsee. – **L.** Im Sublitoral gewöhnlich an anderen Hydro-

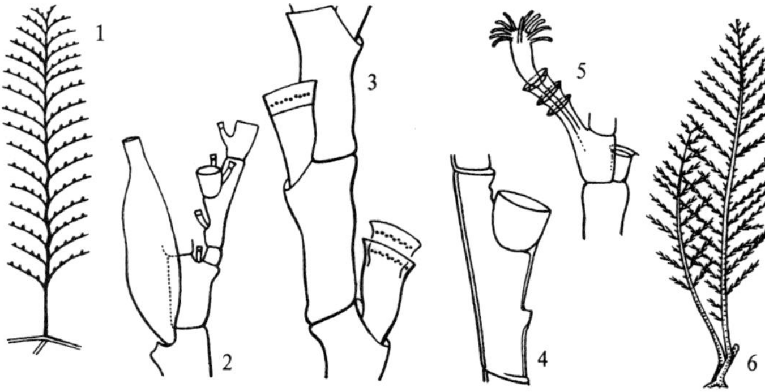

Abb. **58**/1–6 **1** *Plumularia setacea*, Kolonie; **2** *P. setacea*, Zweigausschnitt; **3** *Halecium halecium*; **4** *Kirchenpaueria pinnata*; **5** *Halecium halecium*, Zweig mit Polyp; **6** *H. halecium*, Kolonie

zoen. – **B.** Kolonie bildet Ansammlungen (Coppinien) zahlreicher, dichtgedrängter ♂ u. ♀. Gonotheken mit röhrenförmigen Wehrpolypen.
Lafoëa dumosa (FLEMING)

1* Hydrotheken gekniet, basal mit Stolonen verwachsen (Abb. **59**/2). Kolonie kriechend, zart gebaut. – **V.** Nordsee, westl. Ostsee. – **L.** Laminarienzone u. tiefer. Meist an Stämmen anderer Hydrozoen *(Sertulariidae)*. – **B.** Bildet ähnliche Coppinien wie vor. Art. *Filellum serpens* (HASSAL)

Familie *Campanulinidae*

1 Kolonien aufrecht, nicht sehr hoch, regelmäßig verzweigt 2

1* Kolonien kriechend. Röhrenförmige Hydrotheken sitzen an deutlich abgegrenzten, ± kurzen, geringelten Stielen. Eiförmige Gonotheken an den Stolonen (Abb. **59**/4). – **V.** Nordsee, westl. Ostsee. – **L.** Flachwasser bis in große Tiefen. – **B.** Larvenentw in Gallerte an Gonothekenöffnung. *Calicella syringa* (L.)

2 Stamm u. Zweige vollständig geringelt (Abb. **59**/3). Stamm oft schwach zickzackförmig gebogen, 1 Hydrothek an jeder Biegung, sehr zart. – **V.** Nordsee, westl. Ostsee. – **L.** Auf Algen u. Hartsubstrat. – **B.** Larvenentw in Gallertansammlung an Gonothekenöffnung. *Campanulina lacerata* (JOHNSTON)

2* Stamm u. Zweige nur unten u. unterhalb der Hydrotheken geringelt, zart. Große, gestielte Gonotheken mit 1–2 Gonophoren. – **V.** Nordsee, Ostsee. – **L.** Auf festen Unterlagen. – **B.** Gonophoren lösen sich als Medusen mit 2 Tentakeln *(Aequorea vitria?)*, s. S. 70. *Lafoëina tenuis* G. O. SARS

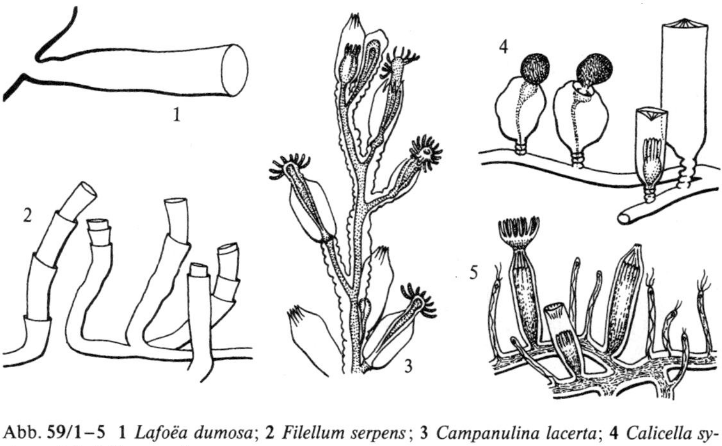

Abb. **59**/1–5 **1** *Lafoëa dumosa*; **2** *Filellum serpens*; **3** *Campanulina lacerta*; **4** *Calicella syringa*; **5** *Lafoëina tenuis*

Familie *Sertulariidae*

1 Hydrotheken fast ganz od. völlig in die Zweige eingebettet (Abb. **60**/1–3). Kolonien flaschenbürstenähnlich, mit spiralig gedrehtem Stamm u. horizontal dichotom verästelten Zweigen, bis 300 mm h. – **V.** Nordsee. – **L.** Auf Sandgrund. *Salacia thuja* (L.)

1* Hydrotheken nicht völlig in die Zweige eingebettet **2**

2 Hydrotheken nicht in einer Reihe an den Zweigen sitzend **3**

2* Hydrotheken in Reihe an den VS der Zweige. Hauptstamm der Kolonie gedreht, bis 450 mm h. Fiederförmig verästelte Zweige bilden eine aufsteigende Spirale (Abb. **60**/4). – **V.** Nordsee, häufig; Beltsee. – **B.** Wird gefischt u. als Zimmerschmuck verwendet. *Hydrallmania falcata* (L.) – **Korallenmoos**

3 Hydrotheken an der Mündung nicht verengt, röhrenförmig. **8**

3* Hydrotheken an der Mündung verengt **4**

4 Hydrotheken tonnenförmig, stiellos auf den Zweigen sitzend, alternierend angeordnet **5**

4* Hydrotheken anders gebaut **6**

5 Hydrotheken mit Querfurchen, dicht stehend (Abb. **60**/6). Sehr kräftig gebaute Art. – **V.** Nordsee, westl. Ostsee. – **L.** Lamniarienzone. *Sertularella rugosa* (L.)

5* Hydrothek glatt, mit deutlichen Abständen voneinander. Kolonie bis 35 mm h. – **V.** Nordsee. – **L.** Auf festen Unterlagen, z. B. Muschelschalen, Ebbezone u. tiefer. – **B.** Zwittrig, ♂ u. ♀ Keimdrüsen an gleicher Kolonie, aber in verschiedenen Geschlechtspolypen. Eier werden in beutelförmige Gallertansammlungen am GonothekenE entleert. Ohne Gonophoren. *Sertularella polyzonias* (L.)

6 **(4)** Kolonien fiederförmig, in einer Ebene verzweigt, bis 350 mm h, kräftig gebaut. Hydrotheken flaschenförmig, alternierend, stiellos auf den Zweigen sitzend (Abb. **60**/5). – **V.** Nordsee. – **L.** Auf harten Gegenständen des Grundes. Laminarienzone u. tiefer. *Abiëtinaria abietina* (L.)

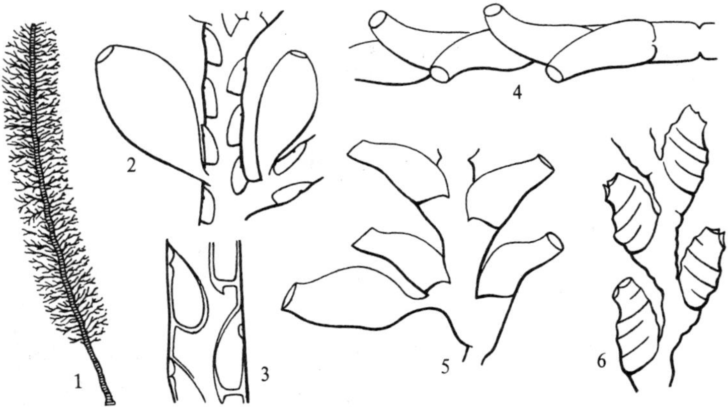

Abb. **60/1–6** **1** *Salacia thuja*, Kolonie; **2** *S. thuja*, Gonotheken; **3** *S. thuja*, Zweigausschnitt; **4** *Hydrallmania falcata*; **5** *Abiëtinaria abietina*; **6** *Sertularella rugosa*

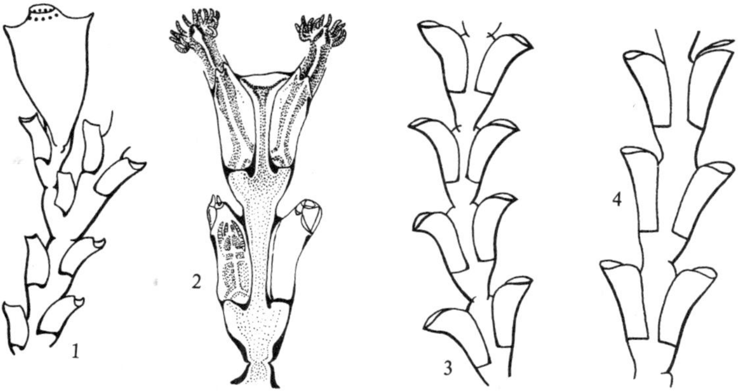

Abb. **61/1–4** **1** *Sertularia cupressina*; **2** *Dynamena pumila*; **3** *Diphasia rosacea*; **4** *D. fallax*

6* Kolonien anders gebaut 7

7 Kolonien mit deutlichem Hauptstamm, meist spiralig gedreht, bis 450 m h. Gonotheken eiförmig, leicht kompress mit 1 od. 2 zahnartigen Vorsprüngen (Abb. **61**/1). – **V.** Nordsee, häufig, westl. Ostsee. – **L.** Meist unterhalb der Gezeitenzone auf Hartsubstrat. – **B.** Bildet ausgedehnte unterseeische Wiesen (Seemoosbänke). Wird gesammelt, getrocknet, grün gefärbt u. als Zimmerschmuck gehandelt. *Sertularia cupressina* L. – **Seemoos, Zypressenmoos**

7* Kolonien ohne Hauptstamm, sperrig od. unverzweigt, bis 50 mm h. Gonotheken glockig, oben verengt (Abb. **61**/2). – **V.** Nordsee, westl. Ostsee, häufig. – **L.** Küstenzone auf Hartsubstrat u. Algen. – **B.** Gonophoren werden als gallertige Beutel, in denen sich die Larven entw, aus Gonothekenöffnung hervorgeschoben. *Dynamena pumila* (L.)

8 (3) Kolonien ohne Hauptstamm, unregelmäßig verzweigt, büschelig, bis 100 mm h. Hydrotheken u. Gonotheken mit Längskielen, um 0,2 mm lg (Abb. **61**/3). – **V.** Nordsee. – **L.** Meist an Laminarien, seltener an anderen Algen u. harten Gegenständen. – **B.** Embryonalentw bis zur Larve in Brutkammer aus 6 zusammengebogenen, blattartigen Ausläufern des ♀ Gonothekenendes. *Diphasia rosacea* (L.)

8* Kolonien mit Hauptstamm, fiederförmig, bis 100 mm h. Hydrotheken ohne Längskiele, um 0,5 mm lg (Abb. **61**/4). Gonotheken mit 4 schwachen Längskielen. – **V.** Nordsee. – **L.** An harten Gegenständen. – **B.** Brutpflege ähnlich vor. Art, aber Brutkammern aus 4 Blättern. *Diphasia fallax* (JOHNSTON)

Familie *Campanulariidae*

1 Kolonien aufrecht, bilden regelmäßig verzweigte Sympodien (Abb. **62**/1) . . . 4

1* Kolonien kriechend od. aufrecht, starr unregelmäßig verzweigt. Bilden keine Sympodien 2

2 Kolonien kriechend, rasenartig 3

2* Kolonien aufrecht, Hydrotheken lggestielt, stehen allseitig am zusammengesetzten Hauptstamm (Abb. **62**/2). Hydrothekenkante fein gezähnt. Gonotheken schlank, flaschenförmig. – **V.** Nordsee, häufig; westl.Ostsee. – **L.** Laminarienzone u. tiefer, meist auf Hartsubstrat. – **B.** Gonophoren seßhaft. *Verticillina verticillata* (L.)

3 Hydrothekenkante grob gezähnt. Hydrothekenstiele an der Basis u. unter den Theken geringelt (Abb. **62**/4–5). Gonotheken umgekehrt kegelförmig. – **V.** Nordsee, westl. Ostsee, häufig. – **L.** Gezeitenzone u. tiefer, meist an Algen, Wohnröhren. – **B.** Bildet freie Medusen, s. S. 69. *Campanularia johnstoni* (ALDER)

3* Hydrothekenkante glatt. Hydrothekenstiele glatt, wellig od. spiralig. Gonotheken umgekehrt kegelförmig. – **V.** Nordsee, selten. – **L.** Meist an Algen. – **B.** Bildet freie Medusen. *Campanularia integra* (MAC GILLIVRAY)

4 (1) Hydrothekenkante glatt od. leicht gewellt 7

4* Hydrothekenkante mauerzinnenartig 5

5 Einzelzinnen des Hydrothekenrandes in sich 2fach gezähnelt. Hydrotheken gedrungen, glockenförmig (Abb. **62**/6). Hauptstamm aus mehreren Röhren zusammengesetzt, nach allen S stark verästelt. Kolonie fuchsschwanzähnlich. – **V.** Nordsee, westl. Ostsee, häufig. – **L.** Dicht unter Ebbelinie an harten Gegenständen. – **B.** Bildet seßhafte Gonophoren. *Laomedea gelatinosa* (PALLAS)

5* Einzelzinnen des Hydrothekenrandes oben glatt, Hydrotheken konisch (Abb. **62**/3). Hauptstamm einfach. Kolonien grob gebaut. – **V.** Nordsee, Ostsee, bis Finnischer Meerbusen. – **L.** In Flachwasser u. Gezeitenzone an Steinen u. Algen zusammen mit *Laomedea flexuosa*. – **B.** Reife Gonophoren treten als tenta-

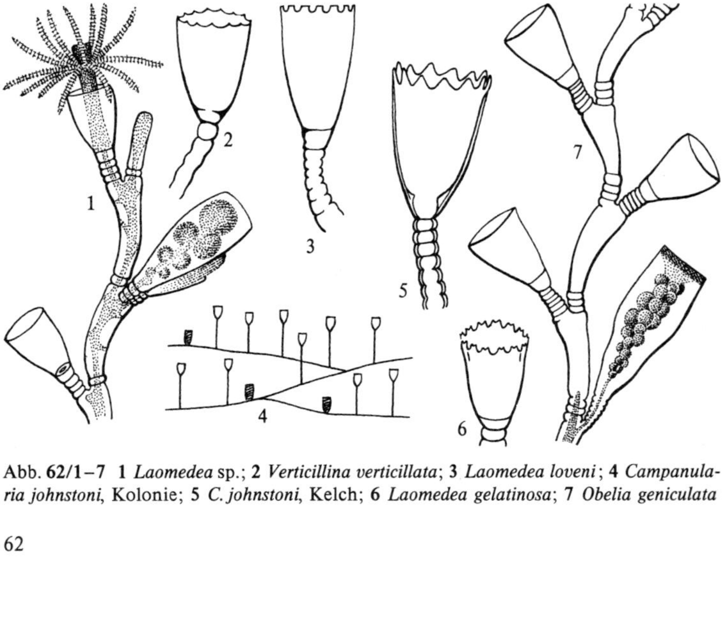

Abb. **62/1–7** **1** *Laomedea* sp.; **2** *Verticillina verticillata*; **3** *Laomedea loveni*; **4** *Campanularia johnstoni*, Kolonie; **5** *C. johnstoni*, Kelch; **6** *Laomedea gelatinosa*; **7** *Obelia geniculata*

keltragende Gebilde aus Gonothekenöffnung hervor, ohne sich zu lösen. In deren Glockenhöhle Eientw bis zur Larve. *Laomedea loveni* (ALLMAN)

6 SWände der Hydrotheken zum Außenrand leicht verbreitert (Abb. **62**/1). Gonotheken in der M am breitesten, mit vielen Gonophoren. Kolonien derb. – **V.** Nordsee, Ostsee, häufig. – **L.** Küstenzone u. tiefer auf Hartsubstrat u. Algen (*Fucus* u. *Ascophyllum*); auch im Brackwasser. – **B.** Üppigste Kolonieentw im Spätsommer. Gonophoren seßhaft. *Laomedea flexuosa* ALDER

6* SWände der Hydrotheken glatt **8**

7 **(4)** Zweige unter dem Ansatz der Hydrothekenstiele nicht od. nur schwach verdickt. Hydrotheken variabel, mit meist leicht gewelltem Rand. Kolonien bis 300 mm h, mit dunkelbraunem bis schwarzem Hauptstamm. – **V.** Nordsee, häufig; Ostsee, selten u. klein. – **L.** Häufig rasenartig an Bojen od. Fahrzeugen, sonst in tieferen Regionen. – **B.** Bildet freie Medusen, s. S. 69. *Obelia dichotoma* (L.)

7* Zweige unter dem Ansatz der Hydrothekenstiele deutlich verdickt. Hydrotheken stets mit glatten Rändern (Abb. **62**/7). Kolonien bis 40 mm h. Gonotheken umgekehrt konisch bis walzenförmig mit zahlreichen Gonophoren. – **V.** Nordsee, Ostsee, häufig. – **L.** An Algen, bes. Laminarien u. auf harten Substraten. Gezeitenzone bis 15 m Tiefe. – **B.** Bildet freie Medusen, s. S. 69. *Obelia geniculata* (L.)

B. Hydromedusen

1 Gonaden am Magen (Abb. **65**/2). Meduse h, glockenförmig bis halbkugelig. Polypen gehören zu den *Athecatae. (Anthomedusae)* **2**

1* Gonaden an den Radialkanälen, unter der Glocke od. (selten) am Magenstiel (Abb. **68**/1–3). Meduse scheibenförmig, halbkugelig, seltener glockenförmig, Polypen gehören zu den *Thecatae. (Leptomedusae)* **5**

2 Mundrohr walzenförmig, unten einfach, Mund rund, ohne Lippe u. Mundgriffel. Gonaden bilden um den Magen eine geschlossene Röhre od. mehrere Ringe . **3**

2* Mundrohr vierkantig mit 4 Gonaden an den S, unten mit 4 einfachen od. verästelten Mundgriffeln. Tentakel meist in 4 od. 8 Gruppen, seltener in Reihe am Glockenrand (Abb. **66**/3). *Bougainvilliidae* S. 66

3 Tentakel in 4 Gruppen (Abb. **64**/1). *Margellopsidae* S. 64

3* Tentakel nicht in Gruppen **4**

4 Tentakelbulben mit Augenflecken, 4 gleich große Tentakel (Abb. **64**/2). *Corynidae* S. 64

4* Tentakelbulben ohne Augenflecke, 1–4 Tentakel. *Tubulariidae* S. 65

5 **(1)** Mit 4 od. 8 Radialkanälen **6**

5* Mit mehr als 8 Radialkanälen. *Campanulinidae* S. 70

6 Mit 8 Radialkanälen. *Melicertidae* S. 68

6* Mit 4 Radialkanälen **7**

7 Schirm bis 300 mm ∅, flach tellerförmig, Mundrohr fast völlig zurückgebildet (Abb. **68**/3). *Laodicëidae* S. 68

7* Schirm bis 30 mm, ausnahmsweise bis 60 mm ∅ **8**

8 Mit 8 großen schwarzen Augenflecken an der Basis der Randbläschen. *Mitrocomidae* S. 68

8* Ohne Augenflecken. *Campanulariidae* S. 69

Unterordnung *Anthomedusae*

Familie *Margellopsidae*

Margellopsis haeckeli HARTLAUB
Je 3–5 Tentakel an 4 dicken, braunen Bulben entspringend. Glocke etwas höher als br, birnenförmig (Abb. **64**/1), 2 mm h. Mundrohr dunkelgrau. – **V.** Nordsee, VI–X, häufig, ♂ seltener. – **B.** Eier entw sich in Glockenhöhle zur Actinula-Larve (Brutpflege). Polyp einzellebend, frei schwimmend, mit 2 Tentakelkränzen.

Familie *Corynidae*

1 Höchstens ⅓ des Mundrohrs aus der Glockenhöhle ragend, vollständig von der röhrenförmigen Gonade umgeben (Abb. **64**/2). Gonade gelblich, Bulben rötlich, Augenflecken schwarz. Glocke bis 100 mm h. – **V.** Nordsee, IV–VI, selten. – **B.** Polyp *Stauridia producta*. *Stauridia producta* (WRIGHT)

1* Mundrohr bis zur mehrfachen Lg der Glockenhöhe ausdehnbar 2

2 Mundrohr trägt mehrere voneinander getrennte röhrenförmige Gonaden od. erzeugt spiralig angeordnete Medusenknospen. Mundrohr, Tentakel u. Bulben orangerot, Augenflecke schwarz. Glocke bis 7 mm h. – **V.** Ostsee, VII–X. – **B.** Ausgestreckte Tentakel zeigen Zittern durch Wimperschlag. Ungeschlechtliche Vermehrung durch Medusenknospen. Polyp unbekannt. *Sarsia gemmifera* (FORBES)

2* Gonade einheitlich röhrenförmig, am Mundrohr keine Medusenknospen. Mund-

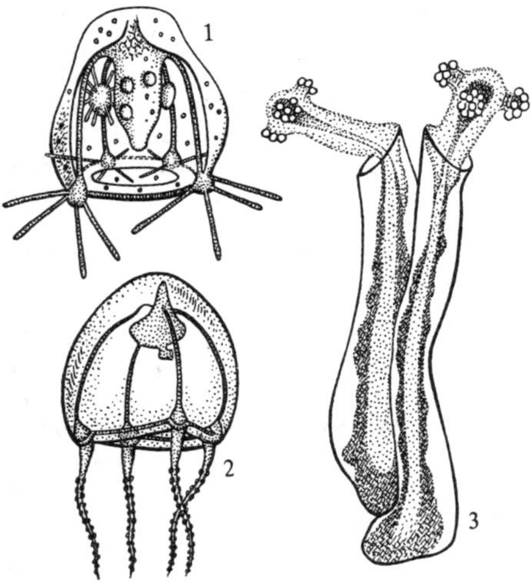

Abb. **64/1–3**
1 *Margellopsis haeckeli*;
2 *Stauridia producta*;
3 *Coryne* spec., junger Polyp

rohr u. Bulben blau, grün, braun od. scharlachrot, Augenflecken dunkel. Glocke bis 18 mm h. – **V.** Nordsee, Ostsee, Flußmündungen, III–IX, sehr häufig. – **B.** Sehr gefräßig, Na: Kleinkrebse. Schwimmt in Sinuskurven. Polyp s. S. 53. *Coryne tubulosa* (M. SARS)

Familie *Tubulariidae*

1 4 Tentakel. Mundrohr flaschenförmig, nicht aus der Glocke hervortretend (Abb. **65**/3). Mund oft orange od. purpurrot, Bulben rot, bräunlich od. gelblich. Glocke bis 4 mm h. – **V.** Nordsee, Elbemündung, VII–XII. – **B.** Schwimmt ruckweise mit eingerollten u. ruht mit ausgestreckten Tentakeln. Polyp *Ectopleura dumortieri.* *Ectopleura dumortieri* (VAN BENEDEN)

1* 1–3 Tentakel 2

2 Glocke mit hoher Spitze, doppelt so h wie br. Einzelner großer Tentakel an kräftigem Bulbus, übrige 3 Bulben klein, tentakellos (Abb. **54**/2–3). Mundrohr u. Bulben hellgelb, rot od. rotbraun. Glocke bis 6 mm h. – **V.** Nordsee, Ostsee, VI–IX, häufig. – **B.** Bewegung lebhaft, Tentakel wird nachgeschleppt. Steigt nachts aus größerer Tiefe auf. Na: Copepoden, Crustaceenlarven, *Sagitta*, Fischeier, Jungfische. Polyp s. S. 53. *Corymorpha nutans* (M. SARS)

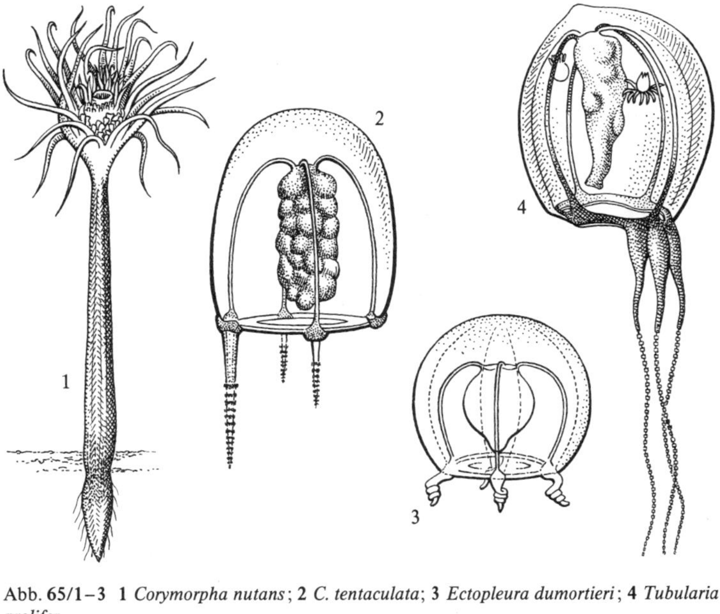

Abb. **65/1–3** **1** *Corymorpha nutans*; **2** *C. tentaculata*; **3** *Ectopleura dumortieri*; **4** *Tubularia prolifer*

2* Glocke nicht spitz 3

3 Ein großer u. 2 kleine Tentakel vorhanden. Mundrohr walzenförmig, etwa so lg wie Glockenhöhle (Abb. **65**/2). Glocke bis 5 mmh. – **V.** Ostsee, V–VII, selten. *Corymorpha tentaculata* LINKO

3* Nur 1 Tentakel vorhanden (mitunter täuschen Medusenknospen Tentakel vor) **4**

4 Glocke regelmäßig gebaut. Mundrohr gelb, Bulben farblos bis orange, oft mit rotem Fleck. Glocke bis 4,5 mmh. – **V.** Ostsee, häufig; Nordsee, selten. IV–XII. – **B.** Polyp *Corymorpha aurata* einzeln lebend, 4–8 mmh, um Stiel röhrenförmige, schlammbedeckte membranöse Hülle. *Corymorpha aurata* (FORBES)

4* Glocke infolge stärkerer Ausbildung der tentakeltragenden S schief (Abb. **65**/4). Mundrohr, Enden der Radialkanäle u. Nesselstreifen orange bis rot. An der Tentakelbasis entstehen Medusenknospen, die infolge schneller Entw ihrer Tentakeln eine Mehrzahl derselben vortäuschen können. Glocke bis 4 mm h. – **V.** Nordsee, häufig; Ostsee. III–VI. – **B.** Fortpflanzung ungeschlechtlich od. geschlechtlich, gelegentlich Medusenknospen u. Actinulae gleichzeitig. Da Tochtermedusen bereits vor Freiwerden selbst knospen können, u. U. 3 Generationen vereint. Eientw bis zur Actinula in Glockenhöhle. Polyp s. S. 54. *Tubularia prolifer* L. AGASSIZ

Familie *Bougainvilliidae*

1 Schirm einfach glockenförmig 2

1* Schirm mit ± kugeligem Scheitelaufsatz 8

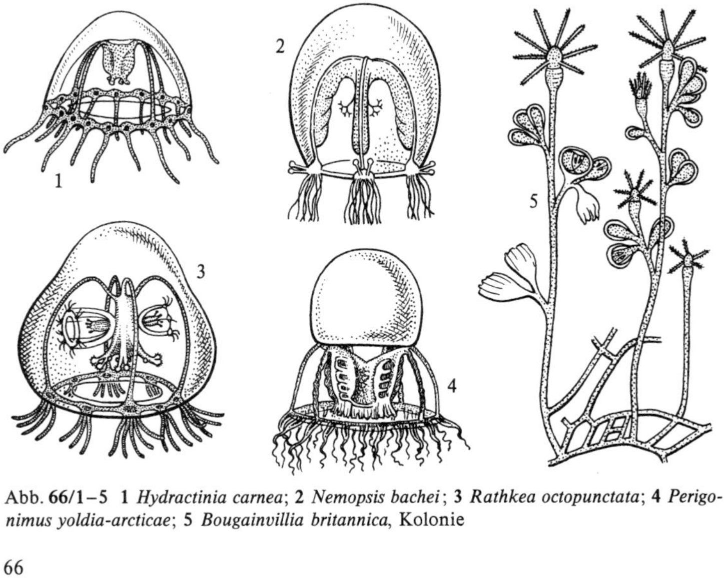

Abb. **66**/1–5 **1** *Hydractinia carnea*; **2** *Nemopsis bachei*; **3** *Rathkea octopunctata*; **4** *Perigonimus yoldia-arcticae*; **5** *Bougainvillia britannica*, Kolonie

2 Tentakel am Glockenrand in Gruppen 3
2* Tentakel am Glockenrand gleichmäßig verteilt. Meduse mit 8 Tentakeln. 4 Mundlappen laufen in kurze, unverzweigte Mundgriffel aus (Abb. **66**/1). Mundrohr u. Bulben bräunlich od. rötlich. Glocke etwa 1 mm h. – **V.** Nordsee, Ostsee; verbreitet. II–IX. – Polyp s. S. 56. *Hydractinia carnea* (M. SARS)
3 Tentakel bilden 4 Gruppen, Mundgriffel dichotom verzweigt (Abb. **66**/2) . . . 4
3* Tentakel bilden 8 Gruppen (Abb. **66**/3) 7
4 Mundgriffel 2–3mal dichotom verzweigt 5
4* Mundgriffel mehr als 3mal dichotom verzweigt 6
5 Tentakelbulben mit 14–18 Tentakeln. Glocke dick, hoch, 11 mm. Magen kurz. Gonaden radial, schürzenförmig, vorhangartig gefältelt (Abb. **66**/2). – **V.** Südl. Art, die während der letzten J in Nordsee häufig geworden ist, V–X. – **B.** Polypen winzig, bisher im Gebiet nicht gefunden. *Nemopsis bachei* L. AGASSIZ
5* Tentakelbulben mit 3–4, selten bis 9 Tentakeln. Magen unmittelbar am Schirm. Mundrohr halb so lg wie Glockenhöhle. Grün bis braun, Bulben gelb od. braun, grün gesäumt. Glocke bis 2,5 mm h. – **V.** Nordsee, sehr häufig, VIII–XI. – **B.** In Ruhe Tentakel horizontal ausgestreckt. – Polyp s. S. 57. *Bougainvillia ramosa* (VAN BENEDEN)
6 **(4)** Mundrohr sehr kurz, kaum $\frac{1}{4}$ der GlockenH erreichend. Mundgriffel doppelt so lg wie Mundrohr, 4–7mal verzweigt. Bulben mit 12–17, selten mehr als 30 Tentakeln (Abb. **56**/8–11). Gonaden rosa bis bräunlich, Magen mit orangefarbenen Streifen, Bulben gelb bis braun. Glocke bis 12 mm h. – **V.** Nordsee, sehr häufig, V–VI. – **B.** Steigt nachts zur Oberfläche auf. Lebensdauer bis 2 Mon. – Polyp s. S. 57. *Bougainvillia britannica* FORBES
6* Mundrohr länger. Mundgriffel kürzer, nicht doppelt so lg wie Mundrohr, 4–7mal verzweigt. Magen an 4 Bändern befestigt. An Bulben 11–15, selten bis 22 Tentakel. Mundrohr rotbraun, Bulben kastanienbraun mit großen schwarzen Augenflecken. Glocke bis 9 mm h. – **V.** Nordsee, II–V. – **B.** Fortbewegung durch plötzliche Kontraktion ruckweise. – Polyp *Bougainvillia superciliaris.* *Bougainvillia superciliaris* (L. AGASSIZ)
7 **(3)** Die 8 Tentakelbulben tragen bei jüngeren Tieren je 1, bei älteren abwechselnd 2–3 od. 1 Tentakel. 4 kurze, unverzweigte Mundgriffel oberhalb der einfachen Mundkante. Mundrohr u. Bulben gelb od. hellbraun. Glocke bis 4 mm h. – **V.** Sommerform. Nordsee, VII–VIII. – **B.** Ungeschlechtliche Vermehrung durch Medusenknospung am Mundrohr. Geschlechtliche u. ungeschlechtliche Tiere gleichzeitig. – Polyp *Trihydra pudica* WRIGHT. *Lizzia blondina* FORBES
7* Die 8 Tentakelbulben tragen abwechselnd 3 od. 3–5 Tentakel. Mund vierkantig mit 4 Lippen, die jeweils in 2 Griffel auslaufen (Abb. **66**/3). Mundrohr bräunlichgelblich, Bulben braun bis schwarz. Glocke bis 3 mh. – **V.** Winter- u. Frühjahrsform. Nordsee häufig, Ostsee. X–V. – **B.** Vermehrung ungeschlechtlich durch Medusenknospung am Mundrohr, anschließend geschlechtlich. – Polypenkolonien *(Rathkea octopunctata)* unscheinbar, Einzelpolypen 0,6 mm lg mit 4–6 lg Tentakeln. *Rathkea octopunctata* (M. SARS)
8 **(1)** An den sattelförmig dem Glockenrand aufsitzenden Bulben 16–20 kräftige Tentakel. Bulben mit roten bis schwarzen Augenflecken. Mundrohr u. Bulben gelblichgrau od. gelblichbraun. Glocke bis 20 mm h. – **V.** Nordsee, häufig. Hauptvorkommen IX–X. – **B.** Schwimmt lebhaft mit spiralig eingerollten u. ruht mit ausgestreckten Tentakeln. Sehr gefräßig. Na: Copepoden, Crustaceenlarven,

Fische u. a. Kommt zur Dämmerung zahlreich an Wasseroberfläche, tagsüber meist tiefer. Gonaden leuchten. – Polyp s. S. 56. *Perigonimus repens* ALLMAN

8* Am Glockenrand etwa 40 Tentakel. Mundrohr u. Gonaden ziegelrot. Ohne Augenflecken. Glocke bis 16 mm h (Abb. **66**/4). – **V.** Ostsee, I–XII. – Polyp s. S. 57, syn. *Halitholus cirratus.* *Perigonimus yoldia-arcticae* BIRULA

Unterordnung *Leptomedusae*

Familie *Melicertidae*

Schirm halbkugelig mit 8 Radialkanälen. Erwachsene Tiere mit 64 großen u. ebenso vielen kleinen Tentakeln (Abb. **68**/1). Gonaden gelb. Glocke bis 12 mm ∅. – **V.** Nordsee, westl. Ostsee, selten. VIII/IX. – **B.** Verträgt Brackwasser. Polyp *Melicertum octocostatum* 2–2,7 mm h, bildet kriechende Kolonien.
Melicertum campanula (FABRICIUS)

Familie *Laodicëidae*

Schirm flach tellerförmig, bis 300 mm ∅. Mundrohr sehr kurz od. reduziert. Bandförmige, weißliche Gonaden parallel den 4 Radialkanälen anliegend, deren Außenenden frei lassend. Sehr viele kurze Tentakel (Abb. **68**/3). – **V.** Nordsee, selten. IV/V. – **B.** Junge Tiere an Meeresoberfläche, erwachsene meist etwas tiefer. Na: Copepoden, *Sarsia*, junge *Aurelia*. Glockenrand kann beim Schwimmen lappige Formen annehmen. – **B.** Polyp *Cuspidella mertensi* in unscheinbaren Kolonien 0,5 mm h. *Cuspidella mertensi* (BRANDT)

Familie *Mitrocomidae*

Schirm gewölbt, bis 20 mm ∅. Gonaden leicht geschlängelt. Bis 300 kurze Tentakel (Abb. **68**/2). Gonaden u. Magen gelblich. Tentakelbulben gelb, grünlich od.

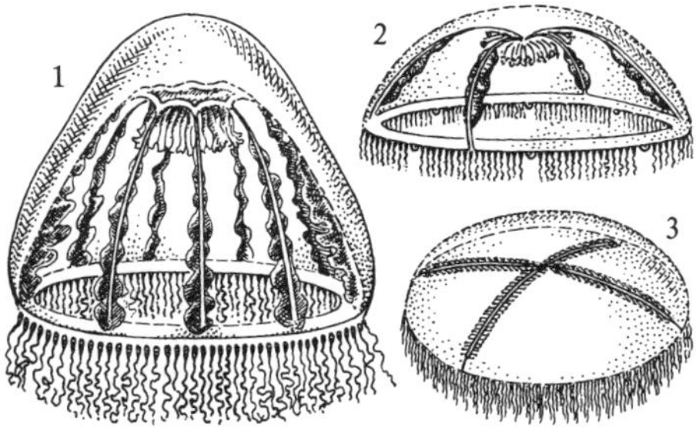

Abb. **68/1–3**
1 *Meliceratum campanula*;
2 *Tiaropsis multicirrata*;
3 *Cuspidella mertensi*

schwarz. – **V.** Nordsee, III/IV. – **B.** Na: Junge *Aurelia, Sarsia,* Detritus. – Polyp *Tiaropsis multicirrata,* 1 mmh, bildet kriechende Kolonien.
Tiaropsis multicirrata (M. SARS)

Familie *Campanulariidae*

1 Mit Magenstiel 5
1* Ohne Magenstiel 2
2 Mit Magen u. Tentakel 3
2* Ohne Magen u. Tentakel. Schirm glockenförmig, 1 mmh, etwas höher als br. Gonaden unregelmäßig gelappt, dunkelbraun. – **V.** Nordsee, selten. VIII–X. – **B.** Kurzlebig. Bildet rückgebildete Geschlechtsgeneration des Polypen *Orthopyxis caliculata.* *Agastra mira* HARTLAUB
3 Mit br Velum. Schirm halbkugelig 4
3* Ohne Velum. Schirm scheibenförmig, bis 6 mm ∅. Zahlreiche gleichlg Tentakel am Schirmrand. Gonaden kugelförmig (Abb. **69**/1). – **V.** Nordsee, Ostsee; I–XII. – **B.** Fortbewegung durch Muskulatur der SchirmUS, dabei mitunter Umklappen des Schirms nach oben. Na: Kleinkrebse, *Sagitta,* Jungfische. – Im Gebiet 3 schwer unterscheidbare Arten. Polyp s. S. 63. *Obelia* PÉRON U. LESUEUR
4 Am Schirm 8 Randbläschen. Glockenscheitel verdickt. Schirm bis 13 mm ∅. An Basis der 16–20 (selten bis 30) Tentakel je eine dünne Cirre. Gonaden u. Bulben rötlich bis bräunlich. Magenrand schwarzgefleckt. – **V.** Nordsee, VII–XI. – Polyp *Lovenella clausa* LOVEN. *Eucheilota maculata* HARTLAUB
4* Am Schirm zahlreiche Randbläschen. Glockenscheitel kaum verdickt (Abb. **69**/2). Schirm bis 25 mm ∅. Keine Cirren zwischen den 30–58 Tentakeln. Gonaden oval bis lggestreckt. Magen, Gonaden u. Bulben rötlich, bräunlich od.

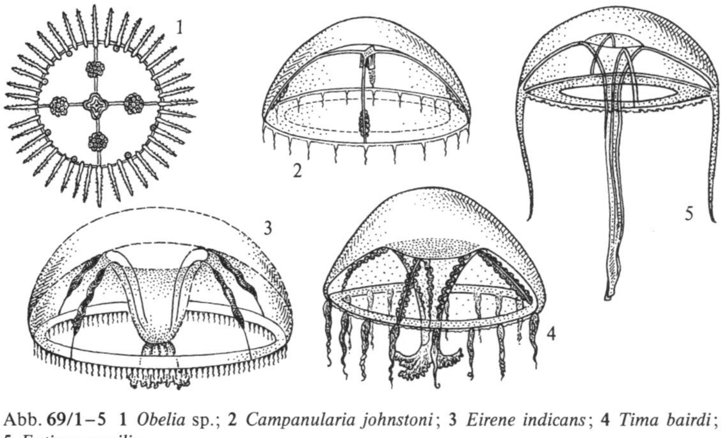

Abb. **69/1–5** **1** *Obelia* sp.; **2** *Campanularia johnstoni*; **3** *Eirene indicans*; **4** *Tima bairdi*; **5** *Eutima gracilis*

grünlich. – **V.** Nordsee, Ostsee; verbreitet. I–XII. – **B.** Na: Copepoden, *Sagitta*, Jungfische u. Plankton. Polyp s. S. 62. *Campanularia johnstoni* (L.)

5 **(1)** Gonaden nur am Magenstiel 9

5* Gonaden an der US des Schirms 6

6 Gonaden geteilt, 4 an der SchirmUS, 4 am unteren Teil des Magenstiels. Magenstiel oben konisch, viel länger als Schirm-∅. Schirm bis 30 mm ∅. 8–32 Tentakel. Magen, Gefäße, Tentakel, Gonaden grünlich. – **V.** Nordsee. VII–X. – **B.** Polyp bildet kriechende Kolonien ohne Hydrotheken. *Octorchis gegenbauri* HAECKEL

6* Vier ungeteilte Gonaden 7

7 Gonaden nur unter dem Schirm 8

7* Gonaden an SchirmUS u. Magenstiel. Magenstiel etwas länger als Schirm-∅ (Abb. **69**/4). Schirm bis 60 mm ∅. 16 rötliche Tentakel. Gonaden weißlich. – **V.** Nordsee, westl. Ostsee. – **B.** Langlebig, 7 Mon EntwZeit. Kann grünlich leuchten. – Polyp unbekannt. *Tima bairdi* (JOHNSTON)

8 Ohne Cirren. 8 Randbläschen. 200 kurze Tentakel. Magenstiel spindel- bis kegelförmig, so lg wie die Glockenhöhle. Magen, Gonaden u. Tentakelbulben hellbraun (Abb. **69**/3). Schirm bis 30 mm ∅. – **V.** Nordsee, häufig. III–VI. – **B.** Kann am Glockenrand leuchten. – Polyp *Eirene indicans* bildet unscheinbare Rasen. *Eirene indicans* (ROMANES)

8* Mit zahlreichen Cirren u. Randbläschen. 50–60 wohlentw u. 100 kleine Tentakel. Schirm bis 30 mm ∅. Magenstiel pyramidenförmig, ¼ so lg wie ∅ des Schirms. Magen, Gonaden u. Tentakel grün, rötlich od. weiß. – **V.** Nordsee, selten, Spätherbst. – **B.** Beim Schwimmen hängt Glockenrand gardinenartig herab (Funktion wie Velum). – Polyp unbekannt. *Eirene viridula* (PÉRON U. LESUEUR)

9 **(5)** Am Schirmrand nur 2 sich gegenüberstehende Tentakel, dazwischen Warzen u. Cirren. Magenstiel 5–10mal länger als ∅ des Schirmes (Abb. **69**/5). Magen u. Gonaden rötlich. Schirm bis 20 mm ∅. – **V.** Nordsee, selten. VIII–X. – **B.** Na: Copepoden, *Sagitta, Obelia* werden von Tentakeln od. Mundrohr gefangen. – Polyp *Eutima gracilis* ohne Hydrotheka, Tentakel basal durch Membran verbunden. *Eutima gracilis* (FORBES U. GOODSIR)

9* Am Schirmrand vier Tentakel, dazwischen Warzen u. Cirren. Magenstiel 3–4mal länger als ∅ des Schirmes. Magen, Radialkanäle, Tentakel, Gonaden grünlich. Schirm bis 20 mm ∅. – **V.** Nordsee, selten. *Eutima elephas* (HAECKEL)

Familie *Campanulinidae*

1 Höchstens doppelt so viel Tentakel (selten über 120) wie Radialkanäle (60–100). Schirm tellerförmig, glasartig durchsichtig, bis 175 mm ∅ (Abb. **71**/1). Gonaden u. mitunter Tentakel bläulich, violett od. rötlich. – **V.** Nordsee, selten. VIII–XI. – **L.** Hochsee, küstenwärts verdriftet. – **B.** Kann leuchten. – Polyp *Campanulina paracuminata*. *Aequorea aequorea* (FORSKAL)

1* Mehr als 3mal soviel Tentakel (bis 600) wie Radialkanäle (60–90). Schirm tellerförmig, glasartig durchsichtig, bis 170 mm ∅. Gonaden u. Tentakelbasis farblos. – **V.** Nordsee, selten. – **B.** Kann leuchten. – Polyp *Lafëina tenuis*?, s. S. 59. *Aequorea vitrina* GOSSE

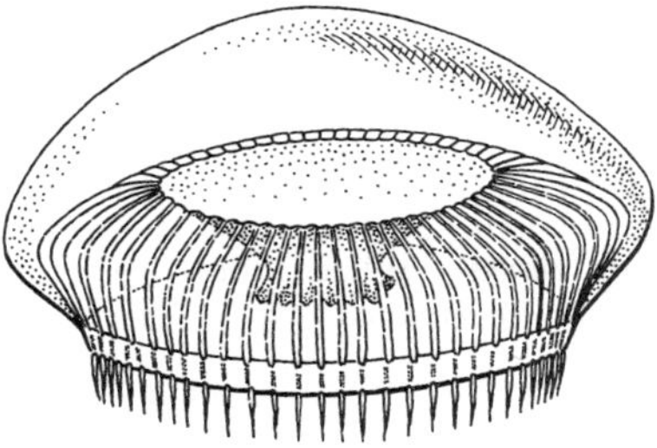

Abb. 71/1 *Aequorea aequorea*

Ordnung *Trachylina*

1 Körper polypenförmig 3
1* Körper medusenförmig 2
2 Glocke hoch fingerhutförmig, oben spitz. Magenstiel spindelförmig. Magen ragt nicht aus der Glockenhöhle heraus (Abb. 71A/4). Mit 8 Radialkanälen, 8 radialen Gonaden, 8 Randbläschen u. etwa 80 sehr kurzen Tentakeln. Glocke bis 14 mm h. – **V.** Nordsee, im Frühjahr häufig. – **B.** Sehr aktiv. Direkte Entw ohne Polypen. Im J mehrere Generationen. *Aglantha digitale* (O.F.MÜLLER)

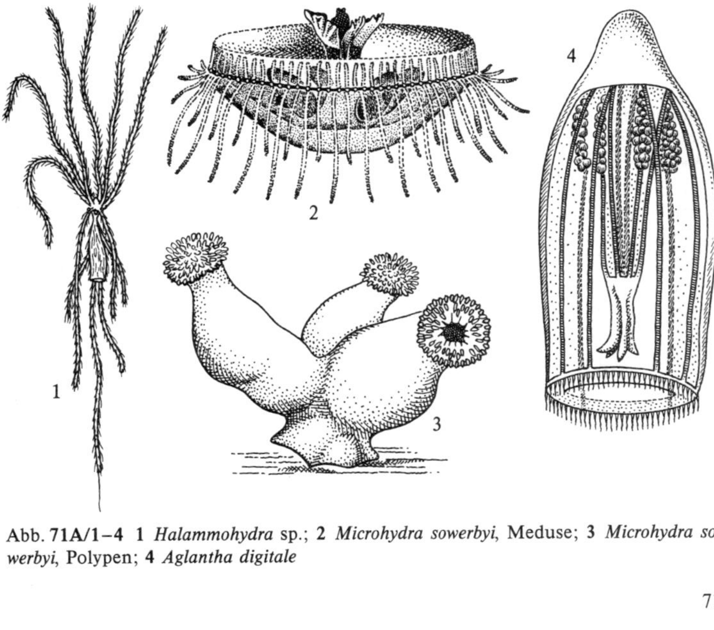

Abb. 71A/1–4 **1** *Halammohydra* sp.; **2** *Microhydra sowerbyi*, Meduse; **3** *Microhydra sowerbyi*, Polypen; **4** *Aglantha digitale*

2 Schirm scheibenförmig, bis 22 mm ∅ (Abb. **71A**/2). Junge, nicht geschlechtsreife Tiere 8 od. 16, erwachsene bis 614 Tentakel. Gelblich od. bräunlich. – **L.** Binnengewässer, meist Flüsse, auch Warmwasseraquarien. Einzige Süßwassermeduse in M-Eur. – **B.** Bei sonnigem Wetter an WasserOFläche. Ruht häufig am Boden. Schwimmt dann nach oben (dabei Tentakel nachschleppend) u. gleitet glangsam mit ausgebreitetem Mund, herabhängendem Velum u. emporgerichteten Tentakeln zu Boden (Beutefang). Na: Kleinkrebse, Rotatorien, Protozoen. – Syn. *Craspedacusta sowerbyi.* Polyp s. u. *Microhydra sowerbyi* (LANKESTER)

3 **(1)** Viele winzige Tentakel. Körper flaschen- od. keulenförmig, bis 2 mm lg (Abb. **71A**/3). – **L.** Süßwasserform, mitunter in Süßwasseraquarien. Oft im Boden eingegraben. – **B.** Ungeschlechtliche Vermehrung durch Knospung, Querteilung od. Abschnürung stäbchenförmiger Teile (Frusteln); geschlechtliche durch Knospung bei Medusen (s. o.). Na: Kleinkrebse, Nematoden, Oligochaeten, Rotatorien. *Microhydra sowerbyi* (LANKESTER)

3* 2 Tentakelkränze. Medusen mit eigenartig umgebildetem Körper, der polypenartig erscheint, da Tentakel u. Sinnesorgane an Basis des lg Mundrohres u. am Schirm völlig rückgebildet (Abb. **71A**/1). Körper 0,3–0,4 mm lg, Tentakel 2 mm Spannweite. – **V.** Nordsee, westl. Ostsee. – **L.** In u. auf Sand- od. Schellböden. – **B.** Kann zwischen Sandkörnern kriechen, schwimmt mittels des die Körperoberfläche bedeckenden Wimperkleides. Im Gebiet 2 Arten.

Halammohydra REMANE

Klasse *Anthozoa* – Korallentiere

G. Ausschließlich polypenförmig, einzeln lebend (Ab. **75**/1–8) od. koloniebildend (Abb. **73**/1–2). Meist wesentlich größer als die meisten Hydroid- u. Scyphopolypen. Einzelpolypen bis 1,5 m ∅ (Aktinien). Kolonien bis 6 m ∅ u. über 10 m h (Steinkorallen). Körper meist in flache Fußscheibe (nicht ausgebildet bei grabenden Formen; Abb. **74**/1), Rumpfwand u. Tentakeln tragende Mundscheibe gegliedert. Bis auf die charakteristische Anordnung der von der Rumpfwand in den Darmraum ragenden Längsfalten (Septen) u. die seitliche Abflachung des Schlundrohres radiärsymmetrisch. Um die spaltförmige Mundöffnung 8 gefiederte *(Octocorallia)* od. 6 bis zahlreiche ungefiederte *(Hexacorallia)* Tentakel in einem od. mehreren Ringen. Unter den angeführten Arten nur *Alcyonium* koloniebildend, übrige einzeln lebend. Keimdrüsen an den Septen. – **V.** Überwiegend in wärmeren Meeren. – **L.** Meerestiere, wenige auch im Brackwasser. Grundbewohner, von der Gezeitenzone bis in die Tiefsee. – **B.** Einzeln lebende Formen mit Fußscheibe auf fester Unterlage sitzend od. in weichen Untergrund bis zur Mundscheibe eingegraben. Langsamer Ortswechsel möglich. In Ruhephasen, bei Beunruhigung od. Trockenfallen durch Ebbe wird Körper zusammengezogen. Von manchen Arten werden zur Abwehr fadenförmige Nesselorgane (Acontien) aus Mund od. Hautporen gestoßen u. später wieder eingezogen. Große Beutetiere (Fische, Krebse, Weichtiere) werden mit kräftigen, nesselnden Tentakeln ergriffen u. zum Mund geführt. Nahrungspartikel, Kleintiere od. Detritus werden durch Wimperschlag zum Mund befördert. Viele, vor allem trop Arten leben in Endosymbiose mit einzelligen Algen (s. S. 46) od. Ektosymbiose mit Einsiedlerkrebsen, Garnelen, Fischen. Geschlechtliche Fortpflanzung über

Eier u. Flimmerlarven, ungeschlechtliche durch Knospung od. Teilung. Embryonalentw häufig im Mutterkörper, Larven werden durch Mund freigesetzt. Meist getrenntgeschlechtig. Lebensdauer bei manchen einzeln lebenden Arten über 60 J. – Insgesamt etwa 4 850 Arten, davon 20 im Gebiet; einige Ordnungen (Steinkorallen, Dörnchenkorallen, Hornkorallen) bei uns nicht vertreten. Bei vielen Arten ist Lebendbeobachtung in Aquarien möglich. Betäubung der Tiere durch Zusatz von 10 %iger Magnesiumsulfatlösung zum Seewasser, danach Fixierung durch Zugabe von 5 %iger Formalinlösung. Aufbewahrung in 5 %iger Formalinlösung od. stufenweise Überführung in 70 %igen Alkohol.

1 Einzeln lebend. Um die Mundöffnung ungefiederte Tentakel. (Unterklasse *Hexacorallia*) 2

1* Kolonien bildend, auf dem Meeresboden festgewachsen. Polypen mit 8 gefiederten Tentakeln. Einzelpolypen 6–8 mm h, weiß, völlig einziehbar. Kolonie klumpig od. gelappt (Abb. **73**/1), weißlich, orange od. fleischfarben, bis 200 mm groß. – **V.** Nordsee, verbreitet. – **L.** Von der Gezeitenzone abwärts, häufig auf Austern. – **B.** Durch Wasseraufnahme täglich 2maliges An- u. Abschwellen der Kolonie (Wasseraustausch). Na: Kleinkrebse. Herbst- u. Winterlaicher. (Unterklasse *Octocorallia*, Ordnung *Alcyonaria*)
Alcyonium digitatum L. – **Lederkoralle, Meerhand**

2 Körper kugelig bis zylindrisch, höchstens 3–4mal so lg wie br. Meist mit Fußscheibe 6

2* Körper wurmartig verlängert, ausgestreckt bis 10mal so lg wie br. Fußende ohne Fußscheibe, abgerundet (Abb. **74A**/1–3) 3

3 Etwa 60–70 längere Rand- u. ebenso viel kurze Innententakel. Randtentakel kürzer als $\frac{1}{6}$ der KörperLg (Abb. **74**/1). Körper gelblichweiß, fleischfarben od. braun. Tentakelfarbe veränderlich. Körper 120–200 mm lg, 15–20 mm ∅. – **V.** Nordsee. – **L.** In weichen Böden unterhalb der Gezeitenzone. – **B.** Gräbt Wohnröhren bis 450 mm Lg. Na: Plankton u. Detritus. Wird mehrere Jahrzehnte alt. Larve im Frühjahr vereinzelt im Plankton. (Ordnung *Ceriantharia*.)
Cerianthus lloydii GOSSE – **Zylinderrose**

3* Weniger als 30 Tentakel 4

4 Nur 12 Tentakel bis 20 mm Lg. Körper bis 250 mm lg, 20 mm ∅, ohne Saugwarzen, durchscheinend, farblos bis fleischfarben mit braunroten Längsstreifen. Tentakel schwach purpurn od. rötlich, weiß gefleckt. Mundscheibe rosa, weiß u. braun gefleckt (Abb. **74A**/1). – **V.** Nordsee, selten. – **L.** In weichen Böden von

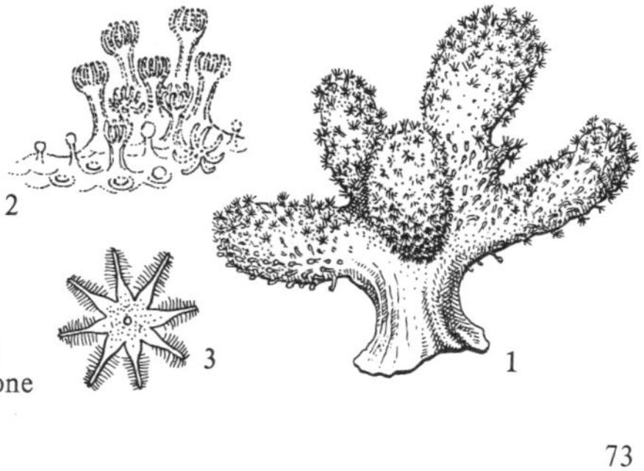

Abb. **73**/1–3
1 *Alcyonium digitatum*, Kolonie;
2 *Alcyonium digitatum*, Ausschnitt;
3 *Alcyonium digitatum*, Tentakelkrone

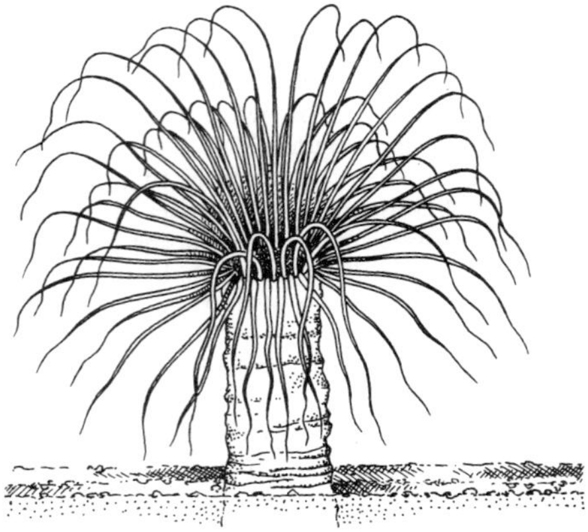

Abb. **74/1**
Cerianthus lloydii

0–230 m Tiefe. – **B.** Gräbt sich bis Tentakelkrone im Boden ein. Larve als Parasit auf Medusen (*Eirene* u.a.). Tentakel leuchten. Na: jung Kleintiere, später Medusen, Ctenophoren, Krebse, Jungfische. – Diese wie alle folgenden Arten gehören zur Ordnung *Actiniaria*. *Peachia hastata* (GOSSE)

4* Körper sehr schlank (Abb. **74A**/1–2), H bis 100 mm, ∅ bis 40 mm. 14–20 Tentakel, mit Saugwarzen, Färbung blaß bis bräunlich, unter Tentakeln weiße, lichtbrechende Flecken. – **V.** Nordsee, westl. Ostsee. – **L.** In Sand u. Schlick in 12–44 m Tiefe 5

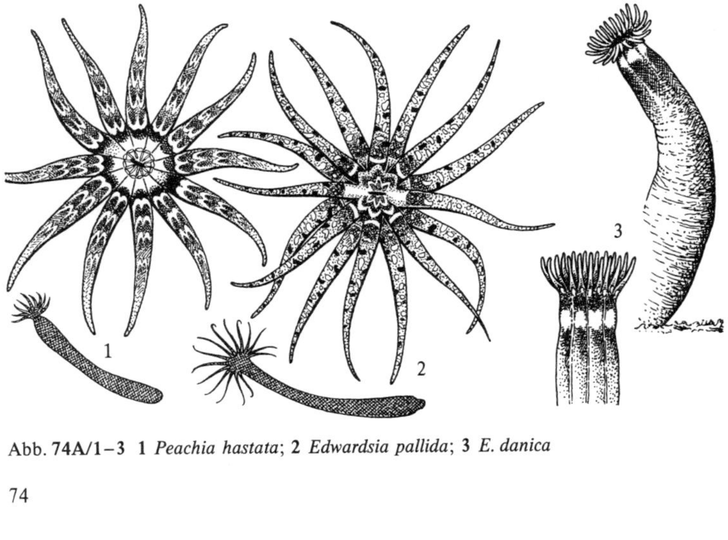

Abb. **74A/1–3** **1** *Peachia hastata*; **2** *Edwardsia pallida*; **3** *E. danica*

5 Mit weißen Tentakelspitzen (Abb. **74A**/2). *Edwardsia pallida* CARLGREN

5* Ohne weiße Tentakelspitzen (Abb. **74A**/3). *Edwardsia danica* CARLGREN

6 **(2)** Sehr klein. Körper etwa 5 mm ∅, 13 mm h. Bis 80 pfriemförmige Tentakel, die inneren länger als die äußeren, längste bis 10 mm. Körper olivgrün mit orangefarbenen Längsstreifen. Tentakel, Mundscheibe u. oberer Abschnitt grün, glasartig durchschimmernd (Abb. **75**/2). – **V.** Nordsee, selten. – **L.** In der Gezeitenzone auf Steinen, Pfählen, Muscheln. – **B.** Verträgt Brackwasser, verträgt einfrieren. Ungeschlechtliche Vermehrung durch Längsteilung. *Diadumene luciae* (VERRILL)

6* Größer 7

7 Über 400 Tentakel 8

7* Höchstens 200 Tentakel 9

8 Mundscheibe der erwachsenen Tiere deutlich gelappt, mit sehr zahlreichen (bis 1 000) dicht stehenden, kurzen, zarten Tentakeln bedeckt (Abb. **75**/1). Weiß bis lachsfarben od. braun. Körper bis 300 mm h, Mundscheibe bis 200 mm ∅. – **V.** Nordsee, westl. Ostsee. – **B.** Kann vorübergehend trocken liegen od. einfrieren. Na: Kleintiere. Sommerlaicher. Ungeschlechtliche Vermehrung durch Längsteilung od. Abschnürung kleiner Teilstücke. Mitunter Doppelbildungen mit 2 Mund- od. Fußscheiben. *Metridium senile* (L.) – **Seenelke**

8* Mundscheibe nicht gelappt sondern schüsselförmig, höchstens am Rand gekräuselt (Abb. **75**/4). Körperwand im oberen Drittel mit deutlichen Längsstreifen von Saugwarzen, die Fremdkörper festhalten können. Färbung wechselnd bernsteinfarben, grau, braun, Mundscheibe braun od. ± rot. Die zahlreichen Tentakel in-

Abb. **75**/**1–8** **1** *Metridium senile*; **2** *Diadumene luciae*; **3** *Actinia equina*; **4** *Cereüs pedunculatus*; **5** *Actinia equina*, kontrahiert; **6** *Sagartia* spec.; **7** *Urticina felina*; **8** *Sagartiogetum* spec.

nen länger als außen, höchstens 20 mm lg. Körper bis 90 mm h, Mundscheibe bis 60 mm ∅. – **V.** Nordsee. – **L.** In geringer Tiefe auf festen Unterlagen. – **B.** Fortpflanzung im Winter, lebendgebärend. Lebensdauer über 60 J.
Cerëus pedunculatus (PENNANT) – **Seemaßliebchen**

9 (7) Körper ohne Saugwarzen **10**

9* Körper mit Saugwarzen **11**

10 Körper schlank, länger als br, bis 120 mm h, 30 mm ∅. Färbung gelblich, rötlich, grünlich mit od. ohne Längsstreifen (Abb. 75/8). – **V.** Nordsee, westl. Ostsee; häufig – **L.** Auf festen Unterlagen (Steinen, Muscheln, Seegras), auch im Sand u. Schlamm von Gezeitenzone bis in mäßige Tiefen. – **B.** Getrenntgeschlechtlich, reife Eier im Hochsommer. Auch Längsteilung. – Mehrere Arten.
Actinothöe P. FISCHER u. *Sagartiogetum* CARLGREN

10* Körper plump, Körperhöhe meist breiter als h (Abb. 75/3), bis 50 mm h. Einfarbig grün od. rot, selten braun. Randsäckchen blau od. blaugrün. – **V.** Nordsee, westl. Ostsee. – **L.** Küsten- u. Gezeitenzone, auf festem Untergrund. – **B.** Verträgt mehrstündiges Trockenfallen u. starke Aussüßung des Wassers. Na: Größere Tiere. Lebendgebärend. Junge ab XII. Ungeschlechtliche Vermehrung durch Längsteilung. Mitunter Doppelbildungen mit 2 Fuß- od. Mundscheiben. Lebensdauer bis 66 J. *Actinia equina* L. – **Purpurrose, Pferdeaktinie**

11 (4) Tentakel auffallend plump, dick, aufgetrieben (Abb. 75/7), rot u. weiß gebändert od. einfarbig. Körper rot u. grün gestreift, selten einfarbig. Mundscheibe bis 200 mm ∅. – **V.** Nordsee, westl. Ostsee, verbreitet. – **L.** Gezeitenzone u. tiefer auf festem Untergrund. – **B.** Treibt gelegentlich frei im Wasser. Tentakel nachts voll entfaltet. Grobtierfresser. Laicht IV. Nesselt stark.
Urticina felina (L.) – **Dickhörnige Seerose**

11* Tentakel schlank, länger als ∅ der Mundscheibe (bis 50 mm) (Abb. 75/6). Farbe verschieden, rötlich bis grünlich, auch gestreift. – **V.** Nordsee. – **L.** Gezeitenzone u. tiefer auf Steinen od. Felsen. – **B.** Zwitter, lebendgebärend. Ungeschlechtliche Vermehrung durch Abschnürung kleiner Teilstücke. Mehrere schwer unterscheidbare Arten. *Sagartia* GOSSE

Literatur

ARNDT, E. A.: Tiere der Ostsee. Die neue Brehmbücherei 328. Wittenberg Lutherstadt 1964.

BOUILLON, J.: Essai de classification des hydropolypes – hydroméduses (Hydrozoa – Cnidaria). Indo-Malayan Zool. 1, 29–243, 1985.

BROCH, H.: Hydroida in KÜKENTHAL: Handbuch der Zoologie. Berlin 1924.

–: Trachylina in KÜKENTHAL: Handbuch der Zoologie. Berlin 1924.

–: Hydrozoen in DAHL: Die Tierwelt Deutschlands und der angrenzenden Meeresteile. Jena 1928.

–: Hydrozoa in GRIMPE u. WAGLER: Die Tierwelt der Nord- und Ostsee. Leipzig 1928.

CAMPBELL, A. C.: Der Kosmos-Strandführer. Stuttgart 1974.

FÜLLER, H.: Coelenterata – Hohltiere in STRESEMANN: Exkursionsfauna, Wirbellose 1. Berlin 1983.

JANKE, K. u. KREMER, B. P.: Düne, Strand und Wattenmeer. Stuttgart 1988.

KRUMBACH, TH.: Scyphozoa in KÜKENTHAL: Handbuch der Zoologie. Berlin 1925.
–: Scyphozoen in DAHL: Die Tierwelt Deutschlands und der angrenzenden Meeresteile. Jena 1928.
–: Scyphozoa in GRIMPE u. WAGLER: Die Tierwelt der Nord- und Ostsee. Leipzig 1930.
KÜHN, A.: Coelenteraten in: Handwörterbuch der Naturwissenschaften. Jena 1933.
KÜKENTHAL, W.: Octocorallia in KÜKENTHAL: Handbuch der Zoologie. Berlin 1925.
NAUMOW, D.W.: Gidroidy i gidromedusy morskich solonowatowodnych i presnowodnych bassejnow SSSR. Moskwa i Leningrad 1960.
PAX, F.: Hexacorallia in KÜKENTHAL: Handbuch der Zoologie. Berlin 1925.
–: Anthozoa in DAHL: Die Tierwelt Deutschlands und der angrenzenden Meeresteile. Jena 1928.
–: Anthozoa in GRIMPE u. WAGLER: Die Tierwelt der Nord- und Ostsee. Leipzig 1936.
RIEDL, R.: Fauna und Flora des Mittelmeeres. Hamburg und Berlin 1983.
ROBINSON, G. A. (Hrsg.): Fiches d'identification du zooplancton. Conseil Intern. Explor. Mer, Tl. 1–177. Copenhague 1950–1986.
RUSSELL, F. S.: The medusae of the British Isles, 1 u. 2. Cambridge 1953 u. 1970.
–: Hydromedusae, sheet 2, 51, 101, 102 in ROBINSON, G. A. 1950–1986.
STECHE, O.: Hydra und die Hydroiden. Leipzig 1911.
WERNER, B.: Stamm Cnidaria in GRUNER: Lehrbuch der Speziellen Zoologie 1, 2. Tl. Jena 1984.
WESENBERG-LUND: Biologie der Süßwassertiere. Wien 1939.

Ctenophora – **Rippenquallen**

G. Zarte, durchsichtige, zweiseitig symmetrische Meerestiere. 8 Reihen Wimperplättchen („Rippen") überziehen meridian angeordnet die KörperOFläche. 2 lange, verzweigte, mit Klebzellen versehene Tentakel in Taschen einziehbar *(Tentaculifera)* od. ohne Tentakel *(Atentaculata)*. Mund schlitzförmig am E eines ± auffälligen Schlundrohres, das in den Zentralmagen führt. Von ihm zweigen mehrere Kanäle in die Körperpartien ab. An dem gegenüber der Mundöffnung liegenden Pol befindet sich ein Sinnesorgan (Scheitelorgan). In den Wänden der Rippengefäße bilden sich Geschlechtszellen. – **V.** Vorwiegend in warmen u. gemäßigten Meeren. – **L.** Planktisch, wenige Arten am Grund lebend. – **B.** Gleichmäßige Fortbewegung mit dem Munde voran erfolgt durch schnelles Schlagen der Wimperplättchen. *Pleurobrachia* treibt sich gelegentlich mit weit geöffnetem Mund durch Plättchenschlag über den Grund. Ernährung räuberisch von kleineren pelagischen Tieren, vorwiegend Kleinkrebsen. An Tentakeln klebende Beute wird vom Mund aufgenommen, größere wird mit Lippen u. Mund eingefangen. *Beroë* verschlingt unter starker Erweiterung der Mundöffnung andere Rippenquallen, die ihre eigene Größe übertreffen können. Zwitter. Fortpflanzung geschlechtlich. Viele Arten leuchten. – Rippenquallen sind wegen ihres hohen Wassergehaltes (99 %) schlecht fixierbar. Man schöpft sie am besten mit Gläsern aus dem Meer u. fügt allmählich Formalin hinzu. *Bolinopsis* zerfällt meist in zahlreiche Teile. Deshalb ist Lebendbeobachtung zu bevorzugen. Etwa 80 Arten, im Gebiet 3.

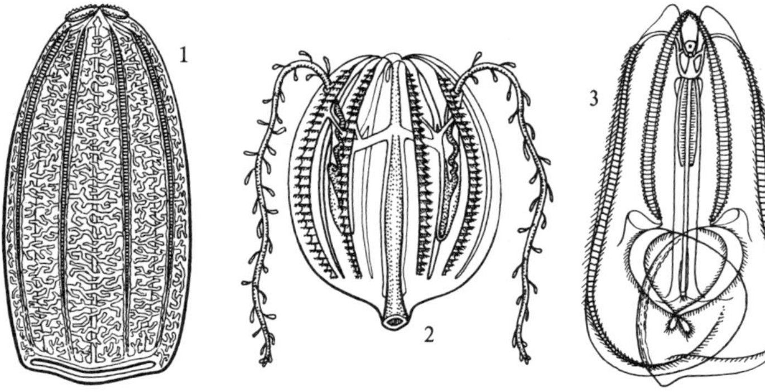

Abb. **78/1–3** **1** *Beroë cucumis*; **2** *Pleurobrachia pileus*; **3** *Bolinopsis infundibulum*

1 Ohne Tentakel (Klasse *Atentaculata*). Körper h, mützenförmig. Mundöffnung sehr weit (Abb. **78**/1). Körper bis 160 mm lg. Färbung weißlich bis rosa u. irisierend. – **V.** Nordsee, westl. Ostsee. *Beroë cucumis* FABRICIUS – **Melonenqualle**

1* Ein Paar lg ausstreckbare, verzweigte Tentakel (Klasse *Tentaculifera*) 2

2 Ohne Schwimmlappen am Mund, Körper kugelig, oval, birnen- od. eiförmig (Abb. **78**/2). Tentakel ausgestreckt 15–20mal so lg wie Körper. Glasartig durchsichtig, Tentakel u. Schlund milchig bis bräunlich-orange. Körper bis 20 mm h. – **V.** Nordsee, Ostsee; verbreitet. *Pleurobrachia pilëus* (O. F. MÜLLER) – **Seestachelbeere**

2* Mit 2 breiten Schwimmlappen an der Mundöffnung. Körper birnen- bis eiförmig (Abb. **78**/3). 4 kurze u. 4 lg Flimmerreihen, die kurzen in 4 bewegliche Körperanhänge verlängert. Körper durchsichtig od. milchig. Erwachsene Tiere bis 150 mm h. – **V.** Nordsee, selten Ostsee. *Bolinopsis infundibulum* (O. F. MÜLLER)

Literatur

FÜLLER, H.: Ctenophora – Rippenquallen in STRESEMANN: Exkursionsfauna, Wirbellose 1. Berlin 1983.

KRUMBACH, TH.: Ctenophora in KÜKENTHAL: Handbuch der Zoologie. Berlin 1925.

–: Ctenophora in GRIMPE u. WAGLER: Die Tierwelt der Nord- und Ostsee. Leipzig 1926.

–: Ctenophora in DAHL: Die Tierwelt Deutschlands und der angrenzenden Meeresteile. Jena 1928.

WERNER, B.: Stamm Ctenophora in GRUNER: Lehrbuch der Speziellen Zoologie, 1, 2. Tl. Jena 1984.

Plathelminthes – **Plattwürmer**

G. Körper meist ± abgeplattet. Form sehr vielgestaltig (s. Klassen). Bes. bei parasitischen Arten Haftapparate in Form von Saugnäpfen (Abb. **87**/1, **90**/1), Haftscheiben (Abb. **89**/1–3) od. Hakenkränzen (Abb. **90**/1). Darm blind geschlossen od. ohne Darm. – **V.** Meist an bestimmte geographische Regionen gebunden, parasitische Formen entsprechend der V. ihrer Wirte. – **L.** Strudelwürmer frei im Wasser od. auf dem Land. Saugwürmer, Hakensaugwürmer u. Bandwürmer im erwachsenen Zustand rein parasitisch bes. auf od. in Wirbeltieren, selten in Wirbellosen; ihre Entwicklungsstadien z. T. frei (meist im Wasser), z. T. parasitisch in Wirbellosen od. Wirbeltieren – **B.** Sehr verschiedenartig (s. Klassen).

1 Frei im Wasser od. auf dem Land. In der Regel ohne Saugnäpfe od. Haftscheibe (Abb. **83**/1, **86**/1). *Turbellaria* – **Strudelwürmer** S. 80

1* Parasitisch auf der Haut u. den Kiemen von Fischen u. Amphibien od. in den inneren Organen von Wirbeltieren, selten in Wirbellosen. Meist mit Haftorganen **2**

2 Körper meist sehr lggestreckt, bandförmig, aus kleinem Kopf u. anschließender GldKette bestehend. Kopf mit 4 runden Saugnäpfen u. z. T. zentralem Hakenkranz (Abb. **90**/1) od. mit 2 länglichen Haftgruben (Abb. **90**/3). Wenn Körper kurz, gedrungen u. ungegliedert, dann ohne Haftorgane, nur VE verbreitert (Abb. **90**/7). Im Darm von Wirbeltieren, selten in den inneren Organen von Wirbellosen. *Cestoda* – **Bandwürmer** S. 89

2* Körper nicht bandförmig, ungeteilt od. aus 2 hintereinanderliegenden Abschnitten bestehend. Mit 1 od. 2 Saugnäpfen (Abb. **87**/1–2, **89**/1) u. z. T. einer großen Haftscheibe (Abb. **89**/1–3) **3**

3 Am VE 1 zentraler Saugnapf u. vielfach 1 zweiter bauchseits in der Körpermittellinie (Abb. **87**/1–2) od. auf der BauchS 1 große gefelderte Haftscheibe (Abb. **87**/6). In den inneren Organen von Wirbeltieren u. Weichtieren. *Trematoda* – **Saugwürmer** S. 86

3* Am VE 2 kleine seitliche Saugnäpfe od. nur 1 Paar vorstehende Haftpolster (Abb. **89**/3). Am HE 1 große, abgesetzte, z. T. mit Haken od. Saugnäpfen besetzte Haftscheibe (Abb. **89**/1–3). Auf der Haut u. den Kiemen von Fischen u. Kaulquappen od. in der Harnblase von Amphibien. *Monogenea* – **Hakensaugwürmer** S. 88

Klasse *Turbellaria* – **Strudelwürmer**

G. Heimische Arten 0,5–40 mm lg (nur aus Trop eingeschleppte Gewächshausbewohner z. T. länger). Sehr kontraktionsfähig; in ausgestrecktem Zustand drehrund u. gedrungen spindel- bis kurz faden- od. schnurförmig od. ± abgeplattet, mit ovalem bis lanzettlichem Umriß. VE meist abgerundet od. abgestutzt, manchmal durch halsartige Einschnürung abgesetzt, dann z. T. mit 1 Paar pfriemförmigen Tentakeln od. konischen seitlichen Lappen (Abb. **83**/2, 5, 13), selten mit zentralem Saugnapf (Abb. **83**/4). HE abgerundet od. zugespitzt. 2 od. viele, meist schwarze Becheraugen auf dem VKörper od. ohne Augen. Darm geschlossen, stab- od. sackförmig, in 3 Äste (1 vorderen u. 2 hintere) mit seitlichen Verzweigungen geteilt (Abb. **83**/1), netzförmig, od. ohne Darm. Mundöffnung am VE od. meist in der Mittellinie der BauchS; führt in muskulösen, oft ausstülpbaren Schlund, der in den Darm übergeht. Färbung unterschiedlich (z.T. innerhalb einer Art stark variierend), meist gelb, rot- bis dunkelbraun, grau bis schwarz, seltener weißlich; od. Körper durchscheinend (Farbton dann vom Darminhalt bestimmt). Manche Arten durch symbiontische Grünalgen gefärbt. – **V.** Meist auf eine geographische Region beschränkt; oft an ganz bestimmte Lebensbedingungen angepaßt. – **L.** Meer-, Brack- u. Süßwasser; nur 1 heimische Art auf dem Lande, 3 aus den Trop eingeschleppte Arten in Gewächshäusern. Kleine Formen kriechen u. schwimmen mit Hilfe einer Körperbewimperung, größere kriechen mittels Wellenbewegung der BauchS. Lichtscheu; tagsüber an BlattUS von Wasserpflanzen, in hohlen Pflanzenstengeln, unter Steinen u. anderen Gegenständen od. im Schlamm. Na: Infusorien, Rädertiere, Würmer, Kleinkrebse u. andere kleine Wassertiere, seltener einzellige Algen. Zwitter mit wechselseitiger Begattung. Entw. meist direkt; Junge den Erwachsenen ähnlich. Bei manchen Arten regelmäßig ungeschlechtliche Fortpflanzung durch Querteilung; dann manchmal 2–18 Tiere eine Kette bildend. – Etwa 3400 Arten, davon im Gebiet rund 200. 12 Ordnungen, von deren einheimischen Arten lediglich die über 6 mm lg *Tricladida* (Planarien) u. *Polycladida* mittels Lupe bestimmbar sind. Die anderen 10 Ordnungen u. ihre Arten lassen sich nur mikroskopisch unterscheiden.

1 Ausgestreckt über 6 mm lg; wenn kürzer (Jugendformen u. höchstens 2 mm lg Meeresbewohner), dann Mundöffnung in od. hinter der Körpermitte. Körper abgeflacht, nur bei landlebenden Arten mit rundlichem Querschnitt 2

1* Unter 6 mm lg; bei größeren Formen Mundöffnung am VE od. in der vorderen Körperhälfte. Körper meist drehrund, spindel- bis fadenförmig; manchmal Ketten bildend. – Darm stabförmig, z.T. mit seitlichen Ausbuchtungen, sackförmig, od. ohne Darm. Größtenteils farblos u. durchscheinend, selten dunkel pigmentiert. Im Meer-u. Süßwasser.
Nur mikroskopisch bestimmbare, mehreren Ordnungen angehörende Arten.

2 Körper ausgestreckt wenigstens 3,5mal so lg wie br. 1 Paar Augen auf dem VE (Abb. **83**/4–14) od. zahlreiche Augen in 1 Reihe am Rande des VKörpers (Abb. **83**/2–3) od. ohne Augen. In Süßgewässern, seltener im Meer od. auf dem Land. *Tricladida* S. 82

2* Körper höchstens 3mal länger als br. Zahlreiche Augen in 2 od. 4 Gruppen auf dem VKörper, z. T. zusätzliche Augen am Körperrand (Abb. **86**/1–4). Nur im Meer. *Polycladida* S. 85

Ordnung *Tricladida* – **Planarien**

G. Zumeist 10–35 mm lg (nur aus den Trop eingeschleppte landlebende Arten bis 350 mm) u. 1–10 mm br. Körper abgeplattet, im Umriß ± lanzettlich, nur landlebende Arten spindel- bis bandförmig, mit rundem Querschnitt u. abgeflachter Kriechsohle. VE abgerundet, stumpf abgestutzt, dreieckig od. pfeilspitzenförmig, oft durch halsartige Einschnürung abgesetzt u. z.T. mit 1 Paar seitlichen Tentakeln. HE meist zugespitzt. Auf dem VE 2 (durch Verdoppelung selten 3 od. 4) Augen od. viele Augen in 1 Reihe am Rande des VKörpers, selten augenlos. Darm mit 1 nach vorn u. 2 nach hinten gerichteten, seitlich verzweigten Ästen. Mundöffnung am Beginn der hinteren Körperhälfte. Gelb, braun, grau od. schwarz, seltener weißlich. – **B.** Fortpflanzung geschlechtlich, ohne Larvenstadium, od. durch Querteilung, dann aber keine Kettenbildung. – **L.** Im Meer-, Brack- u. Süßwasser; eine heimische Art landlebend, 3 aus den Trop eingeschleppte Arten in Gewächshäusern. – Die nur 1,2 bzw. 2 mm lg marinen Arten *Pentacoelum fucoideum* WESTBLAD u. *Sabussowia punctata* BRANDTNER (beide selten an der Ostseeküste) sind im Schlüssel nicht berücksichtigt.
Im Schlüssel beziehen sich alle Angaben über Körpergestalt u. -größe sowie die Form des VEndes auf die Verhältnisse beim ruhig kriechenden Tier.

1 Auf dem Lande od. in Gewächshäusern. Körperquerschnitt rundlich 2

1* In Süßgewässern od. im Meer. Körper abgeflacht 5

2 VE eine querliegende, halbmondförmige Platte bildend. – Bis 35 cm lg u. 7 mm br. RückenS ockergelb, mit 5 grauen u. schwarzbraunen Längsstreifen; Kopfplatte braunviolett. Nur in Warmhäusern. *Bipalium kewense* MOSELEY

2* VE ohne solche Platte 3

3 RückenS mit 1 Paar schmalen braunen mittleren u. 1 (Junge) od. 2 Paar breiteren schwarzen seitlichen Längsstreifen auf gelbem Grund; BauchS gelb, mit hellgrauem mittlerem Längsstreifen. – Bis über 20 cm lg u. 4 mm br. Nur in Warmhäusern. *Dolichoplana feildeni* V. GRAFF

3* RückenS ohne deutliche Längsstreifen 4

4 (2) RückenS hell- bis dunkelgrau od. graubraun; BauchS weißlich. – Bis über 15 mm lg u. 2 mm br. Körper gedrungen spindelförmig, hintere Hälfte oft verdickt. Augen klein, sehr nahe dem VE. In ständig feuchten Waldgebieten unter morschem Holz, Laub, Steinen, Moos usw., auch in Gewächshäusern. Wird leicht mit Nacktschnecken verwechselt. *Microplana terrestris* (O. F. MÜLLER)

4* Rücken- u. BauchS grau bis graubraun, am VE dunkler od. rostrot; RückenS oft mit 1 Paar undeutlichen dunkelbraunen Längsstreifen. – Bis 14 mm lg u. 1 mm br. Körper schlank spindelförmig. Augen groß, weiter vom VE entfernt als ihr gegenseitiger Abstand. Nur in Gewächshäusern u. auf Blumentöpfen. [*R. bilineatus* (METSCHNIKOW)] *Rhynchodemus sylvaticus* (LEIDY)

5 (1) Viele Augen in 1 Reihe längs des Stirnrandes u. der SRänder des VKörpers 6

5* 2 (ausnahmsweise 3 oder 4) Augen auf dem VE od. ohne Augen 7

6 VE mit 1 Paar pfriemförmigen Tentakeln (Abb. **83**/2). – Bis 22 mm lg u. 5 mm br. RückenS rot- bis schwarzbraun, BauchS heller. In klarem, bes. fließendem Süßwasser, gewöhnlich im Ober- u. Mittellauf, auch in Quellen u. Höhlengewässern. [*P. cornuta* (JOHANSON)] *Polycelis felina* (DALYELL)

6* VE ohne Tentakel, in der M zu einer abgerundeten Spitze ausgezogen u. seitlich

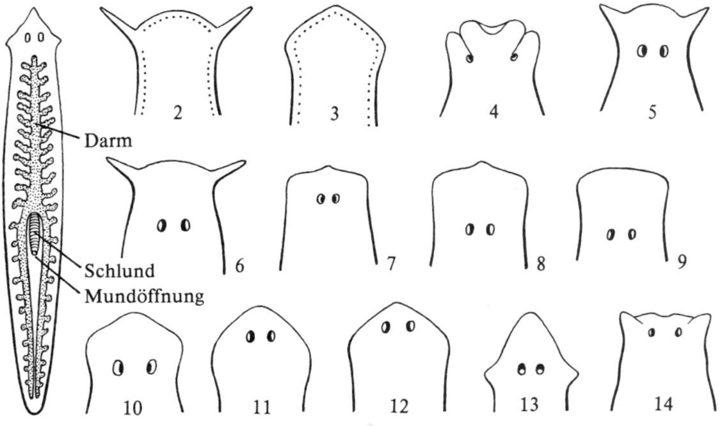

Abb. **83/1–14** **1** *Dugesia gonocephala*; **2** *Polycelis felina*, VE; **3** *Polycelis nigra* u. *P. tenuis*, VE; **4** *Bdellocephala punctata*, VE; **5** *Procerodes littoralis*, VE; **6** *Crenobia alpina*, VE; **7** *Planaria torva*, VE; **8** *Phagocata vitta*, VE; **9** *Uteriporus vulgaris*, VE; **10** *Foviella affinis*, VE; **11** *Dugesia lugubris*, VE; **12** *D. polychroa*, VE; **13** *D. tigrina*, VE; **14** *Dendrocoelum lacteum*, VE

schwach verbreitert (Abb. **83**/3). – Bis 12 mm lg u. 1,8 mm br. Braun bis schwarz, VE oft heller. In Gewässern des Flachlandes. 2 nur mikroskopisch sicher zu unterscheidende Arten:

Polycelis tenuis IJIMA

Reh- bis dunkelbraun, oft mit dunklem Längsstreifen auf der Rückenmitte, aber auch schwarz. Bes. am Ufer größerer Seen u. langsam fließender Gewässer, auch im Brackwasser an Flußmündungen.

Polycelis nigra EHRENBERG

Einfarbig schwarz, gelegentlich auch grau od. braun. Bes. in Tümpeln, Teichen u. kleineren Fließgewässern, z. T. gemeinsam mit vor. Art.

7 VE in der M mit 1 großen saugnapfartigen Haftorgan (Abb. **83**/4) **8**

7* VE ohne solches Haftorgan (aber z. T. auf seiner BauchS mit drüsiger Haftgrube) **9**

8 Haftorgan vorstehend, von den fingerförmig vorgezogenen S des deutlich verjüngten VE flankiert; an seiner Basis 2 Augen (Abb. **83**/4). RückenS braun mit schwärzlichen Flecken, BauchS heller. – Bis 35 mm lg u. 6 mm br. In stehenden u. langsam fließenden Süßgewässern, auch im Brackwasser an Flußmündungen. *Bdellocephala punctata* (PALLAS)

8* Haftorgan auf dem abgerundeten, nicht verjüngten VE. Ohne Augen. Weißlich. – Bis über 12 mm lg u. 2 mm br. SRänder wulstartig verdickt. Nur in Höhlengewässern (Harz, Westfalen). *Rectocephala schneideri* (KOMÁREK)

9 **(7)** VE mit 1 Paar Tentakeln (Abb. **83**/5–6) **10**

9* VE ohne Tentakel, höchstens seitlich zu kurzen, ± zugespitzten Lappen verbreitert und dann quer abgestutzt erscheinend (Abb. **83**/7–14) **11**

10 Tentakel spitz konisch (Abb. **83**/5). Im Meer. – Bis 7 mm lg u. 1,2 mm br. 2 Augen. RückenS rot- bis graubraun, dunkler längsgestreift od. genetzt. Tentakel u. BauchS hellgrau. An der Küste unter Steinen, in grobem Kies u. zwischen Pflanzen. [*P. ulvae* (OERSTED)] *Procerodes littoralis* (STRÖM)

10* Tentakel kurz pfriemförmig (Abb. **83**/6). Im Süßwasser. – Bis 18 mm lg u. 4 mm br. 2 Augen. RückenS grau bis schwarz, z. T. dunkel bräunlich od. grünlich; BauchS meist aschgrau. In den Quellen u. Oberläufen kalter GebBäche, gelegentlich in Höhlengewässern. *Crenobia alpina* (DANA)

11 **(9)** VE flach abgerundet u. zuweilen in der M ein wenig vorspringend (Abb. **83**/7–9), dreieckig (Abb. **83**/10–12) od. pfeilspitzenförmig (Abb. **83**/1, 13–14). Mit 2 (ausnahmsweise 3 od. 4) Augen. Meist gefärbt **12**

11* VE durch kurze, seitlich od. leicht nach vorn gerichtete, ± zugespitzte Lappen verbreitert, hierdurch quer abgestutzt od. schwach konkav erscheinend (Abb. **83**/14). Mit 2 od. ohne Augen. Gewöhnlich weiß, aber z. T. Darm farbig durchschimmernd **19**

12 VE flach abgerundet **13**

12* VE dreieckig od. pfeilspitzenförmig **15**

13 Augen höchstens 2mal so weit vom Stirnrand entfernt wie voneinander; VE nicht seitlich verbreitert (Abb. **83**/7). – Bis 13 mm lg u. 3,5 mm br. Braun od. grau bis schwarz; BauchS heller als RückenS. Weit verbreitet bes. in stehenden u. langsam fließenden Süßgewässern; auch im Brackwasser der Ostsee. *Planaria torva* O. F. MÜLLER

13* Augen wenigstens 3mal so weit vom Stirnrand entfernt wie voneinander; VE seitlich schwach verbreitert **14**

14 Weiß, höchstens der Darminhalt farbig durchschimmernd. Im Süßwasser. – Bis 15 mm lg u. 2,7 mm br. in Quellen, Brunnen, Höhlentümpeln u. periodischen Kleingewässern. *Phagocata vitta* (DUGÈS) (Abb. **83**/8)

14* RückenS gelb- bis dunkelbraun od. bräunlichrot, BauchS weißlich. Im Meer. Bis 9 mm lg u. 1,7 mm br. An der Ostseeküste (Kieler Bucht) unter Steinen u. Fadenalgen od. in Salzwiesen. *Uteriporus vulgaris* BERGENDAL (Abb. **83**/9)

15 **(12)** VE ± abgerundet dreieckig (Abb. **83**/10–12) **16**

15* VE pfeilspitzenförmig (Abb. **83**/1, 13) **18**

16 Augen hinter der größten Br der Kopfregion (Abb. **83**/10). HE br abgerundet. Nur im Meer. – Bis 11 mm lg u. 3 mm br. RückenS gelblich bis ockergelb, an den SRändern z. T. braunrot; BauchS weiß. Ostsee (Kieler Bucht), im Strandbereich. *Foviella affinis* (OERSTED)

16* Augen vor der größten Br der Kopfregion. HE verjüngt. Im Süßwasser, gelegentlich auch im Brackwasser **17**

17 VE stark abgerundet dreieckig (Abb. **83**/11). Körper hinter dem Kopf halsartig eingebuchtet. RückenS hell- bis tief dunkelbraun, manchmal schwärzlich mit weißen Flecken; BauchS heller. – Bis 20 mm lg u. 3 mm br. Weit verbreitet bes. in langsam fließenden u. stehenden – auch periodischen – Gewässern, selten in der Ostsee an Flußmündungen. *Dugesia lugubris* (O. SCHMIDT)

17* VE stumpf zugespitzt (Abb. **83**/12). Körper hinter dem Kopf nicht eingebuchtet. Rücken- u. BauchS graubraun bis tiefschwarz. – Bis 20 mm lg u. 3,8 mm br. **V.** Wie vor. Art. *Dugesia polychroa* (O. SCHMIDT)

18 **(15)** VEcke des Kopfes etwa rechtwinklig, ziemlich scharf; Augen in der M zwischen der Kopfspitze u. den seitlichen Zipfeln (Abb. **83**/1). RückenS einfarbig braun bis schwarzbraun od. grau; BauchS manchmal heller. – Bis 25 mm lg u. 5 mm br. In Quellen u. reinen, bes. kleineren Fließgewässern mit festem Grund, auch in Höhlenbächen. *Dugesia gonocephala* (DUGÈS)

18* VEcke des Kopfes leicht spitzwinklig, abgerundet; Augen in H der seitlichen Zipfel od. wenig davor (Abb. **83**/13), deren hintere Partie weißlich. RückenS blaßbraun bis grauviolett, mit größeren weißlichen Längsflecken u. kleineren dunklen Punkten gesprenkelt, z. T. mit hellerem Mittelstreifen; BauchS hellgrau. – Bis 18 mm lg u. 3 mm br. In stehenden od. schwach fließenden, auch größeren Süßgewässern mit schlammigem Grund. Aus Amerika eingeschleppte Art, die auch in Aquarien auftritt u. Fischlaich schädigt. *Dugesia tigrina* (GIRARD)

19 **(11)** Mit 2 Augen. In oberirdischen Gewässern. – Bis 25 mm lg u. 6 mm br. Stirnrand in der M leicht eingebuchtet, seine seitlichen Lappen abgerundet (Abb. **83**/14). Milchweiß, selten leicht grau, rötlich od. bräunlich mit weißen Rändern. Weit verbreitet in stehendem u. fließendem Süßwasser, seltener auch an der Ostseeküste. *Dendrocoelum lacteum* (O. F. MÜLLER)

19* Ohne Augen. – Der vor. Art ähnliche Grundwasserbewohner, die gelegentlich in Quellen u. Quellbächen vorkommen. Vom Gebiet 4 nur mikroskopisch unterscheidbare Arten der Gattung *Dendrocoelum* bekannt:

D. boettgeri AN DER LAN. Etwa 10 mm lg. Ockerfarben. Niedersachsen, im Grundwasser.

D. bohemicum KOMÁREK U. KUNST [*D. hercynicum* FLÖSSNER]. Bis 20 mm lg u. 3 mm br. Milchweiß. Erzgebirge, Thüringen, Eichsfeld, südl. Niedersachsen, in Quellen u. Quellbächen, gelegentlich in Tümpeln.

D. cavaticum (FRIES). Bis 35 mm lg u. 10 mm br. Milchweiß, mit grau od. rötlich durchschimmerndem Darm. Schwäbische Alb, in Höhlengewässern, Quellen u. Brunnen.

D. mrazeki (VEJDOVSKÝ). Bis 24 mm lg u. ca. 3,5 mm br. Weiß, selten schwach rosa od. violett. Erzgebirge, Vogtland, südl. Niedersachsen, in Quellen, Quellbächen u. Brunnen.

Ordnung *Polycladida*

G. Heimische Arten ca. 10–35 mm lg u. 4–24 mm br. Körper stark abgeplattet, im Umriß oval, eiförmig od. keilförmig (dann mit größter Br nahe dem VE). Manchmal 1 Paar Tentakel an od. auf dem VE. Zahlreiche Augen in 2 od. 4 Gruppen auf der RückenS des VE, z. T. zusätzliche, unregelmäßig verteilte Augen am Körperrand, bes. vorn. Darm von einem mittleren Längsstamm aus unregelmäßig stark verzweigt, oft ein Netzwerk bildend. Mundöffnung nahe der Körpermitte. Meist in gelben od. braunen Tönen gefärbt, selten weißlich. – **L.** Reine Meeresbewohner. – **B.** Fortpflanzung nur geschlechtlich, z.T. mit schwimmendem Larvenstadium.

1 1 Paar Tentakel am VRand, od. auf der RückenS des VKörpers 2

1* Ohne Tentakel 3

2 Tentakel seitlich am VRand, schlank, meist nach rückwärts umgebogen; 2 Augengruppen zwischen 1. u. 2. Körpersechstel u. zahlreiche Augen an der US der Tentakel u. des VRandes zwischen den Tentakeln (Abb. **86**/2). Körper elliptisch. Bis 25 mm lg u. 10 mm br. RückenS weißlich bis hell rotbraun, längs der

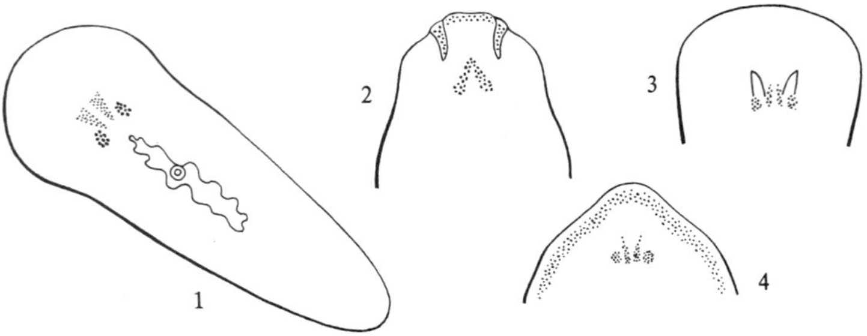

Abb. **86/1–4** **1** *Notoplana atomata*; **2** *Eurylepta cornuta*, VE; **3** *Stylochoplana maculata*, VE; **4** *Discocelides langi*, VE

Körpermitte rot- bis dunkelbraun, diese Färbung nach den S zweigförmig ausstrahlend; BauchS heller. Nordsee, zwischen Algen u. Seegras, in Geröll, auf Austernbänken. *Eurylepta cornuta* (O. F. MÜLLER)

2* Tentakel am E des 1. Fünftels der RückenS, konisch; 4 Augengruppen dicht nebeneinander: 2 längliche zwischen den Tentakeln u. 2 rundliche an deren Basis, keine Randaugen (Abb. **86**/3). Körper keilförmig, seine größte Br an dem abgerundet quer abgestutzten VE. – Bis 12 mm lg u. vorn 5 mm br. RückenS weißlichgelb bis gelbbraun mit braunen bis schwarzen u. weißen Flecken gesprenkelt. Nordsee (Helgoland) u. westl. Ostsee (Kieler Bucht), zwischen Algen, Tang u. Seegras. *Stylochoplana maculata* (QUATREFAGES)

3 **(1)** Körper ziemlich derb, br eiförmig mit spitzerem Pol am VE; 4 Augengruppen auf der RückenS des VE u. einige unregelmäßige Reihen kleiner Augen am Rand des VKörpers (Abb. **86**/4). – Bis 35 mm lg u. 24 mm br. RückenS bräunlichgrau, selten weißlich. Nordsee (Sylt) u. selten westl. Ostsee (Kieler Bucht), auf Schlamm u. Sand. *Discocelides langi* BERGENDAL

3* Körper weich, länglich oval, vorn meist breiter u. abgerundeter als hinten; 4 Augengruppen auf der RückenS des VE, keine Randaugen (Abb. **86**/1). – 2 nur mikroskopisch unterscheidbare Arten:

Notoplana atomata (O. F. MÜLLER)
Bis 28 mm lg u. vorn 9 mm br. RückenS gelblich braun, braun od. braungrau, z. T. gefleckt od. gestreift. Nordsee (Helgoland) u. westl. Ostsee (Kieler Bucht), häufig, bes. an Rotalgen.

Leptoplana tremellaris (O. F. MÜLLER)
Bis 25 mm lg u. 10 mm br. RückenS weißlich, hellgrau, gelb- bis braungrau, auch grünlich. – **V.** Wie vor Art, selten, zwischen Algen u. Seegras.

Klasse *Trematoda* – **Saugwürmer**

G. Meist 2–40 mm lg. Körper ± abgeflacht u. von lanzettlicher bis blattförmiger od. ovaler Gestalt (Abb. **87**/1–3, 6), selten rund u. dann oft in kürzeren VKörper u. längeren HKörper geteilt (Abb. **87**/5). VE fast stets mit einem die Mundöffnung umschließenden (Mund-)Saugnapf od mit trichterförmig eingesenkter

Mundöffnung. Meist noch ein zweiter Saugnapf (Bauchsaugnapf) auf der Mittellinie der BauchS (Abb. **87**/1, 3), od. BauchS von großer gefelderter Haftscheibe bedeckt (Abb. **87**/6). Darm blind geschlossen, in 2 seitliche Schenkel geteilt od. selten nur sack- od. stabförmig. – **V.** Wie Wirte u. Zwischenwirte. – **L.** Geschlechtsreif parasitisch im Darm od. anderen inneren Organen von Wirbeltieren, seltener in Wirbellosen. – **B.** Na: Körpersubstanz, Blut od. Darminhalt der Wirte. Deren Schädigung vielfach nur geringfügig, bei Massenbefall oft sehr stark (z. T. tödlich). Entw sehr unterschiedlich (s. Unterklassen).

1 BauchS von großer, in viele Sauggruben geteilter Haftscheibe bedeckt (Abb. **87**/6). VE ohne Saugnapf, aber mit eingesenkter Mundöffnung. Im Mantel u. anderen Geweben von Weichtieren od. im Darm von Fischen u. Schildkröten. *Aspidobothria* S. 88

1* BauchS ohne Haftscheibe. VE mit Saugnapf. Meist ein zweiter Saugnapf auf der Mittellinie der BauchS. Im Darm od. anderen inneren Organen von Wirbeltieren, selten in Wirbellosen. *Digenea* S. 87

Unterklasse *Digenea* – **Digenetische Saugwürmer**

G. Weniger als 1 bis über 40 mm lg. Körper ± abgeflacht u. von ovaler, blattförmiger od. lanzettlicher Gestalt (Abb. **87**/1–3) od. mit rundlichem Querschnitt u. dann meist in kürzeren, blatt- od. becherförmigen VKörper u. längeren, walzenförmigen HKörper geteilt (Abb. **87**/5). VE fast stets mit einem die Mundöffnung umschließenden (Mund-)Saugnapf. Meist noch ein zweiter Saugnapf (Bauchsaugnapf) auf der Mittellinie der BauchS. Sehr selten Mundöffnung in einem einzigen Saugnapf auf der BauchS. Saugnäpfe ohne Haken od. Spangen (deshalb auch *Malacobothrii* genannt), aber VE manchmal mit großen Stacheln besetzt od. Körper ganz von feinen Stacheln bedeckt. – **V.** Wie Wirte u. Zwischenwirte; selten kosm (manche Haustierparasiten). – **L.** Tiere der Geschlechtsgeneration parasitisch im Darm od. anderen inneren Organen von Wirbeltieren, selten in Wir-

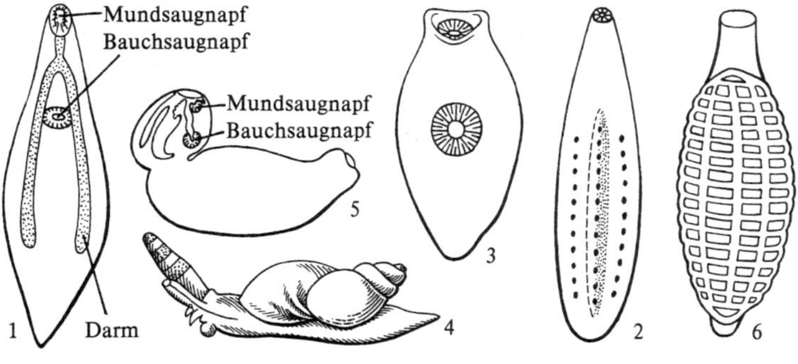

Abb. **87**/1–6 **1** *Dicrocoelium dendriticum*; **2** *Catatropis verrucosa*; **3** *Urogonimus macrostomus*; **4** *Sporocyste* von *U. macrostomus* (sog. Leucochloridium) im rechten Fühler einer Bernsteinschnecke; **5** *Strigea strigis*; **6** *Aspidogaster conchicola*

bellosen. – **B.** Meist Zwitter. Entw indirekt mit mehrfachem Generations- u. einfachem od. doppeltem Wirtswechsel. Erster Zwischenwirt stets Weichtier (fast immer Schnecke); hier entsteht aus eingedrungener Wimperlarve (Miracidium) ein Keimschlauch (Sporozyste) als 1. Generation. Keimschlauch bildet ungeschlechtlich Tiere der 2. Generation (Redien). Redien – od. bei deren Ausfall auch Sporozysten – bilden ebenfalls ungeschlechtlich zahlreiche Schwanzlarven (Zerkarien) als Larven der 3. od. Geschlechtsgeneration. Zerkarien verlassen Weichtiere u. gelangen auf verschiedenen Wegen in Endwirt. Die von *Fasciola hepatica* (s. S. 101) enzystieren sich an Gräsern, die Wiederkäuern als Na dienen. Bei *Dicrocoelium dendriticum* (s. S. 101) bilden sie Sammelzysten, die an Pflanzen haften, von Ameisen aufgenommen u. mit diesen von Wirtstieren verschluckt werden. Zerkarien von *Opisthorchis felineus* (s. S. 100) dringen durch die Haut in einen Karpfenfisch (2. Zwischenwirt) ein, enzystieren sich hier u. gelangen mit dem Fisch in fischfressenden Endwirt. Vielen Fisch- u. Vogelparasiten dienen niedere Krebse als 2. Zwischenwirte. Bei *Urogonimus macrostomus* (s. S. 96) dringt Zerkarien enthaltender Keimschlauch in Fühler des Zwischenwirtes (Bernsteinschnecke) ein, der dadurch aufgetrieben wird u. eine grüne od. braune Ringelung erhält (Abb. **87**/4). Dieses sogenannte Leucochloridium wird von Vögeln als Nahrung angesehen u. abgerissen. – Einige Arten (bes. in Trop u. Subtrop) erregen seuchenhafte Erkrankungen beim Menschen od. bei Haus- u. Nutztieren. – Über 7 000 Arten, im Gebiet etwa 400. Sichere Bestimmung meist nur mikroskopisch nach vorheriger Präparation möglich.
Die häufigsten u. wirtschaftlich wichtigsten Arten vgl. Übersicht S. 91 ff.

Unterklasse *Aspidobothria*

G. 1 bis wenige mm lg. Körper länglich oval, ± abgeflacht. VE verschmälert, ohne Saugnapf, aber mit am Grunde einer trichterförmigen Vertiefung liegender Mundöffnung. BauchS von großer, runder od. ovaler, durch Längs- u. Querleisten in viele Sauggruben geteilter Haftscheibe bedeckt (Abb. **87**/6). od. mit 1 Längsreihe von Saugnäpfen. – **V.** Wie Wirte. – **L.** Erwachsene in Darm, Mantelhöhle, Mitteldarmdrüse, Niere u. anderen Organen von Meeres- u. Süßwassermuscheln u. -schnecken; können – mit dem Weichtierwirt aufgenommen – im Darm von Fischen u. Wasserschildkröten lange weiterleben. – **B.** Zwitter. Entw über ein einfaches Larvenstadium, ohne Wirtswechsel. – Knapp 40 Arten, davon 2 im Gebiet (z. B. *Aspidogaster conchicola*; s. S. 91).

Klasse *Monogenea* – **Hakensaugwürmer**

G. Meist 0,4–20 mm lg. Körper ± abgeflacht, im Umriß spindelförmig bis oval od. rundlich. VE mit 2 kleinen seitlichen Saugnäpfen (Abb. **89**/2) od. 1 Paar vorstehenden, z. T. lappenförmigen Haftpolstern (Abb. **89**/3), selten ohne solche vorderen Haftorgane u. dann die bauchseits am VE liegende Mundöffnung oft trichterförmig erweitert u. z. T. muskulös (Abb. **89**/1). HE bauchseits mit abgesetzter, oft komplizierter Haftscheibe; diese entweder als Saugnapf ausgebildet od. mit 2 großen zentralen u. vielen kleinen Randhaken versehen (Abb. **89**/3) od.

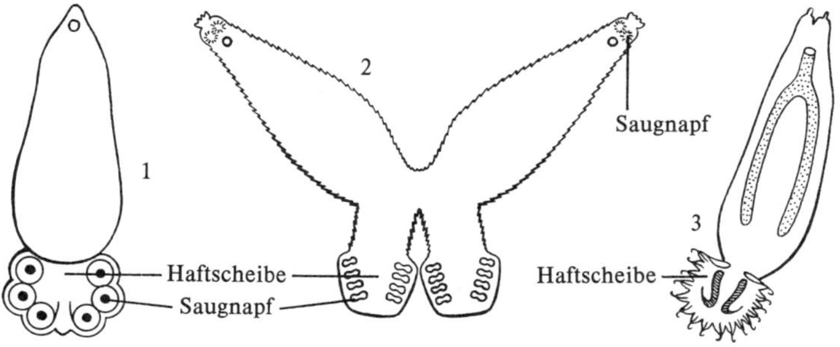

Abb. **89/1–3** **1** *Polystoma integerrimum*; **2** *Diplozoon paradoxum*; **3** *Gyrodactylus elegans*

6–18 unterschiedlich angeordnete Saugnäpfe u. einige Haken bzw. mit Haftspangen besetzte Sauggruben tragend (Abb. **89**/1–2). Wegen der Haken u. Spangen auf der Haftscheibe werden die *Monogenea* auch *Pectobothrii* genannt. Darm blind geschlossen, meist in 2 seitliche Schenkel geteilt, selten sackförmig. – **V.** An die der Wirte gebunden; oft nur bei einem od. wenigen verwandten Wirten vorkommend. – **L.** Parasitisch auf Haut (auch Mundschleimhaut) u. Kiemen bes. von Fischen u. Kaulquappen od. in Harnblase von Amphibien. – **B.** Na: Schleim, Gewebe u. Blut der Wirte. Bei Massenbefall werden Wirte oft stark geschädigt. Zwitter. Entw direkt u. ohne Zwischenwirte. Aus Ei geschlüpfte Larve setzt sich auf Wirt fest u. wächst zum geschlechtsreifen Tier heran. Bei *Diplozoon paradoxum* (s. S. 92) vereinigen sich 2 Larven mit Hilfe je eines kleinen Bauchsaugnapfes u. eines Rückenzapfens in der Körpermitte kreuzförmig u. verwachsen allmählich miteinander. Larven von *Polystoma integerrimum* (s. S. 95) leben an Kiemen von Kaulquappen, wandern, wenn deren Metamorphose beginnt, in Harnblase ein u. werden hier geschlechtsreif; manchmal (bei Befall junger Kaulquappen) tritt Geschlechtsreife bereits an den Kiemen ein. Manche an Fischen parasitierenden *Monogenea* sind Erreger seuchenhafter Erkrankungen von Aquarien- u. Zuchtfischen. – Etwa 2 000 Arten, im Gebiet rund 70. Sichere Bestimmung nur mikroskopisch nach vorheriger Präparation möglich.
Einige häufige u. wirtschaftlich wichtige Arten vgl. Übersicht S. 91.

Klasse *Cestoda* – **Bandwürmer**

G. Wenige mm bis über 10 m lg u. bis 20 mm br. Größtenteils sehr langgestreckt u. bandförmig. An kleinem, meist nicht über stecknadelkopfgroßem Kopf (Scolex, Abb. **90**/1, 3–4) setzen 3 (Abb. **90**/6) od. zahlreiche (bis über 4 000) hintereinanderliegende, ± deutlich voneinander getrennte, meist stark abgeflachte Gld (Proglottiden, Abb. **90**/2) an. Kopf u. GldKette fast immer durch eine kurze, ungegliederte Halspartie verbunden. Gliederung fehlt selten ganz (Abb. **90**/7) od. ist nur im VKörper ausgeprägt. Kopf trägt als Haftorgane 4 Saugnäpfe od. 2 Sauggruben in unterschiedlicher Form u. Anordnung, vielfach noch scheitelständig einen od. mehrere (dann konzentrisch ineinanderliegende) Hakenkränze od.

4 ausstreckbare hakenbewehrte Rüssel. Halsnahe Gld sehr klein, stets breiter als lg; nach hinten werden Gld immer größer, bleiben breiter als lg (Abb. **90**/5), werden quadratisch od. länger als br (Abb. **90**/2). Jedes Gld enthält (selten paarigen) kompliziert gebauten, meist zwittrigen Geschlechtsapparat, der etwa in den mittleren Gld des Wurmes geschlechtsreif ist; in letzten Gld nur mit Eiern gefüllter, oft stark verzweigter Uterus (Abb. **90**/2). Ohne Mund u. Darm. – **V.** An Wirte u. Zwischenwirte gebunden; selten kosm (manche Menschen- u. Haustierparasiten). – **L.** Geschlechtsreife leben parasitisch im Darm von Wirbeltieren, wenige Arten in der Leibeshöhle von wasserlebenden *Oligochaeta*. – **B.** Na: gelöste Nährstoffe im Wirtsdarm; werden osmotisch aufgenommen (durch Körperoberfläche). Schädigung der Wirte durch NaEntzug gering, stärker durch Giftwirkung od. Darmverschluß (bei Massenbefall z. T. tödlich). Fast ausnahmslos Zwitter. Befruchtung zwischen geschlechtsreifen Gld eines Tieres, zweier Individuen od. (selten) innerhalb eines Gld. Entw indirekt, fast stets mit z. T. mehrfachem Wirtswechsel; gelegentlich ungeschlechtliche Vermehrung durch Sprossung auf einem Larvenstadium. Eier gelangen (manchmal mit den sich ablösenden hinteren Gld) im Kot des Wirtes nach außen, enthalten eine mit 3 Paar Häkchen versehene Erstlarve. Diese wird noch in der Eihülle liegend od. bereits im Wasser geschlüpft von einem Zwischenwirt aufgenommen. Ist Zwischenwirt Wirbeltier, dann dringt Larve in Blutbahn ein, setzt sich in bestimmten Organen (Leber, Muskulatur, Gekröse, seltener Gehirn) fest und wächst hier zur Zweitlarve, der sogen. Finne aus (mit Flüssigkeit gefüllte Blase, in die eine od. viele handschuhfingerförmig eingestülpte Kopfanlagen hineinhängen). Finne erbsen- bis bohnengroß, mit einer Kopfanlage (z. B. *Taenia solium*; vgl. S. 99) od. ei- bis über faustgroß, mit vielen, manchmal noch in Tochterblasen eingeschlossenen Kopf-

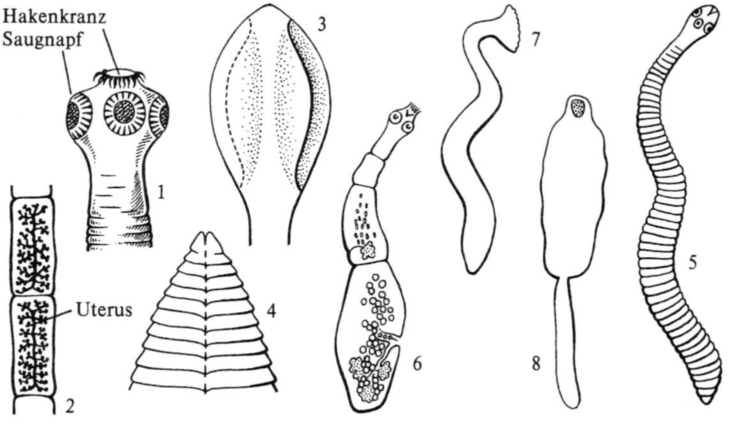

Abb. **90/1–8** **1–2** *Taenia solium*, Scolex u. hintere Proglottiden mit voll ausgebildetem Uterus; **3** *Diphyllobothrium latum*, Kopf; **4** *Ligula intestinalis*, VE; **5** *Hymenolepis*; **6** *Echinococcus granulosus*; **7** *Caryophyllaeus laticeps*; **8** *Biacetabulum appendiculatum*

anlagen (z. B. *Echinococcus granulosus*; vgl. S. 99). Wird Finne von geeignetem Endwirt (meist Raubtier od. Allesfresser) aufgenommen, stülpen sich Kopfanlagen aus, heften sich an die Darmwand; es beginnt Bildung der Bandwurmkette durch Abschnürung von Gld an der Halspartie. Ist Zwischenwirt wirbelloses Tier (Insekt, niederer Krebs, Schnecke, Ringelwurm), entw sich in dessen Leibeshöhle eine finnenähnliche, im wesentlichen aus eingezogenem Kopf bestehende Zweitlarve (Vorfinne); wird entweder zusammen mit Zwischenwirt vom Endwirt (z.B. Wasservogel) od. von zweitem Zwischenwirt (Fisch) aufgenommen, in dem sich eine Drittlarve (Vollfinne) ausbildet, mit der sich der Endwirt infiziert (z.B. *Diphyllobothrium latum*; vgl. S. 98). – Etwa 3400 Arten, im Gebiet rund 350. Sichere Bestimmung meist nur mikroskopisch nach vorheriger Präparation möglich.
Die häufigsten u. wirtschaftlich wichtigsten Arten vgl. folgende Übersicht.

Übersicht über wirtschaftlich wichtige und häufige parasitische Plattwürmer

Der Schlüssel enthält nur eine Auswahl der wichtigsten und häufigsten Arten. Larvenstadien sind mit wenigen Ausnahmen nicht aufgeführt. Da sehr ähnliche Arten einer Klasse in einem Wirtstier gleichzeitig vorkommen können, ist mit Hilfe der beigegebenen Beschreibungen z. T. nur eine oberflächliche Orientierung möglich. Einige der angegebenen Merkmale sind nur mit dem Mikroskop sichtbar.

1 In wirbellosen Tieren 2

1* In od. an Wirbeltieren 4

2 In Krebsen od. Muscheln 3

2* In der Genitalregion wasserlebender *Oligochaeta*, bes. *Limnodrilus* (s. S. 366) u. *Tubifex* (s. S. 361) (auch in Fischen). (Bandwurm)

Biacetabulum appendiculatum (RATZEL) (Abb. **90**/8)
2,5–3 mm lg. In gedrungenen VKörper u. etwa ebenso langen, schmalen Schwanzanhang gegliedert. VE mit 2 flachen Sauggruben. – In der Genitalregion von Tubificiden (*Oligochaeta*, s. S. 359ff.) auch die Larven von *Caryophyllaeus laticeps*; dieser erwachsen im Darm von karpfenartigen Fischen (s. S. 93).

3 Im Flußkrebs, enzystiert in der Muskulatur od. dem Bindegewebe, selten frei in der Leibeshöhle. (Digenetischer Saugwurm)

Astacotrema cirrigerum (V. BAER)
1–2,5 mm lg, 0,5–1 mm br. Oval. Haut fein bestachelt. Bauchsaugnapf ebenso groß wie Mundsaugnapf, zwischen 1. u. 2. Körperdrittel liegend.

3* In der Fluß- u. in der Teichmuschel, am Mantel u. in den inneren Organen. *(Aspidobothria)*

Aspidogaster conchicola (V. BAER) (Abb. **87**/6)
2,5–3 mm lg, bis 1 mm br. Länglich-oval. BauchS von großer Haftscheibe bedeckt, die 4 Längsreihen mit je 15–30 rechteckigen Sauggruben trägt. VE halsartig verlängert, mit endständiger, in trichterförmiger Vertiefung liegender Mundöffnung.

4 **(1)** An od. in Fischen, Amphibien od. Reptilien **5**
4* In Vögeln od. Säugetieren **15**
5 An od. in Fischen **6**
5* In od. (selten) an Amphibien od. Reptilien **10**
6 Im Magen-Darmkanal, in der Leibeshöhle od. in den Augen **7**
6* Auf der Haut od. den Kiemen. (Hakensaugwürmer)

Gyrodactylus elegans v. NORDMANN (Abb. **89**/3)
Bis 0,9 mm lg u. 0,2 mm br. VE in 2 Zipfel ausgezogen, ohne seitliche Saugnäpfe. Haftscheibe des HE abgerundet, mit 2 großen zentralen u. 16 kleinen randständigen Haken. – An Süßwasserfischen, bes. Karpfenartigen. Erreger seuchenhafter Erkrankung bei Zucht- u. Aquarienfischen: Trübung der Haut, Zerfall der Flossenhaut. Oft tödlich. – Ähnliche Arten ebenfalls auf Haut u. Kiemen von Süßwasser- u. Meeresfischen.

Diplozoon paradoxum v. NORDMANN (Abb. **89**/2)
Erwachsene Tiere stets paarweise über Kreuz miteinander verwachsen. Einzeltier lanzettlich, bis 13 mm lg u. 1,5 mm br. VE mit 2 seitlichen Saugnäpfen, zwischen diesen bauchseits die Mundöffnung. Haftscheibe des HE viereckig, mit 2 Längsreihen von je 4 (bei Jungen nur 2 od. 3) Sauggruben mit Haftspangen. – Nur an den Kiemen von Süßwasserfischen. Entw s. S. 89.

7 Im Magen-Darmkanal **8**
7* In der Leibeshöhle od. in den Augen **9**
8 Im Magen. (Digenetische Saugwürmer)

Azygia lucii (O. F. MÜLLER)
10–50 mm lg, bis 2 mm br. Zylindrisch, Bauchsaugnapf wenig kleiner als Mundsaugnapf, am E des 1. Körperviertels liegend. – Häufig in Süßwasserfischen, bes. Raubfischen.

Hemiurus appendiculatus (RUDOLPHI)
Bis 3,5 mm lg u. 0,7 mm br. Zylindrisch. VE zugespitzt, HE mit einziehbarem Schwanzanhang. Bauchsaugnapf doppelt so groß wie Mundsaugnapf, am E des 1. Körpersechstels liegend. – In Meeresfischen, bes. Heringsartigen.

8* Im Darm u. seinen Anhängen.

a) Digenetische Saugwürmer

Allocreadium isoporum (LOOSS)
2–5 mm lg, 0,3–0,8 mm br. VE flaschenhalsartig verjüngt, HE allmählich schmaler werdend. Bauchsaugnapf am E des 1. Körperdrittels, ebenso groß wie Mundsaugnapf. – In Süßwasserfischen, bes. Karpfenartigen. – Sporozysten u. Redien in Kugelmuscheln der Gattung *Sphaerium*, Zerkarien enzystiert in wasserlebenden Insektenlarven.

Bunodera luciopercae (O. F. MÜLLER)
1–4,5 mm lg, bis 1,6 mm br. Schmal rhombisch. VE halsartig vorstreckbar, sehr beweglich, mit endständigem, von 6 muskulösen Zipfeln umgebenem Mundsaugnapf. Bauchsaugnapf ebenso groß wie Mundsaugnapf, zwischen 1. u. 2. Körperdrittel. HE allmählich zugespitzt. – In Süßwasserfischen, bes. Barschartigen, auch in der Meerforelle. – Sporozysten u. Redien in Kugelmu-

scheln der Gattung *Sphaerium*, Zerkarien enzystiert in Kleinkrebsen (*Cladocera* u. *Copepoda*).

Sphaerostoma bramae (O. F. MÜLLER)
1–4,2 mm lg, bis 1,5 mm br. Länglich-oval. V- u. HE zugespitzt. Bauchsaugnapf doppelt so groß wie Mundsaugnapf, etwa in der Körpermitte. – In Süßwasserfischen, bes. Karpfenartigen. – Sporozysten u. Redien in Schnecken der Gattung *Bulimus*, Zerkarien in Egeln der Gattung *Erpobdella*.

b) Bandwürmer

Biacetabulum appendiculatum (RATZEL)
In Karpfenartigen. – Beschreibung s. S. 91.

Caryophyllaeus laticeps (PALLAS) (Abb. **90**/7)
20–40 mm lg, 0,5–1,5 mm br. Ungegliedert. VE (Kopf) nelkenförmig verbreitert, mit gewelltem VRand, aber ohne Haken u. Saugnäpfe. – In Karpfenartigen. – Larven in der Genitalregion von Tubificiden *(Oligochaeta)*, ähnlich dem *Biacetabulum appendiculatum* (s. S. 91), jedoch ohne Sauggruben am VE u. Schwanzanhang sehr kurz.

Cyathocephalus truncatus (PALLAS)
10–35 mm lg, 1–3 mm br. Kopf trichterförmig verbreitert, in der M napfförmig eingesenkt, ohne Haken u. Saugnäpfe. GldKette besteht aus 15–45 nur sehr undeutlich voneinander abgesetzten Gld. – In Süßwasserfischen, bes. Lachsartigen.

Eubothrium crassum (BLOCH)
120–600 mm lg, 2–6 mm br. Kopf mit 2 kräftigen, flachen, länglichen Sauggruben, ohne Haken. Gld in der ganzen Kette breiter als lg u. ziemlich dick. – Bes. in den Pylorusanhängen von Lachsartigen.

Triaenophorus nodulosus (PALLAS)
Bis 380 mm lg u. 6 mm br. Kopf mit 2 schwachen Sauggruben und 4 dreispitzigen Haken. GldKette ohne äußere Segmentierung. – Häufig in zahlreichen Süßwasser- u. Meeresfischen. – Vorfinne in Ruderfußkrebsen *(Copepoda)*, Vollfinne in den inneren Organen von Knochenfischen.

Ichthyotaenia longicollis (RUDOLPHI)
Bis 200 mm lg u. 2,5 mm br. Kopf nicht viel breiter als Hals, mit 4 Saugnäpfen u. einer scheitelständigen, saugnapfartigen Einsenkung. Hals sehr lg. Letzte KettenGld bis 2mal breiter als lg. – In Lachsartigen.

9 **(7)** In der Leibeshöhle.
Vollfinne der Vogelbandwürmer *Ligula intestinalis* (L.) (s. S. 97) u. *Schistocephalus solidus* (O. F. MÜLLER) (s. S. 97).

9* In den Augen.
Zerkarien des in Möwen vorkommenden Digenetischen Saugwurms *Diplostomum spathaceum* (RUDOLPHI) (s. S. 96).

10 **(5)** In Amphibien **11**
10* In Reptilien **14**
11 In der Mundhöhle, im Darm od. (bei Kaulquappen) an den Kiemen **12**

11* In anderen Organen **13**

12 In der Mundhöhle od. an den Kiemen.

a) In der Mundhöhle. (Digenetischer Saugwurm)

Halipegus ovocaudatus (VULPIAN)
Bis 13 mm lg u. 4 mm br. Fast zylindrisch. Bauchsaugnapf knapp doppelt so groß wie Mundsaugnapf, etwa in der Körpermitte. – Beim Wasserfrosch *(Rana esculenta)*, Seefrosch *(R. ridibunda)* u. Grasfrosch *(R. temporaria)*, meist unter der Zunge. – Sporozysten u. Redien in Tellerschnecken der Gattungen *Planorbis* u. *Planorbaria*, Zerkarien in der Leibeshöhle der Libelle *Calopteryx virgo*.

b) An den Kiemen von Kaulquappen. (Hakensaugwurm)

Junge od. vorzeitig geschlechtsreif gewordene Individuen von *Polystoma integerrimum* (FRÖLICH) (s. S. 95).

12* Im Darm.

a) Digenetische Saugwürmer

Pleurogenes claviger (RUDOLPHI)
Bis 3,5 mm lg u. 1,2 mm br. Länglich-oval. Haut fein bestachelt. Bauchsaugnapf kleiner als Mundsaugnapf, am E des 1. Körperdrittels. – In echten Fröschen *(Ranidae)* u. echten Kröten *(Bufonidae)*.

Opisthioglyphe ranae (FRÖLICH)
Bis 4,5 mm lg u. 2 mm br. Eiförmig; VE verjüngt, HE abgerundet, in der M oft etwas eingezogen. Haut fein bestachelt. Bauchsaugnapf so groß wie Mundsaugnapf, in der Körpermitte. – Im mittleren Teil des Dünndarmes von Fröschen, Kröten u. Molchen.

Brachycoelium salamandrae (FRÖLICH)
3–5 mm lg, 0,8–1,2 mm br. Lang-oval. Haut fein bestachelt, bes. am VKörper. Bauchsaugnapf wenig kleiner als Mundsaugnapf, zwischen 1. u. 2. Körperdrittel. – Im Dünndarm bes. von Salamandern, Molchen u. der Blindschleiche *(Anguis fragilis)*, auch in Froschlurchen.

Brandesia turgida (BRANDES)
2–2,5 mm lg. Körper fast kugelig, aber BauchS abgeflacht. Haut fein bestachelt. Mundsaugnapf auf die BauchS des VE verlagert. Bauchsaugnapf kleiner als Mundsaugnapf, im letzten Körperdrittel. – Am Magenausgang des Wasserfrosches *(Rana esculenta)* tief in der Schleimhaut. Anheftungsstelle ist schon außen an der Darmwand als maulbeerartige Geschwulst erkennbar.

Diplodiscus subclavatus (GOEZE)
Bis 2,5 mm lg u. 1 mm br. Keilförmig. Mundsaugnapf klein, Bauchsaugnapf sehr groß, an das Hinterende verlagert, aber nicht abgesetzt. – Häufig im Enddarm von Fröschen, Kröten u. Molchen. – Im Wasser- u. im Seefrosch (*Rana esculenta* u. *R. ridibunda*) auch *Orthodiscus nigrivasis* (V. MÉHELY); der vor. Art ähnlich, bis 7 mm lg u. 3 mm br.

b) Bandwurm

Nematotaenia dispar (GOEZE)
50–220 mm lg, 0,5–0,6 mm br. Querschnitt drehrund. Kopf mit 4 Saugnäpfen, ohne Hakenkranz. Gliederung der Kette nur an dem sich verjüngenden HE schwach sichtbar. – In Fröschen, Kröten u. Salamandern; selten.

13 **(11)** In den Lungen. (Digenetischer Saugwurm)

Haematoloechus variegatus (RUDOLPHI)
4–18 mm lg, 1–2,2 mm br. VKörper verjüngt, ± deutlich vom HKörper abgesetzt. Bauchsaugnapf kleiner als Mundsaugnapf, am E des VKörpers liegend. – In echten Fröschen *(Ranidae)* u. echten Kröten *(Bufonidae)*. – Sporozysten in Tellerschnecken *(Planorbidae)*; direkt in Sporozysten entstehende Zerkarien enzystieren sich in Mückenlarven.

13* In der Harnblase.

a) Hakensaugwurm

Polystoma integerrimum (FRÖLICH) (Abb. **89**/1)
Bis 13 mm lg u. 4 mm br. Lggestreckt-oval; VE zugespitzt. Mundöffnung etwas bauchseits verlagert, von schwachem Saugnapf umgeben. HE mit kreisförmiger Haftscheibe; an deren Rand 6 runde Saugnäpfe u. hinten 2 große Haken. Blaßgelblich, Darm dunkel durchschimmernd. – In Fröschen u. Kröten; kleine Exemplare manchmal an den Kiemen. – Entw s. S. 89.

b) Digenetischer Saugwurm

Gorgodera cygnoides (ZEDER)
Bis 15 mm lg u. 1,3 mm br. Bauchsaugnapf fast doppelt so groß wie Mundsaugnapf, zwischen 1. u. 2. Körperdrittel. – In Fröschen, gelegentlich auch in Kröten. – Sporozysten in Kugel- u. Erbsenmuscheln; direkt in Sporozysten entstehende Zerkarien enzystieren sich in Libellenlarven.

14 **(10)** Im Darm. (Digenetische Saugwürmer)

Telorchis assula (DUJARDIN)
2–5 mm lg, bis 0,7 mm br. Gestreckt zungenförmig. Haut bes. am VE fein bestachelt. Bauchsaugnapf etwas kleiner als Mundsaugnapf, am E des 1. Körperviertels. – Im Dünndarm von Nattern, bes. der Ringelnatter *(Natrix natrix)*.

Brachycoelium salamandrae (FRÖLICH)
In der Blindschleiche *(Anguis fragilis)*. – Beschreibung s. S. 94.

14* In den Lungen. (Digenetischer Saugwurm)

Macrodera longicollis (ABILDGAARD)
Bis 12 mm lg u. 1 mm br. Sehr lggestreckt. VE stark verbreitert; Körper anschließend halsartig verschmälert u. nur allmählich wieder breiter werdend. Haut fein bestachelt. Bauchsaugnapf 1,5mal größer als Mundsaugnapf, in der hinteren Hälfte des verbreiterten VE. – In der Ringelnatter *(Natrix natrix)*.

15 **(4)** In Vögeln **16**
15* In Säugetieren **18**
16 In den inneren Organen, außer Darm. (Digenetische Saugwürmer) **17**
16* Im Darm.

a) Digenetische Saugwürmer

Catatropis verrucosa (FRÖLICH) (Abb. **87**/2)
1–5 mm lg, 0,7–1,3 mm br. Länglich-oval. BauchS flach, RückenS gewölbt. Haut am VE u. auf der BauchS fein bestachelt. Nur Mundsaugnapf am leicht verjüngten VE vorhanden. Bauchfläche mit 3 Längsreihen von runden Drüsenwärzchen, deren mittlere auf einer kielartigen Längswulst liegt. – In den Blinddärmen u. im Enddarm von wildlebenden Wasservögeln; auch in Hausenten u. -gänsen, gelegentlich im Haushuhn. – Sporozysten, Redien u. enzystierte Zerkarien in Tellerschnecken *(Planorbidae)*.

Echinostoma revolutum (FRÖLICH)
7–22 mm lg u. 1–3 mm br. Lggestreckt u. abgeplattet. VKörper fein bestachelt. Mundsaugnapf von kragenartiger, bauchseits offener Wulst umgeben, die am Rande eine Reihe von 35–37 großen Stacheln trägt. Bauchsaugnapf wenigstens 3mal so groß wie Mundsaugnapf, am E des 1. Körpersechstels. – Weit verbreitet im Enddarm bes. von Enten-, Hühner- u. Sperlingsvögeln; gelegentlich auch in Hund, Katze, Schwein u. Nagetieren. – Sporozysten u. Redien in Schlammschnecken *(Lymnaeidae)*; Zerkarien enzystiert in verschiedenen Schnecken u. Froschlurchen. – Viele ähnliche Arten ebenfalls in Enten u. anderen Wasservögeln od. in Hühnervögeln.

Urogonimus macrostomus (RUDOLPHI) (Abb. **87**/3)
Bis 2 mm lg u. 0,8 mm br. Körper abgeflacht eiförmig, HE leicht zugespitzt. Haut am VKörper fein bestachelt. Mundsaugnapf groß, oft in einer flachen Einsenkung des VE, der etwa ebenso große Bauchsaugnapf in der Körpermitte liegend. – Im Enddarm od. in Kloake von Singvögeln, seltener von Wasservögeln. – B. s. S. 87f.

Diplostomum spathaceum (RUDOLPHI)
1–4 mm lg. In ovalen, abgeplatteten VKörper (bis 1 mm br) u. bis 2mal längeren zylindrischen HKörper geteilt. Saugnäpfe sehr klein, auf dem VKörper liegend. Hinter dem Bauchsaugnapf ein pilzhutförmiger Zapfen als zusätzliches Haftorgan. – Im Dünndarm von Möwen. – Sporozysten u. Redien in Schlammschnecken *(Lymnaeidae)*. Zerkarien dringen in Knochenfische ein, siedeln sich in den Augen u. im Gehirn an; bei Massenauftreten Fischsterben.

Strigea strigis (SCHRANK) (Abb. **87**/5)
2–6 mm lg u. bis 2 mm br. In kurzen, rundlichen VKörper u. fast ebenso dikken, lg-eiförmigen HKörper geteilt. Saugnäpfe in einer Einsenkung des VE, von außen nicht sichtbar. – In Greifvögeln u. Eulen. – Viele ähnliche Arten im Darm anderer Vögel, auch von Hausgeflügel.

Brachylaemus commutatus (DIESING)
3–7,5 mm lg u. 1–2 mm br. Zungenförmig, am E des 1. Körperdrittels leicht eingeschnürt. VE abgerundet, HE mehr zugespitzt. Bauchsaugnapf etwas größer als Mundsaugnapf, nahe der Einschnürung liegend. – In Hühnervögeln u. Tauben.

b) Bandwürmer

Ligula intestinalis (L.) – **Riemenwurm** (Abb. **90**/4)
10–100 cm lg, 5–15 mm br. Bandförmig abgeflacht. VE stumpf zugespitzt, mit tiefer, zur Abflachung des Körpers senkrecht stehender Einsenkung (Haftorgan), die sich als flache Rinne über beide KörperS bis zum HE fortsetzt. Nur die vordersten 15–30 Gld erkennbar; der übrige Körper nicht gegliedert, nur unregelmäßig quer gefurcht. – In Enten u. anderen Wasservögeln, bes. Möwen u. Tauchern. – Vorfinnen in Ruderfußkrebsen *(Copepoda)*. Vollfinnen (10–40 cm lg) in der Leibeshöhle von Fischen, bes. Friedfischen; den erwachsenen Würmern ähnlich, aber keine Einsenkung am VE u. ohne Gliederung.

Schistocephalus solidus (O. F. MÜLLER)
3–30 cm lg, 3–10 mm br. Der vor. Art sehr ähnlich, aber ohne Einsenkung am VE, dafür auf dem ersten, dreieckigen Gld 2 flache, flächenständige Sauggruben, u. Körper fast vollständig gegliedert. – In Wasservögeln. – Entw wie bei vor. Art, Vollfinnen aber gegliedert.

Davainea proglottina (DAVAINE)
1,5–4 mm lg, 0,2–0,6 mm br. Kette aus 4–9 Gld bestehend, letzte länger als br. Kopf würfelförmig, mit 2 Kränzen von je 30–50 kleinen Haken u. 4 kleinen, hakenbewehrten Saugnäpfen. – In Hühnervögeln, auch im Haushuhn. Ruft bei starkem Befall Darmentzündung hervor. – Vorfinnen in Nacktschnecken.

Raillietina tetragona (MOLIN)
Bis 25 cm lg u. 4 mm br. Kette aus vielen Gld bestehend, letzte quadratisch. Kopf würfelförmig, mit 2 Kränzen von je 100 Haken u. 4 großen, von je 7–10 Kränzen rosendornartiger Haken umgebenen Saugnäpfen. – In Huhn, Perlhuhn, Pfau u. Wildgeflügel. – Vorfinnen in Fliegen, Käfern u. Ameisen.

Choanotaenia infundibulum (BLOCH)
Bis 25 cm lg u. 3 mm br. Kopf kugelig, mit 1 Kranz von 16–20 Haken u. 4 kleinen Saugnäpfen. Vordere Gld breiter als lg, trapezförmig; hintere Gld quadratisch. – In Huhn, Fasan, Pute, Rebhuhn u. anderen Hühnervögeln. – Vorfinnen in Fliegen u. Käfern. – Ähnliche Arten in vielen anderen Vögeln.

Gattung *Hymenolepis* WEINLAND (Abb. **90**/5)
Viele schwer unterscheidbare Arten. Zumeist 10–300 mm lg. GldKette sehr schmal bandförmig. Kopf ohne Haken od. mit einfachem Kranz von 8–10 Haken u. mit 4 Saugnäpfen. Gld viel breiter als lg, auch am HE. – Außer in Vögeln aller Ordnungen [z. B. *H. cantaniana* (POLONIO) in Hühnervögeln] auch in den verschiedensten Säugetieren.

Fimbriaria fasciolaris (PALLAS)
25–400 mm lg, 1–5 mm br. Kopf bei erwachsenen Würmern zurückgebildet, durch das hammerförmig verbreiterte, vorn krausenartig gefältelte VE ersetzt (Pseudoscolex). Körper ohne echte Gliederung, lediglich quergerunzelt. – In

Ente, Gans u. anderen Entenvögeln, auch im Huhn. – Vorfinnen in Ruderfußkrebsen *(Copepoda)*. – Krankheitserreger.

17 In den Luftwegen.

Cyclocoelum mutabile (ZEDER)
5–24 mm lg, 2–6 mm br. Lanzettlich. VE verjüngt, HE br abgerundet. Mundsaugnapf klein od. rudimentär, etwas bauchseits verlagert. Ohne Bauchsaugnapf. – In der Trachea u. den Luftsäcken von Wasservögeln.

17* Im Eileiter u. in der Bursa fabricii (blind endender Anhang der Kloake).

Prosthogonimus pellucidus (LINSTOW)
5–11 mm lg u. 2–6 mm br. Eiförmig, abgeplattet; VE verjüngt. Haut fein bestachelt. Bauchsaugnapf etwas größer als Mundsaugnapf, am E des 1. Körperdrittels. – Im Huhn u. in anderem Haus- u. Wildgeflügel; manchmal im Ei eingeschlossen. Krankheitserreger; verursacht häufig „Windeier". – Wird von Libellen übertragen.

18 **(15)** Im Menschen od. in Fleischfressern **19**

18* In anderen Säugetieren **21**

19 In den inneren Organen, außer Darm **20**

19 Im Darm.

a) Digenetische Saugwürmer

Echinochasmus perfoliatus (RATZ)
2–4 mm lg, 0,4–0,75 mm br. Mundsaugnapf von wulstigem, stachelbewehrtem Kopfkragen umgeben. Bauchsaugnapf doppelt so groß wie Mundsaugnapf, zwischen 1. u. 2. Körperdrittel. – In Hund, Fuchs, Katze, seltener bei Schwein u. Mensch. – Sporozysten u. Redien in Schnecken der Gattung *Bulimus*; Zerkarien enzystiert in der Haut von Süßwasserfischen.

Echinostoma revolutum (FRÖLICH) (s. S. 96)

Alaria alata (GOEZE)
2–6 mm lg, 1–2 mm br. Körper durch Einschnürung in längeren, blattartigen VRumpf mit bauchwärts eingebogenen SRändern u. kürzeren, eiförmigen HRumpf geteilt. Saugnäpfe klein, gleich groß, dicht hintereinander am VE. Hinter Bauchsaugnapf großes zungenförmiges Haftorgan. – In Hund u. Fuchs, selten Katze.

b) Bandwürmer

Diphyllobothrium latum (L.) – **Fischbandwurm, Breiter Grubenkopf** (Abb. **90**/3)
3–15 m lg, 1–2 cm br. Kopf mandelförmig, mit 2 tiefen, länglichen, randständigen Sauggruben, ohne Haken. Gld breiter als lg, nur die letzten quadratisch. – Im Menschen (Ostseeküste), in Hund, Fuchs, Katze u. anderen fischfressenden Raubtieren. Erzeugt Blutarmut. – Entw s. S. 91. – Ähnliche Arten in Land- und Wassersäugetieren u. Vögeln.

Gattung *Taenia* L.
Mehrere schwer unterscheidbare Arten in Hund, Fuchs, Katze u. anderen

Fleischfressern. Ähnlich folg. Art, zwischen 20 cm u. 3 m lg u. bis 7,5 mm br. – Finnen (s. S. 90) als blasenartige Bildungen an den serösen Häuten von Huftieren, Nagetieren, seltener auch Fleischfressern, od. in der Leber von Nagetieren.

Taenia solium L. – **Bewaffneter Menschenbandwurm** (Abb. **90**/1–2)
Bis 8 m lg u. 6 mm br. Kopf kugelig, mit 4 Saugnäpfen u. doppeltem Kranz aus 22–32 Haken. Vordere Gld breiter als lg, hintere etwa 2mal länger als br. Letzte Gld enthalten längsgerichteten stabförmigen Uterus mit jederseits 7–10 SZweigen. – Im Menschen; ziemlich selten. Gld werden einzeln mit dem Kot abgesetzt. – Entw s. S. 90; Finne in der Muskulatur bes. des Schweines, selten von anderen Huftieren sowie Nagetieren u. fleischfressenden Säugetieren; auch im Menschen.

Taeniarhynchus saginatus (GOEZE) *[Taenia saginata]* –
Unbewaffneter Menschenbandwurm
Bis 10 m lg u. 7 mm br. Kopf mit 4 Saugnäpfen, ohne Hakenkranz. Vordere Gld breiter als lg, hintere fast 3mal so lg wie br. Letzte Gld enthalten längsgerichteten stabförmigen Uterus mit jederseits 15–35 SZweigen. – Im Menschen; häufiger als vor. Art. Gld gehen meist zu mehreren spontan, auch ohne Kotabsatz ab. – Entwicklung wie bei *Taenia solium*, aber Finne in der Muskulatur des Rindes, selten von anderen Wiederkäuern.

Multiceps multiceps (LESKE) – **Quesenbandwurm des Hundes**
40–100 cm lg, bis 5 mm br. Kopf birnenförmig, mit 4 Saugnäpfen u. doppeltem Kranz von 22–32 großen Haken. Vordere Gld fast quadratisch, hintere 2–3mal länger als br. – In Hund (bei Dorfhunden oft in großer Anzahl) u. Fuchs. – Finne (bis faustgroße Coenurus-Blase mit vielen eingestülpten Kopfanlagen) im Gehirn od. Rückenmark bes. von Wiederkäuern. Ruft sogenannte Drehkrankheit der Schafe hervor.

Echinococcus granulosus (BATSCH) – **Dreigliedriger Hundebandwurm** (Abb. **90**/6)
2–6 mm lg. Aus Kopf u. 3–4 Gld bestehend. Kopf mit 4 Saugnäpfen u. doppeltem Kranz von 28–50 Haken. Letztes Gld fast ebenso lg wie der übrige Körper. – In Hund (bes. Dorfhunden, dann meist in großer Anzahl) u. seltener anderen hundeartigen Raubtieren. Kann Darmentzündungen hervorrufen. – Entw s. S. 90f. Finne (*Echinococcus*-Blase; bis kindskopfgroß, viele Tochterblasen enthaltend) in Leber u. Lunge von Säugetieren (bes. Wiederkäuer, Pferd, Schwein; auch im Menschen beobachtet). – Im Fuchs die ähnliche Art *Echinococcus multilocularis* LEUCKART; bis 3,4 mm lg, mit 4–5 Gld. Ihre in viele Kammern gegliederte Finnenblase in der Leber bes. von Nagetieren, auch des Menschen.

Dipylidium canium (L.) – **Gurkenkernbandwurm des Hundes**
15–50 cm lg, 2–4 mm br. Kopf auf der StirnS mit keulenförmiger Vorwölbung, die von 3–4 Reihen rosendornartiger Haken umgeben ist, u. mit 4 elliptischen Saugnäpfen. Gld am VE breiter als lg, am HE bis 5mal länger als br, gurkenkernförmig u. rötlich gefärbt. – In Hund, Fuchs, Katze, auch Mensch. – Vorfinnen in Flöhen u. im Hundehaarling *(Trichodectes canis)*.

20 In der Leber. (Digenetische Saugwürmer)

Pseudamphistomum truncatum (RUDOLPHI)
Bis 2,5 mm lg u. 0,8 mm br. Konisch; VE zugespitzt, HE br abgestutzt. Bauchsaugnapf etwas größer als Mundsaugnapf, in der Körpermitte. – In den Gallengängen von Hund, Fuchs, Katze; selten auch im Menschen.

Opisthorchis felineus (RIVOLTA) – **Katzenleberegel**
7–12 mm lg, 1,5–2,5 mm br. Schlank lanzettförmig; VE allmählich verjüngt. Bauchsaugnapf ebenso groß wie Mundsaugnapf, zwischen 1. u. 2. Körperfünftel. – In den Gallengängen von Katze, Hund, Fuchs, Schwein, auch Mensch. – Sporozysten u. Redien in Schnecken bes. der Gattung *Bulimus*. Zerkarien enzystiert unter der Haut u. in der Muskulatur von Süßwasserfischen; wenn unter der Flossenhaut, dann Kapsel von dunklem Pigment umgeben.

Fasciola hepatica L. (s. S. 101).

Dicrocoelium dendriticum (RUDOLPHI) (s. S. 101).

20* In der Muskulatur od. an den serösen Häuten; blasenartige Bildungen. (Bandwurmfinnen)
Von *Taenia solium* L. – In der Muskulatur (s. S. 99).
Von anderen *Taenia*-Arten. – An den serösen Häuten (s. S. 98f.).

21 **(18)** In Huftieren **22**

21* In Nagetieren u. Hasenartigen **24**

22 In den inneren Organen, außer Magen-Darmkanal **23**

22* Im Magen-Darmkanal.

a) Digenetische Saugwürmer

Paramphistomum cervi (SCHRANK)
5–13 mm lg, 2–15 mm br. Kegelförmig, von der S gesehen oft kommaförmig gekrümmt. Bauchsaugnapf sehr groß, am schräg abgestutzten HE liegend, aber nicht von diesem abgesetzt. – Im Pansen von Wiederkäuern. Bei Jungvieh manchmal Todesfälle verursachend. – Sporozysten u. Redien in Süßwasser-Lungenschnecken. Zerkarien an Gräsern enzystiert.

Echinochasmus perfoliatus (RATZ) (s. S. 98).

b) Bandwürmer

Anoplocephala perfoliata (GOEZE)
30–80 mm lg u. bis 12 mm br. Kopf mit 4 nach vorn gerichteten runden Saugnäpfen u. 2 Paar rückwärts gerichteten kurzen Anhängen, ohne Hakenkranz. Alle Gld sehr viel breiter als lg. – Im Dünndarm von Pferd, Esel, Maultier. Krankheitserreger. – Vorfinnen in Hornmilben.

Moniezia expansa (RUDOLPHI)
Bis 10 m lg u. 16 mm br. Kopf kugelig, mit 4 nach vorn gerichteten, mit schlitzförmiger Öffnung versehenen Saugnäpfen, ohne Hakenkranz. Alle Gld viel breiter als lg. – Im Dünndarm von Wiederkäuern. Beim Jungvieh Krankheitserreger. – Vorfinnen in Hornmilben.

23 In Leber od. Lunge.

a) Digenetische Saugwürmer

Fasciola hepatica L. – **Großer Leberegel**
18–50 mm lg, 4–13 mm br. Blattförmig; vorn br, nach hinten allmählich schmaler werdend. VE mit kegelförmigem Kopfzapfen, an dessen Spitze der Mundsaugnapf liegt. Haut bestachelt. Bauchsaugnapf 1,5mal so groß wie Mundsaugnapf, am E des Kopfzapfens. – In den Gallengängen von Rind, Schaf, Ziege u. anderen Wiederkäuern, auch Hase, Kaninchen, Nutria, Hund, Katze. Beim Schaf Erreger der Leberfäule. – Sporozysten u. Redien in Schlammschnecken (bes. *Lymnaea truncatula)*; Zerkarien enzystieren sich an am Wasser stehenden Gräsern.

Dicrocoelium dendriticum (RUDOLPHI) [*D. lanceatum* STILES U. HASSALL] – **Kleiner Leberegel, Lanzettegel** (Abb. **87**/1)
4–12 mm lg, 1,5–2,5 mm br. Schlank lanzettförmig. Bauchsaugnapf ebenso groß wie Mundsaugnapf, am Anfang des 2. Körperfünftels. – In Gallenblase u. -gängen von Rind, Schaf, Ziege u. anderen Wiederkäuern, auch Pferd, Esel, Schwein, Hase, Kaninchen, Nutria, Hund, Katze; selten auch beim Menschen. – Sporozysten u. Redien in Land-Lungenschnecken; Zerkarien in Sammelzysten an Gräsern, werden von Ameisen aufgenommen u. gelangen mit diesen in den Endwirt.

Opisthorchis felineus (RIVOLTA). – In den Gallengängen des Schweines (s. S. 100).

b) Finnenblase des Bandwurms

Echinococcus granulosus (BATSCH) (s. S. 99). – In Leber od. Lunge.

23* In der Muskulatur, im Gehirn od. Rückenmark od. an den serösen Häuten; blasenförmige Bildungen (Bandwurmfinnen).
Von *Taenia solium* L. – In der Muskulatur des Schweines (s. S. 99).
Von anderen *Taenia*-Arten. – An den serösen Häuten (s. S. 98 f.).
Von *Taeniarhynchus saginatus* (GOEZE). – In der Muskulatur des Rindes u. anderer Wiederkäuer (s. S. 99).
Von *Multiceps multiceps* (LESKE). – Im Gehirn od. Rückenmark des Schafes u. anderer Wiederkäuer (s. S. 99).

24 **(21)** In den inneren Organen, außer Darm **25**

24* Im Darm.

a) Digenetischer Saugwurm

Echinostoma revolutum (FRÖLICH) (s. S. 96).

b) Bandwürmer

Hymenolepis diminuta (RUDOLPHI)
20–60 mm lg, 3–4 mm br. Kopf mit 4 großen Saugnäpfen, ohne Hakenkranz. Alle Gld viel breiter als lg. – In Mäusen u. Ratten, selten im Menschen. – Vorfinnen in den verschiedensten Insekten (bes. Käfer u. Flöhe) u. deren Larven.

Cittotaenia denticulata (RUDOLPHI)
30–80 mm lg, 10–15 mm br. Kopf sehr klein, mit 4 elliptischen, längsgestellten Saugnäpfen, ohne Hakenkranz. Gld breiter als lg. VE der GldKette rasch an Br zunehmend. – In Kaninchen u. Hasen. – Vorfinnen in Hornmilben.

25 In der Leber.

a) Digenetische Saugwürmer

Fasciola hepatica L. (s. S. 101).

Dicrocoelium dendriticum (RUDOLPHI) (s. S. 101).

b) Bandwurmfinnen
Von *Taenia*-Arten (s. S. 98 f.).
Von *Echinococcus multilocularis* LEUCKART (s. S. 99).

25* In der Muskulatur od. an den serösen Häuten; blasenförmige Bildungen (Bandwurmfinnen).

Von *Taenia solium* L. – In der Muskulatur (s. S. 99).

Von anderen *Taenia*-Arten. – An den serösen Häuten (s. S. 98 f.).

Literatur

BÖHMIG, L.: Tricladida in BRAUER: Süßwasserfauna Deutschlands, Heft 19, Jena 1909.
FIEBIGER, J.: Die tierischen Parasiten der Haus- und Nutztiere. Wien 1947.
HIEPE, Th.: Lehrbuch der Parasitologie. Band 3, Veterinärmedizinische Helminthologie. Jena 1985.
KOTLÁN, A.: Helminthologie. Budapest 1960.
MEIXNER, J.: Turbellaria (Strudelwürmer) in GRIMPE u. WAGLER: Die Tierwelt der Nord- und Ostsee. Teil IVb. Leipzig 1938.
REICHENOW, E., H. VOGEL u. F. WEYER: Leitfaden zur Untersuchung der tierischen Parasiten des Menschen und der Haustiere. Leipzig 1969.
SCHÄPERCLAUS, W.: Fischkrankheiten. Berlin 1990.
SPREHN, C.: Lehrbuch der Helminthologie. Berlin 1932.
–: Trematoda und Cestoidea in GRIMPE u. WAGLER: Die Tierwelt der Nord- und Ostsee, Teil IVc_1 und IVc_2. Leipzig 1933 u. 1934.
–: Trematoda und Cestoidea in BROHMER u. a.: Die Tierwelt Mitteleuropas. Bd. I, Lief. 3b. Leipzig 1960.
WIGAND, R. u. MATTES, O.: Helminthen und Helminthiasen des Menschen. Jena 1958.

Nemertini – Schnurwürmer

G. Wenige mm bis über 10 m lange, ungegliederte Tiere mit schmalem, zigarren- bis schnurförmigem, manchmal bandartig abgeflachtem Körper (Abb. **104**/1). VE oft zu einem ± vom Rumpf abgesetzten Kopf verbreitert, der meist 2–200 Augen trägt. Aus dem VE kann ein oft über körperlanger, in einer Scheide über dem Darm liegender Fangrüssel ausgestreckt werden, der z. T. mit Stiletten bewaffnet ist. Mundöffnung bauchseits am VE; Darm durchgehend, mit seitlichen Blindsäcken; After am HE. Geschlossenes Blutgefäßsystem. – **V.** Überwiegend im Meer, bes. Küstenregionen, gelegentlich bis in 3 000 m Tiefe; einige Arten im Süßwasser u. (bes. Trop) auf dem Lande. – **L.** Wasserbewohner in od. auf Sand u. Schlamm, unter Steinen u. zwischen Pflanzen, Landbewohner unter feuchtem Substrat. – **B.** Hauptsächlich räuberisch lebend; Beute wird mit dem Rüssel ergriffen, z. T. durch Gift betäubt, und verschlungen od. ausgesaugt; wenige sind Kommensalen von marinen Muscheln, Krebsen u. Seescheiden. Meist getrenntgeschlechtig. Entw über ein Larvenstadium; manchmal lebendgebärend. – Knapp 900 Arten, davon ca. 45 an der Nord- u. Ostseeküste, 3 in heimischen Süßgewässern (u. Aquarien) u. 1 auf dem Lande. Bestimmung (auch der höheren Kategorien) größtenteils nur mikroskopisch möglich. Von den marinen Schnurwürmern können viele nicht nach äußeren Merkmalen unterschieden werden; diese zumeist nur durch einen Fund von der Ostseeküste bekannten Arten sind im Schlüssel nicht enthalten.

1 Auf dem Lande, nur in Treibhäusern (aus den Trop eingeschleppt). – Milchweiß od. rosa, VE oft dunkler rosa od. rot. 4 Augen. Bis 15 mm lg u. 3 mm br.
Leptonemertes chalicophora (V. GRAFF)

1* Im Süßwasser (auch in feuchtem Moos) od. Meer 2

2 Im Meer od. in der Mantelhöhle von Meeresmuscheln 4

2* Im Süßwasser 3

3 8–20 mm lg, ziemlich gedrungen (0,5–0,8 mm br), mit 3 hintereinander liegenden Augenpaaren. Kopf so br wie das VE, ohne seitliche Längsspalten (Abb. **104**/3). Gelb bis fleischfarben od. rötlichbraun (Junge milchweiß mit 2 Augenpaaren). – **V. L.** Weit verbreitet in allen Süßgewässern, im Schlamm u. an Pflanzen, sowie in Moos; gelegentlich auch im Brackwasser an Flußmündungen. *Prostoma graecense* BÖHMIG

Sehr ähnlich die im Gebiet nur aus der Umgebung von Berlin bekannte, seltene *Prostoma eilhardi* (MONTGOMERY). Bis 16 mm lg, rötlichgelb.

3* Bis 120 mm lg, schlanker (bis ca. 1 mm br), ohne Augen. Kopf wenig schmaler als VE, jederseits mit 1 seichten Längsspalte (Abb. **104**/4). Leuchtend ziegelrot, weiß gesprenkelt, HKörper dunkler rot. – **V. L.** Bisher nur in Düsseldorf in Aquarien zwischen den Wurzeln von *Vallisneria* gefunden (wohl mit den Pflanzen eingeschleppt). *Apatronemertes albimaculosa* WILFERT U. GIBSON

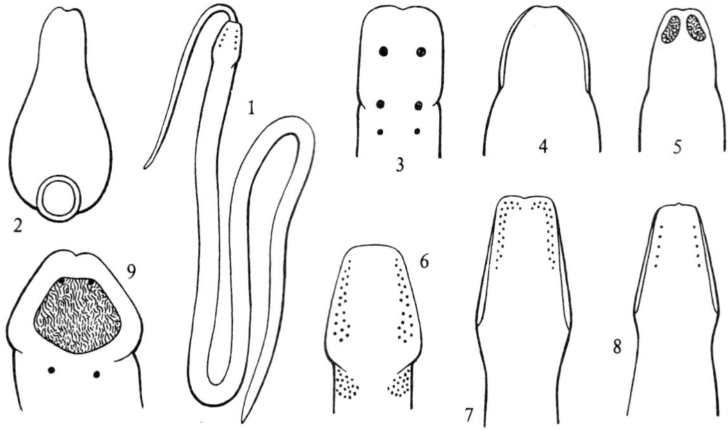

Abb. **104/1–9** **1** *Lineus* mit teilweise ausgestoßenem Rüssel; **2** *Malacobdella grossa*; **3** *Prostoma graecense*, VE; **4** *Apatronemertes albimaculosa*, VE; **5** *Cephalothrix rufifrons*, VE; **6** *Amphiporus lactifloreus*, VE; **7** *Heterolineus longissimus*, VE; **8** *Lineus ruber*, VE; **9** *Tetrastemma melanocephala*, VE

4 **(2)** In der Mantelhöhle von Meeresmuscheln (bes. der Gattungen *Cardium*, *Cyprina*, *Mya*, *Pholas* u. *Venus*) lebend. – Körper abgeflacht, im Umriß birnenförmig. HE bauchseits mit Saugnapf. Weiß, gelblich, orange, braun od. graugrün, durchschimmernd. 20–40 mm lg u. 8–15 mm br. – **V. L.** Nord- u. Ostsee. Kommensalen. *Malacobdella grossa* (O. F. MÜLLER) (Abb. **104**/2).

4* Im Meer frei lebend **5**

5 Mit 4 bis ca. 80 Augen **8**

5* Ohne Augen, aber z. T. mit 1 Paar dunklen Pigmentflecken nahe dem VE (Abb. **104**/5). **6**

6 VE zu einem spatelförmigen Kopf verbreitert, dieser jederseits mit 1 Längsspalte. – Braungelb bis braunrot, RückenS mit einem zumeist doppelten hellgelben Längsstreifen. 80–700 mm lg u. 1–5 mm br. – **V. L.** Nordsee (Helgoländer Bucht), auf schlickigem Sand u. zwischen Steinen. *Lineus bilineatus* (RENIER)

6* VE allmählich verjüngt u. vorn abgerundet, ohne seitliche Längsspalten . . . **7**

7 VE mit 1 Paar blauroter Pigmentflecken (Abb. **104**/5). – Weißlich. 30–40 mm lg, bis 0,5 mm br. – **V. L.** Nordsee u. westl. Ostsee, in geringer Tiefe in Schlamm u. Sand, unter Steinen u. zwischen Pflanzen. *Cephalothrix rufifrons* (JOHNSTON)

7* VE ohne Pigmentflecke. – Weiß bis mattgelb. 100–150 mm lg u. 0,5–1 mm br. – **V. L.** Wie vor. Art. *Cephalothrix linearis* (RATHKE)

8 **(5)** Jederseits 2–40 dem SRand des VE genäherte Augen (Abb. **104**/6–8). . **10**

8* 2 Paar in einem Rechteck angeordnete Augen, die dem SRand des VE nicht näher liegen als dessen Mittellinie (Abb. **104**/9). **9**

9 Kopf rückenseits mit großem rotbraunem bis schwarzem Fleck, der sich vom vorderen Augenpaar bis kurz vor das hintere erstreckt (Abb. **104**/9). – Körper nach hinten zu deutlich verschmälert. Grün, grüngelb od. grauoliv, manchmal gelb-orange bis rötlichbraun mit heller BauchS. 6 bis ca. 50 mm lg u. 1–5 mm br. – **V. L.** Nordsee u. westl. Ostsee; vom Seichtwasser bis in 60 m Tiefe auf Sand- u. Schlickboden, unter Steinen od. zwischen Pflanzen.

Tetrastemma melanocephalum (JOHNSTON)

9* Kopf ohne dunklen Fleck. – Körper nach hinten zu leicht verdickt. Dunkel oliv-grün. Bis 40 mm lg u. 2 mm br. – **V. L.** Ostsee; sehr häufig im Seichtwasser flacher Strände auf Sand- u. Schlammboden od. in Algenwatten.

Prostomatella obscura (SCHULTZE)

Im Brackwasser an Flußmündungen gelegentlich auch *Prostoma graecense* (s. **3**).

Weitere, den beiden obigen ähnliche, höchstens 15 mm lg Arten aus mehreren Gattungen in der Kieler Bucht od. bei Helgoland.

10 **(8)** Augen jederseits in einer länglichen vorderen u. einer rundlichen hinteren Gruppe von je ca. 20 angeordnet. Kopf länglich trapezförmig, ohne seitliche Längsspalten, rückenseits durch eine Querfurche vom Rumpf abgesetzt (Abb. **104**/6). Körper stark abgeflacht. – Gelbrot bis dunkelrosa, seltener weißlich od. grau. 10–120 mm lg u. 1–3 mm br. – **V. L.** Nordsee u. westl. Ostsee; häufig, vom Seichtwasser bis in 2 000 m Tiefe zwischen Pflanzen u. unter Steinen.

Amphiporus lactifloreus (JOHNSTON)

10* Augen jederseits nur 1 Längsreihe od. -gruppe bildend. Kopf spatelförmig, jederseits mit 1 Längsspalte, nicht durch Querfurche abgesetzt (Abb. **104**/7–8). Körper fast drehrund **11**

11 Jederseits ca. 20 Augen in einer länglichen Gruppe (Abb. **104**/7). 5–10 (bis 30 m) lg u. 2–9 mm br. – Schokoladen- bis schwarzbraun, auf dem Rücken bes. der vorderen Körperhälfte mit dunkleren u. helleren Längslinien. – **V. L.** Nordsee u. westl. Ostsee; in 2–50 m Tiefe in Schlamm, unter Steinen u. zwischen Pflanzen. *Heterolineus longissimus* (GUNNERUS)

Eine weitere Art, *Heterolineus pseudoruber* FRIEDRICH, mit roter od. grüner Färbung bisher nur aus der Kieler Bucht bekannt.

11* Jederseits 2–6 Augen in 1 Längsreihe (Abb. **104**/8). Höchstens 250 mm lg . **12**

12 Dunkelrosa bis leuchtend ziegelrot, auf der BauchS blasser. 100–150 mm lg u. 3–4 mm br. – **V. L.** Nordsee u. westl. Ostsee; häufig, vom Seichtwasser bis in 20 m Tiefe unter Steinen u. zwischen Pflanzen. *Lineus ruber* (O. F. MÜLLER)

12* Olivgrün bis dunkel violettgrün, mit einem weißlichen Streifen an den Seiten. Bis über 200 mm lg u. 5 mm br. – **V. L.** Wie vor. Art, aber seltener.

Lineus viridis (FABRICIUS)

Literatur

BÜRGER, O.: Nemertini in: Das Tierreich, 20. Lieferung. Berlin 1904.

FRIEDRICH, H.: Nemertini in GRIMPE u. WAGLER: Die Tierwelt der Nord- und Ostsee.. IV, d. Leipzig 1936.

GERLACH, S. A.: Nemertini in P. BROHMER u. a.: Die Tierwelt Mitteleuropas, 1. Bd., Lief. 7 a. Leipzig 1968.

Entoprocta [Kamptozoa] – Kelchwürmer

G. Festsitzend, einzeln od. in durch Knospung (ungeschlechtliche Vermehrung) entstandenen Kolonien lebend. Einzeltiere (Zooide) der heimischen Arten weniger als 1 mm bis 10 mm lg. Körper besteht aus Stiel u. Kelch mit bewimpertem Tentakelkranz, der Mundöffnung u. (Gegensatz zu *Bryozoa*; deshalb *Entoprocta* genannt) After umschließt. Stiel teils ungegliedert, teils durch Einschnürungen od. knotenartige Verdickungen gegliedert. Darm hufeisenförmig, wie Exkretionsorgane u. Gonaden im Kelchraum gelegen. Keine echte Leibeshöhle. – **V.** Bes. Küstenregion der Meere, eine sichere Art im Süßwasser. – **L.** Auf lebenden (andere wirbellose Meerestiere, Pflanzen) u. nichtlebenden Substraten (Weichtierschalen, Steine u. a.) sitzend. – **B.** Meist getrenntgeschlechtig. Schwimmende od. bodenlebende Larve durchläuft nach Festsetzen komplizierte Metamorphose zum erwachsenen Tier. Bei Koloniebildnern entwickelt sich aus Larve hervorgegangenes Primärindividuum zu einem Keimzapfen (Stolo prolifer), an dem durch Knospung die Zooide entstehen. Na: tierisches u. pflanzliches Kleinplankton; wird von den Tentakeln herbeigestrudelt u. mittels einer Wimperrinne zum Mund befördert. Einzeltiere führen bei mechanischen Reizen heftige Nickbewe-

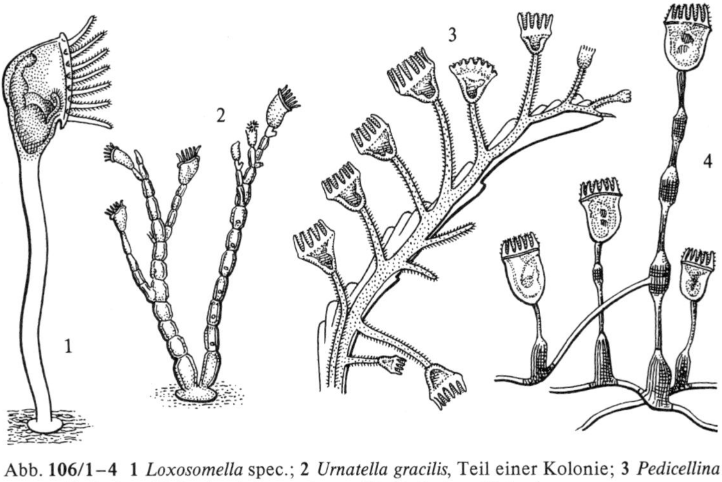

Abb. **106/1–4** **1** *Loxosomella* spec.; **2** *Urnatella gracilis*, Teil einer Kolonie; **3** *Pedicellina cernua*, Teil einer Kolonie; **4** *Barentsia gracilis*, Teil einer Kolonie gungen aus; Tentakel legen sich hierbei eingerollt über den Kelch (können nicht eingezogen werden). – Knapp 100 Arten, davon ca. 10 im Gebiet. Bestimmung der Gattungen u. Arten meist nur mikroskopisch möglich.

1 Einzeln lebend. Kelch u. Stiel nicht scharf geschieden (Abb. **106**/1).
Ordnung *Solitaria*

Nur Familie *Loxosomatidae*, an der Nordseeküste mit mehreren sehr ähnlichen Arten. Z. B. Gattung *Loxosomella* MORTENSEN, Zooide 0,3–2,5 mm lg, davon Kelch 0,1–0,35 mm; auf Schwämmen, Polychaeten, Sipunkuliden u. a.

1* Kolonien bildend. Kelch vom Stiel durch Einschnürung getrennt (Ordnung *Coloniales*) 2

2 Stiel ungegliedert *(Pedicellinidae)*. *Pedicellina* SARS

Im Gebiet 2 schwer unterscheidbare Arten. Häufig ist nur *P. cernua* (PALLAS) (Abb. **106**/3), Zooide 1–2 (bis 5) mm lg, davon Kelch 0,3–0,7 mm; an der Küste von Nordsee u. westl. Ostsee auf Steinen, Algen u. den verschiedensten Wirbellosen.

2* Stiel in gleich od. ungleich dicke Abschnitte gegliedert. *(Barentsiidae)* 3

3 Stiel in abwechselnd dickere u. viel dünnere Abschnitte gegliedert (bei jungen Zooiden wenigstens an der Basis u. z. T. noch unterhalb des Kelches verdickt). Im Meer. *Barentsia* HINCKS

Mehrere sehr ähnliche Arten an der Küste von Nord- u. westl. Ostsee. Z. B. *B. gracilis* SARS (Abb. **106**/4), Zooide bis 6 mm lg, davon Kelch bis 0,35 mm; an der Nordseeküste auf lebenden u. allen festen nicht lebenden Substraten, weit verbreitet.

3* Stiel durch Ringfurchen perlschnurartig in gleichmäßig dicke Abschnitte geteilt. Im Süßwasser. – Zooide bis 3 mm lg, davon Kelch 0,7 mm, Kolonie bis 10 mm hoch; einzige eur Süßwasserart, vom Gebiet bisher nur aus der Unterhavel bei Berlin (auf Dreikantmuscheln, *Dreissena*, S. 286) bekannt.
Urnatella gracilis LEIDY (Abb. **106**/2)

Literatur

CORI, C. I.: Kamptozoa in DAHL: Die Tierwelt Deutschlands und der angrenzenden Meeresteile. 17. Teil. Jena 1930.

–: Kamptozoa in GRIMPE u. WAGLER: Die Tierwelt der Nord- und Ostsee. IV, a. Leipzig 1930.

NIELSEN, C.: Studies on Danish Entoprocta. Ophelia, Bd. 1, H. 1, Helsingör 1964.

Nemathelminthes – **Schlauchwürmer, Rundwürmer**

G. Sammelgruppe nicht in echte Segmente gegliederter, ± wurmförmig gestreckter, meist drehrunder Tiere, deren verwandtschaftliche Beziehungen noch unklar sind. Weniger als 1 mm bis 1 m lg. Körper bei den *Acanthocephala* in VKörper (Rüssel u. Hals) u. Rumpf geteilt. Haut bei *Kinorhyncha* u. z. T. *Rotatoria* in Ringzonen gegliedert, sonst oft geringelt u. manchmal mit Borsten, Schuppen od. Stacheln besetzt od. von einem kutikulären Panzer bedeckt. Wimpern, wenn vorhanden, auf VE u. z. T. BauchS beschränkt. Körperwand meist als Hautmuskelschlauch ausgebildet: Der einschichtigen, von einer Kutikula bedeckten Haut liegt innen eine Muskelschicht an; umschließt die meist ausgedehnte, mit Flüssigkeit gefüllte Leibeshöhle, deshalb die Tiere Schlauchwürmer = *Aschelminthes* genannt. Verdauungskanal durchgehend, in Schlund, Mitteldarm u. Enddarm gegliedert, bei *Acanthocephala* fehlend. Mund meist endständig am VE, After am od. nahe dem HE. Ohne Blutgefäßsystem. Geschlechtsorgane röhren- od. sackförmig. Oft ganz od. teilweise zellkonstante Tiere. – **V.** Meist an bestimmte geographische Regionen gebunden, parasitische Formen entsprechend der Verbreitung ihrer Wirte; selten kosm. – **L.** Meer, Süßgewässer u. alle feuchten Landbiotope; viele parasitisch an od. in Pflanzen od. in Tieren lebend. – **B.** Sehr unterschiedlich (s. Klassen). 6 Klassen mit wenigstens 50 000 Arten, davon knapp 5 000 im Gebiet.

1 VE u. z.T. BauchS mit Wimpern (Abb. **109**/1–4, **110**/1–2). **2**

1* Körper ohne Wimpern (aber z.T. Borsten vorhanden) **3**

2 Wimpern nur am VE, dieses doppelt kranzförmig umgebend, 2 seitliche Kränze bildend, 1 Paar lappenförmige Fortsätze umsäumend od. mehreren Tentakeln ansitzend. Körper z. T. von wappenförmigem Panzer umgeben. Höchstens 2,5 mm lg. Frei im Wasser od. in feuchten Landbiotopen lebend. (Abb. **109**/1–4). *Rotatoria* – **Rädertiere** S. 109

2* Wimpern an VE u. BauchS, hier meist in Längs- od. Querbändern. Haut oft beschuppt od. bestachelt. Am HE 1 od. mehrere Paare von Haftröhrchen od. zahlreiche Haftröhrchen längs der Körperseiten. Höchstens 1,5 mm lg. Frei im Wasser lebend. (Abb. **110**/1–2). *Gastrotricha* – **Bauchhärlinge** S. 110

3 Körper äußerlich in mit Stachelkränzen besetzten einstülpbaren Kopf u. 12 od. 13 am HRande bestachelte Ringzonen gegliedert. Höchstens 1 mm lg. Frei im Meere lebend. (Abb. **134**/1). *Kinorhyncha* – **Kinorhynchen** S. 134

3* Körper ungegliedert od. aus 2 Abschnitten bestehend **4**

4 Körper geteilt in schlauch- bis sackförmigen Rumpf u. einstülpbaren, mit Haken besetzten Rüssel. 2–650 mm lg. Darmparasiten von Wirbeltieren. (Abb. **135**/1). *Acanthocephala* – **Kratzer** S. 135

4* Körper ungeteilt (das manchmal bedornte VE kann einen Hakenrüssel vortäuschen) **5**

5 Körper sehr lggestreckt, 100–1 000mal länger als sein ∅, drehrund. 40–500 mm lg, ∅ 0,3–1,7 mm. Frei im Wasser lebend, Jugendstadien in Gliederfüßern. (Abb. **133 A**/1). *Nematomorpha* – **Saitenwürmer** S. 133

5* Körper spindel- bis lg walzenförmig, kürzer als sein 100facher ∅, wenn länger, dann parasitisch in Wirbeltieren. Freilebende selten über 10 mm, Parasiten von Tieren bis 1 m lg. Frei lebend od. Parasiten von Pflanzen u. Tieren. (Abb. **111**/1, **117**/1). *Nematoda* – **Fadenwürmer** S. 111

Klasse *Rotatoria* – **Rädertiere**

G. 0,04–2,5, meist 0,2–1 mm lg. Körper ± gedrungen wurmförmig u. manchmal äußerlich in etwa 16 Scheinsegmente gegliedert (Abb. **109**/1) od. mehr sackförmig u. z. T. von wappenartigem Panzer umgeben (Abb. **109**/2–3). VE oft als „Kopf" abgesetzt, trägt stets ein zur Fortbewegung u./od. zum Nahrungserwerb dienendes sog. Räderorgan aus Wimpern, die es als doppelter Kranz umgeben, 2 seitliche Kränze bilden (Abb. **109**/1), 1 Paar lappige Fortsätze umsäumen od. mehreren Tentakeln ansitzen (Abb. **109**/4). HE meist als abgesetzter „Fuß" mit 2 endständigen „Zehen" ausgebildet, auf denen Klebdrüsen münden; ist oft in 2–4 Scheinsegmente gegliedert, die teleskopartig in den Körper gezogen werden können; dient als Sitz-, Ruder- od. Springfuß. Mund bauchseits am VE, führt in einen mit stab- u. plattenförmigen Hartgebilden versehenen Kaumagen, der als Zerkleinerungs- u. (bei Räubern) auch als Greiforgan dient. After am HE od. rückenseits vor dem Fuß. – **V.** Meist an bestimmte Lebensräume gebunden; manche Arten kosm. – **L.** Wasser (meist Süß- od. Brackwasser, auch unter extremen Lebensbedingungen, z. B. in heißen Thermen u. stark verschmutzten Tümpeln; seltener nur im Meer) od. feuchte Landbiotope (Erdreich, Moos, Dach-

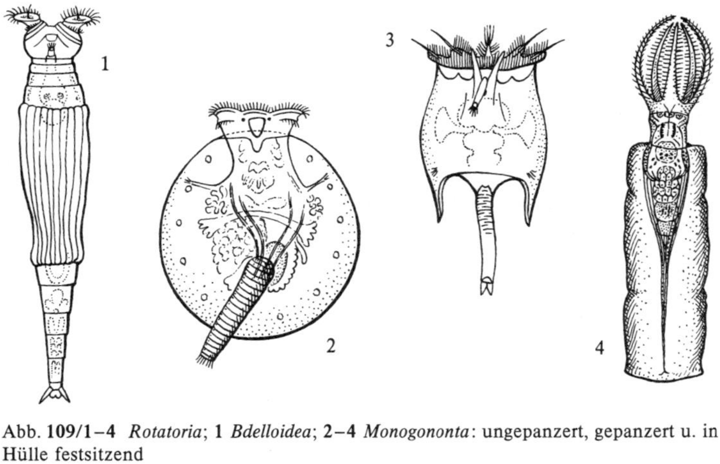

Abb. **109/1–4** *Rotatoria*; **1** *Bdelloidea*; **2–4** *Monogononta*: ungepanzert, gepanzert u. in Hülle festsitzend rinne usw.). Wenige sind Parasiten von Pflanzen od. wirbellosen Tieren. – **B.** Na: meist Mikroorganismen, die herbeigestrudelt, vom Substrat abgeweidet od. aus dem Wasser abgeseiht werden; Räuber ergreifen kleine Wassertiere u. saugen sie in den Darm ein. Viele Bewohner von Landbiotopen können monatelange Trockenperioden überstehen, indem sie unter starker Wasserabgabe in Trockenstarre fallen u. nach Befeuchtung wieder aufleben. Getrenntgeschlechtig, aber mit verschiedenen Fortpflanzungsweisen: nur eingeschlechtig durch Jungfernzeugung, rein zweigeschlechtig (selten) od. zweigeschlechtig im Wechsel mit Jungfernzeugung; im letzten Falle ♂♂ viel kleiner als ♀♀, oft stark reduziert. Einige Arten lebendgebärend. – System nicht völlig geklärt; meist Einteilung in 3 Unterklassen mit etwa 1 500 Arten, im Gebiet 2 Unterklassen mit etwa 550 Arten (nur mikroskopisch bestimmbar).

Unterklasse *Bdelloidea*

Nur ♀♀ bekannt, die sich durch Jungfernzeugung vermehren. Körper äußerlich in teleskopartig ineinander einziehbare Scheinsegmente gegliedert (Abb. **109**/1). Im Süßwasser, bes. zwischen Pflanzen schwimmend od. egelartig kriechend, od. in feuchten Landbiotopen.

Unterklasse *Monogononta*

Zweigeschlechtige Arten. Geschlechtsgeneration wechselt mit meist mehreren sich durch Jungfernzeugung vermehrenden Generationen ab. Körper (außer z.T. der Fuß) nicht gegliedert, manchmal gepanzert. Meist im Wasser, auch im Meer, frei schwimmend od. festsitzend, dann oft in eigenen Gehäusen lebend u. gelegentlich Kolonien bildend (Abb. **109**/2–4).

Klasse *Gastrotricha* – **Bauchhärlinge**

G. 0,07–1,5 mm lg. Körper kurz zylindrisch bis flaschenförmig (Abb. **110**/1–2). VE mit endständiger Mundöffnung u. Büscheln von langen Wimpern. Abgeflachte BauchS bewimpert, meist in Längs- od. Querbändern. HE z.T. in 2 „Füßchen“ ausgezogen. An den Körperrändern viele Haftröhrchen (mit Klebdrüsen) od. nur 1 bis wenige Paare auf den Füßchen. (Abb. **110**/1–2). – **V.L.** Bodentiere im Meer u. in Süßgewässern, kriechend, nur wenige frei schwimmend; können

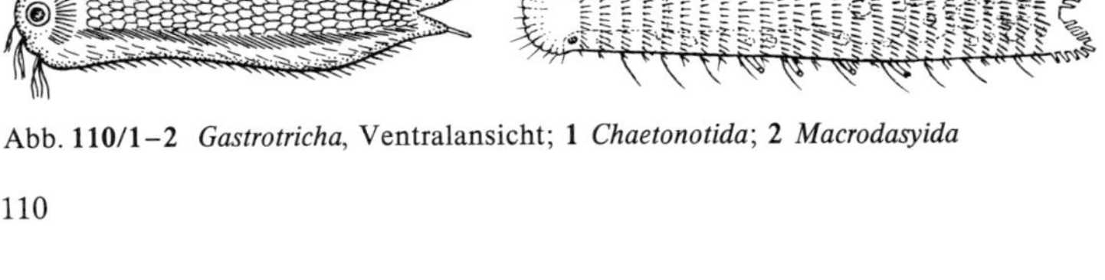

Abb. **110/1–2** *Gastrotricha*, Ventralansicht; **1** *Chaetonotida*; **2** *Macrodasyida*

sich mittels der Haftröhrchen am Substrat festheften. – **B.** Na: Mikroorganismen, die meist herbeigestrudelt od. vom Substrat abgesaugt werden. Zwitter od. nur ♀♀ u. dann Jungfernzeugung. Entw ohne Larvenstadien. 2 Ordnungen mit etwa 350 Arten, im Gebiet wenigstens 30 Arten (nur mikroskopisch bestimmbar).

Ordnung *Macrodasyida*

Zahlreiche Haftröhrchen an allen Körperrändern (Abb. **110**/2). Im Meer. Zwitter.

Ordnung *Chaetonotida*

Haftröhrchen auf HE beschränkt.(Abb. **110**/1). Im Süßwasser, nur wenige Arten im Meer. Meist ♀♀ mit Jungfernzeugung; sehr selten ♂♂ auftretend.

Klasse *Nematoda* – **Fadenwürmer**

G. 0,2 mm–1 m lg, gestreckt spindel- bis lg fadenförmig, drehrund (Abb. **111**/1); ♀ mitunter sack- od. eiförmig; ♂ stets kleiner als ♀. Haut unbewimpert, elastisch, glatt od. fein geringelt, bisweilen mit Borsten, Stacheln od. Schuppen. Mundöffnung am VE, meist endständig, von mehreren Borsten- od Papillenkränzen od. von 6, 4, 3 od. 2 Lippen umgeben; anschließende Mundhöhle z.T. stark kutikularisiert u. oft mit Zähnen, Schneidleisten od. einem Stilett bewaffnet, manchmal auch zurückgebildet. Verdauungskanal in Schlund, Mittel- u. Enddarm gegliedert; Schlund ganz od. teilweise muskulös, meist als Saugpumpe wirkend. After am od. bauchseits nahe dem HE. Geschlechtsorgane röhrenförmig; ♀♀ meist mit 2 Ovarien, ♂♂ mit 1 Hoden. Geschlechtsöffnung des ♀ auf der BauchS. Beim ♂ mündet Samenleiter in den Enddarm (Kloakenbildung); aus der Kloake sind meist 2 der Begattung dienende kutikuläre Stäbchen (Spicula) ausstreckbar (Abb. **115 A**/1). HE zugespitzt od. seltener abgerundet, beim ♂ z.T.

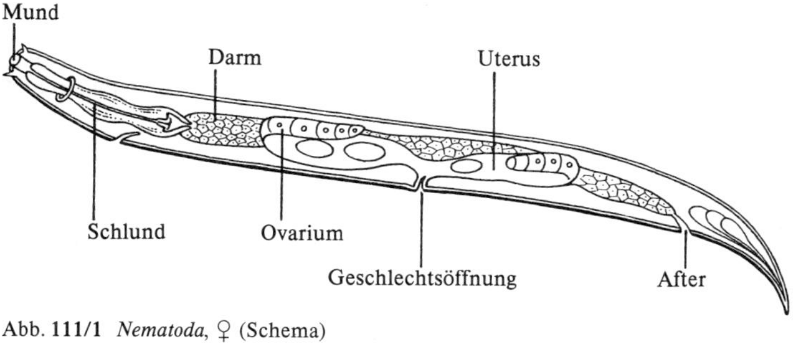

Abb. **111/1** *Nematoda*, ♀ (Schema)

mit seitlichen Hautverbreiterungen (Flügeln) od. mit 2 od. 3 eine Kopulationstasche bildenden, von Geweberippen gestützten Hautlappen, die zum Umgreifen des ♀ bei der Begattung dienen (Abb. **115** A/2–3). – **V.** Kosm, parasitische Arten entsprechend der Verbreitung ihrer Wirtsorganismen. – **L.** Sehr verschiedenartig: frei lebend in vielen Erd- u. Wasserbiotopen (Boden, Moospolster, Mulm, Baumfluß, faulende Substanzen, Grund des Meeres u. von Süßgewässern, auch heiße Quellen) od. parasitisch an od. in Pflanzen u. Tieren. – **B.** Na: pflanzliche u. tierische Mikroorganismen (Sauger), kleine Tiere (Räuber); Parasiten ernähren sich vom Zellinhalt der Wirtspflanzen od. vom Nahrungsbrei, Blut od. Gewebe der Wirtstiere. Hautatmung, bei Darmparasiten Stoffwechsel ohne Sauerstoff. Fortbewegung durch Schlängeln in Seitenlage, wenige Arten stelzend mit Hilfe ihrer Borsten. Getrenntgeschlechtig, selten zwittrig od. Fortpflanzung durch Jungfernzeugung. Meist Ablage widerstandsfähiger Eier, wenige lebendgebärend. Entw über 4 durch Häutungen getrennte Larvenstadien, bei tierparasitischen Arten oft mit Larvenwanderung im Wirtskörper, ehe Ansiedlung als geschlechtsreifes Tier erfolgt. Häufig findet 1- od. 2maliger Wirtswechsel statt: Larven in Wirbellosen, bes. Gliederfüßern, od. erst in Wirbellosen u. dann in Kaltblütern. Freilebende Formen nicht selten in hohen Individuenzahlen (bis 200 in 1 cm³ Erde). Manche parasitische Arten sind Erreger schwerer Erkrankungen bei Mensch u. Tier.

Etwa 12 Ordnungen mit über 20 000 Arten, davon im Gebiet rund 4 000. (System z. T. noch provisorisch). Wegen der geringen Größe vieler Arten u. der zur Bestimmung wichtigen morphologischen Merkmale, die meist nicht mittels 10facher Lupe erkannt werden können, sind lediglich die Ordnungen, z. T. noch Überfamilien, u. aus diesen einzelne, vor allem wirtschaftlich wichtige od. häufige Vertreter aufgeführt. Die in den Schlüsseln genannten Merkmale beziehen sich nur auf die erwachsenen Tiere und die Mehrzahl der Vertreter einer Ordnung od. Überfamilie. Zur Betrachtung unter dem Mikroskop werden kleine Formen auf einem Objektträger durch Erwärmen in Hitzestarre versetzt u. mit einem Deckglas bedeckt. Größere Tiere werden in 4 %igem Formalin od. (Tierparasiten) in ca. 60 °C heißem 75 %igem Alkohol fixiert, zur Aufhellung je nach Größe in Glycerol, Lactophenol od. Milchsäure übergeführt (durch Gemische 2:1, 1:1 u. 1:2) u. in diesen Flüssigkeiten eingedeckt. Die Schlundform großer Arten läßt sich nach Aufschneiden des VEndes in Längsrichtung u. Wegklappen der Haut erkennen. Die Strukturen des VEndes sind an der vom aufgehellten Tier quer abgeschnittenen u. mit der Schnittfläche auf den Objektträger gelegten „Kopf"kalotte am besten zu sehen.

1 Frei lebend am Grunde des Meeres u. von Süßgewässern, in Erdreich, Blattstreu, Mulm, Faulstoffen u. anderen Landbiotopen od. parasitisch an od. in Pflanzen **2**
1* Parasitisch in Wirbellosen od. Wirbeltieren **9**
2 Frei lebend **3**
2* Parasitisch an od. in Pflanzen. *Tylenchida* S. 116
3 Schlund stellt ein langes kapilläres Rohr dar, dem außen 2 Längsreihen von großen Zellen ansitzen (Abb. **113**/6). Meist über 10 mm lg. Im Süßwasser u. Erdreich. *Trichosyringida (Mermithoidea)*[1] S. 131

[1] Soweit angängig, sind hinter den Ordnungen in () die jeweils zutreffenden Überfamilien angeführt.

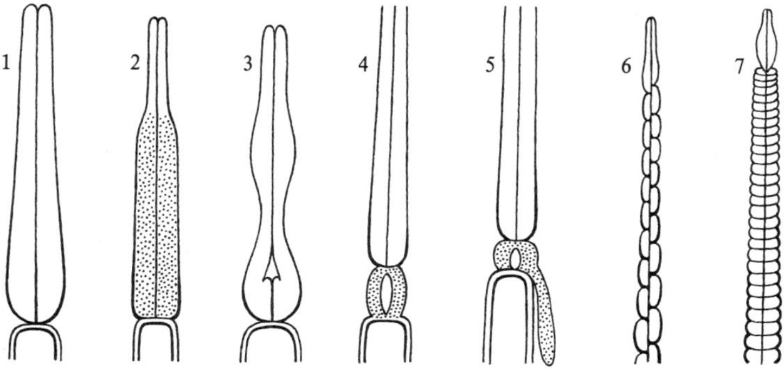

Abb. **113/1–7** Schlundformen von *Nematoda*

3* Schlund ziemlich kurz, als kompaktes Organ ausgebildet. Höchstens 10 mm lg, wenn länger, dann im Meer **4**

4 Schlund annähernd zylindrisch (Abb. **113**/1) od. seine hintere Hälfte ± stark verdickt. Haut ohne in Querreihen angeordnete punkt- bis knopfförmige Ornamentierung **5**

4* Schlund am HE mit zwiebelförmiger, ovaler od. kugeliger Verdickung u. z. T. noch etwa in der M deutlich erweitert (Abb. **113**/3) od. nur eine mittlere Erweiterung vorhanden; wenn Schlund mehr zylindrisch, dann Haut mit Querornamentierung **6**

5 Körper völlig ohne Borsten. *Dorylaimida*[1]
0,5–3 (selten bis 10) mm lg. Im Süßwasser od. Erdreich, hier auch an Pflanzenwurzeln, deren Zellen sie anstechen u. aussaugen, zwischen Blattscheiden u. im Schleimfluß der Bäume. Keine echten Pflanzenschädlinge, aber Überträger von Viruskrankheiten.

5* Wenigstens das VE mit Borsten. 0,2 bis über 10 (50) mm lg. Hauptsächlich im Meer, selten im Süßwasser, Erdreich od. Moos. *Monhysterida* u. *Enoplida*[1]

6 **(4)** Haut mit in Querreihen auf den Ringen der Kutikula angeordneter punkt- bis knopfförmiger Ornamentierung. *Chromadorida*[1]
Bis 1,5 mm lg. Hauptsächlich im Meer, wenige Arten im Süßwasser od. in feuchter Erde.

6* Haut ohne solche Ornamentierung, glatt od. einfach quergeringelt **7**

7 VE mit 4 Sinnesborsten u. Körperseiten mit feinen Borsten. *Araeolaimida*[1]

7* VE u. Körper ohne Borsten **8**

8 Mundhöhle enthält einen nadelförmigen, hinten meist knopfartig verdickten ausstoßbaren Stachel (Abb. **114**/1). *Tylenchida* S. 116

8* Mundhöhle ohne Stachel, kann 1 od. mehrere Zähne enthalten. *Rhabditida* S. 120

9 **(1)** Parasitisch in Wirbellosen **10**

---

[1] Diese Ordnungen bleiben im folgenden unberücksichtigt.

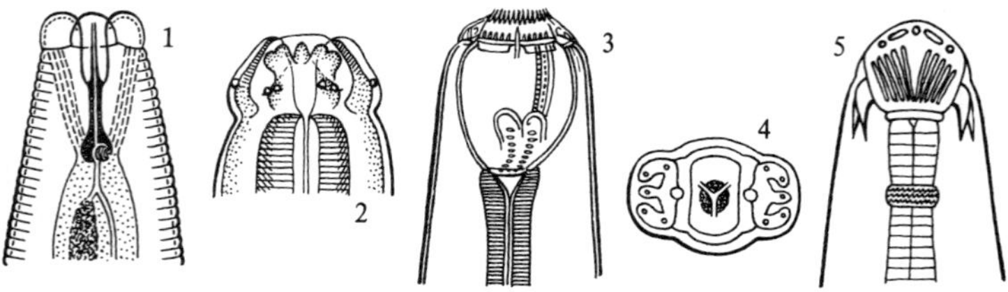

Abb. **114/1–5** VE von *Nematoda*: **1** *Tylenchida*; **2** *Ascaris* spec.; **3** *Strongylus* spec.; **4** *Filaroidea*; **5** *Camallanus* spec. (SAnsicht, **4** in VAnsicht)

9* Parasitisch in Wirbeltieren **12**
10 In Insekten **11**
10* In Regenwürmern od. Schnecken. *Rhabditida* S. 120
11 Im Darm, bes. Enddarm. *Ascaridida (Oxyuroidea)* S. 122
11* In der Leibeshöhle. *Tylenchida* S. 116
Ferner Jugendstadien von *Trichosyringida (Mermithoidea)* S. 131
12 **(9)** Bestimmung nach Wirten u. Sitz im Wirt **13**
12* Bestimmung mittels Mikroskop **21**
13 In Fischen, Lurchen od. Kriechtieren **14**
13* In Vögeln od. Säugetieren **17**
14 Im Verdauungskanal. *Ascaridida* S. 120
sowie *Strongylida (Cucullanoidea, Trichostrongyloidea)* S. 124 f.
Spirurida (Camallanoidea, Spiruroidea) S. 127 f.
Trichosyringida (Trichuroidea) S. 131
14* In anderen inneren Organen od. in Geweben **15**
15 In den Lungen (von Lurchen u. Kriechtieren). *Rhabditida* S. 120
15* Nicht in den Lungen **16**
16 In der Leibeshöhle, im Bindegewebe od. in den Gonaden.
Spirurida (Dracunculoidea, Filarioidea) S. 128 f.
16* In der Schwimmblase von Fischen. *Spirurida (Spiruroidea)* S. 128
17 **(13)** Im Verdauungskanal. *Ascaridida* S. 121
sowie *Rhabditida* S. 120
Strongylida (Strongyloidea, Trichostrongyloidea) S. 125
Spirurida (Spiruroidea) S. 128
Dioctophymida S. 130
Trichosyringida (Trichuroidea) S. 131
17* In anderen Organen od. in Geweben **18**
18 In den Nieren od. Harnwegen. *Strongylida (Strongyloidea)* S. 125
sowie *Dioctophymida* S. 130
Trichosyringida (Trichuroidea) S. 131
18* Nicht in den Harnorganen **19**
19 In den Luftwegen einschl. Nasenhöhlen od. in den Augenhöhlen, Bindegewebssäcken der Augen od. Tränengängen. *Spirurida* S. 127
sowie *Strongylida* S. 124
Trichosyringida (Trichuroidea) S. 131

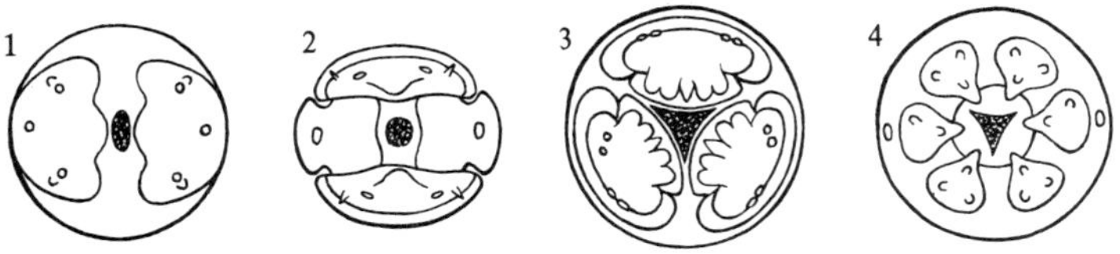

Abb. **115/1–4** VE von *Nematoda*, Ansicht von vorn; **1–2** *Spiruroidea*; **3** *Ascaridoidea*; **4** *Rhabditida*

19* Nicht in diesen Organen **20**

20 In der Leber. *Spirurida (Spiruroidea)* S. 128

20* In der Leibeshöhle, im Bindegewebe od. im Blutgefäßsystem. *Spirurida (Filarioidea)* S. 129 sowie *Strongylida (Metastrongyloidea)* S. 126

21 **(12)** Schlund etwa ⅓ der KörperLg einnehmend, als kapilläres Rohr ausgebildet, das in eine Längsreihe von geldrollenartig angeordneten Zellen eingebettet ist (Abb. **113**/7). *Trichosyringida (Trichuroidea)* S. 131

21* Schlund kürzer als ⅓ KörperLg, ein kompaktes Organ bildend, das in 2 Abschnitte unterteilt sein kann **22**

22 ♂ am HE mit endständigem, schüssel- od. glockenförmig eingesenktem muskulösem Kopulationssaugnapf (Abb. **115 A**/4). Anus des ♀ endständig am HE. *Dioctophymida* S. 130

22* HE des ♂ ohne solchen Saugnapf, abgerundet od. ± zugespitzt u. oft 1 Paar seitliche flügelartige Verbreiterungen (Abb. **115 A**/2) od. eine aus 2 od. 3 Hautlappen bestehende Kopulationstasche (Abb. **115 A**/3) aufweisend. Anus des ♀ bauchseits vor dem HE **23**

23 Schlund in einen kürzeren vorderen u. einen längeren, zumeist deutlich breiteren hinteren Abschnitt geteilt, der bei durchfallendem Licht (nach Aufhellung) körniger u. undurchsichtiger erscheint als der vordere (Abb. **113**/2); wenn Schlund ungeteilt, dann Parasiten von Fischen od. in den Augen- od. Nasenhöh-

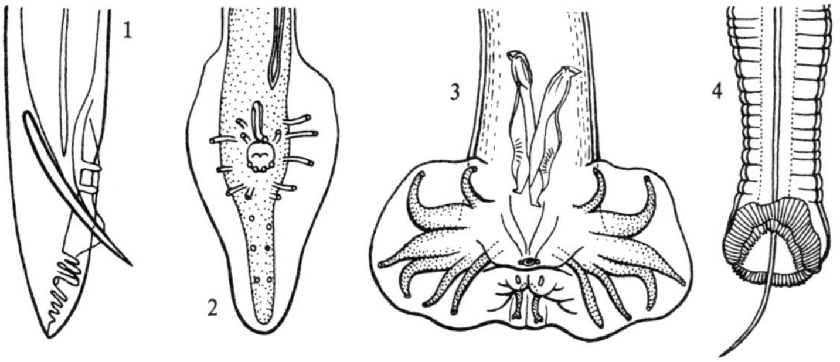

Abb. **115A/1–4** HE von *Nematoda* ♂♂; **1** *Rhabditida*; **2** *Spirurida*; **3** *Strongylida*; **4** *Dioctophymida*

len von Vögeln od. in den Bindehautsäcken der Augen od. in der Leber von Säugetieren. VE mit 2 od. 4 Lippen (Abb. **115**/1–2), od. mit 2 muschelschalenähnlichen, eine große Mundhöhle umschließenden Klappen (Abb. **114**/5), od. ohne Lippen u. dann in der Leibeshöhle, im Bindegewebe u. im Gewebe inneren Organe (außer Lunge) od. im Blutgefäßsystem. *Spirurida* S. 127

23* Schlund entweder ungeteilt u. höchstens allmählich nach hinten zu erweitert (Abb. **113**/1), od. am HE zwiebel- bis birnenförmig u. z. T. noch etwa in der M verdickt (Abb. **113**/3), od. in einen langen vorderen u. einen kugeligen bis kurz zylindrischen hinteren Abschnitt geteilt, der in einen zungenförmigen Fortsatz auslaufen kann. VE mit 3 od. 6 Lippen (Abb. **115**/3–4), od. ohne Lippen u. dann im Verdauungskanal od. in den Luftwegen u. der Lunge; wenn eine große Mundhöhle od. -kapsel vorhanden ist, dann diese nicht von 2 Klappen, sondern von einheitlicher Wand begrenzt **24**

24 HE des ♂ mit einer aus 2 od. 3 häutigen, von Gewebestrahlen gestützten Lappen bestehender Kopulationstasche (Abb. **115 A**/3); wenn diese unscheinbar, dann in den Luftwegen od. der Lunge von Warmblütern. Beim ♀ zwischen Uterus bzw. den 2 Uteri u. der Vagina ein meist zweiteiliges muskulöses Eiausstoßorgan (Ovejektor) vorhanden (Abb. **117**/3). *Strongylida* S. 124

24* HE des ♂ ohne häutige Kopulationstasche, höchstens mit seitlichen flügelartigen Hautverbreiterungen (Abb. **115 A**/1). ♀ ohne muskulösen Ovejektor . . **25**

25 Schlund wenigstens $\frac{1}{6}$ der KörperLg einnehmend, zylindrisch u. ungeteilt, wenn kürzer, dann in (selten auch an) den Lungen von Lurchen od. Schlangen. *Rhabditida* S. 120

25* Schlund entweder zylindrisch, ungeteilt u. kürzer als $\frac{1}{7}$ KörperLg, od. mit einem abgesetzten kugeligen bis kurz zylindrischen hinteren Abschnitt, der in einen zungenförmigen Anhang auslaufen kann (Abb. **113**/4–5), od. am HE zwiebel- bis birnenförmig, manchmal noch in der M deutlich verdickt (Abb. **113**/3). *Ascaridida* S. 121

Ordnung *Tylenchida*

Höchstens 5 mm lg. Mundhöhle mit nadelförmigem, hinten meist knopfartig verdicktem ausstoßbarem Stachel. Schlund am HE ellipsoidal bis zwiebelförmig u. z. T. auch od. nur etwa in der M deutlich erweitert. Frei lebend im Erdreich, bes. in Pflanzennähe u. an Pilzhyphen, in Moosen, Flechten, Faulstoffen, Mulm od. Baumfluß, od. parasitisch an u. in Pflanzen od. in der Leibeshöhle von Insekten.

An od. in Pflanzenwurzeln

a) Zysten bildend

Gattung *Heterodera* SCHMIDT (neuerdings in knapp 10 Gattungen aufgeteilt) Mehrere Arten, deren reife ♀♀ als zunächst weiße, später oft braune, etwa 0,4–0,8 mm lg, meist zitronen- od. birnenförmige Zysten an Wurzeln sitzen (Abb. **117**/2). Die zystenförmigen ♀♀ enthalten viele Eier, aus denen II. Larven schlüpfen u. die Zyste verlassen. Larven dringen in Streckungszone von Wurzeln ein, entw sich hier bis zur Geschlechtsreife. ♂♂ verlassen die Wurzeln; ♀♀ schwellen an, brechen dabei nach außen durch, werden von den ♂♂ begattet u. beginnen mit Bildung zahlreicher Eier. Nach E der Eiproduktion sterben ♀♀ ab; ihre Haut bildet schützende Zystenhülle. Ältere Zysten fallen oft von den Wurzeln ab, in ihnen liegende Eier bleiben z.T. mehrere J entwicklungsfähig; dadurch langdauernde Verseuchung des Bodens. Hierzu gehören z.B.:

Heterodera schachtii SCHMIDT – **Rübenzystenälchen**
♂ 1,2–1,6 mm lg; reifes ♀ etwa 0,6–0,8 mm lg u. 0,4–0,5 mm br, zitronenförmig (Abb. **117**/2). Befällt vorwiegend Zucker- u. Futterrüben, Rote Rüben, Spinat u. andere Gänsefußgewächse, auch viele Kreuzblütler, wie Kohlrüben, Kohl, Radieschen, Senf. Verursacht sog. Rübenmüdigkeit: Ab VI–VII Wachstumshemmung, Blätter bleiben klein, hängen schlapp, vergilben vorzeitig; starke Seitenwurzelbildung = Wurzelbart; Rüben verkümmern. Bildet jährlich 2 Generationen, deshalb erscheinen Zysten bes. VII u. IX–X.

Heterodera rostochiensis WOLLENWEBER – **Kartoffelzystenälchen**
♂ 0,9–1,2 mm lg; ♀ 0,5–0,8 mm lg, kugelig. Befällt nur Kartoffeln, Tomaten u. andere Nachtschattengewächse. Verursacht sog. Kartoffelmüdigkeit: Wachstumshemmung, Stengel verkümmern, Blätter bleiben klein, vergilben, sterben häufig ab; Wurzeln sind struppig verzweigt, später oft zurückgebildet; Knollen bleiben klein. Zystenbildung ab M VI.

Heterodera avenae WOLLENWEBER – **Getreidezystenälchen**
♂ 1,2–1,4 mm lg; ♀ 0,5–0,8 mm lg u. 0,4–0,5 mm br, zitronenförmig. Befällt nur Gräser, von den Getreidearten bes. Hafer, Sommergerste u. Weizen. Befall äußert sich in Wachstumsverzögerung od. verspäteter Reife nur weniger od. kleiner Ähren, verfärbten, später vergilbenden Blattspitzen u. verkümmerten, struppigen Wurzeln. Zystenbildung M VI.

Heterodera göttingiana LIEBSCHER – **Erbsenzystenälchen**
♂ etwa 1,2 mm lg; ♀ 0,6–0,8 mm lg, rundlich zitronenförmig. Befällt nur Schmetterlingsblütler, bes. Erbsen, Linsen, Wicken u. Lupinen. Verursacht Wachstumshemmung, geringe Verzweigung, Vergilben der Blätter, vorzeitiges od. schlechtes Blühen, Erweichen der Wurzeln u. Fehlen von Bakterienknöllchen an diesen. Zystenbildung ab VI.

1
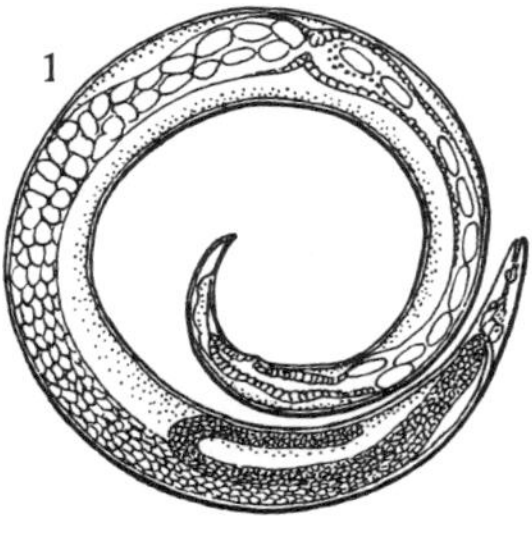
2
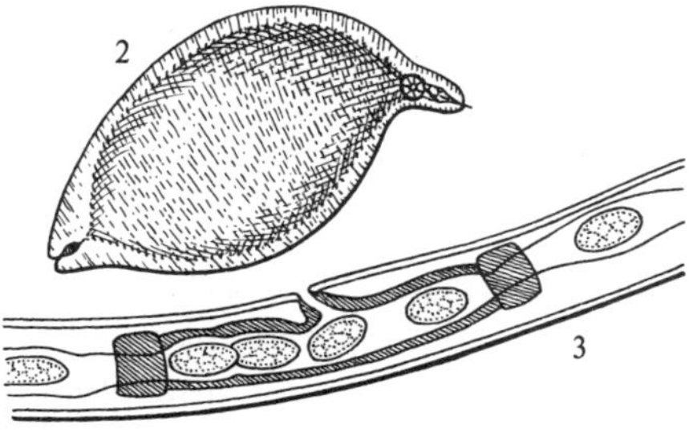
3

Abb. **117/1–3** **1** *Anguina tritici*, ♀; **2** *Heterodera schachtii*, ♀; **3** *Strongylida*, Ovejektor eines ♀ mit 2 Uteri

b) Gallen erzeugend

Ditylenchus radicicola (GREEF) – **Graswurzelälchen**
♂ 1,2–2 mm, ♀ 1,2–3 mm lg. Befällt nur Gräser, von den Getreidearten bes. Gerste, Roggen u. Weizen. I. Larven dringen in Wurzeln ein, werden hier geschlechtsreif, erzeugen Bildung bis 6 mm lg, hakenförmig gekrümmter Gallen, die viele Würmer enthalten. Aus in die Galle abgelegten Eiern schlüpfende I. Larven verlassen diese, suchen neue Wurzeln auf. Befallene Pflanzen bleiben klein, Blätter vergilben, Ähren sind kurz u. enthalten nur wenige Körner.

Meloidogyne hapla CHITWOOD – **Wurzelgallenälchen**
♂ 1–1,4 mm lg; ♀ 0,5–1 mm lg, birnenförmig. Lebt in den Wurzeln von zahlreichen Pflanzen, im Gebiet bes. von Kartoffel, Klee, Luzerne, Kohl, Petersilie, Lein, Lupine, Erdbeere, Salat, Sellerie, Tomate, Rüben u. Möhren. II. Larven dringen in Wurzelspitze ein, regen während ihrer Weiterentwicklung die Bildung bis erbsengroßer Gallen an, von denen Seitenwurzeln ausgehen. ♀♀ erzeugen in der Galle bis über 500 Eier, aus denen bereits die II. Larven schlüpfen. Verursacht Wachstumshemmung, Welken der Blätter u. Mißbildungen an Rüben u. Knollen – Ähnliche Arten an Gräsern u. Getreide od. an Gewächshauspflanzen.

c) An Wurzeln saugend od. in ihnen wandernd

Xiphinema diversicaudatum (MICOLETZKY)
Bis 4,5 mm lg. Lebt außen an den Wurzeln, sticht mit einem lg Mundstachel Zellen an u. saugt sie aus. Bes. an Rosen, Erdbeeren, Himbeeren, Weinreben, auch an Tomaten, Gurken u. Obstgehölzen. Durch Zerstörung der Wurzeln wird Wachstum der Pflanzen gehemmt. Überträgt Viruskrankheiten. – Ähnliche Arten an Rüben, Möhren, Kohl, Kartoffeln, Luzerne u. Getreide.

Pratylenchus penetrans (COBB)
♂ 0,45–0,55 mm, ♀ 0,45–0,65 mm lg. Befällt bes. Rosengewächse (z. B. Apfel, Birne, Pflaume, Kirsche, Rosen, Erdbeere) u. Hülsenfrüchtler (z. B. Klee, Luzerne, Ackerbohne), auch Tulpen, Zwiebeln, Kartoffeln, Tomaten u. einige Getreidearten. Larven u. erwachsene Würmer dringen in Wurzeln ein, wandern in der Wurzelrinde in Längsrichtung, ernähren sich durch Aussaugen von Zellinhalt. Eiablage in die Wurzeln. Würmer wandern aus absterbenden Wurzeln in Erde aus, befallen frische Wurzeln od. überwintern. Verursacht Wachstumshemmung, Vergilben der Blätter, dunkle Verfärbung u. Absterben der Wurzeln. – Andere *Pratylenchus*-Arten z. B. in den Wurzeln von Gräsern u. Getreide, Erbsen, Klee, Möhren, Beerensträuchern u. Zierpflanzen.

An od. in oberirdischen Pflanzenteilen

a) Blütengallen an Gräsern erzeugend

Anguina tritici (STEINBUCH) – **Weizenälchen** (Abb. 117/1)
♂ 1,9–2,5 mm, ♀ 3–5 mm lg. Befällt nur Weizen, Dinkel u. selten Roggen. Erreger der sog. Gicht od. Radekrankheit des Weizens: Kräuselung, korkenzieherartige Verdrehung u. Einrollung der Blätter, Ähren sind klein, enthal-

ten an Stelle der Körner grüne bis schwarze Gallen (Radekörner). In jeder Galle liegen viele ♂♂ u. spiralig aufgerollte ♀♀ sowie mehrere tausend Larven, die aus abgelegten Eiern geschlüpft sind u. nach Häutung auf einem Ruhestadium verharren, in dem sie bis zu 30 J lg lebensfähig bleiben. Larven verlassen in feuchtem Boden abgefallene, erweichte Gallen, wandern in die Blütenanlagen junger Pflanzen ein, erzeugen Gallen, werden in diesen geschlechtsreif. Infolge vorbeugender Bekämpfungsmaßnahmen bei uns selten. – Ähnliche Art, *Anguina agrostis* (STEINBUCH), erzeugt in den Ähren von Futter- u. Unkrautgräsern flaschenförmige purpurrote Gallen.

b) Blattgallen erzeugend

Anguina graminophila (GOODEY)
♂ 1,4–2 mm, ♀ 1,6–2,5 mm lg. Verursacht an den Blättern von Gräsern (*Agrostis*, selten Hafer) die Bildung harter, grüngelber bis purpurroter od. dunkelvioletter Gallen. IV. Larven verlassen abgefallene verfaulende Gallen, wandern in junge Blätter ein, regen Gallbildung an. In der Galle erfolgen Geschlechtsreife, Eiablage, Schlüpfen der Larven u. deren Entw zum IV. Stadium.

c) Im Stengel- u. Blattgewebe lebend

Ditylenchus dipsaci (KÜHN) – **Roggenälchen, Stockälchen**
♂ 0,9–1,3 mm, ♀ 1–1,6 mm lg. Befällt (vermutlich in mehreren Rassen) Pflanzen aller Familien. Bes. bei Getreide Erreger der sog. Stockkrankheit: Übermäßige Bestockung der Pflanzen, aber geringe Schösserbildung, dabei Stengel u. Blätter gekrümmt od. verdreht; oft verwelken die Pflanzen. IV. Larven dringen in Spaltöffnungen od. Verletzungen der Pflanze ein, leben in den Zellzwischenräumen von Stengeln u. Blättern; hier Geschlechtsreife, Eiablage, Larve I bis IV, mehrere Generationen hintereinander. IV. Larven wandern ständig in Erde ab, suchen neue Pflanzen auf, können außerhalb der Pflanzen bis über 20 J lebensfähig bleiben.

Aphelenchoides ritzemabosi (SCHWARTZ) – **Chrysanthemenblattälchen**
♂ 0,7–1 mm lg, mit stark gebogenem Schwanzende; ♀ 0,8–1,2 mm lg. Lebt in den Blättern, auch Blütenblättern, von Chrysanthemen, Astern u. anderen Zierpflanzen sowie Nutzpflanzen (Tabak, Tomate, Beerensträucher u. a.). Dringt in die Zellzwischenräume des Blattgewebes ein, sticht Zellen an u. saugt sie aus. Zahlreiche Generationen während einer Vegetationsperiode. Verursacht gelbgrüne, später braun werdende Verfärbung von den Blattadern umgrenzter Blatteile, die z. T. herausfallen; Blätter sterben ab. In trockenen Blättern 2 J lebensfähig.

Aphelenchoides fragariae (RITZEMA BOS) – **Erdbeerblattälchen**
♂ 0,4–0,65 mm lg, mit leicht gekrümmtem Schwanzende; ♀ 0,5–0,8 mm lg. Lebt ähnlich wie vor. Art in den Blattachseln, Knospen u. Blütenköpfchen von Erdbeeren sowie vieler Zierpflanzen u. Unkräuter. Befall äußert sich in Verkürzung, Verdickung u. Verästelung der Blütenstengel, blasigen Auftreibungen auf den klein bleibenden Blättern, Mißbildungen der Blüten u. Früchte.

In der Leibeshöhle von Insekten
Rüsselkäfer:

Allantonema mirabile (LEUCKART)
Nur die 1,3–1,7 mm lg ♀♀ leben in der Leibeshöhle bes. von Kiefernrüsslern *(Hylobius)*, gebären Larven; diese wandern in Darm des Käfers ein, werden mit dem Kot abgesetzt, entw sich zu ♂♂ u. jungen ♀♀; letztere dringen nach Begattung in Käferlarven ein, gehen bei der Metamorphose in den Käfer über, werden hier bohnenförmig.

Hummeln:

Sphaerularia bombi (DUFOUR) – **Hummelälchen**
Lebt in der Erde; nach Begattung dringt ♀ in eine Hummel ein, in deren Leibeshöhle stülpt sich aus seinem bis 1,2 mm lg Körper der Uterus aus, der bis 15 mm Lg heranwächst u. Larven enthält; Larven wandern aus Uterus aus, verlassen die Hummel, wachsen im Freien zu geschlechtsreifen ♂♂ u. ♀♀ heran.

Ordnung *Rhabditida*

0,5–2,5 mm lg. Mundhöhle manchmal mit 1 od. mehreren Zähnen. Schlund am HE zwiebelförmig verdickt u. z.T. noch in der M erweitert; bei Parasiten zylindrisch od. schwach keulenförmig. Frei im Erdreich, in verrottenden Pflanzen, Mulm, Schleimfluß der Bäume, Dung, faulenden u. gärenden Stoffen, die Larven manchmal in Regenwürmern, Schnecken od. Insekten lebend, od. parasitisch (z. T. bis 18 mm lg) in Wirbeltieren (weibchengestaltige eingeschlechtige Individuen von Arten mit Generationswechsel, deren zweigeschlechtige Generation frei lebt).

Zwischen verrottenden Pflanzen:

Rhabditophanes schneideri (BÜTSCHLI)
0,7–0,9 mm lg. VE mit 4 großen Lippen. Schlund in der 1. Hälfte u. hinten verdickt. Häufig an faulenden Pilzen.

In gärenden Stoffen:

Turbatrix aceti (MÜLLER) – **Essigälchen**
♂ 1,2–1,6 mm, ♀ 1,4–2,3 mm lg. Mundhöhle mit 1 schmalen Zahn. Schlund in den vorderen 2 Dritteln u. hinten verdickt. Häufig in der Kahmhaut von Essig u. in saurem Kleister.

In Regenwürmern:

Rhabditis pellio (SCHNEIDER)
♂ 0,8–1 mm, ♀ 0,9–1,5 mm lg. Lebt als Dauerlarve in der Leibeshöhle der Regenwürmer, wird erst im abgestorbenen Wurm geschlechtsreif, erzeugt in den verwesenden Resten mehrere Generationen, bis wieder Dauerlarven in Regenwürmer eindringen.

In Lurchen:

Rhabdias bufonis (SCHRANK)
Bis 14 mm lg weibchengestaltige Zwitter in den Lungen von Fröschen u. Kröten. Eier gelangen über Luftröhre u. Schlund in den Darm; hier schlüpfende Larven werden mit Kot abgesetzt. In feuchter Erde Ausbildung einer getrenntgeschlechtigen Generation, deren Larven durch die Haut od. mit Nahrung in neue Wirte eindringen u. zur zwittrigen Generation heranwachsen.

In Säugetieren:

Gattung *Strongyloides* GRASSI
Mehrere Arten im Dünndarm bes. von Raubtieren, Huftieren, Nagetieren, Insektenfressern, auch des Menschen. Parasitisch nur 2–9 mm lg ♀♀; legen durch Jungfernzeugung embryonierte Eier ab. Diese od. im Wirtsdarm geschlüpfte Larven gelangen ins Freie, dort entw sich 1 od. mehrere getrenntgeschlechtige Generationen, deren ansteckungstüchtige Larven zur Bildung der parasitischen Generation durch die Haut in geeignete Wirte einwandern. Hierher z. B.:

Strongyloides papillosus (WEDL), bis 6 mm lg, in Wiederkäuern.

Strongyloides ratti SANDGROUND, bis 3,5 mm lg, in Mäusen u. Ratten.

Ordnung *Ascaridida*

1 mm bis über 30 cm lg, spindel- od. kurz fadenförmig. Parasiten im Verdauungskanal von Wirbeltieren od. Gliederfüßern, bes. Insekten.

1 Schlund in langen zylindrischen vorderen u. kugeligen od. kurz zylindrischen hinteren Abschnitt geteilt, der keinen Klappenapparat enthält (Abb. **113**/4) u. einen zungenförmigen Anhang haben kann (Abb. **113**/5), od. Schlund ungeteilt, annähernd zylindrisch u. dann in Säugetieren. VE mit 3 meist großen Lippen (Abb. **114**/2). HE des ♂ ohne seitliche Flügel. Schwanz des ♀ meist kurz, konisch zugespitzt od. abgerundet. *Ascaridoidea* S. 121

1* HE des Schlundes birnen- od. zwiebelförmig erweitert u. einen dreiteiligen sklerotisierten Klappenapparat enthaltend (Abb. **113**/3), od. Schlund ohne hintere Erweiterung u. dann in Vögeln. VE mit 3 od. 6 meist kleinen Lippen od. ohne Lippen. HE des ♂ oft mit seitlichen Flügeln. Schwanz des ♀ meist lg, pfriemförmig. *Oxyuroidea* S. 122

Überfamilie *Ascaridoidea* – **Spulwürmer**

15–400 mm lg. Im Magen od. Dünndarm von Meeres- u. Landsäugetieren, Vögeln, Reptilien u. Fischen.

In Fischen:

Raphidascaris acus (BLOCH)
♂ 15–45 mm, ♀ 20–80 mm lg. VKörper mit 1 Paar seitlichen Hautflügeln. Schlund geteilt, der rundliche hintere Abschnitt mit zungenförmigem Fortsatz.

Im Magen u. Darm bes. von Raubfischen des Süßwassers, z. B. Hecht, Barsch, Forellen.

Heterotyphlum gadi (O. F. MÜLLER)
♂ bis 50 mm, ♀ bis 85 mm lg. Schlund ähnlich vor. Art, außerdem ein vom Darm aus neben dem Schlund nach vorn ziehender fingerförmiger Blindsack. Bes. in Dorschartigen, auch in Lachsen. – Ähnliche Arten z.B. in Heringsartigen u. Plattfischen.

In Vögeln:

Porrocaecum ensicaudatum (ZEDER)
♂ bis 45 mm, ♀ bis 70 mm lg. Schlund geteilt, mit kugeligem hinterem Abschnitt; vom Darm aus zieht ein fingerförmiger Blindsack nach vorn. Im Dünndarm von Drosseln u. Staren. – Ähnliche Arten z.B. in Entenvögeln, Watvögeln, Raben, Eulen u. Greifvögeln.

Contracaecum rudolphii HARTWICH
♂ bis 40 mm, ♀ bis 85 mm lg. Schlund ähnlich vor. Art, sein hinterer Abschnitt zungenförmig verlängert; Darm mit Blindsack. Im Magen u. Darm von Kormoranen u. fischfressenden Entenvögeln. – Ähnliche Arten in Reihern, Möwen, Watvögeln u. Tauchern.

In Säugetieren:

Ascaris lumbricoides L.
♂ bis 250 mm, ♀ bis 350 mm lg. Schlund ungeteilt. Im Dünndarm von Mensch u. Schweinen. Nach Aufnahme ansteckungstüchtiger Eier mit Nahrungsmitteln erfolgt Wanderung der im Wirtsdarm geschlüpften Larven über Blutgefäße, Lunge, Luftröhre u. Schlund, dann erst Ansiedlung u. Geschlechtsreife im Darm.

Parascaris equorum (GOEZE)
♂ bis 280 mm, ♀ bis 400 mm lg. Schlund ungeteilt. Im Dünndarm von Pferd, Esel u. Maultier.

Toxascaris leonina (V. LINSTOW)
♂ bis 70 mm, ♀ bis 120 mm lg. VE mit 1 Paar lanzettförmigen Hautflügeln. Schlund ungeteilt. Im Dünndarm von Hund, Fuchs, Katze, selten Mensch.

Toxocara canis (WERNER)
♂ bis 125 mm, ♀ bis 190 mm lg. VE mit 1 Paar breiten seitlichen Hautflügeln, dadurch pfeilspitzenartig erscheinend. Schlund mit kugeligem hinterem Abschnitt. Im Dünndarm von Hund, Fuchs, Wolf. – Etwas kleinere Art, *Toxocara cati* (SCHRANK), in Katze u. Luchs.

Überfamilie *Oxyuroidea* – **Pfriemenschwänze**

1–120 mm lg. Im Darm, bes. Dickdarm von Wirbeltieren (bei Fischen sehr selten) od. Gliederfüßern, bes. Insekten.

In Insekten:

Leidynema appendiculatum (LEIDY)
♂ bis 0,9 mm, ♀ bis 3,2 mm lg. Schwanz des ♀ scharf zugespitzt. Häufig im Darm von Schaben.

In Lurchen:

Cosmocerca ornata (DUJARDIN)
♂ 1–3,5 mm lg, ♀ 4–9 mm lg. VE mit 1 Paar schmalen seitlichen Hautflügeln. Schlund hinten birnenförmig erweitert. ♂ mit 5 Paar rosettenförmigen Haftwarzen vor der Kloakenöffnung. Im Dick- und Enddarm von allen Froschlurchen.

In Vögeln:

Ascaridia galli (SCHRANK)
♂ bis 75 mm, ♀ bis 120 mm lg. Schlund ohne hintere Erweiterung. ♂ mit Saugnapf vor der Kloakenöffnung. Im Dünndarm von Hühnervögeln. – Ähnliche Art, *Ascaridia columbae* (GMELIN), ♂ bis 50 mm, ♀ bis 70 mm lg, in Tauben.

Heterakis gallinarum (SCHRANK)
♂ 5–10 mm, ♀ bis 13 mm lg. Schlund hinten zwiebelförmig erweitert. ♂ mit Saugnapf vor der Kloakenöffnung. In den Blinddärmen u. im Dickdarm von Hühnervögeln. – Etwas größere Art, *Heterakis dispar* (SCHRANK), in Entenvögeln.

In Säugetieren:

Oxyuris equi (SCHRANK)
♂ 6–20 mm lg, mit abgestutztem HE; ♀ 25–180 mm lg, sein Schwanz ebenso lg od. bis 4mal länger als der Rumpf. Im Blind- u. Dickdarm von Pferd, Esel u. Maultier.

Enterobius vermicularis (L.) – **Madenwurm**
♂ 2–6 mm lg, mit stark eingerolltem HE; ♀ 8–13 mm lg, sein Schwanz nimmt bis ⅓ der KörperLg ein. VE blasenartig aufgetrieben. Im Dick- u. Blinddarm des Menschen. Die asymmetrischen Eier werden vom ♀, das hierzu aus dem After auskriecht, in der Analgegend abgelegt. Infektion erfolgt durch Aufnahme der Eier mit Nahrungsmitteln od. Einatmen von eihaltigem Staub.

Skrjabinema ovis (SKRJABIN)
♂ 2–3,7 mm, ♀ 3,2–10,5 mm lg. VE blasig aufgetrieben, dahinter schmale seitliche Hautflügel den ganzen Körper entlang. Im Dick- u. Blinddarm von kleinen Wiederkäuern, bes. Schaf, Ziege, Reh.

Passalurus ambiguus (RUDOLPHI)
♂ 3–5,5 mm, ♀ 7–11,5 mm lg. VE in Schlundregion mit seitlichen Hautflügeln. Schwanz von ♂ u. ♀ mit abgesetztem nadelförmigem Fortsatz. Im Dick- u. Blinddarm von Hasen u. Kaninchen.

Aspiculuris tetraptera (NITZSCH)
♂ 1,9–3,9 mm, ♀ 2–5,3 mm lg. VE mit seitlichen Hautflügeln, die hinten quer abgestutzt sind. Im Dick- u. Blinddarm von mäuseartigen Nagetieren.

Syphacia obvelata (RUDOLPHI)
♂ 0,9–1,6 mm, ♀ 2,5–8 mm lg. VE schwach blasig aufgetrieben. ♂ zwischen Körpermitte u. Kloakenöffnung bauchseits mit 3 polsterförmigen Erhebungen. Im Blind- u. Dickdarm von Langschwanzmäusen u. Wühlmäusen.

Ordnung *Strongylida*

5 bis über 100 mm lg, länglich spindel- bis fadenförmig. Parasiten im Verdauungskanal von Wirbeltieren od. in anderen Organen von Säugetieren u. Vögeln.

1 In Fischen. ♂ ohne häutige Kopulationstasche. *Cucullanoidea* S. 124
1* In anderen Wirbeltieren. ♂ mit Kopulationstasche 2
2 Dickwandige Mundkapsel vorhanden (Abb. **114**/3); wenn in Vögeln, dann nicht im Verdauungskanal 3
2* Ohne Mundkapsel od. nur kleine, dünnwandige Mundhöhle vorhanden . . . 4
3 Mundöffnung (meist) endständig am VE, von lanzettlichen Blättchen od. feinen Zähnen umgeben (Abb. **114**/3), od. ohne diese Bildungen u. dann Mundkapsel schüsselförmig u. in der Luftröhre von Vögeln. *Strongyloidea* S. 125
3* Mundöffnung (meist) leicht rückenseits verlagert, nicht von Blättchen od. feinen Zähnen umgeben. VRand der Mundkapsel bauchseits mit 3 Paar Hakenzähnen od. 1 Paar Schneidplatten od. ohne Zähne bzw. Schneidplatten u. dann Mundkapsel eiförmig. *Ancylostomatoidea* S. 125
4 (2) Im Magen od. Dünndarm. Kopulationstasche des ♂ gut ausgebildet (Abb. **115 A**/3). Haut oft mit dachförmigen Längsleisten. *Trichostrongyloidea* S. 125
4* In anderen inneren Organen von Säugetieren (bes. Atemwege mit Nasen- u. Stirnhöhlen, Gehörgang u. Blutgefäßsystem). Kopulationstasche des ♂ ± stark reduziert. Haut ohne Längsleisten 5
5 In der Luftröhre u. den Bronchien von Wiederkäuern u. Pferden. Geschlechtsöffnung des ♀ etwa in der Körpermitte (♂♂ von denen der folgenden Überfamilie nur schwer zu unterscheiden). *Trichostrongyloidea* S. 125
5* In anderen Säugetieren; wenn in den Luftwegen von Wiederkäuern, dann Geschlechtsöffnung des ♀ nahe dem Anus. *Metastrongyloidea* S. 126

Überfamilie *Cucullanoidea*

2–25 mm lg, gestreckt spindelförmig. Einheimische Arten im Darm nur von Fischen.

Cucullanus truttae FABRICIUS
♂ 6,5–13 mm, ♀ 12–18,5 mm lg. Mundöffnung länglich oval, führt in trichterförmige Mundhöhle.

Überfamilie *Strongyloidea*

4 bis etwa 50 mm lg, länglich spindel- od. walzenförmig. Im Dünn- od. Enddarm von Säugetieren od. in der Luftröhre, gelegentlich auch in den Nasennebenhöhlen von Vögeln.

In Vögeln:

Syngamus trachea (MONTAGU) – **Roter Luftröhrenwurm**
Wurm erscheint Y-förmig, da ♂ (bis 8 mm lg) in Dauerkopula schräg am ♀ (bis 35 mm lg) sitzt, ♀ oft blutrot. Mundkapsel flach schüsselförmig. In der Luftröhre von landlebenden Vögeln, bes. Hühner- u. Sperlingsvögeln. – Ähnliche Arten bei Wassergeflügel.

In Säugetieren:

Strongylus vulgaris (LOOSS)
♂ 9–19 mm, ♀ 13–25 mm lg, rötlichbraun. Mundöffnung mit Blätterkranz; Mundkapsel groß, eiförmig, am Grunde mit 2 abgerundeten Zähnen (Abb. **114**/3). Wie mehrere ähnliche, bis 50 mm lg Arten (sog. Große Palisadenwürmer) im Dick- u. Blinddarm von Pferd, Esel, Maultier.

Gattung *Oesophagostomum* MOLIN
Mehrere bis 24 mm lg weißliche Arten mit Blätterkranz um die Mundöffnung u. kurz zylindrischer Mundkapsel im Dickdarm von Wiederkäuern u. Schweinen. – Ähnliche Arten aus anderen Gattungen bei Pferden.

Chabertia ovina (FABRICIUS)
♂ 10–21 mm, ♀ 12–26 mm lg. Rand der Mundöffnung mit feinen Zähnen; Mundkapsel groß, eiförmig. Im Dick- u. Blinddarm von Wiederkäuern, bes. kleinen Horntieren.

Überfamilie *Ancylostomatoidea* – **Hakenwürmer**

Bis über 25 mm lg, gestreckt spindelförmig. Im Dünndarm von Säugetieren.

Ancylostoma caninum (ERCOLANI)
♂ 5–14 mm, ♀ 10–21 mm lg. VRand der Mundkapsel mit 3 Paar Hakenzähnen. Im Dünndarm von Hund u. Fuchs. – Ähnliche Art, *Ancylostoma tubaeforme* ZEDER, bis 15 mm lg, in der Katze.

Bunostomum trigonocephalum (RUDOLPHI)
♂ 11–20 mm, ♀ 10–29 mm lg. VRand der Mundkapsel mit 1 Paar kräftigen Schneidplatten. Im Dünndarm von Wiederkäuern. – Ähnliche Art, *Uncinaria stenocephala* (RAILLIET), bis 14 mm lg, in Raubtieren.

Überfamilie *Trichostrongyloidea*

Im Mittel 5–20 mm, selten bis über 100 mm lg, länglich spindel- bis fadenförmig. Im Magen u. Darm von Wirbeltieren (außer Fischen).

In Lurchen:

Oswaldocruzia filiformis (GOEZE)
♂ 7–8 mm, ♀ 13–20 mm lg. Im Darm von Fröschen, Kröten, seltener auch von Molchen u. Salamandern.

In Vögeln:

Trichostrongylus tenuis (MEHLIS)
♂ 5–9 mm, ♀ 7–11 mm lg. Mundhöhle unscheinbar. Im Dünn- u. Dickdarm von Hühner- u. Entenvögeln.

In Säugetieren:

Haemonchus contortus (RUDOLPHI)
♂ 10–21 mm, ♀ 18–30 mm lg. Spiralig um den Darm gewundene Schlauchgonaden schimmern grau durch die Körperwand. Kopulationstasche des ♂ mit auffällig großen seitlichen Lappen. Beim ♀ Geschlechtsöffnung von langer Hautfalte überdeckt. Im Labmagen von Wiederkäuern. – Zahlreiche ähnliche, meist kleinere Arten aus anderen Gattungen im Magen-Darmkanal von Wiederkäuern od. Schweinen. Z. B. *Hyostrongylus rubidus* (HASSALL u. STILES), bis 10 mm lg, rötlich, im Magen von Schweinen.

Graphidium strigosum (DUJARDIN)
♂ 8–16 mm, ♀ 11–20 mm lg, fleischrot. Im Magen u. Dünndarm von Hasen u. Kaninchen.

Heligmosomum costellatum (DUJARDIN)
♂ 10–16 mm, ♀ 17–22 mm lg, oft korkenzieherartig gewunden; Haut mit vielen schräg verlaufenden Leisten. Im Dünndarm von mäuseartigen Nagetieren, bes. Wühlmäusen.

Dictyocaulus filaria (RUDOLPHI)
♂ 30–80 mm, ♀ bis 110 mm lg, fadenförmig. Vulva nahe Körpermitte. In Luftröhre u. Bronchien von Schaf, Ziege u. anderen Wiederkäuern. – Ähnliche Arten in großen Horntieren, bes. Rind, u. Pferden.

Überfamilie *Metastrongyloidea*

3 bis über 200 mm lg, meist fadenförmig. In den Luftwegen einschließlich Nasen- u. Stirnhöhlen, im Gehörgang u. im Blutgefäßsystem von Land- u. Meeressäugetieren.

Metastrongylus apri (EBEL)
♂ 11–25 mm, ♀ 28–58 mm lg. VE jederseits der Mundöffnung mit 3 Lippen, die zu 1 Paar dreilappigen Vorsprüngen verschmolzen sind. Wie einige ähnliche Arten in den unteren Luftwegen, bes. kleinen Bronchien von Schweinen.

Crenosoma vulpis (DUJARDIN)
♂ 3,5–5 mm, ♀ 12–15 mm lg. Haut am VKörper zu breiten, derb längsgestreiften Ringen verdickt. In den Bronchien von Hund u. Fuchs.

Protostrongylus pulmonalis (FRÖLICH)
♂ 16–46 mm, ♀ 28–80 mm lg. VE ohne Lippen. Haut glatt. In den kleinen Bronchien von Hasen u. Kaninchen. – Mehrere ähnliche Arten in den unteren Luftwegen von Wiederkäuern, z. B. *Protostrongylus rufescens* (LEUCKART), bis 65 mm lg, u. *Muellerius capillaris* (MÜLLER), bis 23 mm lg.

Angiostrongylus vasorum (BAILLET)
♂ 14–18 mm, ♀ bis 25 mm lg. Um von aufgenommenem Blut rot gefärbten, durchschimmernden Darm schlingen sich die grauweißen Gonadenschläuche. In der Lungenarterie u. im rechten Herzen von Hund u. Fuchs.

Pseudalius inflexus (RUDOLPHI)
♂ 120–160 mm, ♀ bis 210 mm lg. In den Bronchien u. im Blutgefäßsystem, auch Herz, von Delphinen, bes. des Braunfischs.

Ordnung *Spirurida*

Wenige mm bis über 1 m lg, gestreckt walzen- bis sehr lg fadenförmig. Im Verdauungskanal od. in anderen Organen u. Geweben von Wirbeltieren.

1 Wand der kugeligen od. tonnenförmigen Mundhöhle wird von 2 seitlichen Klappen mit Längsleisten gebildet; zwischen den Klappen je 1 nach hinten gerichteter Dreispitz (Abb. **114**/5). Im Darm von Fischen u. Wasserschildkröten. *Camallanoidea* S. 127

1* Wand der Mundhöhle (meist länglich zylindrisch od. trichterförmig) wird nicht von Klappen gebildet, od. Mundhöhle fehlt; seitliche Dreispitze selten vorhanden **2**

2 In der Leibeshöhle, den Gonaden od. im Bindegewebe bes. der Flossen von Fischen. *Dracunculoidea* S. 128

2* In Lurchen, Kriechtieren, Vögeln od. Säugetieren, od. in der Schwimmblase von Fischen **3**

3 VE mit 2 oft dreigelappten Lippen, zwischen denen noch 2 kleinere Lippen vorspringen können (Abb. **115**/1–2); wenn Lippen fehlen, dann eine kurze Mundkapsel vorhanden u. in den Augenhöhlen von Vögeln od. in den Bindehautsäkken der Augen von Wirbeltieren. Sonst im Verdauungskanal von Wirbeltieren (außer Fischen), in der Leber von Säugetieren od. in der Schwimmblase von Fischen. *Spiruroidea* S. 128

3* VE ohne Lippen, manchmal die Mundöffnung von 4 konischen Fortsätzen od. 1 Paar seitlichen epaulettenförmigen Verdickungen der Kutikula flankiert. In der Leibeshöhle, im Bindegewebe, an den Sehnen, in den Augen- u. Nasenhöhlen od. im Blutgefäßsystem von Lurchen, Vögeln u. großen Säugetieren (Raubtiere, Huftiere). *Filarioidea* S. 129

Überfamilie *Camallanoidea*

3–25 mm lg, schlank spindelförmig. Im Darm von Fischen u. 1 Art in der Sumpfschildkröte.

Camallanus lacustris (ZOEGA)
♂ 2,7–6 mm, ♀ 4–15 mm lg. Längsleisten der Mundklappen reichen bis zu deren HRand (Abb. **114**/5). Kutikulärer Dreispitz nur wenig über die Mundkapsel nach hinten reichend. Im Darm u. den Pylorusanhängen bes. von Barsch- u. Karpfenartigen, auch Schellfischen, Hecht, Flußaal u. anderen Süßwasser- u. selten Meeresfischen.

Überfamilie *Dracunculoidea*

2–120 mm lg, kurz fadenförmig. In der Leibeshöhle, den Gonaden od. im Bindegewebe von Fischen.

Philometra ovata (ZEDER)
♂ nur 1,7–3 mm, ♀ 30–120 mm lg. Erwachsene ♀♀ rot. Schlund ungeteilt, am VE kugelig erweitert. In der Leibeshöhle zahlreicher Süßwasserfische, bes. der Karpfenartigen.

Philometroides sanguinea (RUDOLPHI)
♂ nur 2,3–3,3 mm, ♀ 8–40 mm lg. Haut bes. an den Körperseiten mit vielen papillenartigen Warzen. Schlund ungeteilt, vorn keulenförmig erweitert. Erwachsene ♀♀ zwischen den Strahlen der Schwanzflosse, selten auch anderer Flossen von Karauschen.

Überfamilie *Spiruroidea*

Wenige mm bis 15 cm lg, spindel-, walzen- od. kurz fadenförmig. Geschlechtsöffnung des ♀ meist zwischen Körpermitte u. Anus. Im Verdauungskanal von Lurchen, Kriechtieren, Vögeln u. Säugetieren od. in den Augenhöhlen von Vögeln, in den Bindehautsäcken der Augen od. in der Leber von Säugetieren od. in der Schwimmblase von Fischen.

In Fischen:

Cystidicola farionis FISCHER
♂ 7–22 mm, ♀ 11–36 mm lg. VE mit 2 kleinen Lippen; Mundhöhle lg, schlank zylindrisch. Eier mit fadenförmigen Anhängen an den Polen. In der Schwimmblase von Knochenfischen, bes. Lachsen.

In Vögeln:

Echinuria uncinata (RUDOLPHI)
♂ 8–13 mm, ♀ 12–20 mm lg. VKörper mit 4 an den Lippen beginnenden gekräuselten Bandstreifen, von denen je 2 hinten verbunden sind; jede KörperS mit 2 Längsreihen von Stacheln. Im Drüsenmagen, auch im Schlund u. Muskelmagen von Entenvögeln, Sägern u. Schwänen. – Zahlreiche ähnliche Arten aus mehreren Gattungen in anderen Vögeln, z. B. *Dispharynx nasuta* (RUDOLPHI), bis 10 mm lg, mit 4 nicht verbundenen, aber zurückgebogenen Bandstreifen u. ohne Stachelreihen, in Hühnervögeln, gelegentlich auch in Tauben u. Sperlingsvögeln.

In Säugetieren:

Habronema microstoma (SCHNEIDER)
♂ 9–18 mm, ♀ 15–27 mm lg. VE mit 2 dreigelappten u. 2 kleineren einfachen Lippen. VKörper an einer S mit breitem Hautflügel. Im drüsigen Teil des Magens von Pferd, Esel, Maultier.

Spirocerca lupi (RUDOLPHI)
♂ 30–54 mm, ♀ 50–80 mm lg. VE an Stelle der Lippen mit 6 polsterartigen Vorsprüngen; Mundöffnung sechseckig. In Geschwülsten der Schlund- u. Magenwand von Hund, Fuchs, selten auch Katze.

Mastophorus muris (GMELIN)
♂ 12–25 mm, ♀ 15–47 mm lg. VE mit 2 tief dreigelappten, am Rande bezahnten Lippen. Im Magen von Hausmaus, Haus- u. Wanderratte u. anderen mäuseartigen Nagetieren.

Gongylonema neoplasticum (FIBIGER U. DITLEVSEN)
♂ 7–20 mm, ♀ 35–80 mm lg. VE mit 2 niedrigen dreigelappten Lippen; Haut des VKörpers mit plattenförmigen Verdickungen besetzt. In der Schleimhaut des Magens von Kaninchen u. mäuseartigen Nagetieren, mäanderförmig geschlängelt. – Ähnliche Arten in Schlund- u. Magenschleimhaut von anderen Säugetieren od. Hühnervögeln, z. B. *Gongylonema pulchrum* MOLIN, ♂ bis 62 mm, ♀ bis 145 mm lg, bei Wiederkäuern, Schweinen u. Pferden.

Überfamilie *Filarioidea*

Wenige mm bis etwa 70 cm lg, meist (bes. die wesentlich größeren ♀♀) gestreckt fadenförmig. Geschlechtsöffnung des ♀ nahe dem VE. Oft lebendgebärend. In der Leibeshöhle, im Bindegewebe, in den Sehnen, den Augen- u. Nasenhöhlen od. im Blutgefäßsystem von Wirbeltieren außer Fischen, bei Vögeln auch in den Luftsäcken.

In Lurchen:

Icosiella neglecta (DIESING)
♂ 7–14 mm, ♀ 19–45 mm lg. VE mit 4 dornartigen Zähnen. Schlund sehr lg (♂ über $\frac{1}{2}$, ♀ etwa $\frac{1}{3}$ KörperLg). Im Unterhautbindegewebe von Froschlurchen.

In Vögeln:

Diplotriaena tricuspis (FEDTSCHENKO)
♂ 19–54 mm, ♀ 70–190 mm lg. Seitlich am VE 1 Paar kutikuläre Dreispitze. In den Luftsäcken u. der Leibeshöhle von Sperlingsvögeln, bes. Rabenvögeln, Drosseln u. Staren.

In Säugetieren:

Setaria equina (ABILDGAARD)
♂ 48–80 mm, ♀ 70–190 mm lg. Seitlich neben der quadratischen Mundöffnung

2 schwach dreigelappte Erhebungen der Kutikula. In der Bauch- u. Brusthöhle von Pferden.

Onchocerca lienalis (STILES)
♂ 10–55 mm, ♀ bis über 300 mm lg. Haut des ♀ mit unregelmäßig verteilten Warzen. Im Nacken- u. Milz-Magenband sowie in den Sehnen u. im Bindegewebe der Knie- u. Fesselgelenke von Rind u. Rothirsch.

Dirofilaria immitis (LEIDY)
♂ 100–180 mm, ♀ 185–310 mm lg. In der rechten Herzkammer u. der Lungenarterie von Hund, Fuchs, Katze u. anderen Raubtieren.

Ordnung *Dioctophymida*

2 cm bis 1 m lg, walzenförmig, z.T. sehr lggestreckt. Parasiten im Verdauungskanal von Wasservögeln, Raubtieren u. Insektenfressern od. in den Nieren von Raubtieren, selten anderer Säugetiere.

In Vögeln:

Eustrongylides mergorum (RUDOLPHI)
♂ 18–35 mm, ♀ 25–44 mm lg. VE leicht verdickt, unbestachelt; mittlerer Körperabschnitt oft angeschwollen. In Knötchen an der Schleimhaut des Schlundes u. Drüsenmagens von Enten, Gänsen, Sägern, Watvögeln u. anderem Wassergeflügel. – Mehrere ähnliche Arten ebenfalls in Wasservögeln.

Hystrichis tricolor DUJARDIN
♂ 22–30 mm, ♀ 25–105 mm lg. VE merklich verdickt u. fein bestachelt; mittlerer Körperabschnitt bes. beim ♀ stark angeschwollen. In bis haselnußgroßen Geschwülsten an der Drüsenmagenwand von Enten u. seltener anderen Wasservögeln.

Ordnung *Trichosyringida*

Wenige mm bis über 20 cm lg, meist faden- od. haarförmig, manchmal HKörper verdickt. Frei (aber Jugendstadium in Gliederfüßern, bes. Insekten) od. parasitisch in Wirbeltieren lebend.

1 Der kapilläre Schlund außen mit 2 perlschnurartigen Längsreihen von Drüsenzellen besetzt (Abb. **113**/6). ♂ mit 2 kurz pfriemförmigen Spicula u. bauchseits vor dem HE liegender Geschlechtsöffnung. Eier linsenförmig, mit 2 quastenähnlichen Anhängen. Frei lebend. *Mermithoidea* S. 131

1* Kapillärer Schlund in 1 Längsreihe geldrollenartig angeordneter Drüsenzellen eingebettet (Abb. **113**/7). ♂ mit 1 meist langen, von einer ausstülpbaren, z.T. bedornten Scheide umgebenen Spiculum u. endständig am HE liegender Geschlechtsöffnung. Eier zitronenförmig, mit Pfropf an jedem Pol. Parasiten von Wirbeltieren. *Trichuroidea* S. 131

Überfamilie *Mermithoidea*

5 bis über 200 mm lg, fadenförmig; weiß, aber innere Organe u. Eier oft dunkelt durchschimmernd. Erwachsene u. I. Larven leben frei in der Erde od. im Süßwasser, die II. Larven in Insekten u. deren Larven, gelegentlich in anderen Gliederfüßern.

Mermis nigrescens DUJARDIN
♂ bis 50 mm, ♀ bis 200 mm lg. In Bodenhöhlen bis zu 60 cm Tiefe. Steigen an regnerischen Sommermorgen an die Erdoberfläche: Wurmregen; ♀♀ erklimmen Pflanzen zur Eiablage. Geschlüpfte Larven werden mit der Na z. B. von Heuschrecken aufgenommen, wandern in die Leibeshöhle ein, ernähren sich hier vom Fettkörper; nach 4–10 Wo verlassen sie das Insekt, wandern in den Boden ein, wo sie überwintern u. geschlechtsreif werden.

Überfamilie *Trichuroidea*

10–120 mm lg, entweder durchweg haarförmig od. vordere zwei Drittel dünn u. hinteres Drittel stark verdickt. In inneren Organen od. in der Muskulatur von Wirbeltieren.

Gattung *Capillaria* ZEDER – **Haarwürmer**
Wird z. T. in mehrere Gattungen aufgegliedert. Zahlreiche haarförmige Arten im Verdauungskanal, seltener in den Atemorganen, den Harnwegen od. der Leber von Wirbeltieren.

In Fischen:

Capillaria brevispiculum (V. LINSTOW)
♂ 4–9 mm, ♀ 7–10 mm lg. Spiculumscheide unbedornt; Spiculum 0,23–0,26 mm lg. Im Darm von karpfen- u. dorschartigen Süßwasserfischen.

In Vögeln:

Capillaria contorta (CREPLIN)
♂ 13–21 mm, ♀ 20–38 mm lg. VE blasig erweitert. Spiculumscheide fein bedornt; Spiculum 0,8–1,2 mm lg. In Schlund u. Kropf von Enten, Gänsen u. anderen Wasservögeln. – Ähnliche Art, *Capillaria annulata* (MOLIN), bis 80 mm lg, bei Hühnervögeln.

Capillaria longicollis (RUDOLPHI)
♂ 7–21 mm, ♀ 11–36 mm lg. Spiculumscheide unbedornt; Spiculum 0,7–1,9 mm lg. Im Dünndarm von Hühner- u. Singvögeln. – Ähnliche Art, *Capillaria anatis* (SCHRANK), im Dickdarm u. den Blinddärmen von Enten, Gänsen, Sägern u. Schwänen.

In Säugetieren:

Capillaria bovis (SCHNYDER)
♂ 8–17 mm, ♀ 12–27 mm lg. Spiculumscheide unbedornt; Spiculum 1,1–1,5 mm lg. Im Labmagen u. Darm von Wiederkäuern. – Ähnliche Art, *Capillaria murissylvatici* (DIESING), bis 33 mm lg, im Darm von Mäusen, Ratten u. Hamstern.

Capillaria hepatica (BANCROFT)
♂ 17–32 mm, ♀ 40–120 mm lg. Spiculumscheide sehr fein bedornt; Spiculum etwa 0,5 mm lg. Im Parenchym der Leber von Nagetieren u. Hasenartigen, selten von Hund u. Katze.

Capillaria aerophila (CREPLIN)
♂ 15–25 mm, ♀ 20–40 mm lg. Spiculumscheide bedornt. In der Luftröhre u. den Bronchien von Hund, Fuchs, Katze, Dachs u. Mardern.

Capillaria plica (RUDOLPHI)
♂ bis 33 mm, ♀ bis 45 mm lg. Spiculumscheide unbedornt; Spiculum 2,8–4,5 mm lg. In der Harnblase von Landraubtieren.

Gattung *Trichinella* RAILLIET – **Trichinen**
Winzige Parasiten von Säugetieren u. selten Vögeln. Erwachsene an der Darmschleimhaut, die Larven = Muskeltrichinen in der quergestreiften Muskulatur desselben Wirtstieres (oft in zitronenförmiger Kapsel). – Im Gebiet sehr selten: *Trichinella spiralis* (OWEN), ♂etwa 1,5 mm, ♀ 3–4 mm lg, in fleisch- u. allesfressenden Säugetieren, bes. Schweinen, Ratten, Fuchs, Hund, Katze, Dachs, auch beim Menschen.

Gattung *Trichosomoides* RAILLIET
Nur die haarförmige Art *Trichosomoides crassicauda* (BELLINGHAM) in der Harnblase u. den Harnleitern von Ratten u. Mäusen; ♂ bis 3,5 mm lg, lebt im Uterus des 10–19 mm lg ♀.

Gattung *Trichuris* ROEDERER – **Peitschenwürmer**
Letztes Körperdrittel walzenartig verdickt, dadurch Körper peitschenförmig. Spiculumscheide bedornt. Im Dick- u. bes. Blinddarm von Säugetieren; das dünne VE in der Schleimhaut eingebettet.

Trichuris trichiura **(L.)** (Abb. **133**/1)
♂ bis 45 mm, ♀ bis 50 mm lg; Spiculum 2,5–4 mm lg. In Schweinen u. beim Menschen.

Trichuris leporis (FRÖLICH)
♂ bis 32 mm, ♀ bis 35 mm lg; Spiculum 7–8 mm lg. In Hasen u. Kaninchen.

Trichuris muris (SCHRANK)
♂ bis 22 mm, ♀ bis 31 mm lg; Spiculum 0,6–0,8 mm lg. In Nagetieren, bes. Mäusen u. Ratten.

Trichuris ovis (ABILDGAARD)
♂ bis 70 mm, ♀ bis über 80 mm lg; Spiculum 5–8 mm lg. In Wiederkäuern.

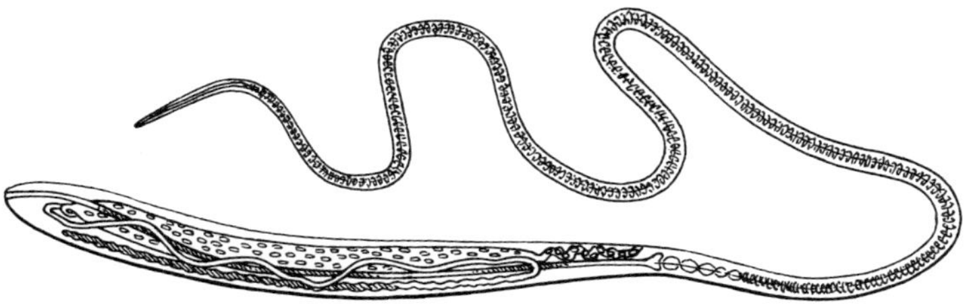

Abb. **133/1** *Trichuris trichiura*, ♀

Trichuris vulpis (FRÖLICH)
♂ bis 60 mm, ♀ bis über 75 mm lg; Spiculum 8–11 mm lg. In Hund, Fuchs u. selten Ziesel.

Klasse *Nematomorpha* – **Saitenwürmer**

G. Einheimische Arten 4–50 cm (sonst bis 160 cm) lg, 0,3–1,7 mm br. Drehrund, sehr lg fadenförmig, einer Klaviersaite ähnelnd (Abb. **133 A**/1). VE stumpf abgerundet, weißlich od. gelblich, dahinter brauner bis schwärzlicher Halsring (Abb. **133 A**/2); Färbung anschließend zitronengelb bis braunrot od. schwarzbraun, beim ♀ oft heller als beim ♂. HE des ♂ meist in 2 seitliche Äste gegabelt (Abb. **133 A**/3), beim ♀ abgerundet, manchmal sondenknopfartig angeschwollen od. in 3 längliche Lappen geteilt. Mundöffnung endständig am VE, aber Darmkanal auf allen Stadien stark zurückgebildet. Enddarm dient als Ausführgang der schlauchförmigen Fortpflanzungsorgane. – **V.L.** Geschlechtsreif im Süßwasser u. selten Meer, oft mehrere zu einem Knäuel verschlungen; als Larven parasitisch in der Leibeshöhle von Insekten od. marinen Krebsen. – **B.** Erwachsene nehmen offenbar keine Na auf, die Larven osmotisch aus der Hämolymphe ihrer Wirte. Getrenntgeschlechtig. Bis über ½ Million Eier werden in Paketen od. langen Schnüren im Wasser abgelegt od. an Steinen festgeklebt. Nach einigen Wo schlüpfen etwa 0,15 mm lg Larven; diese haben einen ausstülpbaren, mit 3 Stiletten bewaffneten u. von Haken umkränzten Rüssel als Bohrorgan. Larve bohrt sich entweder in ein Insekt ein od. wird mit der Na vom Wirt aufgenommen,

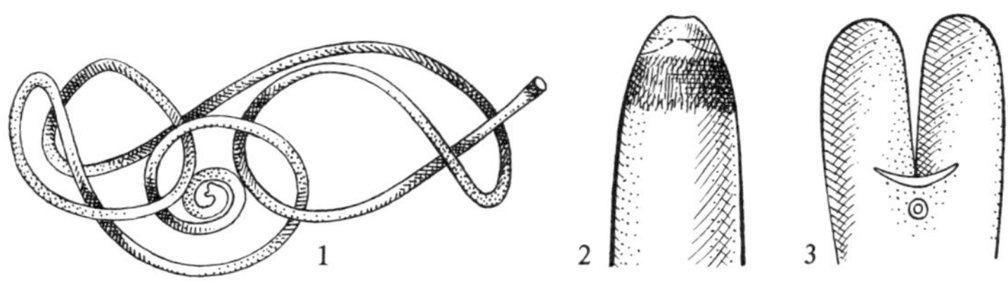

Abb. **133A/1–3** **1** *Nematomorpha*, ♂; **2–3** *Gordius aquaticus*, VE des ♀ u. HE des ♂

dringt in dessen Leibeshöhle ein, entw sich hier bis zur Geschlechtsreife u. wandert dann zur Begattung ins Wasser aus. Befallene Landinsekten begeben sich zu diesem Zeitpunkt aus nicht geklärten Ursachen ans Wasser, wodurch Auswandern der Larven in Wasser ermöglicht wird.
2 Ordnungen mit etwa 250 Arten, die nur mikroskopisch exakt bestimmbar sind; im Gebiet 1 Ordnung mit knapp 50 Arten.

Ordnung *Gordioidea*

Im Süßwasser. Fortbewegung schlängelnd. Larven in Insekten. Hierher gehört z. B. *Gordius aquaticus* **L.** – **Wasserkalb**, bis 45 cm lg, hell- bis dunkelbraun mit weißlicher Kopfkappe u. braunschwarzem Halsring (Abb. **133 A**/2). Larve lebt in Gelbrandkäfern *(Dytiscus).*

Klasse *Kinorhyncha* – **Kinorhynchen**

G. 0,2–1 mm lg, gedrungen wurmförmig. Körper oft bauchseits abgeflacht, äußerlich in eine rückziehbare, mit 5–7 Stachelgürteln versehene Kopfzone u. 12 od. 13 Rumpfringe gegliedert (Abb. **134**/1). Jeder Rumpfring von 3 od. 4 kutikulären Platten bedeckt, am Rücken u. seitlich hinten mit z. T. beweglichen Stacheln od. mehrzinkigen Haken. Am 4. Ring bauchseits 1 Paar Haftröhrchen. Ohne Wimpern. Mundöffnung endständig am VE, von feinem Stachelkranz umgeben. – **V.L.** Nur im Meer, am Boden auf Algenrasen od. im Schlamm lebend. – **B.** Na: Kieselalgen, Detritus, Schlamm; wird eingesogen. Fortbewegung kriechend durch Aus- u. Einstülpen der Kopfzone sowie Zusammenziehen u. Ausstrecken des Rumpfes. Getrenntgeschlechtig. Aus Eiern schlüpfende Larven wachsen durch Häutungen unter Vermehrung der Ringzahl zu geschlechtsreifen Tieren heran.
2 Ordnungen mit knapp 100 Arten, im Gebiet etwa 30 (nur mikroskopisch bestimmbar).

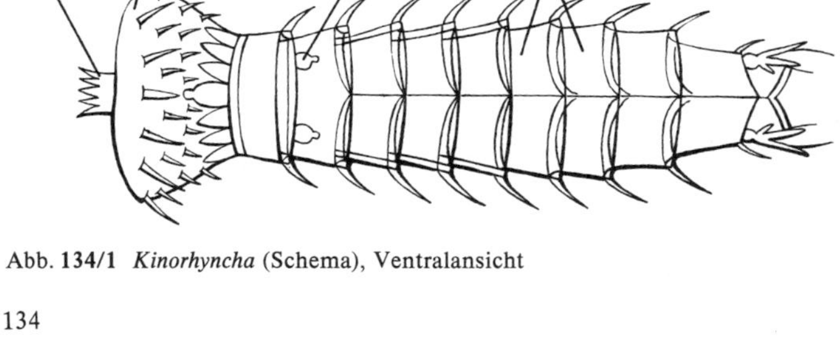

Abb. **134/1** *Kinorhyncha* (Schema), Ventralansicht

Klasse *Acanthocephala* – **Kratzer**

G. 2–650 mm lg. Körper geteilt in länglich sack- bis schlauchförmigen Rumpf u. aus einstülpbarem, kugeligem bis zylindrischem Rüssel u. ± lg Halspartie bestehenden VKörper (Abb. **135**/1). Rüssel mit in Längs- od. Spiralreihen angeordneten, rückwärts gerichteten Haken (mit plattenförmiger Wurzel in der Haut verankert), hinter diesen z. T. noch mit Stacheln (ohne Wurzeln). Rumpf manchmal ganz od. in der VHälfte bestachelt. Darmkanal fehlt völlig. – **V.** An Wirte u. Zwischenwirte gebunden; selten kosm. – **B.** Geschlechtsreife als Parasiten im Darmkanal, meist Dünndarm, von Wirbeltieren, Larvenstadien in Insekten, Krebsen u. Kaltblütern lebend. Na: Darminhalt der Wirte, Aufnahme durch Osmose. Verankern sich im Wirtsdarm mittels des Hakenrüssels; dadurch entstehen Darmverletzungen, außerdem Schädigung des Wirtes durch giftige Stoffwechselendprodukte. Getrenntgeschlechtig. Entw indirekt mit 1- od. 2fachem Wirtswechsel. ♀ legt viele längliche Eier ab, in denen bereits der mit 3 Hakenpaaren versehene Embryo (Acanthor) entw ist. Mit dem Kot des Wirtes gelangen die Eier in Wasser od. feuchte Erde, werden von Wasserasseln, Flohkrebsen od. Insekten durch den Mund aufgenommen. Im Darm des Zwischenwirtes schlüpft der Acanthor, wandert in dessen Leibeshöhle ein. Hier Entw über sog. Acanthella-Stadium zur Cystacantha-Larve: in einer Hülle liegender junger Kratzer. Wird der Zwischenwirt von einem Wirbeltier gefressen, löst sich in dessen Darm die Larvenhülle auf, der junge Kratzer wird frei u. heftet sich an der Darmwand fest. Oft wird ein zweiter Zwischenwirt als Transportwirt eingeschaltet (Lurch, Fisch). In diesem durchbohrt der junge Kratzer die Darmwand u. kapselt sich im Gewebe ein, ohne sich weiterzuentwickeln, wird dann mit dem Transportwirt vom Endwirt aufgenommen.

3 Ordnungen mit etwa 750 Arten, im Gebiet etwa 60 Arten. Bestimmung nur mikroskopisch möglich; hierzu müssen Anzahl u. Anordnung der Haken auf dem Rüssel an den in Glyzerol, Lactophenol od. Milchsäure aufgehellten Tieren (s.

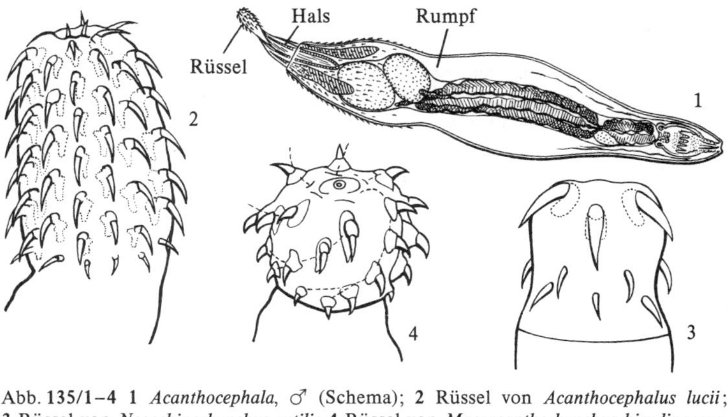

Abb. **135**/1–4 **1** *Acanthocephala*, ♂ (Schema); **2** Rüssel von *Acanthocephalus lucii*; **3** Rüssel von *Neoechinorhynchus rutili*; **4** Rüssel von *Macracanthorhynchus hirudinaceus*

Nematoda, S. 112) festgestellt werden. Im folgenden sind nur einige wirtschaftlich wichtige od. häufige Arten aufgeführt.

1 Rüsselhaken spiralig angeordnet (Abb. **135**/4), wenn in unregelmäßigen Längsreihen, dann in Landsäugetieren. *Archiacanthocephala* S. 136

1* Rüsselhaken in alternierenden Längs- u. Querreihen angeordnet. Nicht in Landsäugetieren 2

2 Nur 18 Haken in 3 alternierenden Querreihen zu je 6 auf annähernd kugeligem Rüssel (Abb. **135**/3). In Fischen. *Eoacanthocephala* S. 136

2* Rüssel mit mehr als 30 Haken in 10–24 Längsreihen (oft in Stachelreihen übergehend) auf eiförmigem bis zylindrischem, manchmal kugelig aufgetriebenem Rüssel (auch Hals od. VRumpf können bulbös erweitert sein) (Abb. **135**/2). In Fischen, Lurchen, Vögeln u. Meeressäugetieren. *Palaeacanthocephala* S. 137

Ordnung *Archiacanthocephala*

5–650 mm lg, meist sehr lggestreckt. Rüssel kugelig od. konisch. Im Darm von landlebenden Vögeln u. Säugetieren.

In Vögeln:

Mediorhynchus micracanthus (RUDOLPHI)
♂ bis 20 mm, ♀ bis 35 mm lg. Rüssel konisch, mit 8 Spiralreihen zu je 9 od. 10 Haken, dahinter mit 16 Spiralreihen zu je 3 od. 4 Stacheln. In Sperlingsvögeln, bes. Finken, Staren, Stelzen u. Lerchen.

In Säugetieren:

Macracanthorhynchus hirudinaceus (PALLAS) – **Riesenkratzer**
♂ 50–90 mm, ♀ 100–650 mm lg. Rüssel kugelig, mit 6 (von vorn gesehen) linksgewundenen Spiralreihen zu je 6 Haken (Abb. **135**/4). In Haus- u. Wildschwein, selten auch Hund, bes. in Südeuropa. Zwischenwirte sind Larven von Blatthornkäfern (Engerlinge).

Moniliformis moniliformis (BREMSER)
♂ 50–80 mm, ♀ bis 270 mm lg. Rumpf bis auf V- u. HE durch Einschnürungen geringelt. Rüssel schwach keulenförmig, mit 12–14 unregelmäßigen Längsreihen zu je 7 od. 8 kleinen Haken. In Nagetieren, gelegentlich auch in Igel, Hund u. Mardern.

Ordnung *Eoacanthocephala*

Im Gebiet nur die Art

Neoechinorhynchus rutili (MÜLLER)
♂ 1,5–6 mm, ♀ 2–10 mm lg. Im Darm zahlreicher Süß- u. Brackwasserfische.

Ordnung *Palaeacanthocephala*

2 bis selten über 100 mm lg, schlauch- od. länglich sackförmig. Im Darm von Fischen, Lurchen, Wasser- u. selten Landvögeln u. Meeressäugetieren.

In Fischen:

Acanthocephalus lucii (MÜLLER)
♂ 4–7,5 mm, ♀ 8–24 mm lg. Rüssel länglich oval, mit 14 od. 16 Längsreihen zu je 7–9 Haken (Abb. **135**/2). Bes. in Karpfenfischen, Lachsen, Barschen, Stichlingen, auch Hecht u. Aal.

Pomphorhynchus laevis (ZOEGA)
♂ bis 18 mm, ♀ bis 28 mm lg. Rüssel kurz zylindrisch, mit 18 od. 20 Längsreihen zu je 10–12 Haken, die ersten 5 od. 6 deutlich stärker als die folgenden. Hals sehr lg, hinter dem Rüssel kugelig aufgetrieben. Bes. in Raubfischen, auch in größeren Friedfischen. Bei starkem Befall Krankheitserreger: Um die in der Darmwand des Wirtsfisches verankerte Rüssel- u. Halspartie bilden sich Knötchen.

In Lurchen:

Acanthocephalus ranae (SCHRANK)
♂ 5–12 mm, ♀ 20–60 mm lg. Rüssel oval, mit 14–16 Längsreihen zu je 4–6 Haken. Im Darm von Fröschen, Kröten, Molchen u. Salamandern.

In Vögeln:

Filicollis anatis (SCHRANK)
♂ 6–8 mm, ♀ 10–26 mm lg. Rüssel mit 18–22 Längsreihen zu je 10 od. 11 Haken, beim erwachsenen ♀ stark kugelig aufgetrieben u. den Wirtsdarm nach außen vorbuchtend. Rumpf bestachelt. In Entenvögeln, Watvögeln, Rallen u. seltener anderem Wassergeflügel.

Prosthorhynchus cylindraceus (GOEZE)
Bis etwa 13 mm lg. Rüssel zylindrisch, mit 14–24 Längsreihen zu je 10–14 Haken. In Singvögeln, bes. Drosseln, Rabenvögeln u. Spechten.

Literatur

ANDRÁSSY, I.: Klasse Nematoda (Ordnungen Monhysterida, Desmoscolecida, Araeolaimida, Chromadorida, Rhabditida). In FRANZ: Bestimmungsbücher zur Bodenfauna Europas. Lief. 9. Berlin 1984.

DECKER, H.: Phytonematologie. Berlin 1969.

DONNER, J.: Ordnung Bdelloidea (Rotatoria, Rädertiere). In FRANZ: Bestimmungsbücher zur Bodenfauna Europas. Lief. 6. Berlin 1965.

HARTWICH, G.: Parasitische Rundwürmer von Wirbeltieren. I. Rhabditida und Ascaridida. In DAHL: Die Tierwelt Deutschlands. 62. Teil. Jena 1975.

HEINZE, K.: Saitenwürmer oder Gordioidea. Ebenda. 39. Teil. Jena 1941.
MEYER, A.: Acanthocephala (Kratzer). In BROHMER: Die Tierwelt Mitteleuropas. Bd. I, Lief. 6. Leipzig 1944.
MEYL, A.: Freilebende Nematoden. Ebenda. Bd. I. Lief. 5a. Leipzig 1961.
SCHUURMANS STEKHOVEN, J. H. jr.: Nematoda errantia u. Nematoda parasitica. In GRIMPE U. WAGLER: Die Tierwelt der Nord- u. Ostsee. V.b u. V.c. Leipzig 1935.
SPREHN, C.: Acanthocephala, Ergänzungen. In BROHMER: Die Tierwelt Mitteleuropas. Bd. I, Lief. 6. Leipzig 1959.
–: Parasitische Nematoden. Ebenda. Bd. I, Lief. 5b. Leipzig 1961.
VOIGT, M.: Rotatoria. Die Rädertiere Mitteleuropas. Überordnung Monogononta. 2. Aufl. Berlin u. Stuttgart 1978.
WÜLKER, G. U. SCHUURMANS STEKHOVEN, J. H. jr.: Acanthocephala. In GRIMPE U. WAGLER: Die Tierwelt der Nord- u. Ostsee. VI.e. Leipzig 1933.

Standardwerke über Parasiten von Tieren siehe bei Literatur zu *Plathelminthes*, S. 102.

Priapulida – **Priapswürmer**

G. Im allgemeinen 5–100 mm lg. Körper in Rüssel, Rumpf u. z. T. Schwanzanhang gegliedert. Rüssel zylindrisch od. birnenförmig, ± deutlich vom Rumpf abgesetzt, einstülpbar, mit meist 25 auf erhabenen Längsleisten stehenden Hakenreihen. Rumpf walzenförmig, äußerlich oft geringelt u. mit unregelmäßig angeordneten Warzen u. Stacheln besetzt. Als Schwanzanhang teils ein glatter schlauchförmiger, teils ein konischer, selten paariger, viele bläschenförmige Ausstülpungen tragender Körperfortsatz. Mundöffnung am VE des Rüssels, von mehreren Kränzen aus meist 5 großen, dunkelbraunen Haken- od. Kammzähnen umgeben, die sich in den Schlund fortsetzen. Anus am Rumpfende od. bauchseits vor dem Ansatz des Schwanzanhanges. Hellgelb, fleisch- bis rostrot od. dunkelbraun, ± durchscheinend. – **V.** Bes. in kälteren Meeren, weit verbreitet. – **L.** Meer- u. Brackwasser, von der Strandzone bis in mäßige Tiefe, auf tonigem od. sandigem Grund, oft in eigenen Gängen. – **B.** Räuber, selten auch Pflanzen- od. Schlickfresser. Na: *Polychaeta*, Seewalzen u. andere weichhäutige Meerestiere; wird durch Einstülpen des zahnbewehrten Mundfeldes in den Darm gezogen. Fortbewegung u. Graben der Gänge durch Kontraktion u. Strecken des Körpers sowie Ein- u. Ausstülpen des Rüssels. Getrenntgeschlechtig; Entwicklung über ein ebenfalls auf dem Meeresgrunde lebendes Larvenstadium. – 14 Arten; an der Nord- u. Ostseeküste nur die Familie *Priapulidae* mit 2 Arten.

1 Büschelförmiger Schwanzanhang vorhanden. Ausgestreckter Rüssel birnenförmig, etwa ¼ der KörperLg einnehmend. – 30–80 (bis 200) mm lg. Fleischrot, durchscheinend, VE u. Schwanzanhang rostrot. – **V.L.** Nord- u. westl. Ostsee: Wangeroog, Helgoland, ostfriesische Küste, Kieler Bucht. In 10 bis über 200 m Tiefe in Sand u. Schlick. *Priapulus caudatus* LAMARCK (Abb. **139**/2)

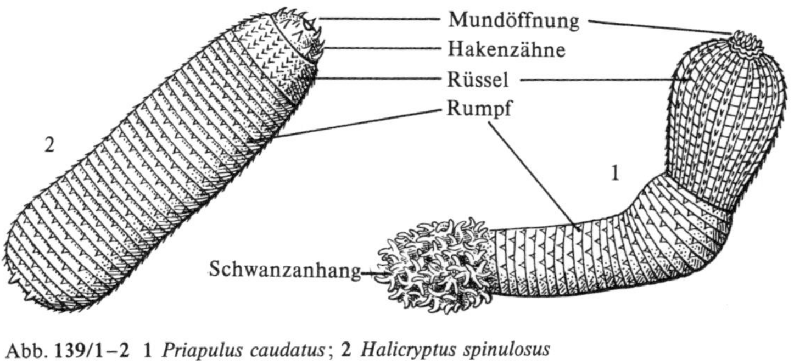

Abb. **139/1–2** **1** *Priapulus caudatus*; **2** *Halicryptus spinulosus*

1* Ohne Schwanzanhang (HEnde abgerundet). Ausgestreckter Rüssel kurz zylindrisch, etwa $\frac{1}{8}$ der KörperLg einnehmend. – 15–50 mm lg. Fleischfarben bis dunkelbraun. – **V.L.** Nur in der Ostsee: Kieler u. Hohwachter Bucht, Lübecker Bucht, Hiddensee, Rügen. Reiner Brackwasserbewohner, vom Seichtwasser bis in 220 m Tiefe in Mudd u. sandigem Schlick.

Halicryptus spinulosus v. SIEBOLD (Abb. **139**/1)

Literatur

BROEKE, A. TEN: Priapuliden in DAHL: Die Tierwelt Deutschlands und der angrenzenden Meeresteile. 15. Teil, Vermes I. Jena 1929.

FISCHER, W.: Priapulidae in GRIMPE u. WAGLER: Die Tierwelt der Nord- und Ostsee, VI, d. Leipzig 1925.

LAND, J. VAN DER: Systematics, zoogeography, and ecology of the Priapulida. Zoologische Verhandelingen. No. 112, Leiden 1970.

Mollusca – **Weichtiere**

G. Unsegmentiert, zweiseitig-symmetrisch od. spiralgewunden. Kopf ± deutlich abgesetzt od. nicht vorhanden (Muscheln). Muskulöse BauchS zu verschieden geformten Fortbewegungsorganen ausgebildet. Haut drüsenreich, bildet auf dem Rücken einen Mantel, welcher die Kalkschale absondert. Gehäuse häufig rückgebildet od. nicht vorhanden. Zwischen Mantel u. Eingeweidesack die Mantelhöhle, darin Atmungsorgane, Mündungen des Enddarmes, der Exkretions- u. Geschlechtsorgane. VDarm meist mit raspelartiger Reibplatte (Radula) zum Zerkleinern der Na. – **V.** Alle Erdteile u. Meere. **L.** Alle Lebensräume; ursprünglich im Meer. – **B.** Überwiegend langsame Tiere mit sehr unterschiedlicher Lebensweise. Entw direkt od. über Larvenformen. Etwa 130 000 Arten, heimisch etwa 450.

Größere landbewohnende Arten werden mit der Hand, kleinere mit dem Siebbeutel, Wassermollusken mit dem Kescher od. mit einem Drahtsieb gesammelt. Bei der Bestimmung nicht lebend gesammelter Weichtiere beachten, daß am Meeresstrand auch leere Gehäuse von Süßwasser- od. Landschnecken angespült werden! Landschnecken können auch in Süßwasser geraten. Das im Frühjahr vom Hochwasser angespülte Genist (z. B. Pflanzenteile, Insekten, Schneckenschalen) enthält häufig zahlreiche Land- u. Süßwassermollusken. Dem Zweck der Exkursionsfauna entsprechend sollen vor allem die Gehäusemerkmale zur Bestimmung dienen. Der Nichtspezialist findet vorwiegend leere Gehäuse, diese obendrein bei Vorderkiemern (Deckelschnecken) meist ohne Deckel. Die für den Systematiker entscheidenden Merkmale (Weichteile, Deckel) sind in den Schlüsseln nicht immer, im Text aber stets angeführt. Selbstverständlich soll der Sammler die Beobachtung des lebenden Tieres (Bau u. Lebensweise) in den Vordergrund stellen. Ein weiterer unvermeidbarer Mangel der Schlüssel ist die notwendige Beschränkung auf die wichtigsten, leicht od. durch Übung erkennbaren Merkmale der Gehäuse erwachsener Tiere. Gehäuse jugendlicher Tiere sind mit Sicherheit nur durch Sammeln von Serien in verschiedenen EntwStufen zu bestimmen.

Nomenklatur und Systematik der Land- u. Süßwassermollusken nach Glöer, Meier-Brook & Ostermann (1987) und Kerney, Cameron & Jungbluth (1983).

1 Mit Kopf 2

1* Ohne Kopf, Gehäuse zweiklappig, Tier in der Regel ganz umschließend. Süß-, Brack- u. Meerwasser. *Bivalvia* – **Muscheln** S. 269

2 Kopf deutlich abgesetzt, Gehäuse ein- od. zweiteilig, nicht röhrenförmig . . . 3

2* Kopf undeutlich abgesetzt, Gehäuse achtteilig od. röhrenförmig 4

3 Am Kopf höchstens 2 Paar Fühler; BauchS mit Kriechfuß; Gehäuse einheitlich, meist spiralig gewunden; mitunter ohne Gehäuse. Land, Süß-, Brack- u. Meerwasser. *Gastropoda* – **Schnecken** S. 143

3* Am Kopf 10 od. 8 mit Saugnäpfen versehene Fangarme; BauchS mit Trichter als Fortbewegungsorgan. Ohne äußere Gehäuse. Im Meer.
Cephalopoda – **Kopffüßer** S. 307

4 **(2)** Gehäuse einheitlich, röhrenförmig gebogen, vorn u. hinten offen. Im Meer.
Scaphopoda – **Röhrenschaler** S. 306

4* Gehäuse aus 8 Platten bestehend. Mit deutlicher Kriechsohle. Im Meer.
Polyplacophora – **Käferschnecken** S. 142

Klasse *Polyplacophora [Placophora, Loricata]* – **Käferschnecken**

Gattungen *Lepidopleurus* LEACH, *Lepidochitona* GRAY, *Ischnochiton* GRAY

G. Körper bilateralsymmetrisch, wird auf der DorsalS mitsamt dem undeutlich abgesetzten Kopf von 8 dachziegelartig einander übergreifenden Schalenplatten u. einem umlaufenden Cuticula-Gürtel (Perinotum) überdeckt. Mit breitflächigem Kriechfuß, in den seitlichen, langen Mantelrinnen zahlreiche Kiemen. – **V.** Im Meer. Im Gebiet Nordsee u. westl. Ostsee. – **L.** Vorwiegend in der Gezeitenzone u. in Küstenflachwassern an Felsen u. Steinen, im Wattenmeer auf Weichtierschalen. – **B.** Durch die flache Form u. den br Fuß dem Leben in der Brandungszone hervorragend angepaßt. Losgerissen können sie sich kugelförmig zusammenrollen. Meist an einem Ort sitzend, bewegen sich zur NaAufnahme (Algen) nur wenig von ihrem Stammplatz weg. Fast immer getrenntgeschlechtig. Etwa 1 000 Arten zwischen 0,3 u. 33 cm Lg. Im Gebiet 3 Arten.

1 Skulptur der Schalenplatten aus sehr feinen Granula od. aus kleinen, unregelmäßig zerstreuten Höckerchen, die keine deutliche Dreiteilung der Platten in M- u. SFelder hervorrufen. US mit am Außenrand eingekerbten Insertionsplatten. Gürtel mit od. ohne Saumstacheln am SRand 2

1* Durch unterschiedlich angeordnete körnige Skulptur deutliche Dreiteilung der Schalenplatten II–VII (Zählung von vorn) in M- u. SFelder (Abb. **142**/2). Platten I u. VIII nur mit konzentrischer Skulptur. Die US der Schalenplatten ohne Insertionsplatten. Gürtel am SRand mit Saumstacheln. Färbung grau bis olivgrün,

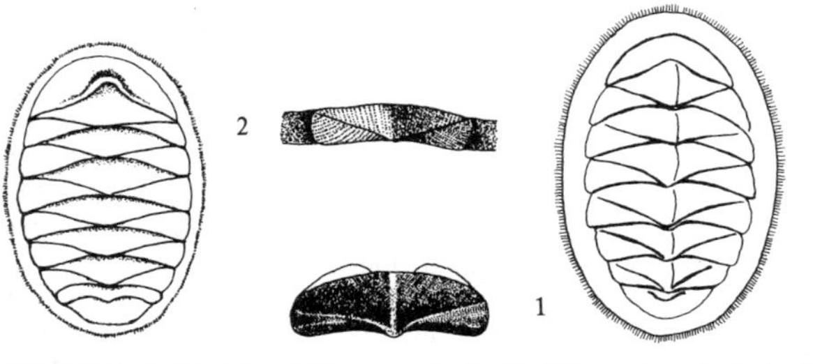

Abb. **142/1–2** Dorsalansichten von 1 *Lepidochitona cinerea*; 2 *Lepidopleurus asellus*, dazu jeweils die mittleren Schalenplatten

grün gestreift u. braun gefleckt. 10–20 mm lg. – **V.** Im Flachwasser der eur. Küsten. Im Gebiet bei Helgoland. *Lepidopleurus asellus* (SPENGLER) (Abb. **142**/2)

2 Skulptur der Schalenplatten II–VII mit sich schräg kreuzenden Reihen rautenförmiger Höckerchen (dadurch schuppig wirkend, Abb. **142**/1). Platten I u. VIII mit konzentrischer u. radiärer Skulptur. US der Platte I mit 9–10 Einkerbungen am Außenrand der Insertionsplatten. Gürtel mit Saumstacheln. Färbung der Schalenplatten sehr variabel, meist grau mit braunen od. schwarzen Flecken, auf rotem Sandstein (Helgoland) auch einfarbig rötlich, auf Muschelschalen im Wattenmeer vielfach weißlich. Am Gürtel mit Querstreifen. 10–22 mm lg. – **V.** N-Atl in 0–180 m Tiefe. Im Gebiet bei Helgoland. Deutsche Bucht, westl. Ostsee bis Mecklenburger Bucht. – ▽ *Lepidochitona cinerea* (L.) (Abb. **142**/1)

2* Skulptur der Schalenplatten aus sehr feinen Granula in ± schief bogenförmigen Linien, mitunter mit kaum sichtbaren radiären Rippen. US der Platte I mit 13–14 Einkerbungen am Außenrand der Insertionsplatten. Gürtel ohne Saumstacheln u. auch ohne alternierende Flecken. Färbung der Platten verschieden, gelblich bis weißlich, auf den lateralen Teilen oft hellorange, bisweilen mit dunklen Flecken. 10–15 mm lg. – **V.** Arkt, N-Atl u. N-Pazifik. Im Gebiet sehr selten in der Kieler Bucht. *Ischnochiton albus* (L.)

Klasse *Gastropoda* – **Schnecken**

G. Körper asymmetrisch, Kopf ± deutlich abgesetzt, mit Augen u. Fühlern (Tentakeln), mit bauchseitigem Kriechfuß, vom Mantel überdecktem Eingeweidesack u. einheitlichem Gehäuse. Rückbildung u. Verlust des Gehäuses u. scheinbare äußere Symmetrie kommen vor. Ältester Gehäuseteil ist die Spitze (Apex), der Anfang des Gewindes, das aus wenigen bis vielen Windungen (Umgängen) bestehen kann. Windungen berühren sich in der Naht. Innerhalb einer Art Windungszahl ± konstant. Endwindung enthält die Gehäusemündung (Mdg). Wenn die Umgänge in der Gehäuseachse aneinander liegen, bilden sie die Spindel (Columella). Schließen die Windungen in der Gehäuseachse einen Hohlraum ein, so entsteht an der Gehäusebasis ein ± offener, sehr weiter bis ritzförmiger Nabel

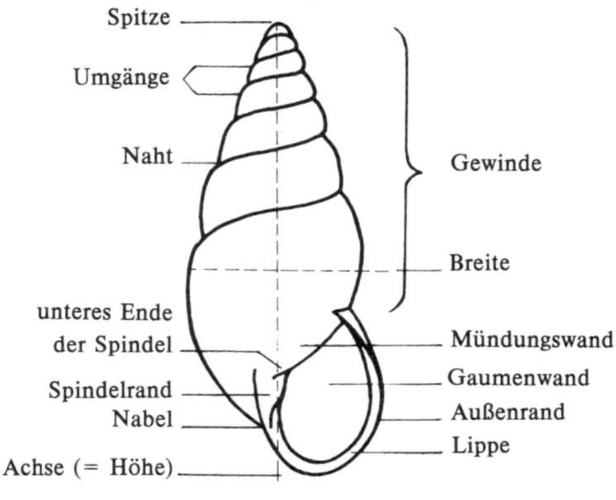

Abb. **143/1**
Gehäuse von *Ena montana*

(Umbilicus, Abb. **143**/1). Mdg bei rechts gewundenen Gehäusen bei senkrechter Stellung der Gehäuse (Spitze oben, Mdg unten) rechts (Abb. **143**/1), bei linksgewundenen links (Abb. **262**/1) von der Gehäuseachse. Benennung der einzelnen Teile der Mdg siehe Abb. **143**/1. Dem Gaumen, der wulstig verdickt sein kann, entspricht außen der Nacken (Nackenwulst). Außenrand u. Spindelrand bei voll ausgebildeten Gehäusen durch eine ± deutliche Schmelzlage (Callus, Abb. **215**/1) verbunden. Wenn sich diese als Lamelle erhebt, ist der Mundsaum zusammenhängend (Abb. **253**/3). Im Gaumen kann sich ein Wulst (Gaumenschwiele) bilden. Der Mundsaum kann verschieden ausgebildet sein: einfach (Abb. **206**/1), erweitert (Abb. **160**/3), zurückgeschlagen, durch eine Schmelzleiste (Lippe) verstärkt (gelippt, Abb. **143**/1), gezähnt (Abb. **255**/1) usw. Mundsaum mit sehr zartem Rand u. ohne bes. Merkmale meist bei Gehäusen junger Tiere. Komplizierte Falten- u. Zahnbildung der Mdg nennt man Mündungsarmatur (s. bei *Pupillidae* S. 208 u. *Clausiliidae* S. 220). Bei marinen Arten kann die Mdg unten am Spindelrand einen Ausguß od. Kanal (Sipho, Abb. **181**/4) bilden. Gehäuseoberfläche bietet weitere Merkmale durch Gehäusehaut (bisweilen zu Haaren (Abb. **255**/1) u. Borsten verlängert) u. Skulptur (z. B. Rippen, Wülste, Knoten). Radial ist eine Skulptur, die parallel zu den Zuwachsstreifen verläuft (Abb. **160**/3). Spiralskulptur kreuzt Zuwachsstreifen (Abb. **172**/1), beide zusammen ergeben Gitter- od. Netzbildung (Abb. **175**/3). Bei den meisten Vorderkiemern ist die GehäuseMdg durch den auf dem Fußrücken befindlichen Deckel (Operculum, Abb. **161**/1) verschlossen; seine Form entspricht der Mdg. Um den Bildungskern (Nucleus) des Deckels können die Windungen konzentrisch od. in Spiralen verlaufen (Drehung verläuft der Gehäusedrehung entgegengesetzt). Substanz des Deckels ist kalkig od. konchinös. Höhe ist die Entfernung von der Spitze bis zum tiefsten Punkt der Mdg; Breite der größte Querdurchmesser der Gehäuse (Abb. **143**/1). Bei ohrförmigen Gehäusen, z. B. von *Theodoxus*, wird die größte Dimension als Länge bezeichnet. Die Umgänge werden vom Anfang der Naht an der Spitze nach der Mdg zu od. vom oberen Ansatzpunkt des Außenrandes der Mdg in der Richtung zur Spitze gezählt. Für die meisten Schnecken ist ein im Schlundkopf liegendes, reibeisenähnliches Organ, die Radula, sehr bezeichnend. Form u. Anzahl der sie zusammensetzenden Zähne läßt Rückschlüsse auf die Ernährung zu. – **V.** Kosm. – **L.** Meer-, Brack-, Süßwasser u. Land. Na: In den einzelnen Gruppen sehr verschieden; tierische od. pflanzliche Stoffe. Etwa 100 000 Arten, davon etwa 350 im Gebiet. Von eingeschleppten Arten werden nur die häufigsten angeführt sowie Schädlinge u. solche, deren Einbürgerung denkbar od. erfolgt ist.

Schlüssel 1, Schnecken auf dem Land . . . . S. 144
Schlüssel 2, Schnecken im Süßwasser . . . . S. 149
Schlüssel 3, Schnecken im Brackwasser . . . . S. 150
Schlüssel 4, Schnecken im Meer . . . . S. 152

Schlüssel 1, Schnecken auf dem Land

1 Ohne äußeres Gehäuse, Eingeweidesack mit Fuß verwachsen, Mantel bedeckt schildförmig den vorderen Rücken hinter dem Kopf; in diesem Mantelschild rechts Atemöffnung. Nacktschnecken 2

1* Mit äußerem Gehäuse 5
2 Körper ± plump. Atemöffnung vor der M des Mantels, Rücken nicht gekielt, am HEnde eine Schleimdrüse. Inneres Gehäuse in Resten als Kalkkörner od. nicht vorhanden. *Arionidae* S.237
2* Körper schlank, Atemöffnung hinter der M des Mantels. Rücken gekielt, ohne Schleimdrüse am HEnde. Der Gehäuserest ist ein Kalkplättchen (Schälchen) 3
3 Rückenkiel erreicht nicht das HEnde des Mantels, der Runzelfalten hat. Schälchen dünn, mit häutigem Saum. *Limacidae, Agriolimacidae* S.239
3* Rückenkiel erreicht das HEnde des Mantels, Schälchen dick, ohne häutigen Saum 4
4 Körper bläulich grau, wurmartig lggestreckt, im hinteren Abschnitt seitlich abgeplattet. *Boettgerillidae* S.243
4* Körper nicht bläulich grau, gedrungen. KörperE zugespitzt, nicht seitlich abgeplattet. *Milacidae* S.242
5 (1) Gehäuse nicht deutlich höher als br; Gewinde nicht od. nur mäßig erhoben. Gehäuseachse also kürzer als ∅ 6
5* Gehäuse höher als br; Gehäuseachse länger als ∅. Länglich eiförmig od. kegel-, spindel- bis turmförmig 31
6 Gehäuse gelbbräunlich, nicht glasig-grünlich wie bei den *Vitrinidae*. Basalrand der Mdg ohne Hautsaum. Gehäuse klein (bis etwa 5 mm ∅), flach ohrförmig, am HEnde des nacktschneckenähnlichen Tieres liegend; 2½ Windungen, die halbe letzte auffallend erweitert. Nabel stichförmig. *Daudebardiinae* S.234
6* Gehäuse entweder grünlich, mit basalem Hautsaum der Mdg, kugelig bis ohrförmig od. anders geformt 7
7 Gehäuse zart, grünlich glasig, mit 2–3½ Umgängen, gedrückt-kugelig bis ohr- od. nierenförmig, Basalrand der Mdg mit ± deutlichem Hautsaum. Nabel ritzförmig od. nicht vorhanden. *Vitrinidae* S.235
7* Gehäuse anders geformt 8
8 Gehäuse meist flach. Gewinde wenig erhoben; Mundsaum auch bei voll ausgebildeten Gehäusen einfach scharf, weder erweitert noch gelippt od. gezähnt (Achtung: Gehäuse von Jungtieren aller Arten haben immer einen scharfen, nicht gelippten Mundsaum. Dieser ist gewöhnlich nicht ganzrandig, sondern sehr dünn u. nur gering verkalkt. Der Anfänger sollte von ihrer Bestimmung absehen) 9
8* Gehäuse meist kurz kegelförmig od. kugelig, mit erhobenem Gewinde, seltener flach; Mundsaum bei voll ausgebildeten Gehäusen erweitert od. gelippt od. gezähnt. Bei *Spermodea lamellata* (Abb.**218**/5) nur an der Spindel erweitert . . 15
9 Sehr kleine (1,6 mm ∅) bis mittelgroße (16 mm ∅) Arten (meist unter 12 mm) 10
9* Große Art. 28–30 mm ∅. OS flach konisch, mit körniger Gitterskulptur. US glatt. *Aegopis verticillus* (Abb.**231**/1) S.229
10 Gehäuse glatt, glänzend, durchsichtig bis durchscheinend 11
10* Gehäuse gestreift, rippenstreifig bis gerippt, weder glänzend noch durchscheinend 13
11 Gewinde stumpf konisch, letzter Umgang etwas kantig. Gehäuse klein, braun, 2,3 mm h, 3 mm br, ungenabelt. *Euconulus* (Abb.**246**/1) S.244
11* Gewinde flach, letzter Umgang an der Peripherie gerundet 12

12 Gehäuse klein (bis 4 mm ∅), glasig, durchsichtig, weißlich bis grünlich; Umgänge eng gewunden, langsam zunehmend; Mdg mondförmig, schmal. Gehäuse eng genabelt, geritzt od. ungenabelt. *Vitrea* (Abb. **232**/4–5, **233**/1–6) S. 233

12* Gehäuse größer (bis 16 mm, meist aber nur 6–10 mm ∅), gelblichbraun bis rotbraun, selten grünlich od. weißlich. Umgänge nicht auffallend eng wie bei *Vitrea*. Mdg eiförmig bis elliptisch. Gehäuse stets ± genabelt. *Zonitoides, Oxychilus, Aegopinella, Nesovitrea* S. 229 ff.

13 **(10)** Gehäuse sehr klein (1,6 mm ∅); fein rippenstreifig, braun, mit 3½ gerundeten Umgängen, genabelt. *Punctum pygmaeum* (Abb. **228**/1) S. 228

13* Gehäuse größer (3–7 mm ∅); genabelt **14**

14 Gehäuse 3 mm ∅; kreiselförmig, eng genabelt, 4–4½ Umgänge. Matt dunkelbraun, fein rippenstreifig. Nur an Kalkfelsen. *Pyramidula rupestris* S. 208

14* Gehäuse größer (etwa 7 mm ∅); flach schüsselförmig, Nabel sehr weit; 4–6½ Umgänge, letzter an der Peripherie gerundet od. kantig. Farbe heller od. dunkler braun, bisweilen gefleckt, bei albinotischen Gehäusen grünlich-weißlich. *Discus* (Abb. **228**/2–3) S. 228

15 **(8)** Kleine Arten (bis 3,3 m ∅) **16**

15* Mittelgroße u. große Arten (6–40 mm ∅) **17**

16 Gehäuse eng genabelt, entweder mit häutigen Rippen u. ohne Lippe bzw. nur mit schwach erweitertem Mundsaum *Spermodea lamellata* (Abb. **218**/5) S. 218
od. mit Dornen auf den weiter stehenden Hautrippen u. schmal gelipptem Mundsaum. Gewinde erhoben. *Acanthinula aculeata* (Abb. **218**/4) S. 218

16* Gehäuse weit genabelt, Mdg fast kreisrund, mit erweitertem u. meist auch verdicktem Mundsaum. Flach, weißlich bis hell hornfarben. *Vallonia* (Abb. **218**/1–3) S. 216

17 **(15)** Gehäuse dick scheibenförmig, braun, behaart bzw. mit Haarnarben od. steifen Börstchen, weit genabelt, Mdg mit Wülsten bzw. Zahnhöckern, dreibuchtig, 11–12 mm ∅ **18**

17* Gehäuse nicht dick scheibenförmig; mit ± deutlich erhobenem Gewinde . **19**

18 Gewinde etwas eingesenkt, 6 Umgänge, Gehäuse behaart bzw. mit Haarnarben. Je 1 zahnartiger Wulst auf Außen- u. URand der Mdg. *Helicodonta obvoluta* (Abb. **253**/2) S. 252

18* Gewinde eben od. kaum erhoben, 5 Umgänge, Gehäuse mit sehr kurzen Börstchen. Je 1 Zahn auf der Lippe des Außen- u. URandes, neben letzterem 1 flacher Höcker. *Causa holosericum* S. 254

19 **(17)** Gehäuse mit 2 Höckern am MdgsRand **20**

19* Gehäuse mit 1 Höcker am MdgsRand **21**

20 Gehäuse gedrückt kugelig, mit borstigen Haaren, hornbraun. 5 Umgänge, auf der MdgsWand eine weiße Lamelle, je 1 Zahnhöcker auf der breiten Lippe des Basal- u. Außenrandes der Mdg. Nabel fast ganz verdeckt. *Isognomostoma isognomostoma* (Abb. **255**/1) S. 254

20* Gehäuse mit deutlich erhobenem Gewinde, unbehaart, bedeckt durchbohrt; Endwindung schwach kantig, Lippe mit 2 Zähnen, denen am Außenrand 2 Grübchen entsprechen. *Perforatella bidentata* (Abb. **249 A**/1) S. 249

21 **(19)** Mdg mit einem starken Zahnhöcker auf dem URand, schief mondförmig, innen gelippt, Gewinde ± erhoben; braun, hinfällig behaart, 6–7 Umgänge, letzter etwas stumpfkantig. *Trichia (P.) unidentata* (Abb. **249**/1) S. 250

21* Mdg ungezähnt **22**

22 Gehäuse kalkweiß bis gelblichweiß, meist dunkel gebändert, glanzlos, nicht durchscheinend. Klein (6–9 mm ∅) od. mittelgroß (bis 17 mm ∅). Flach-kugelig bis scheibenförmig, immer genabelt (manchmal sogar weit). Mundsaum scharf, innen mit weißer Lippe, Mdg rundlich mondförmig. An trockenen, sonnigen Stellen. *Helicellinae* (Abb. **246**/3–4, **248**/1–3) S. 245

22* Gehäuse nicht deutlich kalkweiß. Wenn von ähnlicher Form u. Farbe wie bei *Helicella* (s. *Chilostoma cingulatum*), dann größer, Mdg u. Lippe anders **23**

23 Gehäuse sehr groß (38–44 mm ∅), kugelig (selten höher als br, bedeckt durchbohrt; 5 Umgänge, letzter bauchig, Mdg rundlich. *Helix* (Abb. **255**/4) S. 256

23* Gehäuse kleiner (höchstens 28–30 mm ∅) **24**

24 Gehäuse ungenabelt, kugelig od. flacher; Mdg schief, gelippt; Spindelrand eine gerade, kräftige Leiste. Grundfarbe weißgelb, gelblich, rötlich bis braun, meist mit 1–5 dunklen Bändern. *Cepaea* (Abb. **255**/2–3) S. 254

24* Gehäuse genabelt, durchbohrt od. bedeckt durchbohrt, Gewinde verschieden h, Spindelrand gebogen **25**

25 Gehäuse flach, mittelgroß (16–25 mm ∅), Gewinde wenig erhoben; Nabel weit, Endwindung gerundet od. gekielt, Mundränder erweitert, stark genährt od. verbunden u. von der MdgsWand losgelöst **26**

25* Gehäuse kugelig-konisch mit ± erhöhtem Gewinde, mittelgroß (18–25 mm ∅) od. klein (aber nicht unter etwa 7 mm ∅), in einigen Fällen Gehäuse flach, dann kleiner als 14 mm ∅ **27**

26 Endwindung gerundet, gegen die Mdg herabsteigend, Mundränder stark verbreitert u. genähert, Gehäuse gelblichweiß od. hornbraun, über der Peripherie 1 dunkles Band, unter ihm eine helle Zone, OFläche fein gestreift, glänzend. Felsenschnecken. *Campylaeinae* (außer *Helicigona lapicida*) (Abb. **253**/4) S. 252

26* Endwindung scharf gekielt, Gehäuse linsenförmig, Mundsaum losgelöst, Gehäuse graubraun, oft mit rotbraunen Flecken, Skulptur gekörnelt. *Helicigona lapicida* (Abb. **253**/3) S. 252

27 **(25)** Gehäuse mittelgroß (18–28 mm ∅); kugelig; mit feinen Spirallinien, bedeckt durchbohrt *(Arianta)* od. offen u. tief genabelt *(Bradybaena)*; Mdg rundlich bis rund **28**

27* Gehäuse kleiner (bis 16 mm ∅), Gewinde mehr gedrückt, Gehäuse ohne Spirallinien **29**

28 Gehäuse bedeckt durchbohrt, 18–25 mm ∅ (hochalp Formen kleiner), meist braun mit 1 dunklen Band über der Peripherie u. mit strohgelben Flecken u. Striemen. Mdg rundlich, Mundsaum erweitert u. gelippt. *Arianta arbustorum* (Abb. **253**/5) S. 253

28* Gehäuse offen u. tief genabelt, 18–20 mm ∅, weißlich, gelblich bis rötlichbraun, meist ohne dunkles Band an der Peripherie. Gewinde konisch, Mundsaum wenig erweitert, innen mit weißer Lippe. *Bradybaena fruticum* (Abb. **246**/2) S. 244

29 **(27)** Gehäuse durchscheinend milchigweiß, an der Mdg bräunlich, gestreift u. unregelmäßig grubig gerunzelt. Gedrückt-kugelig, mit sehr flachem Gewinde, eng genabelt. In W-Deutschland u. an der Nordseeküste. *Monacha* S. 247

29* Gehäuse heller od. dunkler hornbraun, oft mit hellerem Band an der Peripherie; OFläche der Gehäuse gestreift od. gekörnelt, oft behaart **30**

30 Gehäuse 13–15 mm br, 9–10 mm h, gedrückt-kugelig, offen genabelt, stark u. unregelmäßig gestreift, in der Jugend behaart. 6 Umgänge. *Euomphalia strigella* (Abb. **253**/1) S. 252

30* Gehäuse 7–16 mm br, kugelig bis stark abgeflacht, Nabel ± offen, selten fast od. ganz bedeckt. OFläche entweder behaart od. nur gestreift od. fein gekörnelt. Lippe deutlich od. schwach. Farbe meist erdbraun, nur bei *Tr. lubomirskii* u. albinotischen Gehäusen hell. *Hygromiinae* (Abb. **249**/1–4, **249 A**/1–2) S. 248

31 (5) Mundsaum auch bei voll ausgebildeten Gehäusen nicht erweitert **32**

31* Mundsaum der voll ausgebildeten Gehäuse erweitert, wenigstens an der Basis **38**

32 Mit kalkigem Deckel. Gehäuse kreiselförmig, mit stumpfer Spitze. 4¾–5 Windungen. OFläche gegittert, violettgrau fleischfarbig, oft mit Fleckenbändern, Mdg fast kreisrund, Mundränder verbunden, 11–15 mm h, 8–11,5 mm br. Bes. in SW-Deutschland. *Pomatias elegans* S. 165

32* Gehäuse ohne Deckel (außer bei *Aciculidae*, Abb. **166**/1–3 u. *Cochlostoma*, Abb. **160**/3), anders geformt. OFläche nie gegittert; Mdg fast nie kreisrund . **33**

33 Gehäuse spitz-eiförmig mit 3–4 schnell zunehmenden Windungen, dünn, durchsichtig, oft bernsteingelb. Mdg weit, mehr als halb so lg wie Gehäuse, spitzeiförmig, Ränder getrennt. Meist an feuchten Orten (Ufer von Gewässern). *Succineidae* S. 205

33* Gehäuse weder spitz-eiförmig noch kreiselförmig, sondern verlängert eiförmig, turm- od. walzenförmig, mit 6–8 langsam zunehmenden Windungen. Mdg weniger als halb so lg wie Gehäuse. Klein, meist unter 6 mm h **34**

34 Mundsaum einfach, scharf, ohne Lippe u. ohne Zähne od. Lamellen **35**

34* Mundsaum stumpf, verdickt. Mdg ohne od. mit *(Azeca)* Zähnen. Gehäuse ungenabelt, glänzend **36**

35 Gehäuse walzenförmig, braun, eng genabelt, 2,2–3,5 mm h. *Columella* (Abb. **213**/5) S. 213

35* Gehäuse nadelförmig, farblos bis weißlich, durchscheinend, glatt; 4,5–5 mm h. 5½–6 Umgänge. Mdg schmal, oben spitz, Spindel schräg abgestutzt. *Cecilioides acicula* (Abb. **226**/5) S. 227

36 (34) Gehäuse länglich-eiförmig od. bauchig-spindelförmig **37**

36* Gehäuse nadelförmig, braun, glatt u. glänzend od. mit Längsrippen, nur 2,8–4 mm h. Deckel vorhanden. Auf der Wand der Mdg ein Callus. Mdg oben rechts mit einer kleinen Bucht, außen meist von einem Nackenwulst umgeben. *Aciculidae* (Abb. **166**/1–3) S. 165

37 Gehäuse gestreckt eiförmig, Mundsaum ohne Zähne. *Cochlicopa* (Abb. **207**/2–4) S. 207

37* Gehäuse bauchig-spindelförmig, Mdg mit Zahnhöckern u. Falten. *Azeca goodalli* (Abb. **207**/1) S. 207

38 (31) Gehäuse links gewunden **39**

38* Gehäuse rechts gewunden **43**

39 Gehäuse walzig-eiförmig od. walzenförmig mit konischer Spitze, sehr klein (nicht über 2 mm h) od. mittelgroß (bis 10 mm h) **40**

39* Gehäuse gestreckt spindelförmig bis turmförmig **42**

40 Gehäuse klein (bis 2 mm h), walzig-eiförmig **41**

40* Gehäuse mittelgroß (bis 10 mm h), walzig-eiförmig. Mdg mit 4 Zähnen. *Jaminia quadridens* (Abb. **219**/3) S. 219

41 Gehäuse horngelb, Mdg mit 6–8 Zähnen. *Vertigo* S. 214

41* Gehäuse rötlichbraun, Mdg mit 4–5 Zähnen. *Vertigo angustior* (Abb. **215**/3) S. 214

42 **(39)** Gehäuse schlank-turmförmig, Mdg nur mit einem Zahnhöcker, ohne Falten u. Lamellen, kein Verschlußplättchen. *Balea perversa* (Abb. **226**/4) S. 226

42* Gehäuse gestreckt spindel- bis keulenförmig. Mdg mit Falten u. Lamellen sowie mit einem Verschlußplättchen *(Clausilium)*. *Clausiliidae* (Abb. **222**/2) S. 220

43 **(38)** Größere Arten (über 8 mm h); Gehäuse verlängert-eiförmig. Mdg mit od. ohne Zähne **44**

43* Kleinere Arten (meist unter 8 mm h). Gehäuse sehr verschieden geformt, getürmt kegelförmig, walzen- od. bienenkorbförmig. Mdg mit od. ohne Zähne **46**

44 Mdg mit 3 Zähnen. *Chondrula tridens* (Abb. **219**/4) S. 219

44* Mdg ohne Zähne **45**

45 Gehäuse kalkigweiß, oft dunkel gestriemt, bis 20 mm h. *Zebrina detrita* (Abb. **219**/1) S. 218

45* Gehäuse braun, bis 16 mm h. *Ena* (Abb. **219**/2) S. 219

46 **(43)** Gehäuse getürmt-kegelförmig, mit Deckel, scharf gerippt; Mdg ohne Zähne, Mundrand unten stark erweitert. Farbe graugelb, meist mit 3 rotbraunen Fleckenbändern. 7,2–7,8 mm h, 3,7–4 mm br. S u. SW-Deutschland. *Cochlostoma septemspirale* (Abb. **160**/3) S. 160

46* Gehäuse spindelförmig od. ± walzen- bis eiförmig. Mdg ohne Deckel, mit od. ohne Zähne **47**

47 Gehäuse glasig-durchscheinend, farblos bis weißlich, ± spindelförmig. Mundsaum zusammenhängend, mit 3 Zähnen. Etwa 2 mm h. *Carychium* (Abb. **257**/1–2) S. 257

47* Gehäuse (außer bei Albinos) nie farblos, sondern braun, walzen- bis eiförmig. Mdg nur bei einigen kleinen Arten (unter 3,5 mm h) zahnlos, sonst mit Falten, Lamellen u. Zähnen. *Chondrinidae, Orculidae, Pupillidae, Vertiginidae* S. 208

Schlüssel 2, Schnecken im Süßwasser

1 Gehäuse mützen- od. schildförmig, nicht spiralgewunden **2**

1* Gehäuse spiralgewunden **3**

2 Gehäuse mützenförmig, mit nach hinten gebogener Spitze. *Ancylidae* (Abb. **268**/1–3) S. 267

2* Gehäuse länglich-schildförmig, Spitze nach hinten links gebogen. *Acroloxidae* (Abb. **268**/4) S. 268

3 **(1)** Gehäuse in einer Ebene spiralig gewunden **4**

3* Gehäuse nicht in einer Ebene gewunden **5**

4* Mdg vollkommen rund, Ränder verbunden, Deckel vorhanden. *Valvata cristata* (Abb. **162**/1–2) S. 162

4* Mdg nicht vollkommen rund. Ränder getrennt, ORand etwas vorgezogen. Ohne Deckel. *Planorbidae* (Abb. **264**/1–5, **265**/1–6, **267**/1–5) S. 262

5 **(3)** Gehäuse halbeiförmig, Gewinde sehr klein, Endwindung sehr groß. Deckel mit einem Fortsatz an der Innenfläche. Mdg halbkreisförmig, mit breiter Spindelfläche. *Theodoxus* (Abb. **160**/1) S. 159

5* Gehäuse anders geformt **6**

6 Mundrand zusammenhängend, mit Deckel **7**

6* Mundrand nicht zusammenhängend, ohne Deckel **11**

7 Mdg ganz od. fast ganz rund, Gehäuse h bis flach-kreiselförmig. Deckel eng spiralig gewunden (Abb. **162**/2–4). *Valvatidae* S. 162
7* Mdg anders geformt **8**
8 Mundsaum mit einer starken Schwiele am Spindelrand verbunden. Mdg schief oval, Gehäuse kugelförmig, dickwandig, 8–11 mm h, 7–8 mm br. *Lithoglyphus naticoides* (Abb. **170**/3) S. 171
8* Mundsaum ohne starke Schwiele. Mdg oval bis spitzoval **9**
9 Gehäuse groß (über 25 mm h), oft mit braunen Bändern, Deckel konchinös, mit konzentrischen Zuwachsstreifen. *Viviparus* (Abb. **161**/1–2) S. 160
9* Gehäuse kleiner (höchstens 16 mm h, meist aber bedeutend kleiner); Deckel kalkig od. konchinös **10**
10 Gehäuse ± kegelförmig, Deckel kalkig mit fast konzentrischem Kern. *Bithynia* (Abb. **170**/1–2) S. 170
10* Gehäuse ± turm- bis eiförmig-zylindrisch. Deckel konchinös; kleine Arten (meist unter 6 mm h). Die Mehrzahl in Quellen u. unterirdischen Gewässern. *Hydrobiinae* S. 167
11 (6) Gehäuse linksgewunden, oval, länglich-oval bis spindelförmig, glatt, glänzend. *Physidae* (Abb. **262**/1–3) S. 261
11* Gehäuse rechtsgewunden, Form sehr variabel (turmförmig, eiförmig mit ± verbreiterter Mdg od. fast kugelig). Spindel ± gedreht. *Lymnaeidae* (Abb. **260**/1–4, **261**/1–3) S. 258

Schlüssel 3, Schnecken im Brackwasser

1 Ohne Gehäuse (5 Arten von Hinterkiemern) **2**
1* Mit Gehäuse **5**
2 Körper ohne Anhänge. *Limapontia nigra* (Abb. **192**/3) S. 192
2* Körper mit Rückenanhängen **3**
3 Körper schlank, hinten spitz auslaufend, Kopf mit Fühlern. Etwa 7 mm lg . . **4**
3* Körper plump, an den RückenS 2–3 Reihen von nach hinten größer werdenden Fortsätzen. Kopf ohne Fühler. 10–15 mm lg. *Alderia modesta* (Abb. **192**/2) S. 192
4 Körper jederseits mit etwa 9 spitz-eiförmigen Rückenanhängen. *Stiliger vesiculosus* (Abb. **192**/1) S. 192
4* Körper jederseits mit 5 Büscheln von je 2–3 schlank-keulenförmigen Rückenanhängen. *Tenellia ventilabrum* (Abb. **202**/2) S. 201
5 (1) Landbewohnend bzw. amphibisch (obere Grenze der Gezeitenzone, Ufer von Brackwassertümpeln, feuchter Schlick) **6**
5* Im Wasser lebend **7**
6 Gehäuse kegelig, glänzend braungelb od. rotbraun, mit Deckel. 6–7 mm h. Nordseeküste. *Assiminea grayana* (Abb. **174**/1) S. 173
6* Gehäuse lgeiförmig, braun, ohne Deckel, Gewinde spitz, Spindel mit 2 Falten. 6–8 mm h. Küste der Nordsee u. westl. Ostsee bis Warnemünde-Poel. *Ovatella myosotis* (Abb. **257**/3) S. 258
7 (5) Gehäuse scheibenförmig, in einer Ebene aufgerollt, 5½–6 Umgänge, letzter mit fadenartig abgesetztem Kiel. Mdg schiefeiförmig. 3,5 mm h, bis 14 mm br. *Planorbis planorbis* (Abb. **264**/2–3) S. 264
7* Gehäuse nicht scheibenförmig **8**

8 Gehäuse halbeiförmig, aus 2½ schnell zunehmenden Windungen mit wenig hervorragendem Gewinde bestehend, Spindelfläche eine ebene Platte, Deckel vorhanden, mit einem Fortsatz an der InnenS. Größe mit zunehmendem Salzgehalt abnehmend (9,5–7 mm). Brackwasser der Ostsee.
Theodoxus fluviatilis f. *litoralis* S.159

8* Gehäuse länglich eiförmig od. kegelförmig **9**

9 Gehäuse mehr als 10 mm h **10**

9* Gehäuse kaum 10 mm h, meist darunter **13**

10 Mundsaum zusammenhängend, Gehäuse spitz konisch-eiförmig, glatt, fest. 5–5½ schwach gewölbte Windungen, Mdg oben etwas zugespitzt. Deckel verkalkt. Im Süß- u. Brackwasser. *Bithynia tentaculata* (Abb.**170**/1) S.170

10* Mundsaum nicht zusammenhängend **11**

11 Gehäuse kurz kegelförmig, dicht spiralgestreift. Deckel konchinös. – **L.** Marin u. in einer kleineren Form (etwa 15 : 13 mm), im Brackwasser.
Littorina littorea (Abb.**163**/2) S.164

11* Gehäuse dünn, ohne Deckel, mit ± deutlicher Spindelfalte **12**

12 Gehäuse länglich eiförmig, fein radialgestreift, Gewinde kürzer als Mdg, letzter Umgang ± aufgeblasen. 10–13,5 mm h, 8–10 mm br. – **V.** Im Brackwasser der Nord- u. vor allem der Ostsee. *Radix peregra* (Abb.**261**/2) S.260

12* Gehäuse getürmt eiförmig, häufig durch Längs- u. Querrunzeln gegittert, Gewinde so h od. höher als Mdg, letzter Umgang kaum aufgeblasen. Im Süß- u., in einer Zwergform (etwa 13 : 6 mm), im Brackwasser.
Stagnicola palustris (Abb.**260**/4) S.260

13 (**9**) Gehäuse linksgewunden, ohne Deckel, dünn glänzend, eiförmig, 4 Windungen. Süßwasser; Brackwasser der Ostsee. *Physa fontinalis* (Abb.**262**/2) S.262

13* Gehäuse rechtsgewunden, mit Deckel. Mundsaum verbunden **14**

14 Gehäuse kurz kegelförmig, mit Spiralskulptur, 5–6 ziemlich stark gewölbte Windungen, letzte auffallend groß. Marin, im Brackwasser (vor allem Ostsee) eine kleine Form (etwa 6 mm h, 3,5 mm br) bis Westküste Rügens.
Littorina saxatilis f. tenebrosa S.164

14* Gehäuse spitz kegel- bis turmförmig, glatt od. mit vertikalen Rippen **15**

15 Gehäuse meist mit vertikalen Rippen, schlank turmförmig od. kurz kegelförmig, oft mit braunen Vertikalstreifen **16**

15* Gehäuse ohne vertikale Rippen, glatt od. mit fadenartigem Kiel auf den mittleren Umgängen, manchmal auch auf der letzten Windung **17**

16 Gehäuse 9–10 mm h, 3–4 m br, schlank turmförmig; Rippen erlöschen vor der Mdg. 7 Windungen. *Rissoa membranacea* (Abb.**172**/6) S.173

16* Gehäuse etwa 2,3–4,4 mm h, 1–1,3 mm br, kurz kegelförmig.
Turboella inconspicua (Abb.**172**/8) S.173

17 (**15**) Gehäuse mit engem, aber offenem Nabelritz, stets ohne fadenartigen Kiel **18**

17* Gehäuse mit geschlossenem Nabelritz, im Brackwasser häufig mit fadenförmigem Kiel, der aber auch fehlen kann. Bis 5 mm h u. 2,5 mm br. Süß- u. Brackwasser. *Potamopyrgus jenkinsi* (Abb.**165**/5) S.170

18 Windungen sehr gewölbt, Naht tief, Mdg oben gerundet. In schwach salzhaltigem Brackwasser. Nordseeküste, vor allem in der ganzen Ostsee, auch im Binnenland. 4–4,5 mm h, 2,2 mm br. *Hydrobia stagnorum* (Abb.**165**/3) S.169

18* Windungen nicht sehr gewölbt. Naht seicht, letzter Umgang auffallend groß.

Mdg oben zugespitzt. Etwa 6 mm h, 3–3,5 mm br. In stärker salzhaltigem Wasser als vor. Art, daher häufiger an der Nordseeküste.
Hydrobia ulvae (Abb. **165**/4) S. 169

Schlüssel 4 (1), Schnecken im Meer
(Im Gebiet mögliche Arten [*Euthyneura* ohne *Pyramidellidae*])

1 Mit äußerlich sichtbarem Gehäuse **2**
1* Ohne Gehäuse od. Gehäuse äußerlich nicht sichtbar **13**
2 Mit Kopfschild **3**
2* Ohne Kopfschild **12**
3 Gehäuse mit 2–3 weißlichen Binden, mit Operculum. *Acteon tornatilis* S. 184
3* Gehäuse ohne weißliche Binden, ohne Operculum **4**
4 Mit Verbreiterungen des Fußes (Parapodien bzw. Epipodien) **5**
4* Ohne Verbreiterungen des Fußes **8**
5 Gehäuse etwa so br wie h, links gewunden. *Spiratella retroversa* S. 190
5* Gehäuse höher als br, rechts gewunden **6**
6 Gehäuse lg-zylindrisch, Kopfschild lg u. schmal. *Cylichna cylindracea* S. 185
6* Gehäuse eiförmig bauchig, Kopfschild br **7**
7 Gehäuse fest, oben konisch verschmälert; Kopfschild ohne Zipfel am HRand. *Scaphander lignarius* S. 185
7* Gehäuse dünn, zerbrechlich, rundlich, oben nicht verschmälert; Kopfschild hinten zweizipflig. *Haminea hydatis* S. 188
8 **(4)** Gehäuse oval, nach oben verschmälert; Kopfschild ohne deutliche HLappen, Fuß mit 2 kurzen Schwänzen. *Diaphana minuta* S. 186
8* Gehäuse ± zylindrisch, oben nicht od. kaum verschmälert; Kopfschild mit 2 längeren ohrförmigen Anhängen, Fuß hinten gerundet **9**
9 Apex überragt die folgenden Windungen **10**
9* Apex abgestutzt, überragt nicht die folgenden Windungen **11**
10 Gehäuse ovoid-zylindrisch, Spira aus 4 Umgängen, wenig erhoben, von der S sichtbar; schwache Spiralfalte. *Retusa obtusa* S. 187
10* Gehäuse zylindrisch, in der M etwas eingezogen; Spira aus drei Umgängen, nur von oben sichtbar, teilweise verdeckt durch großen, kugelförmigen Nukleus (größer als bei *R. obtusa*). *Mamilloretusa mamillata* S. 187
11 **(9)** Gehäuse im oberen Abschnitt zylindrisch, dort mit deutlichen Rippen. Spira gerade abgestutzt. *Retusa truncatula* S. 187
11* Gehäuse im ganzen rundlicher, länglich-oval, dünn, ohne Rippen. Spira stumpf abgestutzt. *Cylichnina nitidula* S. 187
12 **(2)** Ohne Tentakel. *Akera bullata* S. 190
12* Mit Tentakel (*Streptoneura* u. *Pyramidellidae*). Schlüssel 4 (2) S. 155
13 **(1)** Mit Kopfschild *Philine* S. 185
13* Ohne Kopfschild **14**
14 Mit Tentakel **15**
14* Ohne Tentakel **18**
15 Ohne äußere Atmungsorgane (sekundär, wie Rückenanhänge od. Kiemenrosetten) **16**
15* Mit äußeren Atmungsorganen (sekundären) **19**

16 Mit seitlichen Parapodien (zum Schwimmen geeignet) **17**

16* Ohne seitliche Parapodien. *Microhedyle lactea* S.186

17 Länge des Tieres ca. 70–150 mm, mit großen Parapodien im mittleren Körperabschnitt. Mantel auf dem Rücken offen, die flache Schale ist teilweise sichtbar. *Aplysia rosea* S.190

17* Länge des Tieres bis 33 mm, mit lg, fast die ganze Körperlg einnehmenden Parapodien. Ohne innere Schale. *Elysia viridis* S.191

18 **(14)** Tier sehr klein (bis 1,5 mm lg), milchigweiß mit opakweißen Flecken, gelegentlich auch schwarzen Punkten. *Philinoglossa helgolandica* S.186

18* Tier größer (etwa 8 mm lg), meist schwarzbraun, mit undeutlich weißen Flekken. *Limapontia nigra* S.192

19 **(15)** Rücken mit Warzen (Tuberkeln) od. anderen Anhängen; um den After am E der RückenS immer eine Kiemenrosette **20**

19* Rücken mit einfachen od. verzweigten Fortsätzen; ohne Kiemenrosette um den After **33**

20 Kiemenrosette aus 3–5 Kiemen **21**

20* Kiemenrosette aus mindestens 7 Kiemen **24**

21 Mit längeren tentakelartigen Fortsätzen an jeder KörperS (mindestens 3); 3 Kiemen **22**

21* Ohne tentakelartige Fortsätze an den KörperS; 5 Kiemen **23**

22 6–7 Fortsätze an jeder S, auf die ganze Körperlg verteilt, dazu 8 am Kopfsegel. *Limacia claviger* S.195

22* 3–5 Fortsätze an jeder S nahe den Kiemen, ohne Fortsätze am Kopfsegel. *Ancula gibbosa* S.193

23 **(21)** Notum groß u. br, weißlich, mit zahlreichen kleinen Tuberkeln. Kiemen retraktil. Rhinophoren mit 12–13 Lamellen. *Cadlina laevis* S.196

23* Notum reduziert; Tier schmal limax-artig, grünlich-schwarz, mit größeren gelblichen Flecken. Kiemen nicht retraktil. Rhinophoren mit 7–9 Lamellen. *Palio dubia* S.196

24 **(20)** 4 tentakelartige Fortsätze am Stirnsegel. *Polycera quadrilineata* S.195

24* Ohne Fortsätze am Kopf **25**

25 Notum groß u. br, das Tier ganz od. bis auf das FußE überdeckend, immer mit zahlreichen Tuberkeln **26**

25* Notum schmal u. relativ kurz, Kopf u. hinteres Körperdrittel nicht überdeckend, am hinteren Rand mit Einschnitt, mit wenigen Tuberkeln. *Goniodoris nodosa* S.193

26 Kiemen der Rosette 3fach gefiedert, retraktil **27**

26* Kiemen der Rosette als ± einfache Federn, nicht retraktil **28**

27 Mit 9 Kiemen, Rhinophoren mit über 20 Lamellen, Oraltentakel kurz blattförmig. *Archidoris tuberculata* S.197

27* Mit 15 Kiemen, Rhinophoren mit 10–12 Lamellen, Oraltentakel spitz ausgezogen. *Jorunna tomentosa* S.199

28 **(26)** Tuberkeln auf dem Notum spitz konisch; Rhinophoren mit 19–20 Lamellen, Scheide mit ausgelapptem Rand. *Acanthodoris pilosa* S.193

28* Tuberkeln auf dem Notum dick keulenartig, Rhinophoren mit 9–16 Lamellen, Ränder der Scheiden glatt **29**

29 Mit 20 u. mehr Kiemen. *Lamellidoris bilamellata* S.195

29* Mit 8–11 Kiemen **30**

30 US des Notums glatt **31**
30* US des Notums nicht glatt, mit Papillen od. mit Papillen u. s-förmigen Linien besetzt **32**
31 Grundfarbe hellgelb bis weiß, Papillen annähernd gleich groß. Rhinophoren bis auf Warzengröße kontrahierbar, mit 9–10 Lamellen. *Lamellidoris muricata* S. 194
31* Grundfarbe gelbrosa, Papillen von verschiedener Größe. Rhinophoren retraktil, mit 15 Lamellen. *Adalaria proxima* S. 194
32 **(30)** US des Notums mit dicht stehenden Papillen besetzt. *Lamellidoris aspersa* S. 195
32* US des Notums mit wenigen Papillen u. mit s-förmigen Linien ausgestattet. *Lamellidoris diaphana* S. 195
33 **(19)** Rückenfortsätze fiederförmig od. bäumchenartig verzweigt od. zapfenartig mit Filamentringen, Rhinophoren mit Scheiden **34**
33* Rückenfortsätze unverzweigt, glatt, keulen- bis tentakelartig, Rhinophoren ohne Scheiden **39**
34 Mit 4 od. 8 längeren Fortsätzen auf dem Kopfsegel **35**
34* Ohne längere Fortsätze auf dem Kopfsegel **37**
35 Mit 8 glatten Fortsätzen, Rand der Rhinophorenscheide glatt. *Tritonia plebeja* S. 198
35* Mit 4 glatten od. verzweigten Fortsätzen, Rand der Rhinophorenscheide leicht zerfranst bis stark verzweigt **36**
36 Mit 4 glatten Fortsätzen, Rand der Rhinophorenscheide nur leicht zerfranst. *Duvaucelia lineata* S. 198
36* Mit 4 größeren verzweigten Fortsätzen (daneben kleinere möglich), Rand der Rhinophorenscheide mit 4–5 zweigartigen Fortsätzen. *Dendronotus frondosus* S. 199
37 **(34)** 2 Längsreihen aus 5–6 großen u. weiteren kleineren Kiemenanhängen aus mehreren Fiederblättchen. Integument mit zahlreichen warzigen Tuberkeln bedeckt. Rhinophoren mit verzweigten Filamenten. *Tritonia hombergi* S. 197
37* 5–9 Paare seitlicher Kiemenanhänge von zapfenartiger Ausbildung mit mehreren Filamentringen. Integument ziemlich glatt. Rhinophoren filiform . . . **38**
38 5–6 Paar Kiemenanhänge. *Doto coronata* S. 200
38* 9 Paar Kiemenanhänge. *Doto fragilis* S. 200
39 **(33)** Ohne eigentliche Kopftentakel. Fußsohle sehr br, im vorderen Abschnitt erheblich breiter als der Rücken. *Alderia modesta* S. 192
39* Mit 1–2 Paar Kopftentakeln. Fußsohle nicht breiter als der Rücken **40**
40 Mit 1 Paar Kopftentakeln. *Stiliger vesiculosus* S. 192
40* Mit 2 Paar Kopftentakeln **41**
41 Fußsohle ± schmal, höchstens halb so br wie der Rücken **42**
41* Fußsohle breiter, meist so br wie der Rücken **43**
42 4 große Kiemenpapillen auf jeder KörperS, die 3 hinteren regelmäßig zueinander versetzt. Rhinophoren mehr als 3mal so lg wie die Oraltentakel. *Tergipes despectus* S. 201
42* Mindestens 5 große Kiemenpapillen auf jeder S, nicht regelmäßig versetzt. Rhinophoren doppelt so lg wie die Oraltentakel. *Eubranchus exiguus* S. 200
43 **(41)** Rhinophoren immer mit lamellösen Ringen **44**
43* Rhinophoren glatt, ohne lamellöse Ringe **45**

44 Rhinophoren mit je 7–8 lamellösen Ringen. *Facelina coronata* S. 204
44* Rhinophoren mit je 20–30 lamellösen Ringen. *Facelina drummondi* S. 203
45 **(43)** Vorderer Fußrand seitlich sehr lg u. spitz ausgezogen (auf doppelte FußBr). Rhinophoren mit einer Anschwellung bei etwa ⅔ Lg. *Favorinus branchialis* S. 204
45* Vorderer Fußrand nicht so lg ausgezogen. Rhinophoren ohne Anschwellung **46**
46 Vordere Fußränder seitlich immer mit spitzen Ecken **47**
46* Vordere Fußränder seitlich mit abgerundeten Ecken **51**
47 Körper amethystfarben. *Coryphella pedata* S. 200
47* Körper weißlich bis gelblichgrün od. bräunlich gefärbt **48**
48 Kiemenanhänge rot. *Coryphella verrucosa* S. 200
48* Kiemenanhänge grünlich od. bräunlich **49**
49 Kiemenanhänge mit gelben Spitzen. Rhinophoren am E verdickt, länger als die Oraltentakel. *Trinchesia caerulea* f. *glottensis* S. 202
49* Kiemenanhänge mit weißen Spitzen. Rhinophoren am E nicht verdickt, etwa von der gleichen Lg wie die Oraltentakel **50**
50 Kiemenanhänge in 18–20 Reihen, braun. Rhinophoren braun. *Aeolidia papillosa* S. 205
50* Kiemenanhänge in etwa 10 Reihen, grünlich. Rhinophoren weißlich. *Trinchesia viridis* S. 202
51 **(46)** Körper u. zitzenförmige Kiemenanhänge mit zahlreichen kräftigen orangebraunen Flecken. *Tenellia ventilabrum* S. 201
51* Körper ohne zahlreiche kräftige Farbflecken **52**
52 Rhinophoren zumindest im distalen Abschnitt wie gerunzelt. Rhinophoren u. Oraltentakel mit je einem braunen Ring. Kiemenanhänge an der Basis braun. *Cratenopsis amoena* S. 203
52* Rhinophoren nicht gerunzelt, beide Tentakelpaare ohne braune Ringe. Kiemenanhänge anders gefärbt **53**
53 Vordere gerundete Fußecken länger ausgezogen (etwa halb so lg wie die FußBr). Kiemenpapillen bräunlich mit weißer Spitze. *Cratenopsis concinna* S. 203
53* Vordere gerundete Fußecken kaum ausgezogen. Kiemenpapillen anders gefärbt **54**
54 Kiemenanhänge in 13–14 Reihen auf jeder S, braunorange bis violett mit goldgelber Spitze. Rücken hell bräunlich. *Eubranchus tricolor* f. *pallidus* S. 201
54* Kiemenanhänge in 6–8 Reihen (bei der Form *longicauda* 9), grünlich mit orangefarbenen Spitzen. Auf dem Rücken zwischen den vorderen Anhängen ein größerer rötlicher Fleck. *Trinchesia foliata* S. 202

Schlüssel 4 (2), Schnecken im Meer
(Mögliche streptoneure Arten u. *Pyramidellidae*)

Mit äußerlich sichtbarem Gehäuse, mit Tentakel, ohne Kopfschild, sonst siehe Schlüssel 1.

1 Gehäuse ohne Spiralwindungen **2**
1* Gehäuse immer mit (mitunter sehr wenigen) Spiralwindungen **3**
2 Gehäuse flach konisch-napfförmig, über 10 mm lg. *Acmaea* S. 158

2* Gehäuse röhrenförmig, leicht gebogen, bis 2,5 mm lg. *Caecum glabrum* S. 176
3 (1) Gehäuse halbeiförmig, mit kleinem Gewinde, die letzte Windung sehr groß. Die weite Mdg hinten mit einem großen queren Septum. *Crepidula fornicata* S. 177
3* Gehäuse anders, immer ohne Septum 4
4 Mdg eng, fast so lg wie das Gehäuse, auf Außen- u. Innenwand mit zahlreichen Zähnchen u. Falten auf der ganzen Lg. *Trivia monacha* S. 179
4* Mdg weiter, Zähnchen niemals auf der ganzen Lg auf beiden S, Lg meist nur bis etwa ½ GehäuseH (wenn länger, dann niemals so eng) 5
5 Mdg des Gehäuses mit Ausguß od. deutlicher Rinne (Sipho) an der Basis . . 6
5* Mdg ohne Ausguß od. Rinne 16
6 Außenrand der Mdg erheblich verbreitert u. mit fingerförmigen Fortsätzen. *Aporrhais pespelecani* S. 178
6* Außenrand der Mdg nicht auffallend verbreitert u. ohne Fortsätze 7
7 Gehäuse klein, bis 10 mm h, konisch-turmförmig, mit auffallender Skulptur . 8
7* Gehäuse höher als 10 mm, nicht konisch-turmförmig, aber immer höher als br, Skulptur ± deutlich 9
8 Gehäuse rechtsgewunden, bis 10 mm h, mit Gitterskulptur. *Bittium reticulatum* S. 176
8* Gehäuse linksgewunden, bis etwa 5 mm h, spiralgerippt mit Knötchen. *Triphora perversa* S. 175
9 (7) Gehäuse groß bis sehr groß, meist über 70 mm h 10
9* Gehäuse kleiner, bis max. 45 mm h 12
10 Gehäuse ziemlich glatt, höchstens schwach spiralig gestreift, Mdg erweitert, 100–200 mm h. *Neptunea antiqua* S. 182
10* Gehäuse immer mit deutlicher Spiralskulptur, Mdg nicht erweitert, 70–110 mm h 11
11 Gehäuse ausgesprochen spindelförmig, mit relativ lg MdgsKanal, nur mit Spiralskulptur, bis 70 mm lg. *Colus gracilis* S. 182
11* Gehäuse mehr spitz-eiförmig, MdgsKanal ziemlich kurz, zur Spiralskulptur kommen axiale gröbere Falten; 80–110 mm h. *Buccinum undatum* S. 182
12 (9) Außenwand der Mdg innen (Lippe) gefaltet bis stark gezähnt 14
12* Außenwand der Mdg scharf, innen ohne Falten od. Zähne 13
13 Umgänge stufig abgesetzt, ohne axiale Lamellen. *Oenopota turricula* S. 183
13* Umgänge gewölbt, mit scharfen axialen Lamellen (16–20). *Trophonopsis truncata* S. 181
14 (12) Skulptur aus wenig auffallenden Spiralreifen. *Nucella lapillus* S. 181
14* Skulptur aus kräftigen axialen Rippen u. mit meist schmaleren Spiralreifen, teilweise netzartig 15
15 Gehäuse ± spindelförmig, Innenrand der Mdg ohne Parietalschwiele. Etwa 10 axiale Rippen. *Raphitoma linearis* S. 183
15* Gehäuse eikegelförmig, Innenrand der Mdg mit kräftiger Parietalschwiele. 12–18 axiale Rippen. *Hinia (Nassarius)* S. 182
16 (5) Gehäuse ± scheibenförmig (planorboid) aufgerollt, mindestens doppelt so br wie h 17
16* Gehäuse nicht scheibenförmig, höchstens so br wie h, meist höher 18
17 Gehäuse nicht ganz scheibenförmig, die Spira ist etwas erhoben. *Skeneopsis planorbis* S. 174

17* Gehäuse scheibenförmig, die Spira nicht erhoben. *Omalogyra atomus* S. 174
18 (16) Gehäuseform annähernd kegel- od. kreiselförmig, die Basis ± abgeflacht. *Trochidae* S. 158
18* Gehäuse rundlich bis getürmt, die Basis nicht abgeflacht 19
19 H der Mdg mindestens halb so h wie das ganze Gehäuse 20
19* H der Mdg deutlich kleiner als die halbe GehäuseH 23
20 Gehäuse mit relativ großem Nabel 21
20* Gehäuse ungenabelt 22
21 Gehäuse dickschalig. Parietalwand mit dicker, die MdgsRänder verbindender u. die Nabelgegend einengender Schwiele. *Naticidae* S. 180
21* Gehäuse dünnschalig. Parietalwand ohne dicke Schwiele. *Lacunidae* S. 164
22 (20) Gehäuse dünnschalig u. beinahe ohrförmig. Mdg sehr groß u. weit, über $^3/_4$ GehäuseH hoch. *Lamellariidae* S. 179
22* Gehäuse dickschalig, rundlich bis spitz eiförmig. Die Mdg mit dicken Rändern, die die Öffnung einengen. *Littorinidae* S. 163
23 (19) Mundrand zusammenhängend 24
23* Mundrand nicht zusammenhängend 27
24 Gehäuse mit stark gewölbten Umgängen, auf allen kräftige axiale Rippen od. Lamellen. 15–40 mm h. *Epitoniidae* S. 176
24* Umgänge weniger stark gerundet, glatt od. wenig auffallend skulptiert. Meist unter 10 mm h (max. 12 mm) 25
25 Umgänge meist deutlich skulptiert. *Rissoidae* S. 171
25* Umgänge glatt, ohne deutliche Skulptur 26
26 Ungenabelt, kegelförmig, mit sehr schwach gewölbten Umgängen. *Assimninea grayana* S. 173
26* Mit offenem Nabelritz, spitzkonisch, mit stark bis schwach gewölbten Umgängen. *Hydrobiidae* S. 167
27 (23) Gehäuse über 15 mm h, etwa 15 Umgänge 28
27* Gehäuse nur wenige mm (bis max. 10 mm) h, 5–12 Umgänge. *Pyramidellidae* S. 188
28 Gehäuse glatt, mit ganz flachen Umgängen, etwa 18 mm h. *Eulima polita (alba)* S. 177
28* Auf den wenig gewölbten Umgängen 3 stärkere Spiralstreifen. Bis 50 mm h. *Turritella communis* S. 175

Unterklasse *Streptoneura [Prosobranchiata]* – **Vorderkiemer**

Zum größten Teil mit Kiemen atmend, Herz hinter den Kiemen. Nervenlängsstämme gekreuzt (streptoneur). Getrenntgeschlechtig. Gehäuse meist mit Deckel. Fast immer Meer, Brack- u. Süßwasser, vor allem in den Trop auch auf dem Land. Befruchtung im freien Wasser, in das Eier u. Spermien abgelegt werden, od. durch Begattung mit Hilfe eines Penis.

Ordnung *Diotocardia [Archaeogastropoda]*

Altertümliche Schnecken mit 2 od. 1 Kammkieme od. mit sekundären Kiemen. Kiemenblättchen zweizeilig angeordnet (bipectinat), Herz ursprünglich mit zwei Kammern. Vorwiegend marin. Pflanzenfresser.

Familie *Acmaeidae*

Gehäuse flach napf- od. kappenförmig, ohne Windungen. InnenS porzellanartig, nicht irisierend. Ohne Deckel.

Gattung *Acmaea* ESCHSCHOLTZ

1 Gehäuse bis 30 mm lg. Apex etwas vor die M verlagert. Mit dunkelbraunen strahligen Flecken. – **V.** Zirkumboreal u. atl. Kieler Bucht u. Fehmarnbelt, auf Steinen. – Na: Algen. *Acmaea testudinalis* (O.F.MÜLLER) (Abb. **158/1**)

1* Gehäuse bis 14 mm lg. Apex stark nach vorn gerückt. Rötlich gefärbt od. gestrahlt. – **V.** O-Atl, Mittelmeer. Helgoland auf Steinen. – Na: Algen. *Acmaea virginea* (O.F.MÜLLER) (Abb. **158/2**)

Familie *Trochidae* – **Kreiselschnecken**

Gehäuse mehr od. weniger kreiselförmig mit mehreren Windungen. Innen meist perlmuttrig. Mit spiraligem Deckel. Nur marin.

1 Gehäuse genabelt, etwas eingeengt. *Gibbula* S.158

1* Gehäuse ungenabelt. *Calliostoma* S.159

Gattung *Gibbula* RISSO

1 Gehäuse kegelförmig, mit 6 schwach gewölbten Umgängen u. wenig eingesenkter Naht. Skulptur aus 8–10 Spiralreifen auf den Umgängen u. 12 auf der Basis.

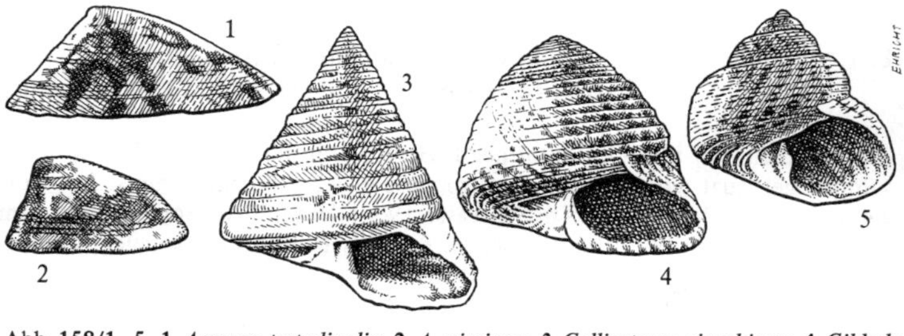

Abb. **158/1–5** **1** *Acmaea testudinalis*; **2** *A. virginea*; **3** *Calliostoma zizyphinus*; **4** *Gibbula cineraria*; **5** *G. tumida*

Grau-silbrig gefärbt mit zahlreichen olivschwarzen Längslinien od. -flammen, die an der Basis in viereckige Flecken aufgelöst sind. Bis 20 mm h. – **V.L.** Eur AtlKüsten. Bei Helgoland häufig im Felswatt. *Gibbula cineraria* (L.) (Abb. **158**/4)

1* Gehäuse etwa kreiselförmig, mit 6 stärker gewölbten Umgängen u. tiefer Naht. Mit zahlreichen feinen Spiralreifen mit leichten braunen Flammen, an der Basis heller. Bis 14 mm h. – **V.L.** Etwa wie vor. Art, etwas nördlicher. Bei Helgoland in tieferem Wasser auf steinigem, mit Schlick gemischtem Grobsand.
Gibbula tumida (MONTAGU) (Abb. **158**/5)

Gattung *Calliostoma* SWAINSON

Calliostoma zizyphinus (L.) (var. *conuloide* LAMARCK) (Abb. **158**/3)
Gehäuse konisch. Die etwa 9 Umgänge flach od. nur wenig gewölbt, die oberen granuliert, die unteren mit flachen Reifen od. glatt. Gelbgrau mit braunen Flammen. Im Gebiet bis 18 mm h. – **V.** O-Atl, südl. bis Kanaren, Mittelmeer. – **L.** Bei Helgoland im Sublitoral auf grobsandigen u. steinigen Gründen. – ▽

Familie *Neritidae* – **Kahnschnecken**

Gattung *Theodoxus* MONTFORT

G. MdgsFläche der halbeiförmigen, ungenabelten Gehäuse von Spindelrand u. MdgsWand gebildet. Mdg weit, halbkreisförmig, kalkiger Deckel entsprechend geformt, mit einem inneren, als Muskelansatz dienenden Fortsatz; $2\frac{1}{2}$–$3\frac{1}{2}$ rasch zunehmende Windungen. – **L.** Flüsse, Ströme u. Seen. – **B.** Na: Algen-Aufwuchs, Schwämme. Rundliche, helle, etwa 1 mm große Eikapseln auf Steinen u. Gehäusen von Weichtieren, auch von Artgenossen. Von 70–90 Eiern jeder Kapsel entw sich nur eins auf Kosten der anderen (sog. Nähreier). – Arten durch Biotopverschlechterungen sehr stark gefährdet.

Zur Beachtung: Als Lg gilt die größte Ausdehnung des auf der US liegenden Gehäuses, als Br die dazu senkrechte, größte Abmessung.

1 Gehäuse mit Netz- od. Zickzackzeichnung 2

1* Gehäuse ohne Netz- od. Zickzackzeichnung, auf grauem od. gelblich-grauem Grund 3 dunkle Spiralbänder. 7,8–8,2 mm lg, 5,8–6,2 mm br. – **V.** Danubisch, Donaugebiet, in der Donau früher von Ingolstadt abwärts; heute nur noch in der Alz. Eine Überprüfung des Stromstriches der Donau ist wünschenswert.
Th. transversalis (C. PFEIFFER) – **Gebänderte Kahnschnecke**

2 Dunkle Zickzackzeichnung auf hellem Grund. Gehäuse $\frac{3}{4}$ so br u. $\frac{1}{2}$ so h wie lg. Gewinde etwa $\frac{1}{3}$ der Lg, Endwindung bisweilen stumpfkantig. Deckel ohne roten Außensaum. 9–10 mm lg, 7–7,6 mm br. – **V.** SO-Eur, Donaugebiet, in der Donau von Kelheim abwärts, heute im Gebiet erloschen (?).
Th. danubialis (C. PFEIFFER) – **Donau-Kahnschnecke**

2* Dunkel Netzzeichnung auf hellem Grund, meist 3 Zonen zu Spiralbändern zusammengedrängt. Gewinde etwa $\frac{1}{4}$ der Lg, Endwindung gerundet. Deckel mit rotem Außensaum. 8–10 mm lg, 5,7–7,1 mm br. – **V.** W-pal, im Gebiet der Norddeutschen Vereisung, Oberrheingebiet u. Fränkischen Saale, im Donaugebiet nicht autochthon. – **L.** Flüsse u. Seen, an Steinen, Muschelschalen u.a.
Th. fluviatilis (L.) – **Gemeine Kahnschnecke** (Abb. **160**/1–2)

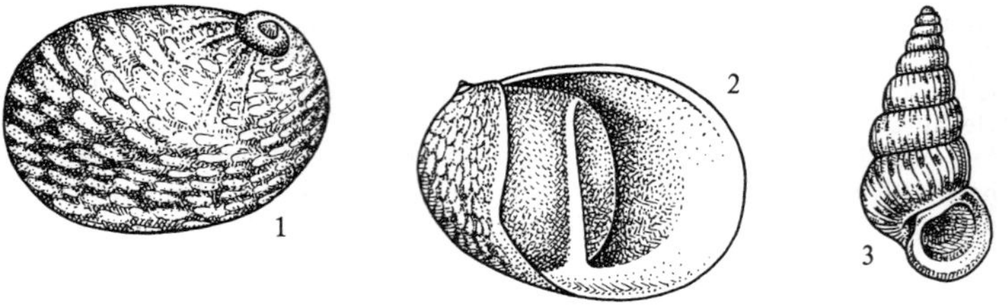

Abb. **160/1–3** **1** *Theodoxus fluviatilis*, OS; **2** *Th. fluviatilis*, US; **3** *Cochlostoma septemspirale*

Im Brackwasser der Ostsee der kleinere, meist dunkel gefärbte *Th. fluviatilis* f. *littoralis* L. Häufig an der Küste u. in Strandseen an Gehäusen, Steinen, Pflanzen.

Ordnung *Monotocardia [Mesogastropoda]*

Atmung durch eine einseitig gefiederte Kieme, bei terrestrischen Arten durch eine Lunge. Nur 1 Herzvorhof. Radula meist mit 7 Zähnen je Querreihe. – **L.** Meer, Süßwasser, Land. – Pflanzenfresser, Strudler, Räuber od. Aasfresser.

Familie *Cyclophoridae* – **Turmdeckelschnecken**

Gattung *Cochlostoma* JAN

C. septemspirale (RAZOUMOWSKY) – **Kleine Walddeckelschnecke** (Abb. **160**/3)
G. Gehäuse getürmt kegelförmig, mindestens doppelt so h wie br, regelmäßig u. scharf gerippt, graugelb od. hornfarben, meist 3 rotbraune Fleckenbänder, $8\frac{1}{4}$–$8\frac{3}{4}$ stark gewölbte u. durch tiefe Naht getrennte Umgänge; Nabel stichförmig. Mundsaum innen mit einer Schwiele, stark verbreitert. Mdg kreisrund. Deckel dünn, biegsam, konchinös, ohne Kalkauflagerung. Fuß ungeteilt. 7–8 mm h, 3,5 mm br. – **V.** S-Eur, Oberrheingebiet, Schwarzwald (Wutachtal), Kalkalpen in SO-Bayern, bei Kelheim a. D., an der untersten Altmühl u. im Donautal. – **L.** Auf Kalkboden, an Felsen u. Bäumen, bei Trockenheit unter Laub u. Geröll. – **B.** Lungenatmende Landdeckelschnecke. Na: Algen, Pflanzenreste.

Familie *Viviparidae* – **Fluß- u. Sumpfdeckelschnecken**

Gattung *Viviparus* MONTFORT

Gehäuse rundlich-kegelförmig od. kegelförmig, über 25 mm h, stets höher als br, Mdg am Außenrand schwach winklig. Deckel konchinös, mit exzentrischem Kern u. konzentrischen Zuwachsstreifen. Fühler lg, pfriemenförmig, beim ♂

rechter kurz u. verdickt, vom Samenleiter durchzogen, als Begattungsorgan dienend. Seitlich außen am Ansatz der Fühler kurz gestielte Augen. ♀ mit Erweiterung des Eileiters, in dem sich die dotterreichen Eier entw. Lebendgebärend. Na: Algen-Aufwuchs (Weidegänger) od. Plankton (durch besondere Einrichtung der Mantelhöhle Planktonstrudler) od. organische Stoffe (im Schlamm wühlend). Mehrjährig.

1 Naht deutlich vertieft, Apex dünn u. spitz (zäpfchenförmig). Gehäuse rundlich-kegelförmig, offen genabelt, 6–6½ stark gewölbte, durch tiefe Naht stufig abgesetzte Windungen, dünnwandig, grünlich-braun, meist 3 braune Bänder. Gehäusespitze bei gut erhaltenen Exemplaren scharf u. stechend. 32–40 mm h, 24–30 mm br. – **V.** W-pal, im Tiefland allgemein verbreitet, im S seltener. – **L.** Bevorzugt ruhige, pflanzenreiche, schlammige Gewässer. Bis in 15 m Wassertiefe (auch in relativ saurem Wasser). [*V. viviparus* (L.)]
V. contectus (MILLET) – **Spitze Sumpfdeckelschnecke** (Abb. **161**/1)

1* Naht kaum vertieft, Apex gerundet 2

2 Gehäuse bis 30 mm h, schlank, eiförmig-spitzkonisch, fest, Nabel fast od. ganz geschlossen, 5½–6 oben mäßig, unten nur schwach gewölbte Umgänge. Naht deutlich, aber flach. Oliv-graugrün, 3 rotbraune Bänder. Bis 30 mm h, 23–24 mm br. – **V.** M- u. O-eur, im Tiefland allgemein. Auch im Rhein mit Mosel, Main u. Neckar sowie Donau. – **L.** mäßig bewegtes Wasser von Seen u. Flüssen. [*V. fasciatus* (O. F. MÜLLER)]
V. viviparus (L.) – **Stumpfe Sumpfdeckelschnecke** (Abb. **161**/2)

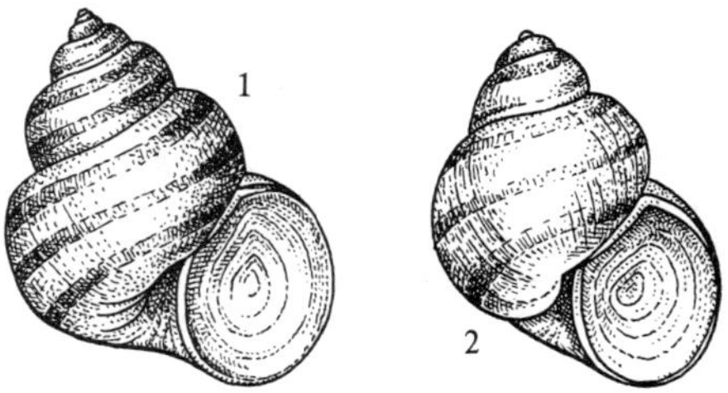

Abb. **161/1–2**
1 *Viviparus contectus*;
2 *V. viviparus*

2* Gehäuse über 30 mm h, schlank bis kegelförmig, festschalig, relativ groß, Nabel fast geschlossen, 6–7 unten mäßig gewölbte Umgänge. Naht tief. OFläche der Endwindung gegittert od. gehämmert. Olivgrün bis -braun, teilweise mit 3 rotbraunen Längsbändern. Ausgeprägter Sexualdimorphismus. Bis 45 mm h, 23–30 mm br. – **V.** SO-eur, im Gebiet an wenigen Standorten im unteren Donaulauf. – **L.** Mäßig bewegtes Wasser von stehenden u. fließenden Gewässern, bes. Altwässer. *V. acerosus* (BOURGUIGNAT) – **Donau-Flußdeckelschnecke**

Im Bodensee (Baden-Württemberg) wurde mit *V. ater* (CRISTOFORI & JAN) 1956 von H. HEROLD eine weitere Art nachgewiesen. Apex stumpf, grünbraun bis schwarz gefärbt; mit u. ohne Bänder; Umgänge flach (nicht stufig abgesetzt); Mdg spitz oval. – **V.** S-alp, im Gebiet eingeschleppt, keine Nachweisbestätigung aus jüngster Zeit (Vorkommen erloschen?).

Familie *Valvatidae* – **Federkiemenschnecken**

Gattung *Valvata* s. l. O. F. MÜLLER

Gehäuse bis 7 mm br od. h, gelblich-bräunlich, kugelig-kreiselförmig bis scheibenförmig. Spitze abgestumpft. 3½–5 runde Umgänge mit tiefer Naht. Mdg kreisförmig. Mundsaum zusammenhängend, einfach. Deckel konchinös, eng spiralig gewunden, Nabel eng bis weit. Federkieme hervorstreckbar, rechts am Mantel ein fadenförmiger Fortsatz. Zwitter. Na: organische Stoffe im Schlamm.

1 Gehäuse scheibenförmig, einer *Planorbis* ähnlich, Nabel flach trichterförmig. 3–3½ Umgänge. 1,2 mm h, 3,0–3,5 mm br. – **V.** Pal, im Gebiet allgemein verbreitet. – **L.** Kalkliebend, pflanzenreiche, stehende u. langsam fließende Gewässer. *V. cristata* O. F. MÜLLER – **Flache Federkiemenschnecke** (Abb. **162**/1–2)

1* Gehäuse nicht scheibenförmig 2

2 Gehäuse flach kreiselfömig, mit sehr niedrigem Gewinde. Nabel sehr weit, perspektivisch. 3½–3¾ Umgänge. 2,5–3,6 mm h, 4,2–4,8 mm br. – **V.** Pal, im Tiefland verbreitet, selten. – **L.** Natürliche Sümpfe, Tümpel u. Gräben. *V. pulchella* STUDER – **Niedergedrückte Federkiemenschnecke**

2* Gehäuse kugel- bzw. kreiselförmig, Nabel eng 3

3 Gehäuse gedrückt-kugelförmig, letzter der 3¼–3½ stark gewölbten Umgänge deutlich überwiegend. Nabel eng, aber offen. 4,3 mm h, 5,3 mm br. – **V.** Pontisch-baltisch; im O u. S vereinzelt (Oder, untere Donau), sehr selten. – **L.** Im Schlamm größerer fließender Gewässer. – **B.** Als einzige Art der Gattung lebendgebärend. *V. naticina* MENKE – **Fluß-Federkiemenschnecke**

3* Gehäuseform variabel: gedrückt kugelig-kreiselfömig (*V. p.* f. *alpestris* (KÜSTER) – **Alpen-Federkiemenschnecke**), kugelig-kreiselfömig, gleich br u. h od. niedriger [*V. p.* f. *typica* (O. F. MÜLLER)] od. höher als br (*V. p.* f. *antiqua* SOWERBY – **Hohe Federkiemenschnecke**). Umgangszahl entsprechend 4–4½ od. 4¾–5¼. Nabel eng, ritzförmig bis halb bedeckt. Maße: *V. p.* f. *typica* 5 mm h, 4,8 mm br; *V. p.* f. *antiqua* 6–7,5 mm h, 4,8–5,8 mm br; *V. p.* f. *alpestris* 4,4–5,1 mm h, 3,4–6,1 mm br. *V. p.* f. *typica* in stehenden u. langsam fließenden Gewässern u. *V. p.* f. *antiqua* in Seen scheinen ökologische Rassen zu sein, *V. p.* f. *alpestris* in Alpen- u. Voralpenseen, im N des Gebiets u. N-Eur dürfte eher geographische Unterart sein. Fischnahrung (Plötzenschnecken). – **V.** Pal, im Gebiet lückenhaft verbreitet. *V. piscinalis* (O. F. MÜLLER) – **Gemeine Federkiemenschnecke** (Abb. **162**/3–4)

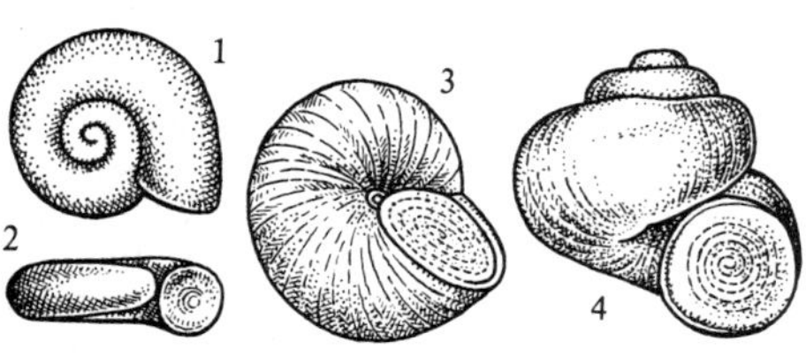

Abb. **162/1–4** **1** *Valvata cristata*, OS; **2** *V. cristata*, SAnsicht; **3** *V. piscinalis*, US; **4** *V. piscinalis*

Familie *Littorinidae* – **Strandschnecken**

Gehäuse rundlich bis spitz eiförmig, dickschalig. Gewinde flach bis konisch. Letzter Umgang groß. Glatt od. skulptiert. Mdg rundlich, durch dicke Mundränder teilweise eingeengt. Deckel hornig. Ungenabelt. Charaktertiere der Gezeitenzonen. Weidegänger (Algen).

Gattung *Littorina* FÉRUSSAC

1 Gehäuse fast kugelförmig, mit flachem Gewinde u. stumpfem Apex. 5 Windungen. Skulptur aus feinen Spirallinien u. deutlichen Anwachsstreifen. Farbe sehr variabel: hell- bis dunkelbraun, einfarbig od. mit braunen Spiralbändern od. Flecken. Bis etwa 13 mm h u. br. – **V.** O-Atl zwischen Weißem Meer u. den Azoren. Westl. Mittelmeer. An allen Nordsee- u. westl. Ostseeküsten bis Mecklenburger Bucht. – **L.** Im Eulitoral häufig auf Sägetang *(Fucus serratus)*, auch auf *Zostera*. – **B.** Eigelege auf Tangblättern. *Littorina obtusata* (L.) (Abb. **163**/1)
Unter den Funden von *L. obtusata* verbirgt sich vielfach die 1966 neu beschriebene Art *L. mariae* SACCHI & RASTELLI, die neuerdings im Helgoländer Felswatt relativ häufig nachgewiesen wird. Schalenmorphologische Unterschiede zu *L. obtusata*: Mdg annähernd so h wie die Schale, die eigentliche MdgsÖffnung durch dickere Mundränder weiter eingeengt.

1* Gehäuse mehr kegelförmig. Gewinde höher 2

2 Gehäuse erwachsener Tiere kleiner als 12 mm. Meist oberhalb der Gezeitenzone 3

2* Gehäuse erwachsener Tiere über 12 mm h, meist in der Gezeitenzone od. tiefer. Mit 6–7 schnell an Größe zunehmenden, nur wenig gewölbten Umgängen. Naht flach. Mdg schief-eiförmig, Außen- u. Innenlippe stoßen hinten (oben) spitz zusammen. Skulptur aus gröberen bis feineren Spiral- u. Zuwachsstreifen. Farbe meist grau, auch mit braunen Linien od. Bändern (im Wattenmeer oft durch Schlamm überdeckt), bei Helgoland mitunter stärker gebändert u. auch dickschaliger. Deckel eiförmig. Im Gebiet bis etwa 20 mm h. – **V.** O-atl-boreal, an der AtlKüste der USA eingeschleppt. Helgoland, Wattenmeer, westl. Ostsee (bis Ostküste Rügens). – **L.** Meist in der Gezeitenzone bis 15 m Tiefe, geht nur wenig über den Wasserspiegel. An Tangen, Steinen, Felsen, Hafenbauten. – **B.** Eier

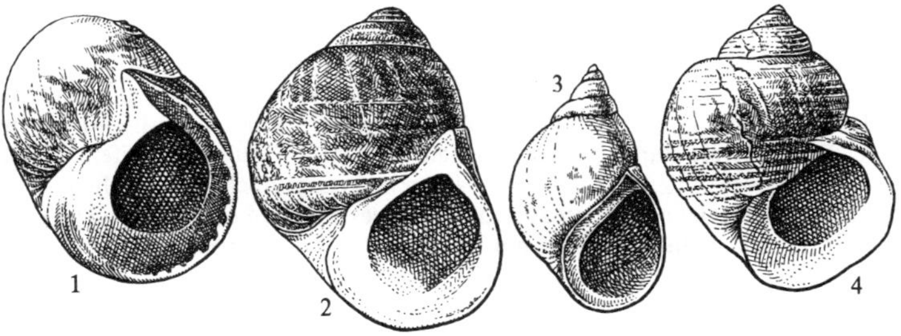

Abb. **163/1–4** **1** *Littorina obtusata*; **2** *L. littorea*; **3** *L. neritoides*; **4** *L. saxatilis*

im Plankton in hutförmiger Gallertmasse. Na: Grün- u. Kieselalgen, Seepokken. *Littorina littorea* (L.) – **Gemeine Strandschnecke** (Abb. **163**/2)

3 Gehäuse konisch, mit 5 wenig gewölbten Umgängen, Nähte flach. Ohne Spiralskulptur, aber mit deutlichen Zuwachsstreifen. Verbindung von Außen- u. Innenlippe ähnlich wie bei vor. Art. Farbe graublau, unter der Peripherie des letzten Umganges meist ein dunkles Band. Spindelrand dunkel. Bis etwa 6 mm h. – **V.** O-atl. Küsten bis Kanaren, Mittelmeer. Von verschiedenen Punkten der Nordseeküste im Gebiet nachgewiesen. – **L.** Spritzwasserzonen im Felswatt, bei Helgoland über der mittleren Hochwasserlinie. – **B.** Laich im Plankton. *Littorina neritoides* (L.) (Abb. **163**/3)

3* Gehäuse ± spitz kegelförmig, mit 5–6 deutlich gewölbten Umgängen, Nähte vertieft. Mit deutlicher Spiralskulptur u. unregelmäßigen Anwachsstreifen. Außenlippe stößt oben fast senkrecht auf den letzten Umgang. Farbe sehr variabel, Spindelrand hell. In Form u. Größe verschieden, meist zwischen 10 u. 11 mm h. – **V.** Atl-boreal. An den Nordseeküsten, bei Helgoland, in der westl. Ostsee bis Rügen. Aufgrund der Variabilität verschiedene Subspecies beschrieben. – **L.** Spritzwasserzone, bis weit über die Hochwasserlinie (bis 2 m). Im Brackwasser der Ostsee eine kleinere (bis 6 mm), meist dunkler marmorierte Form od. Subspecies (?) (*L. s. tenebrosa* MONTAGU). – **B.** Lebendgebärend. *Littorina saxatilis* (L.) (Abb. **163**/4)

Familie *Lacunidae*

Gattung *Lacuna* TURTON

Gehäuse ei-kegelförmig bis halbeiförmig, klein u. dünnschalig, mit hohem od. flachem Gewinde. Umgänge glatt od. fein gestreift. Mdg rundlich, Nabel offen, mit verlängernder Wulstkante. Deckel hornig. – **B.** Na: Kleinalgen, Seegras, Braun- u. Rotalgen.

1 Gehäuse rundlich bis halbeiförmig, mit flachem Gewinde, nicht höher als br; Mdg ⅔ bis so h wie das Gehäuse. Mit breitem, sichelförmigem bis gewinkeltem Nabel 2

1* Gehäuse eikegelförmig, mit höherem Gewinde, deutlich höher als br; Mdg etwa ½ so h wie das Gehäuse, eiförmig. Mit länglichem gebogenen Nabel. Gelbbraun, Umgänge mit od. ohne bräunliche Spiralbinden. Etwa 10–14 mm h. – **V.** Atl-boreal; in der Ostsee bis zur Mecklenburger Küste. – **L.** Ebbelinie bis 20 m Tiefe (bei Helgoland), an Algen, Tangen u. Seegras. [*L. divaricata* FABRICIUS] *Lacuna vincta* (MONTAGU) (Abb. **165**/2)

2 Mdg so h wie das Gehäuse, rundlich-ohrförmig. Die 3 Windungen liegen fast in einer Ebene, letzte stark erweitert, mit feinen Spiral- u. Zuwachsstreifen. Nabel tief u. sichelförmig. ♀ 8–10 mm, ♂ 2–4 mm h. Grüngelblich bis bräunlich. – **V.** Atl-boreal; Helgoland, Nordseeküsten, in der westl. Ostsee östl. bis Mecklenburger Bucht. – **L.** Ebbelinie bis 15 mm Tiefe an Algen u. Tangen. – **B.** ♂ (Zwerg ♂) viel kleiner als ♀. *Lacuna pallidula* (DA COSTA) (Abb. **165**/1)

2* Mdg niedriger, weit, 3–4 glatte od. leicht spiralgefurchte Umgänge, Nabel weit u. leicht gewinkelt. ♀ bis 4 mm h u. br, ♂ kleiner, variabel in Form u. Farbe, meist gelblichweiß, auch mit dunkleren Binden. – **V.** Eur AtlKüsten zwischen Norwe-

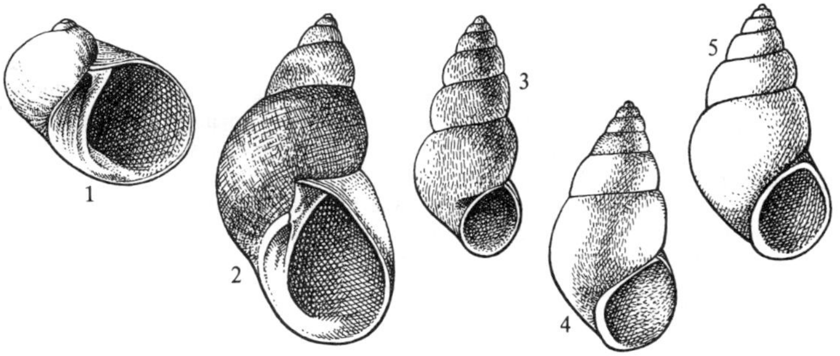

Abb. **165/1–5** **1** *Lacuna pallidula*; **2** *Lacuna vincta*; **3** *Hydrobia stagnorum*; **4** *H. ulvae*; **5** *Potamopyrgus jenkinsi*

gen u. N-Spanien. In der Ostsee in der nördl. Kieler Bucht u. im Fehmarnbelt selten, bis 25 m Tiefe. – **L.** An Algen, ernährt sich von oberen Gewebeschichten. [*L. puteolus* TURTON] *Lacuna parva* (DA COSTA)

Familie *Pomatiasidae* – **Landdeckelschnecken**

Gattung *Pomatias* STUDER – **Landdeckelschnecken**

P. elegans (O. F. MÜLLER)
G. Gehäuse kreiselförmig, mit Gitterskulptur, 4¾–5 Umgänge, 11–15 mm h, 8–11,5 mm br. Mdg rundlich, fast halb so h wie Gehäuse, oben mit stumpfer Ecke, Ränder verbunden, stumpf, einfach, meist etwas gelöst. Deckel äußerlich verkalkt. Farbe variabel, von grauweiß bis fleischfarben, einfarbig od. mit 3 violetten Bändern. Schnauze rüsselartig. Fuß mit Längsfurche; beide Hälften werden durch Blutschwellung verdickt u. abwechselnd schrittweise vorgezogen. Speicherniere (Konkrementdrüse) mit symbiontischen Bakterien als zeitweiliger Exkretspeicher vorhanden. Lungenatmende Landdeckelschnecke. – **V.** Medit, nur in wärmeren Gebieten, meist auf Kalk: oberes Rheingebiet, an der Bergstraße, Bonn, Mosel- u. Ahrtal, Weser- u. Unstrutgebiet (bei Klein-Jena). – **L.** Auf kalkreichen Böden, unter Laub u. Geröll, Heckenraine u. Waldränder, gesellig. Na: Totes Laub. Lebensdauer 4–5 J.

Familie *Aciculidae* – **Nadelschnecken**

Gattungen *Acicula* s. l. HARTMANN u. *Renea* (NEVILL)

G. Kleine Arten, Gehäuse nadelförmig („Mulmnadeln"), glatt od. gerippt, MdgsH ¼–⅓ GehäuseH. Manche Arten mit Nackenwulst. Auf der MdgsWand ein Callus, Mdg rechts oben mit kleiner Bucht. Deckel mit 3½ Windungen, konchinös, in Gehäuse zurückziehbar. – **L.** Versteckt im Mulm von Baumstümpfen, im Moos, unter Laub u. Geröll. Na: verwesende Pflanzenteile.

1 Gehäuse glatt od. mit vertieften Längslinien, nicht gerippt *(Acicula)* **2**

1* Gehäuse scharf u. regelmäßig gerippt, rotbraun, seidenglänzend. Naht nicht fadenförmig gerandet. Nackenwulst schwach entw. 6½–7 Umgänge, 3,6–4,5 mm h, 1,3–1,5 mm br; Mdg 1,1 mm h, 0,8 mm br. – **V.** S-alp, in den Kalkalpen SO-Bayerns bei Schellenberg u. Berchtesgaden.
Renea veneta (PIRONA) – **Gerippte Nadelschnecke** (Abb. **166**/1)

2 Gehäuse ganz glatt. Naht ± fadenförmig **3**

2* Gehäuse mit feinen, vertieften Längslinien **4**

3 2,8–3 mm h, 1,1–1,2 mm br. Gehäuse rotbraun. Nackenwulst kräftig, fast dunkelrot, nahe am Mundsaum. 5½–6 Umgänge. – **V.** Alp-mitteleur, vorwiegend M-Geb u. Hügelland, bis Lech u. Isar; im nördl. Tiefland verstreut.
Acicula (Platyla) polita (HARTMANN) – **Glatte Nadelschnecke** (Abb. **166**/2)

3* Kleiner, 2,4 mm h, 0,9 mm br. Nackenwulst vom Mundsaum durch eine Rinne getrennt. **V.** SO-alp, im Gebiet in SO-Bayern bei Berchtesgaden u. Schellenberg. *Acicula (Platyla) gracilis rothi* (CLESSIN) – **Zierliche Nadelschnecke**

4 **(2)** Gehäuse mit Nackenwulst **5**

4* Gehäuse ohne Nackenwulst; matt rotbraun bis gelblich-rot, 2–2,5 mm h, 0,9 mm br. Mdg ohne Randverstärkung. – **V.** W-Eur, in Nordrhein-Westfalen im Niederbergischen Land (Vogelsangbachtal). – **L.** Im Buchenwald auf Kalk. [*Acme inchoata* EHRMANN] *Acicula fusca* (MONTAGU) – **Braune Nadelschnecke**

5 Gehäuse 3,5–3,8 mm h, 1,3 mm br; Mdg 1,15 mm h, 0,75 mm br, nach oben allmählich verjüngt. Mundsaum innen durch Callus deutlich lippenartig verdickt, Nackenwulst kräftig. – **V.** S-alp u. S-eur, Bayerische Alpen u. ihr Vorland, SW des Gebiets nördl. des Mains (östl. der Haßberge).
Acicula lineolata (DRAPARNAUD) – **Gestrichelte Nadelschnecke**

5* Gehäuse kleiner, 3–3,5 mm h, 1,1–1,15 mm br; Mdg 1 mm h, 0,6 mm br, mehr zylindrisch als vor. Art, nur 3 obere Umgänge verjüngt; Nackenwulst schwächer. – **V.** Alp, im S u. SW verstreut.
Acicula lineata (DRAPARNAUD) – **Gestreifte Nadelschnecke** (Abb. **166**/3)

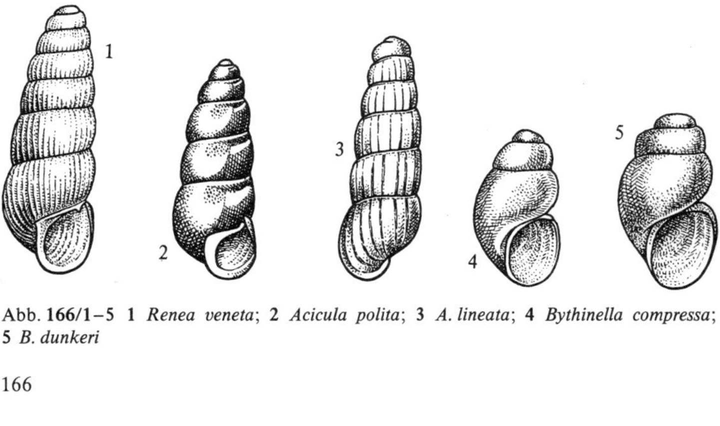

Abb. **166/1–5** **1** *Renea veneta*; **2** *Acicula polita*; **3** *A. lineata*; **4** *Bythinella compressa*; **5** *B. dunkeri*

Familie *Hydrobiidae* – **Wasserdeckelschnecken**

Gehäuse mittelgroß (10–12 mm h) oder kleiner, fast immer deutlich höher als br (nur *Lithoglyphus* kugelig). Mdg meist eiförmig od. spitz-eiförmig, stets höher als br. Mundsaum meist verbunden. Deckel konchinös, nur bei *Bithynia* verkalkt. Süß- u. Brackwasser.

Unterfamilie *Hydrobiinae*

Gehäuse schlank, doppelt so h wie br od. höher, Gewinde verschieden h. Mundsaum fast immer zusammenhängend. Deckel dünn, konchinös, in das Gehäuse zurückziehbar.
Aus der Familie der *Hydrobiidae* wurden zwei Arten aus zwei verschiedenen Gattungen jeweils an einem Standort nachgewiesen, sie werden hier (außerhalb des Schlüssels) kurz beschrieben.

Gattung *Avenonia* (NICOLAS)

A. bourguignati (LOCARD)
G. Gehäuse walzenförmig durchscheinend, sehr zart u. hell, fein gestreift, Apex stumpf, 4 Umgänge, Naht eingetieft. 2–4 mm h, 1 mm br. Operculum mit exzentrischem Nukleus. – **V.** W-eur, im Gebiet nur randlich nach Rheinland-Pfalz vordringend. – **L.** Quellen u. Quellbäche.

Gattung *Sadleriana* CLESSIN

S. fluminensis (KÜSTER)
G. Gedrückt konisch. 3½–4 Umgänge, 2,5–4 mm h; 2,2–2,3 mm br. Spindel sich unterhalb des Nabels öffnend u. als periostracumfreie, durch Zuwachsstreifen dicht rippenstreifige Rinne erkennbar. Operculum rotbräunlich. – **V.** Dalmatinisch-S-alp, im Gebiet nur in Bayern (München). Eingeschleppt.

1 3¾–5 Umgänge. Apex stumpf, Gehäuse 2–3 mm, selten 4 mm h, turmförmig-stumpfkonisch od. zylindrisch-eiförmig **2**
1* 4½–7 Umgänge. Apex spitz. Gehäuse (außer bei einigen Arten von *Bythiospeum*) über 4 mm h, eiförmig getürmt **3**
2 In Quellen u. Quellbächen der M-Geb u. Alp. Gehäuse zylindrisch-eiförmig bis getürmt-konisch; Apex stumpf abgerundet, Gehäuse meist durch Algen grün. *Bythinella* (Abb. **166**/4–5) S. 168
2* In stehenden, pflanzenreichen Gewässern im N, Gehäuse getürmt-kegelförmig, Apex schief abgestutzt. *Marstoniopsis* S. 168
3 **(1)** In unterirdischen Gewässern, Brunnen u. Quellen; im W. Gehäuse kegel- bis turmförmig, farblos bis gelblichbraun. *Bythiospeum* S. 169
3* Im Brack- u. Süßwasser, Gehäuse spitz-kegelförmig **4**
4 Im Brackwasser, 6–7 Umgänge, Nabelritz offen. *Hydrobia* (Abb. **165**/3–4) S. 169
4* Im Brack- u. Süßwasser, 5½ Umgänge, Nabelritz geschlossen, häufig mittlerer Umgang, bisweilen auch Endwindung mit fadenförmiger, zur Naht paralleler Conchinleiste. *Potamopyrgus* (Abb. **165**/5) S. 170

Gattung *Bythinella* MOQUIN-TANDON – **Quellschnecken**

L. Im kühlen, sauerstoffreichen Wasser von Quellen u. Quellbächen, an totem Laub u. Holz, Wasserpflanzen u. Steinen; auch in Spaltengewässern. Als Glazialrelikt in gleichmäßig tief temperierten Fließgewässern (von unter- bis oberirdisch), ausnahmsweise Nachweise in (ebenfalls kalten) Seen. – **B.** Embryonal-Entw daher sehr lg dauernd (ca. 10 Monate), in einzeln an Steinen usw. abgesetzten, halbkugelförmigen Laichkapseln. Na: Detritus.

1 Gewinde turm-kegelförmig, 4½–5 Umgänge, hochgewölbt mit tiefer Naht. Mdg ⅖ der GesamtH. 4 mm h, 2,3 mm br. – **V.** N-alp, Württembergischer Allgäu, Lech- u. Isargebiet. [*B. alta* CLESSIN]
B. bavarica (CLESSIN) – **Bayerische Quellschnecke**

1* Gewinde nicht turm-kegelförmig 2

2 Gewinde zylindrisch, abgestumpft od. nahezu tonnenförmig, im S des Gebietes 3

2* Gewinde bauchig-kegelförmig, im W des Gebietes 4

3 Gehäuse schlank, fast rein zylindrisch, Naht flach, Umgänge wenig gewölbt, letzter ⅖ der GehäuseH. 3,2 mm h, 1,6 mm br. – **V.** O-alp-sudetisch, östl. Bayerische Kalkalpen bis westl. München.
B. austriaca (V. FRAUENFELD) – **Österreichische Quellschnecke**

3* Gehäuse anders (vom Typ *B. austriaca, B. compressa* u. *B. dunkeri*), Umgänge etwas stärker gewölbt; Unterschiede gegenüber den drei genannten Arten genitalmorphologischer Art. – **V.** Im SW, im kalkarmen Schwarzwald u. den südl. angrenzenden Kalkformationen (endemisch?).
B. badensis BOETERS – **Badische Quellschnecke**

4 **(2)** Gehäuse eiförmig-stumpfkonisch, Endwindung ⅘ der GesamtH, Umgänge stark gewölbt. Naht vertieft. 2,2 mm h, 1,5 mm br. – **V.** W-deutsch, Vogelsberg u. Rhön. *B. compressa* (V. FRAUENFELD) – **Rhön-Quellschnecke** (Abb. **166**/4)

4* Gehäuse zylindrisch-eiförmig, Endwindung ¾ der GesamtH, seitlich abgeflacht u. sehr steil abfallend. 2,5–2,7 mm h, 1,4–1,6 mm br. – **V.** Im W, nördl. Schwarzwald bis Niederrhein u. Kahler Asten (Sauerland), in den Geb beiderseits des Rheines (die linksrheinischen Vorkommen bislang wenig untersucht). *B. dunkeri* (V. FRAUENFELD) – **Dunkers Quellschnecke** (Abb. **166**/5)

Gattung *Marstoniopsis* V. REGTEREN-ALTENA

M. scholtzi (A. SCHMIDT) [*M. steini* (V. MARTENS)]
G. Gehäuse getürmt-kegelförmig mit ziemlich spitz-konischem Gewinde, schief abgestutzter Spitze u. 4½ stark gewölbten Umgängen. Mdg ⅓ der GesamtH, 2,9–3,0 mm h, 1,8 mm br. – **V.** M-Eur u. baltisch, im Gebiet vor allem Tiefland östl. der Elbe u. östl. Schleswig-Holstein, außerdem Nette-Seen (Nordrhein-Westfalen), überall stark im Rückgang begriffen. – **L.** Seen, Teiche, Gräben, an Wasserpflanzen u. zwischen Fadenalgen.

Gattung *Bythiospeum* BOURGUIGNAT [*Lartetia* BOURGUIGNAT] – **Brunnenschnecken, Höhlenschnecken**

G. Gehäuse meist zwischen 2,8–4 mm h, farblos bis gelblichbraun, spitzkonisch od. schlanker, turmförmig. 4½–7 Umgänge. Pigmentarm, Augen rückgebildet. – **V.** M-Eur vom Alpenvorland über Jura, Muschelkalkgebiet im SW, Spessart, Oberrheinisches Tiefland, Rheinisches SchieferGeb bei Bingen. – **L.** Gesellig in unterirdischen Gewässern, Brunnen u. Quellen, nicht selten leere Gehäuse im Genist von Bächen u. Flüssen. Überwiegend in KalkGeb. Voreiszeitliche Relikte. Stark in geographische Unterarten (?) differenziert. Systematische Erfassung als Arten od. geographische Unterarten noch nicht möglich. In der Literatur etwa 30 Arten mit zahlreichen Unterarten, mit Lupe nicht zu bestimmen. Bislang zu einem Vier-Arten-Konzept revidiert. Der in früheren Auflagen angeführte Nachweis von *Paladilhia elseri* FUCHS erwies sich als zu dieser Gattung gehörig.

Gattung *Hydrobia* HARTMANN – **Wattschnecken**

Gehäuse spitz konisch mit spitzem Apex u. lg Gewinde. 4–7 Umgänge, Mdg etwa ⅓ so h wie das Gehäuse. Mundsaum ± zusammenhängend, Nabel ziemlich eng. – **B.** Na: Substratfresser.

1 Tier mit grauem bis schwarzem Rüssel ohne gelbes Pigment, die Tentakel ohne Querbinden u. (meist) ohne Flecken. Gehäuse aus stark gewölbten, durch tiefe Nähte getrennten Umgängen. Nabel eng. Grau-grünlich bis hornfarben. Bis 4,5 mm h. – **V.** Meist im Brackwasser der Nord- u. Ostseeküsten zwischen 30 u. 1‰ u. im Binnenland an einzelnen salzführenden Stellen wie bei Dodendorf, Wanzleben, Werra, Mansfeld, Artern u. Esperstedt (teilweise nur als leere Schalen gefunden). – **L.B.** Auf allen Sedimenten (außer Faulschlamm). Eikapseln auf Steinen u. Artgenossen. Ohne pelagisches Larvenstadium. [*H. ventrosa* MONTAGU] *Hydrobia stagnorum* (GMELIN) – **Bauchige Wattschnecke** (Abb. **165**/3)

1* Tier mit schwarzen Querbinden u. gelben Flecken od. Streifen am Rüssel, die Tentakel mit schwarzen Querbinden od. Längsstreifen. Gehäuse aus weniger stark gewölbten Umgängen, die Nähte flacher (bei *H. ulvae* am letzten Umgang oft tiefer). Nabel sehr eng. 2

2 Gehäuse gelbbraun bis dunkelbraun. Bis 6 mm h. Tier mit charakteristischen schwarzen Querbinden kurz hinter der Tentakelspitze. – **V.** Im Meer- u. Brackwasser der Nord- u. Ostsee (teilweise massenhaft – bis etwa 7000 Tiere je $0{,}1\ m^2$). Verlangt höheren Mindestsalzgehalt (4‰) als vor. Art. Niemals im Süßwasser. – **L.B.** Meist auf Sand u. Schlick mit Bewuchs, auch auf Steinen. Gallertige Eigelege mit eingelagerten Sandkörnchen, häufig auf Gehäusen von Artgenossen. Mit kurzem, pelagischem Larvenstadium. *Hydrobia ulvae* (PENNANT) – **Glatte Wattschnecke** (Abb. **165**/4)

2* Gehäuse dunkelbraun bis dunkel hornfarben. Bis 4 mm h. Tier ohne schwarze Querbinden, aber mit je 1 schwarzen, sich hinten erweiternden Längsstreifen unmittelbar hinter der Tentakelspitze. – **V.** Von dänischen Küsten erstmals beschrieben, in der Ostsee bis Mecklenburger Bucht. Selten. – **L.B.** Auf allen Sedimenten (außer Faulschlamm) zwischen 10 u. 30‰. Ohne pelagisches Larvenstadium. *Hydrobia neglecta* (MUUS) – **Übersehene Wattschnecke**

Gattung *Potamopyrgus* STIMPSON

P. jenkinsi (E. A. SMITH) – **Neuseeländische Deckelschnecke** (Abb. **165**/5)
G. Gehäuse glänzend gelblich, 5½ Umgänge, leicht konvex, die in ihrer Wölbung zwischen denen von *H. ulvae* u. *H. stagnorum* stehen. Mdg ⅖ GehäuseH, oben kaum zugespitzt, Mundsaum zusammenhängend, Nabelritz geschlossen. Gehäuse häufig, vor allem im Brackwasser, mit zur Naht parallelen Konchinleisten (als *P. jenkinsi* f. *carinata* J. T. MARSHALL) versehen. 4,1–5 mm h, 2,4–2,6 mm br. Mdg 1,8 : 1,4. – **V.** Heimat: Süßwasser Neuseelands; im Gebiet erstmals 1887 in der Wismarer Bucht, 1899 an der Insel Poel; vermutlich durch Zugvögel von England eingeschleppt, verbreitet u. in Ausbreitung begriffen: im Bodensee um 1970; zunehmend in den bayerischen Seen. – **L.** Im Brackwasser (bis 1,7 % Salzgehalt) u. Süßwasser (in Seen, Flüssen, Quellen u. Kanälen), an Pflanzen u. auf dem UGrund. – **B.** In Eur wohl überwiegend parthenogenetisch-lebendgebärend, jedoch auch ♂♂ nachgewiesen.

Familie *Bithyniidae* – **Schnauzenschnecken**

Gehäuse 6–13 mm h, kegelförmig bis ei-kegelförmig, Deckel verkalkt, Mundsaum zusammenhängend, Mdg eiförmig od. elliptisch.

Gattung *Bithynia* LEACH – **Schnauzenschnecken**

1 Mdg u. Deckel oben spitz. 5–5⅞ Umgänge, schwach gewölbt, mit wenig tiefen Nähten. Gehäuse hell bräunlich bis hornfarben. 10–11 mm h, 5,7–7,1 (9,5) mm br (auch großgehäusige Standortsformen: *B. t.* f. *producta* MENKE) – **V.** W-pal, überall (außer Geb) häufig. Fischnahrung (Schleischnecke). – **L.** Stehende u. langsam fließende Gewässer (bis 60 m Tiefe); auch Brackwasser (bis 1,2 % Salzgehalt). – **B.** Laich in gallertigen, bandförmigen Gebilden. Mehrjährig. Na: Detritus u. eingestrudelte organische Partikel.
B. tentaculata (L.) – **Gemeine Schnauzenschnecke** (Abb. **170**/1)

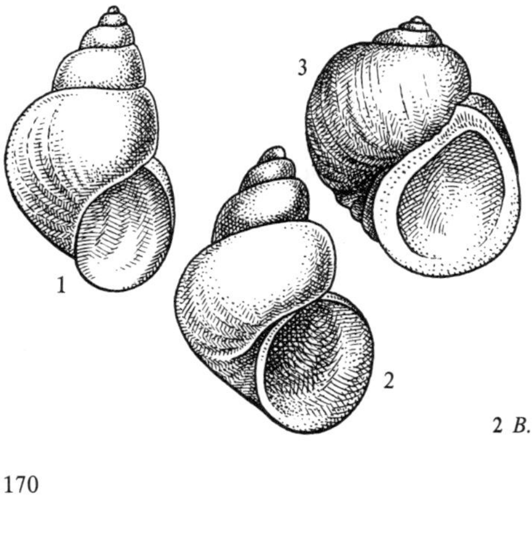

Abb. **170/1–3**
1 *Bithynia tentaculata*; **2** *B. leachi*; **3** *Lithoglyphus naticoides*

1* Mdg. u. Deckel oben nicht spitz. 4¼ Umgänge, stark gewölbt, mit tiefer Naht. Gehäuse matt, gelb-grau-grünlich. Etwa 6 mm h, 4 mm br. – **V.** Pal, im N verbreitet, im S fehlend (?). – **L.** Pflanzenreiche, kleinere u. ruhige Gewässer des Tieflands (bis in 16 m Tiefe); auch im Brackwasser (bis 0,5 % Salzgehalt). Die (vermutlich) geographische Unterart *B. l. troscheli* PAASCH, wird 8–13 mm h u. 5–8 mm br. [*B. limosus* L.]
B. leachi (SHEPPARD) – **Bauchige Schnauzenschnecke** (Abb. **170**/2)

Unterfamilie *Lithoglyphinae*

Gattung *Lithoglyphus* HARTMANN

L. naticoides (C. PFEIFFER) – **Flußsteinkleber** (Abb. **170**/3)
G. Gehäuse kugelig, fest; Gewinde kurz-konisch, etwa ⅓ der GesamtH. 4½–5 schnell zunehmende konvexe Umgänge, letzter groß, erweitert u. geschultert, Mdg sehr schief, Ränder verbunden, Mundsaum einfach, Spindel mit breitem Umschlag, der den Nabel ganz verschließt. Farbe grauweiß bis grünlichgelb. Deckel mit wenigen Windungen. 8–11 mm h, 7–8 mm br. – **V.** Ursprünglich pontisch-baltisch, eingewandert od. durch Schiffahrt eingeschleppt; im Gebiet der norddeutschen Vereisung, Ober- u. Niederrhein, Donau unterhalb Regensburg, heute selten. – **L.** In fließenden Gewässern mit schwacher Strömung (bis 0,3 % Salzgehalt): Kanäle, Flüsse, Seen; an Steinen, Pfählen, auf u. im Schlamm. – **B.** Eikokons mit je einem Embryo, auf den Gehäusen von Artgenossen. Mehrjährig. Stark rückläufig. Na: Kiesel- u. Grünalgen, Schlammteilchen.

Familie *Rissoidae*

Gattungen *Cingula* FLEMING, *Barleeia* CLARK, *Rissoa* DESMAREST, *Folinia* CROSSE, *Alvania* RISSO, *Turboella* GRAY

Gehäuse maximal 10 mm h, kurz kegelförmig bis turmförmig, Umgänge meist deutlich spiral od. axial skulptiert (im Gegensatz zu den *Hydrobiidae*). Mdg rund bis spitz eiförmig, Mundsaum zusammenhängend, bisweilen an der oberen Nahtecke geknickt. Nabel nur ritzförmig od. verdeckt. Deckel hornig.

1 Gehäuse fast glatt mit undeutlichen Spiralstreifen od. mit Skulptur aus feinen Spirallinien. Mundsaum nicht erweitert **2**

1* Skulptur aus ± deutlichen axialen Rippen mit od. ohne Spirallinien od. nur mit deutlichen spiraligen Punktreihen. Wenn ± glatt, dann Mundsaum erweitert **3**

2 Skulptur aus feinen Spirallinien, mitunter auf den älteren Umgängen axiale, etwas schiefe Rippen. Gehäuse h, fast turmförmig, mit 6–7 Umgängen u. tiefen Nähten. Mdg oben spitz gewinkelt. Weißgelblich mit dunkelbraunem Periostracum, mitunter mit braunen Binden. 3 mm h. – **V.** Eur AtlKüsten, Mittelmeer. Ostsee bis mecklenburgische Küste. [*C. semicostata* MONTAGU]
Cingula (Onoba) striata (MONTAGU) (Abb. **172**/1)

Die Fundortangabe „Helgoland“ dürfte auf einer Verwechslung mit *C. aculeata*

(GOULD) [*C. arctica* LOVÉN] beruhen, einer neuerdings auf Helgoland nachgewiesenen atl-arkt Art mit 5½ Umgängen, mikroskopisch fein gekräuselten Spiralstreifen; mit möglichen Rippenansätzen nur direkt unter der Naht des letzten Umganges, mit tiefen Nähten, weißgelblich ohne Binden. Bis 4 mm h.

2* Skulptur aus undeutlichen Spiralstreifen. Gehäuse spitz kegelförmig, mit 5½ Umgängen u. flachen Nähten. Mdg eiförmig, oben rundlich, unten schwach gebuchtet. Gelblich bis braunrot, oft mit dunkler Nahtbinde u. dunklerer Basis. Bis 3 mm h. – **V.** O-atl, südl. bis Kanaren, Mittelmeer.
Barleeia rubra (A. ADAMS) (Abb. **172**/2)

3 Auf allen Umgängen spiralige Reihen eingestochener Punkte, auf den letzten auch mit axialen Rippen. Gehäuse spitz kegelförmig mit bis 8 flachen Umgängen. Mundsaum lila, Mdg außen mit weißem Wulst. ♂ bis 5 mm, ♀ bis 2,5 mm h. – **V.** O-Atl bis Mittelmeer (aufgrund ihrer Variabilität wird sie mitunter in eine südl. Art *(R. violacea)*, eine westl. *(R. lilacina)* u. eine nördl. *(R. rufilabrum)* aufgelöst). In der westl. Ostsee (Kieler Bucht). – **L.** Nur im Litoral in der Algenregion der Küsten. *Rissoa violacea* DESMAREST (Abb. **172**/3)

3* Umgänge ohne Punktreihen, mit ± deutlichen Rippen 4

4 Skulptur aus kräftigen axialen Rippen u. dichter stehenden Spiralleisten . . . 5

4* Skulptur nur aus axialen Rippen od. Wellen bis fast glatt 6

5 Kräftige axiale Rippen etwas schräg u. geschwungen. Dazu zahlreiche feine Spirallinien, die über die Rippen hinweglaufen. Auf dem letzten Umgang schließt ein kräftiger Spiralreif die Rippen nach unten ab. 6–7 Umgänge. Mdg eiförmig, Mundsaum verdickt, nach außen br umgebogen. Bläulich. Bis 3 mm h. – **V.** O-Atl bis Kanaren u. Mittelmeer. Bei Helgoland leere Gehäuse
Folinia (Manzonia) costata (J. ADAMS) (Abb. **172**/4)

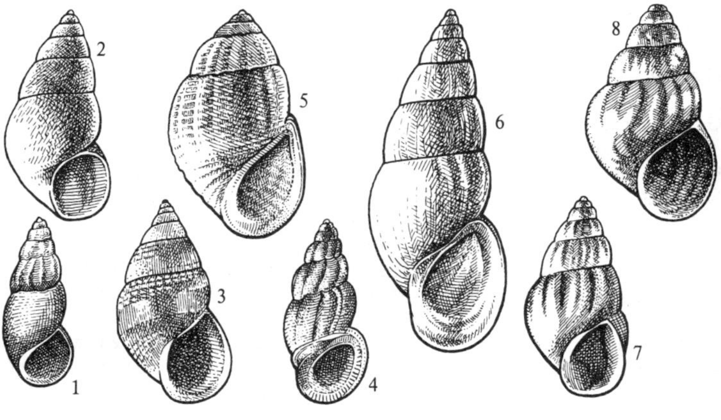

Abb. **172**/1–8 **1** *Cingula (Onoba) striata*; **2** *Barleeia rubra*; **3** *Rissoa violacea*; **4** *Folinia (Manzonia) costata*; **5** *Alvania lactea*; **6** *Rissoa membranacea*; **7** *Turboella parva*; **8** *T. inconspicua*

5* Axiale Rippen gerade, ergeben zusammen mit etwas dichter stehenden Leisten eine Gitterskulptur mit kleinen rechteckigen Vertiefungen. Ohne kräftigen Spiralreif auf dem letzten Umgang. 5–6 Umgänge. Außenlippe kaum verdickt u. nicht außen umgeschlagen. Gelblichweiß. Bis 6 mm h. – **V.** Mittelmeer, O-Atl zwischen Marokko u. England. Bei Helgoland leere Gehäuse.
Alvania lactea (MICHAUD) (Abb. **172**/5)

6 Gehäuse 9–10 mm h, schlank kegel-turmförmig, 7–8 mäßig gewölbte Umgänge. Mit axialen Rippen od. Wellen auf allen od. nur auf den letzten beiden Umgängen bis fast glatt. Gelblichgrünlich, oft mit braunen Längsstreifen. Mdg eiförmig, ohrförmig erweitert, Mundsaum oben leicht gewinkelt. – **V.** An allen eur Küsten. In der Ostsee bis Greifswalder Bodden (bei niedrigem Salzgehalt um 7‰ nur 6 mm h, f. *baltica* NILSSON). – **L.** Kleinalgen, Pflanzenteile.
Rissoa membranacea (J. ADAMS) (Abb. **172**/6)

6* Gehäuse kleiner, nur bis 4,5 mm h, gedrungen kegelförmig. Mit 5–6 ± gewölbten Umgängen u. deutlichen axialen Rippen (selten fehlend) 7

7 Gewinde höher als die GehäuseBr. Umgänge meist mit 10–12 axialen Rippen u. dazwischen feinen Spiralstreifen, aber auch ohne Rippen u. hornfarbig, dann meist mit 2 unterbrochenen braunen Bändern (f. *interrupta* ADAMS). Weiß bis braun, hinter der verdickten weißlichen Außenlippe 2 braune Punkte. Bis 4 mm h. – **V.** O-Atl, Mittelmeer. Helgoland zwischen Pflanzenrasen der Kreidefelsen u. in Spalten des Kalkgesteins. Häufig auch im Angespül der friesischen Inseln. *Turboella parva* (DA COSTA) (Abb. **172**/7)

7* GewindeH etwa so groß wie GehäuseBr. Umgänge vom 3. an meist mit 22–24 flachen Rippen, dazwischen gefleckt u. gebändert. Mitunter nur mit schwachen axialen Falten, Gehäuse dann mit braunen Bändern. Hellgelb-braun, hinter der weißlichen Außenlippe nicht 2 Punkte. Bis 4,5 mm h. – **V.** Mittelmeer, eur AtlKüsten. Westl. Ostsee bis Rügen, Nord-Ostsee-Kanal. – **L.** Salz- u. Brackwasser, vom Strand bis zur Rotalgenregion.
Turboella inconspicua (ALDER) (Abb. **172**/8)

Familie *Assimineidae*

Gattung *Assiminea* FLEMING

A. grayana FLEMING – **Kegelige Strandschnecke** (Abb. **174**/1)
G. Gehäuse kegelförmig, 6½–7 sehr schwach gewölbte, rasch zunehmende Umgänge, letzter an der Peripherie etwas kantig. Mdg schief eiförmig, oben spitzwinklig; Mundsaum zusammenhängend, an der Spindel schwielig verdickt. Gehäuse glänzend, braungelb mit od. ohne rotes Band od. rotbraun. Deckel konchinös, spiralig. ♀♀ etwa 6–7 mm h, 4 mm br, ♂♂ kleiner. Mantelhöhle ohne Kiemen. – **V.** Nordseeküste, Friesland u. S-Holstein. – **L.** Amphibisch an der Mittelhochwassergrenze, auf Schlick zwischen Schilf, Binsen u. a. Strandpflanzen. – **B.** Wulstförmige Gelege von in Kotballen eingelagerten Eiern. Na: Kieselalgen.

Familie *Emmericidae*

Gattung *Emmericia* BRUSINA

E. patula (BRUMATI)
G. Stumpf kreiselförmig, Apex stumpf u. schief, 4¼–5¼ Umgänge; Mdg stumpf mit schwachem Nackenwulst; Mundsaum erweitert, den Nabel ritzförmig verschließend, 10–13 mm h, 8–8,5 mm br, Operculum konchinös, gelblich. – **V.** Dinarisch, im Gebiet (nördl. der Alp) nur ein Nachweis in Mittelfranken (eingeschleppt?).

Familie *Skeneopsidae*

Gattung *Skeneopsis* IREDALE

Skeneopsis planorbis (FABRICIUS) (Abb. **174**/2)
G. Gehäuse niedergedrückt flach, nicht ganz scheibenförmig, mit etwas erhobenem Gewinde. 3½–4 rundlich-zylindrische, schnell zunehmende Umgänge, ± glatt u. dünn, mit weitem tiefen Nabel. Mdg rundlich, Mundränder zusammenhängend. Deckel dünn mit zentralem Nukleus u. wenigen Windungen. Lederbraun. Bis 0,75 mm h u. 1,5 mm br. – **V.** N-Atl bis Mittelmeer. Im Helgoländer Felswatt. W-Ostsee (Kieler Bucht u. Fehmarnbelt). – **L.** Auf Algen. – **B.** Na: Algen u. Diatomeen.

Familie *Omalogyridae*

Gattung *Omalogyra* JEFFREYS

Omalogyra atomus (PHILIPPI) [*O. nitidissima* FORBES & HANLEY] (Abb. **174**/3)
G. Gehäuse scheibenförmig, die 3 glänzend glatten Umgänge fast in einer Ebene

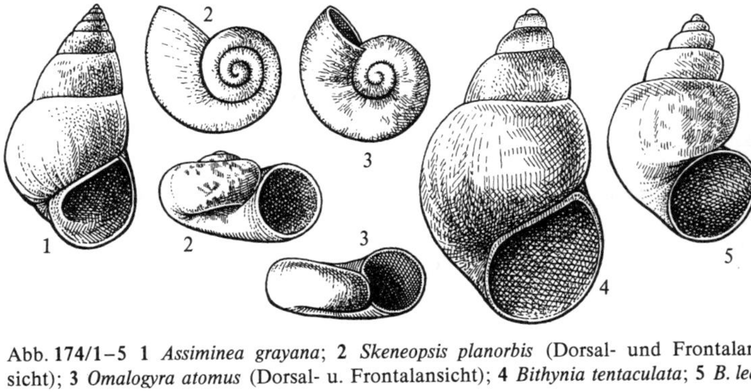

Abb. **174/1–5** **1** *Assiminea grayana*; **2** *Skeneopsis planorbis* (Dorsal- und Frontalansicht); **3** *Omalogyra atomus* (Dorsal- u. Frontalansicht); **4** *Bithynia tentaculata*; **5** *B. leachi*

liegend, die rundliche Mdg etwas nach unten überstehend. Die zusammenhängenden Mundränder scharf. N-Norwegen bis Mittelmeer. Helgoland, Kieler u. Mecklenburger Bucht. – **L.** 6–20 m Tiefe, auf Sandgrund u. in der Rotalgenzone. – **B.** Na: Diatomeen.

Familie *Turritellidae*

Gattung *Turritella* LAMARCK

Turritella communis LAMARCK – **Gemeine Turmschnecke** (Abb. **175**/1)
G. Gehäuse h getürmt aus bis zu 19 nur flach gewölbten Umgängen mit mehreren (meist 3) stärkeren Spiralstreifen, die von feinen Zuwachsstreifen gekreuzt werden. Letzter Umgang an der Peripherie etwas kantig. Mdg klein, rundlich, Mundsaum nicht zusammenhängend. Ungenabelt. Deckel hornig, dicht spiralgewunden. Gelbbraun bis rostfarben, manchmal auch längsgestreift. Bis etwa 50 mm h. – **V.** An eur. Küsten. Im Gebiet in der Nordsee in tieferem Wasser, bei Helgoland meist nur leere Schalen. – **L.** Schlamm- u. Sandgrund bis 200 m Tiefe, in der Deutschen Bucht im tieferen (bei 45 m) Schlick teilweise sehr häufig. Im Untergrund eingegrabener Strudler (Partikelfresser).

Familie *Triphoridae*

Gattung *Triphora* BLAINVILLE

Triphora perversa (L.) (Abb. **175**/2)
G. Gehäuse h getürmt mit 12–14 wenig gewölbten Umgängen, linksgewunden. Skulptur aus Spiralrippen mit perlenförmigen Knötchen (knotige Gitterskulp-

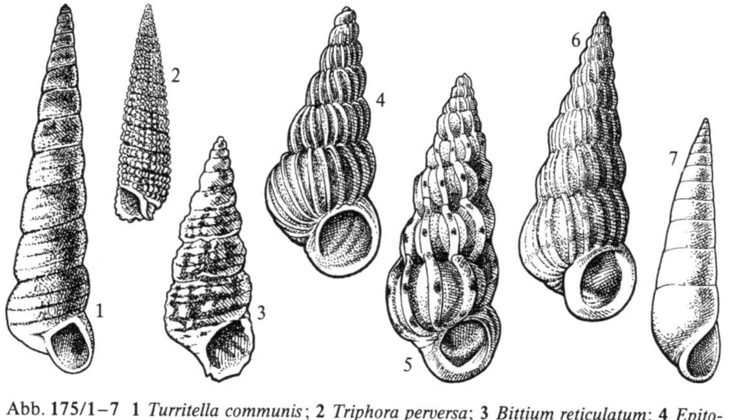

Abb. **175**/1–7 **1** *Turritella communis*; **2** *Triphora perversa*; **3** *Bittium reticulatum*; **4** *Epitonium clathratulum*; **5** *E. clathrus*; **6** *E. turtonae*; **7** *Eulima polita*

tur). Mdg fast rautenförmig mit deutlichem basalen Kanal an der SpindelS. Außenrand der Mdg wellig. Deckel mit fast zentralem Kern. Farbe braun, die oft abgeriebenen Knötchen braungrau. Bis 8 mm h. – **V.** O-Atl, südl. bis Kanaren, Mittelmeer. Kieler Bucht u. Fehmarnbelt. – **L.** Bis 200 m Tiefe, auf Algen. – **B.** Na: Kieselalgen, zarte Rotalgen.

Familie *Cerithiidae*

Gattung *Bittium* LEACH

Bittium reticulatum (DA COSTA) (Abb. **175**/3)
G. Gehäuse getürmt mit 8 (bis 12) gewölbten Umgängen, rechtsgewunden. Mit charakteristischer Gitterskulptur. Naht tief. Mdg rundlich, an der Basis schwach ausgebuchtet, Außenrand entsprechend den spiraligen Reifen wellig. Farbe: frisch braun, trocken lila-grau. Bis 12 mm h. – **V.** An allen eur Küsten bis Schwarzes Meer. Westl. Ostsee bis Lübecker Bucht. Mitunter aus interglazialen Schichten ausgewaschen u. angespült. – **L.** Bis 250 m Tiefe, Laminarien- u. Rotalgenzone. – **B.** Na: Kiesel- u. zarte Rotalgen.

Familie *Caecidae*

Gattung *Caecum* FLEMING

Caecum glabrum (MONTAGU)
G. Gehäuse leicht gebogen röhrenförmig, ohne Windungen, das spiralige Embryonalgewinde wird abgestoßen, das den Abschluß bildende Septum nach außen gewölbt. Deckel multispiral mit zentralem Nukleus. Weißlich transparent. Bis 2,5 mm lg. – **V.** Eur AtlKüsten u. Mittelmeer. Bei Helgoland im groben Sand. – **B.** Na: Diatomeen.

Familie *Epitoniidae (Scalidae)* – **Wendeltreppen**

Gattung *Epitonium* ROEDING

G. Gehäuse turmförmig mit axialen, hervortretenden Rippen (Lamellen) auf gut gewölbten, regelmäßig zunehmenden Umgängen. Mdg oval, Mundsaum zusammenhängend ohne Ausguß od. Kanal. Deckel mit exzentrischem Kern. – **L. B.** Räuberisch auf sandigen bzw. schlickigen Gründen.

1 Gehäuse dünnschalig, weiß, bis 18 mm h, mit etwa 18 dünnen axialen Rippen auf jedem Umgang. – **V.** Eur AtlKüsten bis vorderes Mittelmeer. Helgoland. – **L.** In 7–130 m Tiefe.
Epitonium clathratulum (J. ADAMS) – **Weiße Wendeltreppe** (Abb. **175**/4)

1* Gehäuse größer, bis 40 mm h, mit 9–12 schmalen bis breiten axialen Rippen auf den Umgängen **2**

2 Mit 9 axialen Rippen (kräftig u. breit), die sich mit denen der benachbarten Umgänge verbinden; die Zwischenräume zwischen den Rippen glatt. Ziemlich dickschalig, fleischfarben mit braunen Binden. Bis 40 mm h. – **V.** Mittelmeer u. eur AtlKüsten. Deutsche Bucht, Helgoland. 15–70 m im Sandlittoral u. auf schlickigen Gründen. – **B.** Protandrischer Zwitter.

Epitonium clathrus (L.) – **Unechte Wendeltreppe** (Abb. **175**/5)

2* Mit 11–12 axialen Rippen (schwächer u. flacher), die sich nicht miteinander verbinden, aber die Nähte teilweise vergießen. Die Zwischenräume fein spiralgestreift. Bis 40 mm h. Fest u. glänzend, gelblich-weiß, mit bräunlichen runden Flecken u. lila Nähten. – **V.** Eur AtlKüsten nördl. bis Bergen. (Bei Abtrennung von *E. tenuicosta* (MICHAUD) als eigene Art, sonst auch Mittelmeer.) Nordseeküsten bei Cuxhaven u. Spiekeroog, Helgoland? Selten.

Epitonium turtonae (TURTON) (Abb. **175**/6)

Familie *Eulimidae*

Gattung *Eulima* RISSO

Eulima (Balcis) polita (L.) [*E. alba* (DA COSTA)] (Abb. **175**/7)

G. Pfriemenförmig mit bis 15 sehr flachen, glatten u. glänzenden Umgängen, Nähte kaum eingesenkt. Endwindung h. Mdg eiförmig, oben spitz, unten gerundet. Lippe leicht, Spindel schwielig verdickt. Elfenbeinweiß bis porzellanartig. Bis 15 mm h. – **V.** Eur AtlKüsten, Mittelmeer. Leere Schalen in der Helgoländer Tiefen Rinne. – **L.** Bis 135 m Tiefe ektoparasitisch auf dem Seeigel *Spatangus purpureus*.

Familie *Calyptraeidae*

Gattung *Crepidula* LAMARCK

Crepidula fornicata (L.) – **Pantoffelschnecke** (Abb. **178**/1)

G. Form sehr variabel, richtet sich nach dem Untergrund. Meist umgekehrt bootsförmig od. pantoffelförmig, gewölbt, mit 1½ sehr schnell an Größe zunehmenden Windungen; letztere bilden den Großteil des Gehäuses. Sehr weite Mdg, der hintere Teil wird von einem weißlichen dünnen Querseptum bedeckt. Schwach radial u. axial skulptiert. Weißlichgelb, häufig mit rötlich-braunen Flecken, in der Mdg bräunlich. Bis 47 mm lg u. etwa 20 mm h. Ohne Sipho, Nabel u. Deckel. – **V.** Ostküste der USA, seit 1880 mit amerikanischen Austern nach Eur (England) eingeschleppt, heute an allen eur Küsten. Im Gebiet an allen Nordseeküsten. – **L. B.** Im Flachwasser, meist auf Muschelschalen, auf anderen Pantoffelschnecken od. Holzpfosten, jüngere Tiere kriechen frei umher. Protandrische Zwitter. Freibewegliche Formen mit ♂ u. ♀ Keimzellen, aber nur ♂ gelangen zur Reife. Nach dem Festsetzen u. einer folgenden unfruchtbaren Phase legen die Tiere nur noch Eier. Auf großen ♀♀ können bis zu 12 Tiere kettenartig ständig übereinandersitzen. Diese Ketten sind aber keine Paarungsketten (wie man früher annahm), alle ♀♀ werden offensichtlich von frei kriechenden kleinen ♂♂ befruchtet. Die Geschlechtsfunktion wird von Alter u. Größe bestimmt,

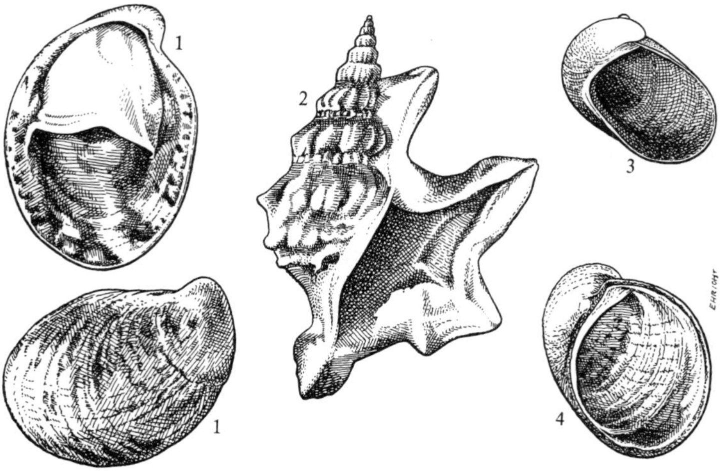

Abb. **178/1–4** **1** *Crepidula fornicata* (Dorsal- u. Ventralansichten); **2** *Aporrhais pespelecani*; **3** *Lamellaria perspicua*; **4** *Velutina velutina*

große Tiere sind immer ♀♀. Eier werden in Kapseln unter der Schale abgelegt. Auf Austernbänken gefürchteter NaKonkurrent, fängt aus Atemwasser Plankton durch Schleimfilter.

Familie *Aporrhaidae*

Gattung *Aporrhais* DA COSTA

Aporrhais pespelecani (L.) – **Pelikanfuß** (Abb. **178**/2)
G. Gehäuse bei jugendlichen Tieren turmförmig mit länglicher Mdg, deren dünner Außenrand unten siphonalrinnenartig ausläuft. Bei erwachsenen Tieren der äußere Mundsaum flügelartig erweitert mit 3–5 Fortsätzen, Siphonalkanal; Mundöffnung schmal. 10–12 Umgänge mit axialen Knoten od. Rippen, auf dem letzten Umgang 3 Spiralreihen Höcker. Zumindest auf den letzten Umgängen feine Spirallinien. Ungenabelt. Ovaler Deckel mit fast endständigem Kern. Gelblich-rotbraun. Bis 50 mm h. – **V.** Mittelmeer, eur AtlKüsten. An den Nordseeküsten u. Helgoland. Juvenile Tiere auch in der Kieler Bucht u. im Fehmarnbelt in größeren Tiefen. – **L.** Sand- u. Schlammgrund, wenig beweglich in 9–133 m Tiefe. – **B.** Strudler.

Familie *Lamellariidae*

Gehäuse dünn mit kleinem Gewinde, in der Form ± ohrförmig, von einem oft starren Mantel so umschlossen, daß sich die Tiere teilweise nicht mehr zurückziehen können. Mdg groß u. rundlich. Ungenabelt. Räuberisch auf *Tunicata*.

1 Gehäuse dünn, fast häutig, mit dünnem Periostracum. 2½–3 Umgänge. Mdg sehr groß, schief eiförmig, Außenrand oben etwas eingeschlagen. Spindelrand schmal umgeschlagen. Bis 18 mm h. – **V.** In vielen Meeresteilen der nördl. Hemisphäre. Bei Helgoland an der Niedrigwasserlinie in Felswattümpeln, meist unter Steinen. – **L.B.** 0–685 m Tiefe, auf Ascidien od. unter losen Steinen.
Lamellaria perspicua (L.) (Abb. **178**/3)

1* Gehäuse dünn, transparent weiß od. hellrosa, 3½ Umgänge mit ziemlich tiefer Naht, mit dickerem braunen, spiral u. ± axial gestreiftem Periostracum. Mdg rundlich, Spindelrand nur wenig umgeschlagen. Bis 26 mm h. – **V.** Mittelmeer bis N-Atl. Bei Helgoland. Kieler Bucht, Fehmarnbelt u. Mecklenburger Bucht. – **L.B.** Sandig-schlickige Gründe bis 93 m Tiefe, auf Ascidien, in denen auch die Eier bis zum Schlüpfen der Veligerlarven verbleiben.
Velutina velutina (O.F. MÜLLER) (Abb. **178**/4)

Familie *Triviidae [Eratoidae]*

Gattung *Trivia* BRODERIP

Trivia monacha (DA COSTA) (Abb. **179**/1)
G. Halbeiförmig, involut gewunden, der letzte Umgang umschließt alle vorherigen, Gewinde bedeckt. Mdg schlitzförmig in Richtung der Gehäuseachse. Kräftige spiralige Leisten, die Außen- u. Innenrand der Mdg zahnartig aufwellen. Hell, mit wenigen schwarzen Flecken auf der RückenS. Bis 13 mm h. – **V.** Eur Küsten von den Färöern bis ins Mittelmeer. Leere Gehäuse in der Helgoländer Tiefen Rinne. – *T. europaea* (MONTAGU), meist als zu *T. monacha* gehörig betrachtet, soll sich anatomisch u. reproduktiv unterscheiden.

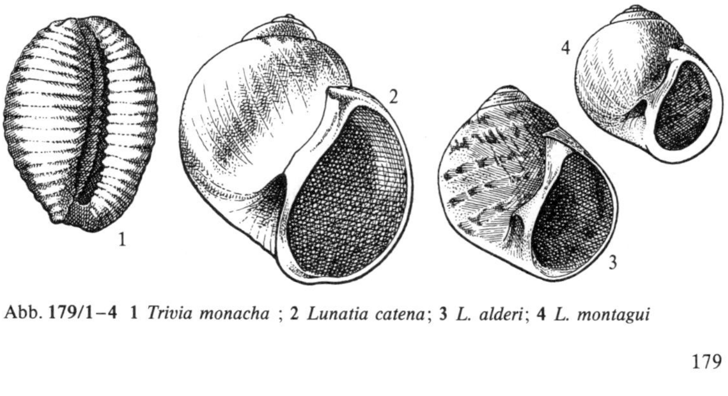

Abb. **179/1–4** **1** *Trivia monacha* ; **2** *Lunatia catena*; **3** *L. alderi*; **4** *L. montagui*

Familie *Naticidae*

Gehäuse meist kräftig, kugelig bis oval, mit wenig bis mäßig erhobenem Gewinde, die Umgänge glatt bis fein axial gestreift. Offen bis bedeckt genabelt. Mdg ei- bis halbkreisförmig, Deckel bei genannten Arten hornig. Fuß vorn mit großem Propodium, das den Kopf u. z. T. auch die Schale bedeckt, dient zum Durchfurchen des Untergrundes auf der Suche nach Schnecken u. Muscheln, die Na der räuberischen Schnecken sind. Die Schalen werden mit Bohrdrüse u. Radula durchbohrt, die Weichteile durch diese Öffnung aufgenommen. Eigelege in kragenförmigen Spiralbändern.

Gattungen *Amauropsis* MÖRCH, *Lunatia* GRAY

1 Gehäuse kugelig, kaum höher als br, mit wenig erhobenem Gewinde, die Umgänge kaum abgesetzt. Mdg höher als die halbe GehäuseH. Spindelrand oberhalb des ± offenen Nabels mit Verdickung *(Lunatia)* 2

1* Gehäuse oval, deutlich höher als br, mit mäßig erhobenem Gewinde, die Umgänge etwas abgesetzt. Mdg etwa ½ so h wie das Gehäuse. Spindelrand bedeckt fast den Nabel, oberhalb ohne Verdickung. Bis 25 mm h, mit 6–7 Umgängen, weißlich-gelblich. – **V.** Zirkumpolar (14–1 265 m Tiefe) bis mittlere Nordsee, nördl. Kieler Bucht bis Schleimünde, leere Gehäuse im Fehmarnbelt, auf schlikkigen Gründen. *Amauropsis islandica* (GMELIN)

2 Gehäuse bis 30 mm h, mit 6–7 Umgängen u. relativ tiefer Naht. ± gelblich mit einer Reihe rotbrauner Flecken unter der Naht. – **V.** Mittelmeer, eur AtlKüsten. Deutsche Bucht, NW Helgoland. – **L.** Sandiger bis schlickiger Boden, 0–215 m tief. – Leere Gehäuse oft von Einsiedlerkrebsen bewohnt u. vom Nesseltier *Hydractinia echinata* überwachsen, wobei durch Abbau von Hartsubstanzen die Gehäuseform verändert werden kann. *Lunatia catena* (DA COSTA) (Abb. **179**/2)

2* Gehäuse kleiner, bis etwa 18 mm h 3

3 Gehäuse rundlich oval, mit 7 Umgängen, die ersten schwach gewölbt, der letzte mit 4–5 Bändern aus pfeilförmigen od. länglichen Flecken. Nabelgegend braun. Nabel offen. Bis 18 mm h. – **V.** O-Atl, südl. bis NW-Afr, vorderes Mittelmeer. Helgoland, deutsche Nordseeküsten; weit verbreitet. – **L.** Auf sandigen u. schlikkigen Böden bis 2 300 m Tiefe. [*L. poliana* (CHIAJE), *L. nitida* (DONOVAN), *L. intermedia* (PHILIPPI)] *Lunatia alderi* (FORBES) (Abb. **179**/3)

3* Gehäuse rundlich, mit 4–5 Umgängen, die ersten stärker gewölbt, alle ohne Fleckenzeichnungen. Gelblich, unter der Naht mit schmalem weißen Band. Nabel von der Spindelrandschwiele etwas verdeckt. Bis 10 mm h. – **V.** Eur AtlKüsten, Mittelmeer. An deutschen Nordseeküsten u. bei Helgoland bisher nicht sicher nachgewiesen, aber dort möglich. In der westl. Ostsee juvenile Tiere? – **L.** 15–180 m Tiefe. *Lunatia montagui* (FORBES) (Abb. **179**/4)

Familie *Muricidae* – **Stachelschnecken**

Gehäuse meist kräftig, eiförmig zugespitzt bis spindelförmig, Umgänge schwach bis stark gewölbt, meist mit Spiral- u./od. Axialskulptur, oft mit Stacheln (nicht bei Arten im Gebiet). Immer mit Siphonalrinne. MdgsRand außen glattscharf bis wellig od. verdickt, innen glatt bis gezahnt od. gefaltet. Räuberisch.

Gattungen *Nucella* ROEDING, *Trophonopsis* BUCQUOY, DAUTZENBERG & DOLLFUSS

1 Gehäuse eiförmig zugespitzt, dickwandig. Umgänge schwach gewölbt, mit deutlichen Spiralreifen u. axialen Zuwachsstreifen. Mdg schmal, mit br offener, kurzer Siphonalrinne. Weißlichgelblich. 35–45 mm h. – **V.** N-Atl, im O-Atl bis N-Afr. Im Felswatt bei Helgoland. Im Øresund. – **L. B.** 0 bis einige m tief, zusammen mit Belaniden, Muscheln u. anderen Schneckenarten, die von *N. lapillus* mit der Radula angebohrt werden. Eikapseln gestielt, etwa 7,5 mm lg, mit 400–600 Eiern, von denen sich nur etwa 25 entwickeln. – ▽

Nucella lapillus (L.) – **Nördliche Purpurschnecke** (Abb. **181**/1)

1* Gehäuse spindelförmig, mäßig kräftig. 6–7 gewölbte Umgänge mit 16–20 stark hervortretenden Spirallamellen (können auf oberen Umgängen fehlen). Mdg eiförmig, mit etwas längerer Siphonalrinne. Weißgelblich bis fleischfarben. Bis 18 mm h. – **V. L.** Boreal bis Biskaya, in der Ostsee vereinzelt in nördl. Kieler Bucht auf Feinsand u. schlickigem Sand in 15–28 m Tiefe, sonst 4–140 m. Galt früher als Varietät von *T. clathratus* (L.), von der sie sich jedoch an der Radula unterscheiden läßt. *Trophonopsis truncatus* (STRÖM)

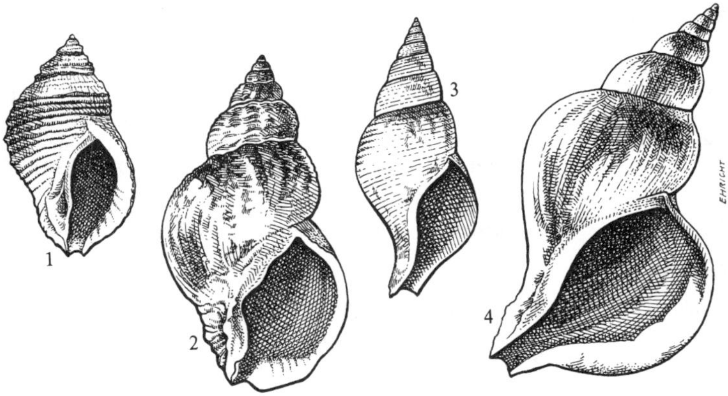

Abb. **181/1–4** **1** *Nucella lapillus*; **2** *Buccinum undatum*; **3** *Colus (Sipho) gracilis*; **4** *Neptunea antiqua*

Familie *Buccinidae*

Gehäuse ei-kegelförmig bis spindelförmig, fast glatt, fein od. mäßig skulptiert. Mdg unten mit kürzerer od. längerer Siphonalrinne, Mundrand nicht zusammenhängend. Ungenabelt. Deckel oval, mit end- bis fast mittelständigem Nukleus.

Gattungen *Buccinum* L., *Colus* ROEDING, *Neptunea* ROEDING

1 Gehäuse mit breiten u. flachen axialen Rippen auf 7–8 Umgängen, die bei dickschaligen Exemplaren durch Zuwachsstreifen zerklüftet sind, u. enger stehenden spiraligen Reifen. Mit kurzem, weitem u. ziemlich geradem Siphonalkanal. Mdg weit, ± oval, kürzer als das Gewinde. Graugelb, mit dünnem, bräunlichem Periostracum. In Form u. Größe sehr variabel: in der Brandungszone dickschaliger u. schwerer, im ruhigen Tiefenwasser dünnschaliger. Bis 110 mm h. – **V.** Vom Mittelmeer (dort selten) an eur AtlKüsten bis zur Arkt. Helgoland, Nordseeküsten, Ostsee bis Mecklenburger Küste u. Darßer Ort. – **L.** Auf steinigem, sandigem od. schlickigem Boden von 0–2 000 m Tiefe. – **B.** Aas- u. Fleischfresser, kann nicht bohren. Zahlreiche Eikapseln in bis faustgroßen länglich-runden Klumpen. Von den bis etwa 1 000 Eiern in jeder Kapsel entwickeln sich nur 10 auf Kosten der anderen. Leere Gehäuse werden meist von Einsiedlerkrebsen bewohnt. *Buccinum undatum* L. – **Wellhornschnecke** (Abb. **181**/2)

1* Gehäuse fast glatt bis spiralgestreift, ohne axiale Rippen. Mit längerem, etwas gebogenem Siphonalkanal **2**

2 10 Umgänge, wenig gewölbt, immer mit deutlichen Spiralreifen. Mdg verhältnismäßig klein, nicht erweitert. Weißlich, mitunter rosa überlaufen, meist mit einer festsitzenden lehmfarbenen Schalenhaut überdeckt. Bis 70 mm h. – **V.** Eur AtlKüsten. Leere Gehäuse junger Tiere von der Helgoländer Tiefen Rinne bekannt. Lebend bisher nicht im Gebiet.

Colus (Sipho) gracilis (DA COSTA) (Abb. **181**/3)

2* 6–8 stärker gewölbte Umgänge, fast glatt, nur mit feinen u. dichtstehenden spiraligen Streifen. Mdg groß, erweitert. Weißlich-bräunlich, mit dünnem gelblichen Periostracum. Bis 200 mm h. – **V.** Eur AtlKüsten. Helgoland, Nordseeküsten, westl. Ostsee bis Mecklenburger Bucht. – **L. B.** Meist auf Weichböden in 7–1 200 m Tiefe. Allesfresser. *Neptunea antiqua* L. (Abb. **181**/4)

Familie *Nassariidae* – Netzreusenschnecken

Gattung *Hinia* LEACH

Gehäuse klein (bis etwa 25 mm h), konisch-eiförmig, durch kräftige Längsfalten u. Spiralreifen netzartig skulptiert. Spindelwand wulstartig, weiß, Außenlippe gekerbt. Mdg länglich eiförmig, unten mit relativ weitem Siphonalkanal. Ungenabelt. Deckel hornig, mit exzentrischem Kern.

1 Gehäuse mittelgroß (20–35 mm h), mit 8–9 schwach gewölbten Umgängen. Mdg eiförmig. Außenlippe innen schwach gezähnelt od. gefaltet. Färbung sehr variabel. – **V.** Eur Küsten bis Schwarzes Meer, Kanaren, Azoren; im Wattenmeer der Nordsee, nicht bei Helgoland. Kieler bis westl. Mecklenburger Bucht. – **L.** Auf Weichböden eingegraben. – **B.** Carnivor. *Hinia reticulata* (L.) (Abb. **183**/1)

1* Gehäuse klein, bis 15 mm h, mit 8 stärker gewölbten Umgängen. Rippen meist prominenter u. regelmäßiger als bei vor. Art. Mdg rundlicher. Außenlippe mit relativ kräftigen Zähnen, der oberste u. unterste stärker. Färbung sehr variabel. – **V.** Mittelmeer u. eur AtlKüsten. Leere Gehäuse bei Helgoland. – **L.** Bis 180 m tief im Fels- u. Geröllitoral. – **B.** Carnivor.

Hinia incrassata (STRÖM) (Abb. **183**/2)

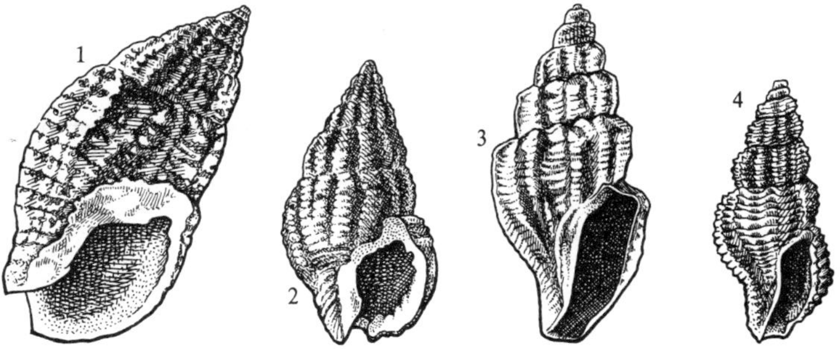

Abb. **183/1–4** **1** *Hinia reticulata*; **2** *H. incrassata*; **3** *Oenopota turricula*; **4** *Raphitoma linearis*

Familie *Turridae*

Gehäuse turbospiral. Umgänge stark gewölbt bis kantig, mit deutlicher axialer u. spiraler Skulptur. Mdg länglich, die Siphonalrinne nur wenig von der Mdg abgesetzt. Räuberisch, Radula aus einzelnen Zähnen.

Gattungen *Oenopota* MÖRCH, *Raphitoma* BELLHARDI

1 Gewinde etwa ½ GehäuseH. Meist 7–8 deutlich geschulterte Umgänge mit 13–18 axialen Rippen, in den weiten Zwischenräumen feine Spiralstreifen. Weißlich bis rötlich, Periostracum braun. Bis 18 mm h. – **V.** Arkt, eur AtlKüsten, mit Tiefseeformen auch im vorderen Mittelmeer. Westl. Ostsee bis Warnemünde. – **L.** Wohl meist schlickige bis schlickig-sandige Gründe bis etwa 250 m Tiefe, als Tiefseeform bei den Azoren bis 4 000 m.
Oenopota [Lora] turricula (MONTAGU) (Abb. **183**/3)

1* Gewinde höher als ½ GehäuseH. 8–7 nicht geschulterte Umgänge mit etwa 10 kräftigen axialen Rippen (Zwischenräume etwa so br wie die Rippen). Spiralskulptur aus fadenförmigen bis lamellenartigen Reifen, die auch die Rippen erhaben überqueren. Gelblichweiß, mit rötlichen Spirallinien. Bis 10 mm h. – **V.** Kanaren bis Lofoten, Mittelmeer. Bei Helgoland leere Gehäuse.
Raphitoma linearis (MONTAGU) (Abb. **183**/4)

Unterklasse *Euthyneura* – **Hinterkiemer** *(Cephalaspidea, Anaspidea, Saccoglossa, Nudibranchiata)* und **Lungenschnecken** *(Basommatophora, Stylommatophora)*

Gehäuse meist spiralgewunden, teilweise stark zurückgebildet u. oft vom Mantel umhüllt od. völlig fehlend. Operculum nur bei wenigen Gattungen. Mantelhöhle mit einer Kieme bzw. Lunge ± deutlich hinter dem Herzen. Nervenlängsstränge meist gerade (euthyneur). Fast nur Zwitter. Marin, limnisch u. terrestrisch.

Ordnung *Cephalaspidea* – **Kopfschildträger**

Meist mit äußerer Schale, gelegentlich ± vom Mantel umhüllt, mit u. ohne Dekkel. Körper mit vom Rücken angesetztem Kopfschild, darauf Augen u. Riechorgane. Meist ohne Tentakel. Kriechfuß, vielfach mit Parapodien. Fast immer im Meer.

Familie *Acteonidae*

Gattung *Acteon* MONTFORT

Acteon tornatilis (L.) (Abb. **184**/1)
G. Gehäuse oval-zylindrisch, mit kurzem Gewinde. 7–8 flache, etwas treppenartig abgestufte Umgänge mit feinen punktartigen Spiralfurchen. Mdg lg (etwa $^3/_4$ GehäuseH). Spindel verdickt, gedreht-gefaltet. Mit Operculum. Rötlich-grau, meist mit 2 weißlichen Spiralbinden. Tier mit zweigeteiltem Kopfschild. Gehäuse bis 25 mm h. – **V.** Eur Küsten; Helgoland. Leere Schalen an Nordseeinseln. – **L.** Auf Sandboden vom Flachwasser bis etwa 8 m Tiefe. Durchpflügt mit dem Kopfschild die oberen Schichten.

Familie *Scaphandridae*

Gehäuse länglich-eiförmig bis schlank zylindrisch, das Gewinde meist eingezogen u. verdeckt. Mdg meist so lg wie das Gehäuse, mit od. ohne Spindelfalte. Tiere mit großem Kopfschild ohne Anhang, mit od. ohne Parapodien, können sich noch vollständig (wie *Acteon*) zurückziehen. Räuberisch im Meer. Die unzerkleinert geschluckte Beute wird im Magen mit 3 Kauplatten zerquetscht.

Gattungen *Cylichna* LOVÉN, *Scaphander* MONTFORT

1 Gehäuse lg-zylindrisch, oben u. unten gestutzt, Gewinde eingesenkt. Skulptur aus feinen u. dichtstehenden unregelmäßigen Spiralrillen. Mdg schmal, unten

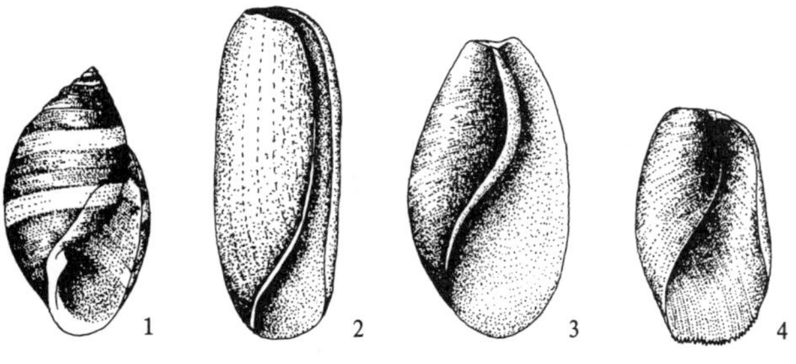

Abb. **184**/**1–4** **1** *Acteon tornatilis*; **2** *Cylichna cylindracea*; **3** *Scaphander lignarius*; **4** *Philine scabra*

erweitert, Spindel schräg, verdickt, mit Falte. Weiß, mit gelbbraunem, hinfälligem Periostracum. Bis 11 mm h. Tier mit langem Kopfschild, ohne Parapodien. – **V.** O-Atl zwischen Norwegen u. Kanaren; Mittelmeer; Nordseeküsten, Helgoland. – **B.** Wühlen in Schlick- u. Sandgründen. Na: Foraminiferen.

Cylichna cylindracea (PENNANT) (Abb. **184**/2, **186**/1)

1* Gehäuse eiförmig, oben etwas verschmälert. Gewinde eingesenkt. Skulptur aus zahlreichen, dichtstehenden Spiralritzen u. unregelmäßigen Anwachsstreifen. Mdg groß, unten stark erweitert, mit breitem Spindelkallus, ohne Falte. Cremefarben mit braunem Periostracum. Bis 65 mm h. Tier mit breitem Kopfschild u. mit Parapodien. – **V.** Eur Küsten; Helgoland. – **L.** Können schwimmen. In nördl. Gewässern in flacherem Wasser, in südl. bis unter 3 000 m Tiefe. – **B.** Na: vorwiegend Dentalien. *Scaphander lignarius* (L.) (Abb. **184**/3, **186**/2)

Familie *Philinidae*

Gattung *Philine* ASCANIUS

Gehäuse dünn-transparent, ± eiförmig, letzter Umgang sehr groß mit weiter Mdg, vom Mantel ganz bedeckt. Tier mit großem Kopfschild, vorn gerundet. Mit Parapodien.

1 Gehäuse zylindrisch länglich, oben verschmälert, zerbrechlich semitransparent. 3 Umgänge mit tiefer Naht. Letzter Umgang mit dichten Spiralreifen aus kleinen ovalen aneinandergereihten Kreisen (kettenartig). Mdg nach unten weit geöffnet u. an der Basis abgestützt. Kopfschild groß, länglich, hinten geteilt u. in 2 Spitzen ausgezogen. – **V.** Eur AtlKüsten, Mittelmeer; bei Helgoland. – Gehäuse 8 mm lg, Tier 15 mm lg. – **L.** Wohl ähnlich wie bei der folgenden Art.

Philine scabra (O. F. MÜLLER) (Abb. **184**/4)

1* Gehäuse ziemlich flach, oval-dreieckig-gerundet, oben nur wenig verschmälert, sehr zerbrechlich semitransparent. Skulptur eigentlich nur aus feinen Anwachsstreifen. Mdg sehr weit geöffnet, unten rundlich. Kopfschild groß u. br, hinten ohne Spitzen. Gehäuse bis 20 mm lg, Tier bis 45 mm. – **V.** O-Atl bis Kapverden, Mittelmeer, Schwarzes Meer; Kieler bis Lübecker Bucht. – **L.** Region des toten Seegrases, auf Weichböden. –**B.** Na: Räuberisch u. frisches Aas. *[P. quadripartita* ASCANIUS] *Philine aperta* (L.) (Abb. **185**/1, **186**/3)

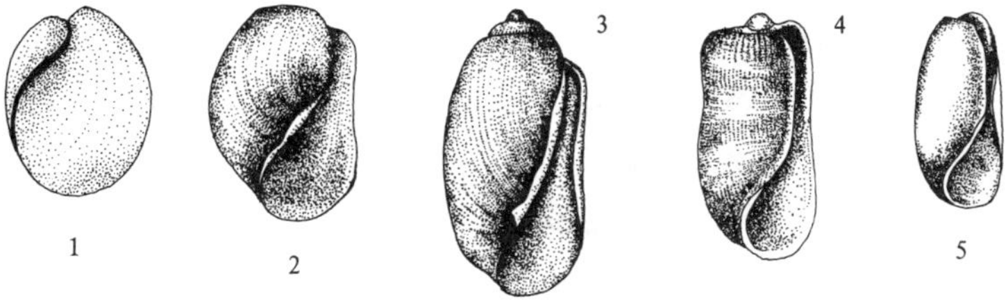

Abb. 185/1–5 **1** *Philine aperta*; **2** *Diaphana minuta*; **3** *Retusa obtusa*; **4** *Mamilloretusa mamillata*; **5** *Cylichnina nitidula*

Familie *Diaphanidae*

Gattung *Diaphana* BROWN

Diaphana minuta (?) (BROWN) [*D. hyalina* TURTON & LOVÉN] (Abb. **185**/2, **187**/3)
G. Gehäuse oval, in der M verbreitert. Gewinde etwas eingesenkt, 3–5 Windungen, gekantet, mit deutlicher Naht. Letzter Umgang sehr groß, ohne Skulptur. Mdg etwa GehäuseLg, oben eng, unten weiter, br gerundet. Ohne Spindelfalte. Ritzartig genabelt. Sehr dünn u. zerbrechlich, hyalin-transparent, etwa 5 mm h. Tier mit breitem, gelapptem Kopfschild u. gespaltenem Fußende. – **V.** O-Atl bis Kanaren, Mittelmeer; Helgoland, Kieler bis Lübecker Bucht. – **L.** Auf Sand u. Schlick. **B.** Na: Kleinalgen, Detritus.

Familie *Acochlidiidae*

Gehäuselose kleine Arten im Sandlückensystem an den Meeresküsten. In Anpassung an ihre Lebensweise sind Kopfschild, Kiemen, Mantelhöhle u. Parapodien reduziert. Sackförmiger Körper vom Fuß abgesetzt.

Gattungen *Microhedyle* HERTLING, *Philinoglossa* HERTLING

1 Mit Tentakeln. Weiß mit durchschimmernden gelblichen Eingeweiden u. brauner Mitteldarmdrüse. Bis 2 mm. – **V.** Mittelmeer bis Helgoland.
Microhedyle lactea HERTLING (Abb. **187**/4)

1* Ohne Tentakel. Milchig-weiß mit opalweißen Flecken, manchmal mit schwarzen Punkten. Bis 1,5 mm. – **V.** Mittelmeer bis Helgoland.
Philinoglossa helgolandica HERTLING (Abb. **186**/4)

Familie *Retusidae*

Gehäuse klein, walzenförmig od. lg-eiförmig, mit eingesenktem od. nur wenig erhabenem Gewinde. Mdg lg, oben schmal, unten erweitert. Tiere mit langem Fuß

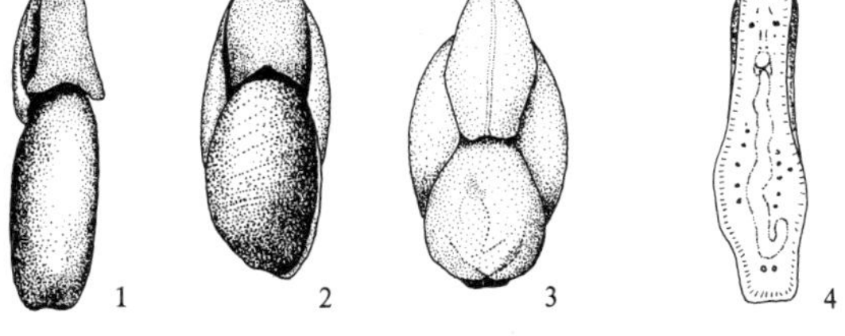

Abb. **186/1–4** Dorsalansichten von **1** *Cylichna cylindracea* (mit langem Kopfschild); **2** *Scaphander lignarius* (mit breitem Kopfschild); **3** *Philine aperta* (mit langem Kopfschild); **4** *Philinoglossa helgolandica* (gehäuselos, ohne Tentakel)

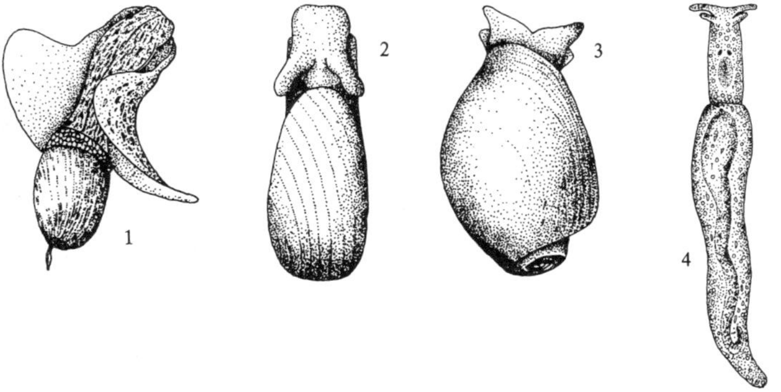

Abb. **187/1–4** Dorsalansichten von **1** *Akera bullata* (mit breiten Parapodien); **2** *Retusa obtusa* (Kopfschild mit ohrartigen Anhängen); **3** *Diaphana minuta* (Kopfschild br gelappt); **4** *Microhedyle lactea* (gehäuselos, mit Tentakel)

u. großem schmalen Kopfschild, hinten mit ohrartigen Anhängen. Ohne Parapodien, ohne Radula. Ganz ins Gehäuse zurückziehbar. Na: überwiegend Foraminiferen.

Gattungen *Retusa* T. BROWN, *Mamilloretusa* NORDSIECK, *Cylichnina* MONTEROSATO

1 Gewinde etwas erhoben, von der S sichtbar, zumindest der Nukleus 2

1* Gewinde eingesenkt, von der S nicht sichtbar 3

2 Gehäuse ovoid-zylindrisch, das Gewinde etwas erhoben, die 4 gerundeten Umgänge von der S sichtbar. Die Mdg reicht nicht bis zur Gehäusespitze. Letzter Umgang ohne deutliche Skulptur. Bis etwa 7 mm h. – **V.** N-Atl bis Mittelmeer; Helgoland, Wattenmeer, westl. Ostsee bis Mecklenburger Bucht. – **L.** Schlickgründe in Salz- u. Brackwasser. *Retusa obtusa* (MONTAGU) (Abb. **185**/3, **187**/2)

2* Gehäuse genau zylindrisch, in der M etwas eingezogen. 3 Umgänge nur von oben sichtbar, von der S gesehen wird der letzte Umgang vom kugelförmigen Nukleus überragt. Letzter Umgang mit dichten Punktspiralen. Bis 2,5 mm h. – **V.** O-Atl von Norwegen bis Kanaren, Mittelmeer; Helgoland. – **L.** Litoral bis 135 m. *Mamilloretusa mamillata* (PHILIPPI) (Abb. **185**/4)

3 **(1)** Gehäuse lg eiförmig, Außenlippe reicht bis zur Schalenspitze. Außenlippe in der M etwas eingeschlagen. Letzter Umgang glatt. Spindel schmal, kaum gefaltet. Bis 3,5 mm h. – **V.** Wahrscheinlich nur an N-eur Küsten; Helgoland. *Cylichnina nitidula* (LOVÉN) (Abb. **185**/5)

3* Gehäuse zylindrisch, aber nach oben verschmälert. Außenlippe reicht bis zur Schalenspitze. Letzter Umgang im oberen Teil mit zahlreichen Längsstreifen. Spindel stark, mit deutlicher zahnartiger Falte. Bis 4 mm h. – **V.** O-Atl von Norwegen bis Kanaren, Mittel- u. Schwarzes Meer; Helgoland, westl. Ostsee bis Mecklenburger Bucht. – **L.** Schlickgründe in Salz- u. Brackwasser. *Retusa truncatula* (BRUGUIÈRE) (Abb. **188**/1)

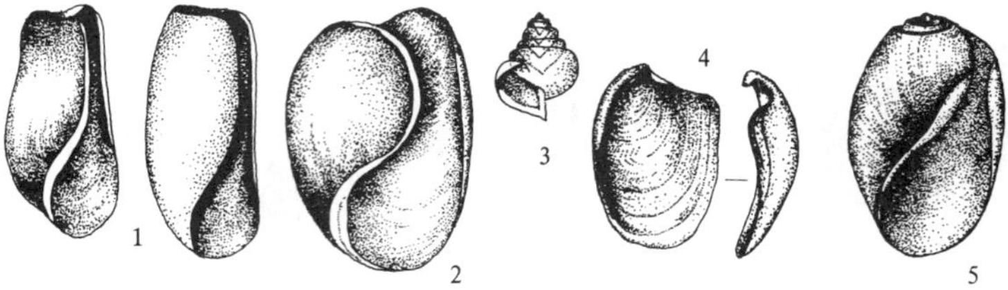

Abb. **188/1–5** **1** *Retusa truncatula*; **2** *Haminea hydatis*; **3** *Spiratella retroversa*; **4** *Aplysia rosea* (Schale, Ventral- u. Lateralansichten); **5** *Akera bullata*

Familie *Atyidae*

Gattung *Haminea* TURTON & KINGSTON

Haminea hydatis (L.) (Abb. **188**/2, **191**/1)
G. Gehäuse dünnschalig-transparent, oval, gut gerundet, die Außenlippe in der M ziemlich gerade. Gewinde eingesenkt. Der letzte Umgang groß, sehr fein spiralgestreift. Mdg groß, oben verengt, unten erweitert, die Außenlippe ragt über die Gehäusespitze. Spindel kurz, über den Nabel geschlagen. Bis 11 mm h. Tier mit langem Kopfschild, hinten zweizipflig u. über die Schale gebreitet. 2 Parapodien können etwas über die Schale gelegt werden, ebenso ein hinterer unsymmetrischer Mantellappen. Meist braun-grün, mit tiefbraunen Flecken. – **V.** Eur AtlKüsten, Mittelmeer; bei Helgoland ? – **L.** Auf Sedimentböden.

Familie *Pyramidellidae*

Gehäuse klein bis sehr klein, kegel- bis spindelförmig, mit paucispiralem Deckel, Embryonalgewinde linksgewunden, steht oft senkrecht zur Gehäuseachse. Tier mit nur sehr kleinem Kopfschild, mit Blindsack unterhalb des langen, ausstülpbaren Rüssels. Ohne Parapodien, ohne Radula, aber mit zum Hohlstachel umgeformten Kiefer. Meist ektoparasitisch auf Wirtstieren (u. a. Polychaeten, Mollusken, Ascidien, Echinodermen), nähren sich von deren Körpersäften.

Gattungen *Turbonilla* RISSO, *Eulimella* GRAY, *Ebala* GRAY, *Odostomia* FLEMING, *Chrysallida* CARPENTER

1 Gehäuse schlank getürmt bis pfriemenförmig, der letzte Umgang nimmt deutlich weniger als die halbe GehäuseH ein (etwa $\frac{2}{5}$–$\frac{1}{3}$) **2**
1* Gehäuse ovoid-konisch. Der letzte Umgang erreicht mindestens die halbe GehäuseH od. ist höher **4**
2 Skulptur auf allen Umgängen aus zahlreichen (18–22) axialen Rippen. 10–12 ziemlich flache Umgänge mit tiefer Naht, 18–22 gerundete, etwas schiefe Rippen, die an der Peripherie des letzten Umganges erlöschen. Basis glatt. Glänzend milchigweiß. Etwa 9–10 mm h. – **V.** O-Atl von Norwegen bis Kanaren, Mittel-

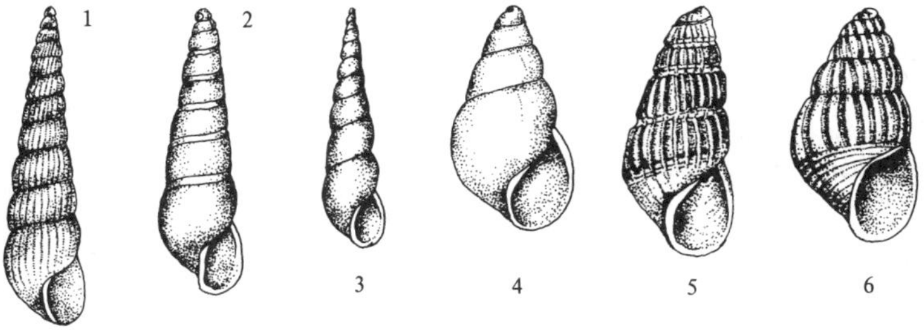

Abb. **189/1–6** **1** *Turbonilla lactea*; **2** *Eulimella acicula*; **3** *Ebala nitidissima*; **4** *Odostomia (Brachystomia) rissoides*; **5** *Chrysallida (Parthenina) interstincta*; **6** *Ch. (Partulida) spiralis*

meer. Leere Gehäuse in der Helgoländer Tiefen Rinne. – **L.** In der Laminarienzone an Polychaeten. *Turbonilla lactea* (L.) (Abb. **189**/1)

2* Gehäuse ziemlich glatt, ohne axiale Rippen **3**

3 Gehäuse dünn, glatt, mit 8–9 ziemlich flachen Umgängen. Apex horizontal eingewunden. Mdg mehr rhombisch gerundet. Letzter Umgang nimmt nur etwa $^2/_5$ der GehäuseH ein. Bis 3,5 mm h. – **V.** Eur AltKüsten, Mittel- u. Schwarzes Meer. Leere Gehäuse im NNW Helgolands, selten nördl. der Kieler Bucht u. im Fehmarnbelt. – **L.** Bis 75 m Tiefe auf Sand u. Schlick. – **B.** Na: wie folg. Art? [*E. commutata* MONTEROSATO] *Eulimella acicula* (PHILIPPI) (Abb. **189**/2)

3* Gehäuse sehr dünn, mit mikroskopisch feinen Spirallinien. Apex vorgezogen u. schräg gedreht. Etwa 7–8 konvexe Umgänge. Mdg mehr oval. Letzter Umgang erreicht etwa $^1/_3$ der GehäuseH. 2–3 mm h. – **V.** N-Atl, O-Atl bis Kanaren, Mittelmeer; Kieler Bucht u. Fehmarnbelt. – **L.** Sandboden bis 55 m Tiefe. – **B.** Na: Kleinstlebewesen. *Ebala nitidissima* (MONTAGU) (Abb. **189/3**)

4 **(1)** Gehäuse glatt, ohne axiale Rippen (nur mikroskopisch feine Anwachs- u. Spirallinien vorhanden). 5 konvexe Umgänge, der letzte erreicht $^2/_3$ der GehäuseH. Mdg oval. Eng genabelt. Etwa 4 mm h. – **V.** Eur AltKüsten bis etwa 60° n. Br., Mittelmeer; Kieler bis Mecklenburger Bucht. – **L.** 0–1 400 m Tiefe, Ektoparasit an Miesmuscheln (aber auch Schnecken). Schnecken sitzen am Rande der Schalenklappen u. saugen mit weit vorgestrecktem Rüssel am Mantel der Muscheln. *Odostomia (Brachystomia) rissoides* HANLEY (Abb. **189**/4)

4* Gehäuse mit deutlicher axialer Rippenskulptur **5**

5 5$^1/_2$ Umgänge mit etwa 20 axialen Rippen, dazu 2 dichtstehende Spiralleisten im unteren Drittel der Umgänge. Rippen erlöschen an der Basis, diese glatt. Bis 5 mm h. – **V.** O-Atl von Norwegen bis Kanaren; Mittelmeer. Bei Helgoland gelegentlich leere Schalen. – **L.** Ektoparasit an *Ostrea edulis* (u. anderen Weichtieren?). Bis 90 m Tiefe. [*Ch. obtusa* (BROWN)]
Chrysallida (Parthenina) interstincta (MONTAGU) (Abb. **189**/5)

5* 5–6 Umgänge mit etwa 18 axialen Rippen, ohne Spiralleisten. Rippen brechen an der Peripherie des letzten Umganges ab u. werden durch etwa 10 feine, gelegentlich punktierte Spirallinien ersetzt. Bis 3 mm h. – **V.** O-Atl zwischen Norwegen u. Gibraltar. Vereinzelt leere Gehäuse bei Helgoland. – **L.** Bis 75 m Tiefe auf *Sabellaria*. *Chrysallida (Partulida) spiralis* (MONTAGU) (Abb. **189**/6)

Familie *Spiratellidae*

Gattung *Spiratella* BLAINVILLE

Spiratella retroversa (FLEMING) (Abb. **188**/3, **191**/4)
G. Gehäuse dünnschalig transparent, mit erhobenem Gewinde, ungefähr so br wie h. Etwa 8 Umgänge. Mit Deckel. Tier mit Mantelhöhle ohne Kiemen, mit breiten flügelartigen Parapodien, die beim Schwimmen synchron auf- u. abschlagen. 3 mm lg. – **V.** Nordisch-boreal. In der Deutschen Bucht. – **L.** Planktische Hochseetiere. – **B.** Na: Plankton, wird durch Strudeln aufgenommen.

Ordnung *Anaspidea*

Sehr unterschiedliche Formen von bulligen großen Tieren bis zu zarten Planktern. Mit kleinen, vom Mantel zumindest teilweise überdeckten Gehäusen od. ohne Gehäuse. Kopf ohne Kopfschild, mit 2 flachen od. eingerollten Tentakeln. Fuß meist mit breiten, zum Schwimmen geeigneten Parapodien. Im Meer, benthisch bis Hochsee.

Familie *Akeridae*

Gattung *Akera* O. F. MÜLLER

Akera bullata O. F. MÜLLER – **Kugelschnecke** (Abb. **188**/5, **187**/1)
G. Gehäuse dünn, eiförmig, bedeckt den ganzen Eingeweidesack, kann aber das Tier nicht voll aufnehmen. Gewinde abgestutzt, Umgänge gekielt, oben mit Bucht. Tier mit breiten Parapodien, die, beim Kriechen auf den Rücken gelegt, den Eingeweidesack verdecken. Gehäuse bis 30 mm lg, Tier bis 50 mm. – **V.** An allen eur Küsten, in der Ostsee bis westl. Mecklenburger Bucht. – **L.** Etwa bis 19 m tief, in der Zone des abgestorbenen Seegrases, auf Schlammgrund. – **B.** Schwimmt bes. im Frühjahr mit relativ schnellen Bewegungen (45 Kontraktionen/min) der Parapodien, wobei das Tier senkrecht im Wasser hängt. Na: Beschabt Grünalgen, frißt auch Diatomeen (Kaumagen), Detritus usw.

Familie *Aplysiidae* – **Seehasen**

Gattung *Aplysia* L.

Aplysia rosea RATHKE [*A. punctata* (CUVIER)] (Abb. **188**/4, **191**/2)
G. Tier groß (etwa 70 bis 150 mm lg), mit breiten, vorn getrennten u. hinten vereinigten Parapodien. Mantel auf dem Rücken offen, die bis 17 mm lg flache Schale teilweise sichtbar. Rhinophoren löffelartig eingerollt. Junge Tiere karminrot, adulte bräunlich od. grünlich, aber immer mit weißen Flecken. – **V.** O-Atl südl. bis Kanaren; Helgoland. – **L.** In den Algenregionen. Schwimmen zeitweise mit den Parapodien. – **B.** Na: Pflanzen, bes. Rotalgen, Laminarien.

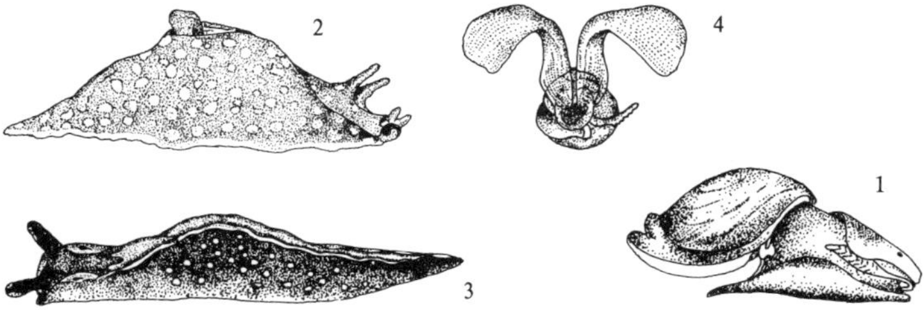

Abb. **191/1–4** Lateralansichten von **1** *Haminea hydatis* (mit langem Kopfschild); **2** *Aplysia rosea* (mit breiten, hinten vereinigten Parapodien); **3** *Elysia viridis* (mit lggestreckten Parapodien, ohne Gehäuse); **4** Frontalansicht von *Spiratella retroversa* (mit flügelartigen Parapodien)

Ordnung *Saccoglossa* – **Sack- oder Schlauchschnecken, Schlundsackschnecken**

Mit dünnem Gehäuse od. meist schalenlos. Kopf meist mit 1–2 Paar Tentakeln, Fuß selten mit Parapodien. Saugschlund ohne Kiefer. Radula einzeilig, verbrauchte Zähne nimmt ein Schlundsack auf. Ernähren sich von Pflanzensäften, indem sie das Gewebe mit der Radula aufschlitzen u. mit dem Rüssel die Säfte aussaugen. Vorwiegend im Meer, wenige Arten im Süßwasser.

Familie *Elysiidae*

Gattung *Elysia* RISSO

Elysia viridis (MONTAGU) – **Grüne Samtschnecke** (Abb. **191**/3)
G. Ohne Gehäuse. Kopf mit 1 Paar rinnenförmigen Tentakeln, Körper mit lggestreckten Parapodien, ohne Rückenanhänge. Bis 35 mm lg. Schwarz od. braun, Fuß heller gesäumt, mit leuchtend grünen, roten od. blauen Flecken übersät. – **V.** An eur Küsten. Deutsche Nordseeküsten, Helgoland, Kieler Bucht. – **L.B.** Seegraswiesen. Schwimmt wenig geschickt mit Parapodien. Bei der Paarung umwinden sich die Partner. Na: Seegrassäfte u. Kieselalgen.

Familie *Stiligeridae*

Ohne Schale. Mit od. ohne Tentakel. Körper mit keulen- od. fadenförmigen Anhängen.

Gattungen *Stiliger* EHRENBERG, *Alderia* ALLMAN

1 Körper jederseits mit etwa 9 spitz-eiförmigen, grau- od. braunweiß marmorierten Rückenanhängen, Rücken u. Seiten bräunlich. 1 Paar längere Tentakel. Fuß mit

Ecken an den S. After rückenständig, von dunklem Fleck umgeben. Bis 8 mm lg. – **V.** An eur Küsten. Ostseeküste bis Greifswald (Ryck). – **L.** Salz- u. Brackwasser auf Seegras- u. Algenwiesen. – **B.** Na: Laich anderer Nacktschneckenarten. [*St. mariae* MEYER & MÖBIUS] *Stiliger vesiculosus* (DESHAYES) (Abb. **192**/1)

1* Körper jederseits mit zahlreichen, in 2–3 Reihen stehenden, länglich-elliptischen, nach hinten länger werdenden Rückenanhängen. Kopf ohne Tentakel, beiderseits in Lappen ausgezogen. Gelbgrünlich, marmoriert. Bis 15 mm lg. – **V.** Eur Küsten. N-Am? Ostsee. – **L.** An brackigen Uferzonen, an Ufern von Gräben u. Tümpeln, Außendeichwiesen, bei Ebbe auch außerhalb des Wassers. – **B.** Na: Saugt Schlauchalgen *(Vaucheria)* aus.
Alderia modesta (LOVÉN) (Abb. **192**/2)

Familie *Limapontiidae*

Gattung *Limapontia* JOHNSTON

Limapontia nigra (O. F. MÜLLER) [*L. capitata* (O. F. MÜLLER), *L. depressa* ALDER & HANCOCK] – **Breitköpfige Lanzettschnecke** (Abb. 192/3)
G. Kopf an beiden S abgerundet, ohne Tentakel. Der Körper spindelförmig ohne Rückenanhänge, zwischen Kopf u. Körper verschmälert. Kopf, RückenM u. KörperE hell, sonst schwärzlich mit hellen Punkten. Etwa 8 mm lg. – **V.** O-Atl zwischen Marokko u. nördl. Eismeer; Helgoland, deutsche Nordseeküsten (brackige Außendeichwiesen), Ostsee (Brackwasser). – **L.** Auf Seegras u. Algen. – **B.** Na: Grün- u. Kieselalgen.

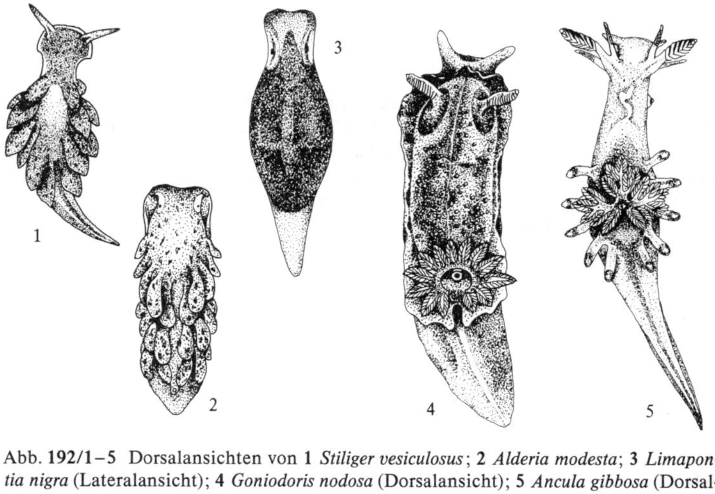

Abb. **192/1–5** Dorsalansichten von **1** *Stiliger vesiculosus*; **2** *Alderia modesta*; **3** *Limapontia nigra* (Lateralansicht); **4** *Goniodoris nodosa* (Dorsalansicht); **5** *Ancula gibbosa* (Dorsalansicht)

Ordnung *Nudibranchiata* – **Nacktkiemer**

Nacktschneckenartiger Habitus, ohne Schale, Mantelhöhle u. echte Kiemen. Vielfach mit Rückenanhängen (Cerata) als akzessorische Kiemen. Meist 2 Paar Tentakel, das obere Paar (Rhinophoren) unterschiedlich. After auf dem hinteren Rücken. Vielfach NaSpezialisten. Im Meer, selten im Brackwasser.

Familie *Goniodorididae [Okenidae]*

Rhinophoren nicht einziehbar, mit lamellenartigen Ringen. Kiemen meist kreis- od. hufeisenförmig um den After. Tiere schlank.

Gattung *Goniodoris* FORBES & GOODSIR

Goniodoris nodosa (MONTAGU) (Abb. **192**/4)
G. Notum schmal u. kurz, bedeckt nicht den Kopf u. das hintere Körperdrittel; der Rand glatt od. wellig, hinten etwas eingeschnitten. Kopfsegel fühlerartig ausgebildet. Kiemenrosette um den After hinten nicht geschlossen, mit etwa 13 Kiemen. Farbe weiß od. gelblichrosa mit opak weißen od. gelben Flecken, Rhinophoren gelb, Kiemen durchsichtig. Bis 26 mm lg. – **V.** N-Atl, eur Küsten; Helgoland. – **L.** Im Sublitoral bis etwa 100 m. – **B.** Na: Aszidien.

Gattung *Ancula* LOVÉN

Ancula gibbosa (RISSO) [*A. cristata* (ALDER)] – **Weiße Griffelschnecke** (Abb. **192**/5)
G. Notum undeutlich, nahe den Kiemen auf jeder S in 3–5 griffelartige Fortsätze ausgezogen. Rhinophoren mit Lamellenringen, an jedem Tentakel 1 Fortsatz. 3 dreigefiederte Kiemen. Farbe weiß, die Anhänge mit gelber Spitze. Etwa 18 mm lg. – **V.** Eur Küsten; Helgoland, Kieler Bucht. – **L.** Auf Seegras u. Rotalgen, meist wenige m tief. – **B.** Na: zarte Algen.

Familie *Lamellidorididae [Onchydorididae]*

Rhinophoren einziehbar, mit Lamellen. Notum groß, warzig, überdeckt den Kopf u. meist auch den ganzen Körper. Kiemen rosettenartig um den After. Tiere ziemlich br.

Gattung *Acanthodoris* GRAY

Acanthodoris pilosa (O. F. MÜLLER) – **Weichwarzige Sternschnecke** (Abb. **194**/1)
G. Körper gedrungen. Notum mit spitzen weichen Papillen. Rhinophoren mit 19–20 Lamellen, Scheide mit ausgelapptem Rand. 7–9 gefiedert-verästelte Kiemen um den After. Weißgelblich, braungefleckt bis dunkelbraun, Kiemen heller. Lg bis 30 mm. – **V.** Eur Küsten; Helgoland, Deutsche Bucht, westl. Ostsee bis Travemünde. – **L.** Laminarienzone. – **B.** Na: überwiegend Moostierchen.

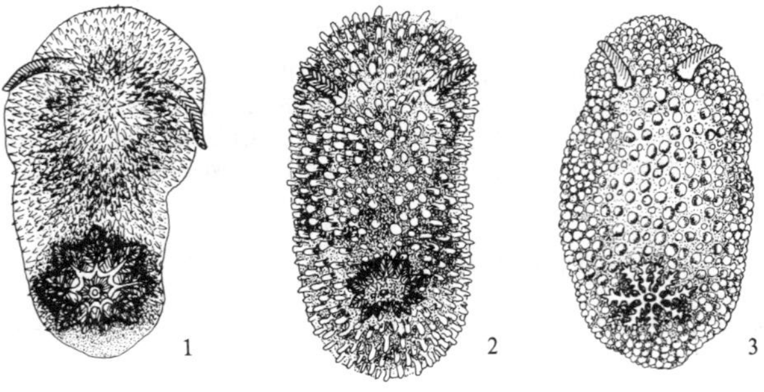

Abb. **194/1–3** Dorsalansichten von **1** *Acanthodoris pilosa*; **2** *Adalaria proxima*; **3** *Lamellidoris muricata*

Gattung *Adalaria* BERGH

Adalaria proxima (ALDER & HANCOCK) – **Rote Sternschnecke** (Abb. **194**/2)
G. Körper gedrungen. Notum mit rundlichen Papillen verschiedener Größe. Rhinophoren mit etwa 15 Lamellen, Scheidenrand glatt. 11 gefiederte Kiemen um den After. Grundfarbe gelbrosa. Lg bis 25 mm. – **V.** N-Atl, eur Küsten; Helgoland, Kieler Bucht. – **L.** Bis etwa 20 m tief. – **B.** Na: Moostierchen.

Gattung *Lamellidoris* ALDER & HANCOCK

Lamellidoris muricata (O. F. MÜLLER) – **Rauhe Sternschnecke** (Abb. **194**/3)
G. Körper gedrungen. Notum mit harten, an der Basis etwas verschmälerten Papillen, auf der US glatt. Rhinophoren mit 9–10 Lamellen. 8–11 zerlappte Kiemen. Hellgelb bis weißlich, Papillen meist dunkler, Kiemen heller. 10–13 mm

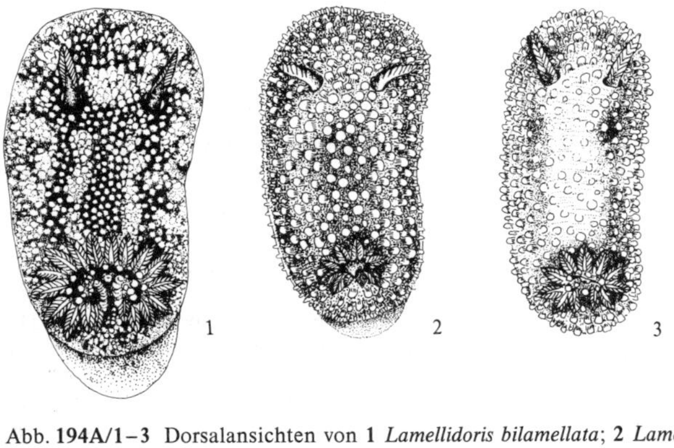

Abb. **194A/1–3** Dorsalansichten von **1** *Lamellidoris bilamellata*; **2** *Lamellidoris aspersa*; **3** *Lamellidoris diaphana*

lg. – **V.** N-Atl; Helgoland, Kieler Bucht, Travemünde. – **L.** Auf Seegras u. Tangen. – **B.** Na: meist Moostierchen.

Lamellidoris bilamellata (L.) (Abb. **194 A**/1)
G. Körper gedrungen. Notum mit zahlreichen rundlichen Papillen, auf der US granuliert. Rhinophoren mit 14–16 Lamellen. 20–30 gefiederte, relativ lange Kiemen. Gelblich, Rücken braun marmoriert. Lg bis 28 mm. – **V.** N-Atl; Deutsche Bucht, Helgoland. – **L.** Auf *Mytilus*-Bewuchs.

Lamellidoris aspersa (ALDER & HANCOCK) (Abb. **194 A**/2)
G. Körper gedrungen. Notum mit gröberen, bovistartigen Papillen, auf der US ähnlich wie am Notumrand mit kleineren Papillen besetzt. Rhinophoren mit 9–10 Lamellen. 11 einfach gefiederte Kiemen. Grundfarbe weißlich-rötlich, Papillen weiß. Lg etwa 10 mm. – **V.** Boreal. Helgoland.

Lamellidoris diaphana (ALDER & HANCOCK) (Abb. **194 A**/3)
G. Körper etwas schlanker als bei vor. Arten. Notum mit relativ weit auseinanderstehenden dicken runden Papillen, US mit wenigen Papillen u. s-förmigen Linien. Rhinophoren mit 8 Lamellen. 11 einfach gefiederte Kiemen. Grundfarbe fahles, transparentes Weiß, die Anhänge teilweise etwas gelblich. – **V.** Subarkt; bei Helgoland.

Familie *Polyceridae*

Notum nicht deutlich abgesetzt, Ränder aber teilweise durch Rückenanhänge markiert. Rhinophoren meist lamelliert. Körperrand vorn verbreitert u. mit Anhängen. Tiere schlank.

Gattung *Limacia* MÜLLER

Limacia claviger (O. F. MÜLLER) (Abb. **196**/1)
G. Notumrand auf jeder S durch 6–7 tentakelartige Fortsätze – auf die ganze KörperLg verteilt – markiert. Dazu 8 etwas zerfranste od. tuberkulöse Fortsätze am Kopfsegel. Mundrand auf jeder S in eine halbzylindrische Röhre ausgezogen. Rhinophoren mit 14–15 Lamellen, retraktil. 3 gefiederte Kiemen an der VS der Afteröffnung. Grundfarbe leicht bläulich bis bräunlich, die Fortsätze u. einige rundliche Papillen auf dem Rücken an den Spitzen orange-rot. Lg bis 20 mm. – **V.** N-Atl; Helgoland. – **B.** Na: Kleinalgen, Mikrofauna.

Gattung *Polycera* CUVIER

Polycera quadrilineata (O. F. MÜLLER) – **Gestreifte Hörnchenschnecke** (Abb. **196**/2)
G. Kopfsegel mit 4 tentakelartigen Fortsätzen. Vom Rand des Segels laufen auf erhabenen Rippen je eine Reihe Tuberkel an den RückenS bis neben die Kiemenrosette, wo sie in längeren Fortsätzen enden. Auf dem Rücken längliche Papillen, in der RückenM in einer Linie. Kiemenrosette aus 7 (bis 9) gefiederten Zweigen. Rhinophoren mit 8–9 Lamellen. Grundfarbe grau, die Anhänge u. Papillen gelb-orange, Kiemen meist heller. Bis 20 mm lg. – **V.** Mittelmeer, O-Atl; Helgoland, Kieler Bucht. – **L.** Auf Seegras u. Tangen. – **B.** Na: Kieselalgen.

Gattung *Palio* GRAY

Palio dubia (SARS) [*P. ocellata* (ALDER & HANCOCK)] – **Gefleckte Hörnchenschnecke** (Abb. **196**/3)
G. Körperform ähnlich der vor. Art. Kopfsegel vorn geteilt, mit ausgebuchteten Rändern, die sich bis neben die Kiemen fortsetzen u. dort mit zerlappten Fortsätzen enden. Rhinophoren am oberen E mit 7–9 Lamellen. Kiemenrosette aus 3 gefiederten, vor dem After liegenden Zweigen. Grünlich, die Ränder des Kopfsegels, auf dem Rücken sowie zahlreiche unregelmäßige Tuberkeln hell gelblichweiß. Bis 20 mm lg. – **V.** Mittelmeer, Atl bis Arkt; Helgoland, Deutsche Bucht, Kieler Bucht, Travemünde. – **L.** Tümpel der Strandzone, an Algen.

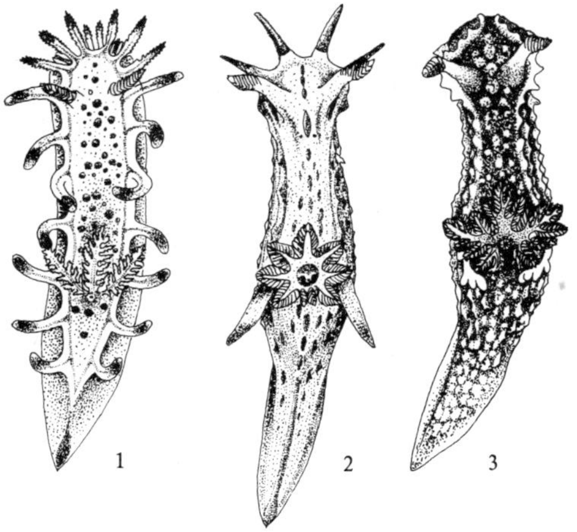

Abb. **196/1–3**
Dorsalansichten von
1 *Limacia claviger*;
2 *Polycera quadrilineata*;
3 *Palio dubia*

Familie *Cadlinidae [Echinochilidae]*

Gattung *Cadlina* BERGH

Cadlina (Echinochila) laevis (L.) [*C. repanda* (ALDER & HANCOCK)] (Abb. **197**/1)
G. Körper gedrungen. Notum mit stumpfkonischen Tuberkeln. US mit zahlreichen verzweigten Linien. Rhinophoren mit 12–13 Lamellen, retraktil, Scheidenrand gekerbt. 5 zwei- bis dreifach verzweigte Kiemen um den After. Gelblichweiß, an den S hellere Flecken. Lg bis 30 mm. – **V.** Eur Küsten; Deutsche Bucht, westl. Ostsee bis Warnemünde. – **L.** Rotalgenzone. – **B.** Na: Moostierchen u. Schwämme.

Familie *Archidorididae*

Gattung *Archidoris* BERGH

Archidoris tuberculata (CUVIER) (Abb. **197**/2)
G. Körper gedrungen mit dickem Notum, mit zahlreichen dicht stehenden rundlichen, verschieden großen Papillen besetzt. Rhinophoren mit Lamellen. 8–9 dreifach gefiederte Kiemenblätter. Gelblich-bräunlich, mit dunkleren unregelmäßigen rötlichen od. bräunlichen Flecken. Bis 110 mm lg, am größten im Mittelmeer. – **V.** Eur Küsten; Helgoland, deutsche Nordseeküsten. – **L.** Unter od. auf Steinen u. in Felsspalten der Gezeitenzone. – **B.** Na: Vorwiegend Schwämme *(Halichondria)*. Laich als breite weiße Bänder.

Familie *Tritoniidae [Duvauceliidae]*

Körper länglich, jederseits mit einer Reihe verzweigter Rückenanhänge. Kopf mit charakteristisch gezacktem Stirnsegel od. mit fingerartig ausgezogenen Fortsätzen. Vielfach NaSpezialisten (Lederkorallen).

Gattung *Tritonia* CUVIER

Tritonia hombergii CUVIER (Abb. **198**/1)
G. Rückenanhänge bäumchenartig verzweigt, neben einer Reihe größerer auch noch kleinere Fortsätze. Stirnsegel zweilappig, der VRand ausgezackt. Rhinophoren enden in einer stumpfen Papille, um die herum zweigförmige Verästelungen sitzen; in eine hohe Scheide mit ausgebogenem Rand zurückziehbar. Meist grünlich, braun u. schwarz marmoriert, selten heller. 70–200 mm lg. – **V.** O-Atl,

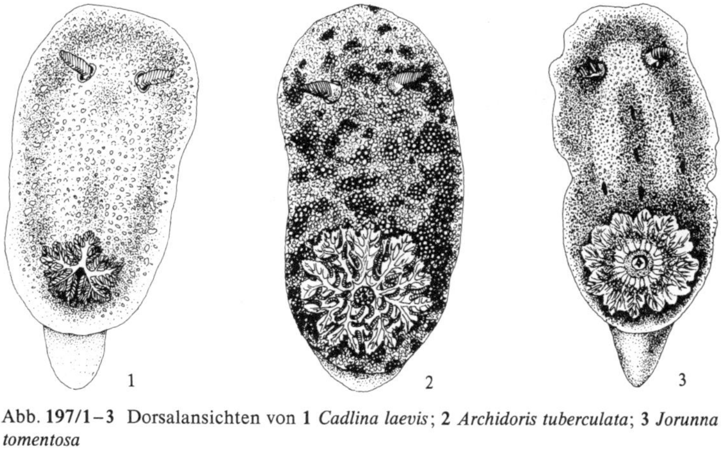

Abb. **197/1–3** Dorsalansichten von **1** *Cadlina laevis*; **2** *Archidoris tuberculata*; **3** *Jorunna tomentosa*

Mittelmeer; Helgoland, Deutsche Bucht. In der westl. Ostsee möglich. – **L.** Sublitoral. – **B.** Na: *Alcyonium minutum*, teilweise in Mimese.

Tritonia plebeja JOHNSTON (Abb. **198**/2)
G. Rückenanhänge einreihig, weniger verzweigt, an jeder S 5–6, die ersten u. letzten etwas kleiner. Stirnsegel mit 6–8 glatten, fingerförmigen Fortsätzen. Rhinophoren von einem Bündel annähernd gleichlanger Filamente umgeben, der Rand der Rhinophorenscheiden glatt. Gelblich u. bräunlich marmoriert, der Rücken oft purpurfarben. 15–30 mm lg. – **V.** Norwegen bis Mittelmeer; Helgoland. – **L.** Sublitoral bis 60 m Tiefe an Weichkorallen *(Alcyonium, Eunice)*.

Gattung *Duvaucelia* RISSO

Duvaucelia lineata (ALDER & HANCOCK) (Abb. **198**/3)
G. Rückenanhänge einreihig, 1–2 fiedrig, an jeder S 5. Stirnsegel mit 4 fingerförmigen Fortsätzen. Rhinophoren am E aufgespalten, die Scheiden mit gewelltem Rand. Weißlich, gelegentlich pinkfarben, auf dem Rücken jederseits eine opak weiße Längslinie. 5–34 mm lg. – **V.** Norwegen, britische Küsten bis Frankreich. An der nordfriesischen Küste?. – **L.** Im flachen Küstenwasser bis 40 m Tiefe an Weichkorallen.

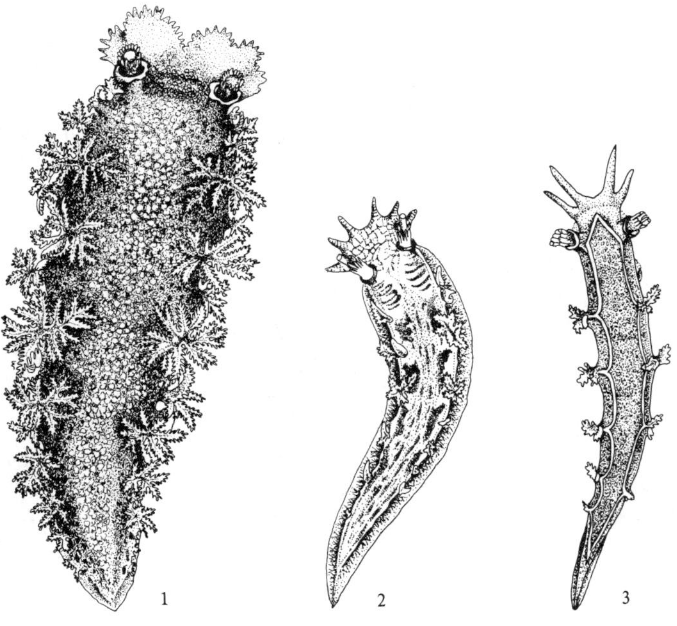

Abb. **198/1–3** Dorsalansichten von **1** *Tritonia hombergi*; **2** *T. plebeja*; **3** *Duvaucelia lineata*

Familie *Centrodorididae*

Gattung *Jorunna* BERGH

Jorunna tomentosa (CUVIER) [*J. johnstoni* ALDER & HANCOCK] (Abb. **197**/3)
G. Notum groß u. br, das Tier bis auf das FußE ganz überdeckend, mit zahlreichen sehr kleinen Tuberkeln, die US leicht granuliert. Kiemenrosette aus 11–20 dreifiedrigen Zweigen. Rhinophoren mit 10–12 eng stehenden Lamellen. Gelblich bis grau, zuweilen mit wenigen dunkleren braunen Flecken in 3 Längsreihen, Kiemenrosette weiß. Bis 40 mm lg. – **V.** Eur Küsten; Helgoland. – **L.** An Steinen, Algen, auf sekundären Hartböden, meist unter 10 m. – **B.** Na: Schwämme.

Familie *Dendronotidae*

Gattung *Dendronotus* ALDER & HANCOCK

Dendronotus frondosus (ASCANIUS) [*D. arborescens* O. F. MÜLLER] – **Bäumchenschnecke** (Abb. **199**/1)
G. Auf jeder RückenS eine Reihe stark verästelter, großer Rückenanhänge (etwa 5–8), ähnlich geformte Fortsätze auch am Stirnsegel, sogar an den Tentakelscheiden. Farbe variabel, meist rot mit braunen u. weißgelben Flecken. – **V.** N-Atl; Helgoland, deutsche Nordseeküste, Kieler Bucht. – **L.** An Algen u. Hydrozoen.

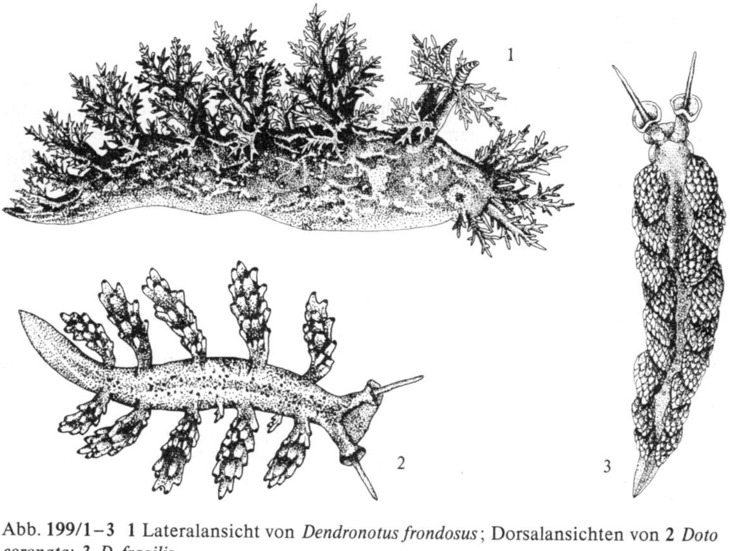

Abb. **199**/1–3 **1** Lateralansicht von *Dendronotus frondosus*; Dorsalansichten von **2** *Doto coronata*; **3** *D. fragilis*

Familie *Dotoidae [Iduliidae]*

Gattung *Doto* OKEN [*Idulia* LEACH]

Tiere schlank, auf dem Rücken mit auffallenden zapfenartigen Fortsätzen mit zahlreichen Papillen. Rhinophoren mit trompetenförmig erweiterten Scheiden. Auf Zoophyten. – **B.** Na: Hydroiden.

1 Jederseits 5–6 Paar Rückenfortsätze mit roten Spitzen, sonst gelblich, rot gefleckt. Bis 14 mm lg. – **V.** Eur Küsten; Helgoland, Nordseeküsten. Westl. Ostsee? *Doto coronata* (GMELIN) (Abb. **199**/2)

1* Jederseits 9 (–10) Paar Rückenanhänge. Gelblich mit dunklerem Rücken u. weißen Punkten. Bis 26 mm lg. – **V.** Mittelmeer, W-eur AtlKüsten; Helgoland, Deutsche Bucht. *Doto fragilis* (FORBES) (Abb. **199**/3)

Familie *Coryphellidae*

Gattung *Coryphella* GRAY

Körper sehr schlank u. hinten spitz auslaufend, mit unverzweigten Rückenanhängen, meist in ± deutlichen Bündeln auf jeder S, wobei die Rückenlinie weitgehend unbedeckt bleibt. Oraltentakel lg u. einfach, die Rhinophoren erscheinen etwas gerunzelt.

1 Rhinophoren u. Oraltentakel ± gleich lg. Rückenanhänge zahlreich, in 6–7 Bündeln, die vorderen bes. groß u. mit vielen Papillen. Weiß bis gelblichweiß, die Anhänge rötlich mit weißem Ring an der Spitze. Bis 25 mm lg. – **V.** Skandinavien bis England; Helgoland, westl. Ostsee bis Travemünde. – **L.** In der Gezeitenzone unter Steinen. – **B.** Na: Hydroidpolypen. [*C. rufibranchialis* (JOHNSTON)] *Coryphella verrucosa* (M. SARS) – **Rotrückige Fadenschnecke** (Abb. **201**/1)

1* Rhinophoren deutlich kürzer als Oraltentakel. Rückenanhänge in 5–6 Bündeln, weniger zahlreich: das vordere Bündel aus 8–12 Papillen, das letzte aus 2–3. Körper amethystfarben, Anhänge rötlich mit weißem Ring an der Spitze. Bis 16 mm lg. – **V.** Eur Küsten, im N kleiner; Helgoland. [*C. landsburgi* (ALDER & HANCOCK)] *Coryphella pedata* (MONTAGU) (Abb. **202**/2)

Familie *Eubranchidae*

Gattung *Eubranchus* FORBES

Mit ziemlich großen geblähten Rückenanhängen. Beide Tentakelpaare einfach, die Rhinophoren etwas länger, stoßen an der Basis zusammen. Na: Hydroiden.

1 Rückenanhänge auf jeder S in 5–6 Reihen zu 1–3 Papillen, vielfach sehr groß. Rücken frei. Farbe gelblichgrau ± dunkelgrün marmoriert, Rückenanhänge mit 2 grünlichen Ringen, die Spitzen braun-rot. Etwa 5 mm lg. – **V.** Mittelmeer, N-Atl; Helgoland. – **L.** Im seichten Wasser an Hydroiden u. Algen. (Evtl. eigene Gattung *Capellinia* TRINCHESE) *Eubranchus exiguus* (ALDER & HANCOCK) (Abb. **201**/3)

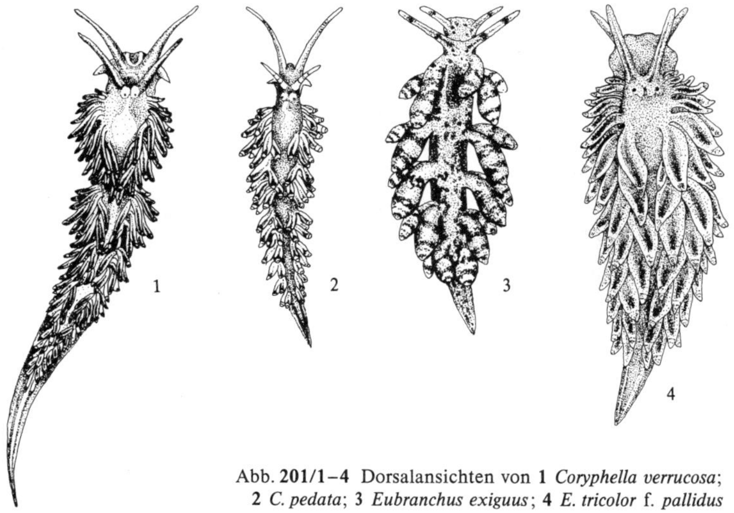

Abb. **201/1–4** Dorsalansichten von **1** *Coryphella verrucosa*; **2** *C. pedata*; **3** *Eubranchus exiguus*; **4** *E. tricolor* f. *pallidus*

1* Rückenanhänge auf jeder S in 13–14 Reihen. Rücken nicht od. nur wenig frei. Gelblich, grünlich bis bläulich, hyalin. Die Anhänge innen violett, oben mit gelblicher bis rötlicher Spitze. Bis etwa 25 mm lg. – **V.** Atl, Mittelmeer; Helgoland. – **L.** Wie vor. Art.
Eubranchus tricolor FORBES f. *pallidus* (ALDER & HANCOCK) (Abb. **201**/4)

Familie *Cuthonidae [Tergipedidae]*

Rückenanhänge in kleinen Büscheln, einzeln od. paarweise, stehen sich nicht auf jeder S gegenüber, sondern versetzt.

Gattungen *Tergipes* CUVIER, *Tenellia* DA COSTA

1 Maximal 4 einzelne keulenförmige Rückenanhänge auf jeder S. Rhinophoren 3mal so lg wie die Oraltentakel. Weißlich mit grünlicher Linie. Rhinophoren an der Basis, die Anhänge an der Spitze rot. 4–8 mm lg. – **V.** N-Atl, Mittelmeer; Helgoland. – **B.** Na: *Laomedea.* *Tergipes despectus* (JOHNSTON) (Abb. **202**/1)

1* Auf jeder KörperS 5 Büschel aus 2–3 Rückenanhängen. Keine Oraltentakel, nur seitliche Kopflappen. Gelblich od. auf weißem Grund dunkler marmoriert. VKörper u. Anhänge mit braunen u. violetten dichten Pünktchen. Bis 7 mm lg. – **V.** Mittelmeer, eur AtlKüste. Bis in die östl. Ostsee. – **L.** Auf Algen u. Laichkraut, auch im Brackwasser. – **B.** Na: Hydroiden. [*Embletonia pallida* ALDER & HANCOCK] *Tenellia ventilabrum* (DALYELL) (Abb. **202**/2)

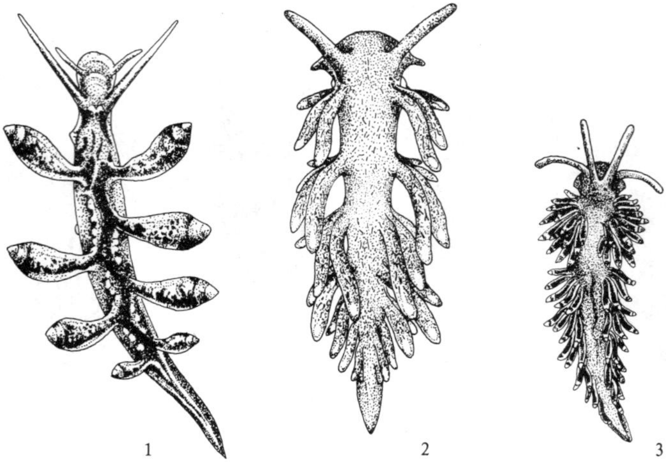

Abb. **202/1–3** Dorsalansichten von **1** *Tergipes despectus*; **2** *Tenellia ventilabrum*; **3** *Trinchesia caerulea* f. *glottensis*

Familie *Trinchesiidae [Cratenidae]*

Körper relativ schmal, Fuß vorn verbreitert, mit gerundeten od. spitzen Ecken. Rhinophoren so lg od. länger als Oraltentakel, an der Basis zusammenstehend. Rückenanhänge nicht sehr zahlreich, meist in Bündeln, fast immer mit helleren Spitzen. – **B.** Na: Hydroiden.

Gattung *Trinchesia* IHERING

Trinchesia caerulea (MONTAGU) f. *glottensis* (ALDER & HANCOCK) (Abb. **202**/3)
G. Rhinophoren am E verdickt, etwas länger als die Oraltentakel. Grundfarbe weißlich-grünlich, die Rückenanhänge in 8–9 Reihen auf jeder S mit 4–5 Papillen, flaschengrün mit gelben od. orangefarbenen Spitzen. Bis 10 mm lg. – **V.** Nordsee; bei Helgoland.

Trinchesia foliata (FORBES & GOODSIR) [*T. olivacea* (ALDER & HANCOCK)] (Abb. **203**/1)
G. Rhinophoren am E nicht verdickt, kaum länger als die Oraltentakel. Grundfarbe wäßrig-weiß, die Rückenanhänge gelblich-olivbraun, mit olivgrünen Flekken, die Spitzen fahlgelb. Auf dem Rücken vorn meist ein größerer rötlicher Fleck. Bis 12 mm lg. – **V.** Mittelmeer, N-Atl; bei Helgoland.

Trinchesia viridis (FORBES) (Abb. **203**/2)
G. Rhinophoren am E nicht verdickt, etwa so lg wie die Oraltentakel. Rückenanhänge blaugrün mit weißen Spitzen, in etwa 10 Reihen mit 4–7 Papillen an jeder S. Grundfarbe sonst gelblich-weiß. Bis 8 mm lg. – **V.** O-Atl? Bei Helgoland.

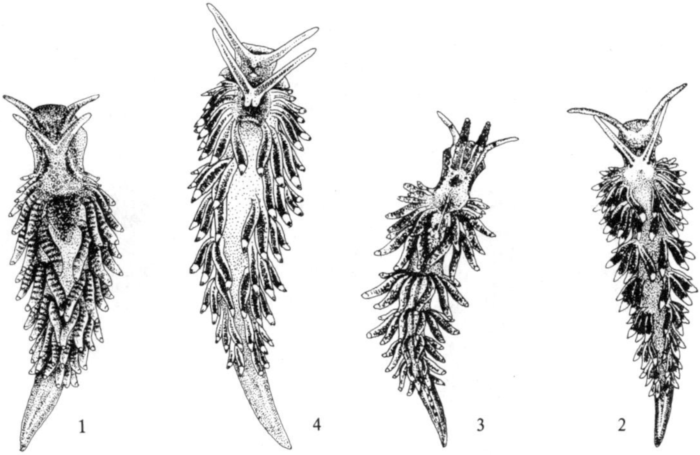

Abb. **203/1–4** Dorsalansichten von **1** *Trinchesia foliata*; **2** *T. viridis*; **3** *Cratenopsis amoena*; **4** *Cratenopsis concinna*

Gattung *Cratenopsis* LEMCHE

Cratenopsis amoena (ALDER & HANCOCK) (Abb. **203**/3)
G. Rhinophoren im distalen Abschnitt gerunzelt, etwa doppelt so lg wie die Oraltentakel, beide mit einem braunen Ring. Rückenanhänge in 8 Reihen, auf jeder S mit 3–4 Papillen, die äußeren kleiner; grünlich, an der Basis dunkelbraun. Bis 8 mm lg. – **V.** Eur Küsten; bei Helgoland.

Cratenopsis concinna (ALDER & HANCOCK) (Abb. **203**/4)
G. Rhinophoren nicht gerunzelt, etwa 1,5mal so lg wie die Oraltentakel. Rückenanhänge in 9–10 Reihen mit je etwa 5 Papillen auf jeder S, purpurbraun mit weißen Spitzen. Bis 12 mm lg. – **V.** Nordsee; bei Helgoland.

Familie *Facelinidae*

Gattung Facelina ALDER & HANCOCK – **Federschnecken**

Tiere schlank. Kiemenanhänge in 5–7 Büscheln an jeder S. Rhinophoren im distalen Abschnitt mit Lamellen.

Facelina drummondi (THOMPSON) (Abb. **204**/1)
G. Die Kiemenanhänge reihenartig zu je 30–40 Papillen, rot mit weißen Spitzen, die Rückenfläche fast verdeckend. Rhinophoren mit zahlreichen (20–30) Lamellen. Körper schwach rosa. Bis 35 mm lg. – **V.** Eur Küsten; Helgoland,

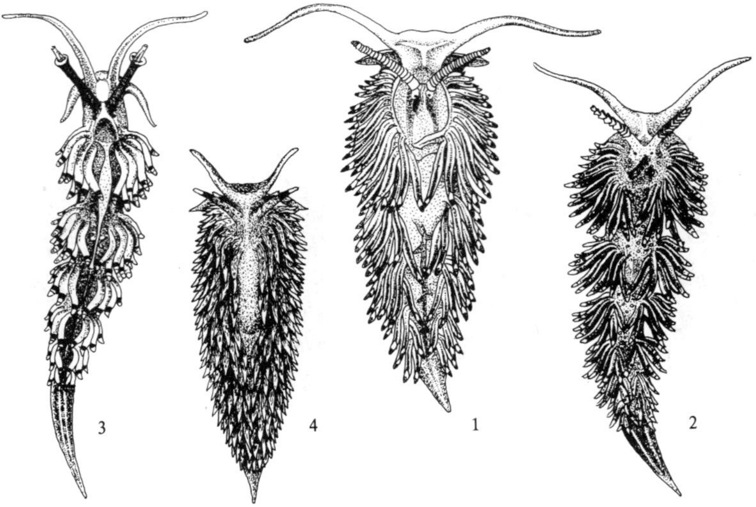

Abb. **204/1–4** Dorsalansichten von **1** *Facelina drummondi*; **2** *F. coronata*; **3** *Favorinus branchialis*; **4** *Aeolidia papillosa*

Nordseeküsten, westl. Ostsee bis Travemünde. – **L.** Auf Seegras u. Tangen. – **B.** Räuber (Hydroiden, Weichtiere) u. Aasfresser.

Facelina coronata (FORBES) (Abb. **204**/2)
G. Die Kiemenanhänge in 6–7 Büscheln auf jeder S zu je 20–30 Papillen, rot mit blau u. weißer Spitze, die Rückenfläche nicht ganz bedeckend. Rhinophoren mit meist 7–8 Lamellen. Körper hell, bis 37 mm lg. – **V.** Wie vor. Art. Helgoland, Nordseeküsten. Bisher nicht in der Ostsee nachgewiesen. – **L.** Unter Steinen in der Gezeitenzone. – **B.** Na: Becherquallen, Nacktschnecken.

Familie *Favorinidae*

Gattung *Favorinus* GRAY

Favorinus branchialis (RATHKE) [*F. albus* (ALDER & HANCOCK)] (Abb. **204**/3)
G. Körper schlank. Oraltentakel deutlich länger als die bei etwa ⅔ Lg keuligen und dann spitz auslaufenden Rhinophoren. Fuß vorn seitlich lg u. spitz ausgezogen. Kiemenanhänge in 5–6 Büscheln zu je 6–7 Papillen, die RückenM bleibt frei. Weißlich durchscheinend, die Rhinophoren braun mit weißer Spitze, 12–25 mm lg. – **V.** Eur Küsten; Kieler Bucht. –**L.** Auf Seegras u. Algen. – **B.** Na: Hydroiden, auch Schwämme.

Familie *Aeolidiidae*

Gattung *Aeolidia* CUVIER

Aeolidia papillosa (L.) – **Breitwarzige Fadenschnecke** (Abb. **204**/4)
G. Tier langgestreckt, Rückenanhänge abgeplattet, in 18–20 Reihen zu je 20–24 Papillen, vordere RückenM frei. Rhinophoren ohne Lamellen, kürzer als die Oraltentakel. Fuß vorn seitlich mit kurzen dreieckigen Lappen. Körper bräunlich, Fuß hell, die Papillen braun mit weißer Spitze. Bis 120 mm lg. – **V.** Nordmeer, eur AtlKüste; Helgoland. – **L.** Auf Hartböden, Felsen, Molen. – **B.** Na: vor allem Aktinien, auch andere Invertebraten, vor dem Tode nach Ablage der Eier Algen.

Unterklasse *Pulmonata* – **Lungenschnecken**

Gehäuse ohne Deckel. VKopf nicht als Schnauze od. Rüssel ausgebildet. Mantelhöhle mit einem der Atmung dienenden Netz von Blutgefäßen u. verschließbarer Öffnung. Land od. Wasser. Zwitter.

Ordnung *Stylommatophora* – **Landlungenschnecken**

G. Kopf in der Regel mit 2 Paar einstülpbaren Fühlern, Augen am E der oberen (großen) Fühler. Geschlechtsöffnung bei Arten mit rechtsgewundenem Gehäuse vorn rechts, bei linksgewundenem links. Äußere Gehäuse meist vorhanden, bei einigen Familien verkleinert, bei 3 Familien nicht ausgebildet. – **L.** Landbewohner. – **B.** Paarung in der Regel gegenseitig, d. h. jedes Tier dabei mit ♂ u. ♀ Funktion; oft mit vorhergehendem Liebesspiel. Eier häufig mit durch Kalk-(Calcit-)Einlagerung verstärkter Schale. Eiablage bisweilen *(Helix, Cepaea, Bradybaena)* in eine durch Drehbewegungen des VKörpers hergestellte Erdhöhle.

Familie *Succineidae* – **Bernsteinschnecken**

Gattungen *Catinella* PEASE 1870, *Succinea* s.l. DRAPARNAUD u. *Oxyloma* WESTERLUND – **Bernsteinschnecken s.l.**

Gehäuse spitz eiförmig, sehr dünnschalig, durchscheinend, 3–4 schnell zunehmende Umgänge, meist bernsteingelb. Mdg weit, spitz-eiförmig. Ohne Spindelfalte (Gegensatz zu in der Gehäuseform ähnlichen Arten von *Lymnaea*). Mundsaum nicht verdickt. Voll ausgebildete Gehäuse haben kräftigere u. dichter stehende Anwachsstreifen an der Mdg als jugendliche. Die für genaue Bestimmung wichtigen Unterschiede (bes. Genitaltrakt) bleiben hier unberücksichtigt. Brauchen hohe Feuchtigkeit, leben daher (außer *S. oblonga*) an Ufern von Seen, Sümpfen u. Gräben, nicht selten sogar auf Wasserpflanzen. Können sich normalerweise wegen des hohen Wassergehaltes ihres Körpers nicht ganz in die Gehäuse zurückziehen. Na: frische u. welkende Pflanzenteile, auch Algen. Lebensdauer 2–3 J. Paarung ohne Vorspiel, ein Tier aktiv als ♂, das andere passiv als ♀. 50–100 Eier in gallertigen Laichmassen an feuchten Stellen auf dem Boden od. an Pflanzen.

1 Mdg wenigstens ⅖ GehäuseH, Endwindung bes. groß, Naht ziemlich flach. Gehäuse über 8 mm h 2

1* Mdg etwas mehr als ½ GehäuseH, Naht tief. Gehäuse bis 8 mm h 4

2 Mdg br-eiförmig, oben scharf zugespitzt, unten gerundet, Endwindung sehr bauchig; 3–4 Umgänge. 16–22 mm h, 8–11 mm br, Gehäuseform sehr variabel. Tier meist hellgelblich bis grau, Gehäuse meist blaßgelb. – **V.** Eurosibirisch, verbreitet. – **L.** An Schilf, Wasserpflanzen, auf feuchten Wiesen u. in Auwäldern.
Succinea putris (L.) – **Gemeine Bernsteinschnecke** (Abb. **206**/1)
In *S. putris* u. seltener auch in anderen Arten der Gattung leben als Parasiten Entwicklungsstufen des Saugwurms *Leucochloridium macrostomum* RUDOLPHI u. a. Arten.

2* Gehäuse ± schmal spitz-eiförmig, Endwindung wenig bauchig. 3–3½ Umgänge. Tier dunkel gefärbt 3

3 Gehäuse 12 mm h (ausnahmsweise bis 20 mm), 6,5 mm br. 3 Windungen; unterer Mundsaum fast gerade, Mdg leicht dreieckig; bernsteinfarben – sichere Unterscheidung von *O. elegans* nur anatomisch möglich. – **V.** Boreal, vereinzelt in Mecklenburg, Brandenburg, O-Holstein, Nordrhein-Westfalen, Rheinland-Pfalz u. Bayern. – **L.** Bes. in Uferzonen größerer Seen u. Boddengewässer, Ufergenist, an Seggen- u. Binsenhalmen.
Oxyloma sarsii (ESMARK) – **Rötliche Bernsteinschnecke**

3* Gehäuse meist 16–20 mm h, 6–9 mm br. – Meist nur 2¾ Windungen. Mdg unten verbreitert, ihr URand wenig gerundet. – **V.** Holarkt, im Gebiet häufig. [*Succinea pfeifferi* ROSSMÄSSLER]
Oxyloma elegans (RISSO) – **Schlanke Bernsteinschnecke** (Abb. **206**/2)

4 **(1)** Gehäuse spitzkonisch-eiförmig, grünlichgrau bis hornfarben, 3–3½ Umgänge. Mdg eiförmig, oben zugespitzt, Tier gelblichgrau. Etwa 7,5 mm h, 4,5 mm br. – **V.** Eur-W-as, im Gebiet häufig. Die am wenigsten an Wasser gebundene Art der Gattung, daher außer auf feuchten Wiesen auch im Gebüsch, in Hecken, an Mauern. Gehäuse häufig mit verkrustetem Schleim u. Erdteilchen überzogen.
Succinea oblonga – **Kleine Bernsteinschnecke** DRAPARNAUD (Abb. **206**/3)

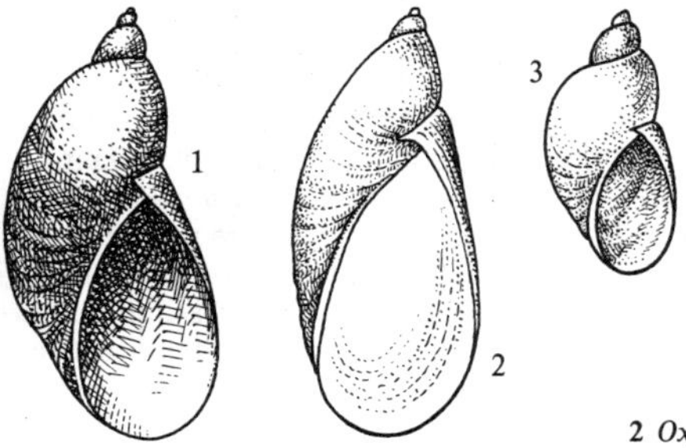

Abb. **206/1–3** **1** *Succinea putris*; **2** *Oxyloma elegans*; **3** *Succinea oblonga*

4* Gehäuse länglich-eiförmig, bernsteingelb, Mdg breiter u. mehr gerundet als bei vor. Art, innen stark glänzend, 3½–4 Umgänge. Tier dunkelbraun. Etwa 7–8 mm h, 5,5 mm br. – **V.** WEur, sehr selten im Küstengebiet von Niedersachsen. – **L.** Feuchte Dünentäler mit Sumpf- u. Salzpflanzen.

Catinella arenaria (BOUCHARD-CHANTEREAUX) – **Salzbernsteinschnecke**

Familie *Cochlicopidae* – **Achatschnecken**

Gattungen *Cochlicopa* RISSO u. *Azeca* FLEMING – **Achatschnecken**

Kleine glänzendbraune Landschnecken.

1 Mdg der Gehäuse mit Zähnen u. Leisten. Gehäuse bauchig-spindelförmig, mit 7–7½ sehr flachen Umgängen. Mdg schmal birnenförmig, Spindel als Lamelle ausgebildet, mit 1 Zahn. Auf der MdgsWand eine Falte u. rechts davor ein Zähnchen, 2 weitere Zähne auf dem Außenrand der Mdg. Etwa 5,8–6 mm h, 2,6 mm br. Mdg 2 mm h. – **V.** WEur, im Gebiet von SW bis zum Harz u. in Thüringen östl. bis Weimar sowie in Schleswig-Holstein (Dieksee). – **L.** Unter feuchtem Laub u. Moos in Wäldern. [*A. menkeana* (C. PFEIFFER)]

Azeca goodalli (FÉRUSSAC) – **Bezahnte Achatschnecke** (Abb. **207**/1)

1* Mdg der Gehäuse ohne Zähne *(Cochlicopa)*. Ökologisches Verhalten u. GehäuseBr beachten! **2**

2 Gehäuse verlängert eiförmig, 5¾–6 schwach gewölbte Umgänge. Mdg eiförmig, oben zugespitzt. Mundsaum mit stumpfer Lippe, die außen durchscheint. 3 nach Gehäusen schwer zu unterscheidende Arten.

– Gehäuse groß, 6,2–7,5 mm h, 2,8–3,2 mm br, bauchig glänzend, Spindelrand oft mit flachem Höcker, Naht deutlich vertieft, Apex zugespitzt. – **V.** M-osteur (kontinental), überwiegend isolierte Vorkommen in niederen Lagen. – **L.** Sumpfwiesen, kalkreiche Niederungsmoore, nasse Wälder.

Cochlicopa nitens (V. GALLENSTEIN) – **Glänzende Achatschnecke** (Abb. **207**/2)

– Gehäuse 5–7,5 mm h, 2,4–2,9 mm br, länglich-oval, Apex ± abgestumpft, Lippe stumpf gerundet; Gehäuse dunkel hornfarben bis rötlichbraun, stark glän-

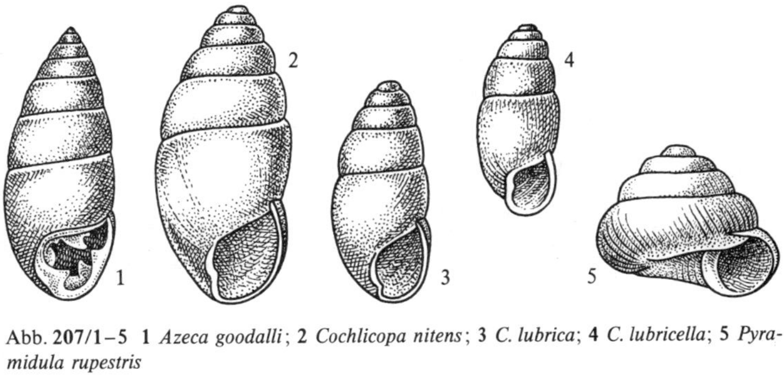

Abb. **207/1–5** **1** *Azeca goodalli*; **2** *Cochlicopa nitens*; **3** *C. lubrica*; **4** *C. lubricella*; **5** *Pyramidula rupestris*

zend. – **V.** Holarkt, im gesamten Gebiet verbreitet. – **L.** Bevorzugt feuchte Orte: unter Gras, Moos, Steinen, Holz u. Laub in Wäldern u. auf Wiesen; Tiefland bis Geb. – Na: Lebende u. abgestorbene Pflanzen.

Cochlicopa lubrica (O.F.MÜLLER) – **Gemeine Achatschnecke** (Abb. **207**/3)

– Gehäuse wie bei *C. lubrica*, doch etwas schlanker wirkend. Umgänge weniger stark gewölbt, Lippe kräftig ausgebildet. – **V.** MEur (?), wegen der erst späten Abtrennung der Art Verbreitung wie auch Lebensraum noch unzureichend bekannt. *Cochlicopa repentina* HUDEC – **Mittlere Achatschnecke**

2* Gehäuse mehr zylindrisch, mit flachen Umgängen, kleiner, etwa 4,5–6,8 mm h, 2,1–2,5 mm br, heller gefärbt. – **V.** Holarkt, fast durchgehend verbreitet. – **L.** trockenere Standorte.

Cochlicopa lubricella (PORRO) – **Kleine Achatschnecke** (Abb. **207**/4)

Familie *Pyramidulidae* – **Pyramidenschnecken**

Gattung *Pyramidula* FITZINGER – **Pyramidenschnecken**

P. rupestris (DRAPARNAUD) – **Felsenpyramidenschnecke** (Abb. **207**/5)

G. Kreiselförmig, stumpfkonisch, 4½ Umgänge, Erdwindung etwas stumpfkantig. Offen und tief genabelt. 1,2–2 mm h, 2,2–3 mm br. – **V.** Medit-westeur, Bayerische Kalkalpen, Kalkgebirge im S, bis Main, Lahn, Sauerland, Werra u. Weser ausstrahlend. – **L.** An trockenen u. sonnigen Kalkfelsen u. Mauern bis alp Zone. – **B.** Lebendgebärend. Na: endolithische Flechten.

Familien *Chondrinidae* – **Kornschnecken**, *Orculidae* – **Fäßchenschnecken**, *Pupillidae* – **Puppenschnecken** u. *Vertiginidae* – **Windelschnecken**

Kleine bis sehr kleine Landschnecken, fast sämtlich am Boden unter Moos, Laub, Geröll, morschem Holz; einige Arten kriechen bei ihnen zusagender Witterung auch an Pflanzen, wenige sind ausgesprochene Felsenschnecken. Gehäuse stets höher als br, ei-, walzen- od. tonnenförmig, mit Ausnahme von 2 Ar-

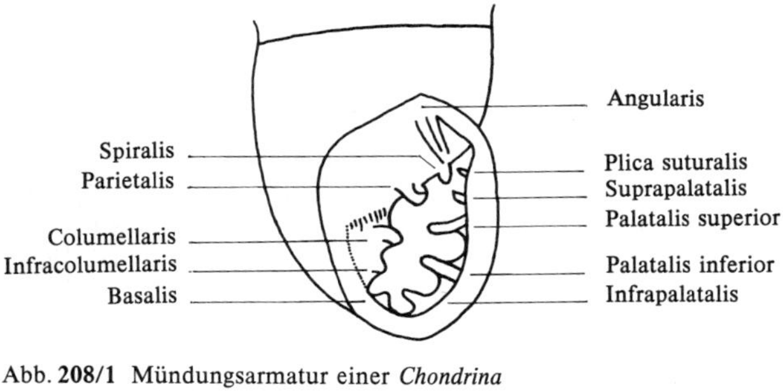

Abb. **208/1** Mündungsarmatur einer *Chondrina*

1* Gehäuse konisch-zylindrisch, unregelmäßig gestreift; 3 kräftige Gaumenfalten, die den Falten der Spindel u. der inneren Falte der Mdg gegenüberstehen. Mundsaum wenig erweitert, mittlere u. untere Umgänge weniger als die oberen gewölbt. Etwa 6–8 mm h, 2,3–2,5 mm br. – **V.** Westeur-alp, nördl. Kalkalpen u. Vorland. S-Schwarzwald, deutsche Jura, am Neckar u. Obermain, nordöstl. bis W-Thüringen (Eisenach). – **L. B.** An trockenen Kalkfelsen u. Mauern. Na: endolithische Kalkflechten.
Ch. avenacea (BRUGUIÈRE) – **Haferkornschnecke** (Abb. **210**/3)

Familie *Orculidae* – **Fäßchenschnecken**

Gattung *Sphyradium* CHARPENTIER – **Fäßchenschnecke**

S. doliolum (BRUGUIÈRE) – **Kleine Fäßchenschnecke** (Abb. **210**/4)
G. Gehäuse walzenförmig, meist nach der halbkugeligen Spitze zu verbreitert; fein u. regelmäßig lamellenartig gerippt, gelippt. 7½–9 Umgänge, die letzten 2–3 deutlich schmaler als die unteren. 4,5–5,6 mm h, 2,3–2,4 mm br. – **V.** S-SO-Eur, im Gebiet nördl. etwa bis zur Linie Düsseldorf, Weserbergland, nördl. Harzvorland, nordsächsisches Hügelland, Görlitz. – **L.** Feuchte, schattige Orte, unter Laub u. Steinen in Wäldern u. zwischen Felsen, kalkliebend.

Gattung *Orcula* HELD – **Fäßchenschnecken**

1 Gehäuse dick-walzenförmig, mit konischer Spitze, sehr variabel. Mdg ohne Gaumenschwiele. 6,7–9 mm h, 3–3,6 mm br, 8½–10 Umgänge. – **V.** Alp-karpatisch, nördl. Kalkalpen u. im Vorland. Geb im SW. – **L.** Wälder, unter Steinen u. in Felsspalten, an bemoosten Felsen, kalkliebend.
O. dolium (DRAPARNAUD) – **Große Fäßchenschnecke** (Abb. **210**/5)

1* Gehäuse schlanker u. schmaler, meist rein zylindrisch. Mdg mit einer Gaumenschwiele. Etwa 6,5–7 mm h, 2,7–2,8 mm br. **V.** O-alp, bei Berchtesgaden. – **L.** Kalksteingeröll, montan.
O. gularis (ROSSMÄSSLER) – **Schlanke Fäßchenschnecke**

Gattung *Pagodulina* CLESSIN – **Pagodenschnecken**

P. pagodula principalis KLEMM – **Pagodenschnecke** (Abb. **213**/1)
G. Gehäuse gerundet eiförmig, fest, eng u. regelmäßig lamellenartig gerippt. Endwindung im Nacken stark ansteigend. Mundsaum zusammenhängend, ohne Zähne u. Falten. Im tiefen Inneren der Mdg 1 plattenförmiger Spindelzahn, 1 Gaumenfalte. Horngelb, etwa 2,8–3,3 mm h, 1,8–2 mm br. – **V.** Alp-SO-eur, nur im SO Bayerns (Reichenhall, Schellenberg, Berchtesgaden). – **L.** Wälder, am Boden in Laub u. Geröll, zwischen Felsen, kalkliebend.

Familie *Pupillidae* – **Puppenschnecken**

Gattung *Pupilla* FLEMING – **Puppenschnecken**

Die Arten sind allein nach Gehäusemerkmalen nicht in jedem Fall sicher bestimmbar.

1 Umgänge schwach gewölbt. Naht flach. Gehäuse eiförmig-walzig, meist schwach gestreift 2

1* Umgänge stark gewölbt. Naht tief. Gehäuse walzenförmig, stärker gestreift . . 4

2 Gehäuse 2,8–4 mm h, 1,7–1,8 mm br, Mdg zahnlos od. mit einem Zahnhöcker 3

2* Gehäuse kleiner, etwa 2–2,8 mm h, 1,5 mm br, Mdg immer zweizähnig, – **V.** SW-eur, am Niederrhein, bei Holzminden a.d. Weser u. bei Kassel.
P. bigranata (ROSSMÄSSLER) – **Zweizähnige Puppenschnecke**

3 Gehäuse 3–4 mm h, bis 1,7 mm br, festwandig. Gehäuse schlank, etwas konisch. Spitze deutlich abgesetzt. Sehr variabel. Rötlichbraun. Mdg meist mit 1 Zahnhöcker auf Mdgswand, bisweilen ganz zahnlos. Nackenwulst deutlich. – **V.** Holarkt, im Gebiet überall. – **L. B.** In kurzem Rasen unter Steinen, Geröll, im Moos; trockene Hänge, auch nasse Wiesen, Küstensanddünen. Na: Humusstoffe.
P. muscorum madida (GREDLER): Dünnschalig, zahnlos, ohne Nackenwulst. In Seggensümpfen des Pegnitzgebietes. – **V.** Sonst im Gebiet?
P. muscorum (L.) – **Moospuppenschnecke** (Abb. **213**/2)

3* Gehäuse 2,8–3,3 mm h, 1,8 mm br, dünnwandig und durchscheinend. Mdg zahnlos, höchstens 1 kleiner Zahnhöcker auf Mdgswand. Ohne Nackenwulst. Gehäuse br, zylindrisch. Spitze flach. – **V.** Alp, Fränkischer Jura u. Vorland, vereinzelt in S-Bayern. – **L.** Moore, nasse Wiesen.
P. alpicola (CHARPENTIER) – **Alpenpuppenschnecke**

4 (1) Gehäuse 2,8–3,5 mm h, 1,6–1,7 mm br. Nackenwulst schwach, breit, gelblich, stark gestreift, meist mit deutlichem Periostracum, Mdg 2zähnig. Umgänge stärker gewölbt. – **V.** M- u. S-Eur, Fränkischer Jura, S-Bayern, zerstreute Fundorte im Sauerland (Hönnetal), nordöstl. bis Thüringen, rezent (?) an der Oder in Brandenburg. – **L.** Im Mulm warmer, trockener Kalkfelsen, unter Gras.
P. sterri (V. VOITH) – **Gestreifte Puppenschnecke** (Abb. **213**/3)

4* 2,2–2,8 mm h, 1,3–1,5 mm br. Nackenwulst stark, schmal, weißlich; fein u. dicht gestreift, seidig glänzend, Mdg meist mit 3 Zähnchen, einer von außen als weiße Linie deutlich sichtbar. Umgänge weniger stark gewölbt. – **V.** Alp u. O-Eur, Altmühl-Jura. – **L.** Warme, trockene Rasenhänge an Kalkfelsen.
P. triplicata (STUDER) – **Dreizähnige Puppenschnecke**

Gattung *Lauria* GRAY – **Puppenschnecken**

L. cylindracea (DA COSTA) – **Genabelte Puppenschnecke** (Abb. **213**/4)
G. 3–4 mm h, 1,8–2 mm br. – **V.** W-eur, atl-medit, am mittleren Rhein. Holsteinische Schweiz, in den Küstengebieten der Ostsee östl. bis Schwerin (Pinnower See). – **L.** Unter Laub, Steinen, Efeu an Mauern, Ostseeküste an Quellen; im Rheingebiet mehr an Ruinen. Lebendgebärend.

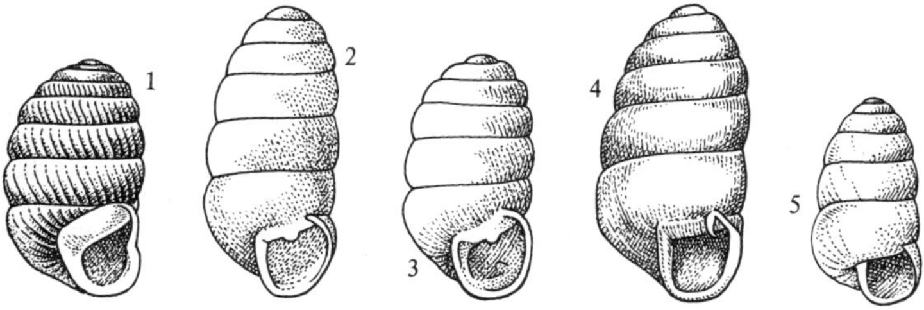

Abb. **213/1–5** 1 *Pagodulina pagodula*; 2 *Pupilla muscorum*; 3 *P. sterri*; 4 *Lauria cylindracea*; 5 *Columella edentula*

Familie *Vertiginidae* – **Windelschnecken**

Gattung *Columella* WESTERLUND – **Windelschnecken**

1 Gehäuse schlank. 2,5–3,3 mm h, 1,3–1,5 mm br 2

1* Gehäuse gedrungen, 2–2,5 mm h, 1,3–1,4 mm br. – **V.** Pal (?), weit verbreitet. – **L.** Leicht acidophile Wälder, schwach saure Wiesen.
C. aspera WALDÉN – **Rauhe Windelschnecke**

2 Gehäuse konisch-walzenförmig, 2,5–3 mm h, 1,3–1,5 mm br, 5½–6½ Umgänge, letzter nicht deutlich erweitert, breiter als mittlere Umgänge, Naht relativ flach. – **V.** Holarkt, weit verbreitet. – **L.** Wälder, Wiesen, Sümpfe, kalkliebend.
C. edentula (DRAPARNAUD) – **Zahnlose Windelschnecke** (Abb. **213/5**)

2* Gehäuse zylindrisch-walzenförmig, 2,7–3,3 mm h, 1,3–1,5 mm br. 6–7½ Umgänge, letzter oft deutlich erweitert, nicht deutlich breiter als mittlere Umgänge. Naht tiefer. – **V.** Arkt- alp, im S, Alp, S-Bayern. – **L.** Sumpfwiesen, nasse Wälder, kalkliebend. *C. columella* (v. MARTENS) – **Hohe Windelschnecke**

Gattung *Truncatellina* LOWE – **Zylinderwindelschnecken**

1 Mdg zahnlos, Mundsaum nur schwach lippig verstärkt; 5½–6 Umgänge, Gehäuse fast zylindrisch, gelbbraun, sehr fein regelmäßig gerippt. Etwa 1,8–2 mm h, 0,9 mm br. – **V.** S-Eur, im Gebiet weit verbreitet. – **L.** Trockene Wiesen, grasige Hänge, unter Steinen, im Mulm u. Moos.
T. cylindrica (FÉRUSSAC) – **Zylinderwindelschnecke** (Abb. **215/1**)

1* Mdg mit Zähnchen, Mundsaum ± erweitert 2

2 Mundsaum weiß verdickt u. erweitert, starklippig verstärkt. Gehäuse fein, scharf gerippt, hornbraun, Nackenwulst vorhanden. Mdg mit 3 Zähnen. Etwa 1,7–2 mm h, 0,9 mm br. – **V.** Nördl. M- u. O-Eur, entlang der Ostseeküste, auf Rügen, westl. bis zur Weser, SRand des Thüringer Beckens, Genist der Mindel. – **L.** Trockenrasen, Küstendünen.
T. costulata (NILSSON) – **Wulstige Zylinderwindelschnecke**

2* Mundsaum nur schwach gelippt u. leicht verdickt. Gehäuse schwach od. nicht gerippt 3

3 Gehäuse ungerippt. Mdg mit 3 Zähnen, von vorn nur der auf der Mdgswand deutlich sichtbar. 2,2–2,3 mm h, 0,9 mm br. – **V.** O-alp (endemisch), Bayerische Kalkalpen. – **L.** An Felsen, im Felsmulm u. trockenem Rasen. Kalkgebunden.
T. monodon (HELD) – **Rotbraune Zylinderwindelschnecke**

3* Gehäuse schwach gerippt od. ungerippt. Mdg mit 3 Zähnen, von vorn nur der auf der Gaumenwand gut sichtbar. 1,8–2 mm h, 0,8 mm br. – **V.** Medit (S-alp), S-Baden-Württemberg, Kalkalpen SO-Bayerns. – **L.** Trockene Rasen, Felsen, kalkliebend. *T. callicratis* (SCACCHI) – **Südliche Zylinderwindelschnecke**

Gattung *Vertigo* O. F. MÜLLER – **Windelschnecken**

Sehr klein, erdfarben, meist am Boden unter Moos u. Laub lebend. Normal 6 die MdgsArmatur bildende Lamellen, Falten u. Höcker (2 auf der MdgsWand, 2 auf der Spindel, 2 am Gaumen), Mundsaum meist verstärkt. Bei manchen Arten sehr große „überbildete“ Formen, z. T. früher als eigene Arten aufgefaßt. Im Gebiet nur Arten mit bezahnter Mdg (?). Manche Arten im Genist häufig.

1 Gehäuse linksgewunden 2

1* Gehäuse rechtsgewunden 3

2 Gehäuse hell hornfarben, konisch, fein u. unregelmäßig gestreift, je 2 Zähne auf MdgsWand, Spindel u. Gaumen, nicht selten 8, sogar 9zähnig, Nacken wulstig. 5 Umgänge. Etwa 2 mm h, 1,1 mm br. – **V.** Eur, weit verbreitet, jedoch lokal großflächig fehlend. – **L.** Trockene Orte, unter Moos, Laub, Steinen, in Wäldern u. Gebüschen, an Felsen und Mauern.
V. pusilla O. F. MÜLLER – **Linksgewundene Windelschnecke** (Abb. **215**/2)

2* Gehäuse rötlichbraun, spindelförmig, fein u. dicht gestreift, in der fast herzförmigen Mdg 2 Falten auf der MdgsWand, eine lange Gaumenfalte, darunter ein Höckerchen, Spindelfalte eine senkrechte Platte. Nicht selten nur 5zähnig durch Fehlen des Höckerchens an der MdgsWand. Gaumenwand eingedrückt. 5 Umgänge. 1,6–1,8 mm h, 0,8–0,9 mm br. – **V.** Eur (pal), im Gebiet wohl überall, doch sehr verstreut u. weiträumig in jüngster Zeit nicht mehr nachgewiesen. – **L.** Feuchte Wiesen, im Gras u. Moos.
V. angustior JEFFREYS – **Schmale Windelschnecke** (Abb. **215**/3)

3 (1) Außenrand der Mdg deutlich eingekerbt, Gehäuse gedrungen eiförmig . . 4

3* Außenrand der Mdg nicht eingekerbt, höchstens etwas eingebuchtet 5

4 Gehäuse 2–2,2 mm h, 1,2–1,3 mm br, glatt, glänzend dunkelbraun. Mdg mit 6–10 Zähnen (2–3 auf der MdgsWand, 3 an der Spindel, 2–3 am Gaumen). – **V.** Pal, im Gebiet weit verbreitet. – **L.** Nasse Wiesen, Moore, Sümpfe, Ufer zwischen Gras u. Moos, unter morschem Holz, Tiefland u. GebTäler.
V. antivertigo (DRAPARNAUD) – **Sumpfwindelschnecke**

4* Gehäuse 2,2–2,7 mm h, 1,5 mm br, Endwindung stark erweitert, glatt, rötlichbraun, Mdg meist mit 4 Zähnen (1 auf der MdgsWand, 1 an der Spindel, 2–3 am Gaumen). In der Mdg eine starke weiße Gaumenschwiele. – **V.** Eur (holarkt?), im Tiefland, südl. bis Brandenburg, Einzugsgebiet des Rheins. – **L.** An Schilf u. Seggen, auf Sumpfboden, direkte Nässe meidend.
V. moulinsiana (DUPUY) – **Bauchige Windelschnecke**

5 (3) Gehäuse fast glatt, walzig-eiförmig bis schlank, Mdg immer mit Zähnen . 6

5* Gehäuse ± gestreift (wenn glatt, dann Mdg ohne Zähne), walzig-zylindrisch od. stumpf-eiförmig (oben abgestutzt) 7

6 Gehäuse walzig-eiförmig, braun, 5 Umgänge, schwach gewölbt, Nackenwulst deutlich, dammartig: Mdg meist 5zähnig, bisweilen mit 6 od. 4 Zähnen. 1,7–2,2 mm h, 1–1,2 mm br. – **V.** Holarkt, allgemein verbreitet. – **L.** Feuchte Wiesen, trockene Kalkrasen, im Gras u. Moos, an Holz, unter Steinen.
V. pygmaea (DRAPARNAUD) – **Gemeine Windelschnecke** (Abb. 215/4)

6* Gehäuse walzig-schlank, glänzend rotbraun. Bis 6½ Umgänge. Ohne od. nur mit schwach entw Nackenwulst. Außenrand der Mdg schwach eingebuchtet. Mdg 4zähnig, 2,5–2,7 mm h, 1,2 mm br. – **V.** M-eur, im AlpVorland u. an wenigen nördl. Standorten. – **L.** Nasse Wiesen.
V. heldi CLESSIN – **Schlanke Windelschnecke** (Abb. 215/5)

7 **(5)** Endwindung mit einem dem MdgsSaum parallel laufenden Nackenwulst . **8**

7* Endwindung ohne Nackenwulst od. dieser nur basal angedeutet **9**

8 Gehäuse kurz-eiförmig, regelmäßig rippenstreifig, schillernd, hell hornfarbig, 4½ Umgänge, stark gewölbt, mit tiefer Naht. Mdg mit 5–6 Zähnen. Etwa 1,6–1,8 mm h, 1,1 mm br. – **V.** Boreo-alp, im Tiefland, den M-Geb u. den Kalkalpen. – **L.** Feuchte Wälder, Sümpfe, Seeufer, im Gras, Moos, unter Laub.
V. substriata (JEFFREYS) – **Gestreifte Windelschnecke**

8* Gehäuse kugelig-eiförmig, Streifung schwächer, braun, 5 stark gewölbte Umgänge. Nackenwulst schwächer. Mdg mit 4 Zähnen. 1,9–2,2 mm h, 1,3 mm br. – **V.** NEur, isolierte Fundorte im Regental, vom Ried am Pfahl, Bayerischen Wald. – **L.** Sümpfe, Erlenbrüche, Teichränder, unter feuchtem Pflanzenmaterial. *V. lilljeborgi* (WESTERLUND) – **Moor-Windelschnecke**

9 **(7)** Gehäuse eiförmig od. zylindrisch, meist mit schwachem basalem Nackenwulst **10**

9* Gehäuse eiförmig-konisch od. eiförmig (diese ohne Zähne), ohne Nackenwulst **12**

10 Gehäuse fein regelmäßig gestreift, seidig glänzend, eiförmig. Nackenwulst kann fehlen. Mdg meist 3zähnig (1 tief im Gaumen). 2,2–2,7 mm h, 1,4 mm br. – **V.** Arkt-alp, nur in SW-Bayern. – **L.** KalkGeb, unter Steinen, Bodenstreu.
V. modesta (SAY) – **Arktische Windelschnecke**

10* Gehäuse schwach u. sehr fein gestreift, walzig bis zylindrisch-eiförmig . . . **11**

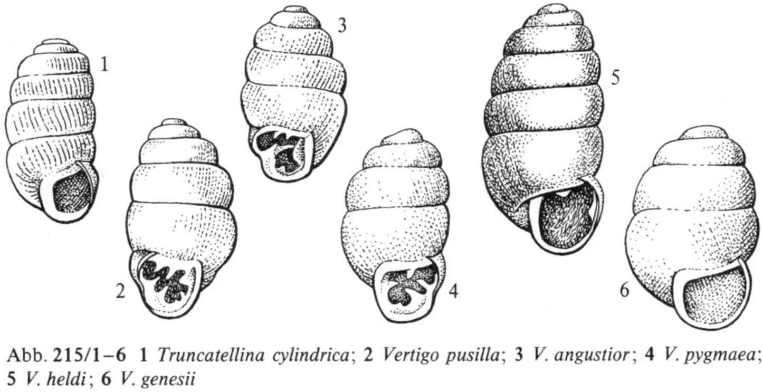

Abb. **215/1–6** **1** *Truncatellina cylindrica*; **2** *Vertigo pusilla*; **3** *V. angustior*; **4** *V. pygmaea*; **5** *V. heldi*; **6** *V. genesii*

11 Gehäuse schlank-zylindrisch, gelblich-hornfarben, sehr fein gestreift, seidig glänzend, Mdg 3–4zähnig (je 1 MdgsWand- u. Spindelzahn, 1–2 Gaumenzähne). Etwa 1,8–2 mm h, 1,1 mm br. – **V.** Nordisch-alp, isoliert im N, verstreut im Tiefland u. in den M-Geb, Bayerische Alpen. – **L.** Im Moos der Felsen, unter Laub an schattigen Stellen, auf Geröllhalden, an altem Gemäuer.
V. alpestris ALDER – **Alpen-Windelschnecke**

11* Gehäuse walzig-eiförmig, glänzend rotbraun, Naht wenig tief, hinter dem im unteren Teil meist deutlichen Nackenwulst eine flache Grube, Mdg 4- od. 3zähnig (je 1 Mündungswand-, Spindel- u. Gaumenzahn). 2,2–2,4 mm h, 1,2–1,4 mm br. – **V.** N- u. NO-Eur, im nordöstl. Tiefland, südl. bis Frankfurt/Oder. – **L.** Mischw, im Moos, in Bodenstreu.
V. ronnebyensis (WESTERLUND) – **Nordische Windelschnecke**

12 (9) Mdg mit 3–4 Zähnen, Umgänge bauchig, Naht tief, Gehäuse konisch, fein gestreift. 1,7–1,9 mm h, 1,2 mm br. – **V.** Boreo-alp, in Brandenburg, lokal auf Rügen u. in Holstein, Mittelfranken u. im Allgäu. – **L.** Kalkmoore, kalkliebend. *V. geyeri* LINDHOLM – **Vierzähnige Windelschnecke**

12* Mdg ohne Zähne. Umgänge gewölbt, Naht flach, Gehäuse mehr walzenförmig, glatt, etwa 1,7–2,1 mm h, 1,2 mm br. – **V.** Boreo-alp, im NW u. in Bayern. Früher häufig nicht von *V. geyeri* unterschieden.
V. genesii (GREDLER) – **Blanke Windelschnecke** (Abb. **215**/6)

Familie *Valloniidae* – **Grasschnecken**

Gattungen *Vallonia* RISSO – **Grasschnecken**,
Acanthinula BECK – **Stachelschnecken** u.
Spermodea WESTERLUND – **Bienenkörbchen**

Kleine, in der Gehäuseform nicht einheitliche, am Boden unter Moos, Gras, Steinen, z. T. im Mulm der Kalkfelsen lebende Arten. Bei manchen Arten vielleicht Selbstbefruchtung.

1 Gehäuse deutlich breiter als h, mit kaum erhobenem Gewinde, 3¼–4 Umgänge, weit genabelt, glatt, fein gestreift od. gerippt; Mundsaum stark erweitert, meist mit kräftiger weißer Lippe; nie ausgesprochen braun, meist hell.
Vallonia S.216

1* Gehäuse kugelig-konisch mit erhobenem Gewinde, Nabel eng, bis zur Hälfte bedeckt **2**

2 Mundsaum erweitert, innen mit dünner Lippe. Skulptur aus häutigen Rippchen, die auf der Peripherie der Umgänge Dornen bilden. 4 Umgänge, braun.
Acanthinula aculeata (Abb. **218**/4) S.218

2* Mundsaum nur an der Basis verbreitert, nicht gelippt. Skulptur aus dünnen, häutigen Rippchen ohne Dornen. 6 Umgänge, hell hornbraun.
Spermodea lamellata (Abb. **218**/5) S.218

Gattung *Vallonia* RISSO – **Grasschnecken**

Kleine Arten mit weißlich scheibenförmigem Gehäuse. Mdg rund, Mundsaum ± stark lippig erweitert. Nabel offen. Allgemein verbreitet nur *V. pulchella* u. *V. co-*

stata. Junge u. verwitterte Gehäuse oft nicht sicher bestimmbar. In vom Hochwasser angespültem Genist häufig.

1 Endwindung zur Mdg hin deutlich erweitert, Mundsaum stets mit kräftiger, weißer Lippe 2

1* Endwindung nicht deutlich erweitert. Mundsaum entweder einfach, nur etwas erweitert od. schwach verdickt 6

2 Mundsaum stumpf 3

2* Mundsaum scharf 5

3 Gehäuse stumpf-fadenartig gerippt, mit feineren Rippchen u. Streifen zwischen den Rippen, Endwindung mit 50–60 sehr regelmäßigen u. feinen Rippen, abwärts geneigt, Farbe gelblich-grau. Größter ∅ 2,1–2,5 mm; kleinster ∅ 1,7–2 mm, 1–1,3 mm h. – **V.** M- u. S-Eur, im Gebiet verstreut (NO-Brandenburg, im S) als Relikt. – **L.** An nassen Standorten, in kalkreichen Niederungsmooren (karbonatreichen *Carex*-Sümpfen). Fossil als *V. costellata* SANDBERGER bekannt. *V. enniensis* (GREDLER) – **Feingerippte Grasschnecke**

3* Gehäuse glatt od. nur fein gestreift 4

4 Umriß von Gehäuse u. Nabel fast kreisrund. MdgsRänder relativ wenig genähert (Gegensatz zu abgeriebenen Gehäusen von *V. costata*). Farbe weißlich-gelblichgrau, schwach durchscheinend. Größter ∅ 2,5 mm, kleinster ∅ 2 mm, 1,3 mm h. – **V.** Holarkt, überall im Gebiet, im Tiefland u. Geb. – **L.** Bevorzugt feuchtere Standorte u. kalkreichen Untergrund.
V. pulchella (O.F.MÜLLER) – **Glatte Grasschnecke** (Abb.**218**/1)

4* Umriß von Gehäuse u. Nabel eiförmig, Endwindung stärker erweitert, Gehäuse farblos, meist gelblichweiß. Größter ∅ 2,2–2,3 mm, kleinster ∅ 1,75 mm. – **V.** Holarkt, im Gebiet verbreitet, an verstreuten Fundorten. – **L.** Bevorzugt trockenere Habitate auf kalkreichem Untergrund.
V. excentrica STERKI – **Schiefe Grasschnecke** (Abb.**218**/2)

5 **(2)** Gehäuse mit radiären Hautrippen, gelblichgrau. Mdg fast kreisrund schief, mit stark genäherten Rändern. Nabel weit, schüsselförmig. Größter ∅ 2,5–2,7 mm, kleinster ∅ 2,1–2,2 mm, etwa 1,35 mm h. 3¼ Umgänge (kleinere Standortsform *V. c.* f. *helvetica* STERKI: größter ∅ 2,2 mm, am Fuß von Kalkfelsen im Jura). – **V.** Holarkt, im Gebiet überall, im Tiefland u. Geb. – **L.** Bevorzugt trockene, offene Standorte.
V. costata (O.F.MÜLLER) – **Gerippte Grasschnecke** (Abb.**218**/3)

5* Gehäuse fast glatt, hellbräunlich, kleiner (größter ∅ 2,1–2,5 mm, 1–1,2 mm h). MdgsForm wie bei vor. Art. – **V.** Endemisch, in Württemberg, bei München (in Flußanspülungen). – **L.** Trockene Wiesen in Flußtälern wie Neckar, Ammer, Kocher u.a., auch an der oberen Donau.
V. suevica GEYER – **Schwäbische Grasschnecke**

6 **(1)** Gehäuse etwa 2,5 mm br, 1,3 mm h; hellbraungrau; letzter Umgang an der Mdg weniger als 1½mal so br wie der vorletzte. Mundsaum höchstens schwach gelippt. – **V.** M- u. SO-Eur, nur in Württemberg am oberen Neckar u. der oberen Donau (bei Regensburg). – **L.** Auf Wiesen, ähnlich vor. Art.
V. alamannica GEYER – **Alemannische Grasschnecke**
Zu dieser Art gehören die im Erms- u. Eybachtal nachgewiesenen und als *V. jurassica* GEYER bestimmten Exemplare.

6* Gehäuse 2,6–3 mm br, 1,4–1,7 mm h; größer als die bisher genannten Arten; fein gestreift, weißlich, Endwindung 1½mal so br wie die vorletzte; Mundsaum

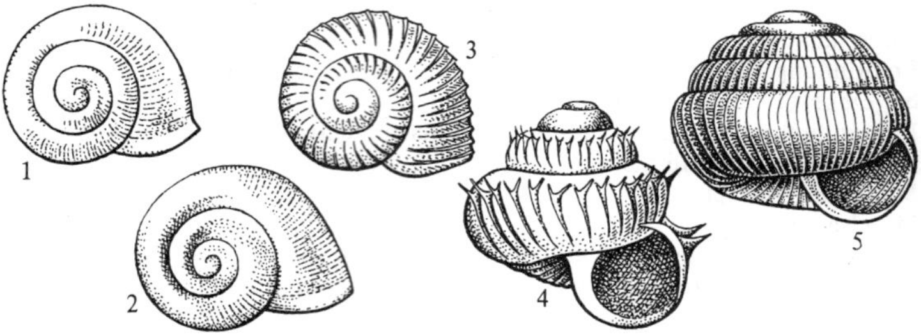

Abb. **218/1–5** **1** *Vallonia pulchella*; **2** *V. excentrica*; **3** *V. costata*; **4** *Acanthinula aculeata*; **5** *Spermodea lamellata*

schmal gelippt. – **V.** M-Eur, im S bes. in Schwaben. – **L.** Auf feuchten, offenen Wiesen (im Genist der Flüsse). [*V. adela* WESTERLUND]

V. declivis STERKI – **Große Grasschnecke**

Gattung *Acanthinula* BECK – **Stachelschnecken**

A. aculeata (O. F. MÜLLER) – **Stachelschnecke** (Abb. **218**/4)
G. 2–2,3 mm br, 1,8–2,1 mm h. – **V.** W-pal, im Gebiet allgemein verbreitet. – **L.** Wälder, Hecken u. Gebüsche unter Laub, morschem Holz u. Steinen.

Gattung *Spermodea* WESTERLUND – **Bienenkörbchen**

S. lamellata (JEFFREYS) – **Bienenkörbchen** (Abb. **218**/5)
G. 2–2,3 mm br, 1,9 mm h. – **V.** NW-eur-atl, Küstengebiete der Nord- u. Ostsee. – **L.** Unter Fallaub, umgestürzten Bäumen, bes. an quelligen Stellen in alten, ursprünglichen Wäldern.

Familie *Enidae* – **Turmschnecken**

Gattungen *Chondrula* BECK, *Jaminia* RISSO, *Ena* TURTON u. *Zebrina* HELD – **Turmschnecken** s. l.

Gehäuse verlängert eiförmig, konisch od. fast zylindrisch, 7–35 mm h, niemals deutlich genabelt, Mdg entweder zahnlos od. mit 3 od. 4 stumpfen Zähnen.

1 Mdg ohne Zähne 2
1* Mdg mit Zähnen 4
2 Gehäuse 20–25 mm h, 9–11 mm br, konisch eiförmig, Grundfarbe weiß od. gelblichweiß, einfarbig od. mit rötlich-bräunlichen Längsstriemen, 6½–7 schwach gewölbte Umgänge, Mundsaum weiß, kaum verdickt u. gelippt, nur Spindelrand verdickt u. den engen Nabel verdeckend. – **V.** SO-eur, verbreitet im S, nördl. bis Harz u. Thüringen (isoliertes Vorkommen bei Rüdersdorf erloschen), auch bei

Düsseldorf. – **L.** Wärmeliebend, meist auf sonnigen Rasenhängen von Kalkbergen, im Geröll. Gesellig. – **B.** Zwischenwirt des Lanzettegels [*Dicrocoelium dendriticum* (RUDOLPHI)]! Na: welkende u. modernde Pflanzenteile. Lebensdauer 4–5 J.

Zebrina detrita (O.F.Müller) – **Weiße Turmschnecke (Märzenschnecke)** (Abb. **219**/1)

2* Gehäuse 8,5–16 mm h, 3,6–7 mm br, konisch-eiförmig, braun, Mundsaum verdickt u. gelippt **3**

3 Gehäuse 14–16 mm h, 6–7 mm br, 7–8 Umgänge, konisch-eiförmig, OFläche des Gehäuses gestreift, durch feine Spirallinien gekreuzt, dadurch gekörnelt. – **V.** M-eur-alp-karpatisch, verbreitet im gesamten Berg- u. Hügelland, verstreut im Tiefland am Niederrhein, im Münsterland, bei Schwerin u. im Odergebiet, alte Funde in letzter Zeit nicht bestätigt! – **L.** Buchenwald, unter Fallaub, Holz, an Baumstämmen u. Felsen, auch in Auwäldern.

Ena montana (DRAPARNAUD) – **Bergturmschnecke** (Abb. **219**/2)

3* Gehäuse 8,5–9,5 mm h, 3,6–3,8 mm br. 6½–7 Umgänge, nur fein gestreift. – **V.** Eur, im Gebiet fast überall. – **L.** Am Boden, an Bäumen, Felsen u. Mauern, in Wäldern u. Gebüschen. Gehäuse oft mit einer Kruste von Erde u. getrocknetem Schleim überzogen, dadurch schwer zu erkennen.

Ena obscura (O.F.MÜLLER) – **Kleine Turmschnecke**

4 **(1)** Gehäuse rechtsgewunden, länglich-eiförmig, Mdg mit 3 Zähnen, zwischen dem Zahn auf der MdgsWand u. dem Ansatz des Mundrandes oft ein kleiner Höcker (Angular-Zahn). 7–8 Umgänge. Grau od. hell hornbraun, nicht glänzend. 9–12 mm h, 4–4,5 mm br. – **V.** M-, O- u. SO-eur, vor allem im mittleren Gebiet sehr sporadisch bis zum Rhein im S, verstreut im Jura, stellenweise auf der schwäbisch-bayerischen Hochebene. – **L.** Kurze Rasen trockener, kalkhaltiger Hänge, unter Steinen u. Gras, sehr versteckt lebend. Allgemein stark im Rückgang.

Chondrula tridens (O.F.MÜLLER) – **Dreizahnturmschnecke** (Abb. **219**/4)

4* Gehäuse linksgewunden, hornbraun, etwas glänzend; walzenförmig-eiförmig, 7–9 Umgänge, Mdg mit 4 Zähnen. 7–12 mm h, 3,5–4 mm br. – **V.** Warme, sehr trockene, steinige u. kalkhaltige Hänge.

Jaminia quadridens (O.F.MÜLLER) – **Vierzahnturmschnecke** (Abb. **219**/3)

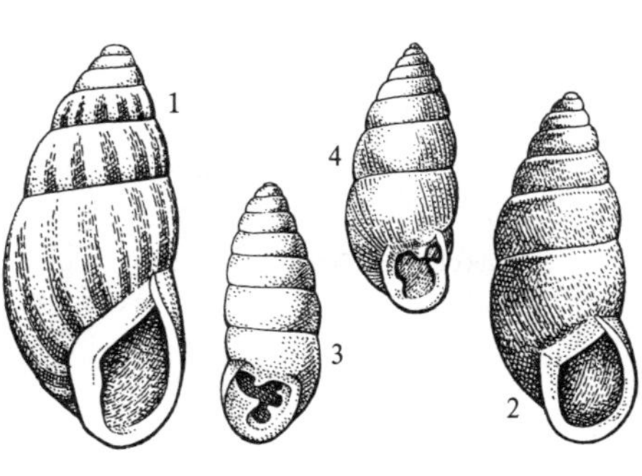

Abb. **219/1–4**
1 *Zebrina detrita*;
2 *Ena montana*;
3 *Jaminia quadridens*;
4 *Chondrula tridens*

Familie *Clausiliidae* – **Schließmundschnecken**

Gattungen *Balea* s. l. GRAY, *Bulgarica* O. BOETTGER, *Charpentieria* STABILE, *Clausilia* DRAPARNAUD, *Cochlodina* s. l. FÉRUSSAC, *Erjavecia* BRUSINA, *Laciniaria* HARTMANN, *Macrogastra* s. l. HARTMANN, *Neostyriaca* A. J. WAGNER, *Pseudofusulus* H. NORDSIECK, *Ruthenica* LINDHOLM u. *Vestia* P. HESSE

Gehäuse bei heimischen Arten linksgewunden, schlank, keulenförmig od. lggestreckt spindelförmig, zahlreiche Umgänge, meist gerippt. Außer bei *Balea perversa* immer ein von Mantelfalten gebildetes Schließknöchelchen (Clausilium, Cl.) vorhanden, das am besten sichtbar wird, wenn auf der Gaumenwand (äußeren MdgsWand) mit Feile, Pinzette od. Nadel ein „Fenster" im Gehäuse angelegt und das Gehäuse vorsichtig abgetragen wird. Außerdem wird mit einer Lupe die Mdg der gegen helles Licht gehaltenen unversehrten Gehäuse untersucht, wobei das Tier tief in das Gehäuse zurückgezogen sein muß. Gaumenfalten werden nach kurzem Betupfen mit verdünnter Salzsäure gut erkennbar. Ohne Kenntnis der MdgsArmatur Bestimmung nicht möglich. Es werden Lamellen od. Falten unterschieden (Abb. **220**/1). Links oben sitzt an der MdgsWand die Oberlamelle; unter ihr, durch das Interlamellare getrennt, die Unterlamelle, die von der Spindel spiralig nach unten verläuft. Auf dem Interlamellare können Fältchen liegen. Vom inneren Ende der Oberlamelle, entweder mit ihr verbunden od. von ihr getrennt, läuft die Spirallamelle am Dach der Endwindung aus. Unter u. zum großen Teil hinter der Unterlamelle liegt die Subcolumellarlamelle, meist nur von unten sichtbar. Die Erhebungen auf der Gaumenwand heißen Gaumenfalten. Zu ihnen gehören die der Naht fast parallel verlaufende obere Gaumenfalte (Prinzipalfalte), eine od. mehrere, von ihr divergierende Falte(n) (mittlere u. untere Gaumenfalte) u., für die Bestimmung wichtig, die ± gekrümmte quere Mondfalte. Die Lamellen u. Falten geben dem Clausilium Halt u. Führung, so daß es sich bei zurückgezogenem Tier als Verschluß vor die Öff-

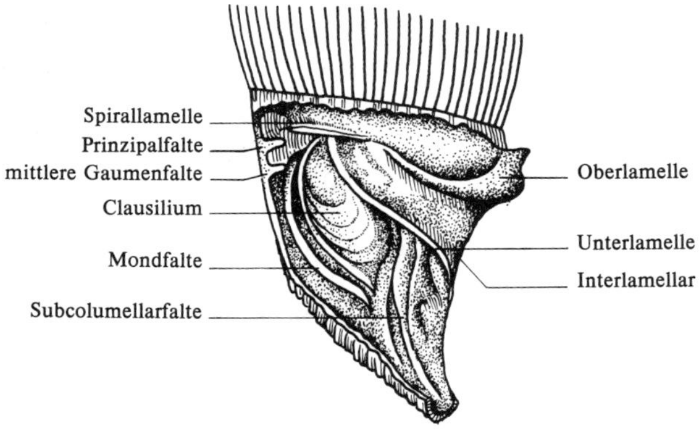

Abb. **220/1** Schließapparat einer Clausilie *(Laciniaria biplicata)*

nung der Mdg legt u. beim Hervorkommen der Schnecke in die Nische an der Spindel hineinlegt. Das Clausilium ist mit einem federnden Stielchen an der Spindel befestigt u. läuft in eine ± br, etwas gedrehte Platte aus (Abb. 222/2). Manche Arten haben außerdem eine weiße Gaumenschwiele, die außen als gelblicher Nackenwulst durchscheint. Gattung sehr artenreich. – **B.** Paarung ohne Vorspiel. Lebensdauer bei *Balea biplicata* 3 J. Na: Algen u. Flechten.

1 Gehäuse konisch, ohne Lamellen, Falten od. Clausilium, höchstens ein Zähnchen auf der MdgsWand als Rest der Oberlamelle.
Balea perversa (L.) (Abb. **226**/4) S. 226

1* Gehäuse spindel- od. keulenförmig, mit Lamellen, Falten u. Clausilium . . . **2**

2 Mdg dreieckig, an der Basis stark zugespitzt, Gehäuse glatt.
Erjavecia bergeri (ROSSMÄSSLER) S. 223

2* Mdg nicht dreieckig, Gehäuse gerippt od. glatt **3**

3 1. u. 2. Umgang (Apex) deutlich konisch abgesetzt, in einer scharfen Spitze endend. *Ruthenica filograna* (ROSSMÄSSLER) (Abb. **222**/3) S. 223

3* Spitze des Gehäuses nicht deutlich konisch abgesetzt **4**

4 Gehäuse glatt od. stumpf gerippt, ± durchscheinend, Ober- u. Spirallamelle getrennt **5**

4* Gehäuse meist deutlich gerippt, nicht durchscheinend, Ober- u. Spirallamelle verbunden od. getrennt **6**

5 Gehäuse mit einer Reihe weißer Papillen entlang der Naht. Mondfalte vorhanden. *Charpentieria* STABILE S. 223

5* Gehäuse ohne weiße Papillen. Mondfalte nicht vorhanden.
Cochlodina FÉRUSSAC (Abb. **222**/1) S. 222

6 **(4)** Mdg unten stark erweitert, ohne Basalrinne (URand gerundet) **7**

6* Mdg enger, mit ± deutlicher Basalrinne **8**

7 Mundsaum innen lippig verstärkt. *Vestia turgida* (ROSSMÄSSLER) S. 227

7* Mundsaum nicht lippig verstärkt, ULamelle gegabelt, mit der vortretenden Spindelkante ein liegendes K bildend. Ober- u. Spirallamelle verbunden.
Macrogastra HARTMANN (Abb. **222**/4–5) S. 224

8 **(6)** Gehäuse klein (8–14 mm h), stumpf u. oft fein gerippt, Ober- u. Spirallamelle verbunden, bei einer Art *(Neostyriaca corynodes)* Spirallamelle rudimentär, nicht mit OLamelle verbunden **9**

8* Gehäuse größer (15–18 mm h), scharf u. deutlich gerippt, Ober- u. Spirallamelle getrennt **11**

9 Mondfalte vorhanden, Ober- u. Spirallamelle verbunden.
Clausilia DRAPARNAUD (Abb. **226**/1) S. 225

9* Mondfalte rudimentär od. nicht ausgebildet **10**

10 Gehäuse keulenförmig, MdgsBasis undeutlich zugespitzt. Spirallamelle rudimentär. OLamelle steht isoliert. *Neostyriaca corynodes* (HELD) S. 226

10* Gehäuse stumpf spindelförmig, MdgsBasis deutlich zugespitzt. O- u. Spirallamelle verbunden. *Pseudofusulus varians* (C. PFEIFFER) S. 223

11 **(8)** Unter der Prinzipalfalte eine deutliche, mittlere Gaumenfalte **12**

11* Unter der Prinzipalfalte keine mittlere Gaumenfalte.
Bulgarica O. BOETTGER S. 227

12 Gehäuse bauchig spindelförmig, Mundsaum ohne Fältchen.
Balea biplicata (MONTAGU) (Abb. **226**/3) S. 227

12* Gehäuse schlank spindelförmig. Mundsaum mit 6–9 deutlichen Fältchen.
Laciniaria plicata (DRAPARNAUD) (Abb. **226**/2) S. 226

Im Gebiet findet sich weiter eine Art aus der Gattung *Medora* H. & A. ADAMS: *Medora almissana* (KÜSTER). – **V.** SO-eur, im Gebiet nur ein Nachweis aus dem bayerischen Donautal, dort eingeschleppt. – **L.** An Kalkfelsen; sehr ortsstet, eine beständige Population, deren Bestand sich langsam vergrößert.

Gattung *Cochlodina* FÉRUSSAC – **Schließmundschnecken**

1 Gehäuse etwa 12–13 mm h, 3 mm br, regelmäßig stumpf gerippt, braun, mit gelblichem Nackenwulst, der sich in der Mdg als weiße Gaumenschwiele fortsetzt. – **V.** M- u. O-eur, lokal im Elbsandsteingebirge, sächsisches Hügelland, westl. Thüringer Wald, Rhön, Frankenwald, Jura, Schwarzwald, Bayerische Alpen. – **L.** An bemoosten Felsen u. Baumstämmen (vor allem Buche, Berg-Ahorn). *C. orthostoma* (MENKE) – **Geradmund-Schließmundschnecke**

1* Gehäuse über 13 mm h, glatt od. fein gestreift **2**

2 Gaumenschwiele kräftig, weiß, nicht mit der unteren Gaumenfalte verbunden, Gehäuse ± hornfarben, oft gestreift, oft weißlichgrün. 14–16 mm h, 3,8–4 mm br. – **V.** Alp: im SW, Allgäuer Alp, verstreut an den Südhängen des Schwarzwaldes, im Jura bei Sigmaringen, Beuron, Urach, Heiligenberg u. Schussenried. – **L.** Bergwälder, an Felsen, Baumstümpfen, unter Moos u. Steinen, kalk- u. feuchtigkeitsliebend. *C. fimbriata* (ROSSMÄSSLER) – **Bleiche Schließmundschnecke**

2* Gaumenschwiele schwach, von der unteren Gaumenfalte erreicht od. von ihr durchbrochen **3**

3 Gehäuse bauchig-spindelförmig, gelblich- bis rötlichbraun; untere Gaumenfalte erreicht nur die Gaumenschwiele; Spirallamelle innen steil abfallend. Etwa 15–17 mm h, 4 mm br. – **V.** Eur: fast überall. – **L.** In Laubw u. Mischw, im Tiefland u. Geb. an bemoosten Felsen, Mauern, Baumstämmen, bes. an Buchen. – **B.** Beansprucht wenig Feuchtigkeit, nicht an Kalk gebunden. 10–15 Eier. *C. laminata* (MONTAGU) – **Glatte Schließmundschnecke** (Abb. **222/1**)

3* Gehäuse schlank-spindelförmig, hell-rötlichbraun, mitunter fein gestreift; untere

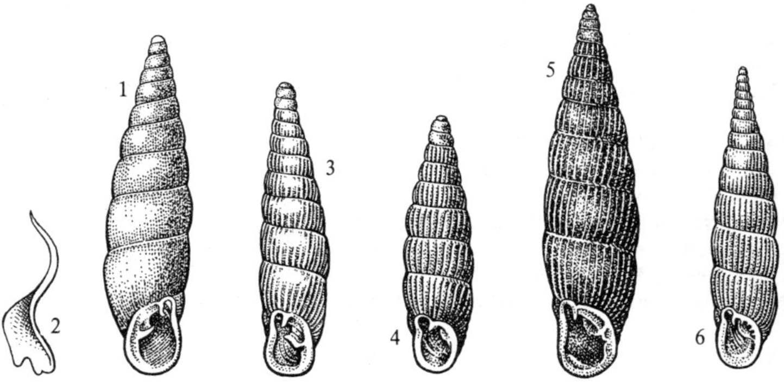

Abb. **222/1–6** **1** *Cochlodina laminata*; **2** Clausilium von *C. laminata*; **3** *Ruthenica filograna*; **4** *Macrogastra tumida*; **5** *M. ventricosa*; **6** *M. plicatula*

Gaumenfalte durch die Gaumenschwiele hindurchgehend. Spirallamelle innen allmählich abfallend u. über die neben ihr liegende Unterlamelle hinausreichend. Etwa 14–16 mm h, 3,2–3,5 mm br. – **V.** O-karpatisch (sudetisch?); im Gebiet nur in der Fränkischen Schweiz. – **L.** An fast kahlen Kalkfelsen, in schattigen Wäldern, kalkliebend. [*C. commutata* (ROSSMÄSSLER)]

C. costata (C. PFEIFFER) – **Bergschließmundschnecke**

Gattung *Charpentieria (Itala)* STABILE – **Schließmundschnecken**

Ch. (I.) itala brauni (ROSSMÄSSLER) – **Italienische Schließmundschnecke**
Gehäuse bauchig-spindelförmig. Mdg oval, Mondfalte geknickt. Etwa 16–22 mm h, 4–4,5 mm br. – **V.** S-alp-appenninisch, im Gebiet nur eingeschleppt: Weinheim an der Bergstraße (erloschen?), Heidelberg, Schloß Lichtenwalde in Sachsen. – **L.** An (alten) Mauern.

Gattung *Ruthenica* LINDHOLM – **Schließmundschnecken**

R. filograna (ROSSMÄSSLER) – **Zierliche Schließmundschnecke** (Abb. **222**/3)
G. Gehäuse 7–9 mm h, 2,0–2,2 mm br, spindelförmig, Spitze konisch, scharf endend; hell hornfarben, scharf, weiträumig gerippt, 9–10 stark gewölbte Umgänge. Mdg wenig vorgezogen. ULamelle tief gelegen, aber mit einem Fältchen bis zum Mundrand reichend, ohne Mondfalte. – **V.** O-eur, in den M-Geb, Sachsen, Thüringen, östl. Harz, Lausitzer Bergland (z. B. Landeskrone); isoliert im Bayerischen Wald, Fränkischen u. Schwäbischen Jura. – **L.** Kalkliebend, fast nur am Boden unter Laub u. Steinen, in Wäldern.

Gattung *Pseudofusulus* H. NORDSIECK – **Schließmundschnecken**

P. varians (C. PFEIFFER) – **Gedrungene Schließmundschnecke**
Gehäuse spindelförmig, heller od. dunkler hornfarben, oft grünlich, rippenstreifig; Nacken wulstig aufgetrieben, Mdg nicht vorgezogen, birnenförmig, unten ± deutlich zugespitzt (Basalrinne), mit starker, weiter Gaumenschwiele. Interlamellare oft gefältelt. Keine Mondfalte. 9–9,5 mm h, 2,2 mm br. – **V.** O-alp-W-karpatisch, im Erzgebirge, vereinzelt in den Bayerischen Alpen südl. des Chiemsees und in der Fränkischen Schweiz (?). – **L.** Feuchte, schattige Gebirgswälder; unter Rinde u. Steinen, Bodenstreu.

Gattung *Erjavecia* BRUSINA – **Schließmundschnecken**

E. bergeri (ROSSMÄSSLER) – **Ohrlappige Schließmundschnecke**
Gehäuse fast glatt, dunkelrotbraun. Endwindung an der Basis mit hohem Kiel, darüber parallel ein 2. Kiel; Mdg weit vorgezogen, dreieckig, unten mit tiefer Rinne. 10,5–12 mm h, 2,3–2,5 mm br. – **V.** O-alp, nur in den Kalkalpen von SO-Bayern (Berchtesgaden). – **L.** An Kalkfelsen u. Geröll exponierter Standorte, montan, kalkliebend.

Gattung *Macrogastra* HARTMANN [*Iphigena* GRAY] – **Schließmundschnecken**

1 Gehäuse etwa 17–19 mm h, 4-4,4 mm br, stumpf gerippt, rotbraun. Mdg stumpf viereckig-oval, ULamelle gegabelt, K-förmig, Interlamellare glatt. – **V.** M-eur, in allen Berg- u. Hügelländern, im Tiefland nur lokal. – **L.** Am Boden unter Laub, an Bäumen u. Felsen. – **B.** Lebendgebärend.
M. ventricosa (DRAPARNAUD) – **Bauchige Schließmundschnecke** (Abb. 222/5)

1* Gehäuse stets kleiner. Interlamellare fast immer mit 1–4 Falten 2

2 Mdg zeigt bei senkrechtem Einblick eine untere Gaumenfalte, die durch eine Gaumenschwiele mit der Mondfalte verbunden ist. Gehäuse dicht (48 Rippchen auf dem vorletzten Umgang) u. scharf gerippt. Mdg fast kreisrund, U-Lamelle breitbogig in der Mdg hängend, Interlamellare mit 3–4 starken Fältchen. 12–13,5 mm h, 2,9–3,2 mm br. – **V.** O-alp-dinarisch, nur in den Kalkalpen von SO-Bayern (Reichenhall). – **L.** Kalkliebend, montan, an bemoosten, schattigen Felsen. *M. densestriata* (ROSSMÄSSLER) – **Dichtgerippte Schließmundschnecke**

2* Mdg ohne untere Gaumenfalte 3

3 Gehäuse frisch lackglänzend, fein u. dicht gerippt, zwischen den Rippen grubige Vertiefungen. VEnde der ULamelle am Mundsaum deutlich abgestutzt, der Spindelkante parallel. Interlamellare meist mit 1–3 schwachen Fältchen. 12–14 mm h, 3–3,2 mm br. – **V.** O-alp: in S-Bayern, bei Berchtesgaden u. Oberstdorf, bei Passau u. im Bayerischen Wald. – **L.** An Felsen, morschem Holz. Bodenstreu; nur Geb.
M. badia (C. PFEIFFER) – **Kastanienbraune Schließmundschnecke**

3* Gehäuse nicht stark glänzend, ULamelle am VRand nicht abgestutzt, mit der Spindelkante divergierend 4

4 Gehäuse bauchig spindelförmig, zur Spitze hin schnell verjüngt, Nacken des Gehäuses mit deutlicher, gegen den Mdgs-Rand gerichteter Furche, ohne od. mit schwacher Gaumenschwiele 5

4* Gehäuse schlank, spindelförmig, sich allmählich verjüngend, Nacken mit einem flachen, durch den Nackenwulst vom Mundsaum getrennten Eindruck. Gaumenschwiele kräftig 6

5 Gehäuse bauchig aufgeblasen, ziemlich dickwandig, dunkel hornbraun, kräftig gerippt. Interlamallare mit einem (bis 3) schwachen Fältchen. Etwa 12,5–14,5 mm h, 3,7–4 mm br. – **V.** Karpatisch, Sudeten. Vorkommen im Gebiet möglich. – **L.** Am Boden unter Laub u. Steinen, an feuchten bis nassen Stellen, Felsen. *M. tumida* (ROSSMÄSSLER) (Abb. 222/4)

5* Gehäuse nicht bauchig aufgeblasen, dünnwandig, schwach gerippt, gelblich-rötlichbraun. 11–14 mm h, 3,4–3,7 mm br. – **V.** W-eur, vereinzelt im Niederrheintal, Mosel- u. Saartal, Eifel, Westerwald, östl. verstreut bis zur Weser. – **L.** Unter Steinen u. Laub, an Mauern, zwischen Moos (nicht an Bäumen aufsteigend).
M. rolphii (TURTON) – **Spindelförmige Schließmundschnecke**

6 **(4)** Interlamellare mit 1–3 kräftigen Fältchen, Mdg rundlich-elliptisch. Basaler Nackeneindruck gegen den Außenrand der Mdg gerichtet. 11–13 mm h, 3 mm br. Größe variabel (f. *nana* SCHOLTZ, 10 mm h, f. *major* A. SCHMIDT, 15 mm h). – **V.** M-eur, mit Ausnahme des NW allgemein verbreitet, im Tiefland teilweise fehlend. – **L.** Feuchte Standorte bevorzugend, Wälder, am Boden, an Felsen, Mauern, Baumstümpfen.
M. plicatula (DRAPARNAUD) – **Gefältelte Schließmundschnecke** (Abb. 222/6)

6* Interlamellare mit 1–2 schwachen Falten, ULamelle K-förmig. Basaler Nackeneindruck gegen URand der Mdg gerichtet, Mdg birnenförmig mit undeutlicher weißer Linie (falsche Gaumenfalte), 13–16 mm h, 3,3–3,7 mm br. – **V.** W- u. M-eur, Bayerische Alpen, Alpenvorland, M-Geb, nördl. bis Thüringer Wald, Harz u. Gebiet um Leipzig, vereinzelt in Schleswig-Holstein. – **L.** Feuchte Wälder, Felsen, Bäume, am Boden unter Geröll u. faulendem Holz.
M. lineolata (HELD) – **Mittlere Schließmundschnecke**

Gattung *Clausilia* DRAPARNAUD – **Schließmundschnecken**

1 Gehäuse nur fein gestreift, fast glatt erscheinend, dunkelrotbraun, kaum gestrichelt, 8–9,5 mm h, 2–2,2 mm br. ULamelle tiefliegend. – **V.** M-eur, allgemein verbreitet, nicht im N. – **L.** Meist, aber nicht ausschließlich, an Kalkfelsen, altem Gemäuer, in Wäldern.
Cl. rugosa parvula (FÉRUSSAC) – **Kleine Schließmundschnecke**

1* Gehäuse rippenstreifig od. gerippt, meist mit weißen Stricheln, fast immer größer als *Cl. rugosa parvula*, über 10 mm h 2

2 Gehäuse rippenstreifig (60–75 Rippen auf dem vorletzten Umgang) 3

2* Gehäuse gerippt (40–50 Rippen auf dem vorletzten Umgang) 4

3 10–11 mm h, 2,3–2,7 mm br, nicht selten auch kleiner. – ULamelle nicht tiefliegend, nach vorn in 2 Fältchen auslaufend; Interlamellare glatt od. mit 1, manchmal 2 schwachen Falten. Dunkel- bis schwarzbraun. – **V.** Atl-NW-eur, Tiefland u. M-Geb, südl. des Mains nur in Oberfranken, Mainjura. – **L.** Felsen, Mauern, Baumstümpfe, auch trockene Stellen.
Cl. bidentata (STRÖM) – **Zweizähnige Schließmundschnecke** (Abb. 226/1)

3* 12–14 mm h, 1,7–3,2 mm br, manchmal (bes. in den Alp) noch größer. ULamelle ziemlich tiefliegend, mit 2 schief übereinanderliegenden Knötchen am Mundsaum. Interlamellare glatt. Hornbraun, meist bauchiger als vor. Art. Sehr variabel, die typischen Knötchen fehlen bei der f. *obsoleta* A. SCHMIDT. – **V.** M-eur, im M-Geb verbreitet, im Tiefland lokal fehlend. – **L.** Feuchte, schattige Felsen, Mauern, Baumstümpfe, kalkliebend.
Cl. dubia DRAPARNAUD – **Gitterstreifige Schließmundschnecke**

4 (2) Gehäuse spindelförmig. Gaumenschwiele kräftig. Mdg schmal rhombisch, ULamelle mit 2 parallelen Fältchen zum Mundsaum verlaufend, nicht tiefliegend. 9–11 mm h, 2,3–2,5 mm br, bisweilen nur 8,5 mm, aber auch 13–15 mm h. – **V.** Alp u. N-eur, verstreut im M-Geb, Thüringen bis zum Harz, Erzgebirge, Stubnitz (Rügen), Odenwald, Schwarzwald, Alpenvorland u. Alp. – **L.** In feuchten GebWäldern (montan) an Baumstümpfen, unter Holz u. Rinde, Bodenstreu. *Cl. cruciata* STUDER – **Scharfgerippte Schließmundschnecke**

4* Gehäuse keulig-spindelförmig mit schlanker Spitze. Gaumenschwiele schwach. Mdg birnenförmig. ULamelle mit 2 divergierenden Fältchen. Bei f. *sejuncta* WESTERLUND OLamelle u. Spirallamelle getrennt. 12–13 mm h, 3–3,4 mm br. – **V.** M- u. O-eur, im NO u. O weit verbreitet, auch in den M-Geb, Maingebiet u. Bayerische Alpen. – **L.** Feuchte Laub- u. Mischw, bes. Erlenbrüche, am Boden unter Laub u. umgestürzten Bäumen, meist Tiefland od. Täler.
Cl. pumila C. PFEIFFER – **Keulige Schließmundschnecke**

Gattung *Neostyriaca* A. J. WAGNER – **Schließmundschnecken**

N. corynodes (HELD) – **Kalkfelsen-Schließmundschnecke**
Gehäuse 9–11 mm h, 2,1–2,4 mm br, schlank keulig-spindelförmig, dunkelrotbraun, feinrippig, fast glatt erscheinend, Mdg wenig vorgezogen. Gaumenschwielen weiß u. deutlich, ULamelle nicht mit einem Fältchen bis zur Mdg verlängert. Mondfalte rudimentär. 11–12 Umgänge, wenig gewölbt. – **V.** Alp, im Gebiet nur in SO-Bayern (Bayerische Kalkalpen) und in S-Baden-Württemberg (S-Schwarzwald, W-Schwäbischer Jura). – **L.** Feuchte, bemooste Kalkfelsen, im Geröll (montan), kalkliebend.

Gattung *Laciniaria* HARTMANN – **Schließmundschnecken**

L. plicata (DRAPARNAUD) – **Faltenrandige Schließmundschnecke** (Abb. **226**/2)
Gehäuse schlank-spindelförmig, dunkelbraun, Interlamellare mit 2–3 Falten, Mundsaumlippe mit 6–9 kräftigen Fältchen (f. *implicata* BIELZ ohne Mundsaumfalten). ULamelle wenig weit vorspringend, mittlere Gaumenfalte fast parallel zur Prinzipalfalte, Mondfalte sehr gestreckt. 15–18 mm h, 3,3–3,6 mm br. – **V.** M- u. O-eur, im Gebiet zerstreut: Ostseeküste, M-Geb, nicht im NW, im S-Triasgebiet u. im westl. Teil des Voralpengebietes. – **L.** Feuchte Felsen, Mauern, Ruinen, in offenen Habitaten häufiger als in Wäldern.

Gattung *Balea* GRAY – **Schließmundschnecken**

1 Gehäuse schlank turmförmig, Endwindung am breitesten. Clausilium nicht vorhanden, nur ein Zähnchen auf der Mdgs-Wand als Rest der OLamelle. Weitere Lamellen u. Falten nicht vorhanden. 8–10 mm h, 2,2–2,3 mm br, fein rippenstreifig, seidenglänzend. – **V.** W-eur, verstreut verbreitet, im Tiefland, Ostseeküste bis Brandenburg, lokal in den M-Geb u. Alp. – **L.** An trockenen, exponierten Standorten: Felsen, Mauern, bemoosten Bäumen, alten Strohdächern. – **B.** Lebendgebärend. *B. perversa* (L.) – **Zahnlose Schließmundschnecke** (Abb. **226**/4)

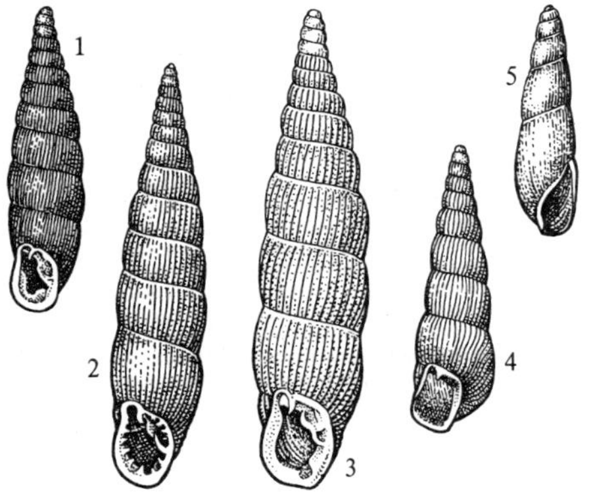

Abb. **226/1–5**
1 *Clausilia bidentata*;
2 *Laciniaria plicata*;
3 *Balea biplicata*;
4 *B. perversa*;
5 *Cecilioides acicula*

1* Gehäuse bauchig-spindelförmig, hell hornfarben, ULamelle hochgeschwungen, weit in die Mdg vortretend, mittlere Gaumenfalte u. Prinzipalfalte stark divergierend, Mondfalte stark sichelförmig gebogen. 16–18 (bis 22) mm h, 3,8–4 mm br, scharf gerippt. – **V.** M-eur, im Gebiet fast überall, auch im Tiefland. – **L.** An Felsen, Mauern, Baumstümpfen, auch am Boden. – **B.** In der Regel lebendgebärend.
Balea biplicata (MONTAGU) – **Gemeine Schließmundschnecke** (Abb. **226**/3)

Gattung *Vestia* P. HESSE – **Schließmundschnecken**

V. turgida (ROSSMÄSSLER)
G. Gehäuse konisch, gedrungen, gelbbraun, ziemlich glänzend, stumpf gerippt. ULamelle schwach, Gaumenwulst basal von einer Rinne unterbrochen. 14–15 mm h, 3,6–3,8 mm br. – **V.** Karpatisch, nur in einem kleinen Gebiet im Bayerischen Wald (nahe der Grenze zur Tschechoslowakei). – **L.** In sehr feuchten Wäldern am Boden unter Stämmen u. Bodenstreu (montan).

Gattung *Bulgarica (Strigilecula)* O. BOETTGER – **Schließmundschnecken**

1 Gehäuse in den Zwischenräumen fein quergestrichelt, spindelförmig, grob gerippt, ULamelle vorn bräunlich, Spirallamelle übergreift die OLamelle nur wenig. 15–18 mm h, 3,6–3,9 mm br. – **V.** M- u. O-eur, im Gebiet an verstreuten Fundorten. Ostseeküste, im Tiefland u. im M-Geb, im Jura u. Voralpengebiet. – **L.** Alte Laubholzstümpfe, in feuchten Wäldern am Boden unter Laub (montan). *B. cana* (HELD) – **Graue Schließmundschnecke**
1* Gehäuse nicht quergestrichelt, schlank spindelförmig, fein gerippt, ULamelle vorn nicht bräunlich. Spirallamelle übergreift vorn die OLamelle erheblich. 15–16 mm h, 3,2 mm br. **V.** SO-eur, vereinzelte Fundstellen bei Tharandt, Rochsburg an der Mulde, Thüringen bei Jena u. im nördl. Franken. – **L.** Geröll, bemooste Felsen feuchter Wälder.
B. vetusta festiva (KÜSTER) – **Schlanke Schließmundschnecke**

Familie *Ferussaciidae* – **Bodenschnecken**

Gattung *Cecilioides* FÉRUSSAC – **Bodenschnecken**

C. acicula (O. F. MÜLLER) – **Blindschnecke, Nadelschnecke** (Abb. **226**/5)
G. Gehäuse nadelförmig, glatt, glänzend,, farblos bis weißlich, dünn. 5½–6 Umgänge, Spindel unten abgestutzt. Mdg schmal, H ⅓ GesamtH, etwa 4,5–5 mm h, 1,3 mm br. Augenlos. – **V.** Medit u. W-eur, wohl allgemein verbreitet, selten lebend gefunden. – **L.** Unterirdisch bis 40 cm tief in lockerem Erdboden od. unter Steinen lebend, Kalkboden u. Wärme liebend, nicht selten im Genist. Na: Schimmelpilze, zarte Moose.

Familie *Endodontidae* – **Schüsselschnecken**

Gattungen *Punctum* MORSE – **Punktschnecken,** *Discus* FITZINGER – **Schüsselschnecken** u. *Helicodiscus* MORSE

G. Gehäuse flach, weit genabelt, gerippt od. rippenstreifig, in der Regel braun. Mundsaum auch bei voll ausgebildeten Gehäusen weder verstärkt noch gezähnt. Nicht über 7 mm ∅. – **L.** Bodenschnecken.

1 Gehäuse sehr klein, 1,2–1,6 mm br, 0,6–0,8 mm h, kleinste heimische Landschnecke, fast scheibenförmig, mit dichten Rippchen, seidenglänzend. 3½ mäßig gewölbte Umgänge. Naht tief, Mdg rundlich. Mundsaum dünn, zerbrechlich. – **V.** Holarkt, im Gebiet allgemein verbreitet. – **L.** An mäßig feuchten bis sumpfigen Standorten, unter Laub, morschem Holz, Steinen: Wiesen, Wälder (Tiefland bis HochGeb).
Punctum pygmaeum (DRAPARNAUD) – **Punktschnecke** (Abb. **228**/1)

1* Gehäuse 5,3–7 mm br, sehr flach, gerippt; hornbraun. Nabel perspektivisch weit; Endwindung gerundet od. kantig gekielt 2

2 4–4½ Umgänge, gerundet; Gehäuse hornbraun (u. heller, zuweilen gelblich bis grünlich), ungefleckt. 2,5–3 mm h, 5,3–6 mm br. – **V.** Pal, in den meisten MGeb (im SW spärlich), verstreut im Tiefland (nur vereinzelt, bei Frankfurt/Oder). – **L.** Fast immer in Wäldern (zumeist Nadelw), Alp bis Baumgrenze; am Boden, unter morschem Holz, lockerer Rinde, unter Steinen.
Discus ruderatus (FÉRUSSAC) – **Braune Schüsselschnecke** (Abb. **228**/2)

2* 5½–6¼ Umgänge, letzter an der Peripherie kantig od. scharf gekielt 3

3 Endwindung stumpfkantig, um den Nabel br gerundet. Gehäuse stark gerippt, schwach gelblich-braun mit deutlich rötlich-braunen Bändern. 5,8–7 mm br, 2,4–2,8 mm h. – **V.** W- u. M-eur, fast überall. – **L.** Feuchte, geschützte Standorte in Wäldern, unter Laub, Holz, Brettern, Steinen; Tiefland u. Geb. – **B.** Eischale mit Kalkeinlagerungen. Na: vorwiegend Moder.
D. rotundatus (O.F. MÜLLER) – **Gefleckte Schüsselschnecke** (Abb. **228**/3)

3* Endwindung scharf gekielt, um den Nabel eine Kante bildend. Gehäuse fein gerippt, nur undeutlich braunrot gefleckt. 1,8–2 mm h, 5,5–6 mm br. – **V.** O-alp, karpatisch u. balkanisch, westl. von S-Schwaben, nördl. bis zum Fränkischen Jura, Bayerische Kalkalpen u. Bayerischer Wald, weiter vereinzelte Nachweise z. B. im Vogelsberg (auf dem Taufstein). – **L.** Wälder, unter Laub u. Steinen, kalkliebend (nicht in der Ebene).
D. perspectivus (M.V. MÜHLFELD) – **Gekielte Schüsselschnecke**

Aus der Familie wurde inzwischen die Art *Helicodiscus (Hebetodiscus) singleyanus*

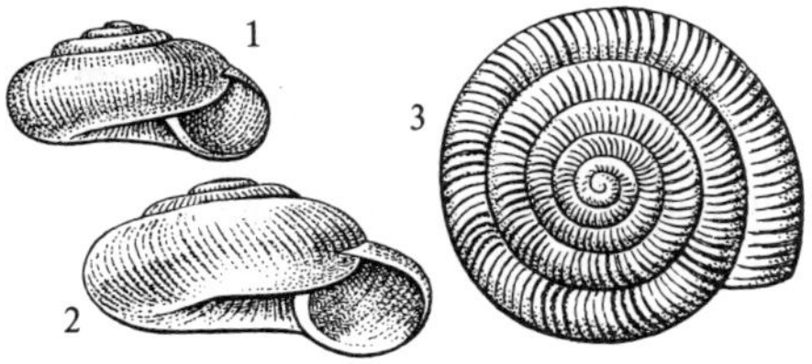

Abb. **228/1–3**
1 *Punctum pygmaeum*;
2 *Discus ruderatus*;
3 *D. rotundatus*, OS

(PILSBRY) nachgewiesen: **G.** Scheibenförmig, Spindel flach, 3½–4 gewölbte, regelmäßig zunehmende Umgänge. Naht schnurförmig, ziemlich eingetieft. Nabel sehr br u. offen. Mundsaum einfach. Gehäuse schwach gelblich-braun, dünn durchscheinend, glänzend. Fein u. unregelmäßig gestreift. – **V.** Holarkt (?), im O des Gebiets, aus dem W Einzelmeldung z.B. Nordrhein-Westfalen (Ahrtal). Eingeschleppt? – **L.** Wohl subterran (?), an feuchten bis trockenen Standorten.

Familie *Zonitidae* – **Glanzschnecken**

Gattungen *Aegopinella* LINDHOLM – **Glanzschnecken,** *Aegopis* FITZINGER – **Riesenglanzschnecken,** *Daudebardia* HARTMANN – **Daudebardien,** *Nesovitrea* C. M. COOKE – **Streifenglanzschnecken,** *Oxychilus* s. l. FITZINGER – **Glanzschnecken,** *Vitrea* FITZINGER u. *Zonitoides* LEHMANN – **Dolchschnecken**

Mittelgroß bis klein (groß nur *Aegopis verticillus*). Gehäuse flach, glänzend, Mdg auch bei erwachsenen Exemplaren ohne verdickten Mundsaum u. Zahnbildungen. Nabel weit bis nicht ausgebildet. Bodenschnecken, unter Fallaub, Geröll u. Moos, meist an feuchten Orten. Manche Arten zeitweise Fleischfresser (kleine Gehäuse- u. Nacktschnecken, Enchyträen). Eier meist (!) mit kalkhaltiger Schale, unter Moos od. im Erdboden.

1 Gehäuse groß, etwa 28–30 mm br, 18 mm h; OS mit Gitterskulptur. US matt glänzend, Gewinde stumpfkonisch, 6–6½ Umgänge, erste 4 gekielt, letzter gerundet. Mdg fast kreisrund, innen mit weißer Lippe, die außen gelblich durchscheint. Nabel weit, steilwandig. – **V.** O-alp (u. dinarisch), bei Schwerin (am Pinnower See), SO-Bayern: bei Schellenberg, Landsberg am Lech, Passau, gelegentlich verschleppt. – **L.** Unter Fallaub, Geröll, Holz; Wälder u. Gebüsche. – **B.** Na: grüne Pflanzen.
Aegopis verticillus (LAMARCK) – **Riesenglanzschnecke** (Abb. **231**/1)

1* Gehäuse klein bis mittelgroß (höchstens 16 mm br), ohne deutliche Gitterskulptur 2

2 Gehäuse 2–4 mm br, grünlich-glasig, 4–6 sehr eng aufgerollte Umgänge. Gewinde fast eben, Nabel eng, ganz od. fast ganz fehlend, Mdg mondförmig. Verborgen an feuchten Stellen im Moos, unter Fallaub u. Steinen (*Vitrea*, Abb. **232**/4–5, **233**/1–6) 17

2* Gehäuse über 4 mm br, hell- bis dunkelbraun (nur bei Albinos farblos) matt- od. stark glänzend, Nabel weit bis eng. Mdg meist breiter als h 3

3 Gewinde flach-konisch erhoben, Gehäuse glänzend, braungeld od. rotbraun, etwa 6 mm br, Nabel weit, fast perspektivisch, sein ∅ ⅓–⅕ des ∅ des Gehäuses (*Zonitoides*) 16

3* Gewinde flach (wenn konisch, dann Gehäuse über 10 mm br), Gehäuse glatt od. radial gefurcht, Nabel eng bis weit 4

4 Gehäuse ∅ 6–14 mm 5

4* Gehäuse ∅ weniger als 5 mm 13

5 Nabel sehr eng, stichförmig, $^1/_{15}$–$^1/_{13}$ des Gehäuse∅ 6

5* Nabel weiter, ⅛–¼ des Gehäuse∅ 7

6 Gehäuse 6–6,6 mm h, 12–14 mm br, braungelb, glatt, sehr glänzend, Gewinde flach-konisch gewölbt. Nabel etwa $1/_{13}$ des Gehäuse∅. – **V.** S- u. M-Eur, Sudeten bis Ausläufer des westl. Erzgebirges (?), Frankenwald, Fränkischer Jura, Berchtesgaden u. SW-Baden. – **L.** Wälder u. feuchte, schattige Standorte, unter Steinen u. Holz, auch an Talhängen im Geröll (montan). – **B.** Na: Kräuter, auch tierische Na. *Oxychilus glaber* (ROSSMÄSSLER) – **Glatte Glanzschnecke** (Abb.**231**/2)

6* Gehäuse nur 3,9 mm h, 8 mm br, blaß graugelb, glänzend. Gewinde kaum erhoben. Nabelweite $1/_{14}$–$1/_{15}$ des Gehäuse∅. – **V.** Karpatisch u. alp, im Gebiet nur vereinzelte Fundorte: Erzgebirge, Thüringen, Lausitzer Geb, Jura, Mittelfranken, Bayerischer Wald, Schwarzwald, Allgäu, Mittenwald. – **L.** Unter Fallaub, Geröll, in Mauerritzen. *Oxychilus depressus* (STERKI) – **Flache Glanzschnecke**

7 (5) Endwindung (u. Nabel) auffallend erweitert, mehr als doppelt so br wie vorletzte Windung **8**

7* Endwindung höchstens doppelt so br wie vorletzte Windung **10**

8 Gehäuse sehr fein spiralgestreift **9**

8* Gehäuse nicht spiralgestreift, glänzend, $5\frac{3}{4}$ Umgänge, OS hornfarben, US weißlich, Gewinde konisch erhoben, Endwindungen mehr als doppelt so br wie vorletzte Windung. Mdg rundlich, Nabel enger, $1/_8$ des ∅ des Gehäuses. 12–18 mm br, 6–7 mm h. – **V.** W-medit u. W-eur, häufig verschleppt, daher nur im SW im natürlichen Habitat, nach NO fast ausschließlich synanthrop. – **L.** An feuchten Stellen, unter Laub, Steinen, morschen Brettern. – **B.** Geschlechtsreife im 8.–9. Mon. Lebensdauer 2–3 J. Na: verwesende Pflanzen, kleine Schnecken, auch junge Artgenossen.
Oxychilus draparnaudi (BECK) – **Große Glanzschnecke** (Abb.**231**/3)

9 Gehäuse 8–11 mm br, 4,5 mm h; Endwindung dachartig schrägabfallend, Mdg erheblich breiter als h, Nabel kaum $1/_4$ des Gehäuse∅, deutlich exzentrisch; Gehäusefarbe oft dunkler als bei *A. nitidula,* grünlich-braun. – **V.** Alp u. M-Eur (?), genaue Verbreitung unsicher (exakte Unterscheidung von anderen Arten der Gattung nur (!) anatomisch möglich). – **L.** Unter Laub u. Steinen an mäßig feuchten Standorten (montan).
Aegopinella nitens (MICHAUD) – **Weitmündige Glanzschnecke**

9* Gehäuse 10–15 mm br, Gehäuseoberfläche konvex mit erhobenem Gewinde, letztes Umgangsviertel basal u. außen stark erweitert, wodurch die Mdg etwas breiter als h erscheint. – **V.** O-alp, in Niederbayern (Simbach am Inn), SO-Bayern (bei Burgkirchen a.d. Alz). – **L.** In feuchten, montanen Wäldern.
Aegopinella ressmanni (WESTERLUND) – **Gegitterte Glanzschnecke**

10 (7) Gewinde flach-konisch gewölbt, deutlich erhoben, Gehäuse bräunlich . **11**

10* Gewinde niedergedrückt, fast eben, Naht rinnig vertieft, Gehäuse stark glänzend, hornfarben. Nabel $1/_6$–$1/_7$ des Gehäuse∅ **12**

11 Gehäuse rötlich-braun, matt glänzend, ± gestreift – feingegittert. Drei nach ihrem Gehäuse nicht eindeutig zu unterscheidende Arten:

a) Gehäuse runzelstreifig, Endwindung deutlich verbreitert, absteigend, Mdg sehr schief, ihr O- u. U-Rand parallel. 8–11 mm br, 4 mm h. – **V.** Pyrenäisch (eur) im Gebiet nur im O-Taunus u. vereinzelt in Baden-Württemberg.
Aegopinella epipedostoma (FAGOTT) – **Verkannte Glanzschnecke**

b) Endwindung nur wenig verbreitert, nicht stark absteigend, Mdg wenig breiter als h u. nicht sehr schief. 8–10 mm br, 4,5 mm h. Nabel $1/_5$ des Gehäuse∅. – **V.** NW-Eur, im Gebiet bes. im N u. W. (mehr in tieferen Lagen). – **L.** Unter

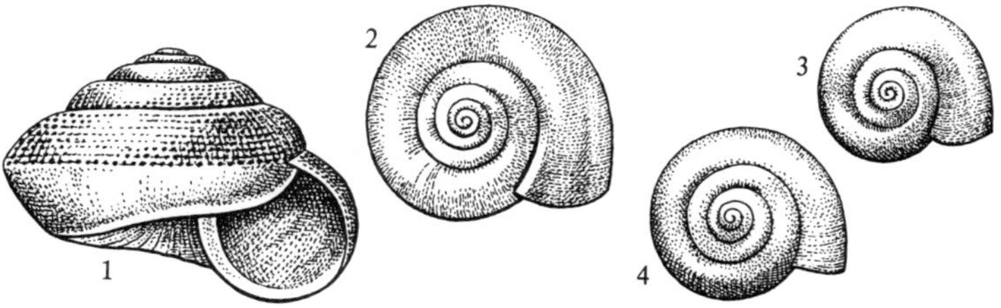

Abb. **231/1–4** **1** *Aegopis verticillus*; **2** *Oxychilus glaber*; **3** *O. draparnaudi*; **4** *Aegopinella nitidula*

Fallaub, in Wäldern, Gebüsch auf Sumpfwiesen. – **B.** Na: welkende Pflanzenteile. *Aegopinella nitidula* (DRAPARNAUD) sensu ROSSMÄSSLER – **Rötliche Glanzschnecke** (Abb. **231**/4)

c) Kleiner als vor. Art; mit gerundeter Mdg, Nabel etwas weiter (¼ des Gehäuse∅). 6–9 mm br, 3,1–3,5 mm h. – **V.** SO- u. M-eur, verstreute Fundorte in den M-Geb u. deren Vorland. **L.** Warme, trockene Standorte, auf Wiesen, lichten Berghängen, seltener in feuchteren Wäldern. *Aegopinella minor* (STABILE) – **Wärmeliebende Glanzschnecke**

11* Gehäuse hellbraun, glatt, stark glänzend. Naht eingeebnet:

a) Gehäuse 6–7 mm br, 3–3,5 mm h: Nabel etwa ⅙ des Gehäuse∅, Mdg schräg, quer-elliptisch. – **V.** W-Eur, vorwiegend im Tiefland, in den M-Geb vereinzelt, im O-Erzgebirge bis Thüringer Wald, Harz, Wesergebirge, Rhön, Schwarzwald. – **L.** Unter Fallaub, morschem Holz u. Steinen; in Wäldern u. Gebüschen, nicht selten in Gärtnereien u. Treibhäusern. Riecht (bei Reizung) stark nach Knoblauch. – **B.** Na: welkende Pflanzenteile. *Oxychilus alliarius* (MILLER) – **Knoblauchglanzschnecke**

b) Gehäuse 8–10 mm br, mit 5 kaum gewölbten Umgängen, Gewinde weniger deutlich erhoben; Peripherie sehr schwach, aber wahrnehmbar gekielt, Nabelfeld weißlich-opal. Weichkörper bläulich-grau, Mantelsaum tiefschwarz. – **V.** NW-Eur, im Saarland, Rheinland-Pfalz; wegen der leichten Verwechslung mit den ähnlichen Arten bisher vermutlich übersehen. – **L.** Feuchte, schattige Wälder. *Oxychilus helveticus* (BLUM) – **Schweizer Glanzschnecke**

12 **(10)** Gewinde niedergedrückt, Endwindung fast doppelt so br wie vorletzte Windung. Nabel trichterförmig, offen; Gehäuse grünlich-hornfarben, US weißlich. 10–11 mm br, 5–5,5 mm h. – **V.** Eur; Flachland bis HochGeb. – **L.** Unter totem Laub, morschem Holz, Geröll, in Wäldern u. Gebüschen, Höhlen u. Kellern. *Oxychilus cellarius* (O.F. MÜLLER) – **Kellerglanzschnecke**

12* Gewinde fast flach, enger gewunden 5¾–6 Umgänge, Endwindung 1½mal so breit wie vorletzte Windung; Gehäuse dunkler als bei vor. Art; hornfarben bis rötlichbraun. Mdg kürzer elliptisch; Nabel enger, seine Böschung steiler. Gehäuse 12–14 mm br, 6 mm h. – **V.** S-alp, verstreute Fundorte vom Bodensee über das Illertal, München bis Salzburg; im Botanischen Garten Kiel (eingeschleppt). – **B.** Na: Karni- u. herbivor. *Oxychilus mortilleti* (L. PFEIFFER) – **Mortillets Glanzschnecke**

13 (4) Gehäuse durch vertiefte Linien deutlich radiär gestreift 14

13* Gehäuse glatt od. nur fein gestreift 15

14 Gehäuse 3,5–4,6 mm br. 3½ ziemlich flache Umgänge, sehr ähnlich der folg. Art. Nabel jedoch in der Endwindung etwas exzentrisch; Gehäuse durchscheinend, gewöhnlich schwach braun (manchmal farblos od. grünlich), glänzend, mit charakteristischen starken, regelmäßigen Radiallinien. – **V.** Pal, im Gebiet durchgehend verbreitet. – **L.** Unter Laub u. Moos in Wäldern (auch Kiefernwäldern), in Gebüschen, im HochGeb oberhalb der Baumgrenze unter Steinen.
Nesovitrea hammonis (STRÖM) – **Streifenglanzschnecke** (Abb. 232/2)

14* Gehäuse 4,2–5 mm br, Gewinde deutlich erhoben, Nabel nicht exzentrisch liegend. Gehäuse farblos od. schwach grünlich (niemals braun), Radiallinien unregelmäßig. – **V.** Boreal-alp, vereinzelte Fundorte auf Rügen, in Schleswig-Holstein, Niedersachsen, Harz, Erzgebirge, Bayern, auch in Hessen (?) u. Baden-Württemberg. – **L.** Feuchte bis mäßig trockene Wälder u. (?) Wiesen.
Nesovitrea petronella (L. PFEIFFER) – **Weiße Streifenglanzschnecke**

15 (13) Gehäuse hell rötlichbraun, mattglänzend, 4–4,6 mm br, 2–2,6 mm h. Gewinde etwas erhöht; Nabel weit, fast ¼ des Gehäuse∅. – **V.** Eur, außer westl. des Rheins. – **L.** Mäßig feuchte Laubw (Bodenstreu).
Aegopinella pura (ALDER) – **Kleine Glanzschnecke** (Abb. 232/1)

15* Gehäuse glashell, glänzend, fast flach; 4–4,2 mm br, 1,8–2,3 mm h. – **V.** Alp-pyrenäisch, Isartal südl. von München aus Flußgenist bekannt. – **L.** Unter Steinen, zwischen Wurzeln, in Felsspalten, teilweise subterran.
Oxychilus clarus (HELD) – **Farblose Glanzschnecke**

16 (3) Gehäuse 3,5 mm h, 6–7 mm br, rotbraun. Nabel weit, ⅕ des Gehäuse∅. Gewinde flach-konisch erhoben. Mdg querelliptisch, 4–4¾ Umgänge. – **V.** Holarkt, im ganzen Gebiet häufig. – **L.** Nasse Wiesen, an Gewässern, in sumpfigen Wäldern, am Boden unter Moos, Steinen, morschem Holz. – Na: in Zersetzung befindliche Pflanzenteile, Pilze.
Zonitoides nitidus (O. F. MÜLLER) – **Glänzende Dolchschnecke** (Abb. 232/3)

16* Gehäuse 2,8–3,2 mm h, 5,3–6,2 mm br, braungeld. Nabel sehr weit, etwa ⅓ des Gehäuse∅. Gewinde gewölbt, Endwindung etwas verbreitert. Gehäuse stark ge-

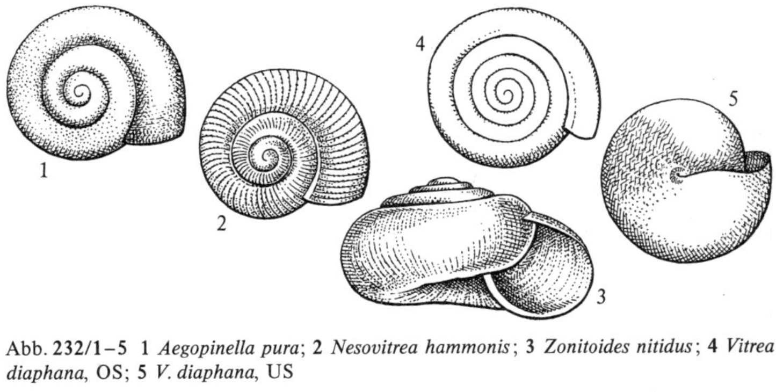

Abb. **232/1–5** **1** *Aegopinella pura*; **2** *Nesovitrea hammonis*; **3** *Zonitoides nitidus*; **4** *Vitrea diaphana*, OS; **5** *V. diaphana*, US streift. **V.** NW-eur u. atl, Oldenburg bis Schleswig-Holstein (Hamdorf). – **L.** Unter Laub u. morschem Holz.

Zonitoides excavatus (ALDER) – **Britische Dolchschnecke**

Ferner kommt in Gewächshäusern *Z. arboreus* (SAY) – **Gewächshaus-Dolchschnecke** vor. Aus N-Am eingeschleppt. Flacher als *Z. nitidus*, hell gelblichbraun, fein gestreift. Nabelweite etwa ¼ des Gehäuse∅, 2,7 mm h, 5 mm br. – **V.** N-am. – **L.** In Gewächshäusern verbreitet.

17 **(2)** Gehäuse ungenabelt **18**

17* Gehäuse genabelt **19**

18 Gehäuse 3,0–4,3 mm br, 1,3–1,8 mm h; Gewinde fast flach, 4½–5½ sich stark übergreifende Umgänge, Endwindung rasch zunehmend, 2½–3mal so br wie vorletzter Umgang. Mdg schief mondförmig, etwas nach außen u. unten gezogen. Gehäuse glänzend, glasfarben bis gelblich, sehr fein u. unregelmäßig gestreift. – **V.** Karpatisch, vereinzelt nur in Oberbayern. – **L.** In Gebirgswäldern der montanen u. subalpinen Stufe am Boden unter Laub. *Vitrea transsylvanica* (CLESSIN)

18* Gehäuse 2 mm h, 3,7–4,2 mm br; Gewinde flach, 5–6 sich nur geringfügig übergreifende Umgänge, Windungen gleichmäßig zunehmend, Endwindung 1½–2mal so br wie vorletzte Windung. Gehäuse dünnwandig, glänzend, meist farblos. – **V.** Karpatisch-alp, N-balkanisch, verbreitet in allen M-Geb u. deren Vorland. – **L.** Unter Fallaub u. Steinen an mäßig feuchten Standorten.

V. diaphana (STUDER) – **Ungenabelte Kristallschnecke** (Abb. **232**/4–5)

19 **(17)** Nabel deutlich, ⅙–⅛ des Gehäuse∅ **20**

19* Nabel sehr eng, haarfein; etwa 1/30 des Gehäuse∅. Gehäuse scheibenförmig, 5 Umgänge, Mdg ziemlich weit, mondförmig. URand mit deutlichem stumpfem Winkel in die Spindel übergehend. Endwindung doppelt so br wie vorletzte. 3–3,3 mm br, 1,5–1,7 mm h. – **V.** Alp-südeur, Bayerische Kalkalpen, Fränkischer Jura, M-Geb bis Harz, Thüringen, Erzgebirge u. Lausitzer Bergland. – **L.** Zwischen Felsen u. Geröll in GebWäldern.

V. subrimata (REINHARDT) – **Enggenabelte Kristallschnecke** (Abb. **233**/1–2)

20 Gehäuse scheibenförmig. 2 mm h, 3–4 mm br. Gewinde etwas erhoben, 4½–5 Umgänge, letzter ½mal so br wie vorletzter, an der Basis stark gewölbt; Mdg br

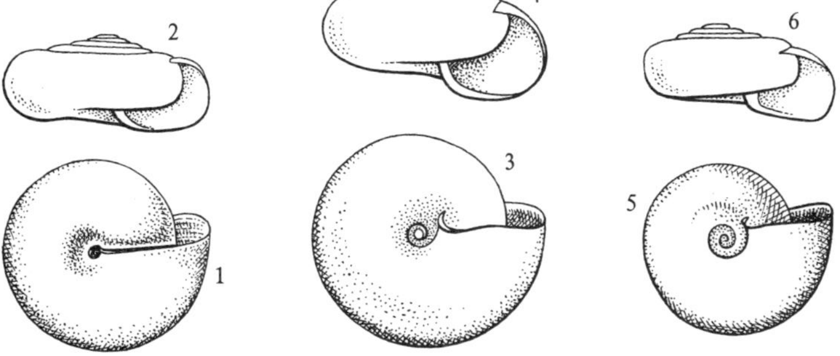

Abb. **233**/1–6 **1** *Vitrea subrimata*, US; **2** *V. subrimata*, SAnsicht; **3** *V. crystallina*, US; **4** *V. crystallina*, SAnsicht; **5** *V. contracta*, US; **6** *V. contracta*, SAnsicht

mondförmig, Spindelrand im Boden in den URand übergehend. – **V.** Eur, allgemein verbreitet, häufigste Art der Gattung. – **L.** Im Fallaub u. Moos, Wälder u. Gebüsche der Geb. u. des Tieflandes.

V. crystallina (O.F.MÜLLER) – **Enggenabelte Kristallschnecke** (Abb.**233**/3–4)

20* Gehäuse flach-scheibenförmig, 1,2–1,3 mm h, 2,5 mm br. 4½ Umgänge, letzter weniger als 1½mal so br wie vorletzter, unten flach. Spindelrand mit stumpfer Ecke in den URand übergehend. – **V.** W-pal, Bayerische Hochebene bis Tiefland, lokal fehlend. – **L.** Wälder, auch weniger feuchte Stellen.

V. contracta (WESTERLUND) – **Weitgenabelte Kristallschnecke** (Abb.**233**/5–6)

Unterfamilie *Daudebardiinae*

Gattung *Daudebardia* HARTMANN – **Daudebardien**

G. Eingeweidesack mit Mantel u. Gehäuse klein, im hinteren Drittel des Körpers, dadurch nacktschneckenähnlich. Gehäuse ohrförmig, niedergedrückt, rötlichgelb; Mdg sehr groß, Mundsaum scharf. Schlundkopf sehr groß. Junge Tiere mit *Aegopinella*-ähnlichem Gehäuse, in das sie sich zurückziehen können (bei Erwachsenen nicht möglich). Sohle dreiteilig, Mantel mit linkem u. rechtem Nackenlappen. – **V.** Berg- u. Hügelländer. – **L.** An sehr feuchten Orten, an Quellen od. unter Fallaub u. Geröll. – Bei feuchtem Wetter während des ganzen J verschiedene Altersstufen zu finden, bei Trockenheit u. Kälte in tiefere Bodenschichten eingegraben. – **B.** Ablage der mit Kalkschalen versehenen Eier in die Erde. Na: vor allem Regenwürmer (werden meist in der KörperM gefaßt, innere Organe herausgerissen u. verschlungen), auch kleine Gehäuseschnecken.

1 Gewinde ⅓ des Gehäuse∅, Mdg fast horizontal, elliptisch, Spindelrand den Nabel z.T. verdeckend. Großer ∅ 5,2, kleiner ∅ 3 mm, etwa 2,5 mm h. – **V.** M- u. S-eur, am Oberrhein, M-Geb von Vogelsberg u. Rhön bis O-Erzgebirge, nördl. bis zum Harz; immer nur an wenigen Standorten. – **L.** Vermodernde Laubholzstubben, Laubstreu u. unter Steinen; nicht an bestimmten Grund gebunden.

Daudebardia rufa (DRAPARNAUD) – **Rötliche Daudebardie** (Abb.**236**/1)

1* Gewinde nur ¼ des Gehäuse∅, Mdg kürzer u. mehr gerundet. Großer ∅ 4,6, kleiner ∅ 3,2 mm, etwa 1,4 mm h. – **V.** M- u. S-eur, Oberrhein, Bergisches Land, Sauerland, Schliersee, Spessart, Eisenberg (O-Thüringen), südl. Leipzig (Kohren). Beide Arten kommen nicht selten zusammen vor, doch *D. brevipes* in geringerer Individuenzahl. – **L.** Wenig bekannt, vgl. vor Art.

D. brevipes (DRAPARNAUD) – **Kleine Daudebardie**

Aus der Familie *Testacellidae* – **Rucksackschnecken** wurden wiederholt eingeschleppte Tiere von *Testacella haliotidea* DRAPARNAUD – **Graugelbe Rucksackschnecke** nachgewiesen, die wohl mit den Erdballen von Ziersträuchern eingeschleppt wurden, teilweise konnten sie über J reproduzierende Populationen bilden. Tier 8–12 cm lg, cremig-gelb od. auf dem Rücken gelb; Sohle meist weißlich. Gehäuserest klein, fast dreieckig, leicht konvex od. flach, oberes SpindelE gerundet, 7–8 mm lg, 4–6 mm br. – **V.** W-eur u. W-medit, Heidelberg u. Frankfurt/Main (Populationen erloschen?). – **L.** In Parkanlagen u. Gärten (im S auf Feldern, in Weinbergen).

Familie *Vitrinidae* – **Glasschnecken**

Gattungen *Eucobresia* H. B. BAKE, *Semilimax* AGASSIZ, *Phenacolimax* S. l. STABILE, *Vitrina* DRAPARNAUD und *Vitrinobrachium* KÜNKEL – **Glasschnecken** s. l.

G. Körper schlank. Flußsohle in 3 Längsfelder geteilt. Mantel überdeckt mit einem Fortsatz (linker Nackenlappen) den VRand von Gehäuse u. VRücken, mit einem weiteren Mantelfortsatz (rechter Gehäuselappen) zungenförmig das Gehäuse bis zur Spitze. Gehäuse dünn, glasartig, durchsichtig, glänzend, frisch grünlich (verwittert weißlich). Endwindung u. Mdg sehr groß. Basalrand der Mdg bogig, meist mit dünnem, für Bestimmung wichtigem Hautsaum. Gehäuse bei Arten, die sich dann ganz zurückziehen können, meist mit, bei anderen Arten ohne Nabelritz. – **L.** Fast sämtliche Arten an feuchten u. kühlen Orten, unter Laub, Moos, Steinen, Baumrinde, oft an Quellen, im HochGeb an Schneefeldern. – **B.** Sehr beweglich. Auch im Winter aktiv. Einjährig. Eier mit kalkiger Schale, Ablage in od. unter Moos. Na: Welkende u. verwesende Pflanzenteile.

1 Tier kann sich ganz in das Gehäuse zurückziehen. Gehäuse gedrückt-kugelig, Hautsaum schmal; Spindel nicht so weit gedreht, daß von der GehäuseUS aus alle Windungen zu sehen sind. 3¼–4 Windungen **2**

1* Tier kann sich nicht ganz in das Gehäuse zurückziehen. Gehäuse mehr ohrförmig, ungenabelt, mit 1¾–2¾ Windungen. Gewinde nur sehr wenig erhoben. Hautsaum breiter, wenigstens ⅕ so br wie Basis der letzten Windung. Von der GehäuseUS aus alle Windungen zu sehen od. nicht alle Windungen zu sehen **4**

2 Gehäuse stark gedrückt. Gewinde sehr wenig erhoben. Mdg breiter als h, 3¼–4 Umgänge. Großer ∅ 6,2, kleiner ∅ 5 mm, etwa 3,2 mm h. – **V.** W-eur, im W u. SW, östl. vom Rhein zum Main bei Aschaffenburg, im Taunus, Biedenkopf an der Lahn, Kreuzberg in der Rhön, Vogelsberg, Pyrmont, Vegesack bei Bremen: Schloßberg Lebus (Brandenburg – nicht mehr bestätigt), eingeschleppt!
Phenacolimax major (FÉRUSSAC) – **Große Glasschnecke**

2* Gehäuse gedrückt-kugelig, Gewinde deutlich erhoben, 3–3½ Umgänge **3**

3 Gehäuse glatt, glänzend, Mdg rundlich, fast so h wie br. Großer ∅ 6 mm, kleiner ∅ 4,9 mm, etwa 3,4 mm h. – **V.** Holarkt, allgemein verbreitet. – **L.** Wälder, Gebüsche, Wiesen, auch Kulturgelände; im Moos, unter Laub, Steinen. Auch an ziemlich trockenen Orten.
Vitrina pellucida (O. F. MÜLLER) – **Kugelige Glasschnecke** (Abb. **236**/2)

3* Gehäuse rippenstreifig, mattglänzend. Mdg längs oval. Großer ∅ 4,3, kleiner ∅ 3,6 mm, etwa 2,5 mm h. – **V.** alp (?); an einigen Stellen der Allgäuer Alpen in SW Bayern. – **L.** Mäßig feuchte bis ziemlich trockene Standorte im HochGeb, in Alpenrasen u. unter Steinen, meist zwischen 1 000 u. 2 800 m H.
Phenacolimax annularis (STUDER) – **Alpenglasschnecke**

4 **(1)** Spindel so weit geschwungen, daß von der GehäuseUS aus alle Windungen zu sehen sind **5**

4* Spindel nicht so weit geschwungen, daß von der GehäuseUS aus alle Windungen sichtbar sind **7**

5 Gehäuse mit 2½–2¾ Umgängen, Gewinde kaum erhoben, Gehäuse US stark gewölbt, Mdg br-eiförmig, mit einem sehr br Hautsaum (fast halb so br wie die Ba-

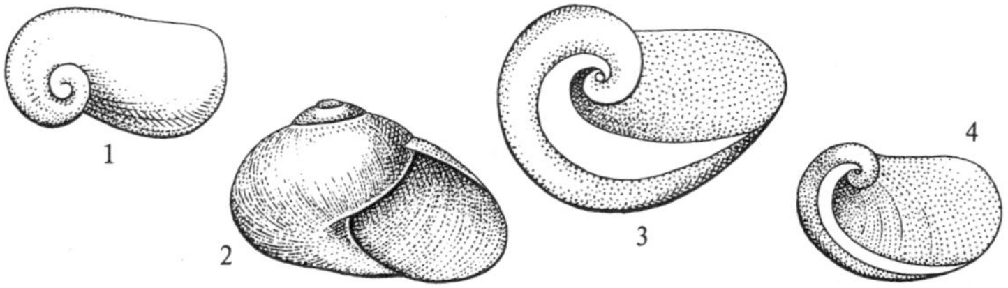

Abb. **236/1–4** **1** *Daudebardia rufa*; **2** *Vitrina pellucida*; **3** *Eucobresia diaphana*, US; **4** *Semilimax semilimax*, US

sis der letzten Windung). Großer ∅ 6–7 mm, kleiner ∅ 5 mm, etwa 3,3 mm h. – **V.** Alp u. M-eur, verbreitet, im Tiefland zerstreut von Bremen u. Hamburg bis zur Oder. – **L.** Feuchte, quellige Stellen.

Eucobresia diaphana (DRAPARNAUD) – **Ohrförmige Glasschnecke** (Abb. **236**/3)

5* Gehäuse weniger als 2 ($1\frac{3}{4}$) Windungen **6**

6 Gehäuse schmal, nierenförmig, Endwindung sehr stark verbreitert, Hautsaum etwa die Hälfte der Basis des letzten Umganges br. Großer ∅ 4 bis 5 mm, kleiner ∅ 2,5–2,6 mm. – **V.** Alp u. M-eur, im Bergland u. an einigen Stellen auch im vorgelagerten Tiefland.

Semilimax semilimax (FÉRUSSAC) – **Weitmündige Glasschnecke** (Abb. **236**/4)

6* Gehäuse br-eiförmig, Endwindung sehr groß, das übrige Gewinde sehr klein. Mdg fast die ganze US einnehmend. Hautsaum sehr br. Großer ∅ bis 6 mm, kleiner ∅ etwa 4,8 mm. – **V.** Alp u. karpatisch, verstreute Standorte vom Elbsandsteingebirge bis Thüringer Wald, Fichtelgebirge, bis Bayerischer Wald u. Allgäu. – **L.** Vorwiegend in Nadelw unter Rinde u. Steinen.

Semilimax kotulae (WESTERLUND) – **Bergglasschnecke**

7 **(4)** Gehäuse mit nur 2 Umgängen, br ohrförmig, Mdg groß ($\frac{3}{4}$ des großen ∅), oval, Gewinde fast flach. Hautsaum $\frac{1}{4}$ der BasisBr des letzten Umgangs. Großer ∅ 5,6 mm, kleiner 3,9 mm. – **V.** W-mitteleur, vereinzelt in Baden-Württemberg, Mittelfranken, S-Bayern, im Genist der Isar bei München, Hessen, am Niederrhein, Thüringen u. teilweise im Überschwemmungsbereich von Gewässern.

Vitrinobrachium breve (FÉRUSSAC) – **Kurze Glasschnecke**

7* Gehäuse mit mehr als 2 Umgängen **8**

8 Gewinde sehr flach, nicht über die Mdg erhoben. Gehäuse verlängert-eiförmig mit $2\frac{1}{2}$ Windungen. Außenrand der Mdg gerundet, Hautsaum sehr schmal. – **V.** Alp, über der Baumgrenze; bisher nur ein Fundort in 1900 m H am Kleinen Daumen (Allgäu). *Phenacolimax glacialis* (FORBES) – **Gletscherglasschnecke**

Als weitere Art tritt im Gebiet *Eucobresia pegorrarii* auf, die am Gehäuse praktisch nicht von *Ph. glacialis* unterschieden werden kann. Weichkörper ähnlich dem von *E. nivalis*, jedoch durch schwächer ausgebildeten Mantellappen unterschieden. – **V.** Alp, in den Bayerischen Alpen (Tegernseer Alpen).

8* Gewinde über die schmalere u. mehr rundliche Mdg erhoben. Gehäuse eiförmig, mit $2\frac{2}{3}$ Windungen. Hautsaum schmal, $\frac{1}{4}$–$\frac{1}{3}$ der BasisBr. Großer ∅ 5,8 (bis 6,7) mm, kleiner 4,1 (bis 4,7) mm. – **V.** Alp u. karpatisch, mit Relikten (?) in den M-Geb, Hohenstein (Sächs. Schweiz), Mühlhausen (Thür.). In den Bayerischen

Alpen durchgehend. – **L.** Über der Baumgrenze im Rasen u. unter Steinen; in den M-Geb in geringer H an schattigen Stellen.

Eucobresia nivalis (DOMONT & MORTILLET) – **Almglasschnecke**

Familie *Arionidae* – **Wegschnecken**

Gattung *Arion* s. l. FÉRUSSAC – **Wegschnecken**

G. Körper gedrungen. Haut stark runzelig, Atemloch vor der M des gekörnelten Mantelschildes. Rücken gerundet, nicht gekielt wie bei *Limacidae*. Innere Schale fehlt, nur noch Kalkkörner unter dem Mantelschild. – **B.** Sehr träge, ziehen sich bei Berührung halbkugelig zusammen. Jugendliche Tiere anders gefärbt als erwachsene (Schlüssel gilt nur für letztere), Farbe variierend. Sichere Bestimmung oft nur durch anatomische Untersuchung möglich. Lebensdauer etwa 1 J. Vor Paarung verfolgen sich die Partner u. bilden mit einander zugekehrten rechten Kopfseiten einen Kreis. Da ein ♂ Begattungsorgan fehlt, erfolgt diese mittels der umgestülpten, gegeneinander gepreßten Geschlechtsatrien (gemeinsamer Vorhof der Geschlechtsöffnungen), wobei die Spermatophoren gegenseitig übertragen werden. Die kalkschaligen Eier werden in od. auf die Erde, unter Steine, in Moos o. ä. abgelegt.

1 Körper sehr groß, ausgestreckt bis 150 mm lg. Erwachsene mit od. ohne SBinde 2

1* Körper viel kleiner, an den KörperS fast stets mit dunkler SBinde (Jungtiere der größeren Arten hell, oftmals mit deutlich dunklem Kopf u. Fühlern; Jungtiere von *A. lusitanicus* auch mit SBinden) 5

2 Körper mit SBinde, bis 120 mm lg, dunkelorange, RückenM braun, dunkle Binde auf Mantelschild u. Rücken. Fußsaum gelb mit dunklen Querstrichen, Körperschleim orange. Sohlenschleim glashell. – **V.** Endemisch (?), nur aus dem südl. Schwarzwald bei Gegenbach bekannt. Der Status dieser anatomisch *A. subfuscus* sehr ähnlichen Art ist fraglich. *A. simrothi* KÜNKEL

2* Körper ohne SBinde 3

3 Meist einfarbig schwarz, ebenso der Rand des Fußsaumes dunkel. 100–130 mm lg. – **V.** NW-eur, Schleswig-Holstein, Niedersachsen (Ostfries. Inseln?). – **L.** Laubw u. Waldnähe. Die Art wurde häufig mit *A. rufus* vereinigt bzw. als deren Unterart betrachtet. Anatomische Unterscheidung möglich: Mischformen im Überlappungsgebiet mit *A. rufus* werden heute als Bastarde gedeutet.

A. ater (L.) – **Große schwarze Wegschnecke**

3* Färbung und Zeichnung variabel 4

4 Allgemein verbreitet, Färbung sehr variabel, jedoch dann meist einheitlich braun, schwarz, ziegelrot, fast immer mit rotem Fußsaum; junge Exemplare bis 30 mm grüngrau mit schwarzem Kopf, Körperschleim bei rötlichen Tieren orange, bei braunen u. schwarzen farblos, sehr zäh, Sohlenschleim farblos. 140–150 mm lg. – **V.** W- u. M-eur, weit verbreitet, teilweise häufig. Wird heute zunehmend von *A. lusitanicus* aus ihrem ursprünglichen Lebensraum verdrängt. – **L.** Wälder, Gebüsche, Hecken. – **B.** Eianzahl (in mehreren Gelegen) 300–500. Selbstbefruchtung beobachtet. – Na: Frißt alles, auch tierische Leichen, Menschenkot. *A. rufus* (L.) – **Große rote Wegschnecke** (Abb. **238**/1)

4* Körper 70–140 mm lg; Färbung variabel, aber nicht einheitlich, oft schmutzig graugrün, Sohle weißlich, Schleim farblos: SBinden können bei ausgewachsenen Tieren fehlen: Färbung u. Zeichnung mitunter ähnlich wie bei *A. subfuscus* (dieser jedoch nicht über 70 mm lg). – **V.** W- u. M-eur, im Gebiet seit 1969 eingeschleppt u. sich rasch ausbreitend: Baden-Württemberg, Oberrheintal u. Neckartal, Niederbayern, einzelne Vorkommen z. B. auch im Bergischen Land, Hildesheim, Hamburg, Schleswig-Holstein, Thüringen. – **L.** Im Gebiet noch ungenügend bekannt, bislang hauptsächlich synanthrop.
A. lusitanicus (MABILLE) – **Spanische Wegschnecke**

5 **(1)** Fußsohle nie deutlich gelb, KörperS mit deutlichen Binden (Ausnahme s. bei *A. subfuscus*) 6

5* Fußsohle ganz od. z. T. deutlich gelb, meist unter 40 mm lg 7

6 Körper 30–40 mm lg, heller od. dunkler grau, scharf abgesetzte deutliche SBinde. RückenM dunkler, zu den SBinden aufgehellt. Mantelschild mit dunkler, lyraförmiger Zeichnung. Sohle weiß. Sohlen- u. Körperschleim farblos. 3 sehr ähnliche Arten (genaue Unterscheidung nur durch Sektion möglich).

a) KörperS unter dem dunklen SBand grau, Mantel leicht schwarz gesprenkelt. Gesamteindruck der Färbung relativ dunkel. – **V.** Eur, wegen der Verwechslung mit den beiden folgenden Arten sind ältere Angaben unzuverlässig. Gesicherte Nachweise: Schleswig-Holstein, Hamburg u. weiter südl. Mecklenburg, Brandenburg, Görlitz. Diese Art ist offensichtlich die seltenste der drei Arten im Gebiet. – **L.** Feuchte Laubw, ausnahmesweise Parkanlagen.
A. circumscriptus JOHNSTON – **Graue Wegschnecke**

b) Unter den dunklen SBinden gelblich (orangefarben) pigmentiert; Rücken hellgrau, zu den S heller werden. – **V.** NW-eur, wohl im gesamten Gebiet verbreitet, weniger häufig als die nachfolgende Art. – **L.** Unter Gebüsch, an Waldrändern, auf Ödland, oftmals an ruderal beeinflußten Stellen. Auch in Parks. *A. fasciatus* (NILSSON) – **Gelbstreifige Wegschnecke**

c) KörperS unter den gut ausgebildeten, dunklen SBinden sehr hell (weißlich), auf dem Rücken schwach grau, zu den S heller werdend; Gesamteindruck der Färbung kontrastreich mit heller (weißlicher) Grundfarbe und dunklen SBinden. – **V.** Eur, wegen der Verwechslung mit den beiden anderen Arten noch ungenügend bekannt, wohl bes. in den M-Geb, offensichtlich jedoch weit verbreitet u. nicht selten. – **L.** Laubw, an Bachrändern, unter Gebüsch auf feuchtem Untergrund, nur selten zusammen mit *A. fasciatus*.
A. silvaticus LOHMANDER – **Wald-Wegschnecke**

6* Körper 60–70 mm lg, ockergelb od. rotgelb, an den S mit dunkler, unscharf begrenzter Binde, auf dem Schild eine dunkle, lyraförmige Zeichnung. Körperschleim gelb bis orange, Sohlenschleim farblos. Färbung u. Zeichnung variabel,

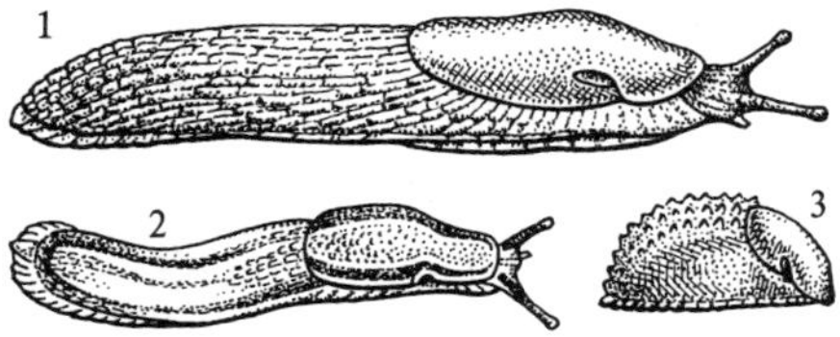

Abb. **238/1–3**
1 *Arion rufus*;
2 *A. subfuscus*;
3 *A. intermedius*, zusammengezogen

selten ohne Gelb, dann ähnlich *A. circumscriptus*. – **V.** Eur, allgemein häufig. – **L.** Kiefern- u. Mischw, unter Baumrinde; häufig an Pilzen fressend. – Der im Tiefland vorkommende *A. subfuscus f. brunneus* LEHMANN ist dunkelbraun. Binde fehlend od. schwach, Körperschleim meist farblos. Status?

A. subfuscus (DRAPARNAUD) – **Braune Wegschnecke** (Abb. **238**/2)

7 **(5)** Körper 30–40 mm lg, grau bis dunkelbraungrau, an den S schwärzlich, nach unten allmählich heller werdend. Mantelschild dunkel gerandet, Sohle gelblich bis orange, Körperschleim ± gelb. Sohlenschleim farblos. Drei erst neuerdings unterschiedene, jedoch nach äußeren Merkmalen bislang nicht sicher zu trennende Arten. *A. hortensis*-**Komplex**

a) Kopf schwarz, Fühler rötlich, Rücken nahezu schwarz, die blau-schwarzen SBinden grau begrenzt; Sohle unterschiedlich von schwach gelb bis orange. – **V.** NW-eur (in England, den Niederlanden bis N-Frankreich neuerdings nachgewiesen). *A. hortensis* FÉRUSSAC – **Garten-Wegschnecke**

b) Kopf u. Fühler blau-schwarz od. grau; SBinde relativ niedrig. – **V.** Holarkt (?), in M-Eur wohl allgemein verbreitet. Von den drei genannten Arten sicher die häufigste u. verbreitetste. – **L.** Kulturgelände, Gärten (dort oft als Schädling an den Kulturen auftretend). *A. distinctus* MABILLE

c) *Arion owenii* DAVIES (**V.** NW-eur?) ist bislang aus dem Gebiet nicht nachgewiesen.

7* Körper bis 25 mm lg. hell grünlich- od. gelblichgrau mit od. ohne undeutliche SBinde **8**

8 Körper bis 20 mm lg. Haut mit perlartigen „Knöpfchen“; Färbung grünlich od. gelblich, undeutliche dunklere Binde an den S u. auf dem Mantel, Sohle u. KörperE ± gelb. Schleim goldgelb. – **V.** W-eur, im Flachland häufiger, südl. des Mains nicht allgemein verbreitet. – **L.** Kiefern- u. Mischw, unter Laub, an Pilzen.

A. intermedius NORMAND – **Kleine Wegschnecke (Igelschnecke)** (Abb. **238**/3)

8* Körper ausgestreckt 25 mm lg; Haut mit einfachen Runzeln; Färbung gelbbraun bis olivbraun, mit dunkler verwaschener SBinde; die rechte Mantelbinde verläuft in einem Bogen oberhalb der Atemöffnung. – **V.** Alp (?), bislang nur in Bayern u. Baden-Württemberg nachgewiesen (Bodenseegebiet).

A. alpinus POLLONERA – **Alpen-Wegschnecke**

Familie *Limacidae* – **Schnegel**

Gattungen *Limax* L., *Limacus* LEHMANN, *Malacolimax* MALM, *Lehmannia* HEYNEMANN, *Bielzia* CLESSIN – **Schnegel** s. l.

Familie *Agriolimacidae* – **Ackerschnecken**

Gattung *Deroceras* s. l. RAFINESQUE – **Ackerschnecken**

1 Körper bis 38 mm lg, Mantelschild fast den halben Rücken bedeckend **2**

1* Körper bis 25 mm lg, Mantelschild ⅓ der KörperLg **3**

2 Körper 15–25 mm lg, durchscheinend, nur SchwanzE gekielt; bei Reizung wird der vordere Teil des Mantelschildes aufgeworfen; Färbung braun bis braunschwarz; Schleim dünn, farblos. – **V.** Holarkt, durchgehend verbreitet. – **L.** Ufer von Gewässern, feuchte Wiesen, unter nassem Holz u. Steinen, manchmal auch unter Wasser. Na: Pflanzen, in Gärtnereien oft schädlich an Zierpflanzen. – Eine in den Trop entstandene u. in Gewächshäuser eingeschleppte physiologische Rasse (*D. laeve sandwichiense* EYDOUX & SOULEYET) vermehrt sich durch Selbstbefruchtung. *Deroceras laeve* (O.F.MÜLLER) – **Wasserschnegel**

2* Körper 25–38 mm lg, Haut sehr dünn, so daß die Umrisse der Zwitter- u. Eiweißdrüse erkennbar sind. Grundfarbe der Haut immer einheitlich cremefarbig bis dunkelbraun (oft mit *D. laeve* verwechselt) u. ohne Flecken; Mantel mit seinem HRand bis in die hintere Körperhälfte hineinragend. Schleim farblos, wässrig. – **V.** Eur, verstreut im gesamten Gebiet. Bislang häufig übersehen. – **L.** ± feuchte Standorte, Ruderalflächen (synanthrop), auch in der Nähe von Gewässern unter morschem Holz.
Deroceras sturanyi (SIMROTH) – **Hammerschnegel** (Abb.**241**/5)

3 (1) Hinterer Teil des Tieres nicht durchscheinend **4**

3* Hinterer Teil des Tieres (bis $\frac{2}{5}$) hell durchscheinend. 4 schwer zu trennende Arten. Unterscheidung nur durch Sektion möglich.

a) Körper 60–80 mm lg, SchwanzE scharf gekielt. Färbung rötlichgrau mit hellem Kielstreifen, seitlich zwei dunkle Binden; Mantelschild in der M dunkler, seitlich eine Binde. Schleim farblos; bei Berührung wird Wasser durch die Körperoberfläche abgegeben. – **V.** Eur, durchgehend verbreitet. – **L.** Laub- u. Mischw, Felsen u. Mauern, unter Rinde u. in Astlöchern. Na: Kräuter, Früchte. *Lehmannia marginata* (O.F.MÜLLER) – **Baumschnegel** (Abb.**241**/2)

b) Körper bis 50 mm lg, schwach gräulich-gelb mit einem Paar relativ hochliegender, dunkler SBinden; ein Paar lyraförmiger dunkler Binden auf dem Mantel. – **V.** N-afr u. SO-eur, auch in Gewächshäusern eingeschleppt; wohl nicht im Freien (?), aus dem Gebiet bislang nur ein Nachweis bei Obernburg. *Lehmannia nyctelia* (BOURGUIGNAT)

c) Körper bis 80 mm lg, in typischer Färbung dunkler als *L. marginata*, SBinden fehlend, lediglich auf dem Mantelschild ± dunkle Binden vorhanden. – **V.** Alp (?) u. pyrenäisch, bisher nur ein isoliertes Vorkommen (Vogelsberg) u. in den Bayerischen Alpen. – **L.** Wälder, auch an Bäumen aufsteigend, in Lagen über 1 000 m H.
Lehmannia rupicola LESSONA & POLLONERA – **Gebirgsschnegel**

d) Körper 40–50 mm lg, Färbung variabel, leicht cremefarbig mit dunklen Flekken, gestreift wirkend. Mantel mit 2 SBinden, die sich im hinteren Abschnitt vereinigen. Kiel, Sohle u. Fußsaum schwach gefärbt. Von *L. marginata* anhand äußerer Merkmale nicht zu unterscheiden. – **V.** Karpatisch. – **L.** Gebirgsart, im Bereich der oberen Laubwaldgrenze, auf Laub- (Buche) u. Nadelbäumen (Fichte) aufsteigend.
Lehmannia macroflagellata GROSSU ET LUPU – **Geißelschnegel**

Lehmannia poirieri MABILLE (vielleicht identisch mit *Lehmannia valentiana* (FÉRUSSAC) – **Geschwächshausschnegel**) von den Kanarischen Inseln ist bei entsprechender Größe gelblich-grau mit dunklen Längsbinden. Material dieser u. ähnlich gefärbter, in Gewächshäusern schädlicher Arten, zur Untersuchung sehr erwünscht.

4 Bei Reizung des Tieres ausgeschiedener Schleim milchweiß. Körper 20–60 mm lg; Färbung variabel, sichere Bestimmung nur durch Sektion möglich 5

4* Körperschleim nicht milchweiß **6**

5 Tier relativ klein, meist unter 25 mm lg; cremefarben, fast weiß, mitunter an den S dunkel gefleckt; Sohle schwach gefärbt, im MFeld durchscheinend. – **V.** M-eur (S-eur), verstreute Fundorte in den M-Geb; in Sachsen, Thüringen, Bayern u. Baden-Württemberg. – **L.** In lichten Laub- u. Nadelw an feuchten Stellen unter Gras, bei Regen an den Grashalmen aufsteigend.

Deroceras rodnae GROSSU & LUPU – **Heller Schnegel**

5* Körper 30–60 mm lg **8**

6 Körper im Leben mit ± deutlichen dunkleren Flecken **7**

6* Körper meist einfarbig gelblichweiß bis hellbraun, Mantelschild ohne Flecke. 30–60 mm lg. – **V.** W-pal, zerstreut. – **L.** Feuchte Wiesen und Felder, Gärten, unter Laub, Steinen, Holz u. Moos. Na: grüne Blätter (Schädling ?).

Deroceras agreste (L.) – **Einfarbige Ackerschnecke**

7 Grundfarbe des Körpers hell cremefarben mit schwachen braunen Flecken (bei Alkoholmaterial fehlend?); sichere Unterscheidung nur (!) anatomisch möglich. Körper bis 40 mm lg. – **V.** S-Eur (?), nach M-Eur vermutlich eingeschleppt, bisher nur lokal für Bayern, Baden-Württemberg u. Schleswig-Holstein nachgewiesen. *Deroceras lothari* GIUSTI

7* Grundfarbe des Körpers gelblichweiß, grau bis rötlich-braun mit dunkleren (graubraunen bis schwarzen) Flecken u. Linien, die eine netzartige Zeichnung ergeben. Mantelschild mit dunkleren Punkten u. Flecken, Schleim ausgesprochen kalkweiß. Körper 50–60 mm lg. – **V.** Eur, allgemein verbreitet. – **L.** Biotop u. Lebensweise vgl. *D. agreste*. Schädling in Gärten u. Treibhäusern.

Deroceras reticulatum (O.F.MÜLLER) – **Genetzte Ackerschnecke** (Abb.**241**/3)

8 (5) Kleinere Arten, bis 40 mm lg **9**

8* Größere Arten, 80–150 mm lg **10**

9 Körper 25–40 mm lg, schlank wirkend, zart, wachsartig, durchscheinend gelb, zuweilen schwache dunklere Längsbinden, Kopf u. Fühler viel dunkler gefärbt als der übrige Körper, KörperE gekielt. Sohle gelblich-weiß; Körperschleim gelb

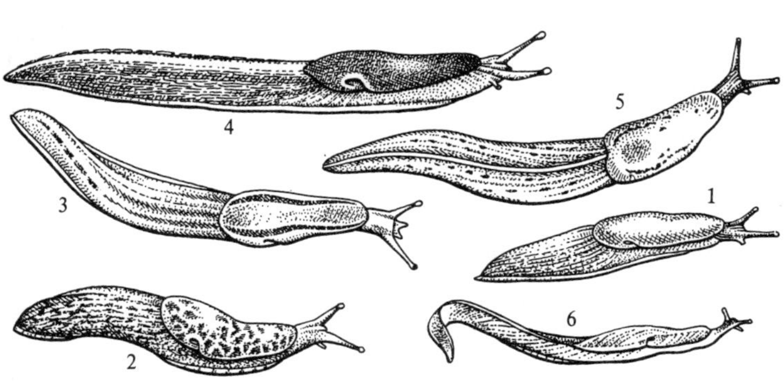

Abb. **241**/1–6 **1** *Limax cinereoniger*; **2** *Lehmannia marginata*; **3** *Deroceras reticulatum*; **4** *Tandonia rustica*; **5** *Deroceras sturanyi*; **6** *Boettgerilla pallens*

bis orangefarbig, Sohlenschleim farblos. – **V.** N- u. M-Eur, allgemein verbreitet. – **L.** Bes. Nadelw, unter Rinde u. Laub, an Pilzen. **B.** Selbstbefruchtung möglich. Lebensdauer 12–13 Mon. Na: Pilze, außerdem grüne Pflanzen.
Malacolimax tenellus O.F.MÜLLER – **Pilzschnegel**

9* Körper 25–35 mm lg, hell- bis mittelbraun, gelegentlich noch dunkler, häufig mit dunklen Flecken. Rand der Atemöffnung schwach wahrnehmbar; Kopf u. Hals beim ausgestreckten Tier weit vor den Mantelrand vorgestreckt. Sohle grau, Körper- u. Sohlenschleim farblos. – **V.** Eur (ursprünglich wohl nur SW-Eur, gegenwärtig in Ausbreitung begriffen – verstreute Fundorte bei Hamburg, Düsseldorf, Köln, München u. Freising.
Deroceras panormitanum (LESSONA & POLLONERA) – **Mittelmeer-Ackerschnecke**

10 **(8)** Farbe weißlichgrau bis schwarz **11**

10* Farbe hellgelblich mit dunklerer Netzzeichnung; Körper 80–100 mm lg. Rückenkiel wenig scharf, kürzer als ½ RückenLg. Gelblich bis orange, mit dunklerem Netzwerk. Schild grau mit helleren Flecken, Kopf u. Fühler dunkelgraublau. Sohle hell. Körperschleim gelb. – **V.** S- u. W-Eur (ursprünglich wohl medit), im Gebiet nur noch lokal verbreitet, stark rückläufig. – **L.** Synanthrop, vorwiegend in feuchten Kellern u. Speichern, gelegentlich auch in Gärten. – **B.** Eier meist zu Schnüren verbunden. *Limax flavus* (L.) – **Bierschnegel**

11 Sohle einfarbig hell, hellgrau bis weißlich, nie schwarz. KörperOS braun bis grau, häufig mit zwei od. drei dunklen Längsbändern auf jeder S, die manchmal in Flecken aufgelöst sein können. Mantelschild dunkelfleckig od marmoriert, Kiel hell, etwa ⅓ der RückenLg. Fußsaum mit einer Reihe kleiner schwarzer Runzeln. (*L. m.* f. *unicolor* HEYNEMANN ist einfarbig graubraun). – **V.** S- u. W-eur, Verbreitung in den östl. Gebieten lückenhaft, oft dort nur durch lokale Verschleppung. – **L.** Im W in Wäldern, nach O hin überwiegend synanthrop in Gärten u. Gewächshäusern (Schädling). – **B.** Lebensdauer 2½ J. Bei der eigentlichen Paarung hängen die Partner mit spiralig umschlungenen Körpern u. Penes an einem Schleimfaden. Na: frißt auch andere Nacktschnecken.
Limax maximus L. – **Großer Schnegel**

11* Sohle deutlich dreigeteilt, M-Feld weiß, SFelder schwarz, Färbung der OS meist einheitlich schwarzgrau od. schwarz mit hellem Kiel. Mantelschild ungefleckt. Rücken bisweilen fleckenstreifig. Kiel lg (½ der RückenLg), wenig hervortretend. – **V.** Eur, allgemein verbreitet. – **L.** In Laub- u. Mischw, (nicht in nassen Auwäldern), unter Rinde u. Steinen. **B.** Lebensdauer 2¾–3 J. Partner hängen bei der Paarung in der Regel spiralig an den auf der Unterlage befestigten HEnden der Körper. Selbstbefruchtung möglich. Na: anscheinend vorwiegend Pilze.
Limax cinereoniger WOLF – **Schwarzer Schnegel** (Abb. **241**/1)

Familie *Milacidae* – Kielschnegel

Gattungen *Milax* GRAY, *Tandonia* LESSONA & POLLONERA – Kielschnegel

1 80–100 mm lg, rötlichgrau, oben dunkler mit dunklen Flecken, Strichen u. Punkten. Kiel heller, Mantelschild mit 2 schmalen SBinden. Sohle hellgelblich, Schleim farblos bis weißlich, bei dieser u. folgender Art sehr zäh. Schälchen br-oval. – **V.** M- u. S-Eur, Ober- u. Niederrhein, Lechgebiet, Schwäbischer u. Fränkischer Jura, Württembergisches Muschelkalk- u. Keupergebiet, am Neckar u. Main, Bayerischer Wald, Thüringen, Harz, Sächsisches Bergland, Vogtland, Sudeten, Teutoburger Wald, südl. Lüneburger Heide. – **L.** Wälder, vor allem im Berg- u. Hügelland, unter Steinen u. Geröll, kalkliebend, aber nicht an Kalk gebunden. – **B.** Mischkostfresser. Begattung mit kreisförmig eingerollten Körpern der Partner. Einführung der Penes in die Vaginen zur Übertragung der Spermatophoren. *Tandonia rustica* (MILET) – **Großer Kielschnegel** (Abb. **241**/4)

1* 50–60 mm lg, Färbung des Rückens dunkelbraun bis schwarz, an den S oft gegen den Fuß heller werdend; Fleckung des Rückens, wenn vorhanden, nicht sehr auffällig 2

2 Kiel gelblich, Mantel dunkel gesprenkelt, ohne Bänder; Sohle hell. MFeld dunkler; Schleim blaßgelb od. farblos; Schälchen schmal: Atemöffnung schwarz umrandet. – **V.** Eur, (ursprünglich nur S-eur?), verstreut, eingeschleppt im S u. SW (bei Tübingen, Heidelberg u. München, Würzburg). – **L.** Synanthrop in Gärten, Parkanlagen u. auf Feldern. – **B.** Gräbt sich in die Erde ein, die kalkschaligen Eier werden in Eiklumpen abgelegt, Lebensdauer 12–13 Mon. Schädling an Kulturpflanzen. *T. budapestensis* (HAZAY) – **Boden-Kielschnegel**

2* Kiel dunkel u. scharf, meist von gleicher Farbe wie der Körper, am HRand abgestutzt 3

3 Kiel schwarz; Sohle bräunlich od. dunkelgrau. Rücken intensiv schwarz, grob gerunzelt; Schleim weiß od. farblos. – **V.** Medit, eingeschleppt bei München. – **L.** Synanthrop, in Gärten.
Milax nigricans (PHILIPPI) – **Schwarze Kielnacktschnecke**

3* Kiel von gleicher dunkelgrauer Farbe wie der Körper od. etwas heller; Sohle weiß. Körper glatt, mit matten, in etwa 14 Längsreihen an jeder S angeordneten Runzeln. Schleim farblos od. weiß, zäh. – **V.** W-Eur u. medit, eingeschleppt im Niederrheingebiet, der Rheinpfalz u. am unteren Neckar (Neckarsteinach). – **L.** In Gärten, gelegentlich auch in Wäldern.
Milax gagates (DRAPARNAUD) – **Dunkle Kielnacktschnecke**

Familie *Boettgerillidae* – **Wurmnacktschnecken**

Bisher bekannte Vertreter leben alle im Kaukasus. – **G.** Mittelgroß bis 50 mm lg, schlank u. lggestreckt; KörperE seitlich abgeflacht. Schleim zäh u. farblos.

Gattung *Boettgerilla* SIMROTH – **Wurmnacktschnecken**

Boettgerilla pallens SIMROTH – **Wurmnacktschnecke** (Abb. **241**/6)
G. Körper schlank, 25–30 (maximal 50) mm lg. Kiel deutlich abgesetzt; Mantel klein mit geschwungener Furche vom Atemloch aus nach vorn u. hinten verlaufend. Rückenfärbung dunkler (bleigrau), an den S nach unten heller werdend. Sohle sehr schwach gelblich. Schleim fest, klebrig u. farblos. – **V.** (Ursprünglich) kaukasisch (?), in Eur wohl rezent eingeschleppt u. in rascher Ausbreitung begriffen; gegenwärtig im gesamten S des Gebietes häufig, dagegen im nördl. Flachland z. T. noch großflächig fehlend. – **L.** Anfänglich in Gärten, Parkanlagen u. ruderal beeinflußten Wäldern, jetzt auch tiefer in Laub- u. Mischw ein-

dringend. – **B.** Lebt vorzugsweise in der oberen Bodenschicht, wo sie sich Gänge bohrt – daneben auch im Geröll, unter Steinen und dickerem, morschem Holz.

Familie *Euconulidae* – **Kegelchen**

G. Kleine, kugelige, dünnwandige Gehäuse mit eng gewundenen Umgängen; Mundsaum dünn. Nabel bei den einheimischen Arten fast völlig geschlossen. – **L.** In feuchten, beschatteten Habitaten.

Gattung *Euconulus* REINHARDT – **Kegelchen**

1 GehäuseUS glatt, Gehäuse klein, 2,8–3,5 mm br, 2,3 mm h, kugelig-konisch. Endwindung etwas stumpfkantig; braun, OS matt, US glänzend. – **V.** Holarkt, allgemein verbreitet. – **L.** Laub- u. Nadelw, unter Laub, Holz, Rinde u. Steinen; auf feuchten Wiesen (?). Na: Moder.
E. fulvus (O. F. MÜLLER) – **Helles Kegelchen** (Abb. **246**/1)

1* GehäuseUS deutlich gestreift, Streifung nur bei starker Vergrößerung sichtbar; sonst wie vor. Art. Gehäuse 2,3–2,8 mm br; Weichkörper dunkel, daher erscheint bei lebenden Tieren das Gehäuse fast schwarz. – **V.** Holarkt (?), vermutlich im gesamten Gebiet. Bisher vielfach nicht als Art abgetrennt. – **L.** Auf feuchterem Untergrund u. in acidophileren Habitaten als vor. Art.
E. alderi GRAY – **Dunkles Kegelchen**

Familie *Bradybaenidae* – **Strauchschnecken**

Gattung *Bradybaena* BECK – **Strauchschnecken**

Bes. in SO-, M- u. O-As sehr artenreich. – **B.** Genitalien mit Pfeilsack und kalkigem Liebespfeil, Schleimdrüsen am Pfeilsack ansitzend, rundlich od. keulenförmig.

B. (Eulota) fruticum (O. F. MÜLLER) – **Genabelte Strauchschnecke** (Abb. **246**/2)
G. Gehäuse kugelig mit rundlich-konischem Gewinde, offen genabelt. OFläche u. Umgebung des Nabels mit feinen Spirallinien u. schwachen Zuwachsstreifen; Mdg fast kreisrund, Mundsaum wenig erweitert, innen (bei voll ausgebildeten Gehäusen) mit einer schwachen Lippe. Farbe u. Flecke des Mantels durch Gehäuse erkennbar, Gehäusefarbe weißlich, gelblich bis rötlichbraun, selten mit dunklem Band an der Peripherie. 18–20 mm br, 16–17 mm h. – **V.** M- u. O-euras, verbreitet. – **L.** Laubw, Gebüsche, an Pflanzen aufsteigend, auch an Kalkfelsen. Feuchtigkeit liebend. – **B.** Lebensdauer (in Gefangenschaft) 5½–6½ J. Eier 2,5–3 mm ∅, mit kalkiger Schale. Ablage in einer selbsthergestellten Erdhöhle. Na: Zersetzte, feuchte Blätter, Kräuter u. Pilze.

Familie *Helicidae* – **Schnirkelschnecken**

Artenreichste Familie der einheimischen Landschnecken. Gehäuseform nicht einheitlich. Mdg voll entw Gehäuse fast immer mit einer Lippe, häufig auch mit Zähnen. Pfeilsack an der Vagina, Schleimdrüsen röhren- od. fingerförmig.

Unterfamilie *Helicellinae* – **Heideschnecken**

Gehäuse ± weiß, meist dunkel gebändert; mittelgroß bis klein (6–17 mm br), fast scheibenförmig bis gedrückt-kugelig, immer ± genabelt; Mdg rundlich-mondförmig, ohne Zähne, Wärme liebend u. Trockenheit vertragende, gesellig lebende Schnecken offener Stellen, nie im Walde, oft im Kulturgelände (Bahndämme, Böschungen), meist auf Kalk- od. Sandboden. Oft mit Luzernesamen verschleppt. Sichere Bestimmung oft nur durch anatomische Untersuchung möglich. Na: Frische, verwelkende u. vertrocknete Pflanzenteile.

Gattungen *Candidula* KOBELT, *Cernuella* s. l. SCHLÜTER, *Helicella* FÉRUSSAC – **Heideschnecken**

1 Mundsaum in der Mdg braunrot bis rot 2

1* Mundsaum in der Mdg weiß 3

2 Gehäuse flach gewölbt, weißlich, mit durchlaufenden braunen Bändern, weit genabelt. 5½–6 Windungen, 9–18 mm br, 6–10 mm h. – **V.** Medit, im Gebiet eingeschleppt u. in Ausbreitung begriffen. Oberrheintal u. Rheinland-Pfalz, bei Kiel; Sachsen-Anhalt, Thüringen, Brandenburg. – **L.** Trockene Hänge, Sandgruben, Straßenböschungen, auch in Ortschaften.
Cernuella neglecta (DRAPARNAUD) – **Rotmündige Heideschnecke**

2* Gehäuse kugelförmig, Nabel eng, aber offen, Grundfarbe des Gehäuses grau- bis gelblichweiß, ohne od. mit nur schwachen Bändern, Größe u. Farbe sehr variabel. Gehäuse 8–25 mm br, 6–19 mm h. 5 Windungen. – **V.** Medit u. W-eur, eingeschleppt bei Kiel, dort vermutlich eine klimatisch bedingte, von typischen Exemplaren stark abweichende Standortform (Kümmerform, Größe: 10 mm br, 4,5 mm h). *Cernuella virgata* (DA COSTA) – **Mittelmeer-Heideschnecke**

3 **(1)** Gehäuse mittelgroß, etwa 10–25 mm br, fast scheibenförmig u. weit genabelt 4

3* Gehäuse kleiner, meist unter 12 mm br, gedrückt-kugelig bis flach-konisch . 5

4 Grundfarbe des Gehäuses gelblichweiß, Bänder gleichmäßig durchscheinend, hellbraun. Nabel weit perspektivisch, sein ∅ etwa so br wie Endwindung gegenüber der Mdg. 5¼–5¾ Umgänge; Mdg kurz elliptisch bis fast kreisförmig, Mundsaum scharf, innen schwach weiß gelippt. Gehäuse 9–25 mm br, 5–12 mm h. – **V.** W-Eur, im westl. Teil des Gebietes allgemein; im O u. nordöstl. Tiefland nur lokal verbreitet; allgemein in starkem Rückgang begriffen. – **L.** Trockenhänge, ungedüngtes, kurzgrasiges Weideland, Straßenböschungen, auch steile Hänge, bes. auf Kalk od. Lehm. – **B.** Lebensdauer 2–3 J. Diese u. folgende Art sind Zwischenwirte des Lanzettegels. [*H. ericetorum* O. F. MÜLLER]
Helicella itala (L.) – **Gemeine Heideschnecke** (Abb. **246**/3)

Abb. **246/1–4** **1** *Euconulus fulvus*; **2** *Bradybaena fruticum*; **3** *Helicella itala*; **4** *H. obvia*

4* Grundfarbe kreideweiß. Nabel weit, sein ∅ nur etwa 3/4 so br wie Endwindung gegenüber der Mdg. 5½–5¾ Umgänge. Mdg kreisrund. Mundsaum scharf, innen eine schwache Schwiele; Bänder dunkelbraun, oft in Flecke aufgelöst od. zusammenfließend, nicht gleichmäßig durchscheinend. Gehäuse 14–20 mm br, 7–10 mm h. – **V.** SO-Eur, da leicht verschleppbar, im gesamten Gebiet weit verbreitet. – **L.** Trockene, flache Hänge, Feldraine u. Böschungen, auf Kalk u. auch auf Sandboden. Da relativ tolerant gegenüber Düngung, auch auf Getreidefelder vordringend. – Auch mit der vor. Art vergesellschaftet. Zwischenwirt des Lanzettegels. [*H. candicans* L. PFEIFFER]

Helicella obvia (HARTMANN) – **Weiße Heideschnecke** (Abb. **246**/4)

5 **(3)** Endwindung im oberen Teil stumpfkantig, ± deutlich stumpfkantig geschultert **6**

5* Endwindung gerundet **7**

6 Endwindung gewölbt, bei voll entw Gehäusen an der Peripherie geschultert, im Anfang u. bei Jungtieren deutlich stumpfkantig. Gehäuse gedrückt, Gewinde flachkonisch; Nabel offen, symmetrisch. OFläche deutlich leicht unregelmäßig gerippt. Bänder in Flecken u. quere Striemen aufgelöst, oft stark verbreitert od. fehlend, so daß auch vollständig weiße od. braune Exemplare auftreten können. Gehäuse 7–13 mm br, 5–8 mm h. 5¼–5¾ Umgänge. Mundsaum scharf, innen mit Lippe. – **V.** W- u. M-eur, verstreut im N des Gebietes, entlang der Küste sich in östl. Richtung ausbreitend bis Rügen; Brandenburg (Schönwalde u. Rietzneuendorf), Baden-Württemberg. – **L.** Xerotherme Halbtrockenrasen auf kalkhaltigem Untergrund, alte Dünen. – Bei älteren Angaben oftmals Verwechslung mit *C. gigaxii*. [*C. caperata* (MONTAGU)]

Candidula intersecta (POIRET) – **Gefleckte Heideschnecke**

6* Endwindung kaum geschultert, breiter werdend, dadurch Nabel exzentrisch. Rippen regelmäßig, enger und feiner als bei *C. intersecta*. Mundsaum scharf, innen schwach gelippt. Gehäusefarbe weiß od. schwach opak braun, meist mit einigen unterbrochenen Spiralbändern. – **V.** W-Eur, küstenferne isolierte Standorte (durch Verschleppung?), bei Braunschweig, Hildesheim, Benzingerode (NO-Rand des Harzes), Großmonra (Thüringen). – **L.** Trockene, offene Standorte auf kalkhaltigem Untergrund.

Candidula gigaxii (L. PFEIFFER) – **Helle Heideschnecke**

7 (5) Gehäuse 10–14 mm br, 6–11 mm h, kugelig-konisch mit erhobenem Gewinde, rippenstreifig, grauweiß od. bräunlichweiß, nur jung gebändert. 5¼–6 gut gewölbte Umgänge mit tiefer Naht, Mdg elliptisch, innen gelippt, Nabel eng. – **V.** W-medit, eingeschleppt bei Neubrandenburg, bei Würzburg, Ochsenfurth am Main u. bei Ludwigshafen. – **L.** Kurzrasige, trockene Hänge.

Helicella bolenensis (LOCARD) – **Kugelige Heideschnecke**

7* Gehäuse unter 12 mm br **8**

8 Gehäuse oben runzelig gerippt **9**

8* Gehäuse gestreift, weiß-gelblich; Gewinde konisch erhoben, 5–5½ Umgänge, stark gewölbt, peripher gerundet. Mdg rundlich-mondförmig, Mundsaum scharf, innen mit starker weißer Lippe. Nabel offen, eng. Gehäuse 5–9 mm br, 3–6 mm h. – **V.** W- u. M-eur, im SW allgemein verbreitet, nördl. bis zum Harz, östl. bis Thüringen, vereinzelt in Brandenburg, Mecklenburg, (verschleppt?) bei Kiel u. Saßnitz (Rügen). – **L.** Bes. auf Jura, Muschelkalk u. Keuper. Trockene, oft auch felsige Rasenhänge u. Schaftriften. Stark im Rückgang begriffen, lokal bei Coburg eine Kümmerform *C. unifasciata* f. *rugosiuscula* MICHAUD (etwa 5,6–6 mm br, 3,5 mm h). *Candidula unifasciata* (POIRET) – **Quendelschnecke** (Abb. **248**/1)

9 Gehäuse 5–9 mm br, 5–6 mm h, gedrückt-kugelig. Gewinde konisch erhoben, weiß od. gelblichweiß, häufig ungebändert od. mit bis 8 Bändern sowie groben, etwas unregelmäßigen Rippen. 4½–5 Umgänge, letzter sehr überwiegend. Mdg kreisrund, scharfkantig, innen kräftig gelippt. Nabel mäßig offen. – **V.** M- u. O-eur, im mittleren u. südl. Teil des Gebietes, vereinzelt nördl. bis zum Harz, Thüringen, Sachsen-Anhalt, Brandenburg (bes. im Odertal). – **L.** Trockenrasen, Feldraine.

Helicopsis striata (O. F. MÜLLER) – **Gestreifte Heideschnecke** (Abb. **248**/3)

9* Gehäuse 5–8 mm br, 3,5–5 mm h, flach, 4–4¾ Umgänge; häufig dunkel unterbrochene oder nur schwache Bänder. Mundsaum innen sehr schwach gelippt, Nabel offen, eng, sehr grob u. unregelmäßig gerippt. – **V.** M-eur, vereinzelte Standorte in Baden-Württemberg, Franken, nördl. bis Hannover, in Thüringen u. im östl. Harzvorland. – **L.** Kalkgebunden, Trockenrasen u. Schaftriften mit lokkeren Pflanzendecken.

Trochoidea (Xeroclausa) geyeri (SOOS) – **Zwergheideschnecke** (Abb. **248**/2)

Gattung *Monacha* FITZENGER – **Kartäuserschnecken**

Gewinde flach; Gehäuse eng genabelt, milchigweiß od. gelblichweiß, nur an der Mdg ± bräunlich. Skulptur aus Streifen u. feinen Grübchen bzw. Runzeln bestehend. Mdg querelliptisch, ihr Rand scharf, innen mit einer weißlichen bis rötlichen, außen durchscheinenden Lippe.

1 Gehäuse 10–12,5 mm br, 6,5–7,5 mm h; gedrückt, milchigweiß, Nabel sehr eng, vom Spindelrand zur Hälfte bedeckt. – **V.** Medit u. SO-eur, im Gebiet im Rhein-, Mosel- u. Neckartal, entlang des Oberrheins in rascher Ausbreitung begriffen; nördl. Berlin, bei Warnemünde. – **L.** Rasige Hänge u. Gebüsche.

M. cartusiana (O. F. MÜLLER) – **Kartäuserschnecke** (Abb. **248**/4)

1* Gehäuse 16–18 mm br, 11,3–12,5 mm h; weniger gedrückt, gelblichweiß, Nabel eng. Vom Spindelrand kaum bedeckt. – **V.** W-medit u. NW-eur, im Gebiet nur am Jade-Busen. – **L.** An Deichböschungen unter Blättern u. am Boden.

M. cantiana (MONTAGU) – **Große Kartäuserschnecke**

Abb. **248/1–4** **1** *Candidula unifasciata*; **2** *Trochoidea geyeri*; **3** *Helicopsis striata*; **4** *Monacha cartusiana*

Unterfamilie *Hygromiinae*

Bodenschnecken mit fast immer erdbraunen, oft behaarten od. durch besondere Skulptur erkennbaren Gehäusen. Verloren gegangene Haare hinterlassen auf ihnen Haargruben. Von anderen Gattungen der Heliciden unterschieden durch Größe *(Helix, Cepaea)*, Form *(Helicigona)*, Mündungsmerkmale *(Helicodonta, Isognomostoma)* od. Farbe (weiß bis milchig: *Helicellinae* u. *Monacha*). – **L.** Bei feuchtem Wetter an Kräutern (bes. Brennesseln) aufsteigend u. fressend. – **B.** Lebensdauer 2 J.? Na: hauptsächlich wohl verwelkte u. vermoderte Pflanzenteile. Sichere Bestimmung bisweilen nur nach anatomischen Merkmalen möglich.

1 Kleine Arten, meist unter 10 mm, max. 12 mm br **2**

1* Größere Arten, über 10 mm, meist 12–14 mm br **9**

2 Mdg mit einem deutlichen Zahn auf dem verdickten URand, Gehäuse konisch, eng durchbohrt, genabelt, behaart, 6–7 Umgänge. *Trichia (Petasina) unidentata* (Abb. **249**/1) S. 250

2* Mdg zahnlos **3**

3 Nabel weit, alle Umgänge zeigend **4**

3* Nabel relativ eng, bei senkrechtem Einblick nicht alle Umgänge zeigend . . . **5**

4 URand der mondförmig-eckigen Mdg fast horizontal, innen mit kräftiger Leiste; Gewinde gedrückt, Gehäuse mit feinen, gekrümmten Haaren bzw. Haarnarben. *Trichia (Tr.) hispida* (Abb. **249**/4) S. 251

4* Mdg schief, oben u. unten abgeflacht, Mundsaum wenig gelippt; Gehäuse sehr gedrückt, OS häufig nahezu flach; Endwindung an der Peripherie leicht geschultert. *Trichia (Tr.) graminicola* S. 251

5 **(3)** 6–6½ Umgänge. Nabel bedeckt, Mdg eng, sichelförmig, URand schwielig gelippt; Gewinde deutlich konisch erhoben. *Trichia (Edentiella) edentula* S. 250

5* 4½–5⅓ Umgänge. Nabel wenig bedeckt, Mdg gerundet, ohne od. nur mit schwacher Lippe **6**

6 Gehäuse bräunlich-hornfarben, behaart, Gewinde stumpfkegelförmig **8**

6* Gehäuse gelblichweiß, unbehaart (nur junge Exemplare z. T. sehr fein behaart) **7**

7 Gehäuse kugelig mit konisch erhobenem Gewinde; 5–7 mm br, Nabel offen. *Trichia (Tr.) suberecta* S. 251

7* Gehäuse stark abgeflacht, 10–11 mm br; Nabel weit, jedoch nicht alle Umgänge zeigend. *Trichia (Tr.) clandestina* S. 251

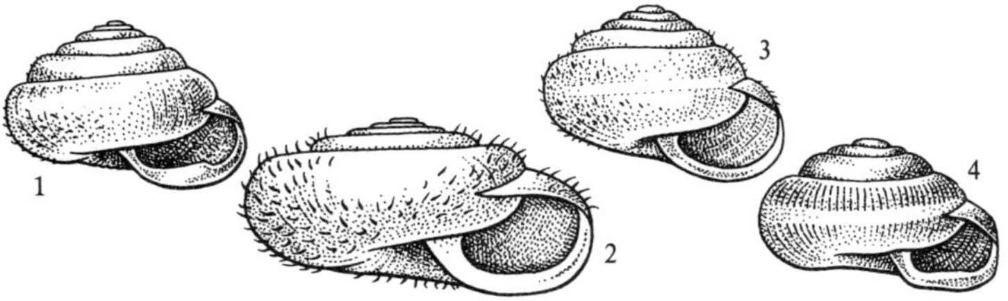

Abb. **249/1–4** **1** *Trichia unidentata*; **2** *T. villosa*; **3** *T. plebeia*; **4** *T. hispida*

8 **(6)** Gehäuse mit ziemlich langen, gekrümmten Haaren besetzt; Nabel eng, etwa $\frac{1}{10}$ des ∅ der Gehäuse. Mdg kaum breiter als h, URand nur schwach gerundet, mit einer weißen Lippe. *[Tr. sericea]*
Trichia (Tr.) plebeia – **Seidenhaarschnecke** (Abb. **249**/3) S. 251

8* Gehäuse mit (meist geraden) Härchen besetzt; Mdg höher als br, gerundet, ohne Lippe, Nabel fein stichförmig. *Perforatella (Pseudotrichia) rubiginosa* S. 250

9 **(1)** Gehäuse abgeflacht, wenig gewölbt, behaart od. unbehaart, Nabel weit, etwa $\frac{1}{4}$ des Gehäuse∅ **10**

9* Gehäuse kegelig-kugelig gewölbt, unbehaart, gekörnelt, Nabel eng od. fehlend **12**

10 Gehäuse zottig behaart. *Trichia (Tr.) villosa* (Abb. **249**/2) S. 250

10* Gehäuse unbehaart, entweder fein gekörnelt od. gestreift **11**

11 Gehäuse dünn, glänzend, Endwindung stumpfkantig gekielt.
Perforatella (Monachoides) umbrosa S. 250

11* Gehäuse derb, fein u. dicht rippenstreifig. *Trichia (Tr.) striolata* S. 251

12 **(9)** Nabel nicht od. nur halb bedeckt; sehr fein u. dicht gekörnelt.
Perforatella (Monachoides) incarnata (Abb. **249 A**/2) S. 250

12* Nabel fast od. ganz bedeckt; Gehäuse gröber gekörnelt.
Perforatella (Monachoides) vicina S. 250

Gattung *Perforatella* SCHLÜTER – **Laubschnecken**

P. (Perforatella) bidentata (GMELIN) – **Zweizähnige Laubschnecke** (Abb. **249 A**/1) G. Gehäuse kugelig-kreiselförmig, 7 sehr langsam an Größe zunehmende Windungen, letzte stumpfkantig. Mdg mondförmig, mit erweitertem, als Lippe ausgebildetem Mundsaum. Auf dem U-(Basal-)Rand 2 Höcker, denen außen 2 kleine

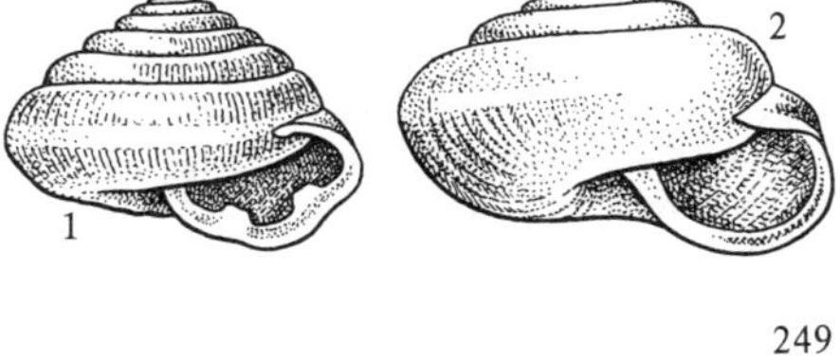

Abb. **249A/1–2**
1 *Perforatella bidentata*;
2 *P. incarnata*

Gruben entsprechen. OFläche fein gestreift, Gehäuse unten mehr glänzend als oben, hellbraun, an der Peripherie eine farblose Zone. 7–8,5 mm br, 5–6,5 mm h. – **V.** O-eur, bes. im N u. O, im Tiefland, vereinzelte Standorte in O-Holstein, auf der Bayerischen Hochebene, am Main. – **L.** Bes. Erlenbrüche, sumpfige Mischw, am Boden. – Na: vorwiegend tote organische Stoffe. Lebensdauer 2 J.

P. (Monachoides) umbrosa (C. PFEIFFER) – **Schattenlaubschnecke**
G. Gehäuse flach, grünlichbraun bis hornbraun, letzter Umgang an der Peripherie stumpfkantig gekielt. Nabel weit perspektivisch. 12 mm br, 6 mm h. – **V.** O-alp u. karpatisch, im SO, O-Bayern, Thüringen, S-Sachsen. – **L.** Wälder, Gebüsche, am Boden u. an Kräutern.

P. (M.) incarnata (O. F. MÜLLER) – **Rötliche Laubschnecke** (Abb. **249 A**/2)
G. Gehäuse matt, sehr dicht u. fein gekörnelt, graugelb bis rotbraun, Mundsaum-Lippe weiß bis rötlich, außen durchscheinend. 13 bis 16 mm br, 9–10 mm h. – **V.** M- u. SO-eur, verbreitet, häufig. – **L.** Gebüsche u. Wälder, zwischen Laub u. an Kräutern. Feuchtigkeit liebend. Na: Verwesende Pflanzenteile.

P. (M.) vicina (ROSSMÄSSLER) – **Südöstliche Laubschnecke**
G. Nabel geschlossen, Farbe meist hell, gelblich, grob gekörnelt. Lippe weiß. 12–15,3 mm br, etwa 8,8 mm h. – **V.** Karpatisch, isoliert im nördl. Fränkischen Jura, Fränkische Schweiz. – **L.** Unter Laub, Steinen, an Kräutern; verlangt größere Feuchtigkeit, daher oft an Bächen.

P. (Pseudotrichia) rubiginosa (A. SCHMIDT) – **Uferlaubschnecke**
G. Gehäuse kugelig, rötlichbraun, Gewinde stumpf-konisch; Haare kurz, meist gerade. 6–7 mm br, 4,3–5 mm h. – **V.** O-eur u. sibirisch, im Gebiet im Donautal, im mittleren u. unteren Rheintal, östl. bis Rügen. – **L.** Auf nassen Wiesen, in Erlenbüschen u. an fließenden Gewässern, am Boden.

Gattung *Trichia* s. l. HARTMANN – **Haarschnecken**

Tr. (Petasina) unidentata (DRAPARNAUD) – **Einzähnige Haarschnecke** (Abb. **249**/1)
G. Gehäuse hornfarben, oft mit hellem Band an der Peripherie, Behaarung oft hinfällig. 7–8 mm br, 5–6 mm h. Sehr variabel. – **V.** O-alp u. karpatisch, nördl. Kalkalpen, Bayerische Hochebene, nördl. ausstrahlend zum Erzgebirge, Böhmerwald. – **L.** GebWälder unter Fallaub, Geröll; kalkliebend.

Tr. (Edentiella) edentula (DRAPARNAUD) – **Zahnlose Haarschnecke**
G. Vor. Art sehr ähnlich, aber kleiner, 6–6,5 mm br, 4–4,8 mm h, – **V.** W-alp, Schwarzwald, Schwäbische Alb, Bayerischer Wald, entlang Salzach u. Inn, nördliche Kalkalpen. – **L.** Gebirgswälder, unter Laub u. Steinen, kalkliebend.

Trichia (Trichia) villosa (STUDER) – **Zottige Haarschnecke** (Abb. **249**/2)
G. Gehäuse fast scheibenförmig, runzelig-faltig gestreift u. zottig behaart, graubraun bis rötlichbraun. Nabel weit. Mundsaum mäßig erweitert, ringsum mit schwacher Lippe. 11–14 mm br, 6,5–7,8 mm h. – **V.** NW-alp, in den Kalkalpen vom Allgäu bis zum Wettersteingebirge, SW-deutsche Kalkgebiete, westl. schwäbisch-bayerische Hochebene, am Oberrhein, verschleppt in Mecklenburg. – **L.** Stark kalkgebunden, feuchte Gebüsche u. Wälder, an niederen Pflanzen.

Tr. (Tr.) striolata (C. PFEIFFER) – **Gestreifte Haarschnecke**
G. Gehäuse mit flach konischem Gewinde, fest, kräftig, rippenstreifig, grau bis rötlich-hornbraun, oft mit hellem Band an der Peripherie, Nabel weit, Mdg rundlich-mondförmig, innen mit flacher Lippe. 11–13 mm br, 6–7 mm h. In Form und Größe variabel, so *Tr. str.* f. *subcarinata* CLESSIN mit stumpf-kantigem letztem Umgang, *Tr. str.* f. *montana* C. PFEIFFER mit höherem Gewinde u. engerem Nabel. – **V.** NW-eur, im S des Gebietes (bes. Flußtäler u. im Tiefland). – **L.** Laubw unter Laub u. an Kräutern, kalkliebend.

Tr. (Tr.) plebeia (DRAPARNAUD) [*Tr. sericea* (DRAPARNAUD)] – **Seidenhaarschnecke** (Abb. **249**/3)
G. Gehäuse hellbraun bis dunkelbraun. Endwindung gerundet, 7–8 mm br, 5–5,5 mm h. Variabel (Gehäuse H u. Dauerhaftigkeit der Behaarung, Behaarung fehlt bei manchen Formen). – **V.** M-eur bes. im S- u. SW, M-Geb bis Thüringen u. Sachsen, im Tiefland nur an wenigen verstreuten Standorten (vielleicht verschleppt). – **L.** Wälder u. Gebüsche im Berg- u. Hügelland, auch auf trockeneren Stellen, am Boden.

Tr. (Tr.) lubomirskii (SLOSARSKI)
G. Voll ausgebildete Gehäuse unbehaart. Mundsaum sehr wenig erweitert, Lippe nur angedeutet. 7–9 mm br, 5,5–7 mm h. – **V.** Karpatisch, Sudeten u. Vorland. – **L.** Gebüsche, am Boden, feuchte Wiesen, auch trockenere Stellen im Gras u. unter Steinen.

Tr. (Tr.) suberecta (CLESSIN)
G. Kugelförmig; 7–10 mm br, 5–7 mm h; Nabel eng; 5–7 dicht behaarte Umgänge; Mdg rund, innen schwach gelippt. – **V.** Alp (?), SW-Schwäbische Alb. – Artstatus der Formen der Schwäbischen Alb noch nicht eindeutig geklärt.

Tr. (Tr.) clandestina (HARTMANN) – **Aufgeblasene Haarschnecke**
G. Mit sich stärker erweiternden Umgängen, gedrückt konisch, 10–11 mm br, 6–7 mm h; Nabel weit, jedoch nicht alle Umgänge zeigend. Mdg gerundet, innen weiß gelippt. – **V.** Alp (?), im Hegau. – **L.** Zwischen 400 u. 1 000 m H, synanthrop in Gärten u. Parkanlagen.

Tr. (Tr.) hispida (L.) – **Gemeine Haarschnecke** (Abb. **249**/4)
G. Gehäuse gestreift, graubraun bis rotbraun, meist mit hellerer Binde am letzten Umgang, Haare gekrümmt, hinfällig, aber Haarnarben hinterlassend, Mundsaum mit bes. am URand der Mdg kräftiger, gerader Leiste. Nabel weit. 7–8,5 mm br, 4,5–5 mm h. Sehr variabel (Größe, Behaarung, H u. Nabelweite). – **V.** Eur, bes. nördl. Tiefland, im S nur verstreut. – **L.** Gebüsche, Hekken, feuchte Wiesen, Ufer; am Boden unter Moos, Laub, Holz, Steinen, auch unter Steinschuttmassen menschlicher Siedlungen.

Tr. (Tr.) graminicola FALKNER – **Haldenhaarschnecke**
G. Sehr gedrückt, OS nahezu platt, US abgeflacht, 9,3–11 mm br, 4,5–5,5 mm h; Naht mäßig tief. Endwindung an der Peripherie leicht geschultert; Nabel weit; Mdg schief elliptisch, oben u. unten abgeflacht. Mundsaum wenig erweitert u. gelippt. Gehäusefarbe braun, leicht glänzend. – **V.** Endemisch. S-Baden (Blumenberg). – **L.** Lichte, vergraste Kiefernwälder.

Gattung *Euomphalia* WESTERLUND – **Laubschnecken**

E. strigella (DRAPARNAUD) – **Große Laubschnecke** (Abb. **253**/1)
G. Gehäuse gedrückt-kugelig, fest, weit genabelt, Nabelweite etwa ¼ des Gehäuse∅, hellgrau bis bräunlich, oft mit hellem Band an der Peripherie, OFläche stark rippenstreifig, jung behaart, voll ausgebildet mit Haarnarben. 6 Umgänge; Mdg fast kreisrund, Mundsaum scharf, innen weißlippig. 13–15 mm br, 9–10 mm h. – **V.** M-eur, im Gebiet bes. im S; nicht im NW des deutschen Tieflandes; verstreut, aber fast allgemein verbreitet. – **L.** Bevorzugt warme, trockene Hänge mit lichtem Gebüsch, kalkliebend; am Boden unter Gras u. Moos.

Unterfamilie *Helicodontinae*

Gattung *Helicodonta* FÉRUSSAC – **Riemenschnecken**

H. obvoluta (O. F. MÜLLER) – **Riemenschnecke** (Abb. **253**/2)
G. Gehäuse dick scheibenförmig, Gewinde eingesenkt, Nabel weit, 6 Umgänge; Mundsaum erweitert u. gelippt; flacher Wulst auf dem Außenrand, ein schwächerer auf dem URand, Mdg dadurch dreibuchtig; Gehäuse behaart od. wenigstens mit Haarnarben. Etwa 11 mm br, 5 mm h. – **V.** M-eur, im Gebiet in allen M-Geb, Alpenvorland, vereinzelt in Kalkalpen; isoliert in Schleswig-Holstein (am Ukleisee). – **L.** Unter Laub, Steinen, Holz, in Wäldern (bes. Buchenwald), Hecken; kalkliebend. – **B.** Bei Trockenheit Gehäuse mit pergamentartiger Haut verschlossen.

Unterfamilie *Campylaeinae*

Vorwiegend alp Felsenschnecken mit flachem Gehäuse. Einige Arten weichen in Form u. Lebensweise ab, stimmen aber anatomisch so gut mit den Felsenbewohnern überein, daß nahe Verwandtschaft nicht zu bezweifeln ist.

Gattungen *Helicigona* RISSO – **Steinpicker,** *Chilostoma* s l. FITZINGER und *Campylaea* BECK – **Felsenschnecken**

1 Gehäuse linsenförmig, fein gekörnelt, graubraun, oft mit rotbraunen Flecken. Endwindung scharf gekielt, an der Mdg stark herabgebogen; Mundsaum zusammenhängend u. gelöst, 16–17 mm br, 7,5–8,5 mm h; Mundsaum zusammenhängend u. gelöst. – **V.** W- u. M-eur, im S u. in den M-Geb allgemein verbreitet, im Tiefland verstreut in Buchenwäldern. – **L.** An Felsen, Mauern (Ruinen) u. Buchenstämmen. *Helicigona lapicida* (L.) – **Steinpicker** (Abb. **253**/3)
Gehäuse dick, linsenartig mit stärker konisch erhobenem Gewinde, US gewölbt; Endwindung in der M stumpf gekielt. Nabel weit u. offen. Etwa 25–30 mm br, 14–18 mm h. – **V.** O- u. S-karpatisch, in Quedlinburg (Zentralfriedhof) 1965 eingebürgert, seither eine feste Population bildend.
Chilostoma (Drobacia) banaticum (ROSSMÄSSLER)
1* Endwindung nicht gekielt, sondern gerundet 2

2 Gehäuse ± hornbraun, durchscheinend, mit dunklem Band an der Peripherie 3

2* Gehäuse hell, grauweiß, gelblichweiß, undurchsichtig, meist mit braunem Band an der Peripherie, OS sehr flach, 5 sich rasch erweiternde Umgänge; Mundränder stark genähert; Nabel weit offen; Gehäuse 20–27 mm br, 10–12 mm h. – **V.** S-alpin, S-Bayern, im Bereich der Allgäuer Alpen, bei Marktschellenberg. Umgebung von Reichenhall. Mehrfach erfolgreich angesiedelt: Staffelstein (Maintal), Ehrenbürg u. Burg Rabenstein (Fränkische Schweiz), Ziegenfelder Tal (Obermain-Gebiet), Seidmannsdorf bei Coburg, Park von Schloß Altenstein b. Bad u. Burg Liebenstein (Thüringen); andere sekundäre Vorkommen inzwischen wieder erloschen. – **L.** An Kalkfelsen u. Mauern, Lebensdauer 4–5 J.
Chilostoma (Cingulifera) cingulatum (STUDER) – **Große Felsenschnecke** (Abb. **253**/4)

3 Gehäuse flach scheibenförmig, hornfarben mit rotbraunem Band über der Peripherie, darunter eine hellere Zone, unter ihr ein unscharfes rotbraunes Band. Nabel weit, perspektivisch, ½ der Br der Endwindung. 5–5½ Umgänge. 17–29 mm br, 7–12 mm h. – **V.** O-alp, Bayerische Kalkalpen (nicht an Kalk gebunden). – **L.** Schatten- u. feuchtigkeitsliebend, nicht an kahlen Felsen. *[H. ichtyomma]*
Chilostoma (Chilostoma) achates (ROSSMÄSSLER) – **Fischäugige Felsenschnecke**

3* Gehäuse dick scheibenförmig mit niedrigem Gewinde, hornfarben mit schmalem rotbraunen Band über der Peripherie in einer hellfarbigen Zone. Wachstumsabsätze durch gelbweiße quere Binden erkennbar. Nabel mäßig weit. 5–5½ Umgänge. Etwa 26–27 mm br, 12–13,5 mm h. – **V.** Dinarisch-S-alp, an der Ruine Donaustauf bei Regensburg angesiedelt. – **L.** Kalkliebend, an bewachsenen Mauern u. auf dem Boden.
Chilostoma (Campylaea) planospirum (LAMARCK) – **Flache Felsenschnecke**

Gattung *Arianta* TURTON – **Schnirkelschnecken**

A. arbustorum (L.) – **Gefleckte Schnirkelschnecke** (Abb. **253**/5)
G. Gehäuse groß, 18–25 mm br, 20–21 mm h. In höheren Lagen der Alp Zwergformen (etwa 11 mm br, 10 mm h), kugelig, mit 5½ Umgängen u. meist konisch

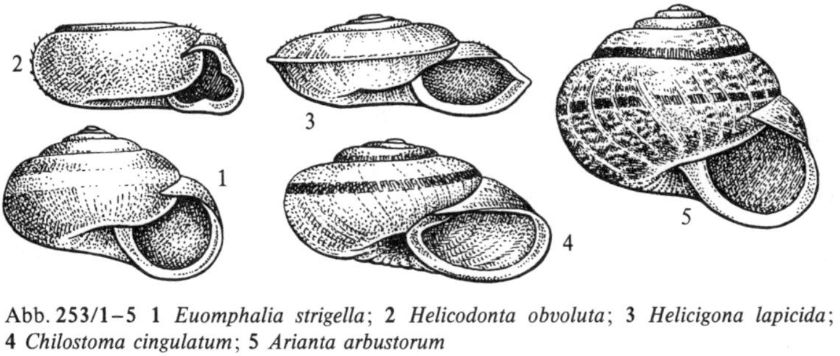

Abb. **253/1–5** **1** *Euomphalia strigella*; **2** *Helicodonta obvoluta*; **3** *Helicigona lapicida*; **4** *Chilostoma cingulatum*; **5** *Arianta arbustorum*

erhobenem Gewinde, bedeckt-durchbohrt, meist braun mit dunklem Band an der Peripherie u. strohgelben, undurchsichtigen Fleckchen u. Striemen. Skulptur aus Streifen u. sehr feinen Spirallinien. Mdg rundlich, Mundsaum erweitert, weiß. Form u. Farbe variabel, niedergedrückt od. so h wie br. An schattigen Standorten auf kalkarmen Böden oft sehr dünnschalig u. einfarbig dunkelbraun. – **V.** W- u. M-eur, im Gebiet allgemein verbreitet. – **L.** Feuchte Wälder u. Gebüsche, auch Wiesen; Tiefland, Hügelland u. Geb. – **B.** Lebensdauer 3–5 J. Begattung wie bei *Helix pomatia* (s. S. 256) jedoch beim Vorspiel Anwendung eines muskulösen Reizkörpers, der auch die Geschlechtsöffnung des Partners auffinden hilft. Na: Blätter von Bäumen u. Sträuchern, Kräuter, Pilze, Beeren.

Gattungen *Isognomostoma* FITZINGER und *Causa* SCHILEYKO – **Maskenschnecken**

Klein, bis 12 mm br, Gehäuse behaart, gedrückt-kugelig od. dick-scheibenförmig, ungenabelt od. genabelt.

1 Gehäuse gedrückt-kugelig, Gewinde wenig erhoben, hornbraun, dicht gekörnelt u. ziemlich lg behaart. 5 Umgänge, Mdg dreibuchtig. Außen- u. Spindelbasalrand mit einem Zahn auf der MdgsWand, auf der Mdg eine hohe weiße Lamelle. Nabel vom Spindelumschlag ganz od. fast ganz bedeckt. Etwa 6 mm h, 10,5 mm br. – **V.** Alp u. karpatisch, von den Bayerischen Alpen zum Oberrhein, Niederrhein spärlich; alle M-Geb bis zum Harz; nicht im norddeutschen Tiefland. – **L.** Unter Steinen, Laub u. Holz in Wäldern. [*I. personatum* (LAMARCK)]
Isognomostoma isognomostoma (SCHRÖTER) – **Maskenschnecke** (Abb. 255/1)

1* Gehäuse fast scheibenförmig, Gewinde kaum erhoben; hornbraun, fein gekörnelt u. mit sehr kurzen Haaren besetzt. 5 Umgänge. Mdg ohne Leiste, auf Außen- u. Basalrand je ein Zahn, dem außen hinter der Mdg eine Grube entspricht. Nabel offen. 5,2–5,5 mm h, 11–12 mm br. – **V.** Alp u. karpatisch, im Gebiet in den Alp u. in den östl. M-Geb: Bayerischer Wald, Fränkische Schweiz, N-Fränkischer Jura, Fichtelgebirge, auch bei Kehlheim a. D. – **L.** In GebWäldern, unter morschem Holz, Steinen u. Laub.
Causa holosericum (STUDER) – **Genabelte Maskenschnecke**

Unterfamilie *Helicinae*

Gattung *Cepaea* – **Bänderschnecken (Schnirkelschnecken)**

G. Gehäuse kugelig, ungenabelt (jung geritzt genabelt u. mit dünnem Mundsaum), lebhaft gefärbt, weißgelb bis gelb od. von blaß fleischfarbig über rosa, braunrot bis dunkelbraun, ungebändert od. mit 1–5 spiraligen Bändern, davon 3 oberhalb u. 2 unterhalb der Peripherie (von oben nach unten als Band 1–5, fehlendes Band mit 0 bezeichnet, Verschmelzungen von Bändern kommen vor. 89 Kombinationen möglich!) Bänder dunkelbraun bis schwarz. Außerdem auch durchsichtige u. undurchsichtige milchige Stellen auf dem Gehäuse. Die meisten Varianten sind erblich, unterliegen Selektion durch Umweltfaktoren. Manche Varianten allgemein verbreitet, andere nur örtlich. – **B.** Lebensdauer mehrere J! Begattung wie bei *Helix pomatia*, doch sollen die Partner ihre Liebespfeile gleichzeitig ausstoßen. Na: vorwiegend frische Pflanzenteile.

1 OFläche des Gehäuses rippenstreifig; Grundfarbe von weiß über weißgelb bis bräunlichgelb, fast immer fünfbändrig; Band 5 am breitesten, dicht um Nabelgegend liegend. 5–5½ Umgänge: Mundsaum u. Nabelgegend hellbraun. 17–18 mm h, 20–21 mm br. – **V.** SO-eur, im S des Gebietes, meist den Flüssen folgend od. von ihnen verschleppt. Elbetal nördl. bis Meißen u. Triebischtal, bei Passau, bei Donaustauf (angesiedelt). – **L.** Buschwerk warmer Täler u. Hänge.
C. vindobonensis (FÉRUSSAC) – **Gerippte Bänderschnecke**

1* Gehäuse nur gestreift, mit od. ohne Spirallinien **2**

2 Gehäuse der OFläche mit Spirallinien, Gehäuse kugelig-konisch. 5–5¼ Umgänge. Weißlich bis gelbweiß, stets gebändert, Band 1 u. 2, oft auch 1–5 in Flecke aufgelöst. Nabelgegend u. Lippe rosa od. hellbraun. 15–16 mm h, 19–20 mm br. – **V.** W-alp, im Gebiet im oberen Rheintal bei Karlsruhe u. Worms, wohl vom Fluß verschleppt. Bei Landsberg am Lech angesiedelt. – **L.** Feuchte Wälder.
C. silvatica (DRAPARNAUD) – **Fleckenstreifige Bänderschnecke (Wald-Schnirkelschnecke)**

2* Gehäuseskulptur ohne Spirallinien, 4½–5½ mäßig gewölbte Umgänge. Mundsaum weiß od. dunkelbraun bis schwarz **3**

3 Mundsaum, Lippe u. Nabelfeld weiß, selten (Variante *fuscolabiata*) bräunlich. Mdg meist breiter als h, parallelseitig. Band 5 meist von Nabelgegend entfernt. 15–16 mm h, 19–21 mm br. – **V.** W- u. M-eur, weiter nach N u. weniger weit nach S verbreitet als *C. nemoralis*; allgemein verbreitet. – **L.** Gebüsche, lichte Wälder, Hecken, auch an Felsen u. Mauern.
C. hortensis (O. F. MÜLLER) – **Weißmündige Bänderschnecke (Garten-Schnirkelschnecke)** (Abb. 255/2)

3* Nabelfeld u. MdgsWand braun. MdgsLippe braunrot bis schwarz. Band 5 dem Nabelfeld genähert, Mdg br, gerundet. 17–18 mm h, 22–23 mm br. – **V.** W-eur, allgemein außer im Odergebiet. – **L.** Bes. Kulturgelände (Gärten, Parks, Bahndämme), auch Hecken, Gebüsche, lichte Wälder, an Mauern u. Felsen.
C. nemoralis (L). – **Schwarzmündige Bänderschnecke (Hain-Schnirkelschnecke)** (Abb. 255/3)

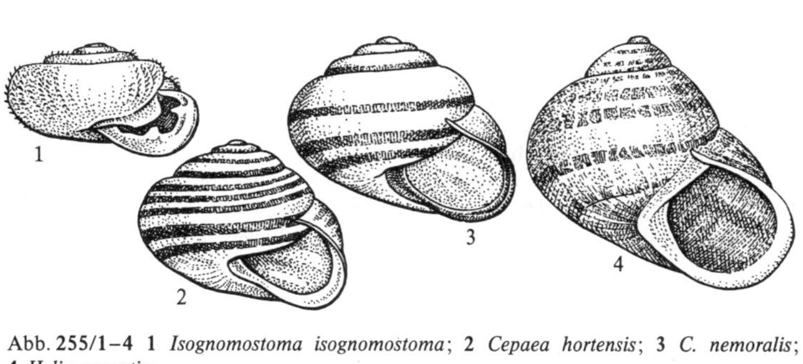

Abb. 255/1–4 **1** *Isognomostoma isognomostoma*; **2** *Cepaea hortensis*; **3** *C. nemoralis*; **4** *Helix pomatia*

Bei letztgenannten beiden Arten manchmal Albinos. Auch Bastarde zwischen beiden Arten kommen gelegentlich vor; sie sind aber nur anatomisch sicher festzustellen u. gleichen in ihren Merkmalen teils der einen, teils der anderen Elternart, einige Merkmale sind intermediär.

Gattung *Helix* s. l. L. – **Weinbergschnecken**

Gehäuse groß, über 30 mm h, kugelig mit erhöhtem Gewinde; 4½–5 schnell an Größe zunehmende Windungen, letzte bauchig; Mdg groß, höher als br, rundlich; Spindelrand umgeschlagen, den Nabel fast ganz bedeckend.

1 Gehäuse durchschnittlich 38–40 mm lg u. br, bisweilen auch mehr (Br u. Lg variabel), rippenstreifig u. mit feinen Spirallinien, gelbbraun, meist mit 5 oft ± vereinigten dunklen Bändern. Mundsaum bei voll entw Gehäusen stumpf, innen mit undeutlicher Lippe; Nabelritz vorhanden. – **V.** M- u. SO-eur, überall im Gebiet, aber im N eingeführt, vielfach verwildert u. von selbst weiter verbreitet. – **L.** Gebüsche, Hecken, lichte Wälder, auch an Mauern (z. B. Ruinen). Kalkhaltiger Untergrund wird bevorzugt. – **B.** Voll entw u. fortpflanzungsfähig im 3.–4. LebensJ. Lebensdauer durchschnittlich 6 J. Paarungszeit V–VIII. Vor Begattung Liebesspiel, bei dem sich die Partner in aufrechter Haltung mit aneinandergepreßten u. sich reibenden Fußsohlen betasten u. belecken. Dann Ruhepause, erneutes Liebesspiel. Bei einem Partner Austreten von Vagina u. Pfeilsack. Entleerung wäßriger Flüssigkeit aus den Schleimdrüsen. Ausstoßen des Liebespfeiles. Pause, gleiche Reaktion (Liebespfeil) des anderen Partners, Austreten der Genitalien beider u. nach längeren Begattungsversuchen die eigentliche, wenige min dauernde Kopulation mit Übertragung einer Spermatophore. Die rechten KopfS sind dabei einander zugekehrt u. jedes Tier hat ♂ u. ♀ Funktion (?). Jährlich in der Regel nur eine Legeperiode (im Gegensatz zu vielen anderen Landschnecken). Eier rund, 5–6 mm ∅, mit Kalkschale. Ablage der etwa 40–60 Eier in einer von der Schnecke durch drehende Bewegungen des VKörpers hergestellten Erdhöhle. Bei Trockenheit im Sommer Verschluß der Gehäuse wie bei vielen anderen Landschnecken durch Schleimhäutchen. Etwa X–IV in der Erde eingegraben, mit Kalkdeckel (Epiphragma). – ▽

H. pomatia L. – **Weinbergschnecke** (Abb. 255/4)

1* Gehäuse dünner u. kleiner (bis etwa 35 mm h, bis 38 mm br), mit höherem Gewinde. Skulptur netzartig-runzelig; gelblich mit 5 dunklen Bändern, außerdem mit gelben Striemen u. Flecken. Mundsaum deutlich weiß gelippt, Nabel fast ganz verschlossen. – **V.** Medit u. N-eur, im Gebiet ostwärts bis zum Rheintal (im Nahe- u. Neckartal), am Niederrhein, am Bodensee. Sonstige Vorkommen vermutlich auf Verschleppung mit Gemüse beruhend. Populationen nicht immer beständig. – **L.** Gelegentlich in Gärten. – ▽

H. (Cornu) aspersa (O. F. MÜLLER) – **Gefleckte Weinbergschnecke**

Mit Gemüse aus S-Eur werden gelegentlich auch junge *H. aperta* BORN eingeschleppt; nur 3½ Windungen, letzte sehr groß, Mundsaum mit dünner weißer Lippe, Skulptur faltenstreifig. 28 mm h, 20 mm br, Farbe oliv-rotbraun. Stößt beunruhigt mit zischendem Geräusch Schleimblasen aus.

Ordnung *Basommatophora* – **Süßwasserlungenschnecken**

Augen an der Basis der kontraktilen Fühler. Stets mit Gehäuse. Geschlechtsöffnungen getrennt. Meist Süßwasser, einige Arten am Meeresstrand od. an feuchten Stellen im Binnenland.

Familie *Ellobiidae* – **Küstenschnecken**

Vom Leben am Meeresstrand auch zum Landleben übergegangen. Im Gebiet nur die an der Küste lebende *Ovatella myosotis* u. im Binnenland *Carychium*. Kennzeichnend sind Lamellen an MdgsWand u. Spindel. Gehäuse lg-eiförmig bis spindelförmig.

Gattung *Carychium* (O. F. MÜLLER) – **Zwerghornschnecken**

Gehäuse sehr klein, 2 mm h, gestreckt-eiförmig bis spindelförmig, frisch farblos, durchscheinend, verwittert weißlich. 5 Umgänge. Je ein Zahn auf MdgsWand, Spindel u. Außenlippe. Variabel, Unterscheidung oft schwierig. – **V.L.** Nicht genau bekannt. – **B.** Eier in einer eiweißartigen Masse, angeklebt. Na: Moder.

1 Gehäuse verlängert-eiförmig, meist kaum doppelt so h wie br. Mdg fast ½ der GesamtH, Gehäuse fein u. regelmäßig gestreift. H : Br = 1,6 (bis 2) : 1. – **V.** Eurosibirisch, bes. im N u. in der M des Gebiets, im S mit der folg. Art im gleichen Gebiet, bisweilen am gleichen Fundort. Vorzugsweise in der Ebene u. in niederen Gebirgslagen. – **L.** Bes. nasse Wiesen u. an Quellen, unter Laub u. morschem Holz, im Moos.

C. minimum (O. F. MÜLLER) – **Bauchige Zwerghornschnecke** (Abb. **257**/1)

1* Gehäuse schlank-spindelförmig, mehr als doppelt so h wie br, manchmal fast glatt. H : Br = 2,1–2,4 : 1. Umgänge flacher, Mdg weniger als ½ der GesamtH. – **V.** Eur, im Gebiet ähnlich wie *C. minimum* verbreitet, in Brandenburg nicht sel-

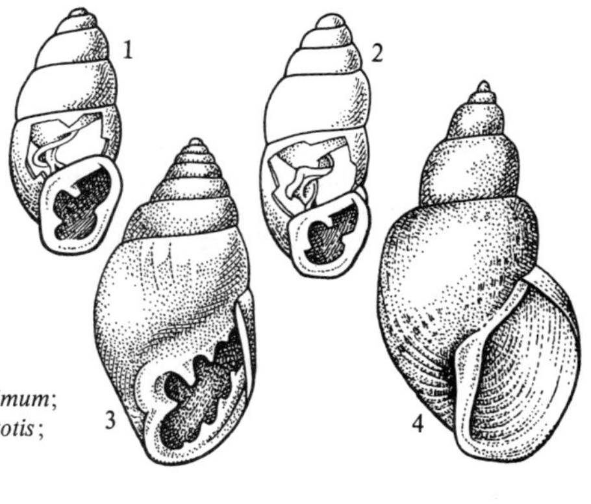

Abb. **257/1–4** 1 *Carychium minimum*; 2 *C. tridentatum*; 3 *Ovatella myosotis*; 4 *Galba truncatula*

ten, vorwiegend im S. – **L.** Trockenere Orte als vor. Art; Wälder, Gebüsche; unter Steinschutt.

C. tridentatum (RISSO) – **Schlanke Zwerghornschnecke** (Abb. 257/2)

Zur Unterscheidung beider Arten ist das Verhältnis H:Br in der Regel ein brauchbares Merkmal: *C. minimum* <2; *C. tridentatum* >2.

Gattung *Ovatella (Myosotella)* BIVONA – **Mäuseöhrchen**

Ovatella (M.) myosotis (DRAPARNAUD) – **Mäuseöhrchen** (Abb. 257/3)

G. Gehäuse länglich-eiförmig, mit spitzem Gewinde, glänzend-braun; Mdg spitz-eiförmig, 1 Falte auf der Spindel, 1 od. 2 Falten auf der MdgsWand, bisweilen 1 Höcker auf der Außenlippe. 6–8 mm h, 3–3,5 mm br. – **V.** Medit-lusitanisch, an einigen Stellen der Nord- u. Ostseeküste (östl. bis Poel). – **L.** Strand u. Brackwassertümpel, an Tang u. Treibholz, unter Steinen. Außendeichwiesen mit starken Schwankungen von Salzgehalt u. Feuchtigkeit, stehende Nässe u. auflaufendes Wasser meidend. – **B.** Begattung nur einseitig trotz Zwittrigkeit. Gelege in kleinen gelatinösen Laichballen in Erdspalten. Na: Kieselalgen, Detritus, Schlick.

Familie *Lymnaeidae* – **Schlammschnecken**

Breite, dreieckige Fühler. – **L.** Süßwasser u. z.T. Brackwasser, vorwiegend in stehenden Gewässern an Pflanzen u. auf dem Boden, aber auch in der Brandungszone von Seen u. in Flüssen. Gehäuse sehr variabel in Anpassung an jeweiligen Standort. (Bestimmung dadurch erschwert)! – **B.** Atmung in der warmen Jahreszeit durch Aufnahme von atmosphärischem Sauerstoff an der Wasseroberfläche, außerdem u. im Winter Hautatmung. Begattung meist einseitig, gelegentlich auch Paarungsketten, in denen das unterste Tier ♀, das oberste ♂, das mittlere beide Funktionen ausübt. Auch nicht erwachsene Tiere sind schon fortpflanzungsfähig. Selbstbegattung u. Selbstbefruchtung kommen vor. Eier in von einer Kapsel umgebenen gallertigen Gelegen von länglich-ovaler Form an Pflanzen u.ä. Lebensdauer 2–3 J? Häufig leben in Schlammschnecken EntwStadien parasitischer Saugwürmer (s. S. 86ff.). Na: Algen, faulende u. frische Wasserpflanzen, Aas. Mikroorganismen der OFläche des Wassers werden leckend aufgenommen.

1 Gehäuse sehr zart, fast kugelrund, glashell, 3–3½ sehr schnell zunehmende Umgänge; Gewinde klein, stumpf, Mdg br-eiförmig. 13–14 mm h, 11–11,5 mm br. Gehäuse vom Mantel zum großen Teil umhüllt. – **V.** Boreal, im Gebiet bes. im Tiefland, sonst vereinzelt (Saargebiet, Pfalz, bei Dillingen u. Regensburg), die Mehrzahl der Standorte erloschen, so im O nur noch am Ueckersee b. Prenzlau. – Im Aussterben begriffen. – **L.** Pflanzenreiche, ruhige Gewässer.

Myxas glutinosa (O.F. MÜLLER) – **Mantelschnecke**

1* Gehäuse nie fast kugelrund, derb, meist hornfarben; nicht vom Mantel umhüllt. *Galba, Lymnaea Radix, Stagnicola* S. 259

Gattungen *Galba* SCHRANK, *Lymnaea* LAMARCK, *Radix* MONTFORT, *Stagnicola* LEACH – **Sumpf- und Schlammschnecken**

1 Gewinde so lg od. länger als Mdg (Ausnahme: die in der Brandungszone von Seen lebende *L. stagnalis* f. *lacustris*, s. unten), 6–8 Umgänge (nur bei *L. truncatula* 5–5½) 2

1* Gewinde immer kürzer als Mdg, nur 4–5 Umgänge 5

2 Gehäuse klein, meist nur etwa 10 mm h, 5–5½ stark gewölbte u. stufig gegeneinander abgesetzte Windungen; Endwindung nicht stark erweitert; Mdg ziemlich schmal, Spindel fast gerade; Nabel eng geritzt. 7–13,8 mm h, 4–6,3 mm br. Mdg 3,5–4 mm. – **V.** Holarkt, im Gebiet allgemein verbreitet. – **L.** Kleine u. sehr kleine Gewässer, Gräben, Quellen u. ä., selbst an feuchten Felsen. Zeitweilig an Pflanzen usw. über dem Wasser. – **B.** Zwischenwirt des Großen Leberegels (*Fasciola hepatica* L.), s. S. 101.

Galba truncatula (O. F. MÜLLER) – **Kleine Sumpfschnecke (Leberegelschnecke)** (Abb. **257**/4)

2* Gehäuse größer, wenn nicht über 13–15 mm, dann Windungen nicht stark gewölbt u. nicht stufig gegeneinander abgesetzt 3

3 Gehäuse sehr groß, 48–60 mm h, 22–30 mm br, Gewinde fast so h od. höher als die Mdg, spitz ausgezogen, seine SLinie ± konkav; Umgänge schwach gewölbt, letzter stark bauchig aufgetrieben. Spindelfalte deutlich. Ohne Nabel, OFläche ± hornbraun, oft durch Niederschläge verfärbt, häufig mit unregelmäßigem Netzwerk von Leisten u. Gruben (hammerschlägig). Sehr variabel (Verhältnis von Gewinde u. GehäuseH, Form des letzten Umganges u. der Mdg). *L. st.* f. *lacustris* STUDER aus der Brandungszone großer Seen im N u. S ist festschalig. Gewinde kurz, kaum halb so h wie die verbreiterte Mdg, aber 6 Umgänge. – **V.** Holarkt, im ganzen Gebiet, außer HochGeb. – **L.** Pflanzenreiche große u. kleine Gewässer mit ruhigem Wasser (Ausnahme *L. st.* f. *lacustris*), Gelegentlich auch im Brackwasser.

Lymnaea stagnalis (L.) – **Spitzhorn (-Schlammschnecke)** (Abb. **260**/1)

3* Gehäuse kleiner, Endwindung nicht bauchig erweitert. SLinie des Gewindes gerade od. konvex. Spindelfalte vorhanden. Ohne Nabel 4

4 Gehäuse schlank-turmförmig, Gewinde doppelt so h wie Mdg. 7–8 schwach gewölbte Windungen, die beiden letzten ½ der GehäuseH. SLinie konvex, Gehäuse 12–15 mm h, 4–4,5 mm br; Mdg 4,5–5 : 2,5–3 mm. – **V.** NW-eur, vor allem in NW-deutschen Tiefland, im O u. S selten. Südl. des Mains fehlend. – **L.** Gräben u. Sümpfe.

Stagnicola glabra (O. F. MÜLLER) – **Längliche Sumpfschnecke** (Abb. **260**/2)

4* Gehäuse getürmt-eiförmig bis turmförmig, groß u. bauchig; Mdg h. Gewinde konisch, große u. kleine Arten, ungenabelt.

a) 6–8 schwach gewölbte Umgänge, Endwindung groß u. deutlich erweitert; Gewinde niedriger als die Mdg od. fast genauso h. Gehäuse festwandig, OFlächenskulptur grob. 11–22 mm h, 11,5–7,5 mm br. – **V.** Holarkt, im Gebiet durchgehend verbreitet. – **L.** Pflanzenreiche, stehende Gewässer, auch in Stillwasserzonen von Fließgewässern. In der Form variabel. In der Brandungszone großer Seen (im N-deutschen Tiefland) die gedrungene u. mit verkürztem Gewinde versehene (Reaktionsform) *St. corvus* f. *peregriformis* (MILLER).

St. corvus (GMELIN) – **Große Sumpfschnecke** (Abb. **260**/3)

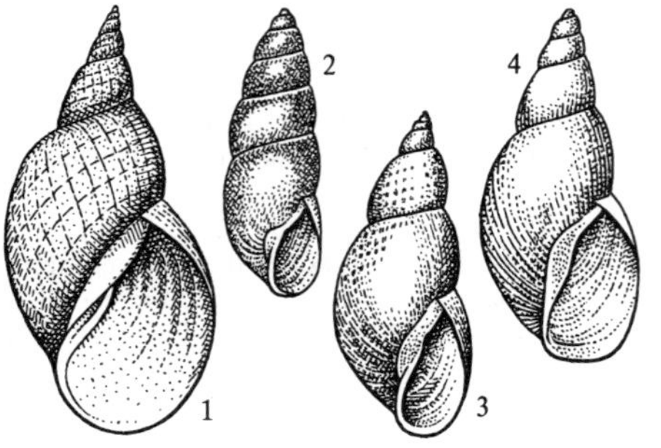

Abb. **260/1–4**
1 *Lymnaea stagnalis*;
2 *Stagnicola glabra*;
3 *S. corvus*;
4 *S. palustris*

b) 6–8 gewölbte Umgänge, Naht eingetieft; Endwindung nur gering erweitert. Gewinde deutlich höher als Mdg. OFlächenskulptur feiner als bei *St. corvus*. – **V.** Holarkt, im Gebiet verbreitet. – **L.** Im Uferbereich größerer stehender Gewässer (auch im Brackwasser). In der Form variabel.

St. palustris (O. F. MÜLLER) – **Gemeine Sumpfschnecke** (Abb. **260**/4)

c) Gehäuse schlanker als bei den vor. Arten u. von geringerer Größe 11,9–16,3 mm h, 5,1–7,3 mm br. Gewinde h; SLinie gerade bis wenig konkav. Umgänge leicht abgeplattet; OFlächenskulptur allgemein feiner als bei *St. palustris*; Mdg häufig mit kräftiger, rotbrauner Schwelle. – **V.** Pal (? noch ungeklärt), im Gebiet aus dem Donautal belegt. – **L.** Vgl. die beiden vor. Arten, jedoch offenbar am besten an Austrocknung angepaßt. Klein- u. Temporärgewässer. Erst in jüngster Zeit als Art bestätigt.

St. turricula (HELD) – **Mittlere Sumpfschnecke**

5 **(1)** Gehäuse länglich-eiförmig, meist höher als br, Gewinde ⅓–¼ der GehäuseH einnehmend; Spindel meist gerade verlaufend od. wenig gedreht, Spindelfalte schwach, Nabelritz meist offen (Heute gelten die beiden früher als Formen aufgefaßten Unterarten als selbständige Arten.) **6**

5* Gehäuse ± br-ohrförmig, erste Umgänge bilden das kleine, spitze Gewinde, der 4. (letzte) sehr groß, aufgeblasen; Mundsaum stark erweitert. ORand der Mdg bildet einen nach oben gerichteten Bogen. Spindel sehr gedreht; mit Falte u. Callus (Wulst), der den Nabel ganz verschließt. 25–30 mm h, 20–30 mm br. Mdg 27:20 od. mehr. – **V.** Pal, im Gebiet außer HochGeb, weit verbreitet. – **L.** Größere pflanzenreiche stehende u. langsam fließende Gewässer (Altwässer, Teiche, ruhige Seebuchten). Bis 25 m Wassertiefe, max. Salzgehalt 0,6 %. Bildet Reaktionsformen. *Radix auricularia* (L.) – **Ohrschlammschnecke** (Abb. **261**/1)

6 Gehäuse spitz-eiförmig, 4½–5 gleichmäßig u. langsam zunehmende Umgänge, Endwindung ± geschultert, Außenrand der Mdg am Ansatz scharf nach unten geknickt. 10–16 mm lg, 6–9,5 mm br. Gehäuse dunkel hornfarben bis bräunlich. Weichkörper flächig dunkel pigmentiert mit hellen, punktförmigen Aussparungen. – **V.** Pal, im Gebiet verbreitet u. häufig. – **L.** In kleinen stehenden od. langsam fließenden Gewässern, im Moor, auch in höheren Lagen.

R. peregra (O. F. MÜLLER) – **Gemeine Schlammschnecke** (Abb. **261**/2)

6* Gehäuse breiter als h, 4½–5 sich rasch erweiternde Umgänge, Endwindung bau-

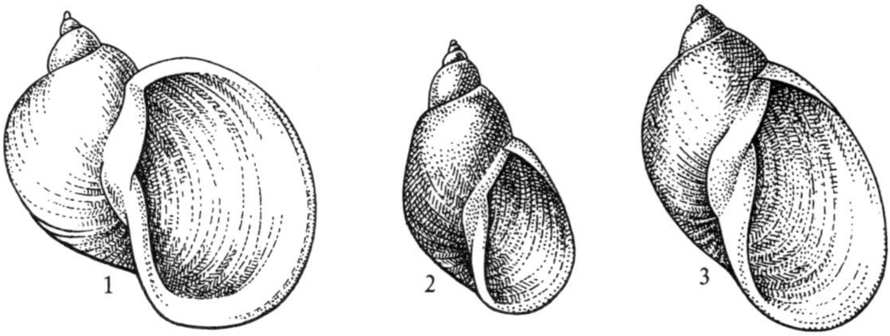

Abb. **261/1–3** **1** *Radix auricularia*; **2** *R. peregra*; **3** *R. ovata*

chig anwachsend; Mdg weit geschwungen (eiförmig). 19–23 mm lg, 13–15 mm br, Gehäuse hornfarben bis gelblich. Mantelpigmentierung: dunkle Punktierung auf hellem Untergrund. – **V.** Pal, im Gebiet verbreitet u. häufig. – **L.** In pflanzenreichen stehenden u. langsam fließenden Gewässern. Bis in 18 m Wassertiefe. Maximaler Salzgehalt bis 1,4 %.

R. ovata (DRAPARNAUD) – **Eiförmige Schlammschnecke** (Abb. **261**/3)

Eingeschleppte Arten:

Lymnaea columella SAY [*L. peregrina* CLESSIN]
Gehäuse eiförmig, Gewinde zugespitzt, Windungen wenig gewölbt, Mdg oval, höher als Gewinde, Skulptur aus deutlich spiralen Fältchen bestehend. Etwa 20 mm h, 10–12 mm br. In Botanischen Gärten u. Gärtnereien in Warmhäusern, aus N-Am eingeschleppt (gelegentlich im Freiland).

L. cubensis PFEIFFER sehr ähnlich der *Galba truncatula* (S. 259), Mdg weniger h als das Gewinde, letzter Umgang etwas bauchiger; in Treibhäusern gefunden. Heimat: M-Am, Antillen.

Familie *Physidae* – **Blasenschnecken**

Gehäuse oval bis spindelförmig; linksgewunden; After u. Geschlechtsöffnung linksseitig. Fühler lg pfriemenförmig.

1 Gehäuse eiförmig bis spitz-eiförmig, erheblich breiter als halbe H, Gewinde konisch. Mantel mit 1 od. 2 Lappen über das Gehäuse greifend. *Physa, Physella* S. 261

1* Gehäuse schlank-spindelförmig, kaum breiter als halbe H, Gewinde getürmt. Mantel nicht über das Gehäuse greifend. *Aplexa* S. 262

Gattungen *Physa* DRAPARNAUD, *Physella* s. l. HALDEMANN – **Blasenschnecken,** *Aplexa* FLEMING – **Moosblasenschnecken**

1 Gehäuse eiförmig, dünn, OFläche glatt, glänzend, Gewinde stumpf, 4 Umgänge, Endwindung überwiegend. Mdg spitz-eiförmig. Mundsaum scharf, 2 Mantellap-

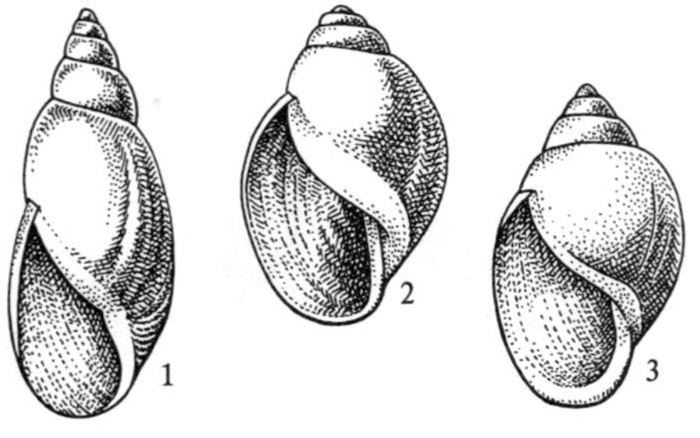

Abb. **262/1–3**
1 *Aplexa hypnorum*;
2 *Physa fontinalis*;
3 *Ph. acuta*

pen mit 6–8 fingerförmigen Fortsätzen. 9,5–10,5 mm h, 6 mm br. – **V.** Holarkt, außer im Geb allgemein verbreitet. – **L.** Klare, pflanzenreiche stehende u. langsam fließende Gewässer, bis 0,6 % Salzgehalt.

Physa fontinalis (L.) – **Quellblasenschnecke** (Abb. **262**/2)

1* Gehäuse spitz-eiförmig, fest, Gewinde konisch verlängert; 6 Umgänge, der erste mit deutlicher Spitze. Mundsaum gelippt, Gehäuse weniger glänzend. Nur der rechte Mantellappen greift über das Gehäuse. 12 mm h, 7 mm br. – **V.** Medit, im SW des Gebietes vermutlich heimisch (?), vielfach durch Aquarienliebhaber verschleppt u. im Freiland eingebürgert, im Rheinland in rascher Ausbreitung begriffen. *Physella acuta* (DRAPARNAUD) – **Spitze Blasenschnecke** (Abb. **262**/3)
In botanischen Gärten eingeschleppt, auch die N-am *Ph. heterostropha* (SAY), größer als vor. Art, mit 4–4½ gewölbten Umgängen, Apex weniger spitz. Bislang nur in Bayern (Freising) u. in Rheinland-Pfalz im Freiland beobachtet.

Aplexa hypnorum (L.) – **Moosblasenschnecke** (Abb. **262**/1)
Gehäuse mit schmaler Mdg, 6 schwach gewölbte Umgänge, OFläche stark glänzend, gelblich bis rötlichbraun. 12–13 mm h, 4,8–5 mm br. – **V.** Holarkt, vor allem in N- u. M-Deutschland; verstreut in S-Deutschland. – **L.** Wiesentümpel, Gräben, auch Moortümpel, vorzugsweise in gelegentlich austrocknenden Gewässern.

Familie *Planorbidae* – **Tellerschnecken**

G. Gehäuse in einer Ebene scheibenförmig gewunden, nicht völlig symmetrisch; beim Kriechen wird es schräg nach links geneigt getragen. Gehäuse dem Bau des Weichkörpers (links gelegene Atem- u. Geschlechtsöffnungen) entsprechend links-, nur scheinbar rechts gewunden, Mdg nie völlig kreisrund; beide FlachS verschieden tief eingesenkt. Fühler lg u. dünn. – **L.** Vorwiegend in stehenden Gewässern, Gehäuse oft mit Niederschlägen bedeckt. Die größeren Arten (z. B. *Planorbarius corneus*) sind mehr Bodenbewohner, die kleineren leben an Wasserpflanzen. – **B.** Das Blut der Tellerschnecken ist durch Hämoglobin rot gefärbt, daher eine bessere Ausnützung des im Wasser enthaltenen Sauerstoffs u. ein Vorkommen in sauerstoffarmen Tümpeln möglich. Pigmentarme bzw. pigmentlose Tiere sehen infolge des durchschimmernden Blutes rot aus (sog. Albinos!). Aufnahme atmosphärischen Sauerstoffs wie bei Schlammschnecken. Manche Arten *(Bathyomphalus contortus, Anisus)* bilden wie viele Landschnecken beim Austrocknen ihres Gewässers einen häutigen, durch Kalkeinlagerung verstärkten weißen Verschluß (Epiphragma). Begattung meist gegenseitig. Laich in rundlichen od. ovalen rötlichen Scheiben. Lebensdauer der großen Arten 3–4 J, der kleinen 2 J? – Na: Faulende Blätter, Algen; die kleinen Planorbidae-Arten Detritus u. Kieselalgen.

1 Gehäuse groß, über 10 mm h, über 20 mm br. Umgänge sehr schnell zunehmend, rund. *Planorbarius corneus* (Abb. **264**/1) S. 263
1* Gehäuse immer kleiner u. flacher 2
2 Gehäuse mittelgroß, 14–17 mm br; an der Peripherie mit einem fadenartig abgesetzten Kiel; Gewinde oben flach, unten nur in der M etwas eingesenkt; 4½–6 Windungen. *Planorbis* (Abb. **264**/2–5) S. 264
2* Gehäuse höchstens 10 mm br, meist kleiner 3
3 Gehäuse dick-scheibenförmig, 7–8 hohe u. schmale Windungen, oben fast eben; US genabelt. 2 mm h, 5–6 mm br. *Bathyomphalus contortus* (Abb. **267**/3) S. 267
3* Gehäuse flach-scheibenförmig od. linsenförmig. Umgänge breiter als h od. so h wie br. 4
4 Gehäuse sehr klein, 0,5–0,7 mm h, 2–3 mm br; 3 Umgänge, oben eben, unten etwas gewölbt; letzter Umgang stumpfkantig, US weit genabelt. OFläche glatt od. mit häutigen, am Rand vorspringenden Rippen. *Gyraulus crista* s. *Gyraulus* (Abb. **267**/1–2) S. 265
4* Gehäuse größer, mehr als 3 Umgänge 5
5 Gehäuse linsenförmig; Umgänge sehr gedrückt, sich ± umgreifend, letzter Umgang gekielt od. kantig, sehr groß 6
5* Gehäuse scheibenförmig, Umgänge sich nicht od. kaum übergreifend; letzter Umgang gerundet od. kantig bis gekielt, nicht stark vergrößert 7
6 Letzter Umgang innen an 2–3 Stellen durch Schmelzleisten (Lamellen) verengt (scheinen gelblichweiß durch die rotbraunen Gehäuse hindurch). Gehäuse deutlich linsenförmig. *Segmentina* (Abb. **267**/5) S. 267
6* Endwindung ohne Schmelzleisten, Gehäuse flach linsenförmig, mattglänzend, hell-hornfarben. *Hippeutis* (Abb. **267**/4) S. 267
7 (5) GehäuseUS flach schüsselförmig, Endwindung an der Mdg erweitert. Mdg schief, querelliptisch; Peripherie rundlich od. stumpf gekielt. Spiralskulptur bisweilen vorhanden. 4–4½ Umgänge. *Gyraulus* S. 265
7* Gehäuse sehr flach, US fast eben, 4½–8 langsam zunehmende Umgänge, letzter an der Peripherie rund od. kantig, kaum erweitert, keine Spiralskulptur 8
8 Gehäuse sehr dünn, scheibenförmig, letzter Umgang deutlich gekielt. Mdg ohne Lippe. *Anisus (Disculifer)* (Abb. **265**/1–2) S. 264
8* Gehäuse dünn scheibenförmig, letzter Umgang an der Basis kantig, nach oben gerundet. Mdg bisweilen mit Lippe. *Anisus (Anisus)* (Abb. **265**/3–4) S. 265

Gattung *Planorbarius* FRORIEP – **Posthornschnecken**

Planorbarius corneus (L.) – **Posthornschnecke** (Abb. **264**/1)

G. OS tief, US nur wenig eingesenkt. Umgänge rund, mit tiefer Naht, Mdg nierenförmig, Mundsaum scharf, Gehäuse fest, dunkelbraun, häufig netzartig (hammerschlägig) skulptiert. 11–13 mm h, 27–33 mm br. Form variabel (höher od. flacher). – **V.** Eur, W-As; N-Deutschland allgemein verbreitet, in den M-Geb fehlend, im S sehr zerstreut, z. T. wohl absichtlich eingebürgert. – **L.** Ruhige, pflanzenreiche Gewässer.

Gattung *Planorbis* O. F. MÜLLER [*Tropidiscus* STEIN] – **Tellerschnecken**

1 5½–6 Umgänge, letzter nicht doppelt so br wie vorletzter Umgang, an der US mit einem fadenartig abgesetzten Kiel, oberseits viel stärker gewölbt als unten, hornfarbig. 3,5–3,6 mm h, 14–17 mm br. – **V.** Eur, außer in höheren Geb, allgemein verbreitet, häufig. – **L.** Stehende Gewässer verschiedener Art, Brackwasser (z.B. Schlei, östl. Ostsee).
Pl. planorbis **(L.)** – **Gemeine Tellerschnecke** (Abb. **264**/2–3)

1* 4½–5 rasch zunehmende Umgänge, letzter mehr als doppelt so br wie vorletzter, in der M scharf gekielt, flach nach dem Kiel abfallend. Hornfarbig. 3,3 mm h, 14–15 mm br. – **V.** Eur, außer in höheren Lagen wohl überall, seltener als vor. Art. – **L.** Stehende u. langsam fließende Gewässer, klares Wasser liebend.
Pl. carinatus (O.F.MÜLLER) – **Gekielte Tellerschnecke** (Abb. **264**/4–5)

Gattung *Anisus* STUDER – **Tellerschnecken (Scheibenschnecken)**

Untergattung *Disculifer* C. R. BOETTGER [*Spiralina* MARTENS]

1 6–6½ oben stark gewölbte, unten flache Umgänge, Kiel sehr tief, fast basal liegend, scharf. OS flach schüsselförmig, US beinahe eben; hell-hornfarben. 1,1–1,4 mm h, 9–10 mm br. – **V.** Eur, überall im Gebiet, nicht selten. – **L.** Reich bewachsene stehende u. langsam fließende Gewässer.
Anisus (D.) vortex (L.) – **Scharfe Tellerschnecke** (Abb. **265**/1–2)

1* 5–5½ oben u. unten gleich gewölbte Umgänge, letzter etwas unter der M stumpf gekielt, OS fast eben, US flach konkav; rötlichbraun. Etwa 0,8 mm h, 5–6 m br. – **V.** M- u. O-Eur, verbreitet; meist nicht häufig, in der M u. im S des Gebiets spärlich. *Anisus (D.) vorticulus* (TROSCHEL) – **Zierliche Tellerschnecke**

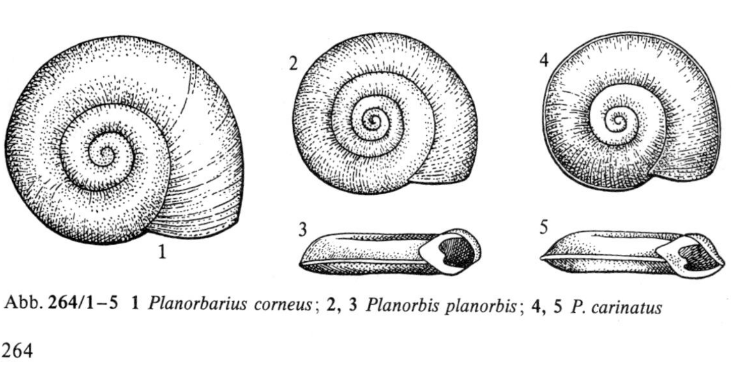

Abb. **264/1–5** **1** *Planorbarius corneus*; **2, 3** *Planorbis planorbis*; **4, 5** *P. carinatus*

Untergattung *Anisus* s. str. STUDER

1 7½–8 Umgänge, sehr langsam u. regelmäßig zunehmend, OS sehr flach konkav. US ziemlich scharfkantig. 1 mm h, 7–8 mm br. – **V.** O-Eur, im N des Gebietes, in NO-Brandenburg u. O-Mecklenburg, selten. – **L.** In vegetationsarmen Waldtümpeln u. Weihern. *Anisus (A.) septemgyratus* (ROSSMÄSSLER)

1* Höchstens 6½ Umgänge, höher als 1 mm, unten stumpfkantig 2

2 Gehäuse flach scheibenförmig, 1,4–1,5 mm h, 7–7,5 mm br. 6–6½ stumpf gewinkelte Umgänge, letzter nicht viel breiter als vorletzter, OS flach schüsselförmig. Farbe hornbraun; meist mit schwarzem od. rostfarbenem Belag. – **V.** Eur, im ganzen Gebiet. – **L.** Kleine Gewässer (Gräben, Tümpel). – **B.** Bildet aus erhärtetem Schleim einen Deckel als Trockenschutz.
Anisus (A.) leucostomus (MILLET) – **Weißmündige Tellerschnecke** (Abb. **265**/3–4)

2* Gehäuse dicker scheibenförmig, 1,4–1,5 mm h, 5,5–6 mm br. 4½–5 stielrunde Umgänge mit stumpfer Kante; auf der OS der vorletzte bis zur H des letzten erhoben; letzter erheblich breiter als vorletzter. Mdg innen mit kräftiger Lippe. Gehäuse hell-hornfarben. – **V.** Eur-W-As, im gesamten Gebiet. – **L.** Kleine, stehende Gewässer. *Anisus (A.) spirorbis* (L.) – **Gelippte Tellerschnecke**

Gattung *Gyraulus* CHARPENTIER – **Posthörnchen**

1 Gehäuse an der Peripherie kantig 2

1* Gehäuse an der Peripherie abgerundet 5

2 Gehäuse∅ kleiner als 3 mm, Mantelpigmentierung diffus od. fehlend 3

2* Gehäuse∅ größer als 4 mm, Mantelpigmentierung mit deutlichem Muster . . 4

3 Gehäuse diskusförmig, fein gestreift, glänzend u. durchscheinend. Gewinde unten eingesenkt, oben schlüsselförmig genabelt; 3½ gedrückte u. rasch zunehmende Umgänge. Endwindung stark erweitert u. in der M mit deutlicher Kante. Mdg schief elliptisch-herzförmig. 0,8 mm h, 2,5 mm br. – **V.** NO-eur, nur im N des Gebietes, sehr selten. – **L.** In pflanzenreichen, stehenden Gewässern.
G. riparius (WESTERLUND) – **Flaches Posthörnchen**

3* Gehäuse auf der US ± flach, Kante der US genähert; 3 auf der OS gut gerundete Umgänge, rasch u. regelmäßig zunehmend. Gehäuse durchscheinend u. dünnwandig. OFläche sehr fein schülfrig gestreift; glanzlos, hornbraun, oft überkru-

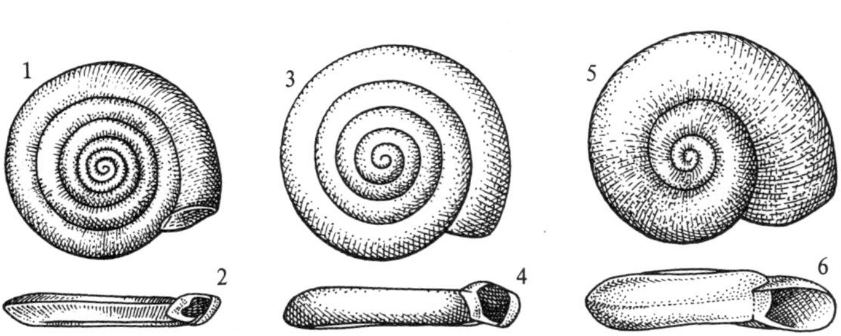

Abb. **265/1–6** **1, 2** *Anisus vortex*; **3, 4** *A. leucostomus*; **5, 6** *Gyraulus albus*

stet. Entweder mit häutigen, am Rand vorspringenden Rippen [*G. cr.* f. *cristatus* (DRAPARNAUD)], bisweilen sogar mit spitz ausgezogenen Rippen, od. nur fein gestreift [*G. cr.* f. *nautileus* (L.)]. – **V.** Eur; im ganzen Gebiet. – **L.** Dicht bewachsene Kleingewässer (Gräben, Tümpel bis Seen), bis 13 m Wassertiefe nicht selten. *G. (Armiger) crista* (L.) – **Zwergposthörnchen** (Abb. **267**/1–2)

4 **(2)** Gehäuse 1,8–2 mm h, 6–8 mm br, dick scheibenförmig mit sehr feinen u. regelmäßigen Anwachsstreifen, 4½ gewölbte, schnell an H u. Größe zunehmende Windungen, Endwindung etwa doppelt so br wie vorletzte, ± abfallend, außen gerundet oder kantig. OS schlüsselförmig genabelt. Gehäuse oft verbogen erscheinend. Mdg weit, breiter als h, schief, oft mit Callus. – Gehäuse mattglänzend, gelblich-rötlich braun. – **V.** Holarkt u. boreoalp, im Gebiet in allen Seen der Norddeutschen Vereisung. – **L.** Überwiegend in stehenden Gewässern von Weihern bis zu Seen. *G. acronicus* (FÉRUSSAC) – **Verbogenes Posthörnchen**

4* Gehäuse 1,2–1,3 mm h, 3,5–4 mm br. Gehäuse klein bis mittelgroß, glatt und meist sehr schwach skulptiert; die Streifen sehr fein u. dicht. 3–3¾ sich rasch erweiternde Umgänge. Peripherie der Endwindung gerundet bis leicht kantig. Farbe hell bis leicht bräunlich. – **V.** As, im Gebiet aus Laborzuchten belegt. *G. chinensis* (DUNKER) – **Chinesisches Posthörnchen**

5 **(1)** Gehäuseoberfläche glatt, Mdg rundlich 6

5* Gehäuseoberfläche mit feiner Spiralstreifung, Mdg mit weißer Lippe 7

6 Vorletzter Umgang auf der US deutlich hervorgehoben, Gehäuse klein, Nabel auf der OS eingesenkt; 4½ rundliche bis leicht kantige Umgänge. Gehäuse leicht hornfarben bis bräunlich. 1,2 mm h, 3,6 mm br. – **V.** N-Am, im Gebiet seit 1973 eingeschleppt, im W u. SW; Nordrhein-Westfalen, Rheinland-Pfalz u. Baden-Württemberg. – **L.** In Sekundärbiotopen (kleine Tümpel) u. an anderen Stellen. *G. parvus* (SAY) – **Kleines Posthörnchen**

6* Vorletzter Umgang nicht od. nur undeutlich auf der US hervorgehoben. Gehäuse ohne Spiralskulptur, glatt glänzend, hell hornfarben, sehr dünnwandig. – 4–4½ stark gewölbte Umgänge, die beiden ersten oben tief eingesenkt, letzter kaum doppelt so br wie vorletzter, Naht tief. US schlüsselförmig eingesenkt. 1,5 mm h, 5–6 mm br. – **V.** Holarkt, verstreut, im N u. in der M des Gebietes häufiger als im S, selten. – **L.** Im Flachwasserbereich pflanzenreicher u. durchsonnter Teiche u. Seen. *G. laevis* (ADLER) – **Glattes Posthörnchen**

7 **(5)** Mdg rund mit weißer callöser Lippe, nicht schräg gestellt. Gehäuse mit deutlicher Gitterskulptur; OFläche glänzend. 4–4½ gerundete Umgänge, Endwindung wenig erweitert. Gehäuse rotbraun gefärbt. – **V.** M-eur, von der M des Gebietes nach S: Hessen, Donaugebiet; selten. – **L.** In flachen Wiesentümpeln. *G. rossmaessleri* (AUERSWALD) – **Rossmässlers Posthörnchen**

7* Mdg oval ohne weiße callöse Lippe. Gehäuse deutlich gegittert skulptiert, dünnwandig u. durchscheinend; OFläche glanzlos, gelbgrau bis grünlichweiß (oft dunkel belegt); 4–4½ rasch zunehmende, gerundete Umgänge, letzter ± gedrückt, mehr als doppelt so br wie vorletzter, oben abgeflacht. Mdg sehr schief nach oben gezogen. 1,3–1,8 mm h, 4–7 mm br. – **V.** Holarkt, außer in höheren Geb überall im Gebiet, häufig. – **L.** Stehende u. langsam fließende Gewässer aller Art, bis 20 m Wassertiefe.
Die Art ist je nach Standort sehr variabel, verbogene (mißgebildete) Formen treten nicht selten auf (z. B. *G. a.* f. *deformis* HARTMANN in der Brandungszone von Seen). *G. albus* (O. F. MÜLLER) – **Weißes Posthörnchen** (Abb. **265**/5–6)

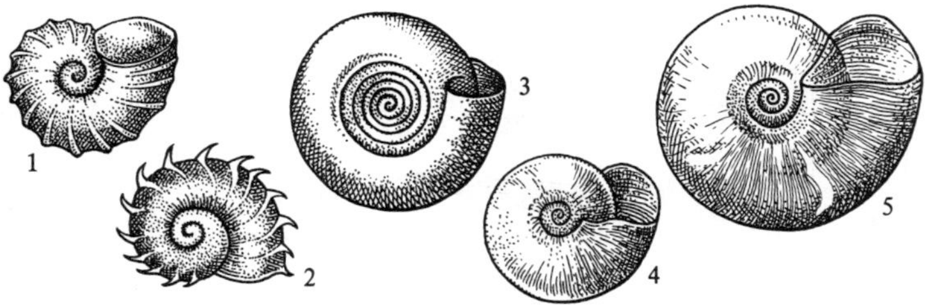

Abb. **267/1–5** **1, 2** *Gyraulus crista*, OS u. US; **3** *Bathyomphalus contortus*; **4** *Hippeutis complanatus*; **5** *Segmentina nitida*

Gattung *Bathyomphalus* CHARPENTIER – **Riementellerschnecke**

Bathyomphalus contortus (L.) – **Riementellerschnecke** (Abb. **267**/3)
G. Gehäuse rötlich-hornbraun, oft überkrustet, Umgänge mehr an H als an Br zunehmend, Mdg eng, schmal mondförmig. 1,7–2 mm h, 5–6 mm br. – **V.** Pal im ganzen Gebiet häufig. – **L.** Stehende Gewässer.

Gattung *Hippeutis* CHARPENTIER – **Tellerschnecken**

Hippeutis complanatus (L.) – **Linsenförmige Tellerschnecke** (Abb. **267**/4)
Endwindung scharf gekielt; 4 Umgänge, die sich so umgreifen, daß letzter an der Mdg etwas breiter ist als das Gewinde. OS fein gestreift, grauweiß. 1–1,2 mm h, 4,5–5 mmm br. – **V.** Eur, W-As, überall im Gebiet. – **L.** Stehende kleine Gewässer.

Gattung *Segmentina* FLEMING – **Tellerschnecken**

Segmentina nitida (O. F. MÜLLER) – **Glänzende Tellerschnecke** (Abb. **267**/5)
G. Gehäuse oben konvex, unten abgeflacht, Gewinde klein, vertieft; Nabel eng, schüsselförmig. 4½–5 Windungen, letzte an der Naht am höchsten, dann zum Kiel abfallend, auch unten gewölbt. Mdg quer, schief-herzförmig, tief ausgeschnitten, Gehäuse rotbraun, stark glänzend; innen 3 weiße Querlamellen. 1,7–1,8 mm h, 6–7 mm br. – **V.** Pal, im ganzen Gebiet häufig. – **L.** In Gräben, Tümpeln, Sümpfen.

Familie *Ancylidae* – **Flußnapfschnecken**

Gattungen *Ancylus* O. F. MÜLLER – **Flußnapfschnecken,**
Ferrissia WALKER – **Septenmützenschnecken**

Träge, fast seßhafte Tiere. Mantelhöhle rückgebildet. Atmung im Wasser durch die Haut u. einen Mantellappen. Na: Kleine Algen, Aufwuchs, wasserbewohnende Flechten.

1 Gehäuse mützenförmig, mit nach hinten u. rechts gebogener Spitze. Mdg elliptisch bis eiförmig. Skulptur aus radiären Streifen. 4,7–7,3 mm lg. 1,9–22 mm h,

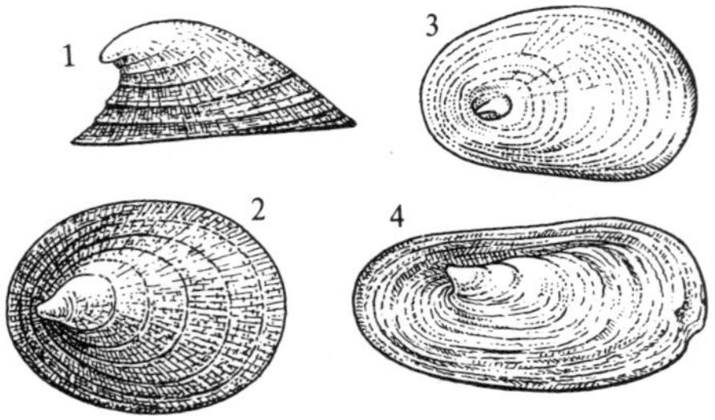

Abb. **268/1–4**
1 *Ancylus fluviatilis*, SAnsicht;
2 *A. fluviatilis*, OS;
3 *Ferrissia wautieri*;
4 *Acroloxus lacustris*

3,4–5,2 mm br. Gehäuse (Größe u. Form) je nach Standort sehr variabel. – **V.** Eur, im Gebiet überall, vor allem Berg- u. Hügelland. – **L.** Fließende, reine Gewässer, Uferzone von Seen; an Steinen.

Ancylus fluviatilis (O. F. MÜLLER) – **Flußnapfschnecke** (Abb. **268**/1–2)

1* Gehäuse dünn, lg eiförmig; Spitze nach hinten rechts gebogen u. hinter der M liegend; 3,2 mm lg, 1,1–1,5 mm br, (teilweise kann ein Septum gebildet werden; ancyloide, septifere u. postseptifere Formen) (vgl. folg. Art). – **V.** Eur, im Gebiet eingeschleppt (?); in der letzten Zeit wiederholt im Gebiet nachgewiesen. – **L.** Stehende u. langsam fließende Gewässer.

Ferrissia wautieri (MIROLLI) – **Flache Mützenschnecke** (Abb. **268**/3)

Familie *Acroloxidae* – **Teichnapfschnecken**

In stehenden, selten in langsam fließenden Gewässern an Pflanzenteilen festsitzende Tiere.

Gattung *Acroloxus* BECK – **Teichnapfschnecken**

Acroloxus lacustris (L.) – **Teichnapfschnecke** (Abb. **268**/4)

G. Gehäuse länglich-schildförmig, Spitze klein, spitz, nach links hinten gebogen, Skulptur konzentrisch. 6,5 mm lg, 3,3–3,7 mm br, 1,5–1,8 mm h. – **V.** M- u. O-Eur, überall im Gebiet, vor allem Tiefland. – **L.** An Wasserpflanzen, vorwiegend in stehenden Gewässern.

Im Gebiet kommen verschiedentlich Arten vor, die mit Wasserpflanzen eingeschleppt wurden (nicht nur in den Wasserbecken von Botanischen Gärten, sondern zunehmend auch im Freiland). So z. B. Arten der Gattung *Gundlachia* L. PFEIFFER, die in der Jugend eine den hinteren Teil der Gehäuse verschließende Scheidewand (Septum) bilden. – Im Freiland (bei Berlin, Lauenburg, aus der Unterelbe) wurde vermutlich *Ferrissia parallela* HALDEMAN nachgewiesen; in Freiland-Warmwasserbecken des alten Botanischen Gartens Tübingen wurde *F. shimeki* (PILSBRY) nachgewiesen. – Bislang nur im Rhein-Herne-Kanal (1980) wurde *Menetus dilatatus* (GOULD) *(Planorbidae)* nachgewiesen, aus N-Am eingeschleppt. Gehäuse 2–2,5 mm br, halbkugelig, US flach, Kante scharf. 2½ rasch zunehmende Umgänge. OFläche mit Gitterskulptur. – **L.** In Eur bislang in künstlich erwärmten Gewässern.

Klasse *Bivalvia* – **Muscheln**

Schlüssel 1, Muscheln des Süßwassers S.270
Schlüssel 2, Muscheln des Brackwassers S.271
Schlüssel 3, Muscheln des Meeres S.271

G. Körper symmetrisch, mit zweiklappiger Schale. Kopf sehr stark reduziert. Fuß an der BauchS, meist beil- od. zungenförmig (nicht immer vorhanden). Bei manchen festsitzenden Arten liefert eine Fußdrüse sehr zugfeste Fäden (Byssus) zur Befestigung auf dem Substrat. Mantel bildet die Schale u. umhüllt den ganzen Körper. Schale aus mehreren Schichten, die äußerste (Schalenhaut, Periostracum) aus organischen Stoffen, schützt die unter ihr liegenden Kalkschichten vor chemischen Einwirkungen. Innerste Schicht bisweilen als Perlmutterschicht ausgebildet (z. B. *Nucula, Margaritifera, Unio, Anodonta*). Älteste Teile der Schale sind die ± vorspringenden Wirbel (Umbo, Abb. **269**/1), von denen das Wachstum konzentrisch weitergeht. Die Wirbelregion weist bei den Najaden (bes. deutlich bei den jungen) charakteristische u. arttypische Skulpturen auf. Schale nach der Lage des Wirbels gleich- od. ungleichseitig. Beide Schalen an der durch den Wirbel bezeichneten RückenS durch elastisches Band (Schloßband, Ligament, Abb. **286**/3) verbunden. Es befindet sich fast immer hinter dem Wirbel, gibt also einen Hinweis auf vorn u. hinten, rechts u. links; kann äußerlich od. innerlich

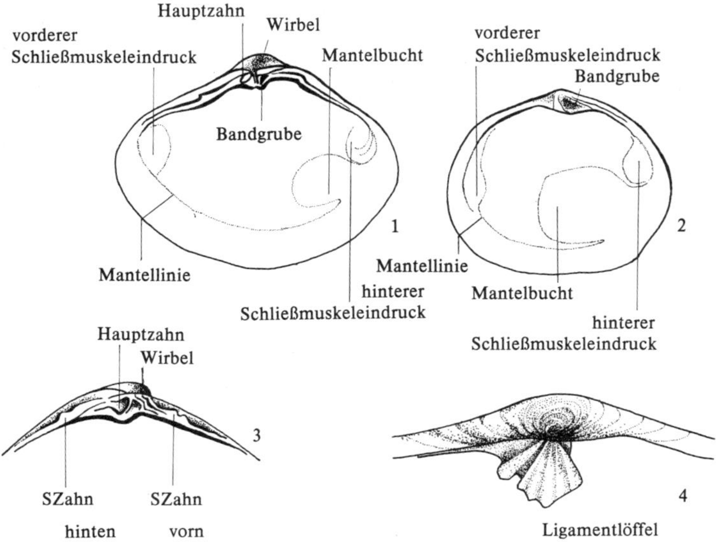

Abb. **269/1–4** **1** *Mactra corallina*, rechte Schale; **2** *Scrobicularia plana*, rechte Schale; **3** *Mactra corallina*, oberer Teil der linken Schale; **4** *Mya arenaria*, linke Schale mit Bandträger

(z. B. *Ostrea, Pecten, Anomia*) od. z. T. nach innen verlagert sein. Dieser innere Teil (Resilium) ist mehr knorpelig u. liegt in einer bes. Grube des Schloßrandes (Bandgrube, Abb. **269**/1), die löffelförmig vorgezogen sein kann (Ligamentlöffel, Chondrophor, z. B. bei *Mya*). Ebenso wie die bandförmigen Fortsätze (Apophysen unter den Wirbeln der *Pholas*- u. *Teredo*- Arten ist er nicht mit Schloßzähnen zu verwechseln (Abb. **269**/4). Der hintere Teil des ORandes der Schale ist bei den *Unionoidea* flügelartig erhoben u. zusammengedrückt (Schild; Abb. **282**/3). Die Begriffe Area u. Lunula werden bei den *Veneridae* S. 291 erklärt. Die InnenS des ORandes ist meist verbreitert u. heißt Schloßrand od. – platte. Sie trägt bei sehr vielen Muscheln Vorsprünge bzw. Gruben, die sich auf beiden Klappen entsprechen u. als Schloß (Cardo, Abb. **269**/1–2) bezeichnet werden. Es bewirkt einen festen Verschluß der Schale. Man unterscheidet die nahe am Wirbel stehenden, meist kurzen, kegelförmigen, einfachen od. gespaltenen Hauptzähne u. die mehr leistenartigen, vor u. hinter dem Wirbel stehenden SZähne (Abb. **269**/1, 3). Auf der InnenS der Schale sind als Eindrücke die Ansatzstellen der die Schalen schließenden Schließmuskeln sichtbar; vorn u. hinten 2 etwa gleiche, wenn 2 gut ausgebildete Schließmuskeln vorhanden sind (Abb. **269**/1), vorn ein kleiner u. hinten ein größerer, wenn der vordere Schließmuskel z. T. rückgebildet ist (z. B. bei *Mytilus*), od. nur einer in der SchalenM, wenn nur 1 Schließmuskel vorhanden ist (z. B. bei *Ostrea* u. *Pecten*). Außerdem erkennt man die parallel zum Ventral-(U-)Rand der Schale verlaufende Mantel(rand)linie (Abb. **269**/1–2), die beide Schließmuskeleindrücke verbindet. Mantelrand hinten häufig in 2 Röhren (Siphonen) verlängert, Mantel(rand)linie dann am HE der Schale mit einer Einbuchtung, der Mantelbucht (Abb. **269**/1–2), einem für die Bestimmung wichtigen Merkmal. – **V.** Kosm. – **L.** Wasser. – **B.** Durch die hinteren Siphonen (Mantelöffnungen) strömen frisches Wasser u. Na in die untere Mantelhöhle (Einströmungssipho) bzw. werden verbrauchtes Wasser, Geschlechtsprodukte usw. entleert (Ausströmungssipho). Kiemenatmung. Na: meist in die Mantelhöhle eingestrudeltes Plankton u. Detritus. Die Muscheln filtrieren das Wasser u. bewirken durch ihre an Schleim gebundenen Ausscheidungen die Bildung von Sedimenten. Etwa 20 000 Arten, davon ca. 90 im Gebiet. Länge (Lg, lg): größter Abstand vom VRand zum HRand der Schale; Höhe (H, h): Entfernung des ORandes vom URand; Dicke: größter Quer∅ beider Schalenklappen.

Schlüssel 1, Muscheln des Süßwassers

1 Schale mittelgroß (bis 30 mm lg), dreieckig od. gerundet, Wirbel ± spitz, am VE des ORandes. Schale dunkel od. hell mit dunklen Streifen u. Zickzacklinien. Tiere mit konchinösen Fäden, meist gesellig, an Steinen, Holz, Schalen u. a. festsitzend. *Dreissenidae* (Abb. **286**/1–3) S. 286

1* Tier nicht festsitzend, frei beweglich, Schale bikonvex, Wirbel nie am VE . . **2**

2 Schale klein, bis 22 mm, meist unter 12 mm lg. Wirbel entweder in od. vor der SchalenM. *Sphaeriidae* (Abb. **285**/1–4) S. 284

2* Schale groß, mindestens 50 mm lg; Wirbel vor der M des ORandes. HE daher länger *(Unionidae)* **3**

3 Schloß zahnlos. *Anodonta* u. *Pseudanodonta* (Abb. **282**/1–3, **283**/1) S. 281

3* Schloß mit Zähnen 4
4 Schloß nur mit Hauptzähnen. *Margaritifera* (Abb. **283**/2) S. 283
4* Schloß mit Haupt- u. Nebenzähnen. *Unio* (Abb. **281**/1–4) S. 280

Schlüssel 2, Muscheln des Brackwassers

1 Mit einem Fadengeflecht (Byssus) festsitzend. Meist in Gruppen od. Klumpen. Wirbel ganz am VE der Schale 2
1* Frei beweglich; Wirbel etwa in der M des oberen Schalenrandes 4
2 An der InnenS der Schale am Wirbel mindestens 1 kleine, quere Scheidewand (Septum) 3
2* Schale ohne Septum; oval bis schief-dreieckig, meist schwarz. *Mytilus edulis* (Abb. **277**/2) S. 266
3 Nur ein Septum an der InnenS des Wirbels, Schale dreikantig, gekielt, meist auf hellerem Grund dunkle Zeichnung. Auch im Süßwasser. *Dreissena polymorpha* (Abb. **286**/1) S. 287
3* Außer dem Septum am Wirbel 1 löffelförmiger Fortsatz; Schale lgoval, ungekielt, einfarbig. Im Brackwasser, zunehmend ins Süßwasser vordringend. *Congeria cochleata* (Abb. **286**/2–3) S. 286
4 **(1)** Innenfläche der Schale ohne Mantelbucht, Außenfläche radial gerippt, Schalenrand gekerbt 5
4* Innenfläche der Schale mit Mantelbucht, Außenfläche glatt od. nur fein gestreift 6
5 Schale schief-herzförmig, hinten ± verlängert, mit 24–26 rundlichen Rippen. Rechte Klappe mit 2 hinteren SZähnen. Im Brackwasser der Nordsee u. ganze Ostsee (nach O an Größe abnehmend), sehr häufig. *Cerastoderma edule* S. 289
5* Schale sehr ungleichseitig, wie aufgeblasen, VE verkürzt, HE br, fast senkrecht abfallend mit od. ohne Kiele. Rechte Klappe mit 1 hinterem SZahn. *Cerastobyssus* (Abb. **289**/5–6) S. 290
6 **(4)** Schale im Brackwasser etwa 40–66 mm lg, weiß; nicht ganz schließend (klaffend); linke Klappe mit einem löffelförmigen Fortsatz. VE gerundet, HE zugespitzt. Im Brackwasser bis in die östl. Ostsee. *Arenomya arenaria* S. 302
6* Schale bis 20 mm lg, rundlich-dreieckig, weiß, rosa od. gelblich; Schloß mit 2 Hauptzähnen in jeder Klappe, kein löffelförmiger Fortsatz. Im Brackwasser bis in die östl. Ostsee. *Macoma balthica* S. 294

Schlüssel 3, Muscheln des Meeres

1 Schalenklappen innen mit 1 in der M liegendem geschlossenen od. aus 2–3 Teilen bestehenden Muskeleindruck 2
1* Schalenklappen innen mit 2 auseinanderliegenden Muskeleindrücken 4
2 Schalenskulptur blättrig, Form der Klappen unregelmäßig. Neben den Wirbeln keine Fortsätze 3
2* Schalenskulptur nicht blättrig, mit kräftigen Radiärrippen. Neben den Wirbeln 2 dreieckige Fortsätze (Öhrchen). *Pectinidae* S. 277
3 Schalenklappen dick, die gewölbte Klappe am Untergrund festgewachsen ohne lochartigen Ausschnitt *Ostrea edulis* S. 279

3* Schalenklappen sehr dünn, die untere festsitzende Klappe mit einem lochartigen Ausschnitt unter dem Wirbel. *Anomiidae* S.278
4 (1) Vorderer Schließmuskeleindruck deutlich kleiner als hinterer **5**
4* Beide Schließmuskeleindrücke annähernd gleich entwickelt **8**
5 Schalenklappen eiförmig, nicht länger als h. *Crenella decussata* S.276
5* Schalenklappen lggestreckt, länger als h **6**
6 Schalenskulptur immer mit Radiärrippen im vorderen u. hinteren Abschnitt. *Musculus* S.276
6* Schalenskulptur nur aus konzentrischen Streifen, keine Radiärrippen. **7**
7 Klappen vorn zugespitzt; Wirbel liegt an der Spitze. *Mytilus edulis* S.276
7* Klappen vorn stumpfer u. Wirbel etwas weiter hinter der Spitze. *Modiolus modiolus* S.276
8 (4) Schloß mit zahlreichen, gleichartig geformten Zähnen **9**
8* Schloß mit wenigen verschieden geformten Zähnen od. ohne Zähne **11**
9 Schalen groß (60–80 mm lg), rundlich, Schloßrand (Schloßplatte) schwach gebogen. *Glycymeris glycymeris* S.275
9* Schalen klein (maximal 25 mm lg), entweder dreieckig mit deutlich gebogener Schloßplatte od. mit stark verlängertem HE u. kaum gebogener Schloßplatte **10**
10 Schalenklappen ± dreieckig, Wirbel hinter der M. InnenS der Klappen mit starkem Perlmuttglanz, ohne Mantelbucht. *Nuculidae* S.274
10* Schalenklappen mit gerundetem kurzen VE u. stark verlängertem (geschnäbelten) HE. InnenS nicht od. kaum perlmuttrig, mit Mantelbucht. *Nuculana* S.274
11 (8) Schalen innen mit Mantelbucht **12**
11* Schalen innen ohne Mantelbucht **29**
12 Schalen ohne Ligament, der zahnlose Schloßrand nach außen umgeschlagen **13**
12* Schalen mit Ligament, Schloßrand nie nach außen umgeschlagen **14**
13 Schalen das Tier fast bedeckend, ohne zusätzliche Kalkröhre. *Pholadidae* S.302
13* Schalen umschließen nur den vorderen Teil des in einer vom Mantel abgeschiedenen zusätzlichen Kalkröhre lebenden Tieres. Jede Klappe aus 3, durch verschiedene Skulpturen kenntliche Abschnitte. *Teredinidae* S.303
14 (12) Schalenklappen hinten od. hinten u. vorn klaffend **15**
14* Schalen nicht klaffend **22**
15 Schalen vorn u. hinten klaffend, messerscheidenartig verlängert. *Solenidae* S.299
15* Schalen nur hinten klaffend **16**
16 Schalen dünn, mit schwachem u. dünnem Periostracum **19**
16* Klappen festschalig, mit dickem, gerunzeltem Periostracum **17**
17 Schalenklappen gleich groß, Ligament u. Knorpel äußerlich. *Hiatellidae* S.300
17* Schalenklappen ungleich groß, die linke kleiner; Ligament äußerlich od. innerlich, Knorpel immer innerlich **18**
18 Schloß ohne Zähne; Ligament u. Knorpel innerlich. *Myidae* S.301
18* Schloß der rechten Klappe mit 1 Zahn, dahinter eine Grube; Knorpel innerlich, Ligament meist äußerlich. *Corbula gibba* S.301
19 (16) Die dünnen aber festen Schalenklappen ohne äußeres Ligament. *Lyonsia norvegica* S.305

19* Schalenklappen mit äußerem Ligament u. innerem Knorpel **20**
20 Schalenklappen hinten zu einem Schnabel ausgezogen. *Cuspidaria cuspidata* S. 306
20* Schalenklappen hinten nicht zu einem Schnabel ausgezogen **21**
21 Die Klappen hinten abgerundet, ihre Außenfläche leicht gekörnelt. Die linke Klappe ist bauchiger. *Cochlodesma praetenue* S. 305
21* Die Klappen hinten schräg abgestutzt, ihre Außenfläche etwas spiralstreifig. Beide Klappen gleich gewölbt. *Thracia papyracea* S. 305
22 (14) Schloß auf beiden Klappen mit 1–2 Hauptzähnen **23**
22* Schloß auf beiden Klappen od. nur auf der linken mit 3 Hauptzähnen . . . **28**
23 Schloß jederseits mit 2 Hauptzähnen **24**
23* Schloß auf der linken Klappe mit nur 1 Hauptzahn **27**
24 Ohne SZähne **25**
24* Mit SZähnen **26**
25 Schalen verlängert-eiförmig, Wirbel etwas vor der SchalenM. *Gari fervensis* S. 294
25* Schalen rundlich-dreieckig, Wirbel etwas hinter der SchalenM. *Macoma* S. 294
26 (24) Schalenränder glatt. Klappen hinten abgerundet, mitunter geschnäbelt. *Tellinidae* (außer *Macoma*) S. 294
26* Schalenränder gekerbt, Klappen hinten schräg abgestutzt. *Donax vittatus* S. 293
27 (23) Hauptzahn der linken Klappe gespalten. Mantelbucht mäßig groß, unten nicht mit der Mantellinie zusammenlaufend. *Mactridae* S. 297
27* Hauptzahn der linken Klappe nicht gespalten. Mantelbucht groß, unten mit der Mantellinie weit zusammenlaufend. *Scrobiculariidae* S. 296
28 (22) Schloß auf beiden Klappen mit 3 Hauptzähnen. Lunula u. Area vorhanden. *Veneridae* S. 291
28* Schloß auf der linken Klappe mit 3, auf der rechten mit 2 Hauptzähnen. Ohne Lunula u. Area od. diese undeutlich. *Petricolidae* S. 292
29 (11) Der vordere Schließmuskeleindruck schmaler als der hintere u. nach unten verlängert. *Lucinidae* S. 287
29* Beide Schließmuskeleindrücke gleich groß **30**
30 Mit Hauptzähnen, Ligament äußerlich **31**
30* Ohne Hauptzähne, Ligament innerlich. *Monacutidae* S. 287
31 Schalen radiär gerippt, im Umriß ± herzförmig. *Cardiidae* S. 288
31* Schalen konzentrisch gestreift od. gerippt **32**
32 Schalen groß (bis 100 mm lg), jederseits 3 Hauptzähne u. 2 SZähne. *Arctica islandica* S. 286
32* Schalen klein bis mittelgroß, jederseits 2 Hauptzähne, die SZähne rudimentär. *Astartidae* S. 283

Ordnung *Protobranchiata* – **Kamm- od. Fiederkiemer**

Schalenklappen teils mit, teils ohne Perlmutt, Schloßrand ± gebogen, meist mit mehreren gleichartigen Zähnen. Fuß mit verbreiterter gezackter Endscheibe. Nur hier zweiseitig gefiederte Kammkiemen (Ctenidien). Mundlappen mit tasterartigen Fortsätzen zur NaAufnahme. Nur im Meer.

Familie *Nuculidae* – **Nußmuscheln**

Gattung *Nucula* LAMARCK

Schalen klein, dreieckig bis länglich-eiförmig, innen immer perlmuttrig, außen gelblichbraun, grau od. grünlich. Wirbel hinter der KlappenM, nach hinten gerichtet. Schloßrand geknickt, Ligament eingesenkt. Immer zahlreiche Zähne. Keine Mantelbucht. Na: Detritus, wird mit Mundlappentastern aufgenommen, dazu auch geringe Ausfiltrierung des Atemwassers.

1 Schalenunterrand glatt, Klappen dünn, gerundet dreieckig. Bis 12 mm lg. – **V. L.** Atl-arkt. Weichböden der Nordsee bis 30 m Tiefe. Helgoland, Ostsee nördl. Kieler Bucht u. Fehmarnbelt.
Nucula (Lionucula) tenuis (MONTAGU) – **Dünnschalige Nußmuschel** (Abb. **274**/1)

1* Schalenunterrand gekerbt 2

2 Klappe fein gegittert u. stark glänzend, deutlich dreikantig. HEcke ohne Randkerben. Bis 13 mm lg. **V.** O-Atl bis Angola. In der Deutschen Bucht teilweise sehr zahlreich. – **B.** Weichböden bis 45 m Tiefe. [*N. nitida* SOWERBY]
Nucula turgida nitidosa (WINCKWORTH) – **Glänzende Nußmuschel** (Abb. **274**/2)

2* Klappen grob gegittert u. glänzend, HEcke mit Randkerben. Bis 12 mm lg. – **V.** Eur Küsten. Zahlreich bei Helgoland in 30–40 m Tiefe. Norderney; Ostsee bis westl. Mecklenburger Bucht.
Nucula nucleus (L.) – **Große Nußmuschel** (Abb. **274**/3)

Familie *Nuculanidae [Ledidae]*

Gattung *Nuculana* LINK [*Leda* SCHUMACHER]

Schalenklappen vorn gerundet, hinten stark verlängert u. zu einem Schnabel ausgezogen, innen porzellanartig od. schwach perlmuttrig. Schloßrand schwach ge-

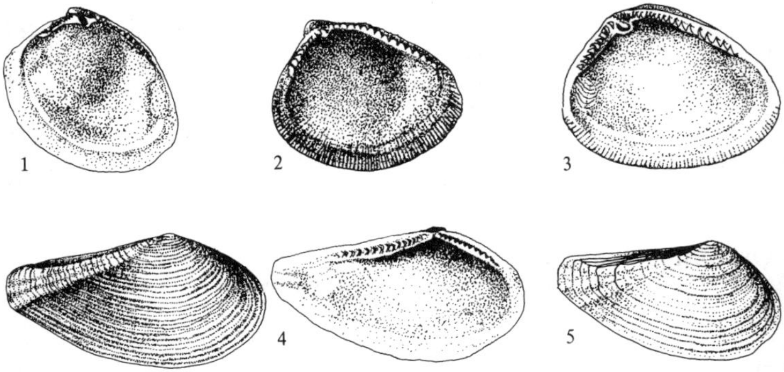

Abb. **274**/1–5 **1** *Nucula (Lionucula) tenuis*; **2** *N. turgida nitidosa*; **3** *N. nucleus*; **4** *Nuculana minuta* (2 Ansichten); **5** *N. pernula*

knickt, mit zahlreichen Zähnchen. Mit Mantelbucht. Na: Detritus wird mit Tastern aufgenommen.

1 Schalen bis 14 mm lg, mit deutlichen Spirallamellen (ca. 30). Periostracum matt. Schloßrand vorn mit etwa 15, hinten mit 18–20 Zähnchen. – **V.** Arkt, Subarkt. Eur Küsten. Deutsche Nordseeküsten auf Weichböden bis 40 m Tiefe. Ostsee nördl. Kieler Bucht u. Fehmarnbelt.
Nuculana minuta (O.F. MÜLLER) (Abb. **274**/4)

1* Schalen bis 22 mm lg, mit feinen Spiralreifen. Periostracum glänzend. Schloßrand vorn mit 18, hinten mit 24 kleinen Zähnchen. – **V.** Arkt, N-Atl bis Biskaya; Helgoland, Deutsche Bucht, Ostsee: Kieler Bucht u. Fehmarnbelt.
Nuculana pernula (O.F. MÜLLER) (Abb. **274**/5)

Ordnung *Filibranchiata [Pteriomorpha]* – **Fadenkiemer**

Schalenklappen innen mit od. ohne Perlmutt, Schloßrand meist gerade, teils mit zahlreichen ähnlichen Zähnen, teils mit wenigen Zähnen od. zahnlos. Fuß ohne verbreiterte Endscheibe. Mundlappen ohne tasterartigen Fortsatz. Kiemenblättchen zu langen Fäden (Filamenten) ausgezogen, die teilweise einen aufsteigenden Schenkel haben (mitunter sogar mit verbindenden, aber unregelmäßigen Gewebsbrücken). Meist Meeresbewohner, vielfach festsitzend, selten in festes Substrat eingebohrt.

Familie *Glycymeridae* – **Samtmuscheln**

Gattung *Glycimeris* DA COSTA

Glycymeris glycymeris (L.) (Abb. **277**/1)
G. Schalen groß, Umriß beinahe kreisförmig, mit brauner filziger OHaut, darunter auf hellem Grund purpurbraun gefleckt. Innen nicht perlmuttrig, ohne Mantelbucht, Zähne von der M nach vorn u. hinten kleiner werdend. Bis 75 mm lg. – **V.** O-Atl, Mittelmeer. Im SW der Nordsee. Im Gebiet nicht sicher nachgewiesen, aber wahrscheinlich.

Familie *Mytilidae* – **Miesmuscheln**

Schalenklappen gleich, ± lggestreckt od. eiförmig, vielfach vorn zugespitzt od. verschmälert, mit dem VEnde genäherten od. ganz vorn stehenden Wirbeln. Ligament äußerlich. Ohne eigentliche Schloßzähne, vorderer Schließmuskeleindruck klein, weit vorn, ohne Mantelbucht.

1 Schalenklappen eiförmig, Wirbel nahe der MLinie. *Crenella decussata* S.276
1* Schalenklappen ± lggestreckt, länger als h. Wirbel im vorderen Drittel 2
2 Wirbel unmittelbar am spitzen VE. Klappen weder behaart noch bes. skulptiert. *Mytilus edulis* S.276
2* Wirbel nicht ganz am stumpfen VRand. Klappen behaart od. skulptiert . . . 3

3 Schalen am HE behaart, ohne Radialskulptur, groß. *Modiolus* S.276
3* Schalen nicht behaart, mit Radialskulptur, klein bis mittelgroß. *Musculus* S.276

Gattung *Crenella* T. BROWN

Crenella decussata (MONTAGU)
G. Klappen im Umriß ± eiförmig. Gittrige Skulptur aus etwas 50 Radiärrippen u. 40 konzentrischen Rippen od. Linien. Wirbel etwa in der M der Klappe. Cremeweiß, Periostracum gelb-bräunlich, innen weiß mit durchscheinender Skulptur. Lg 3–5 mm. – **V.** Zirkumpolar, N-Atl bis Mittelmeer. In der Kieler Bucht u. im Fehmarnbelt vereinzelt auf Feinsand bis Schlick in 12–30 m Tiefe. In arkt Meeren in geringen Tiefen, im Mittelmeer bis 600 m.

Gattung *Mytilus* L.

Mytilus edulis **L.** – **Miesmuschel** (Abb. **277**/2)
G. Schale länglich, schief dreieckig, hinten zusammengepreßt. Außer Wachstumslinien u. -absätzen keine Skulptur. Blauschwarz bis gelblichbraun, teilweise dunklere radiale Streifung. InnenS bläulich-weiß. Form u. Größe je nach Standortbedingungen (Salzgehalt, NaAngeobt, Siedlungsdichte u. a.) sehr variabel, verschiedene Formen beschrieben. Lg etwa zwischen 30 u. 80 mm. – **V.** Nördl. Eismeer, NA-tl, O-Atl bis N-Afr. Mittelmeer bis Schwarzes Meer. Im Gebiet überall bis Finnischer u. Bottnischer Meerbusen. – **L.** Mit Byssus festgeheftet auf harten Unterlagen (natürliche u. künstliche), oft dicht beieinander u. übereinander auf Miesmuschelbänken. – **B.** Na: Plankton u. Detritus. – Vielfach als Na genutzt (Kulturen). Fischfutter.

Gattung *Modiolus* LAMARCK

Modiolus modiolus **(L.)** – **Große Miesmuschel** (Abb. **277**/3)
G. Schale lggestreckt, beinahe bohnenförmig, Wirbel dem abgerundeten VRande genähert u. stark hervorstehend. Zumindest am HE behaart. Braun bis blauschwarz. Bis 150 cm lg. – **V.** Zirkumpolar, im O-Atl südl. bis Brest. In der Nordsee südl. bis Helgoland u. Nordfriesische Inseln; Ostsee bis westl. Mecklenburger Bucht. – **L.** Tiefer als vor. Art bis etwa 300 m Tiefe. – **B.** Mit Byssus an harten Unterlagen, vor allem Muschelschalen.

Gattung *Musculus* RÖDING

Schalen bis 35 mm lg, ± oval. Skulptur vorn u. hinten aus radialen Rippen, dazwischen eine glatte M-Fläche.

1 Schalen stark gewölbt, hell mit rotbraunen Zickzackflecken. Radiäre Rippen vorn 16–17, hinten um 25. Etwa bis 17 mm lg, in der Ostsee nur bis 5 mm. – **V.** O-Atl von Lofoten bis Angola, Mittelmeer. Deutsche Bucht, Kieler bis Eingang Mecklenburger Bucht. – **L.** Tiefere Seegrasregion, angesponnen an Schalen, Rotalgen, treibende Gegenstände, auch in Manteltieren.
Musculus marmoratus (FORBES) – **Marmorierte Bohnenmuschel** (Abb. **277**/4)

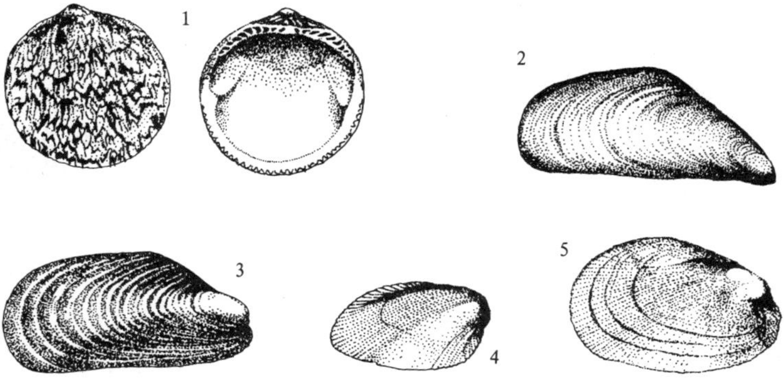

Abb. 277/1–5 1 *Glycymeris glycymeris*; 2 *Mytilus edulis*; 3 *Modiolus modiolus*; 4 *Musculus marmoratus*; 5 *M. discors*

1* Schalen flacher, einfarbig dunkel, nicht marmoriert 2

2 Schalen olivgrün bis braun, vorn etwa 10–12, hinten rund 35 radiäre Rippen, hinteres Rippenfeld durch deutlichen Kiel vom M-Teil abgesetzt. Bis 17 mm lg. – **V.** Zirkumpolar. O-Atl, südl. bis Biskaya. Bis in die westl. Ostsee (Mecklenburger Bucht). – **L.** In der Rotalgenzone in 5–15 m Tiefe.
Musculus discors **(L.)** – **Grüne Bohnenmuschel** (Abb. **277**/5)

2* Schalen violettschwarz, vorn mit 20–25, hinten mit 50–60 radiären Rippen, HFeld nicht durch Kiel vom M-Feld abgetrennt. Bis 50 mm lg. – **V.** Ähnlich *M. discors*, in der Ostsee bis etwa zum Darß. – **L.** In größeren Tiefen auf schwarzem Schlamm. *Musculus niger* (GRAY) – **Schwarze Bohnenmuschel**

Familie *Pectinidae* – **Kammuscheln**

Festschalige Klappen, oft ungleich, meist so lg wie h, ± deutlich radial gestreift od. gerippt, zu beiden S des Wirbels zu Ohren ausgezogen. Schloß ohne eigentliche Zähne, Ligament mit einem mittleren Knorpel in einer Grube. Mantelränder getrennt, mitunter mit Augen, oft mit Tentakeln. Ohne Mantelbucht, vorderer Schließmuskel reduziert. Manche Arten zeitweise mit Byssus am Untergrund festsitzend, viele Arten können durch Auf- u. Zuklappen der Schalen schwimmen. Aufgeführte Arten sind Zwitter. Nur im Meer.

Gattungen *Pecten* O. F. MÜLLER, *Aequipecten* FISCHER, *Chlamys* ROEDING

1 Klappen sehr verschieden (rechte tief gewölbt, linke flach), in der SAufsicht fast rund, die Öhrchen gleich groß. 14–17 gerundete Radialrippen, auf den Rippen u. dazwischen feine Radiärstreifen. Die Radiärskulptur wird von einer noch feine-

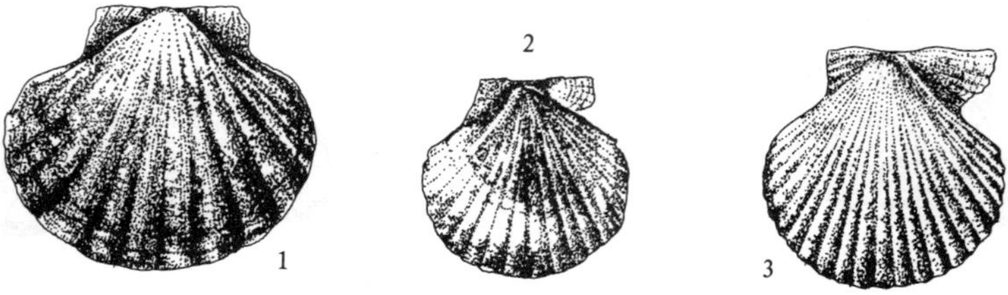

Abb. **278/1–3** **1** *Pecten maximus*; **2** *Aequipecten opercularis*; **3** *Chlamys varia*

ren konzentrischen Streifung gekreuzt. Gelblichweiß mit roten Flecken u. Bändern (Jungtiere gelblich bis schwach rosa). Bis 140 mm lg. – **V.** O-Atl zwischen Lofoten u. Kanaren. Im Mittelmeer an der algerischen Küste. An Nordseeküsten auf treibendem Holz, Kork u.a., gelegentlich angespült.
Pecten maximus (L.) – **Große Pilgermuschel** (Abb. **278**/1)

1* Beide Schalenklappen annähernd gleich gewölbt 2

2 Klappen in SAnsicht fast kreisrund, die rechte (untere) etwas flacher u. gewöhnlich heller als die linke. Rechtes vorderes Öhrchen etwas kleiner als linkes vorderes. 18–22 gerundete Rippen, auf u. zwischen den Rippen fein radiär gestreift. Hellgelb bis dunkelbraun, selten rötlich gefleckt. Bis 90 mm lg. – **V.** Ähnlich *P. maximus*, aber im ganzen Mittelmeer. Bei Helgoland. An Nordseeküsten an Treibgut gelegentlich helle Jungtiere.
Aequipecten opercularis (L.) – **Pilger- od. Kammuschel** (Abb. **278**/2)

2* Klappenumriß mehr oval, Klappen höher als br, Öhrchen sehr ungleich. 25–33 stärker gewölbte Rippen mit relativ schmalen Zwischenräumen mit Radiärstreifung. Gut erhaltene Exemplare mit Schuppen u. kurzen Dornen auf Rippen u. Ohren. Farbe variabel, meist gelbgrau bis rötlich. Bis 70 mm lg. – **V.** Wie *A. opercularis.* *Chlamys varia* (L.) (Abb. **278**/3)

Familie *Anomiidae* – **Zwiebelmuscheln**

Mit sehr dünnen Schalen ständig am Untergrund festgeheftet, die rechte Klappe mit einem Loch, das durch Umwachsen des Byssus-Pfropfes (Ossiculum, durch Verschmelzung u. Verkalkung von Byssusfäden) entsteht. Ohne Schloß. Untere, aber auch obere Klappen nehmen durch ständiges Anpressen an den Untergrund dessen Relief an, z. B. auf Kammuschelschalen.

Gattungen *Anomia* WINCKWORTH, *Heteranomia* WINCKWORTH, *Monia* GRAY

1 InnenS der Klappe etwas perlmuttrig, mit 3 Muskeleindrücken (2 von Schließmuskeln, 1 vom Byssusmuskel). Klappenumriß etwa rund, mit unregelmäßiger konzentrischer, vielfach blättriger Skulptur. Bis 50 mm lg. – **V.** O-Atl von Norwegen bis Kapverden; Mittelmeer; Schwarzes Meer. Im deutschen Küstenbe-

reich der Nordsee, bei Borkum; Ostsee bis Fehmarnbelt. – **L.** Wenig tief, an Steinen u. leeren Weichtierschalen.

Anomia ephippium (L.) – **Sattelmuschel** (Abb. **279**/1)

1* Linke Klappe innen nur mit 2 Muskeleindrücken 2

2 Skulptur aus feinen konzentrischen Streifen. Ausschnitt für Ossiculum rund. Bis 23 mm lg. – **V.** N-atl, im O-Atl südl. bis Marokko; Mittelmeer; Nordsee. – **L.** Häufig auf Panzern von Decapoden-Krebsen.

Heteranomia squamula (L.) (Abb. **279**/2)

2* Skulptur aus feinen radiären Rippen. Ausschnitt für Ossiculum mehr dreieckig. Bis 30 mm lg. – **V.** O-Atl südl. bis Azoren; Mittelmeer; Nordsee. – **L.** Auf Schnecken- u. Muschelschalen. *Monia patelliformis* (L.) (Abb. **279**/3)

Familie *Ostreidae* – **Austern**

Gattung *Ostrea* L.

Ostrea edulis L. – **Europäische od. Gemeine Auster** (Abb. 279/4)

G. Schalenklappen kräftig u. ungleich, mit der linken (unteren), stärker gewölbten am Untergrund festgekittet, die rechte (obere) flacher. Die Form unregelmäßig rund, Skulptur blättrig, unregelmäßig konzentrisch angeordnet mitunter auch radialgerippt. Schloßrand ohne Zähne, innerer Ligamentknorpel in einer dreieckigen Grube. In jeder Klappe nur 1 Schließmuskeleindruck. Weißlich, auch mit violetten od. blaugrauen Radialbändern. **V.** Eur Küsten von Norwegen bis Schwarzen Meer. In der Nordsee zerstreut in lockeren Kolonien im Wattenmeer in etwa 1,5–9 m Tiefe. – **L.** Auf festem Untergrund an Steinen, Schalen usw. festgekittet, wo sie nicht einsinken od. vom Schlick überlagert werden können. Meist auch bei Ebbe unter Wasser. Bei Trockenfallen Schutz durch festes Zusammenpressen der über den Schalenrand hinausragenden Periostracum-

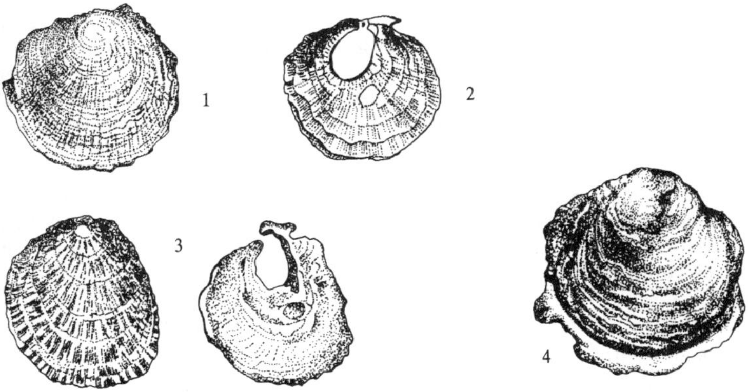

Abb. **279/1–4** **1** *Anomia ephippium*; **2** *Heteranomia squamula*; **3** *Monia patelliformis*; **4** *Ostrea edulis*

Blättchen. – **B.** Na: Plankton aus Gezeitenströmungen. Protandrische Zwitter. 300 000–3 000 000 Eier im J, Befruchtung in den Kiemen. Nach 10–14tägiger Planktonphase Festsetzen der Larven. Ausgewachsen in 3–4 Jahren, können 20–30 J alt werden. Leben vielfach zusammen auf Austernbänken, die besondere Lebensgemeinschaften mit zahlreichen anderen Tierarten bilden. Früher in der Nordsee wirtschaftlich wichtig, heute sehr reduziert u. kaum noch als Na nutzbar. In England, Holland, Belgien u. Frankreich Kulturen von großer wirtschaftlicher Bedeutung als NaMittel.

Ordnung *Eulamellibranchiata* – **Blatt- od. Lamellenkiemer**

Schalenklappen sehr verschieden, innen selten perlmuttrig, Schloßrand meist nur mit wenigen Zähnen (Haupt- u. Seitenzähne) od. zahnlos. Meist beide Schließmuskeln vorhanden. Mantelränder offen bis stark verwachsen, hinten oftmals längere Siphonen. Kiemen durch quere Verstrebungen zwischen den Filamenten u. durch Leisten zwischen den so entstandenen Lamellen zu Hochleistungsfilterapparaten entw. Mit zahlreichen Arten auch im Süßwasser, aber meist im Meer. Sowohl auf dem Substrat als auch eingegraben od. sogar in harte Substanzen eingebohrt.

Familie *Unionidae* – **Najaden (Fluß- und Teichmuscheln)**

Sehr artenreich. Durch verschiedene Umwelteinflüsse (Wasserbewegung, Bodengrund usw.) starke Variabilität, erschwert Bestimmung. Bisher mehrere geographische Unterarten unterschieden; dieses Konzept ist wohl nicht mehr aufrecht zu erhalten. Hier nur Hauptformen berücksichtigt. – **B.** Die sehr zahlreichen Eier (300 000–400 000), werden in Fächern der äußeren Kiemenblätter (Marsupien; Ausnahme: bei *Margaritifera* auch in den inneren Kiemenblättern) abgelagert u. machen hier ihre Entw zur Larve durch. Dauer der Kiementrächtigkeit bei *Unio* 4–6 Wo im Sommer, bei *Anodonta* mehrere Mon über den Winter und bei *Margaritifera* ca. 2½ Mon. Die mit einer zweiklappigen Schale versehenen Larven (Glochidien) werden ausgestoßen u. leben vorübergehend als Parasiten an den Kiemenblättern *(Unio, Margaritifera)* bzw. in der Flossenhaut *(Anodonta)* von Fischen. Beginn der Fortpflanzungsfähigkeit im 3.–4. J, bei *Margaritifera* mit 20–25 J. Lebensdauer 7–10 J, bei *Margaritifera* bis über 100 J. In der Mantelhöhle od. auf den Kiemen häufig artspezifische parasitische Milben der Gattung *Unionicola*. Der Bitterling *(Rhodeus amarus)* legt mit einer sich beim ♀ bildenden Legeröhre seine Eier in *Unio* u. *Anodonta*, in deren Kiemen sie sich eine Zeit lang entwickeln. Na: Mikroorganismen, Detritus.

Gattung *Unio* RETZIUS (in: PHILIPSSON) – **Flußmuscheln**

Schloß mit Haupt- u. SZähnen (Abb. **281**/2)

1 Schale elliptisch od. kurz eiförmig, nicht ganz doppelt so lg wie h; Wirbel meist abgerieben, sonst mit dichten konzentrischen Runzelfalten. Hauptzähne kräftig, nur wenig zusammengedrückt. Schalenhaut dunkelbraun bis schwarz.

Abb. **281/1–4** **1** *Unio crassus*; **2** *Unio* spec., Schloß mit Haupt- u. Nebenzähnen; **3** *U. tumidus*; **4** *U. pictorum*

50–60 mm lg, 30–35 mm br u. 25–35 mm dick. – **V.** Eur, im Gebiet 3 geographische Unterarten: *U. cr. nanus* LAMARCK: Rhein, Main- u. Neckargebiet; *U. cr. crassus* RETZIUS: Gebiet der Norddeutschen Vereisung; *U. cr. cytherea* KÜSTER: oberes Donaugebiet. – **L.** Bäche u. Flüsse mit reinem bewegtem Wasser. – Aufgrund von Wasserverschmutzung hochgradig bedroht; in den letzten J stark rückläufig, lokal bis regional bereits erloschen. – ▽

U. crassus RETZIUS – **Kleine Flußmuschel, Gemeine Flußmuschel** (Abb. **281**/1)

1* Schale verlängert eiförmig od. zungenförmig, über doppelt so lg wie h. Wirbel aufgeblasen. Hauptzähne abgeflacht. Schalenhaut meist gelblich bis grünlich **2**

2 Schale spitz-eiförmig, VTeil gerundet u. bauchig. HTeil zugespitzt keilförmig. URand deutlich gebogen. Wirbelskulptur aus groben, zackigen Runzelfalten. Schalenhaut grünlichbraun, oft grün radial gestrahlt. 70–80 mm lg, 36–40 mm h. u. 23–26 mm dick. – **V.** Eur, im Gebiet 2 geographische Unterarten: *U. t. depressus* DONOVAN [*U. t. rhenanus* KOBELT]: Rhein mit linken Nebenflüssen; *U. t. tumidus* RETZIUS: Gebiet der Norddeutschen Vereisung. – **L.** Flüsse, Altwasser, Seen; bes. in ruhigem Wasser. – Aufgrund der Lebensraumvernichtung ebenfalls sehr stark rückläufig. – ▽

U. tumidus RETZIUS (in: PHILIPSSON) – **Große Flußmuschel** (Abb. **281**/3)

2* Schale schmal-zungenförmig, VTeil kurz, HTeil stark verlängert; O – u. URand fast parallel verlaufend. Wirbelskulptur aus in Reihen einzeln stehender Höcker. Schalenhaut olivgelblich. 72–90 mm lg, 31–41 mm h u. 23–31 mm dick. – **V.** Eur, im Gebiet 3 geographische Unterarten: *U. p. deshayesi* MICHAUD: Rheingebiet; *U. p. pictorum* L.: Gebiet der Norddeutschen Vereisung; *U. p. latirostris* KÜSTER: Donaugebiet. – **L.** Seen, Flüsse, Altwässer, Teiche; nicht in stark bewegtem Wasser. – Artbastarde zwischen *U. tumidus* u. *U. pictorum* mit einer Mischung der elterlichen Schalenmerkmale kommen gelegentlich vor. – ▽

U. pictorum (L.) – **Malermuschel** (Abb. **281**/4)

Gattungen *Anodonta* LAMARCK u. *Pseudanodonta* BOURGUIGNAT – **Teichmuscheln**

Früher als *Anodonta* vereinigt; schloßlos, bevorzugen ruhiges Wasser (Teiche, Weiher, Altwasser, ruhige Strombuchten), können auch zusammen mit *Unio* vorkommen.

Abb. **282/1–3** **1** *Pseudanodonta complanata*; **2** *Anodonta anatina*; **3** *A. anatina* mit herausgestrecktem Fuß

1 Schale seitlich sehr abgeflacht, etwa halb so dick wie h; VTeil viel niedriger als HTeil, zugespitzt-gerundet, Schild wenig abgeflacht. HTeil spitz. Wirbelskulptur undeutlich, rundliche od. längliche kleine Höcker. Schalenhaut braungrün. 70–80 mm lg, 40–45 mm h, etwa 20 mm dick. – **V.** Eur, im Gebiet 3 geographische Unterarten: *Ps. c. elongata* (HOLANDRE) – **Schlanke Teichmuschel:** Rheingebiet; *Ps. c. complanata* (ROSSMÄSSLER) – **Abgeplattete Teichmuschel:** Gebiet der Norddeutschen Vereisung; *Ps. c. compacta* (ROSSMÄSSLER) – **Donau-Teichmuschel:** Oberes Donaugebiet. – **L.** Sand u. Schlamm ruhiger Strombuchten u. Buhnen, auch Seen. – Eine von Natur aus seltene Art, heute ebenfalls stark bedroht u. rückläufig. – ▽

Pseudanodonta complanata (ROSSMÄSSLER) (Abb. **282**/1) – **Abgeplattete Teichmuschel**

1* Schale groß bis sehr groß, meist mehr als halb so dick wie h; bauchig. VTeil nicht viel niedriger als das HTeil, gerundet; Schild meist h dreieckig-flügelförmig, zusammengedrückt. HTeil ± gestreckt. Nur Formen aus Bächen u. Seen weniger als 80 mm lg. *(Anodonta)* 2

2 Schale rhombisch-oval, Schild meist deutlich ausgebildet; HRand konkav abfallend, URand konvex. Wirbelskulptur aus nicht gerade verlaufenden Fältchen, die die Anwachsstreifen kreuzen u. an ihrem E winklig ansteigen. Schale meist dick. InnenS stumpf weißgrau. Form sehr variabel. 76–95 mm lg, 49–60 mm h u. 28–29 mm dick. – **V.** Eur, im Gebiet 3 geographische Unterarten: *A. a. avonensis* MONTAGU: Rheingebiet; *A. a. anatina* (L.): Norddeutsche Tiefebene; *A. a. attenuata* HELD: Obere Donau. – **L.** Stehende u. nicht stark bewegte Gewässer. – Die häufigere Art dieser Gattung. – ▽.

Anodonta anatina (L.) [*A. piscinalis* NILSSON] – **Flache Teichmuschel (Entenmuschel)** (Abb. **282**/2–3)

2* Schale br-oval bis lggestreckt-oval, sehr gewölbt; Schild weniger ausgeprägt, O- u. URand bei manchen Formen parallel (*A. c.* f. *cellensis* SCHRÖTER). Wirbelskulptur aus zu den Anwachsstreifen parallelen elliptischen Fältchen. Schale meist dünn, innen stark perlmutterglänzend. 175–200 mm lg, 84–120 mm h u. 52–60 mm dick. – **V.** Eur, im Gebiet 3 geographische Unterarten: *A. c. stagnalis* TURTON: Niederrhein; *A. c. cygnea* (L.): Gebiet der Norddeutschen Vereisung; *A. c. solearis* KÜSTER: Obere Donau. – **L.** Stehende Gewässer. – ▽

Anodonta cygnea (L.) – **Gemeine Teichmuschel (Schwanenmuschel)** (Abb. **283**/1)

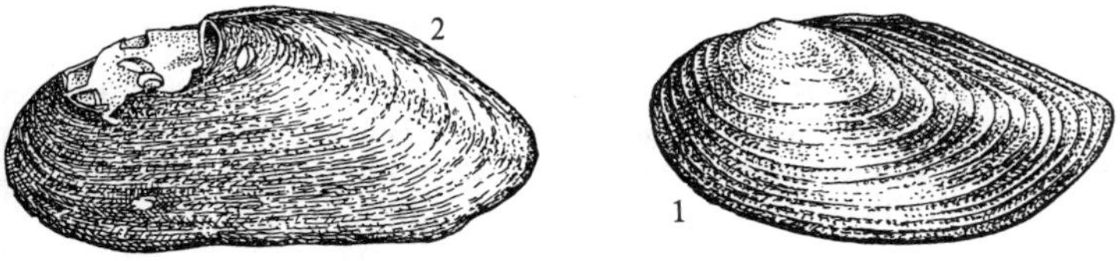

Abb. **283/1–2** 1 *Anodonta cygnea*; 2 *Margaritifera margaritifera*

Familie *Margaritiferidae*

Gattung *Margaritifera* SCHUMACHER – **Flußperlmuscheln**

Schloß nur mit Hauptzähnen (kurze, stumpfe Höcker), linke Schale mit 2, rechte mit 1 Zahn. Schale groß, dickwandig, schwer; OHaut schwarz.

Margaritifera margaritifera (L.) – **Flußperlmuschel (Abb. 283**/2)
G. Schale nierenförmig, vorn gerundet, hinten schräg abfallend; Wirbel meist stark korrodiert. 118–148 mm lg, 57–72 mm h, 32,5–45 mm dick. – **V.** Circumpolar (nicht im W von N-Am), im Gebiet heute nur noch ein Niederungsbach-Standort, bereits in mehreren M-Geb erloschen; vereinzelte Standorte im M-GebZug von W nach O, in den südl. M-Geb noch häufiger. – **L.** Kalkarme M-GebBäche mit guter Wasserqualität. – **B.** Erzeugt echte Perlen. Sehr langsames Wachstum, spätes Erreichen der Fortpflanzungsreife, Lebensdauer bis über 100 J. – Na u. Brutpflege ähnlich den *Unionidae*, aber Brutpflege in den inneren u. äußeren Kiemenblättern. Laichzeit VII/VIII (IX). Glochidien als Parasiten an den Kiemen von Bachforellen, sich dort ± lange zur Jungmuschel entwickelnd (Langzeit- u. Kurzzeitzyklus). Jungmuscheln eine mehrjährige Zeitspanne im Bachsubstrat durchlaufend. – Frühere Ansiedlungsversuche in der Regel gescheitert (bis auf: Steinach/Odenwald); heute lokal u. regional bereits erloschen u. die Mehrzahl der Bestände überaltert u. vom Aussterben bedroht. In den letzten J verschiedene Artenschutz-Projekte realisiert. – ▽

Familie *Astartidae*

Klappen klein bis mittelgroß, ziemlich kräftig, ± oval-dreieckig, glatt bis kräftig konzentrisch gerippt, keine Radiärskulptur. Schloßrand br, mit 1–2 Hauptzähnen je Klappe, SZähne meist rudimentär. Ohne Mantelbucht.

Gattungen *Goodallia* TURTON, *Astarte* SOWERBY, *Nicania* LEACH

1 Schalen klein (2–3 mm lg), schief dreieckig, unterer Klappenrand abgerundet, auf der InnenS gekerbt. Fast glatt, höchstens mit feinen konzentrischen Streifen. Periostracum gelb bis dunkelbraun, glänzend, Schalen weiß. – **V.** Mittelmeer, O-Atl zwischen Kanaren u. Großbritannien. In der Deutschen Bucht in grobem Sand. *Goodallia triangularis* (MONTAGU) – **Sandkorn-Astarte** (Abb. **284**/1)

1* Schalen etwa 15–45 mm lg u. deutlich konzentrisch gerippt od. gestreift, Innenrand unten immer glatt 2

2 Schalen mit etwa 20–30 groben konzentrischen Rippen, längsoval, hinterer Schalenrand deutlich schräg abgestumpft. Epidermis meist dunkelbraun. Bis 30 mm lg. – **V.** Boreal-zirkumpolar. In der Ostsee östl. bis Travemünde. **L.** Auf Schlick u. Weichboden in 6–60 m Tiefe.
Astarte (Tridonta) elliptica (BROWN) (Abb. **284**/2)

2* Schalen mit etwa 40–50 feineren konzentrischen Rippen od. Streifen. Form ± abgerundet dreieckig 3

3 Schalen mehr abgerundet, oberer Dorsalwinkel etwas mehr als 90°. Skulptur aus 50 konzentrischen Reifen, am Umbo glatt. Schloßband kräftig, den oberen Schalenrand überragend. Periostracum schwarz od. dunkelbraun. Bis 30 mm lg u. 32 mm h. – **V.** Arkt-zirkumpolar, in der Ostsee östl. bis Gdańsker Bucht. – **L.** In tieferem Wasser auf Weichboden.
Astarte (Tridonta) borealis (SCHUMACHER) (Abb. **284**/3)

3* Schalen hoch-dreieckig, oberer Dorsalwinkel weniger als 90°. Skulptur aus etwa 40 konzentrischen Rippen. Schloßband weniger kräftig. Periostracum braun. Bis 25 mm lg u. 17 mm h. – **V. L.** Ähnlich *A. borealis*, in der Ostsee weniger östl., bis Mecklenburger Bucht. *Nicania montagui* (DILLWYN) (Abb. **284**/4)

Familie *Sphaeriidae* – **Kugelmuscheln**

Schale klein bis sehr klein, dünnwandig, Innenfläche ohne Perlmutterschicht. Skulptur konzentrisch gestreift bis gerippt. Wirbel mittelständig od. hinter der M. Schloßplatte schmal, mit Haupt- u. Nebenzähnen. Zwitter, Brutpflege in den Kiemen. Lebendgebärend.

1 Wirbel mittelständig, Schale mindestens 8 mm lg 2

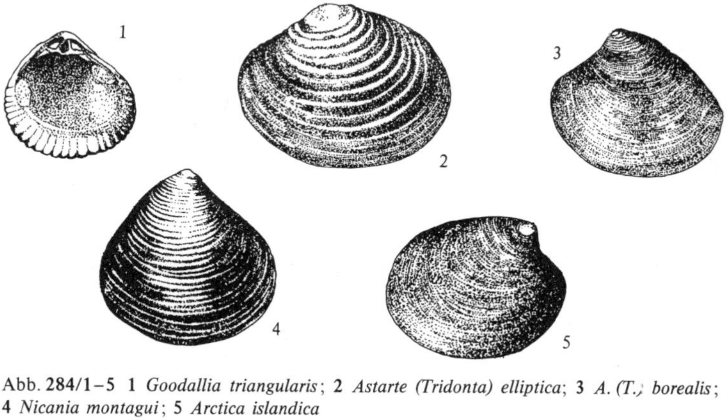

Abb. **284**/1–5 1 *Goodallia triangularis*; 2 *Astarte (Tridonta) elliptica*; 3 *A. (T.) borealis*; 4 *Nicania montagui*; 5 *Arctica islandica*

1* Wirbel immer hinter der M des ORandes, Schale selten 10 mm lg, meist nur linsen- bis senfkorngroß. *Pisidium* (Abb. **285**/4) S. 285

2 Wirbel gerundet, wenig hervorragend, Schale rundlich. *Sphaerium* S. 285

2* Wirbel konisch erhöht (zitronenförmig), mit deutlich abgesetztem Wirbelhäubchen, Schale dünn, seitlich stark abgeflacht. *Musculium* (Abb. **285**/3) S. 285

Gattung *Sphaerium* SCOPOLI – **Kugelmuscheln**

1 Schale über 20 mm lg, Schloßband frei; jede Klappe mit 2 Hauptzähnen. Etwa 20–22 mm lg, 16,3–17,5 mm h. u. 10,3–13 mm dick. – **V.** N-, M- u. O-Eur. – **L.** Bewegtes Wasser von Flüssen u. Seen.
Sph. rivicola (LAMARCK) – **Flußkugelmuschel** (Abb. **285**/1)

1* Schale nicht über 12 mm lg, Schloßband eingesenkt; jede Klappe mit 1 Hauptzahn 2

2 Schale dickwandig, deutlich konzentrisch gerippt, Wirbel aufgeblasen. 9–11 mm lg, 6,9–9,5 mm h. u. 5,2–6,4 mm dick. – **V.** N-, M- u. O-eur, südl. bis zum Main. – **L.** In der Strömung größerer Flüsse.
Sph. solidum (NOMAND) – **Dickschalige Kugelmuschel**

2* Schale dünnwandig, konzentrisch gestreift, Wirbel br, wenig hervortretend. Variabel in Größe u. Form je nach Fundort. Etwa 12 mm lg, 9,7 mm h u. 7,5 mm dick. – **V.** Pal, im Gebiet weit verbreitet. – **L.** In stehenden u. fließenden Gewässer, nicht in starker Strömung.
Sph. corneum (L.) – **Gemeine Kugelmuschel** (Abb. **285**/2)

Gattung *Musculium* LINK – **Häubchenmuscheln**

Musculium lacustre (O. F. MÜLLER) – **Häubchenmuschel** (Abb. **285**/3)
G. Schale in der Form variabel. 8,7–9,3 mm lg, 7–7,6 mm h u. 4,3 mm dick. – **V.** Pal, weit verbreitet. – **L.** Sumpfige Gräben, Teiche, Tümpel, Altwasser, meidet Strömung.

Gattung *Pisidium* s. l. C. PFEIFFER – **Erbsenmuscheln**

Kleinste heimische Muscheln. Verbreitung u. Lebensweise z. T. ungenügend bekannt. Leben im schlammig-sandigen Untergrund von Gewässern aller Art. 17

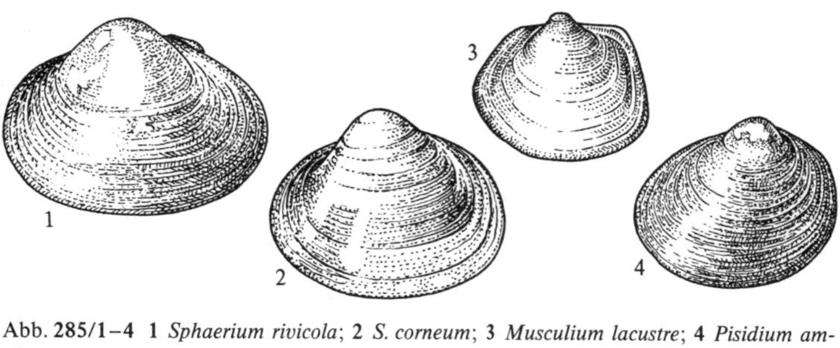

Abb. **285**/1–4 **1** *Sphaerium rivicola*; **2** *S. corneum*; **3** *Musculium lacustre*; **4** *Pisidium amnicum*

Arten: Artbestimmung mit Lupe nicht möglich. Nur bei einer Art, *P. amnicum*, Schale des erwachsenen Tieres mehr als 8 mm lg; bei anderen Arten Schale fast stets unter 5 mm lg. Manche Arten vertragen im Schlamm Austrocknung u. Ausfrieren ihrer Wohngewässer.

Pisidium amnicum (O. F. MÜLLER) – **Große Erbsenmuschel** (Abb. **285**/4)
G. Schale fest, ziemlich bauchig, konzentrisch gerippt, Wirbel im Anfang des hinteren Drittels liegend. Etwa 8 mm lg, 6,1 mm h u. 4,1 mm dick. – **V.** Eur, wohl überall im Gebiet, außer in großen Höhen. – **L.** Fließendes bzw. bewegtes Wasser von Bächen, Flüssen u. Seen.

Familie *Arcticidae [Cyprinidae]*

Gattung *Arctica* SCHUMACHER

Arctica [Cyprina] islandica (L.) – **Islandmuschel** (Abb. **284**/5)
G. Schalen groß (bis 120 mm lg) u. kräftig, rundlich, die Wirbel nach vorn gebogen. Periostracum bei jungen Formen hell, bei adulten dunkelbraun bis schwarz, vielfach abgeblättert. Starkes äußeres Ligament. In jeder Klappe 3 Hauptzähne u. je ein vorderer u. hinterer SZahn. Mantellinie ohne Bucht. – **V.** N-Atl, in der Nordsee u. westl. Ostsee bis Hiddensee. – **L.** In der Nordsee auf Weich- u. Sandboden zwischen 15 u. 100 m Tiefe, in der Ostsee bis 16 m auf Schlamm.

Familie *Dreissenidae* – **Dreikantmuscheln**

Mit Byssus festgesponnene Süß- u. Brackwassermuscheln, äußerlich den Miesmuscheln *(Mytilidae)* ähnlich, aber nicht näher verwandt. Schale ± dreieckig bis oval, VE spitz; ohne Schloß. InnenS des VE in jeder Schale mit kleiner dreieckiger Platte (Septum). Ohne Mantelbucht od. diese nur angedeutet Getrenntgeschlechtig, Entw über frei schwimmende Larven.

Gattungen *Dreissena* (VAN BENEDEN) – **Dreikantmuschel**,
Congeria PARTSCH – **Dreiecksmuscheln**

1 Schale ungekielt, braun; außer Septum noch 1 löffelförmiges Anhängsel an der Spitze. Etwa 22 mm lg u. 12 mm h. – **V.** Vielleicht aus W-Afr eingeschleppt (über Niederlande u. Belgien); zunächst im Brackwasser, zunehmend in die Flüsse vordringend. – **L.** An Schiffen, Holz, Steinen.
Congeria cochleata (KICKX) – **Brackwasserdreiecksmuschel** (Abb. **286**/2–3)

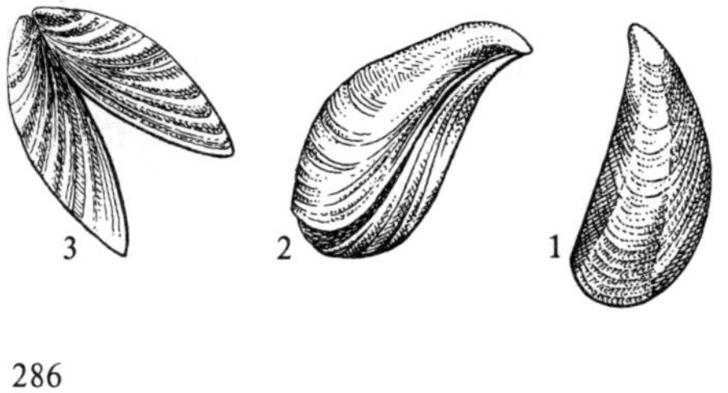

Abb. **286/1–3**
1 *Dreissena polymorpha*;
2, 3 *Congeria cochleata*

1* Schale mit Kiel von der Spitze zum HRand, Form variabel. Gelblich mit bräunlichen od. bläulichen Streifen in Zickzacklinien. Innen nur je 1 Septum. Etwa 30 mm lg, 15 mm h u. 20 mm dick. – **V.** Heimat: ins Schwarze u. Kaspische Meer strömende Flüsse. Durch Verschleppung (Schiffe, Floßholz usw.) in O- u. M-Eur weit verbreitet. – **L.** Seen, Flüsse u. Kanäle, an Steinen, Holz, Muscheln; meist klumpenweise. Auch in schwachem Brackwasser. Schwimmende Larven. Massenansiedlungen können zur Verstopfung von Werkkanälen u. Wasserrohren führen. *Dreissena polymorpha* (PALLAS) – **Wandermuschel (Dreiecksmuschel)** (Abb. **286**/1)

Familie *Lucinidae*

Schalen klein bis mittelgroß, ± rundlich, der Wirbel etwas hervortretend u. nach vorn gerichtet. Skulptur konzentrisch, zuweilen auch radiär. Ligament innen od. außen. Schloß mit 2 Hauptzähnen u. vorderen u. hinteren SZähnen. Vorderer Schließmuskeleindruck länglich, der hintere oval.

Gattungen *Lucinoma* DALL, *Lucinella* MONTEROSATO

1 Schale mittelgroß (bis 40 mm lg), konzentrische Skulptur. Ligament außen. – **V.** N-Atl, im O-Atl südl. bis Marokko. Bei Helgoland leere Schalen. [*L. radula* (MONTAGU)] *Lucinoma borealis* (L.) (Abb. **288**/1)

1* Schale kleiner (bis 30 mm lg), Skulptur aus dichten Anwachsstreifen, schräg gekreuzt von gröberen Linien. Ligament innen. – **V.** O-Atl zwischen England u. Kanaren, Mittelmeer, Schwarzes Meer. Bei Helgoland leere Schalen. [*L. commutata* (PHILIPPI)] *Lucinella divaricata* (L.) (Abb. **288**/2)

Familie *Montacutidae*

Schalen klein, längsoval, dünn, fein konzentrisch gestreift, außen häufig mit einer dunklen Kruste bedeckt. Keine Hauptzähne, nur jederseits vordere u. hintere Nebenzähne. Keine Mantelbucht.

Gattungen *Montacuta* TURTON, *Mysella* ANGAS

1 Klappen etwa doppelt so lg wie h. Weiß, fein konzentrisch gestreift, meist mit rotbraunem Belag. Bis etwa 9 mm lg. – **V.** Arkt, O-Atl, südl. bis Marokko. Bei Helgoland, an Nordseeküsten Schalen auch im Muschelgrus. – **L. B.** Bes. in Schlicksandgebieten, auch als Kommensale zwischen Stacheln von Seeigeln *(Spatangus purpureus, Echinocardium cordatum).* Rostfarbe durch Kot der Seeigel. Zwitter, lebendgebärend. [*M. elliptica* (BROWN)]
Montacuta ferruginosa (MONTAGU) (Abb. **288**/3)

1* Klappen nur wenig länger als h. Gelblich bis weiß, oft mit braun-schwarzer Kruste, fein konzentrisch gestreift. Bis 5 mm lg. – **V.** O-Atl südl. bis Madeira. Mittel- u. Schwarzes Meer. Bei Helgoland, Deutsche Bucht, westl. Ostsee häufig, bis Mecklenburger Bucht. – **L. B.** Auf totem Seegras u. gelbem Schlick, auch als

Abb. **288/1–4** **1** *Lucinoma borealis*; **2** *Lucinella divaricata*; **3** *Montacuta ferruginosa*; **4** *Mysella bidentata*

Kommensale auf der Bohrmuschel *Barnea candida*, auf Sipunkuliden, Stachelhäutern u. Manteltieren. Zwitter, lebendgebärend.

Mysella bidentata (MONTAGU) (Abb. **288**/4)

Familie *Cardiidae* – Herzmuscheln

Schalen verschieden, ± rundlich herzförmig bis trapezoid, mit auffallend radialen Rippen, oft mit darauf quer stehenden Schuppen sowie Stacheln. Jederseits 2 Hauptzähne u. vordere u. hintere SZähne. Ligament außen. Die hervorragenden Wirbel liegen nahe der SchalenM od. weiter vorn. Ohne Mantelbucht, mit nur kurzen Siphonen. Nur wenige cm in Sand u. Schlamm eingegraben od. in der Vegetation. Können vielfach mit kräftigem, geknicktem Fuß springen.

1 Rippen schmal u. hervorstehend, auf ihnen eine erhöhte M-Linie mit dichtstehenden spitzen Stacheln, Zwischenräume breiter als die Rippen. *Acanthocardia echinata* S. 289

1* Rippen ohne erhöhte M-Linie, Zwischenräume schmaler od nur so br wie die Rippen 2

2 Rippen ohne Stacheln od. Knoten, mitunter mit konzentrischen Querleisten. Die rechte Schloßplatte mit 2 Haupt-, 2 vorderen u. 2 hinteren SZähnen . . . 3

2* Rippen meist mit Stacheln od. Knötchen auf allen od. Teilen der Rippen, auch glatt. Rechte Schloßplatte mit 2 Haupt-, 1–2 vorderen SZähnen u. 1 hinteren SZahn 4

3 Rippen flach u. br, die Zwischenzähne schmal, die Rippen auf dem hinteren Schalenteil deutlich, meist mit konzentrischen Leisten. Ligament lg, Wirbel nur wenig vor der KlappenM, hinterer Klappenrand geschwungen. *Cerastoderma edule* S. 289

3* Rippen schmal u. h, die Zwischenräume breiter, teilweise so br wie die Rippen, auf dem hinteren Schalenteil undeutlich, höchstens juvenil mit feinen konzentrischen Leisten am Ventralrand der Klappen. Ligament kurz, Wirbel deutlich vor der KlappenM, hinterer Klappenrand gerade. *Cerastoderma glaucum lamarcki* S. 289

4 Schalenklappen rundlich-oval, der Wirbel nur wenig vor der KlappenM. Die Rippen vorn mit konzentrischen Leisten od. Schüppchen, hinten mit kleinen Dornen. Bis 14 mm lg. *Parvicardium ovale* S. 290

4* Schalenklappen schief-oval bis trapezoid, der Wirbel weit vor der KlappenM, im vorderen Drittel. Die Rippen glatt od. mit kurzen Dornen od. Knötchen, bzw. nur vorn u. in der M mit Knötchen. Bis 10 mm lg 5

5 Meist mit 20–22 Rippen, rechte Klappe mit 2 vorderen SZähnen, vom Wirbel zum hinteren Ventralrand mit deutlichen Kiel. *Cerastobyssus exiguum* S. 290

5* Meist mit 23–26 Rippen, rechte Klappe mit 1 vorderen SZahn, ohne Kiel. *Cerastobyssus hauniense* S. 290

Gattung *Acanthocardia* GRAY

Acanthocardia echinata (L.) – **Stachlige Herzmuschel** (Abb. **289**/1)
G. Schalen groß (bis 55 mm lg, in Ausnahmen bis 70 mm, größte Herzmuschelart der deutschen Nordsee), kräftig, herzförmig, 18–22 Rippen auf einer erhöhten MLinie der Rippen mit zahlreichen spitzen, teilweise gebogenen Stacheln, auf den hinteren Rippen kleiner als auf den vorderen. Die Räume zwischen den Rippen breiter als diese. Weißlich bis hell gelbbraun, häufig braun verfärbt. – **V.** O-Atl zwischen Island u. Kanaren, Mittelmeer. Bei Helgoland, an deutschen Nordseeküsten öfter angespült, in der Ostsee nur juvenil in der Kieler Bucht u. im Fehmarnbelt.

Gattung *Cerastoderma* POLI

Cerastoderma edule (L.) – **Eßbare Herzmuschel** (Abb. **289**/2)
G. Schalen groß u. kräftig, mit 21–27, meist etwa 24 breiten, flach gerundeten Rippen (auf dem hinteren Schalenteil deutlicher), die bes. vorn u. hinten meist feinere bis gröbere Querleisten tragen (bei jungen Tieren ausgeprägter). Zwischenräume deutlich schmaler als die Rippen. Die Wirbel nur wenig vor der KlappenM, der hintere Klappenrand geschwungen. In Form u. Farbe sehr variabel! Farbe meist weißlich-gelblich, hinten auch dunkler. 30–50 mm lg, in der Ostsee auch nur bis 16 mm. – **V.** N-Atl, im O südl. bis Kanaren, Mittelmeer, Kaspisches Meer, Aral-See. Im Gebiet überall, in der Ostsee bis O-Küste Rügens. – **L.** Auf Sand- u. Weichböden in der Gezeitenzone bis etwa 10 m Tiefe, flach (1–3 cm) in den Untergrund eingegraben. – **B.** Na: vorwiegend Plankton.

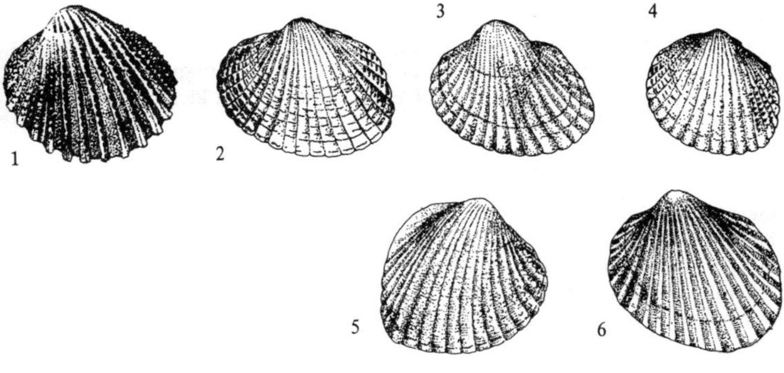

Abb. **289/1–6** **1** *Acanthocardia echinata*; **2** *Cerastoderma edule*; **3** *C. glaucum lamarcki*; **4** *Parvicardium ovale*; **5** *Cerastobyssus exiguum*; **6** *C. hauniense*

Cerastoderma glaucum lamarcki (REEVE) (Abb. **289**/3)
G. Schalen groß u. kräftig, mit 20–26 schmalen u. hohen Rippen, auf dem hinteren Schalenteil undeutlicher, die Zwischenräume teilweise so br wie die Rippen. Die Rippen bei juvenilen Formen nahe des Ventralrandes teilweise mit feinen Querleisten. Die Wirbel deutlich vor der KlappenM, der hintere Klappenrand gerade abgestutzt. Farbe meist gelblich-bräunlich, hinten auch dunkler. 20–40 mm lg, in der Ostsee auch kleiner. – **V.** O-Atl südl bis Kanaren. Im Gebiet überall, in der Ostsee bis in den Finnischen u. Bottnischen Meerbusen (die östl. Form teilweise als *C. g. balticum* REEVE bezeichnet. Die Abgrenzung gegen *C. g. glaucum* (u. andere Subspecies?) unklar, diese wird hier als mediterrane (einschl. Schwarzes Meer) Subspecies angesehen. – **L.** Ähnlich *C. edule*, aber mit deutlich niedrigerer Salinitätsgrenze (4–4,5 ‰). Jungtiere mit der Möglichkeit, mit Hilfe ihrer Byssusdrüse in der Vegetation zu klettern.

Gattung *Parvicardium* MONTEROSATO

Parvicardium ovale (SOWERBY) [*P. fasciatum* (MONTAGU)] – **Gebänderte Herzmuschel** (Abb. **289**/4)
G. Schalen rundlich-oval, vielfach herzförmig, mit 23–26 flachen, sehr dicht stehenden Rippen, vorn mit konzentrischen Lamellen od. Schüppchen, hinten mit kleinen Dornen. Die Wirbel nur wenig vor der KlappenM. Weißlich–gelblich, teilweise mit braunen konzentrischen Bändern. Bis 14 mm lg, in der Ostsee bis 11,5 mm. – **V.** O-Atl vom Weißen Meer bis N-Afrika, Mittelmeer. Bei Helgoland nur noch selten in größerer Tiefe, in der Ostsee bis Warnemünde, dort in 6–30 m Tiefe auf Mischsediment, Sandböden u. in der Vegetation, gräbt sich nicht vollständig ein.

Gattung *Cerastobyssus* PETERSEN & RUSSEL

Cerastobyssus exiguum (GMELIN) (Abb. **289**/5)
G. Schalen scharf-dreikantig, mit deutlichem Kiel vom Wirbel zum hinteren Ventralrand, stark gewölbt, in der Form trapezoid. Mit etwa 20–22 breiten u. flachen Rippen, die vorn od. auch in der M mit kleinen Knötchen besetzt sind. Meist grauweiß bis braun, auch anders. Bis 10 mm lg. – **V.** Eur Küsten bis ins Schwarze Meer. In der Ostsee wohl nur in der Kieler Bucht (angegebene weitere Fundorte beruhen möglicherweise auf Verwechslungen mit kleinen *Cerastoderma lamarcki*). In der Algenzone bis etwa 25 m.

Cerastobyssus hauniense (PETERSEN & RUSSELL) (Abb. **289**/6)
G. Schalen schief oval, ohne Kiel vom Wirbel zum Ventralrand. Mit 23–26 meist glatten Rippen, diese aber auch mit kurzen Dornen od. Knötchen. Variable Färbung, meist braun–purpur, aber auch bis weiß od. fast schwarz. Bis 8 mm lg. – **V.** Endemisch in der Ostsee, östl. bis Warnemünde nachgewiesen (wahrscheinlich bis poln. Ostseeküste). – **L.** In 0,5–35 m Tiefe bisher nur in der Vegetation (mit Byssus kletternd) gefunden, nicht im Sediment eingegraben.

Familie *Veneridae* – **Venusmuscheln**

Schalenklappen meist kräftig, porzellanartig, rundlich bis länglich, nicht klaffend. Auf der Rücken- (Dorsal-) Fläche der Schalen in der Skulptur meist unterschiedliche Bezirke: vor dem Wirbel das schmal herzförmige, deutlich eingesenkte Feldchen od. Möndchen (Lunula), hinter dem Wirbel das immer etwas größere Schildchen (Area) zu beiden S des Schloßbandes. Skulptur sonst glatt bis konzentrisch. Schloß kräftig, rechts mit 3, links meist nur mit 2 Hauptzähnen, beide Klappen mit SZähnen. Mantellinie mit nach vorn od. schräg aufwärts gerichteter Mantelbucht, Tier entsprechend mit kürzeren bis längeren Siphonen. Ausschließlich Meeresbewohner, eingegraben in geringer Tiefe in Sand- u. Weichböden.

1 Klappen abgerundet rechteckig. Wirbel deutlich vor der M des schmalen Schloßrandes. *Venerupis pullastra* S. 291

1* Klappen rund bis schief-dreieckig. Wirbel fast in der M des breiten Schloßrandes 2

2 Schalen seitlich zusammengedrückt, Skulptur gegittert od. konzentrisch gerippt u. radial gebändert; Innenrand der Klappen glatt; Mantelbucht tief. *Dosinia* S. 291

2* Schalen seitlich nicht auffallend zusammengedrückt, Skulptur konzentrisch od. radial; Innenrand der Klappen gekerbt; Mantelbucht nicht tief 3

3 Mit radialen Rippen. *Chione ovata* S. 292

3* Mit konzentrischen Rippen. *Chamelea gallina striatula* S. 292

Gattung *Venerupis* LAMARCK
(Wird teilweise einer neu aufgestellten Familie *Paphiidae* zugeordnet.)

Venerupis pullastra (MONTAGU) – **Teppichmuschel** (Abb. **292**/1)
G. Klappen abgerundet rechteckig, meist mit deutlicher Skulptur aus zahlreichen radiären u. konzentrischen Linien. Schloß jederseits mit 3 Hauptzähnen. Gelblich bis gelbbraun, häufig mit rötlicher bis dunkelbrauner Zickzackzeichnung, bes. hinten. Klappen am unteren Rand glatt, innen porzellanartig. Bis 65 mm lg. – **V.** O-Atl südl. bis Senegal. In der Deutschen Bucht. – **L.** Meist auf grobsandigem, stark überströmten Boden bis 50 m Tiefe, teilweise mit Byssus an Steinen. Die var. *V. p. saxatilis* FLEURIAU DE BELLEVUE durch Leben in Hohlräumen von weichen Gesteinen (aktiv eingebohrt?), z. B. in Kreideklippen bei Helgoland, vielfach deformiert.

Gattung *Dosinia* SCOPOLI

Klappen ziemlich rund, mit feiner od. gröberer konzentrischen Skulptur. Mantelbucht schräg aufsteigend. Weiß–gelblich.

1 Klappen fein konzentrisch gerippt. Mantelbucht am E gerundet. Oft mit radialen bräunlichen Farbbändern. Bis 50 mm lg. – **V.** O-Atl von Norwegen bis Senegal, Mittelmeer. An den Nordsee-Küsten gelegentlich angespült. – **L.** Auf Sand- u. Schlickgründen bis etwa 70 m Tiefe.
Dosinia exoleta (L.) – **Artemismuschel** (Abb. **292**/2)

Abb. **292/1–5** **1** *Venerupis pullastra*; **2** *Dosinia exoleta*; **3** *D. lupinus lincta*; **4** *Chione ovata*; **5** *Chamelea gallina striatula*

1* Klappen fein konzentrisch gestreift (nicht gerippt). Mantelbucht am E eckig. Ohne Farbbänder. Bis 35 mm lg. – **V.** O-Atl von Norwegen bis Elfenbeinküste (Mittelmeer andere Unterart?). Im Gebiet ähnlich *D. exoleta*, Ostsee: Kieler Bucht u. Fehmarnbelt. *Dosinia lupinus lincta* (PULTENEY) (Abb. **292**/3)

Gattung *Chione* MEGERLE VON MÜHLFELD

Chione (Timoclea) ovata (PENNANT) – **Ovale Venusmuschel** (Abb. **292**/4)
G. Klappen rundlich-oval, der Wirbel fast mittelständig u. wenig hervorragend. Skulptur aus zahlreichen (etwa 50), deutlichen radialen Rippen u. feineren konzentrischen Streifen. Gelblichweiß, meist undeutlich braun gefleckt. Bis 15 mm lg. – **V.** Arkt, O-Atl. südl. bis W-Afr, Mittelmeer. Bei Helgoland auf schlickigem Boden in 40–50 m Tiefe, an Nordseeküsten angespült.

Gattung *Chamelea* MÖRCH

Chamelea gallina striatula (DA COSTA) – **Venusmuschel** (Abb. **292**/5)
G. Klappen etwas schief-dreieckig, der Wirbel deutlich nach vorn gebogen u. hervorragend. Mit zahlreichen dichtstehenden konzentrischen Rippen. Gelblich bis bräunlich, teilweise mit dunkleren radialen Bändern. Bis 30 mm lg. – **V.** Arkt, O-Atl von Norwegen bis Mauretanien (Im Mittelmeer *Ch. gallina gallina*). Deutsche Bucht auf Sandböden bis 100 m Tiefe. Bezeichnend für die *Venus-gallina*-Zönose auf tieferen grobkörnigen Sandgründen der Nordsee unterhalb 15 m. Westl. Ostsee (Kieler Bucht, Fehmarnbelt).

Familie *Petricolidae*

Schalenklappen oval bis lggestreckt, nicht klaffend; Schloß ohne SZähne. Immer mit Mantelbucht.

Gattungen *Petricola* LAMARCK, *Mysia* LAMARCK

1 Klappen lggestreckt, dünn, weißlich, der Wirbel weit nach vorn verlagert. Im VTeil wellige radiale Rippen, anschließend gleichgerichtete Streifen u. auf der ganzen Klappe konzentrische unregelmäßige Linien (VE raspelartig). Schloß mit je 2 Hauptzähnen, keine SZähne. Mantelbucht zieht bis zur KlappenM. Bis 65 mm lg. – **V.** N-am AtlKüste. In Eur seit 1890 (SO-England) bekannt, offensichtlich mit am Austern eingeschleppt. Heute an eur AtlKüsten zwischen Skagerrak u. S-Frankreich. Mittelmeer? Im Wattenmeer der Nordsee, selten in westl. Ostsee (Kieler u. Lübecker Bucht). – **L.** Bohrt mit den radialen Rippen der vorderen Schalen in untermeerischem Torf, in Sabellarienriffen, in Ton. Im flachen Wasser.
Petricola (Petricolaria) pholadiformis (LAMARCK) – **Amerikanische Bohrmuschel** (Abb. **293**/1)

1* Klappen rundlich, dünn, weißlich, nur fein konzentrisch gestreift. Neben der Mantelbucht noch eine kleine vordere Einbuchtung in der Mantellinie. Schloß rechts mit 2, links mit 3 Hauptzähnen. Bis 30 mm lg. – **V.** O-Atl von Lofoten bis Marokko, Mittelmeer. In der Deutschen Bucht selten, häufig aber leere Schalen. In Kies u. Schlamm. *Mysia undata* (PENNANT) (Abb. **293**/2)

Familie *Donacidae* – **Stumpf- oder Dreiecksmuscheln**

Gattung *Donax* (L.)

Donax vittatus (DA COSTA) – **Gebänderte Sägemuschel** (Abb. **293**/3)

G. Schalenklappen kräftig, verlängert dreieckig, der Wirbel an der Dreiecksspitze hinter der KlappenM. OFläche (bei gut erhaltenen Exemplaren) konzentrisch gestreift u. fein radiär gerippt. Ventraler Schalenrand gekerbt. Ligament kurz. Weiß bis gelbbraun, mitunter dunklere radiale Strahlen. Innen weiß, dazu teilweise häufig blau bis violett. Jederseits 2 Hauptzähne (der hintere der rechten Klappe gefurcht) u. je ein vorderer u. hinterer SZahn. Bis 35 mm lg. – **V.** O-Atl von Nor-

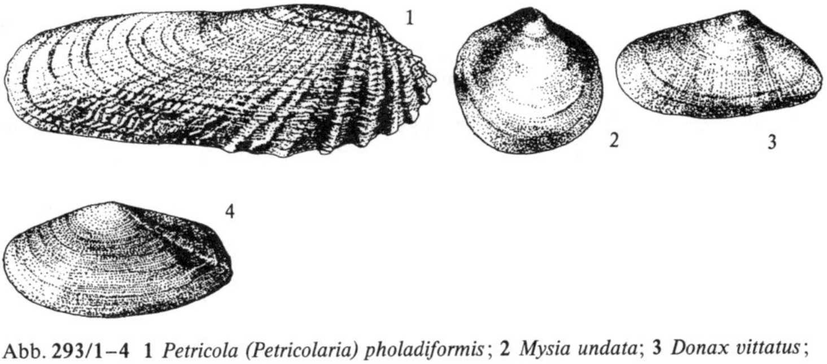

Abb. **293**/1–4 **1** *Petricola (Petricolaria) pholadiformis*; **2** *Mysia undata*; **3** *Donax vittatus*; **4** *Gari fervensis*

wegen bis Kanaren, Mittelmeer. Bei Helgoland, in der Deutschen Bucht (bes. im Wattenmeer) in geringer Tiefe (bis 35 m) auf Sand- u. Schillgrund häufig. Westl. Ostsee.

Familie *Sanguinolariidae [Psammobiidae]*

Gattung *Gari* SCHUMACHER

Gari [Psammobia] fervensis (GMELIN) – **Violettrotgestreifte Sandmuschel** (Abb. **293**/4)
G. Schalenklappen verlängert, abgeplattet, vorn abgerundet, hinten schräg abgestutzt, eckig. Wirbel etwa in der M der Klappen. Konzentrisch gestreift, hinten dazu radiär gerippt. Rötlichbraun bis violett, häufig strahlig, innen violett. Bis 50 mm lg. – **V.** O-Atl, südl. bis Kanaren, Mittel- u. Schwarzes Meer. Bei Helgoland selten, in der Deutschen Bucht häufiger leere Schalen. – **L.** Sandboden bis 80 m tief.

Familie *Tellinidae* – **Platt- oder Tellmuscheln**

Schalen rundlich bis lggestreckt eiförmig, relativ dünn, hinten teilweise geschnäbelt. Teilweise Asymmetrie der Klappen, linke oft gewölbter als die rechte, vielfach hintere Verbiegung nach rechts. Die Klappen können auch von unterschiedlicher Größe sein u. verschiedene Skulptur haben. Schloß meist mit 2 Hauptzähnen je Klappe, oft mit SZähnen. Mantelbucht gewöhnlich sehr groß, unten mit der Mantellinie zusammenfallend. Na wird mit dem meist langen Atemsipho vom Boden aufgenommen.

1 Schloß ohne SZähne, Klappen rundlich-dreieckig. *Macoma* S.294
1* Schloß mit SZähnen, Klappen queroval bis lggestreckt 2
2 Wirbel hinter der M, Schalen klein (bis etwa 8 mm lg). *Moerella pusilla* S.296
2* Wirbel etwa mittelständig, Schalen deutlich über 10 mm lg 3
3 Klappen groß (bis 50 mm lg), fest, die Außenflächen mit konzentrischen Furchen. *Arcopagia crassa* S.295
3* Klappen bis 30 mm lg, dünnschalig, die Außenflächen mit konzentrischen Streifen. *Angulus* S.295

Gattung *Macoma* LEACH

Schalen rundlich dreieckig, das VE abgerundet, das HE etwas spitzer. Mit Kante zwischen Wirbel u. HE. Ligament außen, kräftig. Schloß mit 2 Hauptzähnen je Klappe, ohne SZähne. Mantelbucht tief, vielfach in beiden Klappen ungleich.

1 Schalen ± glänzend. Untere Begrenzung der Mantelbucht fällt mit Mantellinie zusammen. Weißlich, gelblich od. rosa, vielfach mit dunkleren konzentrischen Bändern; innen weiß bis rosa. Bis 30 mm lg, im Brackwasser kleiner u. dünnschaliger. – **V.** Arkt-nordatl, im O-Atl südl. bis Ärmelkanal. Häufig im Nordsee-Wattenmeer, in der Ostsee bis zum Bottnischen Meerbusen. – **L.** Sand- u. Schlammgrund der *Macoma-balthica*-Zönose bis 15 m Tiefe.
Macoma balthica (L.) – **Baltische Plattmuschel, Rote Bohne** (Abb. **295**/1)

1* Schalen glanzlos u. kalkweiß. Untere Begrenzung der Mantelbucht fällt nicht mit der Mantellinie zusammen. Periostracum grau-braun. Bis 50 mm lg. – **V.** Zirkumpolar. O-Atl südl. bis Azoren. In der Nordsee selten, in tieferem Wasser der Ostsee östl. bis Gdańsker Bucht. *Macoma calcarea* (GMELIN) (Abb. **295**/2)

Gattung *Arcopagia* BROWN

Arcopagia crassa (PENNANT) (Abb. **295**/3)
G. Schalen kräftig, breitoval, die linke meist etwas flacher als die rechte. Skulptur grob konzentrisch, dazwischen feine Rippung. Schloß rechts mit 2 Hauptzähnen u. 1 hinteren SZahn, links mit 2 SZähnen. Mantelbucht dorsal gerichtet. Farbe ± gelblich, mitunter mit radialen rötlichen Strahlen. Bis 50 mm lg. – **V.** O-Atl zwischen Norwegen u. Senegal, westl. Mittelmeer. In der Nordsee vereinzelt bei Helgoland, Nord- u. Ostfriesischen Inseln. – **L.** Auf Sand- u. Schillgründen bis etwa 150 m Tiefe.

Gattung *Angulus* MERGERLE VON MÜHLFELD

Schalen breitoval, stark seitlich zusammengedrückt, konzentrisch gestreift, mit unterschiedlicher Färbung. VE abgerundet, hinten spitzer. 2 Hauptzähne in jeder Klappe, in der rechten 1 vorderer SZahn. Untere Mantelbuchtbegrenzung fällt mit Mantellinie zusammen.

1 Dorsaler hinterer Klappenrand konvex, Skulptur konzentrisch gestreift. Gelblichweiß bis rosa, vielfach konzentrisch gebändert. Bis 25 mm lg. – **V.** O-Atl von N-Norwegen bis Marokko, Mittel- u. Schwarzes Meer. In der Nordsee häufig in Küstennähe, in der Ostsee bis Mecklenburger Bucht. – **L.** In geringer Tiefe in gröberen, gut überströmten Böden.
Angulus tenuis (DA COSTA) – **Platte Tellmuschel** (Abb. **295**/4)

1* Dorsaler hinterer Klappenrand fast gerade. Skulptur aus konzentrischen Streifen, dazu auf der rechten Klappe schräge wellige Linien. Färbung ähnlich vor. Art, aber weniger lebhaft. Bis 22 mm lg. – **V. L.** Ähnlich wie *A. tenuis.* Neben *Nucula nitida* die häufigste Muschel in der Deutschen Bucht. Beide *Angulus*-Arten werden häufig von Schollen gefressen. Ostsee bis Warnemünde?
Angulus (Fabulina) fabula (GRONOVIUS) – **Gerippte Tellmuschel** (Abb. **295**/5)

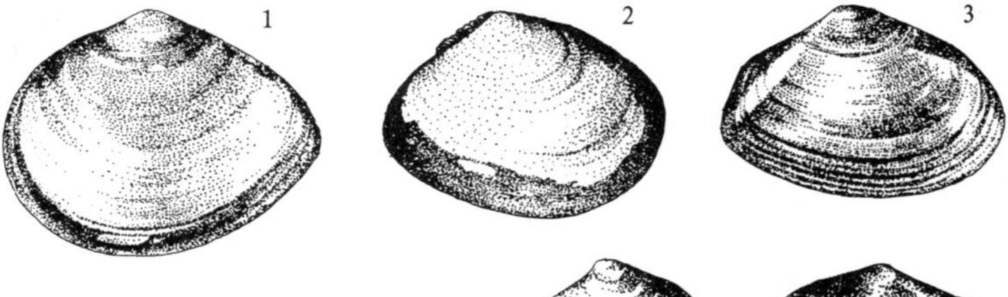

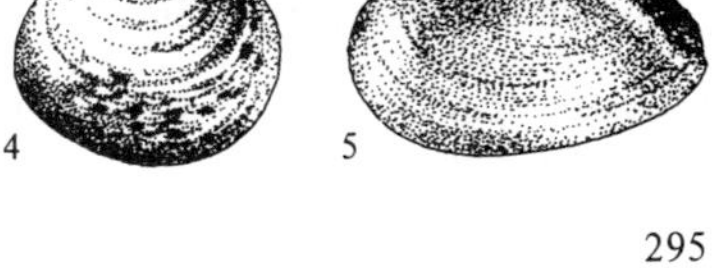

Abb. **295**/1–5 1 *Macoma balthica*; 2 *M. calcarea*; 3 *Arcopagia crassa*; 4 *Angulus tenuis*; 5 *A. (Fabulina) fabula*

Gattung *Moerella* P. FISCHER

Moerella pusilla (PHILIPPI) [*M. pygmaea* (LOVEN)] (Abb. **297**/1)
G. Schale klein, lggestreckt, der Wirbel nach hinten verlagert. Vorderer Klappenrand abgerundet, der hintere etwas abgestumpft. Jederseits 2 Hauptzähne, links der vordere, rechts der hintere gefurcht; dazu rechts 2 Zähne, links nur einer. Die Mantelbucht tief. Weiß-gelblich bis rosa, mitunter mit radialem dunkleren Band. Bis 10 mm lg. – **V.** Arkt, O-Atl bis Senegal, Mittelmeer. Bei Helgoland auf sandigem Schlick in 30–35 m Tiefe.

Familie *Scrobiculariidae*

Schalen rundlich bis länglich-eiförmig, dünn, hinten klaffend. Schloß links mit 1, rechts mit 1–2 Hauptzähnen, mit od. ohne SZähne. Inneres Ligament in einem dreieckigen Feld. Mantelbucht tief. NaAufnahme wie bei *Tellinidae.*

1 Schloß ohne Zähne. *Scrobicularia plana* S. 296
1* Schloß mit Zähnen. *Abra* S. 296

Gattung *Scrobicularia* SCHUMACHER

Scrobicularia plana (DA COSTA) – **Große Pfeffermuschel** (Abb. **297**/2)
G. Klappen längsoval, ziemlich dünn u. zerbrechlich, abgeplattet, die Wirbel fast in der M. Linke Klappe mit 1, rechte mit 2 Hauptzähnen, keine SZähne. Gewöhnlich grau od. dunkel verfärbt. Bis 55 mm lg. – **V.** O-Atl von Norwegen bis Senegal, Mittelmeer. In Schlickwattgebieten der Deutschen Bucht häufig bis 15 m Tiefe. Westl. Ostsee bis Mecklenburger Küste. – **L.** Auf Weichböden bis 10 cm tief eingegraben. Pipettiert Na mit langem Einströmsipho vom Untergrund ab. Schmeckt pfeffrig, wie auch die folgenden *Abra*-Arten.

Gattung *Abra* LAMARCK

Neuerdings auch der Familie *Semelidae* zugeordnet.
Schalen klein (bis 22 mm lg), dünn, zusammengedrückt, eiförmig bis länglich oval. Hinten meist etwas spitzer. Skulptur aus feinen Anwachsstreifen. Haupt- u. SZähne, klein. Innere Ligamentgrube nach hinten innen ausgebuchtet. Weiß, matt od. glänzend. SchollenNa.

1 Klappen etwa doppelt so lg wie h. Jede mit 1 Hauptzahn u. 1 vorderen u. 1 hinteren SZahn. *Abra prismatica* S. 297
1* Klappen weniger als doppelt so lg wie h, in der rechten Klappe 2 Hauptzähne **2**
2 Klappen etwa dreieckig-oval. Wirbel mittelständig. *Abra tenuis* S. 297
2* Klappen länglich-oval, die Wirbel immer etwas hinter der M gelegen **3**
3 Schalen glänzend. Wirbel deutlich hervorspringend, der Schalenoberrand hinter ihm eingebogen. *Abra nitida* S. 297
3* Schalen matt. Wirbel nur schwach hervorragend, der Schalenoberrand hinter ihm nicht eingebogen. *Abra alba* S. 297

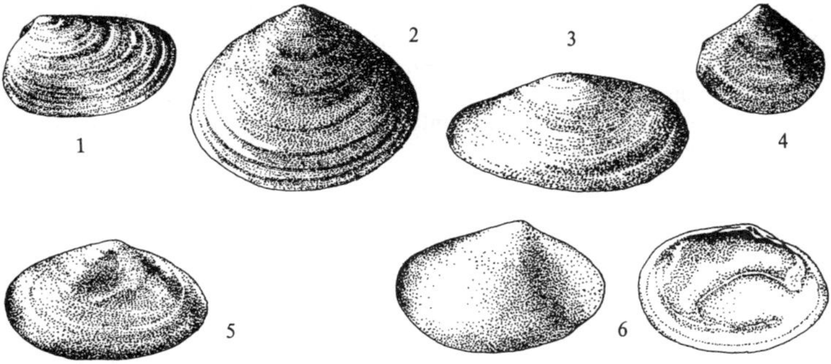

Abb. **297/1–6** **1** *Moerella pusilla*; **2** *Scrobicularia plana*; **3** *Abra prismatica*; **4** *A. tenuis*; **5** *A. nitida*; **6** *A. alba*

Abra prismatica (LASKEY) – **Lange Pfeffermuschel** (Abb. **297**/3)
G. Schalen lg-oval (doppelt so lg wie h), durchscheinend, zerbrechlich, glänzend. In jeder Klappe je 1 Hauptzahn u. 2 SZähne. Lg bis 22 mm. – **V.** O-Atl südl. bis Senegal, Mittelmeer. In der Nordsee allgemein auf schlickigem Sandboden ab 15 m Tiefe. Ostsee?

Abra tenuis (MONTAGU) – **Platte Tellmuschel** (Abb. **297**/4)
G. Schalen dreieckig-oval. Wirbel in der M. Wenig glänzend. Rechte Klappe mit 2 Hauptzähnen, linke mit 1. Lg bis 15 mm. – **V.** O-Atl zwischen Schottland u. Mauretanien. Mittelmeer. Deutsche Bucht u. Wattenmeer.

Abra nitida (O. F. MÜLLER) – **Glänzende Pfeffermuschel** (Abb. **297**/5)
G. Schalen länglich-oval, Wirbel deutlich hervorspringend, immer etwas hinter der M, ORand hinter dem Wirbel eingebogen. Glänzend. Schloß wie bei *A. tenuis*. Länge bis 15 mm. – **V.** O-Atl von Norwegen bis Azoren. Mittelmeer. In tieferen Schlickgebieten der Deutschen Bucht, Elbmündung. Westl. Ostsee (nördl. Kieler Bucht u. Fehmarnbelt).

Abra alba (WOOD) – **Kleine Pfeffermuschel** (Abb. **297**/6)
G. Schalen länglich-oval, Wirbel nur schwach hervorragend, immer etwas hinter der M, der Schalenoberrand hinter ihnen nicht eingebogen. Matt. Schloß ähnlich wie bei beiden vor. Arten. Lg bis 20 mm. – **V.** O-Atl von Lofoten bis Senegal. Mittelmeer. In der Deutschen Bucht u. westl. Ostsee (bis Mecklenburger Bucht) häufig. – **L.** Im Wattenmeer in 15–30 m Tiefe auf schlicksandigem bis schlickigem Boden (bezeichnend für *Abra-alba*-Zönose), in der Ostsee auf Weichboden in der *Corbula-gibba*-Zönose.

Familie *Mactridae* – **Trogmuscheln**

Schalen ± kräftig, gleichklappig, rundlich-dreieckig bis länglich-oval, Ligamentband mit innerem Knorpel jederseits in einer dreieckigen Grube. Konzentrisch gestreift. Beide Klappen mit je 1 vorderen u. hinteren SZahn, die linke mit

1 Hauptzahn (gewinkelt od. gespalten), die rechte mit 2 Hauptzähnen. Auf Sand- u. Weichböden, teilweise in Massen. Wichtige FischNa.

1 SZähne glatt. Das äußere Ligamentband vom inneren Knorpel durch eine Kalklamelle getrennt 2

1* SZähne gerieft. Das äußere Ligamentband vom inneren Knorpel nicht durch eine Kalklamelle getrennt. *Spisula* S. 298

2 Schalen dreieckig gerundet, die Wirbel etwas hinter der M. *Mactra cinerea* S. 298

2* Schalen lg-oval, Wirbel etwas vor der M. *Lutraria lutraria* S. 299

Gattung *Spisula* GRAY

Klappen abgerundet dreieckig, konzentrisch gestreift, äußeres u. inneres Ligament nicht durch Kalklamelle getrennt. Weißgelblich, teilweise dunkler konzentrisch gebändert. SZähne u. entsprechende Gruben immer gerieft.

1 Schloßplatte br. Wirbel etwa mittelständig. Lunula u. Area undeutlich. Bis etwa 50 mm lg. Klappen sehr fest. – **V.** Westl. Mittelmeer bis N-Norwegen u. Island. Helgoland, Deutsche Bucht, Wattenmeer, Kieler Bucht. – **L.** Auf Sandböden zwischen 10 u. 50 m (*Venus-gallina*-Zönose). Oft von *Naticidae* (Nabelschnecken) durchbohrt.
Spisula solida (L.) – **Ovale oder Dickschalige Trogmuschel** (Abb. **298**/1)

1* Schloßplatte schmal. Wirbel wenig vor der M. Lunula u. Area deutlich. Klappen weniger fest, mehr zugespitzt dreieckig als bei vor. Art. Bis 30 mm lg. – **V. L.** Ähnlich wie vor. Art. Junge Exemplare auch in der westl. Ostsee (bis Mecklenburger Bucht).
Spisula subtruncata (DA COSTA) – **Gedrungene oder Dreieckige Trogmuschel** (Abb. **298**/2)

Gattung *Mactra* L.

Mactra cinerea cinerea MONTAGU [*M. stultorum* auct., non L.] – **Gemeine Trogmuschel, Strahlenkörbchen** (Abb. **298**/3)
G. Schalen br dreieckig bis länglich oval, ziemlich dünn, weit bis gelbbraun, meist radial braun gebändert. Äußeres u. inneres Ligament durch Kalklamelle getrennt. Die SZähne immer glatt. Bis 55 mm lg. – **V.** O-Atl zwischen Norwegen

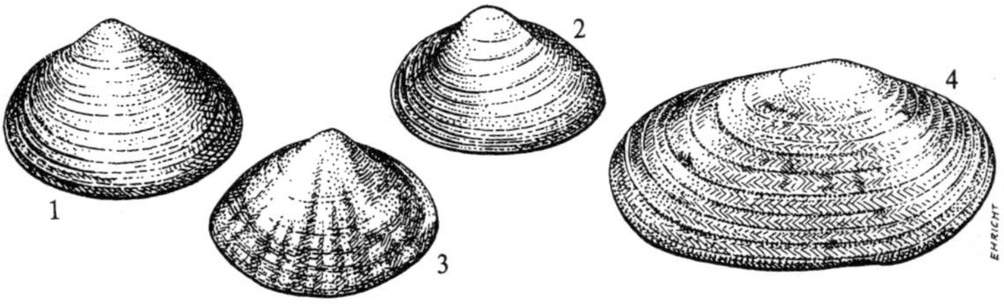

Abb. **298/1–4** **1** *Spisula solida*; **2** *S. subtruncata*; **3** *Mactra cinerea cinerea*; **4** *Lutraria lutraria*

u. Senegal. Helgoland, Deutsche Bucht, vielfach am Strand angespült. – **L.** Auf sandigem bis schlicksandigem Boden.

Gattung *Lutraria* LAMARCK

Lutraria lutraria (L.) [*L. elliptica* LAMARCK] – **Ottermuschel** (Abb. **298**/4)
G. Schalen lg oval, V- u. HEnden gut gerundet. Wirbel etwas vor der M. Äußeres u. inneres Ligament durch Kalklamelle getrennt. Weiß-gelbweiß, mit dunkleren, ockerfarbenen bis olivgrünen Flecken. Die SZähne glatt. Bis 120 mm lg. – **V.** O-Atl zwischen Lofoten u. Guinea, Mittelmeer. In der Deutschen Bucht in Bruchstücken u. beschädigten Schalen angespült, lebend im Gebiet?

Familie *Solenidae* – **Scheidenmuscheln**

Schalenklappen sehr lg, meist zu geraden od. gekrümmten Hüllen in der Form von Messerscheiden ausgezogen, an beiden E klaffend. Die Wirbel dem VE ± stark genähert. Ohne deutliche Schloßplatte.

1 Schalen etwa 3 mal so lg wie h, V- u. HEnden abgerundet. *Phaxas pellucidus* S. 299

1* Schalen etwa 6–8 mal so lg wie h, V- u. HEnden ± gerade. *Ensis* S. 299

Gattung *Phaxas* LEACH

Phaxas pellucidus (PENNANT) – **Durchsichtige Messerscheide** (Abb. **299**/1)
G. Schalenklappen schmal gestreckt, dünn, wie glasig, leicht gebogen. Wirbel in geringem Abstand zum VE. Jede Klappe mit 2 Hauptzähnen, dazu rechts 1 vorderer SZahn. Weißlich, mit hellgrünem Periostracum. Lg bis 35 mm (Lg: Br ≅ 1:6). – **V.** O-Atl zwischen Lofoten u. Marokko. Nordsee bei Helgoland u. in der Deutschen Bucht häufig, Ostsee bis etwa Warnemünde. – **L.** In weichem Sand u. Schlick in senkrechten Gängen dicht an der OFläche. Wichtige Na für Schell- u. Plattfische.

Gattung *Ensis* SCHUMACHER

Schalen sehr lggestreckt, O- u. UKanten der Klappen verlaufen parallel zueinander. Wirbel sehr nahe am VE. Rechte Klappe mit stumpfem Hauptzahn u. lan-

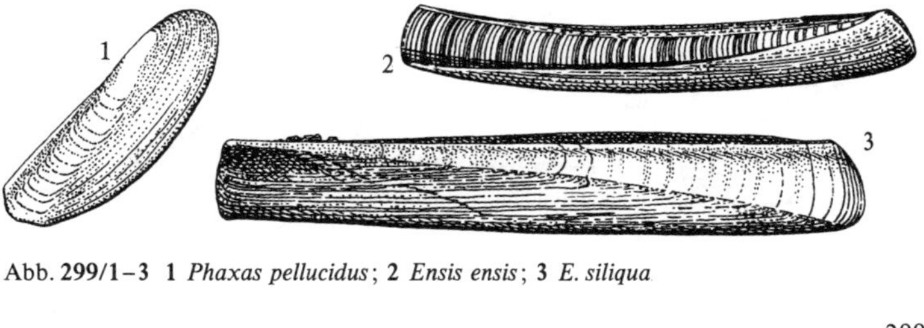

Abb. **299/1–3** **1** *Phaxas pellucidus*; **2** *Ensis ensis*; **3** *E. siliqua*

gem schmalen, zum Schalenrand parallel verlaufenden SZahn, linke mit 2 Hauptzähnen u. 1 hinteren SZahn. Vom Wirbel verläuft schräge Linie zum unteren HRand, die Felder verschiedener Skulptur abgrenzt. Weiß mit braunen Flecken u. Bändern. Periostracum bräunlich.

1 Klappen deutlich gebogen. Lg : H = 8:1. VKante abgerundet. Bis 160 mm lg. – **V.** Arkt–N-Atl, O-Atl bis Marokko, Mittel- u. Schwarzes Meer. Bei Helgoland, südöstl. Nordsee im Wattenmeer, auf feinem Sandgrund bis 40 m Tiefe.
Ensis ensis (L.) – **Schwertförmige Messerscheide** (Abb. 299/2)

1* Klappen nicht gebogen, Schalenenden mehr abgestutzt. Verhältnis Lg:H wie 6:1. Bis 200 mm lg. – **V.** O-Atl zwischen Lofoten u. Marokko. In der Deutschen Bucht, seltener als *E. ensis.*
Ensis siliqua (L.) – **Schotenförmige Messerscheide** (Abb. 299/3)

Das Vorkommen einer weiteren Scheidenmuschelart (*Solen marginatus* PENNANT), mit geraden scheidenförmigen Schalen mit je 1 Schloßzahn in jeder Klappe u. Ostatl u. medit Verbreitung, ist ungeklärt.

Familie *Hiatellidae [Saxicavidae]* – **Felsenbohrer**

Schalen ± länglich u. an beiden E klaffend, mit unregelmäßigen gröberen konzentrischen Anwachsstreifen. Form durch Anpassung an bewohnten Raum (Felsspalten, im Wurzelgeflecht von Tangen usw.) meist unregelmäßig. Schloßzähne stark reduziert. Mantellinie mit Bucht.

1 Schalen kräftig, meist nicht glänzend, mitunter mit undeutlichen Hauptzähnen. Deutlich mehr als 10 mm lg. *Hiatella* S. 300

1* Schalen dünn, glänzend, ohne Schloßzähne. Bis 10 mm lg.
Saxicavella plicata S. 301

Gattung *Hiatella* BOSC [*Saxicava* FLEURIAU DE BELLEVUE]

Die kräftigen Schalen häufig ungleichklappig, unregelmäßig geformt u. konzentrisch skulptiert. Mit undeutlichen Hauptzähnen (bei Jugendformen links 1–2, rechts 1). Periostracum rot bis dunkelbraun, häufig abgeblättert.

1 Klappen etwa rechteckig, oberer u. unterer Schalenrand fast parallel. Vom Wirbel aus verlaufen zum HE 2 kielartige Kanten, die häufig mit Dornen od. Warzen besetzt sind. Bei Jugendformen mit undeutlichen Hauptzähnen. Bis 20 mm

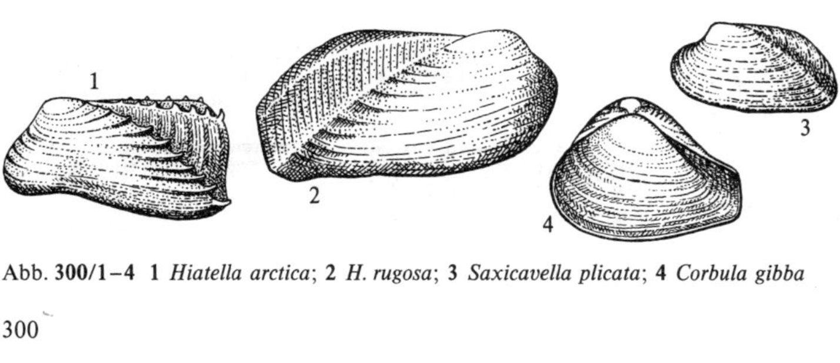

Abb. **300/1–4** **1** *Hiatella arctica*; **2** *H. rugosa*; **3** *Saxicavella plicata*; **4** *Corbula gibba*

lg. – **V.** Zirkumpolar, boreal, O-Atl bis Kanaren, Mittelmeer. Nordsee, Ostsee bis Mecklenburger Bucht. – **L.** Mit Byssus festgeheftet an Steinen, Schalen u. a.
Hiatella arctica (L.) (Abb. **300**/1)

1* Schalenform sehr unregelmäßig. Vom Wirbel nur undeutliche Kiele ausgehend, immer ohne Dornen od. Warzen. Schloß zahnlos. Bis 50 mm lg. – **V.** Arkt, zirkumpolar. Eur Küsten. Nordsee u. westl. Ostsee. – **V.** Lebt in selbstgebohrten Löchern in Sand- u. Kalkstein, Ton, Kreide, bei Helgoland im Buntsandstein.
Hiatella rugosa (L.) – **Gemeiner Felsenbohrer** (Abb. **300**/2)

Gattung *Saxicavella* P. FISCHER

Saxicavella plicata (MONTAGU) [*S. jeffreysi* WINCKWORTH] (Abb. **300**/3)
G. Schalen dünn, schief-trapezförmig, konzentrisch gestreift, glänzend. Mit flachem Kiel vom Wirbel zur hinteren unteren Ecke. Ohne Schloßzähne. Bis 10 mm lg. – **V.** O-Atl von den Lofoten bis zu den Kanaren. Mittelmeer. Leere Schalen bei Helgoland.

Familie *Corbulidae [Aloididae]* – **Korbmuscheln**

Corbula [Aloidis] gibba (OLIVI) – **Körbchenmuschel** (Abb. **300**/4)
G. Schalen klein (etwa 8–12 mm lg), abgerundet dreieckig, die beiden Klappen unterschiedlich groß (die rechte größer). VE abgerundet, etwas verlängert, mit 1–2 stumpfen Kielen. Wirbel sehr aufgeblasen. Rechte Klappe mit kräftigem Hauptzahn (unmittelbar hinter der dreieckigen Ligamentgrube) u. je 1 vorderen u. hinteren SZahn, linke Klappe mit 1 Hauptzahn mit einer Grube für das Ligament. Mantellinie mit schwacher Bucht. – **V.** Arkt, O-Atl südl. bis Kanaren, Mittel- u. Schwarzes Meer. Deutsche Bucht auf Schlickböden, mitunter massenhaft in 15–30 m Tiefe (*Abra-alba*-Zönose), in der Ostsee östl. bis etwa Warnemünde. – **L.** Leben dicht unter der Bodenoberfläche im Sediment u. verspinnen mit ihren Byssusfäden alles, was sich an od. unmittelbar unter der OFläche befindet. Wichtige Na für Schell- u. Plattfische.

Familie *Myidae* – **Klaffmuscheln**

Klappen oval bis lggestreckt, hinten spitz-eiförmig bis abgestutzt, die linke Klappe meist kleiner als die rechte, die Klappen klaffen weit am HE. Konzentrisch gestreift. Wirbel fast mittelständig. Ligament äußerlich u. innerlich, das innerliche in einer ausgehöhlten löffelförmigen Platte der linken Klappe (Chondrophor, Abb. **269**/4). Rechte Klappe unter dem Wirbel mit flacher dreieckiger Grube als Ligamentansatz. Mantellinie mit tiefer Mantelbucht. Weiß, mit bräunlichem Periostracum.

Gattungen *Mya* L., *Arenomya* WINCKWORTH

1 Klappen am HE fast senkrecht abgestutzt. Bis 70 mm lg. – Arkt-zirkumpolar. Im O-Atl südl. bis Gibraltar. Bei Helgoland, in der Deutschen Bucht im Wattenmeer auf schlicksandigem Boden in allen Tiefen. In der westl. Ostsee im salzreicheren Tiefenwasser auf Weichböden, bis Mecklenburger Bucht.

Mya truncata L. – **Abgestutzte Klaffmuschel** (Abb. **302**/1)

1* Klappen hinten spitz-eiförmig. Bis 120 mm lg. – N-Pazifik, N-Atl bis Mittelmeer. Nordsee, Ostsee bis Bottnischer Meerbusen. Am häufigsten im Flachwasser der Gezeitenzonen, fast ohne Ortswechsel, bis 20 cm tief eingegraben. Teilweise Nutzung als NaMittel.

Arenomya arenaria (L.) – **Sandmuschel, Sandklaffmuschel, Strandauster** (Abb. **302**/2)

Familie *Pholadidae* – Bohrmuscheln

Schalenklappen gleich, meist lggestreckt, vorn u. hinten ± klaffend. Konzentrisch u. radiär gerippt, zumindest im VTeil mit besonders kräftigen gezähnten bis schuppigen Rippen. Die Wirbel im vorderen Drittel. Ligament u. Schloß stark zurückgebildet, die Verbindung der Klappen erfolgt durch Muskeln. Dorsaler vorderer Klappenrand nach außen umgeschlagen (Ansatz für den nach außen verlagerten vorderen Schließmuskel), der hintere Schließmuskel innen. Unter den Wirbeln nach innen ragendes flaches Schalenstück (Apophyse) für den Ansatz von Fußmuskeln. Tiefe Mantelbucht. Beim vollständigen Tier auf der DorsalS akzessorische Schalenstücke. *Pholadidae* bohren sich durch Bewegungen der raspelartigen Schalen u. gleichzeitige Drehungen um die eigene Längsachse in ± feste Substanzen.

1 Klappen relativ kurz, Lg: H etwa 5:3. Nur die vordere Hälfte stark radiär gerippt, dahinter deutliche radiale Furche. *Zirfaea crispata* S. 303

1* Klappen immer mehr als doppelt so lg wie h. Radiäre Rippen über die ganze Schale verteilt od. zumindest am unteren Schalenrand über die vordere Hälfte gehend. Keine deutliche Furche 2

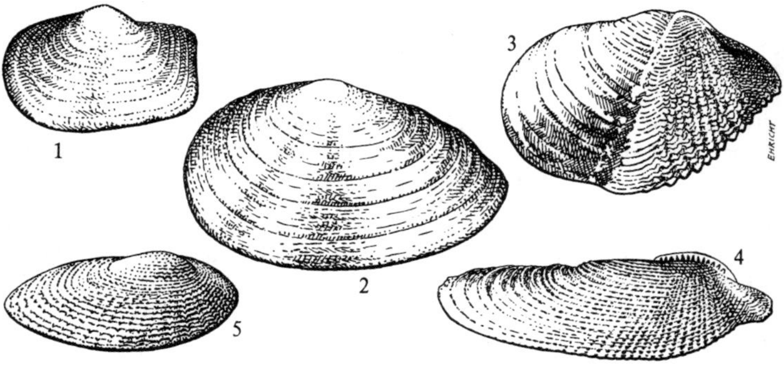

Abb. **302/1–5** **1** *Mya truncata*; **2** *Arenomya arenaria*; **3** *Zirfaea crispata*; **4** *Pholas dactylus*; **5** *Barnea candida*

2 Nach außen umgeschlagener Klappenteil mit der Außenfläche der Klappe durch quere Scheidewände verbunden. Auf dem Rücken mit 4 akzessorischen Schalenteilen. *Pholas dactylus* S. 303

2* Nach außen umgeschlagener Klappenteil nicht durch quere Scheidewände mit der Klappenaußenfläche verbunden. Mit 1 akzessorischen Schalenteil. *Barnea candida* S. 303

Gattung *Zirfaea* GRAY

Zirfaea crispata (L.) – **Krause Bohrmuschel** (Abb. **302**/3)
G. Klappen ziemlich kurz, weit klaffend, vorn zugespitzt, hinten abgerundet. VTeil stark schuppig radiär gerippt, hinter einer radiären Furche nur konzentrische Streifung. Wirbel etwas vor der M. Bis etwa 80 mm lg. – **V.** N-Atl, eur Küsten. In der Deutschen Bucht u. westl. Ostsee. – **L.** Eingebohrt in Kreide (Helgoland), Ton, submarinen Torf, auch in treibendem Holz.

Gattung *Pholas* L.

Pholas dactylus L. – **Große Bohrmuschel, Dattelmuschel** (Abb. **302**/4)
G. Klappen lggestreckt, am VE fingerförmig ausgezogen, hinten abgerundet. Ganze OFläche konzentrisch gestreift, im vorderen Abschnitt von radiären Rippen so gekreuzt, daß eine Art Raspel entsteht, im hinteren Abschnitt mit feineren radiären Rippen. Wirbel im vorderen Drittel. Bei gut erhaltenen Exemplaren auf dem Schalenrücken 4 akzessorische Schalen- (Schalt-)stücke. Weiß bis gelblich, Periostracum gelblich. Bis 100 mm lg. – **V.** O-Atl, Mittel- bis Schwarzes Meer. Bei Helgoland bohrend in Sandstein u. Kreide. – **B.** Kann aus Drüsenzellen des Mantels Leuchtstoff abscheiden. (Anlocken von Kleinstlebewesen?)

Gattung *Barnea* RISSO

Barnea candida (L.) – **Weiße Bohrmuschel** (Abb. **302**/5)
G. Klappen relativ dünn u. lggestreckt, wenig klaffend. Konzentrisch u. radiär knotig gerippt, im vorderen Abschnitt schuppig bis stachlig. Wirbel im vorderen Drittel. Vorn u. hinten gerundet. Auf dem Rücken mit 1 akzessorischen Schaltstück. Weiß od. graugelb. Bis 55 mm lg. – **V.** Atl-boreal. Eur Meere. Deutsche Bucht, westl. Ostsee bis Mecklenburger Bucht. – **L.** Bohrt in Holz, Kreide, Torf u. festem Ton.

Familie *Teredinidae* – **Pfahl- oder Schiffsbohrwürmer**

G. Körper durch starke Verlängerung des hinteren Mantelraumes wurmartig gestreckt, der Mantel fast auf der ganzen Lg zu einem Rohr verwachsen. Klappen sehr kurz, bedecken nicht mehr den Eingeweidesack, klaffen vorn u. hinten weit, indem sie den VKörper wie einen Ring umgreifen, sind nur noch Bohrorgan. Klappen so br wie h, ohne Schloß u. Ligament, aus 3 unterschiedlichen Teilen: ein vorderer dreieckiger Teil, ein mittlerer größerer u. ein hinterer ohrförmiger (Auriculum). Vorderer Teil u. vorderer Abschnitt des MTeils konzentrisch gerippt, ebenso hinterer Abschnitt des MTeils u. des Auriculum. Dazwischen im M-Abschnitt gezähnelte Leisten. Die Klappen sind durch einen Gelenkknopf am Wirbel der linken Klappe u. eine entsprechende Grube der rechten Klappe sowie durch je 2 Höckerchen auf der InnenS des M-Teils unten gelenkig verbunden. Apophysen unter jedem Wirbel groß. An den Siphonen am E des Tieres federartige od. löffelförmige Kalkkörperchen (Paletten, Abb. **304**/1–2).

Gattung *Teredo* L.

1 Hinterer ohrförmiger Teil der Klappen (Auriculum) klein, niedriger als der Wirbel 2

1* Auriculum groß, höher als der Wirbel. Paletten löffelförmig. Lg der Klappen bis 8 mm. – **V.** Arkt-N-Atl, Ostsee (Kieler Bucht). – **L.** Bohrt in Holz von Schiffen u. in treibenden Hölzern. Sonst ähnlich *T. navalis.*
Teredo megotara (FORBES & HANLEY) – **Schiffsbohrwurm** (Abb. **304**/2)

2 Auriculum auf der InnenS der Klappen durch angepreßtes flaches Band von der übrigen Schale abgesetzt. Paletten ruderförmig, gegabelt. Lg der Klappen bis 8 mm, Lg der Tiere bis etwa 20 cm (maximal 45 cm). – **V.** Kosm. In der Nordsee u. westl. Ostsee bis Mecklenburger Bucht. – **L.** Bohren ausschließlich in Holz u. Holzbauten. – **B.** Na: Bei *Teredo*-Arten dienen (im Gegensatz zu allen anderen Bohrmuscheln) die abgeraspelten Holzspäne als Na (Abbau von Cellulose u. Hemicellulose zu Zucker), dazu zusätzlich eingestrudeltes Plankton. Protandrische Zwitter, innere Befruchtung in den Kiemen über eingestrudeltes Wasser. Jährlich 1–5 Mill. Eier, nach 14-tägigem Aufenthalt im Suprabrachialraum entstehen Schwimmlarven, die 1–3 Wo planktisch leben. Danach Festsetzen mit Byssus u. Beginn des Einbohrens. Geschlechtsreife bei 4–5 cm Lg (nach etwa 50–55 Tagen). Lebensdauer 1–2 J. Bei stärkerem Befall entsteht erheblicher Schaden an Hafenbauten, Deichen u. Dämmen, Brücken, Holzschiffen usw. Die angelegten Bohrgänge werden mit einer dünnen Kalkschicht ausgekleidet. In diesen Gängen kann ein Schiffsbohrwurm nach Verschließen der Öffnung mit seinen Paletten auch Schiffahrten im Süßwasser überstehen.
Teredo navalis L. – **Pfahlwurm** (Abb. **304**/1)

2* Auriculum auf der InnenS der Klappen durch Kiel von der übrigen Schale abgesetzt. Paletten paddelförmig, nicht gegabelt. Lg der Klappen bis 12 mm. – **V.** Atl, N-Norwegen bis Azoren u. Mittelmeer, N-Am. Verbreitung im Gebiet unsicher, in der Kieler Bucht selten. – **L.** Ähnlich *T. navalis.* *Teredo norvegica* SPENGLER

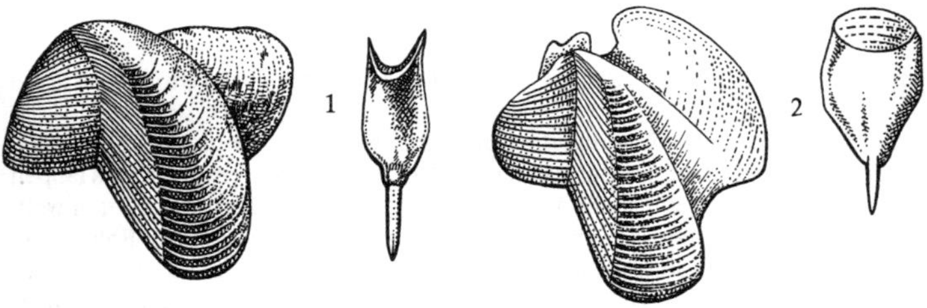

Abb. **304/1–2** Schalen u. Paletten von **1** *Teredo navalis*; **2** *T. megotara*

Familie *Lyonsiidae*

Gattung *Lyonsia* TURTON

Lyonsia norvegica (GMELIN) (Abb. **306**/1)
G. Klappen dünn u. lggestreckt, etwas ungleich, vorn gerundet, hinten abgestutzt. Wirbel etwas vor der M. Radiäre u. konzentrische feine Streifungen, oft mit anhaftenden Sandkörnchen. Inneres Ligament mit Lithodesma. Keine Schloßzähne, innen perlmuttrig. Bis 35 mm lg. – **V.** O-Atl zwischen Lofoten u. Madeira, Mittelmeer. Im Gebiet bisher nur leere Schalen.

Familie *Thraciidae*

Gattung *Thracia* BLAINVILLE

Thracia papyracea (POLI) [*Th. phaseolina* (LAMARCK)] (Abb. **306**/2)
G. Klappen dünn, länglich-eiförmig, vorn abgerundet, hinten schräg abgestutzt, der Wirbel etwas hinter der M. Die linke Klappe kleiner u. etwas flacher als die rechte. Skulptur konzentrisch gestreift, vorn u. hinten mit kleinen Körnchen besetzt (Lupe!). Äußeres u. inneres Ligament, innen mit Lithodesma. Mit mäßig großer Mantelbucht. Lg bis 30 mm. – **V.** O-Atl zwischen Lofoten u. Kapverden, Mittel- bis Schwarzes Meer. In der Deutschen Bucht auf groben Sandgründen in 10-50 m Tiefe. Westl. Ostsee (Kieler Bucht).

Familie *Laternulidae*

Gattung *Cochlodesma* COUTHOUY

Cochlodesma (Bontaea) praetenue (PULTENEY) (Abb. **306**/3)
G. Dünne, länglich-ovale Klappen, die Dorsallinie hinter dem Wirbel abfallend. Konzentrische Anwachsstreifen deutlich. Inneres Ligament mit nach vorn vortretender Bandgrube. Hinter der Bandgrube der rechten Klappe eine leistenartige Verstärkung des dorsalen Klappenrandes. Mantelbucht reicht bis zur Bandgrube. Bis 30 mm lg. – **V.** Eur Küsten in Sand u. Mud bis 110 m Tiefe. Bei Helgoland häufig leere Schalen, SW-Nordsee vereinzelt lebend.

Ordnung *Septibranchiata*

Schalen meist gleichklappig, Schloßrand mit od. ohne Zähne, Ligament mit Lithodesma, mit schwacher od. ohne Mantelbucht. An Stelle der Kiemen ein waagerechtes, die Mantelhöhle durchquerendes Septum, das von Kiemenschlitzen durchbrochen wird. Bewegung des Atemwassers durch die Mantelhöhle durch pulsierende Bewegungen des Septums. Meist in der Tiefsee, räuberisch. Na: vorwiegend Würmer.

Abb. **306/1–4** **1** *Lyonsia norvegica*; **2** *Thracia papyracea*; **3** *Cochlodesma (Bontaea) praetenue*; **4** *Cuspidaria cuspidata*

Familie *Cuspidariidae*

Gattung *Cuspidaria* NARDO

Cuspidaria cuspidata (OLIVI) (Abb. **306**/4)
G. Klappen dünn, vorn kugelig aufgeblasen, hinten geschnäbelt ausgezogen. Wirbel etwas vor der M. Konzentrisch gestreift. Rechte Klappe mit einem leistenartigen Zahn. Bis 18 mm lg. – **V.** N-Atl u. O-Atl zwischen Lofoten u. Kanaren, Mittelmeer. Im östl. Kattegat häufig zwischen 30 u. 60 m Tiefe, im Gebiet bisher nur leere Schalen.

Klasse *Scaphopoda* – Grab- oder Kahnfüßer, Röhrenschaler

Bilateralsymmetrische lggestreckte Weichtiere. Der ursprüngliche paarige Mantel verwächst auf der BauchS zu einer an beiden E offenen Röhre, die eine Schale gleicher Form abscheidet: leicht gebogene Röhre nach vorn meist gleichmäßig erweitert, vorn u. hinten offen. Stark reduzierter Kopf mit 2 Bündeln von Fangfäden, der Fuß lggestreckt. Radula vorhanden, ohne Kiemen. Ausschließlich marin, leben in der obersten Lage des Untergrundes eingegraben. Getrenntgeschlechtig. Na: überwiegend einzellige Bodentiere, die mit den Fangfäden aufgenommen werden.
Etwa 350 Arten in allen Meeren von der Strandzone bis zu 7 000 m Tiefe. Im Gebiet in der Nordsee bisher nur 1 Art sicher nachgewiesen, nicht in der Ostsee.

Gattung *Dentalium* L.

Dentalium entalis L. (Abb. **306**/5)
Schalenröhre weißlich, glänzend, bis etwa 40 mm lg. – **V.** N-Atl, in der Nordsee gelegentlich im Wattenmeer.

Abb. **306/5**
Schalenröhre von *Dentalium entalis*

Klasse *Cephalopoda* – **Kopffüßer**

Dazu 2 Unterklassen: die westpazifischen *Tetrabranchiata* – **Vierkiemer** od. **Alt-Kopffüßer** (mit der 6 Arten umfassenden Gattung *Nautilus*, bei der eine äußere spiralgewundene Schale noch das ganze Tier umschließt) u. die kosm *Dibranchiata* – **Zweikiemer, Neu-Kopffüßer**, die mit mindestens 19 Arten im Gebiet vertreten sind.

Unterklasse *Dibranchiata* – **Zweikiemer**

G. Körper bilateralsymmetrisch, mit deutlich abgesetztem Kopf u. 8 od. 10 Kopfarmen od. Kopffüßen – meist mit Saugnäpfen – um die Mundöffnung. Diese meist von Membran umgeben, deren Zipfel vielfach Saugnäpfe tragen. 1 Paar hochentw Linsenaugen. 1 Paar Kiemen. Schale niemals äußerlich, immer in eine Manteltasche eingeschlossen, meist platten- od. stäbchenförmig bis völlig reduziert. Rumpf verschieden von kurz sackförmig bis lggestreckt torpedoförmig, meist mit Flossen od. Flossensäumen. Auf der BauchS (biologisch orientiert) mit Mantelhöhle u. stark muskulösem Mantel, aus ihr herausragend ein muskulöses Trichterrohr. – **V.** Kosm in allen nicht brackigen Meeren. – **L.** Flachwasser bis Tiefsee (bis unter 5000 m) als Ufer- bis Bodenbewohner od. als Dauerschwimmer in der Hochsee. – **B.** Alle Arten können schwimmen durch Ausstoßen des in die Mantelhöhle aufgenommenen Wassers über den Trichter (Rückstoß) u. meist auch durch Wellenbewegungen der Flossen u. Flossensäume. Manche Arten (vor allem Octopoden) bewegen sich auch auf den Armen. Räuber; Beute (Fische, Krebse, Weichtiere) wird meist mit den Armen ergriffen. Die meisten Arten mit ausgeprägtem schnellen Farbwechsel der Körperoberfläche durch Chromatophoren. Bei Gefahr vielfach Ausstoßen von schwarzem Tintensekret aus einem Tintenbeutel im Mantelraum im durchleuchteten Wasser, in tieferen Schichten teilweise mit Leuchtsekret ausgestattet. Getrenntgeschlechtig. Übertragung der Spermien mit Spermatophoren, vielfach mit einem besonders umgebildeten Kopfarm (Hectocotylus).

Etwa 745 Arten, im Gebiet mindestens 19 Arten, meist nur in der Nordsee, gelangen aber bei Verfolgen von Fischschwärmen mitunter auch in die westl. Ostsee.

1 8 Kopfarme, erheblich länger als der Rumpf, mit ungestielten Saugnäpfen ohne Hornring. Körper ohne Flossen *(Octopoda)* **2**

1* 8 Kopfarme, kürzer od. kaum länger als der Rumpf, u. 2 längere, keulentragende Tentakelarme, mit gestielten Saugnäpfen mit Hornring. Körper mit Flossen *(Decapoda)* **3**

2 Auf jedem Arm 1 Reihe von Saugnäpfen. *Eledone cirrosa* S. 317 (Abb. **317**/3)

2* Auf jedem Arm 2 Reihen von Saugnäpfen. *Octopus vulgaris* S. 317 (Abb. **317**/1–2)

3 Rumpf beutel- bis sackförmig, am HE nicht spitz-konisch **4**

3* Rumpf ± torpedoförmig, spitz-konisch **10**

4 Flossen schmal, häutig, fast den ganzen Rumpf saumartig umgebend, mit platter Kalkschale unter der Rückenhaut (Schulp), die oft angespült wird **5**

4* Flossen verhältnismäßig br, muskulös, ± halbkreisförmig, etwa auf dem mittleren Körperdrittel **7**

5 Flossensäume beginnen einige mm hinter dem Mantelrand (mit dem freien Rand diesen nicht od. kaum nach vorn überragend), hinten wenig ausgeschweift. RumpfBr wie halbe Rumpflg od. weniger. Schulp schlank, vorn spitzbogig . . **6**

5* Flossensäume setzen fast am Mantelrand an (vorn mit dem freien Rand diesen deutlich überragend), hinten wellig ausgeschweift. RumpfBr mehr als halbe RumpfLg. Schulp plump, vorn stumpfbogig. *Sepia officinalis* S.309 (Abb. **310**/1)

6 Saugnäpfe auf den sessilen Armen in 4 Reihen. Schulp mäßig schlank, mit langem, oft die Außenhaut durchbohrendem Rostrum.
Sepia orbignyana S.310 (Abb. **310**/3)

6* Saugnäpfe auf den sessilen Armen in 2 Reihen. Schulp sehr schlank, mit sehr kurzem, niemals die Außenhaut durchbohrendem Rostrum.
Sepia elegans S.310 (Abb. **310**/2)

7 **(4)** Zwischen Kopf u. Nacken muskulöse Verbindung, so daß die Mantelspalte nicht ringsum den Kopf vom Mantel trennt **8**

7* Die Verbindung zwischen Kopf u. Nacken fehlt, die Mantelspalte trennt den Kopf vom Nacken **9**

8 Tentakelkeule mit vielen (13–24) Reihen von Saugnäpfen (nur mit der Lupe erkennbar); ventraler Mantelrand flach ausgeschnitten.
Sepietta oweniana S.312 (Abb. **311**/2)

8* Tentakelkeule mit weniger (bis 8) Reihen von Saugnäpfen (auch mit bloßem Auge erkennbar); ventraler Mantelrand bogig ausgeschnitten.
Sepiola atlantica S.311 (Abb. **311**/1)

9 **(7)** Sessile Arme mit 2 Reihen von Saugnäpfen; Rücken u. Kopf meist mit kleinen Papillen. *Allorossia glaucopsis* S.312 (Abb. **311**/4)

9* Sessile Arme fast von der Basis an mit 4 Reihen von Saugnäpfen; ohne Papillen auf Kopf u. Rücken. *Rossia macrosoma* S.312 (Abb. **311**/3)

10 **(3)** Augen von der Körperhaut corneaartig bedeckt, Linsen verborgen **11**

10* Augen von der Körperhaut nicht bedeckt (ohne Cornea), Linsen frei **14**

11 Bukkaltrichter mit 7 deutlichen Zipfeln, die Saugnäpfe tragen. Rumpf hinten nie in eine feine od. schwanzartige Spitze ausgezogen. Flossen querrhombisch **12**

11* Bukkaltrichter ohne deutliche Zipfel u. ohne Saugnäpfe. Rumpf hinten in eine feine (wenige mm bis einige cm) Spitze ausgezogen. Flossen herzförmig . . **13**

12 Saugnäpfe der beiden MReihen der Tentakelkeule 2–3mal so groß wie die der SReihen, Ringe der Näpfe meist nur auf dem höheren Rand gezähnt.
Loligo vulgaris S.313 (Abb. **313**/1)

12* Saugnäpfe der M- und SReihen der Tentakelkeulen annähernd gleich groß, Ringe der Näpfe meist ringsum gezähnt. *Loligo forbesi* S.313 (Abb. **313**/2)

13 **(11)** RumpfE stark zugespitzt, pfriemartig. Basis der Flossen länger als die halbe MantelLg. *Alloteuthis subulata* S.314 (Abb. **313**/3)

13* RumpfE gleichfalls spitz, aber nicht schwanzartig lg. Basis der Flossen kürzer.
Alloteuthis media S.314 (Abb. **313**/4)

14 **(10)** Die Saugnapfringe der beiden MReihen auf den Tentakelkeulen bilden sich im Alter zu Haken um, die beiden Randreihen verschwinden dann meist. An der Keulenbasis eine Scheibe mit Haftknöpfchen u. Saugnäpfen.
Onychoteuthis banksii S.314 (Abb. **315**/1)

14* Immer mindestens 4 Reihen von Saugnäpfen auf den Tentakelkeulen, keine Umwandlung zu Haken. Keine Haftscheibe an der Keulenbasis **15**

15 Trichtergrube einfach, ohne Quer- u. Längsfalten 16
15* Trichtergrube mit einem komplizierten System von Längs- u. Querfalten . . 17
16 Tentakelkeule proximal mit 4, distal mit 8 Reihen von Saugnäpfen. Flossen rhombisch. Rumpf schlank torpedoförmig. *Illex coindeti* S.314 (Abb. **315**/2)
16* Tentakelkeule generell mit 4 Reihen von Saugnäpfen. Flossen elliptisch. Rumpf plump u. gedrungen. *Todaropsis eblanae* S.315 (Abb. **315**/3)
17 **(15)** Saugnapfbesetzter Tentakelteil lg (2/3 der TentakelLg), Ringe der größten Tentakelsaugnäpfe mit 1–2 kräftigen Zähnen. *Todarodes sagittatus* S.315 (Abb. **315**/4)
17* Saugnapfbesetzter Tentakelteil kurz (1/3 der TentakelLg), Ringe der größten Tentakelsaugnäpfe mit 4 im Kreuz angeordneten kräftigen Zähnen 18
18 Körper sehr schmal; Lg des Mantels gleich 5mal der Br. Kopf so br wie der Mantel. Haftapparat an der Tentakelkeulenbasis aus 3–4 Saugnäpfchen u. Knöpfchen in dichter Gruppe bestehend. *Ommastrephes bartrami* S.316 (Abb. **316**/1)
18* Körper nicht so schmal; Lg des Mantels gleich 2,5–2,7mal der Br. Kopf schmaler als der Mantel. Haftapparat aus wenigen, nahezu in einer Reihe stehenden Knöpfchen. *Ommastrephes caroli* S.316 (Abb. **316**/2)

Ordnung *Decapoda [Decabrachia]* – **Zehnfüßer, Zehnarmer**

Um die Mundöffnung 8 Kopfarme u. meist 2 einziehbare Fangtentakel od. Tentakelarme. Saugnäpfe gestielt, oft mit gezähntem Hornring, mitunter zu Haken umgewandelt. Körper mit seitlichen Flossen od. auf der ganzen KörperLg bzw. nur hinten mit Flossensäumen. Innere Schale vorhanden, mitunter stark reduziert.

Unterordnung *Sepioida*

Körper relativ klein u. massig. Schale – wenn vorhanden – gekammert. Leben überwiegend am Boden.

Familie *Sepiidae*

Innere Schale (Schulp) kalkig, länglichoval, hinten mit spitzem Fortsatz (Rostrum), im mittleren Abschnitt blättrig u. mit gasgefüllten Kammern. Der dorsoventral etwas abgeplattete Rumpf mit körperlangen Flossensäumen u. bes. großem Tintenbeutel (Sepia-Farbe).

Gattung *Sepia* L.

Sepia officinalis L. – **Gemeine Sepie, Gemeiner Tintenfisch** (Abb. **310**/1)
G. Saugnäpfe auf den sessilen Armen in 4 Reihen, auf den Tentakelkeulen in 6 (Saugnäpfe der mittleren Reihen größer). Flossensäume setzen vorn fast an der Mantelspalte an u. überragen diese nach vorn. Schulp plump, vorn stumpfbogig.

Färbung dorsal meist in braunen Querstreifen, weißlichen zebraartigen Streifen u. kleinen purpurfarbenen u. weißen Flecken, ventral bläulich-grün; die Flossensäume durchsichtig bläulich od. violett mit kleinen weißen Punkten. MantelLg bis etwa 250 mm (Schulp bis 260 mm), GesamtLg etwa 450 mm. – **V.** Gesamter O-Atl, Mittelmeer. Im Gebiet die Form *S. o. fillouxi* LAFONT (Helgoland, Ostfriesland), angespülte Schulpe überall möglich.

Sepia elegans BLAINVILLE – **Kleine Sepie** (Abb. **310**/2)
G. Saugnäpfe auf den sessilen Armen in 2 Reihen, auf den Tentakelkeulen in 6–8 unregelmäßigen Reihen (dort meist 2–3 besonders große im mittleren Abschnitt). Flossen setzen etwas hinter der Mantelspalte an u. überragen diese nicht. Schulp schlank, stark ausgehöhlt, mit nur schwachem Rostrum. Färbung dorsal weißlich violett (bis weinrot), mit einer medianen Doppelreihe unregelmäßiger Flecke, ventral opalisierend, nahe dem Mantelrand je eine Reihe nahezu silbriger Flecke. MantelLg in der Nordsee nahe 40 mm. – **V.** O-Atl zwischen 15° S bis 50° N, Mittelmeer. In der südl. Nordsee Schulpe.

Sepia orbignyana FÉRUSSAC – **Dornsepie** (Abb. **310**/3)
G. Saugnäpfe in 4, auf den Tentakelkeulen in 5 Reihen (in der mittleren Reihe 3 große u. 2 mäßig große). Flossensäume setzen etwas hinter dem Mantelschlitz an u. überragen diesen kaum. Schulp mäßig lg u. schmal, mit langem, oft die Außenhaut durchbohrendem Rostrum. Färbung grauglänzend (ohne Zebrazeichnung) mit purpurbraunen Flecken. MantelLg im Gebiet bis etwa 60 mm, in südl. Meeren doppelt so groß. – **V.** O-Atl von 17° S bis 55° N. In der südl. Nordsee bisher nur Schulpe?

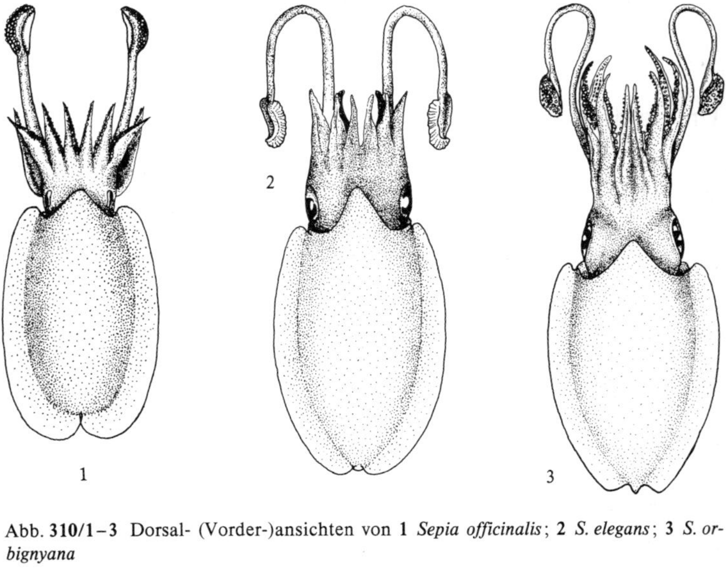

Abb. **310/1–3** Dorsal- (Vorder-)ansichten von **1** *Sepia officinalis*; **2** *S. elegans*; **3** *S. orbignyana*

Familie *Sepiolidae*

Kleine, nur wenige cm große Arten mit kurzem rundlichen Körper, der seitlich relativ große Flossen trägt. Innere Schale hornig bis reduziert. Im Flachwasser; graben sich durch Flossenschlag oberflächlich ein. Tentakelarme zurückziehbar.

Gattung *Sepiola* LEACH

Sepiola atlantica D'ORBIGNY – **Atlantische Sepiole** (Abb. **311**/1)
G. Mantel etwa halb so lg wie der Körper (ohne Tentakel), mit dem Kopf im Nacken verbunden. Flossen groß, etwa $^3/_5$ Mantellg. Saugnäpfe auf den sessilen Armen in 2 Reihen, auf den ventralen bis 4, auf der Tentakelkeule bis 8 (meist 4). Körper ziemlich durchsichtig, Färbung zart fleischfarben bis bräunlich, auch grünlich (bei Licht dunkler braun, nachts weißlich). Bis etwa 20 mm Mantellg. – **V.** NO-Atl bis NW-Afr. In der Nordsee allgemein, in der westl. Ostsee möglich.

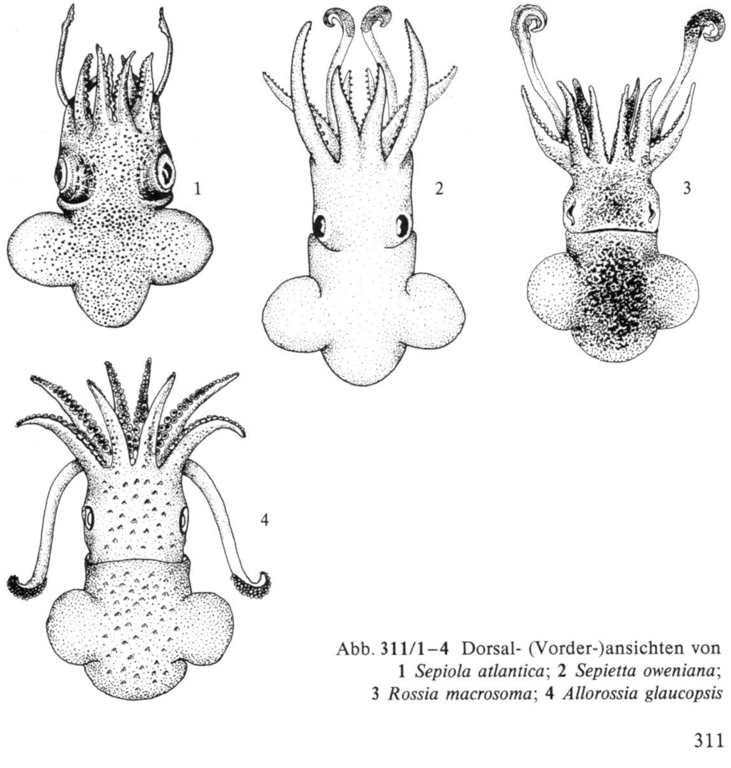

Abb. **311/1–4** Dorsal- (Vorder-)ansichten von **1** *Sepiola atlantica*; **2** *Sepietta oweniana*; **3** *Rossia macrosoma*; **4** *Allorossia glaucopsis*

Gattung *Sepietta* NAEF

Sepietta oweniana D'ORBIGNY – **Große Sepiette** (Abb. **311**/2)
G. Körper gestreckter als bei *Sepiola atlantica*, der Mantel meist etwas kürzer als ½ Körper (ohne Tentakel), mäßig br mit dem Kopf im Nacken verbunden. Flossen etwa ½ Mantellg. Saugnäpfe der sessilen Arme in 2 Reihen, auf den ventralen Armen mehr, auf den Tentakelkeulen sehr klein (Lupe nötig!) u. zahlreich in vielen Reihen. Färbung helles Grau mit rötlichem Anflug, Farbflecke auf dem Rücken klein. MantelLg 30–40 mm. – **V.** O-Atl bis Marokko, Mittelmeer. Im Gebiet ähnlich wie *Sepiola atlantica.*

Gattung *Rossia* OWEN

Rossia macrosoma (DELLE CHIAJE) – **Große Rossie** (Abb. **311**/3)
G. Körperform ähnlich *Sepietta oweniana*, der dorsale Mantelrand aber nicht mit dem Kopf verbunden. Flossenlg etwa ½ MantelLg. Saugnäpfe auf den sessilen Armen fast von der Basis an in 4 Reihen, auf den Lateralarmen am größten, auf den Tentakelkeulen meist in etwa 10 Reihen. Fleischfarben bis rötlichbraun, mit vielen kleinen purpurfarbenen Flecken. Die Rückenhaut ohne Papillen. Bis 54 mm Mantellg. – **V.** O-Atl bis Guinea, Mittelmeer. Im Gebiet nicht sicher bekannt.

Gattung *Allorossia* GRIMPE

Allorossia glaucopsis (LOVÉN) – **Blauäugige Rossie** (Abb. **311**/4)
G. Körperform ähnlich den beiden vor. Arten, der dorsale Mantelrand ist nicht mit dem Kopf verbunden. Flossen ½ bis ⅔ der MantelLg. Saugnäpfe auf den sessilen Armen in 2 Reihen, auf den Tentakelkeulen in 8–10 Reihen. Färbung braunrötlich mit vielen kleineren u. etwas dunkleren Flecken. MantelLg 35–38 mm. – **V.** Arkt. Nördl. Nordsee bis schwedische Schärenküste. Südl. Vorkommen unklar.

Unterordnung *Teuthoida* – **Kalmare**

Körper immer lggestreckt, klein bis riesig, die Flossen ± abgerundet rhombisch. Innere Schale zu einer dünnen lanzettförmigen hornigen Platte (Gladius) reduziert. Meist Dauerschwimmer in küstennahen Meeresteilen u. in der Hoch- bis Tiefsee.

Familie *Loliginidae*

Die vordere Augenkammer (im Gegensatz zu den beiden folgenden Familien) bis auf einen kleinen Porus geschlossen (Schließaugenkalmare). Tentakelkeule mit 4 Reihen von Saugnäpfen.

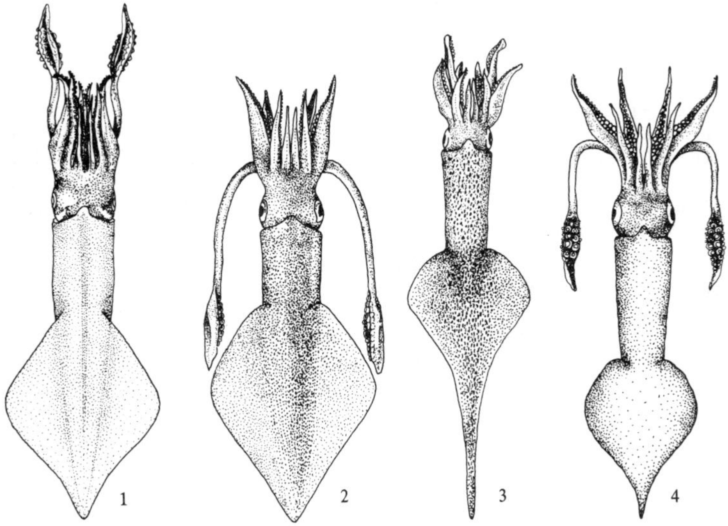

Abb. **313/1–4** Dorsal- (Vorder-)ansichten von **1** *Loligo vulgaris*; **2** *L. forbesi*; **3** *Alloteuthis subulata*; **4** *A. media*

Gattung *Loligo* LAMARCK

Bukkalmembran um die Mundöffnung mit 7 Zipfeln, die 2 Reihen von Saugnäpfen tragen.

Loligo vulgaris LAMARCK – **Gemeiner Kalmar** (Abb. **313**/1)
G. Körper schlank zylindrisch, die breiten Flossen erreichen ⅔ MantelLg, laufen hinten dorsal zusammen. Die Saugnäpfe der medianen Reihen auf den Tentakelkeulen 3–4mal so groß wie die seitlichen. Färbung durch leuchtendes Karminrot bestimmt. MantelLg bis 420 mm. – **V.** O-Atl, Mittelmeer. Deutsche Bucht, westl. Ostsee, bes. im Spätsommer u. Herbst (beim Verfolgen von Fischschwärmen).

Loligo forbesi STEENSTRUP – **Nordischer Kalmar** (Abb. **313**/2)
G. Körper nicht schlank zylindrisch, etwas konischer als bei *L. vulgaris*, Flossen bis etwa ¾ MantelLg. Die Saugnäpfe der mittleren Reihen auf den Tentakelkeulen sind kaum vergrößert. Färbung mehr bräunlich mit rötlichen od. bräunlichen Flecken. Opalisierend. Um die Augen grünlich. MantelLg bis 750 mm. – **V.** Ähnlich wie *L. vulgaris*.

Gattung *Alloteuthis* WÜLKER

Bukkalmembran ohne deutliche Zipfel u. ohne Saugnäpfe.

Alloteuthis subulata (LAMARCK) – **Gepfriemter Zwergkalmar** (Abb. **313**/3)
G. Körper schlank, die zusammen herzförmigen Flossen hinten meist in eine längere Spitze ausgezogen (beim ♂ länger). Kopfarme u. Tentakel kurz. Färbung blaßrötlich bis bräunlich, mit zahlreichen kleinen rötlichbraunen Flecken. MantelLg bei ♂♂ bis 200 mm, bei ♀♀ bis 120 mm. – **V.** O-Atl von S-Norwegen bis Mauretanien, Mittelmeer. In der Nordsee verbreitet – die häufigste Cephalopoden-Art im Gebiet –, in der westl. Ostsee bis Mecklenburger Bucht.

Alloteuthis media (L.) – **Marmorierter Zwergkalmar** (Abb. **313**/4)
G. Körper nicht so lg geschwänzt wie bei *A. subulata*, Arme u. Tentakel länger. Die Farbflecken im Gegensatz zu *A. subulata* aus sehr großen u. vielen kleinen bestehend. MantelLg bis 120 mm (die ♀♀ größer als die ♂♂). – **V.** Mittelmeer u. W-eur Küsten. In der Deutschen Bucht unregelmäßig, selten in der westl. Ostsee.

Familie *Onychoteuthidae*

Gattung *Onychoteuthis* LICHTENSTEIN

Onychoteuthis banksii (LEACH) – **Hakenkalmar** (Abb. **315**/1)
G. Körper schlank, mit langer hinterer Spitze, die Flossen groß, querrhombisch, endständig. Saugnäpfe auf den sessilen Armen in 2 Reihen, auf den Tentakelkeulen zu Haken umgewandelt in 2 Reihen, am proximalen E der Hakenreihen eine Gruppe Haftknöpfe. Färbung kräftig rot- bis violettbraun. MantelLg im Gebiet bis 150 mm, sonst bis 300 mm. – **V.** Weltweit in warmen u. gemäßigten Meeresteilen. Mehr in der nördl. Nordsee. Im Øresund nachgewiesen.

Familie *Ommastrephidae*

Körper immer walzenförmig lggestreckt. Sessile Arme mit 2 Reihen Saugnäpfen. Die Flossen kurz u. kräftig. Alle Arten schnelle Schwimmer, vorwiegend in den oberflächennahen Wasserschichten.

Gattung *Illex* STEENSTRUP

Illex coindeti (VERANY) – **Kurzflossiger Kalmar** (Abb. **315**/2)
G. Körper sehr schlank mit kurzen Flossen (Flossen- zu MantelLg etwa 1:3). Die distalen Reihen der Tentakelkeulen in 8 Reihen, die mittleren 7–10 Saugnäpfe sehr groß. Färbung rötlich-bräunlich mit dunkleren Flecken. MantelLg bis über 300 mm, im Gebiet bis etwa 160 mm (♀♀ größer als ♂♂). – **V.** W-Atl etwa zwischen 10°–30° N, O-Atl 15° S bis 60° N, Mittel- u. Schwarzes Meer. Im Gebiet sehr selten bei Helgoland.

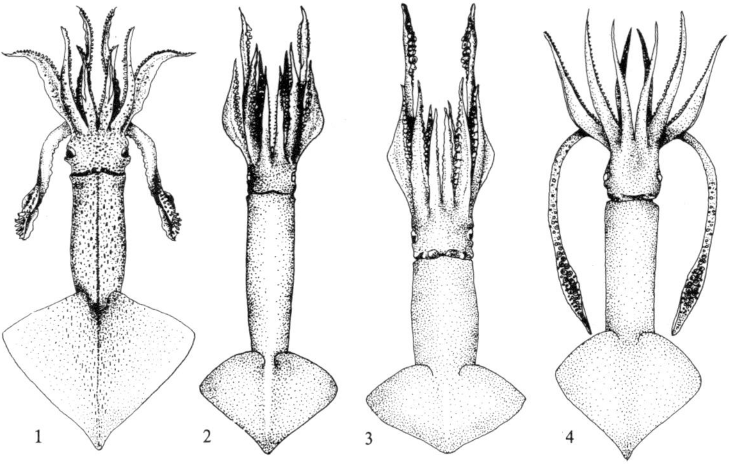

Abb. **315/1–4** Dorsal- (Vorder-)ansichten von **1** *Onychoteuthis banksii*; **2** *Illex coindeti*; **3** *Todaropsis eblanae*; **4** *Todarodes sagittatus sagittatus*

Gattung *Todaropsis* (GIRARD)

Todaropsis eblanae (BALL) (Abb. **315**/3)
G. Flossen br rhombisch, erreichen fast die halbe MantelLg. Tentakelkeulen immer mit 4 Reihen Saugnäpfen auf der ganzen Lg. Färbung gelblich mit zahlreichen rotbraunen Flecken. MantelLg 130 mm beim ♂, 200 mm beim ♀. Körper weniger schlank als bei anderen Ommastrephiden-Arten. – **V.** O-Atl zwischen 36° S u. 60° N, Mittelmeer. Im Gebiet möglich.

Gattung *Todarodes* STEENSTRUP

Todarodes [Ommastrephes] sagittatus sagittatus (LAMARCK) – **Pfeilkalmar** (Abb. **315**/4)
G. Körper schlank zylindrisch, hinten spitz u. mit endständigen großen Flossen, die zusammen einen Rhombus bilden. Tentakel über die Keulen hinaus mit Saugnäpfen (auf etwa ⅔ der Lg). Hornringe der größten Tentakelsaugnäpfe mit 1–2 kräftigeren Zähnen, die der sessilen Arme distal mit schlanken kegelförmigen Zähnen, der mittlere größer. Rötlich ziegelrot bis violett, Chromatophoren groß. MantelLg 730 mm, GesamtLg bis 1 500 mm. – **V.** O-Atl südl. bis etwa 13° S (weiter südl. *T. sagittatus angolensis* ADAM), westl. bis etwa 40° W. Helgoland, Ostfriesische Inseln u. a. In der Deutschen Bucht wohl überall möglich.

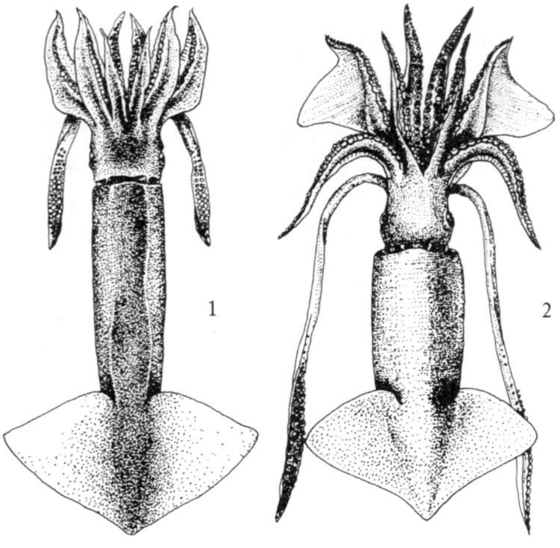

Abb. **316/1–2** Dorsal- (Vorder-) ansichten von 1 *Ommastrephes bartrami*; 2 *O. caroli*

Gattung *Ommastrephes* D'ORBIGNY

Ommastrephes [Sthenoteuthis] bartrami (LESUEUR) – **Fliegender Kalmar** (Abb. **316**/1)

G. Körper sehr schlank. Mit kräftigen, bis 45 % der MantelLg erreichenden breiten Flossen, die zusammen hinten einen Winkel von 45–50° bilden. Die sessilen Arme mit breiten charakteristischen Schutzsäumen (Abb. **316**/1), bes. an den lateralen u. ventralen Armen. Die größeren Saugnäpfe der sessilen Arme auf der distalen Hälfte mit lggezogenen spitzen Zähnen, die größeren der Tentakelkeule mit 4 im Kreuz angeordneten kräftigen Zähnen. Zahlreiche kleine Leuchtorgane auf der VentralS in der Mantel- u. Kopfhaut. Färbung bläulich mit bräunlich-roten Streifen. MantelLg bei den größeren ♀♀ bis 500 mm. – **V.** Kosm in subtrop u. gemäßigten Meeren. Bei Helgoland. – **L.** Meist nahe der Wasseroberfläche, kann sich aus dem Wasser herausschnellen u. mehrere Dutzend m durch die Luft segeln (Name!).

Ommastrephes [Sthenoteuthis] caroli (FURTADO) (Abb. **316**/2)

G. Körper kürzer u. nicht so schlank wie vor. Art, Kopf schmaler als der Mantel. Charakteristisch die außerordentlich große Verbreiterung der Schutzsäume am 3. Armpaar zu einem großen dreieckigen Segel, das mit Muskelbrücken gestützt wird. Sonst ähnlich *O. bartrami.* Färbung nahezu purpurn. MantelLg (bei den größeren ♀♀) 700 mm. – **V.** NW-Atl, NO-Atl, Mittelmeer, SW-Pazifik. Einwanderung aus dem Ärmelkanal ins Gebiet möglich, früher bei Juist nachgewiesen.

Ordnung *Octopoda [Octobrachia]* – **Achtfüßer, Achtarmer**

Um die Mundöffnung 8 Kopfarme, keine Fangtentakel. Saugnäpfe nicht gestielt u. br den Armen aufsitzend, ohne Hornringe u. Zähne. Der meist sackförmige Rumpf nur mit kleinen paddelförmigen od. ohne Flossen. Teilweise mit 2 inneren Knorpelstäbchen als Rest der reduzierten Schale.

Familie *Octopodidae*

Gattung *Octopus* CUVIER

Octopus vulgaris CUVIER – **Gemeiner Krake, Polyp** (Abb. **317**/1–2)
G. Körper sackförmig ohne Flossen, die acht kräftigen Arme durch eine ziemlich breite Velarhaut miteinander verbunden. Auf jedem Arm 2 Reihen Saugnäpfe (Abb. **317**/2). Farbe meist gelblich-braun bis grau, im Zustand der Erregung braune, rote, blaue u. gelbe Töne, dann auch die Hautwarzen erheblich verstärkt. GesamtLg im Gebiet bis etwa 900 mm (sonst auch erheblich größer), davon 20–25 % MantelLg. – **V.** Weltweit in trop u. gemäßigten Küstengebieten. Helgoland, Deutsche Bucht (ziemlich selten). – **L.** Vom Flachwasser der Küsten in allen Tiefen des Schelfgebietes. Nicht in Wasser unter 7 °C.

Gattung *Eledone* LEACH

Eledone cirrosa (LAMARCK) (Abb. **317**/3)
G. Körper sackförmig ohne Flossen, die die 8 Arme verbindende Velarhaut noch breiter als bei *Octopus vulgaris* (bis 29 % der ArmLg, bei vor. Art um 20 %). Auf jedem Arm 1 Reihe Saugnäpfe (Abb. **317**/3). Farbe gelblichgrau bis rötlich, graubraun u. braun (Erregungsfarbe meist grauweißlich). GesamtLg bei den größeren ♀♀ um 400 mm (südlicher auch erheblich größer). – **V.** NO-Atl, Mittelmeer. Helgoland u. Deutsche Bucht. Selten. – **L.** Bodenbewohner im Schelfgebiet, selten auch bis 500 m tief.

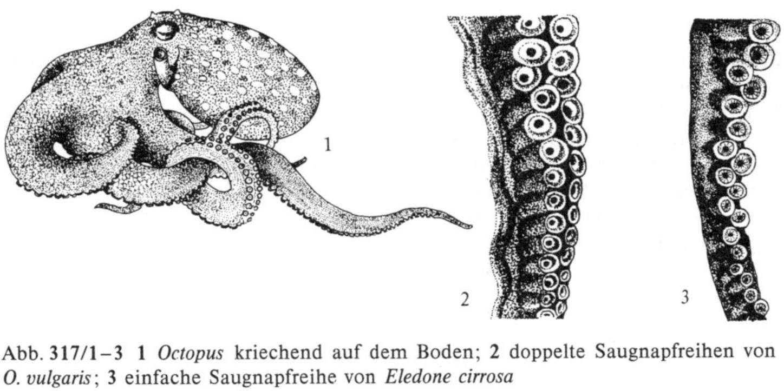

Abb. **317/1–3** **1** *Octopus* kriechend auf dem Boden; **2** doppelte Saugnapfreihen von *O. vulgaris*; **3** einfache Saugnapfreihe von *Eledone cirrosa*

Literatur

ANKEL, W. E.: Prosobranchia. In: G. GRIMPE u. E. WAGLER (Hrsg.), Die Tierwelt der Nord- und Ostsee. Leipzig 1936.

BENTHEM-JUTTING, T. VAN: Mollusca (I). In: Fauna van Nederland, Afd. XII. Leiden 1943.

BÜRK, R. u. J. H. JUNGBLUTH: 140 Jahre Molluskenkunde im deutschsprachigen Raum 1844–1985. Budapest 1985.

CLESSIN, S.: Deutsche Excursions-Mollusken-Fauna. Nürnberg 1848–1885.

EHRMANN, P.: Kreis Weichtiere, Mollusca. – In P. BROHMER, P. EHRMANN u. G. ULMER (Hrsg.), Die Tierwelt Mitteleuropas. Leipzig 1933 (unveränderter Nachdruck 1956).

FRÖMMING, E.: Biologie der mitteleuropäischen Landgastropoden. Berlin 1954.

FRÖMMING, E.: Biologie der mitteleuropäischen Süßwasserschnecken. Berlin 1956.

GEYER, D.: Unsere Land- und Süßwasser-Mollusken. Stuttgart 1927.

GLÖER, P., MEIER-BROOK, C. u. OSTERMANN, O.: Süßwassermollusken. Hamburg 1987.

GOLDFUSS, O.: Die Binnenmollusken Mittel-Deutschlands mit besonderer Berücksichtigung der Thüringer Lande, der Provinz Sachsen, des Harzes, Braunschweigs und der angrenzenden Landestheile. Leipzig 1900. [Nachtrag: Z. Naturwiss. **77** (1904)]

JAGNOW, B. u. F. GOSSELCK: Bestimmungsschlüssel für die Gehäuseschnecken und Muscheln der Ostsee. – Mitt. Zool. Mus. Berlin, **63** 2 (1987).

HAAS, F.: Lamellibranchiata. In: G. GRIMPE u. E. WAGLER (Hrsg.), Die Tierwelt der Nord- und Ostsee. Leipzig 1926.

HOFFMANN, H.: Opisthobranchia, Pteropoda. In: G. GRIMPE u. E. WAGLER (Hrsg.), Die Tierwelt der Nord- und Ostsee. Leipzig 1926.

JAECKEL, S. G. A.; Cephalopoda. In: G. GRIMPE u. E. WAGLER (Hrsg.), Die Tierwelt der Nord- und Ostsee. Leipzig 1958.

–: 2. Ergänzungen u. Berichtigungen zum rezenten und quartären Vorkommen der mitteleuropäischen Mollusken. – In: P. BROHMER, P. EHRMANN u. G. ULMER (Hrsg.), Die Tierwelt Mitteleuropas, II (1). Leipzig 1962.

JANKE, K.: Die Makrofauna und ihre Verteilung im Nordost-Felswatt von Helgoland. – Helgoländer Meeresunters., **40** (1986)

JUNGBLUTH, J. H.: Deutsche Namen für einheimische Schnecken und Muscheln (Gastropoda et Bivalvia). Malakologische Abhandlungen **10**. Dresden 1985.

KERNEY, M. P., CAMERON, R. A. D. u. JUNGBLUTH, J. H.: Die Landschnecken Nord- u. Mitteleuropas. Hamburg u. Berlin 1983.

NIERSTRASS, H. I. u. H. HOFMANN: Aculifera. In: G. GRIMPE u. E. WAGLER (Hrsg.), Die Tierwelt der Nord- und Ostsee. Leipzig 1929.

NORDSIECK, F.: Die europäischen Meeres-Gehäuseschnecken (Prosobranchia). Stuttgart 1982.

–: Die europäischen Meeresmuscheln (Bivalvia). Stuttgart 1969.

–: Die europäischen Meeresschnecken (Opisthobranchia mit Pyramidellidae; Rissoaces). Stuttgart 1972.

ROPER, C. F. E., SWEENEY, M. J. u. C. E. NAUEN: Cephalopods of the world. FAO Fish. Synop. (125), vol. **3** 1984.

TEBBLE, N.: British Bivalve Seeshells. A Handbook for Identifikation. London 1966.
ZIEGELMEIER, E.: Die Muscheln (Bivalvia) der deutschen Meeresgebiete. Hamburg 1974.
–: Die Schnecken (Gastropoda Prosobranchia) der deutschen Meeresgebiete und brackigen Küstengewässer. Hamburg 1973.
ZILCH, A.: Euthyneura. In: Handbuch der Paläozoologie. Berlin 1959–1960.
–: 1. Ergänzungen u. Berichtigungen zur Nomenklatur u. Systematik in P. EHRMANN's Bearbeitung. – In: P. BROHMER, P. EHRMANN u. G. ULMER (Hrsg.), Die Tierwelt Mitteleuropas II (1). Leipzig 1962.

Sipunculida – Sipunkuliden

G. Im allgemeinen 10–300 mm lg. Körper lggestreckt, in einen dickeren, walzen- od. sackförmigen Rumpf u. einen schlankeren Rüssel gegliedert. Rüssel in Rumpf einziehbar, meist mit zerstreut od. ringförmig angeordneten Haken u. Papillen besetzt. Mundöffnung an der Rüsselspitze, von 1 od. mehreren Tentakelkränzen od. einer gelappten Membran umgeben. After auf der RückenS, nahe dem Rüsselansatz. Rumpfhaut z. T. durch Längs- u. Querfurchen gefeldert od. mit Papillen besetzt. Färbung weißlichgrau, graugrün, graublau od. gelblich bis rot- od graubraun. – **V.** Vor allem wärmere Meere; nur wenige Arten in arkt u. antarkt Gewässern. In Nordsee verbreitet, in Ostsee nur bis zum Kattegat. – **L.** Bodenbewohner, viele in der Tiefsee. Auf u. in sandigem, tonigem od. schlammigem Grund in selbstgegrabenen Gängen od. natürlichen Höhlen, einige Arten regelmäßig in Schneckenschalen u. anderen fremden Gehäusen (z.B. Polychaetenröhren). – **B.** Na: zersetzte tierische u. pflanzliche Stoffe, vermischt mit Bodenteilchen; auch Mikroorganismen. Bewegung u. Eingraben durch Ein- u. Ausstülpen des Rüssels, unterstützt durch Zusammenziehen u. Ausstrecken des Rumpfes. Meist getrenntgeschlechtig; Entw über 1 od. 2 Larvenstadien. 200 Arten, davon 5 an der Nordseeküste.

1 Rüssel $\frac{1}{5}$ bis höchstens $\frac{1}{4}$ der GesamtLg einnehmend. Mund von tief gelappter Membran umgeben (Abb. **321**/2). – Rumpf bis 320 mm lg u. 20 mm dick, nach vorn u. hinten allmählich verjüngt. Rüssel mit großen schuppenförmigen Papillen besetzt. Rumpfhaut durch deutliche Längs- u. Querfurchen in rechteckige Felder geteilt (28–33 Längsfurchen). Graugelb bis rötlichbraun. – **V. L.** Kosm. An der Nordseeküste vereinzelt unterhalb der Gezeitenzone. In sandigem Schlammboden; geringe bis über 2 000 m Tiefe. *Sipunculus nudus* L. (Abb. **321**/2)

1* Rüssel wenigstens $\frac{1}{3}$ der KörperLg einnehmend. Mund von Tentakeln umgeben (Abb. **321**/1, 3, 4) **2**

2 4–8 breite, lappenförmige Tentakel vorhanden. GesamtLg höchstens 15 mm. – Rüssel fast so lg wie Rumpf, seine vordere Hälfte mit einigen Haken. Rüssel u. Rumpf mit kleinen Papillen besetzt, die am HE dichter stehen. Gelblich bis gelblichgrün, glänzend, VE von Rüssel u. Rumpf braun. – **V. L.** Kalte Meere beider Polgebiete. Bisher nur Helgoland. In Schlick, feinem Sand u. Gesteinsspalten; geringe bis über 50 m Tiefe. *Golfingia minuta* KEFERSTEIN (Abb. **321**/3)

2* Tentakel zahlreicher, finger- bis lanzettförmig. Über 20 mm lg (aber gelegentlich kleinere Exemplare im Seichtwasser der eur Küsten) **3**

3 Rüssel $1\frac{1}{2}$–2mal so lg wie Rumpf, deutlich von diesem abgesetzt, mit 1 Tentakelkranz. Rumpf bis 35 mm lg, sackförmig, manchmal spiralig gedreht, hinter seiner M mit mehreren Kreisen von Haftwarzen. – Rüssel meist mit zerstreut angeordneten Haken. 10–26 Tentakel. Rumpfhaut mit kleinen, an Rüsselbasis u. HE dichter stehenden Papillen besetzt. Gelblich bis braun, V- u. HE dunkler. –

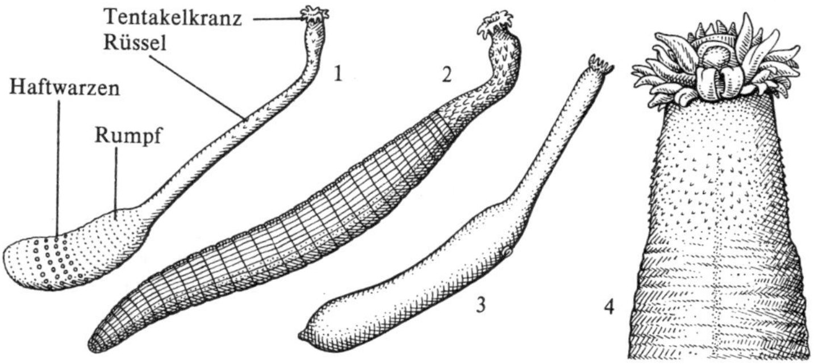

Abb. **321/1–4** **1** *Phascolion strombus*; **2** *Sipunculus nudus*; **3** *Golfingia minuta*; **4** *G. vulgaris*, VE des Rüssels

V.L. In kälteren Meeren weit verbreitet. Bisher nur Helgoland (Amphioxussand). In Schneckengehäusen od. verlassenen Wurmröhren, selten in selbstgebauten Röhren. 1 bis über 3 500 m Tiefe. *Phascolion strombus* (MONTAGU) (Abb. **321**/1)

3* Rüssel ½mal bis ebenso lg wie Rumpf, allmählich in diesen übergehend, mit mehreren dicht hintereinander liegenden Tentakelkränzen. Rumpf (meist) länger, walzenförmig, ohne Haftwarzen **4**

4 Rüssel kurz hinter den Tentakeln mit einer Zone unregelmäßig angeordneter Haken (Abb. **321**/4), dahinter mit Papillen. – Rumpf bis 200 mm lg u. 30 mm dick, mit Papillen besetzt. 20–150 Tentakel. Gelblich bis bräunlich, an Rüsselbasis u. Rumpf-HE viel dunkler (stärker pigmentierte Papillen). – **V.L.** In allen, bes. den nördl. Meeren weit verbreitet. Bisher nur Helgoländer Bucht u. Helgoland. In Schlick u. Sand; geringe bis ca. 5 800 m Tiefe.
Golfingia vulgaris (BLAINVILLE)

4* Rüssel ohne Haken u. Papillen. – Rumpf bis 300 mm lg u. 70 mm dick, am HE zugespitzt u. hier mit wenigen kleinen Papillen besetzt; Haut sonst glatt u. oft perlmutterglänzend. 10–180 Tentakel. Färbung sehr unterschiedlich, von bläulichgrau bis graubraun. – **V. L.** Bes. kältere Meere. Bisher nur Helgoland. In schlickigem Sandboden; geringe bis über 5 000 m Tiefe.
Golfingia margaritacea SARS

Literatur

BROEKE, A. TEN: Sipunculiden in DAHL: Die Tierwelt Deutschlands und der angrenzenden Meeresteile. 15. Teil, Vermes I. Jena 1929.

FISCHER, W.: Sipunculidae in GRIMPE u. WAGLER: Die Tierwelt der Nord- und Ostsee. VI, d. Leipzig 1925.

MURINA, G.-W. W.: Die Sipunkuliden der arktischen und borealen Gewässer Eurasiens. Bestimmungsbücher zu Fauna der UdSSR. Bd. 111, Leningrad 1977 (russ.).

STEPHEN, A.C. u. S.J. EDMONDS: The phyla Sipuncula and Echiura. London 1972.

Echiurida – Igelwürmer

G. Im allgemeinen 50–200 mm lg. Körper ungegliedert, walzen- od. sackförmig. VE mit ± langem, halbröhrenförmigem, an der US offenem Kopfanhang; dieser nicht einziehbar, sehr dehnungsfähig, am VE oft verbreitert, manchmal auch gegabelt. Rumpfhaut runzelig od. mit Papillen besetzt. Mundöffnung am VE des Rumpfes an der Ansatzstelle des Kopfanhanges. Kurz dahinter bauchseits 1 Paar zurückziehbare Hakenborsten od. Borstenbündel. After am HE, selten von 1–2 Borstenkränzen umgeben. Färbung meist grün, auch gelb bis dunkelrot. – **V.** In allen Meeren, aber nur selten in brackigen Gewässern. – **L.** Bewohner des Meeresbodens, in selbstgegrabenen Gängen od. natürlichen Höhlen u. zwischen Pflanzenwurzeln. Größtenteils Tiefseeformen, wenige Arten an flachen Küsten. – **B.** Na: zersetzte pflanzliche od. tierische Stoffe, seltener auch Kleinlebewesen; wird vom Rüssel aufgenommen u. in dessen Hohlraum durch Wimpern zum Munde transportiert. Kriechen sehr langsam mittels von vorn nach hinten fortschreitender Kontraktion u. Ausdehnung des Rumpfes. Getrenntgeschlechtig; Geschlechter meist gleich groß, selten ♂ mikroskopisch klein u. in den Geschlechtsorganen des ♀ lebend. Entw über schwimmendes Larvenstadium. Etwa 170 Arten; an der Nordseeküste nur 1 Art der Familie *Echiuridae.*

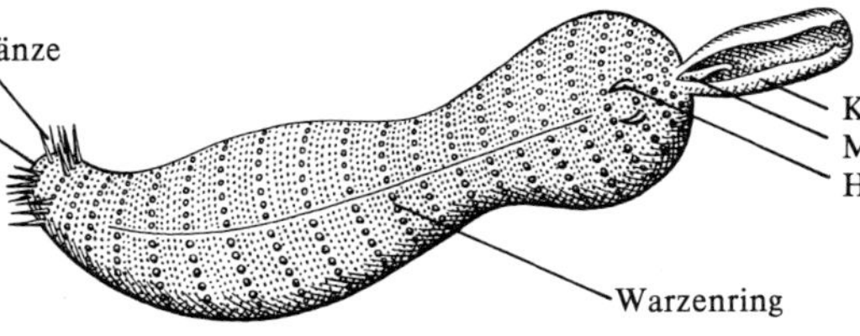

Abb. **322/1** *Echiurus echiurus*

Echiurus echiurus (PALLAS) – **Quappenwurm** (Abb. **322**/1)
G. Rumpf walzenförmig, nach dem HE zu allmählich verschmälert, bis 150 mm lg. Kopfanhang vorn wenig verbreitert, bis 40 mm lg. Rumpf nahe seinem VE bauchseits mit 2 großen, goldgelben Hakenborsten u. am HE mit 2 Borstenkränzen. Rumpfhaut mit ringförmig angeordneten Papillen besetzt: 21–23 Ringe aus größeren Papillen sind durch jeweils 4–5 Ringe kleinerer Papillen getrennt. Gelbgrau, Rüssel orange mit braunen Längsstreifen. – **V.** Kältere nördl. Meere. In der Gezeitenzone der Nordseeküste nicht selten, auch bei Helgoland; bis über

50 m Tiefe. – **L.** Meist im seichten Sandstrand, der bei Ebbe trocken liegt, einzeln in U-förmigen, bis 30 cm tiefen Gängen. – **B.** Na: zersetzte tierische u. pflanzliche Stoffe. Getrenntgeschlechtig; Geschlechter gleich groß. Wird wie der Sandpier *(Arenicola marina)* von Fischern ausgegraben u. als Köder benutzt.

Literatur

BROEKE, A. TEN: Echiuroidea in DAHL: Die Tierwelt Deutschlands und der angrenzenden Meeresteile. 15. Teil, Vermes I. Jena 1929.

FISCHER, W.: Echiuridae in GRIMPE u. WAGLER: Die Tierwelt der Nord- und Ostsee. VI, d. Leipzig 1925.

STEPHEN, A. C. u. S. J. EDMONDS: The phyla Sipuncula and Echiura. London 1972.

Annelida – **Ringelwürmer**

G. Körper zylindrisch od. ± abgeplattet, aus hintereinanderliegenden gleichartigen od. in 2–3 Regionen unterschiedlich gestalteten, durch Ringfurchen voneinander abgegrenzten Abschnitten (Segmenten, Sgm) bestehend. Mundöffnung von einem ± entw Kopflappen (Prostomium) überragt, der Fühler tragen kann, manchmal in einem Saugnapf liegend. Als Bewegungsorgane dienen meist Borsten, die auf seitlichen Stummelfüßen (Parapodien) stehen od. direkt in die Körperwand eingepflanzt sind; manchen Gruppen fehlen Borsten. HE gelegentlich mit Saugnapf od. Haftscheibe. Nervensystem mit Gehirn (Oberschlundganglion) u. strickleiterartigem Bauchmark. Sinneszellen über ganze Haut verstreut, an Fühlern u. Cirren (Sinnesfortsätze der Parapodien) gehäuft. Augen vorhanden od. fehlend. Echte Leibeshöhle u. Blutgefäßsystem vorhanden. Blut farblos, rot od. selten grün. Atmung durch die Haut od. mittels Kiemen. – **L.** Meer, Brackwasser, Süßwasser od. Land; fast immer in feuchter Umgebung. – **B.** Kriechend, im Boden grabend od. festsitzend, seltener schwimmend; manche Arten Außenschmarotzer, wenige Innenschmarotzer. Teilweise Röhrenbauer. Na: sehr verschiedenartig; s. bei den Klassen. Getrenntgeschlechtig od. Zwitter. Fortpflanzung geschlechtlich od. ungeschlechtlich durch Teilung (meist Sprossung). Entw direkt od. über Larvenstadium. Etwa 17 000 Arten, davon rund 450 im Gebiet. – Zur Bestimmung möglichst lebende Tiere benutzen, kleinere Arten oft nur lebend bestimmbar. Farbangaben beziehen sich auf lebende Tiere. Zur Tötung dem Wasser einige Tropfen 40 %iges Formalin zusetzen od. Tiere nach Narkose (Eintropfen von 96 %igem Alkohol in das Wasser, bis 10 %) in 4 %iges Formalin od. 50 %igen Alkohol bringen; Landtiere in 4 %igem Formalin fixieren. Aufbewahrung in 4 %igem Formalin od. nach Überführung in 70 %igem Alkohol.

1 Wenigstens einige Sgm mit meist borstentragenden Parapodien, die ausnahmsweise bis auf die Borstenbündel zurückgebildet sein können; dann VE von gelappter Kiemenmembran umgeben od. wenigstens VKörper mit fadenförmigen Kiemen. Meer u. Brackwasser, 1 Art im Süßwasser. *Polychaeta* S. 325

1* Parapodien fehlen, aber Körper gelegentlich ab 2. Fünftel od. in hinterer Hälfte mit 2 Reihen blatt- bzw. fadenförmiger Kiemen **2**

2 HE mit Saugnapf od. Haftscheibe **3**

2* HE ohne solches Haftorgan, höchstens mit Kiemenplatte (Abb. **362**/3–5) . . **4**

3 Körper aus 15 Sgm bestehend, von denen die vorderen 3 od. 4 eine ± deutliche Kopfregion bilden u. die restlichen in einen längeren vorderen u. einen kürzeren hinteren Ring geteilt sind (Abb. **362**/1–2). Außenparasiten an Flußkrebsen. *(Branchiobdella).* *Oligochaeta* S. 358

3* Körper aus mehr als 15 gleichartigen Sgm bestehend, die 3- bis 5fach geringelt sind (Abb. **377**/1–3). Parasiten an Wirbeltieren od. Räuber. Meer, Brack- od. Süßwasser, selten Land. *Hirudinea* S. 372

4 **(2)** VE mit 2 Fühlern (ähnliche Formen ohne od. mit mehr als 2 Fühlern wegen höchstens 2 mm Lg nicht berücksichtigt). HE meist mit 2–3 Schwanzlappen od. 2 lg Anhängen. Meer od. Brackwasser *(Archiannelida).* *Polychaeta* S.325

4* VE ohne Fühler od. mit 1 fühlerartigen Fortsatz. HE stets ohne Anhänge, höchstens mit Kiemenplatte. Süßwasser od. Land, seltener Meer od. Brackwasser. *Oligochaeta* S.358

Klasse *Polychaeta* – Vielborster

G. VE meist als ± abgesetzte Kopfregion ausgebildet, manchmal mit Krone von Fangtentakeln. Kopflappen oft mit Fühlern. RumpfSgm gleichartig od. in 2–3 Körperregionen unterschiedlich gestaltet. Mit zahlreichen, an Stummelfüßen (Parapodien) sitzenden Borsten, die gelegentlich fehlen. Parapodien paarweise an den S wenigstens einiger RumpfSgm, ruder- od. höckerartig, manchmal bis auf die Borsten zurückgebildet. Vollentw Parapodium (Abb. **339**/2) mit Rükken- u. Bauchast (RA, BA), die voneinander getrennt stehen können, Rücken- u. Bauchcirrus (RC, BC) sowie häufig einfacher od. verzweigter Kieme (Abb. **339**/6–7, **351**/2–3, K). Kiemen farblos, rot od. selten grün. Cirren pfriemen-, kegel-, zapfen- od. blattförmig od. zu Rückenschuppen (Elytren, Abb. **331**/2) umgebildet, an den vordersten Sgm mitunter fühlerartig (Fühlercirren, Abb. **333**/1, FC). EndSgm manchmal mit Aftercirren od. -membran. Augen häufig vorhanden, meist auf Kopflappen, selten am HE, an KörperS od. auf Fangtentakeln. Oft mit vorstreckbarem, meist bewaffnetem Rüssel (Abb. **337**/1). – **L.** Überwiegend Meer u. Brackwasser, sehr selten Süßwasser. Meist in der Küstenregion zwischen Steinen, Pflanzen od. im Boden. – **B.** Meist kriechend od. grabend, selten frei schwimmend. Häufig in Grabgängen od. selbstgebauten Röhren aus Sekreten, die mit Fremdkörpern (Steinchen, Sand, Stücken von Molluskenschalen usw.) behaftet sein können, od. aus Kalk. Röhren im Boden steckend od. an fester Unterlage angeklebt, selten vom Bewohner frei transportierbar. Einige Arten bohren Gänge in weiches Gestein od. Molluskenschalen. Na: sehr verschiedenartig, meist Kleinlebewesen od. Detritus, seltener größere Tiere od. von Pflanzen abgerissene Stücke. Manche Arten Kommensalen bei Schwämmen, Nesseltieren, Weichtieren, Moostierchen, Stachelhäutern, Krebsen od. anderen Polychaeten. NaAufnahme durch Verschlingen, Schlammfressen, Sandlecken, Strudeln od. Netzfang. Vermehrung überwiegend geschlechtlich, selten ungeschlechtlich durch Sprossung od. Teilung. Geschlechter meist getrennt. Manche Arten zur Zeit der Geschlechtsreife durch Umwandlung der Parapodien u. Entw besonderer Schwimmborsten (z. B. Heteronereis-Form vieler *Nereidae*) zum Schwimmen befähigt. Bei manchen *Syllidae* Wechsel zwischen geschlechtlicher u. ungeschlechtlicher Generation. Entw indirekt mit frei schwimmendem Larvenstadium. Manche Arten mit Brutpflege, einige haben Leuchtvermögen. Etwa 13 000 Arten, davon rund 220 im Gebiet. – Unter 10 mm lg Arten sind mit wenigen Ausnahmen nicht berücksichtigt. Die angegebenen Höchstmaße werden in der südöstlichen Nordsee u. in der Ostsee gewöhnlich nicht erreicht; SgmAnzahl hier ebenfalls meist geringer.

1 Rücken mit fellartiger Borstenschicht. Körper länglich oval, über 20 mm br, an den S mit Saum irisierender Borsten. (Abb. **331**/1). *Aphroditidae* S.330

1* Rücken ohne Borstenfilz. Körper schmaler, mehr wurmförmig 2
2 Rücken wenigstens teilweise mit großen rundlichen bis nierenförmigen Schuppen (Elytren) bedeckt (Abb. **331**/2) 3
2* Rücken ohne Elytren, aber mitunter Rückencirren der Parapodien blattartig verbreitert u. über den Rücken geschlagen 4
3 Höchstens 15 Paar Elytren. Pfriemenförmige Rückencirren vorhanden. Aufeinanderfolgende Sgm abwechselnd mit Elytren od. Cirren. Hintere Sgm ohne Elytren od. zwischen 2 ElytrenSgm mindestens 2 Sgm mit Rückencirren. *Polynoidae* S. 331
3* Mehr als 15 Paar Elytren. Rückencirren fehlen. Ab 23.–25. Sgm alle Sgm mit Elytren. *Sigalionidae* S. 333
4 (2) Parapodien stark verlängert, am E 2ästig u. von Flossensäumen umgeben, ohne Borsten (Abb. **337**/2). Ständig schwimmend. *Tomopteridae* S. 335
4* Parapodien nicht stark verlängert u. zumindest ein Teil mit Borsten (können bis auf die Borstenbündel zurückgebildet sein), od. Parapodien fehlen 5
5 Borstentragende Parapodien od. Borstenbündel wenigstens an einigen Sgm vorhanden 7
5* Parapodien od. segmental angeordnete Borstenbündel fehlen (Abb. **352**/7), ausnahmsweise feine Haken vorhanden. Meist im Sandlückensystem 6
6 Mit 2 beweglichen Fühlern. HE in 2 od. 3 zipfelförmige Schwanzlappen verlängert (Abb. **356**/5–6). Höchstens 15 mm lg. Fortbewegung gleitend. *Protodrilidae* S. 358
6* Mit 2 unbeweglichen Fühlern. HEnde ohne Schwanzlappen, ohne od. mit 2 lg Anhängen. 20–100 mm lg. Fortbewegung schlängelnd od. etwas egelartig. *Polygordiidae* S. 357
7 (5) Das abgestutzte VE flach von einem 3fachen konzentrischen Kranz aus großen, verbreiterten messingfarbenen Borsten (Paleen, Abb. **352**/5, P) bedeckt od. jederseits mit 1 querstehenden, nach vorn gerichteten Kamm von 8–15 Paleen (Abb. **354**/1, P). Hinter dem VE bauchseits zahlreiche Fangtentakel 8
7* VE ohne Paleen 9
8 VE mit flach aufliegendem Paleenkranz. Fast alle Parapodien rückenseits mit cirrenförmiger Kieme. Lg, schlanker, borstenloser Schwanzabschnitt vorhanden. In lg, mit Fremdkörpern behafteten derbhäutigen Röhren, die oft zu ausgedehnten Riffen aneinanderwachsen. *Sabellariidae* S. 354
8* VE mit Paleenkämmen. Direkt hinter VE 1 Paar pfriemenförmige u. 2 Paar blättrig gefiederte Kiemen (Abb. **351**/1, K). HE mit kurzem, flachem, ovalem Schwanzanhang. In köcherförmigen, aus Sand verfertigten Röhren, die mit umhergetragen werden. *Pectinariidae* S. 353
9 (7) Körper von zäher, festsitzender Schleimhülle umgeben od. Oberfläche mit feinen rundlichen od. größeren finger- bis flaschenförmigen Papillen besetzt 10
9* Körper ohne Schleimhülle u. ohne Papillen 11
10 VE mit 2 lg Fühlern u. zahlreichen fadenförmigen Kiemen, von den nach vorn gerichteten verlängerten Borsten der vorderen Parapodien flankiert od. reusenartig umgeben (Abb. **350**/2). Oberfläche dicht mit finger-, keulen- od. flaschenförmigen Papillen besetzt u. Körper manchmal in Schleimhülle od. mit Sand verkrustet. *Flabelligeridae* S. 349

10* VE ohne Fühler u. Kiemen, höchstens mit 4 kurzen Fortsätzen, u. Borsten der vorderen Parapodien nicht verlängert. Oberfläche mit feinen rundlichen Papillen besetzt. An jedem Sgm über den Parapodien eine kugelige Hautkapsel mit kurzer Endpapille. (Abb. **336**/3). *Sphaerodoridae* S. 339

11 **(9)** Gegliedert in abgeflachten VKörper aus meist 9 BorstenSgm, stark modifizierten Mittelkörper aus 5 Sgm mit flügel- u. scheibenförmig vergrößerten Rückenästen der Parapodien u. Hinterkörper aus 20–70 Sgm mit schlank zipfelförmigen Rückenästen (Abb. **337**/4). In pergamentartigen Röhren. *Chaetopteridae* S. 345

11* Körper nicht od. nicht in dieser Weise gegliedert **12**

12 VE (Kopflappen u./od. einige vordere Sgm) mit wenigstens 2 Anhängen in Form paariger od. schopfartig angeordneter zipfel- bis fadenförmiger Fühler, Fühlercirren od. Fangtentakel (Abb. **333**/3, **342**/1, **352**/2) od. von jederseits 3 br Kiemenlappen mit meist gelapptem, gewelltem od. geschlitztem VRand umgeben (Abb. **348**/4) **13**

12* VE ohne Anhänge, höchstens Kopflappen seitlich zipfelförmig ausgezogen od. mit 1 kurzen Fühler auf der M seiner OS **34**

13 VE nur von Kiemenlappen umgeben. 4.–9. od. bis 11. Sgm mehr als doppelt so lg wie br. Parapodien bis auf die Borstenbündel u. bauchseitige, feine Haken tragende Querwülste zurückgebildet. In mit Fremdkörpern behafteten häutigen Röhren. *Oweniidae* S. 351

13* VE ohne Kiemenlappen **14**

14 VE mit zahlreichen schopfartig od. in 2 seitlichen Halbkreisen als Tentakelkrone angeordneten, meist fadenförmigen Fangtentakeln (Abb. **352**/2, **354**/2); wenn diese in den Mund eingezogen, dann vordere Sgm rückenseits mit 2–4 Paar pfriemenförmigen Kiemen. Ohne Rüssel. Stets in Röhren **15**

14* Kopflappen u./od. einige vordere Sgm mit paarigen, manchmal nicht über das VE hinausragenden zipfel- bis fadenförmigen Fühlern, Fühlercirren od. ähnlichen Anhängen. Meist mit ausstülpbarem Rüssel. In Röhren u. Gängen od. frei lebend **20**

15 Fangtentakel eine Tentakelkrone bildend, an der InnenS gefiedert (Abb. **354**/2, **356**/1) **16**

15* Fangtentakel einen ungeordneten Schopf bildend, glatt od. mit feinen Papillen besetzt (Abb. **352**/2) **18**

16 Ein Tentakel zu gestieltem Deckel umgewandelt, der zum Verschließen der Röhre dient (Abb. **352**/3, D). Röhre kalkig od. glasig, nicht mit Fremdkörpern behaftet **17**

16* Deckel fehlt. Röhre derbhäutig bis hornig, biegsam, oft mit Schlick, Sand od. anderen Fremdkörpern behaftet. *Sabellidae* S. 355

17 Vorderer Rumpfabschnitt (stärker beborstet u. mit einer Hautduplikatur) aus 3 Sgm bestehend. Jederseits 3–5 Fangtentakel. Röhren posthornförmig eingerollt, einzeln vollständig der Unterlage anliegend. *Spirorbidae* S. 357

17* Vorderer Rumpfabschnitt mit 5–14 Sgm. Jederseits mehr als 5 Fangtentakel. Röhren ± gerade od. unregelmäßig gewunden, der Unterlage meist nur mit dem hinteren Teil anliegend, oft riffartige Kolonien bildend. *Serpulidae* S. 356

18 **(15)** Hinter dem Tentakelschopf rückenseits 1 unpaare, in 4 dicke lamellöse Äste gespaltene Kieme (Abb. **354**/3). Fangtentakel schlank fingerförmig. In mit Fremdkörpern behafteter membranöser Röhre. *Trichobranchidae* S. 354

18* 2–4 Paar pfriemenförmige, büschelige od. bäumchenartig verzweigte Kiemen an vorderen Sgm od. ohne Kiemen. Fangtentakel fadenförmig, wenn kurz, dann VE rüsselförmig verlängert **19**

19 Kiemen (2–4 Paar) einfach, dick pfriemenförmig, jederseits dicht beieinander hinter dem VE stehend (Abb. **351**/3, K). Fangtentakel in Mund einziehbar. In dick mit Schlick u. anderen Fremdkörpern behafteter Röhre. *Ampharetidae* S. 353

19* Kiemen (2 od. 3 Paar) büschelig od. bäumchenartig verzweigt, hintereinander auf 2 od. 3 vorderen Sgm stehend (Abb. **351**/2, K), od. ohne Kiemen. Fangtentakel nicht einziehbar. In schleimiger od. häutiger, mit Fremdkörpern behafteter Röhre. *Terebellidae* S. 351

20 **(14)** Nur der Kopflappen mit 4 kurzen (manchmal kaum sichtbar!) od. mit 2 lg u. 2 kurzen Fühlern **21**

20* Kopflappen u. vordere Sgm od. nur vordere Sgm mit Fühlern, Fühlercirren od. fühlerartigen Anhängen (die Fühlercirren an vorderen Sgm können kurz sein) **23**

21 Kopflappen kegelförmig, ± deutlich geringelt, an der Spitze mit 4 kurzen 2- bis 4gliedrigen Fühlern. Über 15 mm lg **22**

21* Kopflappen glatt, br abgerundet u. seitlich mit 2 lg u. 2 kurzen od. mit 4 papillenartigen Fühlern (Abb. **342**/1–2). Höchstens 15 mm lg. *Dorvilleidae* S. 341

22 Parapodien an den vorderen 22–42 Sgm einästig, an den folgenden 2ästig; wenn hierdurch bedingte Zweiteilung des Körpers undeutlich, dann Rüssel in ausgestülptem Zustand jederseits mit 1 Längsreihe dunkler, federähnlich hintereinanderliegender V-förmiger Bildungen u. mit 2 Kiefern. Sgm nicht sekundär geringelt. *Goniadidae* S. 340

22* Parapodien außer am 1. u. 2. Sgm durchweg 2ästig. Rüssel ohne V-förmige Bildungen u. mit 4 Kiefern. Sgm 2- od. 3ringelig. *Glyceridae* S. 340

23 **(20)** Zahlreiche einzeln stehende fadenförmige Kiemen an vielen Sgm bes. des VKörpers (Abb. **350**/1) od. 4–8 Paar solcher Kiemen an wenigen vorderen Sgm (Abb. **346**/2). VE mit 2 lg Fühlern, diese dicker als die Kiemen. 3 vordere Sgm ohne Parapodien u. Borsten, manchmal ± verschmolzen. *Cirratulidae* S. 346

23* Kiemen nicht fadenförmig u. nicht in dieser Weise angeordnet, od. ohne Kiemen **24**

24 Nur 2 hinter od. neben dem Kopflappen sitzende, ± lggestreckte Fühler vorhanden (hinter ihnen können 2 ähnliche Kiemen stehen). Kopflappen ohne Anhänge, höchstens sein VRand seitlich etwas ausgezogen **25**

24* Mehr als 2 auf dem Kopflappen u./od. 1–4 vorderen Sgm sitzende Fühler. Fühlercirren (manchmal kurz u. nicht über das VE hinausragend) od. fühlerartige Anhänge vorhanden **28**

25 Parapodien der ersten 2 Sgm jederseits zu schräg nach vorn gerichteten Fortsätzen verlängert, die lg Borsten tragen (Abb. **345**/3). Lappen der vorderen bis etwa 20 Parapodien groß u. mit gefranstem Rand. In verästelten Röhren aus Schlick. *Trochochaetidae* S. 345

25* Vordere Parapodien nicht zu borstentragenden Fortsätzen verlängert **26**

26 Unterhalb der Parapodien von Sgm 5–11 jederseits 1 am Rande gekerbter od. mit Papillen besetzter Hautlappen. Rückenäste der Parapodien bilden 2 Längsreihen einzeln stehender, schlank fingerförmiger unbeborsteter Cirren. *Apistobranchidae* S. 344

26* Sgm 5–11 ohne Hautlappen. Rückenäste der Parapodien nicht in dieser Weise umgebildet, mit Borsten **27**

27 Parapodien der vorderen 8 Sgm kleiner als die aller folgenden. Fühler mit 3- od. 4facher Längsreihe feiner Papillen. Keine Kiemen. (Abb. **345**/4). In Grabgängen. *Magelonidae* S.344

27* Keine Körperteilung durch unterschiedliche Parapodiengröße. Fühler ohne Papillenreihen. Meist einige bis viele Sgm mit cirren- bis schlank blattförmigen, manchmal teilweise od. ganz mit den Rückencirren der Parapodien verwachsenen Kiemen (Abb. **345**/1, K). Meist in Schleimröhren, selten in hartes Gestein eingebohrt. *Spionidae* S.342

28 **(24)** Körperquerschnitt fast rechteckig. Am URand der Rückenäste der Parapodien je 1 sichelartig gebogene od. eingerollte Kieme (Abb. **339**/6–7, K). Alle Fühler (3 od. 4 Paar) sehr kurz, zipfelförmig (Abb. **336**/2). In Grabgängen. *Nephtyidae* S.339

28* Körperquerschnitt rundlich od. oval. Kiemen am ORand, an der SFläche od. oberhalb der Parapodien sitzend, od. ohne Kiemen **29**

29 Erstes BorstenSgm mit verlängerten, über das VE hinausragenden Parapodien mit lg Borsten (Abb. **346**/1). Außer 1 Paar Fühlern 3 nach hinten gerichtete pfriemenförmige Anhänge vorhanden. Paarige fingerförmige Kiemen an der HS der Parapodien. In Grabgängen. *Poecilochaetidae* S.345

29* Parapodien des 1. BorstenSgm nicht nach vorn verlängert u. ohne lg Borsten. Mit Rüssel **30**

30 VE mit 2 lg u. 2 kurzen, zipfelförmigen Fühlern. Parapodien mit je 1 kleinen kugeligen Rücken- u. Bauchcirrus (Abb. **334**/2). Im Sandlückensystem. *Pisionidae* S.333

30* VE mit mehr als 4 Fühlern. Rücken- u. Bauchcirrus der Parapodien, wenn vorhanden, nicht kugelig **31**

31 Parapodien aller Sgm mit auffallend lg geißelförmigen Rückencirren. Die meisten Fühler u. alle Fühler- u. Rückencirren gegliedert od. perlschnurartig geringelt **32**

31* Rückencirren der Parapodien kurz pfriemen- od. blatt- bis nierenförmig. Fühler u. Cirren nicht gegliedert od. geringelt **33**

32 Kopflappen mit 3 lg, meist gegliederten Fühlern, hinter ihm noch 2–3 Paar Fühlercirren (Abb. **336**/1). Körper lggestreckt, dünn. Eine einheimische Art bildet Tierketten (Abb. **331**/3). *Syllidae* S.336

32* Kopflappen mit 2 od. 3 cirrenförmigen, stets ungegliederten u. 2 dickeren 2gliedrigen Fühlern, hinter ihm noch 6–8 Paar lg Fühlercirren (Abb. **332**/4). Körper gedrungen, wegen lg Parapodien ähnl. Tausendfüßern. *Hesionidae* S.335

33 **(31)** Kopflappen vorn mit 2 kurzen Fühlern u. seitlich mit 2 dicken, abgerundeten od. konischen Fortsätzen mit papillenartig abgesetzter Spitze, hinter ihm 4 Paar Fühlercirren (Abb. **333**/2). Rückencirren der Parapodien kurz pfriemenförmig, manchmal auf verbreiterten Rückenlappen sitzend (Abb. **339**/2). Rüssel mit 2 großen hornigen Kiefern. – Verwandeln sich zur Fortpflanzungszeit oft in schwimmendes Stadium mit längeren Borsten an vielen od. allen Sgm (sog. Heteronereis-Form). Oft in Grabgängen. *Nereidae* S.337

33* Kopflappen vorn mit 4 kurzen Fühlern u. ohne Fortsätze, hinter ihm 2–4 Paar manchmal ziemlich lg Fühlercirren (Abb. **333**/1, 3). Rücken- u. oft auch Bauchcirren der Parapodien schmal bis br blattförmig od. nierenförmig (Abb. **334**/3, 6). Rüssel ohne Kiefer, oft mit Papillen besetzt. *Phyllodocidae* S.333

34 **(12)** Parapodien des mittleren Körperabschnittes mit bäumchenartig verzweigten

Kiemen an der Basis des Rückenastes. VKörper verdickt. HKörper schwanzartig, ohne Parapodien u. Borsten. Haut quergeringelt od. gefeldert (Abb. **337**/5). In U-förmigen Grabgängen. *Arenicolidae* S.347

34* Kiemen fehlend od. nicht bäumchenartig u. nicht in dieser Weise angeordnet **35**

35 VE schräg abgestutzt, eine manchmal von glattrandigem, häutigem Saum umgebene ovale Kopfplatte bildend (Abb. **348**/1), od. zipfelmützenförmig u. dann einige vordere u. hintere Sgm das vorhergehende bzw. folgende kragenartig umgreifend (Abb. **348**/2). Mittlere Sgm deutlich länger als vordere u. hintere. In mit Fremdkörpern behafteten häutigen Röhren. *Maldanidae* S.347

35* VE abgerundet od. ± zugespitzt. Mittlere Sgm nicht od. nicht wesentlich länger als vordere u. hintere **36**

36 Höchstens 12 vordere Sgm mit Borsten (ohne Parapodien), die folgenden an Stelle von Parapodien mit Knötchen od. Querwülsten mit feinen Haken (Abb. **346**/3). Körper regenwurmähnlich mit ± verdicktem VE. In Grabgängen. *Capitellidae* S.347

36* Die meisten Sgm mit borstentragenden, manchmal ± zurückgebildeten Parapodien. VE nicht verdickt **37**

37 Parapodien vom 12.–24. Sgm an immer mehr auf den Rücken verschoben. Bis auf einige vordere alle Sgm mit lanzett- bis zungenförmigen Kiemen neben od. über den Parapodien. In Grabgängen. *Orbiniidae* S.341

37* Hintere Parapodien nicht auf den Rücken verschoben **38**

38 Mit lanzettlichen bis blattförmigen od. verzweigten Kiemen wenigstens an einigen vorderen Sgm. Parapodien 2ästig, ihre Äste klein, höckerförmig (z. T. nur Borstenbündel) u. stets getrennt stehend **39**

38* Kiemen fehlen. Parapodien einästig, klein; vordere 2 Sgm ohne Parapodien. Kopflappen groß, zugespitzt eiförmig. Im Boden wühlend. *Lumbrineridae* S.341

39 Ab 2. BorstenSgm an 4–6 Sgm 1 Paar büschelige Kiemen (Abb. **350**/3). Kopflappen durch 2 Einschnitte 3geteilt od. seitlich am VRand zipfelförmig verlängert. Oberfläche in Ringeln gefeldert. Oft in Grabgängen. *Scalibregmidae* S.350

39* Wenigstens 9 Paar cirren- bis zungenförmige Kiemen vorhanden **40**

40 Ab 4.–7. BorstenSgm 9–25 Paar große zungenförmige Kiemen (Abb. **342**/5). Kopflappen manchmal mit 1 kurzen Fühler auf der Mitte seiner OSeite. In Grabgängen. *Paraonidae* S.342

40* Cirrenförmige Kiemen ab 2. od. 11.–14. BorstenSgm bis fast zum HE (Abb. **350**/2). Kopflappen zugespitzt, kaum vom VE abgesetzt, ohne unpaaren Fühler. BauchS u. KörperS oft furchenartig längs eingesenkt. Im Boden wühlend. *Opheliidae* S.349

Ordnung *Phyllodocida*

Familie *Aphroditidae*

Aphrodita aculeata L. – **Seemaus, Filzwurm** (Abb. **331**/1)
Rücken mit feinem, dunkelgrauem Borstenfilz bedeckt, darunter 15 Paar Elytren. KörperS mit breitem Saum aus grün u. golden schillernden sowie kräftige-

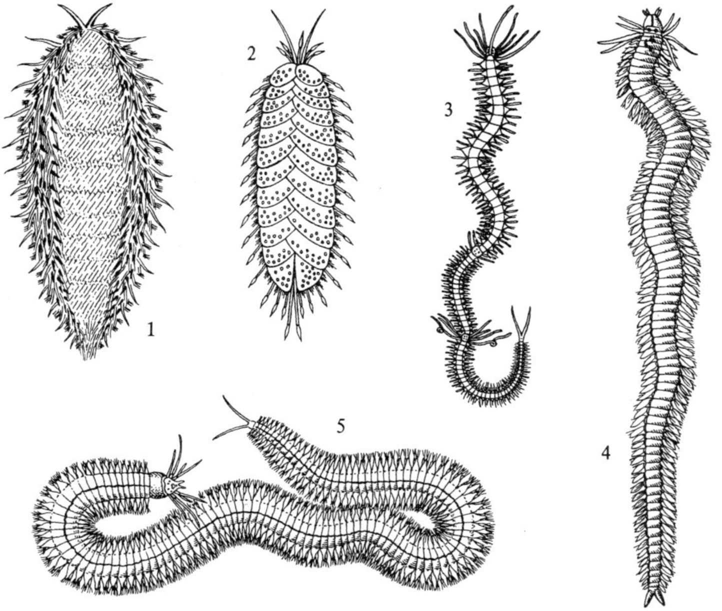

Abb. **331/1–5** **1** *Aphrodita aculeata*; **2** *Lepidonotus squamatus*; **3** *Autolytus prolifer*; **4** *Eumida sanguinea*; **5** *Hediste diversicolor*

ren braunen Borsten. Bis 220 mm lg, bis 60 mm br. Auf weichem schlickigem Boden, meist unter 10 m Tiefe. Nordsee. Verbreitet. – Räuber; gräbt sich oft kopfabwärts ein. Zeigt langsame, rhythmische Atembewegungen.

Familie *Polynoidae*

1 Mit 12 Paar Elytren. 26 BorstenSgm. Rücken meist bräunlich. Lg bis 50, meist 15–30 mm. Unter Steinen, in Spalten harter Böden u. auf Grobsand, auch in Polychaetenröhren. Im Bereich der Gezeiten u. tiefer. Nordsee, westl. Ostsee. Häufig. *Lepidonotus squamatus* (L.) (Abb. **331**/2)

1* Mit 15 (ausnahmsweise 14) Paar Elytren. Über 30 BorstenSgm **2**

2 Elytren groß, bedecken den Körper völlig u. berühren od. überdecken sich etwas. 34–41 Sgm. **3**

2* Elytren klein, lassen den HKörper u. zwischen sich einen deutlichen Längsstreifen in der Körpermitte frei. Etwa 100 Sgm. Lggestreckt, bis 65 mm lg. Auf Weichböden, meist unter 10 m Tiefe. Nordsee, westl. Ostsee.
Polynoe (Enipo) kinbergi (MALMGREN)

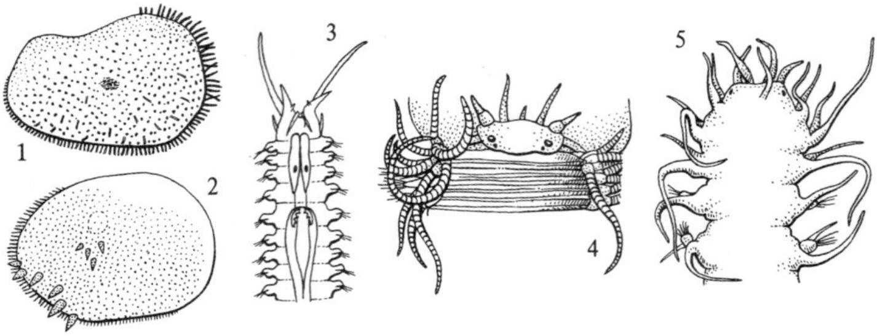

Abb. **332/1–5** **1** *Gattyana cirrosa*, Elytre; **2** *Harmothoe impar*, Elytre; **3** *Pisione remota*, VE; **4** *Ophiodromus flexuosus*, VE; **5** *Microphthalmus similis*, VE

3 Rückenborsten feiner als Bauchborsten. Elytren mit Saum aus lg, pfriemenförmigen Fransen am hinteren u. äußeren Rand, die mehr als $\frac{1}{2}$ des Umfanges einnehmen (Abb. **332**/1). Rücken farblos od. in der M sandfarben bis gelbbraun, Elytren an der S oft mit dunklem Fleck. Bis 50 mm lg. In Spalten von Hartböden, in von der Bohrmuschel durchlöchertem Holz, in Polychaetenröhren u. auf grobem schlickigem Sandboden. Gezeitenzone u. tiefer. Nordsee, westl. Ostsee. *Gattyana cirrosa* (PALLAS)

3* Rückenborsten dicker als Bauchborsten. Elytren am Rande ohne od. mit feinerem Fransensaum; nimmt dieser mehr als $\frac{1}{2}$ des Umfanges ein, dann Elytren mit einigen dicken Papillen besetzt (Abb. **332**/2). In Spalten u. Löchern von Hartböden, in Polychaetenröhren u. auf grobem Sand- u. Schlickboden. Im Gebiet 5 Arten, einige häufige Arten siehe nachfolgend. (*Harmothoe* KINBERG) **4**

4 Vorderes der 2 Augenpaare an den Spitzen des Kopflappens, von oben kaum sichtbar. Elytren am SRand mit wenigen Fransen. 30–65 mm lg. Farbe sehr variabel, Rücken grau, dunkelgrün od. braun. Nordsee bis östl. Ostsee. *Harmothoe imbricata* (L.)

4* Vorderes Augenpaar weiter hinten, in od. etwas vor der M des Kopflappen-SRandes **5**

5 Elytren am HRand mit wenigen großen tropfen- bis birnenförmigen Papillen (Abb. **332**/2). Rücken grünlich-bräunlich, Elytren braun gesprenkelt, oft mit gelbem Fleck in der M. Bis 25 mm lg. Leuchtet. Nordsee, westl. Ostsee. *Harmothoe impar* (JOHNSTON)

5* Elytren am HRand ohne Papillen. Rücken mit grünlichgrauen bis bräunlichen od. schwärzlichen Querbinden, Elytren bräunlich gefleckt, bes. am HRand. 18–60 mm lg. Nordsee bis in die östl. Ostsee. – Lebt halb pelagisch, erhebt sich oft vom Boden u. schwimmt umher; kommt nachts an Oberfläche. Ostseeformen häufig nur mit 14 Paar Elytren. *Harmothoe (Antinoella) sarsi* (KINBERG)

Familie *Sigalionidae*

1 Tentakelförmige Kiemen an der RückenS aller Sgm vom Sgm 4 an (Abb. **334**/1, K). Unpaarer Fühler des Kopflappens wenigstens 2mal länger als Kopflappen. Augen jeder S deutlich getrennt. Elytren berühren sich in der Körpermitte. Mehr als 100 (bis über 200) Sgm. Bis 200 mm lg. Gezeitenregion u. tiefer, bes. auf u. in schlickigen Böden. Im Gebiet 2 Arten. – Hierher z. B. *Sthenelais boa* (JOHNSTON), mit 150–200 Sgm 100–200 mm lg. Nordsee u. selten westl. Ostsee. *Sthenelais* KINBERG

1* Kiemen fehlen. Unpaarer Fühler des Kopflappens höchstens ebenso lg wie Kopflappen. Augen aneinandergrenzend. Zwischen Elytren ein ± breiter freier Längsstreifen. Farblos, fleischfarben, bräunlich, grünlichgrau od. schwärzlich, Elytren oft bräunlich gefleckt. 36–48 Sgm. Bis 25 mm lg. In Spalten von Hartböden u. auf den verschiedensten Substraten. Gezeitenregion u. tiefer. Nordsee bis mittlere Ostsee. *Pholoe minuta* (FABRICIUS)

Familie *Pisionidae*

Pisione remota (SOUTHERN) (Abb. **332**/3, VE)
Farblos od. hell fleischfarben. 55–90 Sgm. 8–26 mm lg. Gezeitenregion u. tiefer, bes. im Lückensystem grobsandiger Böden. Nordsee, selten westl. Ostsee.

Familie *Phyllodocidae*

1 Mit 2 Paar Fühlercirren am 1. Sgm u. manchmal noch mit 1 Paar bauchseitigen Fühlercirren am 2. Sgm (Abb. **333**/1) 2

1* Mit insgesamt 4 Paar Fühlercirren an den ersten 3 Sgm (Abb. **333**/3) 5

2 Mit 1 Paar Fühlercirren am 2. Sgm (Abb. **333**/1). Weißlich od. blaß gelblich, manchmal mit violetten Flecken. Bis 230 mm lg. Auf u. in Sand- od. Schlickboden. Gezeitenzone u. tiefer. Nordsee, selten westl. Ostsee. *Eteone lactea* CLAPARÈDE

2* Ohne Fühlercirren am 2. Sgm 3

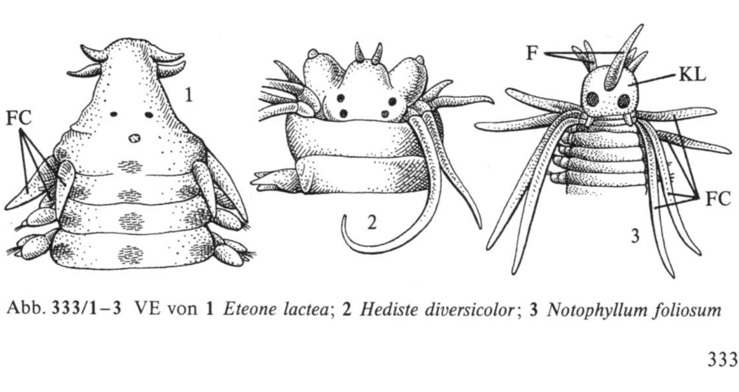

Abb. **333/1–3** VE von **1** *Eteone lactea*; **2** *Hediste diversicolor*; **3** *Notophyllum foliosum*

3 Obere Fühlercirren etwa doppelt so lg wie untere. Stark irisierend, Rücken mit 3 bräunlichen bis olivbraunen od. dunkelroten Längsbändern. Bis 180 mm lg. Auf schlickigem od. tonigem Sandboden, meist unter 10 m Tiefe. Nordsee, westl. Ostsee. *Mysta barbata* MALMGREN

3* Obere Fühlercirren nur wenig länger od. ± kürzer als untere. Rücken nicht längsgebändert **4**

4 Rückencirren des Mittelkörpers oval, etwas länger als br (Abb. **334**/4). Weißlich bis hellgrau mit braunen Flecken od. Querbändern. 25–160 mm lg. Auf u. in sandigen od. schlickigen Böden, auch zwischen Geröll. Gezeitenregion u. tiefer. Nordsee, westl. Ostsee. Verbreitet. *Eteone longa* (FABRICIUS)

4* Rückencirren des Mittelkörpers herzförmig, deutlich breiter als lg (Abb. **334**/5). Gelblich od. rötlich. 40–120 mm lg. Auf u. in Sand-, Schlick- od. Kiesboden. Gezeitenregion u. tiefer. Nordsee, westl. Ostsee. *Eteone flava* (FABRICIUS)

5 Kopflappen mit 2 Paar Fühlern am VRand u. 1 unpaaren Fühler auf seiner Rükkenfläche (Abb. **333**/3) **6**

5* Kopflappen nur mit 2 Paar vorderen Fühlern **8**

6 Borstentragende Parapodien ab 2. Sgm. 1. FühlercirrenSgm am Rücken reduziert **7**

6* Borstentragende Parapodien ab 3. Sgm. Alle FühlercirrenSgm am Rücken gut entw. Im Gebiet 3 Arten. – Hierher z. B. *Eulalia viridis* (L.), 20–150 mm lg; gras- bis tiefgrün, vorn oft blasser. Bes. in Gesteinsspalten u. zwischen Pflanzen. Gezeitenregion u. tiefer. Nordsee, selten westl. Ostsee. *Eulalia* SAVIGNY

7 Rückencirren br nierenförmig, ohne Spitze, die der anderen S etwas überlappend (Abb. **334**/3). Grünlich grau, irisierend; Rückencirren grün mit braunem Rand u. oft weißen Flecken, stark schillernd. Bis 60 mm lg. An der Küste u. tiefer, bes. in Gesteinsspalten, zwischen alten Muschelschalen, Steinen u. Polychaetenröhren. Nordsee bis Öresund. *Notophyllum foliosum* (SARS)

7* Rückencirren herzförmig, in Spitze auslaufend (Abb. **334**/6). Bis 150 mm lg. Im Gebiet 2 Arten. – Hierher z. B. *Eumida sanguinea* (OERSTED), 35–65 mm lg; grün-

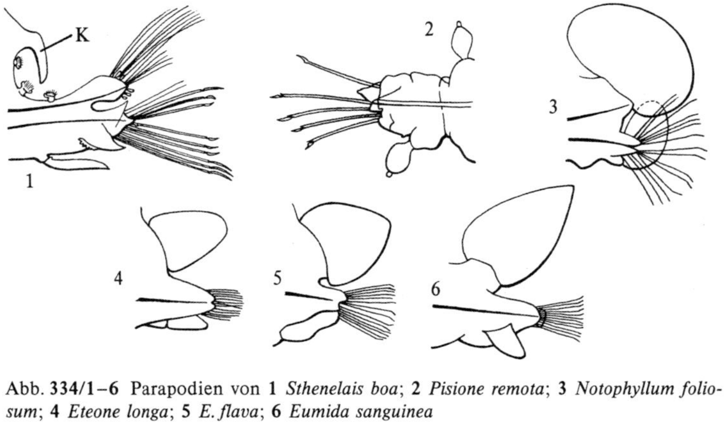

Abb. **334/1–6** Parapodien von **1** *Sthenelais boa*; **2** *Pisione remota*; **3** *Notophyllum foliosum*; **4** *Eteone longa*; **5** *E. flava*; **6** *Eumida sanguinea*

lichbraun, gelblich, grau-weiß (dann oft braun gepunktet) od. rötlichbraun, vorn fast durchsichtig. 35–65 mm lg. Auf den verschiedensten Substraten. Gezeitenregion u. tiefer. Nordsee, westl. Ostsee. *Eumida* MALMGREN (Abb. **331**/4)

8 **(5)** Borstentragende Parapodien ab 2. Sgm. Rücken dunkel stahlblau schillernd, mit grünen od. braunen Querbändern; Rückencirren grün od. olivfarben. Bis 900 Sgm. 150–750 mm lg. Im flachen Wasser unter Steinen od. in Felsspalten. Nordsee. – Lebt tagsüber verborgen, schwimmt nachts mittels Ruderschlag der Parapodien in horizontalen Wellenbewegungen umher.

Phyllodoce laminosa SAVIGNY

8* Borstentragende Parapodien ab 3. Sgm. Bis 700 Sgm. 20–450 mm lg. Im Gebiet 5 Arten. – Hierher z.B. *Anaitides maculata* (L.), bis 250 Sgm, bis 150 mm lg; gelblich bis grünlichbraun, oft fein braun quergestreift od. -gepunktet, selten tiefgrün, Rückencirren grün od. braun. Zwischen Pflanzen, unter Steinen u. auf, auch bis 30 cm tief in schlickigem Sand. Gezeitenregion u. tiefer. Nordsee, westl. Ostsee. *Anaitides* CZERNIAVSKY

Familie *Tomopteridae*

Tomopteris helgolandica GREEF (Abb. **337**/2)

Glasklar durchsichtig. VE mit 1 Paar wenigstens bis zum letzten Körperdrittel reichenden fadenförmigen Tentakelcirren. 15–34 Sgm. Bis 87 mm lg. Pelagisch, nachts oft an der Oberfläche. Nordsee, westl. Ostsee als Gastform.

Familie *Hesionidae*

1 Mit 6 Paar glatten, nicht vom Körper abgesetzten Fühlercirren an den ersten 3 vorderen, vollständigen Sgm (Abb. **332**/5). Letztes KörperSgm mit fast halbkreisförmiger Anallamelle u. 2 Analcirren. In der Nordsee 4 meist unter 10 mm lg, im Lückensystem von reinem od. schlickigem Sand lebende Arten. – Am größten wird *Microphthalmus similis* BOBRETZKY, bis 18 mm lg, blaß bräunlich, Anallamelle am Rand fransenartig mit Papillen besetzt. Gezeitenregion bis in 20 m Tiefe, auch im Brackwasser nahe Flußmündungen.

Microphthalmus MECZNIKOW

1* Fühlercirren quergeringelt, deutlich vom Körper abgesetzt (Abb. **332**/4). Rückencirren der Parapodien ebenfalls lg u. meist geringelt. Ohne Anallamelle, nur mit 2 Analcirren 2

2 Mit 6 Paar Fühlercirren an den ersten 3 rückenseits ± miteinander verschmolzenen Sgm 3

2* Mit 8 Paar Fühlercirren an den ersten 4 rückenseits stark reduzierten Sgm. Sehr unterschiedlich gefärbt: gelb, gelbbraun, rosa bis dunkelrot; Cirren weißlich. Bis 75 mm lg, lggestreckt, zerbrechlich. In Spalten von harten Böden, leeren Polychaetenröhren, zwischen Tangrhizoiden u. auf Grobsand. Gezeitenregion u. tiefer. Nordsee, selten westl. Ostsee. *Kefersteinia cirrata* (KEFERSTEIN)

3 Kopflappen am VRand außer 2 Paar seitlichen Fühlern (davon die äußeren 2gliedrig) mit 1 unpaaren mittleren Fühler (Abb. **332**/4). Rücken braun, an jedem Sgm mit 4 weißen od. bläulichen Querstreifen u. hellem mittlerem Fleck, jedes 4.–6. Sgm mit 1 br Querstreifen; BauchS gelblich bis bräunlich mit heller mittlerer Längslinie; Cirren weiß u. braun geringelt. Bis 70 mm lg, lggestreckt. Auf sandigen u. schlickigen Böden, auch in Gehäusen anderer Tiere u. zwischen Tangrhizoiden. Untere Gezeitenregion u. tiefer. Nordsee bis Öresund. *Ophiodromus flexuosus* (DELLE CHIAJE)

3* Kopflappen ohne unpaaren mittleren Fühler. Rücken gelblich mit dunkleren Querbändern; BauchS gelblich bis lachsfarben mit braunem mittlerem Längsband; Cirren hell, nicht geringelt. Bis 25 mm lg, leicht gedrungen. In Felsspalten, unter Steinen, zwischen Tangrhizoiden u. im Bewuchs von Pfählen, auch auf Sand- u. Schlickboden. Untere Gezeitenregion u. tiefer. Nordsee, westl. Ostsee. Verbreitet. *Nereimyra punctata* (O.F.MÜLLER)

Familie *Syllidae*

1 Parapodien mit länglich-ovalen bis zungenförmigen Bauchcirren (Abb. **339**/1). Kopflappen ohne hintere Anhänge 2

1* Parapodien ohne Bauchcirren. Kopflappen mit 1 Paar zungenförmigen hinteren Anhängen, die bis zum E des 1. BorstenSgm reichen (Abb. **336**/1). Einfarbig weißlich, gelblich od. leicht rötlich; Haut mit vielen farblosen od. gelb-orangefarbenen Körnchen. Bis 30 mm lg. – **L.V.** In transparenten Sekretröhren zwischen Algen, im pflanzlichen u. tierischen Besatz an Gestein u. Pfählen u. auf schlickigen Böden. Gezeitenregion u. tiefer. Nordsee, selten westl. Ostsee. – **B.** Mit Generationswechsel: Am Boden lebende Form erzeugt Ketten von ♂ u. ♀ Geschlechtstieren, die sich ablösen u. zur Meeresoberfläche aufsteigen; hier erfolgt Besamung der Eier, aus denen wieder die ungeschlechtliche Generation hervorgeht. *Autolytus prolifer* (O.F.MÜLLER) (Abb. **331**/3)

2 Fühler, Fühlercirren u. Rückencirren in ganzer Lg perlschnurartig gegliedert 3

2* Fühler u. Rückencirren nur etwa von der M ab gegliedert, sonst glatt od. schwach geringelt (Abb. **339**/1, RC). Gelblich bis orangefarben; Cirren an der Spitze bräunlich. Bis 32 mm lg. Unterhalb der Gezeitenzone zwischen Algen, Moostierchen u. Nesseltieren, auch auf Sand- u. Schlickboden. Nordsee. *Eusyllis blomstrandi* MALMGREN

3 Rückencirren der Parapodien abwechselnd kürzer (7–8 Gld) u. länger (10–12 Gld). Blaß gelblichbraun, oft mit feinen, braun gepunkteten Querlinien.

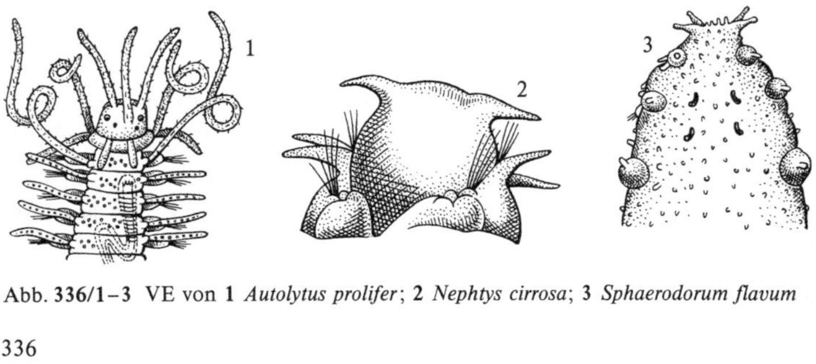

Abb. **336/1–3** VE von **1** *Autolytus prolifer*; **2** *Nephtys cirrosa*; **3** *Sphaerodorum flavum*

Bis 50 mm lg. In Gesteinsspalten, zwischen Algen, Seescheiden, Serpuliden u. leeren Muschelschalen. Gezeitenregion u. tiefer. Nordsee. *Syllis gracilis* GRUBE

3* Alle Rückencirren annähernd gleich lg. Gelblich od. rosa, manchmal mit rötlichen od. bräunlichen Querlinien. Bis über 50 mm lg. Zwischen Algen u. Seescheiden, in Gesteinslöchern, auf Wurmriffen, Sand- u. Schlickböden. Gezeitenregion u. tiefer. Nordsee. Verbreitet. *Typosyllis armillaris* (O. F. MÜLLER)

Familie *Nereidae*

1 Längste Fühlercirren höchstens bis zum 10. Sgm reichend 2

1* Längste Fühlercirren über das 10. Sgm hinausreichend. Gelblich, rötlich od. grünlich, mit unregelmäßig od. in Bändern angeordneten weißlichen, grünlichen od. rötlichen bis violetten Flecken. Bis 90 Sgm. 20–100 mm lg. – **L. V.** Auf den verschiedensten Böden u. Substraten in der Gezeitenregion u. wenig tiefer. Nordsee, selten westl. Ostsee. – **B.** Baut zarte, durchsichtige Röhren. Parapodien können beim Kriechen Spinnfäden abscheiden, die als Richtschnur zum Zurückfinden in die Röhre dienen. Na: Pflanzenteile, bes. Algen, selten kleine Tiere. Geschlechtsreife Tiere werden zur schwimmenden Heteronereisform. *Platynereis dumerili* (AUDOUIN U. MILNE-EDWARDS)

2 Rückencirrus (Abb. **339**/4, RC) über die Spitze des oberen Rückenlappens (oRL) aller Parapodien des VKörpers um etwa die Hälfte ihrer Lg hinausragend . . 6

2* Rückencirrus an den Parapodien des VKörpers ab etwa 10. Sgm nicht od. nur unwesentlich über die Spitze des oberen Rückenlappens hinausragend 3

3 Rückencirrus an den vorderen Parapodien (ab 10. Sgm) die Spitze des oberen Rückenlappens erreichend od. sie ein wenig überragend 5

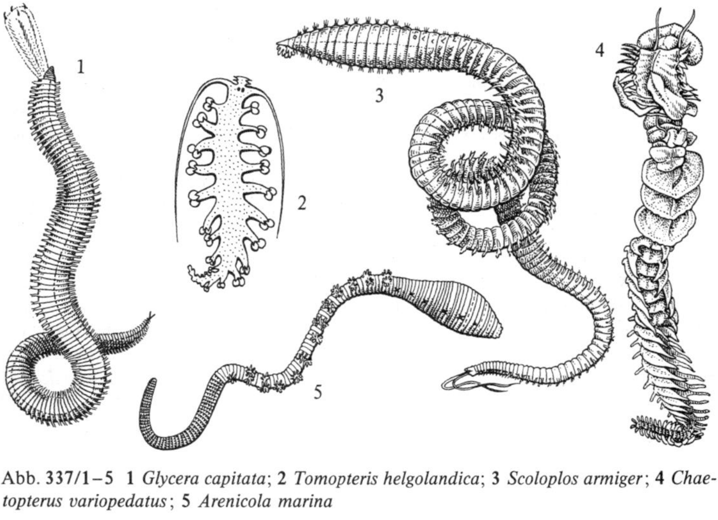

Abb. **337**/1–5 **1** *Glycera capitata*; **2** *Tomopteris helgolandica*; **3** *Scoloplos armiger*; **4** *Chaetopterus variopedatus*; **5** *Arenicola marina*

3* Rückencirrus die Spitze des oberen Rückenlappens nicht erreichend **4**

4 Oberer Rückenlappen groß, schief herzförmig (Abb. **339**/3). Braun bis kupferfarben od. olivbraun mit weißlichen Flecken od. grün bis blau irisierend u. oft mit weißen, gelben od. roten Flecken bes. in der Rückenmitte. Bis über 200 Sgm. Wird sehr groß: bis 900 mm lg u. mit Parapodien bis über 45 mm br. – **L. V.** In allen Sand- u. Schlickböden. Gezeitenregion u. tiefer. Nordsee, westl. Ostsee. – **B.** Gräbt bis 45 cm tiefe, unregelmäßige Gänge. Vorwiegend Räuber, jagt Beutetiere auch schwimmend. Schwärmt E III–A V im freien Wasser zur Abgabe der Geschlechtsprodukte u. geht dann zugrunde. *Neanthes virens* (SARS)

4* Oberer Rückenlappen länglich konisch (Abb. **339**/2, vorderes Parapodium). Grünlich, gelblich- bis rötlichbraun u. an den S oft gelblich, grünlich od. rötlich, manchmal mit 2 dunkleren Längsbändern. Bis 120 Sgm. Bis 200 mm lg. – **L. V.** Auf u. in sandigen u. schlickigen Böden, auch auf anderen Substraten. Vom Flachwasser bis in 40 m Tiefe, auch im stark ausgesüßten Wasser von Flußmündungen u. Haffen. Nordsee verbreitet, Ostsee häufig. – **B.** Gräbt bis 30 cm tiefe Gänge, von denen mehrere Seitengänge zur Oberfläche ziehen. Na: Kleine Meerestiere, Algen, Detritus. Kann am Röhreneingang Trichter spinnen, der als Planktonsieb wirkt u. dann mit anhaftenden Partikeln verschluckt wird. Bildet keine Heteronereisform. *Hediste diversicolor* (O. F. MÜLLER) (Abb. **331**/5)

5 **(3)** Oberer Rückenlappen der Parapodien des HKörpers zu einem flachen, spitz dreieckigen Blatt verlängert, an dessen leicht abgestutzter Spitze der Rückencirrus sitzt. Vorn meist grünlichbraun, weiter hinten grünlich, gelblich od. rötlich, manchmal einfarbig braun. Bis 160 Sgm. Bis 190 mm lg. – **L.** Wie vor. Art. – **V.** Nordsee, westl. u. mittlere Ostsee. – **B.** Gräbt U-förmige Gänge. Detritusfresser. Bildet schwimmende Heteronereisform. *Neanthes succinea* (FREY U. LEUCKART)

5* Oberer Rückenlappen der hinteren Parapodien nicht vergrößert, der Rückencirrus seinem oberen Rand aufsitzend. Hell- bis dunkelrot, Rücken dunkelblau schillernd. Bis 250 Sgm. Bis 500 mm lg. Untere Gezeitenzone u. tiefer, bes. auf Schlickboden. Nordsee. *Eunereis longissima* (JOHNSTON)

6 **(2)** Oberer Rückenlappen der Parapodien des HKörpers groß, lappenförmig verbreitert u. am Außenrand eingebuchtet, der Rückencirrus in der Einbuchtung ansetzend (Abb. **339**/5). Rücken gelblich, mit jederseits 1 weißlichen Längsband neben dem rot durchschimmernden Rückengefäß; Parapodien weißlich. Bis 120 Sgm. Bis 200 mm lg. Auf sandigen u. schlickigen Böden, auf Muschelbänken, zwischen Gestein u. in leeren Schneckengehäusen. Unterhalb der Gezeitenregion u. tiefer. Nordsee. *Neanthes fucata* (SAVIGNY)

6* Oberer Rückenlappen der hinteren Parapodien nicht vergrößert, der Rückencirrus an seinem oberen Rand ansetzend. Grünlich- od. gelblich- bis rötlichbraun od. violett schillernd. Bis 100 Sgm. Bis 155 mm lg. Zwischen Algen u. Seegras, unter Steinen, in Gesteinsspalten u. leeren Gehäusen, im Besatz von Felsen u. Pfählen u. auf Muschelbänken. Nordsee häufig, Ostsee verbreitet. Bildet schwimmende Heteronereisform. *Nereis pelagica* L.

Familie *Nephtyidae*

1 Am URand der Rückenäste der Parapodien sitzende rote Kieme nach außen gebogen od. eingerollt (Abb. **339**/6, K). Im Gebiet 7 nur mikroskopisch unterscheidbare Arten. Bis 150 Sgm. Maximal 100–300 mm lg. Detritusfresser od. Räuber, die auf od. 5–20 cm tief in Sand u. Schlick kriechen, gelegentlich auch schwimmen. Gezeitenregion u. tiefer, einige Arten auch im Brackwasser von Flußmündungen. Nordsee, westl. u. mittlere Ostsee. *Nephtys* CUVIER

1* Kieme der Parapodien nach innen gebogen od. eingerollt (Abb. **339**/7, K; Borsten weggelassen). Rücken rosa bis fleischfarben od. rotbraun, BauchS vorn in der M bläulich. Bis 120 Sgm. Bis 80 mm lg. Bes. auf u. in grobem Sandboden, auch zwischen Laminarienrhizoiden. Untere Gezeitenzone u. tiefer. Nordsee. *Aglaophamus rubella* (MICHAELSEN)

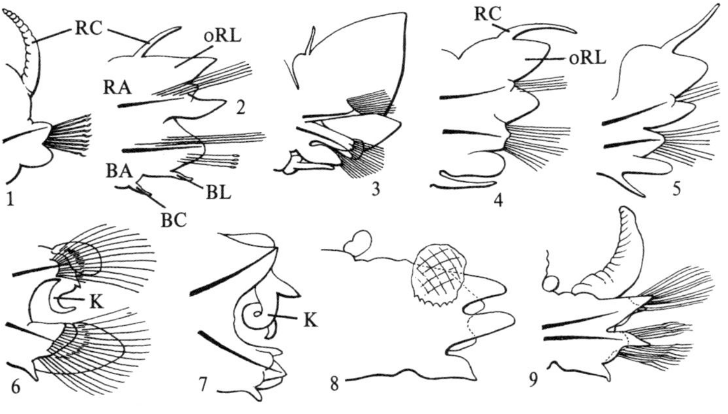

Abb. **339/1–9** Parapodien von **1** *Eusyllis blomstrandi*; **2** *Hediste diversicolor*; **3** *Neanthes virens*; **4** *N. fucata*, vorn; **5** *N. fucata*, hinten; **6** *Nephtys caeca*; **7** *Aglaophamus rubella*; **8** *Glycera gigantea*; **9** *G. alba*

Familie *Sphaerodoridae*

Sphaerodorum flavum OERSTED
Körper schlank, 10–60 mm lg. Rücken aufgewölbt, jederseits über den kleinen Parapodien mit einer Längsreihe kugeliger, eine kurze Endpapille tragenden weißlichgelben Hautkapseln (Abb. **336**/3). Körperoberfläche mit feinen Papillen besetzt. Vorn strohgelb, hinten bräunlichgelb, rötlichgelb od. lila. Auf u. in Sand u. Schlick. Gezeitenregion, meist tiefer. Nordsee.

Familie *Glyceridae*

1 Parapodien mit einer (z. T. einziehbaren) finger- oder bläschenförmigen Kieme in od. über der M der VFläche od. am oberen Rand des Rückenastes (Abb. **339**/8–9). Sgm außer den vorderen 2ringelig (1 Ring zwischen benachbarten Parapodien) 2

1* Parapodien ohne Kieme. Sgm außer den vorderen 3ringelig (2 Ringe zwischen den Parapodien). Weißlichgrau, vorn leicht rötlich. Bis 170 Sgm. Bis 150 mm lg. Detritusfresser. Auf sandigen u. schlickigen Böden, bes. in Seegraswiesen u. zwischen Algenrhizoiden. Gezeitenregion u. tiefer. Nordsee, sehr selten westl. Ostsee. *Glycera capitata* OERSTED (Abb. **337**/1)

2 Kieme an der VFläche der Parapodien ansetzend 3

2* Kieme am oberen Rand des Rückenastes ansetzend (Abb. **339**/9), schlank konisch. Milchweiß. Bis 150 Sgm. 30–75 mm lg. Auf kiesigem Grund, Sand u. Schlick. Unterhalb der Gezeitenregion. Nordsee. *Glycera alba* (O. F. MÜLLER)

3 Kieme fingerförmig, aber kaum über das Parapodium hinausragend, einziehbar. Rötlich. Bis 250 Sgm. Bis 200 mm lg. Bes. auf schlickigem Grund. Unterhalb der Gezeitenregion. Nordsee. *Glycera rouxii* AUDOIN U. MILNE-EDWARDS

3* Kieme bläschenförmig, einziehbar (Abb. **339**/8). Vorn perlmutterartig rosa, hinten flachs- bis fleischfarben. Bis 400 Sgm. Bis 350 mm lg. Auf sandigen u. schlickigen Böden, oft unter Steinen. Untere Gezeitenregion u. tiefer. Nordsee. *Glycera gigantea* QUATREFAGES

Familie *Goniadidae*

1 Rüssel an der hinteren Hälfte jederseits mit 1 Längsreihe dunkler, federähnlich hintereinanderliegender V-förmiger Bildungen 2

1* Rüssel ohne solche Strukturen. Körper infolge unterschiedlicher Ausbildung der Parapodien in schmaleren vorderen (36–37 Sgm) u. längeren breiteren hinteren Abschnitt geteilt erscheinend. Gelblich-weiß bis blaß rosa. Bis 150 Sgm. 30–60 mm lg. Bes. auf schlickigen Böden. Unterhalb der Gezeitenregion. Nordsee. *Glycinde nordmanni* (MALMGREN)

2 Federähnliche Strukturen am Rüssel aus 7–11 V-förmigen Bildungen bestehend. Parapodien der vorderen 38–42 Sgm klein u. einästig, die der folgenden Sgm plötzlich größer u. zweiästig, der hintere Abschnitt hierdurch deutlich breiter erscheinend. Zitronengelb bis hellgrün, oft mit braunen Flecken od. Streifen. Bis 200 Sgm. Bis 100 mm lg. Bes. auf kiesigen, sandigen u. schlickigen Böden. Untere Gezeitenregion u. tiefer. Nordsee, selten westl. Ostsee. *Goniada maculata* OERSTED

2* Federähnliche Strukturen aus 17–24 V-förmigen Bildungen bestehend. Vordere u. hintere Parapodien nicht so ausgeprägt verschieden. Blaß gelblich. Bis über 130 Sgm. Bis 40 mm lg. Auf sandigen Böden. Unterhalb der Gezeitenregion. Nordsee. *Goniadella bobretzkii* (ANNENKOVA)

Ordnung *Eunicida*

Familie *Dorvilleidae*

1 Kopflappen mit 2 spiralig gerollten längeren u. 2 gestreckten kürzeren Fühlern (Abb. **342**/1). Sgm ohne Wimperringe. Orangefarben bis leuchtend rot, Kopflappen, HE u. Parapodien heller. Zahlreiche Sgm. Bis 15 mm lg. Auf Sandgrund, unter Steinen, in Serpulidenröhren u. zwischen Muschelschalen. Untere Gezeitenregion. Nordsee. *Protodorvillea kefersteini* MCINTOSH

1* Kopflappen mit 4 papillenartigen, kaum sichtbaren Fühlern (Abb. **342**/2). Alle Sgm mit einem Wimperring. Farblos od. weißlich, halb durchsichtig. Bis etwa 30 Sgm. 3–12 mm lg. In grobem Sand, zwischen Pflanzen, Moostierchen, Seescheiden (Ascidien) u. Wurmröhren. Gezeitenregion der Nordsee, selten westl. Ostsee ab 6 m Tiefe. Wird oft in Aquarien gefunden. – **B.** Beliebtes Laboratoriumstier. Lebendgebärende Zwitter. Bis zur Ausbildung des 20. Sgm männlich, dann weiblich. ♀♀ können durch Hunger od. Amputation auf 2–10 Sgm wieder vermännlichen. *Ophryotrocha puerilis* CLAPARÈDE U. MECZNIKOW

Familie *Lumbrineridae*

Gattung *Lumbrineris* BLAINVILLE

Körper lggestreckt, zylindrisch, hinten zugespitzt. Kopf ohne Fühler. Parapodien einästig, ohne Cirren u. Kiemen. Rötlich, bräunlich, gelblich od. grau, schillernd. 30–400 mm lg. Auf u. in Sand u. Schlick, unter Steinen u. zwischen Bewuchs. Strandregion bis in größere Tiefe. An der Nordseeküste 3 nur mikroskopisch unterscheidbare Arten.

Ordnung *Orbiniida*

Familie *Orbiniidae*

1 Kiemen (auf dem Rücken) vom 5. BorstenSgm an. Bauchast der etwa 15–30 vorderen Parapodien mit vertikalem Papillenkamm (Abb. **342**/3) 2

1* Kiemen (auf dem Rücken) vom 9.–17. Sgm an. Bauchast der vorderen Parapodien mit 1–3 Papillen. VKörper abgeflacht u. leicht verbreitert. Rot od. orange. Bis 200 Sgm. Bis 120 mm lg. Gezeitenregion u. tiefer in Sand u. Schlamm. Wandert in 5–15 cm Tiefe im Boden. Na: Substrat. Nordsee, Ostsee. Häufig. *Scoloplos armiger* (O. F. MÜLLER) (Abb. **337**/3)

2 Vorderer Körperabschnitt mit seitlichen Parapodien aus 15–17 BorstenSgm bestehend. Papillenkämme an den Bauchästen der vorderen 15–17 Sgm. Gelblich bis rötlich, auch gelblichgrau, Rücken manchmal mit braunen Flecken an den SgmGrenzen. Über 40 mm lg, bis 6 mm br. Bes. auf schlickigen Böden. Unterhalb der Gezeitenregion. Nordsee. *Orbinia norvegica* (SARS)

2* Vorderer Körperabschnitt aus 21–24 BorstenSgm bestehend. Papillenkämme an den Bauchästen der vorderen 27–31 Sgm. VKörper dunkelrot, HKörper grau-

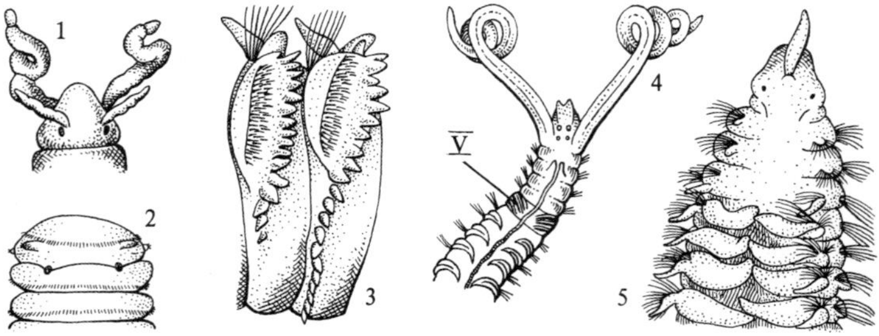

Abb. **342/1–5** **1** *Protodorvillea kefersteini*, VE; **2** *Ophryotrocha puerilis*, VE; **3** 2 Segmente von *Orbinia sertulata*; **4** *Polydora ciliata*, VE; **5** *Aricidea jeffreysii*, VE

braun. Bis 400 Sgm. Bis 300 mm lg, 5–6 mm br. Auf Sand, schlickigem Sand u. Schill. Unterhalb der Gezeitenregion. Nordsee, westl. Ostsee.
Orbinia sertulata (SAVIGNY)

Familie *Paraonidae*

1 Kopflappen mit unpaarem Fühler auf der M seiner OS. Ab 4. BorstenSgm oberhalb der Parapodien 10–24 Paar br lanzettliche, sich in der Körpermittellinie oft überlappende Kiemen. Gelblich od. bräunlich, VE häufig dunkel punktiert, manchmal farblos. Bis 120 Sgm. Bis 20 mm lg, 0,5–1 mm br. In Sand, Schlick od. zwischen zerbrochenen Molluskenschalen. Unterhalb der Gezeitenregion. Nordsee, westl. u. mittlere Ostsee. *Aricidea jeffreysii* (MCINTOSH) (Abb. **342**/5, VE)

1* Kopflappen ohne unpaaren Fühler 2

2 Ab 4. BorstenSgm 16–25 Paar blattförmige, zugespitzte Kiemen oberhalb der Parapodien. Vordere BorstenSgm nicht breiter als die folgenden. 3 kurze Aftercirren. Schwach grünlichgelb, Kiemenregion rosa. Bis 120 Sgm. Bis 30 mm lg, 1,5 mm br. Lebt in Gängen im Sandboden der Gezeitenregion. Nordsee, westl. Ostsee. *Paraonis fulgens* (LEVINSEN)

2* Ab 6. od. 7. BorstenSgm 9–14 Paar lanzettliche Kiemen. Vordere 5 od. 6 BorstenSgm breiter als die folgenden. 2 mittellange Aftercirren. Farblos. Bis 100 Sgm. Bis 25 mm lg. Bes. auf Schlick u. Faulschlamm. Unterhalb der Gezeitenregion. Nordsee, westl. Ostsee bis Arkona-Becken. *Paraonis gracilis* (TAUBER)

Ordnung *Spionida*

Familie *Spionidae*

1 Kiemen (am Rückenast od. oberhalb der Parapodien) wenigstens am 1. Sgm od. an einigen bis fast allen Sgm vorhanden 2

1* Kiemen fehlen (vom Körper abstehende große Rückencirren der vorderen 4 Parapodienpaare können Kiemen vortäuschen!). VEcken des nach vorn verbreiterten Kopflappens zu „Hörnern" verlängert. Vorn rosa, weiter hinten weinrot od. grünlichbraun. Bis 180 Sgm. Bis 60 mm lg. In Y-förmigen verzweigten Schleimröhren bes. auf sandigen Böden. Gezeitenregion u. tiefer. Nordsee. Stellenweise häufig. *Spiophanes bombyx* (CLAPARÈDE)

2 Cirrenförmige bis br lanzettliche Kiemen an mehr als 1 Sgm **3**

2* 2 dicke, zylindrische, gefältelte Kiemen am 1. Sgm; dicht davor 2 etwas schlankere Fühler. Rötlich. Bis 50 Sgm. Bis 12 mm lg. In zarten Schleimröhren auf schlickigen Böden, auch Faulschlamm, von brackigen Küstengewässern, Flußmündungen u. Häfen. Seichtwasserzone bis in ca. 15 m Tiefe. Nordsee, Ostsee. *Streblospio shrubsolii* (BUCHANAN)

3 Kiemen an höchstens 12 Sgm **4**

3* Kiemen an wenigstens 20 Sgm **7**

4 Frei stehende Kiemen ab 2. Sgm **5**

4* Ab 11.–13. Sgm 7–9 Paar mit dem Rückenlappen der Parapodien verwachsene cirrenförmige Kiemen (Abb. **345**/1, K). ♀ von *Pygospio elegans* CLAPARÈDE (s. **8***)

5 4 Paar br lanzettliche Kiemen, das 1. u. 4. Paar durch kurze Anhänge gefiedert erscheinend. 2 schlank fingerförmige Fühler. Weißlich od. gelblich. Bis etwa 60 Sgm. Bis 25 mm lg. In Schleimröhren auf sandigen u. schlickigen Böden. Gezeitenregion u. tiefer. Westl. Ostsee. Selten. *Prionospio malmgreni* CLAPARÈDE

5* 6 od. mehr Paar durchweg glatte Kiemen **6**

6 Kopflappen mit langem, bis zum 2. od. 3. Sgm reichendem hinterem Fortsatz. 2 bis zum 20. Sgm reichende Fühler. HE mit 1 langen mittleren u. 2 kurzen seitlichen Analcirren. Gelblichweiß. Bis etwa 90 Sgm. Bis 30 mm lg. Auf Sand u. Schlick. Gezeitenregion u. tiefer. Nordsee. *Prionospio cirrifera* WIRÉN

6* Fortsatz des Kopflappens kurz, nur etwa die M des 1. Sgm erreichend. Fühler bis etwa zum 10. Sgm reichend. HE mit 4 gedrungenen Analcirren. Bis etwa 100 Sgm. Bis 25 mm lg. Auf Grobsand u. Kies. Unterhalb der Gezeitenregion. Nordsee. *Aonides paucibranchiata* SOUTHERN

7 **(3)** Kiemen ab 1. od. 2. Sgm, cirrenförmig **9**

7* Kiemen ab 7.–13. Sgm, cirrenförmig **8**

8 Frei stehende Kiemen ab 7. (selten 8. od. 9.) Sgm an wenigsten 27–28 (oft an fast allen) Sgm. 5. Sgm abweichend gestaltet, meist länger u./od. mit dicken Borsten (Abb. **342**/4, V). Im Gebiet 7 gelblich, fleischfarben bis rot od. bräunlich gefärbte, 10–60 mm lg werdende Arten. In der Gezeitenregion u. tiefer auf u. in den verschiedensten Böden. – Hierher z. B. die auch in brackigen Küstengewässern der Nordsee u. westl. Ostsee verbreitete *Polydora ciliata* (JOHNSTON) (Abb. **342**/4, VKörper), bis 30 mm lg, gelblichbraun od. hell gelblich mit dunkleren Enden, HE mit häutigem Analtrichter. Bohrt sich oft in Hartböden, weiches Gestein (in Kalkstein Besiedlungsdichte bis 200 000 Tiere auf 1 m^2!), Muschelschalen, Holz usw. ein. *Polydora* BOSC

8* Mit dem Rückenlappen der Parapodien verwachsene Kiemen ab 11.–13. Sgm an 20–28 Sgm (beim ♂; ♀ s. **4***) (Abb. **345**/1, K). 5. Sgm nicht abweichend u. ohne spezielle Borsten. HE mit 4 konischen, lappenförmigen Anhängen. Gelblich, vorn leicht grünlich. Bis 80 Sgm. Bis 20 mm lg. Bewohnt bis 9 cm lg, in sandigen u. schlickigen Böden senkrecht stehende od. an Gestein angeheftete, außen mit Sandkörnchen u. Detritus besetzte Röhren; Besiedlungsdichte bis 100 000 Tiere auf 1 m^2. Obere Gezeitenregion u. wenig tiefer. Nordsee, Ostsee. Häufig. *Pygospio elegans* CLAPARÈDE

9 (7) VE des Kopflappens in 2 seitliche „Hörner“ verlängert (Abb. **345**/2, KL). Kiemen ab 1. Sgm fast bis zum letzten Sgm reichend, teilweise mit dem Rückenlappen der Parapodien verwachsen. 3 gelbliche od. lachs- bis purpurrote, 40–160 mm lg werdende Arten in der Nordsee, 1 Art auch in der westl. Ostsee. Kriechen in Sand, Schlick u. Faulschlamm od. leben zwischen Steinen. Gezeitenregion u. tiefer. *Malacoceros* QUATREFAGES

9* VE des Kopflappens ohne „Hörner“, zugespitzt od. abgerundet, höchstens in der M leicht eingeschnitten od. eingesenkt **10**

10 Kiemen fast bis zum letzten Sgm reichend **11**

10* Kiemen am HKörper fehlend, teilweise mit dem Rückenlappen der Parapodien verwachsen. Bis 150 Sgm. Bis etwa 40 mm lg. Auf sandigen u. tonigen Böden. Gezeitenregion u. tiefer. Nordsee (Sylt). *Marenzelleria wireni* AUGENER

11 Am 5. Sgm Rückenast der Parapodien mit dicken Borsten u. Haken.
Polydora BOSC (s. **8**)

11* Parapodien des 5. Sgm ohne verdickte Borsten u. Haken **12**

12 Kiemen wenigstens am VKörper zur Hälfte bis ganz mit dem Rückenlappen der Parapodien verwachsen. VE des Kopflappens zugespitzt od. leicht abgerundet. HE mit kurzem häutigem Analtrichter. In der Nordsee 3 rötlich od. grünlich gefärbte, 60–160 mm lg werdende Arten. Leben in bis zu 40 cm tiefen Grabgängen in reinem u. schlickigem Sand der Gezeitenregion u. tiefer. *Scolelepis* BLAINVILLE

12* Kiemen am VKörper zu höchstens $\frac{1}{3}$ mit dem Rückenlappen der Parapodien verwachsen. VE des Kopflappens br gerundet u. z. T. durch Einsenkung in 2 seichte Lappen geteilt. HE mit 2 od. 4 konischen bis blattförmigen Analcirren. Im Gebiet 2 weißliche od. rosa bis lachsfarbene, 13–30 mm lg werdende Arten. In zarten Röhren auf sandigen u. schlickigen Böden der Gezeitenregion u. tiefer.
Spio FABRICIUS

Familie *Apistobranchidae*

Apistobranchus tullbergi (THÉEL)
VE mit 2 lg kontraktilen Fühlern. Rückenast der Parapodien zu einem aufwärts gerichteten, schlanken Cirrus umgebildet. Bauchast der Parapodien an den BorstenSgm 5–11 mit breitem vertikalem, am Rande gekerbtem od. mit Papillenkamm versehenem Lappen. Weißlich bis schwach gelblich. Bis über 12 mm lg. Auf grobem Sand u. Schlick. Untere Gezeitenregion u. tiefer. Westl. Ostsee.

Familie *Magelonidae*

Magelona papillicornis F. MÜLLER (Abb. **345**/4, VE)
Körper deutlich in vordere (8 schmalere Sgm mit kleineren Parapodien) u. hintere Region geteilt. Kopflappen groß, halboval u. abgeplattet. 1 Paar lg Fühler, jeder mit einer 3–4fachen Längsreihe von Papillen besetzt. Vorn blaß fleischfarben, dahinter grau od. grünlich, an den S weißlich gefleckt. Bis 150 Sgm. Bis 170 mm lg. Bewohnt Grabgänge in feinem, auch schill- od. schlickhaltigem Sand. Gezeitenregion u. wenig tiefer. Nordsee, westl. Ostsee. Nur stellenweise häufig.

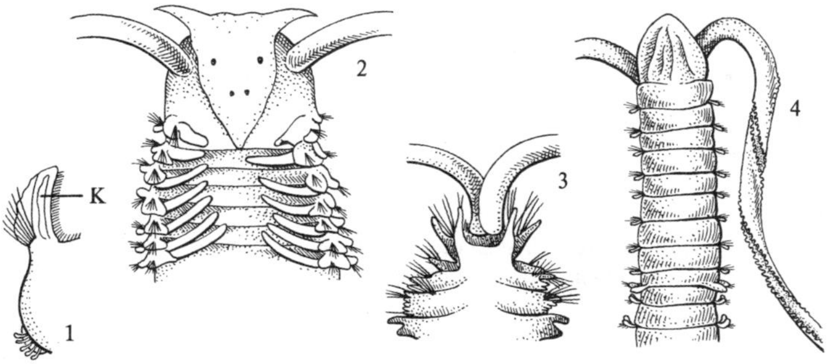

Abb. **345/1–4** Parapodium von *Pygospio elegans*; **2** *Malacoceros tetracerus*, VE; **3** *Trochochaeta multisetosa*, VE; **4** *Magelona papillicornis*, VE

Familie *Trochochaetidae*

Trochochaeta multisetosa (OERSTED) (Abb. **345**/3, VE)
Körper durch unterschiedlichen Bau der Parapodien undeutlich in 3 Regionen geteilt. Kopflappen klein. 1 Paar lg Fühler. Cirren der Sgm 3–17 blattförmig, mit gefranstem Rand. Rückenborsten der hinteren Sgm fächerartig angeordnet. Bis 200 Sgm. Weißlich. Bis 90 mm lg. In verzweigten Röhren bes. auf schlickigem Grund. Untere Gezeitenregion u. tiefer. Westl. Ostsee bis Mecklenburger Bucht.

Familie *Chaetopteridae*

Chaetopterus variopedatus (RENIER) (Abb. **337**/4)
Fühler kurz. VKörper abgeflacht, mit meist 9 (8–12) BorstenSgm. Mittlerer Körperabschnitt mit 5 Sgm, das 1. mit flügelförmigen, die übrigen mit über dem Körper verwachsenen u. im 3.–5. Sgm scheibenförmig vergrößerten Rückenästen. HKörper mit 20–70 Sgm. Bis 250 mm lg u. bis 25 mm br. Gelblichweiß od. grünlichgelb, 1. u. 2. Sgm des MKörpers schwärzlich. – **L. V.** Gezeitenregion u. tiefer in reinem od. schlickigem Sand. Nordsee. Selten. – **B.** Baut im Substrat U-förmige, pergamentartige Röhre mit 2 verengten Mündungen. Treibt mittels der scheibenförmigen Parapodien des MKörpers Wasser durch die Röhre u. hält vom 1. Parapodium des MKörpers gebildetes Schleimnetz in die Strömung. Dieses wird periodisch samt dem ausfiltrierten Plankton verschluckt u. ein neues Netz gebildet. Kann intensiv blau od. violett leuchten.

Familie *Poecilochaetidae*

Poecilochaetus serpens ALLEN (Abb. **346**/1, VE)
Körper durch unterschiedlichen Bau der Parapodien undeutlich in 3 Regionen geteilt. Kopflappen klein, mit 3 rückwärts gerichteten pfriemenförmigen Anhän-

gen. 1 Paar lg Fühler mit Längsfurche. Vorn rot mit farblosen Parapodien, weiter hinten dunkelgrün bis schwarz mit weißlichen Flecken. Bis 110 Sgm. Bis 55 mm lg. Auf Sand u. Schlick. Gezeitenregion u. tiefer. Nordsee.

Ordnung *Cirratulida*

Familie *Cirratulidae*

1 1 Paar dicke Fühler (etwa 2mal so dick wie die fadenförmigen Kiemen) rückenseits auf dem letzten der 3 vorderen borstenlosen Sgm od. am VRand des 1. BorstenSgm **2**

1* 2–24 Paar lange, schlanke Fühler rückenseits am VRand des 1. BorstenSgm. Viele fadenförmige rote Kiemen ab 1. BorstenSgm bis fast zum HE, bes. zahlreich am VKörper. Rötlichgelb bis rot od. bräunlich. Bis über 150 Sgm. Bis 300 mm lg. Auf Sand u. Schlick, zwischen Tangrhizoiden, Steinen u. Muscheln, auch in leeren Wurmröhren. Gezeitenregion u. tiefer. Nordsee, selten westl. Ostsee. *Cirratulus cirratus* (O. F. MÜLLER (Abb. **350**/1)

2 Viele fadenförmige Kiemen ab letztem borstenlosem Sgm, nur am HKörper fehlend **3**

2* 4–8 Paar fadenförmige Kiemen an wenigen vorderen Sgm (Abb. **346**/2). Bräunlich bis schwärzlich grün, bes. am HKörper. Bis 80 Sgm. Bis 60 mm lg. Bohrt Gänge in weiches Gestein, Kalkalgen u. die Schalen älterer Muscheln; gelegentlich in Gesteinsspalten u. auf Sand. Gezeitenregion u. tiefer. Nordsee. Selten. – Mit Generationswechsel zwischen festsitzender eingeschlechtiger u. schwimmender zweigeschlechtiger Generation mit sehr langen feinen Schwebborsten. *Dodecaceria concharum* OERSTED

3 Körper sehr lg u. fadenförmig dünn. Rötlichbraun. Bis über 200 Sgm. Bis 100 mm lg. Auf schlickigen Böden. Unterhalb der Gezeitenregion. Nordsee. Stellenweise sehr häufig. *Tharyx marioni* (SAINT-JOSEPH)

3* Körper gestreckt spindelförmig. Grau, bräunlich od. bläulichschwarz. Bis 90 Sgm. Bis 25 mm lg. Auf den verschiedensten Substraten, in Gesteinsspalten u. leeren Wurmröhren. Gezeitenregion u. tiefer. Nordsee, westl. Ostsee. *Chaetozone setosa* MALMGREN

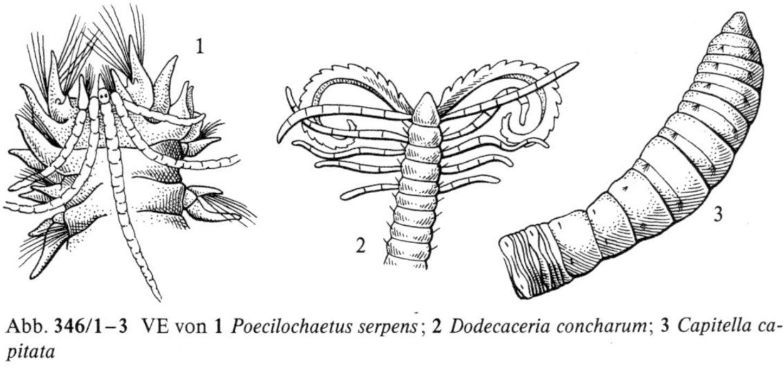

Abb. **346/1–3** VE von **1** *Poecilochaetus serpens*; **2** *Dodecaceria concharum*; **3** *Capitella capitata*

Ordnung *Capitellida*

Familie *Capitellidae*

1 Vorderer Körperabschnitt aus 9 od. 10 Sgm bestehend **2**
1* Vorderer Körperabschnitt aus 12 Sgm bestehend **3**
2 Bis 20 mm lg. 35–50 Sgm. Blaß rosa, HKörper manchmal rötlichgelb. Im Gebiet 2 Arten, davon 1 auch in der westl. Ostsee. Bewohnen schwach ausgekleidete Gänge in Sand u. Schlick. Gezeitenregion u. tiefer. *Capitomastus* EISIG
2* 20–120 mm lg. Bis 100 Sgm. Blutrot, hinten oft blasser. In ± senkrechten, bis 40 cm tiefen Wühlgängen in Sand, Schlick u. Faulschlamm, auch zwischen Seegras u. Algen u. in Gesteinsspalten. Gangmündung von bis 1 cm hohem „Schornstein" umgeben. Gezeitenregion u. tiefer. Nordsee, westl. u. südl. Ostsee. *Capitella capitata* (FABRICIUS)
3 **(1)** Hintere Sgm des HKörpers leicht ineinandergeschoben. Fingerförmiger Analcirrus vorhanden. VKörper rot, HKörper gelblich od. rötlichgrün. Bis über 150 Sgm. Bis 180 mm lg u. 1 mm br. In sandigen u. schlickigen Weichböden in verzweigten Gängen. Gezeitenregion u. tiefer. Nordsee, westl. u. südl. Ostsee, auch im Brackwasser von Flußmündungen. Stellenweise sehr häufig. *Heteromastus filiformis* (CLAPARÈDE)
3* Hintere Sgm des HKörpers nicht ineinandergeschoben. Ohne Analcirrus. VKörper rot, HKörper zunächst gelbrot, dann durchscheinend. Bis über 150 Sgm. Bis 300 mm lg. u. 5 mm br. In Wühlgängen bes. in Schlick u. schlickigem Sand. Untere Gezeitenregion u. tiefer. Nordsee. *Notomastus latericeus* SARS

Familie *Arenicolidae*

Arenicola marina (L.) – **Sandpier, Köderwurm** (Abb. **337**/5)
Körper in 3 Abschnitte geteilt, der vordere verdickt, der mittlere mit 13 Paar roten, büscheligen Kiemen vom 7. Sgm an, der schwanzartige hintere ohne Parapodien, Borsten u. Kiemen. Junge fleischfarben, Ältere grünlichgelb bis schwarzgrün od. schwarz. Bis 200 mm lg u. 10 mm br. – **L. V.** Typischer Wattenbewohner. Obere Gezeitenregion bis in 20 m Tiefe. Nordsee, Ostsee. Häufig. – **B.** Gräbt in reinem od. schlickigem Sand L-förmige, 20–40 cm tiefe Gänge. Hält sich meist im waagerechten Abschnitt auf u. frißt vom unteren Gangende Sand mit anhaftenden Mikroorganismen u. Detritus weg. Über Freßplatz entsteht Einsturztrichter, der neuen Sand zuführt. Etwa alle 40 min scheidet Wurm über Röhreneingang lange, zu Häufchen geringelte Kotwurst ab. Wird als Angelköder benutzt.

Familie *Maldanidae*

1 Körper mit konstant 19 od. 22–23 BorstenSgm. VE schräg abgestutzt, mit ± gesäumter Kopfplatte (Abb. **348**/1). Kein Sgm das vorhergehende od. folgende kragenförmig umgreifend **2**

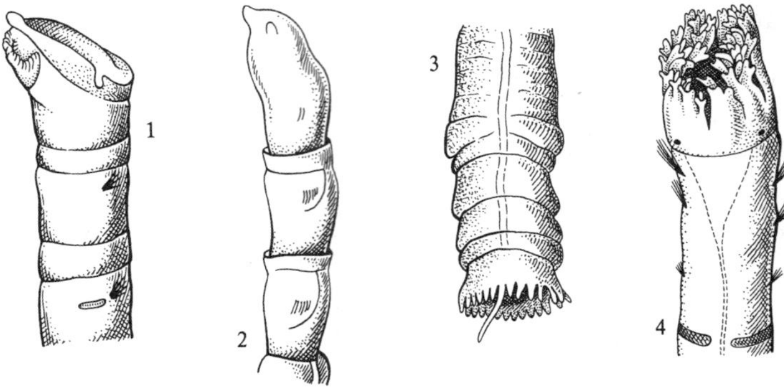

Abb. **348/1–4** **1** *Maldane sarsi*, VE; **2** *Rhodine* spec., VE; **3** *Praxillella praetermissa*, HE; **4** *Owenia fusiformis*, VE

1* Mit bis 38 od. 40 BorstenSgm (Anzahl veränderlich). VE zipfelmützenförmig, ohne gesäumte Kopfplatte; einige vordere u. hintere Sgm das vorhergehende bzw. folgende kragenartig umgreifend (Abb. **348**/2). Im Gebiet 2 gelbliche od. gelbbräunliche, 60 bis über 110 mm lg werdende Arten. Unterhalb der Gezeitenregion in mit Schlick od. Sand besetzten Röhren auf schlickigen u. sandigen Böden. *Rhodine* MALMGREN

2 Mit 19 BorstenSgm. Kopfplatte von breitem Saum umgeben **3**

2* Mit 22 od. 23 BorstenSgm. Kopfplatte sehr schmal gesäumt. VKörper ± intensiv braun gefleckt u. vorn ein- bis mehrfach rot gebändert. Bis 110 mm lg. In mit Sandkörnchen besetzten Röhren bes. auf sandigen, steinigen u. felsigen Böden. Untere Gezeitenregion u. tiefer. Nordsee, selten westl. Ostsee. *Nicomache personata* JOHNSON

3 Saum der Kopfplatte durch jederseits einen Einschnitt dreigeteilt (Abb. **348**/1). Hintere 1 od. 2 Sgm borstenlos. HE mit ovaler Analplatte, die von jederseits eingeschnittenem ganzrandigem Saum umgeben ist. Vorn braun gefleckt, weiter hinten gelblichgrau. Bis 110 mm lg, 2–4 mm br. In mit Sand u. Schlick besetzten Röhren bes. auf schlickigen Weichböden. Unterhalb der Gezeitenregion. Nordsee. *Maldane sarsi* MALMGREN

3* Saum der Kopfplatte nicht od. nur sehr undeutlich geteilt. Hintere 4 od. 5 Sgm borstenlos. HE mit trichterförmigem, am Rande in 20–40 kurz fingerförmige Fortsätze u. 1 längere Cirre ausgezogenem Analtrichter (Abb. **348**/3). Vorn bräunlichrot gepunktet, 4.–8. BorstenSgm mit hellem Querband. Bis 100 mm lg. In mit Sandkörnchen besetzten Röhren auf Weichböden. Unterhalb der Gezeitenregion. Nordsee, selten westl. Ostsee. *Praxillella praetermissa* (MALMGREN)

Ordnung *Flabelligerida*

Familie *Flabelligeridae*

1 Körper von festsitzender zäher, durchscheinender Schleimhülle umgeben, aus der unterhalb der SLinie 2 Längsreihen von kräftigen Borsten vorragen. Borsten des 1. BorstenSgm sehr lg, bilden einen nach vorn gerichteten Schopf, der das VE mit 2 gelblichen od. orangefarbenen Tentakeln u. 20–30 kurzen grünen Kiemen umgibt. Körper grünlich. Bis 50 Sgm. Bis 60 mm lg. Auf Sand-, Kies- u. Schlickboden, auch unter Steinen, zwischen Pflanzen u. auf Austernbänken. Gezeitenregion u. tiefer. Nordsee, westl. Ostsee. *Flabelligera affinis* SARS

1* Ohne Schleimhülle. Oberfläche mit finger-, keulen- od. flaschenförmigen Papillen besetzt u. manchmal mit Sandkörnchen verkrustet 2

2 Körper keulenförmig. SgmGrenzen am schlanken HKörper tief eingesenkt, am VKörper undeutlich. 1. BorstenSgm mit jederseits 1–3 mittellangen, nach vorn gerichteten Borsten. VE mit 2 Tentakeln sowie 4 dickeren u. 4 dünneren Kiemen. Silbrig weiß bis weißlich grau. Bis 50 Sgm. Bis 25 mm lg. In Grabgängen in den obersten Schichten von grobem u. lehmigem Sand od. von Schlick. Unterhalb der Gezeitenregion. Nordsee. *Diplocirrus glaucus* (MALMGREN)

2* Körper nicht keulenförmig, höchstens nach hinten allmählich verjüngt. SgmGrenzen überall gleich tief 3

3 Borsten der 3 vorderen Parapodienpaare zahlreich, sehr lg, bilden einen nach vorn gerichteten Schopf, der 2 rosafarbene Tentakel u. 8 grüne Kiemen umschließt. Körperquerschnitt rund. Grünlich, braun od. grau, Junge rötlich gelb od. dunkel orange. Bis 70 Sgm. Bis 60 mm lg. Auf od. schräg eingegraben in Sand- u. Schlickböden, unter Steinen od. in Felsspalten. Untere Gezeitenregion u. tiefer. Nordsee, selten westl. Ostsee.
Pherusa plumosa (O.F.MÜLLER) (Abb. **350**/2)

3* Borsten des 1. Parapodienpaares mäßig lg, jederseits 7–11, leicht nach vorn gerichtet, das mit 2 Tentakeln u. 30–100 fingerförmigen dunkelgrünen Kiemen versehene VE nicht überragend. BauchS abgeflacht. Oberfläche mit Sandkörnchen verkrustet. Grünlich grau. Bis 35 Sgm. Bis 40 mm lg. Bes. auf schlickigen Böden. Unterhalb der Gezeitenregion. Nordsee, westl. Ostsee.
Brada villosa (RATHKE)

Ordnung *Opheliida*

Familie *Opheliidae*

1 BauchS u. Körperseiten wenigstens ab 6.–9. Sgm furchenartig längs eingesenkt (Abb. **350**/4) 2

1* Ohne Längsfurchen. Körper dick, madenförmig, manchmal von mit Sandkörnchen besetzter Schleimschicht umgeben. Parapodien bis auf die Borstenbündel reduziert, neben den oberen Bündeln ab 2. Sgm cirrenförmige Kiemen bis fast zum HE. 22–30 Sgm. Bis 30 mm lg, bis 7 mm br. Fleischfarben, seitlich u. hinten blasser bis strohfarben, od. weißlich. Lebende Tiere riechen stark nach Lauch. In reinem u. schlickigem Sand. Untere Gezeitenregion u. tiefer. Nordsee, westl. Ostsee. Verbreitet. *Travisia forbesii* JOHNSTON

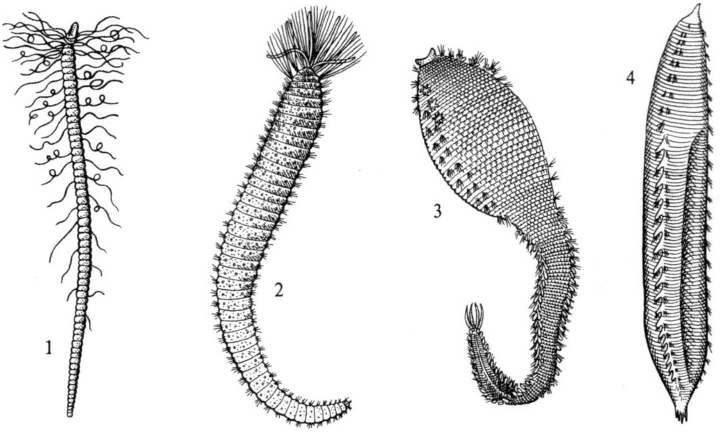

Abb. **350/1–4** **1** *Cirratulus cirratus*; **2** *Pherusa plumosa*; **3** *Scalibregma inflatum*; **4** *Ophelia limacina*

2 Bauchfurche nicht bis zum VE reichend, an den vorderen 6–9 Sgm in eine schwache Längswulst übergehend. Körper spindelförmig. Sekundäre Körperringelung deutlich. Ab etwa 10.–15. Sgm rote, cirrenförmige Kiemen an 16–24 Sgm. Rosa bis fleischfarben. 33–40 Sgm. Bis 55 mm lg. Durchwühlt feinen bis groben Sandboden. Gezeitenregion u. tiefer. Nordsee, westl. Ostsee. Verbreitet. *Ophelia limacina* (RATHKE) (Abb. **350**/4)

2* Bauchfurche bis zum VE reichend. Körper lggestreckt. Ringelung schwach. Rote, pfriemenförmige Kiemen ab 2. Sgm fast bis zum HE. Gelblich od. perlgrau, oft mit braunen Flecken, bläulich schillernd. Bis 50 Sgm. Bis 60 mm lg. In sandigen u. schlickigen Böden. Unterhalb der Gezeitenregion. Nordsee. [*Ammotrypane aulogaster* RATHKE] *Ophelina acuminata* OERSTED

Familie *Scalibregmidae*

1 Körper vorn stark verdickt. Buschförmige Kiemen am 2.–5., selten auch am 1. BorstenSgm. Parapodien vorn sehr schwach, vom 16.–18. BorstenSgm an deutlich entw, mit lamellenförmigen Cirren. 4–5 Aftercirren. Gelblich orange bis ziegelrot mit gelben Punkten. Bis 60 Sgm. Bis 100 mm lg. In sandigem, kiesigem u. reinem Schlick, auch auf Austernbänken u. in leeren Wurmröhren. Nordsee, westl. u.? südl. Ostsee. *Scalibregma inflatum* RATHKE (Abb. **350**/3)

1* Körper gleichmäßig dick, plump. 4–6 Paar Kiemen ab 2. BorstenSgm. Parapodien am ganzen Körper unscheinbar, knötchenförmig. Ohne Aftercirren. Bis 40 Sgm. Bis 40 mm lg, bis 12 mm br. Bes. auf weichen Böden. Unterhalb der Gezeitenregion. Nordsee. *Polyphysia crassa* (OERSTED)

Ordnung *Oweniida*

Familie *Oweniidae*

1 VE von blumenkohlartig tief gefälteter (bei Jungen ± glattrandiger) roter Kiemenmembran umgeben (Abb. **348**/4). Gelblich od. grünlich, mit helleren Querbändern, vorn manchmal bräunlich. Bis 30 BorstenSgm. Bis 100 mm lg u. 3 mm br. In Sand-, Kies- u. Schlickböden. Gezeitenregion u. tiefer. Nordsee. *Owenia fusiformis* DELLE CHIAJE

1* VE ohne Kiemenmembran. Bis 27 BorstenSgm. Bis 30 mm lg u. 1,5 mm br. In sandigem u. reinem Schlick. Unterhalb der Gezeitenregion. Nordsee. *Myriochele heeri* MALMGREN

Ordnung *Terebellida*

Familie *Terebellidae*

1 KopfSgm rüsselförmig verlängert, mit kleinen Papillen besetzt. Sgm 2–4 mit je 1 Paar aus einem Büschel einfacher Fäden bestehender Kiemen (Abb. **351**/1). Haarborsten vom 4. Sgm an auf 17 Sgm. Bis 95 Sgm. Bis 80 mm lg. In reinem od. sandigem Schlick u. Faulschlamm. Unterhalb der Gezeitenregion. Nordsee, westl. Ostsee. *Artacama proboscidea* MALMGREN

1* KopfSgm nicht rüsselförmig verlängert 2

2 Je 1 Paar rote Kiemen am 2. u. 3. od. 2.–4. Sgm (Abb. **351**/2, K). Wenigstens 15 HaarborstenSgm ab 3. od. 4. Sgm 3

2* Ohne Kiemen. 10–13 HaarborstenSgm ab 3. Sgm. Gelb bis orange od. rot; Fühler heller. Bis über 70 Sgm. Bis 70 mm lg. Bewohnt Gänge in sandigen od. schlikkigen Böden, bes. zwischen Algenrhizoiden. Gezeitenregion u. tiefer. Nordsee, selten westl. Ostsee. *Polycirrus medusa* GRUBE

3 Kiemen an Sgm 2 u. 3 4

3* Kiemen an Sgm 2–4 6

4 Kiemen einfach fadenförmig, ohne gemeinsamen Stamm. 30 bis über 40 BorstenSgm ab. 3. Sgm. Bräunlich, rosa od. orange, BauchS mit helleren Arealen;

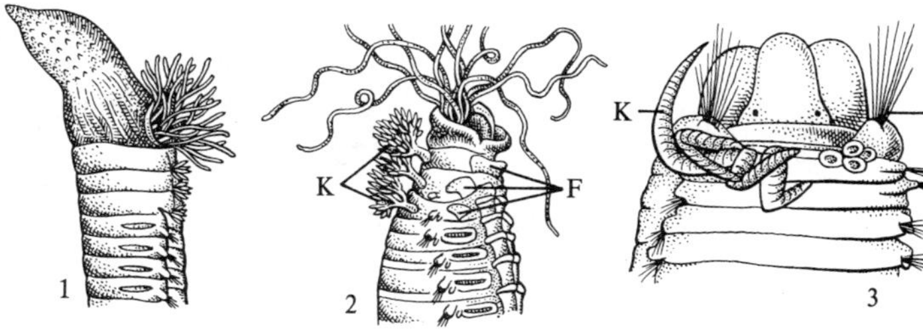

Abb. **351/1–3** VE von **1** *Artacama proboscidea*; **2** *Eupolymnia nebulosa*; **3** *Ampharete finmarchica*

Fühler rosa od. orange. Bis über 100 Sgm. Bis 200 mm lg u. 10 mm br. Auf allen Bodenarten, auch im Felsbewuchs. Gezeitenregion u. tiefer. Nordsee.
Thelepus cincinnatus (FABRICIUS)

4* Kiemen bäumchenartig verzweigt. 15–18 BorstenSgm ab 4. Sgm 5

5 Mit 17 od. 18 BorstenSgm. Rosa bis hell bräunlich. Bis 50 Sgm. Im Gebiet bis etwa 20 mm lg. Auf Sand u. Schlick, häufig an Seegras, Tang u. Algen. Gezeitenregion u. tiefer. Nordsee, Ostsee. *Nicolea zostericola* (OERSTED)

5* Mit 15 BorstenSgm. Ziegelrot, Rücken mit weißen Punkten; Fühler violett. Bis 70 Sgm. Bis 70 mm lg u. 5 mm br. – **L. V.** Ähnlich vor. Art, jedoch nicht Ostsee. *Nicolea venustula* (MONTAGU)

6 (3) Mit 17 BorstenSgm 7

6* Mit 24 BorstenSgm. Dunkel gelblich, fleischfarben od. bräunlich. Bis 100 Sgm. Bis 250 mm lg u. 12 mm br. Lebt in Röhren auf od. in U-förmigen Gängen in reinem od. sandigem Schlick, bes. zwischen Pflanzen, auch im Pfahlbewuchs u. in Gesteinsspalten. Untere Gezeitenregion u. tiefer. Nordsee, Ostsee. Verbreitet.
Neoamphitrite figulus (DALYELL) (Abb. **352**/2)

7 Kiemen mit stark verzweigten Ästen auf langem, dickem Stamm 8

7* Kiemen mit einfachen, auf kurzer Basis büschelig angeordneten Fäden. Rosa, fleischfarben od. rötlichgrau, HKörper dunkler; Fühler braun geringelt od. gefleckt. Bis 85 Sgm. Bis 200 mm lg u. 10 mm br. Bes. auf sandigem u. reinem Schlick. Untere Gezeitenregion u. tiefer. Nordsee, Ostsee.
Amphitrite cirrata O. F. MÜLLER

8 2.–4. Sgm beiderseits mit je 1 nach vorn gerichteten lappenartigen Fortsatz (Abb. **351**/2, F). Gelblichrot, rötlich, rötlichbraun od. braun mit weißen Punkten;

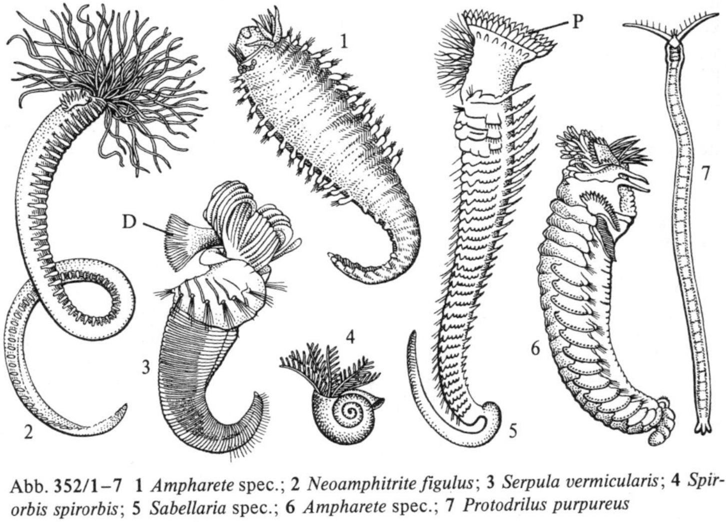

Abb. **352/1–7** **1** *Ampharete* spec.; **2** *Neoamphitrite figulus*; **3** *Serpula vermicularis*; **4** *Spirorbis spirorbis*; **5** *Sabellaria* spec.; **6** *Ampharete* spec.; **7** *Protodrilus purpureus*

Fühler rötlich od. weiß mit hellgrauen Ringeln. Bis 100 Sgm. Bis 150 mm lg u. 8 mm br. Auf Sand u. Schlick, auch im Felsbewuchs. Gezeitenregion u. tiefer. Nordsee. *Eupolymnia nebulosa* (MONTAGU)

8* 2. Sgm mit jederseits 1 breiten, abgerundeten Lappen. Gelblich, rosa od. bräunlich; Fühler weiß. Bis 300 Sgm. Bis 300 mm lg u. 6 mm br. – **L. V.** In reinem u. leicht schlickigem Sand von der oberen Gezeitenregion an in senkrecht im Boden stehenden Röhren. Nordsee, auch im Brackwasser von Flußmündungen. Stellenweise sehr häufig. – **B.** Errichtet über der oberen Röhrenmündung aus Sandkörnchen ein baumartig verzweigtes Gerüst. Dieses dient zum Auffangen von Nahrungsteilchen u. als Stütze für die bis 12 cm ausdehnbaren Fühler, wenn sie den Boden abweiden. *Lanice conchilega* (PALLAS)

Familie *Ampharetidae*

1 Im Meer **2**

1* Im Süßwasser (bisher nur Donau stromaufwärts bis Passau). Grün. Bis etwa 40 Sgm. Bis 33 mm lg. Lebt in bis über 60 mm lg, mit Schlamm behafteten Röhren am Rande schlammiger Bodenstellen, meist in mehr als 1 m Tiefe. *Hypania invalida* (GRUBE)

2 Erstes BorstenSgm mit jederseits einem nach vorn gerichteten Bündel von langen, stärkeren Borsten (Paleen; Abb. **351**/3, P; Fühler u. rechte Kiemen entfernt). Hinterer Körperabschnitt mit höchstens 20 (borstenlosen) Sgm **3**

2* Ohne Paleen. HKörper mit etwa 30–50 Sgm. Gelblichweiß od. rosa; Kiemen grünlich gefleckt. Bis 65 mm lg. Bes. in schlickigem Sand. Westl. Ostsee. Selten. *Melinna cristata* (SARS)

3 Vorderer Körperabschnitt mit 14 BorstenSgm (ohne Paleen gezählt), der hintere mit 12 od. 13 (borstenlosen) Sgm **4**

3* VKörper mit 17 BorstenSgm, HKörper mit 15 Sgm. Gelblichweiß od. rosa, bes. am VKörper mit hellen od. bräunlichen Flecken; Kiemen grün, braun, gelb od. weißlich geringelt. Bis 55 mm lg. In allen, bes. feinkörnigen Böden. Unterhalb der Gezeitenregion. Nordsee. Ostsee. *Amphicteis gunneri* (SARS)

4 Fühler mit einem Längsband von Papillen besetzt. Im Gebiet 2 zwischen 45 u. 80 mm lg werdende Arten. Bes. in schlickigen Böden. Untere Gezeitenregion u. tiefer, in der Ostsee ab 6 m Tiefe. *Ampharete* MALMGREN (Abb. **352**/1)

4* Fühler glatt. Bis 47 mm lg. Bes. in reinem od. sandigem Schlick. Unterhalb der Gezeitenregion. Nordsee. *Sosane gracilis* (MALMGREN)

Familie *Pectinariidae*

1 Die Kopfplatte rückenseits umsäumende Membran (Nackenfalte; Abb. **354**/1, N) glattrandig. VRand des Schwanzanhanges am Rücken jederseits mit 3–12 derben Hakenborsten **2**

1* Nackenfalte mit 20–25fach tief gezähntem Rand. Schwanzanhang mit jederseits 8–12 zarten Hakenborsten. Rosa. Bis 40 mm lg. Röhre bis 80 mm lg. Bes. in Mischböden aus Sand u. Schlick. Untere Gezeitenregion u. tiefer. Nordsee. Verbreitet. *Amphictene auricoma* (O.F.MÜLLER) (Abb. **352**/6)

2 HE bis zum letzten Sgm mit beborsteten Parapodien. Rötlichweiß bis rosa. Bis 70 mm lg. Röhre bis 90 mm lg. In Sand u. Schlick, auch in Faulschlamm. Unterhalb der Gezeitenregion. Nordsee, westl. Ostsee. *Pectinaria belgica* (PALLAS)

2* Hintere 2 Sgm ohne Borsten, ihre Parapodien rudimentär. Weißlich, rosa schillernd. Bis 50 mm lg. Röhre bis 80 mm lg. – **L.V.** Bes. in Mischböden aus Sand u. Schlick, auch in Faulschlamm. Untere Gezeitenregion u. tiefer, in der Ostsee ab 6 m Tiefe. Nordsee, westl. Ostsee. Stellenweise häufig. – **B.** Steckt kopfabwärts schräg im Boden. Lockert in der Tiefe mittels der Borstenkämme das Substrat u. durchsucht es mit den Fühlern bis 7 cm weit nach Kleinorganismen. *Lagis koreni* MALMGREN – **Köcherwurm**

Familie *Trichobranchidae*

Terebellides stroemi SARS
Erstes BorstenSgm rückenseits mit unpaarer, aus dickem Stamm u. 4 lamellös gefiederten Ästen bestehender großer Kieme (Abb. **354**/3). Bis 60 Sgm, davon 18 mit Borsten. Bis 75 mm lg. Rosa bis orange, manchmal gelblichgrün; Fühler bräunlich; Kiemen rot. In mit Schlick od. Sand bedeckten Röhren bes. in reinem od. sandigem Schlick. Gezeitenregion u. tiefer. Nordsee, Ostsee, auch in Flußmündungen. Häufig.

Ordnung *Sabellariida*

Familie *Sabellariidae*

Sabellaria spinulosa LEUCKART (Abb. **352**/5)
Bis 30 mm lg u. 3 mm br. Bis 40 BorstenSgm u. dünnerer, ungegliederter Schwanzanhang. Vordere etwa 30 BorstenSgm rückenseits mit cirrenförmigen,

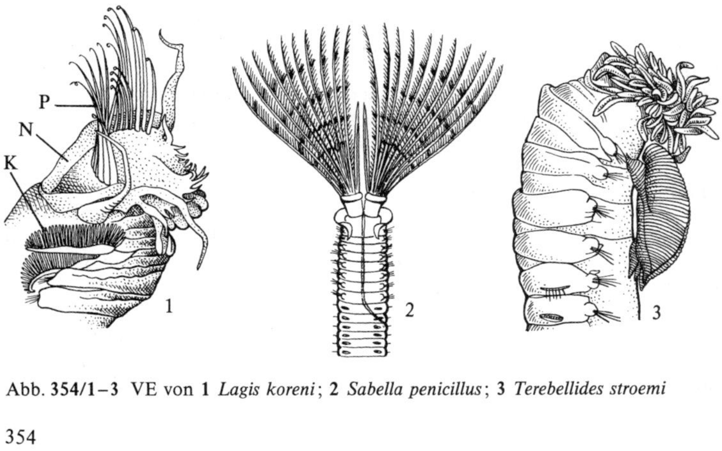

Abb. **354/1–3** VE von **1** *Lagis koreni*; **2** *Sabella penicillus*; **3** *Terebellides stroemi*

nach hinten kleiner werdenden Kiemen. Rückenäste der Parapodien am 3.–5. Sgm verdickt u. mit je 8–10 starken Borsten. Weinrot, vorn dunkelbraun gefleckt; Fühler dunkelbraun. Reife ♀ rotviolett, ♂ weißlich. Baut in der unteren Gezeitenregion u. tiefer sehr feste, unregelmäßige, bis 50 cm lange, dick mit Sand od. Teilchen von Weichtierschalen verkrustete Röhren, die meist in größeren Gruppen an Felsen od. hartem Boden festgeheftet sind; zusammengewachsene Röhren bilden manchmal ausgedehnte Riffe. Nordsee. Verbreitet.

Ordnung *Sabellida*

Familie *Sabellidae*

1 Fangtentakel an der AußenS mit jeweils 10–20 Paar kurzen, dicken Anhängen, vor jedem Anhangspaar 1 Paar violette Augen (Abb. **356**/1). Jederseits 10–25 Fangtentakel. Gelblich bis hellbraun, BauchS violett; zwischen den Ästen der Parapodien ein runder brauner Fleck; Tentakelkrone braun od. violett quergebändert. Bis 75 BorstenSgm. Bis 50 mm lg. In reinem od. sandigem Schlick, auch an Weichtierschalen od. Steinen. Untere Gezeitenregion u. tiefer. Nordsee. Verbreitet. *Branchiomma bombyx* (DALYELL)

1* Fangtentakel an der AußenS ohne paarige Anhänge 2

2 Fangtentakel zu wenigstens ⅓ ihrer Lg durch hohe, dünne Membran verbunden 5

2* Fangtentakel frei, nur an der Basis verbunden 3

3 Mit 1–8 roten Augenflecken an einigen Fangtentakeln. Orange od. ziegelrot, vorn oft leicht bräunlich; Tentakelkrone weißlich od. rosa, bräunlich od. violett quer gebändert od. gefleckt. Bis 300 Sgm. Bis 120 mm lg. In sandigen u. schlickigen Böden, auch zwischen Steinen u. in Felsspalten. Westl. Ostsee. Selten. *Potamilla reniformis* (O.F.MÜLLER)

3* Alle Fangtentakel ohne Augen 4

4 Jederseits 6–8 Fangtentakel. GesamtLg bis etwas über 30 mm bei bis 130 Sgm. Gelblichweiß; Tentakelkrone rot. Röhre bis 95 mm lg. Bes. in schlickigen Böden. Westl. Ostsee ab 10 m Tiefe, Nordsee? *Laonome kroyeri* MALMGREN

4* Jederseits 8–45 Fangtentakel. GesamtLg bis 250 mm bei bis 600 Sgm. Orangegelb od. violettgrau; Tentakelkrone bräunlich, rötlich od. violett quer gebändert od. gepunktet (Abb. **354**/2). Röhre bis 500 mm lg. In sandigen u. bes. schlickigen Böden. Untere Gezeitenregion u. tiefer. Nordsee. *Sabella penicillus* L.

5 (2) HE an der BauchS länglich napfartig vertieft. Hinter der Tentakelkrone liegender Kragen bauchseits gespalten. Höchstens 35 nicht 2ringelige BorstenSgm. Bis 38 mm lg. In Schlickböden. Ostsee ab 6 m Tiefe. *Euchone papillosa* (SARS)

5* HE ohne saugnapfartige Vertiefung. Kragen bauchseits nicht eingeschnitten. Alle Sgm 2ringelig 6

6 Bis 120 mm lg. Bis 90 Sgm. Jederseits 10–36 Fangtentakel. Blaß rosa od. grünlichgrau; Tentakelkrone orange mit weißen Flecken od. olivgrün mit rotem Endteil. Auf allen Bodenarten. Unterhalb der Gezeitenregion. Nordsee. *Chone infundibuliformis* KRÖYER

6* Bis 35 mm lg. Bis 75 Sgm. Jederseits 5–11 Fangtentakel. Farblos; Tentakelkrone gelb, weiß quergebändert. – **L.V.** Wie vor. Art. *Chone duneri* MALMGREN

Familie *Serpulidae*

1 Konkave VFläche des Deckels mit 1 od. mehreren Kränzen von insgesamt wenigstens 10 Dornen (Abb. **356**/2–3) 2

1* VFläche des Deckels ohne (Abb. **352**/3, D) od. mit 1–3 Dornen (Abb. **356**/4) . 3

2 VFläche des Deckels mit einem Kranz von 10–20 großen, am Rande gezähnten Dornen (Abb. **356**/2). Röhre weiß, im ∅ viereckig od trapezoid, niederliegend u. unregelmäßig gekrümmt. Körper rot; Tentakelkrone rot u. weiß quergebändert. Bis über 100 Sgm. Bis 30 mm lg. Bes. an Gestein, Weichtierschalen, Pfählen u. auf Moostierkolonien. Gezeitenregion u. tiefer. Nordsee.
Hydroides norvegica (GUNNERUS)

2* VFläche des Deckels mit mehreren Kränzen kleiner, meist einspitziger Dornen (Abb. **356**/3). Röhre weiß od. grünlich-braun, zylindrisch, mit trompetenartig erweiterter Mündung u. in Abständen mit kragenartig überragenden alten Mündungsrändern, meist aufrechtstehend in Kolonien. Körper grünlich bis bräunlich od. rötlich; Tentakelkrone grün u. braun quergebändert. Bis über 120 Sgm. Bis 27 mm lg. Gelegentlich in Häfen der Nordsee eingeschleppte Brackwasserform wärmerer Breiten. *Mercierella enigmatica* FAUVEL

3 Deckel weich, seine SFläche längsgestreift u. Rand der VFläche fein gezähnt (Abb. **352**/3, D). Röhre meist rosa, zylindrisch, auf niederliegender festgewachsener Basis ± aufgerichtet; oft mit anderen Röhren zu Kolonien verwachsen. Körper gelblich od. rötlich; Tentakelkrone blaß rosa bis rot mit roten od. weißen Querbändern. Bis 250 Sgm. Bis 70 mm lg. An Felsen, Steinen u. allen untergetauchten harten Gegenständen. Gezeitenregion u. tiefer. Nordsee.
Serpula vermicularis L. (Abb. **352**/3)

3* Deckel hart, kalkig od. hornig, seine SFläche nicht längsgestreift u. Rand der VFläche nicht gezähnt 4

4 Deckel kalkig, seine VFläche mit 1 bis meist 3 Dornen (gelegentlich ohne Dornen) (Abb. **356**/4). Röhre weiß, im ∅ halbrund bis dreieckig, mit deutlichem Längskiel, meist in ganzer Länge mit Unterlage, manchmal mit anderen Röhren knäuelartig verwachsen. Körper gelblich, grünlich, rot od. braun; Tentakelkrone

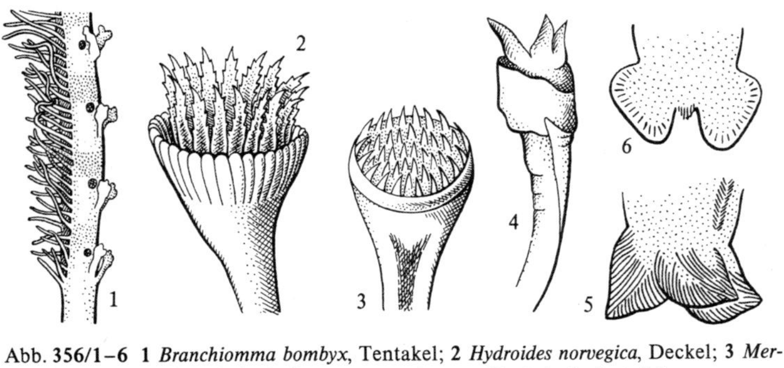

Abb. **356/1–6** **1** *Branchiomma bombyx*, Tentakel; **2** *Hydroides norvegica*, Deckel; **3** *Mercierella enigmatica*, Deckel; **4** *Pomatoceros triqueter*, Deckel; **5** *Protodrilus purpureus*, Schwanz; **6** *Protodrilus chaetifer*, Schwanz

weiß, gelb, rot, braun od. blau quergebändert. Bis 100 Sgm. Bis 25 mm lg. An hartem Untergrund u. festen Gegenständen, selten auch auf Tang u. Seegras. Gezeitenregion u. tiefer. Nordsee, selten westl. Ostsee. *Pomatoceros triqueter* (L.)

4* Deckel hornig, glatt. Röhre milchig weiß bis fast durchsichtig, im ∅ rund, mit gezacktem Längskiel, hinterer Teil niederliegend, vorderer aufgerichtet. Körperfarbe unbekannt; Tentakelkrone leuchtend rot mit 2 braunen Querbändern. Bis 30 mm lg. Bes. auf harten Böden. Unterhalb etwa 30 m. Nordsee, westl. Ostsee (bisher Kleiner Belt). *Placostegus tridentatus* (FABRICIUS)

Familie *Spirorbidae*

Höchstens 7 mm lange Arten mit jederseits 3–5 Fangtentakeln, einem kalkigen, gestielten Deckel u. nur 3 BorstenSgm im vorderen Körperabschnitt. Leben in posthornförmig aufgerollten, dem Untergrund völlig od. größtenteils flach anliegenden Kalkröhren (Abb. **352**/4). Röhren insgesamt 1–4 mm br, immer einzeln, aber oft dicht beieinander, an Gestein u. anderen harten Unterlagen (z. B. Weichtierschalen, Krebspanzer, Moostierkolonien), Tangen od. Seegras sitzend. Im Gebiet 5 Arten. – In der Küstenregion der Nordsee u. westl. Ostsee bis zum Greifswalder Bodden häufig ist die bis 6,5 mm lg *Spirorbis spirorbis* (L.), bes. an Tangen (*Fucus* u. *Laminaria*) in bis 4 mm br weißen Röhren mit glatter od. schwach quergeringelter Oberfläche.

Ordnung *Archiannelida*

Sammelgruppe stark vereinfachter Polychaeten, deren Zugehörigkeit zu anderen Ordnungen unklar ist. Meist 1–15, selten bis 100 mm lg Arten mit ± gleichartigen Sgm. Parapodien fehlend od. rückgebildet. Borsten vorhanden od. fehlend. VE mit od. ohne Fühler. BauchS oft bewimpert. Größtenteils Bewohner des Lückensystems in Sand-, Kies- u. Schillböden des Meeres od. brackiger Küstengewässer, selten zwischen Pflanzen; gelegentlich in Meerwasseraquarien. Na: vorwiegend Mikroorganismen, die vom Substrat abgesaugt werden. Die meisten Arten nur mikroskopisch bestimmbar.

Familie *Polygordiidae*

1 HE mit 2 fadenförmigen Anhängen. Körpersegmentierung bis auf HE undeutlich. Rot, ♂ heller. Bis 20 mm lg. In grobem Sand u. Schill. Nordsee. *Polygordius appendiculatus* FRAIPONT

1* HE ohne Anhänge. Körper deutlich segmentiert. Schwach rötlichweiß od. graugrün, reife ♀ rot, ♂ milchweiß. Bis 100 mm lg. u. 1,5 mm br. – **L.V.** Wie vor. Art. *Polygordius lacteus* SCHNEIDER

Familie *Protodrilidae*

Gattung *Protodrilus* HATSCHEK

Weniger als 1 mm bis 15 mm lg. BauchS bewimpert. Ohne Borsten od. mit feinen Haken. Im Gebiet 7 weißliche, gelbliche, rötliche od. grünliche, in grobem Sand od. Schill lebende Arten. – In der westl. Ostsee nur *P. chaetifer* REMANE, 8–15 mm lg, grünlich, mit 4 Hakenborsten je RumpfSgm u 2 flügelartig verbreiterten, abgerundeten Schwanzlappen (Abb. **356**/6). – In der Nordsee z. B. *P. purpureus* SCHNEIDER (Abb. **352**/7), bis 15 mm lg, rötlich, ohne Borsten, mit 3 konischen Schwanzlappen (Abb. **356**/5).

Klasse *Clitellata* – **Gürtelwürmer**

G. Sgm ohne Parapodien. Borsten direkt in Körperwand eingepflanzt od. fehlend. Ohne paarige Kopfanhänge. Geschlechtsreife Tiere zumindest während der Fortpflanzungszeit im Bereich einiger vorderer Sgm mit drüsiger Hautverdikkung (Gürtel, Clitellum). – **L.** Meist Süßwasser od. Land, seltener Meer od. Brackwasser. – **B.** Ernährung sehr verschiedenartig. Fortpflanzung geschlechtlich od. ungeschlechtlich. Zwitter. Eientw in Kokons, die vom Gürtel abgeschieden werden. Entw ohne frei lebende Larven.

Ordnung *Oligochaeta* – **Wenigborster**

G. Sgm ± gleichartig, ohne Parapodien. Borsten in Bündeln zu 2–25 in der Körperwand, selten fehlend. Kopfabschnitt meist nicht deutlich gesondert, nie mit paarigen Fühlern, selten mit unpaarem fühlerartigem Fortsatz (Abb. **362**/1). HE gelegentlich mit Saugnapf od. Kiemen (Abb. **364**/1, **362**/3–5). Geschlechtsreife Tiere ständig od. während der Fortpflanzungszeit am VKörper mit gürtelförmiger, drüsiger Hautverdickung (Gürtel, Clitellum; Abb. **367**/1). – **V.** Kosm, die einzelnen Arten meist an eine geographische Region gebunden. – **L.** Meist Süßwasser od. Erde, seltener Meer od. Brackwasser. – **B.** Fortbewegung kriechend, gelegentlich frei schwimmend. Manche Arten leben in Röhren od. Gängen. Na: meist Detritus od. Mikroorganismen; wenige Arten sind Pflanzen- od. Aasfresser, Räuber od. Parasiten an Wassertieren. Fortpflanzung geschlechtlich, gelegentlich daneben ungeschlechtlich durch Querteilung, dann meist Bildung von Tierketten (Abb. **360**/1). Zwitter. Eier einzeln od. zahlreich in Kokons abgelegt, die vom Gürtel gebildet werden. Oft gutes Regenerationsvermögen. Etwa 3 500 Arten, davon rund 200 im Gebiet. Unter 10 mm lg Arten sind größtenteils nicht berücksichtigt. Da der Bestimmungsschlüssel nicht dem natürlichen System folgt, ist die Familienzugehörigkeit in ( ) angegeben. Bei neuerdings anderen Gattungen zugerechneten Arten ist der früher gebräuchliche Gattungsname in [ ] angeführt. – Kleine Arten müssen lebend bestimmt werden. Um die Bewegungen zu hemmen, werden sie in wenig Wasser mit einem Deckglas bedeckt; überschüssiges Wasser wird mit Filterpapier abgesaugt, bis das Tier festliegt. Bestimmung der Regenwürmer nach Abtötung in 80 %igem Alkohol (+ einige Tropfen Formalin), der wegen der Schleimbildung mehrmals zu wechseln ist. Vorher Färbung notieren, da diese nach dem Tode bald verblaßt.

1 Süßwasser od. Land **18**

1* Meer, Brackwasser, Strand, Küstengrundwasser od. salzige Binnengewässer (da einige Arten des Süßwassers gering salzhaltiges Wasser ertragen, ist im Zweifelsfalle auch unter **22** weiterzugehen) 2

2 Haut enthält rote od. orangefarbene Flüssigkeitskugeln. KopfE löffelförmig verbreitert. Bilden 1–5 mm lg Tierketten. 2 Arten am Strand in feuchtem Sand u. unter angespültem Seegras. Bisher Ostsee. (Auch im Süßwasser, s. S. 363, **30**) *(Aeolosomatidae).* *Aeolosoma* EHRENBERG

2* Haut ohne Flüssigkeitskugeln 3

3 Haut dicht mit kleinen papillenförmigen Gebilden besetzt. Rötlichgrau bis dunkelrot od. schwärzlich. 35–55 mm lg. Im Grundschlamm, Feinsand, Bodenbewuchs od. am Strand im Anwurf. Nordsee, Ostsee; häufig *(Tubificidae).* *Edukemius [Peloscolex] benedeni* (D'UDEKEM)

3* Haut ohne solchen „Papillen"-Besatz 4

4 Borstenbündel des Rückens wenigstens an einigen vorderen Segmenten mit Haarborsten[1], die etwa ebenso lg od. länger sind als der Körperdurchmesser (Abb. **362**/1–2) 5

4* Borstenbündel des Rückens ohne Haarborsten 9

5 KopfE zu einem pfriemenförmigen Fühler ausgezogen 6

5* KopfE nicht fühlerartig ausgezogen, abgerundet od. konisch zugespitzt 7

6 Fühler scharf vom KopfE abgesetzt, zwischen 2 Vorsprüngen ansetzend (Abb. **362**/1). Mit Augenflecken. Gelb bis bräunlich. Bildet 6–18 mm lg Tierketten. In schwach brackigem Wasser zwischen Pflanzen. (Auch im Süßwasser, s. S. 363, **31**) *(Naididae).* *Stylaria lacustris* (L.) (Abb. **360**/1)

6* KopfE allmählich in den Fühler übergehend. Ohne Augenflecke. Weißlich, durchsichtig. Bildet bis 8 mm lange Tierketten. In salzigen Binnengewässern. (Auch im Süßwasser, s. S. 364, **37**) *(Naididae).* *Pristina aequiseta* BOURNE

7 (5) Länger als 15 mm. Bilden keine Tierketten 8

7* Bilden höchstens 12 mm lg Tierketten. Weißlich, VE gelblich bis rötlichbraun. 4 Arten im Brackwasser von Nordsee u. Ostsee od. in salzigen Binnengewässern, im Grundschlamm, zwischen Pflanzen u. frei schwimmend. (Auch im Süßwasser, s. S. 364, **38**) *(Naididae).* *Nais* O. F. MÜLLER

Hierher z. B. der häufige Küstenbewohner *Nais elinguis* O. F. MÜLLER mit rötlichbraunem VE; Tierkette bis 12 mm lg.

8 Rückenborstenbündel mit je 2 am freien E geschlängelten Haarborsten von der Lg des Körperdurchmessers. Bis 48 mm lg. Rotbraun. Im Brackwasser der Küsten u. in salzigen Binnengewässern *(Tubificidae).* *Monopylephorus irroratus* (VERRILL)

8* Haarborsten nicht geschlängelt. 15–80 mm lg. Blaßgelb, gelbrot, orangerot od. rot. 5 Arten im Brackwasser von Nordsee u. bes. Ostsee sowie in salzigen Binnengewässern, im Schlamm- u. Sandgrund. (Auch im Süßwasser, s. S. 365, **41**) *(Tubificidae).* *Euilyodrilus* BRINKHURST u. *Tubifex* LAMARCK

[1] Allmählich zugespitzte, manchmal ein- od. beidseitig fein gesägte od. gefiederte Borsten, die meist länger sind als anders gestaltete, zumeist ebenfalls in Bündeln vorhandene Borsten (Haken-, Nadel-, Fächer- u. Schaufelborsten).

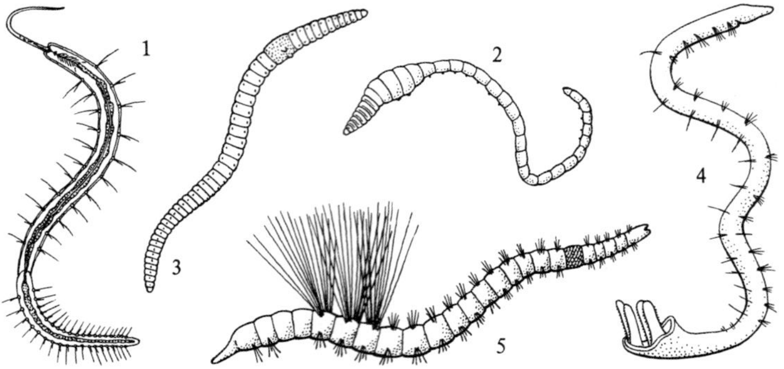

Abb. **360/1–5** **1** *Stylaria lacustris*; **2** *Peloscolex heterochaetus*; **3** Enchytraeide; **4** *Dero obtusa*; **5** *Ripistes parasita*

9 **(4)** Borstenbündel nur an der BauchS, vorderstes vom 2. durch 3 borstenlose Sgm getrennt. Plump u. träge. Farblos. Bilden Tierketten **10**

9* Bauch- u. Rückenborsten vorhanden, mitunter schwer sichtbar. Schlank. Farblos od. gefärbt **11**

10 An Schnecken u. in deren Atemhöhle. Ketten bis 5 mm lg. Weißlich, fast undurchsichtig. Im Brackwasser. Ostsee. (Auch im Süßwasser, s. S. 365, **43**) *(Naididae).* *Chaetogaster limnaei* V. BAER (Abb. 364/5)

10* Frei lebend im Grundschlamm. Ketten 3–25 mm lg. Wasserhell. Im Brackwasser. Ostsee. (Auch im Süßwasser, s. S. 365, **43***) *(Naididae).* *Chaetogaster diaphanus* (GRUITHUISEN)

11 **(9)** Bilden Tierketten. Tiere lebhaft **12**

11* Bilden keine Tierketten **13**

12 Mit Augenflecken. Rückenborsten beginnen am 6. Sgm. Ketten 5–18 mm lg. Körper vorn gelbbraun mit grünen Flecken, nach hinten dunkelbraun werdend. Im Sand- u. Schlammgrund od. frei schwimmend. Brackwasser. Ostsee. (Auch im Süßwasser, s. S. 365, **46**) *(Naididae).* *Uncinais uncinata* (OERSTED)

12* Ohne Augenflecke. Rückenborsten beginnen am 5. Sgm. Ketten 5–14 mm lg. Farblos. In Sand u. Schlamm, zwischen Algen u. im Strandanwurf. 3 Arten im Meer u. in Brackwasser. Nordsee, Ostsee. (Auch im Süßwasser, s. S. 365, **47**) *(Naididae).* *Paranais* CZERNIAVSKY
Hierher z. B. die an den Küsten u. in salzigen Binnengewässern verbreitete, bis 14 mm lg *Paranais litoralis* (O. F. MÜLLER).

13 **(11)** VKörper deutlich verdickt. 7–9 mm lg. Im Sand- u. Schlammgrund der Uferregion. Brackwasser. Nordsee, Ostsee. *(Tubificidae).* *Peloscolex heterochaetus* (MICHAELSEN) (Abb. **360**/2)

13* VKörper nicht verdickt **14**

14 Gürtel am 12. u. höchstens Teilen des 11. u./od. 13. Sgm[1]. 2 bis höchstens 20, ausnahmsweise bis 40 mm lg. Gestalt madenähnlich. Weiß bis gelblich u. ± un-

[1] Kopflappen nicht mitzählen! Einige vor dem Clitellum liegende Sgm können zweiringelig sein; dann jeweils ein Ring ohne Borstenbündel.

durchsichtig od. rötlich bis (selten) rot od. braunrot. Etwa 35 Arten an der Nord- u. Ostseeküste in Sand, Schlamm u. Geröll, zwischen Wasserpflanzen sowie im Strandanwurf u. Küstengrundwasser. (Auch im Binnenland, s. S. 366, **54***).

Familie *Enchytraeidae*

Hierher z. B. der im Anwurf u. unter Steinen häufige *Enchytraeus albidus* HENLE; 20–36 mm lg, milchigweiß bis gelblich u. undurchsichtig.

14* Gürtel am 11. u. wenigstens Teilen des 10. u. 12. Sgm, manchmal auf Teile des 13. Sgm übergreifend. Wenige mm bis 65 mm lg. Körper schlank. Meist rötlich, rot, bräunlich od. schwärzlich. Etwa 15 Arten bes. in der Küstenregion von Nordsee u. Ostsee im Sand u. Schlamm, unter Steinen, im Strandgrundwasser u. im Anwurf. Einige häufige Arten s. **15–17**. (Auch im Süßwasser, s. S. 365, **41**). (Familie *Tubificidae*) **15**

15 Gürtel an der BauchS unterbrochen, auf Sgm 10–12. 5–10 mm lg; bis 35 Sgm. Leicht bräunlich bis rötlich, Blut hellgelb. Im Sand der Küstenregion u. im Strandgrundwasser. Nordsee, Ostsee. *Spiridion insigne* KNÖLLNER

15* Gürtel ringförmig. Über 15 mm lg; mehr als 35 Sgm. Rötlich bis rot **16**

16 Gürtel auf Sgm 13 übergreifend **17**

16* Gürtel nicht auf Sgm 13 übergreifend, Sgm 10–12 völlig bedeckend. 30–65 mm lg; bis 120 Sgm. Bleichrot. In Schlamm u. Sand, unter Steinen u. im Anwurf. Nordsee, Ostsee; auch in salzigen Binnengewässern.

Clitellio arenarius (O. F. MÜLLER)

17 Gürtel das Sgm 10 völlig mit bedeckend. 25–38 mm lg; bis 92 Sgm. Lebhaft rot. Bes. im Brackwasser in Sand, Schlamm, unter Steinen u. im Anwurf. Bisher Ostsee. *Monopylephorus rubroniveus* LEVINSEN

17* Gürtel das Sgm 10 nur etwa zur Hälfte mit bedeckend. 16–30 mm lg; bis 64 Sgm. Fleischrot. Im Schlamm u. Sand bes. der brackigen Küstenregionen u. im Anwurf. Nordsee, Ostsee. *Tubifex costatus* (CLAPARÈDE)

18 **(1)** HE mit zentralem Saugnapf; vordere 4 Sgm bilden eine ± scharf vom Mittelkörper abgesetzte Kopfregion (Abb. **364**/1–2). Ohne Borsten. Parasiten an Flußkrebsen. Na: Blut u. Muskelfasern der Krebse, in der Jugend Detritus. Bewegung egelartig. Bis 12 mm lg *(Branchiobdellidae)* **19**

18* HE ohne Saugnapf, höchstens mit schwach eingesenkter kiementragender Platte (Abb. **360**/4, **362**/3–5) od. HKörper zu röhrenförmiger Kieme umgestaltet; vordere 4 Sgm nicht als Kopfregion abgesetzt. Borsten in der Regel wenigstens an einigen Sgm vorhanden. Nicht parasitisch an Flußkrebsen **22**

19 3–4 mm lg. Farblos od weißlich. Bes. an Kopf-Brustabschnitt u. Beinen von Flußkrebsen *(Branchiobdellidae)*. *Branchiobdella pentodonta* WHITMAN

19* Länger als 4 mm **20**

20 5–6 mm lg. Farblos od. weißlich. Bes. an den Kiemen der Flußkrebse *(Branchiobdellidae)*. *Branchiobdella hexodonta* GRUBER

20* Länger als 6 mm. Gelblich od. rötlich **21**

21 Kopfregion deutlich dicker als folgende Sgm. Saugnapf etwas breiter als die vorhergehenden Sgm. 7–12 mm lg. Gelblich-fleischfarben. An Kopf-Brustabschnitt u. Beinen der Flußkrebse *(Branchiobdellidae)*.

Branchiobdella parasita HENLE (Abb. **364**/1)

21* Kopfregion kaum abgesetzt. Saugnapf nicht verbreitert, eine einfache Grube bildend. 10–12 mm lg. Fleischfarben. An den Kiemen der Flußkrebse *(Branchiobdellidae)*. *Branchiobdella astaci* ODIER (Abb. **364**/2)

22 **(18)** HE ± verbreitert u. eingesenkt, mit mehreren Paaren finger- bis lappenförmiger Afterkiemen (Abb. **360**/4, **362**/3–5). Bilden Tierketten **23**

22* HE ohne Afterkiemen **27**

23 Kiemenplatte am HRand mit 1 Paar pfriemförmigen Palpen; 2 Paar länglich zylindrische hintere u. 1 Paar kürzere vordere Kiemen vorhanden (Abb. **362**/5). Ketten 6–20 mm lg. Rötlichgelb. Bauen Röhren, aus denen die Afterkiemen herausgestreckt werden. An Wasserpflanzen u. im Grundschlamm der Gewässer, bes. in Moortümpeln *(Naididae).* *Aulophorus furcatus* (OKEN)

23* Kiemenplatte am HRand ohne Palpen; Afterkiemen finger-, blatt- od. lappenförmig **24**

24 Rückenborsten ab 4. Sgm. Kiemennapf abgerundet 6eckig, breiter als lg, zumeist mit 5 Paar ± blattförmigen Kiemen (Abb. **362**/3). Ketten 10–30 mm lg. Milchigweiß, durchsichtig. In selbstgebauten Röhren. Im Schlamm von Teichen u. Torfgewässern *(Naididae).* *Dero dorsalis* FERRONIÈRE

24* Rückenborsten ab 6. Sgm. **25**

25 3 Paar große blatt- bis lappenförmige u. 1 Paar kleine vordere Kiemen (Abb. **362**/4), gelegentlich 1 Paar fehlend. 6–17 mm, Ketten bis 32 mm lg. Bräunlichrot. Lebt in Schleimröhren. Schwimmt in Spiralen. Bes. in stehenden Gewässern im Schlamm u. an Pflanzen *(Naididae).* *Dero digitata* (O.F. MÜLLER)

25* 2 Paar hintere Kiemen u. meist 1 Paar kiemenartige Vorsprünge seitlich am VRand der Kiemenplatte **26**

26 Die 2 hinteren Kiemenpaare fingerförmig. Kiemenplatte nicht nach hinten verlängert. 5–12 mm, Ketten bis 17 mm lg. Baut Röhren. Verbreitet in stehenden u. fließenden Gewässern *(Naididae).* *Dero obtusa* D'UDEKEM (Abb. **360**/4)

26* Hintere Kiemen kurz u. gedrungen. Kiemenplatte nach hinten verlängert, so daß die Kiemen auf ihrer vorderen Hälfte stehen. 2,5–10 mm lg. In Sand, Schlamm u. an Pflanzen am Ufer von Süßgewässern. Selten *(Naididae).* *Dero nivea* AIYER

27 **(22)** HKörper durch starke Erweiterung des Darmes als Röhrenkieme ausgebildet. Blaß bis leuchtend rosa, ± durchsichtig. 10–17 (ausgestreckt bis 40) mm lg. 2 Arten in langsam fließenden u. stehenden Gewässern *(Tubificidae).*
Aulodrilus BRETSCHER

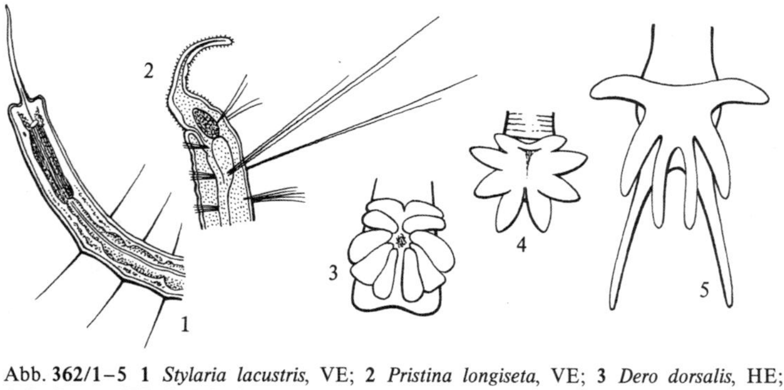

Abb. **362/1–5** **1** *Stylaria lacustris,* VE; **2** *Pristina longiseta,* VE; **3** *Dero dorsalis,* HE; **4** *D. digitata,* HE; **5** *Aulophorus furcatus,* HE

27* HKörper nicht als Röhrenkieme ausgebildet 28

28 Hintere Körperhälfte auf der Rücken- u. BauchS mit je bis zu 140 in 1 Reihe angeordneten fadenförmigen Kiemen. 30–100 (gelegentlich bis 200) mm lg, 0,8–1,5 mm br. Gelblich- od. rötlichgrau bis purpurrot. Unter Steinen u. in Schlammröhren in wärmeren Gewässern od. Flußabschnitten, bes. Altwässern; oft in Warmwasserbecken von Botanischen Gärten. Aus As nach Eur verschleppt *(Tubificidae).* *Branchiura sowerbyi* BEDDARD – **Kiemenwurm**

28* Hinterkörper ohne Rücken- u. Bauchkiemen 29

29 Rückenborstenbündel mit oft lg Haarborsten[1]. Wassertiere 30

29* Ohne Haarborsten. Wasser- u. Landtiere 42

30 Haut enthält rot, gelb bis grün od. bläulich gefärbte od. ungefärbte Flüssigkeitskugeln. KopfE abgeplattet, ± löffelförmig. Bilden 2–5 (selten bis 10) mm lg Tierketten. 12 Arten in stehenden u. fließenden Gewässern im Sand- od. Schlammgrund, feuchten Ufersand u. an Wasserpflanzen, gelegentlich in Aquarien (auch im Brackwasser, s. S. 359, **2**) *(Aeolosomatidae).* *Aeolosoma* EHRENBERG

30* Haut ohne Flüssigkeitskugeln. KopfE nicht abgeplattet u. löffelförmig . . . 31

31 KopfE in einen scharf abgesetzten fadenförmigen Fühler ausgezogen, dieser wenigstens 2,5mal länger als der Körper br. Mit Augenflecken. Bildet Tierketten. 3–10 mm, Ketten 6–18 mm lg. Gelb bis bräunlich, durchsichtig. Bes. in Teichen u. Seen, im Schlamm, an Wasserpflanzen u. am Bewuchs von Pfählen. Häufig. – **B.** Schwimmt gut. Geschlechtliche Fortpflanzung im Herbst, Kettenbildung im ganzen J. (Auch im Brackwasser, s. S. 359, **6**) *(Naididae).*
Stylaria lacustris (L.) (Abb. **360**/1)

31* VE ohne Fühler od. mit einem allmählich in das VE übergehenden Fühler, dieser dann höchstens doppelt so lg wie der Körper br 32

32 Bis 15 mm lg; wenn länger, dann vordere Haarborsten auffällig verlängert. Bilden Tierketten 33

32* Über 15 mm lg. u. vordere Haarborsten nicht verlängert 39

33 VKörper an 1 od. 3 Sgm mit stark verlängerten Haarborsten 34

33* Vordere Haarborsten nicht deutlich verlängert 36

34 6.–8. Sgm rückenseits mit Bündeln außerordentlich verlängerter Haarborsten, die bis 1,7 mm lg sind. Kopflappen kurz fühlerförmig. 2–4,5 mm, Ketten bis 7,5 mm lg. VE rotbraun, BauchS mit oliv- bis dunkelbraunem Pigment. In fließenden u. größeren stehenden Gewässern, bes. zwischen Pflanzen. – **B.** Lebt in selbstgebauten Gallertröhren. Streckt zum Nahrungserwerb VKörper aus der Röhre u. erzeugt mit den verlängerten Borsten Wasserwirbel; an den Borsten klebenbleibende Partikel werden mit dem Munde abgestreift. Kann im Wasser schweben u. schlängelnd schwimmen *(Naididae).*
Ripistes parasita (O. SCHMIDT) (Abb. **360**/5)

34* Nur 1 Sgm rückenseits mit stark verlängerten Haarborsten 35

35 Kopflappen zu einem fingerförmigen Fühler ausgezogen. Haarborsten des 3. Sgm (2. RückenborstenSgm) 3–5mal länger als die anderen (Abb. **362**/2). Ohne Augenflecke. 2–5 mm, Ketten bis 6 mm lg. Weißlich. Im Schlamm u. an Pflanzen bes. in stehenden, vor allem moorigen Gewässern. Sehr lebhaft *(Naididae).*
Pristina longiseta EHRENBERG

35* Kopflappen keinen Fühler bildend, abgerundet. Haarborsten des 6. Sgm (1. Rük-

[1] s. Fußnote S. 359

kenborstenSgm) 2–3mal länger als die anderen. Mit Augenflecken. 2–8 mm, Ketten bis 20 mm lg. Hellbraun, mit feiner Fremdkörperhülle. Im Schlamm u. Bewuchs bes. von stehenden Gewässern u. Mooren *(Naididae)*.
Slavina appendiculata (D'UDEKEM)

36 **(33)** Rückenborstenbündel mit jeweils 4–8 säbelartig gebogenen Haarborsten, die wenigstens einseitig tief gesägt sind. Mit Augenflecken. 2–4,5 mm, Kette bis 8 mm lg. Farblos od. gelblich. Im Schlamm bes. stehender Gewässer, häufig in Moortümpeln, zwischen Torfmoos. Rollt sich bei Störung spiralig ein. Träge, Fortbewegung ruckweise kriechend *(Naididae)*.
Vejdovskyella comata (VEJDOVSKY) (Abb. **364**/4)
Die ähnliche *Vejdovskyella intermedia* (BRETSCHER), ohne Augenflecke, bisher nur aus der Elbe oberhalb Hamburg bekannt.

36* Rückenborstenbündel mit glatten Haarborsten (je Bündel meist weniger als 4) **37**

37 Rücken- u. Bauchborsten beginnen im 2. Sgm. Ohne Augenflecke. Bis 15 mm lg Tierketten bildend. 4 Arten im Süßwasser zwischen Pflanzen u. im Schlamm. (*P. aequiseta* auch in salzigen Binnengewässern, s. S. 359, **6**; *P. longiseta* s. S. 363, **35**) *(Naididae)*. *Pristina* EHRENBERG

37* Rückenborstenbündel beginnen am 6. Sgm hinter den Bauchborstenbündeln **38**

38 Mit Augenflecken. Bis 12 mm lg Tierketten bildend. Meist lebhaft; können schwimmen. Am Sand- od. Schlammgrund u. zwischen Pflanzen in allen Süßgewässern. Fortpflanzung meist ungeschlechtlich durch Teilung. Verbreitet. Etwa 10 Arten. (Einige Arten, z. B. *N. elinguis*, auch im Brackwasser, s. S. 359, **7**) *(Naididae)*. *Nais* O. F. MÜLLER

38* Ohne Augenflecke. Bildet bis 10 cm lg Ketten. Bleich gelblichrot. Schwimmt nicht. Bes. im Schlamm- u. Sandgrund *(Naididae)*. *Specaria josinae* (VEJDOVSKY)

39 **(32)** Haut mit Ausnahme des Gürtels u. der Körperenden mit kleinen, ± undurchsichtigen papillenförmigen Gebilden besetzt (daneben größere Sinnenpapillen vorhanden) **40**

39* Haut ohne solchen „Papillen"-Besatz **41**

40 Hellgrau. Sinnespapillen in 2 od. 3 Ringen je Sgm. 15–40 mm lg. Im Schlamm u. Sand fließender u. stehender Gewässer, bes. in Seen *(Tubificidae)*.
Spirosperma [Peloscolex] ferox EISEN

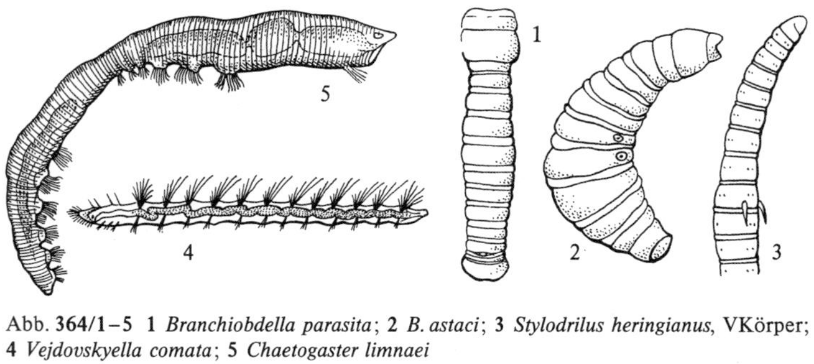

Abb. **364/1–5** **1** *Branchiobdella parasita*; **2** *B. astaci*; **3** *Stylodrilus heringianus*, VKörper; **4** *Vejdovskyella comata*; **5** *Chaetogaster limnaei*

40* Grau- bis ockerbraun od. schwärzlich, Gürtel hell. Sinnespapillen in 2 Ringen je Sgm. 23–50 mm lg. Im Schlamm bes. stehender Gewässer *(Tubificidae).*
Embolocephalus [Peloscolex] velutinus (GRUBE)

41 **(39)** ♂ Geschlechtsöffnungen (am 11. Sgm) mit je 1 einziehbaren, röhrenförmigen Penis. 15–100 mm lg. Rötlichgelb, rosa, rot od. orange. Leben oft in Schlammröhren, aus denen das HE ins Wasser ragt u. pendelnde Atembewegungen ausführt. Im Schlamm od. Sandboden stehender u. fließender, auch stark verschmutzter Gewässer. Etwa 15 Arten aus mehreren Gattungen.
Familie *Tubificidae*
Hierher z. B. der in Abwässern häufige *Tubifex tubifex* (O. F. MÜLLER), 20–100 mm lg, hellrot; dient als Futter für Aquarienfische.

41* ♂ Geschlechtsöffnungen (am 11. Sgm) ohne Penis. 10–35 mm lg. Hellrot. Im Grundschlamm von Flüssen *(Tubificidae).* *Rhyacodrilus coccineus* (VEJDOVSKY)
Der ähnliche, etwa 10 mm lg *Rhyacodrilus subterraneus* HRABĚ bisher nur aus Brunnen bei u. südöstl. von Leipzig bekannt.

42 **(29)** Körper fadenförmig, bis 300 mm lg, höchstens 1,5 mm br. Borsten einzeln, je 4 od. 2 (dann nur bauchseits) im Sgm. Rötlich bis rot od. rotbraun. Im feuchten Boden oberhalb des Grundwassers u. in unterirdischen Gewässern; auch am Grunde tiefer Seen u. selten an der Oberfläche (Brunnen, Quellen) *(Haplotaxidae).* *Haplotaxis gordioides* (G. L. HARTMANN)

42* Körper nicht derart fadenförmig (nur bis 70mal länger als dick). Borsten anders **43**

43 Nur an der BauchS Borstenbündel. Vorderes Borstenbündel vom folgenden durch 3 borstenlose Sgm getrennt (Abb. **364**/5). Bilden 2–25 mm lg Tierketten. Durchsichtig od. weißlich. Relativ plump u. träge. Räuber; Na: Rädertiere, Kleinkrebse, Oligochaeten, Zuckmückenlarven. 5 Arten (manche auch im Brackwasser, s. S. 360, **10** u. **10***); *Ch. limnaei* V. BAER an wasserlebenden Schnecken, die anderen Arten frei lebend *(Naididae).* *Chaetogaster* V. BAER

43* Auch Rückenborsten vorhanden. Körperbau anders **44**

44 Bilden Ketten. Wassertiere. Höchstens 36 mm lg **45**

44* Bilden keine Ketten. Wasser- od. Landtiere **48**

45 Tiere sehr träge. Jedes Sgm mit 2 od. 3 Papillenringen. Bis 25 mm, Ketten bis 36 mm lg. Grau bis braun od. rot, VE dunkelgelb mit 3–4 braunen Querbinden; oft mit einer ± undurchsichtigen Fremdkörperhülle. An Wasserpflanzen od. im Grundschlamm. Rollt sich bei Störung spiralig ein *(Naididae).*
Ophidonais serpentina (O. F. MÜLLER)

45* Tiere lebhaft. Ketten 3–18 mm lg **46**

46 Mit Augenflecken. Rückenborsten am 6. Sgm beginnend. Körper vorn gelbbraun mit grünen Flecken, nach hinten dunkelbraun werdend. Ketten 5–18 mm lg. Im Grundschlamm, an Wasserpflanzen u. frei schwimmend. (Auch im Brackwasser, s. S. 360, **12**) *(Naididae).* *Uncinais uncinata* (OERSTED)

46* Ohne Augenflecke. Rückenborsten vor dem 6. Sgm beginnend **47**

47 Rückenborsten am 5. Sgm beginnend. Farblos. Ketten 3–14 mm lg. Am u. im Sandgrund od. selten zwischen Pflanzen. 2 Arten im Süßwasser. (Auch im Meer u. in salzigen Binnengewässern, s. S. 360, **12***) *(Naididae).* *Paranais* CZERNIAVSKY

47* Rückenborsten am 2. Sgm beginnend. VE gelblichbraun. Ketten bis 8 mm lg. Im Sandgrund stehender u. fließender Gewässer *(Naididae).*
Homochaeta naidina BRETSCHER

48 **(44)** VE mit pfriemförmigem Fühler **49**

48* VE ohne Fühler **51**

49 Körper rosa bis rot **50**

49* Körper weißlichgrau, mit purpurrot durchschimmerndem Rückengefäß. 50–65 mm lg, kann sich stark ausstrecken. Schwimmt aalartig schlängelnd. Im Schlamm von Höhlengewässern u. in Quellen. Bisher Rheinland u. Westfalen *(Lumbriculidae).* *Guestphalinus wiardi* MICHAELSEN

50 Gürtel an Sgm 8–16. Rosarot mit violettem Schimmer. 80–180 mm lg, 2–3 mm br. Körperquerschnitt vorn rund, in der M vierkantig, hinten abgeplattet. Zwischen Wasserpflanzen u. im Schlamm stehender u. fließender Gewässer. Weit verbreitet *(Lumbriculidae).* *Rhynchelmis limosella* HOFFMEISTER

50* Gürtel an Sgm 8–23. Rosenrot. 25–45 mm lg, 1–1,5 mm br. Bes. in kalten Quellen, auch in Mooren. Selten *(Lumbriculidae).*
Rhynchelmis tetratheca MICHAELSEN

51 **(48)** ♂ Geschlechtsporen bilden vor dem Gürtel am 15., selten 13. Sgm grobe Querschlitze, die auf erhabenen Drüsenpolstern stehen können. Meist über 2 mm br. Meist Land, selten Wasser **56**

51* ♂ Geschlechtsporen meist klein, im Bereich des weit vorn liegenden Gürtels. Wasser od. Land **52**

52 Borstenbündel wenigstens der meisten Sgm mit mehr als 2 Borsten **54**

52* Borstenbündel höchstens mit je 2 Borsten. 7 Arten im Schlamm- u. Sandgrund der Gewässer od. im Grundwasser. 2 häufigere Arten s. **53, 53***. (Familie *Lumbriculidae*) **53**

53 BauchS des 10. Sgm mit 2 spitz kegelförmigen Anhängen (Abb. **364**/3). 25–40 mm lg. Gelblichrot. Im Schlamm stehender u. fließender Gewässer, bes. an Pflanzenwurzeln *(Lumbriculidae).* *Stylodrilus heringianus* CLAPARÈDE

53* BauchS des 10. Sgm ohne Anhänge. 40–90 mm lg, 1–1,5 mm br. Undurchsichtig rot bis schwarzbraun, bes. am VKörper oft grünlich schillernd. Im Sand u. Schlamm od. zwischen Pflanzen stehender, bes. schattiger Gewässer, häufig zwischen faulendem Laub. Lebhaft; schnellen sich mittels peitschender Bewegungen fort. Substratfresser. Fortpflanzung häufig ungeschlechtlich durch Querteilung (keine Kettenbildung!); zerstückelt sich auch bei Reizung *(Lumbriculidae).* *Lumbriculus variegatus* (O.F.MÜLLER)

54 **(52)** Rot od. rotbraun. Gürtel am 11. u. wenigstens Teilen des 10. u. 12. Sgm. Rückenblutgefäß fast den ganzen Rücken durchziehend. Im Wasser **55**

54* Weißlich od. gelblich, selten rötlich. Gürtel am 12. u. höchstens Teilen des 11. u./od. 13. Sgm. Rückenblutgefäß nur im VKörper. Meist an Land, seltener im Wasser. Lg meist unter 25 mm, ausnahmsweise bis 40 mm. Na: Substrat od. zersetzte, gelegentlich auch geschädigte lebende Pflanzenteile. Können in großer Besiedlungsdichte vorkommen u. für die Humusbildung im Boden wichtig werden. Über 35 Arten aus mehreren Gattungen. Familie *Enchytraeidae*

55 20–80 mm lg. Rot bis bräunlich. 3 Arten am Boden stehender u. fließender Gewässer *(Tubificidae).* *Limnodrilus* CLAPARÈDE

55* 8–10 mm lg. Rotbraun. Im Grundsand klarer Quellen, Flüsse u. Seen *(Tubificidae).* *Rhyacodrilus falciformis* BRETSCHER

56 **(51)** Kopflappen vollkommen mit dem MundSgm verwachsen (Abb. **368**/1). Gürtel nur zeitweilig auftretend, unscharf begrenzt, ab 16. Sgm über 27–32 Sgm reichend. Regenwurmähnlich. 120–320 mm lg, 3–5 mm br. Hell- bis dunkelbraun, selten olivfarben bis grün od. rötlich, VE blau schillernd. Regenerationsvermögen sehr groß. In Flüssen u. Seen nahe dem Ufer im Schlamm u. zwischen Wurzeln *(Criodrilidae).* *Criodrilus lacuum* HOFFMEISTER

56* Kopflappen seitlich vom MundSgm ± getrennt (Abb. **368**/2–4). Gürtel bei erwachsenen Würmern ständig vorhanden, scharf begrenzt, erst mehrere Sgm hinter den ♂ Poren beginnend. Familie *Lumbricidae* – **Regenwürmer** S. 367

Familie *Lumbricidae* – **Regenwürmer**

G. Körper meist ± drehrund, selten kantig, Enden verjüngt. 15–300 mm lg. Färbung sehr unterschiedlich, mitunter nicht artkonstant. Je Sgm 8 eng gepaart, weit gepaart od. getrennt stehende kurze Borsten. Der für Bestimmung wichtige Gürtel (Abb. **367**/1) bauchwärts seitlich meist mit balken- od. knötchenförmigen drüsigen Verdickungen, den Pubertätswällen (Abb. **367**/1) bzw. Pubertätstuberkeln. Bestimmte Borsten des VKörpers häufig auf drüsigen Borstenpapillen (Abb. **367**/1). ♂ Porus meist mit ± ausgedehntem Drüsenhof, am 15., selten 13. Sgm. In Rückenmitte mit Ausnahme des VE zwischen zwei Sgm je 1 Rückenporus. Kopflappen durchsetzt 1. Sgm vollkommen (Abb. **368**/3) od. nur teilweise (Abb. **368**/4); selten ist er vom 1. Sgm getrennt (Abb. **368**/2). – **V.** Heimat ist nördliche gemäßigte Zone, sekundär manche Arten kosm bis zu den Polargebieten. – **L.** Land, bes. in feuchten Böden, unter Laub u. Steinen od. in vermodernden Baumstubben; selten Wasser od. wasserdurchtränktes Erdreich. – **B.** Graben vielfach ± tiefe Gänge (große Arten bis über 2 m tief), wobei weiche Erde beiseite gedrängt, festere gefressen wird. Kotmassen werden zum Auskleiden der Gänge benutzt od. als Kottürmchen an Röhrenmündung abgesetzt. Sehr lichtempfindlich, deshalb tagsüber unter der Erde od. an dunklen Stellen. Ungünstige Kälte- u. Trockenperioden werden in eingerolltem Ruhezustand am unteren Gangende überstanden. Flüchten nach langem Regen aus wassergetränktem Erdreich an Oberfläche; dort häufig Lichttod. Na: zerfallendes Pflanzengewebe od. mit Erde aufgenommene organische Substanzen u. Mikroorganismen. Bei Paarung der zwittrigen Tiere gegenseitige Befruchtung. Entw in Kokons (an feuchten Stellen dicht unter Erdoberfläche abgelegt). Durch Förderung der Humusbildung sowie Durchmischung, Lockerung u. Belüftung des Bodens für Land- u. Forstwirtschaft wichtig. Etwa 300 Arten, davon 33 im Gebiet. Nur geschlechtsreife Tiere bestimmbar. Bei Angabe von Sgm-Anzahl Kopflappen nicht mitgezählt. 1/2 vor Sgm-Anzahl bedeutet, daß Gürtel od. Pubertätswälle nur z. T. auf das Sgm übergreifen. Zahlen in ( ) geben Schwankungsbreite der Merkmale an.

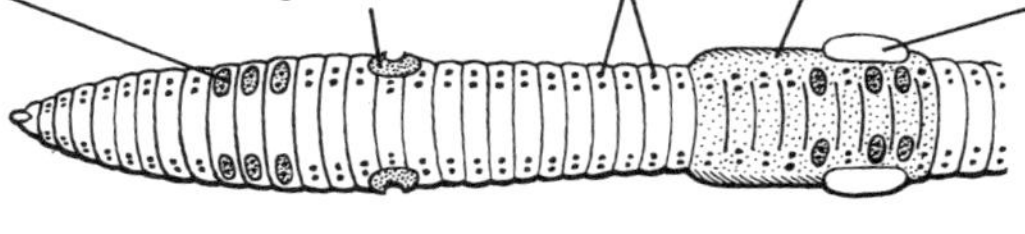

Abb. **367/1** VE einer Lumbricide von unten

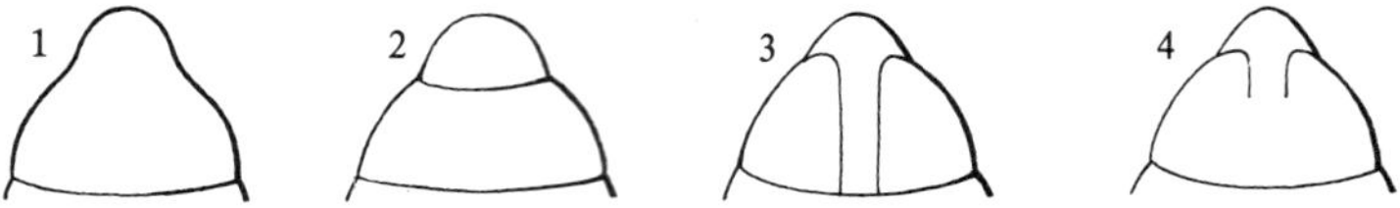

Abb. **368/1–4** Erstes Segment mit Kopflappen von vier verschiedenen Regenwürmern

1 Kopflappen durchsetzt 1. Sgm vollständig (Abb. **368**/3) **25**
1* Kopflappen durchsetzt 1. Sgm nicht vollständig (Abb. **368**/4) od. ist von ihm getrennt (Abb. **368**/2) **2**
2 Kopflappen vom 1. Sgm getrennt. ♂ Poren am 13. (selten 15.) Sgm. Gürtel an Sgm 23–26 (22–27). Pubertätswälle an Sgm 1/2 23–25 (23–26). Meist grau-, rot- od. olivbraun. 20–60 mm lg, 1,5–4 mm br. M- u. HKörper vierkantig. Im Süßwasser u. am Ufer der Gewässer in nasser Erde u. Moos, selten in feuchten Laubw u. Wiesen. Häufig. *Eiseniella tetraedra* (SAVIGNY)
2* Kopflappen durchsetzt 1. Sgm unterschiedlich weit. ♂ Poren am 15. Sgm. Pubertätswälle od. -tuberkel beginnen hinter od. selten an Sgm 25 od. fehlen **3**
3 Pubertätswälle od. -tuberkel vorhanden **4**
3* Pubertätswälle od. -tuberkel fehlen[1]. Gürtel an Sgm 27 bis 33 (25–33). HE keulenförmig verdickt. Farblos bis weißlich rosa. 22–55 mm lg, 1–1,5 mm br. In feuchten Wäldern unter Fallaub u. in moorigen Wiesenböden. Bisher nur Rheinland-Pfalz. *Murchieona [Allolobophora] minuscula* (ROSA)
4 Gürtel an Sgm 22–32 (21–32). Pubertätswälle an Sgm 29–30. ♂ Poren mit auf Sgm 14 u. 16 übergreifenden Drüsenhöfen. Pigmentlos; fleischrot. 35–80 mm lg, 1,3–2 mm br. Im wasserdurchtränkten Ufer u. Grundschlamm fließender Gewässer. *Helodrilus [Allolobophora] oculata* (HOFFMEISTER)
4* Gürtel beginnt an od. hinter Sgm 24 . . . . **5**
5 Gürtel an Sgm 34–43 (33–44). Pubertätswälle an Sgm 35–43 (33–44). Pigmentlos, gelblich od. rötlich. 50 bis 140 mm lg, 3–6 mm br. In feuchten, bes. lehmigen Böden. Im W u. SW des Gebietes. *Aporrectodea [Allolobophora] icterica* (SAVIGNY)
5* Gürtel nicht bis Sgm 40 reichend **6**
6 Gürtel an Sgm 33–37. Pubertätstuberkel an Sgm 35 u. 36 (34–37). Rücken rot, BauchS weißlich. 13 bis 25 mm lg, 1 mm br. In feuchtem Waldboden u. unter Moos. Im SW des Gebietes. *Dendrobaena pygmaea* (SAVIGNY)
6* Gürtel vor Sgm 33 beginnend **7**
7 Drüsenhöfe der ♂ Poren auf Sgm 15 beschränkt od. fehlend **8**
7* Drüsenhöfe der ♂ Poren auf Sgm 14 u. 16 übergreifend (Abb. **367**/1) **21**
8 Pubertätswälle od. -tuberkel beginnen vor Sgm 27 . . . . **9**
8* Pubertätswälle od. -tuberkel beginnen an od. hinter Sgm 27 . . . . **10**
9 Rücken bes. am VE braunrot, BauchS gelblich. Gürtel sehr variabel, an Sgm 25–30 (23–32). Pubertätswälle undeutlich, an Sgm 26–28 (24–30). 17–85 mm

[1] Manchmal sehr unscheinbar bei *Allolobophora parva* (s. S. 369, 9) u. *Dendrodrilus rubidus* (s. S. 369, **16**)

lg, 2–4 mm br. In vermodernden Baumstubben u. unter Laubstreu. Bayern, wohl eingeschleppt. Selten. *Allolobophora parva* (EISEN)

9* Schmutzigweiß od grau mit rötlichem Schimmer, Gürtel manchmal ziegelrot. Gürtel meist nur an der RückenS entw, an Sgm 25–30 (24–1/2 30). Pubertätswälle an Sgm 26–29 (25–30). 65–185 mm lg, 4–8 mm br. Bes. in feuchten Auwäldern u. -wiesen, auch in fetter Gartenerde. Im SW u. W des Gebietes. Selten. *Fitzingeria [Dendrobaena] platyura* (FITZINGER)

10 **(8)** Gürtel höchstens bis Sgm 34 reichend **11**

10* Gürtel an Sgm 28–35 (27–1/2 36). Pubertätswälle an Sgm 32–34, manchmal an Sgm 33 verschmälert, od. selten nur Pubertätstuberkel an Sgm 32 u. 34. Rauchgrau od. graubraun bis braunschwarz, irisierend. 90–200 mm lg, 5–8 mm br. In Acker-, Wiesen- u. Gartenerde, gelegentlich im Laubw. Verbreitet. *Aporrectodea [Allolobophora] longa* (UDE)

11 Pubertätswälle bis Sgm 33 (34) reichend **12**

11* Pubertätswälle od. -tuberkel höchstens bis Sgm 32 reichend **14**

12 Pubertätswälle an Sgm 31–33 . . . . **13**

12* Pubertätswälle an Sgm 30–33 (1/2 29–1/2 34). Gürtel an Sgm 29–34. Bläulich schimmernd, HE gelblich. 50 bis 180 mm lg, 5–8 mm br. Bes. in Wald- u. Wiesenböden, selten an feuchten Stellen. *Octolasion cyaneum* (SAVIGNY)

13 Glänzend rot bis violettbraun, kupferfarben od. rotgelb. Gürtel an Sgm 29–33 (27–34). 20–60 mm lg, 1–4 mm br. Häufig in der Streu von Laubw u. in Stubben, auch in Mooren, selten in Garten- u. Wiesenböden. *Dendrobaena octaedra* (SAVIGNY)

13* Rücken vorn schwach rötlichbraun, Körper sonst leicht rosafarben. Gürtel an Sgm 24–33 (23–34). 25–31 mm lg, 2–2,5 mm br. In feuchten, humösen Böden bes. in Gewässernähe u. unter Laubstreu. Im NO des Gebietes. Selten. *Kritodrilus [Dendrobaena] auriculatus* (ROSA)

14 **(11)** Gürtel mit 1 Paar Pubertätswällen, die sich meist über mehr als 2 Sgm erstrecken **18**

14* Gürtel mit 2 Paar Pubertätstuberkeln, die einander berühren können **15**

15 Pubertätstuberkel auf benachbarten Sgm **16**

15* Pubertätstuberkel an Sgm 28 u. 30, manchmal durch schwache Erhebung verbunden. Gürtel an Sgm 26–32 (27–33). VKörper schmutzig rosa, Körper sonst weißlich, Gürtel orange. In feuchten Grünland- u. Ackerböden in der Nähe von Fließgewässern. Im W des Gebietes. Selten. *Allolobophora cupulifera* TÉTRY

16 Pubertätstuberkel an Sgm 30 u. 31 . . . . **17**

16* Pubertätstuberkel an Sgm 29 u. 30, sind manchmal verschmolzen od. fehlen auch. Gürtel an Sgm 27–31 (25–32). Rücken blaß- bis bräunlichrot, BauchS heller. 15–110 mm lg, 2–4 mm br. In der Streu u. obersten Bodenschicht von Wäldern u. in vermoderndem Holz, in Garten- u. Wiesenböden, auch in Mist u. Faulstoffen. *Dendrodrilus [Dendrobaena] rubidus rubidus* (SAVIGNY)

17 Gürtel an Sgm 26–32 (25–32). Dunkelrot mit purpurnen Streifen auf violetter Grundfarbe, RückenS der Sgm 9–11 heller. 20–80 mm lg, 2–7 mm br. In Laubstreu, Wiesen- u. Gartenerde u. Komposthaufen. *Dendrobaena veneta* (ROSA)

17* Gürtel an Sgm 27–33. Rücken purpurrot mit dunkleren Querbinden, Sgm 9–12 viel heller. 15–45 mm lg, 2–3 mm br. In humösen Böden, Komposterde u. unter Laubstreu. *Dendrobaena hortensis* (MICHAELSEN)

18 **(14)** Pubertätswälle ab Sgm 27 od. 28 . . . . **19**

18* Pubertätswälle an Sgm 29–31 (29–30). Gürtel an Sgm 26–32 (24–33). Pigmentlos; hell fleischfarben bis dunkelrot, selten gelblich, Gürtel ziegelrot. In den verschiedensten Bodenarten weit verbreitet. *Aporrectodea [Allolobophora] rosea* (SAVIGNY)

19 Jedes Sgm mit roter, purpurner od. brauner Querbinde, Intersegmentalfurchen hell. Gürtel an Sgm 26–32 (24–33). Pubertätswälle an Sgm 28–30 (1/2 27–31). 30–130 mm lg, 2–4 mm br. Fast nur in Mist- od. Komposthaufen, selten in sehr fetter Gartenerde od. Waldboden. *Eisenia fetida* (SAVIGNY)

19* Färbung gleichförmig, Intersegmentalfurchen nicht hell **20**

20 Pubertätswälle an Sgm 28–30 (28–1/2 31). Gürtel an Sgm 26–31 (25–32). ♂ Poren deutlich, mit Drüsenhöfen. Rücken bleich- bis tiefrot. 20–90 mm lg, 2–4 mm br. In Waldstreu, vermodernden Stubben u. im Boden, auch an nassen Stellen. Verbreitet. *Dendrodrilus [Dendrobaena] rubidus subrubicundus* (EISEN)

20* Pubertätswälle an Sgm 29–30 (27–32). Gürtel an Sgm 27–32 (23–33). ♂ Poren unscheinbar, ohne Drüsenhöfe. Bleich od. schwach rötlich. 35–170 mm lg. Im S des Gebietes in Auwäldern u. am Ufer von Gewässern. *Aporrectodea [Allolobophora] handlirschi* (ROSA)

21 **(7)** Mit 2 Paar Pubertätstuberkeln od. 1 Paar Pubertätswällen **22**

21* Mit 3 Paar Pubertätstuberkeln auf Sgm 31, 33 u. 35. Gürtel an Sgm 29–37 (28–37). Grünlich, gelblich, manchmal rötlich od. farblos. 25–80 mm lg, 3–7 mm br. In feuchten Garten- u. Wiesenböden, am Ufer von Gewässern, unter Moos u. faulendem Laub. Häufig. . . . . . . *Allolobophora chlorotica* (SAVIGNY)

22 Pubertätstuberkel an 2 benachbarten Sgm od. Pubertätswälle (verschmolzene Tuberkel) an 2 Sgm **23**

22* Pubertätstuberkel durch 1 Sgm getrennt od. Pubertätswälle an 3–4 Sgm . . **24**

23 Pubertätstuberkel an Sgm 30 u. 31 od. auf Intersegmentalfurche 30/31 u. 31/32 (berühren sich) od. Pubertätswälle an Sgm 30–31. Gürtel an Sgm 25–33 (26–33). Pigmentlos; weißlich grau od. rosa. 25–90 mm lg, 2–4 mm br. In feuchten Wiesen- u. Ackerböden od. Auwäldern. Bisher Rheinebene. *Helodrilus [Allolobophora] antipae* (MICHAELSEN)

23* Pubertätswälle an Sgm 33 u. 34. Gürtel an Sgm 29–35 (28–36). Pigmentlos; vorn fleischfarben, hinten mehr grau. 60–90 mm lg, 3–4 mm br. In wasserdurchtränkten Böden in Gewässernähe. *Aporrectodea [Allolobophora] limicola* (MICHAELSEN)

24 **(22)** Gürtel an Sgm 27–34 (26–35). Pubertätstuberkel an Sgm 31 u. 33 od. Pubertätswälle an Sgm 31–33. Pigmentlos; grau mit rötlichem, bräunlichem od. gelblichem Schimmer. 50–170 mm lg, 3–5 mm br. In allen Böden, bes. mit mittlerem Feuchtigkeitsgehalt. *Aporrectodea [Allolobophora] caliginosa* (SAVIGNY)

24* Gürtel an Sgm 30–35. Pubertätswälle an Sgm 31–34 (30–35), manchmal in der M unterbrochen. Bläulichgrau, selten gelblich, rötlich od. braungrau. 30–180 mm lg, 2–8 mm br. In verschiedenartigen feuchten Böden u. unter Laubstreu, selten in Sand- u. Ackerboden. *Octolasion lacteum* (OERLEY)

25 **(1)** Pubertätswälle vorhanden **26**

25* Pubertätswälle od. -tuberkel fehlen. Gürtel an Sgm 25–32 (24–33). ♂ Poren auf kleinen Drüsenhöfen. Rücken leuchtend violett od. rot, BauchS gelblich. 30–80 mm lg, 2–5 mm br. In humösen Böden, der Streu bes. von Laubw, vermodernden Stubben u. unter Moos. *Eisenia eiseni* (LEVINSEN)

26 Gürtel beginnt vor Sgm 30 . . . . **27**

26* Gürtel beginnt hinter Sgm 30 . . . . **30**

27 Pubertätswälle beginnen vor Sgm 30 . . . . **28**

27* Pubertätswälle an Sgm 31–33. Gürtel an Sgm 28–34 (27–35). Rücken rotbraun bis dunkelviolett, BauchS vorn fleischfarben, seltener gelblich, sonst gelblichgrau. 40 bis 75 mm lg, 2–5,5 mm br. Bes. in Nadelw. Im S des Gebietes. Selten. *Dendrobaena illyrica* (COGNETTI)

28 Pubertätswälle reichen über 4 od. mehr Sgm **29**

28* Pubertätswälle an Sgm 29–31. Gürtel an Sgm 28–32. Drüsenhöfe der ♂ Poren auf Sgm 14 u. 16 übergreifend. Grauviolett od. bräunlichviolett, BauchS u. HE heller. 40 bis 70 mm lg, 2–5 mm br. In Laubstreu u. Humus von feuchten Wäldern. Südl. u. südwestl. M.-Geb. Selten. *Lumbricus baicalensis* MICHAELSEN

29 Pubertätswälle an Sgm 28–31. Gürtel an Sgm 27–32 (1/2 26 bis 1/2 33). ♂ Poren ohne Drüsenhöfe. 50–150 mm lg, 3–6 mm br. Rücken leuchtend rotbraun bis violett, schwach irisierend. In humusreichen Böden mit mittlerem Feuchtigkeitsgehalt, Laubstreu u. vermodernden Stubben, auch an der Oberfläche zwischen Gras u. Moos. Häufig. *Lumbricus rubellus* HOFFMEISTER

29* Pubertätswälle an Sgm 29–32. Gürtel an Sgm 28–33. ♂ Poren mit sehr kleinen Drüsenhöfen. 30–85 mm lg, 2–5 mm br. Rücken kastanienbraun bis braunviolett, stark irisierend. In Laubstreu u. feuchten Wald- u. Wiesenböden mit hohem Humusgehalt; gelegentlich in Baumstubben u. an der Oberfläche zwischen Gras od. Moos. Häufig. *Lumbricus castaneus* (SAVIGNY)

30 **(26)** Gürtel beginnt vor Sgm 37 . . . . **31**

30* Gürtel an Sgm 39–43 (37–45). Pubertätswälle an Sgm 40–43 (37–44). ♂ Poren klein. 100–450 mm lg, 6–10 mm br. VKörper dunkelviolett od. bläulichgrau, weiter hinten diese Färbung auf schmale intersegmentale Ringe beschränkt. Bes. in der Streu von Laubw. Bisher am Kaiserstuhl.
Lumbricus polyphemus (FITZINGER)

31 Gürtel beginnt an od. vor Sgm 32 . . . . **33**

31* Gürtel beginnt an od. hinter Sgm 33 . . . . **32**

32 Pubertätswälle an Sgm 34–37 (manchmal nur 34–36), an Sgm 34 u. 36 stark verdickt. Gürtel an Sgm 34 bis 37 (33–38). ♂ Poren auf sehr erhabenen, manchmal auf Sgm 14 u. 16 übergreifenden Drüsenhöfen. Bis 140 mm lg, bis 12 mm br. HE abgeplattet. Rauchbraun, rotbraun bis rotviolett, BauchS bleich. In Laubstreu u. mäßig feuchten Böden. Im SW des Gebietes. Selten.
Lumbricus friendi COGNETTI

32* Pubertätswälle an Sgm 35–38 (34–38). Gürtel an Sgm 34–39 (1/2 33–39). Drüsenhöfe der ♂ Poren auf Sgm 14 u. 16 übergreifend. 55–100 mm lg, bis 5 mm br. Rücken leuchtend rotbraun bis purpurn mit rotem Längsstrich, hinten blasser, BauchS hell. In humusreichen Wald-, Wiesen- u. Ackerböden u. in Laubstreu, bes. in Gewässernähe. Bisher Schleswig-Holstein. *Lumbricus festivus* (SAVIGNY)

33 **(31)** Rücken vorn braunviolett, hinten blasser, meist mit dunkleren Längsstreifen. Gürtel an Sgm 32–37 (1/2 31–38). Pubertätswälle an Sgm 1/2 33–1/2 36. Drüsenhöfe der ♂ Poren auf Sgm 14 u. 16 übergreifend. 60–300 mm lg, 4–9 mm br. HE ± abgeplattet. Bevorzugt lehmige Böden, bes. Ackerland. Verbreitet.
Lumbricus terrestris L. [*L. herculeus* (SAVIGNY)]

33* Körper gleichfarbig rauchbraun. Gürtel an Sgm 32–38. Pubertätswälle an Sgm 34–36 (33–37), an Sgm 34 u. 36 stark verdickt. Etwa 140 mm lg, 9–12 mm br. Bisher Schwarzwald. Selten. Vielleicht mit *L. friendi* (s. **32**) identisch.
Lumbricus badensis MICHAELSEN

Ordnung *Hirudinea* – Egel

G. Borstenlose Ringelwürmer mit konstanter SgmAnzahl (33). Sgm äußerlich in eine bei den einzelnen Arten verschiedene Anzahl sekundärer Ringe unterteilt; deshalb ihre Grenzen schwer erkennbar. Körper ± lggestreckt, oft abgeplattet u. meist weich. Am HE eine aus den letzten 7 Sgm gebildete große Haftscheibe. Am VE eine kleinere, oft nicht deutlich abgesetzte Haftscheibe, in der die Mundöffnung liegt. After rückenseits direkt vor der hinteren Haftscheibe. Auf RückenS des VE meist Augen (Anzahl u. Anordnung für Bestimmung wichtig!). In der M der BauchS von Sgm 10 u. 11 liegen ♂ u. ♀ Geschlechtsöffnung (Abb. **373**/1); diese u. benachbarte Sgm bilden während der Fortpflanzungszeit das Clitellum. – **L.** Alle einheimischen Egel bis auf eine landlebende Art im Süß- od. Meerwasser; wenige Arten zeitweilig in der feuchten Uferregion, bes. zur Eiablage. – **B.** Parasiten (saugen Blut von wasserbewohnenden Wirbeltieren od. Wirbellosen) od. Räuber (fressen Schnecken, Würmer u. andere Kleintiere). 2 Arten fallen auch den Menschen an, eine schmarotzt in der Nasen- u. Rachenhöhle von Wasservögeln. Bewegung entweder spannerartig mit Hilfe der Haftscheiben od. schwimmend mittels undulierender Körperbewegungen. Zwitter. Spermaübertragung direkt od. durch Spermatophoren, die in die Haut eingepflanzt werden. Eiablage in Kokons an Wasserpflanzen, Steinen usw. od. in feuchter Erde. Manche *Glossiphoniidae* tragen Kokons u. Jungtiere an der BauchS mit sich umher (Brutpflege). – Etwa 300 Arten, davon 33 im Gebiet. Nach Bau des VDarmes werden die einheimischen Arten in die Überfamilien der Rüsselegel (*Rhynchobdelliformes*, mit Familien *Glossiphoniidae* u. *Piscicolidae*), Kieferegel (*Gnathobdelliformes*, mit Familien *Hirudinidae, Haemopidae* u. *Xerobdellidae*) u. Schlundegel (*Pharyngobdelliformes*, mit Familie *Erpobdellidae*) gegliedert. Da der Bestimmungsschlüssel nicht dem natürlichen System folgt, Familienzugehörigkeit in ( ) angegeben. – Zur Bestimmung können Egel in 10%igem Alkohol od. Selterswasser betäubt werden; in frischem Wasser erholen sie sich schnell wieder.

1 Im Wasser, höchstens zeitweilig an Land u. dann stets in Gewässernähe . . . **2**

1* An Land. 4 Paar Augen, das 4. vom 3. Paar durch 2 Hautringe getrennt. Rücken schwarz, BauchS u. VE heller. 30–65 mm lg, 3–5 mm br, kann sich stark ausstrecken. Verschlingt *Oligochaeta*, Insektenlarven u. Schnecken od. saugt sie aus; evtl. Blutsauger an Salamandern. Nur nachts aktiv, sonst eingerollt in 1–2 cm großen Höhlen in Erde od. Humus unter Fallaub u. Steinen; bes. in Buchenwäldern. Alp, vielleicht auch M-Geb; selten *(Xerobdellidae)*.
Xerobdella lecomtei V. FRAUENFELD

2 Im Süßwasser od. frei lebend im Brackwasser **14**

2* Im Meer, parasitisch auf Fischen **3**

3 Körper außer am vorderen Fünftel mit ca. 30 Paar blattförmigen Kiemenanhängen. Rötlich, braunrot bis schwärzlich mit gelblichweißen Flecken. Hintere Haftscheibe weißlich. 30–50 mm lg, ohne Anhänge 4–8 mm br, Anhänge 3–4 mm lg. Auf Rochen (bes. *Raja, Trygon*) u. gelegentlich Knochenfischen. Nordsee; selten *(Piscicolidae)*. *Branchellion torpedinis* SAVIGNY

3* Körper ohne blattförmige Kiemenanhänge **4**

4 Ganze KörperOFläche mit Ringen von auffallend großen u. viel kleineren Warzen. Bis über 200 mm lg u. 20 mm br. Schlank keulenförmig, im ∅ drehrund.

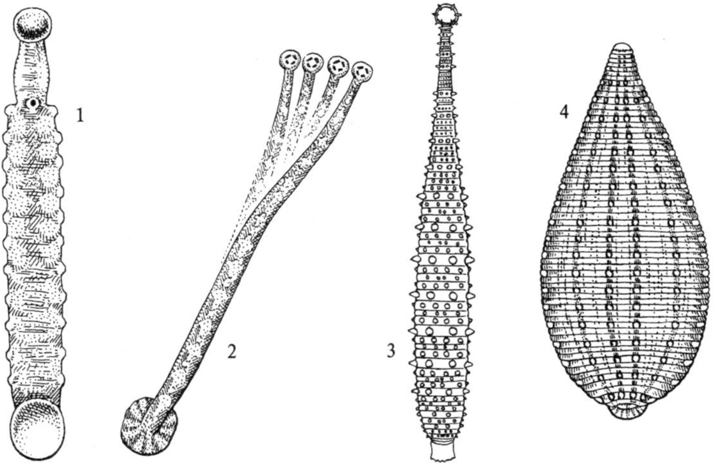

Abb. **373/1–4** **1** *Cystobranchus respirans*, BauchS; **2** *Piscicola geometra* in Suchbewegung; **3** *Pontobdella muricata*; **4** *Glossiphonia complanata*

Gelb bis grünlich, manchmal rötlichbraun. Auf Rochen (bes. *Raja, Torpedo*) u. einigen Knochenfischen. Nordsee, selten westl. Ostsee *(Piscicolidae)*.
Pontobdella muricata (L.) – **Rochenegel** (Abb. **373**/3)

4* Warzen nur auf der RückenS u. durchweg klein od. ohne Warzen **5**

5 RückenS mit 6 Reihen kleiner Warzen. Rücken weißlich mit roten Querbinden. Etwas abgeplattet. Ohne Augen. 20–30 mm lg, 3–4 mm br. Auf Sternrochen *(Raja radiata)*. Nordsee, westl. Ostsee; sehr selten *(Piscicolidae)*.
Oxytonostoma typica MALM

5* Körper ohne Warzen **6**

6 VE mit Augen **11**

6* VE ohne Augen **7**

7 Körper beiderseits mit 1 Reihe pulsierender SBläschen **9**

7* Körper ohne SBläschen **8**

8 Körper ungefärbt, durchscheinend, oft mit rötlicher Streifung od. weißen Punkten. Zylindrisch, leicht abgeplattet. 20–30 mm lg, 1,5–2 mm br. Auf Seewolf *(Anarrhichas lupus)*. Nordsee *(Piscicolidae)*. *Platybdella anarrhichae* (DIESING)

8* Körper gelbbraun bis samtschwarz, hintere Haftscheibe mit helleren Strahlen. Zylindrisch, gegen die Enden verjüngt. 3–10 mm lg, 0,5–1 mm br. Auf Seezungen *(Solea)*. Nordsee *(Piscicolidae)*. *Hemibdella soleae* (BENEDEN U. HESSE)

9 (7) Mit 11 Paar SBläschen nur an den hinteren 2 Körperdritteln **10**

9* Mit 15 od. 16 Paar SBläschen in ganzer KörperLg. Drehrund, ± keulenförmig. Dunkel gelblich bis olivfarben. Bis 50 mm lg. Auf Knochenfischen. Nordsee *(Piscicolidae)*. *Trachelobdella lubrica* (GRUBE)

10 Hintere Haftscheibe etwa doppelt so br wie Mundscheibe. Zylindrisch. Gelb bis

braungelb gepunktet od. gestrichelt. Bis 30 mm lg, 2–2,5 mm br. Auf Schellfisch *(Melanogrammus aeglefinus)*, auch auf vielen anderen Knochen- u. Knorpelfischen. Schwimmt gut. Oft am Boden. Nordsee *(Piscicolidae)*.
Calliobdella nodulifera MALM

10* Hintere Haftscheibe 3–4mal so br wie Mundscheibe. Körper ± abgeplattet. RückenS grünlichbraun u. BauchS rötlich gepunktet. 20–70 mm lg, 2–2,5 mm br. Auf Seeteufel *(Lophius piscatorius)*. Lebt ständig am Wirt. Nordsee *(Piscicolidae)*. *Calliobdella lophii* BENEDEN U. HESSE

11 **(6)** Mit 3 Paar Augen am VEnde (Abb. **374**/1–2) **12**

11* Mit 2 Paar Augen auf der RückenS der Mundscheibe (Abb. **374**/3). Hintere Haftscheibe mit dunklen Radien u. augenähnlichen Punkten (Abb. **374**/4). Zylindrisch, mindestens 15mal so lg wie br. Bis 50 mm lg, 1,2–3 mm br. Grünlich bis gelblich mit schwarzen od. rotbraunen Punkten. Bes. auf Seeskorpion *(Cottus scorpius)* u. Flunder *(Pleuronectes flesus)* in der Ostsee, sonst im Süßwasser (s. **15***) *(Piscicolidae)*. *Piscicola geometra* (L.) – **Gemeiner Fischegel** (Abb. **373**/2)

12 Mundscheibe groß, kreisförmig (Abb. **374**/1), fast so br wie hintere Haftscheibe. Braun. Etwa 25 mm lg, 1,5–2 mm br. Auf Seeskorpion *(Cottus scorpius)* u. frei unter Algen. Kann nicht schwimmen. Nordsee, westl. Ostsee *(Piscicolidae)*.
Ottonia brunnea (JOHANSSON) – **Brauner Fischegel**

12* Mundscheibe nicht kreisförmig, nur als Ringwulst vom VEnde abgesetzt (Abb. **374**/2) **13**

13 Körper durchscheinend, fast ungefärbt. Rand der Mundscheibe ohne augenähnliche Punkte. Etwa 25 mm lg, 2–2,5 mm br. Auf Seeskorpion *(Cottus scorpius)* u. frei unter Algen. Träge, kann nicht schwimmen. Nordsee, westl. Ostsee *(Piscicolidae)*. *Abranchus microstomus* JOHANSSON

13* Körper mit in Querbändern angeordneten schwarzen Punkten. Rand der Mundscheibe mit einem Kreis augenähnlicher Punkte. 10–15 mm lg, 2–2,5 mm br. Auf Aalmutter *(Zoarces viviparus)*, Kabeljau *(Gadus morrhua)* u. Seehase *(Cyclopterus lumpus)*. Träge, kann nicht schwimmen, Nordsee, westl. Ostsee; selten *(Piscicolidae)*. *Oceanobdella sexoculata* (MALM)

14 **(2)** Mit 2 deutlich abgesetzten großen Haftscheiben an den Körperenden. Mundscheibe kreisförmig **15**

14* Mundscheibe wenig (dann herzförmig) od. nicht abgesetzt **17**

15 Körper abgeplattet, in der Ruhe 4–6mal so lg wie br, außer am vorderen Drittel mit jederseits 11 großen pulsierenden Bläschen (Abb. **373**/1) **16**

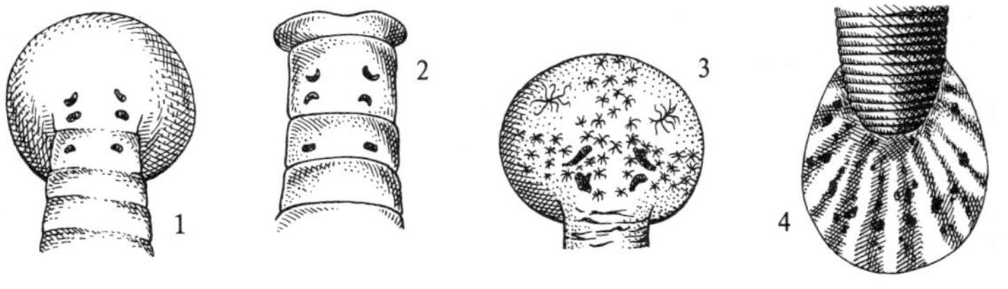

Abb. **374/1–4** **1** *Ottonia brunnea*, VE; **2** *Abranchus microstomus*, VE; **3** *Piscicola geometra*, VE; **4** *P. geometra*, HE

15* Körper zylindrisch, mindestens 15mal so lg wie br, mit kleinen SBläschen (nur im Leben sichtbar). Grünlich od. gelblich mit schwarzen od. rotbraunen Punkten. Auf der RückenS der Mundscheibe 2 Paar Augen. Hintere Haftscheibe mit dunklen Radien u. augenähnlichen Punkten am Rande. Bis 50 (ausgestreckt bis 100) mm lg, 1,2–3 mm br. Zeitweiliger Parasit an zahlreichen Fischarten, sonst frei zwischen Wasserpflanzen. Auch in der Ostsee. – **B.** Sitzt tagelang regungslos an Wasserpflanzen. Wenn Fisch in die Nähe kommt, schwingt Egel den Körper suchend hin u. her. Geht bei Berührung mit dem Wirt auf diesen über u. saugt ihn an. Bleibt einige Tg bis 1 Mon am Wirt. An großen Karpfen bis 100 Egel. Überträgt Erreger der Bauchwassersucht. *(Piscicolidae).*
Piscicola geometra (L.) – **Gemeiner Fischegel** (Abb. **373**/2)

16 Mundscheibe auf der RückenS mit 4 Augen. Hintere Haftscheibe doppelt so br wie vordere, mit 10 kreisförmig angeordneten augenähnlichen Punkten. 20 bis über 50 mm lg, 3–5 mm br. Gefährlicher Parasit verschiedener Fische, wie Flußbarbe *(Barbus barbus)*, Forellen *(Salmo)*, Äsche *(Thymallus thymallus)*; selten *(Piscicolidae).* *Cystobranchus respirans* (TROSCHEL) – **Barbenegel** (Abb. **373**/1)

16* Haftscheiben ohne Augen bzw. augenähnliche Punkte. Hintere Haftscheibe fast 3mal so br wie Mundscheibe. 10–20 mm lg, 2–5 mm br. Auf Quappe *(Lota lota)*; selten *(Piscicolidae).* *Cystobranchus mammillatus* MALM – **Ruttenegel**

17 **(14)** 10 in hufeisenförmigem Bogen angeordnete Augen am VE (Abb. **375**/1). Bis über 150 mm lg **18**

17* Weniger als 10 Augen. Meist kürzer als 50 mm **19**

18 Rücken einfarbig schwarzgrün od. (selten) dunkelbraun bzw. schiefergrau, bisweilen schwach dunkler gezeichnet od. mit gelblichem SBand, stets ohne rote Längsbänder. BauchS gelblichgrau, oft schwarz gefleckt. In der Ruhe bis 100 mm lg u. bis 15 mm br. Na: Würmer, Schnecken, Insektenlarven u. a. kleine Tiere; werden meist ganz verschlungen. In stehenden u. langsam fließenden Gewässern; überall häufig. Im Winter oft unter Steinen am Ufer *(Haemopidae).*
Haemopis sanguisuga (L.) – **Pferdeegel, Vielfraßegel**

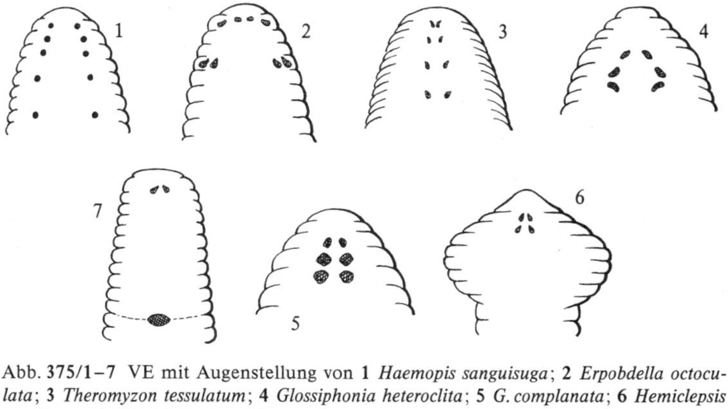

Abb. **375/1–7** VE mit Augenstellung von **1** *Haemopis sanguisuga*; **2** *Erpobdella octoculata*; **3** *Theromyzon tessulatum*; **4** *Glossiphonia heteroclita*; **5** *G. complanata*; **6** *Hemiclepsis marginata*; **7** *Helobdella stagnalis*

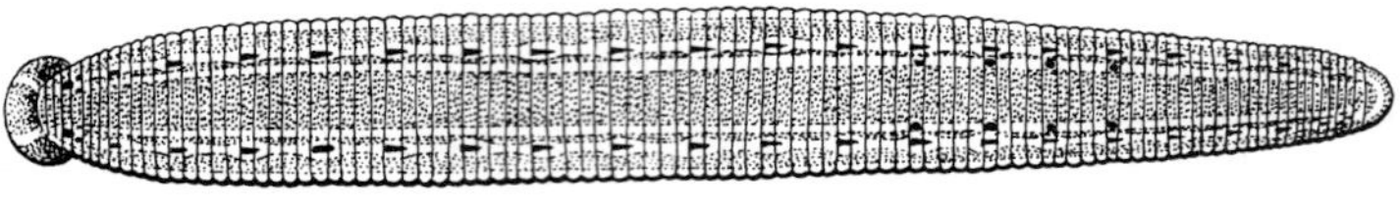

Abb. **376/1** *Hirudo medicinalis*, RückenS

18* Rücken mit variablem Muster aus 6 Längslinien von rostroten Flecken od. Streifen auf dunkel olivgrünem, manchmal bräunlich schimmerndem Grund. BauchS schmutzig gelbgrün, mit wolkigen dunklen Flecken od. Streifen. In der Ruhe bis 150 mm lg u. bis 15 mm br. – **L.** In pflanzenreichen Seen, Teichen od. Altwässern sowie in Mooren u. Sümpfen. – **B.** Saugt Blut von Säugetieren, seltener von Vögeln, Lurchen od. Fischen; fällt auch den Menschen an. Lebt in der Jugend z. T. räuberisch. Geschlechtsreife erst nach Aufnahme von Säugerblut. Die 20–30 mm lg Kokons werden in feuchte Erde abgelegt. Lebensdauer bis 27 J, ausgewachsen mit 3 J. Neuerdings wieder in der Heilkunde verwendet. Ein Egel saugt 5–15 cm^3 Blut, aus der 6–10 Std. blutenden Wunde fließen weitere 20–50 cm^3 *(Hirudinidae).*

Hirudo medicinalis L. – **Gemeiner Blutegel** (Abb. **376**/1)

19 **(17)** Mit 8 Augen **20**

19* Weniger als 8 Augen **26**

20 Vorn Querreihe von 4 Augen (mitunter durch Verschmelzung od. Reduktion nur 3 od. 2), dahinter beiderseits je 1 Querreihe von je 2 Augen (Abb. **375**/2) . . **21**

20* Augen in 4 hintereinander liegenden Paaren (Abb. **375**/3). Rücken dunkel grünlichgrau bis bräunlich, mit 6 Längsreihen gelblicher Flecke, 2 davon am SRand. 10–75 mm lg, 2–15 mm br. – **L.** Bes. in stehenden Gewässern, verbreitet. – **B.** Dringt in Nasen- u. Rachenhöhle von Wasservögeln (Enten, Taucher) ein u. saugt hier Blut. Bis zur Geschlechtsreife in Abständen dreimalige Blutaufnahme. Nach drittem Saugen erfolgt Paarung u. ca. 10 Tg später Ablage von 2–5 Kokons. Muttertier bedeckt Kokons mit Körper u. trägt die am 6.–10. Tg schlüpfenden über 200 Jungen am Bauche mit umher *(Glossiphoniidae).*

Theromyzon tessulatum (O.F. MÜLLER) – **Entenegel**

21 Alle Körperringe gleich lg **22**

21* Körperringe ungleich lg **24**

22 ♂ u. ♀ Geschlechtsöffnung durch 2–3 Ringe getrennt. Rücken bräunlich, rötlich od. grünlich, ± schwarz genetzt od. gefleckt, oft mit Querreihen gelblicher Flecke. Stark abgeplattet. Bis 60 mm lg u. bis 8 mm br. Frißt Würmer, Insektenlarven u. andere Kleintiere. In allen Süßgewässern sehr häufig; gelegentlich im Brackwasser *(Erpobdellidae).* *Erpobdella octoculata* (L.) – **Hundeegel**

22*. ♂ u. ♀ Geschlechtsöffnung durch 4–5 Ringe getrennt. Rücken einfarbig rötlich, braun bis schwarz **23**

23 Körper durchscheinend; im VKörper dunkles „Halsband" u. netzartig verbundene dunkle Querstreifen. Bis 45 mm lg u. bis 4 mm br. Bes. in fließenden Gewässern; häufig *(Erpobdellidae).* *Erpobdella nigricollis* BRANDES

23* Körper nicht durchscheinend; kein dunkles Halsband. Bis 50 mm lg, 2–8 mm br. In fließenden u. stehenden Gewässern; häufig *(Erpobdellidae).*

Erpobdella testacea (SAVIGNY)

24 **(21)** Jeder 5. Ring etwas länger als die anderen (manchmal durch eine schwache Furche in 2 kürzere geteilt) (Abb. **377**/1). Rücken bräunlich bis grünlich, mit 2 dunkleren Längsstreifen. Stark abgeplattet. Bis 50 mm lg, 3–4 mm br. Oft nur 2 od. 3 der vorderen Augen vorhanden. Na: Würmer u. andere kleine Tiere. In stehenden u. langsam fließenden Gewässern an Pflanzen, zwischen verrottendem Laub u. unter Steinen; verbreitet *(Erpobdellidae)*. *Dina lineata* (O. F. MÜLLER)

24* An M- u. HKörper folgen auf 3 (od. 4) längere Ringe 5 (od. 4) kürzere (Abb. **377**/2); die Ringe manchmal noch durch sekundäre Furchen geteilt. Körper vorn zylindrisch, hinten ± abgeplattet, mit gekanteten Rändern 25

25 ♂ u. ♀ Geschlechtsöffnung durch 6–8 Ringe getrennt. Graugrün, manchmal bräunlich, am Rücken mit 2 dunkleren Längsstreifen. Bis 140 (gestreckt bis über 200) mm lg, bis 15 mm br. Na: Regenwürmer u. Insektenlarven. In Süßgewässern u. in deren Nähe auf feuchten Wiesen; selten *(Erpobdellidae)*.
Trocheta subviridis DUTROCHET

25* ♂ u. ♀ Geschlechtsöffnung durch 2 (selten 3) Ringe getrennt. Durchscheinend hell- bis mausgrau, z. T. auf dem Rücken schwarz genetzt. Haut durch weißliche Papillen rauh erscheinend. Bis 150 (gestreckt bis über 250) mm lg, bis 12 mm br. Bes. in fließenden Gewässern u. in deren Ufernähe. Bisher nur Mosel *(Erpobdellidae)*. *Trocheta bykowskii* GEDROIČ

26 **(19)** 3 Paar Augen (durch Verschmelzung od. Reduktion können 4 od. 3 Einzelaugen vorgetäuscht werden) 27

26* Weniger als 3 Paar Augen 29

27 Rücken mit Längsreihen von Papillen. Augen stehen in 2 nahezu parallelen Reihen (das vordere Paar oft kleiner als die anderen, manchmal auch fehlend) (Abb. **375**/5). Über 10 mm lg 28

27* Rücken glatt, ohne Papillen. Augen des vordersten Paares stehen viel enger als die übrigen (Abb. **375**/4). Meist unter 10 mm lg. Bernsteingelb u. fein bräunlich gepunktet od. weißlichgrau mit 1 Längsreihe von Flecken auf dem Rücken. Kokons u. Junge werden am Bauch umhergetragen. Saugt an Weichtieren, Würmern u. Insektenlarven. In stehenden u. langsam fließenden Gewässern an Wasserpflanzen u. unter Steinen; häufig; gelegentlich im Brackwasser *(Glossiphoniidae)*. *Glossiphonia heteroclita* (L.)

28 Körper fest. Auf jedem 3. Ring liegende Papillen bilden am Rücken 6 Längsreihen (oft nur die 2 inneren ± deutlich). Meist bunt gezeichnet: Braun, gelblichbraun od. grünlich mit kleineren, ± regelmäßig angeordneten gelben, braunen, olivgrünen od. schwärzlichen Flecken; selten einfarbig bräunlich od. grünlich. Die

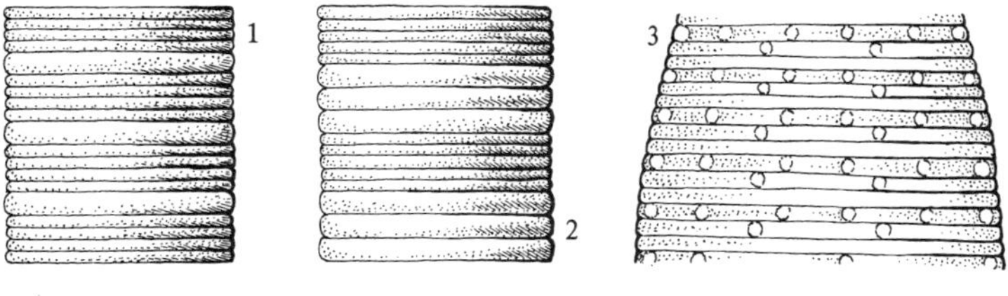

Abb. **377**/1–3 **1** *Dina lineata*, Körperringelung; **2** *Trocheta viridis*, Körperringelung; **3** *Boreobdella verrucata*, Papillenstellung

Warzen od. wenigstens die 2 inneren Warzenreihen durch 2 dunklere Längsstreifen verbunden. Stark abgeflacht, bis 30 mm lg u. bis 10 mm br. Junge werden am Bauch umhergetragen. Saugt bes. an Weichtieren, auch an Würmern, Insektenlarven u. Fischlaich. Überall in stehenden u. fließenden Gewässern häufig; gelegentlich im Brackwasser *(Glossiphoniidae).* *Glossiphonia complanata* (L.) (Abb. **373/4**) Eine Form mit unscheinbaren Papillen, 2 unregelmäßig unterbrochenen braunen Rückenstreifen, die sich auf die BauchS des VE ausdehnen, u. mit nur schwacher od. fehlender Pigmentierung auf hellgrauer od. hellbrauner Grundfärbung wird neuerdings z. T. als eigene Art *Glossiphonia concolor* (APÁTHY) abgetrennt.

28* Körper weich. Papillen groß u. spitz, liegen in 8 Längsreihen auf jedem 2. u. 3. Ring (Abb. **377/3**). Rücken dunkelgrün, mit 2 dunklen Längsbändern; auf dem VRücken 2 große dunkle Flecke. 20–55 mm lg, 8–12 mm br. In Seen u. seltener Fließgewässern; gelegentlich im Brackwasser *(Glossiphoniidae).*
Boreobdella verrucata (FR. MÜLLER)

29 **(26)** Mit 4 Augen **30**

29* Mit 2 Augen **31**

30 Mundscheibe vom Körper abgesetzt, herzförmig, vorn zugespitzt. Augen über dem vorderen Teil der Mundscheibe, die hinteren viel größer als die vorderen (Abb. **375/6**). Rücken grünlich od. rötlich braun mit 7 Längsreihen gelber Flecke u. 4 Längsreihen von kleinen Papillen. Hintere Haftscheibe doppelt so br wie Mundscheibe. 25–30 mm lg, 4–5 mm br. Saugt Blut von Fischen u. Lurchen, selten von Würmern u. Weichtieren. An Steinen, Holz u. Pflanzen in stehenden u. fließenden Gewässern; häufig *(Glossiphoniidae).*
Hemiclepsis marginata (O. F. MÜLLER)

30* Mundscheibe nicht vom Körper abgesetzt. Rücken dunkel grünlich od. olivbraun, mit braunen Längsstreifen u. meist unregelmäßigen gelben Flecken. Augen oft ± verschmolzen. 7–20 mm lg, 1,5–5 mm br. Saugt Blut von Lurchen. In stehenden, bes. sumpfigen Gewässern; gelegentlich im Brackwasser; selten *(Glossiphoniidae).* *Batracobdella paludosa* (CARENA)

31 **(29)** Am VRücken, 10 Ringe hinter den Augen, eine querovale, braunschwarze Platte (Abb. **375/7**). Haut glatt, ohne Papillen. 5–12 mm lg, 2–4 mm br. Meist durchscheinend, weißlichgrau, rötlich od. fleischfarben, selten hellgraubraun. Kokons u. Junge werden am Bauch umhergetragen. Saugt Blut von Schnecken, Würmern u. Insektenlarven. In stehenden u. langsam fließenden Gewässern im Schlamm, unter Steinen u. an Pflanzen; häufig *(Glossiphoniidae).*
Helobdella stagnalis (L.)

31* Rücken ohne braunschwarze Platte, mit Papillen. Bis über 35 mm lg **32**

32 ♂ u. ♀ Geschlechtsöffnung durch 1 Ring getrennt. Rücken mit 3 od. 5 Reihen oft schwarzer Papillen. Färbung sehr variabel. Rücken meist hellbraun, mit 5 dunkleren Längsstreifen, der mittlere am breitesten u. dunkelsten, dazwischen noch dünnere Streifen. Bis 29 mm lg u. 6 mm br. In wärmeren, bes. fließenden Gewässern, auch in Aquarien *(Glossiphoniidae).* Vermutlich identisch mit der Art *Helobdella striata* (E. BLANCHARD). *Helobdella europaea* KUTSCHERA

32* ♂ u. ♀ Geschlechtsöffnung durch 2 Ringe getrennt. Rücken mit 7 (stellenweise 9) Längsreihen von hellen, oft grünlichen Papillen. Rücken blau- od. braungrün (selten dunkelbraun), heller u. dunkler längsgestreift, mit brauner Mittellinie, die an mehreren Stellen dunkler wird, streckenweise auch fehlen kann. An den S helle u. dunkle Flecke abwechselnd. 20–35 (bis 70) mm lg. Die Jungen werden am Bauch umhergetragen. Saugt Blut von Wirbeltieren; oft an Sumpfschildkröte *(Emys orbicularis)*, fällt auch den Menschen an. In der schilfigen od. pflanzenreichen Uferregion klarer, bes. stehender Gewässer; selten *(Glossiphoniidae)*.

Haementeria costata (FR. MÜLLER) – **Schildkrötenegel**

Literatur

AUTRUM, H.: Hirudinea, Egel. In BROHMER: Die Tierwelt Mitteleuropas. Bd. I, Lief. 7b. Leipzig 1959.

BICK, A.: Arbeitsschlüssel zur Bestimmung der Polychaeten der Ostsee. Mitteilungen aus dem Zoologischen Museum in Berlin. Bd. 61. Berlin 1985.

BOUCHÉ, M. B.: Lombriciens de France. Écologie et Systématique. Paris 1972.

ČEKANOVSKAJA, O. V.: (Die Wasseroligochaeten der Fauna der UdSSR). In Bestimmungsbücher zur Fauna der UdSSR. Bd. 78. Moskau – Leningrad 1962 (russ.).

FAUCHALD, K.: The Polychaete Worms. Definition and Keys to the Orders, Families and Genera. Natural History Museum of Los Angeles County. Science Ser. No. 28. Los Angeles 1977.

FAUVEL, P.: Polychètes errantes. In Faune de France. Bd. 5. Paris 1923.

–: Polychètes sédentaires. In Faune de France, Bd. 16. Paris 1927.

FRIEDRICH, H.: Polychaeta. In GRIMPE u. WAGLER: Die Tierwelt der Nord- und Ostsee. Bd. VI. b. Leipzig 1938.

FÜLLER, H.: Die Regenwürmer. Neue Brehm-Bücherei. Heft 140. Wittenberg Lutherstadt 1954.

GRAFF, O.: Die Regenwürmer Deutschlands. Schriftenreihe der Forschungsanstalt für Landwirtschaft Braunschweig-Völkenrode. Heft 7. Hannover 1953.

HARTMANN-SCHRÖDER, G.: Annelida, Borstenwürmer, Polychaeta. In DAHL: Die Tierwelt Deutschlands und der angrenzenden Meeresteile. 58. Teil. Jena 1971.

HERTER, K.: Der medizinische Blutegel und seine Verwandten. Neue Brehm-Bücherei. Heft 381. Wittenberg Lutherstadt 1968.

–: Hirudinea. In GRIMPE u. WAGLER: Die Tierwelt der Nord- und Ostsee. Bd. VI c_2. Leipzig 1935.

LUKIN, E. I.: (Egel I. Egel der süßen und salzigen Gewässer). In Fauna der UdSSR. N. S. Bd. 109. Leningrad 1976 (russ.).

MCINTOSH, W.: The British Annelids. Polychaeta. London 1900–1924.

JOHANSSON, L.: Hirudinea (Egel). In DAHL: Die Tierwelt Deutschlands und der angrenzenden Meeresteile. 15. Teil. Jena 1929.

MICHAELSEN, W.: Oligochaeta. In GRIMPE u. WAGLER: Die Tierwelt der Nord- und Ostsee. Bd. VI. c_1. Leipzig 1927.

REMANE, A.: Archiannelida. Ebenda. Bd. VI. a. Leipzig 1932.

UDE, H.: Oligochaeta. In DAHL: Die Tierwelt Deutschlands und der angrenzenden Meeresteile. 15. Teil. Jena 1929.

UŠAKOV, I. V.: (Vielborster der fernöstlichen Meere der UdSSR, Polychaeta). In Bestimmungsbücher zur Fauna der UdSSR. Bd. 56. Moskau – Leningrad 1955 (russ.).

WILCKE, D. E.: Oligochaeta. In BROHMER: Die Tierwelt Mitteleuropas. Bd. I, Lief. 7a. Leipzig 1967.

Tardigrada – **Bärtierchen**

G. Sehr kleine, segmentarme Vertreter der *Articulata* (z. T. mit Arthropodenmerkmalen). Wasserbewohner, 0,2–1,2 mm lg. Körper walzenförmig, BauchS abgeflacht. Mit 4 Paar Stummelfüßen, diese meist mit mehreren Krallen. Der Rükken durch Querfalten (keine echten Segmentgrenzen) untergliedert od. mit zahlreichen verdickten Platten bedeckt (Rückenpanzer der *Echiniscidae*) (Abb. **380**/1 u. **380**/2). Kopfabschnitt mit Sinneskegeln, Cirren u. 1 Paar pigmentierter Lichtsinneszellen. In der Mundhöhle 1 Paar ausstülpbare Stilette (den Extremitäten homolog). Kutikula aus Albuminoiden u. einem unsklerotisierten Chitin-Protein-Komplex aufgebaut, wasserdurchlässig u. stark quellbar. Ohne Atmungs- u. Blutgefäßsystem. Nephridien vorhanden. Geschlechtsorgane u. Darm münden in eine Kloake. Getrenntgeschlechtig. ♂♂ oft kleiner als ♀♀. Entw direkt. – **V.** Weltweit in allen Klimazonen einschließlich der Polargebiete, im Geb bis in 6 600 m H, im Meer bis in 4 000 m Tiefe. – **L.** Nur wenige Arten (35) im Meer, sonst im Süßwasser u. in terrestrischen Kleinstgewässern (z. B. Wasseransammlungen in Flechten- u. Moospolstern von Dächern, Mauern, Baumstämmen usw.). – **B.** Na: überwiegend pflanzlich (saugen Pflanzenzellen aus), teilweise räuberisch (Bakterien, Protozoen, Rotatorien, Nematoden) od. aasfressend. Fortbewegung ausschließlich durch Klettern (kein aktives Schwimmen!). Bilden Trockenstadien („Tönnchen") durch Wasserabgabe u. Einschrumpfen des Körpers. Tönnchen sind gegen Kälte, Hitze u. Trockenheit au-

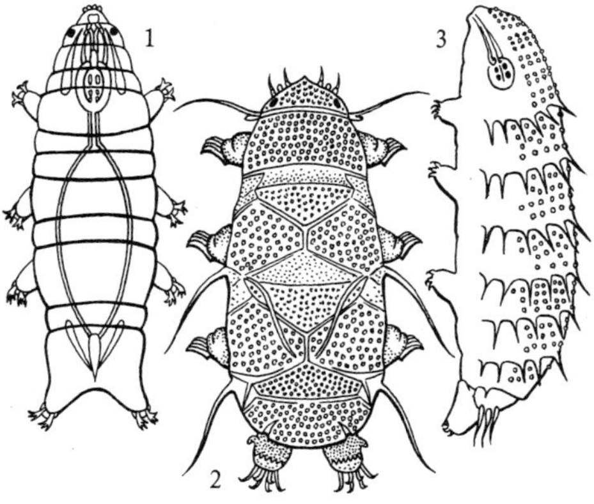

Abb. **380/1–3**
1 *Macrobiotus hufelandi*;
2 *Echiniscus* spec.;
3 *Hypsibius ornatus*

ßerordentlich widerstandsfähig u. wie die Eier leicht durch Wind, Wasser usw. verbreitbar. Sie können z.B. 6 J bei +15 °C trocken liegen, überdauern aber auch 8,5 Std. in flüssigem Helium (−272 °C). Bei Befeuchtung (Regen) quellen die Tönnchen durch Wasseraufnahme durch die Kutikula in die Leibeshöhle relativ schnell wieder auf u. können innerhalb weniger min od. Std. ihre volle Lebensaktivität u. Gestalt wiedererlangen. Innere Befruchtung nur bei Moosbewohnern. Bei Teichbewohnern häuten sich die ♀♀ während die Kopula, so daß das Sperma in die Kloake der Häutungsexuvie gelangt, wo hinein das ♀ auch die Eier zum Befruchten legt. Entw direkt, mit Zellkonstanz. Lebensdauer über 1 J, Häutungen alle 5–10 Tg. Bestimmung nur mikroskopisch! Über 400 Arten, heimisch etwa 80. Häufigste Gattungen: *Echiniscus* SCHULTZE (Abb. **380**/2), *Macrobiotus* SCHULTZE (Abb. **380**/1), *Hypsibius* EHRENBERG (Abb. **380**/3).

Literatur

GREVEN, H.: Die Bärtierchen. Die Neue Brehmbücherei Nr. 537. Wittenberg Lutherstadt 1980.

KAESTNER, A.: Lehrbuch der Speziellen Zoologie, Bd. 1, 3. Teil. Jena 1982.

MORGAN, C. I. AND KING, P. E.: British Tardigrades. Synopsis of the British Fauna (N. S.), No 9. London, N. Y., San Francisco 1976.

RAHM, G.: Bärtierchen, Tardigrada in BROHMER, EHRMANN, ULMER: Die Tierwelt Mitteleuropas, Bd. 3. Leipzig 1928.

Pentastomida (Linguatulida) – Zungenwürmer

G. Weiche, wurmartige, meist farblose (weißliche) Endoparasiten von fleischfressenden Landwirbeltiere. ♂♂ im Durchschnitt 1–2 cm lg, ♀♀ 3–6 cm lg. 2 meist nicht scharf getrennte Körperabschnitte: VKörper (Kopf) mit unterständiger Mundöffnung u. 2 Paar stummelförmigen Gldmaßen bzw. Krallen, die aus Gruben neben der Mundöffnung vorgestreckt werden können (Name „Fünfmund"). Am VRand 2 Paar unauffällige Sinnespapillen. Hlb (Rumpf) mit zahlreichen (bis zu 200) Ringeln, die echte, aber unvollständige Arthropodensegmente sind. Sie werden fast alle postembryonal gebildet (Anamorphose). Kutikula arthropodenähnlich aufgebaut, mit zahlreichen segmentalen Hautdrüsen. Getrenntgeschlechtig. Geschlechtsöffnung auf der BauchS, ursprünglich zwischen dem 7. u. 8. Segment gelegen. Innere Geschlechtsorgane arthropodenähnlich. Ohne Blutgefäßsystem u. Atmungsorgane. – **V.** Weltweit. – **L.** Erwachsene ausschließlich in carnivoren Landwirbeltieren (vor allem Reptilien). EntwStadien in allen land- u. wasserbewohnenden Wirbeltieren. – **B.** Na: in den Lungen vor allem Blut, in den Nasenhöhlen *(Linguatula)* Nasenschleim, Epithelzellen, Lymphe. Innere Befruchtung. ♂♂ sterben danach, ♀♀ lglebig, erzeugen mehrere Millionen Eier (bei *Reighardia sternae* 0,08: 0,04 mm groß). EmbryonalEntw arthropodenähnlich, Ablauf im Uterus des ♀. Die Erstlarve gelangt in der Eischale ins Freie. Wirtswechsel häufig. Larven schlüpfen erst im Darm des Zwischen- od. Zweitwirtes. Über 80 Arten, heimisch 2.

1 4 Haken umgeben bogenförmig die Mundöffnung (Abb. **382**/1). Körper abgeplattet, Kutikula glatt u. bis zu 90 Körperringe. ♂♂ 1,8–2 cm lg, ♀♀ 8 cm, trächtig bis 13 cm lg. – Erwachsene in Stirn- u. Nasenhöhlen von Haushund u. Fuchs, ausnahmsweise bei Pferd, Schaf u. Ziege (bisher 2mal beim Menschen). Vom Hund ausgenieste Eier gelangen über Pflanzen in Nager u. Huftiere. Im Dünndarm schlüpfen die Erstlarven u. bohren sich in die Darmwand ein. Später gelan-

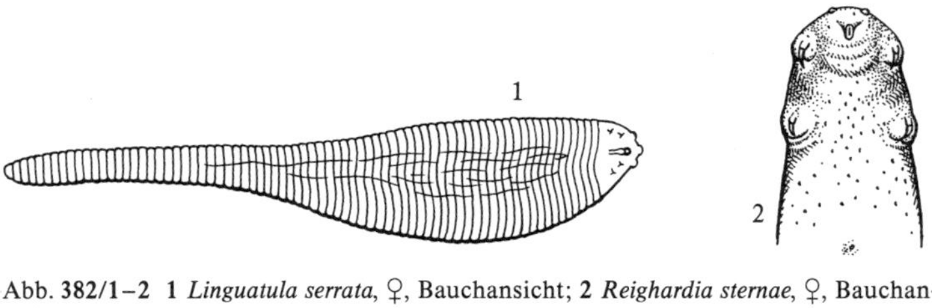

Abb. **382/1–2** **1** *Linguatula serrata*, ♀, Bauchansicht; **2** *Reighardia sternae*, ♀, Bauchansicht gen sie über die Lymphbahnen in andere Organe (Lunge, Leber), wo sie vom Bindegewebe eingekapselt werden (Zystenbildung). 7 Mon nach erfolgter Wirtsinfektion u. insgesamt 8 Häutungen sprengen die entstandenen Terminal- od. Stachellarven (ihre Kutikula ist dicht mit feinen Stacheln besetzt) die Zysten u. kriechen in Brust- u. Bauchhöhle umher. Vom Endwirt aufgenommen, dringen sie vom Rachen aus direkt in dessen Nase ein u. werden hier mit einer weiteren (9.) Häutung geschlechtsreif. (Gattung *Linguatula* FRÖLICH).

L. serrata FRÖLICH – **Nasenwurm**

1* Die 4 Haken in Paaren hinter der Mundöffnung angeordnet. Körper walzenförmig, glasklar u. durchsichtig. Kutikula mit kegelförmigen Erhebungen u. einem unregelmäßigen Rippennetzwerk (Abb. **382**/2). ♂♂ 0,7–1 cm lg, ♀♀ 1,6–7,6 cm lg u. 0,12–0,36 cm br. – Erwachsene in den Luftsäcken von 2jährigen Möwen u. Seeschwalben. Entw ohne Zwischenwirt. Die diesjährigen Jungmöwen werden nach der Brutperiode im Zusammenleben mit den parasitierten 2jährigen Vögeln infiziert (Kontakt- u. Schmutzinfektion). Altvögel sind meistens parasitenfrei, daher auch die Jungvögel während der Brutperiode. (Gattung *Reighardia* WARD). *R. sternae* (DIESING)

Literatur

HEYMONS, R.: Zungenwürmer, Pentastomida (Linguatulida) in BROHMER, EHRMANN, ULMER: Die Tierwelt Mitteleuropas, Bd. 3. Leipzig 1928.

–: Pentastomida in KÜKENTHAL: Handbuch der Zoologie, Bd. 3. Berlin 1928.

–: Pentastomida in BRONNS Klassen und Ordnungen des Tierreichs, Bd. 5 (IV) 1. Leipzig 1935.

KAESTNER, A.: Lehrbuch der Speziellen Zoologie, Bd. 1, 3. Teil. Jena 1982.

Pantopoda – Asselspinnen

G. (Abb. **26A**/4) Selbständige, hochgradig abgewandelte, den Spinnentieren verwandte Gliederfüßer. Körper stark rückgebildet, walzen- od. scheibenförmig, mit 4 od. 5 meist kräftig entw Laufbeinpaaren. Zwischen einem schnabelförmigen Rüssel am VEnde u. einem verkümmerten, zipfelförmigen Hlb am HEnde liegen 4 Körperabschnitte. Der vorderste davon ist aus mehreren Sgm zusammengesetzt u. trägt im typischen Falle 4 Gliedmaßenpaare: einen endwärts scherenförmigen Cheliphorus, einen vielgldr Palpus, einen ebenfalls vielgldr Oviger (Eierträger) u. das 1. Laufbein. Cheliphorus, Palpus u. Oviger können rückgebildet sein od. gänzlich fehlen (Oviger jedoch nur bei ♀♀; bei den ♂♂ stets mindestens 5gld, dienen hier als Eierträger, vgl. unter **B.**). Die 3 hinteren, vor dem HlbZipfel liegenden Rumpfabschnitte sind echte Sgm u. tragen je 1 Paar Laufbeine. Manche Arten auffällig bunt (braun, rot, purpurn, grün usw.). Getrenntgeschlechtig. – **V.** Ausschließlich marin. Alle Meere. – **L.** Überwiegend in flachen Küstengewässern (Gezeitenzone), vor allem auf Kolonien von Hydrozoen, Bryozoen, Poriferen u. Ascidien, ferner auf dem Meeresboden zwischen Tangen u. anderen Algen. Gelegentlich auch in größeren Tiefen (mehrere hundert bis 7 370 m). Einige Arten werden regelmäßig im Plankton gefangen. – **B.** Träge u. langsam, meist angeklammert. Laufen ungern u. langsam; manche Arten schwimmen aber auch durch rhythmisches Beugen u. Strecken der Laufbeine. Fressen hauptsächlich Hydroidpolypen, seltener Aktinien u. andere weichhäutige Meerestiere. Hydroidpolypen werden mit den Scheren ergriffen u. vom Stiel losgelöst. Aktinien werden meist direkt angebohrt u. ausgesaugt. Fortpflanzung während des Sommers (vor allem VIII). Keine innere Begattung. ♂♂ mancher Arten hängen BauchS an BauchS bei entgegengesetzt gerichteten VEnden unter dem ♀, welches Eiermasse zwischen die behälterartig gegeneinander gestellten basalen Laufbeinglieder entläßt. Während das ♂ seinen Samen u. das Sekret der nur bei ihm ausgebildeten Kittdrüsen über die Eier entleert, langt es gleichzeitig mit seinen Ovigera in die Eiermasse hinein, welche als Ballen daran haften bleibt. Ein Eierballen enthält mitunter bis zu 1 000 Eier. Vielfach tragen ♂♂ mehrere Eierballen, die wohl aus mehreren Paarungen mit verschiedenen ♀♀ stammen. ♂♂ tragen Eierballen bis zum Ausschlüpfen der primitiven, nur die ersten 3 Extremitätenpaare tragenden Larven (Protonymphon), mitunter auch diese selbst noch bis zum Ende der Metamorphose. Meist kriechen die Larven nach dem Schlüpfen nur kurze Zeit auf dem Körper des ♂ umher, werden dann abgestreift u. heften sich nun an Hydroidpolypen an, auf od. in denen sie bis zum Abschluß der Metamorphose parasitisch leben. Wachstum, weitere Sgm- u. Laufbeinbildung mit vielen Häutungen verbunden. Während einer Häutung können verlorengegangene Gldmaßen u. dgl. ersetzt werden (hohe Regenerationsfähigkeit). – Bestimmung recht schwierig, im Gelände nicht möglich. Etwa 1 000 Arten, im deutschen Küstengebiet 15 (Körperlänge 1,5–15 mm, Spannweite 6–150 mm). Bekannteste Gattungen: *Nymphon* FABRICIUS, *Pallene* JOHNSTON, *Ammothea* LEACH, *Pycnogonum* BRÜNNICH.

Literatur

KAESTNER, A.: Lehrbuch der Speziellen Zoologie. Bd. 1, 3. Teil. Jena 1982.
MEISENHEIMER, J.: Pantopoda in GRIMPE u. WAGLER: Die Tierwelt der Nord- und Ostsee, XI a. Leipzig 1929.

Arachnida – **Spinnentiere**

G. Luftatmende Gliederfüßer ohne Antennen u. Flügel. Körper im Grundbauplan 2teilig. Kopf u. Brust zum VKörper (Prosoma) verschmolzen. An diesem alle 6 Gldmaßenpaare u. die punktförmigen Augen (Ocellen). Hlb (Opisthosoma) meist sackförmig, z. T. noch mit äußerer Segmentgliederung (maximal 12 Segmente), aber ohne laufbeinähnliche Gldmaßen. VKörper u. Hlb entweder durch einen Stiel taillenartig getrennt od. br miteinander verwachsen. Ohne kauende Mandibeln. Mundwerkzeuge: 1 Paar Cheliceren u. 1 Paar nachfolgende Kiefertaster (Pedipalpen, Pdp), deren Hüftinnenseite einen ladenartigen Auswuchs (Kaulade) trägt. 4 Laufbeinpaare: Bei Kleinformen (Milben) können die letzten 1, 2 od. alle Laufbeinpaare unterdrückt sein. – **V.** Alle Erdteile. – **L.** Überwiegend Landtiere, zahlreiche Milben sind sekundäre Wasserbewohner. – **B.** Außenverdauung. Spinnvermögen weit verbreitet (vgl. bei den einzelnen Ordnungen). – 11 Ordnungen, heimisch 4.

1 VKörper u. Hlb durch einen dünnen Stiel beweglich miteinander verbunden. Am HlbE Spinnwarzen (Abb. **387**/1–2). *Araneae* – **Webespinnen** S. 386

1* VKörper u. Hlb in ganzer Br miteinander verwachsen. Am HlbE keine Spinnwarzen 2

2 Hlb segmental gegliedert, mit ± deutlichen Rücken- u. Bauchplatten (bei Brettkankern durch Sekretkruste bedeckt Abb. **471**/2) 3

2* Hlb nicht segmental gegliedert (auch nicht die BauchS). Ursprüngliche Grenze zwischen VKörper u. Hlb oft verwischt (Abb. **476**/1–3). *Acari* – **Milben** S. 476

3 Pedipalpen wesentlich größer als die Laufbeine u. mit skorpionsähnlicher Endschere (Abb. **467**/3). *Pseudoscorpiones* – **Afterskorpione** S. 467

3* Pedipalpen wesentlich kürzer als die Laufbeine u. endwärts niemals scherenförmig (Abb. **470**/2 u. **471**/2). *Opiliones* – **Weberknechte** S. 470

Ordnung *Araneae* – **Webespinnen**

G. VKörper u. Hlb durch einen dünnen taillenartigen Stiel beweglich miteinander verbunden (Abb. **387**/1). VKörper mit einheitlich hartem Rückenschild, an seinem VRand (Stirnbereich des Kopfabschnittes) 6 od. 8 Augen. Cheliceren 2gliedrig (GrundGld u. einschlagbare Klaue). Giftklaue am E mit der Mdg einer Giftdrüse, die im VKörper liegt. Pedipalpen (Pdp) laufbeinförmig (♀), beim ♂ mit keulig verdicktem EndGld als sekundäres Begattungsorgan (Abb. **415**/2). Laufbeine (Lfb) 7gliedrig (Hüfte, Schenkelring, OSchenkel, Knie, Schiene, 2 FußGld). Lfb unterschiedlich behaart u. bestachelt, mit 2 od. 3 Fußkrallen, an den EndGld z. T. Hafthaarsohlenpolster (Laufspinnen). Hlb weichhäutig, bei Erwachsenen stets ungegliedert (sackförmig). An seinem HE paarige Spinnwarzen

(Spw). Am VE der BauchS 1 od. 2 Paar Lungenstigmen. Sie liegen am HRand der meist gut erkennbaren Lungendeckel, die Fächertracheen (Buchlungen) bedecken. Daneben paarige od. unpaare Stigmen von Röhrentracheen (Abb. **387**/2, **391 A**/3 u. **401**/1). Geschlechtsspalte zwischen den Lungenstigmen. Bei reifen ♀♀ an dieser Stelle eine meist äußerlich erkennbare ± dunkle Chitinplatte (Epigyne), an der das ♂ den Bulbus seines Pdp zur Samenübertragung verankert. – **V.** Alle Erdteile. – **L.** Alle Lebensräume. Mit wenigen Ausnahmen nur auf dem Lande. – **B.** Sehr unterschiedliche Lebensformtypen. Räuberisch. Frei jagende u. seßhafte Spinnen mit Fanggewebe. Netztypen vgl. bei den einzelnen Familien. Fanggewebe z. T. mit Kleb- od. Kräuselfäden. Letztere nur bei Spinnen, die ein Cribellum (d. i. eine Siebplatte vor den Spinnwarzen, deren OFläche Tausende von submikroskopisch kleinen Spinnspulen trägt) (Abb. **390**/3) u. den dazugehörigen Kräuselkamm (Calamistrum) (Abb. **390**/4) auf dem vorletzten FußGld des 4. Lfb besitzen. Die Spinntätigkeit steht außerdem im Dienst der Fortpflanzung, der Ei- u. Brutfürsorge, der Herstellung von Wohn-, Häutungs- u. Überwinterungsnestern usw. Na: vorwiegend Insekten. Außenverdauung. NaSpeicherung im stark verästelten MDarm. Großes Hungervermögen, meist aber empfindlich gegen Wasserverlust (trinken!). Vielfach auffällige Größenunterschiede zwischen ♂ u. ♀. ♀♀ meist größer als ♂♂, diese aber oft lgbeiniger od. mit weiteren sekundären Geschlechtsmerkmalen (andersartige Färbung, Form der Mundwerkzeuge, des VKörpers usw.). Begattung häufig mit Vorspiel (Werbung des ♂ durch Tanz, Lauterzeugung, Zupf- u. Trommelsignale am Netz, Übergabe eines Beutetieres usw.). Eiablage im Kokon. Direkte Entw. Verbreitung der Jungspinnen bei vielen Familien durch Fliegen an Spinnfäden („Altweibersommer"). Ae-

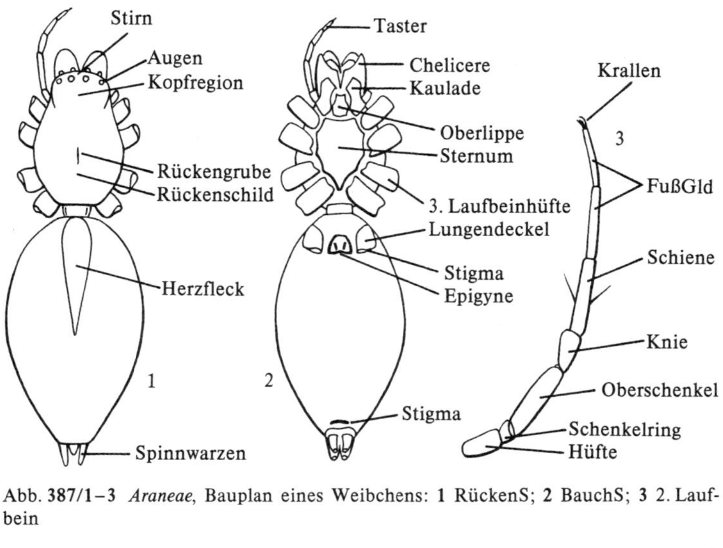

Abb. **387/1–3** *Araneae*, Bauplan eines Weibchens: **1** RückenS; **2** BauchS; **3** 2. Laufbein

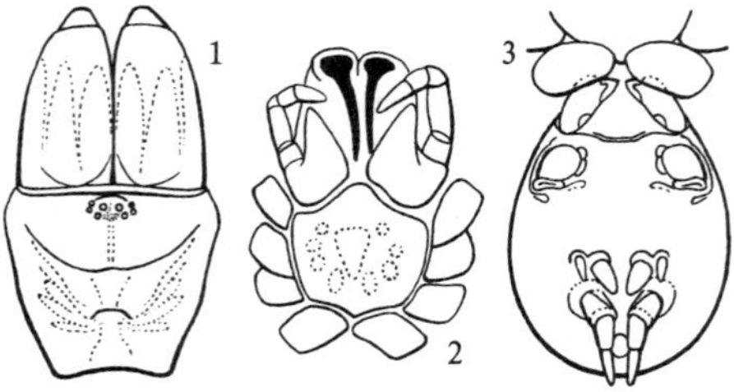

Abb. **388/1–3** **1** *Atypus* spec. VKörper u. Cheliceren; **2** *Atypus affinis*, VKörper, US; **3** *A. affinis*, ♀, HKörper, BauchS

ronauten aber auch unter den Kleinspinnen (z.B. ♂♂ vieler *Linyphiidae*). Mehrzahl der einheimischen Arten 1–2jährig. Maximale Lebensdauer einheimischer Spinnen 5–8 J. – Fangmethoden wie bei Insekten. Tötung u. Konservierung in 70 %igem Alkohol. Sammlungsgläser dunkel aufstellen (gegen Ausbleichen). Bei Gefangenschaftsbeobachtung in engen Gefäßen Tiere einzeln halten (Kannibalismus). – Sichere Artbestimmung nur nach den äußeren Genitalorganen. Nachfolgende Schlüssel gehen überwiegend von den ♀♀ aus. ♂♂ u. Jugendstadien im Gelände z.T. nicht bestimmbar. Monatsangaben beziehen sich auf die Reifezeiten, Größenangaben auf die KörperLg ohne Beine u. Spw. – Über 35 000 Arten, heimisch etwa 1100.

1 GrundGld der beiden Cheliceren parallel nach vorn gerichtet u. in ganzer Lg von oben sichtbar (Abb. **388**/1). Giftklauen parallel zur Körperlängsachse von unten gegen das GrundGld eingeschlagen (Abb. **388**/2). HlbBauch mit 2 Paar Lungendeckeln (Abb. **388**/3). ♀♀ zeitlebens in ausgesponnenen Erdröhren, die oberirdisch in einen fingerförmigen, dem Boden aufliegenden u. am E geschlossenen Fangschlauch übergehen („Vogelspinnen"). *Atypidae* S. 395

1* ChelicerengrundGld ± nach unten gerichtet, die Giftklauen annähernd quer zur Körperlängsachse eingeschlagen (Abb. **389**/3 u. **394**/1), auch wenn bei manchen ♂♂ die vergrößerten Cheliceren mehr nach vorne gerichtet sind (Abb. **388 A**/1) **2**

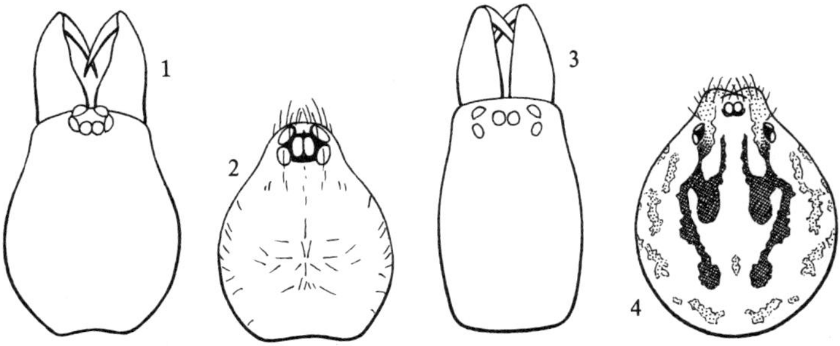

Abb. **388A/1–4** *Dysdera crocota*; **2** *Oonops* spec.; **3** *Segestria senoculata*; **4** *Scytodes thoracica*

2 Mit 6 Augen **3**

2* Mit 8 Augen **6**

3 Die 6 Augen bilden eine engstehende geschlossene Augengruppe (Abb. **388A**/1 u. **388A**/2). Körper einfarbig rötlich od. schwärzlich **4**

3* Immer nur 2 Augen dicht zusammenstehend, so daß 3 ± weit auseinandergerückte Augenpaare gebildet werden (Abb. **388A**/3 u. **388A**/4). Körper mit Zeichnungsmuster **5**

4 Die Augengruppe nimmt fast die gesamte StirnBr ein (Abb. **388A**/2). Sehr kleine Arten von 1–3 mm Lg, rosa-rötlich. *Oonopidae* S.403

4* Die 6 Augen bilden ein Seckseck, das viel kleiner als die Stirn br ist (Abb. **388A**/1). Größere Arten von 4,5–15 mm Lg. Lfb mit 2 od. 3 Krallen. *Dysderidae* S.400

5 Alle 6 Augen am vorderen Stirnrand ± in Querreihe angeordnet (Abb. **388A**/3). VKörperrücken einfarbig. Lfb mit 3 Krallen. Walzenförmige Spinnen in röhrenförmigen Gespinsten (Abb. **402**/1). *Segestriidae* S.402

5* Mittleres Augenpaar am vorderen Stirnrand, die 2 seitlichen Augenpaare weit zurückstehend. VKörperrücken mit „lyraförmiger" Zeichnung (Abb. **388A**/4). VKörper hoch aufgewölbt u. meist breiter als der Hlb (Abb. **403**/3). Keine Wohn- u. Fangnetze. Meist nur in Häusern. *Scytodidae* S.404

6 **(2)** Alle 4 Lfb außergewöhnlich (weberknechtartig) lg, von 4–5facher KörperLg. Augenstellung s. Abb. **389**/1. Hängen bauchoben in unregelmäßigen wenigfädigen Fangnetzen. „Zitternde" Schaukelbewegungen bei Beunruhigung. Vor allem in Häusern, Kellern, Stollen usw. *Pholcidae* S.405

6* Lfb nicht übermäßig lg. Die 2 vorderen Lfb höchstens von 2–3facher KörperLg **7**

7 VKörper mit stark aufgewölbtem, nach vorn erweitertem Kopfteil, dessen Stirn querüber gerade u. br abgestutzt (Abb. **389**/2). Augen klein, kaum erkennbar, in 3 Reihen (2–4–2) angeordnet. Lfb kurz,. springspinnenbeinähnlich. Mit Cribellum u. Calamistrum. ♂ Hlb-Rücken ziegelrot, mit 2 Paar schwarzen Flecken (Abb. **398**/1). ♀ schwarz, in Erdröhren. 8–16 mm lg. *Eresidae* S.397

7* VKörper u. Zeichnung anders **8**

8 Augen von vorne gesehen paarweise in 4 Querreihen angeordnet (Abb. **389**/3). Vorderes Augenpaar am kleinsten, 2. Paar am größten. Stirn des VKörpers stark

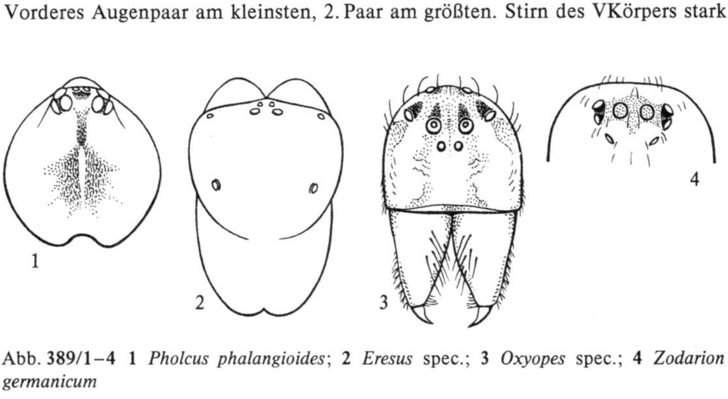

Abb. **389/1–4** **1** *Pholcus phalangioides*; **2** *Eresus* spec.; **3** *Oxyopes* spec.; **4** *Zodarion germanicum*

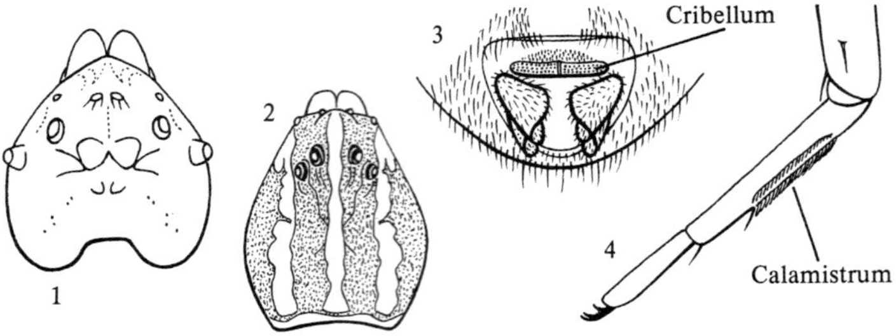

Abb. **390/1–4** **1** *Hyptiotes paradoxus*; **2** *Uloborus* spec.; **3** *Amaurobius* spec., Spinnwarzenfeld; **4** *Amaurobius* spec., 4. Laufbein

aufgewölbt. Hlb von oben gesehen zum E spitz auslaufend (Abb. **446**/9). Lfb stark bestachelt. Jagdspinnen. *Oxyopidae* S.450

8* Augenstellung anders od. deutlich in 2 (4–4) od. 3 Querreihen (4–2–2) angeordnet **9**

9 2 große dunkle MAugen werden jederseits von 3 kleinen hellen Augen kreisförmig umgeben (Abb. **389**/4). Hlb schwarzbraun mit violettem Glanz u. charakteristischer hellgelber Bauch- u. SZeichnung (Abb. **405**/3). 3–5 mm lg. *Zodariidae* S.406

9* Augen von oben gesehen in 2 od. 3 Reihen angeordnet (Abb. **442**/4 u. **395**/4). Körperzeichnung u. -färbung anders **10**

10 Die Augen bilden 3 Querreihen (4–2–2) (Abb. **395**/3–4) **32**

10* Die Augen bilden 2 gerade od. ± gebogene Querreihen **11**

11 Beide Augenreihen von oben gesehen dicht hintereinander im Stirnbereich angeordnet (Abb. **391**/1) **13**

11* Wenigstens die 2. Augenreihe von oben gesehen auffällig weit vom Stirnrand entfernt (Abb. **390**/1–2) **12**

12 Beide Augenreihen weit nach hinten bis fast in die M des VKörperrückens verlagert u. seine ganze Br einnehmend (Abb. **390**/1). Hlb kurz u. höckrig (Abb. **400**/4). Mit Cribellum vor den Spw (Abb. **390**/3) u. Calamistrum am vorletzten FußGld des 4. Lfb (Abb. **390**/4). An trockenen Fichtenzweigen den Signalfaden eines 3eckigen Netzes haltend (Abb. **400**/5). (Gattung *Hyptiotes* WALKENAER). *Uloboridae* S.399

12* Nur die 2. Augenreihe von oben gesehen auffällig weit vom Stirnrand entfernt, die 1. Augenreihe nahe dem VRand des VKörpers. Augen der hinteren Reihe größer als die der vorderen Reihe (Abb. **390**/2). VKörperrücken gestreift (Abb. **390**/2 u. **400**/1). Mit Cribellum u. Calamistrum (Abb. **390**/3–4). (Gattung *Uloborus* LATREILLE). *Uloboridae* S.399

13 **(11)** Lfb flach seitwärts gerichtet (Abb. **391**/1–2). Können krabbenähnlich vorwärts, seitwärts u. rückwärts laufen. **14**

13* Lfb nicht flach seitwärts gerichtet. Tiere laufen nur vorwärts **15**

14 1. u. 2. LfbPaar bedeutend länger als 3. u. 4. (Abb. **391**/1). 1. Lfb am längsten. Meist auf Beute lauernde Jagdspinnen. *Heteropodidae* S.460 u. *Thomisidae* S.462

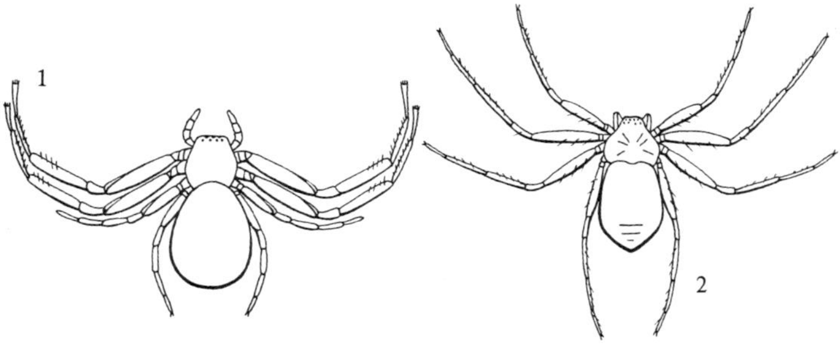

Abb. **391/1–2** **1** *Thomisus* spec.; **2** *Philodromus* spec.

14* 1. u. 2. LfbPaar nicht wesentlich länger als 3. u. 4. (Abb. **391**/2). 2. Lfb häufig das längste. Meist umherlaufende Jagdspinnen. *Philodromidae* S. 460

15 Cheliceren (♂, ♀) sehr groß, von der Basis an seitlich auseinanderweichend, mit dornartigen Fortsätzen u. starken Zähnen besetzt (Abb. **391 A**/1). Teilweise sehr schlank u. lgbeinig (Abb. **417**/1 u. **418**/3), dann Radnetze mit offener Nabe bauend (Abb. **417**/2). *Tetragnathidae* S. 416

15* Cheliceren nicht zugleich so sehr groß u. stark bewehrt. **16**

16 Schiene u. vorletztes FußGld der lg 1. u. 2. Lfb auf den InnenS mit je 1 Längsreihe schwach gebogener lg Stacheln, zwischen denen zahlreiche kürzere u. stark gebogene Stacheln stehen (Abb. **319 A**/2). Hlb kugelförmig, sein Rücken mit 2 od. 4 stumpfen Höckern (Abb. **438**/5–6). *Mimetidae* S. 437

16* Vordere Lfb nicht so auffällig bestachelt **17**

17 HlbBauch dicht hinter der Geschlechtsspalte mit einem br unpaaren Tracheenstigma (Abb. **391 A**/3). Zeitlebens im Süßwasser. Körper unter Wasser von silbriger Lufthülle umgeben. *Argyronetidae* S. 444

17* Kein Tracheenstigma dicht hinter der Geschlechtsspalte. Nicht im Wasser lebend **18**

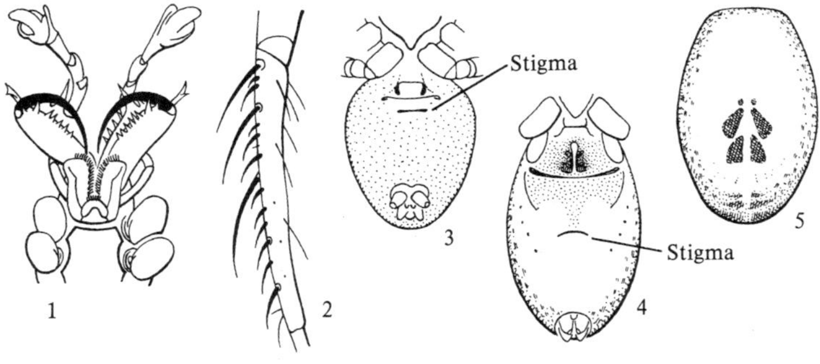

Abb. **391A/1–5** **1** *Eucta kaestneri*; **2** *Ero furcata*, vorletztes FußGld des 2. Laufbeines; **3** *Argyroneta aquatica*; **4** *Anyphaena accentuata*; **5** *A. accentuata*

18 HlbRücken graugelb, in der M mit 2 charakteristischen großen dunklen Fleckenpaaren (Abb. **391 A**/5). HlbBauch in der M zwischen Geschlechtsspalte u. SpwFeld mit einer kleinen Einsenkung (Tracheenstigma!) (Abb. **391 A**/4). *Anyphaenidae* S. 459

18* HlbRücken anders gefärbt u. gezeichnet. HlbBauch in der M ohne Tracheenstigma. (Dieses befindet sich, wenn vorhanden, immer dicht vor den Spw. Meist schwer sichtbar.) **19**

19 HlbBauch vor dem SpwFeld mit einem querliegenden hellen Spinnfeld (Cribellum) (Abb. **390**/3). Vorletztes FußGld des 4. Lfb auf der OS mit einem 1- od. 2reihigen Kräuselkamm (Calamistrum) aus gleichlangen, gebogenen Borsten (Abb. **390**/4). (Kann beim ♂ fehlen.) Fanggewebe mit bläulich schimmernder, nicht klebender Fangwolle belegt (Cribellumwolle) **20**

19* Ohne Cribellum u. Calamistrum **21**

20 Alle 8 Augen hell. Kopfbereich aufgewölbt u. mit breiter Stirn (Abb. **398**/2). Cheliceren von oben gesehen knieartig vorgewölbt (Abb. **398**/2). Meist in Wohngespinsten in Mauerritzen, unter Borke usw. 5–16 mm lg. *Amaurobiidae* S. 398

20* Die vorderen M-Augen dunkel. Kleine Spinnen, 1,5 bis höchstens 5 mm lg (dann grünlich). Weben kleine unregelmäßige Raumnetze meist an Pflanzen, an Mauern usw. (Abb. **398**/4). *Dictynidae* S. 397

21 Am HlbE stehen 6 Spw in einer geraden Querreihe (Abb. **392**/1). Kleine Gespinstdecken in Bodennähe. Kleine Spinnen, 2–5 mm lg. *Hahniidae* S. 444

21* Spw nicht in einer geraden Querreihe angeordnet **22**

22 Hintere Spw deutlich 2gliedrig (außer bei *Cybaeus*, S. 441), das EndGld mindestens ½mal so lg wie das GrundGld, meist aber länger (Abb. **392**/2). Vordere Spw daher auffallend kürzer als die hinteren. Weben horizontale dichte Deckennetze, die in der Regel in eine beiderseits offene Wohnröhre übergehen (Trichternetz). *Agelenidae* S. 439

22* Hintere Spw nicht viel länger als die vorderen. Das EndGld kurz u. unauffällig, daher die Spw nicht deutlich 2gliedrig (Abb. **392**/4–5). Weben keine Trichternetze **23**

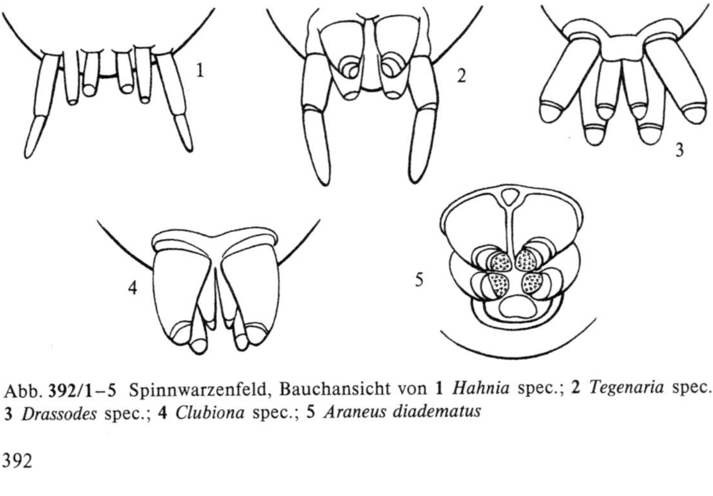

Abb. **392/1–5** Spinnwarzenfeld, Bauchansicht von **1** *Hahnia* spec.; **2** *Tegenaria* spec.; **3** *Drassodes* spec.; **4** *Clubiona* spec.; **5** *Araneus diadematus*

23 Vordere Spw lg zylindrisch (Abb. **392**/3) od. schwach konisch (Abb. **392**/4). Körper (bes. Hlb) ± walzenförmig lggestreckt. Weben keine Fangnetze, wohl aber allseitig geschlossene Wohnsäcke unter Steinen, Rinde, in zusammengerollten Blättern usw. In der Mehrzahl nachtaktiv. Die Beute wird erjagt **24**

23* Vordere Spw kurz, meist stark konisch u. mit den übrigen Spw ein eng zusammengeschlossenes Spinnfeld bildend (Abb. **392**/5). Weben verschiedenartige Fanggewebe **27**

24 Vordere Spw zylindrisch, in ganzer Lg parallel nebeneinanderliegend, seltener auseinanderweichend (Abb. **392**/3). Hintere M-Augen oval od. eckig u. enger beieinander als die vorderen M-Augen (Abb. **453**/1). ♂ Hlb häufig mit hartem Rükkenschild (Scutum) in der vorderen Hälfte. *Gnaphosidae* S. 451

24* Vordere Spw schwach konisch u. meist dicht beieinanderliegend (Abb. **392**/4). Hintere M-Augen in der Mehrzahl kreisrund (Abb. **459**/1–2) **25**

25 Hintere M-Augen oval, eng beieinanderstehend. HlbRücken mit weißen Schrägstreifen (Abb. **452**/4). 1. u. 2. LfbSchiene auf der US mit 4–5 langen Stachelpaaren (Abb. **452**/5). 2–4 mm lg. (Gattung *Phrurolithus* C. L. KOCH). *Gnaphosidae* S. 451

25* Alle Augen deutlich kreisrund, auch die hinteren M-Augen (Abb. **459**/1 u. **459**/2) **26**

26 ULippe viel länger als br, die M der PdpLaden überragend. PdpLaden in der M schmaler (eingebuchtet) als am E (Abb. **393**/1). Augen in 2 weiteren Querreihen den größten Teil der StirnBr einnehmend. Körper ± einheitlich grau bis braun gefärbt. Nur einfache Körperborsten. *Clubionidae* S. 458

26* ULippe breiter als lg, allenfalls so br wie lg, die M der PdpLade nicht erreichend od. kaum überragend. PdpLaden in der M nicht eingezogen (Abb. **393**/2). Augen engstehend. Körper mit Fiederhaaren bedeckt. VKörper häufig mit 2 dunklen Längsbinden, Hlb z. T. mit Winkel- u. Fleckenzeichnungen. *Liocranidae* S. 456

27 **(23)** Letztes FußGld des 4. Lfb unterseits mit einer Reihe starker gesägter Borsten (Kammborsten), die meist länger als die Borsten auf der OS des Gld sind (Abb. **393**/3). (Beim ♂ u. sehr kleinen Arten gelegentlich undeutlich) . . . **28**

27* Letztes FußGld des 4. Lfb ohne diese Borsten. Die Beborstung auf der O- u. US des FußGld erscheint gleichstark **29**

28 ULippe mit glänzendem (weißlichem) Randwulst. VKörperrücken mit 2mal eingeengter dunkler MBinde (Abb. **415**/1). Grundfärbung gelblich bis weißlich. ♂ EndGld des Pdp mit einem abstehenden großen Fortsatz (Abb. **415**/2). In Höhlen u. ähnlichen Orten mit hoher Luftfeuchtigkeit. *Nesticidae* S. 414

28* ULippe flach, ohne Randwulst. VKörper anders gezeichnet. ♂ EndGld des Pdp ohne diesen abstehenden Fortsatz. *Theridiidae* S. 406

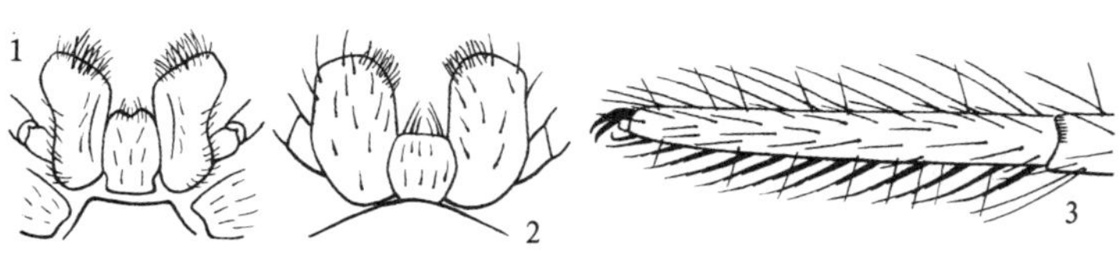

Abb. **393/1–3** **1** *Clubiona* spec. ULippe u. Pedipalpenladen; **2** *Agroeca* spec., ULippe u. Pedipalpenladen; **3** *Theridion* spec., Kammborsten am 4. Laufbein

29 Abstand der vorderen M-Augen vom URand der Stirn sehr viel kürzer als das M-Augenfeld lg ist (Abb. **394**/1) **31**

29* Abstand der vorderen M-Augen vom URand der Stirn so lg od. länger als das M-Augenfeld (Abb. **394**/2) **30**

30 OSchenkel des 1. Lfb deutlich dicker als der des 4. Lfb. Augenstellung an die von *Pholcus* erinnernd (Abb. **389**/1). Hlb kugelig (Abb. **438**/1). Sehr kleine Art: 1,5–3 mm lg. Weben radnetzartige Fanggewebe in Bodennähe (Abb. 438/2). *Theridiosomatidae* S. 437

30* 1. OSchenkel nicht dicker als 4. OSchenkel. Hlb ± länglich-oval. Weben Gespinstdecken mit darüberliegendem weitmaschigem Raumnetz (Baldachinnetz) (Abb. **415**/5). Oft in großer Anzahl in Schonungen, auf Gebüsch. Zahlreiche kleine Arten sind typische Bodenbewohner. *Linyphiidae* S. 415

31 **(29)** PdpLaden ± doppelt so lg wie br (Abb. **394**/3). Radnetze mit offener, lochförmiger Nabe (Abb. **417**/2). ♂ VBeine von 2–3facher KörperLg (Gattung *Meta* C. L. KOCH). *Araneidae* S. 420

31* PdpLaden höchstens so lg wie br, meist breiter (Abb. **394**/4). Radnetze mit geschlossener Nabe (Abb. **421**/1). *Araneidae* S. 420

32 **(10)** Vordere M-Augen in VAnsicht auffällig groß, scheinwerferartig (Abb. **395**/1). Augen der 2. Reihe sehr klein u. schwer sichtbar. Stirn von oben gesehen querüber gerade abgestutzt (Abb. **395**/2). Sprungvermögen! *Salticidae* S. 465

32* Vordere M-Augen nicht scheinwerferartig vergrößert **33**

33 Die 4 Augen der 2. u. 3. Reihe bilden von oben gesehen die Ecken eines Trapezes, in dem die hinteren Augen ebenso weit od. weniger voneinander entfernt stehen wie eines dieser Augen von dem gegenüberliegenden Auge der vorderen Reihe entfernt ist (Abb. **395**/4). Die Augen der 2. Reihe mindestens 3mal so groß wie die M-Augen der 1. Reihe (Abb. **395**/3). ♀♀ tragen den Eikokon an den Spw angeheftet (Abb. **445**/4). *Lycosidae* S. 446

33* Abstand zwischen den 2 Augen der hinteren Reihe bedeutend größer als der Abstand eines dieser Augen zum gegenüberliegenden Auge der 2. Reihe. Das Augentrazep der 2. u. 3. Augenreihe ist daher bedeutend breiter als lg (Abb. **395**/5–6) **34**

34 KörperLg bis 7 mm. Lfb mit 2 Fußkrallen. Schiene des 1. u. 2. Lfb unterseits mit 5–8 sehr langen Stachelpaaren. Augenstellung u. Körperzeichnung Abb. **395**/5. Nachtaktiv. *Zoridae (Ctenidae)* S. 450

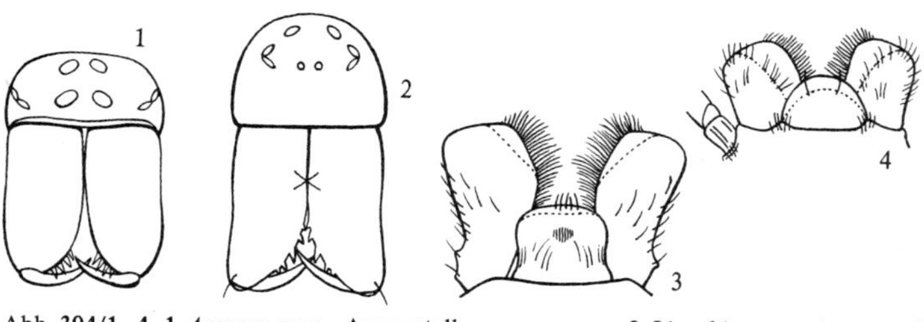

Abb. **394/1–4** **1** *Araneus* spec., Augenstellung von vorne; **2** *Linyphia* spec., Augenstellung von vorne; **3** *Meta menardi*, ULippe u. Pepipalpenladen; **4** *Araneus angulatus*, ULippe u. Pedipalpenladen

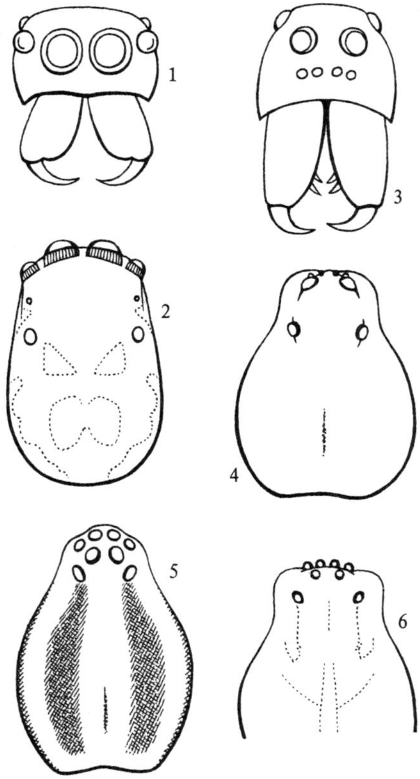

Abb. **395/1–6**
1 *Salticus* spec.,
Augenstellung von vorne;
2 *Salticus* spec.,
Augenstellung von oben;
3 *Pardosa* spec.,
Augenstellung von vorne;
4 *Pardosa* spec.,
Augenstellung von oben;
5 *Zora spinimana*,
Augenstellung von oben;
6 *Pisaura mirabilis*,
Augenstellung von oben

34* KörperLg 9–22 mm. Lfb mit 3 Fußkrallen. VBeine normal bestachelt, unterseits ohne eine lg Stachelpaarreihe. Augenstellung Abb. **395**/6. ♀♀ tragen den großen runden Eikokon mit den Mundwerkzeugen (Abb. **445**/1). Tagaktive Jagdspinnen. *Pisauridae* S. 444

Familie *Atypidae* – **Tapezierspinnen**

Gattung *Atypus* LATREILLE

G. Einziger M-eur Vertreter der Vogelspinnen. Mit 2 Paar Buchlungen (Abb. **388**/3) u. massigen, nach vorne gerichteten Cheliceren (Abb. **388**/1 u. **388**/2). 8 Augen auf kleinem Hügel am VRand des VKörpers zusammengedrängt

(Abb. **388**/1). Färbung kastanienbraun – braunschwarz. ♂ HlbRücken in der vorderen Hälfte mit hartem Rückenschild (Scutum). – **V. L.** W- bis O-Eur. Leben in Erdröhren, die in einen am E geschlossenen oberirdischen Fangschlauch übergehen. Meist kolonieweise auf wenigen Quadratmetern (nach hellen, frisch ausgeworfenen Erdhäufchen suchen, die am FangschlauchE liegen). Fangschlauch mit Erde u. Detritus getarnt, Erdröhre mit Seide ausgesponnen (Name!). ♀♀ zeitlebens im Wohnschlauch, ♂♂ vagabundieren während der Kopulationszeit u. suchen ♀ Fangschläuche auf, in die sie eindringen. Jungtiere fliegen am Fadenfloß (von III–IV). ♀♀ leben insgesamt 7–9 J, Geschlechtsreife nach 4 J. Etwa 25 Arten, heimisch 3, in Lebensweise u. Färbung übereinstimmend u. im Gelände schwer unterscheidbar. KörperLg im nachfolgenden Schlüssel einschließlich der Cheliceren.

1 Hintere (obere) Spw von unten betrachtet (!) deutlich 4gliedrig (Abb. **396**/3). Das 1. der 4 Paar Muskelansatzflächen auf dem Sternum dessen VRand genähert, sein Abstand zum 2. Paar daher mehr als doppelt so groß, wie der vom 2. zum 3. Paar (Abb. **396**/5). ♂♂ bis 16 mm lg, ♀♀ 14–18 mm lg. – M- u. O-Eur (östl. Art, W-Grenze südl. Harz-Ausläufer u. bei Nürnberg. Von der Ebene bis in höhere Alpenlagen verbreitet, bes. an steilen trockenen u. sonnigen Hängen. Erdröhre 35–80 cm lg. Aktivitätsphase ♂♂ VI–VIII. *A. muralis* BERTKAU

1* Hintere (obere) Spw von unten betrachtet (!) 3gliedrig (Abb. **396**/1–2). Das 1. Paar Muskelansatzflächen des Sternums deutlich von dessen VRand entfernt, so daß die Abstände zwischen den Muskelansatzflächen nur wenig differieren (Abb. **396**/4) **2**

2 Letztes Gld der hinteren Spw von oben (!) betrachtet mit querliegender Aufhellungszone (Pseudogelenk) (Abb. **396**/2) u. so lg od. länger als die 2 GrundGld zusammen. Gelenkhäute der Beine u. zwischen Cheliceren u. VKörper braunviolett getönt, nicht reinweiß. ♂ PdpOSchenkel an der InnenS mit längsverlaufenden Chitinleisten. ♂♂ 10–17 mm lg, ♀♀ 12–19 mm lg. – Nur Zentral- u. SO-Eur, nördlichster Fund Insel Greifswalder Oie, sonst bis in 1 200 m Höhe. An trockenen Hängen, auf Trockenrasen lichter Kiefernwälder. Aktivitätsphase ♂♂ VI–VII. *A. piceus* (SULZER)

2* Letztes Gld der hinteren Spw oben ohne Aufhellungszone u. kürzer als die 2 GrundGld zusammen (Abb. **396**/1). Gelenkhäute der Extremitäten auffallend

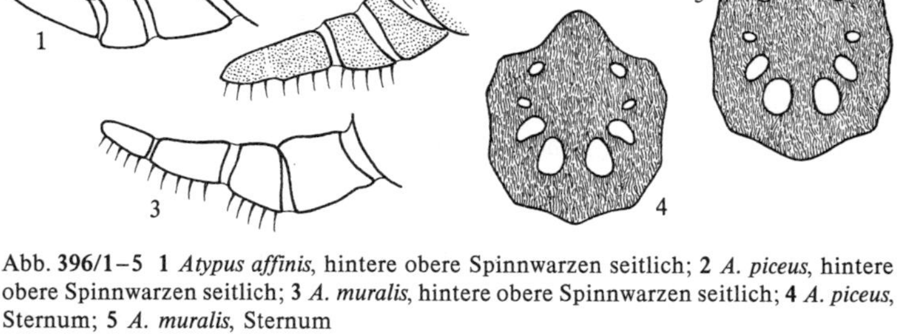

Abb. **396/1–5** **1** *Atypus affinis*, hintere obere Spinnwarzen seitlich; **2** *A. piceus*, hintere obere Spinnwarzen seitlich; **3** *A. muralis*, hintere obere Spinnwarzen seitlich; **4** *A. piceus*, Sternum; **5** *A. muralis*, Sternum

hell (reinweiß) u. zum dunklen Körper kontrastierend. OSchenkel des ♂ Pdp an der InnenS ohne Chitinleisten. ♂♂ 10–15 mm lg, ♀♀ 16–33 mm lg. – M- u. W-Eur (West-Art), östl. nur bis zur Oder. Bes. lichte Kiefern- u. Kiefermischw auf sandigen Böden, hier an sonnigen Wegrändern, Gräben u. südl. exponierten *Calluna*-Standorten. Kopulationszeit vom Herbst bis zum Frühjahr. ♂ überwintert gemeinsam mit einem ♀ in dessen Wohnröhre. Aktivitätsphasen ♂♂ IV–V u. IX–XI. *A. affinis* EICHWALD

Familie *Eresidae* – **Röhrenspinnen**

G. Kurzbeinige robuste Spinnen, 8–16 mm lg, an Springspinnen erinnernd, aber mit winzigen Augen (Abb. **389**/2). Kopfteil des VKörpers stark aufgewölbt, nach hinten vor der M-Furche steil abfallend, im Stirnbereich br u. 4eckig abgeschnitten (Abb. **389**/2). Lfb dick u. kurz, mit wenigen unauffälligen Stacheln u. 3 Klauen. Cribellum 2teilig, Calamistrum 1reihig (vgl. Abb. **390**/3–4). – **V. L.** Eur, As, Afr. Über 100 Arten, heimisch 1 Art.

Gattung *Eresus* WALCKENAER

Eresus niger (PETAGNA) [*E. cinnaberinus* (OLIVIER)]
G. ♂♂ 8–11 mm lg, ♀♀ 9–16 mm lg. ♀ insgesamt schwarz. VKörperrücken punktartig durch helle Haare aufgehellt, Stirn u. Chelicerenbasis orangebraun behaart. ♂ VKörper ähnlich wie beim ♀, HlbRücken aber leuchtend ziegelrot, mit 4 schwarzen Flecken (Abb. **398**/1). Die hinteren 2 LfbPaare rötlich, die BeinGld am E weiß geringelt. – **V. L.** Verbreitet, in S-Eur häufiger. Kolonieweise an warmen sonnigen Standorten, z. B. xerotherme Trockenrasengesellschaften in S- u. W-Hanglagen. Gräbt ca. 10 cm tiefe u. 1 cm weite austapezierte Erdröhren, deren Mdg von einem Deckennetz schirmartig überdacht wird u. von dem bläulich schimmernde Cribellumfangfäden zum Boden ziehen. Spinne bauchoben an der US des Deckennetzes. Beute vorwiegend od. z.T. große gepanzerte Käfer. Jungspinnen bis zur 6. Häutung in der mütterlichen Röhre, in der sie nach dem Schlüpfen überwintert haben. Das ♀ dient nach dem Tode den Jungen als Na. ♂♂ zur Fortpflanzungszeit frei umherlaufend (ab M IX u. V). – ▽

Familie *Dictynidae* – **Kräuselspinnen**

G. Kleine Spinnen, 1,5–5 mm lg. Calamistrum 1reihig, oft nur aus wenigen Borsten bestehend. – **V. L.** Weit verbreitet, z. T. häufig. Netze meist an Pflanzen (auf Blattspreiten, in trockenen Blütendoldenästen, an Baumrinde), an Mauern, Gebäudewänden u. deren Bewuchs, hier stellenweise oft massenhaft. Das Netz besteht aus einem Schlupfwinkel, vom dem Fäden, die nur streckenweise mit bläulicher Fangwolle belegt sind, ausstrahlen (Abb. **398**/4). Über 200 Arten, heimisch 23. Genaue Bestimmung nur mit stärkerer Vergrößerung möglich. – Häufigere Arten: *Dictyna arundinacea* (L.), ♂♂ 2–3 mm lg, ♀♀ 2,5–3,5 mm lg. Grundfärbung braun. Mit braunen u. weißen Fiederhaaren, die auf dem VKörperrücken reihenweise nach vorne gerichtet sind, bedeckt. EndGld der Lfb verdunkelt. Bes. auf Heide, Ödländereien, Feldrainen u. Wegrändern mit dichter Krautschicht. Raumnetz Abb. **398**/4). ♂♂ ♀♀ V–VI. – *Nigma viridissima* (WALCKENAER), ♂♂ 3,5–4 mm lg, ♀♀ 4,5–5 mm lg. VKörper u. Lfb gelbgrün, Hlb sattgrün, mit Fluren weißer Fiederhaare bedeckt. Wärmeliebend. Bes. in mittleren u. südl. heimischen Gebieten. Netze auf der BlattOS, an Häusern u. Mauern od. deren Efeubewuchs. ♂♂ ♀♀ ab E VIII geschlechtsreif. – *Lathys humilis* (BLACKWALL), ♂♂ 1,7–2 mm lg, ♀♀ 2–2,5 mm lg. Vordere M-Augen sehr viel kleiner als die übrigen Augen. VKörperrücken schwarz, Hlb mit weißen Flecken netzartig gemustert. Lfb deutlich geringelt. An sonnenexponierten Standorten auf Gebüsch, an Bäumen, unter Steinen am Meeresstrand. ♂♂ ♀♀ IV–VI.

Familie *Amaurobiidae* – **Finsterspinnen**

G. M-große bis große Spinnen, 5–16 mm lg. Habitus den Trichterspinnen ähnlich, aber kurzbeiniger. Kopfbereich dunkel, aufgewölbt u. mit breiter Stirn. Chelicerenbasis knieförmig vorgewölbt (bes. ♀) (Abb. **398**/2). Alle 8 Augen hell, in 2 weiten Querreihen. Cribellum immer 2teilig (Abb. **390**/3). – **V. L.** Weltweit. Nachtaktive Netzspinnen, legen vom Wohngewebe od. der Wohnröhre unregelmäßig verteilte bläuliche Fangfäden mit Cribellumwolle aus. In Mauerlöchern u. -ritzen, unter Steinen u. Rinde am Grunde der Bäume u. Stubben, in Kellern. Ca. 300 Arten, heimisch sicher nachgewiesen 7.

1 Kräuselkamm (Calamistrum) am vorletzten FußGld des 4. Lfb 2reihig. ULippe an der Basis deutlich eingeschnürt. *Amaurobius* S. 399

1* Kräuselkamm am 4. Lfb immer 1reihig. ULippe an der Basis nicht eingeschnürt. ♂♂ ca. 5 mm lg, ♀♀ 5–7 mm lg. – ♂ Hlb mit 2 weißen, leuchtenden Fleckenpaaren (Abb. **398**/3), VKörperrücken rötlich lehmgelb, Lfb dunkler. ♀ einfarbig

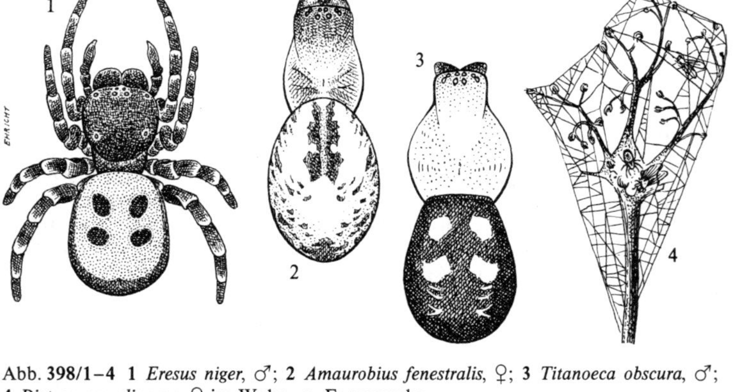

Abb. **398/1–4** **1** *Eresus niger*, ♂; **2** *Amaurobius fenestralis*, ♀; **3** *Titanoeca obscura*, ♂; **4** *Dictyna arundinacea*, ♀ im Wohn- u. Fanggewebe

braunrot bis schwarzbraun. Weitverbreitet. Wärmeliebend. Häufig unter Kalksteinen an besonnten Hängen. (Gattung *Titanoeca* THORELL).

T. obscura (WALCKENAER)

Gattung *Amaurobius* C. L. KOCH

G. Robuste Arten, 6–16 mm lg. Körper meist rötlich- bis schwarzbraun. Hlb mit dunklerer Fleckenzeichnung (Abb. **398**/2). Chelicerenbasis vorgewölbt. Beim ♂ ist der Kräuselkamm am 4. Lfb zurückgebildet. 7 heimische Arten. – Häufigere Arten: *A. ferox* (WALCKENAER), ♂♂ 8,5–12 m lg, ♀♀ 11–16 mm lg. Körper schwärzlich, ohne bes. Zeichnung. Regelmäßig in Kellerräumen („Kellerspinne"). – *A. fenestralis* (STROEM), ♂♂ 4,5–7 mm lg, ♀♀ 7–9 mm lg. Hlb bräunlichgelb, in der vorderen Rückenhälfte mit schwarzem, seitlich 1–3mal eingeschnürtem Längsfleck in heller Umgebung (Abb. **398**/2). Lfb dunkel geringelt. Häufig, bes. in Wäldern der M-Geb. Unter Borke, Steinen, Moospolstern, in Felsritzen, an Kellerfenstern usw. Vor der Wohnröhre ein grobmaschiges trichterförmiges Netz mit bläulicher Cribellumwolle. – *A. similis* BLACKWALL, ♂♂ 6,5–8 mm lg, ♀♀ 9–12 mm lg. Rückenfärbung ähnlich vor. Art, der dunkle M-Fleck auf dem HlbRücken aber deutlich durch hellen M-Streifen geteilt. Westl. Art.

Familie *Uloboridae* – **Kräuselradnetzspinnen**

G. M-große Arten mit bes. lg. 1. LfbPaar (Abb. **400**/3). VKörper br. Augenstellung Abb. **390**/1. Hlb vor der M am höchsten u. breitesten (oft gebuckelt) (Abb. **400**/1 u. **400**/2). Mit Cribellum u. Calamistrum, beim erwachsenen ♂ reduziert. Ohne Giftdrüsen. Die Beute wird bis zur Bewegungslosigkeit gefesselt. – **V. L.** In wärmeren Regionen. Bauen Rad- bzw. Dreiecknetze, deren Fangfäden mit Cribellumwolle belegt werden. Es wird relativ große Beute überwältigt. Etwa 200 Arten, heimisch 2.

1 Hlb kurz, der Rücken höckrig. VKörper dunkel einfarbig. Halten mit den 2 vorderen LfbPaaren ein Dreiecknetz (Abb. **400**/4). *Hyptiotes* S. 400

1* Hlb lggestreckt. VKörper hell, mit dunklen Längsstreifen (Abb. **400**/1). Hängen bauchoben unter der Nabe eines waagerechten Radnetzes (Abb. **400**/2). *Uloborus* S. 399

Gattung *Uloborus* LATREILLE

Uloborus walckenaerius LATREILLE

G. ♂♂ 3–5 mm lg, ♀♀ 6–8 mm lg. VKörperrücken mit schwärzlichen Parallelstreifen (Abb. **390**/2). Sternum schwarz, 1. Lfb außergewöhnlich lg u. dick (Abb. **400**/1). Alle Lfb braunrot, geringelt. Hlb im 1. Drittel am breitesten, zum E verjüngt. OS mit weißen Fiederhaaren püschelartig bedeckt. – **V. L.** Hauptsächlich medit. Heimisch vereinzelt im S (Erlangen, Nürnberg). Auf warmem Sandboden zwischen Heidekraut u. Besenginster in ca. 10 cm H über dem Boden ein waagerechtes Radnetz mit radiären Stabilimenten (2 vom Zentrum aus in entgegengesetzte Richtungen verlaufende Gewebestreifen) (Abb. **400**/2). Fangbereich

13–18 cm ∅, 30–40 Radien, Fangfadenabstand 4 cm, mit Cribellumwolle belegt. Spinne ständig im Netz. Ab VI.

Gattung *Hyptiotes* WALCKENAER

Hyptiotes paradoxus (C. L. KOCH) – **Dreiecksspinne**
G. ♂♂ 4 mm lg, ♀♀ 5 mm lg. VKörper dunkel, mit heller orangeroter Behaarung. HlbRücken mit gewellten Querringen. Hlb (♀) von oben gesehen trapezförmig, in der M am dicksten u. höchsten (gebuckelt). Lfb relativ kurz u. dick. Die 2 VBeine mit hellen FußGld. – **V. L.** Fast ausschließlich im M-Geb in Nadelw. Das Dreiecknetz (Abb. **400**/5) im Spätsommer in 1,5 m Höhe an Fichten usw. Die Spinne hält mit den kräftigen VBeinen das Netz am Signalfaden in Spannung. Gerät Beute ins Netz, lockert sie den Signalfaden, so daß das Netz zusammenfällt u. sich die Beute in den Cribellumfäden weiter verstrickt („Schlagfallentechnik"). ♂♂ ♀♀ VII–VIII.

Familie *Dysderidae* – **Sechsaugen**

G. Körper walzenförmig. VKörper flach, orangerot bis rotbraun, selten schwärzlich, oft glänzend. Hlb meist auffallend heller, einfarbig, ohne Zeichnungsmuster. 6 Augen in 6eckiger Gruppe eng zusammenstehend (Abb. **388 A**/1). ULippe,

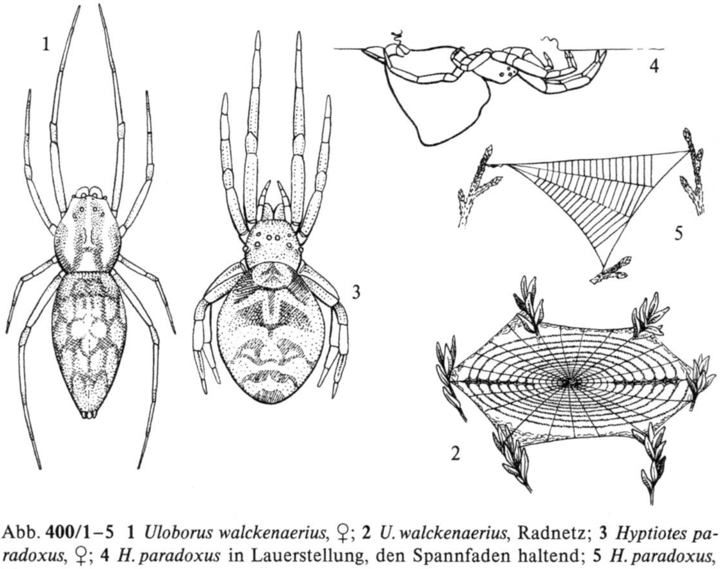

Abb. **400/1–5** **1** *Uloborus walckenaerius*, ♀; **2** *U. walckenaerius*, Radnetz; **3** *Hyptiotes paradoxus*, ♀; **4** *H. paradoxus* in Lauerstellung, den Spannfaden haltend; **5** *H. paradoxus*, Fangnetz

Kauladen u. Cheliceren lg, letztere mit kräftiger Giftklaue, nach vorne gerichtet (Abb. **388** A/1). Sternum u. Rückenschild des VKörpers zwischen den LfbHüften durch Chitinbrücken verbunden (Abb. **401**/1). PdpAnhang des ♂ ähnlich Abb. **401**/2. EndGld der Lfb extrem kurz, mit 3 Krallen od. mit 2 Krallen u. einem Sohlenpolster aus Hafthaaren. Je ein Tracheenstigma dicht hinter dem Lungenstigma (Abb. **401**/1). ♂♂ bis 10 mm lg, ♀♀ bis 17 mm lg. – **V. L.** Bes. wärmere Gegenden. Nachtaktive Jäger, die relativ große Beutetiere überwältigen können. Tagsüber in Wohngespinsten ähnlich den *Clubionidae*. Über 280 Arten, heimisch 5.

1 VRand der ULippe halbkreisförmig tief ausgeschnitten (Abb. **401**/1). Lfb mit 2 Krallen u. einem Sohlenpolster aus Hafthaaren. *Dysdera* S. 401

1* VRand der ULippe gerade od. schwach abgestumpft (Abb. **401**/2). Lfb mit 3 Krallen, ohne Sohlenpolster. VKörper meist deutlich breiter als der Hlb (Abb. **401**/4). *Harpactea* S. 402

Gattung *Dysdera* LATREILLE

G. Große Arten, bis 17 mm lg. VKörper braunrot bis tief orange, Lfb heller. Hlb im Kontrast weißlich, hellgrau bis hell rosabraun, sehr kurzseidig behaart. Cheliceren kräftig, ca. ½ VKörperLg, nach vorne gerichtet u. mit lg Giftklaue (Abb. **401**/1). ULippe am E halbkreisförmig tief eingeschnitten (Abb. **401**/1) – **V. L.** Bes. warme Regionen. Nächtliche Jäger, tagsüber in kleinem Seidengespinst. Heimisch 2 sehr ähnliche Arten.

1 OSchenkel des 4. Lfb auf der OS mit 1–3 basalen Stacheln (gelegentlich fehlend!) (Abb. **401**/3). Große Art: ♂♂ 9–13 mm lg, ♀♀ 11–17 mm lg. – Medit, bei uns an S-exponierten Warmhängen od. in Gebäuden. Verstreut u. selten. *D. crocota* C. L. KOCH

1* OSchenkel des 4. Lfb auf der OS stachellos. Kleinere Art: ♂♂ 6–8 mm lg, ♀♀ 9–14 mm lg. – Verbreitet. Wärmeliebend, auf Trockenrasen u. unter besonnten Steinen. ♂♂ VIII–V, ♀♀ ganzjährig. Erst im 2. J reif. *D. erythrina* (WALCKENAER)

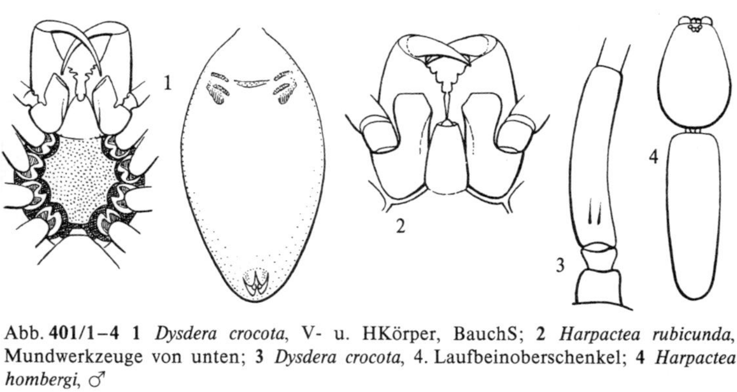

Abb. **401/1–4** **1** *Dysdera crocota*, V- u. HKörper, BauchS; **2** *Harpactea rubicunda*, Mundwerkzeuge von unten; **3** *Dysdera crocota*, 4. Laufbeinoberschenkel; **4** *Harpactea hombergi*, ♂

Gattung *Harpactea* BRISTOWE

G. M-große Arten, 5–11 mm lg. VKörper auffallend breiter als Hlb, dunkelbraun, gelegentlich schwärzlich. Hlb schmal u. lggestreckt, weißgrau od. graubraun. ULippe am E querüber abgestutzt (Abb. **401**/2). – Lebhafte nächtliche Jäger, tagsüber im Schlupfwinkel im Gespinstsäckchen. 3 heimische Arten.

1 Lfb deutlich 2farbig (braun-gelb geringelt). Körper sehr schmal. Hlb röhrenförmig lggestreckt (♂!) (Abb. **401**/4). ♂♂ 5–6 mm lg, ♀♀ 6–7 mm lg. – Bes. M-Geb. Kreidefelsenküste Rügens. Unter Rinde, in Felsspalten, unter Steinen. *H. hombergi* (SCOPOLI)

1* Lfb einfarbig 2

2 Über 10 mm lg. 4. LfbOSchenkel auf der KörperS mit einer Gruppe von 10–15 Stacheln. ♂♂ bis 10 mm lg, ♀♀ 10–12 mm lg. – Verbreitet, unter Steinen, an u. in Häusern. Wehrhaft u. angriffslustig! ♂♂ IV–V u. VIII–IX. *H. rubicunda* (C.L.KOCH)

2* Bis 6 mm lg. 4. LfbOSchenkel auf der KörperS mit nur 5 Stacheln. – Bes. im M-Geb. In Wäldern unter Felsenmoos, in der Laubstreu. ♂♂ IX bis Frühjahr. *H. lepida* (C.L.KOCH)

Familie *Segestriidae*

G. VKörper u. Hlb gleichbreit, walzenförmig, stark behaart. HlbRücken mit brauner Fleckenzeichnung (Abb. **402**/3–4). 6 Augen in 3 getrennten Gruppen (Abb. **388**/3). Mundwerkzeuge wie bei *Dysderidae.* Lfb gefleckt, mit 3 Klauen (ohne Hafthaarbüschel). Die 1. 3 LfbPaare nach vorne gerichtet (Abb. **402**/1). ♂ Pdp Abb. **402**/2. Je ein Tracheenstigma hinter dem Lungenstigma (Abb. **401**/1). ♂♂ bis 10 mm lg, ♀♀ bis 14 mm lg. – **V. L.** Seßhafte Spinnen, die am Eingang einer Röhre, von der Fäden über den Boden gespannt sind, auf Beute lauern od. nach kurzer Entfernung immer wieder zum Eingang zurückkehren. Über 120 Arten in wärmeren Regionen, heimisch 2.

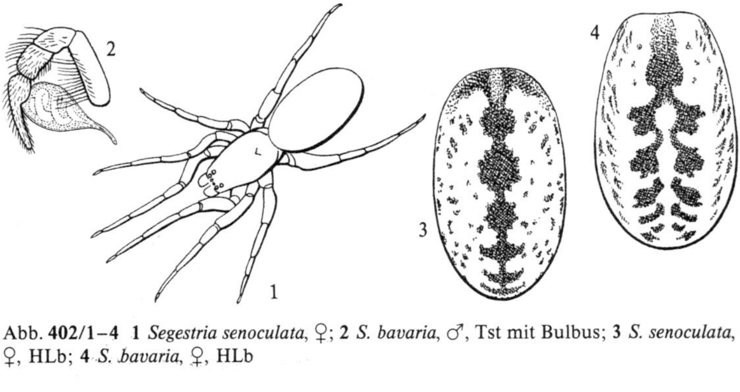

Abb. **402/1–4** **1** *Segestria senoculata,* ♀; **2** *S. bavaria,* ♂, Tst mit Bulbus; **3** *S. senoculata,* ♀, HLb; **4** *S. bavaria,* ♀, HLb

Gattung *Segestria* LATREILLE

1 HlbRücken mit zusammenhängendem, unpaarem braunem Fleckenmuster (Abb. **402**/3). Sternum nicht dunkler als LfbHüften. ♂♂ ♀♀ 7–10 mm lg. – VKörperrücken glänzend dunkelbraun, Stirnteil fast schwarz. Unter Steinen, Baumrinde, in Mauer- u. Balkenspalten. VII bis Frühjahr. *S. senoculata* (L.)

1* HlbRücken mit paariger Fleckenzeichnung (Abb. **402**/4). Sternum schwärzlich, deutlich dunkler als die LfbHüften. ♂♂ 8–10 mm lg, ♀♀ 10–14 mm lg. – Bes. Geröllhalden felsiger Gegenden. E VII–E V. *S. bavaria* C.L.KOCH

Familie *Oonopidae* – **Zwergsechsaugen**

G. Sehr kleine Arten, 1–3 mm lg. Hellrosa bis rötlich gefärbt. 6 relativ große Augen in dichter Gruppe, die fast die ganze StirnBr einnimmt (Abb. **388 A**/2). (Nichtheimische Arten z. T. mit weniger od. reduzierten Augen.) Hlb oft mit Schilden gepanzert. Spw auf gemeinsamen Sockel. Dicht hinter dem Lungenstigma je ein Tracheenstigma (Vergrößerung!). OSchenkel der Lfb oberseits verdickt (Abb. **403**/1). Die 2 LfbKrallen mit doppelter Zähnchenreihe u. auf einem dünnen KlauenfußGld sitzend (gestielt!) (Abb. **403**/1). ♀ ohne äußere Geschlechtsplatte. Bulbus des ♂ Pdb birnenförmig (Abb. **402**/2). – **V. L.** Bodenspinnen hauptsächlich der wärmeren Regionen. Über 400 Arten, heimisch 4.

1 Hlb normal weichhäutig u. behaart 2

1* Hlb „gepanzert", Rücken u. Bauch je mit einem harten Schild, den Hlb fast umschließend (Abb. **403**/2). Karminrot, glänzend, kaum behaart. ♂♂ ♀♀ 1,5–2 mm lg. – LfbSchiene unterseits mit 4 Stachelpaaren (Vergrößerung!), vorletztes LfbGld mit 2 Stachelpaaren. Bes. medit, sonst in sog. Wärmeinseln. Unter Steinen, in trockenem Detritus. Lebensweise unbekannt. (Gattung *Dysderina* SIMON). *D. loricatula* ROEWER

2 Hlb rötlich. 1. u. 2. LfbSchiene auf der US mit 4–5 langen Stachelpaaren, vorletztes FußGld mit 2 Stachelpaaren (Vergrößerung!) (Abb. **403**/1). *Oonops* S.404

2* Hlb grauviolett. Lfb lg, ohne bes. Stachelpaare auf der US. ♂♂ 2,5 mm lg. – VKörper u. Lfb blaß schmutziggelb. VKörperrücken mit feiner schwärzlicher

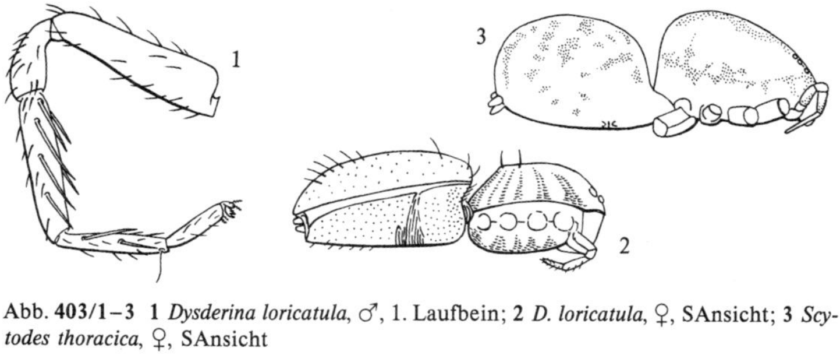

Abb. **403/1–3** **1** *Dysderina loricatula*, ♂, 1. Laufbein; **2** *D. loricatula*, ♀, SAnsicht; **3** *Scytodes thoracica*, ♀, SAnsicht

Randlinie u. deutlichen Radiärstreifen. Beide FußGld des 1. u. 2. Lfb beim ♂ olivbraun. Bisher wenige medit Funde, Frankreich, Schweiz. Bei Pirna in einer Höhle. Lebensweise unbekannt. (Gattung *Tapinesthis* SIMON).

T. inermis (SIMON)

Gattung *Oonops* TEMPLETON

G. Grundfarbe hellrot bis hell ziegelrot. Hlb blasser, weichhäutig u. behaart. – **V. L.** Bes. M-Am u. Mittelmeergebiet. Wärmeliebende, nachtaktive Bodenspinnen. Tagsüber im Wohngespinst. Bewegung auffallend langsam, tastend. 2 heimische Arten.

1 Lebt in Häusern. Grundfarbe blaß hellrot, Hlb heller. 1. LfbSchiene unterseits mit 5 Stachelpaaren. ♂♂ ♀♀ 1,5–2 mm lg. – Im Detritus u. alten Sammlungen. Na: wahrscheinlich Staubläuse. Kokon durchsichtig, mit 2 rosafarbenen Eiern.

O. domesticus DALMAS

1* Lebt im Freien. Grundfarbe blaß hell- bis ziegelrot. 1. LfbSchiene unterseits mit 4 Stachelpaaren. ♂♂ ♀♀ 1,5–2 mm lg. – Unter Baumrinde, Steinen, in Bodenstreu u. alten Vogelnestern, auch im Gewebe anderer Spinnen.

O. pulcher TEMPLETON

Familie *Scytodidae* – **Speispinnen**

G. VKörper stark erhöht, am HE steil abfallend u. breiter als der Hlb (Abb. **403**/3). 6 Augen, je ein Paar am V- u. den SRändern der Stirn (Abb. **388 A**/4). Cheliceren klein, am Grunde verwachsen. Auf der Giftklaue mündet die zur mächtigen Leimdrüse umgewandelte Giftdrüse. Lfb lg u. dünn, ihre Lg 1, 2, 4, 3. 3 Klauen, die auf einem KlauengrundGld (Onychium) sitzen. ♂ Pdp mit birnenförmigem Bulbus (Abb. **402**/2). ♀ ohne äußere Geschlechtsplatte. – **V. L.** Weltweit, vorwiegend trop u. subtrop. Beschleichen die Beute u. fesseln diese durch blitzschnelles Ausspeien an den Boden. Über 150 Arten, heimisch 1.

Gattung *Scytodes* LATREILLE

Scytodes thoracica (LATREILLE) – **Speispinne**

G. Grundfärbung gelblich mit reichlicher bräunlicher Fleckenzeichnung. Charakteristisch eine „lyraförmige" Figur auf dem VKörperrücken (Abb. **388 A**/4). Lfb dunkel gefleckt u. geringelt. ♂♂ 3,5–4 mm lg, ♀♀ 4–6 mm lg. – **V. L.** Hauptsächlich medit. Heimische Funde häufiger als bisher angenommen, wahrscheinlich oft übersehen. Nachtaktiv. In Häusern, an Wänden nahe der Decke, lediglich im SW u. auf Wärmeinseln (Berlin) stellenweise frei lebend unter Steinen, an Borke. Spinnen ein unregelmäßiges loses Netz, das nicht dem Beutefang dient. Der wenig umsponnene Eiballen wird vom ♀ mit den Cheliceren gegen das Sternum gedrückt getragen.

Familie *Pholcidae* – **Zitterspinnen**

G. Lfb auffallend lg. von 4–5facher KörperLg (bei nichtheimischen Arten auch länger) u. stachellos (Abb. **405**/1), 3 Klauen. Pdp sehr kurz. VKörperrücken von oben gesehen fast kreisrund. 8 Augen in dichtstehender Gruppe. Die vorderen M-Augen sehr klein (Abb. **389**/1). – **V. L.** Artenreich in wärmeren Regionen. Weben unregelmäßige lose Deckennetze, unter denen die Tiere bauchoben hängen. Die klebrigen Fangfäden mit dünnem Leim überzogen (keine Klebtröpfchen). Beunruhigt wird der Körper in kreisende u. schwingende Bewegungen versetzt (Name!). Etwa 20 Eier von wenigen fast unsichtbaren Fäden zu einem Eiballen zusammengehalten, der vom ♀ mit den Cheliceren getragen wird. Über 450 Arten, heimisch 3.

1 Hlb lg u. zylindrisch, Spw von der Geschlechtsfalte normal weit entfernt (Abb. **405**/1). Über 4,5 mm lg. *Pholcus* S. 405

1* Hlb kugelförmig hoch aufgewölbt, höher als lg. Abstand zwischen den Spw u. der Geschlechtsfalte äußerst gering (Abb. **405**/2). Bis 2,5 mm lg. – VKörper gelbbraun, Hlb grau, mit blaugrünem Schimmer. Bisher fast ausschließlich in Kellern u. anderen künstlichen unterirdischen Räumen. In kleinen losen Deckennetzen in Bodennähe. Tiergeographische Herkunft unbekannt. (Gattung *Psilochorus* SIMON). *P. simoni* (BERLAND)

Gattung *Pholcus* – **Zitterspinnen**

G. Grundfarbe hellgrau bis -braun. Hlb lggestreckt zylindrisch od. eiförmig, auf der US mit großer dunkler Geschlechtsplatte (♀). – **V. L.** Wärmeliebend. 2 heimische Arten.

1 VKörperrücken mit schmalem schwärzlichem Fleck, der durch eine helle M-Linie längsgeteilt wird. Sternum verdunkelt, mit hellem M- u. 4 hellen SFlecken. ♂♂ ♀♀ 4,5–5 mm lg. – Eiballen grau. Im N nur in od. an Gebäuden in Erdbodennähe (Schuppen, Ställen usw.), im S auch im Freien (Felsen, Steinbrüche). ♂♂ V–VIII. *P. opilionoides* (SCHRANK)

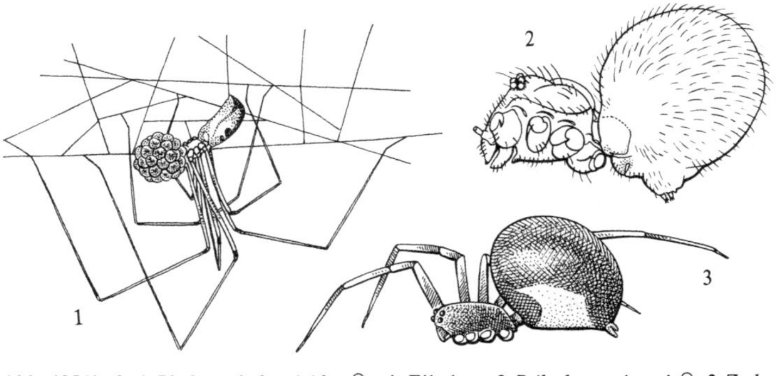

Abb. **405/1–3** **1** *Pholcus phalangioides*, ♀ mit Eikokon; **2** *Psilochorus simoni*, ♀; **3** *Zodarion* spec., ♀

1* VKörperrücken in der M mit breitem dunklem Fleck von der Form des Rückenumrisses. Sternum einfarbig grau, in der M gelegentlich dunkel. ♂♂ ♀♀ 7–12 mm lg (Abb. **405**/1). – Eiballen rosa. Kosm. Vorwiegend in Kellern, auch in Bad- u. Küchenräumen. Typische „Neubauart"! I–XII. Lebensdauer 3 J.

P. phalangioides (FUESSLIN)

Familie *Zodariidae* – **Ameisenjäger**

G. Kleine Spinnen, 3,5–5 mm lg. VKörper rotbraun, Hlb schwarzbraun mit violettem Glanz u. oft charakteristischer heller Bauch- u. SFärbung (Abb. **405**/3). Augenstellung (Abb. **389**/4). Vordere Spw auf einem gemeinsamen Sockel u. bedeutend länger als die hinteren. Lfb relativ dünn u. stachellos, OSchenkel dunkel. – **V. L.** In Kolonien an sonnigen Standorten mit gewisser Bodenfeuchtigkeit (Ruderalstellen, S-Hänge, Heiden) u. in der Nähe von Ameisenstraßen. Tagaktiver Jäger bei Sonnenschein, sonst in mit groben Fremdkörpern getarnten Wohngespinsten unter Steinen od. in niedrigem Bodenbewuchs. Wahrscheinlich hauptsächlich auf Ameisen als Na spezialisiert. Etwa 400 Arten, heimisch 3 sehr ähnliche Arten der Gattung *Zodarion* WALCKENAER. Nur an den äußeren Geschlechtsorganen erkennbar. *Z. germanicum* (C. L. KOCH) verbreitet, aber selten. *Z. rubidum* SIMON, bisher nur im Stadtgebiet von Berlin, Ruderalstellen, alte Bahngleisanlagen. *Z. italicum* (CANESTRINI), im SW, Hessen (Frankfurter Raum).

Familie *Theridiidae* – **Kugelspinnen, Haubennetzspinnen**

G. Sehr kleine bis mittelgroße Netzspinnen, 1–10 mm lg. Hlb überwiegend kugelförmig (Abb. **407**/1, **407**/8 u. **407**/10). Lfb relativ kurz (außer VBeine der ♂♂). Charakteristisches Familienmerkmal ist eine Reihe gesägter Borsten auf der US des letzten FußGld des 4. Lfb (Abb. **393**/3). Die Behaarung des betr. FußGld erscheint daher auf der US länger als auf der OS! (Nur die *Nesticidae* – Höhlenspinnen besitzen einen ähnlichen Borstenkamm.) ♂ am VKörperE jederseits mit Schrilleisten, über die eine Kante od. Borsten des Hlb gestrichen werden (nur bei einigen Arten mit bloßem Auge erkennbar od. Schrilltöne hörbar). – **V. L.** Weltweit in fast allen Biotopen. Raumnetze aus losem Fadengitterwerk, z. T. mit unregelmäßiger Gewebedecke (Haubennetz), von der einzelne Klebfäden zum Boden ziehen (Fang von Bodeninsekten usw.), od. mit Klebfadenmaschen im Fadengitterwerk (Fang von Fluginsekten). Beutetiere werden in der Regel vor dem Giftbiß rückwärts zur Beute stehend mit Hilfe des Borstenkammes am 4. Lfb mit zähen Leimtropfen beworfen, wodurch auch große Beutetiere (z. B. Bienen) gefesselt werden können. Die Beute wird durch eine winzige Bißwunde vollkommen ausgesaugt. Viele Arten sind Ameisenfresser, andere leben als Kleptoparasiten (vorwiegend trop Arten) in den Netzen anderer Spinnen. Brutpflege ist weit verbreitet. Die ♀♀ einiger Arten füttern die Jungen von Mund-zu-Mund mit ausgewürgtem Darmnährsaft (z. B. *Theridion sisyphium*). Über 2 000 Arten, heimisch 60. Die meisten Arten nur mikroskopisch bestimmbar. Artlich bedingte Farb- u. Zeichnungsvariationen sind häufig u. erfordern immer den Vergleich der Geschlechtsorgane. Im Schlüssel sind daher nur typische Zeichnungsmuster genannt.

1 Hlb gepanzert (Abb. **407**/1), ähnlich *Dysderina*, aber mit 8 Augen. Vordere M-Augen sehr klein (Abb. **407**/2). Sehr kleine Art, 1,6–2 mm lg. – Der kugelige Hlb schwärzlich (♀) od. rötlich (♂), oft aber das ganze Tier hell. VKörper u. die dünnen Lfb rotgelb. Im Moos u. Laubstreu lichter trockener feuchter Waldgebiete, im Bereich von Hochmooren. ♂♂ III–IV u. IX. (Gattung *Pholcomma* THORELL). *P. gibbum* (WESTRING)

1* Hlb weichhäutig **2**

2 Augenstellung ähnlich vor. Art (Abb. **407**/2). Letztes FußGld länger als vorletztes. Eine der kleinsten heimischen Spinnenarten, 1–1,3 mm lg. – Hlb grauschwarz, kugelig, auf dem Rücken 2 Paar große Muskelansatzpunkte. Sternum breiter als lg. Bisher selten gefunden. In nassem Torfmoos u. organischen Bodenauflagen. ♂♂ ♀♀ Frühjahr u. X. (Gattung *Theonoe* SIMON). *T. minutissima* (O. P.-CAMBRIDGE)

2* Augenstellung u. -größe anders. Letztes FußGld der Lfb immer kürzer als vorletztes. Größere Arten **3**

3 Hlb von oben gesehen entweder 3eckig (Abb. **407**/3) od. über den Spw mit konischem Auswuchs (Abb. **407**/9) **4**

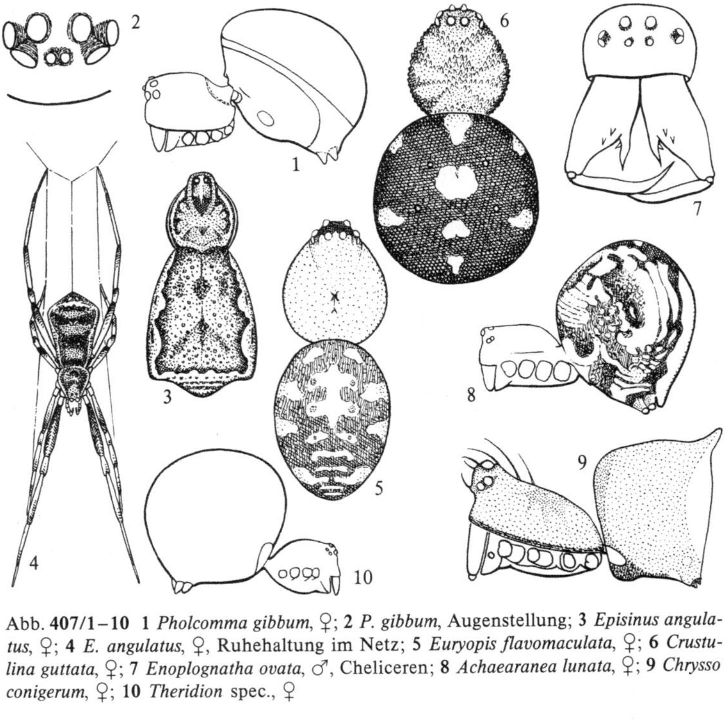

Abb. **407**/**1–10** **1** *Pholcomma gibbum*, ♀; **2** *P. gibbum*, Augenstellung; **3** *Episinus angulatus*, ♀; **4** *E. angulatus*, ♀, Ruhehaltung im Netz; **5** *Euryopis flavomaculata*, ♀; **6** *Crustulina guttata*, ♀; **7** *Enoplognatha ovata*, ♂, Cheliceren; **8** *Achaearanea lunata*, ♀; **9** *Chrysso conigerum*, ♀; **10** *Theridion* spec., ♀

3* Hlb gerundet, von normaler Form **5**

4 Hlb von oben gesehen 3eckig, hinten breiter als vorne (Abb. **407**/3). Ruhestellung ähnlich den Streckerspinnen (2 Lfb nach vorne, 2 Lfb nach hinten gerichtet). *Episinus* S. 409

4* Hlb von der S gesehen oberhalb der Spw mit kegelförmiger Ausbuchtung (Abb. **407**/9). ♂♂ 1,6 mm lg, ♀♀ 2 mm lg. – Hlb so h wie lg, zwischen Höcker u. Spw ein großes ovales gelbweißes Feld. Lfb gelbbraun, undeutlich gefleckt u. geringelt. Selten, bisher nur bei Bonn, im O-Harz (Ilsenhütte). Auf Gebüsch u. Fichten. (Gattung *Chrysso* O. P.-CAMBRIDGE). *C. conigerum* (SIMON)

5 **(3)** Vordere M-Augen deutlich größer als hintere M-Augen **6**

5* Vordere M-Augen nicht größer als hintere M-Augen, oft kleiner **8**

6 Abstand der vorderen M-Augen untereinander kleiner als ihr ∅. Größere Spinnen, 4–7 mm lg. *(Steatoda bipunctata).* *Steatoda* (part.) S. 412

6* Abstand der vorderen M-Augen untereinander deutlich größer als ihr ∅. Vordere M-Augen weiter voneinander entfernt als hintere M-Augen. Kleine Arten, bis 4 mm lg **7**

7 HlbE von oben gesehen ± spitz auslaufend, daher die Spw von oben deutlich sichtbar. Hlb dunkelbraun bis gelbrot, mit auffälliger gelber Fleckenzeichnung (Abb. **407**/5). Schnell umherlaufende Bodenspinnen ohne Netz. *Euryopis* S. 411

7* HlbE von oben gesehen stumpf gerundet, Spw daher von oben verdeckt (Abb. **407**/6). Stirn unterhalb der Augen höher als die Cheliceren lg sind (bes. ♂♂). Meist dunkelbraune bis schwarze Gebüsch- u. Baumbewohner. *Dipoena* S. 411

8 **(5)** VKörperrücken, Cheliceren u. Sternum mit groben, warzenartigen Höckern besetzt (Abb. **407**/6). Bis 2,5 mm lg. In winzigen Netzen in unmittelbarer Bodennähe. *Crustulina* S. 411

8* VKörper ohne warzenartige Höcker, wohl aber gelegentlich feiner granuliert od. punktiert **9**

9 Hlb einfarbig gelb- bis schwarzgrau, ohne Flecken- od. Farbzeichnungen, auf dem Rücken aber oft 2–3 Paar kleine rötliche Muskelansatzpunkte **10**

9* Hlb nicht einfarbig, meist mit sehr auffälligen Farb- u. Zeichnungsmustern. (♂ einiger *Theridion*-Arten aber mit einfarbig dunklem Hlb) **11**

10 Vordere M-Augen enger stehend als hintere M-Augen. Hlb meist hellgrau bis selten schwärzlich. ♂ ♀ mit normalen Cheliceren. LfbLg 4123. Bodenspinnen, manchen Baldachinspinnen ähnelnd. *Robertus* S. 414

10* Vordere M-Augen nicht enger, oft weiter als hintere M-Augen auseinanderstehend. ♂ ♀ mit großen, auseinanderweichenden Cheliceren, beim ♂ zusätzlich mit großen, zahnartigen Apophysen besetzt (Abb. **407**/7). LfbLg 1423. Hlb schwärzlich *(Enoplognatha thoracica).* *Enoplognatha* (part.) S. 414

11 **(9)** Hlb hoch aufgewölbt (♀), in SAnsicht höher als lg u. vor den Spw steil abfallend (Abb. **407**/8). HlbS oft schwärzlich. *Achaearanea* S. 410

11* Hlb in SAnsicht nicht höher als lg (♀), höchstens kugelförmig od. länglich oval (Abb. **407**/10) **12**

12 Hlb in SAnsicht kugelförmig (♀) (beim ♂ weniger ausgeprägt), den HRand des VKörpers ± überwölbend (Abb. **407**/10). Lfb relativ dünn. ♂ Stridulationsorgan zurückgebildet. *Theridion* S. 410

12* Hlb lgoval (♀), der Rücken meist abgeflacht, nicht ausgesprochen kugelförmig. Den HRand des VKörpers nur wenig überragend (Abb. **409**/1) **13**

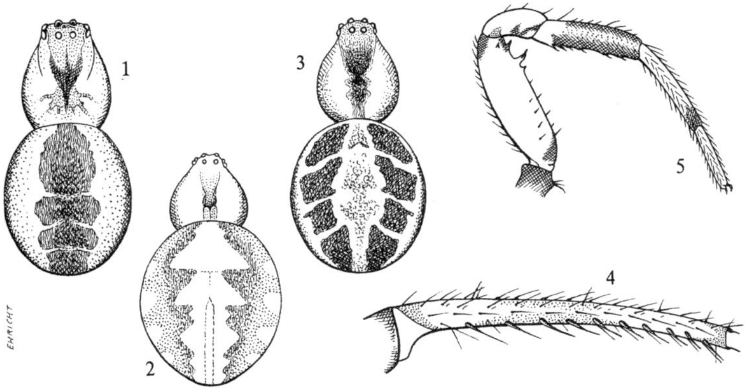

Abb. **409/1–5** **1** *Anelosimus vittatus*, ♀; **2** *Theridion varians*, ♀; **3** *T. sisyphium*, ♀; **4** *Anelosimus vittatus*, ♂, 1. Laufbein, vorletztes FußGld; **5** *Steatoda phalerata*, ♂, 2. Laufbein

13 HlbRücken wenigstens in der vorderen Hälfte mit einem breiten schwärzlichen (gelegentlich rötlichen) M-Streifen, der seitlich wellig hell begrenzt wird (Abb. **409**/1). Gelegentlich der dunkle M-Streifen über den ganzen Rücken verlaufend. *Anelosimus* S. 410

13* HlbRücken in der vorderen Hälfte ohne diesen dunklen M-Streifen wie in Abb. **409**/1 . . . . **14**

14 Hlb entweder weißgelb (gelegentlich mit 1 od. 2 roten Längsstreifen) u. mit 4–5 feinen schwarzen Punktpaaren *(Enoplognatha ovata)* od. aber HlbRücken mit Foliumzeichnung (3 seltenere Arten). Cheliceren (♂♀) lg u. robust, endwärts bes. beim ♂ auseinanderweichend u. mit großen zahnartigen Apophysen (Abb. **407**/7). *Enoplognatha* (part.) S. 414

14* Hlb anders gezeichnet, meist dunkelbraun bis schwärzlich u. mit leuchtenden weißlichen, gelblichen bis rötlichen Flecken, Rand- od. (u.) M-Streifen (Abb. **413**/1–9). Charakteristisch ist ein fast immer vorhandener heller Saum am VRand des Hlb (Abb. **413**/4). Lfb kräftig. ♂ mit deutlichem Stridulationsorgan. Oft in Häusern. *[Asagena, Lithyphantes, Teutana]* *Steatoda* S. 412

Gattung *Episinus* LATREILLE – **Seilspinnen**

G. HlbForm charakteristisch (Abb. **407**/3). HlbRücken abgeflacht u. hinten winklig abgestutzt. 1. u. 2. LfbPaar bes. lg, in Ruhestellung wie bei Streckerspinnen 2 Lfb nach vorne u. 2 Lfb nach hinten gerichtet (Abb. **407**/4). – **L.** Mit wenigen zum Boden gehenden Netzfäden werden Bodeninsekten gefangen. Auf niedrigem Gebüsch. Eikokon weiß, birnenförmig u. mit kurzem Stiel an Pflanzen angeheftet. 2 heimische Arten.

1 VKörperrücken mit breitem, dunklem M-Band u. je einem schmalen, dunklen Streifen parallel zum hellen SRand. ♂♂ bis 4 mm lg, ♀♀ bis 5,5 mm lg.

HlbBauch vor den Spw ± hell weißlich. Lfb deutlich hell-dunkel br geringelt. ♂♂ ♀♀ V–VII. *E. angulatus* (BLACKWALL)

1* VKöperrücken einheitlich braunschwarz, ohne Zeichnungsmuster. ♂♂ ♀♀ bis 5 mm lg. HlbBauch vor den Spw dunkel, aber mit 3 feinen weißlichen Längslinien. Lfb nicht deutlich hell-dunkel geringelt. ♂♂ ♀♀ VII–VIII. *E. truncatus* LATREILLE

Gattung *Anelosimus* SIMON

G. Kleinere Arten, 3–4,5 mm lg. VKörperrücken mit breitem, dunklem M-Streifen. HlbRücken mit braunem, selten rötlichem, breitem M-Band (in der vorderen Hälfte immer deutlich), das seitlich weiß begrenzt wird (Abb. **409**/1). HlbBauch zwischen Geschlechtsspalte u. Spw schwärzlich. Vorletztes Gld des 1. u. 2. Lfb beim ♂ auf der US mit einer Reihe von 9–10 am Grunde keulig verdickten Borsten (Abb. **409**/4). 3 heimische Arten. Häufigste Art: *A. vittatus* (C. L. KOCH), ♂♂ 3 mm lg, ♀♀ 3–4 mm lg. Hlb weißlichgelb bis rötlich, das dunkle Rückenband in der hinteren Hälfte wellig begrenzt (Abb. **409**/1). In der Ebene verbreitet. In lichten Wäldern mit Eichengesträuch. Netz über mehrere Blätter reichend, Fangfäden im Außenbereich. ♀ versucht bei Gefahr den Eikokon mit den Cheliceren wegzutragen. ♂♂ ♀♀ E V–VII.

Gattung *Theridion* WALCKENAER – **Kugelspinnen**

G. Kleine Arten, 2–5 mm lg. VKörperrücken mit dunklem MStreifen od. insgesamt verdunkelt. Hlb kugelig, aber nicht höher als lg (vgl. *Achaearanea*). HlbRükken in der M oft mit winklig begrenztem, breitem Längsband, das dunkel umsäumt wird (Abb. **409**/2), seltener ist der HlbRücken vollständig verdunkelt. Lfb dünn. – **V. L.** Weltweit. In den Raumnetzen ein glockenförmig ausgesponnener, z. T. getarnter Schlupfwinkel. Eikokon im Schlupfwinkel. Z. T. Brutpflege mit Füttern der Jungen von Mund-zu-Mund. 20 heimische Arten. Häufigere Arten: *T. varians* HAHN, ♂♂ bis 3 mm lg, ♀♀ bis 3,6 mm lg. VKörperrücken lehmgelb bis graubraun, mit breitem, dunklem M- u. schmalem Randstreifen. HlbRücken im typischen Falle mit hellem, 3eckig gezacktem M-Band (Abb. **409**/2). Lfb geringelt. Häufig u. verbreitet in Wäldern, auf Wiesen (Garten- u. Parkanlagen), Gebüsch u. Nadelbäumen. ♂♂ E VI–VII. – *T. sisyphium* (CLERCK), ♂♂ bis 4 mm lg, ♀♀ bis 4,5 mm lg. HlbRücken mit weißem, gelblichem od. rötlichem M-Band, seitlich davon ein breiter dunkelbrauner bis schwarzer Streifen, der durch weiße Querstreifen in 4–5 Segmente geteilt wird (Abb. **409**/3). Auf niedrigem Gebüsch u. jungen Kiefern. ♀ bewacht den bläulichen Eikokon u. füttert die Jungen von Mund-zu-Mund. Geschlechtsreif E V–AVI.

Gattung *Achaearanea* STRAND

G. Hlb hoch gewölbt, von der S gesehen höher als lg u. zu den Spw steil abfallend (charakteristisches Gattungsmerkmal!) (Abb. **407**/8). Färbung u. Zeichnung des Hlb veränderlich. Typisch sind Kombinationen von schwärzlichen, rotbraunen u. weißen Farbmustern mit von der RückenM schräg nach hinten-außen u. unten verlaufenden weißlichen Streifen. – **L.** In bedecktem Gelände. Weitmaschige Raumnetze, Klebfadenzonen nahe den Anheftungsstellen. 5 heimische Arten. *A. tepidariorum* (C. L. KOCH) – **Gewächshausspinne,** ♂♂ 3,5–4 mm lg, ♀♀ 4,5–7 mm lg. Hlb grünlich- bis rötlichbraun, mit dunklen Punkten u. Flecken sowie 2 schrägen gebogenen hellen Linien, die sich auf der RückenM in einem dunklen Fleck treffen. Kosm. Kulturfolger, aus warmen Regionen eingewandert. Bei uns z. T. nur in Gewächshäusern (hier ganzjährig), warmfeuchten Kellern u. Stollen. Im S auch im Freien an Steilwänden usw. Netze ohne Schlupfwinkel. – *A. lunata* (CLERCK), ♂♂ 2,7–3 mm lg, ♀♀ 3,5–5 mm lg. VKörper hellrotbraun bis schwarz. Hlb rötlich od. schwärzlich, mit dunklen M-Flecken u. schrägen hellen Streifen. Vor diesen oft jederseits ein leuchtend zimtroter u. ein weißer Fleck. HE oberhalb der Spw weißlich (Abb. **407**/8). ♂ Hlb oft ganz schwarz. In Wäldern. Netze in 1,5–3 m Höhe an Ästen in Baumstammnähe. Im oberen Netzteil ein aus trockenem Laub zusammengesponnener Schlupfwinkel, hier auch die Eikokons. Im Geb an Felswänden u. Mauern. Ab V.

Gattung *Dipoena* THORELL – **Ameisenspinnen**

G. Kleine dunkelbraun bis schwarz gefärbte Spinnen. VKörper kurz u. br, im Kopfbereich hoch aufgewölbt. Stirn unterhalb der Augen daher höher als die Cheliceren lg sind. Hlb lgoval, seltener kugelig, hinten gerundet u. die Spw überragend. – **L.** Bes. in Wäldern, auf Gebüsch, zwischen Kiefernnadeln, unter Steinen. Von einem kleinen Schlupfwinkel aus wird der Beute (meist Ameisen) aufgelauert. Sie wird durch einen Biß gelähmt u. dann gefesselt an einem Faden aufgehängt (oft zu mehreren!). 8 schwer bestimmbare heimische Arten. Häufigste Art: *D. tristis* (HAHN), ♂♂ 2,6 mm lg, ♀♀ 3,5–4 mm lg. Schwarz, Hlb kugelig. Bes. auf jungen Kiefern mit Blattläusen. Hauptbeute Rote Waldameisen, die am Faden im Schlupfwinkel zwischen Kiefernadeln aufgehängt werden. Ab V.

Gattung *Euryopis* MENGE

G. Meist dunkelbraun bis schwarz, aber Hlb oft mit weißer, silberner od. perlmuttartiger Zeichnung (Abb. **407**/5). Stirnteil (Clypeus) unterhalb der Augen beim ♂ auffallend hoch (ähnlich *Dipoena*). Sternumfortsatz zwischen den 4. LfbHüften ebenso br wie die Hüfte. Hlb von oben gesehen br 3eckig, zum E zugespitzt, die Spw von oben sichtbar (Abb. **407**/5). – **L.** Frei jagende flinke Bodenspinnen ohne Netz. Na hauptsächlich Ameisen. 3 heimische Arten. *E. flavomaculata* (C. L. KOCH) (Abb. **407**/5). ♂♂ ♀♀ 3–3,5 mm lg. Feuchte Waldlichtungen, in feuchtem Moos. IV–VI.

Gattung *Crustulina* MENGE

G. Kleine Arten bis 2,5 mm lg. Grundfarbe dunkelbraun bis schwarz, selten rötlich. VKörperrücken, Sternum u. Cheliceren mit groben warzenartigen Höckern. Hlb kuglig, auf dem Rücken oft weißliche Fleckenreihen (Abb. **407**/6). Lfb rötlichbraun. ♂ mit gut entw Stridulationsapparat (Laute hörbar!). – **L.** In kleinen Netzen wenige Zentimeter über dem Boden. 2 heimische Arten. *C. guttata* (WIDER), ♂♂ ♀♀ bis 2 mm lg. HlbRücken mit einer M-Reihe von 4–5 u. jederseits einer Seitenreihe von 2 (–3) gelblichweißen Flecken (Abb. **407**/6). Lfb schwarz geringelt. Von den kleinen Deckennetzen führen Fangfäden zum Boden. Zwischen Gras, Bodenstreu u. Steinen.

Gattung *Steatoda* SUNDEVALL

G. Meist dunkel gefärbte, robuste größere Arten, ♂♂ bis 7 mm lg, ♀♀ bis 10 mm lg. HlbRücken abgeflacht, an seinem VRand ein charakteristisches helles (weißes, gelbliches, rötliches) Querband (Abb. **413**/1–4). Daneben mit artlich fixierten Flecken- u. Streifenzeichnungen (Abb. **413**/1 u. **413**/3), beim ♂ in der Regel deutlicher, bei älteren ♀♀ aber zur Verdunklung neigend. VKörperrücken u. Sternum oft mit feinen Tuberkeln, auf denen kurze Haarborsten sitzen. ♂ mit deutlichem Stridulationsorgan. – **V. L.** An sonnigen warmen Orten unter Bodenüberhängen, zwischen Steinen, unter Baumrinde usw., z. T. in u. an Gebäuden (Hausspinnen). Raumgitternetze mit z. T. unregelmäßiger Netzdecke, von der unter Spannung stehende klebrige Fangfäden zum Boden ziehen. Bei Berührung durch Ameisen, Käfer usw. reißen diese ab u. fesseln so die Beute in der Luft. 6 heimische Arten.

1 HlbRücken einheitlich schwarz, nur der helle Querstreifen am VRand vorhanden 2

1* HlbRücken, neben dem hellen Querstreifen am VRand, mit einer zusätzlichen Flecken- und Streifenzeichnung (Abb. **413**/1–2) 3

2 Nur in Wohnungen. ♂♂ 5–7 mm lg, ♀♀ 7–10 mm lg.
S. grossa (C. L. KOCH) (part.)

2* Im Freien, an sandigen sonnigen Erdabhängen in Bodennähe. US des Hlb zwischen Geschlechtsfurche u. SpwFeld mit einer weißen „Ankerzeichnung" in dunklem Feld (Abb. **413**/7). ♂♂ 5 mm lg, ♀♀ 5–7 mm lg.
S. albomaculata (DE GEER) (part.)

3 (**1**) HlbRücken hell weißlich, mit 2 breiten dunkelbraunen längsverlaufenden Zickzackbändern (Abb. **413**/1). ♂♂ 3,5–4 mm lg, ♀♀ 4–5 mm lg. – Lfb hell gelblich. VKörperrücken u. Cheliceren mit kleinen Borstenhöckern besetzt. Selten. An u. in Häusern, in SEur in offenen Stein- u. Mauerritzen.
S. triangulosa (WALCKENAER)

3* HlbRücken ± dunkel. Zeichnungsmuster aus hellen Fleckenpaaren od. (u.) Längslinien bestehend (Abb. **413**/2 u. **413**/4) 4

4 HlbRücken in der M mit schmalem hellem Längsband, das vom hellen Querband des VRandes ausgeht (Abb. **413**/4). Gelegentlich ist das Längsband unterbrochen. Häufig in u. an Häusern 5

4* HlbRücken mit paarigen Flecken u. (od.) Querstreifen (Abb. **413**/2 u. **413**/6). Ein durchgehendes helles M-Band fehlt auf dem Rücken 6

5 HlbBauch zwischen Geschlechtsspalte u. Spw dunkel, aber dicht hinter der Geschlechtsspalte ein leuchtend weißer trapezförmiger bis 3eckiger Fleck (Abb. **413**/5). ♂♂ 4–5,5 mm lg, ♀♀ 4,5–7 mm lg. – Vordere M-Augen deutlich größer als hintere M-Augen u. enger als diese stehend. HlbRücken kastanienbraun, in der M-Fläche oft aufgehellt, glänzend. Rückenzeichnung Abb. **413**/4. Gemeinste Hausspinne im Gebiet. Überall in u. an Gebäuden, im Freien an Baumstämmen u. Felswänden. *S. bipunctata* (L.) – **Fettspinne**

5* HlbBauch zwischen Geschlechtsspalte u. Spw hell, in der M mit einem länglichen dunklen Fleckenpaar (Abb. **413**/9). ♂♂ 5 mm lg, ♀♀ 6–7 mm lg. – Vor-

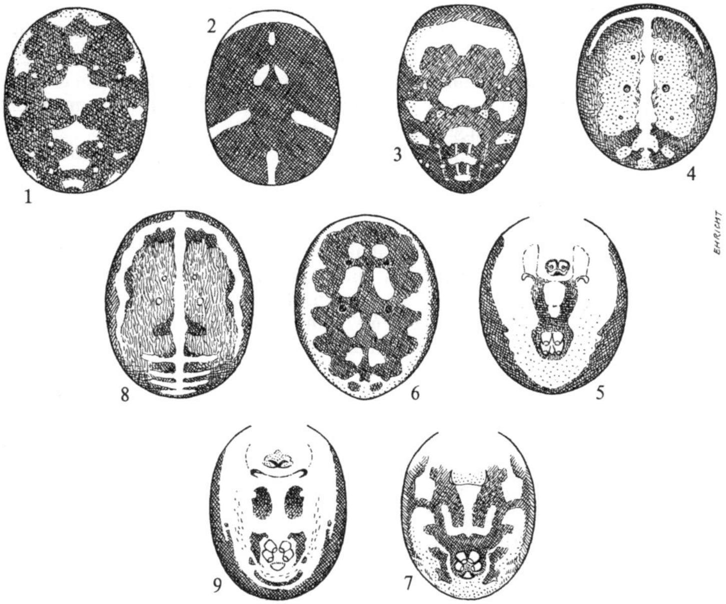

Abb. **413/1–9** **1** *Steatoda triangulosa*, ♀; **2** *S. phalerata*, ♀; 3 *S. grossa*, Jungtier; **4** *S. bipunctata*, ♀; **5** *S. bipunctata*, ♀, BauchS; **6** *S. albomaculata*, ♀; **7** *S. albomaculata*, ♀, BauchS; **8** *S. castanea*, ♀; **9** *S. castanea*, ♀, BauchS

dere M-Augen nicht größer als hintere M-Augen u. nicht enger stehend als diese. HlbRücken gelblich bis kastanienbraun, Zeichnung Abb. **413**/8. Östl. Form. In u. an Gebäuden, unter Fichtenrinde. ♂♂ IV–VI. *S. castanea* (OLIVIER)

6 **(4)** HlbRücken meist tiefschwarz, hinter der M mit einem Paar heller schräger Querstriche u. am E mit einem kurzen Längsstrich. Oft vor der RückenM einige weitere Fleckenpaare (Abb. **413**/2). ♂♂ ♀♀ 4–5 mm lg. – Lfb kräftig, OSchenkel verdickt. Beim ♂ der 2. LfbOSchenkel auf der US mit kräftigen Apophysen (Abb. **409**/5). Verbreitet. Bodenfangnetz ca. 2 cm über dem Boden an sandigen, stark besonnten Hängen. Beute Ameisen, Käfer. ♂♂ M V–M VI. *S. phalerata* (PANZER)

6* HlbRücken ohne helle Querstriche, aber mit paarigen Fleckenreihen in der M od. mit mehreren Fleckenquerreihen (Abb. **413**/3 u. **413**/6) **7**

7 Nur in Häuser (vorwiegend Großstädte). HlbZeichnung variierend, Grundmuster Abb. **413**/3. Große Art. ♂♂ 5–7 mm lg, ♀♀ 7–10 mm lg. – Körper ± hellbraun, Lfb einfarbig. Körperzeichnung sehr heller Exemplare undeutlich, bei schwarzen fehlend (vgl. unter **2**!). Kosm, eingewandert. Bisher nur Einzelfunde. ♂♂ ♀♀ IX–X. *S. grossa* (C. L. KOCH)

7* Nur im Freien. HlbRücken in der M mit 4–5 hellen Fleckenpaaren, die ± zusammenfließen können (Abb. **413**/6). HlbBauch dunkel, zwischen Geschlechtsspalte u. Spw mit weißer „Ankerzeichnung“ (Abb. **413**/7). ♂♂ bis 5 mm lg, ♀♀ 5–7 mm lg. – Körper dunkelbraun bis schwarz (dann die Fleckenpaare oft fehlend, vgl. unter **2***. LfbGld am E verdunkelt. Verbreitet. Netze in Bodennähe an sonnigen sandigen Erdabhängen. Erbeutet vor allem Ameisen. ♂♂ V.

S. albomaculata (DE GEER)

Gattung *Enoplognatha* PAVESI

G. Charakteristisch sind die großen zahnartigen Fortsätze an der VS der ♂ Chelicere (Abb. **407**/7). HlbRücken meist mit Zeichnungsmuster. Bestimmung sehr schwierig, oft leichter nach den ♂ Cheliceren. Heimisch 6 Arten. Häufigste Art: *E. ovata* (CLERCK), ♂♂ 3,5–5 mm lg, 6–7 mm lg. Sternum gelblich, mit schwarzem M-Strich u. feinem dunklem Randsaum. Hlb weißgelb, auf dem Rücken 4–5 feine schwarze Punktpaare. Farbvarietäten: HlbRücken zusätzlich mit 2 roten Längsstreifen od. ganz rot. Lfb lg, weißgelb. Die 1. LfbSchiene mit schwarzem ERing. Verbreitet. An Weg- u. Waldrändern, auf Gräsern, Kräutern, Büschen u. bodennahen Baumzweigen. Eikokon bläulich, in zusammengerollten Blättern. Geschlechtsreif E VI–VIII. – *E. thoracica* (HAHN), ♂♂ bis 4,5 mm lg, ♀♀ bis 5 mm lg. Dunkelbraun, Hlb einfarbig, selten in der vorderen Hälfte mit 4 im Quadrat stehenden hellen Flecken. Verbreitet an warmen u. trockeneren Stellen. Netze in Bodenvertiefungen. ♂♂ V/VI.

Gattung *Robertus* O. P.-CAMBRIDGE

G. Oberflächlich an Baldachinspinnen erinnernd. Dunkel gefärbt, glänzend. Hlb gelb- bis schwarzgrau. Vordere M-Augen deutlich enger zusammenstehend als hintere M-Augen. HE des Sternums mit kurzer Spitze am Grunde der 4. LfbHüfte endend. ♂ ♀ Cheliceren gleichgestaltet, am E quer abgestutzt. Lfb kurz robust, ihre Lg 4123. – **V. L.** Bes. in Wäldern, Bodenspinnen. 8 heimische Arten. Häufigste Art: *R. lividus* (BLACKWALL), ♂♂ bis 3 mm lg, ♀♀ bis 4 mm lg. Dunkelbraun glänzend, Lfb heller, FußGld verdunkelt. In feuchteren Wäldern, in der Streuschicht, in Moos, unter Steinen usw. Ebene bis HochGeb. ♂♂ ♀♀ 2 Reifezeiten: IV–VII u. X–XI. Reife ♂♂ z. T. auch im Winter.

Familie *Nesticidae* – **Höhlenspinnen**

G. Kleine bis mittelgroße Spinnen, 2,5–7 mm lg. Stirnfläche unterhalb der Augen höher als das M-Augenfeld lg. Vordere M-Augen sehr klein. Augen bei typischen Höhlenbewohnern oft reduziert. ULippe mit glänzendem Randwulst (Unterschied zu Kugelspinnen S. 406). Hlb kugelförmig, mit dunklen Fleckenzeichnungen. Lfb lg, stachellos, mit 3 Fußklauen. FußGld des 4. Lfb auf der US mit gesägten Borsten (ähnlich *Theridiidae* Abb. **393**/3), aber nicht länger als die Beborstung auf der OS des Gld. ♂ Pdp mit langem, abstehendem Fortsatz am EndGld (Abb. **415**/2). – **V. L.** Verbreitet. Häufig in Höhlen u. vergleichbaren Lebensräumen. Ca. 130 Arten, heimisch 2.

Gattung *Nesticus* THORELL

1 VKörperrücken mit schwarzem Randsaum. Hintere M-Augen groß, ihr Abstand zueinander kleiner od. gleich ihrem ∅. ♂♂ 4–5 mm lg, ♀♀ 4–6 mm lg. – Grundfärbung gelblich bis grünlichgrau. VKörperrücken zusätzlich mit schwarzem M-Streifen (Kontrastfärbung!). HlbRücken paarig grau gefleckt od. marmoriert (Abb. **415**/1). (Höhlenpopulationen oft fahler.) Die langen Lfb stark behaart u. dunkel geringelt. ♂ Pdp Abb. **415**/2. Verbreitet. Nur in hoher Luftfeuchtigkeit u. Dunkelheit (Höhlen, Stollen, Keller), selten im Freien zwischen Geröll mit hoher Luftfeuchte. Netzbau u. Beuteerwerb ähnlich den *Theridiidae* (S. 406). ♀ trägt den Eikokon an den Spw. Ganzjährig. *N. cellulanus* (CLERCK)

1* VKörperrücken ohne schwarzen Randsaum. Hintere M-Augen klein, ihr Abstand zueinander bedeutend größer als ihr ∅. Sonst ähnlich vor. Art. – Berlin, Kellerräume eines ungenutzten Bahngeländes. *N. eremita* SIMON

Familie *Linyphiidae* – **Baldachinspinnen, Deckennetzspinnen**

G. Sehr kleine bis mittelgroße Spinnen, 1–6 mm lg. Die früher getrennt geführten Baldachinspinnen *(Linyphiidae)* u. Zwergspinnen *(Micryphantidae)* werden heute zu einer Familie zusammengefaßt. Die Mehrzahl der Arten ist dunkel gefärbt, mit relativ langen, bestachelten Lfb. Viele ♂♂ der Zwergspinnen (jetzt Unterfamilie *Erigoninae*) mit auffälligen, oft turmförmigen arttypischen Aus-

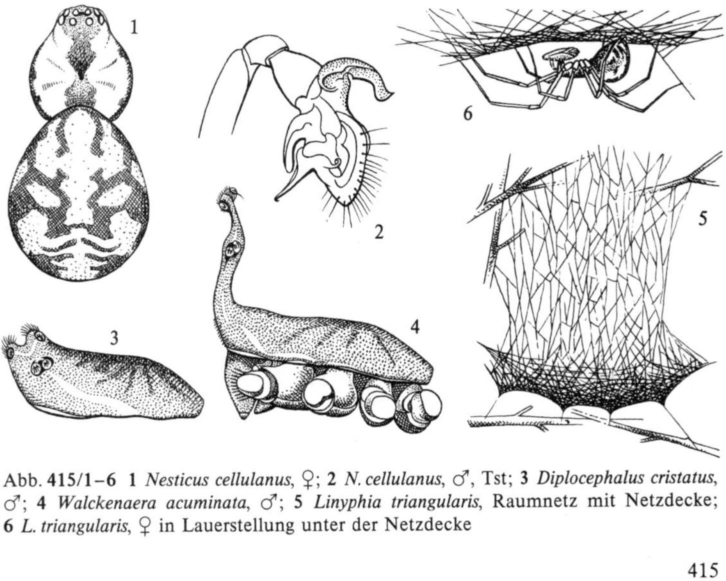

Abb. **415/1–6** **1** *Nesticus cellulanus*, ♀; **2** *N. cellulanus*, ♂, Tst; **3** *Diplocephalus cristatus*, ♂; **4** *Walckenaera acuminata*, ♂; **5** *Linyphia triangularis*, Raumnetz mit Netzdecke; **6** *L. triangularis*, ♀ in Lauerstellung unter der Netzdecke

wüchsen auf dem Kopfteil, die auch die Augen tragen können (Abb. **415**/3 u. **415**/4). – **V. L.** Weltweit. Sehr häufige Bodenspinnen *(Erigoninae)* der gemäßigten nördl. Zonen. Weben horizontale, leicht gewölbte Netzdecken, über die ein „Baldachin“ von grobmaschig verwobenen Stolperfäden gespannt wird (Abb. **415**/5). Spinne bauchoben unter der Netzdecke (Abb. **415**/6). Die anfliegenden Insekten werden „heruntergeschüttelt“ u. durch die Netzdecke gebissen u. ergriffen. Die sehr kleinen Netze der Zwergspinnen meist über kleinen Bodenvertiefungen. ♂ u. ♀ leben während der Fortpflanzungszeit oft friedlich nebeneinander im Netz des ♀. Zwischen den ♂♂ z.T. Konkurrenzkämpfe. Jungspinnen u. reife ♂♂ *(Erigoninae)* häufig am Fadenfloß fliegend (Altweibersommer). Über 5000 Arten, heimisch ca. 500. Bestimmung außerordentlich schwierig u. nur mit Hilfe starker Vergrößerung u. Spezialliteratur möglich. Eine der häufigsten Arten: *Linyphia triangularis* (CLERCK) *(Linyphiinae)* (Abb. **415**/6), ♂♂ 5 mm lg, ♀♀ 6 mm lg. VKörperrücken mit einem nach vorne geöffneten gabelförmigen M-Streifen. Hlb höher als br, der Rücken weißlich u. mit dunkelbrauner Blattzeichnung. HlbBauch im Kontrast zum hellen Rücken dunkel. Netze im Spätsommer in großer Anzahl u. Dichte auf niedrigen Bäumen u. Büschen. ♂♂ ♀♀ VIII–X.

Familie *Tetragnathidae* – **Kieferspinnen, Streckerspinnen**

G. Körper lggestreckt (Abb. **417**/1) od. kreuzspinnenähnlich (Abb. **418**/1). Kauladen der PdpHüften u. meist auch die Cheliceren übermäßig lg (Abb. **391 A**/1, **417**/3–4). Silberweiße Zeichnungsmuster (Guaninfärbung) weit verbreitet. – **V. L.** Weltweit. Es werden Radnetze mit charakterischer offener Nabe gebaut (Abb. **417**/2). Etwa 750 Arten, heimisch 11 (aus 2 ökologisch scharf getrennten UFamilien).

1 Hlb auffallend lg u. schlank, mehr als doppelt so lg wie br (Abb. **417**/1). Lfb sehr lg. Cheliceren groß u. divergierend (Abb. **417**/3). Vordere u. hintere SAugen deutlich getrennt (Abb. **417**/3) (UFamilie *Tetragnathinae*) 2

1* Hlb von normaler Gestalt, eiförmig. Lfb nicht übermäßig lg (kreuzspinnenähnlich) (Abb. **418**/1). Cheliceren groß, in der M verdickt u. divergierend. Vordere u. hintere SAugen berühren sich (Abb. **418**/4). Geschlechtsreife Tiere ohne Netz (UFamilie *Pachygnathinae*). *Pachygnatha* S. 417

2 Hlb spitz konisch od. schwanzartig weit über die Spw hinaus verlängert (Abb. **418**/6 u. **418**/7). ♂♂ bis 9 mm lg, ♀♀ 10–12,5 mm lg. – 1. u. 4. Lfb am längsten (vgl. *Tetragnatha*). Körpergrundfarbe graugelb, nur die Augen mit schwarzen Pigmentringen. Bisher nur an wenigen Orten (z.B. Umgebung Berlins, Müritzgebiet). Zwischen Seggen in Luchgebieten mit Weiden- u. Erlenbeständen. Radnetz sehr zart, waagerecht zwischen Seggenbülten. Fangbereich bis 20 cm ∅, Fangfadenabstand 6–15 mm (Abb. **417**/2). Nachtaktiv, tagsüber in Streckstellung auf Seggenblättern (schwer erkennbar!). V–VI. (Gattung *Eucta* SIMON, neuerdings zu *Tetragnatha* LATREILLE). Einzige Art im Gebiet. *E. kaestneri* CROME

2* Hlb nicht schwanzartig über die Spw hinaus verlängert, sondern am E gerundet (Abb. **418**/3). *Tetragnatha* S. 418

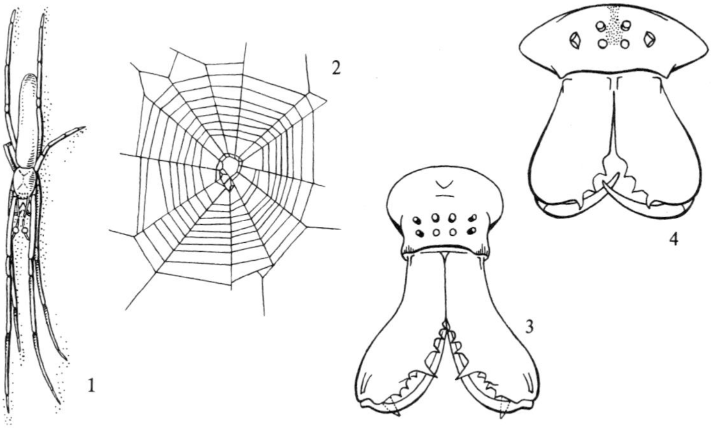

Abb. **417/1–4** **1** *Tetragnatha striata*, ♂, Schutzstellung; **2** *Eucta kaestneri*, Fanggewebe; **3** *Tetragnatha extensa*, ♂, Stirn u. Cheliceren; **4** *Pachygnatha clercki*, ♀, Stirn u. Cheliceren

Gattung *Pachygnatha* SUNDEVALL

G. Kurzbeinige Bodenspinnen. VKörper hell-dunkelbraun, unbehaart, z. T. punktartig skulptiert. Cheliceren stark vergrößert u. seitlich auseinanderlaufend (Abb. **417**/4). Lfb stachellos, hellgelb-orangebraun. Die LfbHüften vom Sternum umrandet. Hlb br oval, Grundfarbe weißlich-gelblich, mit brauner Blatt- u. z. T. silbriger Guaninzeichnung (Abb. **418**/1 u. **418**/2). – **V. L.** Verbreitet u. häufig. Jungspinnen von 1,3–1,8 mm KörperLg weben noch horizontale Radnetze von 4–6 cm ∅ 2–8 cm über dem Boden zwischen Pflanzen. Vorwiegend in Feuchtbiotopen, auch auf entsprechenden Ackerflächen. 3 heimische Arten.

1 Cheliceren dunkelbraun bis schwärzlich, sich von den hellen Lfb kontrastreich abhebend **2**

1* Cheliceren hellbraun, nicht wesentlich dunkler als Lfb u. VKörper. VKörperrükken mit dunkelbraunem M- u. je einem Randstreifen (Abb. **418**/1). ♂♂ ♀♀ 5–6,5 mm lg. – Folium des HlbRückens aus 2 parallelverlaufenden dunklen SBändern u. einem hellen M-Streifen, in den paarige Silberflecken (Guaninfärbung) eingelagert sind, zusammengesetzt. Seitlich wird das Folium durch br Silberstreifen begrenzt (Abb. **418**/1). Moore, Naßwiesen, im Genist der Flüsse, Teiche, Seen u. der Gezeitenzone von Salzwiesen. I–XII. *P. clercki* SUNDEVALL

2 VKörperrücken, Sternum u. Cheliceren einfarbig schwarzbraun, zum hellen Hlb kontrastierend. ♂♂ ♀♀ 3–4,5 mm lg. – HlbRücken mit stark gelapptem Folium. In Moos u. Gras, Wegränder, Trockenfluren, Ackerkulturen. Im Winter unter Steinen, Laub u. Moos. I–XII. *P. degeeri* SUNDEVALL

2* VKörperrücken u. Sternum deutlich heller als die dunklen Cheliceren. VKörperrücken mit dunklem M-Streifen, der sich nach vorne erweitert u. auflöst

(Abb. **418**/2). ♂♂ ♀♀ 3,5–5 mm lg. – Verbreitet, aber weniger häufig als vor. Art. Bes. in feuchten Wäldern, z. B. Erlenbrüche. IV–IX. *P. listeri* SUNDEVALL

Gattung *Tetragnatha* LATREILLE – **Eigentliche Streckerspinnen**

G. VKörper flach, schwach sklerotisiert u. borstenlos. Augen mit deutlichem Pigmentring. SAugen getrennt (Abb. **417**/3). Cheliceren lg u. seitlich stark auseinanderweichend, beim ♂ mit zusätzlichen zahnartigen Fortsätzen (Abb. **417**/3). Lfb extrem lg, in Ruhestellung die ersten 2 LfbPaare nach vorn gelegt (Streckerstellung!) (Abb. **417**/1). Hlb sehr lggestreckt, mit silberweißen Färbungen (Guanin) u. oft mit Foliumzeichnung. ♀♀ ohne äußere Geschlechtsplatte (Epigyne). – **V. L.** Weltweit. Häufig in Wassernähe. Netze horizontal bis senkrecht, ohne Nabe, mit wenigen Radien u. weitem Fangfadenabstand. Das ♂ ergreift bei der Kopulation mit seinen Cheliceren die des ♀. Sichere Artbestimmung nur nach den Genitalien u. der Chelicerenbezahnung. Grobbestimmung nach dem Lebensraum. 7 heimische Arten.

1 Abstand zwischen vorderen u. hinteren SAugen deutlich größer als zwischen vorderen u. hinteren M-Augen. ♂♂ ♀♀ 7,5–10 mm lg. – VKörper, Cheliceren u. Lfb einfarbig hellgelbbraun. Hlb zum E kaum verschmälert, seine Färbung variabel, meist hellgelb-grünlich. Dunkelbraune Exemplare mit goldglänzendem M-Streifen (bes. ♂♂), sonst HlbRücken mit parallelseitigem Folium aus 2 dunkleren Längsstreifen. Verbreitet. Netze nur auf der Wasserseite der Schilfregion größerer stehender Gewässer. 1. Generation E V–A VI, 2. Generation ab VIII. *[Arundognatha]*. *T. striata* L. KOCH

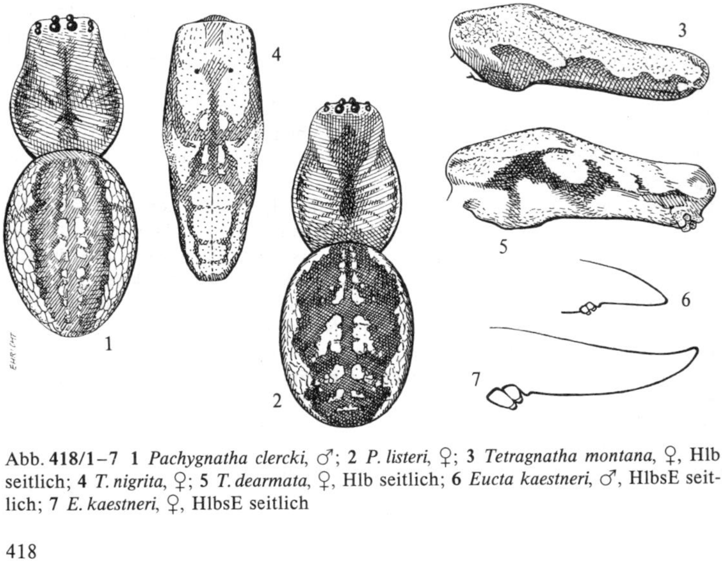

Abb. **418**/1–7 **1** *Pachygnatha clercki*, ♂; **2** *P. listeri*, ♀; **3** *Tetragnatha montana*, ♀, Hlb seitlich; **4** *T. nigrita*, ♀; **5** *T. dearmata*, ♀, Hlb seitlich; **6** *Eucta kaestneri*, ♂, HlbsE seitlich; **7** *E. kaestneri*, ♀, HlbsE seitlich

1* Abstand zwischen vorderen u. hinteren SAugen nicht größer als zwischen vorderen u. hinteren M-Augen 2

2 Das dunkelbraune Sternum mit hellem M-Streifen od. vorn in der M mit hellem Keilfleck 3

2* Sternum einfarbig od. höchstens schwach dunkel gerandet 4

3 Netze dicht am od. über dem Wasser stehender u. fließender Gewässer. ♂♂ 5–9 mm lg, ♀♀ 6,5–12 mm lg. – HlbRücken silberweiß, oft grünlich (metallisch glänzend), mit feinem grauem M-Strich, der sich blattnervenartig nach den S verzweigt. HlbUS in der M mit schwarzem Längsstreifen, seitlich davon silberglänzend. Häufigste Art, z.T. in großer Individuendichte. E V–A VII. *T. extensa* (L.)

3* Nicht in Wassernähe. Netze bes. an niedrigen Fichten, Kiefern u. Stauden warmer, sonniger Standorte u. auf niedrigen Pflanzen von Waldlichtungen. ♂♂ 3,5–5 mm lg, ♀♀ 5–6 mm lg. – HlbRücken auffallend silberweiß glänzend, sonst vor. Art ähnlich. Verbreitet, aber nicht häufig. V–VI. *T. pinicola* L. KOCH

4 (2) In Wassernähe 5

4* Nicht in Wassernähe. Hlb kürzer als bei anderen Arten, beim ♀ gedrungen eiförmig. HlbRücken oft einfarbig, grünlich glänzend od. mit wellenförmig gerandetem Folium, dessen vorderer Abschnitt bes. br ist. ♂♂ 4–7 mm lg, ♀♀ 4,5–8 mm lg. – Verbreitet u. häufig, auf Bäumen u. Sträuchern feuchterer Laub- u. Mischw, bis in die Wipfelregion vordringend. VI–VIII. *T. obtusa* C. L. KOCH

5 HlbS in der oberen Hälfte br silberglänzend, in der unteren Hälfte dunkel gefärbt. Beide Hälften wellenförmig aneinanderstoßend (Abb. **418**/3). Folium meist undeutlich, HlbRücken hier oft nur etwas dunkler. ♂♂ 6–7,5 mm lg, ♀♀ 8,5–11 mm lg. – Verbreitet u. häufig. Im Schilf sowie im Schattenbereich von Sträuchern u. Baumästen in Wassernähe. E V–IX. *T. montana* SIMON

5* HlbS anders gezeichnet, ± hell-dunkel marmoriert. Rückenfolium immer deutlich begrenzt. Von dunkler Gesamtfärbung 6

6 Rückenfolium in der M querüber deutlich eingeschnürt, die vordere Hälfte br, die hintere sehr schmal (Abb. **418**/4). HlbS mit schwarzbraunem, ± unregelmäßig begrenztem schmalem Längsstrich. Lfb ± einfarbig dunkel, die Borstenansatzflächen nicht bes. verdunkelt. ♂♂ 6,5–8,5 mm lg, ♀♀ 7–10 mm lg. – An Flußufern auf trockenen Ästen u. Zweigen von Feucht- u. Naßwäldern. Vermutlich wird hier die Spinne oft übersehen, da sie in Streckstellung ihrer Umgebung gleicht. VI–VIII. *T. nigrita* LENDL

6* Rückenfolium des Hlb in der M nicht unterteilt, sich nach hinten gleichmäßig verjüngend. HlbS mit schwarzbraunem Längsstrich, der in der vorderen Hälfte 2 große Ausbuchtungen bis zum Foliumrand besitzt, dazwischen hellere Flächen (Abb. **418**/5). Lfb ± deutlich hell-dunkel gefleckt od. geringelt, die Borstenansatzflächen dunkel pigmentiert. VKörperrücken mit dunkler, breiter Randzone u. Gabelstreifen von der Rückengrube bis zum Augenfeld. ♂♂ 6–7,5 mm lg, ♀♀ 8–10 mm lg. – Offenere Kraut- u. Strauchbiotope in Wassernähe. Im N häufiger, im S nur Einzelfunde. Biologie unbekannt. (Kann mit vor. Art verwechselt werden.) *T. dearmata* THORELL

Familie *Araneidae* – **Kreuzspinnen, Radnetzspinnen**

G. Mittelgroße bis große träge Spinnen mit meist stark behaartem rundlichem bis ovalem Hlb, der eine charakteristische Zeichnung trägt. Einige Arten mit 1 Höckerpaar auf dem HlbRücken (Abb. **421**/8 u. **421**/9). Lfb kräftig, stark bestachelt (bes. bei ♂♂) (Abb. **433**/5). Die vordere Augenreihe dicht am vorderen Stirnrand (Abb. **394**/1) (Unterschied zu den Baldachinspinnen S. 415). Kreuzspinnen sind im Gelände leicht an den artspezifischen typischen Radnetzen zu erkennen (Abb. **421**/1). Diese bestehen aus zahlreichen Radien u. einer Fangspirale mit Klebtropfen. Häufig ist das Netz durch einen Signal- od. Sicherheitsfaden mit einem benachbarten Schlupfwinkel (Retraite) verbunden. Die meisten Arten bauen Radnetze mit geschlossener Nabe (z. B. *Araneus*), andere mit offener Nabe *(Cercidia)* od. sie bauen ein zusätzliches breites Seidenband (sog. Stabiliment) ein (Abb. **421**/2), das vielleicht Tarnfunktion besitzt *(Cyclosa, Argiope)*. – **B.** Jungtiere u. erwachsene ♀♀ sind sessile Lauerer, die oftmals das ganze Leben (♀♀) an ein u. derselben Stelle zubringen. Erwachsene ♂♂ dagegen vagabundieren u. entnehmen in der Regel die wenige benötigte Na fremden Netzen. Eier in dicht versponnenen Kokons, die im Netz selber, im Schlupfwinkel, in Netznähe od. an bes. Verstecken festgeheftet werden. Verbreitung hauptsächlich durch Jungspinnen, die nach der 2. od. 3. Häutung den Kokon verlassen u. sich bald mit Hilfe eines Seidenfadens durch den Wind verdriften lassen (Altweibersommer). – Die folgenden Bestimmungsschlüssel gehen weitgehend von ♀♀ aus, da deren Netze am häufigsten gefunden werden u. im Gelände am ehesten bestimmbar sind. Umherschweifende reife ♂♂ u. Jungspinnen der meisten Arten sind dagegen im Gelände nicht zu bestimmen, zumal sie oft an nicht arttypischen Orten anzutreffen sind u. auch häufig ein abweichendes Aussehen zeigen. Wo sie allerdings zur Reifezeit an od. in Netzen von ♀♀ angetroffen werden, gehören sie in der Regel zur selben Art. Etwa 2 500 Arten, heimisch 45.

1 HlbRücken mit einer längs- od. querverlaufenden Streifenzeichnung (Abb. **421**/4 u. **421**/7) **2**

1* HlbRücken anders gezeichnet **3**

2 HlbRücken erwachsener ♀♀ wespenartig gelb-schwarz quergebändert (Abb. **421**/4). Erwachsene ♂♂ u. junge ♀♀ meist blasser gefärbt.

Argiope S. 425

2* HlbRücken weißlich gelb, seine hintere Hälfte mit 3 schwarzen Längsstreifen, die zusammenfließen können, u. 4 (seltener 5) seitlichen Schrägstreifen (Abb. **421**/7). Kleine Art: ♂♂ 2–3 mm lg, ♀♀ 3–5 mm lg. – VKörper u. Lfb grünlich-gelblich. VKörperrücken mit dunklem Rand- u. M-Streifen. Augen schwärzlich abgehoben. Sternum schwarzbraun. 1. u. 2. LfbSchiene beim ♂ ohne verdickte Borsten (vgl. Abb. **433**/5). Verbreitet an warmen, sonnigen Orten mit niedriger Vegetation. Netz fast waagerecht u. dicht über dem Boden. Ohne Schlupfwinkel, mit 60 Radien u. 50–60 Fangfäden in 1 mm Abstand (dichtestes einheimisches Kreuzspinnenradnetz). Spinne stets auf der Netznabe. ♂♂ V–VI. (Gattung *Mangora* O. P.-CAMBRIDGE).

M. acalypha (WALCKENAER) – **Streifenkreuzspinne**

3 **(1)** Hlb am VRand jederseits mit 3–4 schwarzen Dornen auf dunkler Erhöhung (Abb. **429**/1). HlbRücken vorne lederartig hart (Scutum). ♂♂ 3–4,5 mm lg, ♀♀ 3–5 mm lg. – Hlb oval, vorn zugespitzt, Grundfarbe orangerotbraun, Rücken

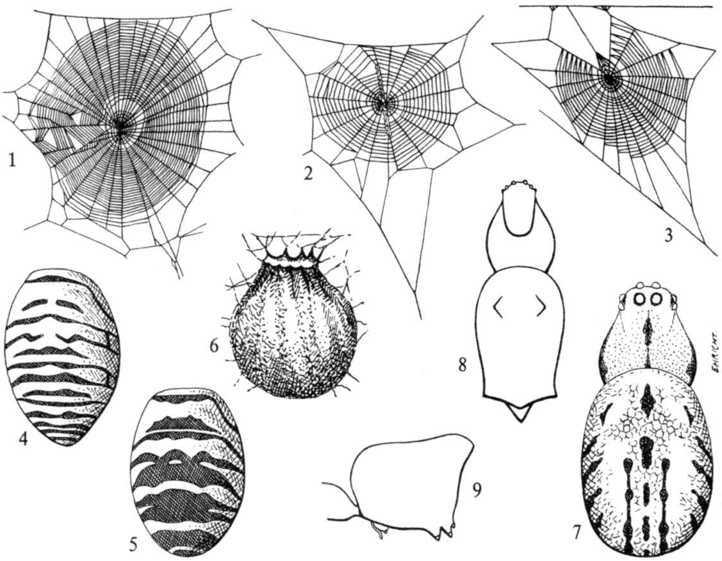

Abb. **421/1–9** **1** *Araneus diadematus*, Fanggewebe; **2** *Cyclosa oculata*, Fanggewebe; **3** *Zygiella x-notata*, Fanggewebe; **4–5** *Argiope bruennichi*, ♀, HlbsZeichnung; **6** *A. bruennichi*, Eikokon; **7** *Mangora acalypha*, ♀; **8** *Cyclosa conica*, ♀, Hlb von oben; **9** *C. conica*, ♀, Hlb seitlich

mit hellerem M-Streifen u. 2 Paar dunklen Muskelpunkten. HlbUS zwischen Spw u. Geschlechtsspalte mit 2 gelben Längsstreifen. 2. LfbSchiene des ♂ mit wenigen kurzen u. lg verdickten Stachelborsten (Abb. **433**/5). Verbreitet im Flachland (über 300 m selten). Radnetz von nur 5–6 cm ∅ in 4–5 cm H über dem Boden zwischen Gras u. Kräutern. Beunruhigt läßt sich die Spinne auf den Boden fallen (keschern od. Bodenstreu untersuchen!). Netzbau am Nachmittag, Abbau häufig vormittags. I–XII (Gattung *Cercidia* THORELL).

C. prominens (WESTRING) – **Erdkreuzspinne**

3* Hlb ohne diese schwarzen Dornen, normal weichhäutig **4**

4 HlbE höckerartig od. stark konisch verjüngt über die Spw hinausragend (Abb. **421**/8 u. **421**/9). Kreisförmige Netze mit senkrechtem radiärem Stabiliment (Abb. **421**/2). *Cyclosa* S. 425

4* HlbE nicht höckerartig od. stark konisch verjüngt u. gleichzeitig über die Spw hinausragend **5**

5 PdpLaden annäherend doppelt so lg wie br, am E erweitert (Abb. **394**/3). Radnetz mit offener, lochförmiger Nabe (Abb. **417**/2). *Meta* S. 424

5* PdpLaden so lg wie br (Abb. **394**/4) **6**

6 HlbRücken auffallend glänzend, spärlich behaart u. oft mit 1 od. 3 weißgelben od. 2 dunklen Längsbändern. Kleine, kurzbeinige Arten, 2,5–6 mm lg **7**

6* HlbRücken nicht glänzend, meist deutlich dicht behaart. Lfb verhältnismäßig lg u. kräftig, bes. beim ♂ **8**

7 Hlb im dunklen Bauchfeld mit leuchtend weißem, längsovalem Fleckenpaar (Abb. **427**/7) (beim ♂ oft fehlend). Hlb von oben gesehen lg oval, V- u. HE gleichermaßen gerundet u. HE die Spw deutlich überragend (Abb. **427**/5). Vordere M-Augen größer als hintere M-Augen. *Singa* S. 426

7* Hlb im dunklen Bauchfeld ohne dieses helle Fleckenpaar. Bauchfeld u. Spw aber oft von einem weißen Streifen U-förmig umgeben (Abb. **427**/4). Vordere M-Augen deutlich kleiner als hintere M-Augen. Kleine Arten, 2–5 mm lg. *Hypsosinga* S. 426

8 **(6)** Die 4 Augen der hinteren Augenreihe gleichweit voneinander entfernt . . **9**

8* Die hinteren M-Augen stehen enger beieinander u. sind von den hinteren SAugen durch einen viel größeren Zwischenraum getrennt (Abb. **433**/3–4) . . . **10**

9 Hlb abgeflacht, von oben gesehen oval. Seine größte Br in der M. Rückenfolium geschlossen, dem HlbUmriß folgend (Abb. **428**/3 u. **428**/5). Vordere M-Augen größer als hintere M-Augen. Radnetz in der Regel mit freiem Sektor (Abb. **421**/3). *Zygiella* S. 427

9* Hlb von oben gesehen eiförmig, seine größte Br im Schulterbereich. Rückenfolium wenigstens im vorderen Bereich aufgelöst (Abb. **428**/6). Vordere M-Augen kleiner als hintere M-Augen. ♂♂ bis 2,5 mm lg, ♀♀ bis 4 mm lg. – Körper u. Lfb weiß behaart. VKörperrücken hellgelb, mit feinem, schwarzem Randsaum, Kopfteil verdunkelt. Sternum hellgelb, fein dunkel umsäumt. Hlb weiß-grau, Zeichnung dunkelbraun. Charakteristisch ein querliegendes großes weißes Dreieck im 1. Drittel des HlbRückens (Abb. **428**/6). US des Hlb dunkel, mit 2 nach hinten konvergierenden weißen Streifen. Neben den Spw 2 weiße Fleckenpaare. In SEur häufiger. Senkrechtes Netz mit mehr als 50 Radien, in der Strauch- u. Baumschicht sonniger Standorte bis in 2 m H. Im N auf Nadelbäumen. Spinne sitzt mit angezogenen Lfb auf der großen Netznabe, ein Schlupfwinkel fehlt. IV–VII (Gattung *Zilla* C.L.KOCH). *Z. diodia* (WALCKENAER)

10 **(8)** HlbRücken mit deutlich abgesetzten Schulterhöckern (beim ♂ oft weniger entw) (Abb. **434**/4) **11**

10* HlbRücken ohne Schulterhöcker, im Umriß ± gerundet od. leicht stumpfwinklig **12**

11 Augenfeld der 4 M-Augen quadratisch od. rechteckig. Hintere M-Augen meist größer als vordere M-Augen (undeutlich bei *G. bituberculata*). Alle Augen mit breitem, dunklem Pigmentring (Abb. **433**/1–2). Kleine Arten, bis 10 mm lg. *Gibbaranea* S. 436

11* M-Augenfeld trapezförmig nach vorn erweitert (Abb. **433**/3). Alle M-Augen gleichgroß od. hintere M-Augen kleiner als die vorderen. Große Arten, ♀♀ bis 20 mm lg. (*A. angulatus*-Gruppe). *Araneus* S. 432

12 **(10)** Hlb von oben gesehen lgoval, am V- u. HE zugespitzt (Abb. **429**/7 u. **429**/8). Im dunklen Bauchfeld des Hlb ein scharf begrenzter gelber M-Streifen. ♂♂ 7–8 mm lg, ♀♀ 9–14 mm lg. – ♂ u. ♀ gleich gefärbt. Hlb mit eichenblattähnlicher gelblich-weißer Zeichnung auf schwarz- bis rotbraunem Grund (Abb. **429**/7). Sternum braun. Lfb hell, nur Schiene u. FußGld beim ♀ deutlich geringelt. 2. LfbSchiene des ♂ stark verdickt u. im letzten Drittel mit dicken kurzen dunklen Dornen. Gebirgsform bis über 200 m. Ganz Eur u. As. Netz mit weißer, dicht besponnener Nabe in etwa 50 cm Bodenhöhe zwischen Gräsern, niedrigem Buschwerk usw. Am Tg meist in einem nach oben offenen wannenförmigen Schlupfwinkel, aus dem sich die Spinne bei geringster Störung fallen läßt. V–VIII (Gattung *Aculepeira* CHAMBERLIN & IVIE).

A. ceropegia (WALCKENAER) – **Eichenblatt-Radspinne**

12* HlbUmriß anders. Bauchfeld in der M ohne gelben Längsfleck, oft aber mit paarigen weißlichen Fleckenzeichnungen (Abb. **434**/6) **13**

13 Hlb von oben gesehen höchstens so lg wie br od. breiter als lg (Abb. **429**/9). Sehr kleine Arten, 3–8 mm lg **14**

13* Hlb von oben gesehen deutlich länger als br (wenn kreisförmig, dann ca. 10 mm lg). Große Arten **15**

14 Hlb dicht mit weißlichem Flaumhaar besetzt, Herzfleck dunkel, weiß-gelb umrandet (Abb. **429**/9), jederseits daneben oft ein heller Begrenzungsfleck. ♂♂ bis 5 mm lg, ♀♀ bis 7 mm lg. – Verbreitet. Bes. häufig in der Ebene an sonnigen Orten mit niedrigem Gesträuch u. Jungbäumen. Netznabe mit viel weißer Seide belegt. Schlupfwinkel eine flache napfförmige Schale, in der bei schlechtem Wetter das ♀ mit angezogenen Lfb sitzt. E IV–A V, das ♂ dann neben dem ♀ im Schlupfwinkel sitzend. (Gattung *Agalenatea* ARCHER).

A. redii (SCOPOLI) – **Strauchradspinne**

14* Hlb normal behaart, nicht flaumhaarig, auf der vorderen Abdachung jederseits im Schulterbereich mit einem begrenzten dunkel gefärbten Bezirk (Abb. **429**/2 u. **429**/3). Bis 7 mm lg. *Atea* S. 429

15 **(13)** Hlb ohne Foliumzeichnung, ± einfarbig gelb-grün od. ziegelrot u. meist mit dunklen Punktpaaren auf dem Rücken (Abb. **429**/5). *Araniella* S. 430

15* Hlb mit Foliumzeichnung, andersfarbig **16**

16 Hlb auffällig flach, sein VRand von oben gesehen in der M ± herzförmig eingezogen („Spaltenspinne") (Abb. **431**/1). Vorwiegend dunkel gefärbte Tiere.

Nuctenea S. 430

16* Hlb normal gewölbt, nicht stark abgeflacht **17**

17 Hlb lg-oval, sein Rücken mit weißer, außen bogenförmig schwarz umsäumter Foliumzeichnung, die nach hinten spitz ausläuft (Abb. **429**/6). ♂♂ 4–5 mm lg, ♀♀ bis 8 mm lg. – ♂♀ gleichgefärbt. VKörper hell, mit dunklem Randsaum u. M-Strich bis zu den Augen. Sternum schwarz. HlbUS schwarz, mit 2 hell leuchtenden Längsstreifen u. 2 Punktflecken neben den dunkelbraunen Spw. 2. LfbSchiene des ♂ nicht verdickt, nur mit langen Stachelborsten dicht besetzt. Verbreitet. Heide u. Moorgebiete des N u. NW, auch an der Küste. Netz im Heidekraut u. niedrigem Gestrüpp. Neben dem Netz ein tütenförmiger, nach unten offener Schlupfwinkel. Tagsüber auf der Nabe sitzend. VII–VIII. (Gattung *Neoscona* SIMON). *N. adiantum* (WALCKENAER) – **Heideradspinne**

17* Hlb mehr br-oval, Rückenfolium u. Zeichnung anders **18**

18 HlbRücken auf der vorderen Abdachung mit dunklem Keilfleck, der meist deutlich weiß umrandet ist (Abb. **431**/3 u. **431**/5). 1. u. 2. LfbSchiene des ♂ gleich gestaltet (vgl. aber Abb. **433**/5). *Larinioides* S. 431

18* Hlb ohne den hellumrandeten dunklen Keilfleck auf der vorderen Abdachung. An seiner Stelle meist eine kreuzähnlich angeordnete weiße Fleckengruppe („Kreuzspinnen") (Abb. **435**/1) od. hier ganz einfarbig hell (Abb. **435**/4). 2. LfbSchiene des ♂ keulig verdickt u. mit besonderen Dornen u. Stachelborsten besetzt (Abb. **433**/5). *Araneus* S. 432

Gattung *Meta* C. L. KOCH

G. Kreuzspinnenähnlich, aber auffallend lgbeinig u. Hlb eiförmig, z. T. hochaufgewölbt (Abb. **424**/3). 1. u. 2. Lfb beim ♂ von 3facher KörperLg. Kauladen der Pdp ± doppelt so lg wie br, am E breiter als an der Basis (Abb. **393**/3). VKörperrücken meist mit dunklem M- u. Randstreifen. Augen dicht beieinander, die vorderen M-Augen um das 1,2–1,5fache ihres ∅ vom KopfVRand entfernt. HlbRücken mit Foliumzeichnung od. paarigen dunklen Zeichnungen auf weißlich-grauem od. braunem UGrund. Daneben oft gelbe, grünliche od. rötliche Farbtöne. HlbUS grauschwarz u. mit 2 hellen Längsbändern. – **V. L.** Weit verbreitet. Im Freien (hier z. T. häufig u. in großer Individuenzahl) od. einzeln an versteckten Orten in Höhlen, Kellern usw. Radnetze mit offener Nabe, senkrecht bis waagerecht in ca. 1 m H. 4 heimische Arten. Familienzugehörigkeit unsicher. Z. T. auch *Tetragnathidae* od. *Metidae.*

1 HlbUS zwischen Genitalspalte u. Spw dunkel, seitlich hell begrenzt. HlbRücken mit foliumartiger Zeichnung. Netze häufig u. in großer Anzahl im Freien in der Kraut- u. niedrigen Strauchschicht. Kleinere Arten, 3,5–8 mm lg. **2**

1* HlbUS zwischen Genitalspalte u. Spw deutlich heller als die Umgebung. HlbRücken ohne Foliumzeichnung, meist marmoriert, paarig dunkel gefleckt od. schwärzlich. An feuchten dunklen Orten (Keller, Höhlen, Felsüberhänge usw.). Große Arten, ♀♀ bis 15 mm lg **3**

2 Erwachsene E VII–X, dann in Massen auf Gräsern, niedrigen Stauden u. Büschen an Wegrändern, in Gräben, Gärten usw. Das dunkle Bauchfeld zwischen Genitalspalte u. Spw in der M oft längs aufgehellt. HlbRücken mit blassem Folium, Grundfarbe variabel, vorherrschend weißgrau. Zeichnungen dunkel- u. rötlichbraun (Abb. **424**/3). ♂♂ 4–6 mm lg, ♀♀ 5–8 mm lg. – Netze senkrecht bis oft waagerecht, 20–25 Radien. Zur Fortpflanzungszeit lauern oft mehrere ♂♂ am Netzrand des ♀. [*M. reticulata* (L.)] *M. segmentata* (CLERCK) – **Herbstspinne**

2* Erwachsene vorwiegend in V–VI. Der vor. Art sehr ähnlich, aber dunkler pigmentiert. HlbFärbung variabel, oft mit grünen, gelben od. rötlichen Farbtönen. Das dunkle Bauchfeld zwischen Genitalspalte u. Spw nur vorne aufgehellt, in der

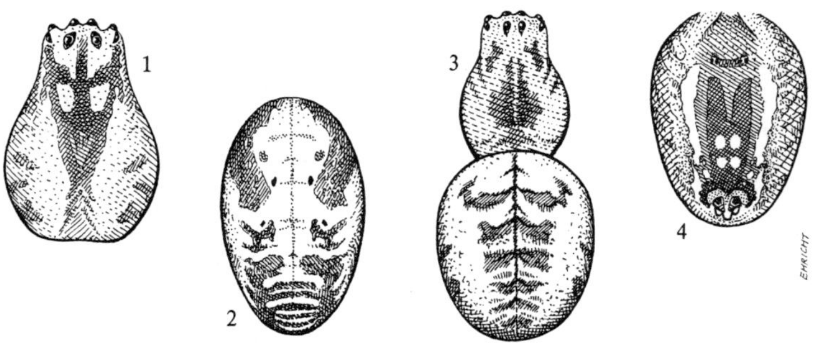

Abb. **424/1–4** **1** *Meta merianae*, ♀; **2** *M. menardi*, ♀; **3** *M. segmentata*, ♀; **4** *M. mengei*, ♀, BauchS

hinteren Hälfte immer mit 1–2 Paar feinen weißlichen Punktpaaren (Abb. **424**/4). ♂♂ 3,5–5 mm lg, ♀♀ 4–6 mm lg. *M. mengei* (BLACKWALL)

3 **(1)** VKörper mit scharf begrenzter dunkler Rückenzeichnung u. dunklem Randsaum (Abb. **424**/1). Lfb deutlich geringelt. Sternum dunkelbraun von den hellen LfbHüften abgesetzt. ♂♂ 5–8 mm lg, ♀♀ 6,5–10 mm lg. – HlbRücken meist dunkel marmoriert auf lehmgelbem Grund, die RückenM heller. An schattigen Plätzen mit hoher Luftfeuchtigkeit: Keller, Gewächshäuser, Höhleneingänge, Uferüberhänge usw. Netz exentrisch, 50–60 cm ∅, obere Netzhälte mit 14–20, untere mit 30–50 Fangfäden je Sektor. I–XII, im Freien ♂♂ nur IV–VII. *M. merianae* (SCOPOLI)

3* VKörperrücken ± einfarbig braun, Lfb meist von gleicher Farbe, undeutlich geringelt. Sternum u. Lfb Hüften von gleicher hellbrauner Farbe. Größte Art: ♂♂ 7–11 mm lg, ♀♀ 8–15 mm lg. – Im Leben Körper u. Lfb glänzend. HlbRücken in der vorderen Hälfte mit großem, dunklem Fleckenpaar (Abb. **424**/2). Höhlenbewohner u. überall dort, wo gleichzeitig hohe Luftfeuchtigkeit u. Dunkelheit herrschen: alte Bergwerksstollen, kühle Keller, dunkle Felsspalten usw. Großer tropfenförmiger Eikokon (bis 20 mm lg) an einem Faden neben dem Netz hängend. *M. menardi* (LATREILLE)

Gattung *Argiope* SAVIGNY & AUDOUIN

Argiope bruennichi (SCOPOLI) – **Wespenspinne, Zebraspinne**
G. Hlb ausgewachsener legereifer ♀♀ wespenartig gelb-schwarz gebändert (Abb. **421**/4–5). Junge ♀♀, ♂♂ u. Jungtiere meist blasser gefärbt, Querstreifung oft nur angedeutet. VKörper mit silbern schimmernder Behaarung. ♂♂ 4–6 mm lg, ♀♀ 14–17 mm lg. – **V. L.** Verbreitet u. häufig. Mediterranes Faunenelement, in den letzten 50 J mit ständiger Ausbreitung nach N u. O. Kolonieweise an warmen trockenen u. feuchten, oft anthropogen beeinflußten Orten (z. B. Brachflächen mit niedriger Vegetation). Netze senkrecht zwischen Bodennähe u. 1 m H. Charakteristisch sind oft 1–2 radiäre Stabilimente u. die mit Seide belegte weiße Nabe. Etwa 32 Radien, ∅ des Fangbereiches 30 cm. Spinne ständig auf der Nabe, bei Beunruhigung setzt sie das Netz in Schwingungen. Beutetiere vorwiegend Feldheuschrecken. Eikokon auffällig (Abb. **421**/6), wird neben dem Netz zwischen Gräsern aufgehängt (E VII–IX). Jungtiere überwintern im Kokon u. verlassen diesen erst E V. ♂♂ ♀♀ ab E VII.

Gattung *Cyclosa* MENGE – **Kreisspinnen**

G. HlbE die Spw höckerartig überragend (Abb. **421**/8 u. **421**/9). Kopfteil des VKörpers beim ♀ durch eine U-förmig nach vorn offene tiefe Rinne vom Rückenteil abgeteilt (Abb. **421**/8). VKörper meist dunkelbraun (oft schwärzlich), Hlb hell gefärbt. – **V. L.** Weltweit. Die Spinnen leben ständig auf den kreisrunden Netzen, die ein senkrechtes Radiusstabiliment besitzen, das mit Beuteresten, Fremdkörpern od. auch den Kokons behangen wird (Abb. **421**/2). Spinne mit angezogenen Lfb, die so den VKörper bedecken, auf der Netznabe. Bei Beunruhigung wird das Netz in Schwingungen versetzt. 2 heimische Arten.

1 HlbE mit 4 Höckern, von oben gesehen 3zackig. Ein weiteres Höckerpaar auf der vorderen Rückenhälfte (Abb. **421**/8). ♂♂ 4,5–5,5 mm lg, ♀♀ 4–6 mm lg. –

LfbHüften, Schenkelringe u. Sternum dunkelbraun. Auf dem Sternum je ein heller Randfleck gegenüber den LfbHüften. Verbreitung ungenügend bekannt. Auf sonnigem Öd- u. Moorland. Netz 20–25 cm über dem Boden in Heidekraut, Besenginster usw. ♂♂ E VI–A VII. *C. oculata* (WALCKENAER)

1* HlbE mit nur einem aufwärtsgerichteten Höcker, von oben gesehen nicht 3zakkig. Vordere Rückenhälfte ohne Höckerpaar (Abb. **421**/9). ♂♂ bis 4,5 mm lg, ♀♀ bis 7 mm lg. – LfbHüften u. Schenkelringe hellgelb, zum einfarbig dunkelbraunen Sternum kontrastierend. Verbreitet u. häufig. Netze vorwiegend auf Kiefern, Fichten u. Wacholder in 1,5–2 m H. ♂♂ E IV–A VI. *C. conica* (PALLAS)

Gattung *Hypsosinga* AUSSERER

G. Kleinste heimische Radnetzspinnen. Körper glänzend, sehr kurz u. fein behaart. Lfb kurz. Hlb von oben gesehen rundoval, mit z. T. abgewandelter Folium- od. Längszeichnung. HlbUS Abb. **427**/4. 1. LfbSchiene des ♂ an der VS mit sehr langen Stachelborsten, die die normale Beinbeborstung überragen. 2. LfbSchiene normal beborstet. – **V. L.** Kleine senkrechte Netze in Bodennähe, häufig an trokkenen, sonnigen Orten od. in Gewässernähe. Meist tagaktiv u. auf der Netznabe sitzend. 4 heimische Arten.

1 VKörperrücken dunkel, in der M mit einem leuchtend weißen ± scharf begrenzten Fleck. ♂♂ 2,5–3 mm lg, ♀♀ 3–4 mm lg. – ♀ HlbRücken mit bräunlich gerandetem Folium auf weißlichem Grund (Abb. **427**/1), beim ♂ dunkelbraun bis schwarz u. mit wenigen weißen Flecken (Abb. **427**/2). Sonniges trockenes Gelände. Netz 20 cm über dem Boden. V–VII. *H. albovittata* (WESTRING)

1* VKörperrücken einfarbig, ohne weißen M-Fleck 2

2 HlbRücken dunkelbraun bis schwarz, mit 3 breiten weißgelben Längsstreifen (♀), die den ganzen Rücken überziehen können 3

2* HlbRücken rotgelb, oft mit 3 weißlichen Längsstreifen, von denen aber nur der mittlere immer deutlich ist (Abb. **427**/3). ♂♂ 2,5 mm lg, ♀♀ 3–3,5 mm lg. – ♂ ± einfarbig. Sternum dunkel. Trockene warme Orte, bes. Heidelandschaften. Netz dicht über dem Boden. V–VIII. *H. sanguinea* (C. L. KOCH)

3 Sternum schwarz. HlbRücken (♀) mit 3 breiten gelben Längsstreifen (Abb. **427**/3). ♂ HlbRücken einfarbig schwärzlich, VKörperrücken gleichmäßig dunkel gefärbt. ♂♂ 3 mm lg, ♀♀ 4 mm lg. – Bes. S- u. M-Eur. Sonnige feuchte Wiesen od. Ödland. Netz in Bodennähe. VI–VII. *H. pygmaea* (SUNDEVALL)

3* Sternum rot- bis gelbbraun. Der gelbliche M-Streifen des Hlb der Lg nach mit einem mennigeroten Strich. Kopfteil dunkler als VKörperrücken. ♂♂ 3 mm lg, ♀♀ 4 mm lg. – Verbreitet u. häufig. Bes. in sonnigen Lagen der Schilfgürtel u. Feuchtwiesen. V–VIII. *H. heri* (HAHN)

Gattung *Singa* C. L. KOCH

G. Kleine kurzbeinige Arten. Körper glänzend, fein u. kurz behaart. Hlb lgoval, sein Rücken mit 2 breiten dunklen Längsstreifen (Abb. **427**/5; HlbUS Abb. **427**/7). 2. LfbSchiene des ♂ auf der VS mit dicken kurzen u. einigen wenigen sehr kräftigen langen Stachelborsten. – **L.** Kleine vertikale Radnetze in Bodennähe in der Kraut- u. niedrigen Strauchschicht. Nachtaktiv, am Tg im Schlupfwinkel. 2 heimische Arten.

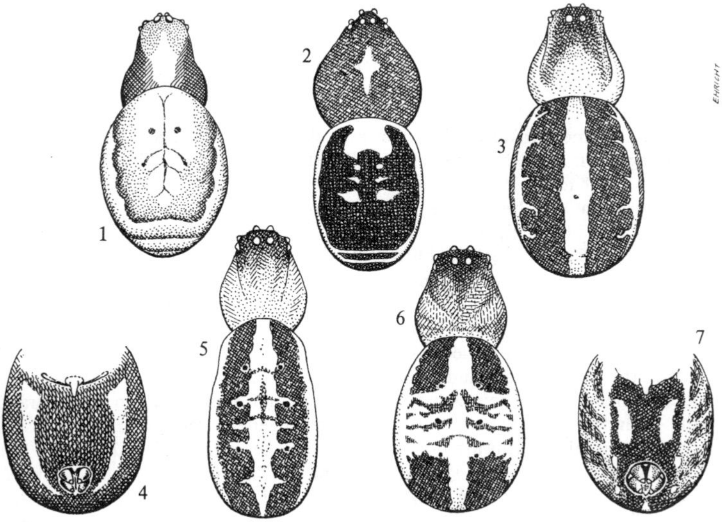

Abb. **427/1–7** **1** *Hypsosinga albovittata*, ♀; **2** *H. albovittata*, ♂; **3** *H. pygmaea*, ♀; **4** *H. pygmaea*, ♀, BauchS; **5** *Singa nitidula*, ♀; **6** *S. hamata*, ♀; **7** *S. hamata*, ♀, BauchS

1 Die 2 dunklen Längsstreifen des HlbRückens in der M durch gelblich-weiße Querstreifen in breiter Zone vollkommen unterbrochen (Abb. **427**/6). ♂♂ 4 mm lg, ♀♀ 5–6 mm lg. – VKörperrücken des ♂ einheitlich dunkel, beim ♀ nur der Kopfteil verdunkelt. Lfb einfarbig hellbraun, Sternum dunkel. An feuchten Stellen offener sonniger Standorte. V–VIII.

S. hamata (CLERCK) – **Glanzkreuzspinne**

1* Die 2 dunklen Längsstreifen des HlbRückens sind durchgehend, nur innen in der HlbM durch kurze helle Querstriche ausgezackt (Abb. **427**/5). Insgesamt heller gefärbt als vor. Art. ♂♂ 3,5 mm lg, ♀♀ 5 mm lg. – Im N seltener. Netze oft zahlreich auf Weidengebüschen an schnellfließenden Flüssen u. Bächen. ♂♂ V–VII. *S. nitidula* C. L. KOCH

Gattung *Zygiella* O. P.-CAMBRIDGE – **Sektorspinnen**

G. HlbRücken abgeflacht u. oft mit Perlmuttglanz. Grundfärbung schwarz-weiß, nicht braun. Rückenfolium meist geschlossen u. in der M am breitesten. Herzfleck in der vorderen Abdachung des Hlb weiß, in ihm oft ein schwarzer Fleck (Abb. **428**/3). VKörperrücken einheitlich braun, Kopfteil verdunkelt. – **V. L.** Holarkt verbreitet. Radnetz mit oberem freiem Sektor, in dem der Signalfaden zum Schlupfwinkel verläuft. Verläuft der Signalfaden aber in mehr als 40° zur Netzebene, wird wie bei Jungtieren oft ein geschlossenes Netz angelegt. 5 heimische Arten, deren Körperfärbung variiert u. die daher nur nach den Geschlechtsorganen sicher zu bestimmen sind.

1 Sternum einfarbig braun-schwarz. ♂♂ bis 6,5 mm lg, ♀♀ bis 8 mm lg. – Nur eur Geb, in 1 300–1 800 m H häufig. An Bäumen, Sträuchern, Felsen u. an u. in Gebäuden. Nachtaktiv, wahrscheinlich mehrjährig. V–IX. *Z. montana* (C. L. KOCH)

1* Sternum in der M mit hellem Längsfleck **2**

2 Größte Art, ♂♂ 7–8 mm lg, ♀♀ bis 11 mm lg. – Lfb lg u. kräftig. HlbRücken hell, durch feine dunkle Punktreihen gefleckt (Abb. **428**/1). Selten, nur in warmen Gegenden des Rhein- u. Moselgebietes. Vorwiegend an Ruinen- u. Felswänden, Holzbauten. VIII–IX. *Z. thorelli* (AUSSERER)

2* Kleinere Arten: ♂♂ bis 5 mm lg, ♀♀ bis 8 mm lg **3**

3 ♀ Geschlechtsplatte (Epigyne) mit langem u. schmalem, braunem Fortsatz, der ⅓ der Bauchfläche bedeckt (Abb. **428**/2). Rücken-Folium mit breitem, schwarzem Randsaum, von dem hinten ein schmaler Strich zu den Spw zieht (Abb. **428**/3). ♂♂ bis 3,5 mm lg, ♀♀ bis 4,5 mm lg. Netz an Felsen u. Kiefernstämmen lichter Wälder. Oft gesellig, nachtaktiv. V–VI. *Z. stroemi* (THORELL)

3* Geschlechtsplatte des ♀ ohne diesen langen schmalen Fortsatz (Abb. **428**/2) . **4**

4 Grundfarbe des Hlb rotbraun, mit Perlmuttschimmer. Folium in der Mittelfläche aufgehellt, oft nur sein Rand als feiner brauner Saum erhalten. Foliumrand beim lebenden Tier von rötlichen Farbtönen umgeben. Der helle Herzfleck seitlich durch je einen schwarz-braunen Restfleck begrenzt (Abb. **428**/4). ♂ Pdp beinartig lg. ♂♂ bis 5 mm lg, ♀♀ bis 7 mm lg. Charakteristische Art der norddeutschen Tiefebene. Häufig an Meeresküsten, z. T. massenhaft im Spritzwasserbereich. Hauptreifezeit E VIII. *Z. atrica* (C. L. KOCH)

4* Grundfarbe des Hlb graubraun. Foliumrand meist br graudunkelbraun gefärbt, innen silbrig weißgrau. Charakteristisch ein großer weißer trapezförmiger Fleck im FoliumVRand (Abb. **428**/5). ♂ Pdp normal kurz. ♂♂ 3–5 mm lg, ♀♀ 5,5–8 mm lg. Verbreitet u. häufig in der Ebene. Bes. in Ansiedlungen (Mauern,

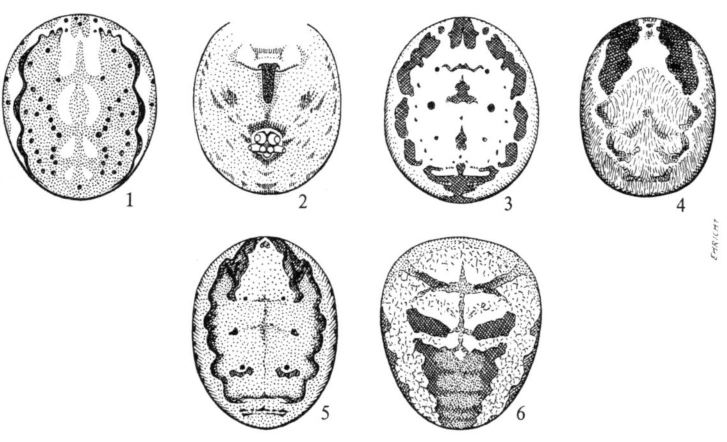

Abb. **428/1–6** **1** *Zygiella thorelli*, ♀; **2** *Z. stroemi*, ♀, BauchS; **3** *Z. stroemi*, ♀; **4** *Z. atrica*, ♀, BauchS; **5** *Z. x-notata*, ♀; **6** *Zilla diodia*, ♀

Zäune, Ställe, Schuppen usw.). Im Geb durch *Z. montana* vertreten. Kosm verschleppt. Nachtaktiv. ♂♂ VI–XI. *Z. x-notata* (CLERCK)

Gattung *Atea* C. L. KOCH

G. Kleine Arten, bis 7 mm lg. Hlb von oben gesehen 3eckig gerundet, so br od. breiter als lg (♂ mehr längsoval). HlbRücken mit nach innen bogig begrenzten dunklen Schulterflecken (Abb. **429**/3). Färbung sehr variabel, Folium oft verwischt. 1. LfbSchiene des ♂ stärker als die 2. u. mit langen dicken Stachelborsten besetzt (Abb. **429**/4). – **L.** Auf Gesträuch u. Bäumen der Wälder. 2 heimische Arten.

1 Zwischen u. hinter den dunklen Schulterflecken des Hlb eine querliegende weißgelbe Fläche, die einem stumpfwinkligen Dreieck gleicht (Abb. **429**/2) (oft in 3 weiße Flecken aufgelöst). Sternum so hell wie die LfbHüften. ♀ Hlb meist breiter als lg. ♂♂ bis 3 mm lg, ♀♀ 4,5–7 mm lg. – Verbreitet, im S häufiger. Nur in Laubw warmer Standorte. Biologie unbekannt. V–VII. *A. triguttata* (FABRICIUS)

1* Die helle Fläche zwischen den dunklen Schulterecken gleicht einem spitzwinkligen Dreieck (Abb. **429**/3). Sternum dunkler als die LfbHüften, Hlb beim ♀ so br wie lg. ♂♂ bis 3,5 mm lg, ♀♀ 3,5–5 mm lg. – Grundfarbe des Hlb meist rotbraun, die dunklen Schulterflecken am HRand oft gelb eingefaßt. Netze fast ausschließlich an Nadelbäumen bis in 2,5 m Höhe. Bei Gefahr läßt sich die Spinne am Sicherheitsfaden fallen. Verbreitet u. häufig. Hauptreifezeit E V. *A. sturmi* (HAHN)

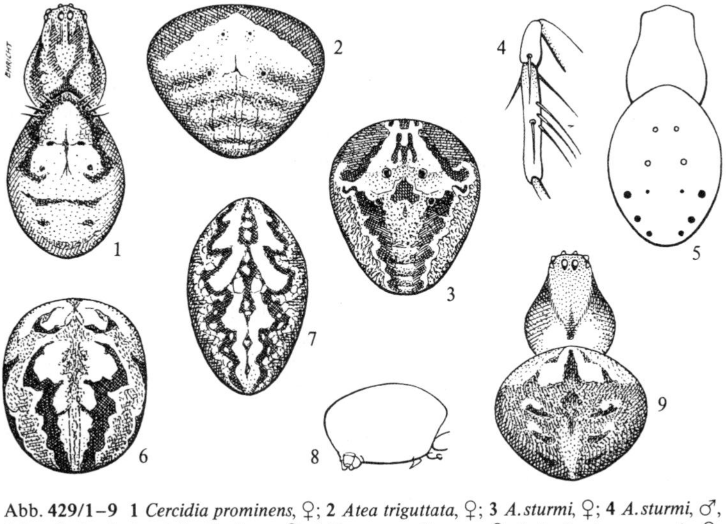

Abb. **429/1–9** **1** *Cercidia prominens*, ♀; **2** *Atea triguttata*, ♀; **3** *A. sturmi*, ♀; **4** *A. sturmi*, ♂, 1. Laufbein; **5** *Araniella displicata*, ♀; **6** *Neoscona adiantum*, ♀; **7** *Aculepeira ceropegia*, ♀; **8** *A. ceropegia*, ♀, Hlb seitlich; **9** *Agalenatea redii*, ♀

Gattung *Araniella* CHAMBERLIN & IVIE

G. Vorherrschende Grundfarbe des Hlb gelb u. grün, mit rötlichen Farbtönen, z.T. innerhalb der Art veränderlich. (Farbe verschwindet in Alkohol!). Foliumzeichnungen fehlen, dafür auf der hinteren Rückenhälfte bis zu 5 schwarze Punktpaare (Abb. **429**/5). 1. u. 2. LfbSchiene beim ♂ gleich, ohne bes. Bedornung. – **V. L.** Nördl. gemäßigte Breiten. Kleine, meist horizontale Netze zwischen Blättern. Tagaktiv. 6 heimische, z.T. nur geschlechtsmorphologisch sicher trennbare Arten.

1 ♀ HlbUS dunkelolivgrün mit 4 großen gelben Flecken, die im Quadrat stehen. Lfb u. VKörper glänzend braun. ♂ VKörperrücken einfarbig. ♂♂ bis 4 mm lg, ♀♀ bis 6 mm lg. – Hauptsächlich im Geb auf ungemähten Wiesen u. auf Gebüsch. In der Ebene bisher nur Schleswig-Holstein u. Solling, bes. auf Nadelbäumen. V–VII. *A. alpica* (L. KOCH)

1* HlbUS beim ♀ ohne diese 4 großen gelben, im Quadrat stehenden Flecke . . 2

2 Hlb Grundfarbe ziegelrot, mit weißer Blattzeichnung auf der RückM. Hlb von oben gesehen vorn deutlich konisch zugespitzt, in der hinteren Hälfte mit 4 schwarzen Punktpaaren (Abb. **429**/5). ♂ VKörperrücken ohne dunkle Seitensstreifen. ♂♂ bis 5 mm lg, ♀♀ 6–11 mm lg. – Bisher nur wenig gefunden. Auf Nadelbäumen. *A. displicata* (HENTZ)

2* Hlb Grundfarbe hellgrün bis gelb, olivgrün, rötlichgelb, von oben gesehen vorn ± gerundet 3

3 HlbRücken ohne schwarze Punktpaare, Grundfarbe rötlichgelb mit gelber Blattzeichnung. VKörper u. Lfb glänzend braun. ♂ VKörperrücken ohne schwarze SStreifen. ♂♂ bis 4,5 mm lg, ♀♀ bis 6 mm lg. Bisher nur wenige Funde. Bes. auf Eichen u. Kiefern. *A. inconspicua* (SIMON)

3* HlbRücken mit 4 (seltener 3 od. 5) schwarzen Punktpaaren [die im Schlüssel nicht genannten *A. opistographa* (KULCZYNSKI) u. *A. proxima* (KULCZYNSKI) sind ähnlich gepunktet]. ♂ VKörperrücken mit breitem, dunklem SStreifen. ♂♂ 3,5–4,5 mm lg, ♀♀ bis 7 mm lg. – Grundfärbung grünlich bis gelblich (reife ♀♀). Unreife Tiere vor der Überwinterung rötlich bis orange, danach schmutzig olivbraun. Weit verbreitet u. häufig. Meist auf Büschen sonniger Waldränder. Netz oft waagerecht auf einem großen Blatt, ∅ bis 10 cm. Hauptreifezeit V–VI. *A. cucurbitina* (CLERCK) – **Kürbisspinne**

Gattung *Nuctenea* SIMON

G. Dunkle, oft fast schwarzbraune Tiere mit stark abgeflachtem Körper (Spaltenbewohner). Hlb mit dunklem Herzfleck u. dunklem Folium, das hell umrandet ist. HlbVRand in der M eingezogen (Abb. **431**/1). 1. u. 2. LfbSchiene des ♂ gleichgestaltet u. normal bestachelt. – **V. L.** W-Pal u. N-Afr. Netz bis 70 cm ∅, die Nabe exentrisch zum Schlupfwinkel verschoben, auf der gegenüberliegenden S die meisten Fangfäden. Nachtaktiv, tagsüber in Ritzen u. Spalten von Holzbauten, unter lockerer Borke usw. Heimisch 2 Arten.

1 VKörperrücken einfarbig dunkelbraun. Folium vom dunklen HlbRücken nur durch ein feines gelbliches Band abgehoben. ♂♂ 6,5–10 mm lg, ♀♀ bis 12 mm lg. – Hlb des ♀ von oben gesehen in der M seines VRandes meist immer deutlich herzförmig eingezogen (Abb. **431**/1). Verbreitet u. häufig überall dort, wo

sich geeignete Ritzen u. Spalten, auch an Gebäuden, als Schlupfwinkel anbieten. Netz mit 20 Radien, Fangfadenabstand bis 10 mm. ♂♂ VI–X, ♀♀ I–XII.

N. umbratica (CLERCK) – **Spaltenkreuzspinne**

1* VKörperrücken mit aufgehelltem Kopfteil. Folium des Hlb seitlich von einem breiten, am Foliumrand leuchtend weißen SStreifen umrahmt, der auch gegen die BauchS scharf abgesetzt ist (Abb. **431**/2). ♂♂ bis 6 mm lg, ♀♀ 6,5–9 mm lg. – Hlb des ♀ von oben gesehen am VRand meist nur flach gerundet, selten in der M eingezogen. Körper weniger abgeflacht als bei vor. Art. In N- u. O-Eur häufiger. Biologie unerforscht. ♂♂ IV–V u. VII–VIII.

N. silvicultrix (C. L. KOCH)

Gattung *Larinioides* CAPORIACCO

G. VKörper u. Lfb rotbraun. Hlb unauffällig graubraun, Rückenfolium dunkelrotbraun bis schwarzbraun, meist weißlich ± br umrandet. Von der M ist das Folium oft durch eine helle Zone quergeteilt (Abb. **431**/5). Herzfleck auf der vorderen HlbAbdachung dunkel, weißlich umrandet (Abb. **431**/5 u. **431**/6). 1. u. 2. LfbSchiene des ♂ gleichgestaltet u. -bestachelt. – **L.** Die nachtaktiven Tiere lauern im Schlupfwinkel od. auf der Netznabe auf Beute. Große Netze mit weni-

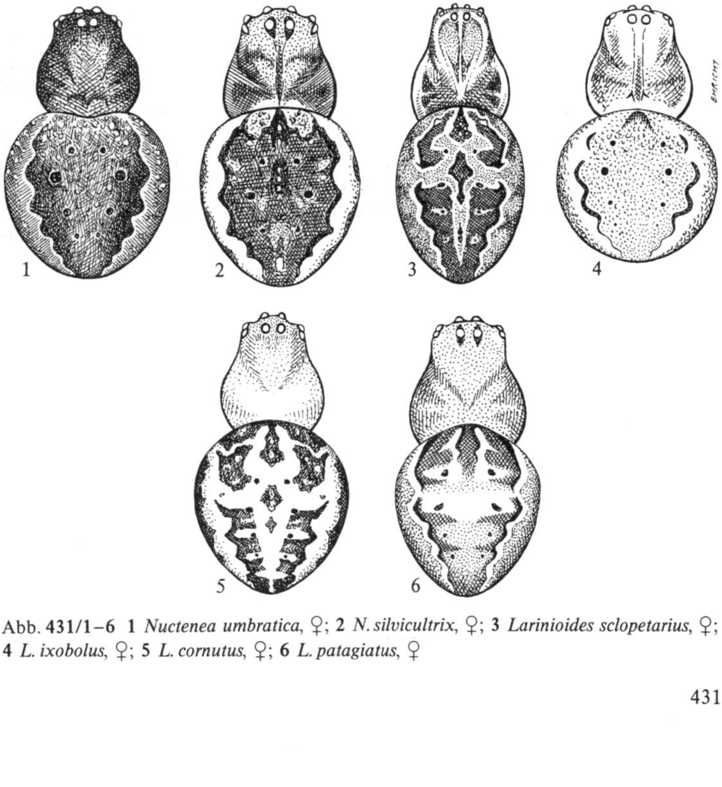

Abb. **431/1–6** **1** *Nuctenea umbratica*, ♀; **2** *N. silvicultrix*, ♀; **3** *Larinioides sclopetarius*, ♀; **4** *L. ixobolus*, ♀; **5** *L. cornutus*, ♀; **6** *L. patagiatus*, ♀

gen Radien (15–25) u. weitem Fangfadenabstand (3–10 mm). 4 heimische Arten.

1 LfbOSchenkel auf der US des hellen basalen Teiles deutlich schwarzbraun punktiert. VKörperrücken dunkelbraun marmoriert u. mit weißlichen Haarsäumen u. -streifen (Abb. **431**/3). Größere Arten bis 16 mm lg **2**

1* Die hellen basalen Teile der LfbOSchenkel nicht schwarzbraun punktiert. VKörperrücken einfarbig, helle Haarsäume fehlen. Kleinere Arten bis 10 mm lg . . **3**

2 Die dunklen u. hellen Partien der LfbOSchenkel sind scharf (ohne Übergang!) gegeneinander abgesetzt. Rückenfolium des dunkelbraunen Hlb durch eine feine leuchtend weißgelbe Linie begrenzt, ebenso der Herzfleck (Abb. **431**/3). ♂♂ 7,5–11 mm lg, ♀♀ 9–15 mm lg. – Verbreitet u. häufig, bes. an Bauwerken u. Felsen in Wassernähe. Netz-∅ 70 cm, 20 Radien, Fangfadenabstand bis 10 mm. Gesellig, Netze oft zusammenstoßend. IV–X.
L. sclopetarius (CLERCK) – **Brückenspinne**

2* Die dunklen u. hellen Partien der LfbOSchenkel gehen allmählich ineinander über. Hlb ± einfarbig dunkelbraun, das dunkle Rückenfolium (erkennbar bei helleren Exemplaren) von einem breiten grauweißen Streifen begrenzt. Herzfleck undeutlich (Abb. **431**/4). ♂♂ 8–12 mm lg, ♀♀ 11–16 mm lg. – In O-Eur häufiger. Bisher wenige Funde (DDR). An Häusern u. Bauten in Wassernähe. Lebensweise ähnlich vor. Art. *L. ixobolus* (THORELL)

3 **(1)** 3. u. 4. LfbSchiene mit dunklem M-Ring. Herzfleck undeutlich, oft nur vorn durch einen schmalen V-förmigen hellen Streifen begrenzt (Abb. **431**/6). ♂♂ 5–7 mm lg, ♀♀ 7–9,5 mm lg. – Vorherrschende Körperfarbe rotbraun. Beim ♀ vordere Rückenhälfte des Hlb oft ganz zeichnungslos. Verbreitet, vorwiegend an freistehendem Busch- u. Strauchwerk mit dichtem Geäst bis zum Boden. Netz exentrisch, ∅ 25 cm, 20–24 Radien, 16–23 Fangfäden pro Sektor, ihr Abstand 4–5 mm. IV–X. *L. patagiatus* (CLERCK)

3* 3. u. 4. LfbSchiene ohne dunklen M-Ring. Herzfleck mit breiter, nach hinten erweiterter, weißgelber (oft rötlich getönter) Umrandung (Abb. **431**/5). Rückenfolium oft querüber br hell unterbrochen od. ♀ mit ganz hellem HlbVRücken. ♂♂ 4,5–7,5 mm lg, ♀♀ 8–10 mm lg. – Körperfarbe vorherrschend grau- bis lehmbraun. Verbreitet u. häufiger als vor. Art. Offenes feuchtes Gelände der Ebene, auf niedrigem Strauchwerk, zwischen Schilfrohr u. hohen Gräsern, Strandhaferdünen der Küste. Netz-∅ 60 cm, 15–20 Radien. Dicht über dem Netz ein aus Halmen, Blütenständen u. dgl. zusammengesponnener Schlupfwinkel. I–XII, Hauptreifezeit im Frühjahr u. Herbst. 2jährig.
L. cornutus (CLERCK) – **Schilfradspinne**

Gattung *Araneus* CLERCK

G. Große, robuste Arten (♀), mit kräftigen, stark bestachelten Lfb. Die ♂♂ kleiner, aber lgbeinig; die 2. LfbSchiene verdickt u. mit kurzen dicken Dornen besetzt (Abb. **433**/5) (nur bei *A. alsine* ist die 1. LfbSchiene kräftiger). Die 4 kleinen M-Augen bilden ein nach vorn erweitertes Trapez u. sind weit von den SAugen entfernt (Abb. **433**/3–4). Hlb im Schulterbereich gerundet, stumpfwinklig abgesetzt (*A. diadematus*, Abb. **435**/1) od. mit großen kegelförmigen Schulterhöckern (Abb. **434**/2 u. **434**/4). HlbRücken mit Folium (Ausnahme *A. alsine*). Die vordere Abdachung des Hlb meist mit einem hellen Herz- od. Keilfleck, der mit seitlichen Flecken zu einem „Kreuz“muster geordnet sein kann (Abb. **435**/1 u. **435**/2). ♀ Geschlechtsplatte mit einem langen schmalen häutigen Fortsatz (Clavus), der mindestens 2mal so lg wie die Geschlechtsplatte br ist (Abb. **433**/7). – **V.L.** Das große Radnetz in 0,5–3 mm H, mit geschlossener Nabe u. Signalfaden zum abseitsgelegenen Schlupfwinkel. Spinne kopfunter auf der Nabe od. im Schlupfwinkel auf Beute lauernd. Meist 2-, selten 3jährig (Jugendentw im 1. J). 9 heimische Arten.

1 HlbRücken vorn jederseits mit einem deutlichen kegelförmigen Schulterhöcker (nicht bei allen ♂♂) (Abb. **434**/2 u. **434**/4) **2**

1* HlbRücken vorn gerundet od. höchstens mit stumpfwinkligen Schulterecken (Abb. **435**/1 u. **435**/3) **6**

2 Sternum in der M mit hellem (gelbem) Längsfleck (Abb. **434**/9). Große Arten bis 25 mm lg **3**

2* Sternum ohne hellen Längsfleck, einfarbig schwarzbraun **5**

3 HlbFolium mit stumpfwinklig gerundeten Außenzacken (Abb. **434**/2). ♀ jederseits dicht hinter der Geschlechtsplatte mit einem nach innen gerichteten behaarten warzenartigen Fortsatz (Abb. **434**/6). ♂♂ bis 13 mm lg, ♀♀ 12–18 mm lg. – HlbHöcker nach außen stehend, ihre VS rötlichbraun. Zwischen den Hökkern ein weißer od. brauner Herzfleck. Rückenfolium dunkel gerandet u. bis zum HlbE reichend. Helle Rückenzeichnungen oft reinweiß. Netz-∅ bis 63 cm, 21 Radien u. 30–70 Fangfäden je Sektor. Netz meist mit langem Brückenfaden zwischen 2 Bäumen gespannt. Spinne lauert häufig mit angezogenen Lfb am E des Signalfadens an Kiefern- u. Birkenstämmen lichter Wälder od. zwischen Kiefernnadelbüscheln. ♂♂ VI–E VII, ♀♀ E VI–IX.

A. angulatus CLERCK – **Gehörnte Kreuzspinne**

3* Seitliche Auszackungen des HlbFoliums spitzwinklig (Abb. **434**/5) **4**

4 Der dunkle HlbBauch zwischen Geschlechtsspalte u. Spw in der M aufgehellt u. mit 4 auffällig im Quadrat stehenden gelben Querflecken (Abb. **434**/8).

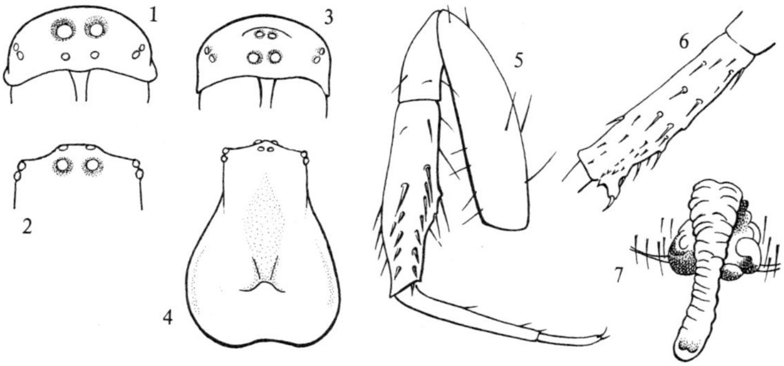

Abb. **433**/1–7 **1** *Gibbaranea* spec., Augenstellung von vorn; **2** *Gibbaranea* spec., Augenstellung von oben; **3** *Araneus* spec., Augenstellung von vorn; **4** *Araneus* spec., Augenstellung von oben; **5** *Araneus saevus*, ♂, 2. Laufbein von innen vorne; **6** *A. circe*, ♂, 2. Laufbeintibia von oben; **7** *A. diadematus*, ♀, Geschlechtsplatte

2. LfbSchiene des ♂ mit starkem EDorn auf einem Vorsprung (Abb. **433**/6). ♂♂ bis 15 mm lg, ♀♀ 18–20 mm lg. – VKörperrücken rotbraun, Kopfteil heller. Hlb weißlich behaart, hell lehmfarben. Auf der vorderen Abdachung ein heller spießförmiger Herzfleck in dunkler Umgebung. Bisher nur in S-Eur u. Wärmeinseln außerhalb des Gebietes. *A. circe* (SAVIGNY & AUDOUIN)

4* Die dunkle Bauchfläche zwischen Geschlechtsspalte u. Spw ohne helle Fleckenpaare, nur in der M-Linie aufgehellt. ♂♂ VKörper 5,6 mm lg, ♀♀ 18–23 mm lg. – Hlb graubraun, auf der vorderen Abdachung ein charakteristisch gerundeter dunkler Herzfleck, der fein weiß umrandet ist (Abb. **434**/5). Rückenfolium heller, von einer durchgehenden feinen dunklen Linie umrandet. Die helle basale Hälfte der LfbOSchenkel scharf gegen die dunkle Endhälfte abgesetzt. Kaiserstuhl, sonst S- u. SO-Eur. Netz in der Kraut- u. Strauchschicht stark besonnter Hänge. *A. grossus* (C. L. KOCH)

5 **(2)** OSchenkel der Lfb einfarbig hellgelbbraun. HlbBauch zwischen Geschlechtsplatte u. Spw etwas hinter der M mit einem hellen Fleckenpaar. ♂♂ VKörper bis 6,9 mm, Körper bis 12 mm lg, ♀♀ 16–20 mm lg. Hlb 11 mm lg, 10 mm br. – Hlb graubraun, Schulterhöcker nicht nach außen divergierend u. ± einfarbig grau. Vordere Abdachung des Hlb mit gelblichweißem, dunkel umrandeten

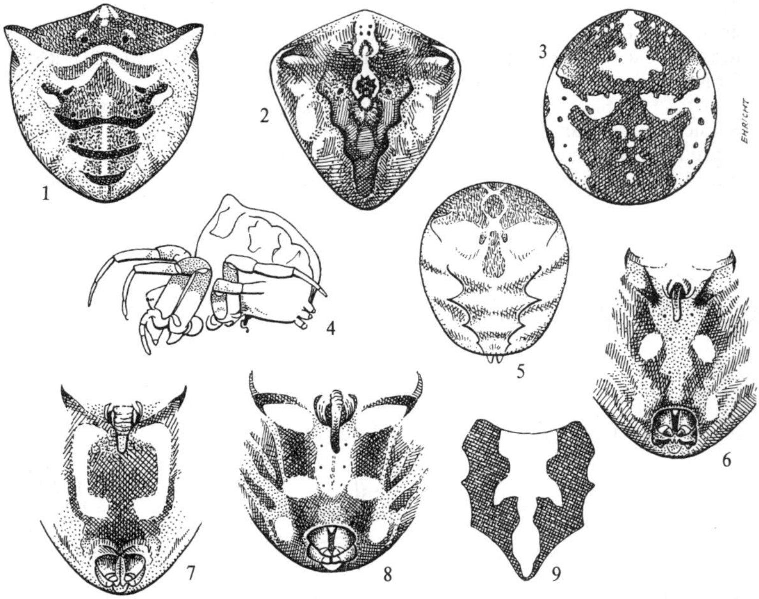

Abb. **434/1–9** **1** *Gibbaranea bituberculata*, ♀; **2** *Araneus angulatus*, ♀; **3** *A. nordmanni*, ♀; **4** *A. grossus*, ♀; **5** *A. grossus*, ♀, Hlb von oben; **6** *A. angulatus*, ♀, BauchS; **7** *A. nordmanni*, ♀, BauchS; **8** *A. circe*, ♀, BauchS; **9** *A. circe*, ♀, Sternum

Längsstreifen, dem nach hinten einige weitere rundliche Flecken folgen. Folium hell, charakteristisch sind dunkle segmentartige Querstreifen. Selten. Bisher nur bei Potsdam, Letzlinger Heide, Dahme (bei Cottbus) u. in der Lausitz. Mehrere Funde aus Kiefernwäldern. Lebensweise unbekannt. ♂♂ ab VIII, ♀♀ IX–X. [*A. zimmermanni* THORELL] *A. saevus* (L. KOCH)

5* OSchenkel der Lfb in der basalen Hälfte dunkelbraun, in der hellen Hälfte mit unvollständigem Pigmentring. Bauchfläche zwischen Geschlechtsspalte u. Spw dunkel, jederseits durch einen leuchtend weißen, klammerförmig gebogenen Streifen begrenzt (Abb. **434**/7). Kleine Art: ♂♂ bis 7,7 mm lg, ♀♀ VKörper 3,25 mm lg, Hlb 5,5 mm lg. – Hlb Grundfarbe dunkelbraun bis schwarz. Das dunkle Rückenfolium durch ein breites helles SBand begrenzt (Abb. **434**/3). Schulterhöcker auf der VS dunkelbraun, auf der RückS weiß. Zirkumpolar, im Gebiet selten. M-Geb ab 600 m, Harz. Radnetze wahrscheinlich in Fichtenwipfeln. Biologie unbekannt. *A. nordmanni* (THORELL)

6 **(1)** Hlb mit typischer weißer „Kreuz“zeichnung, an den Schultern leicht stumpf abgewinkelt (keine Schulterhöcker!) (Abb. **435**/1). ♂♂ 5–9 mm lg, ♀♀ 11–18 mm lg. – Hlb Grundfarbe sehr variabel (von strohgelb über orange-, rot- bis schwarzbraun). Weit verbreitet, keine bes. Biotopansprüche. Radnetz meist in 1,5–2,5 m H, ∅ 30 cm, im Durchschnitt 30 Radien u. 40 Fangfäden je Sektor. Spinne oft tagsüber mit gespreizten Lfb auf der Netznabe. Überwinterung im Eistadium, Jungspinnen schlüpfen im nächsten Frühjahr, überwintern u. werden im darauffolgenden J geschlechtsreif. VIII–X.
A. diadematus CLERCK – **Gemeine Kreuzspinne, Gartenkreuzspinne**

6* Hlb ohne weiße „Kreuz“zeichnung, von oben gesehen gleichmäßig rundoval, seine größte Br nahe der M 7

7 HlbRücken in der vorderen Hälfte mit 4 großen gelbweißen Guaninflecken, die eine charakteristische Trapezfigur bilden (Abb. **435**/2). ♂♂ 8 mm lg, ♀♀ 9–20 mm lg. – Hlb Grundfarbe gelbgrün (junge ♀♀) bis rotbraun (ältere Tiere). In feuchten Wiesen u. Ödländereien häufig. Netze zwischen Gräsern u. Stauden

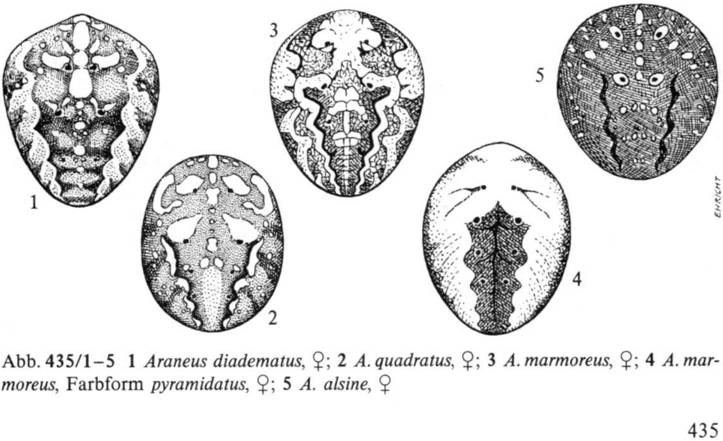

Abb. **435**/1–5 **1** *Araneus diadematus,* ♀; **2** *A. quadratus,* ♀; **3** *A. marmoreus,* ♀; **4** *A. marmoreus,* Farbform *pyramidatus,* ♀; **5** *A. alsine,* ♀

in 50 cm Höhe, meist mit 20 Radien u. 20–35 Fangfäden je Sektor. Spinne tagsüber in kuppelförmigem Wohnwinkel neben dem Netz, abends regelmäßig auf der Nabe. VIII–X. *A. quadratus* CLERCK

7* HlbRücken ohne 2 auffallend große, trapezförmig angeordnete Fleckenpaare 8

8 Hlb von oben gesehen kreisförmig u. leuchtend orangebraun („apfelsinenfarben"), mit vielen hellen, oft gelblichen runden Flecken (getüpfelt!) (Abb. **435**/5). ♂♂ 5–8 mm lg, ♀♀ 9–15 mm lg. – 2. LfbSchiene des ♂ nicht auffällig verändert (vgl. Abb. **433**/5). Netz dicht über dem Erdboden im Grase feuchter Waldlichtungen u. Sumpfwiesen. Spinne tagsüber im Schlupfwinkel aus einem zusammengesponnenen welken Blatt oberhalb des Fangbereiches (daher wohl oft übersehen). VI–VII. *A. alsine* WALCKENAER

8* Hlb anders gefärbt, mit Rückenfolium u. (od.) kreuzähnlich angeordneten hellen Flecken im vorderen Drittel (Abb. **435**/3–4) 9

9 HlbRücken vorne mit Dreiecks- od. Kreuzfigur aus breiten weißgelben Flecken, die gelegentlich zusammenfließen (Abb. **435**/3). ♂♂ 6–9 mm lg, ♀♀ 6–20 mm lg. – HlbRücken variabel gefärbt: weißlich-gelblich, grünlich, mit scharf umrandetem Folium. HlbBauch zwischen Geschlechtsspalte u. Spw einheitlich dunkel samtbraun. Verbreitet u. häufig, bes. im feuchten Gelände. Netz exentrisch, in 50–80 cm Bodenhöhe zwischen Gräsern, Stauden od. an der AußenS einzeln stehender Büsche u. niedriger Bäume. Tagsüber im Schlupfwinkel aus zusammengesponnenen Gräsern, Blättern usw. VIII–X.
A. marmoreus CLERCK – **Marmorierte Kreuzspinne**

9* HlbRücken einheitlich leuchtend gelb, die hintere Hälfte mit einem pyramidenförmigen dunkelbraunen bis schwarzen Folium (Abb. **435**/4). Farbform der vor. Art. Lebensweise wie vor. Art. *A. marmoreus* var. *pyramidatus* CLERCK

Gattung *Gibbaranea* ARCHER

G. Kleine Kreuzspinne mit Schulterhöcker auf dem kurzen Hlb. Kopfteil des VKörpers von oben gesehen nur wenig verjüngt. Hintere M-Augen größer als vordere M-Augen u. auf einer Vorwölbung der Stirn stehend, so daß sie fast senkrecht über den vorderen M-Augen liegen. Die 4 M-Augen bilden ein Quadrat (Abb. **433**/1–2). 2. LfbSchiene des ♂ verdickt, ihr VRand mit je einer Reihe langer u. kurzer dicker Stachelborsten. – **L.** Netze klein, meist in Bodennähe an sonnigen u. trockenen Standorten. 4 heimische Arten.

1 Schulterhöcker seitlich gerichtet, Hlb dadurch von oben gesehen 3eckig od. wappenförmig (Abb. **434**/1). Zwischen den Schulterhöckern eine scharfe dunkle Querlinie, die diese in eine vordere dunkle u. hintere helle Hälfte teilt. Schulterhöcker daher 2farbig. ♂♂ 5–6 mm lg, ♀♀ 6–9 mm lg. – Grundfarbe rot- bis gelbbraun. VKörperrücken mit hellem Randsaum. Verbreitet u. häufig in unbedecktem, trockenem Gelände mit niedrigem Busch- u. Baumbestand. Netze 50 cm über dem Erdboden, z. T. waagerecht, ∅ 20–25 cm, 28 Radien. Tagaktiv. Hauptreifezeit A V. *G. bituberculata* (WALCKENAER)

1* Schulterhöcker nach oben gerichtet, Hlb erscheint dadurch von oben gesehen auch in der vorderen Hälfte gerundet 2

2 Hlb vor den Schulterhöckern steil abfallend, die meist dunkle Abdachung in der M mit weißer Herzfleckzeichnung. HlbFolium ganzrandig u. ausgefüllt. ♂♂ bis

8 mm lg, ♀♀ bis 9 mm lg. – Hlb Grundfarbe dunkelrotbraun bis schwarzbraun, Folium oft weiß umrandet, sonst variabel. Sternum dunkel, LfbHüften hellgelb (Kontrast!). Verbreitet, aber selten gefangen. Im M-Geb häufiger. Netze in den Fichtenkronen. IV–V. *G. omoeda* (THORELL)

2* Hlb vor den Schulterhöckern nicht steil abfallend. Rückenfolium meist in segmentale dunklere Querstreifen aufgelöst 3

3 HlbBauch zwischen Geschlechtsspalte u. Spw einheitlich dunkel. Hlb Grundfarbe graugrün bis braungrün. Lfb mit vielen weißlichen Stachelborsten besetzt. ♂♂ bis 5 mm lg, ♀♀ 5,5–7,5 mm lg. – Verbreitet, im S häufiger. Laub- u. Nadelw. Schlupfwinkel ein zusammengerolltes trockenes Blatt, aus dem sich die Spinne bei Beunruhigung fallen läßt. ♂♂ ab E III, ♀♀ V–VII. *G. gibbosa* (WALCKENAER)

3* Der dunkle HlbBauch durch einen hellen Querstreifen unterbrochen. Grundfarbe des Hlb braungrau. ♀♀ 6 mm lg. – Selten, bisher nur bei Nürnberg u. nördl. Heidegebiete. An sehr trockenen sonnigen Standorten. Netz auf niedrigen Pflanzen (z.B. *Thymus*). Biologie unbekannt. Ab M IV. *G. ullrichi* (HAHN)

Familie *Theridiosomatidae* – **Zwergradnetzspinnen**

G. Sehr kleine Spinnen, 1,5–3 mm lg. Hlb kugelförmig (Abb. **438**/1). ♂ u. ♀ gleichgestaltet. Vordere M-Augen dunkel, übrige Augen hell, mit perlmuttartigem Glanz („Nachtaugen"). ♂ Pdp mit voluminösem EGld. – **V. L.** Bes. in den Trop. Bauen 3dimensionale horizontale Radnetze, deren Radien zentral in einem Signalfaden zusammenlaufen, mit dem die Spinne das Netz schirmartig nach oben spannt (Abb. **438**/2). Fliegt Beute in das Netz, wird der Signalfaden, den die Spinne mit den 2 dicken vorderen Lfb hält, entspannt („Schlagfallen"-Prinzip). Ca. 120 Arten. In Eur nur 1 Art.

Gattung *Theridiosoma* O. P.-CAMBRIDGE

Theridiosoma gemmosum (L. KOCH), ♂♂ 1,5–2 mm lg, ♀♀ 2–3 mm lg. Grundfarbe braun–schwarz. HlbRücken mit perlmuttfarbener Fleckenzeichnung. Der hochgewölbte Hlb überdeckt den größten Teil des VKörpers (Abb. **438**/1). Wahrscheinlich aus N-Am eingeschleppt. In Feuchtbiotopen, wie Verlandungszonen u. Feuchtwiesen. Netz an dunklen Orten zwischen niedriger Vegetation in ca. 20 cm H horizontal über dem Wasserspiegel. ♀ baut an langem Stiel hängende braune pergamentartige Eikokons. IV–VIII.

Familie *Mimetidae* – **Spinnenfresser**

G. Kleine Spinnen, 2,5–4 mm lg, den Kugelspinnen ähnlich. Vordere Lfb sehr lg u. mit einer Reihe langer gebogener Stachelborsten, zwischen denen kürzere stehen, bewehrt (Abb. **391A**/2). VKörperrücken in der M vor der Längsgrube am höchsten, gelbbraun u. mit breitem, dunkelbraunem Randsaum. Hlb mit 1 od. 2 Paar Höckern (Abb. **438**/4 u. **438**/6). – **V. L.** Bes. in wärmeren Gebieten. Sehr schwer zu finden, da meist unter Blättern mit angezogenen Lfb an wenigen

Spinnfäden hängend. Auffällig die Eikokons an langem Stiel u. mit starken gekräuselten Fäden umhüllt (Abb. **438**/3). Sie hängen im Geäst, unter Blättern, Borke od. Steinen u. enthalten meist 8–9 relativ große Eier. Weben keine Netze. Na ausschließlich andere, z.T. sehr viel größere Spinnen, die durch schnelles Zupacken mit den langen VBeinen gefangen u. dann gebissen werden. Gift sehr beutewirksam. Bewegung zeitlupenähnlich langsam. Ca. 100 Arten, heimisch 4.

Gattung *Ero* C. L. KOCH

1 Hlb mit 1 Höckerpaar (Abb. **438**/4) 2

1* Hlb mit 2 Höckerpaaren (Abb. **438**/5–6) 3

2 Sternum dunkel, in der M mit heller pilzförmiger Zeichnung (Abb. **438**/8). ♂♂ 2,5 mm lg, ♀♀ 3 mm lg. Der dunkle Randsaum auf dem VKörper auffallend br. HlbRücken vor den kleinen Höckern hell mit dunklen Flecken, dahinter rötliche od. orangefarbene Flecke. Lfb hell u. dunkel geringelt. Bes. an feuchten Orten (Moore, Feuchtwiesen, Mischw usw.). ♂♂ ♀♀ ab VIII u. Frühjahr. *E. cambridgei* KULCZINSKI

2* Sternum aufgehellt, mit mehreren paarigen dunklen Randflecken (Abb. **438**/7). ♂♂ 3 mm lg, ♀♀ 4 mm lg. – Ähnlich vor. Art, aber insgesamt heller gefärbt. Verbreitet. Häufigste Art. Bes. an unteren Kiefern- u. Fichtenzweigen, an Baumstämmen u. auf höheren Stauden. VIII–IX u. Frühjahr. *E. furcata* (VILLERS)

3 Die 4 Höcker des Hlb ± gleichgroß. HlbRücken im Profil zwischen den Höckerpaaren u. den Spw gleichmäßig gewölbt (Abb. **438**/6). ♂♂ 2,5 mm lg, ♀♀ 3–4 mm lg. – Die 2 Höckerpaare liegen deutlich hintereinander. Grundfarbe grau mit schwarzen u. weißen Punktflecken od. vorherrschend rotbraun. Verbreitet. Bes. auf Nadelbäumen. *E. aphana* (WALCKENAER)

3* Das vordere Höckerpaar deutlich größer als das hintere. HlbRücken vom vorderen Höckerpaar zu den Spw steil abfallend (Abb. **438**/5). ♂♂ 2,8 mm lg, ♀♀ 3–3,5 mm lg. – Die 2 Höckerpaare bilden von oben gesehen eine gebogene

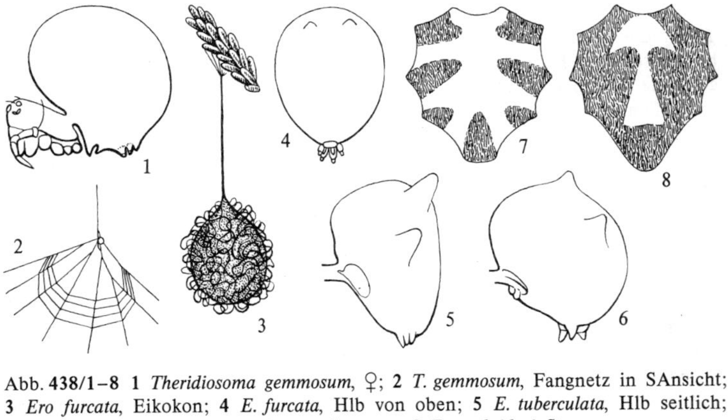

Abb. **438/1–8** **1** *Theridiosoma gemmosum*, ♀; **2** *T. gemmosum*, Fangnetz in SAnsicht; **3** *Ero furcata*, Eikokon; **4** *E. furcata*, Hlb von oben; **5** *E. tuberculata*, Hlb seitlich; **6** *E. aphana*, Hlb seitlich; **7** *E. furcata*, Sternum; **8** *E. cambridgei*, Sternum

Querreihe. Grundfarbe rotbraun, HlbRücken zwischen Höcker u. Spw weißlich, manchmal mit dunklen Querbinden. Auf unteren Zweigen von Nadelbäumen u. auf Gebüsch im Nadelw, auch synanthrop (Gärten). ♂♂ ♀♀ VI.
E. tuberculata (DE GEER)

Familie *Agelenidae* – Trichternetzspinnen

G. Teilweise große Arten mit langen, stark behaarten u. gefleckten Lfb. Hintere (obere) Spw in der Regel sehr lg, den Hlb meist überragend (Abb. **392**/2 u. **440**/3). Färbung ± grau-braun, mit Flecken- u. Winkelzeichnungen auf dem HlbRücken. – **V.L.** Weltweit. Lebhafte, sehr flinke Spinnen, die horizontale Gewebedecken mit sich anschließender Wohnröhre anfertigen (Trichternetze). Die Spinne lauert in der Wohnröhre auf Beute, die auf der mehrschichtigen klebfadenfreien Netzdecke wie durch Fußangeln im Laufen gehemmt u. von der Spinne blitzschnell ergriffen u. gebissen wird. Einige Arten regelmäßig in Häusern („Hausspinnen") u. Kulturfolger. Viele Arten sind mehrjährig u. geben selten ihren Wohnsitz auf. Etwa 1100 Arten, in M-Eur etwa 45, heimisch 23.

1 Vordere Spw bedeutend länger als die scheinbar 1gliedrigen hinteren, sich einander berührend u. das dicke BasalGld zum E stark konisch verjüngt (Abb. **440**/1 u. **440**/2). Hintere Spw kaum sichtbar. *Cybaeus* S. 441

1* Vordere Spw stets kürzer als die hinteren, sich nicht berührend. Hintere Spw immer deutlich 2gliedrig (Abb. **440**/3–4) 2

2 EndGld der hinteren Spw so lg od. länger als das BasalGld. Hintere Spw daher meist auffallend länger als die vorderen (Abb. **440**/3) 5

2* EndGld der hinteren Spw sehr viel kürzer als das BasalGld. Hintere Spw daher nur wenig länger als die vorderen erscheinend (Abb. **440**/4). Hü der 4. Lfb durch größeren Zwischenraum getrennt. Kleinere Arten bis 7 mm lg 3

3 ULippe breiter als lg. ♂ Pdp mit überlangem, widderhornartig über den VKörper gelegtem Anhang (Abb. **442**/10–11). 2–3,5 mm lg. – Vordere Spw um ihren doppelten ∅ voneinander entfernt, mittlere Spw von unten daher deutlich zwischen ihnen sichtbar. Hintere M-Augen deutlich größer als vordere M-Augen od. teilweise reduziert. 2 schwer unterscheidbare Arten. Sehr selten, bisher nur Einzelfunde. Wahrscheinlich in Gesellschaft von Ameisen unter Steinen u. vermoderter Borke usw. [*Tuberta* SIMON] Gattung *Tetrilus* SIMON

3* ULippe so lg wie br. ♂ Pdp ohne diesen langen Anhang. Vordere Spw eng beieinanderstehend 4

4 1. LfbSchiene unterseits mit 2–3 Paar längeren Stacheln. – VKörperrücken ± einfarbig hell, die dunklen Augen kontrastreich abgehoben. Hlb einfarbig hellgrau. 5–7 mm lg. Verbreitet, stellenweise häufig, bes. im Bergland. Zwischen Baumwurzeln, unter Steinen, in Moos u. Laub bewaldeter u. freier Standorte. IV–X. (Gattung *Cicurina* MENGE). *C. cicur* (FABRICIUS)

4* 1. LfbSchiene unterseits mit 5 sehr langen Stachelpaaren (Abb. **442**/9). – VKörperrücken mit dunkler Rand- u. Radiärstreifenzeichnung auf hellem Grund. Hlb grau bis grauschwarz, oft mit hellem, nach hinten verschmälertem Zackenstreif. 2,5–3,5 mm lg. Euro-sibirisch. Verbreitet, bes. in der Bodenschicht von Nadelw, bis 2 000 m. (Gattung *Cryphoeca* THORELL). Neuerdings auch als Vertreter der Familie *Hahniidae* aufgefaßt. *C. silvicola* (C. L. KOCH)

5 **(2)** Beide Augenreihen von oben gesehen an den S auffallend stark nach vorn gebogen (Abb. **442**/1). EndGld der hinteren Spw fast doppelt so lg wie das BasalGld (Abb. **440**/3). Umfangreiche Trichternetze mit sich anschließender langer gekrümmter Wohnröhre im Boden od. zwischen niedrigen Pflanzen. *Agelena* S. 441

5* Beide Augenreihen von oben gesehen nicht od. nur sehr wenig nach vorn gebogen (Abb. **442**/3–4) 6

6 Hintere Augenreihe von oben gesehen an den S stark nach hinten gebogen. Hintere M-Augen auffallend groß (Abb. **442**/3). EndGld der sehr langen hinteren Spw wesentlich länger als das BasalGld u. länger als das KnieGld der Lfb. ♂♂ 6–7 mm lg, ♀♀ 7–8 mm lg. – VKörperrücken mit hellem M-Streifen, HlbRükken mit gezackter, oft rötlichbrauner Längsbinde. Lfb gefleckt u. mit sehr langen Stacheln (auf der Schiene $\frac{1}{3}$–$\frac{1}{2}$ GldLg). Verbreitet. Sehr agile Tiere, Wohnröhre des Deckennetzes unter Pflanzen, Steinen, in Spalten von Rinde, Felsen, Häusern usw. Ab V. (Gattung *Textrix* SUNDEVALL.) *T. denticulata* (OLIVIER)

6* Hintere Augenreihe von oben gesehen ± gerade (Abb. **442**/4). Meist größere Arten 7

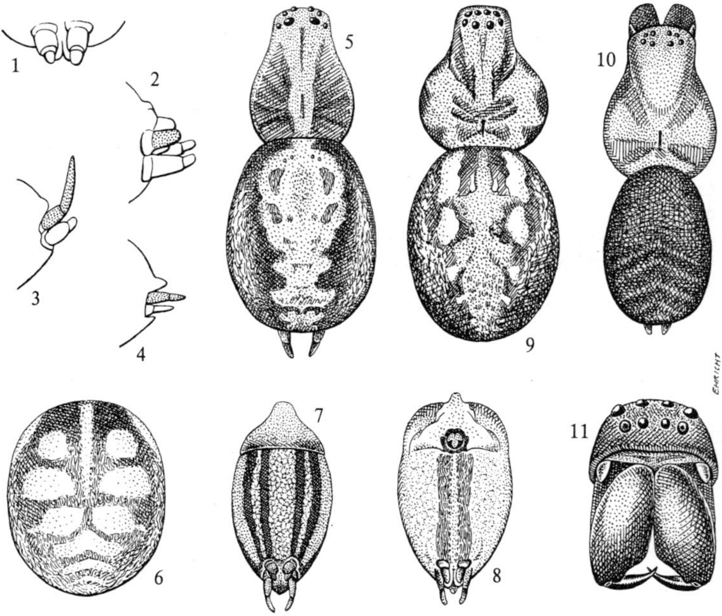

Abb. **440/1–11** **1** *Cybaeus angustiarum*, Spinnwarzen von unten; **2** *C. angustiarum*, Spinnwarzen seitlich; **3** *Agelena labyrinthica*, Spinnwarzen seitlich; **4** *Cryphoeca silvicola*, Spinnwarzen seitlich; **5** *Textrix denticulata*, ♀; **6** *Cybaeus tetricus*, ♂; **7** *Agelena labyrinthica*, ♂, BauchS; **8** *A. gracilens*, ♀, BauchS; **9** *Tegenaria ferruginea*, ♀; **10** *Coelotes atropos*, ♀; **11** *C. atropos*, ♀, Cheliceren u. Stirn von vorn

7 Körper gedrungen, Lfb kurz. Kopfregion von oben gesehen fast so br wie der Brustabschnitt (Abb. **440**/10). Cheliceren kräftig, ihre Basis knieförmig über den Stirnrand vorgewölbt (Abb. **440**/10–11). Sternum einfarbig dunkel. *Coelotes* S. 443

7* Körper nicht gedrungen, Lfb lg u. stark behaart u. bestachelt. Kopfregion von oben gesehen deutlich schmaler als der Brustabschnitt. Sternum meist mit charakteristischer heller Fleckenzeichnung (Abb. **442**/5–8). Große, oft verschmutzte Trichternetze. *Tegenaria* S. 442

Gattung *Cybaeus* C. L. KOCH

G. Habitus u. Lebensweise ähnlich *Coelotes*. Kopfteil br, vordere M-Augen am kleinsten. US der LfbSchiene u. des letzten BeinGld mit 2–3 starken Stachelpaaren. VKörper einfarbig hellbraun. Hlb kurz eiförmig, grau, OS mit paarigen blattähnlichen hellen Flecken (Abb. **440**/6). Spw Abb. **440**/1 u. **440**/2. – **L.** In schattigen, feuchten Wäldern unter Steinen, in Baumspalten u. -höhlungen. Fanggewebe ähnlich dem von *Amaurobius* (S. 398) jedoch ohne den für dieses charakteristischen bläulichen Schimmer. Heimisch 2 Arten.

1 1. Lfb länger als das 4. Lfb. ♂♂ 5–6 mm lg, ♀♀ 7–8,5 mm lg. HlbRücken mit großen weißlichen Fleckenpaaren (Abb. **440**/6). Bes. in südl. Berggegenden verbreitet. VII bis X. *C. tetricus* (C. L. KOCH)

1* 1. Lfb kürzer als das 4. Lfb. ♂♂ 6–7 mm lg, ♀♀ 7–10 mm lg. HlbRücken mit ähnlicher, jedoch meist undeutlicherer Fleckenzeichnung wie vor. Art. Im Harz, M-Geb u. südl. Berggegenden verbreitet. Unter Steinen dunkler Waldstandorte. Ab VIII. *C. angustiarum* L. KOCH

Gattung *Agelena* WALCKENAER

G. Alle Augen ± gleichgroß, die SAugen stark nach vorn verlagert (Abb. **442**/1). Der helle VKörper u. die einfarbig hellen Lfb in auffallendem Gegensatz zum dunklen HlbRücken. Dieser mit hellen Winkelflecken in einem helleren od. rötlichen M-Band. HlbS u. -US hell silbrig abgesetzt u. mit charakteristischen dunklen Streifen (Abb. **440**/7 u. **440**/8). Die langen Spw überragen weit das HlbE (Abb. **440**/3). – **L.** Große, umfangreiche bodennahe Trichternetze in der Gras- u. niederen Strauchschicht, am E in eine gekrümmte Wohnröhre übergehend. 2 heimische Arten.

1 HlbBauch zwischen Geschlechtsspalte u. Spw mit 2 Paar schmalen dunklen Längsstreifen, die ein helles M-Feld begrenzen (Abb. **440**/7). VKörperrücken mit 2 dunklen Längsbändern. ♂♂ 8–12 mm lg, ♀♀ 10–15 mm lg. – Verbreitet. Häufigste Trichterspinne im Freien. Meist kolonieweise in der Kraut- u. Strauchschicht sonniger Lagen. Ab VII. *A. labyrinthica* (CLERCK)

1* HlbBauch zwischen Geschlechtsspalte u. Spw mit 1 Paar dunkler Längsstreifen (Abb. **440**/8). VKörperrücken rotbraun, ohne dunkle Längsstreifen. ♂♂ 5,5–8,5 mm lg, ♀♀ 7–10,5 mm lg. – Lebensweise ähnlich vor. Art, aber nicht so häufig. Bes. an warmen sonnigen Heidestandorten. Ab M V. [*A. similis* KEYSERLING] *A. gracilens* C. L. KOCH

Gattung *Tegenaria* LATREILLE – **Winkelspinnen**

G. Mittelgroße bis sehr große Arten mit langen Lfb u. Spw. – **V. L.** Einige Arten regelmäßig in Häusern, Schuppen u. Kellern, sonst in der Bodenstreu, im Gebüsch, an Geröll- u. Steilwänden, im Eingangsbereich von Höhlen u. Bergwerksstollen usw. Laufen auf den dichtgewebten Deckennetzen schnell u. sicher umher. Die Netzdecke mündet an ihrer dunklen S in eine nach hinten offene Wohnröhre, in der die Spinne u. a. auf Beute lauert. Die Netze werden ausgebessert u. über lange Zeit benutzt. Nachtaktiv. Die ♀♀ können 7 J alt werden.

1 Hintere M-Augen größer als vordere M-Augen (Abb. **442**/2). Lfb gefleckt. HlbRücken hellgelbbraun, am E mit dunklen Winkelstrichen. ♂ Pdp mit auffallend großem Kopulationsorgan, ♀ mit großer Geschlechtsplatte. ♂♂ 4,5–6 mm lg, ♀♀ 5,5–7 mm lg. – Eur. Verbreitet. Im Geb häufiger als in der Ebene. In Wäldern, unter Steinen u. Geröll, an steilen Wegböschungen der M-Geb. IV–X. *T. torpida* (C. L. KOCH)

1* Hintere M-Augen kleiner als vordere M-Augen 2

2 BasalGld der hinteren Spw dunkel, deutlich vom hellen EndGld abgesetzt . . 3

2* Hintere Spw einfarbig, meist von Körperfarbe 5

3 Kleine Tiere, ♂♂ bis 6 mm lg, ♀♀ bis 9 mm lg. Alle Lfb gefleckt, auch beim ♂. HlbRücken hell graugelb, mit einer Reihe paariger heller (Guanin-)Flecken auf dunklem Grund, den hellen Spießfleck seitlich begrenzend. Sternum Abb. **442**/5. Im Freien (keine Hausspinne), in Steinhaufen, an Erdabbrüchen, unter Baumrinde, auch in Wäldern. II–X. *T. silvestris* (L. KOCH)

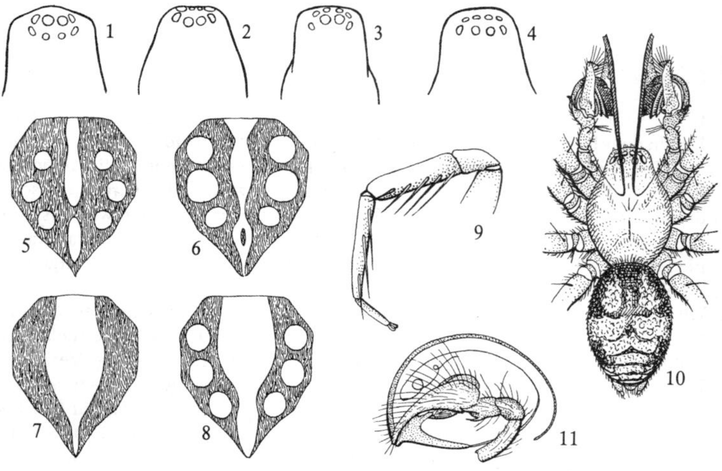

Abb. **442/1–11** **1** *Agelena* spec., Augenstellung; **2** *Cryphoeca* spec., Augenstellung; **3** *Textrix* spec., Augenstellung; **4** *Tegenaria* spec., Augenstellung; **5** *Tegenaria silvestris*, Sternum; **6** *T. ferruginea*, Sternum; **7** *T. agrestis*, Sternum; **8** *T. atrica*, Sternum; **9** *Cryphoeca silvicola*, ♀, 1. Laufbein seitlich; **10** *Tetrilus arietinus*, ♂; **11** *T. arietinus*, ♂, TstendGld

3* Auffallend große Tiere, ♂♂ über 9 mm lg, ♀♀ über 11 mm lg. 1. u. 2. LfbO-Schenkel beim ♂ einheitlich dunkel, ungefleckt **4**

4 VHälfte des HlbRückens mit 2 großen leuchtendhellen längsovalen Fleckenpaaren in dunkler Umgebung (Abb. **440**/9). Spießfleck rötlich. Lfb deutlich gefleckt. Sternum Abb. **442**/6. ♂♂ 9–14 mm lg, ♀♀ 11–14 mm lg. – Verbreitet u. häufig. Im Freien unter überhängender Erde, in Felsspalten, Mauerlöchern usw. In Häusern an ruhigen Stellen (Böden, Keller, Schuppen). Mehrjährig, ♀♀ I–XII. *T. ferruginea* (PANZER)

4* HlbRücken ohne die 2 großen hellen Fleckenpaare. Sehr große, lgbeinige Art. ♂♂ 10–17 mm lg, ♀♀ 11–20 mm lg. – Nur in S-Eur u. England. Oft mit vor. Art verwechselt. Lebensweise ähnlich. Mehrjährig, I–XII. *T. parietina* (FOURCROY)

5 **(2)** Lfb ± gefleckt, nur beim ♂ alle LfbOSchenkel dunkelbraun. HlbRücken hellgrau u. mit dunklen Winkelflecken, oft aber auch ± einfarbig. ♂♂ 6–9 mm lg, ♀♀ 7,5–11,5 mm lg. – Verschleppt in alle Erdteile. Häufigste Hausspinne sowohl in als auch an Häusern, Schuppen usw., auch unter Gerümpel im Freien. [*T. derhami* SCOPOLI] *T. domestica* (CLERCK)

5* Lfb ungefleckt, einfarbig **6**

6 Kleine Tiere, ♂♂ 5,5–8 mm lg, ♀♀ 7–9 mm lg. Sternum dunkel, häufig nur mit einem angedeuteten hellen M-Streifen. HlbRücken dunkel, mit rötlichen winkelförmigen Querbinden, die nahe den Spw in fast waagerechte Querstriche übergehen. – M- u. S-Eur. Bes. Geb-Regionen. Unter Steinen, in Wäldern, an Feldrainen. IV–X. *T. picta* SIMON

6* Große Arten über 9 mm lg. Sternum mit deutlicher Fleckenzeichnung **7**

7 Der helle M-Streifen auf dem Sternum bauchig erweitert (Abb. **442**/7), SFlecken undeutlich. Körperfarbe hellgrau, Rückenzeichnung des Hlb daher undeutlich. ♂♂ 9–10 mm lg, ♀♀ 10–12 mm lg. – Bes. in S-Eur, inselartig in Großstädten (Berlin). Lichte Standorte wie ruderale Ödländereien u. Trockengebiete, unter Steinen, Baumwurzeln u. an Mauern. *T. agrestis* C. L. KOCH

7* Neben dem hellen, bauchig erweiterten M-Streifen noch 3 deutliche Fleckenpaare (Abb. **442**/8). Gesamtfärbung dunkel, HlbRücken gelbgrau, mit 3–5 dunklen Winkelstreifen. Größte Hausspinnenart. ♂♂ 10–15 mm lg, ♀♀ 12–18 mm lg. Verbreitet u. häufig. In Zimmern, Kellern, Mauerlöchern, Steinbrüchen u. Wäldern. *T. atrica* C. L. KOCH

Gattung *Coelotes* BLACKWALL

G. Von dunkler Gesamterscheinung, Zeichnungsmuster wenig auffallend. VKörper fast so lg wie Hlb (Abb. **440**/10). Die Augen in 2 fast geraden Querreihen angeordnet, Kopfteil des VKörpers hoch aufgewölbt, die großen dunklen Cheliceren mit ihrer Basis knieförmig vorgewölbt (Abb. **440**/11). – **L.** In Bodennähe im Moos, unter Laub, Steinen u. lockerer Baumrinde, oft in Nadelw. Das kleine Deckennetz mit einer umfangreichen, mehrere Zentimeter langen Wohnröhre verbunden. Diese wird oft selbst gegraben. Ausgesprochene Brutpflege, indem die Jungtiere mehrere W in der mütterlichen Wohnröhre mit Na versorgt werden. 4 heimische Arten (nur genitalmorphologisch sicher unterscheidbar).

Familie *Hahniidae*

G. Durchweg kleine kurzbeinige Arten, durch die in einer Querreihe angeordneten Spw gekennzeichnet (Abb. **392**/1). Lfb nicht geringelt, reich behaart u. bestachelt, bes. das 3. u. 4. Lfb. HlbRücken in der vorderen Hälfte mit Aufhellungen, im hinteren Teil mit winkligen Querbinden. – **V. L.** Weltweit. Vorwiegend Bodenspinnen, sowohl feuchter Wälder als auch des offenen Geländes. Von der Ebene bis ins Geb. Kleine Deckennetze über Bodenunebenheiten, unter Borke usw. Etwa 150 Arten, heimisch 8.

1 Vordere M-Augen sehr viel größer als hintere M-Augen, auf dunklem Grund stehend. ♂♂ ♀♀ 2–4 mm lg. – Gleichmäßig verbreitet, häufig in Gewässernähe, im Anspülicht, in Mooren, Wiesengräben usw. II–XI. (Gattung *Antistea* SIMON). *A. elegans* (BLACKWALL)

1* Vordere M-Augen deutlich kleiner als hintere M-Augen. Sichere Artbestimmung nur mit einem Mikroskop möglich. Gattung *Hahnia* C. L. KOCH

Familie *Argyronetidae*

Gattung *Argyroneta* LATREILLE

Argyroneta aquatica (CLERCK) – **Wasserspinne**

G. Gesamtfarbe dunkelbraun (♂ ♀), 8–15 mm lg. ♂♂ meist größer als ♀♀. VKörperrücken mit dunkler Haarzeichnung, Hlb dicht mit feinen kurzen Fiederhärchen bedeckt, dazwischen längere Borsten. Im Wasser silbrig glänzend (Lufthülle!). Dicht hinter der Genitalspalte ein unpaariges spaltenförmiges Tracheenstigma (Abb. **391**/3). Spw kurz, die vorderen größer. Hintere Lfb mit vielen langen Haaren u. Stacheln besetzt (Schwimmbewegung). – **V. L.** Nördl. Halbkugel. Verbreitet. Gesellig, am Fundplatz daher häufig. Die einzige zeitlebens im Wasser lebende Spinne. Vorkommen zurückgehend. In Sauerstoffreichen, sauberen u. pflanzenreichen, nicht zu tiefen langsamfließenden u. stehenden Gewässern. Atmet atmosphärische Luft, die als silberglänzende Lufthülle von der Körperbehaarung gehalten wird u. an der WasserOFläche erneuert wird. Baut unter Wasser zwischen Pflanzen Luftglocken. NaAufnahme, Häutung, Begattung. Aufzucht der Jungen u. Überwinterung in bes. Glockenformen. Eine der wenigen eur Spinnen, deren Biß schmerzhaft ist u. Schwindel, Übelkeit u. Temperaturanstieg verursachen kann. I–XII. 2jährig. – ▽

Familie *Pisauridae* – **Jagdspinnen, Raubspinnen**

G. Große Spinnen, 9–22 mm lg. Augen fast gleichgroß, 3 Querreihen bildend (4-2-2) (Abb. **395**/6). Die hinteren 4 Augen bilden ein Trapez, das sehr viel breiter als lg ist (Unterschied zu *Lycosidae*, vgl. Abb. **395**/4). – **V. L.** Weltweit. Weben keine Netze. Nahrungstiere werden erjagt. Eikokon groß u. rund, wird vom ♀ mit den Cheliceren getragen (Abb. **445**/1). Vor dem Schlüpfen der Jungen wird er zwischen niedrigen zusammengesponnenen Pflanzen aufgehängt u. schützend mit Seide umgeben. ♀ bewacht die geschlüpften Jungen einige Zeit. Bes. an feuchten Orten od. an od. auf Gewässern. Viele Arten können auf dem Wasser laufen u. bei Gefahr untertauchen. Etwa 450 Arten, heimisch 3.

1 Hlb von oben gesehen zum E zugespitzt u. mit breiter heller Längsbinde aus hellen u. dunklen Winkelstreifen (Abb. **445**/2). VKörperrücken mit breitem, dunklem M-Streifen, der durch eine leuchtend weiße bis gelbliche schmale Linie längsgeteilt wird, die mit einem Haarbüschel zwischen den hinteren M-Augen endet (Abb. **445**/1–2). ♂♂ 10–12 mm lg, ♀♀ 12–15 mm lg. – Verbreitet u. häufig in offenem lichtem Gelände mit gleichmäßigem Bodenbewuchs. Auf Kräutern u. niedrigen Sträuchern. Oft zahlreich auf Blättern mit nach vorne u. hinten gestreckten Lfb sich sonnend. ♂ nähert sich dem ♀ während der Balz mit vorgehaltener eingesponnener Beute. Während das ♀ frißt, erfolgt die Kopulation. Ab V. (Gattung *Pisaura* SIMON). *P. mirabilis* (CLERCK) – **Raubspinne**

1* Hlb von oben gesehen mehr eiförmig, nicht zugespitzt (Abb. **445**/3). VKörper- u. HlbRücken meist auffallend br weiß od. gelblich gerandet (Abb. **445**/3). *Dolomedes* S. 445

Gattung *Dolomedes* LATREILLE

G. Gehören zu den größten heimischen Spinnen, ♂♂ bis 16 mm lg, ♀♀ bis 22 mm lg. Rückenzeichnung Abb. **445**/3. FußGld der Lfb dicht behaart (verhindert Einsinken beim Laufen auf der WasserOFläche). – **V. L.** Verbreitet in der Ebene. In Gewässernähe, oft auf der WasserOFläche laufend u. jagend. 2 heimische Arten (nur genitalmorphologisch sicher unterscheidbar).

1 VKörper u. Hlb meist leuchtend weiß od. gelblich gerandet (Abb. **445**/3). HlbUS mit 4 parallelen hellen Längslinien. ♂♂ 9–15 mm lg, ♀♀ 13–20 mm lg. – HlbRücken in der M ± einfarbig satt rotbraun, oft mit hellem Spießfleck u. feinen weißen Punktpaaren. Verbreitet u. häufig, vorwiegend in der Ebene. Auf der

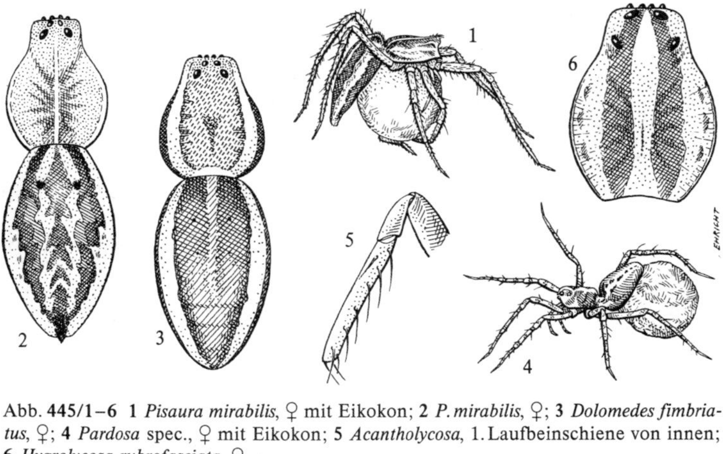

Abb. **445**/1–6 **1** *Pisaura mirabilis*, ♀ mit Eikokon; **2** *P. mirabilis*, ♀; **3** *Dolomedes fimbriatus*, ♀; **4** *Pardosa* spec., ♀ mit Eikokon; **5** *Acantholycosa*, 1. Laufbeinschiene von innen; **6** *Hygrolycosa rubrofasciata*, ♀

OFläche dicht (jedoch nicht mit Rohr) bewachsener Gewässer, in lichtem Auen- u. Bruchwald. Ab VI. 2jährig. Eiablage im VI u. VIII. – ▽

D. fimbriatus (CLERCK) – **Gebänderte Listspinne**

1* VKörper u. Hlb nur undeutlich weiß-gelb gerandet od. ohne diese Zeichnung. HlbUS höchstens mit 2 hellen Längslinien od. ± einfarbig. ♂♂ 10–16 mm lg, ♀♀ 13–22 mm lg. – Im ganzen einfarbiger u. robuster als vor. Art wirkend. Seltener. Lebensweise ähnlich vor. Art. – ▽ *D. plantarius* (CLERCK)

Familie *Lycosidae* – **Wolfsspinnen**

G. Mittelgroße Spinnen von dunkler Gesamterscheinung. Die Augen bilden 3 charakteristisch angeordnete Querreihen (4-2-2), von denen die vordere aus 4 sehr kleinen Augen besteht, während die 2. u. 3. Reihe von den viel größeren Augen der hinteren Augenreihe gebildet werden (Abb. **446**/1 u. **446**/2). – **V. L.** Weltweit. Weben keine Netze (Ausnahme *Aulonia* S. 447). Die Beute wird freilaufend erjagt, indem diese vorsichtig angeschlichen u. im Sprung ergriffen wird

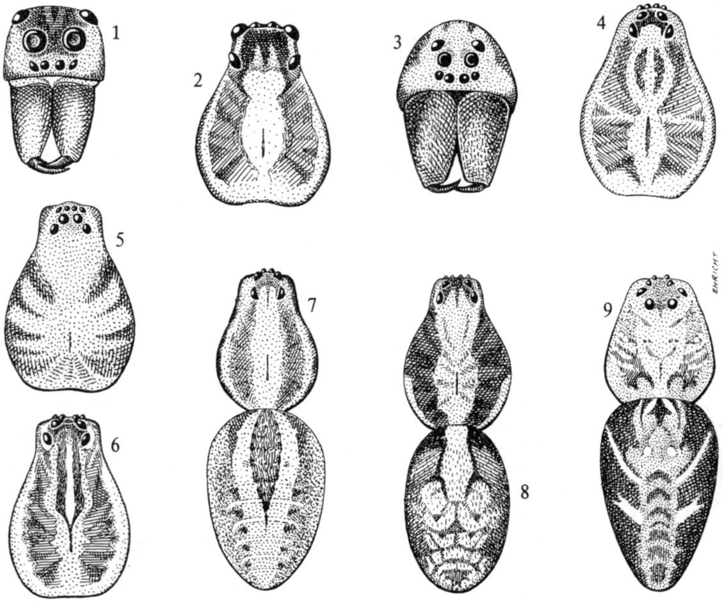

Abb. **446/1–9** **1** *Pardosa* spec., Augenstellung von vorn; **2** *Pardosa* spec., VKörper von oben; **3** *Trochosa* spec., Augenstellung von vorn; **4** *Trochosa* spec., VKörper von oben; **5** *Tricca lutetiana*; **6** *Pirata piraticus*; **7** *Alopecosa cuneata*, ♀; **8** *Xerolycosa nemoralis*, ♀; **9** *Oxyopes ramosus*, ♀

od. ihr am Eingang einer selbstgegrabenen kurzen Erdröhre sitzend aufgelauert wird *(Trochosa, Alopecosa, Arctosa)*. Leben vorwiegend am Boden. Umherlaufende Arten ziehen einen Seidenfaden nach sich, der z.B. den ♂♂ das Auffinden der geschlechtsreifen ♀♀ erleichtert (Signalfaden), indem sie diesem zielgerichtet folgen. Der meist linsenförmige Eikokon wird vom ♀ 4–6 Wo an den Spinnwarzen umhergetragen (Abb. **445**/4). Die Jungen werden dann noch ca. 1 Wo auf dem Rücken getragen. Über 2500 Arten, heimisch 66. Sichere Artbestimmung nur nach den Genitalen.

1 Die 2 vorderen LfbSchienen auf der US mit 4–5 auffallend langen Stachelpaaren (Abb. **445**/5) 2

1* Die 2 vorderen LfbSchienen auf der US mit höchstens 3 Paar Stacheln (oft unauffällig) 3

2 VKörperrücken (♀) mit 2 breiten dunklen Längsbinden, die parallel von den Augen nach hinten ziehen (Abb. **445**/6), beim ♂ der VKörperrücken u. Lfb bis zu den Schienen schwärzlich, glänzend, die FußGlder dagegen bräunlich. ♂♂ 5 mm lg, ♀♀ 6 mm lg. – Sternum hell, mit 6 ± deutlichen dunklen Randflecken. HlbBauch des ♂ zwischen Geschlechtsplatte u. Spw mit zahlreichen kurzen dikken Keulenborsten, mit denen bei der Balz auf trockenes Laub geklopft wird (hörbar!). Verbreitet, stellenweise häufig. An feuchten Orten wie Erlenbrüchen usw. V–VI u. X. (Gattung *Hygrolycosa* DAHL). *H. rubrofasciata* (OHLERT)

2* VKörperrücken dunkel, ohne parallele helle Längsbinden. Lgbeinige Gebirgs- u. Hochgebirgsformen. 4 Arten, nur an den äußeren Geschlechtsorganen bestimmbar. Gattung *Acantholycosa* DAHL

3 **(1)** Die Augen der 2. u. 3. Reihe bilden von oben gesehen die Ecken eines Trapezes, das ungefähr so lg wie br ist (Abb. **446**/2). Die hinteren M-Augen (2. Augenreihe) stehen annähernd hinter den vorderen SAugen 5

3* Die Augen der 2. u. 3. Reihe bilden ein Trapez, das deutlich breiter als lg ist (Abb. **446**/4–5) 4

4 VKörperrücken mit heller M-Binde, in der 2 klammerartig leicht gebogene dunkle Längsflecken liegen (Abb. **446**/4). Hintere M-Augen (2. Augenreihe) um mindestens ihren ∅ voneinander entfernt (Abb. **446**/4). Größere robuste Arten. ♀♀ in kurzen Erdröhren unter Steinen usw. *Trochosa* S.449

4* VKörperrücken einfarbig, ohne M-Binde u. dunkle Längsflecken. Hintere M-Augen (2. Augenreihe) um weniger als ihren ∅ voneinander entfernt u. ungefähr hinter den vorderen M-Augen stehend (Abb. **446**/5). – 9 mm lg. Selten. (Gattung *Tricca* SIMON). *T. lutetiana* (SIMON)

5 **(3)** Knie des dunkelbraunen Pdp leuchtend weiß. OSchenkel des 1. Lfb dunkelbraun, alle übrigen Gld u. Lfb heller (Kontrast!). Hintere Spw bedeutend länger als vordere. ♂♂ bis 3,5 mm lg, ♀♀ 3,5–4,5 mm lg. – Im S u. SW verbreitet. An sonnigen u. trockenen steinigen Stellen sowie in Hochmooren. Unter Moos u. Steinen. Baut am Boden flache trichterförmige Fangnetze! V–VII. (Gattung *Aulonia* C.L.KOCH). *A. albimana* (WALCKENAER)

5* Pdp ± einfarbig, ohne helles KnieGld. Lfb anders gefärbt. Hintere Spw nicht länger als vordere 6

6 VKörperrücken dunkel, in der M mit ± heller Längsbinde. Diese einfarbig od. mit eingelagerter dunkler Zeichnung (Abb. **446**/6–7) 7

6* VKörperrücken meist hell, ohne auffällige helle Längsbinde. Lfb stark behaart u. dunkel gefleckt od. geringelt. In Erdröhren. *Arctosa* S.449

7 Kopfteil an der Stirnfläche u. den S fast senkrecht abfallend (Abb. **446**/1 u. **446**/2). Das helle M-Band des VKörperrückens im vorderen Teil (hinter den Augen) oft erweitert (Abb. **446**/2). 4. Lfb oft erheblich länger als die übrigen Lfb. Bewegliche Bodentiere (Abb. **445**/4). Oft massenhaft. *Pardosa* S. 448

7* Kopfteil des VKörpers an der Stirnfläche u. den S ± schräg abfallend (Abb. **446**/3) **8**

8 Die helle M-Binde des VKörperrückens einfarbig u. ± parallelseitig **9**

8* In der hellen M-Binde des VKörperrückens ein dunkler nach vorn offener Gabelstreifen, der bis zu den Augen reicht (Abb. **446**/6). *Pirata* S. 450

9 Kleine Arten: ♂♂ 4,5–6 mm lg, ♀♀ 4,5–7,7 mm lg. Lfb dunkel, fast schwarz. VKörperrücken seitlich der hellen M-Binde dunkel u. hier ohne durchgehenden weißen Randstreifen (Abb. **446**/8). An sonnigen Stellen frei umherlaufend. *Xerolycosa* S. 448

9* Größere Arten: ♂♂ 5–12 mm lg, ♀♀ 6–18 mm lg. Körper gedrungen, Lfb kurz. VKörperrücken außer der hellen M-Binde mit einem durchgehenden weißen Randstreifen (Abb. **446**/7). HlbRücken oft mit hellerem Spieß- od. Herzfleck (Abb. **446**/7). Am Eingang von 4–5 cm tiefen Erdröhren sitzend auf Beute lauernd. *Alopecosa* S. 449

Gattung *Pardosa* C. L. KOCH – **Eigentliche Wolfsspinnen**

G. Stirn des VKörpers von vorne gesehen höher als br u. an den S steil abfallend (fast senkrecht) (Abb. **446**/1). Das trapezförmige Augenfeld (2. u. 3. Augenreihe) füllt von oben gesehen die ganze KopfBr aus (Abb. **446**/2). ♂♂ oft dunkler gefärbt als die ♀♀. – **V. L.** Verbreitet u. häufig. Einzelne Arten z. T. an bestimmte Lebensräume gebunden. Oft in Massen auftretend. Jungspinnen der eigenen Art fallen ins Beutespektrum u. werden gefressen. ♀♀ mit Eikokon oft gesellig an sonnigen Plätzen (Waldränder usw.). 27 heimische Arten. Häufigste Art: *P. lugubris* (WALCKENAER), ♂♂ 5,5 mm lg, ♀♀ 7 mm lg. VKörperrücken mit heller, scharf abgesetzter M-Binde, die bis zum Stirnrand reicht. In hoher Individuendichte an offenen Stellen von Wald- u. Wegrändern. ♂♂ IV–VII, ♀♀ IV–VIII.

Gattung *Xerolycosa* DAHL

G. VKörperrücken mit grauweißer, oft rötlicher u. ± parallelseitiger M-Binde, die bis zur Stirn reicht u. von den dunklen S des VKörperrückens eingefaßt wird (Abb. **446**/8). HlbRücken rötlichbraun, am unteren VRand seitlich je ein schwarzer Schulterfleck, der der dunklen VKörperS gegenüberliegt (Abb. **446**/8). Am hinteren Chelicerenfalzrand nur 2 Zähne (*Pardosa* 3!). Eikokon weiß (*Pardosa* grünlich). – **V. L.** Pal. Bes. an sonnigen trockenen Orten wie lichte Nadelw, sandige Heiden u. Sanddünen usw. 2 heimische Arten.

1 VKörperrücken in der hinteren Hälfte mit breitem weißem Randstreifen (Haare), M-Binde parallelseitig u. leuchtend hell bis zum Stirnrand von den dunkelbraunen Seiten abgesetzt (Kontrast!). ♂♂ 4,5–6 mm lg, ♀♀ 4,5–7,7 mm lg. – Verbreitet, bis in 2 000 m Höhe. ♂♂ V–VIII. *X. nemoralis* (WESTRING)

1* VKörperrücken ohne weißen Randstreifen, die helle M-Binde weniger kontrastreich vom helleren Rücken (weißliche Beharung) abgesetzt. ♂♂ 4,5–5,5 mm lg,

♀♀ 4,5–7 mm lg. – Verbreitet, nicht ins Geb vordringend. Unbewaldete Standorte wie kurzgrasige Sandböden u. Dünen. ♂♂ E V–E VI, ♀♀ V–VIII.

X. miniata (C. L. KOCH)

Gattung *Alopecosa* SIMON

G. Größere Spinnen, 7–18 mm lg. Körper gedrungen u. kurzbeinig. VKörperrücken neben der hellen zeichnungslosen M-Binde mit hellem Randstreifen. Kopfteil deutlich breiter als das trapezförmige Augenfeld (Abb. **446**/7). Hlb in der vorderen Hälfte meist mit deutlichem Herzfleck. – **V. L.** Bes. nördl. Halbkugel. Selten frei umherlaufend. Leben in 4–5 cm tiefen ausgesponnenen Erdröhren. 14 heimische Arten. Größte Art: *A. inquilina* (CLERCK), ♂♂ bis 12 mm lg, ♀♀ bis 18 mm lg. HlbBauch schwärzlich, von den hellgrauen S scharf abgesetzt. HlbRücken mit schwarzen Schulterflecken u. einem schwarzen Fleckenpaar vor der M. VKörperrücken mit grauweißer M-Binde, von einem braunen Band eingefaßt. Laubw, an warmen trockenen Stellen. E V–A VII, im Geb bis IX/X. Häufigere Art: *A. pulverulenta* (CLERCK), ♂♂ 5–8 mm lg, ♀♀ 6–10 mm lg. Dunkelbraun bis schwarz. VKörperrücken mit breiter heller M-Binde. HlbRücken meist mit braunem, hell umrandeten Spießfleck. Felder, lichte Laubw u. Gebüsch. Ab IV.

Gattung *Trochosa* C. L. KOCH

G. Mittelgroße bis große Spinnen, 8–20 mm lg. Grundfarbe braun. In der hellen M-Binde des VKörperrückens 1 Paar leicht gebogene dunkle Längsflecke (Abb. **446**/4). – **V. L.** Verbreitet u. z. T. häufig. Wohnen in 4–5 cm tiefen Erdröhren, teilweise unter Steinen. Hauptsächlich nachtaktiv. Eikokon weiß. Heimisch 4 Arten. Größte Art: *T. robusta* (SIMON), ♂♂ bis 18 mm lg, ♀♀ bis 20 mm lg. An warmen, trockenen Orten, z. B. S-Rand des Kyffhäuser-Geb.

Gattung *Arctosa* C. L. KOCH

G. Größere Arten, 5–18 mm lg. VKörper oft breiter als Hlb. Sein Rücken ohne helle M-Binde, ± einfarbig hell behaart. Kopfteil deutlich breiter als das Augentrapez der 4 hinteren Augen. Lfb stark u. dicht behaart, hell-dunkel geringelt. – **V. L.** Vorwiegend nördl. Halbkugel. Leben in 4–5 cm tiefen, mit Seide ausgesponnenen Erdröhren vor allem an sandigen Orten (Dünen, Ufer, Küsten, Geröll usw.), sonst in der Bodenstreu, unter Steinen. Färbung oft dem UGrund angepaßt. 6 heimische Arten. Häufigste Art: *A. perita* (LATREILLE), ♂♂ 6,5–8,5 mm lg, ♀♀ 8,5–9 mm lg. Lfb hell-dunkel geringelt. Auf Binnendünen u. im Strandhaferbereich der Meeresküste. Färbung dem SandUGrund angepaßt. Erwachsene Tiere überwintern in der Erdröhre. ♀♀ mit Eikokon im V–VII. *A. cinerea* (FABRICIUS), ♂♂ 12–14 mm lg, ♀♀ 12–18 mm lg. Körper mit weißlichen Haaren bedeckt, Zeichnung daher undeutlicher als bei vor. Art. Wohnröhren bes. im feuchten Sand u. Geröll der Küsten, Fluß- u. Seeufer unter kleinen Steinen. V bis IX. – ▽

Gattung *Pirata* SUNDEVALL – **Wasserjäger**

G. Kleine bis mittelgroße Spinnen, 2,5–9,5 mm lg. Zeichnung des VKörperrükkens Abb. **446**/6. VKörper ± breiter als Hlb. HlbRücken in der hinteren Hälfte mit feinen weißen (od. bläulich schimmernden) Punktepaaren, häufig auch mit Spießfleck. – **V. L.** Vorwiegend nördl. Halbkugel. Bes. an feuchten Orten u. in Wassernähe. Können auf der WasserOFläche laufen u. Beute erjagen u. auch bei Gefahr od. der Nahrungssuche längere Zeit unter Waser tauchen. Bauen oft Seidenröhren in *Sphagnum* u. anderem Moos usw., die sich dicht an od. über dem Wasser öffnen. Eikokon reinweiß. 9 heimische Arten. Häufigste Art: *P. piraticus* (CLERCK) – **Piratenspinnen,** ♂♂ 4–8,2 mm lg, ♀♀ 5–9 mm lg. Grundfarbe hellgrau, gelegentlich grünlich schimmernd. HlbRücken mit hellbraunem, weiß umrandeten Spießfleck u. dahinter paarigen weißen Punktepaaren. Häufig zwischen Pflanzen der Uferzone stehender Gewässer u. Moorgebiete. III–IX. ♀♀ mit Eikokon im VI.

Familie *Oxyopidae*– **Luchsspinnen, Scharfaugenspinnen**

G. Mittelgroße bis große Spinnen, bis 20 mm lg. Kennzeichend der breite u. hohe VKörper u. der ± zum E spitz auslaufende Hlb (Abb. **446**/9). Augen in 4 Reihen angeordnet (Abb. **389**/3). Körper mit farbigen Schuppenhaaren bedeckt. Lfb mit vielen langen Stachelborsten. – **V. L.** Trop u. subtrop. An trockenen warmen Orten. Beute wird optisch wahrgenommen, angeschlichen u. besprungen. 350 Arten, heimisch 1.

Gattung *Oxyopes* LATREILLE

Oxyopes ramosus (PANZER)
G. ♂♂ 6 mm lg, ♀♀ 6–10 mm lg. Grundfarbe rotbraun. Augenfeld schwarz. Zeichnung aus weißen Schuppenhaaren. HlbRücken mit seitlichen weißen Schrägstreifen (Abb. **446**/9). HlbUS mit breitem, braunem Längsband. – **V. L.** In warmem, sandigem Gelände, bes. auf Heidekraut. Tagaktiv. Eikokon auf Pflanzen, vom ♀ bewacht. Ab V.

Familie *Zoridae*

Gattung *Zora* C. L. KOCH

G. Kleinere Arten, bis 7 mm lg. Habitus wie Wolfsspinnen, VKörper aber flach u. zum Kopf stärker konvergierend. Augen in 3 Reihen (4-2-2) (Abb. **395**/5). VKörperrücken mit 2 dunkelbraunen Längsbinden. Körper außerdem mit weißlichen Haaren bedeckt. 1. u. 2. LfbSchiene unterseits mit 5–8 Paar langen Stacheln, vorletztes FußGld mit 2–3 Stachelpaaren. FußGld mit 2 Klauen u. Haftaarbüschel. EndGlder der Lfb stark verdunkelt (Kontrast). – **L.** Tagaktive Jagdspinnen ohne Wohngewebe. In Bodennähe. 4 heimische Arten. Häufigste Art: *Z. spinimana* (SUNDEVALL). ♂♂ bis 5 mm lg, ♀♀ bis 6,5 mm lg. Körper hellbis gelblichbraun. Die 2 dunklen Längsbänder des VKörperrückens schmaler als die hellen SRänder. Die hellen LfbOSchenkel dunkelbraun längsgestreift. In trockenem Moos, in der Laubstreu, im Gras von Wäldern u. Mooren. ♀ ab VI auf einem flachen Eikokon sitzend.

Familie *Gnaphosidae* – **Plattbauchspinnen**

G. Körper bräunlich bis schwarz, gelegentlich mit auffälligen Farb- u. Zeichnungsmustern durch Fiederhaare (Abb. **452**/3 u. **452**/4). Lfb kurz u. kräftig. VKörper oval u. flach. Augen in 2 Reihen. Vordere M-Augen rund, die übrigen, bes. die hinteren M-Augen oval od. eckig (Abb. **453**/1). Lfb bestachelt, mit 2 Krallen u. Sohlenpolstern (Hafthaare, die kleineren Arten fehlen können). ♂ Hlb bei vielen Gattungen mit dunkelbraunem hartem Rückenschild (Scutum). Spw mit langem zylindrischem GrundGld. Die vorderen Spw meist weit auseinanderstehend (Abb. **392**/3). ♂♂ 2,1–13 mm lg, ♀♀ 2–18 mm lg. – **V. L.** Weltweit. Eur Arten in der Regel nachtaktiv, tagsüber in Spalten, unter Steinen u. Borke in sackähnlichen Schutzgeweben (hier auch Häutung u. Kopula). Eier in linsenförmigen Kokons auf einer ULage angeheftet. Tagaktive Arten oft mit Zeichnungsmuster (Abb. **452**/3) u. häufig Ameisen jagend. Mit wenigen Ausnahmen bes. an trockenen warmen Standorten. Über 1 500 Arten, heimisch 71, die meist nur an den Geschlechtsorganen sicher erkannt werden können.

1 Körper neben normalen Borstenhaaren entweder mit weißen od. (u.) dunklen Fieder- od. mit metallisch schimmernden (vergeht in Alkohol!) Schuppenhaaren bedeckt. Oft mit auffallendem Zeichnungsmuster (Abb. **452**/3 u. **453**/8) . . . 2

1* Körper nur mit normalen Borstenhaaren bedeckt, ohne Fieder- u. Schuppenhaare. Färbung meist einfarbig graubraun bis schwärzlich 7

2 Körper metallisch glänzend. Hlb in der M oft sattelartig eingezogen (Abb. **452**/8). Habitus u. die schnellen ruckartigen Bewegungen ameisenähnlich. *Micaria* S. 455

2* Ohne Metallglanz. Hlb entweder mit weißem Zeichnungsmuster (weiße Fiederhaare!) od. mit auffallend dunkler Strichwinkelzeichnung (Abb. **452**/3 u. **453**/8) 3

3 HlbRücken mit schwarzer Strichwinkelzeichnung (Abb. **453**/8). ♂♂ bis 6,7 mm lg, ♀♀ bis 8 mm lg. – Körper braun, der Rücken mit weißen Fiederhaaren dicht bedeckt (dadurch im Leben hellgrau erscheinend, verschwindet in Alkohol!). Hintere Augenreihe von oben gesehen nach vorn gebogen. Hintere M-Augen extrem schmal u. schräg gestellt. ♂ Hlb mit kleinem Scutum. Östl. Form, bis W-Eur vordringend. Trockene sandige *Cladonia*- u. Heidestandorte. Unter Steinen. ♂♂ V, ♀♀ V, VII–VIII, X. (Gattung *Berlandina* DALMAS) *B. cinerea* (MENGE)

3* HlbRücken mit weißer Flecken- od. (u.) Strichzeichnung (Abb. **452**/3) 4

4 HlbRücken am VRand mit einem weißen querliegenden Bogenstrich (außer den dahinterliegenden Flecken) (Abb. **452**/2–3) 5

4* HlbRücken an dieser Stelle mit einem Fleckenpaar (Abb. **452**/1 u. **452**/4) . . 6

5 HlbRücken hinter dem querliegenden Bogenstrich mit 2 weiteren weißen Fleckenpaaren (Abb. **452**/2). *Callilepis* S. 454).

5* HlbRücken mit einem weiteren zusätzlichen Fleck über den Spw (Abb. **452**/3) od. außer dem vorderen querliegenden Bogenstrich nur mit einem Fleckenpaar in der RückenM. *Poecilochroa* S. 454

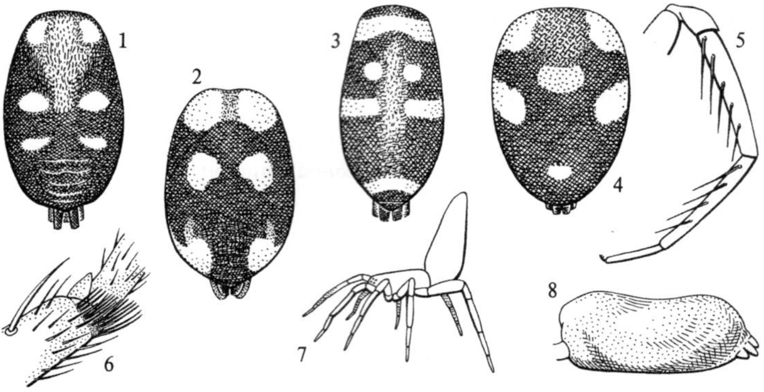

Abb. **452/1–8** **1** *Phaeocedus braccatus*, ♀; **2** *Callilepis nocturna*, ♀; **3** *Poecilochroa variana*, ♀; **4** *Phrurolithus festivus*, ♀; **5** *P. festivus*, ♀, 1. Laufbein seitlich; **6** *Zelotes* spec., Putzkamm am 4. Laufbein seitlich; **7** *Micaria* spec., Lebendstellung; **8** *M. pulicaria*, Hlb seitlich

6 **(4)** HlbRücken insgesamt mit 3 hintereinanderliegenden ± gleichgroßen weißen Fleckenpaaren (Abb. **452**/1). ♂♂ bis 4,5 mm lg, ♀♀ bis 6 mm lg. – VKörper dunkelrotbraun bis schwarz, glänzend. Lfb hellbraun, 1. u. 2. OSchenkel stark verdunkelt. ♂ HlbRücken mit Scutum (ca. ⅓ HlbLg). Verbreitet aber selten. Bes. an lichten trockenen Standorten unter Steinen, in Moos u. Heidekraut. Im Geb bis 2 000 m. ♂♂ VI bis VII, ♀♀ V–X. (Gattung *Phaeocedus* SIMON).

P. braccatus (L. KOCH)

6* HlbRücken mit einem vorderen u. einem hinteren Fleckenpaar, in der M mit einem unpaaren Querfleck (Abb. **452**/4). 1. u. 2. LfbSchiene unterseits mit 4–5, das folgende BeinGld mit 2–4 sehr langen Stachelpaaren (mehr als doppelter Gld-∅) (Abb. **452**/5). *Phrurolithus* S. 455

7 **(1)** Hintere Augenreihe von oben gesehen an den S nach hinten gebogen (Abb. **453**/1). ♂ Hlb mit kleinem Rückenschild (ca. ⅕ HlbLg). *Gnaphosa* S. 454

7* Hintere Augenreihe von oben gesehen gerade od. an den S nach vorn gebogen (Abb. **453**/5–6) **8**

8 Vordere M-Augen deutlich größer als die vorderen SAugen (Abb. **453**/6) . . . **9**

8* Vordere M-Augen kleiner als die vorderen SAugen, selten sind die Augen gleichgroß **10**

9 Hintere Augenreihe von oben gesehen an den S stark nach vorn gebogen. Alle Augen eng beieinanderstehend (Abb. **453**/5). Am vorletzten BeinGld des 3. u. 4. Lfb ein sog. Putzkamm (Abb. **452**/6). ♂♂ bis 5,8 mm lg, ♀♀ bis 8 mm lg. – VKörper hellorange bis hellbraun, Hlb braungrau. Lfb hellgelb, die EndGlder dunkler. ♂ Hlb mit Scutum. Eur. Auf Felsheiden (in den Alp bis 1 300 m) u. steppenartige Standorte beschränkt. Meist unter Steinen. Nordrhein-Westfalen, Baden-Württemberg, Bayern. V–VIII (Gattung *Echemus* SIMON).

E. angustifrons (WESTRING)

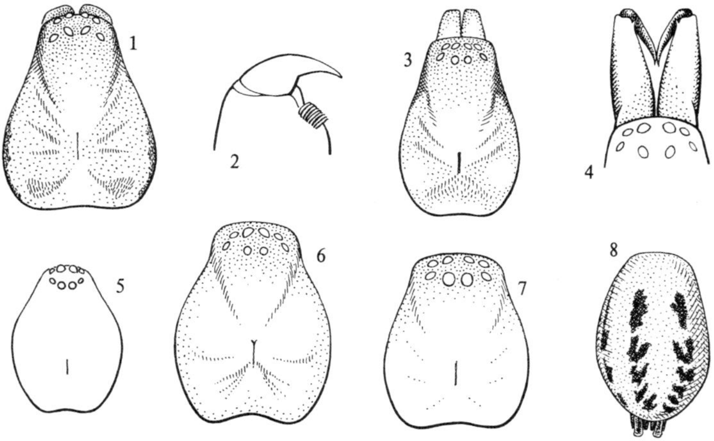

Abb. **453/1–8** **1** *Gnaphosa* spec.; **2** *Gnaphosa* spec., Chelicere mit gezähntem Kiel; **3** *Drassodes* spec.; **4** *D. lapidosus*, ♀; **5** *Echemus angustifrons*, ♀; **6** *Scotophaeus quadripunctatus*, ♀; **7** *Haplodrassus* spec.; **8** *Berlandia cinerea*, ♀, Hlb von oben

9* Hintere Augenreihe von oben gesehen an den S nicht stark nach vorn gebogen (vgl. Abb. **453**/6). Augen der hinteren Augenreihe gleichweit voneinander entfernt. 3. u. 4. Lfb ohne Putzkamm am vorletzten BeinGld. ♂ Hlb mit Scutum. *Scotophaeus* S. 455

10 **(8)** Hlb grauschwarz, Buchlungendeckel u. Geschlechtsfeld auffallend gelb bis orange (Kontrast zum dunklen Hlb!). 3. u. 4. Lfb am vorletzten BeinGld mit Putzkamm (Abb. **452**/6). ♂ Hlb in der Regel mit Scutum. *Zelotes* S. 455

10* Hlb meist graubraun od. gelbgrau, Buchlungendeckel nicht so auffällig gefärbt. 3. u. 4. Lfb ohne Putzkamm **11**

11 Hintere Augenreihe von oben gesehen an den S nach vorn gebogen. Die hinteren M-Augen sehr eng beieinanderstehend (oft weniger als ½ ∅!) od. sich fast berührend (Abb. **453**/7). ♂ Hlb ohne Scutum. *Haplodrassus* S. 454

11* Hintere Augenreihe von oben gesehen gerade **12**

12 Cheliceren der meist bräunlichen Tiere auffällig dunkel, vergrößert u. vorstehend (bes. beim ♂). Augen der hinteren Reihe weit auseinanderstehend (Abb. **453**/3 u. **453**/4). ♂ Hlb ohne Scutum. Freilandbewohner. *Drassodes* S. 454

12* Cheliceren normal, unauffällig. Alle Augen eng beieinanderstehend (vgl. Abb. **453**/6). ♂ Hlb mit Scutum. Fast ausschließlich in u. an menschlichen Bauten (synanthrop). ♂♂ 5,4–8,8 mm lg, ♀♀ 8,4–11 mm lg. – VKörper rötlichbraun, Hlb gelbgrau, hell seidenglänzend behaart. Lfb dunkler. Bisher nur Einzelfunde. I–XII. (Gattung *Sosticus* CHAMBERLIN). *S. loricatus* (L. KOCH)

Gattung *Gnaphosa* LATREILLE – **Echte Plattbauchspinnen**

G. Körper dunkel- bis graubraun, VKörper mit dunklem Randsaum, unregelmäßigen Radiärstreifen u. einem von der Rückengrube zu den Augen verlaufenden Gabelstreifen. Hlb seidig glänzend, grau od. gelblich behaart. Augenstellung Abb. **453**/1. M-Augen kleiner als SAugen. Cheliceren am hinteren Klauenfalzrand mit einem gezähnten Kiel (Abb. **453**/2). – Bis 16 mm lg. – **V. L.** Nördl. Halbkugel. In Wäldern, in offenem, warmem Gelände od. Feuchtgebieten. Einige Arten boreo-alp verbreitet. Nachtaktive Jäger, tagsüber unter Steinen, Borke od. in Moos u. Laubstreu. 11 heimische Arten.

Gattung *Callilepis* WESTRING

G. Körper schwarzbraun, mit weißlichen Fiederhärchen bedeckt. VKörper u. die dunklen Lfb glänzend. HlbRücken mit 5 hellen Flecken (Abb. **452**/2). Hintere M-Augen extrem lggestreckt u. querliegend. 2 heimische Arten, nur an den Genitalien sicher unterscheidbar. – **V. L.** Die häufigere Art *C. nocturna* (L.), ♂♂ bis 4,7 mm lg, ♀♀ bis 5,9 mm lg, ist tagaktiv. Na Ameisen. Dringt aktiv in Ameisenbauten ein. Bes. an warmen, trockenen, wenig bedeckten Orten. Im Geb bis 2 000 m. ♂♂ A V–E VI, ♀♀ A VI–VIII.

Gattung *Drassodes* WESTRING

G. VKörper hell- bis gelbbraun, Stirn, Cheliceren, ULippe u. Kauladen der Pdp in der Regel deutlich dunkler. Hlb graubraun, mausartig fein behaart, die vordere Rückenhälfte oft mit mittleren Längsstreifen. Cheliceren auffallend groß, bes. beim ♂ nach vorn gerichtet u. von oben sichtbar (Abb. **453**/3 u. **453**/4). Kopfregion breiter als bei anderen Gattungen u. Augen weit auseinanderstehend (Abb. **453**/4). – **L.** Tagsüber in dünnen Gespinsten unter Steinen. 5 heimische Arten. Größte Art: *D. lapidosus* (WALCKENAER), ♂♂ bis 13 mm lg, ♀♀ bis 18 mm lg (alle anderen Arten unter 13 mm lg). Unter Steinen, Borke od. im trockenen Laub. Verbreitet. Oft I–XII.

Gattung *Haplodrassus* CHAMBERLIN

G. Robuste Spinnen, hell rötlich bis dunkel schwarzbraun. Hlb u. Lfb oft dicht mit kupferfarbenen Haaren bedeckt. Augenstellung Abb. **453**/7. – **V. L.** Nördl. Halbkugel. Vom Tiefland bis alp Regionen (3 000 m). Tagsüber in der Laubstreu von Laubw, unter Borke, Gras od. Steinen lichter trockener Standorte. In Moor- u. Heidegebieten. 8 heimische Arten. Häufigste Art: *H. signifer* (C. L. KOCH), ♂♂ bis 8 mm lg, ♀♀ bis 12 mm lg. Hauptsächlich V–VIII.

Gattung *Poecilochroa* WESTRING

G. Mit auffälliger Farbzeichnung. VKörperrücken rötlichbraun–schwärzlich u. mit leuchtend hellem M-Band aus weißen Fiederhaaren. Hlb dunkel, mit leuchtend weißen Flecken (Abb. **452**/3). LfbOSchenkel dunkel, sich kontrastreich von den übrigen helleren BeinGld abhebend. ♂ Hlb mit Scutum bis zur RükkenM. – **V.L.** Vorwiegend südl. Pal, Afr. An warmen sonnigen Orten. Vermutlich Ameisen jagend. 2 Arten in M-Eur.

1 Hlb oberhalb der Spw mit einem zusätzlichen weißen Querfleck (Abb. **452**/3). ♂♂ bis 6,5 mm lg, ♀♀ bis 9 mm lg. – VKörperrücken rostrot–rötlichbraun, M-Binde aus weißen Fiederhaaren deutlich abgehoben. Bes. an sonnenexponierten sandigen u. felsigen warmen Standorten. Nur im SW. Nordrhein-Westfalen, Rheingebiet. Tagaktiv, ab V. *P. variana* (C. L. KOCH)

1* Hlb ohne weißen Querfleck oberhalb der Spw. ♂♂ bis 7 mm lg, ♀♀ bis 10 mm lg. – VKörperrücken schwärzlich, seine weiße Fiederhaarzeichnung weniger deutlich als bei vor. Art. Sonnige warme Stellen, auf Büschen u. Sträuchern, od. in der Kraut- u. Laubschicht. Neben Einzelfunden vorwiegend im S u. W verbreitet. Tagaktiv. ♂♂ VI, ♀♀ E V–VIII. *P. conspicua* (L. KOCH)

Gattung *Scotophaeus* SIMON

G. VKörper hell- bis dunkelrotbraun, Hlb hell, samtartig glänzend. Vordere M-Augen am größten (Abb. **453**/6). ♂ Hlb mit braunem Scutum bis zur RückenM. 3 heimische Arten. ♂♂ bis 11 mm lg, ♀♀ bis 16 mm lg. – **V.L.** Eur. Vorwiegend in u. an Gebäuden, seltener im Freien. Tagsüber unter Rinde, in Baumstümpfen usw. Die Arten sind nur genitalmorphologisch unterscheidbar.

Gattung *Zelotes* GISTEL

G. Körper der meisten Arten dunkelbraun bis schwarz, die Buchlungendeckel u. beim ♀ das Geschlechtsfeld auffallend hellgelb-orange. Lfb am E oft aufgehellt. VKörper u. dunkle BeinGlder meist glänzend. Augen eng gruppiert. Hintere M-Augen unregelmäßig dreieckig u. hell. 3. u. 4. Lfb am vorletzten BeinGld mit sog. Putzkamm (Abb. **452**/6). ♂ Hlb mit blankem, braunem Rückenschild. ♂♂ 2–7,8 mm lg, ♀♀ 1,9–10,2 mm lg. – **V.L.** Weltweit. Lebensweise weitgehend unbekannt, vorwiegend nachtaktiv. Bes. an trockenen Orten unter Steinen. 23 Arten, nur genitalmorphologisch sicher bestimmbar.

Gattung *Phrurolithus* C. L. KOCH

G. Kleine, sehr agile ameisenähnliche Spinnen mit kurzen, dicht beieinander stehenden Spw. Körper mit weißen Schuppenhaaren, Rückenzeichnung Abb. **452**/4. LfbOSchenkel streifenartig verdunkelt. Charakteristisch die sehr langen Stachelpaare auf der LfbUS (Abb. **452**/5). ♂ Hlb mit glänzendem Scutum, das den ganzen Rücken bedeckt. – **V.L.** Vorwiegend holarkt, heimisch 2 Arten. Häufigste Art: *P. festivus* (C. L. KOCH) (Abb. **452**/4), ♂♂ bis 2,8 mm lg, ♀♀ bis 3,5 mm lg. Feuchte u. trockene Standorte mit einer gewissen Wärmeeinstrahlung. Gemeinsam mit Ameisen in Moos, unter Steinen, an Bäumen. Ob sie Ameisen als Na aufnehmen, ist unbekannt.

Gattung *Micaria* WESTRING – **Ameisenspinnen**

G. Gestalt u. Bewegung ameisenähnlich: schnelle u. ruckartige Bewegungen, 1. LfbPaar u. Hlb werden dabei angehoben (Abb. **452**/7). Körper mit weißen u. metallisch schimmernden Schuppenhaaren bedeckt. Hlb dunkel, mit charakteristischen weißlichen Querstreifen u. oft zusätzlichen Fleckenreihen weißer Schuppenhaare. Hlb oft mit sattelartiger Einschnürung in der RückenM (Abb. **452**/8). Vordere Spw kurz u. engstehend wie bei *Clubionidae* (Abb. **392**/4). Lfb lg, wenig u. kurz bestachelt. 1. u. 2. LfbOSchenkel verdickt u. meist dunkler als die übrigen BeinGld gefärbt. – **V. L.** In der Mehrzahl holarkt. Heimisch 11 sichere Arten. Häufige Art: *M. pulicaria* (SUNDEVALL), ♂♂ bis 5 mm lg, ♀♀ bis 6 mm lg. An sonnigen Stellen unter Steinen, am Feldrand, vegetationsarme Sandflächen, im Genist von Feuchtbiotopen ♂♂ II–V, ♀♀ V–VI.

Familie *Liocranidae* – **Feldspinnen**

G. Kleine bis mittelgroße, z.T. dunkel gefärbte Spinnen. Gelb-, rot- od. schwarzbraun. VKörper häufig mit 2 dunklen Längsbinden, HlbRücken mit unregelmäßig verteilten dunklen Flecken od. mit Winkelbinden. Augen rund, eng zusammenstehend. M-Augenfeld länger als br u. vorn schmaler. Vordere M-Augen in der Regel deutlich kleiner als die vorderen SAugen (Abb. **456**/1 u. **456**/3). ULippe meist breiter als lg, die M der PdpLade dann nicht erreichend (Abb. **393**/2). Schiene u. vorletztes FußGld des 1. u. 2. Lfb unterseits mit zahlreichen bes. langen Stachelpaaren. 2 Fußklauen u. oft damit verbunden Büschel aus Hafthaaren (Sohlenpolsterhaare) (bei *Apostenus* fehlend!). – **L.** Vorwiegend Bodenspinnen bedeckter u. unbedeckter Standorte. In der Streuauflage, unter Steinen u. Borke. Lebensweise z. T. unbekannt. Ohne Fangnetz. Wohngewebe z. T. unbekannt. Eigelege oft in kompliziert gebauten Kokongebilden (Abb. **456**/4–6). Heimisch 12 Arten.

1 Hintere Augenreihe von oben gesehen an den S stark nach vorn gebogen (Abb. **456**/1) **2**

1* Hintere Augenreihe von oben gesehen an den S stark nach hinten gebogen od. gerade (Abb. **456**/1–2) **3**

2 1. u. 2. LfbSchiene unterseits mit 2 Stachelpaaren. *Agroeca* S. 457

2* 1. u. 2. LfbSchiene unterseits mit 5 od. mehr Stachelpaaren. Kleine Arten, bis 5 mm lg. *Scotina* S. 457

3 **(1)** Augen der vorderen Augenreihe gleichgroß (Abb. **456**/2). Die kleinen mittleren Spw seitlich stark abgeflacht. Fußklauen in dichten Sohlenpolstern aus Hafthaaren. 6–10 mm lg. *Liocranum* S. 457

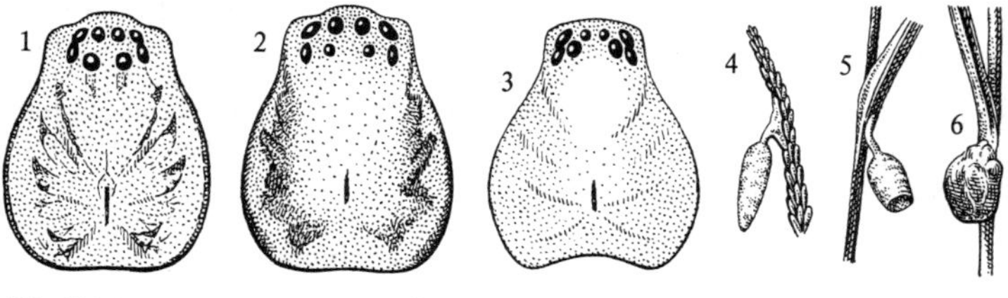

Abb. **456/1–6** **1** *Agroeca brunnea,* ♀; **2** *Liocranum rupicola,* ♀; **3** *Apostenus fuscus,* ♀; **4** *Agroeca proxima,* Eikokon ungetarnt; **5** *A. brunnea,* Eikokon ungetarnt; **6** *A. brunnea,* Eikokon getarnt

3* Vordere M-Augen bedeutend kleiner als vordere SAugen (Abb. **456**/3). Die kleinen mittleren Spw stielrund. Keine Sohlenpolsterhaare im Klauenbereich. Bis 5 mm lg. *Apostenus* S.457

Gattung *Apostenus* WESTRING

Apostenus fuscus WESTRING
G. Dunkel gefärbte, sehr agile Bodenspinne. Hlb graubraun, oft mit hellen Winkelflecken. Hintere Augenreihe von oben gesehen stark nach hinten gebogen (Abb. **456**/3). 1. u. 2. LfbSchiene unterseits mit 5 Paar, das folgende BeinGld mit 3 Paar langen Stachelpaaren. Klauenapparat ohne Sohlenpolster, dafür mit 2 langen Keulenhaaren (starke Vergr.!). ♂♂ bis 4 mm lg, ♀♀ bis 4,5 mm lg. – **V. L.** Bes. in lichten Laub- u. Mischw warmer Standorte. Tagsüber in der Laubstreu u. unter Steinen. Einzige Art in M-Eur. II–X.

Gattung *Liocranum* L. KOCH

G. Relativ lgbeinige Arten mit z. T. auffallender Körperzeichnung ähnlich den *Agelenidae*. Behaarung dicht pelzartig, mit zahlreichen weißlichen Fiederhaaren. Beide Augenreihen von oben gesehen an den S nach hinten gebogen (Abb. **456**/2). ULippe so lg wie br. 1. LfbSchiene unterseits mit 4–7, das folgende FußGld mit nur 1 langen Stachelpaar. 1. u. 2. Lfb außerdem auf der US von Schiene u. FußGld mit 2 Reihen dicht stehender Haarpolster (Scopulae). Klauenapparat mit dichtem Sohlenpolster. 2 heimische Arten. Häufigere Art: *L. rupicola* (WALCKENAER), ♂♂ bis 6 mm lg (mit langen, nach vorn gerichteten Cheliceren), ♀♀ 6–8,5 mm lg. Nachtaktiv, oft in Ställen u. Häusern, sonst in Wäldern unter Steinen u. lockerer Borke. ♂♂ III–VIII, ♀♀ III–XII, Kokons VII.

Gattung *Agroeca* WESTRING

G. Grundfarbe gelbbraun, Körper dicht u. kurz behaart, durch zahlreiche weiße Fiederhaare oft grau erscheinend (bes. Hlb). Augen engstehend, beide Augenreihen nach vorn gebogen (Abb. **456**/1) (bei *A. brunnea* fast gerade!). 1. LfbSchiene unterseits mit nur 2! Stachelpaaren, das folgende FußGld mit 3 Paaren. Sohlenpolster am Klauenapparat undeutlich. 5 heimische Arten. Häufigste Art: *A. brunnea* BLACKWALL – **Feenlämpchenspinne,** ♂♂ bis 7 mm lg, ♀♀ bis 9 mm lg. VKörperrücken rötlichbraun, HlbRücken gelblichbraun u. dicht mit kurzen goldenen glänzenden Haaren besetzt. Bes. in Wäldern, an feuchten od. trockenen lichten Stellen unter Steinen, Bodenstreu usw. Nachtaktiv, am Tage im Wohngespinst. Eikokon das sog. „Feenlämpchen" (Abb. **456**/5–6). Der weiße gestielte Kokon wird zur Tarnung u. Schutz (vor Schlupfwespen?) mit feuchter Erde bedeckt. Im Innern eine obere Eikammer (40–50 Eier) u. eine untere Häutungskammer, in der sich die Jungspinnen noch 2–3 Wo aufhalten. I–XII, Fortpflanzung in IV u. X.

Gattung *Scotina* MENGE

G. Körper wie *Agroeca*, aber 1. LfbSchiene unterseits mit 5–12 u. das folgende FußGld mit 3–5 langen Stachelpaaren. Vordere M-Augen sehr viel kleiner als vordere SAugen. Augenstellung ähnlich Abb. **456**/1. Fiederhaare u. Sohlenpolsterhaare undeutlich. Bis 5 mm lg. 3 heimische Arten. Häufige Art: *S. celans* (BLACKWALL), ♂♂ 2,5–3 mm lg, ♀♀ 3–4,5 mm lg. VKörperrücken dunkelbraun, mit schmalem, gelbem M- u. Randstreifen. Hlb braunrot, gelb behaart, US heller. In Waldmoos u. Heidekraut. VII–IX.

Familie *Clubionidae* – **Sackspinnen**

G. Kleine bis mittelgroße, meist bräunlich gefärbte Spinnen. Im Habitus den *Gnaphosidae* ähnelnd, aber alle Augen rund. Augenstellung Abb. **459**/1. M-Augenfeld breiter als lg. ULippe länger als br u. die M der PdpLaden deutlich überragend (Abb. **393**/1). Lfb meist einfarbig, mit 2 Klauen u. Sohlenpolster aus Hafthaaren. Hlb oval, fein u. dicht seidenartig behaart, auf dem Rücken oft ein dunkler M-Strich. Spw in dichter Gruppe (Abb. **392**/4). – **L.** Nachtaktive Jagdspinnen ohne Fangnetz. Die Beute wird angeschlichen. Tagsüber in sackartigem Wohngespinst (Name!), dieses zwischen Spalten, unter Borke, zwischen zusammengerollten Grashalmen u. -rispen (Abb. **459**/2). Die Eigelege werden vom ♀ im Wohnsack bewacht. Über 1 500 Arten, heimisch 32.

1 Lfb mit deutlichen Stachelborsten. Alle Augen ± gleichgroß (Abb. **459**/1 u. **459**/5) **2**

1* Lfb ohne Stachelborsten (stachellos). Vordere M-Augen auffallend größer als die übrigen Augen (Abb. **459**/3). ♂ Pdp EndGld Abb. **459**/4. ♂♂ ♀♀ 5–7 mm lg. – Dunkelbraun, Hlb mit Atlasglanz, seine US heller. Lfb bleichgelb, nur 1. u. 2. OSchenkel verdunkelt. Im S verbreitet in trockenem u. sandigem Gelände. Im Sommer auf Eichengebüsch u. Nadelgehölzen, im Winter u. Frühjahr unter Rinde. ♂♂ V–X, ♀♀ II–XI. (Gattung *Ceto* SIMON). *C. laticeps* (CANESTRINI)

2 VKörperrücken mit Längsgrube. 4. Lfb länger als 1. Lfb (4-1-2-3). 1. u. 2. LfbOSchenkel oberseits bestachelt. *Clubiona* S. 458

2* VKörperrücken ohne Längsgrube. 1. Lfb deutlich länger als 4. Lfb (1-4-2-3). 1. u. 2. LfbOSchenkel oberseits stachellos. *Cheiracanthium* S. 459

Gattung *Clubiona* LATREILLE

G. Körper ± zeichnungslos grau od. braun, Stirn u. Cheliceren oft dunkler. Hintere Augenreihe deutlich länger als vordere u. ihre Augen in gleichem Abstand. Alle Augen gleichgroß (Abb. **459**/1). 2,5–12 mm lg. – **V.L.** Viele Arten verbreitet u. häufig. In allen Biotopen mit Pflanzenbewuchs. Nachtaktiv, tagsüber in Wohngespinsten (Abb. **459**/2). Die Eigelege werden vom ♀ bis zum Schlüpfen bewacht. Lebensdauer ca. 1 J. Sichere Artbestimmung nur nach den Geschlechtsorganen. 24 heimische Arten. Häufige Art: *C. stagnatilis* KULCZYNSKI, ♂♂ 5–6 mm lg, ♀♀ 6–8 mm lg, hellbraun mit dunklen Cheliceren. Charakteristisches Wohngespinst in einem 2mal zusammengerollten Rohrblatt (Abb. **459**/2). Bes. auf feuchten Wiesen der Ebene. Ab V.

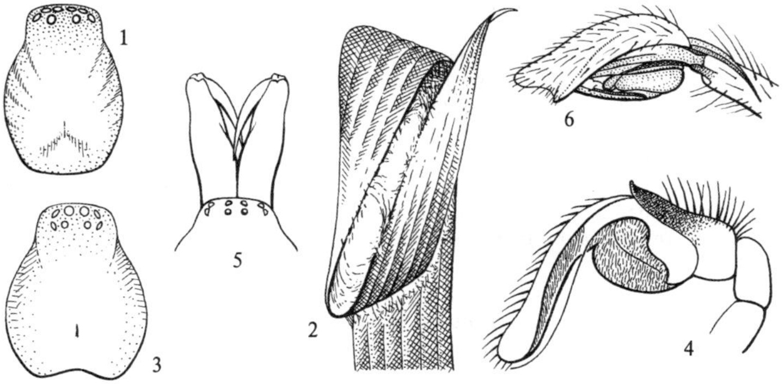

Abb. **459/1–6** **1** *Clubiona* spec., Augenstellung von oben; **2** *C. stagnatilis*, Wohngewebe; **3** *Ceto latipes*, ♀, Augenstellung von oben; **4** *C. latipes*, ♀, TstendGld; **5** *Cheiracanthium punctorium*, ♂, Cheliceren; **6** *Ch. erraticum*, ♂, TstendGld

Gattung *Cheiracanthium* C. L. KOCH

G. Körper gedrungen, mit langen Lfb, ♂♂ bis 10 mm lg, ♀♀ bis 15 mm lg. Hlb grünlich, bräunlichgelb, manchmal mit auffälliger M-Binde u. hellen SStreifen auf dem Rücken. Chelicerenspitzen u. LfbKlauen verdunkelt. Beide Augenreihen fast gleichlg (Abb. **459**/5). EndGld des ♂ Pdp mit langem, dünnem, rückwärts gerichtetem Dornfortsatz (Abb. **459**/6). – **V. L.** Feuchte u. trockene Lebensräume mit niedriger Vegetation u. gewisser Wärmeeinstrahlung. Wohngespinste unter Steinen od. Gräsern u. Stauden. 7 heimische Arten. Häufigste Art: *C. erraticum* (WALCKENAER), ♂♂ 6,5 mm lg, ♀♀ 9 mm lg. VKörperrücken bräunlich-grau, Hlb graugrün mit dunklem M-Streifen, seitlich hellgelb umrandet, Lfb grünlich. Zwischen Gras u. niedrigen Pflanzen feuchter offener Biotope. ♀ mit Eiern in kugelförmigem Gespinst. V–VII. Giftigste Art: *C. punctorium* (VILLERS) – **Dornfinger**, ♂♂ 8–12 mm lg, ♀♀ 10–15 mm lg. VKörperrücken rotbraun, Hlb u. Lfb gelb bis grünlich. Das ♂ mit außergewöhnlich langen Cheliceren. Webt Grashalme zu einer walnußgroßen, unten offenen Wohnglocke zusammen. In frischem, ungemähtem Grasland u. lückigen Kiefernschonungen. Nördl. der Alp auf Wärmeinseln beschränkt. Giftigste Spinne M-Eur. Der Biß ruft beim Menschen starke Schmerzen, Schüttelfrost u. Lähmungserscheinungen hervor.

Familie *Anyphaenidae* – **Zartspinnen**

G. Gestalt wie *Clubionidae.* Die runden Augen in 2 Reihen, vordere M-Augen am kleinsten. Lfb mit 2 Kammklauen u. Hafthaarbüschel. Das unpaare Tracheenstigma auf der Bauch-M des Hlb (Abb. **391 A**/4). Spw engstehend u. kurz. – **V.** Bes. Am. In Eur 6 Arten, heimisch 1.

Gattung *Anyphaena* SUNDEVALL

Anyphaena accentuata (WALCKENAER)
G. ♂♂ 5–7 mm lg, ♀♀ 6–9 mm lg. Körper gelblich bis dunkelbraun, pelzartig dicht mit weißlichen Haaren besetzt. VKörperrücken mit 2 deutlich gezackten schwarzen SBinden, der helle M-Streifen mit 2–3 schwarzen Flecken. Zeichnung des HlbRückens charakteristisch (Abb. **391 A**/5). Lfb schwärzlich gefleckt u. geringelt. – **V. L.** Häufig, von der Ebene bis ins Geb. Bes. in Wäldern auf Blättern von Büschen u. Sträuchern. Freijagend. Nachtaktiv. Am Tage in einem an 2 S offenen Gespinst auf einem zusammengerollten Blatt. V–VI.

Familie *Heteropodidae* – **Jagdspinnen, Riesenkrabbenspinnen**

G. Mittelgroße bis große Arten. Lfb wie bei den *Thomisidae* ± seitlich gerichtet. Augen in 2 Reihen. Lfb mit 2 Krallen u. Sohlenpolster aus Hafthaaren. Außerdem die US der beiden FußGld mit breiter dichter Scopula aus Hafthaaren versehen. Das E des vorletzten LfbGld am ORand mit einer 3lappigen weichen Membran (Unterschied zu *Thomisidae* u. *Philodromidae*). – Trop u. subtrop tagaktive schnelle Jäger, die vorüberlaufende Insekten durch blitzschnelle Raffbewegungen, fliegende Insekten auch im Sprung, erbeuten u. sofort mit den Cheliceren bearbeiten. Über 750 Arten, in M-Eur 1.

Gattung *Micrommata* LATREILLE

Micrommata roseum (CLERCK) [*M. virescens* CLERCK] – **Grasgrüne Huschspinne**
G. ♂♂ 7–10 mm lg, ♀♀ 10–15 mm lg. ♀ VKörper u. Lfb einfarbig grasgrün, Hlb hellgrün. ♂ VKörper u. Lfb grünbraun, HlbRücken mit rotem M-Band. Die Varietät *„ornata“* ist hellgrün u. bes. auf dem Rücken rot gepunktet. Jungspinnen Hlb blaßgelb, später bräunlich. – **V. L.** Verbreitet u. häufig. Wärme liebend. Auf besonnten Sträuchern u. niedrigen Laubbäumen. Das ♀ bewacht u. verteidigt den sackförmigen Eikokon in einem zusammengesponnenen Blätternest. Die halbwüchsigen Jungspinnen überwintern in einem Gespinst unter Moos u. Laub am Boden. 2jährig. Ab V.

Familie *Philodromidae* – **Laufspinnen**

G. Kleine bis mittelgroße Arten, 2–10 mm lg. Körper ± flach, mit Fieder- u. Schuppenhaaren bedeckt. Lfb seitlich gerichtet u. ± gleichlg u. -stark. 2. Lfb häufig das längste (Abb. **391**/2). (Krabbenspinnen haben 2 deutlich längere u. stärkere VBeinpaare, Abb. **391**/1). Lfb mit 2 Klauen u. Hafthaarbüschel. FußGld außerdem unterseits mit bürstenartigem Hafthaarbesatz (Scopula). – **V. L.** Weltweit. Verbreitet u. häufig. Weben keine Fangnetze, aber Ei- u. Häutungskammern. Die agilen Tiere erjagen ihre Beute im Lauf od. lauern dieser auf. Beunruhigt vollführen sie blitzartig schnelle Ortsbewegungen, oft auch seitlich wie Krabbenspinnen. Auf niedrigen Pflanzen, Büschen, an Borke, seltener auf dem

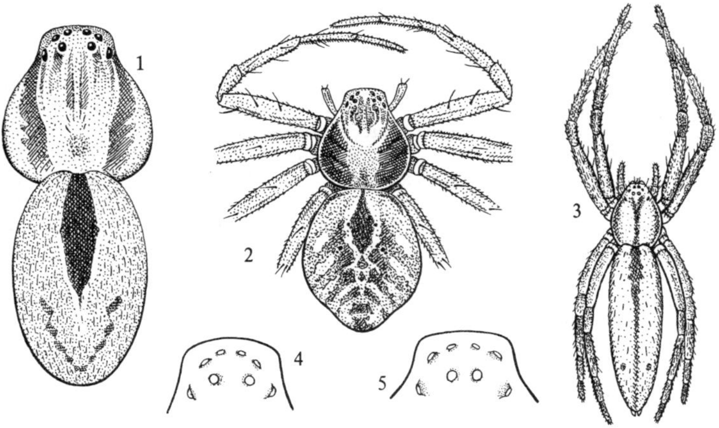

Abb. **461/1–5** **1** *Thanatus* spec., ♀; **2** *Philodromus histrio,* ♀; **3** *Tibellus oblongus,* ♀; **4** *Philodromus* spec., Augenstellung von oben; **5** *Thanatus* spec., Augenstellung von oben

Boden. Teilweise dem UGrund hervorragend angepaßt. Etwa 600 Arten, heimisch ca. 20.

1 VKörper u. Hlb auffallend lggestreckt. Hlb mindestens 3× so lg wie br (Abb. **461**/3), beim ♂ wesentlich schmaler als VKörper. 6–12 mm lg. – VKörper u. HlbRücken mit durchgehendem dunklem M-Strich auf blaßgelbem Grund. Sandige Stellen an der Küste u. im Binnenland. Auf Gräsern, Heidekraut, Ginster usw. Schutzstellung ähnlich *Tetragnatha* (vgl. Abb. **417**/1). 2 Arten.
Gattung *Tibellus* SIMON

1* Körper nicht so lggestreckt. Färbung anders (Abb. **461**/1–2) 2

2 Abstand zwischen den hinteren M-Augen größer als zwischen ihnen u. den hinteren SAugen (Abb. **461**/4). Hlb flach, in der M am breitesten u. hier winklig gerundet (Abb. **461**/2). Bis 10 mm lg. – HlbRücken meist mit Querbinden od. Flekken. Herzfleck undeutlich. In Färbung u. Zeichnung oft der Umgebung gut angepaßt. Häufig der Beute auflauernd. ♀ bewacht den Eikokon bis zum Tode. Etwa 18 Arten. Gattung *Philodromus* WALCKENAER – **Flachstrecker**

2* Abstand zwischen den hinteren M-Augen stets kleiner als zwischen ihnen u. den hinteren SAugen (Abb. **461**/5). HlbRücken gerundet, HlbUmriß von oben gesehen oval (Abb. **461**/1). Bis 9 mm lg. – Hlb in der vorderen Rückenhälfte mit einem scharf umgrenzten dunkelbraunen Lanzettfleck auf hellem Grund (Abb. **461**/1). Meist auf dem Boden zwischen niedrigen Pflanzen. Bewegung wolfsspinnenähnlich. 5 Arten. Gattung *Thanatus* C. L. KOCH

Familie *Thomisidae* – **Krabbenspinnen**

G. Kleine bis mittelgroße Spinnen, 2–11 mm lg. ♂♂ oft sehr viel kleiner u. anders gefärbt als ♀♀ (Abb. **462**/5 u. **462**/6). Körper gedrungen, kurz u. oft flach, nur mit einzelnen Haarborsten u. (od.) Keulenhaaren bedeckt. Lfb seitwärts gerichtet. 1. u. 2. LfbPaar bedeutend länger u. stärker als 3. u. 4. (Abb. **462**/2). Hlb beim ♀ oft br 3eckig (Abb. **462**/1 u. **462**/5). Lfb mit 2 Krallen; Klauenbüschel u. Hafthaare fehlen (vgl. *Philodromidae*). – **V. L.** Weltweit. ohne Fang-, Wohn-, Häutungs- od. Überwinterungsnester. Tagaktiv. Bewegung bedächtig. Lauern meist mit ausgebreiteten VBeinen an Blüten, auf Blättern u. dgl. auf Beute (Abb. **462**/2), dann oft in Färbung u. Zeichnung der Umgebung angepaßt (z. T. Farbwechsel!). Teilweise am Boden. Die Beute wird von der Bißstelle her ausgesaugt, ohne daß diese zerkaut wird. Etwa 2 000 Arten, heimisch ca. 40. Bestimmung nach lebendfrischen Exemplaren, da gelbe u. grüne Farbtöne in Alkohol rasch verschwinden!

1 Hlb am E auffällig winklig od. höckerartig erweitert (Abb. **462**/1 u. **462**/3–4) . **2**

1* Hlb von oben gesehen oval od. zum E nur abgerundet 3eckig verbreitert (Abb. **462**/5) **4**

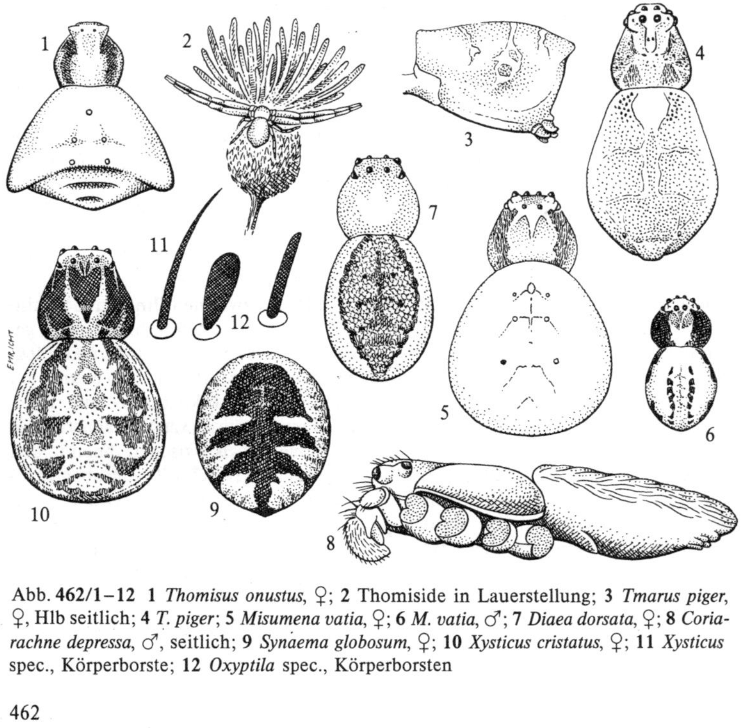

Abb. **462/1–12** **1** *Thomisus onustus*, ♀; **2** Thomiside in Lauerstellung; **3** *Tmarus piger*, ♀, Hlb seitlich; **4** *T. piger*; **5** *Misumena vatia*, ♀; **6** *M. vatia*, ♂; **7** *Diaea dorsata*, ♀; **8** *Coriarachne depressa*, ♂, seitlich; **9** *Synaema globosum*, ♀; **10** *Xysticus cristatus*, ♀; **11** *Xysticus* spec., Körperborste; **12** *Oxyptila* spec., Körperborsten

2 Hlb oberhalb der Spw zu einem kapuzenartigen M-Höcker erweitert (Abb. **462**/3 u. **462**/4). ♂♂ bis 4 mm lg, ♀♀ 5–6 mm lg. – VKörper u. Lfb bräunlich, Hlb graubraun, mit weißen Flecken u. 3 weißlichen Querbinden. SAugenhügel getrennt, der hintere größer als der vordere. Verbreitet, im S häufiger. Bes. an Waldrändern auf (Eichen-)Gebüsch od. auf niedrigen Kiefern. In Ruhe werden die Lfb um einen kleinen Zweig geschlagen u. der Körper der ULage eng angeschmiegt (Tarnung!). Ab V. (Gattung *Tmarus* SIMON). *T. piger* (WALCKENAER)

2* Hlb am E jederseits mit deutlichem Höcker od. hier stark winklig erweitert (Abb. **462**/1) **3**

3 SAugen auf einem extrem hornartig vorspringenden gemeinsamen Augenhügel (Abb. **462**/1). M-Augenfeld länger als br, nach vorn trapezartig verjüngt. ♂♂ 2,5–5 mm lg, ♀♀ 6–10 mm lg. ♀: Körper mattgelb, weiß od. rosa. VKörperrükken mit hellerem M-Band, Hlb grau geädert. ♂: VKörper u. Lfb bräunlich. – Verbreitet, aber einzeln. Wärmeliebend. Bes. auf Korbblütlern. Erbeutet oft Bienen u. große Schmetterlinge. Ab V. (Gattung *Thomisus* WALCKENAER). *T. onustus* (WALCKENAER)

3* SAugen nur auf einem flachen gemeinsamen Augenhügel. M-Augenfeld länger als br, rechteckig. ♂♂ 4–5 mm lg, ♀♀ 7–10 mm lg. ♂ u. ♀ braun, mit helleren kleinen Flecken u. Streifen. Hlb fast 3eckig (ähnlich Abb. **462**/1). – Verbreitet, aber selten. Wärmeliebend. Bes. auf Gebüsch an Waldrändern. (Gattung *Pistius* SIMON). *P. truncatus* (PALLAS)

4 **(1)** Körper pelzartig lg u. dicht weißlich behaart u. beborstet. Grundfarbe grünlich, fahlgelb od. gelbrötlich. Hlb grauweiß schimmernd. M-Augenfeld länger als br. *Heriaeus* S. 464

4* Körper nicht wie oben pelzartig dicht behaart **5**

5 VKörper u. Lfb intensiv grün (♀) od. bräunlichgrün (♂). (In Alkohol verschwindend, dann gelblichbraun.) **6**

5* VKörper u. Lfb nicht intensiv grün gefärbt, vorherrschend sind Brauntöne, seltener hier weißlich bis gelblich od. blaßgrün **7**

6 Hlb von oben gesehen lgoval, sein Rücken mit breitem, scharf begrenztem, braunem Folium, das hell gelbgrün umrandet ist (Abb. **462**/7). ♂♂ 3–4 mm lg, ♀♀ 5–6 mm lg. – Verbreitet. In feuchteren lichten Laubw auf Eichengebüsch u. niedrigem Nadelgehölz. Ab V. (Gattung *Diaea* THORELL). *D. dorsata* FABRICIUS – **Grüne Krabbenspinne**

6* Hlb von oben gesehen am E gerundet erweitert (Abb. **462**/5). HlbRücken hellgelb, mit einzelnen braunen Flecken, die vorne einen flaschenförmigen M-Fleck bilden können. ♂ Färbung vorwiegend braun, sein VKörperrücken mit hellem M-Band. ♂♂ 3–4 mm lg, ♀♀ 5–6,5 mm lg. – Vordere M-Augen kleiner als vordere SAugen u. dichter beieinander als hintere M-Augen. SAugenhügel zusammenfließend. Auf Sträuchern u. höheren Kräutern, bes. auf Blüten. HauptNa Bienen u. Wespen. Ab V. (Gattung *Misumenops* P.-CAMBRIDGE). *M. tricuspidatus* (FABRICIUS)

7 VKörper bräunlich grün. Hlb lgoval, sein Rücken mit scharf begrenztem, breitem, braunem Folium auf hellgelblichgrünem Grund (Abb. **462**/7). ♂ von *Diaea dorsata* FABRICIUS (s. o., **6**)

7* HlbForm u. -zeichnung anders **8**

8 Vordere M-Augen u. vordere SAugen gleichgroß od. die vorderen M-Augen größer. ♀ Körper u. Lfb gelb, weiß od. blaßgrün; Hlb z. T. mit 2 od. 4 roten Längs-

streifen, 7–10 mm lg (Abb. **462**/5). ♂ kleiner, 3–4 mm lg, VKörper schwärzlich u. mit hellgelbem M-Band; HlbRücken hell, mit 2 schwarzen Längsstreifen (Abb. **462**/6); 1. u. 2. Lfb dunkelbraun, die hinteren heller. M-Augenfeld rechteckig, länger als br (Unterschied zu *Misumenops*). SAugenhügel zusammenfließend. Verbreitet, aber einzeln auf Doldenblüten u. Korbblüten. ♀ mit Farbwechsel, der innerhalb von 3 Tg erfolgen kann. Na Bienen u. Wespen, die durch einen Biß ins Genick getötet werden. Ab V. (Gattung *Misumena* LATREILLE).
M. vatia (CLERCK)

8* Vordere M-Augen deutlich kleiner als vordere SAugen **9**

9 Körper wanzenartig flach. VKörperrücken in SAnsicht nicht höher als die Kopfregion (Abb. **462**/8). Vorderer u. hinterer SAugenhügel gleichgroß. M-Augenfeld rechteckig, breiter als lg. Bis 5,5 mm lg. – Körper dunkel- bis schwarzbraun, Stirn querüber gelblich-weiß aufgehellt u. Hlb seitlich mit weißlichen Falten, die zum Rücken zusammenlaufen. Verbreitet aber nicht häufig. Unter Fichtenrinde auf Beute lauernd. Seltener unter Steinen u. Bodenstreu an Waldrändern. Ganzjährig. (Gattung *Coriarachne* THORELL). *C. depressa* C. L. KOCH – **Wanzenspinne**

9* Körper nicht wanzenartig flach. Vorderer SAugenhügel größer als hinterer SAugenhügel **10**

10 HlbRücken mit charakteristischer schwarzer Sternzeichnung auf weißgelbem Grund (Kontrast!) (Abb. **462**/9). ♂♂ bis 4 mm lg, ♀♀ 6–9 mm lg. – VKörper u. Lfb schwarz. Hlb fast kreisrund, gewölbt u. glänzend. M-Augenfeld breiter als lg. Im S verbreitet, im N nur stellenweise. Bes. auf Blüten u. Blättern mit gelblichroten Tönen. (Gattung *Synaema* SIMON). *S. globosum* (FABRICIUS)

10* HlbRücken anders gefärbt u. gezeichnet **11**

11 VKörper u. Hlb mit feinen, endwärts gleichmäßig zugespitzten Borsten bedeckt (Abb. **462**/11). M-Augenfeld breiter als lg, seltener quadratisch. 1. LfbSchiene unterseits mit 3–6 Stachelpaaren. Meist größere Arten (Abb. **462**/10). Auf Pflanzen, seltener am Boden. *Xysticus* S. 464

11* VKörper u. Hlb mit endwärts keulig verdickten Borsten besetzt. Sind diese nicht keulig, dann bis zum E gleichmäßig dick u. am E abgerundet (Abb. **462**/12). M-Augenfeld deutlich länger als br. 1. LfbSchiene unterseits nur mit 2 Stachelpaaren. Kleinere Arten. Meist am Boden. *Oxyptila* S. 465

Gattung *Heriaeus* SIMON

G. Körpergrundfarbe grün bis gelb. Lfb u. Körper pelzartig dicht u. lg behaart u. beborstet. Hlb grauweiß schimmernd. – **V. L.** Vereinzelt, hauptsächlich im S u. an warmen Orten. Auf Gräsern u. Kräutern. 1 heimische Art. *H. mellottei [H. oblongus]* SIMON. ♂♂ 4–5 mm lg, ♀♀ 7–8 mm lg. VKörperrücken grünlich, mit hellem M-Streifen. Hlb länger als br, beim ♂ doppelt so lg wie br. HlbRükken gelegentlich heller längsgestreift od. mit rötlichem M-Fleck am VRand.

Gattung *Xysticus* C. L. KOCH

G. Mittelgroße Arten, ♂♂ 3–7 mm lg, ♀♀ 5–10 mm lg. Grundfärbung hell- bis dunkelbraun. VKörperrücken in der Regel mit breiter dunkler SBinde u. heller M-Binde, die in der M verdunkelt sein kann (Abb. **462**/10). HlbRücken mit hellen Querbinden, im VTeil mit hell eingefaßtem Keilfleck. Körperborsten

Abb. **462**/11. – **V. L.** Verbreitet u. häufig. Auf niedrigen Pflanzen u. Gebüsch, seltener am Boden od. unter Steinen. In M-Eur ca. 30 Arten, heimisch 9. Trotz oft charakteristischer Färbung u. Zeichnung der einzelnen Arten für den Anfänger schwer bestimmbar. Häufigste Art: *X. cristatus* (CLERCK), ♂♂ 4–5 mm lg, ♀♀ 6–7 mm lg. Hellbraun. Im hellen M-Streifen des VKörperrückens ein bräunliches Dreieck mit nach hinten weisender dunkler Spitze (Abb. **462**/10). Bes. im Gras, sonst auf niedrigem Gebüsch der offenen u. bedeckten Landschaft (Gärten, Felder, Wälder). Läßt sich bei Beunruhigung fallen. Wird häufig beim Keschern gefangen. Ab V.

Gattung *Oxyptila* SIMON

G. Meist kleinere Arten, 2–8 mm lg. Grundfarbe dunklere Brauntöne. VKörperrücken in der Regel ohne die dunkle Zeichnung im hellen M-Band wie bei *Xysticus* (vgl. Abb. **462**/10). Rückenzeichnung des Hlb oft undeutlich. Körperborsten keulenförmig (Abb. **462**/12) (wichtigster Unterschied zu *Xysticus*!). – **V. L.** Weltweit. Häufig u. verbreitet. Vorwiegend Bodentiere unter Steinen, in der Bodenstreu od. dicht über dem Boden. 9 heimische Arten. Nur nach den Genitalorganen sicher bestimmbar.

Familie *Salticidae* – **Springspinnen**

G. Kleine bis mittelgroße Spinnen, 2–12 mm lg. Augenstellung u. -größe charakteristisch für die Familie (Abb. **465**/1). Körper gedrungen, Lfb kurz u. kräftig (Sprungvermögen). Grundfarbe dunkelbraun, dunkelgrau od. schwärzlich. Vielfach buntfarbig, z. T. durch helle od. metallisch schimmernde Schuppenhaare. Einige Arten ahmen die Körpergestalt von Ameisen od. Käfern nach (Abb. **465**/2 u. **465**/3). Vordere M-Augen am größten (Abb. **395**/1–2), die Retina durch zahlreiche Muskeln beweglich (Beutefixierung!). Formen- u. Farbensehen! – **V. L.** Weltweit. Wärme- u. sonnenliebende tagaktive Tiere. In der Regel keine Fangge-

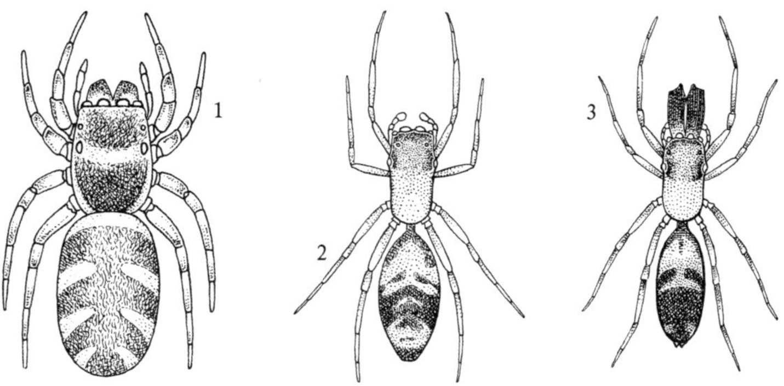

Abb. **465/1–3** **1** *Salticus scenicus*, ♀; **2** *Myrmarachne formicaria*, ♀; **3** *M. formicaria*, ♂

webe, weben aber sackartige Häutungs-, Überwinterungs- u. Einestkammern. Die Beute wird optisch wahrgenommen u. verfolgt, angeschlichen u. aus kurzer Entfernung angesprungen u. durch einen Biß gelähmt. ♂♂ umwerben die ♀♀ vor der Paarung mit charakteristischen Tänzen, bei denen sie mit den oftmals auffällig gefärbten VBeinen u. Pdp artkonstante Signalbewegungen ausführen. Das ♀ bewacht die Jungen in einer Eikammer meist bis zur 2. Häutung. Artenreichste Familie der Webespinnen. Über 5000 Arten, heimisch etwa 70. – *Salticus* LATREILLE, Hlb mit auffälliger zebraähnlicher Schwarzweißzeichnung (Abb. **465**/1). *S. scenicus* (CLERCK) – **Zebraspinne,** ♂♂ bis 5 mm lg, ♀♀ bis 6 mm lg (Abb. **465**/1). An besonnten Mauern, Hauswänden, Zäunen usw. *Myrmarachne* MACLEAY, nur 1 heimische Art: *M. formicaria* (DE GEER) – **Ameisenspringspinne,** ♂♂ bis 6,5 mm lg, ♀♀ bis 6 mm lg (Abb. **465**/2 u. **465**/3). Körper schwarz u. hellbraun gefärbt. VKörperrücken im abgesetzten Kopfteil schwarz, sonst braun. Hlb durch eine querverlaufende Hellfärbung ebenfalls 2teilig. ♂ mit enorm verlängerten u. oberseits abgeflachten Cheliceren (Abb. **465**/3). 1. LfbPaar täuscht Ameisen-Antennen vor, indem es angehoben getragen u. zitternd bewegt wird. Bes. auf sonnigen Grashängen.

Literatur

DAHL, F.: Die Tierwelt Deutschlands und der angrenzenden Meeresteile. Spinnentiere oder Arachnoidea. Teil 3, 5, 23, 33, 42, 44 und 47. Jena 1926–1963.

GRIMM, U.: Die Gnaphosidae Mitteleuropas (Arachnida, Araneae). Abh. Naturwiss. Ver. Hamburg (NF), **26,** 1985.

–: Die Clubionidae Mitteleuropas: Corinninae und Liocranidae (Arachnida, Araneae). Abh. Naturwiss. Ver. Hamburg (NF), **27,** 1986.

HEIMER, S. u. NENTWIG, W. (Hrsg.): Spinnen Mitteleuropas. Berlin, Hamburg 1991.

JONES, D.: Der Kosmos-Spinnenführer. Stuttgart 1984.

KAESTNER, A.: Spinnentiere und Tausendfüßler. Sammlung Göschen, Bd. 1161. Berlin 1955.

–: Lehrbuch der Speziellen Zoologie. Bd. 1, Wirbellose 1. Teil. 3., erweiterte Aufl. Jena 1969.

LOCKET, G. H. AND MILLIDGE, A. F.: British Spiders. Bd. 1 u. 2. London 1951, 1953.

LOCKET, G. H., MILLIDGE, A. F. AND MERRETT, P.: British Spiders. Bd. 3. London 1974.

MILLER, F.: Pavouci – Araneida in DANIEL, M., und ČERNÝ, V.: Klíč Zvířeny ČSSR. Bd. 4. Prag 1971.

PALMGREN, P.: Die Spinnenfauna Finnlands (und Ostfennoskandiens). Teil I–III. Acta Zoologica Fennica, Bd. 25, 36 und 62. Helsingfors 1939–1950.

ROBERTS, M. J.: The Spiders of Great Britain and Ireland. Harley Books, 1985–87. Bd. 1 Atypidae – Theridiosomatidae. Bd. 2 Linyphiidae. Bd. 3 Farbtafeln Atypidae – Linyphiidae.

ROEWER, C. F.: Echte oder Webespinnen in BROHMER, EHRMANN, ULMER: Die Tierwelt Mitteleuropas. Bd. 3. Leipzig 1928.

TULLGREN, A.: Svensk Spindelfauna. 3. Egentliga Spindlar. Fam. 1–10. Stockholm 1944–1947. (Nachdruck 1970, Hampton Middlesex England).

Ordnung *Pseudoscorpiones* – **Afterskorpione**

G. Kleine Spinnentiere, 1–4,5 mm lg. Körper flach. VKörper u. Hlb in ganzer Br. verbunden. Pedipalpen (Pdp) skorpionsähnlich, mit großer Schere (Abb. **467**/1). An der Spitze des beweglichen Scherenfingers münden Giftdrüsen aus. VKörperrücken mit 0–4 Augen u. 1–2 Querfurchen. Hlb sackförmig, am E gerundet u. deutlich in 12 Segmente gegliedert. Das letzte Segment von oben nicht sichtbar. Rückenplatten (Tergite) des Hlb vielfach in der Körpermitte halbiert (Abb. **467**/1). Cheliceren klein, scherenförmig, an der Spitze münden Spinndrüsen. Tastsinn stark etw. Tasthaare über den ganzen Körper verteilt, bes. auf der PdpSchere. Teilweise Geschlechtsdimorphismus. – **V.** Alle Erdteile. – **L.** Alle Lebensräume des Landes. Bodentiere. Im Laub u. Moos, unter Rinde u. Steinen, in Vogelnestern, Taubenschlägen u. Erdnestern von Kleinsäugern, in Wohnungen, Stallungen usw. Lassen sich teilweise durch Insekten (bes. Fliegen) verschleppen (Phoresie). – **B.** Räuber. Kleine NaTiere (Milben, Springschwänze, Staubläuse) werden mit den PdpScheren ergriffen, mit den Cheliceren angeschnitten u. nach Außenverdauung ausgesaugt. Paarung z. T. mit Paarungsvorspiel (♂ u. ♀ „tanzen“, sich gegenseitig an den Pdp haltend). Samenübertragung mit Hilfe auf den Boden abgesetzter Spermatophoren. Ausgeprägte Brutpflege. ♀ trägt die Eier in einem aus Sekret gebildeten Brutbeutel an der US des Hlb. Die geschlüpften Embryonen werden mit einer aus der Geschlechtsöffnung austretenden Nährflüssigkeit versorgt. Brutpflege, Häutung, Überwinterung u. -sommerung in allseits geschlossenen, meist getarnten Gespinsten. – Fang durch Sieben, Klopfen, Streifen, Absuchen von Rinde usw. Tötung u. Konservierung in 70%igem Alkohol. Angabe der KörperLg ohne Cheliceren. Sichere Bestimmung nur mit stärkerer Vergrößerung. Über 2 500 Arten, heimisch 26 (Faunistik u. Systematik heimischer Arten ungenügend bearbeitet).

1 HlbTergite in der RückenM halbiert, paarig (Abb. **467**/1–3) **2**

1* HlbTergite einheitlich, nicht halbiert (unpaar) (Abb. **469**/1) **13**

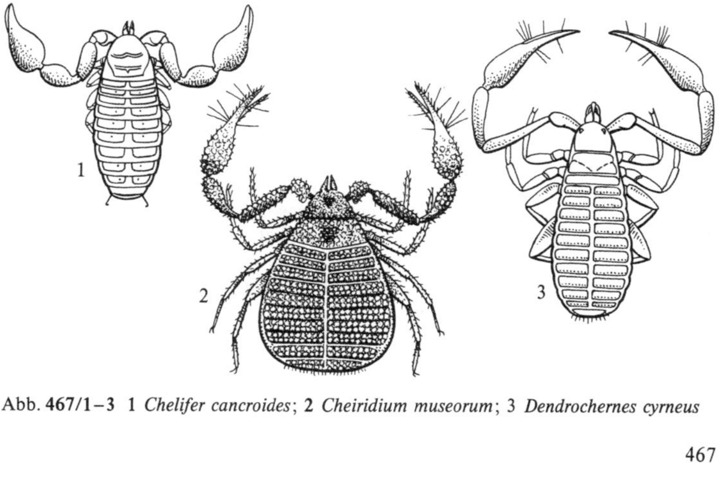

Abb. **467/1–3** 1 *Chelifer cancroides*; 2 *Cheiridium museorum*; 3 *Dendrochernes cyrneus*

2 Mit 1 od. 2 deutlichen Linsenaugen (nicht nur helle „Augenflecke") 3
2* Ohne Linsenaugen, höchstens helle Augenflecke in der Kutikula 5
3 Mit 2 Paar Linsenaugen 12
3* Nur 1 Paar kleine Linsenaugen. Kleine Arten 1–1,4 mm lg 4
4 11 HlbTergite von oben sichtbar. VKörperrücken mit 1 Querfurche u. ohne Schulterbeule. 1–1,1 mm lg. – Bayern. Rindenbewohner alter freistehender Bäume (bes. Birne, Eiche). (Gattung *Apocheiridium* CHAMBERLIN). *A. ferum* (SIMON)
4* Nur 10 HlbTergite von oben sichtbar. VKörperrücken mit 2 deutlichen Querfurchen u. deutlicher Schulterbeule. 1–1,4 mm lg. – Kosm, Kulturfolger. Bes. an trockenen Orten. In Vogelnestern, unter loser Rinde, unter Steinen u. Brettern. In Vogelkäfigen. Häutungsnester 2 mm ∅, flach, oft kolonieweise u. mit eingewebten Holzteilen usw. (Gattung *Cheiridium* MENGE) (Abb. **467**/2). *C. museorum* (LEACH)
5 (2) VKörperrücken mit 2 Querfurchen. Körper granuliert, nicht glänzend . . 6
5* VKörperrücken mit 1 Querfurche. Körper glänzend, Hlb nicht granuliert. 1,5–2,2 mm lg. – In pflanzlichem Abfall, Dunghaufen, Gewächshäusern, gelegentlich in Wohnungen. Häufig phoretisch an den Beinen von Stubenfliegen u. anderen Insekten angeklammert. (Gattung *Lamprochernes* TÖMÖSVARY). *L. nodosus* (SCHRANK)
6 US der PdpHüfte granuliert 7
6* US der PdpHüfte glatt 10
7 11. HlbTergit mit längeren Tasthaaren (Abb. **467**/3) 8
7* 11. HlbTergit ohne längere Tasthaare. 2,1–2,7 mm lg. – Unter Rinde u. im Mulm alter Bäume, in Ameisennestern *(Formica rufa)*, in Häusern. (Gattung *Allochernes* BEIER). *A. wideri* (C. L. KOCH)
8 Letztes HlbTergit ungeteilt 9
8* Letztes HlbTergit in der Körpermitte geteilt. 1,6–1,8 mm lg. – Rheintal. Bodenstreu der Laubw, unter Steinen, bei *Formica rufa*. *A. dubius* (CAMBRIDGE)
9 (7) Größere Art, 3,8–4 mm lg. Ausschließlich in Maulwurfsnestern, bes. Winternester. ♂ Pdp dicht fellartig behaart. (Gattung *Lasiochernes* BEIER). *L. pilosus* (ELLINGSEN)
9* Kleinere Art, 1,4–2,5 mm lg. – Unter Rinde u. Moos, in Abfallhaufen, Gewächshäusern, in Ameisen- *(Formica rufa)* u. Hummelnestern *(Bombus muscorum)*. (Gattung *Pselaphochernes* BEIER). *P. scorpioides* (HERMANN)
10 (6) VKörperrücken vor der 2. Querfurche mit einer Honigwabenstruktur. 1,8–2,8 mm lg. – Verbreitet. Ebene bis M-Geb. Typischer Wald- u. Baumrindenbewohner. (Gattung *Chernes* MENGE). *C. cimicoides* (FABRICIUS)
10* VKörperrücken ohne Honigwabenstruktur, nur granuliert 11
11 PdpSchere glänzend. Beweglicher Finger etwas kürzer als die Scherenhand. VKörper mit hellen Augenflecken. Körper dunkelbraun, Pdp schwärzlich. Bis 5 mm lg. – Vereinzelt. Unter Rinde alter Nadel- u. Laubbäume. In Bock- u. Borkenkäfergängen. (Gattung *Dendrochernes* BEIER). (Abb. **467**/3) *D. cyrneus* (L. KOCH)
11* PdpSchere stumpf (durch einen weißlichen Belag). VKörper ohne Augenflecken. Körper hellrotbraun bis lehmbraun. 2–2,5 mm lg. – In alten hohlen Bäumen, Vogelnestern, in der Streu alter Stallungen, Schuppen u. Scheunen. (Gattung *Dinocheirus* CHAMBERLIN). *D. panzeri* (C. L. KOCH)

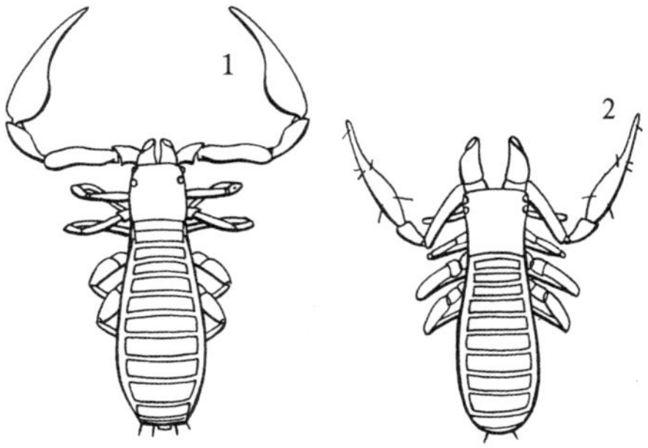

Abb. **469/1–2**
1 *Neobisium carcinoides*;
2 *Chthonius* spec.

12 **(3)** VKörperrücken außer der normalen Granulierung seitlich mit großen borstentragenden Körnern. 2,6–4,5 mm lg.– Kosm. Unter Borkenrinde vorwiegend durch Borkenkäfer befallener Nadelbäume, in Vogelnestern u. Häusern (Bücher, Altpapier, Herbarien), in Bienenhäusern. (Gattung *Chelifer* GEOFFROY). (Abb. **467**/1). *C. cancroides* (L.) – **Bücherskorpion**

12* VKörperrücken nur granuliert, ohne borstentragende Höcker. 2,5–3 mm lg. – Verbreitet. In feuchterem Gelände (Auen, Flußuferzonen, feuchteres Fallaub unter Hecken usw.). An der Küste unter angeschwemmtem Tang. (Gattung *Dactylochelifer* BEIER). *D. latreilli* (LEACH)

13 **(1)** VKörper von oben gesehen vorn breiter als hinten (Abb. **469**/2). Pdp in Ruhe eng an den Körper angezogen. 1. u. 2. LfbFuß 1gliedrig, 3. u. 4. LfbFuß 2gliedrig. Bis 2,5 mm lg. – Verbreitet. Bodentiere vorwiegend feuchterer Biotope, unter Fallaub, Moos, Steinen od. im Humus. 4 heimische Arten bekannt.
Chthonius C. L. KOCH

13* VKörper von oben gesehen vorn nicht breiter als hinten, ± parallelseitig (Abb. **469**/1). Alle 4 LfbFüße 2gliedrig. – Weit verbreitet, Ebene bis Geb. Bodentiere feuchterer u. schattiger Lebensräume. Im Laub u. Detritus, unter Steinen (im Geb). 9 heimische Arten bekannt. *Neobisium* CHAMBERLIN
Microbisium CHAMBERLIN

Literatur

BEIER, M.: Pseudoscorpionidea I (Chthoniinea et Neobisiinea). Das Tierreich, 57. Berlin 1932.

–: Pseudoscorpionidea II (Cheliferinea). Das Tierreich, 58. Berlin 1932.

–: Ordnung Pseudoscorpionidea (Afterskorpione). Bestimmungsbücher zur Bodenfauna Europas, 1. Berlin 1963.

KAESTNER, A.: Pseudoscorpiones in BROHMER, EHRMANN, ULMER: Die Tierwelt Mitteleuropas, 3. Leipzig 1929.

ROEWER, C. F.: Chelonethi oder Pseudoscorpione in BRONNS Klassen und Ordnungen des Tierreichs, 5 (IV) 6. Leipzig 1940.

WEYGOLDT, P.: Moos- und Bücherskorpione. Die Neue Brehmbücherei 365. Wittenberg Lutherstadt 1966.

Ordnung *Opiliones* – Weberknechte, Kanker

G. (Abb. **470**/1 u. **470**/2). VKörper u. Hlb br miteinander verwachsen, Grenze oft verwischt u. auf dem Rücken häufig durch eine dunkle Sattelfärbung überlagert. In der M des VKörpers ein Augenhügel mit 1 Paar Augen u. am seitlichen VRand jederseits eine Duft- od. Wehrdrüse. Hlb gegliedert, oft mit Rückenschild (Scutum – Verschmelzung u. Verhärtung der vorderen Tergite), der mit dem VKörper fest verbunden ist (bes. häufig u. deutlich bei ♂♂). Hlb ohne Spw. Cheliceren 3gliedrig, am E scherenförmig (beim ♂ oft mit sekundären Geschlechtsmerkmalen) (Abb. **475**/2 u. **475**/3). Pdp laufbeinartig, seine Hüftlade bei höherentw Formen im Dienst der NaAufnahme stehend (Abb. **475**/1). Lfb in der Regel außerordentlich lg, der Fuß meist aus sehr zahlreichen EinzelGld bestehend. Geschlechtsöffnung unter einem Genitaldeckel verborgen (Abb. **475**/1). ♂♂ mit echtem Begattungsorgan (Penis), ♀♀ mit langer Legeröhre. Beide Organe in Ruhe unter dem Genitaldeckel verborgen. ♂♂ z.T. mit sekundären Geschlechtsmerkmalen (Abb. **475**/2). – **V.L.** Alle Erdteile u. Lebensräume des Landes. Sowohl am Boden (bes. Jungtiere) als auch in der Kraut-, Strauch- u. Baumschicht (Erwachsene), an Mauern, Häusern usw. Na: Allesfresser, wenige NaSpezialisten (*Trogulidae* erbeuten z.B. Schnecken). Eierlegend. Jungtiere häufig von den Erwachsenen verschieden. Meiste Arten 1jährig. – Fang durch Absuchen von Gebäudewänden, Mauern, Baumstämmen, modernden Stubben, durch Umdrehen von Steinen, morschem Holz, Sieben, Klopfen, Streifen. Tötung u. Konservierung in 70%igem Alkohol. Über 3 600 Arten, heimisch 37.

1 VKörper am VRand mit einer vorspringenden Kappe (z.T. 2teilig), die die Cheliceren u. Pdp von oben gesehen verdeckt (Abb. **471**/1–2). Haut warzig, drüsig verklebt u. meist schmutzbedeckt. Mit sehr kurzen Beinen (nicht kankerartig!) (Abb. **471**/1–2). *Trogulidae* S. 471

1* VKörper am VRand ohne vorspringende Kappe, Mundwerkzeuge daher von oben frei sichtbar. Beine meist auffallend lg (kankerartig!) **2**

2 Cheliceren über körperlg, das ChelicerengrundGld so lg wie od. länger als der Körper (Abb. **470**/1). *Ischyropsalididae* S. 474

2* Cheliceren normal gestaltet, ihr GrundGld wesentlich kürzer als der Körper (Abb. **470**/2) **3**

3 PdpFuß deutlich länger als das vorletzte PdpGld (Schiene) u. stets mit schwarzer Kralle. *Phalangiidae* S. 475

3* PdpFuß kürzer als das vorletzte PdpGld (Schiene) u. immer ohne Kralle. *Nemastomatidae* S. 472

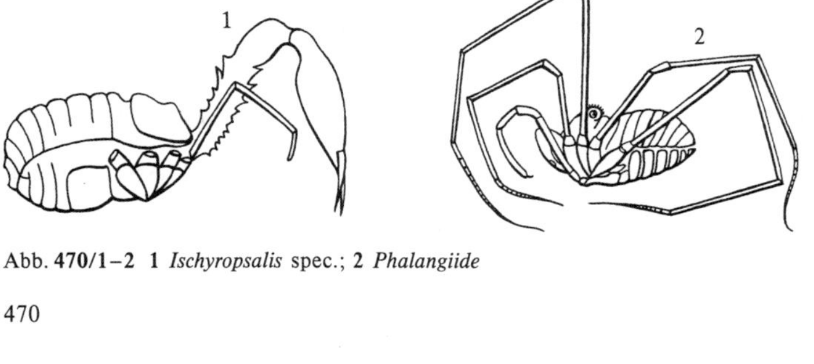

Abb. **470/1–2** **1** *Ischyropsalis* spec.; **2** *Phalangiide*

Familie *Trogulidae* – **Brettkanker**

G. Körper brettartig flach u. rauhwarzig, mit Sekret u. Bodenpartikeln bedeckt. Schwarzbraun. Am VKörperrand 2 augentragende Fortsätze, die mit langen sekretverklebten Kegelpapillen besetzt sind u. die Mundwerkzeuge von oben gesehen bedecken (Abb. **471**/1–2). Die ersen 5 HlbTergite mit dem VKörperrücken zu einem einheitlichen Scutum verwachsen, Segmentgrenzen (Sekret entfernen!) nur durch seichte Furchen angedeutet. RückenM mit Längsfurche. Beine kurz, 2. Lfb nur wenig länger als der Körper. – **V. L.** W-pal. Träge Bodentiere, stellen sich bei Gefahr tot. Bes. in bodenfeuchten u. beschatteten kalkreichen LaubwBiotopen, seltener in Kiefernwäldern. Unter Laub, Moos, Detritus, Steinen. Na: Gehäuseschnecken, die von der SchalenMdg her ausgefressen werden. Ablage der wenigen Eier (1–10) in leere Schneckengehäuse, deren Mdg mit festem Gespinst verschlossen wird. Erwachsene z. T. mehrjährig. 4 heimische Arten.

1 Körper tropfenförmig u. gewölbt, stark mit Erdreich verkrustet. Lfb mit Warzen u. langen gekrümmten Borsten bedeckt, diese ± in Längsreihen (Abb. **471**/1). 2,6–3,9 mm lg. – VKörper vorne in 2 gerade kurze Fortsätze verlängert, die dornartige Tuberkeln tragen. W-Eur, östl. bis zur Elbe. Unterschiedliche Biotope mit entsprechender Substratfeuchtigkeit. Obere Boden- u. Fallaubschichten, unter Holz u. Steinen kalkreicher Böden (Gattung *Anelasmocephalus* SIMON).
Anelasmocephalus cambridgei (WESTWOOD)

1* Körper brettartig flach. Lfb nicht lg behaart (fast kahl) (Abb. **471**/2). VKörper vorne mit 2 langen gekrümmten Fortsätzen, die mit Sekret u. Detritus verklebt eine einheitliche Kappe über den Mundwerkzeugen bilden. Größere Arten über 5 mm lg. (Gattung *Trogulus* LATREILLE) **2**

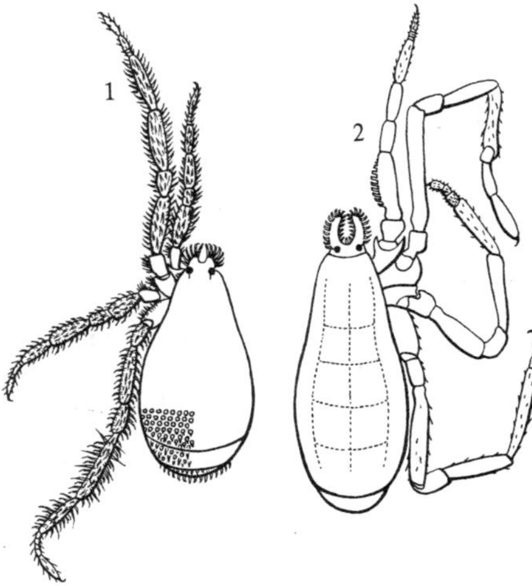

Abb. **471/1–2**
1 *Anelasmocephalus cambridgei*;
2 *Trogulus tricarinatus*

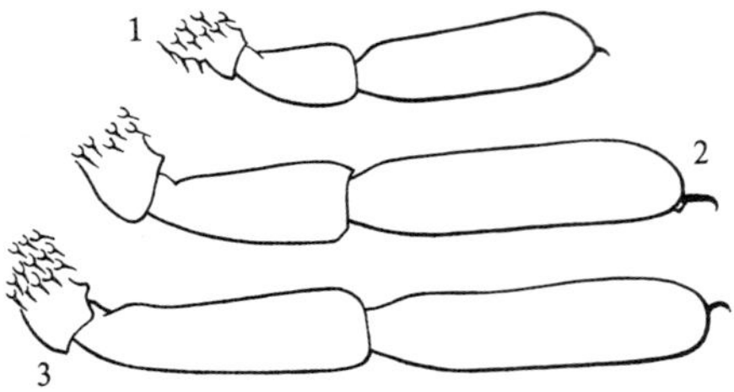

Abb. **472/1–2**
1 *Trogulus tricarinatus*, 1. u. 2. FußGld des 2. Laufbeines; **2** *T. nepaeformis*, 1. u. 2. FußGld des 2. Laufbeines; **3** *T. tingiformis*, 1. u. 2. FußGld des 2. Laufbeines

2 EndGld des 2. LfbFußes deutlich 1,5–2,2mal länger als das GrundGld (Abb. **472**/1). Kleine Art: 4,6–6,0 mm lg. – Verbreitet von der Ebene bis ins Bergland, hier häufiger. Bodenfeuchte bis trockene Waldstandorte. *Trogulus tricarinatus* (L.)

2* EndGld des 2. LfbFußes nur wenig länger (höchstens 1,5mal) od. ebenso lg wie das GrundGld (Abb. **472**/2). Größere Arten über 6 mm lg **3**

3 Beide FußGld des 2. Lfb etwa gleichlg (Abb. **472**/3). Rücken mit deutlichem Längskiel. Größere Arten: 8–11 mm lg. – Oberbayern. In der Bodenauflage feuchter Buchenwälder. *T. tingiformis* C. L. KOCH

3* FußGld des 2. Lfb länger als das GrundGld (Abb. **472**/2). RückenKiel undeutlich od. fehlend. M-große Art: 6–9 mm lg. – W- u. M-Eur. Kühle, beschattete bodenfeuchte Standorte, bes. der M-Geb. *T. nepaeformis* (SCOPOLI)

Familie *Nemastomatidae* – **Fadenkanker**

G. Körper braun bis schwarz, z. T. mit Silber- od. Goldfleckenzeichnung (Abb. **473**/3). Jungtiere u. frischgehäutete Erwachsene ± hellbraun. Die Tergite od. deren Ränder meist durch Skulpturen od. Zahnreihen angedeutet (Abb. **473**/1 u. **473**/2). Die vorderen 5 HlbTergite mit dem VKörperrücken zu einem harten Schild (Scutum) verwachsen, die Tergite 7–12 liegen ± bauchseitig. Pdp ohne Klaue, vom OSchenkel an bis zum FußGld mit sog. Kugelhaaren (Drüsenhaaren) dicht besetzt. ♂ ChelicerengrundGld verlängert u. am vorderen oberen E mit einem Drüsenorgan auf einem von Art zu Art verschiedengeformten Vorsprung (Abb. **474**/2 u. **474**/3). Das ausgeschiedene Drüsensekret wird dem ♀ bei der Kopulation dargeboten. LfbFuß 20–30gliedrig. – **V. L.** Holarkt. Langsame Bodentiere. An feuchten, schattigen Stellen, bes. in Wäldern u. im Geb. Teilweise lichtscheu. Na: Milben, kleine Insekten usw. Eier od. Jungtiere überwintern im Boden (oft bis 1 m tief). 7 heimische Arten.

1 VKörper- u. HlbRücken mit girlandenartig angeordneten lückenlosen Reihen von Zweizackzähnen (Abb. **473**/1). 1. LfbOSchenkel in der basalen Hälfte mit hellen Einschnürungen (Pseudogelenke). – Körper dunkelbraun-hellgelb gemustert, mit Silberflecken. Weitverbreitet, bes. an strukturierten Orten wie Spalten, altem Holz od. Laub. Von der Ebene bis in 2 400 m H. Erwachsene ganzjährig. (Gattung *Mitostoma* ROEWER). *M. chrysomelas* (HERMANN)

1* Körperrücken ohne diese lückenlosen Reihen von Zweizackzähnen. 1. LfbOSchenkel ohne helle Pseudogelenke. Lfb kurz **2**

2 Auf den ersten 5 HlbTergiten je 1 Paar sog. Stabdorne (Abb. **473**/2), beim ♀ klein (seitlich betrachten!). ♂♂ 1,9–2,3 mm lg, ♀♀ 2,2–2,5 mm lg. – Pechbraun bis tiefschwarz, ohne Silberflecken. Bisher nur im Allgäu u. Bayerische Alp. Feuchte dunkle alp Standorte. Unter Steinen, in Bodenstreu u. modrigem Holz. (Gattung *Histricostoma* KRATOCHVIL). *H. dentipalpe* (AUSSERER)

2* Ohne Stabdorne auf dem Rücken, aber mit Silber- od. Goldfleckenzeichnung (Abb. **473**/3–4) **3**

3 Kleine Arten bis 2,5 mm lg. 2. u. 3. LfbOSchenkel an der Basis mit 1–2 Pseudogelenken. Rückenschild des Hlb glatt, Tergite höchstens durch seichte Furchen angedeutet. *Nemastoma* S. 473

3* Körper 3–5 mm lg. 2. u. 3. LfbOSchenkel an der Basis mit 3–9 Pseudogelenken. Segmentareale des HlbRückenschildes mit je 1 Paar breiter Sockel, auf denen stumpfkonische Tuberkel sitzen (2. Paar am größten, beim ♀ weniger deutlich) (Abb. **473**/3). ♂♂ 3–4 mm lg, ♀♀ 3,9–4,5 mm lg. – Tiefschwarz, VKörperrücken mit 1 Paar Goldflecken in Form einer schrägstehenden Acht (Abb. **473**/3). Daneben kleine Goldflecken am VKörperrand u. am HRand des Rückenschildes. Eur Geb, M-Geb, bis in 1 800 m H. Streuschicht bodenfeuchter Wälder. Nachtaktiv. (Gattung *Paranemastoma* REDIKORZEW). *P. quadripunctatum* (PERTY)

Gattung *Nemastoma* C. L. KOCH

G. Körper bis 2,5 mm lg, braun bis tiefschwarz, z. T. mit Silberfleckenzeichnung auf dem Rücken (Abb. **473**/4). ♂ Cheliceren am oberen VRand mit Drüsenfeld auf charakteristischem Vorsprung (Abb. **474**/2 bis **474**/3). – **V. L.** Eur. Von der Ebene bis ins Geb. Bodentiere meist feuchter schattiger Standorte. Oft mehrere sich überschneidende Generationen an einem Fundort, so daß hellbraune Jungtiere u. schwarze Erwachsene gemeinsam auftreten. Eigelege u. alle EntwStadien können je nach Umweltbedingungen überwintern, daher für fast alle Arten I–XII. 4 heimische Arten. Sichere Bestimmung nur nach den ♂♂.

1 VKörperrücken mit 1 Paar ± leuchtender Silberflecke (♂ ♀) (Abb. **473**/4) . . **2**

1* VKörperrücken ohne Silberflecken, einfarbig schwarz (♂ ♀) (vgl. aber auch *N. lugubre*) **3**

2 ♂ VRand des ChelicerengrundGld von oben gesehen 2zipflig (Abb. **474**/1). ♂ ♀ OS der basalen OSchenkelhälfte mit 2 in Längsreihen angeordnete Körnchen.

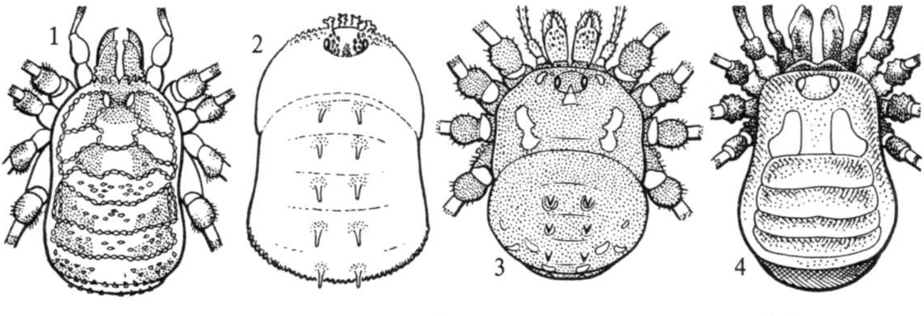

Abb. **473/1–4** **1** *Mitostoma chrysomelas*, ♀; **2** *Histricostoma dentipalpe*, ♂; **3** *Paranemastoma quadripunctatum*, ♂; **4** *Nemastoma lugubre*, ♂

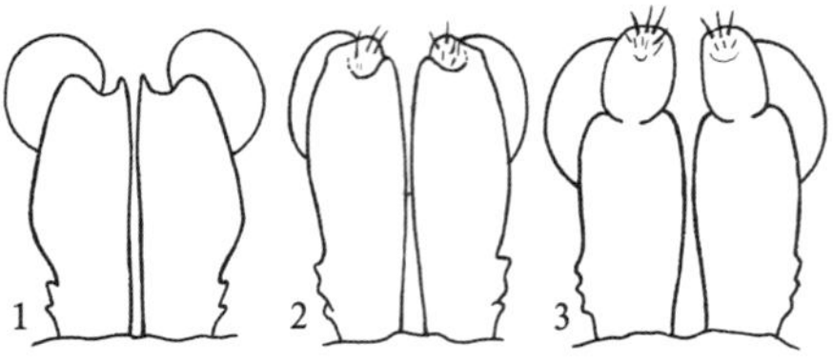

Abb. **474/1–3**
1 *Nemastoma bimaculatum*, ♂, ChelicerengrundGld von oben;
2 *N. lugubre*, ♂, ChelicerengrundGld von oben;
3 *N. dentigerum*, ♂, ChelicerengrundGld von oben

♂♂ 2,0–2,2 mm lg, ♀♀ 2,3–2,5 mm lg. – Tiefschwarz, auf dem VKörperrücken 2 große Silberflecke. Nur in W- u. NW-Eur. Heimisch linksrheinisch bei Bonn, rechtsrheinisch Siebengebirge. *N. bimaculatum* (FABRICIUS)

2* ♂ VRand des ChelicerengrundGld nicht deutlich 2zipflig, ± gerundet (Abb. **474**/2). ♂ ♀ basale OSchenkelhälfte glatt, ohne Körnchenlängsreihen auf der OS. ♂♂ 1,6–1,8 mm lg, ♀♀ 2,1–2,7 mm lg. – Färbung u. Zeichnung wie vor. Art (Gelegentlich kommen sog. „Schwärzlinge" vor). Im Gegensatz zur vor. Art im gesamten Gebiet gleichmäßig verbreitet. Bes. im Laub schattiger bodenfeuchter Laubw, Feldgehölze u. Flußauen. Nachtaktiv. Von der Ebene bis in 1 300 m Höhe. *N. lugubre* (MÜLLER)

3 (1) ♂ VRand des ChelicerengrundGld mit einem großen, am Grunde eingeschnürten Fortsatz (Abb. **474**/3). ♂♂ 1,5–1,7 mm lg, ♀♀ 1,6–1,9 mm lg. Heimisch nur lokal nördl. der Alp in parkartig offenem Gelände (Stuttgart, Mainz, Bonn). *N. dentigerum* CANESTRINI

3* ♂ Fortsatz am VRand des ChelicerengrundGld ± quadratisch u. am Grunde nicht eingeschnürt (ähnlich Abb. **474**/2). ♂♂ 1,5–1,7 mm lg, ♀♀ 1,7–1,9 mm lg. – Nur vereinzelt in den M-Geb, sonst O-Alp. L. ähnlich *N. lugubre*. *N. triste* (C. L. KOCH)

Familie *Ischyropsalididae* – **Schneckenkanker**

Gattung *Ischyropsalis* C. L. KOCH

G. Cheliceren über körperlg (Abb. **470**/1). VKörper u. Hlb durch eine breite Gelenkhaut verbunden. Rückenschilde des Hlb weichhäutig, bei einigen Arten ein Scutum bildend. 1 Paar freiliegende nierenförmige Stigmen auf der 2. Bauchplatte des Hlb. ♂ mit Drüsenfeld auf dem ChelicerengrundGld. Das Sekret wird vom ♀ unmittelbar vor der Kopulation aufgenommen. – **V.L.** M- u. W-Eur, z.T. seltene u. lokal engbegrenzte Artengruppen u. Arten. Einzeln lebende Dämmerungstiere vor allem der Geb, z.T. in Höhlen, sonst feuchte kühle Talgründe. An Baumstümpfen, unter Laub u. Steinen usw. Eier, in Gallerte eingeschlossen, an der US von Holz, Steinen usw. Na: Nackt- u. Gehäuseschnecken, deren Schalen mit den Cheliceren aufgebrochen werden. 17 Arten. Heimisch nur *I. hellwigi* (PANZER). Körperlänge ohne Cheliceren: ♂♂ 5,6–6,8 mm, ♀♀ 6,8–8,5 mm. Dunkelbraun bis schwarz, häutige Anteile schwärzlich violett. Junge u. frisch gehäutete Tiere gelblich. Feuchtkühle Talgründe der M-Geb. In Hohlräumen der Falllaubschicht, von morschem Holz u. Steinhaufen geschlossener Laub- u. Nadelw.

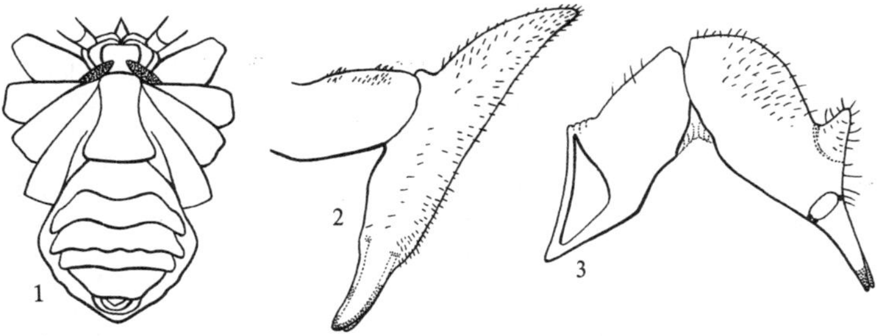

Abb. **475/1–3** **1** *Phalangium opilio*, BauchS; **2** *P. opilio*, ♂, Chelicere seitlich; **3** *Rilaena triangularis*, ♂, Chelicere seitlich

Familie *Phalangiidae* – **Echte Weberknechte, Schneider**

G. Fast immer sehr lange Lfb, die leicht abgeworfen werden können (Schutzwirkung!) (Abb. **470**/2). 2. Lfb am längsten (5–7fache KörperLg), dient als Tastorgan. Pdp laufbeinartig, mit glatter od. gezähnter Kralle, sein FußGld immer länger als das vorhergehende Gld (Schiene). ♂ Cheliceren oft mit sekundären Geschlechtsmerkmalen (Abb. **475**/2 u. **475**/3). Hüfte des 2. Lfb mit meist sehr großer, quer vor dem Genitaldeckel liegender Lade (Abb. **475**/1). – **V. L.** Weltweit. Jungtiere vorwiegend am Boden, Erwachsene auf Gräsern, Sträuchern, Bäumen, an Mauern u. Hauswänden (auch in Großstädten). Oft gesellig u. teilweise massenhaft. Na: pflanzliche Stoffe, tote u. lebende Tiere. Eiablage mit Hilfe der meist mehrfach körperlangen Legeröhre in Hohlräume des Erdreichs, modernde Baumstubben, Felsspalten usw. Überwinterung als Ei od. Jungtier. Jungtiere habituell oft von den Erwachsenen verschieden (Kurzbeinigkeit). 14 heimische Gattungen, 23 Arten. Im Gelände nicht sicher bestimmbar.

Phalangium L., *P. opilio* L., ♂♂ bis 6,0 mm lg, ♀♀ bis 7,2 mm lg, lgbeinig, brauner Rückensattel, US auffallend kalkweiß. ♂ GrundGld der Chelicere mit extrem hornartiger Verlängerung (Abb. **475**/2). Kulturfolger.

Platybunus C. L. KOCH, Körper braun-schwärzlich, mit großem Augenhügel, PdpKnie u. -schiene innen mit je einem behaarten Fortsatz. Im Geb lebende Arten.

Rilaena ŠILHAVÝ, *R. triangularis* (HERBST), ♂♂ bis 4,5 mm lg, ♀♀ bis 7,0 mm lg, Körper hellgelb bis weißlich, Pdp ähnlich vor. Gattung. ♂ 2. ChelicerenGld am E mit rechtwinklig abstehendem, kegelförmigem Fortsatz (Abb. **475**/3). Häufig u. weitverbreitet, Kraut- u. Strauchschicht.

Leiobunum C. L. KOCH, sehr lgbeinige, glatthäutige Arten, oft gesellig an Mauern, Bäumen usw. Oft dicht zusammensitzend u. Beinkontakt haltend.

Literatur

MARTENS, J.: Weberknechte, Opiliones in DAHL: Die Tierwelt Deutschlands und der angrenzenden Meeresteile, 64. Jena 1972.

ROEWER, C. F.: Weberknechte oder Afterspinnen, Opiliones in BROHMER, EHRMANN, ULMER: Die Tierwelt Mitteleuropas, 3. Leipzig 1929.

Ordnung *Acari* – Milben

G. Sehr verschiedengestaltige hochspezialisierte Kleinformen. Körper eiförmig (Abb. **479**/2), sackförmig (Abb. **479**/3) od. wurmförmig (Abb. **480**/3). KörperLg 0,1–4 mm, meist aber unter 2 mm (nur vollgesogene ♀♀ der Zecken z.T. größer). Die ursprüngliche Körpergliederung der *Arachnida* in VKörper (Prosoma) u. Hlb (Opisthosoma) ist zugunsten einer funktionell bedingten Neugliederung aufgegeben worden: Grundsätzlich ist ein vorderer Körperabschnitt mit den Mundwerkzeugen (Gnathosoma) vom übrigen ± einheitlichen Körper (Idiosoma), der die 4 LfbSegmente u. den Hlb enthält, abgeteilt (Abb. **479**/2). Der Körper wiederum kann sekundär nahtförmige Unterteilungen (z. B. zwischen 2. u. 3. LfbPaar, Abb. **476**/2) aufweisen, die dann für die einzelnen Milbengruppen charakteristisch sind. Sekundäre Schildbildungen können die äußere Form des Idiosoma zusätzlich abwandeln (Abb. **477**/1). Meistens augenlos. Mundwerkzeuge im Vergleich zu anderen Spinnentieren in der Regel stark abgewandelt, z. B. beißend, sägend, stechend, saugend. Lfb vielfach entsprechend der Lebensweise abgewandelt. Bei manchen Wassermilben mit zahlreichen Schwimmborsten (Abb. **477**/1), bei Parasiten oft verkürzt (Abb. **479**/3), reduziert (Abb. **480**/3) od. anderweitig, z. B. als Klammerbeine (Abb. **480**/2) umgeformt. Nymphen u. Erwachsene stets 8beinig, die Larve immer 6beinig (Abb. **476**/3). – **V.** Weltweit. – **L.** In allen Lebensräumen. Viele Parasiten. – **B.** Getrenntgeschlechtlich, z.T. Parthenogenese. Samenübertragung indirekt durch Spermatophoren od. mit Hilfe von Kopulationsorganen. Nur vereinzelt mit Paarungsvorspiel. Eierlegend, selten lebendgebärend, vereinzelt Brutpflege. Entwicklungsstadien: 6beinige Larve (Abb. **476**/3), 3 darauf folgende Nymphenstadien (Abb. **476**/1), von denen häufig 1 od. 2 unterdrückt sind. Seltener ist die Larve unterdrückt (Spinnmilben). Bestimmung ohne systematische Vorkenntnisse, Mikroskop u. Fachliteratur nicht möglich. Etwa 40 000 bekannte Arten, heimisch mehrere 1 000.

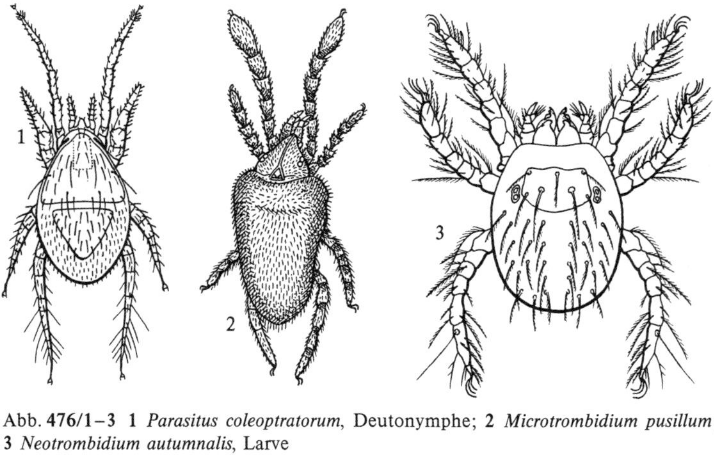

Abb. **476/1–3** **1** *Parasitus coleoptratorum*, Deutonymphe; **2** *Microtrombidium pusillum*; **3** *Neotrombidium autumnalis*, Larve

Häufige u. wirtschaftlich wichtige Milben:

1. Frei lebend. – *Parasitidae* – **Käfermilben,** goldbraun, räuberisch lebend. *Parasitus* LATREILLE, die Deutonymphen (Abb. **476**/1) lassen sich regelmäßig von Insekten (Hummeln, Roßkäfer) transportieren (Phoresie). *P. coleoptratorum* (L.) – **Käfermilbe,** Deutonymphe (Abb. **476**/1) auf Roßkäfer *(Geotrupes).* – *Bdellidae* – **Schnabelmilben,** meist rote, schnellaufende Bodenmilben, fressen kleine Insekten. *Bdella* LATREILLE. – *Halacaridae* – **Meeresmilben,** träge umherlaufende, nicht schwimmende Tiere, meist Räuber. *Halacarus* GOSSE. – *Trombidiidae* – **Laufmilben,** am Boden lebende Räuber, fressen häufig Insekteneier. *Trombidium* FABRICIUS, *Microtrombidium* HALLER (Abb. **476**/2). – **Samtmilben,** plüschartig scharlachrot behaart. *Neotrombicula* HIRST, Nymphen u. Erwachsene räuberisch im Boden, Larven (Abb. **476**/3) oft massenhaft über dem Boden (in Kräutern, Heu usw.), saugen Blut u. verursachen dabei (durch Speichelinjektion) unerträgliches Jucken u. Hautausschläge, z. B. *N. autumnalis* (SHAW) – **Erntemilbe** (Abb. **476**/3). – *Hydrachnidia* – **Süßwassermilben,** überwiegend schön gefärbte, meist räuberische Schwimmer (Abb. **477**/1). *Hydryphantes* C. L. KOCH, rot gefärbt. *Unionicola* HALDEMANN – **Muschelmilben,** pelagisch lebend. Entw z. T. in Teich- u. Flußmuscheln ablaufend. – *Oribatida* – **Horn-** od. **Moosmilben,** massenhaft in der Bodenstreu u. den oberen Humuslagen, in Moos u. dgl., fressen überwiegend modernde Pflanzenstoffe (Humusbildner), Pilze usw., z. T. schön skulptiert. *Nothrus* C. L. KOCH. *Damaeus* C. L. KOCH (Abb. **477**/2). *Phthiracarus* PERTY.
2. Kommensalen bei Wirbellosen. – *Antennophoridae* (Abb. **477**/3), leben an u. bei Ameisen, stehlen diesen Na.
3. Kommensalen bei Wirbeltieren. – *Analgesidae* (Abb. **478**/1 u. **478**/2) u. *Faculiferidae* – **Gefiedermilben,** leben auf Vögeln, fressen die zum Gefiedereinfetten benutzten Substanzen u. Hautschuppen.
4. Vorrats- u. Materialschädlinge. – *Acaridae* – **Vorratsmilben,** bei Massenver-

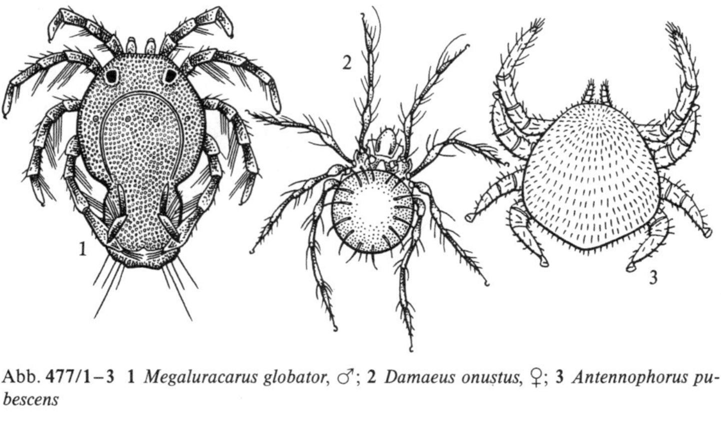

Abb. **477/1–3** **1** *Megaluracarus globator,* ♂; **2** *Damaeus onustus,* ♀; **3** *Antennophorus pubescens*

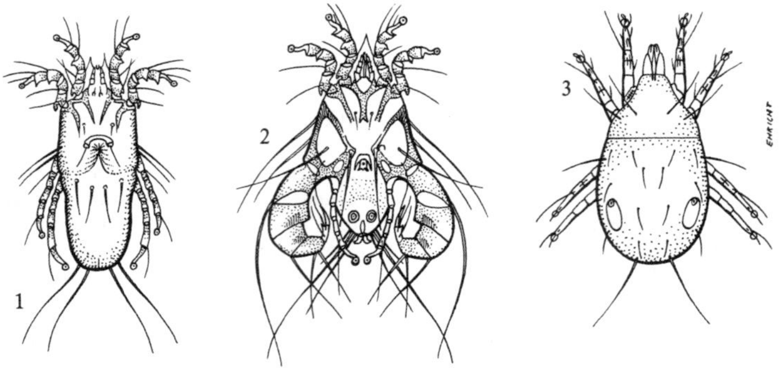

Abb. **478/1–3** **1** *Analgopsis passerinus,* ♀; **2** *A. passerinus,* ♂; **3** *Acarus siro,* ♀

mehrung können manche Arten von den befallenen Substanzen aus ganze Wohnungen usw. besiedeln u. hier überall als feiner kribbelnder Staub auftreten. *Acarus siro* (L.) – **Mehlmilbe** (Abb. **478**/3), an Mehl- u. Getreidevorräten. *Monieziella entomophaga* LABOULBÈNE, in Bienenwaben u. Insektensammlungen. *Tyrophagus casei* OUDEMANS – **Käsemilbe,** an u. in Käse. **Hausstaubmilben:** Vor allem Arten der Familie *Pyroglyphidae*, z. B. *Dermatophagoides pteronyssinus* TROUESSART, leben von den Hautabschilferungen des Menschen. Vorkommen bes. in Matratzen. Zusammen mit einigen anderen Milben erzeugen sie ein an ihren Kot u. abgestorbene Körperteile gebundenes sog. Hausstauballergen (Hausstauballergie). *Glycyphagus domesticus* DE GEER – **Polstermilbe,** mit sehr langen Körperborsten, in getrockneten pflanzlichen Materialien, Polstermöbeln, Matratzen usw.

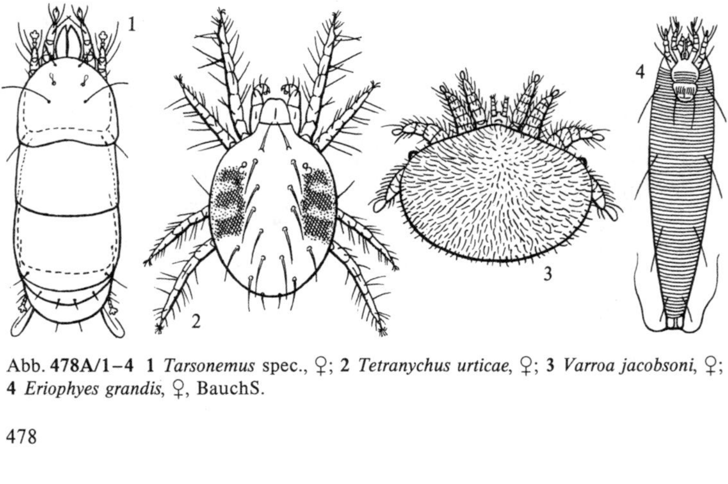

Abb. **478A/1–4** **1** *Tarsonemus* spec., ♀; **2** *Tetranychus urticae,* ♀; **3** *Varroa jacobsoni,* ♀; **4** *Eriophyes grandis,* ♀, BauchS.

5. Pflanzenschädlinge. – *Pygmephoridae: Pedicolopsis graminum* REUTER, erzeugt die Weißährigkeit des Grases. – *Tarsonemidae: Tarsonemus* (Abb. **478 A**/1), an Erdbeeren u. in Gewächshäusern schädlich. – *Tetrachnychidae* – **Spinnmilben,** überziehen Blätter (bes. auf der US) mit Gespinsten (Spinndrüsen münden auf der PdpSpitze), unter denen sie sitzen u. die Blattzellen aussaugen. *Tetranychus urticae* C. L. KOCH – **Gemeine Spinnmilbe** (Abb. **478 A**/2), schmutzig grün, ohne NaAufnahme im Herbst rot, an vielen Kulturpflanzen (Bohnen, Gurken, Hopfen). *Metatetranychus ulmi* C. L. KOCH – **Rote Spinne,** verursacht bei Massenvermehrung Schäden an Obstbäumen. – *Eriophyidae* – **Gallmilben,** teilweise nur 0,08 mm lg (kleinste Gliederfüßer!), meist artspezifische Pflanzenparasiten, die in Gallen leben. *Phyllocoptes* NALEPA, *Eriophyes* SIEBOLD (Abb. **478 A**/4).
6. Tierparasiten. – Vielfach wichtige Krankheitsüberträger u. -erreger. Viele saugen Blut. Bei Wirbellosen: *Tarsonemidae: Acarapis woodi* RENNIE – **Bienenmilbe,** an Honigbienen. *Varroidae: Varroa jacobsoni* OUDEMANS (Abb. **478 A**/3), ♀ Körper breiter als lg. Von Asien nach M-Eur eingeschleppt. Verursacht schwere wirtschaftliche Schäden an Bienenvölkern („Varroatosis"). Bei Wirbeltieren: *Dermanyssidae: Dermanyssus* DUGÈS – **Vogelmilben** (Abb. **479**/1), bei Hofgeflügel u. Stubenvögeln, bei NaMangel auch auf andere Haustiere u. den Menschen übergehend. – *Macronyssidae: Ornithonyssus bacoti* (HIRST), vor allem auf Kleinnagern, bes. Ratten. Aus den Trop stammend, heute Kosm. Geht auf den Menschen über u. erzeugt juckende Hautentzündungen. – *Ixodidae* – **Zecken:** *Ixodes ricinus* L. – **Holzbock** (Abb. **479**/2), ♀ vollgesogen bis 11 mm lg, ruft gelegentlich Lähmungen hervor. Überträger der durch Viren hervorgerufenen Zeckenencephalitis sowie von Borreliose, lokale Verbreitung infektiöser Zeckenpopulationen. – *Argasidae* – **Saumzecken, Lederzecken.** *Argas reflexus* FABRICIUS – **Taubenzecke,** an Tauben, Hühnern, Gänsen u. Enten. Durch verwilderte Tauben mitunter in Wohnungen. – *Sarcoptidae* – **Krätzemilben** (Abb. **479**/3). – *Psoropsidae* – **Räudemilben** (Abb. **480**/1). – *Spinturnicidae* – **Fledermausmilben** (Abb. **480**/2), zeitlebens auf den Flughäuten der

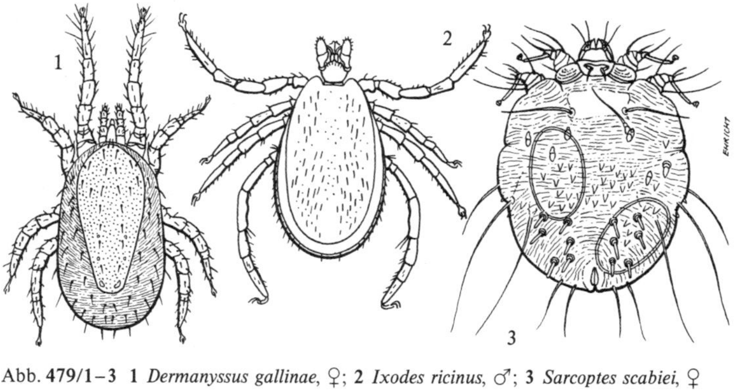

Abb. **479/1–3** **1** *Dermanyssus gallinae,* ♀; **2** *Ixodes ricinus,* ♂; **3** *Sarcoptes scabiei,* ♀

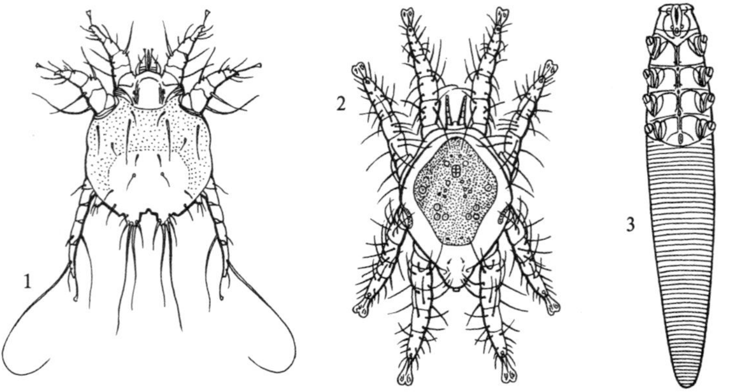

Abb. **480/1–3** 1 *Psoroptes equi*; 2 *Spinturnix plecotinus*, ♀; 3 *Demodex ovis*, ♀

Fledermäuse, lebendgebärend. – *Demodicidae* – **Haarbalgmilben** (Abb. **480**/3), in den Talgdrüsen der Haarbälge. *Demodex folliculorum* SIMON, 0,3–0,4 mm lg, in den Haarfollikeln aller Menschen, bes. im Stirn- u. Augenbrauenbereich.

Literatur

BALOGH, J. AND MAHUNKA, S.: Primitive Oribatids of the Palaearctic Region. Budapest 1983.

FRITSCHE, R.: Pflanzenschädlinge Bd. 3, Milben. Leipzig 1964.

KAESTNER, A.: Lehrbuch der Speziellen Zoologie. Bd. 1, Wirbellose 1. Teil. Jena 1969.

KARG, W.: Räuberische Milben im Boden. Die Neue Brehm-Bücherei, 296. Wittenberg Lutherstadt 1962.

–: Die freilebenden Gamasina (Gamasida), Raubmilben in DAHL: Die Tierwelt Deutschlands und der angrenzenden Meeresteile, 59. Jena 1971.

SCHULZE, P.: Zecken, Ixodides in BROHMER, EHRMANN, ULMER: Die Tierwelt Mitteleuropas, 3. Leipzig 1929.

STAMMER, H.-J. (Hrsg.): Beiträge zur Systematik und Ökologie mitteleuropäischer Acarina. Bd. 1, Teil 1 und 2. Tyroglyphida und Tarsonemini. Leipzig 1957 und 1959. Bd. 2 Mesostigmata I. Leipzig 1963.

VIETS, K.: Wassermilben, Hydracarina in BROHMER, EHRMANN, ULMER: Die Tierwelt Mitteleuropas, 3. Leipzig 1929.

VITZTHUM, H. GRAF: Milben, Acari. Ebenda, 1929.

Crustacea – Krebse

G. *Arthropoda* mit ursprünglich 2 Paar Fühlern u. 3 Paar kauenden Mundgldmaßen sowie mit zweiästigen Spaltbeinen. Körpergestalt, Anzahl der Segmente u. Ausbildung der Gldmaßen jedoch sehr unterschiedlich. Manche festsitzende od. parasitische Arten oft nur noch aufgrund ihrer Larven od. der Eisäckchen als Krebse zu erkennen. Körper aus meist deutlich getrennten Segmenten zusammengesetzt, die in die Abschnitte (Tagmata) Kopf, Thorax u. Abdomen zusammengefaßt sind. Kopf stets mit Acron (mit den Augen) u. 6 Segmenten, die nahtlos miteinander verschmolzen sind; als Gldmaßen die Antennula (1. Ant), Antenna (2. Ant), Mandibel, Maxillula (1. Max) u. Maxilla (2. Max). Thorax mit unterschiedlicher Segmentanzahl, mit Beinen (Thorakopoden), die als Spaltbein (zweiästig), Stabbein (einästig) od. Blattbein (ohne deutliche Gelenke) ausgebildet sind. Ein od. mehrere vordere Thoraxsegmente können mit dem Kopf verschmelzen; es entsteht auf diese Weise ein Cephalothorax (Kopfbrust), die betreffenden Gldmaßen werden dann meist als Maxillipeden (Kieferfüße) bei der Nahrungsaufnahme wirksam. Abdomen ebenfalls mit unterschiedlicher Segmentanzahl u. stets ohne Gldmaßen. Am Körperende das Telson, oft mit Furca (Schwanzgabel). Bei den *Malacostraca* (Abb. **481**/1) wird der mittlere Körperabschnitt gleichfalls als Thorax (stets 8 Segmente) bezeichnet, der hintere aber als Pleon (bei unseren Arten stets 6 Segmente), da er nicht dem extremitätenlosen Abdomen der übrigen Krebse entspricht; das Pleon trägt meist zweiästige Gldmaßen (Pleopoden). Vom hinteren Kopfabschnitt geht oft eine steife Hautduplikatur (Carapax) aus, die wie ein Schild den Thorax überdeckt od. als zweiklappige Schale den Rumpf od. den gesamten Körper einhüllt. Am Kopf 1 Paar Komplexaugen, die auf Stielen stehen können, u. ein unpaariges Naupliusauge; das eine od. andere kann fehlen, manche Arten völlig blind. – **V.L.** Ursprünglich Meeresbewohner, viele Arten im Süßwasser, manche auf dem Land. Primär Kie-

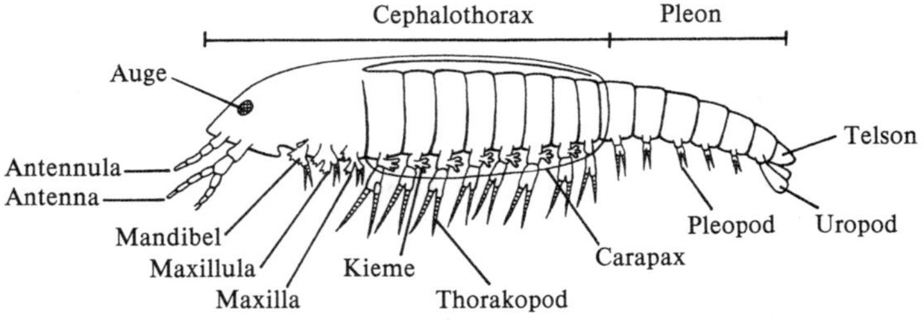

Abb. **481/1** Schema der Körperorganisation der *Malacostraca*

menatmer, kleine Formen meist nur Hautatmer, Landbewohner mit Trachealorganen. Ernährung carnivor, herbivor od. durch Filtration von Kleinstlebewesen; daneben zahlreiche parasitische Formen (meist saugende Ektoparasiten). – **B.** Meist getrenntgeschlechtig, nur wenige Arten Zwitter. Fast alle treiben Brutpflege; ♀♀ tragen Eier eine Zeitlang mit sich herum, meist in speziellen Eisäckchen od. Brutbeuteln. Entw ursprünglich indirekt mit Nauplius-Larve (Abb. **492**/1), oft schlüpft aber ein späteres Larvenstadium od. die Entw ist direkt. – Konservierung in 70–75%igem Alkohol. – Insgesamt etwa 42 000 Arten, im Gebiet etwa 750.

1 Thorax mit 8 Segmenten (die vorderen oft mit Kopf verschmolzen); Pleon mit 6 Segmenten (manchmal einige verwachsen) u. mit meist zweiästigen Pleopoden, das letzte Paar zu griffel- od. blattförmigen Uropoden umgebildet. Stets ohne Furca. An den Thorakopoden oft Scheren. Nie mit Blattbeinen u. nie mit zweiklappigem Carapax. Meer, Süßwasser, Land. *Malacostraca* S. 498

1* Anzahl der Segmente anders, Abdomen stets ohne Gldmaßen. Fast immer mit Furca. Meer u. Süßwasser 2

2 Körper seitlich abgeflacht, von zweiklappigem Carapax völlig umhüllt od. nur Kopf frei (selten der Carapax zu einem rucksackartigen Gebilde reduziert) . . 3

2* Körper ohne od. mit schildförmigem Carapax, der den Körper nie völlig einhüllt 6

3 Festsitzende Tiere. Carapax von dicken Kalkplatten bedeckt. Thorakopoden als vielgliedrige Cirren ausgebildet. Meer. *Cirripedia (Thoracica)* S. 495

3* Frei lebende Tiere. Carapax ohne Kalkplatten 4

4 Körper von muschelähnlicher Schale völlig eingehüllt (wenn Kopf frei bleibt, dann mit mindestens 10 Paar Blattbeinen) 5

4* Kopf bleibt stets frei. Am Thorax 5–6 Paar Blattbeine od. 4 bzw. 6 Paar Gliederbeine (dann Carapax zu dorsalem Anhang reduziert). Komplexaugen in der Mediane zu unpaarigem Sehorgan verschmolzen. Süßwasser, selten Meer. *Phyllopoda (Cladocera)* S. 487

5 Tiere bis etwa 2 mm lg. Am Thorax 2 Paar Gliederbeine. Ohne Komplexaugen. Meer u. Süßwasser. *Ostracoda* S. 490

5* Tiere meist über 5 mm lg. Am Thorax mindestens 10 Paar Blattbeine. Mit unpaarigem Komplexauge. Süßwasser. *Phyllopoda (Conchostraca)* S. 486

6 **(2)** Frei lebend 7

6* Parasitisch auf anderen Tieren lebend 8

7 Körper lggestreckt. Mit 11 Paar Blattbeinen. Komplexaugen auf Stielen. Süßwasser (od. Salinen). *Anostraca* S. 483

7* Körper meist birnenförmig. Höchstens 5 Paar Gliederbeine (zweiästig). Ohne Komplexaugen. Meer u. Süßwasser. *Copepoda* S. 491

8 **(6)** Körper dorsoventral abgeflacht. Thorax flügelartig verbreitert. Mit 4 Paar Spaltbeinen. Mit Komplexaugen. Ektoparasitisch auf Fischen, aber manchmal auch im Plankton. Süßwasser. *Branchiura* S. 494

8* Thorax nicht flügelartig verbreitert. Ohne Komplexaugen.
- Auf Fischen festgeheftet, selten kommensalisch in Seescheiden. Meer u. Süßwasser. *Copepoda* S. 491
- In Schneckenschalen eingebohrt. Meer. *Cirripedia (Acrothoracica)* S. 497
- Am Hinterleib von Krabben od. Einsiedlerkrebsen einen sackförmigen Auswuchs bildend. Meer. *Cirripedia (Rhizocephala)* S. 497

Unterklasse *Anostraca*

G. Körper lggestreckt, sehr gleichmäßig gegliedert u. ohne Carapax. Thorax (bei einheimischen Arten) stets aus 11 Segmenten mit nahezu gleichartigen Blattbeinen. Abdomen aus 8 beinlosen Segmenten; die beiden vorderen teilweise zum Genitalsegment verschmolzen, beim ♂ mit paarigem Penis, beim ♀ mit unpaarigem Eisack. Telson mit Furca. Antennula einfach fadenförmig. Antenna deutlich größer; beim ♀ eingliedrig u. etwa hakenförmig; beim ♂ stark vergrößert, meist zweigliedrig u. als Greiforgan bei der Kopula dienend, auf dem GrundGld meist paarige Frontalanhänge entspringend. Mit großen, gestielten Komplexaugen u. unpaarigem Naupliusauge. – **V.L.** Im Süßwasser, nur *Artemia* in salzhaltigen Binnengewässern (nie im Meer). Meist in kleineren, periodisch austrocknenden u. fischlosen Gewässern. – **B.** Getrenntgeschlechtig; manchmal Fortpflanzung parthenogenetisch. Eier überstehen Austrocknung u. Einfrieren. Aus den Eiern schlüpfen Nauplius- od. Metanauplius-Larven. In der Regel nur 1 kurzlebige Generation im J. Schwimmen gleichmäßig gleitend mit dem Bauch nach oben, wobei über den Thorax wellenförmige Beinbewegungen verlaufen. Die Beine filtrieren dabei gleichzeitig kleine Nahrungspartikel aus dem Wasser. – Insgesamt etwa 175 Arten, im Gebiet 5, meist selten u. nur zu bestimmten Jahreszeiten auftretend. Bestimmung nur an geschlechtsreifen Tieren möglich.

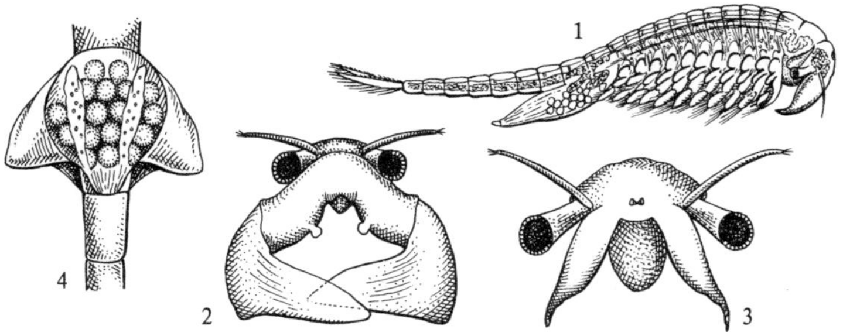

Abb. **483/1–4** **1** *Chirocephalus diaphanus*, ♀; **2–4** *Artemia salina*; **2** ♂, Kopf von vorn; **3** ♀, Kopf von vorn; **4** Eisack von der S

1 Abdomen dünn, länger als Thorax. Antenna beim ♂ am E beilförmig, ohne Frontalanhänge. Beim ♀ Eisack mit dreieckigen SFlügeln (Abb. **483**/2–4). Bis 16 mm lg. Nur in salzhaltigen Binnengewässern. In allen Erdteilen, Fortpflanzung bei uns nur parthenogenetisch. *Artemia salina* (L.) – **Salinenkrebs**

1* Abdomen höchstens so lg wie Thorax. Antenna beim ♂ mit Frontalanhängen. Beim ♀ Eisack ohne SFlügel. Im Süßwasser 2

2 Beim ♂ GrundGld der Antennae median miteinander u. mit dem Kopf verschmolzen, Frontalanhänge mindestens an der Basis ohne SFransen. Beim ♀ Eisack etwa so lg wie h 3

2* Beim ♂ GrundGdl der Antennae nicht verwachsen, Frontalanhänge in ganzer Lg mit SFransen. Beim ♀ Eisack deutlich länger als h 4

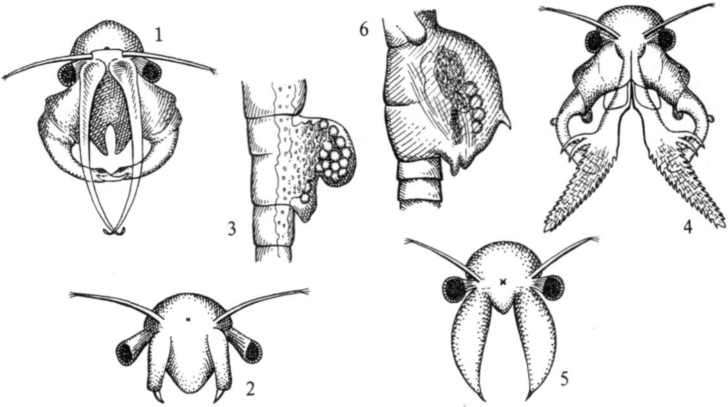

Abb. **484/1–6** **1–3** *Branchipus schaefferi*; **1** ♂, Kopf von vorn; **2** ♀, Kopf von vorn; **3** Eisack von der S; **4–6** *Tanymastix stagnalis*; **4** ♂, Kopf von vorn; **5** ♀, Kopf von vorn; **6** Eisack von der S

3 Beim ♂ Frontalanhänge fadenförmig, an der Basis nicht verschmolzen. Beim ♀ Eisack nach unten bruchsackartig vorgewölbt (Abb. **484**/1–3). Bis 23 mm lg. In ganz M-Eur, vor allem in Gräben u. Tümpeln des Flachlandes. Sommerform (IV–X). Oft gemeinsam mit *Triops cancriformis* (S. 486). – ▽

Branchipus schaefferi FISCHER

3* Beim ♂ Frontalanhänge an der Basis verschmolzen, distal bandförmig u. mit kurzen Sinnespapillen. Beim ♀ Eisack jederseits in einen Dorn verlängert

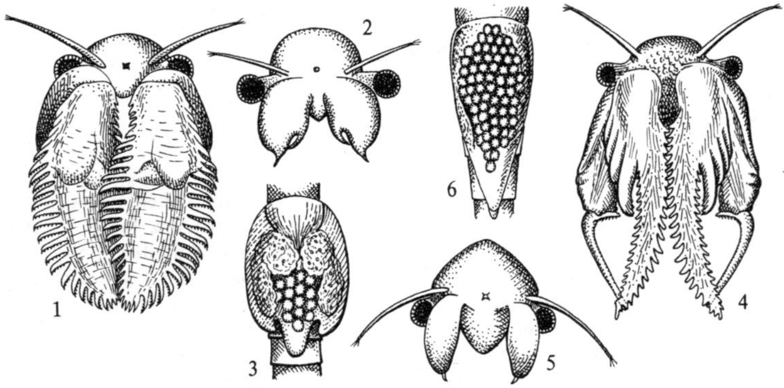

Abb. **464A/1–6** **1–3** *Siphonophanes grubei*; **1** ♂, Kopf von vorn; **2** ♀, Kopf von vorn; **3** Eisack von ventral; **4–6** *Chirocephalus diaphanus*; **4** ♂, Kopf von vorn; **5** ♀, Kopf von vorn; **6** Eisack von ventral

(Abb. **484**/4–6). Bis 22 mm lg. Zirkum-medit. Bei uns selten. In flachen Gewässern, im Frühjahr u. Herbst (bei etwa 10 °C Wassertemperatur). – ▽

Tanymastix stagnalis (L.)

4 **(2)** Beim ♂ Frontalanhänge br-bandförmig, mit lg Fransen an den Rändern. Beim ♀ Eisack hinten dreizipfelig, der mittlere Zipfel am längsten (Abb. **484 A**/1–3). Bis 33 mm lg. Westl. Pal. Häufigste Art. Typische Frühjahrsform (I–IV), in Schmelzwassertümpeln. Oft gemeinsam mit *Lepidurus apus* S. 486. – ▽

Siphonophanes grubei (DYBOWSKI)

4* Beim ♂ Frontalanhänge schmal-bandförmig, mit kurzen Fransen an den Rändern, die basalen 4 Fransen des Außenrandes aber lg u. fingerförmig. Beim ♀ Eisack mit lg auslaufender, einfacher Spitze (Abb. **484 A**/4–6). Bis 35 mm lg. Zirkum-medit. Bei uns selten (am Niederrhein). Im Flachland im Frühjahr, im Geb im Sommer. – ▽ *Chirocephalus diaphanus* PRÉVOST

Unterklasse *Phyllopoda* – **Blattfußkrebse**

G. Körper ursprünglich sehr gleichmäßig gegliedert u. mit zahlreichen Segmenten *(Notostraca, Conchostraca)*, sekundär Rumpf verkürzt u. mit wenigen Segmenten *(Cladocera)*. Carapax vorhanden, als flacher Schild *(Notostraca)* od. zweiklappige Schale *(Conchostraca, Cladocera)* ausgebildet. Rumpf mit bis zu 70 Paar Blattbeinen; bei *Cladocera* jedoch nur bis zu 6 Paar Blattbeine od. Gliederbeine. Telson mit Furca (fadenartig lg od. krallenförmig). Antennula meist kurz u. eingliedrig. Antenna ein großes zweiästiges Schwimmorgan; nur bei *Notostraca* fast völlig reduziert. Naupliusauge vorhanden; Komplexaugen nicht gestielt, in der Mediane dicht nebeneinander liegend od. miteinander verschmolzen *(Cladocera)*. – **V. L.** Fast ausschließlich im Süßwasser, nur einige *Cladocera* im Meer. Bes. in kleinen, stehenden Gewässern. – **B.** Getrenntgeschlechtig, oft aber parthenogenetische Fortpflanzung. Aus dem Ei schlüpft ein Nauplius od. Metanauplius, fast alle *Cladocera* jedoch mit direkter Entw. Die meisten Arten bilden Dauereier aus, die ohne Schädigung austrocknen u. einfrieren können. Parasiten od. Schädlinge treten nicht auf. Meist in großer Individuenanzahl vorkommend. *Cladocera* spielen große Rolle als Fischnahrung, oft indirekt über Insektenlarven. – Insgesamt rund 640 Arten, im Gebiet über 100.

1 Carapax als flacher Schild dem Vorderkörper aufliegend. Über 35 (bis 57) Paar Blattbeine. *Notostraca* (Abb. **487**/1) S. 485

1* Carapax als zweiklappige Schale ausgebildet u. mindestens den Rumpf, manchmal auch noch den Kopf umhüllend; nur selten dem Thorax rucksackartig anhängend. Höchstens 30 Beinpaare. *Diplostraca* (Abb. **487**/4, **488**/1–3) S. 486

Ordnung *Notostraca* – **Rückenschaler**

G. Körper lggestreckt, mit bis zu 44 Rumpfringen, aber bis zu 70 Beinpaaren (bei einheimischen Arten bis 57 Beinpaare). Mit schildförmigem Carapax, der mit dem hufeisenförmigen Kopfschild verwachsen ist. Komplexaugen klein, dicht nebeneinander, davor Naupliusauge, dahinter rundliches „Nackenorgan". Antennula u. Antenna klein, auf der US des Kopfschildes; dafür 1. Thorakopod mit lg, tasterförmigen Ästen. Der 11. Thorakopod beim ♀ zur Bruttasche (Eikapsel) umgebildet. Telson mit lg, vielgliedriger Furca. – **V. L.** Nur in stehenden, meist temporären Süßgewässern. – **B.** Fortpflanzung bei uns fast ausschließlich parthenogenetisch, manchmal fehlen ♂♂ völlig; in wärmeren Ländern nimmt Anzahl der ♂♂ zu. Aus dem Ei schlüpft ein Metanauplius. Schwimmen u. laufen sehr gewandt mit Hilfe der Blattbeine dicht am Grund u. wirbeln dabei den Boden auf. Na: Detritus u. kleine Tiere. – Insgesamt 9 Arten, im Gebiet 2.

1 Telson mit lg, zungenförmiger Platte endend. – Schale bis 30 mm lg. Fast weltweit verbreitet, ganz M-Eur, vor allem im N u. O. Frühjahrsform (I–V) in Schmelzwassertümpeln, meist in Gesellschaft von *Siphonophanes grubei* (S. 485). Grünlichbraun. – ▽ *Lepidurus apus* (L.) (Abb. **487**/1–2)

1* Telson ohne Fortsatz, am E eingekerbt. – Schale bis 56 mm lg. Pal, ganz M-Eur. Sommerform (IV–IX), in Regenwassertümpeln des offenen Geländes, oft zusammen mit *Branchipus schaefferi.* Bräunlich. – ▽ *Triops cancriformis* (BOSC) (Abb. **487**/3)

Ordnung *Diplostraca* – **Zweischaler** [*Onychura* – **Krallenschwänze**]

G. Mit zweiklappigem Carapax, der zumindest Rumpf u. Beine, manchmal auch noch den Kopf einhüllt; nur selten dem Thorax lediglich rucksackartig anhängend. Antenna ein großes, zweiästiges Schwimmorgan. Telson mit krallenförmiger Furca.

1 Rumpf mit zahlreichen Segmenten u. mindestens 10 Paar Blattbeinen. Körper (mit einer Ausnahme) vom Carapax völlig eingeschlossen. *Conchostraca* (Abb. **487**/4) S. 486

1* Rumpf meist ungegliedert u. kurz, mit höchstens 6 Paar Blattbeinen od. Gliederbeinen. Carapax läßt mindestens den Kopf frei. *Cladocera* (Abb. **488**/1) S. 487

Unterordnung *Conchostraca* – **Muschelschaler**

G. Körper von muschelähnlichem Carapax völlig eingehüllt, nur bei *Lynceus* bleibt der Kopf frei. Carapaxklappen meist mit Zuwachsstreifen. Kopf senkrecht nach unten abgeknickt u. in ein Rostrum auslaufend. Naupliusauge deutlich entw, Komplexaugen median zusammenstoßend. Mit 10–32 Paar Blattbeinen. – **V. L.** In stehenden Binnengewässern. In M-Eur recht selten. – **B.** Getrenntgeschlechtig, ♂♂ aber meist in der Minderzahl; *Limnadia lenticularis* mit parthenogenetischer Fortpflanzung. Eier werden vom ♀ an fadenförmige Verlängerungen einiger mittlerer Beinpaare angeklebt, gelangen aber später in den Bodenschlamm. Aus dem Ei schlüpft ein Nauplius od. Metanauplius. Leben meist am Boden. Fortbewegung u. Graben mit den Antennae. *Lynceus* meist pelagisch, mit BauchS nach oben schwimmend unter Beteiligung der Blattbeine. Die Na (Detritus, Phyto- u. Zooplankton) wird von den Blattbeinen ausfiltriert. – Insgesamt etwa 180 Arten, im Gebiet 3.

1 Carapax fast kugelförmig, ohne Zuwachsstreifen, den Kopf nicht bedeckend. Mit 10 (♂) od. 13 (♀) Beinpaaren. – Bis 6,3 mm lg. Holarkt, ganz M-Eur, aber sehr

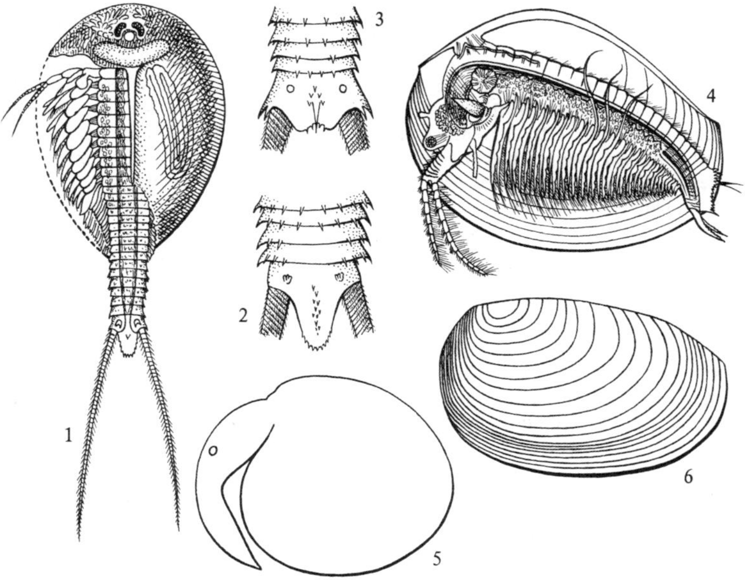

Abb. **487/1–6** **1** *Lepidurus apus* von ventral, links der Carapax abgetragen; **2** *L. apus*, HE; **3** *Triops cancriformis*, HE; **4** *Limnadia lenticularis*, ♀, linke Schale entfernt; **5** *Lynceus brachyurus*, ♀, Schalenumriß; **6** *Leptestheria dahalacensis*, ♀, Schalenumriß

verstreut. In periodischen Tümpeln mit sandigem od. lehmigem Untergrund. IV–X. – ▽ *Lynceus brachyurus* O. F. MÜLLER (Abb. **487**/5)

1* Carapax seitlich abgeflacht, mit Zuwachsstreifen, den gesamten Körper bedekkend. Mit 20–26 Beinpaaren 2

2 Carapax hinten viel niedriger als vorn, vorn-oben ohne Wirbel. – Bis 17 mm lg. ♂♂ unbekannt. Holarkt, ganz M-Eur, aber nur sporadisch. In sehr verschiedenartigen periodischen Gewässern. IV–X. – ▽
Limnadia lenticularis (L.) (Abb. **487**/4)

2* Carapax hinten kaum niedriger als vorn, vorn-oben mit buckelig vorspringendem Wirbel. – Bis 13 mm lg. Pal, im Gebiet nur in Bayern, selten. In Regenwasser- u. Überschwemmungstümpeln. IV–IX. – ▽
Leptestheria dahalacensis (RÜPPELL) (Abb. **487**/6)

Unterordnung *Cladocera* – **Wasserflöhe**

G. Kleine, meist weniger als 2 mm lg Tiere. Carapaxklappen lassen den Kopf stets frei, manchmal sind sie zu einem dorsalen Anhang reduziert; ganz selten der Carapax mit Zuwachsstreifen. Kopf fast immer nach unten abgeknickt u.

häufig mit Rostrum. Rumpf kurz u. nur undeutlich gegliedert. Naupliusauge ± deutlich entw, Komplexauge zu unpaarigem Organ verschmolzen. Mit 5–6 Paar Blattbeinen od. 4 od. 6 Paar Gliederbeinen (dann Carapax reduziert). – **V.L.** Im Süßwasser, nur wenige Arten im Meer. In allen nur möglichen Wasseransammlungen, außer in stark fließenden Gewässern. Mehrzahl der Arten in flachen Kleingewässern. – **B.** Getrenntgeschlechtig, ♂♂ meist deutlich kleiner als ♀♀. Oft wechseln zweigeschlechtige u. parthenogenetische Fortpflanzung miteinander ab (Heterogonie). Aus überwinterten, befruchteten Dauereiern (können ohne Schaden zu nehmen austrocknen u. einfrieren) schlüpfen nur ♀♀, die sich parthenogenetisch durch Subitaneier vermehren. Im Sommer können mehrere eingeschlechtige Generationen aufeinander folgen. Letzte ♀-Generation erzeugt parthenogenetisch ♂♂ u. ♀♀. Letztere legen wieder Dauereier ab, die von ♂♂ befruchtet werden müssen. Entw fast immer direkt (Ausnahme *Leptodora*), als Brutkammer dient der dorsale Schalenraum. Die Dauereier werden bei vielen Arten in einen scharf abgegrenzten Teil des Carapax, das Ephippium, eingeschlossen (Abb. **488**/3). – Insgesamt etwa 450 Arten, im Gebiet 100. Bestimmung ohne Mikroskop im allgemeinen nicht möglich, nur einige Formen aufgrund ihrer Gestalt od. Lebensweise sofort zu erkennen.

Infraordnung *Haplopoda*

G. Körper lggestreckt, deutlich gegliedert u. völlig durchsichtig. Carapax dorsal rucksackartig anhängend u. beim ♀ als Brutsack dienend. Mit 6 Paar einästigen Gliederbeinen, die kleine Tiere als Na ergreifen. Nur 1 Art: *Leptodora kindtii* (FOCKE), Glaskrebs (Abb. **488**/1), bis 18 mm lg; planktonisch in Seen u. größeren Fischteichen; aus den Dauereiern schlüpft ein Metanauplius; holarkt.

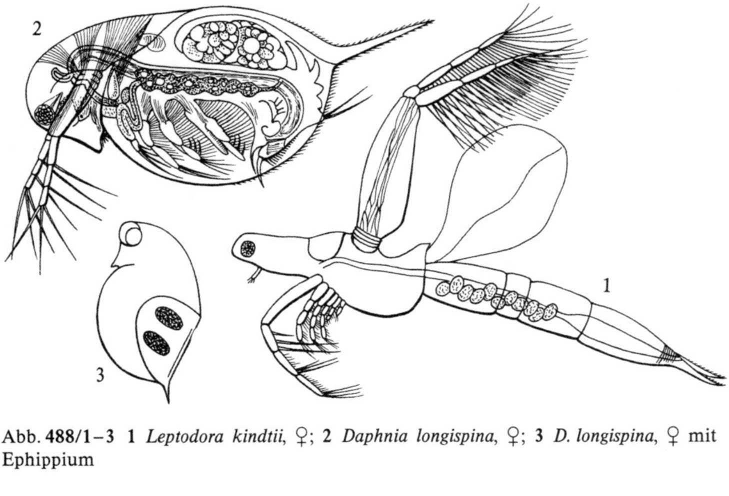

Abb. **488/1–3** **1** *Leptodora kindtii*, ♀; **2** *Daphnia longispina*, ♀; **3** *D. longispina*, ♀ mit Ephippium

Infraordnung *Eucladocera*

G. Körper verkürzt, seitlich abgeflacht, Gliederung nicht erkennbar. Mit 5–6 Paar Blattbeinen od. 4 Paar zweiästigen Gliederbeinen.

Überfamilie *Sidoidea [Ctenopoda]*

G. Rumpf u. Gldmaßen vom Carapax umhüllt. Mit 6 Paar gleichartig gebauten, filtrierenden Blattbeinen. Nie mit Ephippium.
Sida cristallina (O. F. MÜLLER), bis 4 mm lg, in der Schwimmblattzone u. in Unterwasserwiesen von Seen u. Teichen; mit einem dorsalen Haftapparat an Pflanzen angeheftet, nur selten schwimmend; Eur, N-Am.
Holopedium gibberum ZADDACH, etwa 2 mm lg, Körper des ♀ von kugeliger, gelatinöser Hülle eingeschlossen; im Pelagial oligotropher Seen; nördl. Holarkt.

Überfamilie *Chydoroidea [Anomopoda]*

G. Rumpf u. Gldmaßen vom Carapax umhüllt. Mit 5–6 Paar unterschiedlich gebauten Blattbeinen, die beiden vorderen zum Greifen, die übrigen zum Filtrieren. Meist mit Ephippium.

Daphnia O. F. MÜLLER (Abb. **488**/2), mit etwa 15 Arten im Gebiet; Hinterrand des Carapax in einen Stachel verlängert; mit ausgeprägter Gestaltveränderung im Jahreszyklus (Zyklomorphose); *D. magna* STRAUS, **Großer Wasserfloh**, bis 6 mm lg, typisch für stark verschmutzte Kleingewässer.

Scapholeberis mucronata (O. F. MÜLLER) (Abb. **490**/1) u. 4 weitere Arten, bis 1,2 mm lg; Carapax mit geradem ventralem Rand, der hinten in einen Stachel ausläuft. In den unterschiedlichsten Gewässern an der US des Wasserspiegels lebend.

Bosmina BAIRD, **Rüsselkrebs** (Abb. **490**/2), mit 5 Arten im Gebiet, etwa 1 mm lg, Antennula fest mit Kopf verwachsen u. rüsselförmig verlängert; hintere untere Ecke des Carapax meist mit kurzem Stachel; mit Zyklomorphose; vor allem in kleinen eutrophen Seen.

Chydorus sphaericus (O. F. MÜLLER), **Linsenfloh** (Abb. **490**/3), bis 0,5 mm lg; Carapax fast kreisrund; in allen nur möglichen Wasseransammlungen; bei uns wahrscheinlich häufigster Wasserfloh; kosm.

Anchistropus emarginatus G. O. SARS, **Polypenfloh**, bis 0,5 mm lg; Carapax fast kreisrund, am Ventralrand mit kurzer Einbuchtung; als Ektoparasit auf Süßwasserpolypen *(Hydra)* lebend.

Überfamilie *Polyphemoidea [Onychopoda]*

G. Rumpf u. Gldmaßen vom Carapax nicht eingehüllt, dieser als Brutbeutel dorsal dem Rumpf anhängend. Mit 4 Paar zweiästigen Gliederbeinen. Kopf groß u. mit sehr großem Komplexauge. Ohne Ephippium.

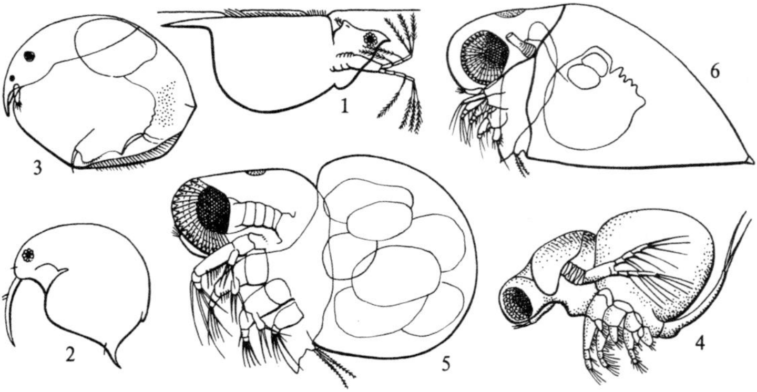

Abb. **490/1–6** **1** *Scapholeberis mucronata*, am Wasserspiegel hängend; **2** *Bosmina longirostris*, ♀; **3** *Chydorus sphaericus*, ♀; **4** *Polyphemus pediculus*, ♀; **5** *Pleopis polyphemoides*, ♀; **6** *Evadne nordmanni*, ♀

– Im Süßwasser: *Polyphemus pediculus* (L.) (Abb. **490**/4), bis 1,8 mm lg; das 1. Beinpaar nur wenig länger als das 2., Rumpf in einen kurzen Schwanzstiel auslaufend; weit verbreitet in N- u. M-Eur; in Sümpfen, Gräben u. Teichen. – *Bythotrephes longimanus* LEYDIG, Körper bis 5 mm lg, dazu Schwanzstiel von etwa 3facher KörperLg, das 1. Beinpaar viel länger als das 2.; im Pelagial großer u. tiefer Seen; im N u. S (Alp) des Gebietes.
– Im Meer: *Podon* LILLJEBORG, mit 2 Arten in Nord- u. Ostsee, bis 1,2 mm lg; Kopf durch tiefen Einschnitt vom Rumpf abgesetzt. – *Pleopis polyphemoides* (LEUCKART) (Abb. **490**/5), bis 0,65 mm lg; ähnlich vor. Arten, häufigste Form der Nord- u. Ostsee. – *Evadne nordmanni* LOVÉN (Abb. **490**/6), bis 1,5 mm lg; Rumpf dreieckig-spitz nach hinten zulaufend; Küstenform in Nord- u. Ostsee.

Unterklasse *Ostracoda* – **Muschelkrebse**

G. Die Muschelkrebse gehören zu den kleinsten *Arthropoda*. Körper vollständig von einem zweiklappigen Carapax eingehüllt. Tiere gleichen äußerlich einer winzigen Muschel; nur wenn sie bei der Bewegung Teile der Gldmaßen zwischen den Schalenklappen hervorstrecken, sind sie als Gliederfüßer zu erkennen. Körper kurz u. ungegliedert, Rumpf meist kaum länger als Kopf. Naupliusauge meist, Komplexaugen selten vorhanden. Antennula u. Antenna können zum Schwimmen, Graben od. Kriechen dienen. Mandibel mit Palpus. Maxillula u. Maxilla mit ± großen Atemplatten, die im Innenraum der Schale einen Wasserstrom erzeugen; Exopodit der Maxilla manchmal ein Schreitbein. Rumpf mit höchstens 2 Paar Thorakopoden, die in der Regel als Schreitbeine dienen; der 2. Thorakopod kann zum Putzbein umgewandelt sein; eine Gruppe *(Cladocopa)* völlig ohne Thorakopoden. Furca gut ausgebildet bis fehlend. Atmung durch In-

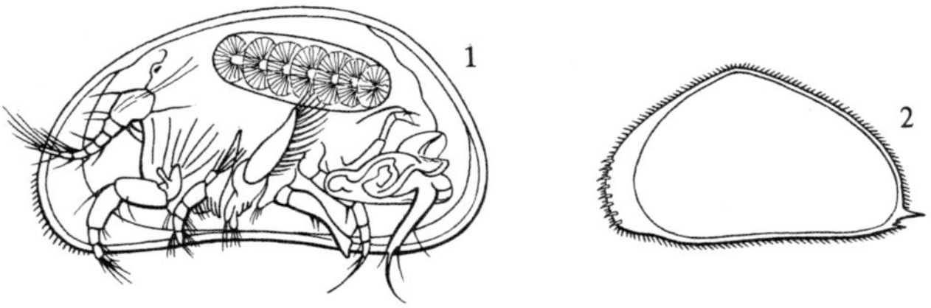

Abb. **491/1–2** 1 *Candona candida*, ♂; 2 *Cypris pubera*, ♀

nenfläche des Carapax u. die Körperoberfläche. – **V.L.** Süßwasser u. Meer, viele auch im Brackwasser; in fast allen Wasseransammlungen. – **B.** Meist am Grunde von Gewässern od. auf Pflanzen; kriechen auf dem Untergrund od. graben im Schlamm od. Sand. Viele Arten können kurze Strecken schwimmen; rein pelagische Formen nur im Meer. Fortpflanzung meist zweigeschlechtig, bei einigen Süßwasserarten parthenogenetisch, jedoch keine Heterogonie wie bei *Cladocera*. Eier werden meist frei, einzeln od. in kleinen Gelegen, abgelegt; vielfach Brutpflege, wobei die Eier im hinteren oberen Schalenraum gehalten werden. Meist schlüpft eine Nauplius-Larve. Ernährung als Räuber, Detritus- u. Aasfresser, Algenabweider, Filtrierer od. Pflanzensauger. Wirtschaftliche Bedeutung vor allem durch großen Anteil am Stoffumsatz in Binnengewässern (Verzehr von Tierleichen u. Pflanzenresten); fossile Arten von größter Bedeutung als stratigraphische Indikatoren. – Insgesamt rund 4 200 rezente Arten, im Gebiet etwa 120. Wegen der geringen Größe (meist 0,5–2,0 mm lg) ist die Bestimmung allein mit einer Lupe nicht möglich. – Die bekanntesten einheimischen Gattungen im Süßwasser: *Limnocythere* BRADY, *Darwinula* BRADY & ROBERTSON, *Candona* BAIRD, *Notodromas* LILLJEBORG, *Cypris* O. F. MÜLLER, *Heterocypris* CLAUS, *Cypridopsis* BRADY; im Meer u. Brackwasser: *Polycope* G. O. SARS, *Cythere* O. F. MÜLLER, *Cythereis* JONES, *Loxoconcha* G. O. SARS, *Xestoleberis* G. O. SARS.

Unterklasse *Copepoda* – **Ruderfußkrebse**

G. Außerordentlich artenreiche u. durch parasitische Lebensweise oft stark abgewandelte Gruppe. Bei frei lebenden Arten (meist nur 0,5–1,5 mm lg) der Körper deutlich in Cephalothorax, Thorax u. Abdomen gegliedert (Abb. **492**/2–4). Stets ohne Carapax od. sonstige Schalenbildungen u. stets ohne Komplexaugen. Meist mit Naupliusauge. Von den ursprünglichen 6 Thoraxsegmenten das 1. immer mit dem Kopf verschmolzen, der 1. Thorakopod zu einem einästigen Maxillipeden umgewandelt. Die folgenden 5 Thoraxsegmente mit zweiästigen Gliederbeinen zur Fortbewegung; das letzte Paar oft sehr abweichend gebaut od. reduziert. Abdomen aus 4 Segmenten (ohne Gldmaßen) u. Telson mit Furca; am 1. Segment die Geschlechtsöffnung (Genitalsegment). Das 2. Thoraxsegment kann ebenfalls noch mit dem Cephalothorax, das letzte mit dem Abdomen verschmelzen, während die Abdominalsegmente untereinander verwachsen können (Abb. **492**/4). Cephalothorax + Thorax u. Abdomen bilden ± starre Einheiten, zwischen beiden ursprünglich das Hauptkörpergelenk, das aber um 1 od. 2 Segmente nach vorn verschoben sein kann (Abb. **492**/3–4). Antennula gut ausgebildet, als Schwebe- u. Steuerorgan dienend; Antenna in der Regel viel kürzer. – Viele Arten sind Parasiten (oft größere Formen), die sich in mehreren unabhängigen Entwicklungslinien herausgebildet haben. Körper dann oft (mit allen Übergangsformen) schlauch- od. sackförmig u. ohne Gldmaßen, nur noch an den Eisäcken als *Copepoda* zu erkennen (Abb. **492**/7). – **V. L.** Im Meer, vor allem in den oberen 200–300 m; im Süßwaser in allen nur denkbaren Wasseransammlungen. – **B.** Leben frei schwimmend, schwebend od. kriechend, als Symbionten, Kommensalen od. Parasiten (vor allem an Fischen). Fortbewegung durch metachronen Schlag der Thorakopoden, sprungartig hüpfend. Geschlechter getrennt, oft deutlicher Sexualdimorphismus (z. B. Umbildung der Antennula u. des letzten Thorakopoden beim ♂). Bei Parasiten bewahren die ♂♂ meist typische Copepoden-Gestalt, sind manchmal aber sehr klein (Zwergmännchen). Begattung mittels Spermatophoren. Eiablage selten frei ins Wasser, meist in Eisäcke, die am 1. Abdominalsegment (Genitalsegment) getragen werden. Aus dem Ei

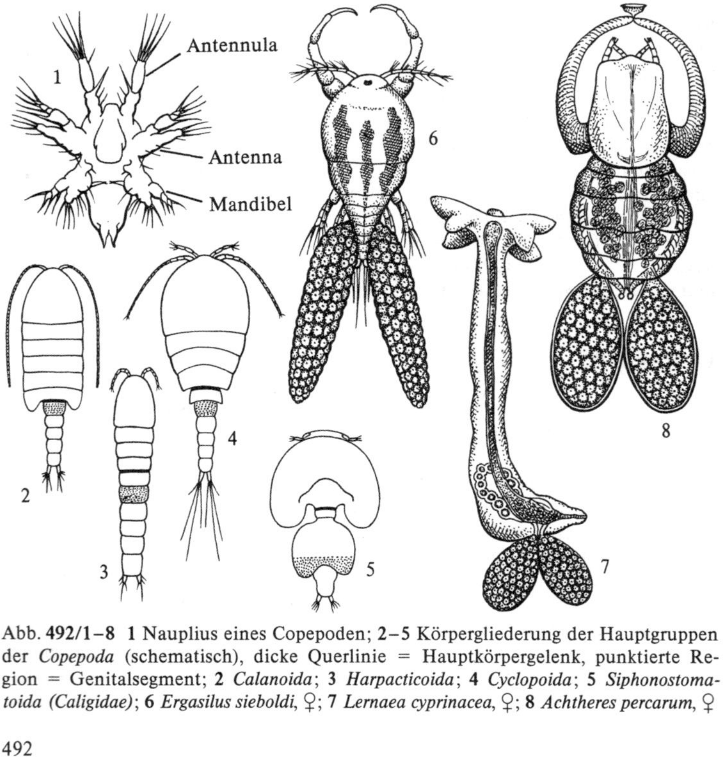

Abb. **492/1–8** **1** Nauplius eines Copepoden; **2–5** Körpergliederung der Hauptgruppen der *Copepoda* (schematisch), dicke Querlinie = Hauptkörpergelenk, punktierte Region = Genitalsegment; **2** *Calanoida*; **3** *Harpacticoida*; **4** *Cyclopoida*; **5** *Siphonostomatoida (Caligidae)*; **6** *Ergasilus sieboldi*, ♀; **7** *Lernaea cyprinacea*, ♀; **8** *Achtheres percarum*, ♀

schlüpft eine Nauplius-Larve (Abb. **492**/1), die 5–6 Stadien durchläuft; es folgen 5 Copepodit-Stadien, die dem erwachsenen Tier ähnlich sehen; diese Stadien treten auch bei Parasiten auf (Umwandlung erst anschließend). Na bei frei schwimmenden Arten Nannoplankton (mit den Mundgliedmaßen filtriert) od. größere Tiere (räuberische Arten). Na bei Bodenbewohnern meist Detritus; Parasiten saugen Blut od. fressen Schleim od. Epithelien der Wirte. Atmung durch die Körperoberfläche (keine Kiemen). Manche Meeresbewohner zu bestimmten Zeiten in riesigen Mengen; große Bedeutung als Na für Fische. – Insgesamt rund 8 500 Arten, im Gebiet etwa 180. Bestimmung allein mit Lupe nur selten möglich.

1 Frei lebend. Von normaler Gestalt. Antennae nicht umgewandelt. Mundgldmaßen beißend **2**

1* Parasitisch (meist an Fischen). Körpergestalt oft stark verändert. Antennae meist zu Greifhaken umgebildet od. reduziert. Mundgldmaßen meist saugend . . . **4**

2 Hauptkörpergelenk zwischen 6. Thorax- u. 1. Abdominalsegment. Abdomen deutlich schmaler abgesetzt (Abb. **492**/2). Meist nur das 1. Thoraxsegment mit Kopf verschmolzen. Antennula mindestens halb so lg wie Körper, mit mindestens 17 Gld; bei ♂♂ in der Regel auf einer S (meist rechts) zum Greiforgan umgebildet. Unpaariger Eisack auf Ventralseite des Genitalsegments. Etwa 1–2 mm lg. *Calanoida*

Im Meer z. B. *Calanus* LEACH, *Centropages* KRØYER, *Candacia* DANA, *Acartia* DANA. Im Süßwasser (meist im freien Wasser) z. B. *Diaptomus* WESTWOOD, *Eudiaptomus* KIEFER, *Eurytemora* GIESBRECHT.

2* Hauptkörpergelenk zwischen 5. u. 6. Thoraxsegment, das 6. Segment dem Abdomen angeschlossen (Abb. **492**/3–4). Auch das 2. Thoraxsegment dem Kopf angegliedert. Antennula höchstens halb so lg wie Körper, mit höchstens 17 Gld . . **3**

3 Körper ± parallelseitig. Abdomen nicht deutlich schmaler als Thorax (Abb. **492**/3). Antennulae mit höchstens 9 Gld, bei ♂♂ beide zu Greiforganen umgebildet, Eisäcke paarig od unpaarig unter dem Genitalsegment. Meist unter 1 mm lg. Im Meer u. Süßwasser, meist am Boden od. auf Pflanzen. *Harpacticoida*

3* Körper tropfenförmig. Abdomen (+ letztes Thoraxsegment) deutlich schmaler als Thorax (Abb. **492**/4). Antennulae mit 8–17 Gld; bei ♂♂ beide od. keine zum Greifen umgebildet. Eisäcke paarig an den S des Genitalsegments. Lg meist um 1 mm. Meist im Litoral. *Cyclopoida* – **Hüpferlinge**

Im Meer z. B. *Oithona* BAIRD, *Cyclopina* CLAUS. Im Süßwasser z. B. *Cyclops* O. F. MÜLLER (meist 2–3 mm lg), *Eucyclops* CLAUS.

4 **(1)** Körper ± tropfenförmig (*Cyclops*-ähnlich). Antenna ein hakenförmiges Klammerorgan (Abb. **492**/6) **5**

4* Körper schild- od. sackförmig **6**

5 An Fischen parasitierend. ♀ mit paarigem Eisack (Abb. **492**/6). Meer u. Süßwasser. Z. B. *Ergasilus sieboldi* NORDMANN, bis 1,5 mm lg, auf den Kiemen zahlreicher Süßwasserfische, in Fischzuchten oft schädlich.

5* Kommensalisch in Seescheiden *(Ascidiacea)*. ♀ mit unpaarigem dorsalem Eisack. Im Meer. Z. B. *Notodelphys elegans* THORELL, bis 3 mm lg, in *Ciona intestinalis*, Kieler Bucht.

6 **(4)** Körper schildförmig (Abb. **492**/5), ♀ mit lg Eischnüren. Thorakopoden gut entw. Antennula oft mit kleiner Saugscheibe. Meer u. Süßwasser. Z. B. *Caligus rapax* H. MILNE-EDWARDS, bis 6 mm lg, auf Kabeljau u. Meerforelle. *Caligus lacustris*

STEENSTRUP & LÜTKEN, bis 6 mm lg, auf verschiedenen Süßwasserfischen. *Lepeophtheirus salmonis* KRØYER, bis 16 mm lg, Antennula ohne Saugscheibe, auf Meerforelle u. Lachs.

6* Körper ± sackförmig, Gliederung undeutlich od. fehlend. Thorakopoden stark od. völlig reduziert 7

7 VKörper zu „Hörnern" verlängert (Abb. 492/7) u. damit im Wirtsgewebe verankert. Alle Gldmaßen winzig klein. Z. B. *Lernaeocera branchialis* (L.), ♀ bis 40 mm lg, HKörper S-förmig gebogen, mit aufgeknäuelten Eischnüren; an den Kiemen vor allem von Dorsch u. Plattfischen; Nord- u. westl. Ostsee. *Lernaea cyprinacea* L. (Abb. 000/0), ♀ bis 20 mm lg, HKörper gestreckt, mit rundlichen Eisäcken; auf der Haut zahlreicher Süßwasserfische.

7* VKörper mit lg ausgezogenen Maxillae, die an den Spitzen meist verwachsen sind u. ein kleines Haftorgan tragen (Abb. 492/8). Z. B. *Achtheres percarum* NORDMANN, ♀ bis 5 mm lg, an den Kiemen von Flußbarsch u. Kaulbarsch.

Unterklasse *Branchiura* – Fischläuse, Kiemenschwanzkrebse

G. Körper stark abgeflacht, Thorax flügelartig verbreitert, Abdomen klein, flossenförmig u. ungegliedert, mit winziger Furca. Mit Naupliusauge u. deutlichen Komplexaugen (unter die Haut verlagert). Kopfgliedmaßen zu Klammer- u. Haftorganen umgebildet; beide Antennenpaare sehr kurz; bei heimischen Arten 1 Paar sehr auffällige Saugnäpfe (aus der Basis der Maxillula entstanden); Mundregion zu einem Saugrohr verlängert, davor ein unpaariger Stachel. Mit 4 Paar zweiästigen Thorakopoden, die als Schwimmbeine dienen. Ventral auf den Thoraxflügeln jederseits ein kleines u. ein großes Atemfeld. – **V. L.** Im Meer

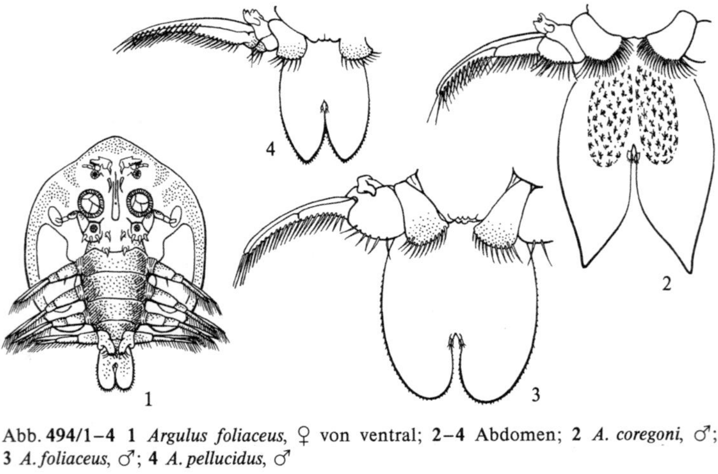

Abb. **494/1–4** **1** *Argulus foliaceus*, ♀ von ventral; **2–4** Abdomen; **2** *A. coregoni*, ♂; **3** *A. foliaceus*, ♂; **4** *A. pellucidus*, ♂

u. Süßwasser, fast ausschließlich auf der Haut u. den Flossen von Fischen. – **B.** Temporäre Parasiten, die den Wirt häufig verlassen u. dann sehr gewandt schwimmen können. Getrenntgeschlechtig. Eier werden in mehreren Reihen nebeneinander an Schilf, Steinen usw. frei abgelegt (keine Brutpflege). Es schlüpfen Jungtiere, die den Adulten schon weitgehend gleichen. Saugen Blut der Wirte. Oft schädlich in Fischzuchten. – Insgesamt etwa 140 Arten, im Gebiet (Süßwasser) 3 der Gattung *Argulus* O. F. MÜLLER; auf dem Wirt vor allem an den schwarzen Komplexaugen zu erkennen.

1 Hinterlappen des Abdomens sehr groß, am E spitz verlängert, Ränder glatt (Abb. **494**/2). – Bis 13 mm lg. Vor allem N-Eur, bes. in kühlen, oligotrophen Gewässern. Fast ausschließlich auf *Salmonidae*, aber auch Elritze u. Zander.
Argulus coregoni THORELL

1* Hinterlappen des Abdomens nicht auffallend groß, nicht zipfelig verlängert, Ränder kurz bedornt 2

2 Hinterlappen des Abdomens br gerundet (Abb. **494**/1, 3). Thoraxflügel das 4. Beinpaar bedeckend. – Bis 9,6 mm lg. Fast ganz Eur. Auf fast allen häufigen Fischarten des Süßwassers. *Argulus foliaceus* (L.)

2* Hinterlappen des Abdomens winkelig (Abb. **494**/4). Thoraxflügel das 4. Beinpaar nicht bedeckend. – Bis 8,5 mm lg. M-, S- u. O-Eur. Bes. an Karpfen, aber auch an anderen größeren Süßwasserfischen (nicht an kleineren Arten). [*A. japonicus* THIELE] *Argulus pellucidus* WAGLER

Unterklasse *Cirripedia* – **Rankenfußkrebse**

G. Alle *Cirripedia* als erwachsene Tiere festsitzend, weichen daher am meisten von der typischen Crustaceen-Organisation ab. Die parasitischen Rhizocephalen sind nicht mehr als Krebse zu erkennen. Alle jedoch mit Larvenformen, die sie unzweifelhaft als Crustaceen ausweisen: Nauplius-Larve (manchmal unterdrückt) u. Cypris-Larve (einem Ostracoden ähnlich); sie sind frei beweglich u. dienen der Ausbreitung. Ältere Cypris-Larven setzen sich mit den zu Haftorganen umgewandelten Antennulae auf einer Unterlage fest u. werden durch ein Drüsensekret (Zement) unlösbar verankert. Die erwachsenen Tiere sind also mit dem Kopf festgewachsen. Ihr Körper wird von einem sackförmigen Carapax (als Mantel bezeichnet) eingehüllt, der auf der Bauchseite nur noch einen kleinen Schlitz offenläßt (Mantelspalte). – *Thoracica* heften sich an toten Gegenständen fest (z. B. Felsen, Hafenbauten). Vorderkörper kann in einen Stiel verlängert sein. Thorax trägt 6 Paar zweiästige, dicht beborstete Spaltbeine (Cirren od. Rankenfüße), die aus der Mantelspalte hervorgestreckt werden u. Na (Plankton) herbeistrudeln können. Mantel scheidet eine Chitinschicht ab, die an bestimmten Bezirken bes. dick u. stark verkalkt sein kann; so entstehen die für die *Thoracica* typischen Kalkplatten (Abb. **496**/1–4). – *Acrothoracica* leben völlig eingebohrt in Kalksubstanzen (z. B. Schneckenschalen) u. verankern sich mit einer stark chitinisierten Haftscheibe. Kalkplatten treten nicht auf. Thorakalbeine geschieden in einen Mundcirrus und 3–5 Paar weit nach hinten gerückte, oft reduzierte Cirren. Filtrieren Plankton. – Körper der parasitischen *Rhizocephala* völlig ungegliedert, ohne Gldmaßen, ohne Kalkplatten, ohne Darm. Schmarotzen auf anderen Krebsen, vor allem *Decapoda.* Körper aus einem dem Wirt anhängenden, ± sackförmigen äußeren Teil (Externa) u. einem im Wirt liegenden, wurzelartig verzweigten inneren Teil (Interna) bestehend; beide durch dünnen Stiel verbunden. Wurzelartiger Teil umspinnt alle inneren Organe des Wirtes bis in die Gldmaßen; nimmt osmotisch Na auf. Die Parasiten sind stets ♀♀; die ♂♂ erreichen nur das Cypris-Stadium. Wirtstiere verlieren meist ihre Fortpflanzungsfähigkeit (parasitische Kastration), ♂ wird oft äußerlich dem ♀ ähnlich (z. B. breites Pleon bei Krabben). – **V.L.** Meeresbewohner. Nur wenige Arten im Brackwasser, auch Ostsee. – **B.** *Acrothoracica* u. *Rhizocephala* getrenntgeschlechtig mit Zwergmännchen, *Thoracica* meist Zwitter. Großer wirtschaftlicher Schaden durch einige *Balanus*- u. *Lepas*-Arten als Bewuchs von Hafenanlagen u. Schiffsrümpfen (Vermindern der Geschwindigkeit, Zerstörung des Schutzanstrichs). – Insgesamt reichlich 1 300 Arten, im Gebiet etwa 14.

1 Mit gut entw Kalkplatten u. 6 Paar Rankenfüßen. Auf toten Gegenständen, oft auch auf Molluskenschalen od. dem Carapax von Krabben. *Thoracica* S. 496

1* Ohne Kalkplatten, Gldmaßen reduziert od. ohne Gldmaßen. In Schneckenschalen eingebohrt od. am Pleon dekapoder Krebse 2

2 In Schneckenschalen eingebohrt. *Acrothoracica* S. 497

2* Am Pleon dekapoder Krebse parasitierend. *Rhizocephala* S. 497

Ordnung *Thoracica*

1 VKopf zu einem Stiel verlängert, der der Unterlage aufsitzt; übriger Körper als Capitulum deutlich abgesetzt u. mit 5 großen Kalkplatten. (*Lepadidae* – Entenmuscheln, Abb. **496**/1–2) 2

1* VKopf ohne Stiel. Capitulum sitzt als „Mauerkrone" der Unterlage flach auf . 3

2 Unpaarige Platte (Carina) am Außenrand winkelig vorgezogen (Abb. **496**/1). – Capitulum bis 40 mm lg, Stiel kürzer. An treibenden Gegenständen od. an selbst abgeschiedenen Sekretkugeln hängend. Fast kosm; kann lebend westl. Ostsee erreichen. *Lepas fascicularis* ELLIS & SOLANDER

2* Carina am Außenrand gleichmäßig gerundet (Abb. **496**/2). – Capitulum bis 50 mm lg, Stiel länger. An treibenden Gegenständen. Fast kosm; nur Nordsee. *Lepas anatifera* L.

3 **(1)** Mauerkrone stark asymmetrisch, aus 4 Kalkplatten bestehend, durch 2 unpaarige Platten verschließbar. *Verrucidae*

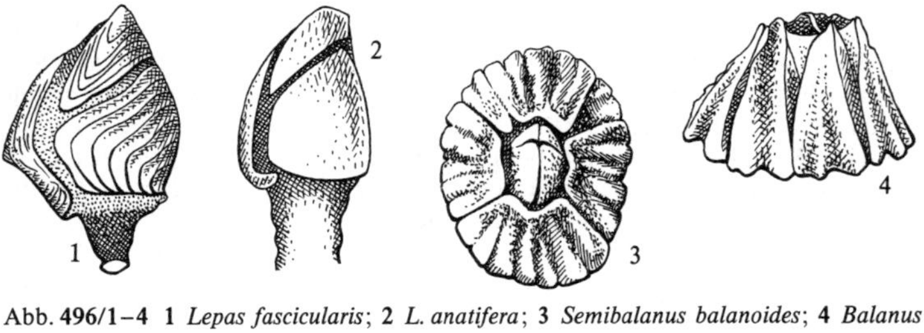

Abb. **496/1–4** **1** *Lepas fascicularis*; **2** *L. anatifera*; **3** *Semibalanus balanoides*; **4** *Balanus crenatus*

Verruca stroemia (O. F. MÜLLER), bis 11 mm br, auf den unterschiedlichsten Unterlagen, vor allem auf Muscheln. Meist 20–300 m tief. Nordsee u. Ostsee-Zugänge.

3* Mauerkrone symmetrisch, aus 4 od. 6 Kalkplatten bestehend, durch 2 Paar Platten verschließbar (Abb. **496**/3). (*Balanomorpha* – Seepocken) **4**

4 Mit 4 Mauerplatten, Basalplatte membranös. – Bis 12 mm br. Mauerplatten stark gefaltet. In der Gezeitenzone auf allen harten Gegenständen, lästig auf Austernbänken. Aus Austr eingeschleppt. Nordsee (z.B. Elbe-Ästuar). *Elminius modestus* DARWIN

4* Mit 6 Mauerplatten. Etwa bis 20 mm br. – Hierher 5 Arten, die nur nach Isolation der Mauerplatten zu bestimmen sind: *Chthamalus stellatus* (POLI), nur Helgoland; *Semibalanus balanoides* (L.) (Abb. **496**/3), gesamte Nordsee-Küste; *Balanus balanus* (L.), Nordsee u. äußerster W der Ostsee (bis 14 ‰ Salzgehalt); *Balanus crenatus* BRUGIÈRE (Abb. **496**/4), Nordsee bis mittlere Ostsee (bis 9 ‰); *Balanus improvisus* DARWIN, Nordsee u. fast gesamte Ostsee.

Ordnung *Acrothoracica*

Nur *Trypetesa lampas* (HANCOCK) (Abb. **497**/1). Bis 12 mm lg. Eingebohrt in Schalen (meist an der Spindel) von *Buccinum undatum* u. *Neptunea antiqua*, die vom Einsiedlerkrebs *Pagurus bernhardus* bewohnt sind. Nordsee.

Ordnung *Rhizocephala* – **Wurzelkrebse**

1 Am Pleon von Einsiedlerkrebsen *(Paguridae)* parasitierend. Externa lggestreckt. Mantelöffnung an der S (Abb. **497**/2). – Bis 10 mm lg. Vor allem an *Pagurus bernhardus*. Nordsee. *Peltogaster paguri* RATHKE

1* Am Pleon von Krabben *(Brachyura)* parasitierend. Externa rundlich. Mantelöffnung in der M. 3 Arten: *Sacculina carcini* THOMPSON (Abb. **497**/3), bis 26 mm br,

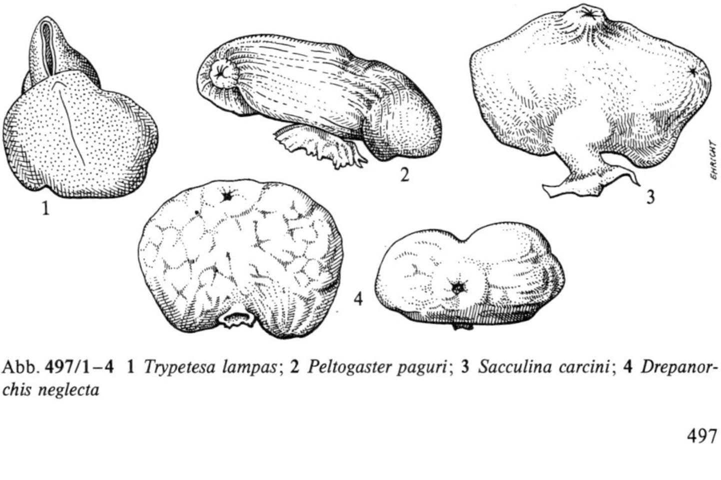

Abb. **497/1–4** **1** *Trypetesa lampas*; **2** *Peltogaster paguri*; **3** *Sacculina carcini*; **4** *Drepanorchis neglecta*

vor allem an *Carcinus maenas* (auch an *Portumnus, Liocarcinus* u. *Pirimela*), Nordsee u. äußerster W der Ostsee; *Sacculina inflata* LEUCKART, bis 27 mm br, an *Hyas*, Helgoland; *Drepanorchis neglecta* (FRAISSE) (Abb. **497**/4), höchstens 14 mm br, auf *Macropodia* u. *Inachus*, südl. Nordsee.

Unterklasse *Malacostraca*

G. Körper ursprünglich aus Kopf, Thorax mit 8 Segmenten u. Pleon mit 6 Segmenten zusammengesetzt. Alle Rumpfsegmente können Gldmaßen tragen (Thorakopoden bzw. Pleopoden). Carapax vorhanden od. sekundär verloren gegangen. Erwachsene Tiere nur ganz selten mit Furcalanhängen. Komplexaugen gestielt od. ungestielt. Vordere 1–3 Thoraxsegmente können mit Kopf verschmelzen, ihre Gldmaßen dann der NaAufnahme dienend (Maxillipeden). Die restlichen Thorakopoden ein- od. zweiästige Gliederbeine, zum Schwimmen od. (meist) zum Laufen dienend; oft mit Scheren endend. Das letzte (6.) Pleonsegment oft mit Telson verschmolzen. Vordere 5 Paar Pleopoden mit mehrgliedrigen Spaltbeinen, 6. Paar (Uropoden) abweichend gestaltet u. oft mit Telson einen Schwanzfächer bildend (bei *Amphipoda* 3 Paar Uropoden). – **V.L.** Im Meer in allen Tiefen, im Süßwasser in allen Gewässertypen, auf dem Land (bei uns nur Landasseln). – **B.** Meist frei lebend, selten parasitisch (vor allem Isopoda). Fast ausschließlich getrenntgeschlechtig, selten Zwitter, die erst als ♂, dann als ♀ (od. umgekehrt) fungieren. Nur noch selten Nauplius-Larven, meist schlüpft ein weiter entw Larvenstadium od. Entw direkt. Bei *Peracarida (Mysidacea, Amphipoda, Cumacea, Tanaidacea* u. *Isopoda)* Entw in einem Brutbeutel (Marsupium) auf der BauchS des Thorax; wird aus verschieden großer Anzahl von Brutlamellen (Oostegiten) gebildet. – Im Gebiet etwa 310 Arten.

1 Von oben kein Carapax sichtbar, mindestens 6 freie Thoraxsegmente. Augen stets ungestielt (od. ohne Augen) **2**

1* Deutlicher Carapax vorhanden, in der M-Linie des Rückens höchstens 5 freie Thoraxsegmente erkennbar. Augen oft gestielt **5**

2 Alle 8 Thoraxsegmente frei u. die vorderen 7 mit zweiästigen Thorakopoden. Ohne Augen. Höchstens 2 mm lg. *Bathynellacea* S. 499

2* Mindestens das 1. Thoraxsegment mit Kopf verwachsen. Thorakopoden einästig **3**

3 Körper meist seitlich abgeflacht. Das 1. od (selten) 1. u. 2. Thoraxsegment mit Kopf verschmolzen. Pleon mit 3 Paar zweiästigen, fiedrig beborsteten Schwimmbeinen (Pleopoden) u. 3 Paar nach hinten gerichteten, konischen od. griffelförmigen Sprungbeinen (Uropoden). Bei *Caprellidae* Körper stabförmig u. Pleon verkümmert. *Amphipoda* S. 502

3* Körper meist dorsoventral abgeflacht. Pleon mit 5 Paar gleich gestalteten Pleopoden u. 1 Paar Uropoden **4**

4 Das 1. Thoraxsegment mit Kopf verschmolzen. Pleopoden br abgeflacht, der US des Pleon anliegend. Uropoden sehr verschieden gestaltet. *Isopoda* S. 514

4* Das 1. u. 2. Thoraxsegment mit Kopf verschmolzen. Der 2. Thorakopod stets mit Schere. Pleopoden schmal blattförmig, nach unten ragend. Uropoden griffelförmig. *Tanaidacea* S. 514

5 **(1)** Augen ungestielt, in der Mediane zu einem unpaarigen Gebilde zusammentretend u. stark reduziert. Thorax sehr voluminös, Pleon dünn u. meist deutlich gegen Thorax abgesetzt. Hintere 4 od. (meist) 5 Thoraxsegmente nicht vom Carapax verdeckt. *Cumacea* S. 511

5* Augen auf Stielen. Höchstens die letzten beiden Thoraxsegmente nicht vom Carapax bedeckt **6**

6 Carapax nur mit den vorderen 2 od. 3 Thoraxsegmenten verwachsen, den restlichen lose aufliegend. 1. Thorakopod zum Maxillipeden umgewandelt, alle übrigen zweiästige Schwimm- u. Laufbeine. *Mysidacea* S. 500

6* Carapax mit allen Thoraxsegmenten verwachsen. Thorax mit 3 Paar die Mundgliedmaßen verdeckenden Maxillipeden u. 5 Paar einästigen Laufbeinen. *Decapoda* S. 525

Ordnung *Bathynellacea*

G. Winzige Bewohner des Grundwassers. Körper wurmförmig lggestreckt, ohne Carapax u. ohne Augen. Mit 8 freien Thoraxsegmenten, Pleon etwas dicker als Thorax. Thorakopoden zweiästig, der letzte (8.) reduziert od. umgewandelt. Höchstens die beiden vorderen Pleopoden vorhanden. Letztes (6.) Pleonsegment mit Telson verwachsen, mit Uropoden u. kurzen Furcalästen. – **V. L.** Fast ausschließlich im Sandlückensystem des Grundwassers; werden oft in Höhlengewässer od. Brunnen ausgespült. – **B.** Laufen schlängelnd zwischen den Sandkörnern. Ernähren sich von Detritus, Bakterien usw. Eiablage einzeln u. frei (keine Brutpflege), schlüpfen meist als fast vollständig ausgebildete Jungtiere. – Insgesamt 130 Arten bekannt, ständig werden neue beschrieben; im Gebiet 2 Arten, mit Lupe nicht zu unterscheiden. Etwa bis 2 mm lg (Abb. **499**/1).
Bathynella natans VEJDOVSKY, vor allem im Einzugsgebiet des Rheins. *Antrobathynella stammeri* (JAKOBI), in Bayern. Beide weit verbreitet, aber nur selten gefunden; in Höhlen u. Brunnen bei 8–10 °C.

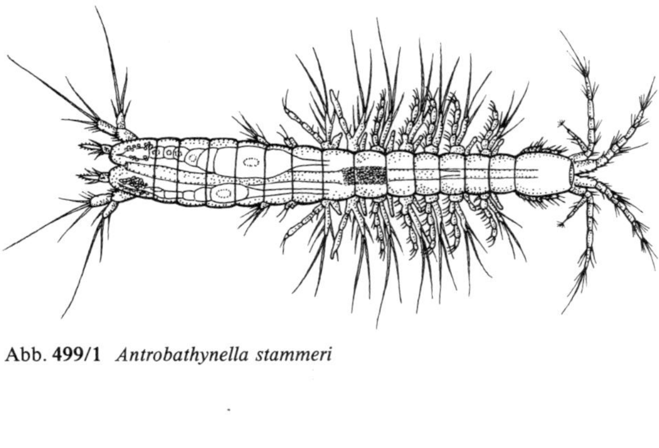

Abb. **499/1** *Antrobathynella stammeri*

Ordnung *Mysidacea*

G. Carapax läßt meist das letzte od. wenige letzte Thoraxsegmente dorsal frei, ist aber nur mit den vorderen 2 od. 3 Segmenten verwachsen u. liegt den übrigen lose auf; am dorsalen HRand Carapax meist tief ausgeschnitten. Komplexaugen gestielt. Antennula mit dreigliedrigem Schaft u. 2 vielgliedrigen Geißeln. Antenna mit geißelförmigem Endopoditen u. schuppenförmigem Exopoditen (Antennenschuppe). Alle 8 Thorakopoden sind Spaltbeine mit Endo- u. Exopodit, der 1. Thorakopod zum Maxillipeden umgebildet u. auch der 2. etwas verkürzt. Pleon kräftig entw u. meist länger als übriger Körper. Uropoden mit Telson einen Schwanzfächer bildend. Bei heimischen Arten: Das ♀ an den letzten 2 od. 3 Thoraxsegmenten mit Oostegiten; Pleopoden beim ♀ ± rudimentär, beim ♂ deutlich entw u. ein Ast eines Paares (meist des 4.) oft stark verlängert; Endopodit der Uropoden basal mit Statozyste (als kreisförmige Struktur zu erkennen). – **V. L.** Vorwiegend Meeresbewohner, einige Arten im Brack-, wenige im Süßwasser. – **B.** In der Regel am od. dicht über dem Boden lebend, aber ± ausgedehnte Ausflüge ins freie Wasser unternehmend (vor allem nachts); manche Arten können sich eingraben. Fortbewegung durch Thorakopoden: Exopodite zum Schwimmen, Endopodite zum Laufen. Geschlechter getrennt. ♂♂ am letzten Thoraxsegment mit paarigem Penis. Eier u. Larvenstadien vom ♀ im Marsupium getragen. Junge Tiere gleichen beim Verlassen des Brutraumes weitgehend den alten. Na pflanzlich od. tierisch, wird in gröberen Teilen aufgenommen od. aus dem Wasser filtriert. Heimische Arten ohne Atmungsorgane (Kiemen), Gasaustausch in der Hauptsache durch innere Carapaxwand. Vor allem Arten im Flachwasser mit Farbwechsel: passen sich durch Kontraktion bzw. Ausbreitung von Chromatophoren der Tönung des Untergrundes an. – Insgesamt fast 800 Arten, im Gebiet mindestens 11 (alle Familie *Mysidae*).

1 Telson am HE tief ausgeschnitten (Abb. **501**/2) **2**

1* Telson am HE abgerundet od. zugespitzt (Abb. **501**/6, 10) **6**

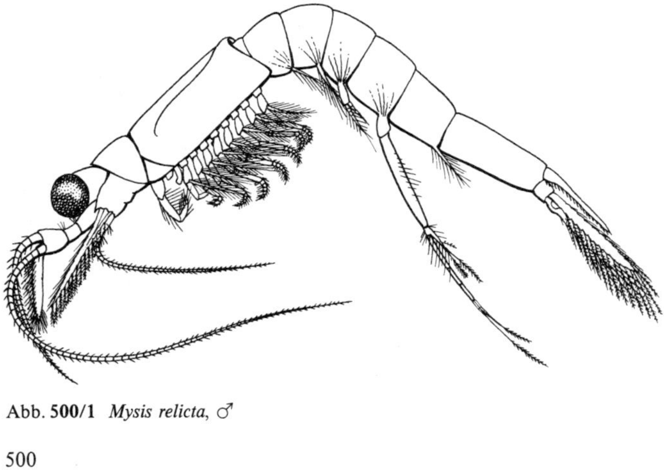

Abb. **500/1** *Mysis relicta*, ♂

2 Außenrand der Antennenschuppe nackt (ohne Borsten od. Dornen), vorn außen mit einem Zahn (Abb. **501**/3) 3

2* Antennenschuppe ringsum mit Fiederborsten besetzt (in Abb. Borsten weggelassen), Außenrand ohne Zahn (Abb. **501**/5) 5

3 Antennenschuppe höchstens so lg wie Schaft der Antennula. Exopodit des Uropoden am Außenrand mit kurzen kräftigen Dornen (Abb. **501**/1). – Das 5. Pleonsegment dorsal mit unpaarigem Dorn. Etwa 20 mm lg. Skandinavien bis Schwarzes Meer; Nordsee u. westl. Ostsee. Im Flachwasser bis etwa 50 m Tiefe, im Brackwasser oft in großen Schwärmen. *Gastrosaccus spinifer* (GOES)
In der Nordsee außerdem *Gastrosaccus sanctus* (VAN BENEDEN), ohne Dorn am 5. Pleonsegment, bis 15 mm lg.

3* Antennenschuppe deutlich länger als Schaft der Antennula. Exopodit der Uropoden am Außenrand mit lg Fiederborsten 4

4 Zahn am Außenrand der Antennenschuppe kurz vor der M (Abb. **501**/3). – Bis 19 mm lg. Von N-Norwegen bis N-Afrika; Nordsee (Helgoland). Meist tiefer als 30 m. *Schistomysis ornata* (G. O. SARS)

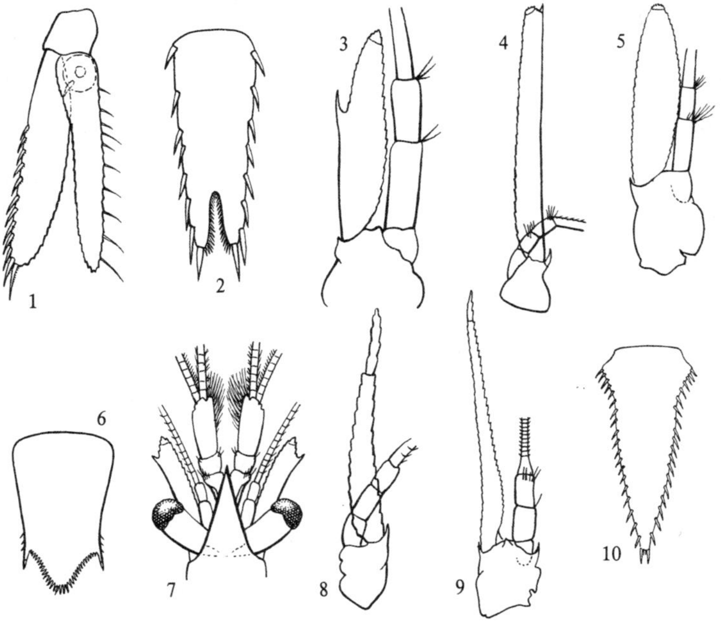

Abb. **501/1–10** **1** *Gastrosaccus spinifer*, Uropoden; **2** *Gastrosaccus spinifer*, Telson; **3** *Schistomysis ornata*, Antenna; **4** *Praunus flexuosus*, Antenna; **5** *Mysis relicta*, Antenna; **6** *Mesopodopsis slabberi*, Telson; **7** *Siriella armata*, VE; **8** *Leptomysis gracilis*, Antenna; **9** *Noemysis integer*, Antenna; **10** *N. integer*, Telson

4* Zahn am Außenrand der Antennenschuppe am distalen E (Abb. **501**/4).

a) Antennenschuppe etwa 7- bis 8mal so lg wie br u. mindestens 3mal so lg wie Schaft der Antennula. Bis 26 mm lg. Nord- u. Ostsee, oft in Flußmündungen. *Praunus flexuosus* (O. F. MÜLLER)

b) Antennenschuppe etwa 5mal so lg wie br u. 2- bis 3mal so lg wie Schaft der Antennula. Bis 20 mm lg. Nord- u. Ostsee. Im Flachwasser. *Praunus neglectus* (G. O. SARS)

c) Antennenschuppe etwa 4mal so lg wie br u. etwa 1,5mal so lg wie Schaft der Antennula. Bis 15 mm lg. Nord- u. Ostsee. Im Flachwasser. *Praunus inermis* (RATHKE)

5 (2) Antennenschuppe vorn abgerundet, etwa 4mal so lg wie br (Abb. **501**/5). – Bis 25 mm lg (in Binnenseen kleiner). In einigen norddeutschen Seen, östl. Ostsee (Eiszeitrelikt), weit verbreitet in N-Eur u. N-Am. Vom Flachwasser bis in einige 100 m Tiefe; in Binnenseen im Sommer im tiefen Wasser. *Mysis relicta* LOVÉN (Abb. **500**/1).

5* Antennenschuppe lanzettlich zugespitzt, etwa 9mal so lg wie br. – Bis 30 mm lg. Norwegische Küste, fast gesamte Ostsee. Von 0–200 m Tiefe. *Mysis mixta* LILLJEBORG

6 (1) HE des Telson kurz zungenförmig, jederseits mit einem zahnartigen Vorsprung (Abb. **501**/6). – Bis 15 mm lg. Skandinavien bis Schwarzes Meer; Nordsee, westl. Ostsee (Kieler Bucht), auch in Flußmündungen. Flachwasserform. *Mesopodopsis slabberi* (VAN BENEDEN)

6* HE des Telson mit einfacher Spitze (Abb. **501**/10) **7**

7 Antennenschuppe kürzer als Schaft der Antennula, Außenrand ohne Borsten u. vorn mit Zahn (Abb. **501**/7). – Bis 21 mm lg. Brit. Ins. u. Nordsee bis westl. Mittelmeer. Flachwasserform. *Siriella armata* (H. MILNE-EDWARDS)

7* Antennenschuppe zweigliedrig u. deutlich länger als Schaft der Antennula, Außenrand mit Fiederborsten, ohne Zahn (Abb. **501**/8–9) **8**

8 Basales Gld der Antennenschuppe doppelt so lg wie Endgld (Abb. **501**/8). – Bis 13 mm lg. S-Norwegen bis Mittelmeer; Nordsee (Helgoland). Von 10–700 m Tiefe. *Leptomysis gracilis* (G. O. SARS)

8* Basales Gld der Antennenschuppe mindestens 6mal so lg wie Endgld (Abb. **501**/9). – Bis 17 mm lg. Von N-Norwegen bis Spanien; Nordsee, gesamte Ostsee. Küstenform, dringt tief in Flußmündungen ein. *Neomysis integer* (LEACH)

Ordnung *Amphipoda* – Flohkrebse

G. Das 1. (selten auch noch das 2.) Thoraxsegment mit dem Kopf verschmolzen. Ohne Carapax. Augen ungestielt, manchmal augenlos. Antennula mit vielgliedriger Geißel u. kurzer Nebengeißel (fehlt oft). Antenna immer einästig, mit vielgliedriger Geißel. Der 1. Thorakopod zum Maxillipeden umgebildet u. die übrigen Mundgliedmaßen von unten her bedeckend. Thorakopoden 2–8 einästige Laufbeine; ihr Grundglied (Coxa) meist plattenartig verbreitert u. nach unten verlängert u. dadurch Körper seitlich abgeflacht aussehend. Der 2. u. 3. Thorakopod nach vorn abgewinkelt u. meist mit subchelaten Scheren (zum Greifen dienende Gnathopoden); der 4. u. 5. Thorakopod seitlich gerichtet (ziehen den Körper beim Laufen); der 6.–8. Thorakopod nach hinten zeigend (schieben den Körper). Beim ♀ Oostegite meist am 3.–6. Thorakopoden. Pleon zweigeteilt: Segmente 1–3 (Metasom) mit zweiästigen, vielgliedrigen, beborsteten Pleopoden, die zum Schwimmen dienen; Segmente 4–6 mit nach hinten gerichteten, griffel- od. stachelförmigen Uropoden, die als Stemm- od. Sprungbeine fungieren. Bei *Caprellidea* das Pleon zu fast extremitätenlosem Stummel reduziert. Telson meist deutlich abgegliedert. Atmung durch blattartige Kiemen an der Innenwand der Coxalplatten; die Pleopoden erzeugen einen Wasserstrom durch die Bauchrinne. – **V. L.** Mehrzahl der Arten im Meer, viele im Süßwasser einschließlich Grundwasser (vor allem *Gammaridae*), wenige auf dem Land im Strandanwurf *(Talitridae)*. – **B.** Alle einheimischen Arten sind Bodenbewohner, die meist seitlich auf dem Grund liegen, zwischen Pflanzen od. Tierstöcken klettern od. Wohnröhren anlegen. Können kurze Strecken schwimmen (mit Hilfe der Pleopoden) od. durch plötzliches Strecken des eingeschlagenen Pleons sich sprungartig fortbewegen (die Uropoden dienen dabei als Widerlager). Getrenntgeschlechtig. Entw der Eier im Marsupium der ♀♀. Schlüpfende Jungtiere besitzen bereits alle Extremitäten. Na pflanzlich, tierisch od. Detritus; die *Hyperiidea* zumindest zeitweise kommensalisch od. parasitisch (meist an Medusen). Na vieler See- u. Süßwasserfische u. Strandvögel. – Insgesamt reichlich 5 500 Arten, im Gebiet etwa 170 nachgewiesen. Eine Bestimmung mit der Lupe meist nicht möglich, daher hier nur die auffälligsten u. häufigsten Formen aufgeführt.

1 Pleon deutlich gegliedert, mit deutlichen Extremitäten. Nur 1. Thoraxsegment mit Kopf verschmolzen 2

1* Pleon zu fast extremitätenlosem Stummel reduziert. 1. u. 2. Thoraxsegment mit Kopf verschmolzen. Körper stabförmig. *Caprellidea (Caprellidae)* (Abb. **511**/2–3) S. 510

2 Augen klein, nur einen kleinen Teil des Kopfes bedeckend od. Tier augenlos. Körper meist schlank, seitlich abgeflacht. *Gammaridea* S. 503

2* Augen groß, den Kopf fast vollständig bedeckend. Kopf deutlich aufgetrieben, Körper daher tropfenförmig. *Hyperiidea (Hyperiidae)* (Abb. **511**/4) S. 511

Unterordnung *Gammaridea*

Körper meist seitlich abgeflacht. Pleon gut ausgebildet u. alle Segmente vorhanden. Im Meer, Brack- u. Süßwasser, selten an Land.

1 Im untergetauchten Holz in Bohrgängen von *Limnoria lignorum* (S. 516). Das 3. Metasomsegment mit großem Rückenzahn. Außenast der 3. Uropoden sehr lg u. br (Abb. **510**/2). Meer. *Cheluridae* S. 510

1* Nicht in Bohrgängen. 3. Uropoden nicht stark verbreitert 2

2 Pleon u. schwächer auch Thorax dorsoventral abgeflacht. Antennula kürzer als die (beim ♂ mächtig vergrößerte) Antenna (Abb. **510**/1). Meer, Brack- u. Süßwasser. *Corophiidae* S. 509

2* Pleon u. Thorax seitlich abgeflacht 3

3 Pleonsegmente mit kräftigem Rückenzahn. Antennula länger als Antenna. Das 2. Gld der Antennula deutlich länger als 1. Gld. Telson lg, tief gespalten (Abb. **508**/3). Meer. *Dexaminidae* S. 508

3* Pleonsegmente ohne großen Rückenzahn 4

4 Kopf in ein spitzes Rostrum verlängert, welches das GrundGld beider Antennen bedeckt. Ohne Augen. Der 7.Thorakopod deutlich länger als der 8. Meer. *Phoxocephalidae* S.507

4* Kopf nicht in Rostrum verlängert **5**

5 Antennula kürzer od. nur wenig länger als Schaft der Antenna (Abb. **505**/2). Meer, Brack- u. Süßwasser, Land. *Talitridae* S.504

5* Antennula deutlich länger als Schaft der Antenna **6**

6 Telson am HE zweigeteilt bis tief gespalten **7**

6* Telson ungeteilt, spitz, abgerundet od. höchstens flach ausgebuchtet **8**

7 Mindestens der 8. Thorakopod stark verbreitert u. beborstet (Abb. **507**/1). Tiere graben im Boden. Meer, Brack- u. Süßwasser. *Haustoriidae* S.506

7* Hintere Thorakopoden nicht verbreitert. Tiere nicht im Boden grabend. Meer, Brack- u. Süßwasser (einschließlich Grundwasser). *Gammaridae* S.505

8 **(6)** Telson etwa doppelt so lg wie br, hinten zungenförmig gerundet od. leicht eingebuchtet (dann Hinterkörper dorsal deutlich gekielt). Antennula so lg od. etwas kürzer als Antenna **9**

8* Telson höchstens so lg wie br. Antennula länger als Antenna (außer bei *Ischyroceridae*). Tiere bauen sich Röhren aus Sandkörnern od. Algenfäden **10**

9 Am 5. Thoraxsegment eine große schildförmige Coxalplatte (Abb. **505**/1). Meer. *Stenothoidae* S.504

9* Coxalplatten nicht stark vergrößert. Meer u. Brackwasser. *Calliopiidae* S.508

10 **(8)** Der 2. Thorakopod (1. Gnathopod) deutlich größer als 3. Thorakopod (Abb. **508**/5). Meer u. Brackwasser. *Aoridae* S.509

10* Der 2.Thorakopod nicht größer als der 3. **11**

11 An der Antennula das 3.Gld deutlich länger als das 1. Meer. *Ischyroceridae* S.510

11* An der Antennula das 3.Gld höchstens so lg wie das 1. . . . . **12**

12 Der 3.Uropod einästig, Ast länger als Grundgld u. nicht hakenförmig. Meer. *Isaeidae* S.509

12* Der 3.Uropod zweiästig, Äste kürzer als Grundgld, Außenast hakenförmig. Meer u. Brackwasser. *Ampithoidae* S.509

Familie *Stenothoidae*

Stenula rubrovittata (G. O. SARS) *[Metopa r.]* (Abb. **505**/1)
Coxalplatten am 3. u. 4.Thoraxsegment nach unten verlängert, am 5.Thoraxsegment verlängert u. verbreitert. Der 2.Gnathopod kräftiger als der 1., subchelat. Weißlich, mit 2 roten Querbinden auf jedem Körpersegment, Augen dunkelrot. 4–5 mm lg. N-Norwegen bis Golf von Biskaya; Nordsee (Helgoland), Kieler Bucht. Etwa ab 5 m Tiefe. Meist in Gesellschaft mit *Pagurus bernhardus* (S. 536).

Familie *Talitridae*

Antennula meist deutlich kürzer als Schaft der Antenna. Gnathopoden bei ♀ u. ♂ oft stark unterschiedlich. Laufen auch auf feuchtem Land der Uferzone mit Rücken nach oben, viele können springen. Färbung meist grünlich-braun.

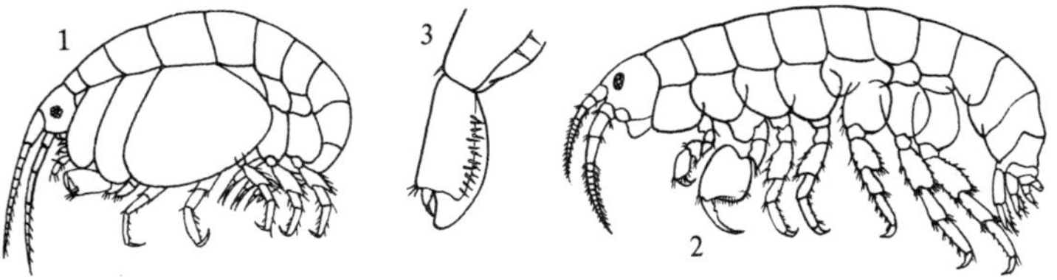

Abb. **505/1–3** **1** *Stenula rubrovittata*, ♀; **2** *Hyale nilssoni*, ♂; **3** *Orchestia gammarellus*, ♀, 2. Gnathopod

1 Antennula so lg wie od. wenig länger als Schaft der Antenna. Beide Gnathopoden in beiden Geschlechtern mit subchelatem Greiffuß (Abb. **505**/2). – Bis 8 mm lg. N-Norwegen bis Frankreich; Nordseeküsten. Gezeitenzone steiniger Küsten zwischen Algen. *Hyale nilssonii* (RATHKE)

1* Antennula viel kürzer als Schaft der Antenna. Der 2. Gnathopod beim ♀ ein dünnhäutiger Putzfuß (Abb. **505**/3) 2

2 1. Gnathopod bei ♂ u. ♀ einfach endend, 2. Gnathopod bei ♂ u. ♀ ein Putzfuß. – Bis 15 mm lg. SW-Norwegen bis Mittelmeer; Nord- u. Ostsee bis Gdańsker Bucht. Auf flachem Sandstrand, vor allem unter angespültem Tangsaum. Am Tg im Sand vergraben, nachts umherlaufend; können bei Störung bis 30 cm weit springen. *Talitrus saltator* (MONTAGU) – **Strandfloh**

2* Der 2. Gnathopod beim ♂ mit großem, subchelatem Greiffuß 3

3 Der 1. Gnathopod beim ♀ einfach endend. – Bis 15 mm lg. Von Dänemark bis Mittelmeer u. Schwarzes Meer. Nord- u. Ostseeküste bis Greifswald. An der äußersten Flutgrenze am flachen Sandstrand. Lebensweise wie *Talitrus*.
Talorchestia deshayesii (AUDOUIN)

3* Der 1. Gnathopod beim ♀ mit subchelatem Greiffuß (manchmal schwer erkennbar). *Orchestia* LEACH

O. gammarellus (PALLAS). – Bis 18 mm lg. Auf Geröll u. zerklüftetem Gestein, das vom Pflanzenanwurf bedeckt ist. Nordsee, Greifswalder Bucht.

O. cavimana HELLER. – Bis 22 mm lg. Usedom, Außenalster, Flakensee u. Kalksee bei Berlin, im Schwemmstreifen.

O. platensis KRÖYER. – Bis 15 mm lg. Ostsee zwischen Kieler Bucht u. Hiddensee, am Strand unter Tanghaufen u. an Strandmauern.

Familie *Gammaridae*

Mit od. ohne Augen. Antennula so lg od. etwas länger als Antenna. Beide Gnathopoden subchelat u. etwa von gleicher Größe. Telson am HE leicht eingebuchtet bis tief gespalten. – Neuerdings in zahlreiche Familien aufgespalten (z.B. *Niphargidae, Crangonyctidae*).

1 Mit Augen (Abb. **506**/1). Meer u. Süßwasser 2

1* Ohne Augen (Abb. **506**/3). Im Grundwasser 4

2 HRand aller Urosomsegmente mit 1–3 Gruppen von Stacheln (Abb. **506**/1). 3. Uropod zweiästig, Innenast mindestens ⅓ so lg wie Außenast. Telson tief gespalten. *Gammarus* FABRICIUS

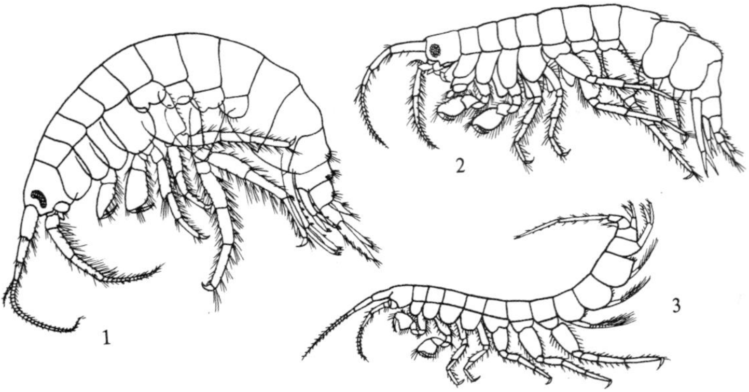

Abb. **506/1–3** Abb. **1** *Gammarus zaddachi*, ♂; **2** *Pallasiola quadrispinosa*, ♂; **3** *Niphargus schellenbergi*, ♂

Mit etwa 11 Arten im Gebiet. Leben in der Pflanzenzone der Meeresküsten, in Seen u. langsam fließenden Gewässern. Schieben sich auf der S liegend durch Körperkrümmungen vorwärts. Färbung sehr variabel. Im Süßwasser vor allem *G. pulex* (L.), **Bachflohkrebs**, in Bächen; *G. lacustris* G. O. SARS in Seen. In der Nord- u. Ostsee (z.T. auch in Flußmündungen eindringend) besonders *G. locusta* (L.), *G. duebeni* LILJEBORG u. *G. zaddachi* SEXTON (Abb. **506**/1).

2* Urosomsegmente ohne Stachelgruppen. Telson am HRand nur eingebuchtet. Nur im Süßwasser **3**

3 Rücken des 1. u. 2. Metasomsegments jederseits mit einem Zahn. Urosomsegmente getrennt (Abb. **506**/2). – Bis 21 mm lg. Gelblich-grau mit bräunlichen Querbinden. In norddeutschen Seen. *[Pallasea qu.]*
Pallasiola quadrispinosa (G. O. SARS)

3* Metasomsegmente ohne Zähne. Alle Urosomsegmente verschmolzen. – Bis 7 mm lg. Gelbgrün, grün od. bräunlich. Östl. der Elbe im Tiefland, in stehenden od. langsam fließenden Gewässern. Läuft mit dem Rücken nach oben. *[Synurella a.]* *Stygobromus ambulans* (FR. MÜLLER)

4 **(1)** 3. Uropod sehr kurz, den 1. nicht überragend. – Bis 6 mm lg. Farblos. Im Grundwasser (Quellen, Brunnen), in den MGeb weit verbreitet.
Crangonyx subterraneus BATE

4* 3. Uropod sehr lg, Außenast zweigliedrig (Abb. **506**/3). – Können bis 30 mm lg werden. Farblos. Im Grundwasser (Quellen, Brunnen, Höhlen, Wasserleitungen). Im Gebiet etwa 10 Arten. *Niphargus* SCHIÖDTE – **Höhlenkrebs**

Familie *Haustoriidae*

Gnathopoden schwach entw. Am letzten (8.) Thorakopoden Basis stark verbreitert. Telson tief gespalten. Graben im überfluteten Boden, in den sie blitzschnell verschwinden können; oft schwimmend.

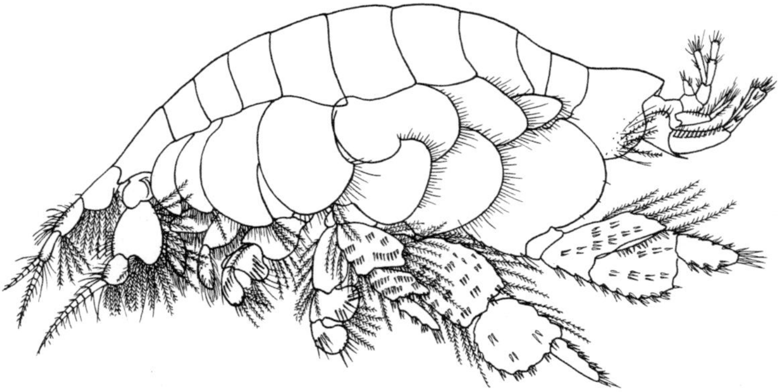

Abb. **507/1** *Haustorius arenarius*, ♀

1 Am 6.–8. Thorakopoden die Glder stark verbreitert u. dicht beborstet. Ohne Augen (Abb. **507**/1). – Bis 13 mm lg. Weißlich. Norwegen bis Frankreich; Nordseeküste. Im Bereich der Mittelwasserlinie im Sand vergraben; kommt nachts hervor. *Haustorius arenarius* (SLABBER)

1* Hintere Thorakopoden mit schlanken Endgldern. Mit Augen 2

2 Grundgld der Antennula springt knieartig vor. Das 1. Urosomsegment mit beborstetem Buckel. – Etwa 6–8 mm lg. Färbung je nach Untergrund wechselnd. Nordsee u. westl. Ostsee. Vorwiegend im oberen Litoral im Sand grabend; nachts meist im freien Wasser. Im Gebiet etwa 6 Arten (schwer zu unterscheiden). *Bathyporeia* LINDSTRÖM

2* Antennula gerade, Grundgld nicht knieartig vorspringend. Nur Ostsee u. norddeutsche Binnenseen. Glazialrelikt. (*Pontoporeia* KRØYER) 3

3 Das 1. Urosomsegment mit gezähntem Buckel. – Bis 9 mm lg. Schwach gelblich. Westl. u. mittlere Ostsee, vor allem auf Schlickgrund. *Pontoporeia femorata* KRØYER

3* Das 1. Urosomsegment ohne gezähnten Buckel. – Bis 9,5 mm lg. Gelblich bis orange. Im Brack- u. Süßwasser. Vor allem nördl. Ostsee u. norddeutsche Seen. *Pontoporeia affinis* LINDSTRÖM

Familie *Phoxocephalidae*

Phoxocephalus holboelli (KRØYER) (Abb. **508**/1)
Kopf zu langem Rostrum ausgezogen. Augen reduziert. Beide Gnathopoden subchelat u. einander ähnlich. Telson tief gespalten. Bis 7 mm lg. Blaß braun bis orange. Arkt-boreal. Westl. Ostsee. Auf feinem Sand od. Schlamm.

Familie *Calliopiidae*

Hintere Körpersegmente dorsal gekielt. Beide Gnathopoden subchelat u. einander ähnlich.

1 Antennula ohne Nebengeißel, 3. Schaftgld zu dreieckigem Lappen verlängert. HKörper schwach gekielt. Telson lg, zungenförmig (Abb. **508**/2). – Bis 10 mm lg. Arkt-boreal; Nordsee, westl. u. mittlere Ostsee. Gezeitenzone, zwischen Wasserpflanzen, nachts umherschwimmend. *Calliopius laeviusculus* (KRØYER)

1* Antennula mit deutlicher Nebengeißel. HKörper sehr deutlich gekielt. Telson am HRand schwach eingebuchtet. (*Gammarellus* HERBST) 2

2 Augen mehr als die Hälfte der Kopfseiten bedeckend. Dorsale Kiele flach. – Bis 15 mm lg. N-Norwegen bis Mittelmeer; Nordsee. Gezeitenzone. *Gammarellus angulosus* (RATHKE)

2* Augen weniger als die Hälfte der Kopfseiten bedeckend. Dorsale Kiele weit vorspringend. – Bis 35 mm lg. Arkt-boreal; Nordsee u. Ostsee etwa bis Bornholm. Gezeitenzone bis Sublitoral. Auf Sandgrund zwischen Pflanzen, im Bewuchs von Küstenbauten. *Gammarellus homari* (FABRICIUS)

Familie *Dexaminidae*

Dexamine spinosa (MONTAGU) (Abb. **508**/3)
Pleonsegmente mit kräftigem Rückenzahn. An der Antennula das 2. länger als das 1. Gld. Gnathopoden subchelat u. einander ähnlich. Telson lg, tief gespalten. – Bis 14 mm lg. N-Norwegen bis Schwarzes Meer; Nordsee, Kieler Bucht. Sublitoral, zwischen Algen u. Hydroidpolypen; nachts an die Oberfläche kommend.

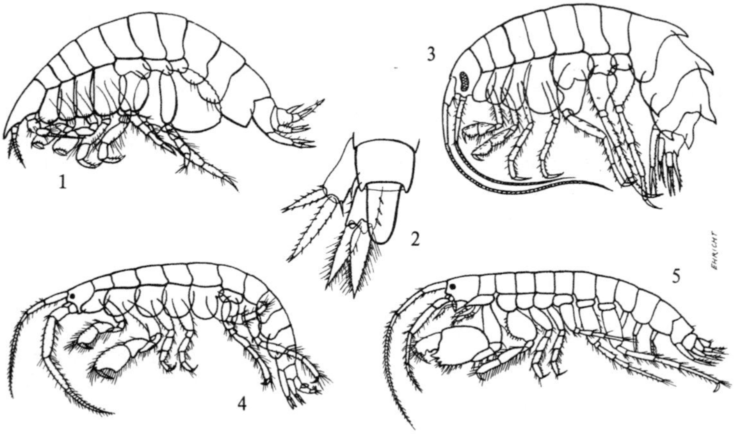

Abb. **508/1–5** **1** *Phoxocephalus holboelli*, ♀; **2** *Calliopius laeviusculus*, HE; **3** *Dexamine spinosa*, ♀; **4** *Ampithoe rubricata*, ♂; **5** *Microdeutopus gryllotalpa*, ♂

Familie *Ampithoidae*

Ampithoe rubricata (MONTAGU) (Abb. **508**/4)
Antennula etwas kürzer als Antenna. Beide Gnathopoden subchelat, der 2. etwas kräftiger. Am 3. Uropoden Äste etwas kürzer als Grundgld, Außenast hakenförmig. Telson kurz u. dick. Bis 20 mm lg. Mit roten Augen. N-Norwegen bis Frankreich; Nordsee u. westl. Ostsee bis Greifswalder Bodden. Sublitoral. Aus Algenfäden Wohnröhren bauend.

Familie *Aoridae*

Antennula so lg wie od. länger als Antenna. Der 1. Gnathopod deutlich größer als der 2. Die 3. Uropoden zweiästig, Äste so lg wie Grundgld. Telson kurz u. dick.

1 Beide Gnathopoden subchelat, der 1. beim ♂ mit zusammengesetzter Schere (Abb. **508**/5), der 2. ohne lg Borsten. – Bis 10 mm lg. Braun gesprenkelt. S-Norwegen bis Schwarzes Meer; Ostsee bis Darßer Schwelle. Im Seegrasgürtel des flachen Küstenwassers. Baut Gehäuse aus zusammengesponnenen Algenfäden. *Microdeutopus gryllotalpa* A. COSTA

1* Der 1. Gnathopod subchelat, der 2. einfach endend u. mit dichten langen Borsten. – Bis 5 mm lg. Goldgelb, braun gesprenkelt. Ostsee bis Mittelmeer. Echte Brackwasserart. Ostseebuchten, Elbmündung. Baut Wohnröhren auf Wasserpflanzen u. *Cordylophora.* *Leptocheirus pilosus* ZADDACH

Familie *Isaeidae*

Microprotopus maculatus NORMAN
Antennula etwas kürzer als Antenna. Der 1. Gnathopod deutlich kleiner als der 2. Der 3. Uropod einästig, Ast etwas länger als Grundgld, nicht hakenförmig. Bis 3 mm lg. Norwegen bis Mittelmeer; Flachwasser der Friesischen Inseln. Baut Röhren im Sand.

Familie *Corophiidae*

Corophium LATREILLE (Abb. **510**/1)
Im Gebiet etwa 6 Arten. Körper, vor allem Pleon, dorsoventral abgeflacht. Antennula deutlich kürzer als Antenna, die beim ♂ stark vergrößert ist. Der 1. Gnathopod mit kleiner Subchela, der 2. einfach endend. Der 3. Uropod einästig, abgeflacht. Telson kurz u. dick. Bauen Röhren in Schlamm od. Sand od. auf festen Unterlagen. Arten mit Lupe nicht zu unterscheiden. – Im Wattenmeer z. B. *C. volutator* (PALLAS) – **Wattenkrebs**; im Süßwasser *C. curvispinum* G. O. SARS (Flußsystem der Elbe u. Oder).

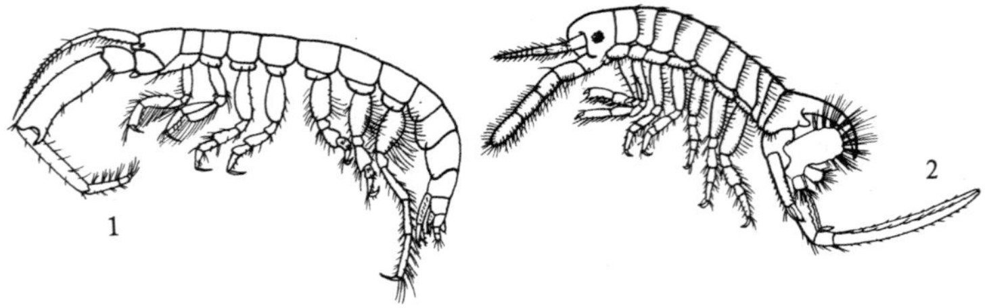

Abb. **510/1–2** 1 *Corophium volutator*, ♂; 2 *Chelura terebrans*, ♂

Familie *Cheluridae*

Chelura terebrans PHILIPPI (Abb. **510**/2)
Körper dorsoventral leicht abgeflacht. Beide Gnathopoden schwach chelat. Das 3. Metasomsegment mit großem, rückwärts gebogenem Zahn. Der 2. Uropod blattförmig u. vertikal gestellt. Am 3. Uropoden Außenast sehr lg. Bis 6 mm lg. Hellbraun. N-Atlantik bis Mittelmeer; Nordsee. In untergetauchtem Holz, das bereits von *Limnoria lignorum* (S. 516) befallen ist; bohrt selbst nicht aktiv.

Familie *Ischyroceridae*

Jassa falcata (MONTAGU) (Abb. **511**/1)
Körper dorsoventral leicht abgeflacht. An der Antennula das 3. deutlich länger als das 1. Gld. Gnathopoden kräftig subchelat, der 2. bedeutend größer. Der 3. Uropod zweiästig, Äste kürzer als Grundgld, Außenast hakenförmig. Bis 12 mm lg. Grau mit rotbraunen Flecken. Fast kosm; Nordsee (Helgoland). Baut Röhren im Flachwasser zwischen Algen od. auf Bojen.

Unterordnung *Caprellidea*

Familie *Caprellidae* – **Gespenstkrebse**

Körper stabförmig. Das 1. u. 2. Thoraxsegment mit Kopf verschmolzen. Pleon samt Gldmaßen zu kleinem Stummel reduziert. Beide Gnathopoden subchelat. Meist ohne mittlere Thorakopoden. Rein marin. Klammern sich an Pflanzenstengel, Algenfäden, Tierstöcken, Stacheln von Seeigeln usw. an; können wie Spannerraupen kriechen, aber auch kurze Strecken schwimmen (durch Körperkrümmungen).

1 Thorakopoden 2–8 voll ausgebildet. Kiemenblättchen am 3.–5. Thoraxsegment (Abb. **511**/2). – Bis 20 mm lg. Grauweiß bis braun od. dunkelrot. N-Norwegen bis Schwarzes Meer; Nord- u. Ostsee bis Warnemünde. Bes. im seichten Küstenwasser. *Phtisica marina* SLABBER

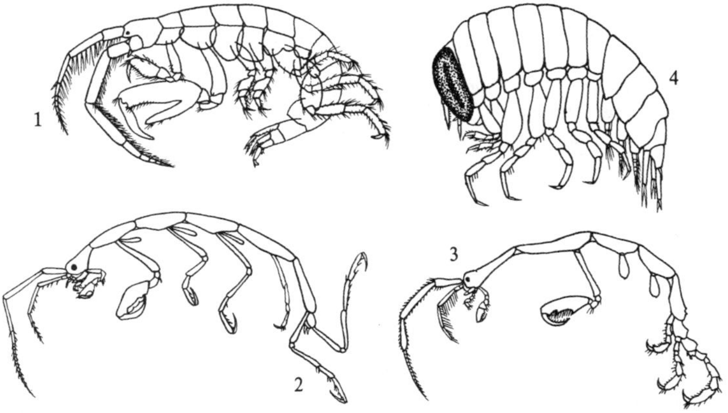

Abb. **511/1–4** **1** *Jassa falcata*, ♂; **2** *Phtisica marina*, ♂; **3** *Caprella linearis*, ♂; **4** *Hyperia galba*, ♀

1* Thorakopoden 4–5 nicht ausgebildet. Kiemenblättchen nur am 4. u. 5. Thoraxsegment (Abb. **511**/3). *Caprella* LAMARCK
Im Gebiet etwa 6 Arten, am häufigsten *C. linearis* (L.). Bis 20 mm lg. N-Norwegen bis Frankreich; Nord- u. Ostsee bis Kieler Bucht.

Unterordnung *Hyperiidea*

Familie *Hyperiidae*

Körper ± tropfenförmig. Kopf groß u. fast vollständig von Augen eingenommen. Leben im Pelagial kommensalisch od. parasitisch meist an Medusen. Rein marin.
Im Gebiet wahrscheinlich nur *Hyperia galba* (MONTAGU) (Abb. **511**/4). Bis 20 mm lg. Vor allem auf *Cyanea capillata* u. *Aurelia aurita*, oft aber auch frei schwimmend.

Ordnung *Cumacea*

G. Körperbau sehr charakteristisch u. einheitlich. Kopf u. Thorax deutlich aufgetrieben, Pleon dünn u. stielartig. Carapax die vorderen 3 od. 4 Thoraxsegmente bedeckend u. mit diesen dorsal verwachsen, die hinteren 4 od. (meist) 5 Thoraxsegmente bleiben frei. Am Vorderende der Carapax in 2 Lappen verlängert, die sich zu einem „Pseudorostrum“ zusammenlegen. An den S der Carapax je eine geräumige Kiemenhöhle bildend. Augen ungestielt, in der M zusammentretend u. stark reduziert. Antennula meist kurz. Antenna beim ♀ winzig, beim ♂ meist

KörperLg erreichend. Die vorderen 3 Thorakopoden zu Maxillipeden umgewandelt, die hinteren 5 sind Laufbeine; Thorakopoden teils ohne, teils mit Exopoditen. Der 1. Maxilliped mit großem Kiemenapparat in der Kiemenhöhle. Oostegite beim ♀ am 3.–6. Thorakopoden. Pleon mit 6 Segmenten, das letzte mit griffelförmigen Uropoden. ♀♀ ohne Pleopoden, bei ♂♂ 0–5 Paare vorhanden. Telson manchmal völlig mit letztem Pleonsegment verschmolzen, sonst deutlich abgegliedert. – **V. L.** Bei uns nur im Meer (höchstens in die westl. Ostsee vordringend). Bodenbewohner aller Tiefen. – **B.** Graben sich in Sand, Schlamm- od. Schlickboden ein, nur vorderster Teil des Körpers u. Pleonende schauen hervor. Verlassen nachts oft ihre Grube u. schwimmen frei im Wasser; in geringer Tiefe lebende Tiere kommen dabei meist an die Oberfläche. Schwimmen durch Ruderbewegungen mit den Exopoditen der Thorakopoden u. den Pleopoden (beim ♂), manchmal auch unterstützt durch vertikale Schläge des Pleons. Geschlechter getrennt u. deutlich zu unterscheiden (Antennen, Pleopoden). Eier entw sich im Marsupium des ♀, aus dem Brutraum schlüpfende Jungtiere gleichen weitgehend den Erwachsenen. Lebensdauer heimischer Arten etwa 1 Jahr, dabei 2 Bruten absetzend. Schlickbewohner sind Filtrierer, Sandbewohner nagen den organischen Besatz der Sandkörner ab. Atmung durch Kiemenapparat u. innere Carapaxwand. Manche Arten haben wegen ihres massenhaften Auftretens eine gewisse Bedeutung als Fischnahrung. – Fang mit dem Bodengreifer od. durch nächtliche Netzzüge an der Oberfläche (Tiere können durch starke Lampe angelockt werden). – Etwa 1 000 Arten, im Gebiet 14.

1 Ohne Telson (Abb. **513**/1) **2**

1* Telson abgegliedert (manchmal klein) (Abb. **513**/4) **8**

2 ♂ mit 5 Paar Pleopoden (Abb. **512**/2) **3**

2* ♂ mit 2 Paar od. ohne Pleopoden **6**

3 Carapax jederseits mit 2 Bogenfalten (Abb. **512**/1). – Bis 6 mm lg. Nordsee bis Schwarzes Meer. Gezeitenzone bis Sublitoral. Im Feinsand. *Cumopsis goodsir* (VAN BENEDEN)

3* Carapax ohne Bogenfalten **4**

4 Hinter dem Carapax (mindestens in der M-Linie) 5 freie Thoraxsegmente. Carapax ohne Längskiel. – Bis 10 mm lg. Norwegen bis Mittelmeer. In Buchten mit Feinsand. 4–150 m Tiefe. *Iphinoe trispinosa* (GOODSIR)

4* Hinter dem Carapax dorsal nur 4 freie Thoraxsegmente. (*Bodotria* GOODSIR) . **5**

5 Carapax beiderseits mit einem geraden Längskiel (Abb. **512**/2). – Bis 7 mm lg. Norwegen bis Frankreich; Nordsee bis Beltsee. Von Niedrigwasserlinie bis etwa 100 m Tiefe. Auf Feinsand. *Bodotria scorpioides* (MONTAGU)

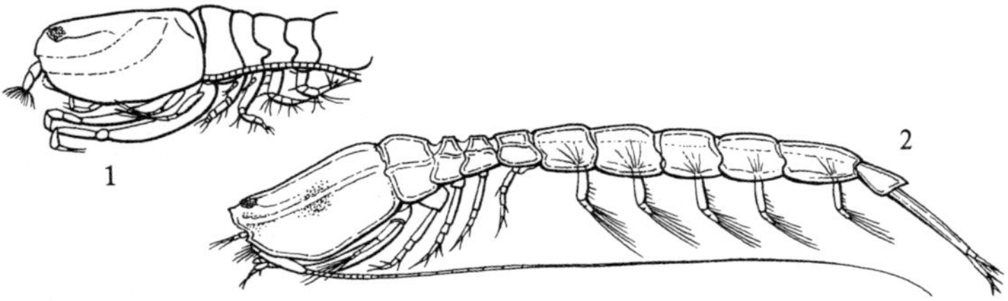

Abb. **512/1–2** **1** *Cumopsis goodsir*, ♂, VE; **2** *Bodotria scorpioides*, ♂

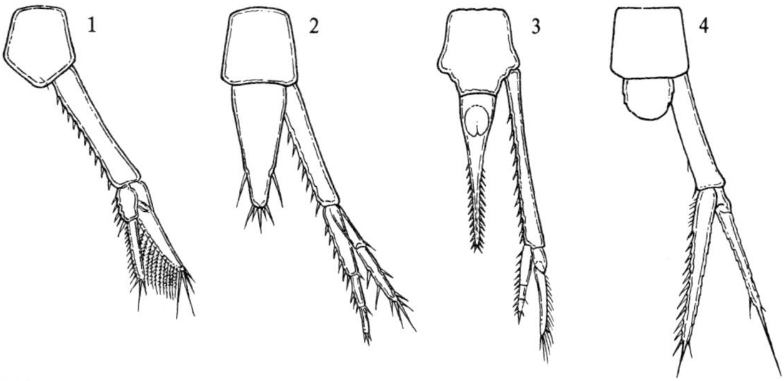

Abb. **513/1–4** **1** *Iphinoe trispinosa*, HE; **2** *Lamprops fasciatus*, HE; **3** *Diastylis rathkei*, HE; **4** *Pseudocuma longicornis*, HE

5* Carapax beiderseits mit zwei Kielen. – Bis 3,2 mm lg. Kattegat über Nordsee (Helgoland) bis W-England, Mittelmeer. Flachwasser bis 70 m.
Bodotria pulchella (G. O. SARS)

6 **(2)** Carapax vorn-außen mit zwei aufgerichteten Zipfeln. Innenast der Uropoden eingliedrig. ♂ ohne Pleopoden. – Bis 3 mm lg. Norwegen bis Schwarzes Meer; Nordsee (Helgoland). Auf grobem Sand u. Geröllgrund.
Cumella pygmaea G. O. SARS

6* Carapax vorn abgestutzt, Pseudorostrum rückwärts gebogen. Innenast der Uropoden zweigliedrig. ♂ mit 2 Paar Pleopoden 7

7 Innenast der Uropoden kürzer als Außenast. – Bis 5 mm lg. Boreale Art, von Norwegen bis Irische See; Ostsee (Kieler Bucht). Auf Sandböden.
Eudorellopsis deformis (KRØYER)

7* Innenast der Uropoden länger als Außenast. Bei Helgoland.
Eudorella emarginata (KRØYER) (bis 12 mm lg)
Eu. truncatula (BATE) (bis 5 mm lg)

8 **(1)** Telson klein, halbkreisförmig, ohne Dornen (Abb. **513**/4). Carapax jederseits mit 3 Bogenfalten. Innenast der Uropoden eingliedrig. ♂ mit 2 Paar Pleopoden. – Bis 4 mm lg. N-Norwegen bis Schwarzes Meer; Nordsee; Ostsee (Kieler Bucht). Sandbewohner. 0–130 m Tiefe. *Pseudocuma longicornis* (BATE)

8* Telson lggestreckt, mit S- u. Enddornen. Innenast der Uropoden 3gliedrig . . 9

9 Telson mit 3 kräftigen u. 2 kleineren Enddornen (Abb. **513**/2). Carapax jederseits mit 3 Bogenfalten. ♂ ohne Pleopoden. – Bis 9 mm lg. N-Norwegen bis Brit. Ins.; Nordsee. Gezeitenzone bis 70 m Tiefe. Sandbewohner.
Lamprops fasciatus G. O. SARS

9* Telson mit nur 2 Enddornen (Abb. **513**/3). Carapax ohne Bogenfalten. ♂ mit 2 Paar Pleopoden. *Diastylis* SAY

Am häufigsten *D. rathkei* (KRØYER). 10–18 mm lg. Norwegen bis südl. Nordsee (Helgoland) u. südl. Ostsee. 9–250 m Tiefe. Auf Weichböden. – Dazu in der Nordsee (vor allem Helgoland) *D. bradyi* NORMAN, *D. laevis* NORMAN u. *D. rugosa* G. O. SARS, alle etwa 10 mm lg.

Ordnung *Tanaidacea* – **Scherenasseln**

G. Körper meist lggestreckt u. leicht abgeflacht, weißlich. Die beiden vorderen Thoraxsegmente mit dem Kopf verschmolzen u. von einem kurzen Carapax bedeckt, der beiderseits eine kleine Atemhöhle bildet. Der 1. Thorakopod als Maxilliped, der 2. als Scherenfuß ausgebildet, die restlichen sind Schreitbeine. Mit 5 Paar schmal-blattförmigen Pleopoden (manchmal reduziert), die nach unten abstehen. Das 6. Pleonsegment mit dem Telson verwachsen u. mit griffelförmigen Uropoden. – **V. L.** Fast ausschließlich im Meer, nur selten im Brack- od. Süßwasser. Fast stets in Gängen od. Röhren lebend. – **B.** Mit dem Sekret von Spinndrüsen in einigen Thorakopoden werden Bodenpartikel od. Algenfäden zu Gang- bzw. Röhrenwänden verklebt. Als Na dienen Mikroorganismen, die an der Röhrenmündung abgeweidet werden. Atmung durch Innenwand des Carapax. Getrenntgeschlechtig, oft mit deutlichem Sexualdimorphismus; daneben aber häufig auch Umwandlung von ♀ in ♂ (protogyne Zwitter). – Insgesamt etwa 460 Arten, im Gebiet 2.

1 Mit deutlichen Augen. Endopodit der Uropoden 4gliedrig. Thoraxsegmente deutlich breiter als lg (Abb. **514**/1–2). – Cephalothorax beim ♂ rüsselartig verengt, beim ♀ kurz u. br. Bis 2 mm lg. Im Meer, Brackwasser u. in Flußmündungen. Norwegen bis Nordfrankreich; Ostsee (Kieler Bucht bis Hiddensee). Auf Schlickboden u. an Pflanzen. 0–11 m. *Heterotanais oerstedi* (KRØYER)

1* Ohne Augen. Endopodit der Uropoden 2gliedrig. Hintere Thoraxsegmente so br wie lg. – Cephalothorax vorn bei beiden Geschlechtern verschmälert. Bis 2,5 mm lg. Dänemark bis Normandie; Ostsee (Kieler Bucht). Gezeitenzone bis Sublitoral. Auf Sandboden. *Tanaissus lilljeborgi* (STEBBING)

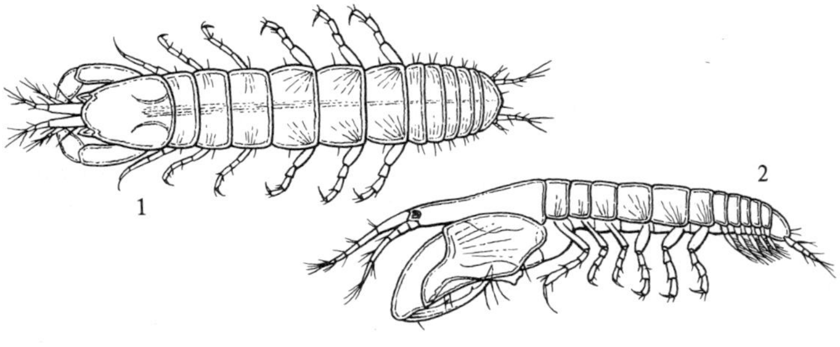

Abb. **514/1–2** *Heterotanais oerstedi*; **1** ♀ von dorsal; **2** ♂ von der S

Ordnung *Isopoda* – **Asseln**

G. Körper meist dorsoventral abgeflacht, selten lggestreckt-zylindrisch. Ohne Carapax. 1. Thoraxsegment mit Kopf verschmolzen. Augen meist deutlich, ungestielt. Antennula relativ kurz (besonders bei *Oniscidea*). Antenna einästig, nur selten mit Rest des Exopoditen. Der 1. Thorakopod zum Maxillipeden umgebildet u. die übrigen Mundgldmaßen von unten her abdeckend. Thorakopoden 2–8 einästige Laufbeine, ihr GrundGld (Coxa) meist verbreitert u. oft nahtlos mit dem Segment verwachsen; manchmal vordere Beine mit subchelater Schere od. als Klammerbeine ausgebildet. Beim ♀ Oostegite am 2.–6. od. 2.–5. Thoraxsegment. Pleon mit 6 Segmenten, das letzte fast immer mit dem Telson verschmolzen; oft auch weitere Segmente mit diesem Pleotelson verschmolzen. Mit 5 Paar zweiästigen, blattförmig verbreiterten Pleopoden, die nach hinten gelegt sind u. sich dachziegelartig überdecken; der 2. od. der 1. u. 2. Pleopod beim ♂ Begattungsorgan. Die Uropoden (6. Pleopoden-Paar) sehr verschieden u. gruppencharakteristisch gestaltet. – **V. L.** Meer (Strandzone bis Tiefsee), Süßwasser einschließlich Grundwasser *(Asellidae)* u. Land *(Oniscidea)*. Landbewohner meist an feuchte Stellen gebunden. – **B.** Alle heimischen Arten sind Bodenbewohner, die über den Grund laufen (mit Thorakopoden); einige Arten können außerdem ± gut schwimmen (mit Pleopoden). Manche Arten können sich einkugeln (Schutz gegen Feinde); andere sind Parasiten an Fischen od. Krebsen. Atmung bei Wasserbewohnern durch Innenast der Pleopoden (anstelle von Kiemen), bei Landbewohnern meist durch Einstülpungen am Außenast der Pleopoden (Trachealorgane), die wegen ihrer Luftfüllung im Leben (nur schwer in Alkohol) als „weiße Körperchen" erkennbar sind (Abb. **520**/1). Na meist pflanzlich. *Asellidae* u. *Oniscidea* spielen gewisse Rolle als Humusbereiter (verzehren Fallaub), einige Arten in Gewächshäusern schädlich. *Limnoria* zerstört Holzkonstruktionen an Meeresküsten. – Insgesamt reichlich 6 000 Arten, im Gebiet rund 59.

1 Uropoden von oben nicht sichtbar, auf US des Pleons nach innen geklappt u. alle Pleopoden flügeltürartig bedeckend (Abb. **517**/4). Meeresbewohner. *Valvifera* S. 517

1* Uropoden von oben sichtbar 2

2 Uropoden seitlich am 6. Pleonsegment gelenkend u. mit Telson einen Schwanzfächer bildend. Meeresbewohner 3

2* Uropoden dicht nebeneinander in der M des 6. Pleonsegments gelenkend. Meer, Süßwasser, Land 4

3 Körper lggestreckt-zylindrisch. Exopodit der Uropoden türflügelartig hochgestellt (Abb. **516**/1). *Anthuridea* S. 515

3* Körper dorsoventral abgeflacht. Beide Uropodenäste horizontal liegend (Abb. **516**/2). *Flabellifera* S. 516

4 **(2)** Telson mit den Pleonsegmenten eine große einheitliche Platte bildend (Abb. **518**/1). Meeres- u. Süßwasserbewohner. *Asellota* S. 518

4* Mit 5 freien Pleonsegmenten, nur das 6. mit Telson verschmolzen (Abb. **520**/2). Landbewohner. *Oniscidea* S. 519

Unterordnung *Anthuridea*

Cyathura carinata (KRØYER) (Abb. **516**/1)
Körper fast 10mal so lg wie br. Augen sehr klein. Der 1. Thorakopod mit großer Subchela. Pleonsegmente 1–5 verschmolzen, das 6. frei. Bis 27 mm lg. Brackwasserart. Ostsee bis Gdańsker Bucht. 0–5 m Tiefe. Gräbt oberflächliche Gänge im Schlamm. Protogyner Zwitter.

Unterordnung *Flabellifera*

1 Körper dorsoventral abgeflacht. Pleon mit 5 freien Segmenten 3

1* Körper halbzylindrisch, zu einer Kugel einrollbar (Abb. **516**/4). Die vorderen 5 Pleonsegmente zu einem einzigen kurzen Stück verschmolzen, das 6. mit Telson ein großes Pleotelson bildend. (*Sphaeroma* LATREILLE) 2

2 OS des Pleotelson ganz glatt. Bis 9 mm lg. Von S-Schweden bis W-Afr; Nordsee, Ostsee (bis Gdańsker Bucht). Im Flachwasser. *Sphaeroma rugicauda* LEACH

2* OS des Pleotelson mit 2 Längskielen bzw. Knötchenreihen. Bis 10,5 mm lg. Verbreitung u. Lebensweise wie vor. Art. Bes. im Brackwasser. *Sphaeroma hookeri* LEACH

3 Uropoden sehr klein, Innenast hakenförmig. In untergetauchtem Holz bohrend. – Bis 5 mm lg. Boreal-holarkt. Nordsee, Ostsee (Kieler Bucht). In Holzkonstruktionen, Holzbooten u. Treibholz. *Limnoria lignorum* (RATHKE) – **Bohrassel** (Abb. **516**/3)

3* Beide Uropodenäste br u. flach. Nicht in Holz bohrend 4

4 Vordere 3 Beinpaare mit hakenförmig gebogenem Dactylus (Klammerbeine). Mundgldmaßen stechend-saugend. – Bis 50 mm lg. N-Atlantik; Nordsee, westl. Ostsee. Ektoparasitisch auf Fischen (vor allem Schellfischen); saugt deren Körperflüssigkeit. *Aega psora* (L.)

4* Vordere Beinpaare nicht als Klammerbeine ausgebildet. Mundgldmaßen beißend. Lebhaft schwimmende Aasfresser 5

5 Antennula am GrundGld knieartig ansetzend. Antenna bis zum HE des Thorax reichend. – Bis 7 mm lg. S-Norwegen bis N-Afr; Nordsee, westl. Ostsee. Auf Sandboden des oberen Litorals, am Tg meist eingegraben. *Eurydice pulchra* LEACH (Abb. **516**/2)

5* Antennula am GrundGld gerade ansetzend. Antenna bis zur M des Thorax reichend. – Bis 25 mm lg. Norwegen bis Mittelmeer; Nordsee. Sublitoral, etwa ab 20 m Tiefe. *[Cirolana b.]* *Natatolana borealis* (LILLJEBORG)

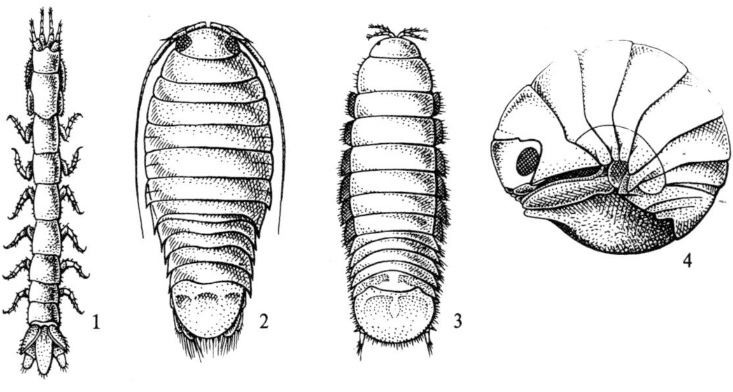

Abb. **516/1–4** **1** *Cyathura carinata*, ♂ von dorsal; **2** *Eurydice pulchra*, ♀ von dorsal; **3** *Limnoria lignorum*, von dorsal; **4** *Sphaeroma rugicauda*, ♂ eingerollt von der S

Unterordnung *Valvifera*

1 Körper fast zylindrisch. Das 5. Thoraxsegment viel länger als die übrigen (Abb. 517/1). – Bis 27 mm lg. Thorakopoden 3–5 schlank u. mit langen Filterborsten, Thorakopoden 6–8 kurze Klammerbeine. Klammern sich an Pflanzen od. Tierstöcke an u. filtrieren Plankton. Norwegen bis Portugal; Nordsee (Helgoland). Etwa 18–50 m Tiefe. *Astacilla longicornis* (SOWERBY)

1* Körper dorsoventral abgeflacht. Alle Thoraxsegmente etwa von gleicher Lg . 2

2 Kopf vorn an den S in je 2 Lappen verlängert. Augen dorsal (Abb. 517/2). – Bis 75 mm lg. Thorakopoden 2–4 subchelate Greiffüße, Thorakopoden 5–8 mit lg Fiederborsten. Arkt-zirkumpolar; Ostsee (im O häufiger als im W). Ab 5 m Tiefe. Auf Weichböden. *[Mesidotea e.]* *Saduria entomon* (L.)

2* Kopf nicht lappenartig verlängert. Augen an den Kopfseiten. – Sichere Artbestimmung erst ab 6 mm Lg möglich. (*Idotea* FABRICIUS) 3

3 Pleotelson am E konkav eingebuchtet (Abb. 517/3) 4

3* Pleotelson am E mit ± deutlicher Spitze 5

4 Körper schmal u. lggestreckt. Antenna reichlich halb so lg wie Körper. Coxalplatten sehr klein, keine erreicht HE des Segments. – Bis 25 mm lg. Dänemark bis Golf von Biscaya; Nordsee (selten). An Tangen u. Algen. *Idotea linearis* (L.)

4* Körper lg-oval. Antenna kaum über 2. Thoraxsegment hinausragend. Coxalplatten groß, alle erreichen HE des Segments (Abb. 517/3). – Bis 30 mm lg. N-Norwegen bis westl. Mittelmeer; Nordsee (Helgoland). – In 6–20 m Tiefe. Im Algenbewuchs. *Idotea emarginata* (FABRICIUS)

5 Pleotelson am E mit kräftigem Mittelzahn u. je einem Seitenzahn. Alle Coxal-

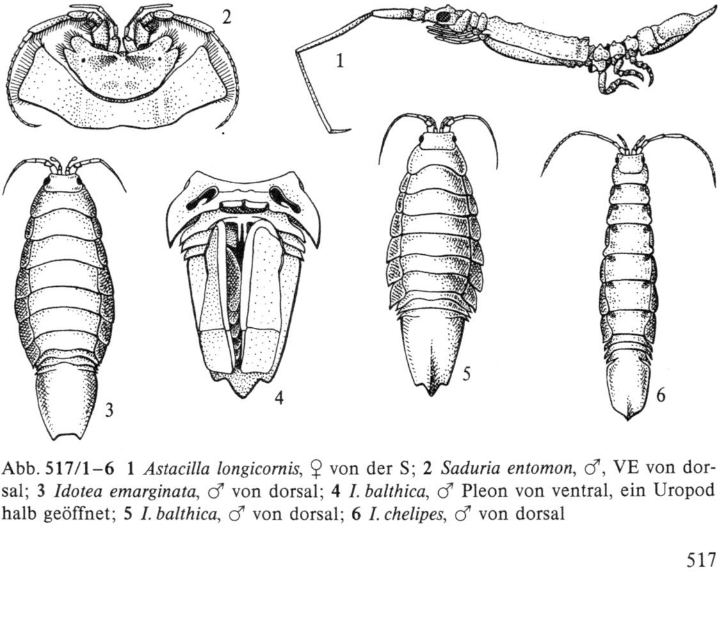

Abb. 517/1–6 **1** *Astacilla longicornis*, ♀ von der S; **2** *Saduria entomon*, ♂, VE von dorsal; **3** *Idotea emarginata*, ♂ von dorsal; **4** *I. balthica*, ♂ Pleon von ventral, ein Uropod halb geöffnet; **5** *I. balthica*, ♂ von dorsal; **6** *I. chelipes*, ♂ von dorsal platten erreichen HE des Segments (Abb. **517**/4–5). – Bis 30 mm lg. N-Norwegen bis Schwarzes Meer; Nordsee, gesamte Ostsee (häufigste Art). Litoral bis etwa 20 m Tiefe. Im Pflanzenwuchs. *Idotea balthica* (PALLAS)

5* Pleotelson am E nur mit Mittelzahn, Seitenecken gerundet. Vordere Coxalplatten erreichen nicht HE des Segments 6

6 Coxalplatten am 3.–5. Thoraxsegment erreichen nicht das HE des Segments (Abb. **517**/6). – Bis 15 mm lg. N-Norwegen bis westl. Mittelmeer; Nord- u. Ostsee. In flachen Brackgewässern, oft zusammen mit *I. balthica.* [*I. viridis* (SLABBER)] *Idotea chelipes* (PALLAS)

6* Nur Coxalplatten am 3.–4. Thoraxsegment erreichen nicht das HE des Segments 7

7 Pleotelson im vorderen Drittel etwas eingeschnürt, am E mit langem Mittelzahn. – Bis 20 mm lg. N-Norwegen bis Frankreich; Nord- u. Ostsee. Im flachen Küstenwasser. *Idotea granulosa* RATHKE

7* Pleotelson fast halbkreisförmig, am E mit sehr kleinem Mittelzahn. – Bis 16 mm lg. N-Norwegen bis W-Frankreich; Nordsee (Helgoland). *Idotea pelagica* LEACH

Unterordnung *Asellota*

1 Pleotelson hinten mit kleiner Einbuchtung u. hier die sehr kurzen, stummelförmigen Uropoden eingelenkt (Abb. **518**/2). – Bis 5 mm lg. Körper breit-oval. N-Norwegen bis Schwarzes Meer; Nordsee, gesamte Ostsee (häufig). Gezeitenzone bis etwa 20 m Tiefe. Felsig-steinige Küsten; zwischen Schalenfragmenten, Pflanzen u. Steinen. Mit mehreren Unterarten. *Jaera albifrons* LEACH
Außerdem *Jaera sarsi* VALKANOV, in der Donau (Relikt der Sarmatischen Fauna).

1* Pleotelson hinten nicht eingekerbt. Uropoden mindestens so lg wie Pleotelson 2

2 Pleotelson am hinteren Seitenrand gezähnt. Meeresbewohner. – Bis 10 mm lg. Körper lg-oval. O-atl, boreal; Nordsee. Etwa 11–200 m Tiefe. Auf Pflanzen u. Tierstöcken. *Janira maculosa* LEACH

2* Pleotelson mit glatten Seitenrändern. Süßwasserbewohner *(Asellidae)* 3

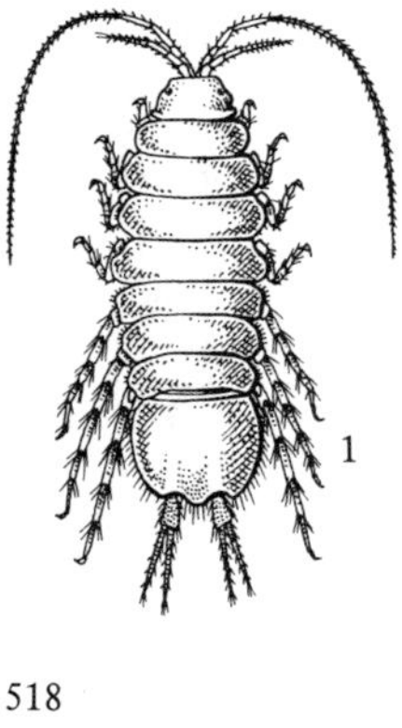
1

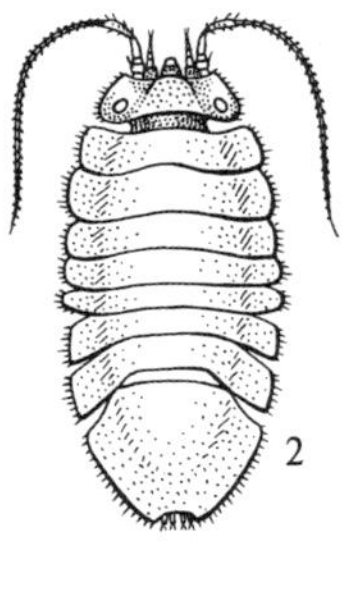
2

Abb. **518**/1–2
1 *Asellus aquaticus*, ♀ von dorsal;
2 *Jaera albifrons*, ♀ von dorsal

3 Mit Augen (aber nur aus wenigen Ocellen bestehend) (Abb. **518**/1). Körper pigmentiert. – Meist bis 12 mm lg. Fast ganz Eur. In stehenden u. langsam fließenden oberirdischen Gewässern. Zw Pflanzen, unter Fallaub u. Steinen. Auch im Brackwasser. *Asellus aquaticus* (L.) – **Wasserassel**
Außerdem *Proasellus meridianus* (RACOVITZA) u. *Pr. coxalis* (DOLLFUS), mit Lupe nicht zu unterscheiden.

3* Ohne Augen. Körper pigmentlos (aber oft von Sediment bedeckt). – Bis 8 mm lg. W-Eur, vor allem in den M-Geb. Unterirdisch in Brunnen u. Höhlengewässern, Bergwerksstollen. *Proasellus cavaticus* (LEYDIG)

Unterordnung *Oniscidea*

Landbewohner, von Meeresküste bis HochGeb. Pleon stets mit 5 freien Segmenten, nur das 6. mit Telson verschmolzen. Antennula winzig klein. Im Gebiet etwa 37 Arten.

1 Antennengeißel meist mit mehr als 3 Gld (oft undeutlich getrennt); wenn nur 2 od. 3 Gld erkennbar, dann EndGld pinselartig beborstet. Ohne Trachealsysteme. Exopodit der Uropoden griffelförmig **2**

1* Antennengeißel mit 2 od. 3 deutlich getrennten Gld; EndGld nie pinselartig beborstet. Mit od. ohne Trachealsysteme. Exopodit der Uropoden abgeflacht bis plattenartig verbreitert **4**

2 Stirn mit Seitenlappen über dem GrundGld der Antenna. Augen aus höchstens 3 Ocellen od. augenlos. *Trichoniscidae* S. 521

2* Stirn ohne Seitenlappen **3**

3 Mit großen, aus vielen Ocellen bestehenden Augen. Antennengeißel mit mindestens 10 Gld. Tiere deutlich pigmentiert. *Ligiidae* S. 520

3* Ohne Augen. Antennengeißel höchstens mit 8 Gld. Tiere pigmentlos. *Mesoniscidae* S. 521

4 **(1)** Antennengeißel scheinbar 1gliedrig (das 1. Gld sehr kurz). Pigment- u. augenlose Zwergform. Ohne Trachealsysteme. In Ameisennestern. *Platyarthridae* S. 521

4* Antennengeißel deutlich 2- od. 3gliedrig. Stets mit Augen **5**

5 Antennengeißel 3gliedrig. Ohne geschlossene Trachealsysteme **6**

5* Antennengeißel 2gliedrig. Mit 2 od. 5 Paar Trachealsystemen („weißen Körperchen") an den Exopoditen der Pleopoden **7**

6 Kopf ohne od. nur mit kleinen Seitenlappen. Hintere Seitenecken des 2. Thoraxsegments (1. freies Segment) nach vorn gerundet. Pleon schmaler als Thorax. *Philosciidae* S. 521

6* Kopf mit großen Seitenlappen. Hintere Seitenecken des 2. Thoraxsegments spitz nach hinten verlängert. Pleon nicht schmaler als Thorax. *Oniscidae* S. 521

7 **(5)** Exopodite der Uropoden plattenartig verbreitert u. nicht über den Hinterrand des Telson hinausragend. Mit 2 Paar Trachealsystemen an den beiden vorderen Pleopoden. Können sich zu einer vollkommenen Kugel einrollen (auch die Antennen innerhalb der Kugel). *Armadillidiidae* S. 524

7* Exopodite der Uropoden nicht plattenartig verbreitert, den Hinterrand des Telson deutlich überragend. Bei kugelnden Formen bleiben Antennen stets außerhalb der Kugel **8**

8 Körper in eine lggestreckte Kugel einrollbar. Mit 5 Paar Trachealsystemen. Stirn spitz verlängert. Oberfläche glatt. *Cylisticidae* S. 522

8* Ohne Kugelungsvermögen (nur *Porcellium* unvollkommen einrollbar). Mit 2 od. 5 Paar Treachealsystemen. Stirn abgerundet, wenn spitz, dann Oberfläche gekörnt 9

9 Mit 2 Paar Trachealsystemen an den beiden vorderen Pleopoden (Abb. **520**/1). *Porcellionidae* S. 522

9* Mit 5 Paar Trachealsystemen (oft schwer erkennbar). *Trachelipidae* S. 523

Familie *Ligiidae*

Behende, schnellfüßige Tiere, die an der Meeresküste od. an feuchten Orten des Binnenlandes leben.

1 Grundgld der Uropoden ohne Fortsatz, Außen- u. Innenast gelenken dicht nebeneinander am Hinterrand des Grundgldes (Abb. **520**/2). An felsigen, rauhen Meeresküsten. – Hellgrau mit unregelmäßigen helleren Flecken. Bis 30 mm lg. M-Norwegen bis Gibraltar, O-Küste N-Am; Nordsee, westl. Ostsee (bis Bornholm). Am Tage in Felsspalten u. unter Steinen verborgen. *Ligia oceanica* (L.)

1* Grundgld der Uropoden hinten-innen mit langem Fortsatz, auf dem der Innenast steht (Abb. **520**/3). Im Binnenland. 2

2 An den Uropoden der Innenast höchstens so weit nach hinten ragend wie der Außenast (beide ohne Endborsten gerechnet). – Auf gelbem Grund braun gefleckt, auf den Coxalplatten mit dunkler Längsbinde. Bis 10 mm lg. Ganz M-Eur. In feuchten Laubw, vor allem in Erlenbrüchen. *Ligidium hypnorum* (CUVIER)

2* An den Uropoden der Innenast den Außenast deutlich überragend. – Braun mit gelben Flecken, ohne dunkle Längsbinde. Bis 7 mm lg. Nur Bayerischer- u. Böhmer-Wald, S-Bayern. Manchmal zusammen mit der vor. Art. *Ligidium germanicum* VERHOEFF

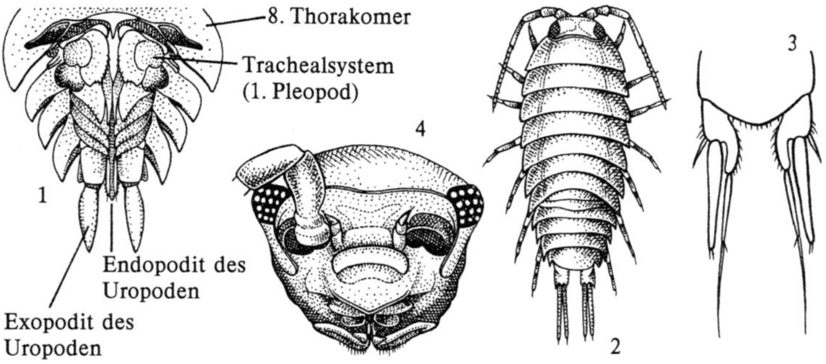

Abb. **520/1–4** **1** *Porcellio scaber*, ♂ Pleon von ventral, mit Trachealsystemen am 1. u. 2. Pleopoden; **2** *Ligia oceanica*, ♂ von dorsal; **3** *Ligidium hypnorum*, ♂ Telson u. Uropoden; **4** *Philoscia muscorum*, ♀ Kopf von vorn

Familie *Mesoniscidae*

Mesoniscus alpicola (HELLER)
Bis 9 mm lg. Pigmentlos u. ohne Augen. In den nördl. u. südl. Kalkalpen; im Gebiet nur im Berchtesgadener Land. Subterran unter Steinen, Laub od. im feuchten Humus, auch in Höhlen. Sehr empfindlich gegen Erwärmung.

Familie *Trichoniscidae*

Kleine, meist unter 7 mm lg Tiere. Leben versteckt an feuchten, humusreichen Orten. Artbestimmung sehr schwierig.

1 Rücken mit Längsrippen od. Höckerreihen. VRand des Kopfes dreieckig nach vorn gezogen. Augen mit 1 Ocellus. – Bis 4 mm lg. Vor allem in Gewächshäusern. Im Gebiet 4 Arten, z.B. *H. danicus* BUDDE-LUND u. *H. mengii* ZADDACH. *Haplophthalmus* SCHÖBL

1* Rücken ohne Längsrippen. VRand des Kopfes br gerundet 2

2 Augen mit 1 Ocellus. – Knapp 7 mm lg. Grau bis dunkel rotbraun. In ganz M-Eur, im N aber nur in Gewächshäusern. *Hyloniscus riparius* (C.L.KOCH)

2* Augen mit 3 winzigen Ocellen. – Bis 5 mm lg. Fleischfarben bis dunkel rotbraun. Im gesamten Gebiet, 5 Arten, am häufigsten *Tr. pusillus* BRANDT, die Unterart *Tr.p.pusillus* mit parthenogenetischer Fortpflanzung. *Trichoniscus* BRANDT

Familie *Platyarthridae*

Platyarthrus hoffmannseggii BRANDT
Knapp 5 mm lg. Pigmentlos u. ohne Augen. Körper br-oval. Oberfläche dicht mit Borstenschuppen bedeckt. In ganz M-Eur. In Ameisennestern.

Familie *Philosciidae*

1 Kopf mit kantiger Leiste zwischen Stirn u. Scheitel (Abb. **520**/4). Coxalplatten am Außenrand mit deutlicher Furche. Bis 12 mm lg. Dunkelbraun mit hellen Flecken, in der M mit dunklem Längsstreifen. Im gesamten Gebiet, vor allem im westl. Teil eine der häufigsten Landasseln. Bes. in Laubw. *Philoscia muscorum* (SCOPOLI)

1* Kopf ohne Leiste, Stirn u. Scheitel gehen in einfacher Rundung ineinander über. Coxalplatten ohne Randfurche. Oberfläche mit großen Schuppen. – Bis 9 mm lg. Dunkelbraun mit hellen Flecken, in der M mit dunklem Längsstreifen. Von den M-Geb an nach S, montane Art. In Laubw. *Lepidoniscus minutus* (C.L.KOCH)

Familie *Oniscidae*

Oniscus asellus L. – **Mauerassel** (Abb. **522**/1)
Bis 18 mm lg. Schwärzlich braun, jederseits der Rückenmitte hell marmoriert. Fast ganz Eur; im Gebiet vor allem innerhalb od. in der Nähe menschlicher Siedlungen, sonst vorwiegend in Laubw. Sehr häufig.

Familie *Cylisticidae*

Cylisticus convexus (DE GEER) (Abb. 522/2)
Bis 16 mm lg. Schiefergrau bis bräunlich, jederseits der Rückenmitte hell gestrichelt. Mittellappen der Stirn dreieckig-spitz. Oberfläche glatt. Mit 5 Paar Trachealsystemen. Kann sich zu einer lggestreckten Tonnenkugel einrollen, dabei Antennen stets außerhalb der Kugel. Fast ganz Eur; im Gebiet vor allem in der Nähe menschlicher Siedlungen (Gärten, Dunghaufen, Keller, Friedhöfe).

Familie *Porcellionidae*

Stets mit 2 Paar Trachealsystemen am 1. u. 2. Pleopoden.

1 Das 2. Thoraxsegment (1. freies Segment) mit nach vorn gerundeten HEcken. SLappen der Stirn klein. – Bis 11 mm lg. Bräunlich-violett od. graubraun, jederseits der dunklen Rückenmitte hell gestrichelt, Laufbeine unpigmentiert. Fast kosm, im Gebiet ausgesprochen synanthrop. Im Winter oft in Häusern, im Sommer in deren Umgebung. *Metoponorthus pruinosus* (BRANDT)

1* Das 2. Thoraxsegment meist mit nach hinten zipfelig verlängerten HEcken. SLappen der Stirn weit vorragend. (*Porcellio* LATREILLE) 2

2 Kopf u. 2. Thoraxsegment mit deutlicher Körnelung (in 4–6 Querreihen angeordnet) (Abb. 522/3) 3

2* Kopf u. 2. Thoraxsegment mit undeutlicher Körnelung (nie in Querreihen angeordnet) 5

3 M-Lappen der Stirn bogenförmig gerundet u. am VRand stark aufgekrempt (Abb. 522/3). An der Antennengeißel das 1. Gld deutlich länger als das EndGld. – Bis 14 mm lg. Graubraun mit größeren gelben Flecken, Kopf u. Pleon

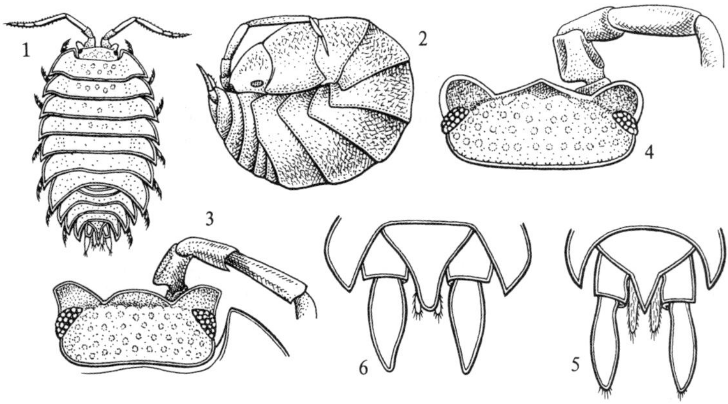

Abb. 522/1–6 **1** *Oniscus asellus*, ♀ von dorsal; **2** *Cylisticus convexus*, ♀ eingerollt von der S; **3** *Porcellio spinicornis*, ♀ Kopf von dorsal; **4** *P. scaber*, ♂ Kopf von dorsal; **5** *P. scaber*, ♂ Telson u. Uropoden; **6** *P. dilatatus*, ♂ Telson u. Uropoden

stets dunkler als Thorax. Im gesamten Gebiet, bes. an trockenen, sonnigen Orten; in niederen Lagen oft synanthrop. *Porcellio spinicornis* SAY

3* M-Lappen der Stirn dreieckig vorspringend (Abb. 522/4). An der Antennengeißel beide Gld gleich lg 4

4 Telson am E schmal zugespitzt u. oben rinnenförmig vertieft (Abb. 522/5). – Bis 18 mm lg. Meist einfarbig dunkelgrau. Fast kosm; im Gebiet überall, auch synanthrop. Sehr häufig. *Porcellio scaber* LATREILLE – **Kellerassel**

4* Telson am E schmal zungenförmig gerundet, ohne Längsrinne (Abb. 522/6). – Bis 13 mm lg. Grau bis dunkelbraun, M-Lappen der Stirn stets dunkler. Durch Verschleppung weit verbreitet, im Gebiet fast ausschließlich synanthrop, an trokkenen Stellen. *Porcellio dilatatus* BRANDT

5 **(2)** HEcken des 2. Thoraxsegments etwa rechtwinklig (nicht zipfelig verlängert). M-Lappen der Stirn br dreieckig. – Bis 18 mm lg. Dunkelgrau bis graubraun, jederseits der Rückenmitte mit hellen Strichelchen. Fast kosm, im Gebiet fast ausschließlich synanthrop; bes. an warmen u. trockenen Stellen. *Porcellio laevis* LATREILLE

5* HEcken des 2. Thoraxsegments deutlich zipfelig nach hinten verlängert. M-Lappen der Stirn bogenförmig 6

6 Slappen der Stirn halb so br wie M-Lappen. – Bis 12 mm lg. W-Eur, im Gebiet nur am Rhein zwischen Bodensee u. Mosel. *Porcellio monticola* LEREBOULLET

6* SLappen der Stirn so br wie M-Lappen. – Bis 17 mm lg. Von den Alp bis Harz u. Thüringer Wald. Gebirgsform. *Porcellio montanus* BUDDE-LUND

Familie *Trachelipidae*

Stets mit 5 Paar Trachealsystemen am 1.–5. Pleopoden.

1 An den vorderen Thoraxsegmenten HRand nicht eingebuchtet, HEcken rechtwinkelig gerundet. – Bis 9,5 mm lg. Dunkelbraun, jederseits der dunklen Rückenmitte hell gestrichelt. SO-Eur über O-Bayern, das Erzgebirge bis etwa Leipzig u. Potsdam nach NW gehend. In Laubw u. Gebüsch, vor allem in den M-Geb. *Protracheoniscus politus* (C. L. KOCH)

1* An den vorderen Thoraxsegmenten H-Rand eingebuchtet, HEcken zipfelig nach hinten ausgezogen 2

2 M-Lappen der Stirn dreieckig vorspringend. Telson am E br gerundet (Abb. 524/1). – Bis 9 mm lg. Kann sich zu einer lggestreckten Kugel einrollen, dabei Antennen stets außerhalb der Kugel. Gelblich mit brauner Marmorierung. Ganz M-Eur. An feuchten, schattigen Stellen. *Porcellium conspersum* (C. L. KOCH)

2* M-Lappen der Stirn bogenförmig gerundet. Telson dreieckig zugespitzt. (*Trachelipus* BUDDE-LUND) 3

3 M-Lappen der Stirn halbkreisförmig vorspringend, mit SLappen in scharfem Winkel zusammenstoßend (Abb. 524/2). Stirn ohne große Höcker. – Bis 16 mm lg. Grau od. braun, jederseits der dunklen Rückenmitte hell gestrichelt. HEcken der Coxalplatten rotgelb aufgehellt. Vor allem in den mitteleur Gebirgsländern häufig, in der Tiefebene seltener. In nicht zu feuchten Laub- u. Mischw, im HochGeb fast nur unter Steinen. *Trachelipus ratzeburgii* (BRANDT)

3* M-Lappen der Stirn sehr kurz, bogenförmig in SLappen übergehend (Abb. 524/3). Hinter dem M-Lappen auf der Stirn 2 große Höcker 4

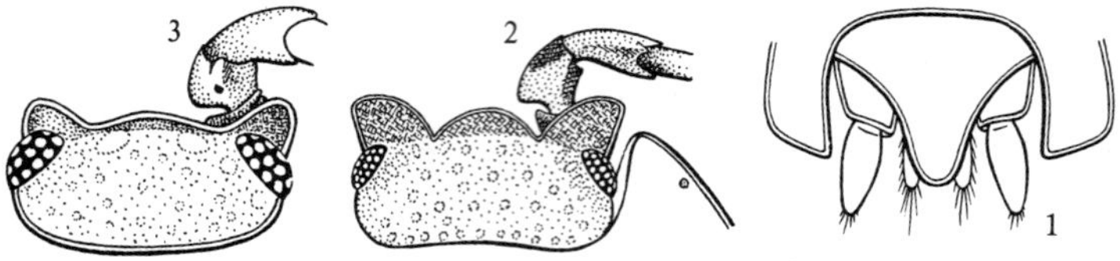

Abb. **524/1–3** **1** *Porcellium conspersum*, ♂ Telson u. Uropoden; **2** *Trachelipus ratzeburgii*, ♀ Kopf von dorsal; **3** *T. rathkii*, ♂ Kopf von dorsal

4 Porenfelder am 3.–5. Thoraxsegment sehr dicht am Außenrand liegend. – Bis 15 mm lg. Färbung sehr variabel, meist dunkelbraun. Im gesamten Gebiet sehr häufig. An den unterschiedlichsten Stellen. *Trachelipus rathkii* (BRANDT)

4* Porenfelder am 3.–5. Thoraxsegment vom Außenrand soweit entfernt wie vom VRand. – Bis 11,5 mm lg. Dunkelgrau mit heller Marmorierung. SO-Eur, bis zur Linie München-Erfurt-Berlin nach NW gehend. Selten. An warmen, trockenen Stellen. *Trachelipus nodulosus* (C. L. KOCH)

Familie *Armadillidiidae* – **Kugelasseln**

Körper hoch aufgewölbt, zu einer vollkommenen Kugel einrollbar, dabei auch die Antennen innerhalb der Kugel geborgen (Abb. **525**/5). Mit 2 Paar Trachealsystemen am 1. u. 2. Pleopoden. Nicht zu verwechseln mit *Glomeridae* (S. 554), die u. a. 2 Beinpaare je Segment haben. Im Gebiet nur *Armadillidium* BRANDT mit 6 Arten.

1 An den Stirnseiten neben VRand der Augen eine Doppellinie (Abb. **525**/1) . **2**

1* An den Stirnseiten neben VRand der Augen eine einfache Linie (Abb. **525**/4) **3**

2 Das 2. Thoraxsegment (1. freies Segment) am HRand jederseits gleichmäßig bogenförmig eingebuchtet, die HEcken schräg abgestutzt (Abb. **525**/2). Telson zungenförmig, hinten br gerundet. – Bis 7 mm lg. Grau mit hellen u. dunklen Flekken. Ganz M-Eur. In Laub- u. Mischw. *Armadillidium pulchellum* (ZENKER)

2* Das 2. Thoraxsegment am HRand deutlich knickartig eingebuchtet, die HEcken winkelig gerundet (Abb. **525**/3). Telson dreieckig, hinten schmal gerundet. – Bis 9 mm lg. Färbung, Verbreitung u. Vorkommen wie vor. Art.
Armadillidium pictum BRANDT

3 **(1)** Coxalplatten schräg (etwa im Winkel von 60°) abfallend. VZipfel des 2. Thoraxsegments nach außen aufgekrempt. Auf dem Scheitel hinter dem Stirndreieck 2 knotenartige Höcker (Abb. **525**/4) **4**

3* Coxalplatten fast senkrecht abfallend. VZipfel des 2. Thoraxsegments nicht aufgekrempt. Auf dem Scheitel keine Höcker **5**

4 Das 2. Thoraxsegment am HRand gleichmäßig bogenförmig eingebuchtet. Telson so lg wie br, hinten quer abgestutzt. – Bis 12 mm lg. Dunkelgrau marmoriert. Ganz M-Eur. Bes. in Laubw, bei mäßiger Trockenheit.
Armadillidium opacum (C. L. KOCH)

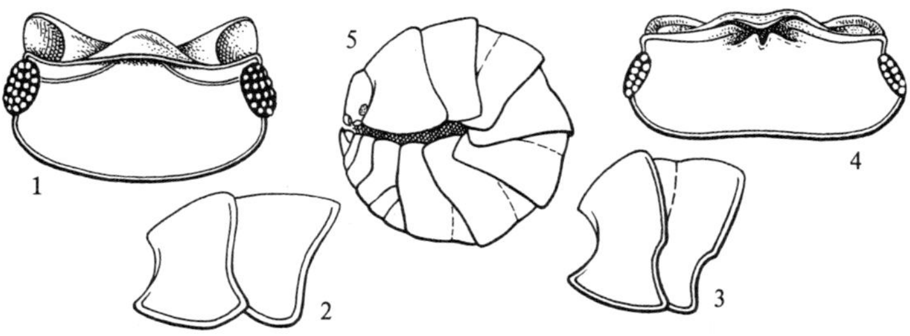

Abb. 525/1–5 **1** *Armadillidium pulchellum*, ♂ Kopf von dorsal; **2** *A. pulchellum*, ♂ vordere Thoraxsegmente von der S; **3** *A. pictum*, ♀ vordere Thoraxsegmente von der S; **4** *A. opacum*, ♂ Kopf von dorsal; **5** *A. vulgare*, ♂ eingerollt von der S

4* Das 2. Thoraxsegment am HRand deutlich knickartig eingebuchtet. Telson länger als br, hinten schmal abgerundet. – Bis 13 mm lg. Dunkelgrau bis bräunlich, in der Rückenmitte mit hellem Längsstreifen. Im Gebiet nur in Gewächshäusern od. deren Umgebung, oft massenhaft. *Armadillidium nasutum* BUDDE-LUND

5 **(3)** Auf dem Scheitel hinter dem Stirndreieck eine deutliche Grube. Telson hinten schmal abgerundet. – Bis 10 mm lg. Dunkel graubraun mit hellen Flecken. Östl. M-Eur, nur im NO. Im feuchten Gelände. *Armadillidium zenckeri* BRANDT

5* Auf dem Scheitel hinter dem Stirndreieck keine Grube (Abb. **525**/5). Telson hinten br abgestutzt. – Bis 17 mm lg. Dunkelbraun marmoriert, ♂ einheitlich dunkelgrau. Fast ganz Eur, im Gebiet überall häufig. An sonnigen, trockenen Stellen; kalkliebend. *Armadillidium vulgare* (LATREILLE)

Ordnung *Decapoda* – **Zehnfußkrebse**

G. Kopf mit allen Thoraxsegmenten zu einem einheitlichen Cephalothorax verschmolzen, der vom Carapax vollständig bedeckt ist; Carapax dorsal mit allen Thoraxsegmenten verwachsen, an jeder S eine große Kiemenhöhle bildend. Antennula mit Haupt- u. 1 od. 2 Nebengeißeln, im basalen Gld mit Statozyste (Gleichgewichtsorgan); bei *Caridea* am basalen Gld ein schuppenförmiger Fortsatz (Stylocerit). Antenna mit geißelförmigem Endopoditen; Exopodit (am 2. Schaftglied) schuppenförmig (Scaphocerit). Die 1.–3. Thorakopoden zu Maxillipeden umgewandelt; die 4.–8. Thorakopoden sind Laufbeine (1–5), die sich aus 7 Gld zusammensetzen (Abb. **526**/1–2): Coxa, Basis, Ischium, Merus, Carpus, Propodus, Dactylus; Verschmelzungen od. sekundäre Teilungen kommen vor. Ein od. mehrere Laufbeine mit subchelaten od. chelaten Scheren (Abb. **526**/1–2). Pleon kräftig entw od. ± verkleinert, im Extremfall unter den Cephalothorax geschlagen *(Brachyura)*; mit 6 Segmenten u. Telson. Pleopoden 1–5 ursprünglich zweiästige Schwimmbeine *(Caridea)*, oft einige Paare zurückgebildet. Am 6. Pleonsegment ein Paar abgeflachte Uropoden, die mit dem Telson einen Schwanzfächer bilden; fast alle *Brachyura* ohne Uropoden. Atmung durch Kiemen an den Basen der Thorakopoden od. der Thoraxwand, in den Kiemen-

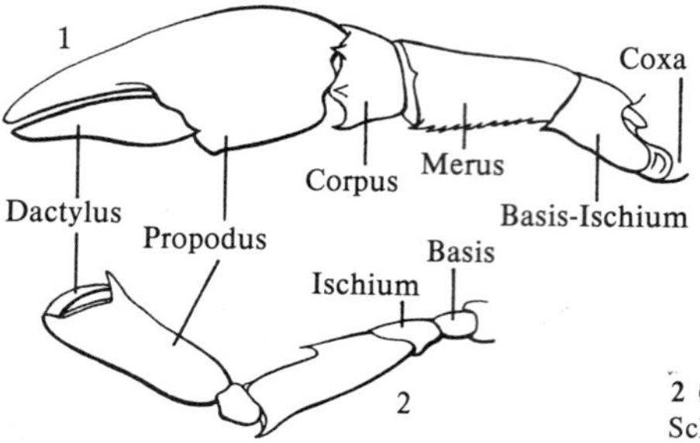

Abb. **526/1–2** 1. Laufbein von 1 *Orconectes limosus* mit chelater Schere (Basis u. Ischium verschmolzen); 2 *Crangon crangon* mit subchelater Schere (Basis u. Ischium getrennt)

höhlen gelegen; der plattenförmige Exopodit der Maxilla (Scaphognathit) erzeugt Atemwasserstrom, der am Mundraum nach vorn austritt. – **V. L.** Vorwiegend im Meer, viele im Brackwasser, einige im Süßwasser od. (in den Trop) auf dem Land. – **B.** Fast immer getrenntgeschlechtig. Bei ♂♂ der 1. u. 2. Pleopod od. einer von beiden zum Kopulationsorgan umgebildet (übertragen eine Spermatophore). Eier werden von ♀♀ fast immer an den Pleopoden festgeheftet u. entw sich dort. Meist frei schwimmende Larvenstadien, selten (z. B. Flußkrebse) direkte Entw. Alle einheimischen Arten sind Bodenbewohner, die mit Hilfe der Laufbeine (4.–8. Thorakopod) über den Grund laufen. *Caridea* können auch schwimmen (mit Pleopoden), ebenso die *Portunidae* (mit letztem Thorakopoden). Zahlreiche Arten können sich eingraben. – Insgesamt fast 10 000 Arten, im Gebiet 52.

1 Körper seitlich abgeflacht. An der Antennula das GrundGld mit Stylocerit. Pleon stets kräftig entw, zwischen 3. u. 4. Segment meist mit einem Knick. Epimeren des 2. Pleonsegments groß u. die S des 1. u. 3. Pleonsegments überdekkend. Pleopoden sind kräftige Schwimmbeine. *Caridea* S. 526

1* Körper dorsoventral abgeflacht. Antennula ohne Stylocerit. Pleon kräftig od. ± reduziert, nie mit Knick zwischen 3. u. 4. Segment u. nie mit verbreiterten Epimeren am 2. Segment. Pleopoden nicht zum Schwimmen geeignet, oft ein od. mehrere Paare reduziert 2

2 Das 5. Laufbein (8. Thorakopod) (manchmal auch das 4.) deutlich kürzer u. dünner als die vorhergehenden Laufbeine. *Anomura* S. 535

2* Das 5. Laufbein von gleicher Größe wie das vorhergehende 3

3 Pleon flach u. kurz, unter den Cephalothorax geschlagen u. von oben nicht sichtbar. Ohne Uropoden *Brachyura* S. 536

3* Pleon kräftig entw, nicht unter den Cephalothorax geschlagen. Mit Uropoden 4

4 Die vorderen 3 Laufbeine mit Scheren. *Astacidea* S. 532

4* Zumindest das 3. Laufbein ohne Scheren. *Thalassinidea* S. 534

Infraordnung *Caridea* – **Garnelen**

G. Körper seitlich abgeflacht. Rostrum immer vorhanden, meist seitlich abgeflacht. An der Antennula das basale Gld mit deutlichem Styloceriten. Scaphocerit der Antenna (Antennenschuppe) meist groß. Laufbeine meist lg u. dünn, gewöhnlich 7gliedrig, Basis u. Ischium immer getrennt. Carpus des 2. Laufbeines oft sekundär gegliedert u. verlängert (Abb. **531**/1). Am 1. und 2. Laufbein fast immer mit, am 3. Laufbein stets ohne Scheren. Pleon kräftig entw, Epimeren des 2. Segments verbreitert u. die Ränder der benachbarten Segmente überdeckend. Pleopoden gut entw Schwimmbeine, Endopodit am Innenrand mit Anhang (Appendix interna); bei ♂♂ außerdem am Endopoditen des 2. Pleopoden ein zweiter Anhang (Appendix masculina) (selten ohne beide Appendices). – **V. L.** Im Meer- u. Brackwasser, selten auch im Süßwasser. – **B.** Schwimmen durch Schlagen der Pleopoden am od. dicht über dem Grund od. laufen mit den Laufbeinen auf dem Boden langsam vor- od. rückwärts. Durch ruckartiges Einschlagen des Pleon mit ausgebreitetem Schwanzfächer können sie einen schnellen Sprung nach rückwärts machen (Fluchtreaktion). Na meist kleine Krebse, Algen, Diatomeen, Würmer u. Detritus.

1 Carpus des 2. Laufbeines ungegliedert (Abb. **530**/1–3) **2**

1* Carpus des 2. Laufbeines mehrfach unterteilt (Abb. **528**/2) **4**

2 Scheren des 1. Laufbeines subchelat. Rostrum dorsoventral abgeflacht. *Crangonidae* S. 531

2* Scheren des 1. Laufbeines chelat. Rostrum seitlich abgeflacht **3**

3 Das 1. u. 2. Laufbein gleich lg, ihre Scheren mit eigentümlichen Haarpinseln endend. Im Süßwasser. *Atyidae* S. 527

3* Das 2. Laufbein länger u. kräftiger als das 1., ohne Haarpinsel. *Palaemonidae* S. 529

4 **(1)** Das linke 1. Laufbein mit einem einfachen Haken endend, das rechte eine normale chelate Schere tragend. Rostrum kurz u. ungezähnt. *Processidae* S. 530

4* Die 1. Laufbeine beiderseits gleichartig **5**

5 Augen teilweise vom VRand des Carapax verdeckt. Rostrum ungezähnt. *Alpheidae* S. 528

5* Augen nicht vom VRand des Carapax verdeckt. Rostrum gut entw u. deutlich gezähnt **6**

6 Das 1. Laufbein mit mikroskopisch kleiner Schere, am 2. Laufbein die Schere klein aber deutlich. *Pandalidae* S. 528

6* Am 1. u. 2. Laufbein deutliche Scheren. *Hippolytidae* S. 529

Familie *Atyidae*

Atyaephyra desmarestii (MILLET) (Abb. **528**/1)
Rostrum groß; Oberrand mit 20–25 kleinen, beweglichen Stacheln, Unterrand mit 5–8 größeren Zähnen. Carpus des 2. Laufbeines ungegliedert. Die hinteren 3 Laufbeine deutlich länger als die beiden vorderen. Etwa 20 mm lg. Durchsichtig mit grünlichen u. rötlichen Chromatophoren. Einzige Süßwasser-Garnele im Gebiet, nur im NW (Rhein, Lippekanal, Mittellandkanal); eingeschleppt aus medit Ländern. Zwischen Wasserpflanzen in der Uferzone von Seen, Flüssen u. Kanälen.

Familie *Pandalidae*

Mit großem, gezähntem Rostrum, ORand mit beweglichen Stacheln. Das 1. Laufbein mit winziger Schere. Carpus des 2. Laufbeines mit zahlreichen Untergliedern.

1 Rostrum länger als Carapax, am Vorderende nach oben gebogen, Oberrand mit etwa 10 beweglichen Stacheln, Unterrand mit 5–6 Zähnen. – Carpus des 2. Laufbeines links mit etwa 50 Gld, rechts mit etwa 20 Gld. Meist 60–80 mm lg. Nachts durchsichtig, am Tg grün bis rot mit Flecken u. Streifen. Vom nördl. Eismeer bis S-England u. Belgien, N-Am; gesamte Nordsee, westl. Ostsee. Im Sommer in Küstennähe, im Winter (zur Eiablage) in tieferen Wasserschichten.
Pandalus montagui LEACH

1* Rostrum viel kürzer als Carapax, nicht nach oben gebogen, O-Rand mit 6–7 beweglichen u. 1–3 unbeweglichen Stacheln, U-Rand mit 2–4 kleinen Zähnen. – Carpus des 2. Laufbeines links mit etwa 20 Gld, rechts mit 4 Gld. Bis 33 mm lg. Mit dichten roten u. gelben Chromatophoren. Von Norwegen bis Mittelmeer; Nordsee (Helgoland) bis Öresund u. Belt, etwa ab 10 m Tiefe.
Pandalina brevirostris (RATHKE)

Familie *Alpheidae*

Athanas nitescens (LEACH) (Abb. **528**/2)
Rostrum kurz u. pfriemenförmig, ohne Stacheln od. Zähne. Augenstiele verdeckt, nur ein Teil der Augen ragt unter dem Carapax hervor. Das 1. u. 2. Laufbein mit Scheren, das 1. viel kräftiger als die übrigen, auf beiden S gleich gebaut; das 2. Laufbein kurz u. schlank, Carpus mit 5 Gld. 10–20 mm lg. Braunviolett, vom Rostrum bis Telson mit einem weißen Streifen. Von W-Norwegen bis Mit-

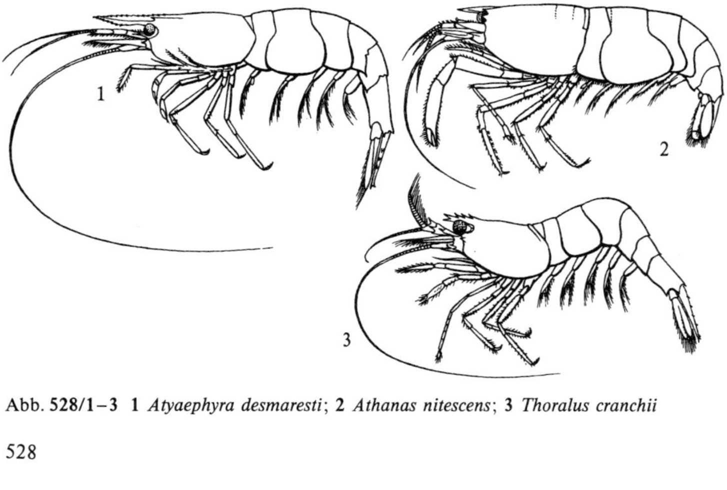

Abb. **528/1–3** **1** *Atyaephyra desmaresti*; **2** *Athanas nitescens*; **3** *Thoralus cranchii*

telmeer u. Schwarzes Meer; Nordsee (Helgoland) u. westl. Ostsee (Kiel). Im Küstenwasser bis 70 m Tiefe. Hauptsächlich auf sandigem od. steinigem Boden zwischen Algen u. Hydrozoenstöcken. Tiere laufen auf der Unterlage, machen selten kurze Sprünge u. schwimmen noch seltener. Eiablage im Sommer.

Familie *Hippolytidae*

Rostrum kräftig u. gezähnt. Das 1. u. 2. Laufbein mit Scheren, das 1. kürzer u. kräftiger als das 2. Der Carpus des 2. Laufbeines 2- bis vielgliedrig.

1 Auf dem Carapax über dem Augenstiel ein Stachel. Carpus des 2. Laufbeines mit 3 Gld. – Rostrum am ORand glatt, nur basal u. distal mit je einem Zahn, URand mit 2–3 Zähnen. Bis etwa 30 mm lg. Färbung außerordentlich variabel (Artname!). W-Norwegen bis Mittelmeer; Nordsee (Helgoland). Im Küstenwasser (bis 60 m Tiefe) zwischen Algen u. Seegras. Eiablage im Sommer. *Hippolyte varians* LEACH

1* Auf dem Carapax über dem Augenstiel kein Stachel. Carpus des 2. Laufbeines mit 6 od. 7 Gld 2

2 Carpus des 2. Laufbeines mit 6 Gld (Abb. **528**/3). Mandibel ohne Palpus. – Rostrum viel kürzer als Carapax, ORand mit 3 Zähnen, Spitze mit 2 Zähnen, URand glatt. 17–20 mm lg. Meist rötlich od. gelblich. W-Norwegen bis Mittelmeer; Nordsee (Helgoland). Im Küstenbereich zwischen Algen. Eiablage von Frühjahr bis Herbst. *Thoralus cranchii* (LEACH)

2* Carpus des 2. Laufbeines mit 7 Gld. Mandibel mit Palpus. 3

3 Rostrum etwa so lg wie Carapax, kielartiger ORand mit 3–7 (meist 5–6) Zähnen, URand mit 2–7 Zähnen, Spitze einfach. – Meist bis 33 mm lg. Färbung rötlich. Vom Nordpol bis Schottland u. westl. Ostsee (Kiel). Meist zwischen 20 u. 150 m Tiefe, bes. auf Fels- od. Kiesboden mit Algenbewuchs. Eiablage im Winter. *Eualus gaimardii* (H. MILNE-EDWARDS)

3* Rostrum deutlich kürzer als Carapax, ORand mit 3 (bis 5) Zähnen, URand glatt, Spitze zweizähnig. – Lg bis etwa 20 mm. Färbung rot bis bräunlich. Von W-Norwegen bis Mittelmeer; Nordsee (Helgoland). An Felsküsten zwischen Pflanzenbewuchs. Eiablage im Sommer. *Eualus occultus* (LEBOUR)

Familie *Palaemonidae*

Rostrum kräftig u. gezähnt. Das 1. u. 2. Laufbein mit chelaten Scheren, das 1. kürzer u. dünner als das 2. Der Carpus des 2. Laufbeines eingliedrig. Sehr bewegliche u. gut schwimmende Tagtiere.

1 URand des Rostrum mit 2 (selten 1 od. 3) Zähnen. Carpus des 2. Laufbeines länger als Propodus (Abb. **530**/3). – ORand des Rostrum mit 3–6 Zähnen, einer davon hinter den Augenstielen. Etwa 30–50 mm lg. Meist farblos durchsichtig. S-Norwegen bis westl. Mittelmeer; Nordsee, westl. Ostsee (bis etwa Greifswald). Im seichten Küstenwasser, vor allem in fließenden u. stehenden Brackwasseransammlungen. *Palaemonetes varians* (LEACH)

1* URand des Rostrum mit 3 od. mehr (selten 2) Zähnen. Carpus des 2. Laufbeines kürzer als Propodus (Abb. **530**/1–2). (*Palaemon* FABRICIUS) 2

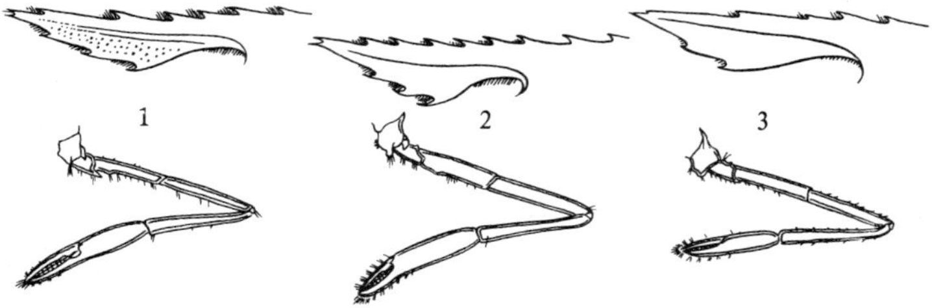

Abb. **530/1–3** Rostrum u. 2. Laufbein von: **1** *Palaemon squilla*; **2** *P. elegans*; **3** *Palaemonetes varians*

2 Am 2. Laufbein der Dactylus nur 1/3 so lg wie Propodus. Am ORand des Rostrum 3 Zähne hinter den Augenstielen gelegen (Abb. **530**/2). – ORand des Rostrum mit 7–10 Zähnen, URand mit 3–4 (selten 2) Zähnen. Palpus der Mandibel 2gliedrig. 30–60 mm lg. Durchsichtig mit gelbbraunen Streifen. S-Norwegen bis W-Afr u. Mittelmeer; Nordsee (nicht Ostsee). Im seichten Küstenwasser zwischen Pflanzenwuchs. Eiablage im Sommer. *Palaemon elegans* RATHKE

2* Am 2. Laufbein der Dactylus etwa 1/2 so lg wie Propodus. Am ORand des Rostrum höchstens 2 Zähne hinter den Augenstielen gelegen (Abb. **530**/1). Palpus der Mandibel 3gliedrig **3**

3 ORand des Rostrum mit 8–12 Zähnen, 2 davon hinter den Augenstielen (der hinterste deutlich weiter abgesetzt), URand mit 3–7 Zähnen. – Dactylus des 1. Laufbeines weniger als halb so lg wie Propodus. Etwa 50–70 mm lg. Durchsichtig mit roten Chromatophoren. Nordsee bis Mittelmeer. In den Mündungen großer Flüsse (Elbe, Weser), meist im Brackwasser, selten im Süßwasser. Eiablage im Sommer. *Palaemon longirostris* H. MILNE-EDWARDS

3* Oberrand des Rostrum mit 5–6 Zähnen, nur einer davon hinter den Augenstielen (der hinterste im gleichen Abstand wie die übrigen), URand mit 3–5 Zähnen (Abb. **530**/1). – Dactylus des 1. Laufbeines mehr als halb so lg wie Propodus. Etwa 50–60 mm lg. Bräunlich od. rotbraun, meist mit Streifen. S-Norwegen bis Mittelmeer u. Schwarzes Meer; Nordsee, gesamte Ostsee. Im Sommer im seichten Küstenwasser zwischen Algen u. Seegras, im Winter in tieferen Wasserschichten. Eiablage im Sommer. Fischereiwirtschaftlich von Bedeutung.
Palaemon squilla (L.) – **Ostseegarnele**

Familie *Processidae*

Gattung *Processa* LEACH. Rostrum pfriemenförmig. O- u. URand glatt, Spitze mit 2 Zähnen. Das 1. Laufbein links einfach krallenförmig endend, rechts mit normaler chelater Schere. Das 2. Laufbein mit chelaten Scheren, das linke kürzer als das rechte; Carpus links mit etwa 20, rechts mit 30–50 Gld. – Die beiden in der Nordsee zu erwartenden Arten wurden früher nicht getrennt, so daß ihre Verbreitung u. ihr Vorkommen nicht genau anzugeben sind. Es sind Nachttiere, die sich tagsüber im Boden eingraben. Leben auf Sand, Schlick u. Algengründen.

1 Carpus des 5. Laufbeines länger als Propodus. Epimeren des 5. Pleonsegments hinten abgerundet. – Bis 70 mm lg. Nordsee bis Mittelmeer, wahrscheinlich meist zwischen 10 u. 200 m Tiefe. *Processa canaliculata* LEACH

1* Carpus des 5. Laufbeines kürzer als Propodus. Epimeren des 5. Pleonsegments am HWinkel mit einem Dorn (Abb. **531**/1). – Bis 44 mm lg. Südl. Nordsee bis Mittelmeer u. Schwarzes Meer, offenbar mehr in Küstennähe. *Processa edulis* (RISSO)

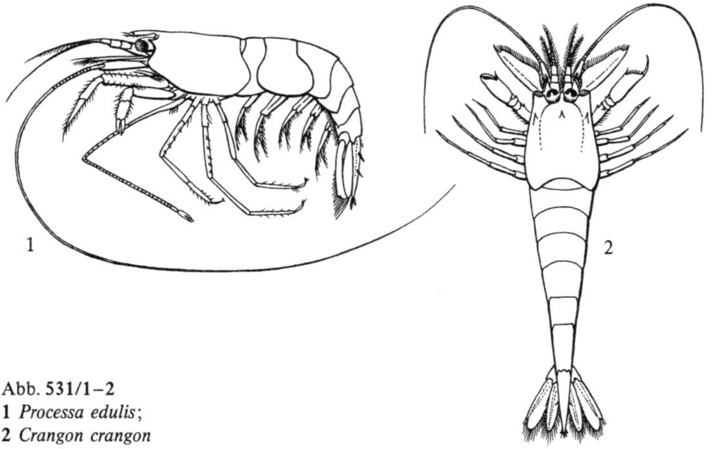

Abb. **531/1–2**
1 *Processa edulis*;
2 *Crangon crangon*

Familie *Crangonidae*

Rostrum kurz, dorsoventral abgeflacht, ohne Zähne. Das 1. Laufbein sehr kräftig, mit subchelater Schere. Das 2. Laufbein (wie alle übrigen) viel schwächer, mit od. ohne Schere, Carpus eingliedrig.

1 Das 2. Laufbein fast so lg wie das 1. Am Merus des 1. Laufbeines der URand in der M mit einem Zahn. (*Crangon* FABRICIUS) 2

1* Das 2. Laufbein deutlich kürzer als das 1. Am Merus des 1. Laufbeines der URand ohne Zahn. (*Pontophilus* LEACH) 3

2 OS des 5. Pleonsegments glatt u. abgerundet (Abb. **531**/2). – Meist 40–50 mm lg. Färbung dem UGrund angepaßt, sandfarben bis graubraun. Vom Weißen Meer bis Mittelmeer u. Schwarzes Meer; Nordsee (sehr häufig) u. Ostsee (bis finnische Schären). Typischer Küstenbewohner, im Sommer oft weit in das Brackwasser von Flußmündungen eindringend, im Winter im Wattenmeer. Auf Schlick- u. Sandböden. Dämmerungstier, am Tg meist eingegraben. Eiablage zweimal (Frühjahr u. Herbst). An der Nordsee von großer wirtschaftlicher Bedeutung. *Crangon crangon* (L.) – **Norseegarnele, Granat, Porre**

2* OS des 5. Pleonsegments mit zwei deutlichen Längskielen. – Bis 58 mm lg. Bräunlich bis grüngrau mit braunen Flecken. S-Norwegen bis Golf von Biscaya;

gesamte Nordsee, aber nur vom Sublitoral an abwärts (z.B. Helgoländer Rinne), auf sandigem Schlick. *Crangon allmanni* KINAHAN

3 (1) Rostrum klein u. zahnförmig, an der Basis jederseits ein kleiner Zahn. Außenrand des Carapax mit zwei Zahnreihen. – Bis 52 mm lg. Rotbraun od. grünlich braun mit weißen Flecken auf Carapax u. Pleon. W-Norwegen bis Mittelmeer; Nordsee (Helgoland). Ab 20 m Tiefe. Auf Sand- u. Schlickboden. Eiablage im Winter. *Pontophilus spinosus* (LEACH)

3* Rostrum groß, ohne SZähne. Außenrand des Carapax glatt. 4

4 In der M-Linie des Carapax zwei Dornen hintereinander, Carapax an den S mit kleinen Höckern. – Bis 26 mm lg. Grau od. rötlich gefleckt. W-Norwegen u. S-Island bis Azoren u. Mittelmeer; Nordsee (Helgoland, Borkum). Von der Küste bis in 360 m Tiefe. Eiablage im Sommer. *Pontophilus bispinosus* HAILSTONE

4* In der M-Linie des Carapax ein Dorn, je ein weiterer seitlich davon, sonst Carapax glatt. – Bis 27 mm lg. Mit gelben u. braunen Chromatophoren dicht bedeckt. Südl. Nordsee bis Azoren u. Mittelmeer; Deutsche Bucht u. Helgoland. Im Litoral, vorzugsweise auf Sandboden. Eiablage im Sommer. *Pontophilus trispinosus* HAILSTONE

Infraordnung *Astacidea*

Körper lggestreckt, dorsoventral abgeflacht. Pleon kräftig, mit deutlichen Epimeren u. großem Schwanzfächer. Rostrum gut entw, spitz-dreieckig, abgeflacht. Die vorderen 3 Laufbeine mit Scheren, das 1. Laufbein deutlich am kräftigsten.

1 Rostrum mit 3–4 Paar SZähnen. OFläche der großen Scheren glatt. Im Meer. *Nephropidae* S. 532

1* Rostrum mit ein Paar SZähnen. OFläche der großen Scheren gekörnelt. Im Süßwasser 2

2 Beim ♂ am 3. Laufbein das Ischium ohne Haken (Abb. 533/2). Das ♀ ohne Annulus ventralis. *Astacidae* S. 533

2* Beim ♂ am 3. Laufbein das Ischium mit einem Haken (Abb. 533/3). Das ♀ ventral am HE des Cephalothorax mit Annulus ventralis (Samentasche) (Abb. 533/4). *Cambaridae* S. 534

Familie *Nephropidae*

Homarus gammarus (L.) – **Hummer** (Abb. **533**/1)
Scheren am 1. Laufbein deutlich ungleich: dicke Knackschere u. schlankere Greifschere. Im Durchschnitt 350 mm lg, es können aber auch 900 mm erreicht werden. Rötlich gelb mit blauschwarzer Zeichnung. Von den Lofoten bis Mittelmeer u. Schwarzes Meer; gesamte Nordsee (vor allem Helgoland). Im Sublitoral auf Fels- od. Steinboden, am Tg meist in Höhlen (oft selbst hergerichtet). Beutefang bes. nachts (Muscheln, Stachelhäuter, Krebse u. ä.). Geschlechtsreife der ♀♀ bei 220–225 mm KörperLg (etwa 9–14 J alt). Eiablage im Sommer, Entw dauert fast 1 J. Von großem wirtschaftlichen Wert; wird in beköderten Hummerkörben gefangen. – ▽

Familie *Astacidae* – **Flußkrebse**

Scheren am 1. Laufbein gleich gestaltet.

1 Hinter den Augen auf dem Carapax jederseits nur eine Leiste. Rostrum nur wenig länger als br, etwas abwärts gebogen. – S des Carapax gekörnt, ohne Dornen. Scheren des 1. Laufbeines kurz u. dick, am unbeweglichen Finger mit Einbuchtung. Etwa bis 80 mm lg. Grundfarbe bräunlich grün. In den M-Geb nördl. der Alp, im N bis zum Main (einschließlich der nördl. Zuflüsse). In klaren Gebirgsbächen mit kiesigem Untergrund. – ▽
Astacus torrentium (SCHRANK) – **Steinkrebs**

1* Hinter den Augen auf dem Carapax jederseits 2 hintereinander liegende Leisten. Rostrum deutlich länger als br 2

2 Rostrum an den Rändern des Basalteils nicht gezähnt. S des Carapax mit geringer Bedornung, meist nur gekörnt. Scheren des 1. Laufbeines gedrungen, am unbeweglichen Finger mit einer Einbuchtung zwischen 2 Höckern (vor allem beim ♂) (Abb. **533**/5). – Lg der ♀♀ bis 120 mm (selten 180 mm), der ♂♂ 150–160 mm (selten über 200 mm). Olivgrün bis braun. Von S-Skandinavien bis mittleres Donaugebiet; gesamtes M-Eur. Liebt klares fließendes Wasser. Nachtaktiv, tagsüber in oft selbstgebauten Höhlen versteckt. Scheint tierische Kost zu bevorzugen. Begattung IX/X, Eiablage XI/XII, Schlüpfen der Jungtiere V, Geschlechtsreife im 3. od. 4. J. Bei der Begattung werden dem ♀ zwischen den Co-

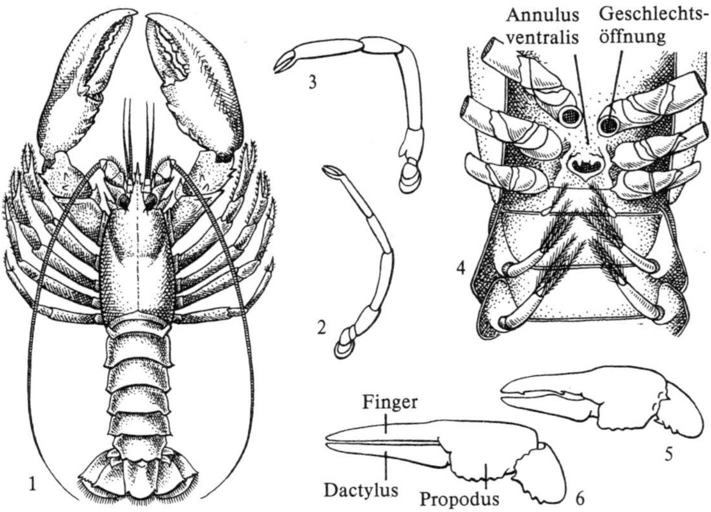

Abb. **533**/1–6 **1** *Homarus gammarus*; **2** *Astacus astacus*, 3. Laufbein; **3** *Orconectes limosus*, 3. Laufbein; **4** *O. limosus*, VentralS des ♀; **5** *Astacus astacus*, Schere des 1. Laufbeines; **6** *A. leptodactylus*, Schere des 1. Laufbeines xen der 4. u. 5. Laufbeine Spermatophoren angeheftet. Früher von großer wirtschaftlicher Bedeutung; heute Bestände durch Krebspest stark gelichtet u. können sich in verschmutzten Gewässern auch nicht erholen. Stark bedrohte Art! – ▽ *Astacus astacus* (L.) – **Edelkrebs**

2* Rostrum oben an den Rändern des Basalteils gezähnt. S des Carapax reichlich bedornt. Scheren des 1. Laufbeines lg u. schmal, ohne Einbuchtung (Abb. **533**/6). – Etwa 120 mm lg. Dunkel oliv- bis rotbraun. In den zum Weißen u. zum Schwarzen Meer führenden Flüssen. Dringt stetig nach W vor. In Seen im NO des Gebiets. An Tiefland gebunden.
Astacus leptodactylus ESCHSCHOLZ – **Sumpfkrebs**

Aus dem W der USA wurde 1960 nach Schweden *Pacifastacus leniusculus* (DANA) als Ersatz für den Edelkrebs eingeführt. Trägt auffällig weiße od. blaugrüne Flecken am Scherengelenk des 1. Laufbeines. Ist offenbar gegen die Krebspest nicht so stark anfällig. Inzwischen vermehren auch Zuchtanstalten in Finnland u. Deutschland diesen Krebs.

Familie *Cambaridae*

Scheren am 1. Laufbein gleich gestaltet. Fast ausschließlich in N-Am beheimatet.

Orconectes limosus (RAFINESQUE) [*Cambarus affinis* (SAY)] – **Amerikanischer Flußkrebs**
Pleon mit auffälligen rostroten Querbinden, sonst dunkelbraun bis olivgrün. ♂ bis 118 mm, ♀ bis 111 mm lg. Im O der USA (Maine bis Virginia). 1890 in einem Oderzufluß ausgesetzt, als Ersatz für den fast ausgestorbenen Edelkrebs. Inzwischen in den Flußsystemen der Weichsel, Oder, Havel, Elbe u. des Mains. Sehr häufig in Berlin u. Umgebung. Zu jeder Tageszeit aktiv, Pflanzen- u. Tierfresser. Stellt an die Sauberkeit des Wohngewässers keine so großen Ansprüche wie der Edelkrebs, gegen Krebspest immun. Begattung IX/X (dabei wird Annulus ventralis des ♀ mit Sperma gefüllt), Eiablage IV/V, Schlüpfen der Jungtiere VI. Geschlechtsreife im 1. od. 2. Lebensjahr. Gewinnt trotz der geringen Größe immer mehr an wirtschaftlicher Bedeutung.

Infraordnung *Thalassinidea*

Körper lggestreckt, mit großem Pleon u. breitem Schwanzfächer. Das 1. Laufbein mit großer Schere od. einfach, das 2. mit kleiner od. ohne Schere, das 3. stets ohne Schere. Meist Gänge im Weichboden grabend. Die beiden einheimischen Arten gehören den Familien *Callianassidae* bzw. *Upogebiidae* an.

1 Das 1. Laufbein mit sehr ungleich großen Scheren. Das 2. Laufbein mit kleinen Scheren. Rostrum sehr klein. – Bis 70 mm lg. Färbung weiß mit rötlichem od. bläulichem Anflug. Vom Kattegat bis Mittelmeer u. Schwarzes Meer; Nordsee (Helgoland, Friesische Inseln). Küstenform, gräbt Gänge im Sand od. Schlick, ernährt sich vorwiegend von Detritus.
Callianassa tyrrhena (PETAGNA) (Abb. **535**/1)

1* Das 1. Laufbein mit gleich großen Scheren. Das 2. Laufbein ohne Scheren. Rostrum gut entw. – Bis 44 mm lg. Färbung weißlich mit orangefarbenen Flecken. Von W-Norwegen u. Schottland bis W-Frankreich; Nordsee (Helgoland, Friesische Inseln). Küstenform, gräbt Gänge im Sand od. Schlick, ernährt sich von Würmern, Muscheln u. Detritus. *Upogebia stellata* (MONTAGU)

Infraordnung *Anomura*

Körper von sehr verschiedener Gestalt, lggestreckt bis krabbenähnlich, bei unseren Arten aber immer mit Schwanzfächer (mit Uropoden). Das 1. Laufbein mit großen Scheren. Das 2.-4. Laufbein ohne Scheren. Das 5. Laufbein (manchmal auch das 4.) deutlich kürzer als die übrigen u. mit sehr kleiner Schere.

1 Pleon undeutlich segmentiert, wurstförmig u. weich. Pleopoden asymmetrisch, zum Teil fehlend. Tiere stecken in Schneckenschalen. *Paguridae* S. 536

1* Pleon deutlich segmentiert u. dorsal gepanzert. Pleopoden paarig, z.T. fehlend 2

2 Pleon lggestreckt, nicht unter den Cephalothorax geschlagen. Carapax mit deutlichen Querfurchen. *Galatheidae* S. 536

2* Pleon unter den Cephalothorax geschlagen, Habitus krabbenähnlich (aber mit Uropoden!). Carapax ohne Querfurchen. *Porcellanidae* S. 536

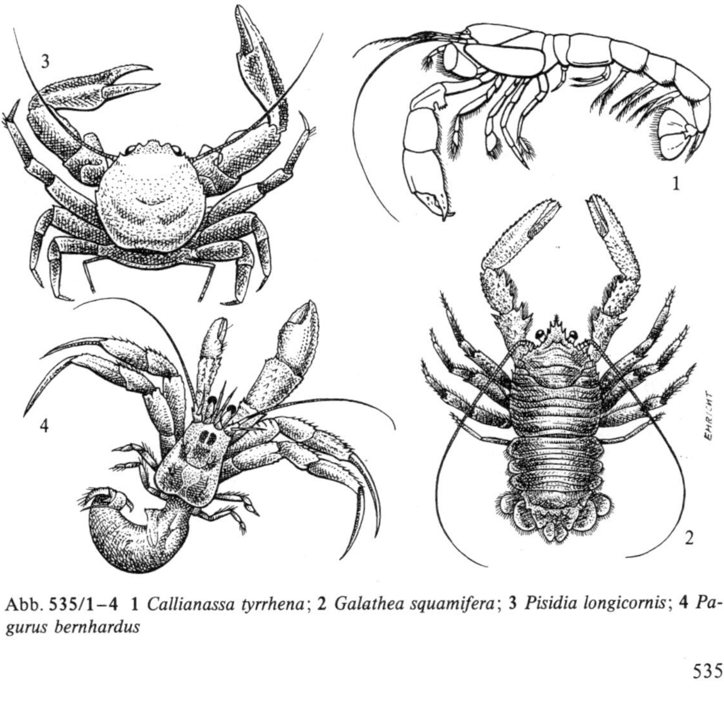

Abb. 535/1–4 **1** *Callianassa tyrrhena*; **2** *Galathea squamifera*; **3** *Pisidia longicornis*; **4** *Pagurus bernhardus*

Familie *Galatheidae*

1 Auf dem 2.–5. Pleonsegment 3 Querfurchen. Rostrum kurz, vordere SZähne fast so lg wie M-Zahn (Abb. 535/2). – Bis 60 mm lg. Rot bis grünlichbraun mit violetten Flecken. W-Norwegen bis Kapverden u. Mittelmeer; Nordsee (Helgoland). Meist in 5–7 m Tiefe auf steinigem Boden mit Algenbewuchs.
Galathea squamifera LEACH

1* Auf dem 2.–5. Pleonsegment 1 Querfurche. Rostrum lg, der M-Zahn viel länger als die vorderen SZähne. – Bis 20 mm lg. Gelblich bis rotbraun, manchmal mit blauen Punkten. Von den Lofoten bis Angola u. Mittelmeer; Nordsee (Helgoland). Etwa ab 8 m Tiefe, vor allem auf Austernbänken u. Schwammkolonien mit guten Versteckmöglichkeiten. *Galathea intermedia* LILLJEBORG

Familie *Porcellanidae*

Pisidia longicornis (L.) (Abb. **535**/3)
Carapax etwa kreisförmig; Stirn mit 3 stumpfen Zähnen, der mittlere breiter als die seitlichen. Pleon sehr flach u. unter den Cephalothorax geschlagen, Uropoden klein u. oval. Scheren am 1. Laufbein etwas unterschiedlich. Carapax u. Laufbeine unbehaart. Bis 10 mm br. Von SW-Norwegen bis Mittelmeer u. Schwarzes Meer. Von der Küste bis in 70 m Tiefe. Lebt verborgen, meist unter Steinen versteckt. Wegen der Kleinheit leicht zu übersehen.

Familie *Paguridae* – **Einsiedlerkrebse**

Pagurus bernhardus (L.) (Abb. **535**/4)
Schere am 1. Laufbein rechts deutlich länger u. breiter als links. Das 4. u. 5. Laufbein viel kürzer als die vorderen. Pleopoden nur auf der linken S entw (3–4). Carapax bis 36 mm lg. Rötlich mit gelben u. braunen Flecken. Nördl. Eismeer bis Mittelmeer; in der Nordsee häufig, westl. Ostsee (Kiel). Auf sandigem Schlick- od. Steinboden, bes. auf Austernbänken. Tier- u. Detritusfresser. Tiere stecken in Schneckengehäusen (verschiedener Arten), die meist mit *Hydractinia echinata* (FLEMING) bewachsen sind. Scheren verschließen die Gehäuseöffnung. Zu klein gewordene Schalen werden gegen größere gewechselt.

Infraordnung *Brachyura* – **Krabben**

Körper kreisförmig, oval bis ± quadratisch. Rostrum bei einigen Familien vorhanden, meist fehlend, oft durch Stirnzähne ersetzt. Pleon kurz u. flach, unter den Cephalothorax geschlagen; beim ♀ br, beim ♂ schmal. Fast immer ohne Uropoden. Das 1. Laufbein immer mit Scheren, das 2. u. 3. stets ohne Scheren; die 2.–5. Laufbeine meist sehr ähnlich; an allen Laufbeinen Basis u. Ischium verschmolzen. Fortbewegung nur noch mit Laufbeinen (nie mit Pleopoden), meist durch seitliches Laufen; einige Arten können schwimmen (s. *Portunidae*).

1 Mundfeld dreieckig-lggestreckt. Der 3. Maxilliped nach vorn verschmälert. Körper polygonal. *Leucosiidae* S. 537

1* Mundfeld rechteckig. Der 3. Maxilliped nicht nach vorn verschmälert 2
2 Carapax dreieckig, nach vorn zugespitzt u. mit zweizipfeligem Rostrum. *Majidae* S. 537
2* Carapax vorn br, oval, rechteckig od. quadratisch, fast nie mit Rostrum 3
3 Carapax lg-oval, deutlich länger als br, mit kleinem Rostrum. Antennengeißel länger als Carapax. *Corystidae* S. 539
3* Carapax höchstens wenig länger als br, ohne Rostrum. Antennengeißel kürzer als Carapax 4
4 Rand des Carapax dicht u. lg beborstet. *Thiidae* S. 539
4* Rand des Carapax ohne Borstensaum 5
5 Scheren am 1. Laufbein mit dichtem Pelzbesatz (Wollhandkrabbe). Carapax flach u. annähernd quadratisch. *Grapsidae* S. 542
5* Scheren des 1. Laufbeines ohne Pelzbesatz 6
6 Am 5. Laufbein der Dactylus (letztes Gld) lanzettlich bis br-oval u. deutlich abgeflacht (Schwimmbein). *Portunidae* S. 539
6* Am 5. Laufbein der Dactylus griffelförmig u. nicht abgeflacht 7
7 Carapax kreisförmig, Rand u. Stirn ohne Zähne, OFläche glatt gewölbt. Kommensalisch in Muscheln. *Pinnotheridae* S. 542
7* Carapax quer-oval od. rechteckig, Stirn u. SRand gezähnt. Nicht kommensalisch lebend 8
8 Stirn ohne M-Zahn, in zwei Lappen geteilt. *Xanthidae* S. 541
8* Stirn mit M-Zahn 9
9 Carapax viel breiter als lg, Seitenrand in bis zu 10 breite Lappen geteilt. *Cancridae* S. 539
9* Carapax kaum breiter als lg, SRand mit 5 dreieckigen Zähnen. *Pirimelidae* S. 539

Familie *Leucosiidae*

Carapax oval bis polygonal. Augen u. Augenhöhlen klein. Mundfeld spitz-dreieckig.

1 Carapax octogonal, an den S abgestutzt, etwas breiter als lg. – Bis 13 mm br. Färbung rötlich bis gelbgrau, manchmal mit roten Flecken. S-Norwegen bis W-Afr; Nordsee (Helgoländer Rinne). Meist auf steinigem Boden, ab 5 m Tiefe. *Ébalia tumefacta* (MONTAGU)
1* Carapax rhomboid, an den S abgerundet, so br wie lg (Abb. **538**/1). – Bis 11 mm br. Färbung rötlich-gelb mit dunkleren roten Flecken. W-Norwegen bis Mittelmeer; zentrale Nordsee. Meist auf steinigem, aber auch auf schlammigem Boden, selten oberhalb 20 m Tiefe. *Ebalia cranchii* LEACH

Familie *Majidae*

Carapax länger als br, ± dreieckig, größte Br nahe HRand, vorn mit langem, zweispitzigem Rostrum. Carapax u. Laufbeine mit Gruppen von Hakenborsten, an denen Fremdkörper aus der unmittelbaren Umgebung (Algen, Hydrozoen, Moostierchen, Schwämme) befestigt werden (Maskierung). Tiere bewegen sich sehr langsam u. sind schwer zu entdecken.

1 Laufbeine 2–5 viel länger u. dünner als 1. Laufbein (Scherenbein) **2**
1* Laufbeine 2–5 kaum länger u. dünner als 1. Laufbein **3**
2 Beide Lappen des Rostrum kurz-dreieckig. Hinter den Augenstielen ein großer seitlicher Zahn. – Lg des Carapax bis 20,5 mm. Färbung bräunlich-gelb. W-Norwegen bis Mittelmeer; Nordsee (Helgoland). Auf Stein- u. Sandboden, zwischen 11 u. 55 m Tiefe. *Inachus phalangium* (FABRICIUS)
2* Beide Lappen des Rostrum lg-pfriemenförmig. Hinter den Augenstielen ohne Zahn (Abb. **538**/2). – Carapax etwa 22 mm lg. Färbung graubraun bis rotbraun. Norwegen bis Azoren u. Mittelmeer; Nordsee, westl. Ostsee (bis Kiel). Auf Hart- u. Weichböden, zwischen Kies u. in Felsspalten, von 4 bis etwa 100 m Tiefe. *Macropodia rostrata* (L.)
3 SRand des Carapax mit lg Dornen. Beide Lappen des Rostrum nach vorn divergierend. – Carapax bis 210 mm lg. Färbung rötlich-braun. Südl. Nordsee (Helgoland) bis W-Afr u. Mittelmeer. Zwischen 2 u. 73 m Tiefe. *Maja squinado* (HERBST)
3* SRand des Carapax ohne lg Dornen. Beide Lappen des Rostrum nach vorn konvergierend u. sich mit den Spitzen fast berührend **4**
4 Carapax ± dreieckig, SRänder nicht eingeschnürt (Abb. **538**/3). – Carapax bis 105 mm lg. Färbung rotbraun. Von Spitzbergen bis zum Englischen Kanal; Nordsee, westl. Ostsee (bis Kiel). Auf Hart- u. Weichböden, von der Gezeitenzone bis 50 m Tiefe (selten tiefer). Häufig. *Hyas araneus* (L.)
4* Carapax etwa lyraförmig. SRänder deutlich eingeschnürt. – Carapax bis 61 mm lg. Färbung rotbraun. Von Spitzbergen bis Golf von Biscaya; Nordsee, zur Ostsee hin nur bis in die Belte. Auf Hart- u. Weichböden, von der Gezeitenzone bis 50 m Tiefe (manchmal tiefer). Häufig. *Hyas coarctatus* LEACH

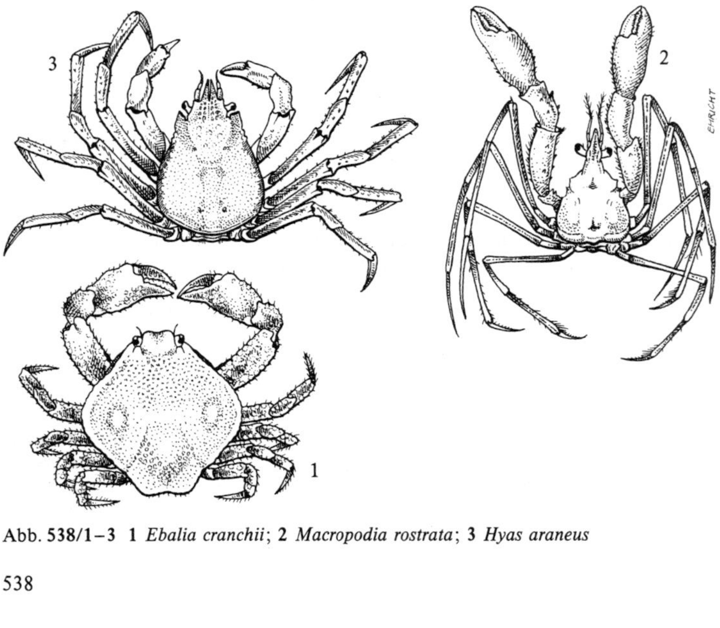

Abb. **538/1–3** **1** *Ebalia cranchii*; **2** *Macropodia rostrata*; **3** *Hyas araneus*

Familie *Corystidae*

Corystes cassivelaunus (PENNANT) – **Maskenkrabbe**
Carapax oval, deutlich länger als br, oben mit einer maskenähnlichen Zeichnung. Stirn mit 2 Zähnen, Augenhöhlen außen mit großem Zahn, SRand mit 3 Zähnen (der vordere am kräftigsten). Antenna länger als Carapax, mit dicht behaarter Geißel. Das 1. Laufbein mehr als doppelt so lg wie die übrigen. Carapax bis 39 mm lg. Färbung blaßrot bis gelblich-weiß. S-Norwegen bis Mittelmeer; Nordsee. Auf Sand- u. Weichböden, gräbt sich tief ein; zusammengelegte Antennen dienen als Atemröhre. Etwa 20–90 m Tiefe.

Familie *Thiidae*

Thia scutellata (FABRICIUS)
Carapax etwa herzförmig, wenig breiter als lg, am breitesten knapp vor der M, Stirn bogig vorspringend u. ungezähnt, Rand des Carapax mit lg gelben Haaren. Carapax bis 22 mm lg. Färbung rosa. S-Schweden bis Mittelmeer; Nordsee. Auf Sand- u. Weichböden; gräbt sich bis zu den Antennen ein; vom Litoral bis in 45 m Tiefe.

Familie *Cancridae*

Cancer pagurus L. – **Taschenkrebs**
Carapax quer-oval, sehr br, OFläche fein gekörnt, Stirn mit 3 kurzen stumpfen Zähnen, SRand in bis zu 10 br Lappen geteilt (Abb. **540**/1). Carapax bis 60 mm (♂) bzw. 98 mm (♀) lg u. maximal 300 mm br. Färbung rötlich-braun. N-Norwegen bis Mittelmeer; gesamte Nordseeküste. Auf Stein- u. Sandboden, gewöhnlich in 6–40 m Tiefe, im Sommer oft in der Gezeitenzone. Im Gebiet die einzige Krabbenart von wirtschaftlicher Bedeutung.

Familie *Pirimelidae*

Pirimela denticulata (MONTAGU)
Carapax nur wenig breiter als lg, Stirn mit dreieckig vorspringendem M-Zahn u. je einem viel kürzeren SZahn, vordere SRänder mit 5 großen dreieckigen Zähnen (Abb. **540**/2). Carapax etwa 15 mm lg u. 18 mm br. Färbung im M-Teil des Carapax schwarz-violett, STeile weißlich. W-Norwegen bis W-Afr u. Mittelmeer; Nordsee. Auf Sand, zwischen Steinen u. Schalen. Vom Sublitoral bis in etwa 50 m Tiefe.

Familie *Portunidae* – **Schwimmkrabben**

Carapax abgeflacht, vorderer SRand mit 5 (–9) Zähnen, am hintersten Zahn der Carapax gewöhnlich am breitesten. Dactylus am 5. Laufbein abgeflacht, lanzettlich bis oval, bei vielen Arten als Schwimmpaddel dienend. Die Tiere schwimmen seitlich. Die Beine der voranschwimmenden S werden eingeschlagen, die der anderen S nachgeschleppt. Auf dem Boden wirbeln die 5. Laufbeine durch schnelles Schlagen das Tier mit Sand zu.

1 Carapax so br wie lg. Dactylus am 2.–4. Laufbein abgeflacht, lanzettförmig verbreitert. – OFläche glatt. Stirn mit 3 abgerundeten Zähnen, der mittlere am längsten. Vorderer SRand mit 5 schwachen Zähnen (Abb. **540**/4). Carapax 20–25 mm br. Färbung rötlich-braun mit dunklerer u. hellerer Tönung. Brit. Ins. bis Mittelmeer u. Schwarzes Meer; südl. Nordseeküste u. Helgoland. Auf Sandboden im Flachwasser. *Portumnus latipes* (PENNANT)

1* Carapax breiter als lg. Dactylus am 2.–4. Laufbein griffelförmig (nicht abgeflacht u. nicht verbreitert) 2

2 Dactylus am 5. Laufbein zwar abgeflacht, aber nur wenig verbreitert, lanzettförmig. – Stirn mit 3 stumpfen Zähnen, der mittlere am längsten. Vorderer SRand mit 5 großen, spitzen u. nach vorn weisenden Zähnen (Abb. **540**/3). Carapax bis 63 mm lg u. bis 80 mm br. Färbung dunkelgrün bis grau. N-Norwegen bis W-Afr; Nordsee, Ostsee bis Darßer Schwelle, manchmal auch weiter nach O verschleppt (z.B. Gdańsker Bucht). Auf Hart- u. Weichböden in der Gezeitenzone, bei Niedrigwasser unter Steinen u. Seegras verborgen. Kann geringe Salzgehalte vertragen u. dringt auch in Flußmündungen ein. Häufigste Krabbe unserer Küsten. *Carcinus maenas* (L.) – **Strandkrabbe**

2* Dactylus am 5. Laufbein flach u. br, auch Propodus deutlich verbreitert (Gattung *Liocarcinus* STIMPSON) 3

3 Stirn mit 7–10 kleinen Zähnen von ungleicher Größe u. Form. – Carapax kurz u. dicht behaart (samtartig). Vorderer SRand mit 5 gleich großen Zähnen, die deutlich nach vorn gebogen sind. Carapax etwa 62 mm lg u. 82 mm br. Färbung schmutzig-braun, Beine mit blauen u. roten Flecken. W-Norwegen bis W-Afr; Nordsee. Auf steinigem Boden, vom Flachwasser bis etwa 35 m Tiefe. *Liocarcinus puber* (L.) – **Samtkrabbe**

3* Stirn mit 3 Zähnen od. Lappen od. ganzrandig 4

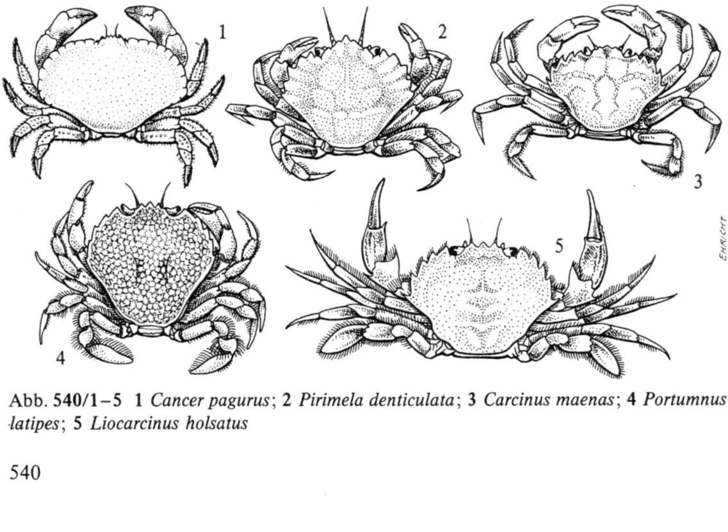

Abb. **540/1–5** **1** *Cancer pagurus*; **2** *Pirimela denticulata*; **3** *Carcinus maenas*; **4** *Portumnus latipes*; **5** *Liocarcinus holsatus*

4 Stirn ganzrandig, ohne Zähne od. Lappen, vorn mit dichtem Haarsaum. – Carapax mit fein behaarten Querleisten. Vorderer SRand mit 5 scharfen Zähnen, der 2. u. 4. deutlich kleiner. Carapax etwa 22 mm lg u. 30 mm br. Färbung dunkelbraun, Beine heller. W-Norwegen bis Mittelmeer u. Schwarzes Meer; Nordsee (Helgoland). Auf sandigem u. steinigem Boden. Sublitoral bis etwa 40 m Tiefe. *Liocarcinus arcuatus* (LEACH)

4* Stirn mit 3 Lappen od. Zähnen **5**

5 Stirn mit 3 stumpfen Lappen, die weit über die Augenhöhlen hinausragen, M-Lappen am längsten, SLappen br gerundet. – Carapax mit zahlreichen Tuberkeln, aber unbehaart. Am vorderen SRand der 1.–4. Zahn stumpf, nur der 5. spitz. Carapax bis 20 mm lg u. 25 mm br. Färbung sehr variabel, von gelb bis dunkelbraun mit unterschiedlicher Fleckung. N-Norwegen bis Mittelmeer; Nordsee (Helgoland). Auf sandigem u. steinigem Boden. Sublitoral, meist bis 50 m Tiefe. *Liocarcinus pusillus* (LEACH)

5* Stirn mit 3 Zähnen, die kaum über die Augenhöhlen hinausragen **6**

6 Mittlerer Stirnzahn wenig länger als die seitlichen. Am 1. Laufbein der Carpus am Außenrand mit 3 Zähnen, der hintere zugespitzt (Abb. **540**/5). – Carapax glatt od. sehr fein gekörnt. Zähne am vorderen SRand spitz, etwa gleich groß. Carapax etwa 30 mm lg u. 38 mm br. Färbung bräunlich-grün. N-Norwegen bis Portugal; Nordsee. Auf Hart- u. Weichböden. Vom Sublitoral bis meist 100 m Tiefe. Bei uns häufigste Art der Gattung.
Liocarcinus holsatus (FABRICIUS) – **Gemeine Schwimmkrabbe**

6* Mittlerer Stirnzahn meist wenig kürzer als die seitlichen. Am 1. Laufbein der Carpus außen gerundet. – Carapax glatt. Am vorderen SRand die 2 vorderen Zähne meist stumpf, die 3 hinteren spitz. Carapax etwa 30 mm lg u. 35 mm br. Färbung rötlich-gelb u. bräunlich marmoriert. Schottland bis Azoren; südl. Nordsee (Helgoland). Auf Sand- u. Kiesboden. Vom Litoral bis in etwa 85 m Tiefe. *Liocarcinus marmoreus* (LEACH)

Familie *Xanthidae*

Carapax quer-oval, hexagonal od. annähernd rechteckig, fast immer breiter als lg. Stirn (bei unseren Arten) ohne M-Zahn, sondern in zwei br Lappen geteilt.

1 Vorderer SRand des Carapax mit 5 spitzen Zähnen. Beide Stirnlappen fein gezähnt. VHälfte des Carapax u. Beine mit kurzen u. lg Borsten u. mit keulenförmigen Haaren. Scherenbeine mit spitzer Körnelung (Abb. **542**/1). – Carapax etwa 15 mm lg u. 20 mm br. Färbung rötlich-braun bis dunkel purpur, Scherenspitzen dunkelbraun, übrige Beine rot u. gelb gebändert. W-Norwegen bis Mittelmeer u. Schwarzes Meer; Nordsee. An felsigen u. steinigen Küsten. Vom Sublitoral bis in meist 20 m Tiefe. *Pilumnus hirtellus* (L.)

1* Vorderer SRand des Carapax mit 4 dreieckigen Zähnen. Beide Stirnlappen glatt. Carapax unbehaart, Beine spärlich behaart. Scherenbeine glatt. – Carapax bis 15 mm lg u. 20 mm br. Färbung gelblich-grün mit unregelmäßigen schwarzen Flecken. Beheimatet in O-Am, nach Eur eingeschleppt. Zuerst in den Niederlanden (Zuiderzee) aufgetaucht, später in Schleswig-Holstein (Flemhuder See, Nord-Ostsee-Kanal) u. in der Weichsel-Mündung gefunden, ebenso im Schwarzen Meer u. im Kaspischen Meer. Lebt im Brack- od. nahezu Süßwasser.
Rhithropanopeus harrisii (GOULD)

Familie *Pinnotheridae*

Carapax oft membranös u. durchscheinend, kugelig bis quadratisch. Vorderer SRand glatt od. nur schwach gezähnt. Augen u. Augenhöhlen klein. Meist als Kommensalen in anderen Wirbellosen lebend.

Pinnotheres pisum (L.) – **Muschelwächter**
Carapax kreisförmig, kugelig gewölbt, OFläche glatt, beim ♀ weich u. membranös, beim ♂ hart u. verkalkt. Stirn beim ♀ ganz kurz (Abb. **542**/2), beim ♂ dachartig vorspringend. Carapax im ∅ etwa 13 mm (♀) bzw. 6 mm (♂). Färbung beim ♀ transparent (Organe gelblich u. rötlich durchschimmernd); beim ♂ gelblichgrau. S-Norwegen bis W-Afr u. Mittelmeer. Von der Gezeitenzone bis in etwa 50 m Tiefe. Lebt in zahlreichen Muschelarten, die bei geöffneten Schalen auch verlassen werden können; selten in Seescheiden.

Familie *Grapsidae*

Carapax gewöhnlich quadratisch, SRänder gerade od. leicht gebogen. Stirn br, glatt od. gezähnt.

Eriocheir sinensis H. MILNE-EDWARDS – **Chinesische Wollhandkrabbe**
Carapax annähernd quadratisch, SRänder leicht nach außen gebogen (Abb. **542**/3). Stirn mit 4 Zähnen, SRand mit 4 Zähnen, gesamter V- u. SRand außerdem fein gezähnelt. Scheren mit dichtem, pelzartigem Besatz (beim ♂ stärker ausgedehnt). Carapax etwa 60 mm lg u. 64 mm br. Färbung grünlich-grau bis dunkelbraun. Beheimatet in der Chinesischen Tiefebene am Gelben Meer.

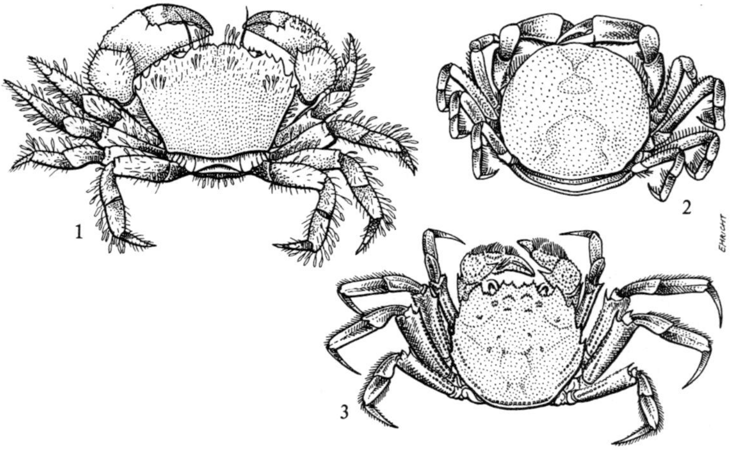

Abb. **542/1–3** **1** *Pilumnus hirtellus*; **2** *Pinnotheres pisum*; **3** *Eriocheir sinensis*

Anfang dieses Jahrhunderts in Weser u. Elbe eingeschleppt; später über Holland u. Belgien bis Frankreich u. über Dänemark bis an alle Ostseeküsten ausgebreitet. Wandert in den Flüssen aufwärts, etwa bis Calbe (Saale), Riesa (Elbe) u. Rathenow (Havel), in manchen J aber noch viel weiter. Am E des etwa vierjährigen Lebens wandern sie zum Meer zurück; vor den Flußmündungen finden Begattung u. Eiablage statt. Vor allem bei Massenauftreten großer Schaden: Unterwühlen von Dämmen, Nahrungskonkurrenten von Nutzfischen, Beschädigung von Fängen u. Netzen.

Literatur

Bott, R.: Die Flußkrebse Europas (Decapoda, Astacidae). Abh. senckenberg. naturforsch. Ges., no. 483 (1950).

Christiansen, M. E.: Decapoda Brachyura. Marine Invertebr. Scandinavia **2** (1969).

Flössner, D.: Branchiopoda u. Branchiura. In: Dahl, F. (Hrsg.): Tierwelt Deutschlands **60** (1972).

Grimpe, G. u. Wagler, E. (Hrsg.): Die Tierwelt der Nord- und Ostsee. Bd. **X** (1926–1930).

Gruner, H.-E.: Isopoda. In: Dahl, F. (Hrsg.): Die Tierwelt Deutschlands **51**, **53** (1965, 1966).

Høeg, J. u. Lützen, J.: Crustacea Rhizocephala. Marine Invertebr. Scandinavia **6** (1985).

Holdich, D.M. u. Jones, J.A.: Tanaids. Synops. British Fauna (n.s.) **27** (1983).

Holthuis, L. B.: Decapoda en Stomatopoda. Fauna van Nederland **15** (1950).

Ingle, R. W.: British Crabs. Oxford Univ. Press (1980).

–: Shallow-water Crabs. Synops. British Fauna (n. s.) **25** (1983).

Kabata, Z.: Parasitic Copepoda of British Fishes. Ray Soc. London (1979).

Klie, W.: Ostracoda. In: Dahl, F. (Hrsg.): Die Tierwelt Deutschlands **34** (1938).

Lincoln, R. J.: British Marine Amphipoda: Gammaridea. British Museum (Nat. Hist.) (1979).

Nilsson-Cantell, C.-A.: Cirripedia Thoracica and Acrothoracica. Marine Invertebr. Scandinavia **5** (1978).

Pesta, O.: Copepoda. In: Dahl, F.: Die Tierwelt Deutschlands **9** (1928); **24** (1932); **29** (1934).

Schellenberg, A.: Decapoda. In: Dahl, F.: Die Tierwelt Deutschlands **10** (1928).

–: Amphipoda. In: Dahl, F.: Die Tierwelt Deutschlands **40** (1942).

Smaldon, G.: British Coastal Shrimps and Prawns. Synops. British Fauna (n. s.) **15** (1979).

Tattersall, W. M. u. Tattersall, O. S.: The British Mysidacea. Ray Soc. London (1951).

Wagler, E.: Crustacea. In: Brohmer, P., Ehrmann, P. u. Ulmer, G.: Die Tierwelt Mitteleuropas **II** (1937).

Myriapoda – **Vielfüßer, Tausendfüßer**

Bodenbewohnende, tracheenatmende, flügellose Gliedertiere, deren Rumpf nicht in Brust u. Hlb unterteilt ist. Der abgesetzte Kopf mit 1 Paar Fühlern u. sich gegeneinander bewegenden OKf. Körper lggestreckt, in ± gleichartige Körperringe (Kr) bzw. Segmente gegliedert, die jeweils meist 1 od. 2 Beinpaare (Bp) tragen. Entw als Anamorphose (Schlupf mit meist 7 Kr u. 3 Bp, bei jeder folgenden Häutung werden in einer Bildungszone neue Ringe angelegt), Epimorphose (Schlupf mit voller Segmentanzahl, folgende Häutungen führen zu Größenzunahme u. Ausdifferenzierung der Strukturen) od. Hemianamorphose (zunächst anamorphe, später epimorphe Entw). Fang: Absuchen der Lebensstätte, Formalin-Bodeneinsatzfallen. Konservierung in 70 %igem Alkohol.

Auf die Angabe ohne Präparation nicht bestimmbarer u./o. sehr seltener, auf ein enges Verbreitungsgebiet beschränkter Arten wurde verzichtet. Alle genannten Arten sind, wenn nicht gesondert erwähnt, im gesamten Gebiet verbreitet u. häufig.

1 Fühler doppelt gegabelt, Erwachsene mit 9 Bp (Abb. **564**/3). Bis 1,5 mm *Pauropoda* S. 563

1* Fühler einfach, Erwachsene mit mindestens 12 Bp **2**

2 Beine sehr lg, Fühler (mit mehreren 100 Gld) und EndBp länger als der Körper. 8 Tergite. *Scutigeridae* S. 546

2* Beine u. Fühler nicht körperlg **3**

3 Ab 4. Kr je 2 Bp (= Doppelsegmente; (Abb. **559**/1)), bis zu 9 FühlerGld. *Diplopoda* S. 551

3* Alle Kr (= Segmente) mit nur 1 Bp, mehr als 10 FühlerGld **4**

4 Körperende mit 2 Spinngriffeln (Abb. **564**/2), Erwachsene mit 12 Bp, bis 10 mm. *Symphyla* S. 564

4* Körperende ohne Spinngriffel, Erwachsene mit mindestens 15 Bp (Abb. **545**/2), oft größer. *Chilopoda* S. 544

Klasse *Chilopoda* – **Hundertfüßer**

G. Körper meist flach (Abb. **545**/1–2), Kopf mit 1 Paar Fühlern u. 3 Paar Mundwerkzeugen. Je Segment 1 Bp. Abweichend gestaltete Endbeine dienen der Verteidigung od. Jagd. Extremitäten des 1. Rumpfsegmentes zu KfFüßen mit Giftklauen umgebildet (Abb. **546**/2), erscheinen mit dem zugehörigen Tergit als Teil des Kopfes. Als Segmente werden nur solche mit deutlichen Laufbeinen gezählt. Körperende oft mit im Dienste der Fortpflanzung stehenden stummel- od. klauenförmigen Gonopoden (Abb. **545A**/4). – **V.** Alle Erdteile. – **L.** In Bodenspalten u. geschützten Stellen der Bodenoberfläche. – **B.** Räuber, **Na:** vorwiegend

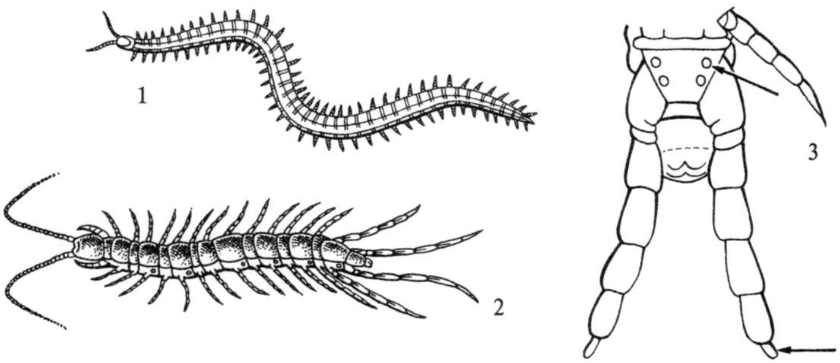

Abb. **545/1–3** **1** *Strigamia acuminata*, Rückenansicht; **2** *Lithobius forficatus*, Rückenansicht; **3** *Schendyla nemorensis*, KörperE in Bauchansicht, Endbeine mit zäpfchenförmigen EndGld u. 2 Drüsenporen der Hü

kleine Würmer u. Insekten sowie deren Larven, Spinnentiere, Springschwänze u. ä. Fortpflanzung durch indirekte Samenübertragung. Eiablage einzeln od. in Häufchen in Erdspalten. Brutpflege. Postembryonalentw als Hemianamorphose od. Epimorphose (s. S. 544). Mit 2–3 J geschlechtsreif, Lebensdauer 5–6 J *(Lithobius)*. – Heimisch etwa 50 Arten.

1 Mindestens 21 Bp, Tergite der Laufbeinsegmente gleichartig (Abb. **545**/1), Körper lggestreckt bis fadenförmig, ohne Ocellen **2**

1* 15 Bp, Tergite der Laufbeinsegmente ungleichartig (Abb. **545**/2), Körper nicht lggestreckt, mit Ocellen **7**

2 21 Bp, 17 FühlerGld. *Cryptopidae* S. 549

2* Mindestens 31 Bp, 14 FühlerGld **3**

3 Körper vorn deutlich schmaler (Abb. **545**/1), Kopf auffallend klein (KopfBr: MitteltergitBr etwa 1:2). *Dignathodontidae* S. 551

3* Körper vorn nicht deutlich schmaler, Kopf nicht auffallend klein (KopfBr: MitteltergitBr etwa 1:1) **4**

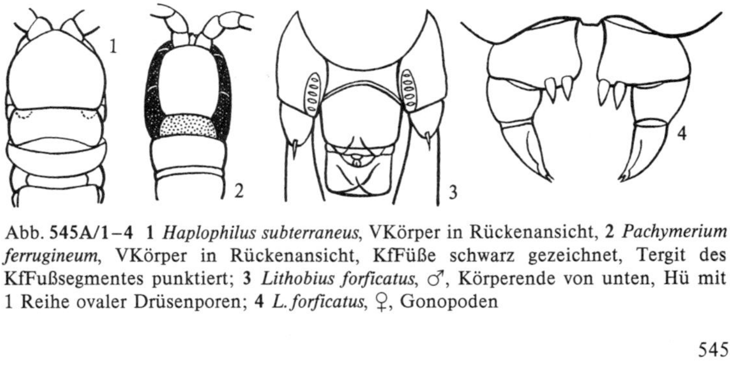

Abb. **545A/1–4** **1** *Haplophilus subterraneus*, VKörper in Rückenansicht, **2** *Pachymerium ferrugineum*, VKörper in Rückenansicht, KfFüße schwarz gezeichnet, Tergit des KfFußsegmentes punktiert; **3** *Lithobius forficatus*, ♂, Körperende von unten, Hü mit 1 Reihe ovaler Drüsenporen; **4** *L. forficatus*, ♀, Gonopoden

4 Letztes Gld der Endbeine deutlich schmaler als die vorhergehenden, zäpfchenförmig (Abb. **545**/3) *Schendylidae* S. 550
4* Letztes Gld der Endbeine nicht so **5**
5 Drüsenporen der EndbeinHü sehr zahlreich, über die gesamte od. ventrale OFläche der Hü verstreut **6**
5* Drüsenporen der EndbeinHü weniger zahlreich, entlang des Sternitrandes angeordnet (Abb. **550**/2). *Geophilidae* S. 550
6 Drüsenporen über die gesamte HüOFläche verstreut, Kopf vorn gerundet (Abb. **545 A**/1). *Himantariidae* S. 550
6* Drüsenporen nur auf der HüUS verstreut, Kopf vorn nicht gerundet (Abb. **545 A**/2). Tergit des KfFußsegmentes nicht breiter als der Kopf. *Chilenophilidae* S. 551
7 **(1)** Beiderseits des Kopfes 1 Ocellus, Beine ohne Dornen. *Henicopidae* S. 549
7* Beiderseits des Kopfes 2–40 Ocellen, Beine mit Dornen **8**
8 Drüsenporen der EndbeinHü in 1 Reihe (Abb. **545 A**/3). *Lithobiidae* S. 546
8* Drüsenporen der EndbeinHü zahlreich, verstreut od. in mehreren Reihen. *Ethopolidae* S. 549

Familie *Scutigeridae* – **Spinnenläufer**

Scutigera coleoptrata (L.)
18–26 mm, graugelblich, oft mit 3 dunklen Längsbinden. Verstreut in den wärmsten Gegenden (Rheinland bis Trier), in Weinbergen u. Häusern. Sehr rascher Läufer. 1 Art.

Familie *Lithobiidae* – **Steinläufer** (Abb. **545**/2)

Körper flach mit 15 Laufbeinsegmenten, Tergithinterränder oft mit Fortsätzen (Tf, Abb. **546**/1), ♀♀ mit klauenförmigen Gonopoden am Körperende (Abb. **545 A**/4). Eiablage einzeln in Abständen von Stunden od. Tagen. Hemianamorphose (s. S. 544) – bei *Lithobius forficatus* 5 anamorphe Stadien (geringere Segment-, Ocellen- u. FühlerGldanzahl, letzte Bp stummelförmig) u. 5–9 epimorphe Stadien mit voller Beinanzahl (Beginn der Gonopodenausbildung u. Differenzierung der Endbeine), nach Erreichen der Geschlechtsreife noch wei-

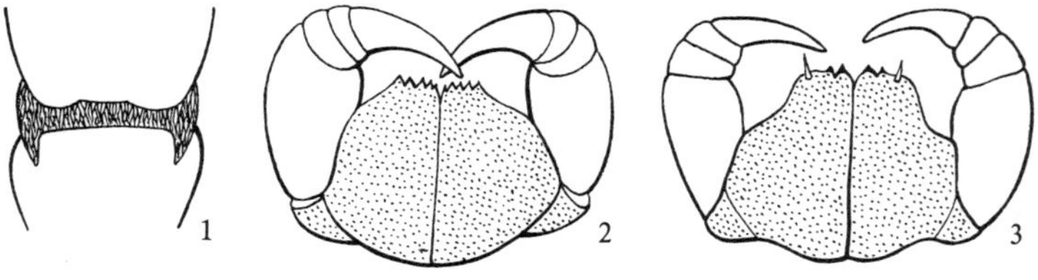

Abb. **546/1–3** **1** *Lithobius forficatus*, Tergit 13 (schwarz gezeichnet) mit deutlichen Fortsätzen; **2** *L. forficatus*, KfFüße in Bauchansicht, Coxosternum punktiert gezeichnet; **3** *L. dentatus*, KfFüße tere Häutungen. Lebensdauer 5–6 J. Absonderung von Wehrsekret aus Drüsen der Endbeine. Unter Steinen u. Rinde, in Laub, Baumstubben u. ä. Habitaten. Ca. 26 heimische Arten der Gattung *Lithobius*.

1 2–4 (selten 5) Ocellen beiderseits des Kopfes. 5–9 mm, 23–27 (meist 25) FühlerGld, ohne Tf. In Wäldern in Laub u. Moos, unter Steinen, sekundär synanthrop. *L. microps* MEINERT

1* Mehr als 4 Ocellen beiderseits des Kopfes 2

2 Tf an den Segmenten (6), 7, 9, 11 u. 13 (vgl. Abb. **546**/1). 18–20 mm. Bayern. *L. validus* MEINERT

2* Tergit (6) u. 7 ohne Tf 3

3 Tergit 9 mit Tf 4

3* Tergit 9 ohne Tf 13

4 Coxosternum der KfFüße mit 4 + 4 bis 8 + 8 Zähnen (Abb. **546**/2) 12

4* Coxosternum der KfFüße mit 2 + 2 bis 3 + 3 Zähnen (Abb. **546**/3) 5

5 ♂: Körperende ohne klauenförmige Gonopoden (Abb. **545 A**/3). Beachte Juvenile! 6

5* ♀: Körperende mit klauenförmigen Gonopoden (Abb. **545 A**/4). Ohne Präparation nicht bestimmbar.

6 Endbeine mit verschiedenen Strukturen 7

6* Endbeine völlig glatt 11

7 Tibia der Endbeine dorsal mit auffälligem, oft bewimperten, ovalen Höcker (Abb. **548**/3). 9–15 mm, Tf sehr scharf. *L. nodulipes* LATZEL

7* Tibia der Endbeine ohne derartigen Höcker 8

8 Wenigstens 1 Gld der Endbeine dorsal mit tiefer Grube od. Rinne 9

8* Tibia der Endbeine nur mit schwachem Eindruck. 11–18 mm. Verstreut im südl. u. mittleren Raum. *L. tricuspis* MEINERT

9 Rand des Coxosternums schulterartig erweitert (Abb. **546**/3). 12–18 mm, Tibia der Endbeine (oft auch des 14. Bp) mit Rinne, Körper gelbbraun, oft mit dunkler M-Längsbinde. *L. dentatus* C. L. KOCH

9* Rand des Coxosternums schräg abfallend 10

10 Endbeine mit Nebenklaue (Abb. **548**/6), Tibia u. Femur der Endbeine u. des 14. Bp dorsal mit tiefer Rinne, Kopf einfarbig, wie der Körper gelbbraun. 8–12 mm. Verstreut im südl. u. mittleren Raum. [*L. aulacopus* LATZEL] *L. macilentus* L. KOCH

10* Endbeine ohne Nebenklaue, Femur der Endbeine dorsal abgeflacht, meist mit tiefer Grube, Kopf braun mit dunkler Stirn. 9–14 mm. Nicht im W. [*L. nigrifrons* LATZEL ET HAASE] *L. tenebrosus* MEINERT

11 **(6)** Rand des Coxosternums schulterartig erweitert (vgl. Abb. **546**/3), Tergite glatt. 10–16 mm, gelbbraun, KopfS u. -M dunkel. *L. melanops* NEWPORT

11* Rand des Coxosternums schräg abfallend, Tergite lederartig gerunzelt. 8–12 mm, gelbbraun. Nicht im W. *L. agilis* C. L. KOCH

12 **(4)** Coxosternum mit 5 + 5 bis 8 + 8 Zähnen, Endbeine ohne Nebenklaue, Drüsenporen der EndbeinHü oval (Abb. **546**/2). 20–32 mm. Eine der häufigsten Arten. *L. forficatus* (L.)

12* Coxosternum mit 4 + 4 Zähnen, Endbeine mit Nebenklaue (Abb. **548**/6). Drüsenporen der EndbeinHü rund. 13–21 mm. *L. piceus* L. KOCH

13 **(3)** Tergite 11 u. 13 mit Tf. 10–12 mm, Tergite runzelig, Endbeine verdickt. Rheinland. *L. borealis* MEINERT

13* Alle Tergite ohne od. nur mit angedeuteten Fortsätzen (Abb. **548**/6) **14**
14 Endbeine mit Fortsätzen od. Auswüchsen **15**
14* Endbeine ohne Fortsätze od. Auswüchse **17**
15 Femur der Endbeine mit bewimpertem Fortsatz (Abb. **548**/5). 10–14 mm, Endbeine mit Nebenklaue, 6–8 große schwarze Ocellen. *L. calcaratus* C. L. KOCH
15* Femur nicht so **16**
16 Tibia der Endbeine dorsal mit tiefer Rinne, Präfemur der Endbeine auf der InnenS verdickt, Endbeine ohne Nebenklaue (Abb. **548**/2). 10–15 mm. *L. pelidnus* HAASE
16* Tibia der Endbeine dorsal ohne tiefe Rinne, Präfemur der Endbeine auf der InnenS mit Fortsatz, Endbeine mit Nebenklaue (Abb. **548**/1). 10–15 mm. Bes. im SO. *L. cyrtopus* LATZEL
17 **(14)** Tibia der Endbeine dorsal mit tiefer Grube, Tibia des 14. Bp mit flacher Vertiefung **18**
17* Tibia der Endbeine nicht so **19**
18 Endbeine mit Nebenklaue (Abb. **548**/6). 10–15 mm, Tibia des 14. Bp mit polsterförmigem Höcker in der Grube. Häufigste Art. *L. mutabilis* L. KOCH
18* Endbeine ohne Nebenklaue (Abb. **548**/7). 8–11 mm. Alp. *L. latro* MEINERT
19 **(17)** Tibia des 14. Bp dorsal mit Hügel, Kopf auffällig br (Abb. **548**/8). 11–16 mm. *L. muticus* C. L. KOCH
19* Tibia des 14. Bp glatt **20**
20 Tibia der Endbeine mit starkem Fortsatz (Abb. **548**/4). 7–9 mm, FühlerGld 18–20. *L. curtipes* C. L. KOCH
20* Tibia der Endbeine ohne Fortsatz **21**
21 28–35 FühlerGld. 11–18 mm, braun, Kopf bis schwarz. *L. erythrocephalus* C. L. KOCH

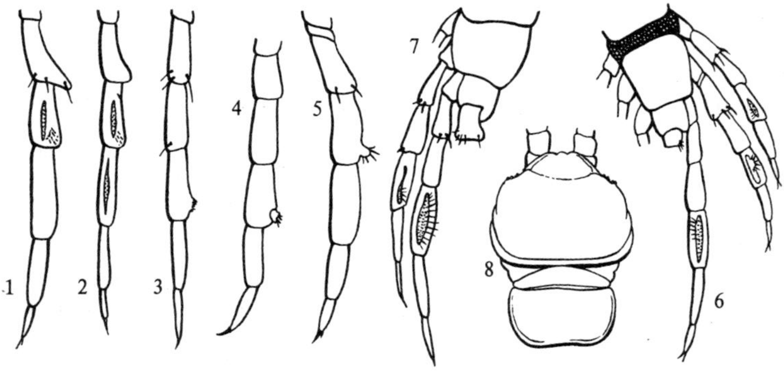

Abb. **548/1–8** **1–5** Jeweils linkes Endbein eines ♂ von *Lithobius cyrtopus* (**1**), *L. pelidnus* (**2**), *L. nodulipes* (**3**), *L. curtipes* (**4**), *L. calcaratus* (**5**), Bezeichnung der BeinGld von oben nach unten: Coxa, Präfemur, Femur, Tibia, Klaue mit od. ohne Nebenklaue; **6** *L. mutabilis*, Körperende eines ♂ in Rückenansicht, Tergit 13 schwarz gezeichnet; **7** *L. latro*, Körperende eines ♂ in Rückenansicht; **8** *L. muticus*, VKörper eines ♂ in Rückenansicht

21* 18–22 FühlerGld **22**
22 4–6 große, schwarze Ocellen in 1 Reihe. 6–9 mm, auffallend glänzend orange **23**
22* 9–13 unauffällige Ocellen in mehreren Reihen. 6–9 mm. *L. crassipes* L. KOCH
23 Präfemur dorsal mit mindestens 1 Dorn, dieser etwa so lg wie br, mit dreizackiger Spitze. *L. austriacus* VERHOEFF
23* Präfemur mit 1–2 Dornen, diese deutlich länger als br, mit einfacher Spitze. *L. aeruginosus* L. KOCH

Familie *Ethopolidae*

Nur im S u. SW. 2 Arten der Gattung *Eupolybothrus.*
1 Endbeine mit Nebenklaue (Abb. **548**/6), Tergit 6 mit Tf (Abb. **546**/1), 30–45 mm. Selten. *E. fasciatus* (NEWPORT)
1* Endbeine ohne Nebenklaue, Tergit 6 ohne Tf, 16–25 mm. *E. leptopus* (LATZEL)

Familie *Henicopidae*

Lamyctes fulvicornis MEINERT
7–11 mm, beiderseits des Kopfes 1 Ocellus, 24–29 (meist 25) FühlerGlder, Beine schlank, 15. Bp mit 2 Nebenklauen, ohne deutliche Tf, kastanienbraun bis dunkelbraun. In Eur parthenogenetisch. – **L.** Auf Weide- u. Ackerland, in Wäldern, Heiden u. an Flußufern. – **B.** Wie *Lithobius.*

Familie *Cryptopidae*

17 FühlerGld, blind, 21 Bp, gelb bis rötlichgelb. Epimorphose (s. S. 544). Synanthrop od. an warm-trockenen Orten. Heimisch 2 Arten der Gattung *Cryptops.*
1 Kopf im hinteren Drittel mit 2 Längsfurchen (Abb. **549**/1), Abstand der Giftklauen voneinander schmaler als eine Klaue (Abb. **549**/2). Bis 20 mm. *C. parisi* BRÖLEMANN
1* Kopf hinten ohne Längsfurchen, Abstand der Giftklauen voneinander so br od. breiter als eine Klaue (Abb. **549**/3). Bis 30 mm. *C. hortensis* LEACH

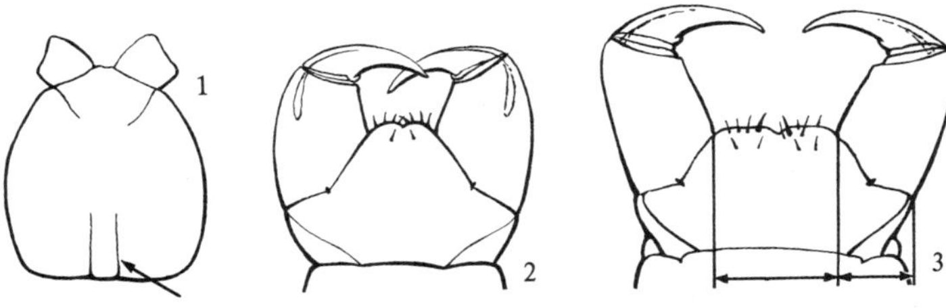

Abb. **549/1–3** **1** *Cryptops parisi*, Kopf von oben mit 2 abgekürzten Längsfurchen; **2** *C. parisi*, KfFüße in Bauchansicht; **3** *C. hortensis*, KfFüße in Bauchansicht

Familie *Himantariidae*

Haplophilus subterraneus (SHAW)
70–80 mm, 77–97 Bp, VKörper s. Abb. **545 A**/1, braungelb. Oft synanthrop. Hamburg, Schleswig-Holstein, Westfalen. Andere Gattungen medit.

Familie *Schendylidae*

Schendyla nemorensis (C. L. KOCH)
14–28 mm, 37–43 Bp, Endbeine mit zäpfchenförmigem EndGld (Abb. **545**/3), Hü der Endbeine ventral mit 2 Drüsenporen. Weißlich bis hellgelblich. Bes. in Laubw. 1 Art.

Familie *Geophilidae* – **Erdläufer**

Bis 65 mm, höchstens 75 Bp. Wehrsekret, das z. T. leuchtet. Epimorphose (s. S. 544), nach 2 J geschlechtsreif, Ablage der bis zu 73 Eier in 1 Häufchen in bis zu 70 cm Bodentiefe, ♀ rollt sich schützend darum. Heimisch 9 Arten.

1 Über 59 Bp 2
1* Weniger als 59 Bp 4
2 Drüsenporen der EndbeinHü deutlich (Abb. **550**/2). 40–45 mm, 65–73 Bp. *Geophilus electricus* (L.)
2* Drüsenporen der EndbeinHü undeutlich (in Taschen versenkt), rosettenförmig angeordnet (Abb. **550**/1) 3
3 Endbeine mit Kralle (Abb. **550**/1). Bis 50 mm, 69–73 Bp. *Clinopodes linearis* (C. L. KOCH)
3* Endbeine ohne Kralle. Bis 65 mm, 51–75 Bp. *Clinopodes flavidus* C. L. KOCH

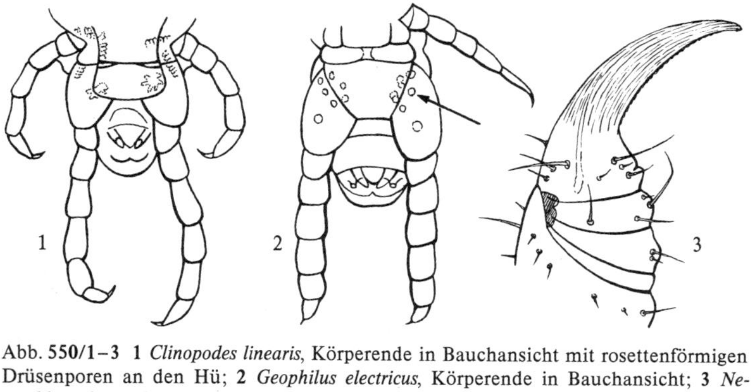

Abb. **550/1–3** **1** *Clinopodes linearis*, Körperende in Bauchansicht mit rosettenförmigen Drüsenporen an den Hü; **2** *Geophilus electricus*, Körperende in Bauchansicht; **3** *Necrophloeophagus longicornis*, rechte Giftklaue

4 (1) EndbeinHü ventral mit 2 Poren (Abb. **545**/3). Bis 18 mm, 37–41 Bp. *Brachygeophilus truncorum* (BERGSÖ ET MEINERT)
4* EndbeinHü ventral mit mindestens 4 Poren 5
5 Innere Rundung der Giftklaue mit 30–40 sehr kleinen Zähnen (Abb. **550**/3). 15–40 mm, 49–57 Bp. Häufigste Art. *Necrophloeophagus longicornis* (LEACH)
5* Innere Rundung der Giftklaue ohne Zähnchen. 4 Arten. Gattung *Geophilus*

Familie *Dignathodontidae* (Abb. **545**/1)

Bis 55 mm, gelblich bis rötlichgelb, Endbeine der ♂ meist verdickt. Z. T. mit Leuchtvermögen. 4 Arten der Gattung *Strigamia.*

1 Vordere Segmente ventral mit schmaler, tiefer Längsrinne. 49–53 Bp, Fühler weniger als $\frac{1}{14}$ der KörperLg. In Wäldern unter Laub u. Steinen, auch synanthrop. Nicht häufig. *St. crassipes* (C. L. KOCH)
1* Vordere Segmente ohne tiefe Längsrinne 2
2 37–41 Bp. Vordere Segmente mit breiter, flacher Vertiefung, Fühler länger als $\frac{1}{14}$ der KörperLg. Häufigste Art. *St. acuminata* (LEACH)
2* 45–51 Bp 3
3 Vorwiegend in den Alp. *St. transsilvanica* (VERHOEFF)
3* Nur im Rheinland. *St. mediterranea* (VERHOEFF)

Familie *Chilenophilidae*

Pachymerium ferrugineum (C. L. KOCH)
Bis 45 mm, 43–45 Bp, rostgelb od. -rot, Kopf s. Abb. **545 A**/2, KfFüße überragen den Stirnrand wesentlich. Trockene, sonnige Stellen. 1 Art.

Klasse *Diplopoda* – **Doppelfüßer**

G. Körper rund od. durch seitliche Fortsätze bandförmig, lggestreckt od. asselförmig, meist mit Kalkpanzer. Die Körperringe (Kr) werden (ab 4. Kr) von je 2 Segmenten gebildet u. besitzen ein Pro- u. Metazonit (Abb. **559**/1) u. 2 Bp. Als Mundwerkzeuge sind nur die Mandibeln u. die mit einem Teil des Sternums zu einer einheitlichen Mundplatte verschmolzenen 1. Maxillen ausgebildet (Dignathie), 2. Maxillen fehlen. Außer bei *Trachysphaera* u. *Polyxenus* Besitz von Wehrdrüsen (Abb. **559**/1). Getrenntgeschlechtig, Geschlechtsöffnung an der Basis des 2. LaufBp. ♂♂ der *Glomerida* mit Telopoden (Begattungswerkzeugen) am Körperende, ♂♂ aller übrigen Arten (außer *Polyxenus*) besitzen am 7. Kr zu Gonopoden umgebildete, meist in Taschen ins Körperinnere verlagerte LaufBp (Abb. **559**/1). Bestimmung oft nur durch Präparation dieser Teile möglich. – **V.** Alle Erdteile. – **L.** Bes. in Wäldern in der Streuschicht, unter Rinde u. Steinen. – **B.** Relativ langsame, ± feuchtigkeitsliebende Tiere. Na: fast ausschließlich tote pflanzliche Substanz, einige Arten an Kulturpflanzen schädlich. Rollen sich bei Gefahr spiralig od. kugelig ein u. sondern aus Wehrdrüsen ätzende, übelriechende Flüssigkeit ab. Entw als Ana- od. Hemianamorphose (s. S. 544),

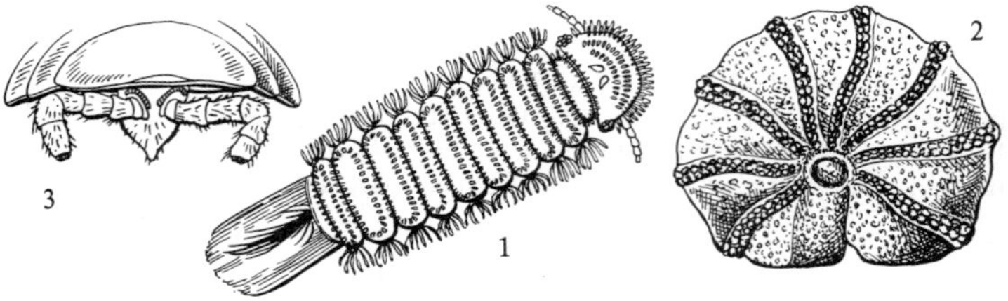

Abb. **552/1–3** **1** *Polyxenus lagurus*, Rückenansicht; **2** *Trachysphaera costata*, zusammengerollt; **3** *Polyzonium germanicum*, Kopf u. VKörper in VAnsicht

Juvenile besitzen also weniger Kr u. Bp (bei Bestimmung berücksichtigen!). – Etwa 125 Arten heimisch.

1 Winzig (3 mm), mit auffälligen, zahlreichen Haarbüscheln (Abb. **552**/1), Körper ohne Kalkeinlagerung. *Polyxenidae* S. 553

1* Größer (meist über 5 mm), ohne Haarbüschel, Körper mit Kalkeinlagerung . **2**

2 Mit 11 od. 12 Kr, asselähnlich mit Einkugelvermögen **3**

2* Mehr als 12 Kr, lggestreckt **5**

3 Rückenschilde mit auffälligen Skulpturen (Abb. **552**/2), OFläche rauh. *Trachysphaeridae* S. 556

3* Rückenschilde ohne Skulpturen, OFläche glatt **4**

4 Unbehaart, Erwachsene über 5 mm. *Glomeridae* S. 554

4* Fein behaart, Erwachsene höchstens 5 mm. *Glomeridellidae* S. 553

5 **(2)** Körper bandförmig, nach vorn verjüngt, intensiv gelb bis orange, Kopf auffallend klein u. spitz (Abb. **552**/3). *Polyzonidae* S. 556

5* Diese Merkmale nicht kombiniert **6**

6 Körper mit seitlichen Auswüchsen od. Buckeln (Abb. **552**/1–2, **553**/1–2) . . . **7**

6* Körper ± drehrund **11**

7 ♀ mit 29 od. 31, ♂ mit 28 od. 30 Bp + 1 Paar Gonopoden **8**

7* Über 31 Bp **9**

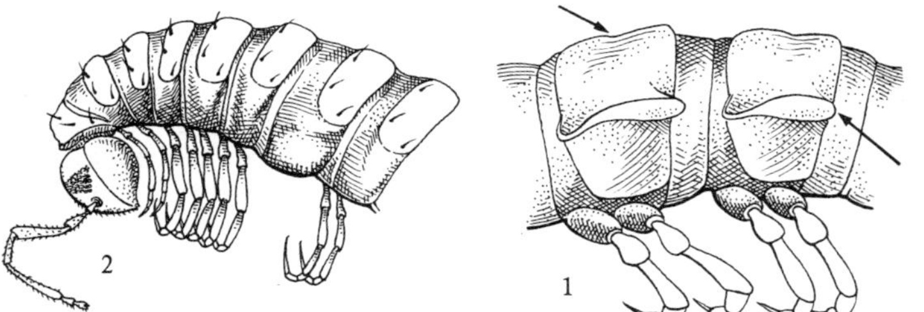

Abb. **552A/1–2** **1** *Oxidus gracilis*, 12. u. 13. Körperring in SAnsicht mit SKielen u. deutlicher dorsaler Querfurche auf den Metazoniten; **2** *Craspedosoma rawlinsii*, VKörper in SAnsicht mit SBuckeln

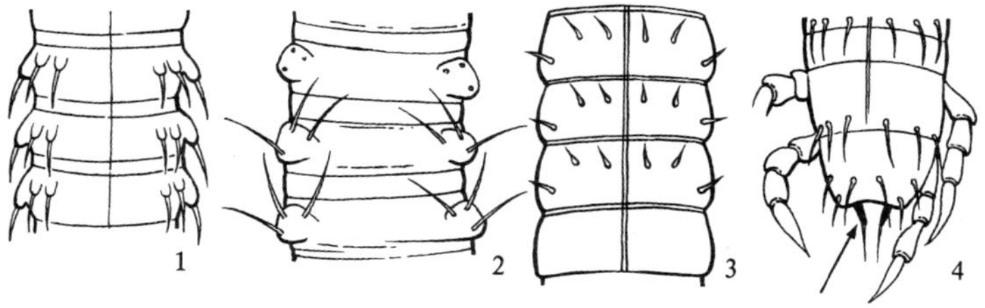

Abb. **553/1–4** **1** *Mastigophorophyllon saxonicum*, 12.–14. Körperring in Rückenansicht mit kleinen borstentragenden SHöckern; **2** *Haasea flavescens*, 14.–16. Körperring in Rückenansicht mit großen borstentragenden SHöckern; **3** *Mycogona germanicum*, 14.–17. Körperring in Rückenansicht; **4** *Mycogona germanicum*, Körperende in Rückenansicht mit Spinngriffeln

8 Mit SFlügeln (Abb. **562**/2). *Polydesmidae* S. 563
8* Mit SBuckeln (Abb. **562**/1) od. SKielen (Abb. **552 A**/1). *Paradoxosomatidae* S. 562
9 **(7)** Mit sehr langen Borsten (Abb. **553**/1–2) **10**
9* Ohne lange Borsten. *Craspedosomatidae* S. 556
10 KörperS mit kleinen Borstenhöckern (Abb. **553**/1), braun mit hellen Flecken. *Mastigophorophyllidae* S. 556
10* KörperS mit großen Borstenhöckern (Abb. **553**/2), gelblich. *Haaseidae* S. 556
11 **(6)** Körperende mit Spinngriffeln (Abb. **553**/4). *Chordeumatidae* S. 557
11* Körperende ohne Spinngriffel **12**
12 Sehr schlank u. zierlich, Br : Lg = 1 : 20, Metazonite nur an den S gefurcht (Abb. **557**/1–2) **13**
12* Gedrungener, Br : Lg = 1 : 10, Metazonite rundherum gefurcht. *Julidae* S. 558
13 Ocellen in dreieckigem Haufen. *Nemasomatidae* S. 558
13* Ocellen in Reihen od. fehlend. *Blaniulidae* S. 557

Familie *Polyxenidae* – **Pinselfüßer** (Abb. **552**/1)

Polyxenus lagurus (L.)
2–3 mm, ohne Kalkeinlagerung, weiß bis gelblichgrau, mit zahlreichen dunkelbraunen Haarbüscheln u. Borsten, Körperende mit 2 pinselförmigen Anhängen. Bes. unter Rinde, aber auch in Moos u. unter Steinen, in Ameisen- u. Wespennestern. 1 Art.

Familie *Glomeridellidae* – **Zwergkugler**

Glomeridella germanica VERHOEFF
4–5 mm, braun bis tiefschwarz mit weißlichen bis gelblichen Flecken. Laubw. Bayerische Alp. 1 Art.

Familie *Glomeridae* – **Saftkugler**

G. Rollasselähnlich, mit Einrollvermögen. Erwachsene mit 11 od. 12 Kr, 1. u. 2. Rückenschild als Hals- (klein) u. Brustschild (sehr groß) ausgebildet. ♀ mit 17 Bp, beim ♂ 18. u. 19. Bp zu Neben- u. Telopoden (Hilfswerkzeuge bei der Begattung) umgebildet. Wehrdrüsen münden dorsal in den Intersegmentalhäuten nach außen, Wehrsafttropfen nur am eingerollten Tier zu beobachten. Grundfarbe sehr variabel, mit Ausnahme der gelbbraunen *Glomeris conspersa* u. *G. undulata* braun bis schwarz, glänzend. Form u. Farbe der gelben, orangen bis rötlichen Fleckung innerhalb ein u. derselben Art stark variierend. – **V. L.** Vorwiegend in Hoch- u. M-Geb. Meist in ± offenem Gelände an feuchten humosen Stellen in Laub u. unter Steinen, aber auch in Laubw. – **B.** Hemianamorphose (s. S. 544). ♂♂ erreichen die Geschlechtsreife nach 2–3, ♀♀ nach 3–4 J. Lebensdauer *(Glomeris)* 10–12 J. Eiablage einzeln in aus Erde geformte Eikammern. Embryonalentw 3–4 Wo. 14 Arten.

1 VFeld am SLappen des 4. Rückenschildes in Höhe der VRandausbuchtung schmaler als das HFeld (Abb. **555A/2**), mit 1 abgekürzten Furche. 4,5–14 mm (Abb. **554/1**). In Hoch- u. M-Geb. *Glomeris pustulata* LATREILLE

1* VFeld am SLappen des 4. Rückenschildes in Höhe der VRandausbuchtung breiter als HFeld (Abb. **555A/1**), mit mehreren abgekürzten Furchen 2

2 Rückenschilde Erwachsener einfarbig braun bis schwarz mit auffällig hellen HRändern. 7–20 mm. Im gesamten Gebiet häufig. Bes. in Laubw. *Glomeris marginata* (VILLERS)

2* Rückenschilde Erwachsener nicht einfarbig 3

3 Fleckenreihen nicht scharf begrenzt (Abb. **554/2–4**), gesprenkelt, Brustschild vorn br hell gerandet, mit nur 1 durchlaufenden Furche 4

3* Fleckenreihen stets scharf begrenzt (Abb. **555/1–4**), Brustschild vorn schmal hell gerandet, mit mindestens 1 durchlaufenden Furche 5

4 Dunkle M-Flecken der Rückenschilde nach hinten verjüngt, ± dreieckig (Abb. **554/2–3**). 6–17 mm, Grundfarbe gelbbräunlich bis rostrot, glänzend. Im gesamten Gebiet, aber nicht häufig. *Glomeris conspersa* C. L. KOCH

4* Dunkle M-Flecken der Rückenschilde viereckig (Abb. **554/4**). 8–17 mm, Grundfarbe graugelb, gelblichbraun bis orange. Nur im SW, nie über 1 000 m. *Glomeris undulata* C. L. KOCH

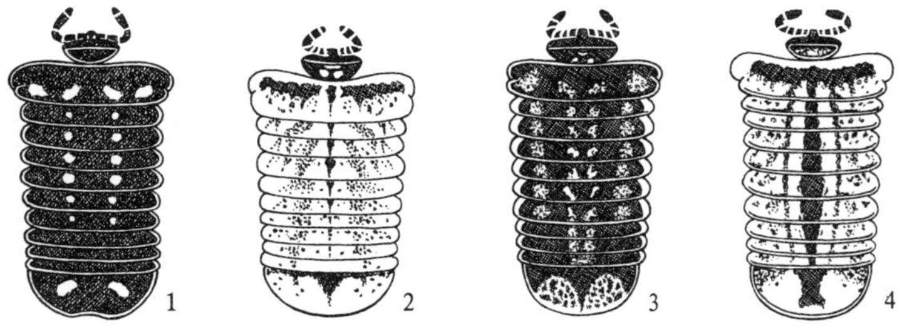

Abb. **554/1–4** **1** *Glomeris pustulata*, Rückenansicht; **2** *G. conspersa*, Rückenansicht; **3** *G. conspersa*, Rückenansicht; **4** *G. undulata*, Rückenansicht

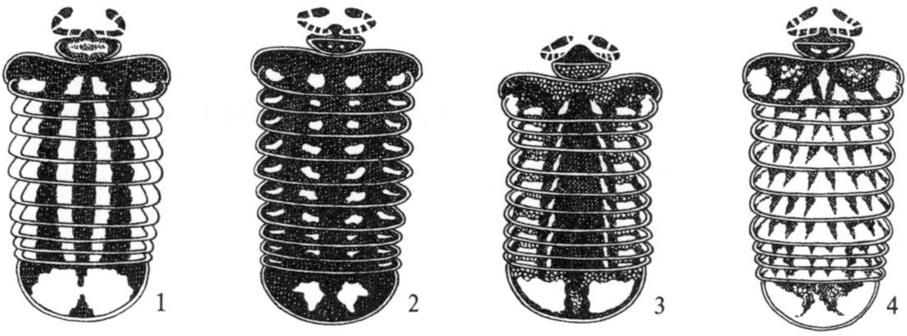

Abb. **555/1–4** **1** *Glomeris guttata*, Rückenansicht; **2** *G. connexa*, Rückenansicht; **3** *G. intermedia*, Rückenansicht; **4** *G. hexasticha*, Rückenansicht

5 **(3)** Rückenschilde mit 4 hellen Fleckenreihen 6

5* Rückenschilde mit 6 od. 7 hellen Fleckenreihen 7

6 KörperS br aufgehellt, letztes Rückenschild mit 2 großen runden Flecken, die den V- u. HRand erreichen (Abb. 555/1). 6–19 mm. Nur im Geb u.nicht häufig. *Glomeris guttata* RISSO

6* KörperS nicht br aufgehellt, letztes Rückenschild mit 2 voneinander u. von den Rändern getrennten länglich-ovalen Flecken (Abb. 555/2). 5–17 mm. Auch in der Ebene. *Glomeris connexa* C. L. KOCH

7 **(5)** Brustschild mit 2 durchlaufenden Furchen, letztes Rückenschild mit 2 großen hellen Flecken (Abb. 555/3). 6–12 mm. Nur im Rheingebiet. *Glomeris intermedia* LATZEL

7* Brustschild mit 1 durchlaufenden Furche, letztes Rückenschild mit 3 hellen Flecken, der mittlere dreieckig in das Schwarze eingeschoben (Abb. 555/4) u. beim ♂ mit deutlicher Eindellung des HRandes. 6–17 mm. Im S nur bis in die M-Geb. *Glomeris hexasticha* BRANDT

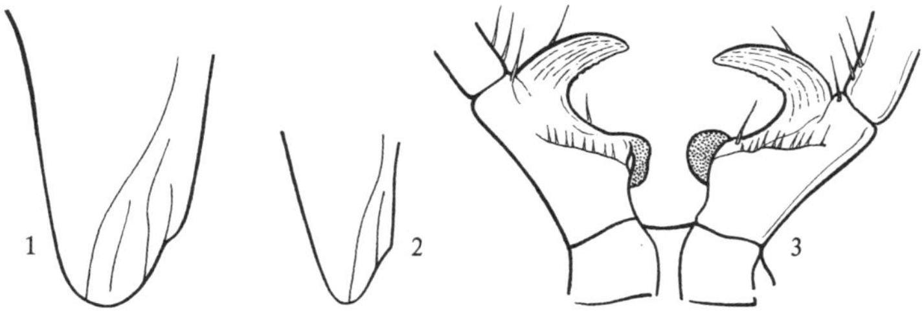

Abb. **555A/1–3** **1** *Glomeris marginata*, SLappen des 4. Rückenschildes; **2** *G. pustulata*, SLappen des 4. Rückenschildes; **3** *Mastigona mutabile*, 8. Beinpaar eines ♂ mit HüFortsätzen

Familie *Trachysphaeridae* – **Stäbchenkugler** (Abb. 552/2)

Trachysphaera costata (WAGA)
2–5 mm, grauweiß, ohne Wehrdrüsen. Verstreut im östl. M-Geb in Mulm u. unter Laub. Im Gebiet 1 Art.

Familie *Polyzoniidae*

Polyzonium germanicum BRANDT
5–18 mm, Körper gelb bis orange, br abgeflacht u. nach vorn verjüngt (Abb. **552**/3), Rückenschilde fast halbkreisformig ohne Borsten u. Furchen. Kopf dreieckig, unter Halsschild verborgen, jederseits 3 Ocellen, Mundwerkzeuge reduziert. Bes. östl. der Elbe häufig. Im Gebiet 1 Art.

Familie *Mastigophorophyllidae*

30 Kr, Rücken mit borstentragenden SHöckern (Abb. **553**/1), Grundfarbe glänzend braun. 1jährig, Erwachsene Herbst bis Frühjahr. Im Gebiet 5 Arten.

1 Rücken ohne hellen Längsstrich, Borstenhöcker u. Umgebung kreisrund aufgehellt, kein Längsband bildend. 13–15 mm. Feuchte Laubw, Erlenbrüche, Wiesen. Nur im O des Gebiets. *Mastigophorophyllon saxonicum* VERHOEFF
1* Rücken mit hellem Längsstrich **2**
2 Rückenlängsstrich sehr fein. 10–16 mm, Flecken um die Borstenhöcker unscharf begrenzt, ein Längsband bildend. Wälder der O-Alp u. östl. M-Geb. *Haploporatia eremita* (VERHOEFF)
2* Rückenlängsstrich br **3**
3 8. Bp beim ♂ mit HüFortsätzen (Abb. **555 A**/3). 9–20 mm, S mit heller Fleckenreihe. Bayerische Alp u. VorAlp. *Mastigona mutabile* (LATZEL)
3* 8. Bp beim ♂ ohne HüFortsätze. Färbung u. Habitus wie vor. Art. Auch in der Ebene. 3 Arten. Gattung *Mastigona*

Familie *Haaseidae*

SHöcker mit je 3 sehr langen, weißen Borsten (Abb. **553**/2), gelblich mit schwarzem, dreieckigem Augenfleck. Einjährig, Erwachsene im Frühjahr u. Herbst. In Laub, unter Steinen u. Rinde alter Stubben. M- u. HochGeb. 5 Arten.

1 28 Kr. 6–10 mm. *Haasea germanicum* (VERHOEFF)
1* 30 Kr. 7–12 mm. *Haasea flavescens* (LATZEL)

Familie *Craspedosomatidae*

Gestalt sehr variabel, mit SBuckeln od. SFlügeln. Zahlreiche geographische Rassen. Bes. im Geb. Im Gebiet 23 z. T. sehr seltene Arten.

1 Mit SBuckeln (Abb. **552 A**/2), dunkelbraun mit 2 Doppelreihen bräunlich- od. weißlichgelber Flecken, Bauch hell. 8 Arten. Gattung *Craspedosoma* LEACH

1* Mit SFlügeln, erdbraun, zuweilen schwach marmoriert. 8–13 mm, S u. Bauch heller, durch zahlreiche Wärzchen auffallend rauh.
Ochogona caroli (ROTHENBÜHLER)

Familie *Chordeumatidae*

45–49 Bp, Körperende mit kleinen Spinngriffeln (Abb. **553**/4), Ocellen dunkel, dreieckig angeordnet. Einjährig, Erwachsene im Frühjahr u. Herbst. Bes. im Geb, teils auch unter Schnee. Im Gebiet 6 Arten.

1 Borsten auf den mittleren Kr nicht in 1 Reihe (Abb. **553**/3) 2
1* Borsten auf den mittleren Kr in 1 Reihe. 13–18 mm, gelblichweiß bis rostbraun, in den Flanken marmoriert. *Chordeuma silvestre* LATZEL
2 Kleine Arten, bis 9 mm 3
2* Größere Arten, über 13 mm 4
3 7–7,5 mm, überall verbreitet. Grau bis graugelblich od. -grünlich.
Melogona voigti (VERHOEFF)
3* 8–9 mm, nur im Rheinland u. in der Rheinpfalz. *Melogona gallicum* (LATZEL)
4 (2) Nur im M-Geb, nicht südl. der Donau. 13–16 mm, hellgelblich.
Mycogona germanicum (VERHOEFF)
4* Nicht im M-Geb, nur südl. der Donau 5
5 S- u. O-Bayern. 13–18 mm, gelblichweiß.
Orthochordeumella pallidum (ROTHENBÜHLER)
5* S-Baden. 13–18 mm, gelblichweiß. *Orthochordeumella fulvum* (ROTHENBÜHLER)

Familie *Blaniulidae*

G. Im Querschnitt drehrund, lggestreckt, sehr schlank u. zierlich (Br:Lg = 1:20), Metazonite nur in den Flanken mit Längsfurchen (Abb. **557**/1–2), Gonopoden der ♂♂ frei hervorragend. – **L.** Vorwiegend synanthrop. – **B.** Anamorphose (s. S. 544), nach Erreichen der Geschlechtsreife häuten sich ♂♂ unter Zurückbildung der Gonopoden in geschlechtsinaktive Formen (Schalt-♂♂), anschließend erneut in Reifetiere (Periodomorphose).

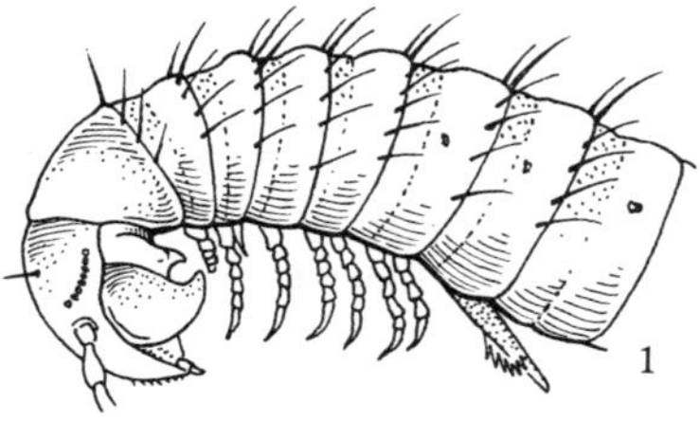

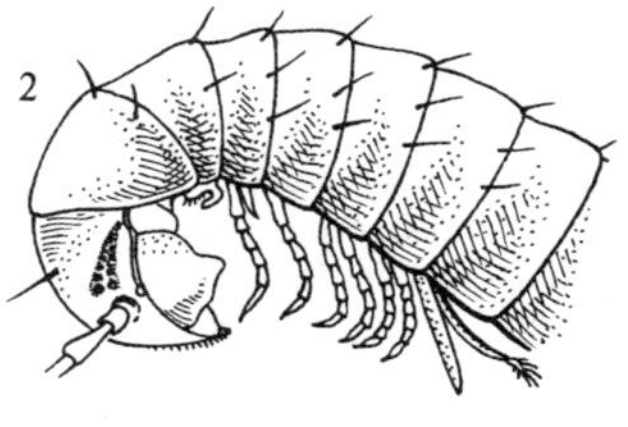

Abb. **557**/1–2 **1** *Choneiulus palmatus*, VKörper eines ♂ in SAnsicht; **2** *Proteroiulus fuscus*, VKörper ♂ in SAnsicht

1 Mit Ocellen 2
1* Ohne Ocellen 4
2 Borsten der Kr sehr lg, mindestens die M des folgenden Kr erreichend (Abb. 557/1). 5–15 mm, Backen des ♂ in 2 Zähne erweitert, Ocellen in einfacher Reihe, Körper hellgrau bis bräunlich mit schwarzbraunen Flecken. Rein synanthrop. *Choneiulus palmatus* (NĚMEC)
2* Borsten der Kr kürzer 3
3 Borsten sehr kurz, 1 Ocellenreihe, Backen des ♂ mit 3 Zähnen. 5–13 mm. Lebensraum vgl. folg. Art. [*N. venustus* (MEINERT)] *Nopoiulus minutus* (BRANDT)
3* Borsten mäßig lg (Abb. 557/2), 2 Ocellenreihen (8–10 u. 2–3 Ocellen), Backen des ♂ mit 1 Zahn. 7–15 mm, hellbräunlich bis dunkelbraun mit rot- bis schwarzbraunen Flecken. Überwiegend parthenogenetisch. In Wäldern unter Rinde u. Moos, Erlenbrüchen, Mooren, in Nestern, aber auch synanthrop. *Proteroiulus fuscus* (AM STEIN)
4 Borsten der Kr lg, gut sichtbar 5
4* Borsten der Kr sehr kurz, undeutlich. 6–11 mm (kleinste eur Art), hellgrau mit orangen bis orangeroten Flecken. Westl. auch in natürlichen Habitaten. *Boreoiulus tenuis* (BIGLER)
5 Mit sehr deutlicher, leuchtend karminroter Fleckenreihe. 7–16 mm, Körper (lebend) weißlich bis hellgrau, in Alkohol sehr stark nachdunkelnd. Vorwiegend synanthrop, mitunter in pflanzlichen Kulturen schädlich. *Blaniulus guttulatus* (BOSC) – **Getüpfelter Tausendfuß**
5* Mit schwach gelber bis rötlichbrauner, wenig deutlicher Fleckenreihe. 10–15 mm, Körper (lebend) grauweiß bis graugelb, in Alkohol nicht so stark nachdunkelnd. Verstreut. *Boreoiulus pallidus* (BRADE-BIRKS)

Familie *Nemasomatidae*

Nemasoma varicorne C. L. KOCH
4–14 mm, schlank u. zierlich, Kr nur in den Flanken gefurcht, Ocellen in dreieckigem Haufen, Körper hell- bis dunkelbraun mit großen schwarzbraunen Flekken. Unter Rinde u. in Vogelnestern. 1 Art.

Familie *Julidae* – **Schnurfüßer**

G. Ähnlich *Blaniulidae* (s. S. 557), aber weniger zierlich (Br : Lg = 1 : 10), Metazonite rundherum mit Längsfurchen (Abb. 559/2), letzter Kr oft mit dorsalem Fortsatz (dF), Gonopoden ins Körperinnere in Taschen versenkt. – **L.** In allen terrestrischen Lebensstätten. – **B.** Ablage der oft 100–200 Eier gleichzeitig in Erdklümpchen od. Holz, Anamorphose (s. S. 554), oft mit Periodomorphose (s. S. 557), Lebensdauer über mehrere J. Ca. 50 Arten, z. T. nur durch Gonopodenuntersuchung bestimmbar.
1 Prozonite mit deutlichen Querfurchen (Abb. 559/2). 19–49 mm, schwarzbraun bis tiefschwarz, glänzend, Beine hell. Bes. in Laubw. [*T. albipes* (C. L. KOCH)] *Tachypodoiulus niger* (LEACH)
1* Prozonite ohne deutliche Querfurchen, allenfalls länglich nadelrissig 2

2 Afterschuppe als lg nach vorn gerichteter Fortsatz ausgebildet (Abb. **559**/4). 20–28 mm, Hinterränder der Kr mit langen Borsten, Körper grau. Sowohl in Wäldern als auch in freiem Gelände, z. T. synanthrop. Im gesamten Gebiet verbreitet. *Unciger foetidus* (C. L. KOCH)

2* Afterschuppe nicht so 3

3 Rücken mit 1 od. 2 hellgelben bis rötlichen Längsstreifen 4

3* Rücken ohne Längsstreifen 8

4 Rücken mit 2 hellen Längsstreifen 5

4* Rücken mit 1 hellen Längsstreifen 7

5 7–13 mm, ohne dorsalen Fortsatz (dF) (Abb. **559**/4). Dunkelbraun bis schwarz, glänzend. Synanthrop, aber auch in Feuchthabitaten. Nicht in Thüringen. *Brachyiulus pusillus* (LEACH)

5* Über 15 mm, mit dF (Abb. **560**/1–4) 6

6 Wehrdrüsenöffnung in der Naht zwischen Pro- u. Metazonit liegend, Naht berührend (Abb. **559**/3). 23–34 mm, hellgraugelb bis orange mit 3 schwarzbraunen Längsbinden. ♀ von *Megaphyllum projectum* (VERHOEFF)

6* Wehrdrüsenöffnung deutlich im Metazonit, Naht nicht berührend (Abb. **559**/2). Grundfarbe braunschwarz, KörperS hell marmoriert, gelbe bis kirschrote, meist scharf von der Umgebung abgegrenzte Rückenlängsbinden. *Ommatoiulus sabulosus* (L.)

7 **(4)** Große, gedrungene Art, 20–29 mm, Wehrdrüsenöffnung in der Naht zwischen Pro- u. Metazonit, Naht berührend (Abb. **559**/3), dF im Querschnitt dachförmig. Grundfarbe tiefschwarz, glänzend. Thermophil, bes. an sonnigen Kalkhängen, in Steinbrüchen u. ä. *Megaphyllum unilineatum* (C. L. KOCH)

7* Kleine, schlanke Art, 16–23 mm, Wehrdrüsenöffnung deutlich im Metazonit liegend, Naht nicht berührend (Abb. **559**/2), dF im Querschnitt rund. Im N u. O selten. *Leptoiulus belgicus* (LATZEL)

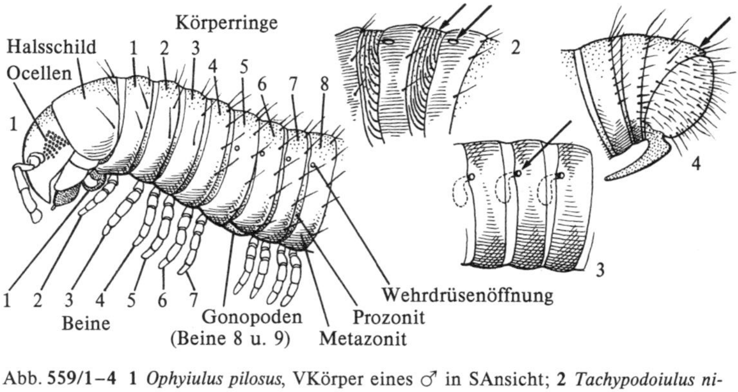

Abb. **559**/1–4 **1** *Ophyiulus pilosus*, VKörper eines ♂ in SAnsicht; **2** *Tachypodoiulus niger*, mittlere Körperringe in SAnsicht mit Querfurchen auf den Prozoniten u. Wehrdrüsenöffnungen im Metazonit; **3** *Allajulus punctatus*, mittlere Körperringe in SAnsicht mit Wehrdrüsenöffnungen in der Naht zwischen Pro- u. Metazonit; **4** *Unciger foetidus*, Körperende mit nach vorn gerichtetem ventralen u. abgerundetem dorsalen Fortsatz

8 **(3)** dF abgerundet, nicht über die Analklappen hervorragend (Abb. 559/1) . . **9**
8* dF überragt die Analklappen ± deutlich (Abb. **560**/1–2) **11**
9 Ocellen zu einem schwarzen Fleck verschwommen, nicht einzeln unterscheidbar. 9,5–19 mm. Sehr anspruchslos, auf mageren Sandböden, aber auch in Erlenbrüchen u.a. Nicht in Thüringen u. Bayern. [*A. frisius* (VERHOEFF)] *Allajulus latestriatus* (CURTIS)
9* Ocellen deutlich einzeln unterscheidbar (Abb. **561**/1) **10**
10 Kleine, schwarze Art, 10–17 mm, Metazonite sehr tief gefurcht. Vorzugsweise synanthrop im nördl. Flachland. *Allajulus truncorum* (SILVESTRI)
10* Größere, grauschwarze Art, 18–37 mm, Metazonite nicht sehr tief gefurcht. Vor allem in offenem Gelände, z.T. an Kartoffeln u.a. Kulturpflanzen schädlich. Im gesamten Gebiet verbreitet. [*A. teutonicus* (POCOCK)] *Allajulus caeruleocinctus* (WOOD)
11 **(8)** dF im Querschnitt dachförmig. 22–35 mm, durch dichte Furchung der Metazonite blaugrau u. schwarz geringelt erscheinend, zuweilen dF etwas aufgebogen. ♂ von *Megaphyllum projectum* (VERHOEFF)
11* dF im Querschnitt rund **12**
12 dF am E nach oben gebogen (Abb. **560**/1) **13**
12* dF nicht so **15**
13 Auffallend große u. gedrungene Art, 24–42,5 mm. Grundfarbe schwarzbraun od. graubraun, mit helleren Metazonithinterrändern, geringelt erscheinend. Wärmeliebend, bes. in offenem Gelände u. Berghängen. Rhein-Main-Gebiet, Bayern u. an der Donau. *Ommatoiulus rutilans* (C. L. KOCH)
13* Kleine u. mittelgroße Arten, bis 27 mm **14**
14 dF als kleiner Haken nach oben gebogen (Abb. **560**/1), 1. Bp beim ♂ als sehr großer Haken umgebildet (Abb. 559/1), Bes. im N häufig u. dort synanthrop. *Kryphoiulus occultus* C. L. KOCH
14* dF als großer Haken rechtwinklig nach oben gebogen, 1. Bp beim ♂ nicht in außergewöhnlich große Haken umgebildet. 13–27 mm, gelbbraun, glänzend. Alp. *Allajulus grödensis* (ATTEMS)
15 **(12)** dF leicht bauchwärts gekrümmt (Abb. **560**/2) **16**
15* dF nie bauchwärts gebogen **18**

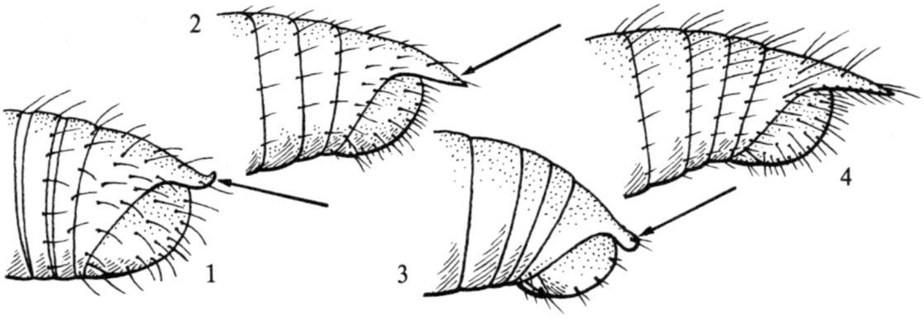

Abb. **560/1–4** **1** *Kryphoiulus occultus*, Körperende mit nach oben gebogenem dorsalen Fortsatz; **2** *A. nitidus*, Körperende mit leicht bauchwärts gekrümmtem dorsalen Fortsatz; **3** *A. punctatus*, Körperende mit endwärts verdicktem dorsalen Fortsatz; **4** *Ophyiulus pilosus*, Körperende mit gerade nach hinten gerichtetem dorsalen Fortsatz

16 dF kurz, dreieckig, wenig nach unten gebogen, Körper glänzend schwarz bis schwarzbraun. 10–14,5 mm, sehr zierlich, Metazonite unregelmäßig gefurcht, die Furchen die Hinterränder nicht erreichend. Nur aus Feuchthabitaten im N. *Xestoiulus laeticollis* (PORAT)

16* dF nicht kurz, heller gefärbte Arten **17**

17 Groß, 12,5–32 mm lg. Glänzend graubraun, dF siehe Abb. **560**/2. In Laubw u. Gebüschen, aber auch synanthrop. *Allajulus nitidus* (VERHOEFF)

17* Klein, 7–20 mm lg, schlank. Grauweiß bis gelbbraun. *Enantiulus nanus* (LATZEL)

18 **(15)** dF am E keulig verdickt (Abb. **560**/3) **19**

18* dF am E zugespitzt **21**

19 dF am E stark verdickt (Abb. **560**/3), mittelgroße Art. 13–28 mm, Metazonitfurchung sehr dicht, daher seidenartig glänzend, Grundfarbe bräunlich, in den Flanken marmoriert. Typische Waldart. Nicht in Thüringen u. Bayern. [*A. silvarum* (MEINERT)] *Allajulus punctatus* (LEACH)

19* dF nur schwach verdickt, große Arten **20**

20 Einfarbig, braunschwarz, dF deutlich vorragend. 22,5–31 mm, Metazonitfurchung sehr dicht. Waldbewohner. Bayern. *Allajulus meinerti* (VERHOEFF)

20* Braungrau mit gelbrotem Vorderkörper, dF nur wenig vorragend. 22–28,5 mm, Metazonitfurchung sehr dicht. Bayern. *Allajulus fulvipes* (ATTEMS)

21 **(18)** Wehrdrüsenöffnung in der Naht zwischen Pro- u. Metazonit liegend, Naht berührend (Abb. **559**/3). 13–23 mm, glänzend graubraun, Vorderkörper rötlichbraun. Alp. *Allajulus zinalensis* (FAES)

21* Wehrdrüsenöffnung deutlich im Metazonit liegend, Naht nicht berührend (Abb. **559**/2) **22**

22 1. Bp beim ♂ in ein Höckerpaar umgebildet, 2. Bp mit HüFortsätzen (Abb. **561**/1). (♀ nicht determinierbar) **23**

22* 1. Bp beim ♂ in ein Häkchenpaar umgebildet (Abb. **559**/1), 2. Bp ohne HüFortsätze **26**

23 2. Bp beim ♂ mit nach unten herabhängenden, braunen HüFortsätzen (Abb. **561**/1). 15–38 mm, bräunlich bis schwarzbraun mit heller Marmorierung in den Flanken, dF ähnlich *O. pilosus* (Abb. **560**/4). *Julus scandinavius* LATZEL

23* 2. Bp beim ♂ mit nach vorn gerichteten HüFortsätzen (Abb. **561**/2) **24**

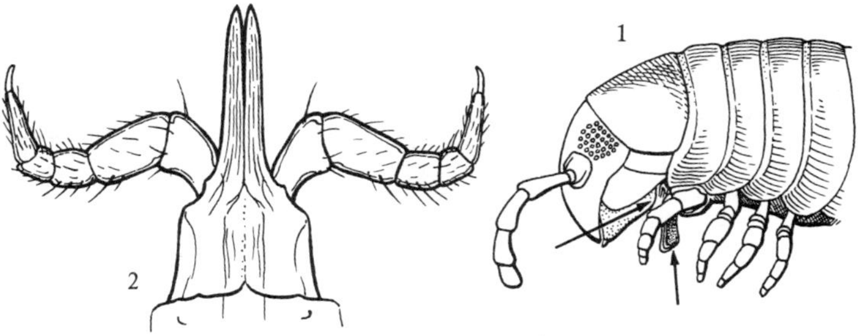

Abb. **561/1–2** **1** *Julus scandinavius*, VKörper eines ♂ mit umgebildetem 1. u. 2. Beinpaar; **2** *J. scanius*, ♂, 2. Beinpaar

24 HüFortsätze auffallend verdickt. 12,5–20 mm, tiefschwarz. Nördl. Kalkalpen. *Pachypodoiulus eurypus* (ATTEMS)

24* HüFortsätze lg u. spitz **25**

25 Tiefschwarz. 17–23 mm. In Erlenbrüchen, Laubw u. Gebüschen im O. *Julus terrestris* [PORAT]

25* Gelbgrau. 16–20 mm. Bes. in den Havelniederungen. *Julus scanius* [LOHMANDER]

26 **(22)** Häkchen auffallend groß (Abb. **559**/1). 16–42 mm, schwarz mit graubrauner Marmorierung in den Flanken, dF siehe Abb. **560**/4. [*O. fallax* (MEINERT)] *Ophyiulus pilosus* (NEWPORT)

26* Häkchen klein **27**

27 Kleine Art, 10–17 mm. Tiefschwarz. Im O. *Leptoiulus minutus* (PORAT)

27* Mittelgroße bis große Arten, bis ca. 42 mm. Nur durch Gonopodenuntersuchungen zu trennen. 9 Arten.

Familie *Paradoxosomatidae*

Kosm. 1 heimische, 3 eingeschleppte Arten.

1 Braun bis schwarzbraun, mindestens 15 mm lg **2**

1* Weißlich bis gelblich, bis 5 mm **3**

2 Mit deutlichen SKielen (Abb. **552 A**/1) u. sehr tiefen Querfurchen auf den Metazoniten. 16–23,5 mm. Eingeschleppt, verstreut in Warmhäusern, seltener in Kompost. *Oxidus gracilis* (C. L. KOCH)

2* Ohne deutliche SKiele (Abb. **562**/1), Querfurchen auf den Metazoniten mäßig tief. 15,5–23 mm. Flußufer, feuchte Laubw, Wiesen. Bes. im O. *Strongylosoma pallipes* (OLIVER)

3 **(1)** 20 Kr, Rücken glatt, mit 3 Reihen langer Borsten. 5 mm. Verstreut im Kulturland. *Ophiodesmus albonanus* LATZEL

3* 19 Kr, Rücken mit Höckern, ohne Borsten. 4 mm. Verstreut. *Macrosternodesmus palicola* BRÖLEMANN

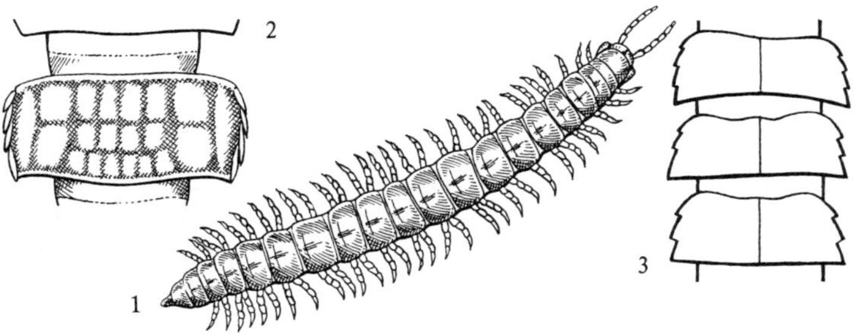

Abb. **562/1–3** **1** *Strongylosoma pallipes*, Rückenansicht; **2** *Polydesmus inconstans*, 10. Rückenschild mit großen SFlügeln; **3** *Polydesmus denticulatus*, 3 mittlere Rückenschilde mit kleinen SFlügeln

Familie *Polydesmidae* – **Bandfüßer**

Bandförmig, Rückenschilde mit SFlügeln (Abb. **562**/2). Gonopoden frei hervorragend. Im Gebiet 11 Arten der Gattung *Polydesmus.*

1 ♀ mit 29, ♂ mit 28 Bp. 8–10 mm, grauweiß bis bräunlich-grau. Meist synanthrop. *P. superus* (LATZEL)

1* ♀ mit 31, ♂ mit 30 Bp 2

2 Höchstens 8,5 mm, schneeweiß. Selten. *P. germanicus* VERHOEFF

2* Mindestens 10 mm, gelblich bis braun 3

3 Rücken glänzend, wenn matt, dann SFlügel der Rückenschilde groß (Abb. **562**/2) 4

3* Rücken glanzlos, SFlügel der Rückenschilde klein (Abb. **562**/3). 10–17 mm, gelblichbraun bis braun, 1. Höckerreihe der Rückenschilde undeutlich. Häufig synanthrop. *P. denticulatus* C. L. KOCH

4 Auch die 1. der 3 Höckerreihen der Rückenschilde deutlich (Abb. **562**/2), 3 Borstenreihen des Halsschildes auf deutlichen Höckern stehend. 10–16 mm, braun bis dunkelbraun. Nicht in Bayern u. Baden-Württemberg. [*P. coriaceus* PORAT] *P. inconstans* LATZEL

4* 1. Höckerreihe der Rückenschilde undeutlich, höchstens die letzte Borstenreihe des Halsschildes auf niedrigen Höckern stehend 5

5 Halsschild viel schmaler als der Kopf, gewölbt, S der Rückenschilde hinten gerundet. 13–18 mm, braun bis rotbraun. Bevorzugt offenes Gelände im S u. W. *P. testaceus* C. L. KOCH

5* Halsschild mindestens so br wie der Kopf, flach, HEcken der Rückenschilde stumpfwinklig 6

6 Vordere SFlügel nicht aufgekrümmt. 17,5–24 mm, Rückenschilde der letzten Kr zahnartig verlängert, blaß graubraun bis braun mit dunklem Rückenlängsstrich. In Wäldern u. Gebüschen. Bes. im W. *P. angustus* LATZEL

6* Vordere SFlügel aufgekrümmt 7

7 Braun mit Aufhellung des VKörpers u. der SFlügel. 16–23 mm, zuweilen mit dunklem Rückenlängsstrich. In feuchten Laubw u. Erlenbrüchen. *P. complanatus* (L.)

7* Braun ohne Aufhellung. 11,5–18,5 mm. Rein alp. *P. monticolus* LATZEL

Klasse *Pauropoda* – **Wenigfüßer** (Abb. **564**/3)

G. Kleine (meist 0,5–0,7 mm), lggestreckte od. dick gedrungene, zarthäutige u. blinde Arten, weiß bis rostbraun, keine Tracheen (Hautatmung). – **V.** Alle Erdteile. – **L.** Unter Steinen, Holz, Streu. – **B.** Anamorphose (s. S. 544) mit 4 Juvenilstadien (3, 5, 6 u. 8 Bp), Lebensalter über 1 J (Labor), feuchtigkeitsliebend, sehr flink. Na: Pilzhyphen, teils necrophag od. räuberisch. Ca. 20 heimische Arten. Häufigste Gattung ist *Allopauropus.*

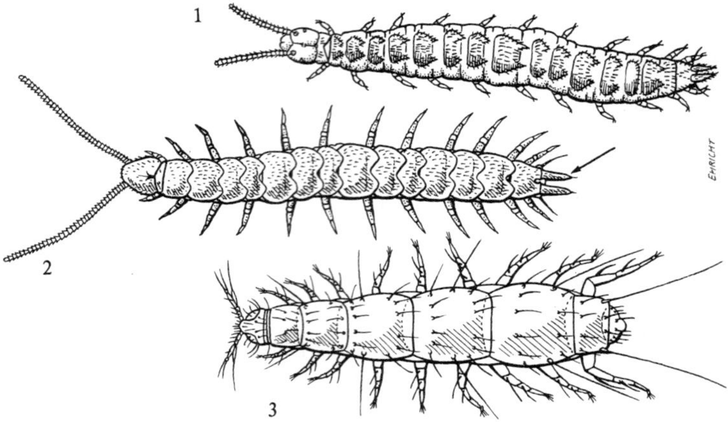

Abb. **564/1–3** **1** *Scolopendrellopsis*, Rückenansicht; **2** *Scutigerella immaculata;* **3** *Pauropus* spec., Rückenansicht

Klasse *Symphyla* – **Zwergfüßer** (Abb. **564**/1–2)

G. Bis zu 10 mm große, weiße, zarte Arten, blind, Antennen schnurförmig, Körperende mit Spinngriffeln (Abwehr, „Abseilen“ in Bodenspalten). – **L.** Unter Steinen, Rinde, Moos, Laubstreu u. im Boden (bis zu 50 cm Tiefe). – **B.** Indirekte Samenübertragung (Spermatophoren), Eiablage in den Boden, Hemianamorphose (s. S. 544), Lebensalter 3–7 J, feuchtigkeitsliebend. Na: Algen, Bakterien, Pilze, tote organische Substanz, z. T. schädlich an lebenden Pflanzen. Ca. 15 Arten heimisch. Bekannteste Art *Scutigerella immaculata.*

1 Alle Rückenschilde hinten gerundet (Abb. **564**/2).
Familie *Scutigerellidae* BAGNALL

1* Einige Rückenschilde hinten mit Ecken (Abb. **564**/1).
Familie *Scolopendrellidae* BAGNALL

Literatur

ATTEMS, C.: Myriopoda in KÜKENTHAL: Handbuch der Zoologie. Bd. IV, 1. Hälfte. Berlin, Leipzig 1926–1930.

–: Myriapoda. 1. Geophilomorpha. 2. Scolopendromorpha in SCHULZE, KÜKENTHAL: Das Tierreich. Berlin, Leipzig 1929, 1930.

–: Polydesmoidea. I, II, III. Ebenda 1937, 1938, 1940.

DOBRORUKA, L. J.: Die Hundertfüßler (Chilopoda). Neue Brehmbücherei **273**. Wittenberg 1961.

DUNGER, W.: Tiere im Boden. Neue Brehm-Bücherei **327**. Wittenberg 1983.

–: Diplopoda. Chilopoda. Symphyla. Pauropoda in KAESTNER: Lehrbuch der Speziellen Zoologie. Jena, im Druck.
SCHUBART, O.: Tausendfüßler oder Myriapoda. I. Diplopoda in DAHL: Die Tierwelt Deutschlands und der angrenzenden Meeresteile. 28. Teil. Jena 1934.
–: Progoneata. Opisthogoneata in BROHMER, EHRMANN, ULMER: Die Tierwelt Mitteleuropas. Bd. II. Leipzig 1963.
SEIFERT, G.: Die Tausendfüßler (Diplopoda). Neue Brehm-Bücherei **273**. Wittenberg 1961.
VERHOEFF, K. W.: Chilopoda. Diplopoda. Pauropoda und Symphyla in BRONNS Klassen und Ordnungen des Tierreichs. Bd. 5, Abt. II. Leipzig 1925, 1928/32, 1933/34.
–: Progoneata. Opisthogoneata in BROHMER, EHRMANN, ULMER: Die Tierwelt Mitteleuropas. Bd. II. Leipzig 1934.

Tentaculata – **Kranzfühler**

G. Bilateralsymmetrische, ± festsitzende (sessile) einzeln lebende od. stockbildende wirbellose Meeres- u. Süßwassertiere mit meist komplizierten, kreis- bis hufeisenförmigen Tentakelkränzen (vielfach auf Armen – Lophophoren) um das Mundfeld; Tentakel immer bewimpert. Der Körper in einer Sekretröhre, von einer gelatinösen bis chitinigen Schutzhülle od. von kalkigen Klappen umgeben. Darm verläuft U-förmig in ventralem Eingeweidesack, After nahe dem Mund, aber außerhalb des Tentakelkranzes. Körper mit unterteiltem Coelom (Mesocoel, Metacoel), immer mit Coelomkreislauf, ein Blutkreislauf nur bei nichtstockbildenden Arten. – **V. L.** Überwiegend marin von der Uferzone bis in die Tiefsee, vorwiegend im Schelfgebiet bis etwa 200 m Tiefe, die Bryozoen mit einigen Arten auch im Süßwasser. Verbreitung kosm. Adult immer an den Untergrund gebunden. – **B.** Meist sessil an (seltener in) organischen u. anorganischen Substraten. Die Na wird mit Tentakelwimpern eingeflimmert. Fortpflanzung geschlechtlich (Tiere getrenntgeschlechtig bis zwittrig) über planktotrophes Larvenstadium od. direkt bzw. ungeschlechtlich durch Querteilung, Knospung u. Keimung aus Dauerstadien. Etwa 4 300 Arten, im Gebiet bisher 85 Vertreter der Klassen *Phoronida* u. *Bryozoa* nachgewiesen, Arten der 3. Klasse Brachiopoda nicht vertreten.

1 Solitär in einer schlauchförmigen, hinten etwas aufgetriebenen Sekretröhre, diese zumindest teilweise mit Sand- u. Sedimentpartikeln besetzt.
Phoronida – **Hufeisenwürmer** S. 566

1* Stockbildend (Ausnahme *Monobryozoon ambulans* S. 577), die Zoide in einer gelatinösen, chitinigen bis kalkigen Schutzhülle. Stöcke ranken-, krusten-, klumpen- bis strauchförmig. *Bryozoa* – **Moostierchen** S. 567

Klasse *Phoronida* – **Hufeisenwürmer**

G. Schlauchförmige, einzeln (solitär) in einer selbst abgeschiedenen, losen Sekretröhre lebende *Tentaculata*. Mundöffnung von einem hufeisenförmigen Tentakelkranz umgeben, der wurmförmige Körper in der Röhre. Die Sekretröhre hat die Form eines dünnen Schlauches, hinten etwas aufgetrieben u. mit einer engen Öffnung, je nach Lebensweise am Hals od. auf der ganzen Röhre mit Sandkörnchen u. Sekretpartikeln besetzt. – **V.** Kosm im Meer. – **L.** Im Schelfgebiet von der Gezeitenzone bis etwa 50 m Tiefe. – **B.** In Muschelsand- u. Schlickgründen horizontal bis senkrecht einzeln verstreut, auf harten Unterlagen dicht gedrängt u. mitunter wie netzartige Überzüge, manche Arten bohren Gänge in Kalkgestein, Molluskenschalen, Beton (!). Meist zwittrig. Fortpflanzung geschlechtlich u. ungeschlechtlich durch Querteilung, seltener durch Knospung (keine Stockbildung!). Tentakel u. VKörper können in die Wohnröhre zurückgezogen werden. Als Na werden Mikroorganismen u. Detritus eingeflimmert. 13 Arten, 0,15 bis 45 cm lg, im Gebiet bisher 2 Arten nachgewiesen.

Gattung *Phoronis* WRIGHT

1 6–15 mm lg, Tentakelzahl 11–28, minierend in Molluskenschalen, bei Helgoland. *Phoronis ovalis* WRIGHT (Abb. **567**/1)

1* 50–80 mm lg, Tentakelzahl 50–60, verstreut im Meeresgrund bei Helgoland. *Phoronis mülleri* SELYS-LONGCHAMPS (Abb. **567**/2)

Klasse *Bryozoa* – Moostierchen

G. ± sessile, stockbildende (Ausnahme die solitären Arten von *Monobryozoon*) *Tentaculata* mit einem kreis- od. hufeisenförmigen Tentakelkranz um die Mundöffnung. Stöcke (Zoarien) sehr vielgestaltig, wenige mm bis etwa 30 cm br od. h, die Einzeltiere (Zoide, meist unter 0,5 mm) bestehen aus einem HKörper (Cystid) mit einer ± festen Hülle (Zooecium), in die der weichhäutige VKörper mit Tentakelkranz (Polypid) vollständig zurückgezogen werden kann. Hülle des Cystids gelatinös bis chitinig, oft verkalkt, an der FrontalS (VentralS) mit Öffnung (Apertur od. Orificium) zum Aus- u. Einfahren des Polypids, die durch elastische Membran (Sphinkter), Stäbchenkragen (Collare) od. Deckel (Operculum) verschlossen werden kann. Tiere mit verkalkter Frontalwand besitzen einen Kompensations- od. Wassersack, der meist durch Porus (Ascoporus) mit der Außenwelt in Verbindung steht (Abb. **589**/4). Die DorsalS heißt auch BasalS. Inner-

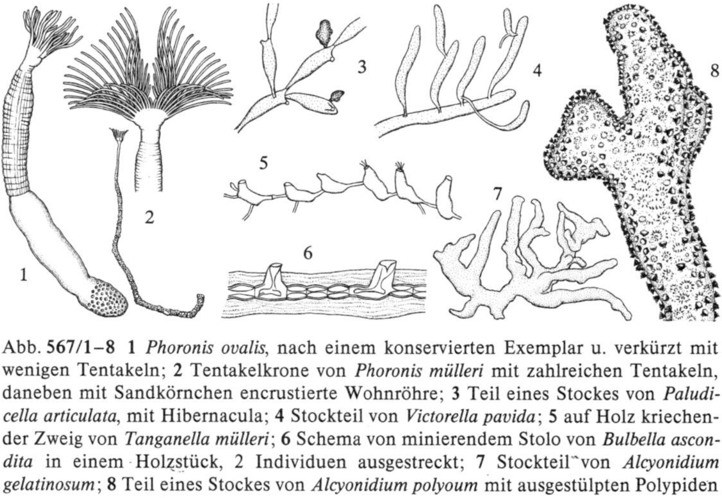

Abb. **567/1–8** **1** *Phoronis ovalis*, nach einem konservierten Exemplar u. verkürzt mit wenigen Tentakeln; **2** Tentakelkrone von *Phoronis mülleri* mit zahlreichen Tentakeln, daneben mit Sandkörnchen encrustierte Wohnröhre; **3** Teil eines Stockes von *Paludicella articulata*, mit Hibernacula; **4** Stockteil von *Victorella pavida*; **5** auf Holz kriechender Zweig von *Tanganella mülleri*; **6** Schema von minierendem Stolo von *Bulbella ascondita* in einem Holzstück, 2 Individuen ausgestreckt; **7** Stockteil von *Alcyonidium gelatinosum*; **8** Teil eines Stockes von *Alcyonidium polyoum* mit ausgestülpten Polypiden halb eines Stockes besteht meist erheblicher Polymorphismus, neben normalen Zoiden (Autozoide, immer als Nährtiere) treten funktionell u. morphologisch stark abgewandelte Heterozoide auf: schnabelähnliche Wehrtiere (Avikularien, Abb. **578**/9), borsten- bis geißeltragende Vibrakularien (Abb. **584**/1–2), Geschlechtstiere (Gonozoide, Abb. **584**/2), Zoide mit besonderen Brutkapseln (Ooecien, Abb. **578**/9), Kenozoide (Abb. **567**/4) in Ranken- od. Wurzelfädenform bzw. als Stolonenglieder zur Verankerung des Stockes. Die äußeren Merkmale des Cystids sind wichtige Bestimmungsmerkmale. – **V.** Kosm im Meer, in Brack- u. Süßwasser. – **L.** Im Meer überwiegend im Schelfgebiet von der Ebbelinie bis etwa 200 m Tiefe (tiefste Funde bei 6 000 m), im Brack- u. Süßwasser vorwiegend in Uferzonen in geringer Tiefe (tiefster Fund bei 160 m). – **B.** Meist als festsitzende Stöcke auf festen organischen u. anorganischen Unterlagen (nur wenige Arten können ihre Stöcke etwas verschieben), mitunter auch eingebohrt im Substrat (Mollusken- u. Seepockenschalen, Nadelholz). Meist zwittrig. Fortpflanzung geschlechtlich oder ungeschlechtlich durch Dauerkeime (Statoblasten, Abb. **595**/1–4, **596**/1–5 u. Hibernacula, Abb. **567**/3) u. Knospung, die zu Stockneubildungen od. -vergrößerungen führen. Marine Arten überleben den Winter, Süßwasserformen sterben in unseren Breiten ab (Überwinterung durch Dauerstadien, die wieder auskeimen). Die Na besteht aus kleinen Planktern u. Detritus, die eingeflimmert werden. Über 4 000 Arten, im Gebiet bisher 84 Arten bekannt.

Sammeln u. Aufbewahren: Aufrecht wachsende Stöcke können mit der Hand od. mit einer Pinzette vom Untergrund gelöst werden, inkrustierte Stöcke am besten mit Teilen der Unterlagen sammeln. Tiefer vorkommende Arten mit Pfahlkratzern, Dredschen u. Bodengreifern gewinnen. Zur Bestimmung möglichst Lebendbeobachtungen von Stockrandteilen vornehmen, wenn es geht mit dem Binokular, meist genügt die Lupe. Das Material zur späteren Bestimmung in Flüssigkeit (70%iger Alkohol) aufbewahren, getrocknetes ist weniger gut geeignet.

Schlüssel 1, Bryozoen des Süß- u. Brackwassers

1 Zoide (Einzeltiere) durch Scheidewände deutlich voneinander getrennt. Ohne Epistom. Keine Statoblasten. *(Gymnolaemate)* 2
1* Zwischen den Zoiden keine od. nur unvollständige Scheidewände. Mit Epistom. Im Sommer meist mit Statoblasten. *(Phylactolaemata)* 7
2 Cystide ± verkalkt, mit halbmondförmiger Apertur, die durch Klappe verschlossen wird (Operculum). Krustenartig 3
2* Cystide nicht verkalkt. Apertur wird durch krausenartigen Kragen (Collare) verschlossen. Stock rankenartig 4
3 Cystide rechteckig. *Membranipora membranacea* S. 580
3* Cystide nicht rechteckig, stets ± oval. *Conopeum seurati* S. 580
4 (2) Zoide sitzen immer auf in Internodien unterteilten Stolonen od. auf stolonenartigen Ausläufern der Cystide 5
4* Zoide keulenförmig, besitzen keine Stolonen od. stolonenartige Ausläufer, sondern stoßen direkt aneinander. *Paludicella articulata* S. 573

5 Zoide in Gruppen am Stolo mit Internodien, zwischen den Gruppen teilweise einzeln stehende Zoide, ohne Tochterknospen 6
5* Zoide überwiegend einzeln, durch stolonenartige Ausläufer der Cystide verbunden, vielfach Tochterknospen an Zoiden. *Victorellidae* S. 573
6 Stolonenstamm gleichmäßig dick, strauchartig verzweigt, Zoide vorwiegend in Gruppen, aber nicht an den Scheidewänden gehäuft. Zwischen den Gruppen einzelne Zoide. Zoide ± zylindrisch. *Bowerbankia imbricata* S. 576
6* Stolonenstamm sehr dünn, an den Scheidewänden etwas verdickt, dort entspringen meist 2 Zweige ± rechtwinklig aus dem Stamm. Zoide in Gruppen wirtelförmig an den verdickten Stellen. Zoide ± oval. *Valkeria uva* S. 577
7 (1) Stock mit gelatinöser Hülle 8
7* Stock aus locker verbundenen od. klumpig verklebten Chitinröhren, vielfach mit aufsitzenden Fremdkörpern 10
8 Stock verzweigt, der Unterlage br anliegend mit gelatinösen Röhren. Schwimmstatoblasten br oval. *Hyalinella punctata* S. 594
8* Stock nicht verzweigt, höchstens gelappt. Schwimmstatoblasten rund od. beiderseits zugespitzt 9
9 Stock länglich, ungelappt, in der Form dem Laich von Süßwasserschnecken ähnlich. *Cristatella mucedo* S. 596
9* Stock klumpig gelappt bis rosettenförmig. *Lophopodidae* S. 596
10 (7) Cystidröhren meist stark mit Fremdkörpern inkrustiert. Zoide mit 17–25 Tentakeln, kreisförmig angeordnet. Statoblasten ohne Schwimmring, nur sitzend, ± nierenförmig. *Fredericella sultana* S. 594
10* Cystidröhren in der Regel nicht inkrustiert (Ausnahme *Plumatella emarginata* S. 595). Zoide mit 40–60 Tentakeln, hufeisenförmig angeordnet. Statoblasten mit gut ausgebildetem bis rudimentärem Schwimmring, teilweise sitzend, niemals nierenförmig. *Plumatella* S. 594

Schlüssel 2, Bryozoen des Meeres

1 Cystidwände unverkalkt, elastisch, Cystidmündung durch Collare verschlossen *(Ctenostomata)* 26
1* Cystidwände ± stark verkalkt. Cystidmündung durch Deckel (Operculum) verschließbar od. bei röhrenförmigen Cystiden durch Sphinkter 2
2 Cystidmündung mit Operculum. Stock häufig mit Avikularien, selten mit Vibrakularien. Keine Gonozoide *(Cheilostomata)* 5
2* Cystidmündung ohne Operculum. Stock ohne Avikularien u. Vibrakularien. Mit Gonozoiden *(Stenostomata)* 3
3 Zweige des Stockes durch kurze unverkalkte, elastische Teile (Nodien) in kleinere Abschnitte (Internodien) untergliedert, mit wurzelartigen Kenozoiden. *Crisiidae* S. 591
3* Zweige des Stockes ohne elastische Teile u. ohne Kenozoide 4
4 Stöcke meist gelappt, Cystide ragen mit distalen Teilen röhrenförmig aus der Stockmasse heraus. Ohne kurze Heterozoide (Nanozoide, Aussehen wie verkümmerte Autozoide). *Tubulipora* S. 593
4* Stöcke meist nahezu kreisförmig, Cystide fast ganz in die Stockmasse eingebettet. Mit od. ohne Nanozoide. *Diastoporidae* S. 593

5 (2) Frontalwand der Cystide mit großem membranösem Aperturfeld (½ der Frontalwand od. mehr) od. in ganzer Ausdehnung unverkalkt membranös. Zoide ohne Kompensationssack 6
5* Frontalwand der Cystide ganz (mit Ausnahme der Apertur) verkalkt, teilweise mit Poren od. Schlitzen, kein membranöses Aperturfeld. Mit od. ohne Kompensationssack 16
6 Meist ohne Avikularien; wenn vorhanden, dann diese ungestielt (vikariierende Avikularien) u. nicht über die Oberfläche des Stockes hervorragend. Ohne Vibrakularien 7
6* Immer mit Avikularien, die deutlich über die Stockoberfläche hervorragen (teilweise gestielt = adventive Avikularien). Mit od. ohne Vibrakularien 14
7 Rankenartige bis stark verzweigte Stöcke aus Reihen von 1–2 Zoiden 8
7* Stöcke ± flächig od. blättrig, vielreihig 10
8 Stöcke einreihig 9
8* Stöcke zweireihig, Zoide durch Zusammenwachsen ihrer Basalteile paarweise vereinigt. *Eucratea loricata* S. 579
9 Stöcke einreihig aus langen röhrenförmigen Cystiden, deren proximale Teile einen ± der Unterlage anliegenden Stamm bilden, ihre distalen Teile aber aufgerichtet. Keine Avikularien. *Aeta truncata* S. 579
9* Stöcke einreihig aus füllhornförmigen Cystiden, aufrecht, höchstens mit einem Teil kriechend. Keine Avikularien. *Scruparia chelata* S. 579
10 (7) Stöcke aufrecht, blätterartig. *Flustridae* S. 582
10* Stöcke krustenartig auf einer Unterlage, mitunter z. T. in einzelne Zoidreihen aufgelöst, selten anteilig aufgerichtet. 11
11 Ohne Avikularien u. ohne Ooecien. 12
11* Mit Avikularien u. mit Ooecien. *Calloporidae* S. 580
12 Cystide rechteckig u. regelmäßig angeordnet, an beiden distalen Ecken je ein kurzer rundlicher Dorn. Dünne flache Krusten vorzugsweise auf *Laminaria-* u. *Fucus*-Algen. *Membranipora membranacea* S. 580
12* Cystide ± oval u. nicht so regelmäßig. Ohne od. mit Dornen (dann aber anders als bei *Membranipora*) 22
13 Cystide unregelmäßig oval, mit wenig entw Gymnocyste (äußeres verkalktes Gewölbe über der elastischen Frontalwand). Ohne Dornen am Aperturfeld od. 2–12 am Rand (kein hervortretender basaler, zentraler Dorn). Meist auf hartem Substrat. *Conopeum* S. 580
13* Cystide oval od. gerundet dreieckig, Gymnocysten mindestens ⅙ so lg wie die FrontalS. Am proximalen Teil des Aperturfeldes 1 stärkerer zentraler Dorn, dazu teilweise weitere, meist kleinere am Rand des Feldes. *Electra* S. 581
14 (6) Avikularien sitzend, ohne Stiel. *Scrupocellariidae* S. 583
14* Avikularien auf einem Stiel, beweglich 15
15 Stöcke zweireihig. Die Cystide füllhornförmig, distal etwas nach außen gebogen u. frei voneinander. Am Distalrand des Aperturfeldes 4–7 lange Borsten. Ooecien am inneren Rand des Aperturfeldes. *Bicellaria ciliata* S. 586
15* Stöcke zwei- bis mehrzeilig. Die Cystide abgerundet rechteckig, in ganzer Lg zusammen. Am Distalrand des Aperturfeldes 1–4 kurze Borsten. Ooecien an den Distalenden der Cystide. *Bugulidae* S. 585
16 (5) Cystide mit Frontalwand aus ± verschmolzenen hohlen Kalkrippen (= abgeplattete Randborsten), zwischen den Rippen Spalten od. quer bis radiär angeord-

nete Porenreihen (Anordnung manchmal undeutlich). Zoide ohne Kompensationssack. *Cribrilinidae* S. 586

16* Frontalwand der Cystide mit od. ohne Poren, aber niemals in ähnlichen Reihen. Zoide mit Kompensationssack 17

17 Stöcke von aufrechtem Wuchs 18

17* Stöcke krustenartig 19

18 Zweige des Stockes distal abgeplattet, beilförmig. FrontalS der Cystide mit kleinen Poren. *Palmicella skenei* S. 588

18* Zweige des Stockes zylindrisch, distal nicht abgeplattet. FrontalS der Cystide ohne Poren. *Cellepora ramulosa* S. 590

19 (17) Zoide dicht u. unregelmäßig gehäuft, in den älteren Stockteilen aufgerichtet u. mehrere Schichten bildend. Am Proximalrand der Apertur ein kräftiger Fortsatz (Rostrum) mit einem kleinen Avikularium. *Cellepora pumicosa* S. 591

19* Zoide in einfacher Schicht (selten stellenweise doppelt) u. ziemlich regelmäßig angeordnet. Falls spitzer Fortsatz (Mucro) nahe des Apertur-Proximalrandes vorhanden, dann ohne Avikularium 20

20 Cystide schmal birnenförmig bis beinahe zylindrisch, dünnwandig, silbrig glänzend, meist etwas querrunzlig. FrontalS ohne Poren, Aperturrand ohne Borsten. *Hippothoa hyalina* S. 588

20* Cystide br oval od. rhombisch bis abgerundet viereckig, nicht so dünnwandig u. kaum silbrig glänzend, ohne Querrunzeln. Aperturwand mit Borsten u./od. FrontalS ganz od. am Rand entlang mit Borsten 21

21 Mit Ooecien ohne Poren od. nur mit einer einfachen Reihe an deren Distalwand. Cystide mit Porenkammern 22

21* Mit od. ohne Ooecien, wenn Ooecien vorhanden, dann mit zahlreichen Poren. Cystide ohne Porenkammern 25

22 (12) Cystide an der FrontalS median od. nahe der Apertur mit halbmondförmiger Pore (Ascopore). *Microporella* S. 590

22* Cystide ohne Ascoporus 23

23 Cystide mit 2 Avikularien (teilweise Vibrakularium-ähnlich, da Mandibel borstenartig ausgezogen) 24

23* Cystide ohne Avikularien. *Mucronella immersa* S. 588

24 Cystide mit je 1 Avikularium an beiden S der Apertur. Apertur ohne Sinus. *Escharoides coccinea* S. 589

24* Seitlich von der M der Cystide je 1 Avikularium mit langer borstenähnlicher Mandibel. Apertur mit proximalem Sinus. *Schizoporella vulgaris* S. 590

25 (21) Apertur ohne Sinus, am proximalen Rand 1 Avikularium (durch verstärkten Aperturrand teilweise fast verdeckt). Ooecium höchstens mit 1 frontaler Pore. *Porella concinna* S. 588

25* Apertur proximal mit medianem Sinus. Mit seitlichen u./od. medianen Avikularien. Ooecien mit zahlreichen Poren. *Smittina* S. 588

26 (1) Zoide einzeln (solitär, nicht im Stockverband). *Monobryozoon ambulans* S. 577

26* Zoide immer im Stockverband 27

27 Stöcke flächig-gelatinös krustenartig od. aufrecht. Cystide kästchenförmig bis rundlich, eng zusammenliegend, ihre ventralen Wände in die gelatinöse Masse eingebettet 28

27* Stöcke aus schmalen kriechenden od. von der Unterlage freien Ästen. Cystide zylindrisch bis birnenförmig, größtenteils frei, nur mit dem basalen Teil am nächstälteren Cystid od. an einem gemeinsamen Stamm (Stolo) festsitzend **29**

28 Stöcke rauhhaarig, mit schräg gestellten Borsten an den Cystiden. *Flustrella hispida* S. 574

28* Cystide ohne längere Borsten. *Alcyonidium* S. 574

29 **(27)** Stöcke in oberen Kalkschichten von Molluskenschalen **32**

29* Stöcke auf Unterlagen od. in Wurmröhren **30**

30 In den Röhren von Schopfwürmern *(Lanice conchylega)*. Cystide abgeplattet, flaschen- bis urnenförmig. *Hypophorella expansa* S. 578

30* Stöcke auf Unterlagen, nicht eingebohrt **31**

31 Stolo sehr dünn u. vor jeder Trennwand aufgetrieben. *Valkeriidae* S. 577

31* Stolo mäßig dick u. von gleichmäßiger Stärke, vor den Trennwänden nicht aufgetrieben. *Vesiculariidae* S. 575

32 **(29)** Kein echter Stolo mit Trennwänden u. Internodien vorhanden, nur stolonenartige Fortsätze an Cystiden. 9 Tentakel. *Immergentia suecica* S. 577

32* Zoide von einem durch Trennwände in Teilstücke (Internodien) zerlegten Stolo ausgehend. 8 od. 10 Tentakel **33**

33 Zoide mit 8 Tentakeln, ohne Operculum. Öffnungen der Wohnröhren in den Molluskenschalen, in denen sich Zoide befinden, kommaförmig. *Terebripora comma* S. 577

33* Zoide mit 10 Tentakeln, mit Operculum. Öffnungen der Wohnröhren meist kreisrund, mitunter etwas unregelmäßig sternförmig. *Penetrantia concharum* S. 576

Unterklasse *Gymnolaemata [Stelmatopoda, Infundibulata]* – **Meeresmoostierchen**

Fast immer stockbildend, mit kleinen röhrenförmigen bis zellenartigen Cystiden mit elastischen bis stark verkalkten Wänden. Tentakelkrone kreisförmig. Ohne Epistom. Vielfach mit Polymorphismus der Zoide. Dauerstadien nur bei Süßwasserarten (sogenannte Hibernacula). Mit Wimperlarven. Meist im Meer, wenige Arten auch im Süßwasser. Im Gebiet Vertreter beider Ordnungen.

Ordnung *Eurystomata*

Mit unverkalkten bis verkalkten Cystiden, die Aperturen durch Stäbchenkragen (Collare) od. Deckel (Operculum) verschlossen. Als Heterozoide können Kenozoide, Avikularien u. Vibrakularien auftreten, niemals Gonozoide. 2 Unterordnungen.

Unterordnung *Ctenostomata* – **Kammünder**

Cystide elastisch, unverkalkt. Aperturen mit Collare verschließbar. Zoide meist röhrenförmig, als Heterozoide nur Kenozoide. Im Gebiet im Meer, im Brackwasser, 1 Art im Süßwasser. 3 Überfamilien.

Überfamilie *Paludicelloidea*

Stöcke meist verzweigt, die Zoide in einfachen od. doppelten Reihen angeordnet.

Familie *Paludicellidae*

Gattung *Paludicella* GERVAIX

Paludicella articulata (EHRENBERG) (Abb. **567**/3)
Stöcke aus haarfeinen, verzweigten dünnen Ranken an der Unterlage od. ins Wasser hängend, Zoide mit schmalen röhrenförmigen Abschnitten kettenartig aneinander stoßend, 16–18 Tentakel. Eier im Wasser (keine Brutpflege). Mit Hibernacula (wie verkürzte Zoide mit Darm, Muskeln u. Gonaden) als Überwinterungsstadien. – **V.L.** Im Süßwasser an Wasserpflanzen u. anderen festen Unterlagen vom Wasserspiegel bis wenige m Tiefe, auch tiefer. Gelegentlich im Brackwasser. Im Gebiet überall möglich.

Familie *Victorellidae*

Stöcke unregelmäßig verzweigt, aus schmalen zylindrischen Zoiden, die auf kriechenden wurzelförmigen Ausläufern meist einzeln sitzen. Hyaline Zoide an der Basis vielfach erweitert, die Polypide aufrecht, mit 8 Tentakeln.

Gattungen *Victorella* SAVILLE KENT, *Tanganella* BRAEM, *Bulbella* BRAEM

1 Cystide lg u. schmal. – **V. L.** Nur im Brackwasser der mittleren u. östl. Ostsee (Nord-Ostsee-Kanal, Schlei, Wismar, Rostock, Greifswald, Frisches Haff) u. in der Themse-Mündung. Bildet ± dichte Rasen auf Holz, Steinen, Seepocken *(Balanus).* *Victorella pavida* SAVILLE KENT (Abb. **567**/4)

1* Cystide in der Regel kürzer, gedrungen, ± keulenförmig 2

2 Stock meist auf der Unterlage, die Zoide ohne äußeres Intertentakularorgan (Fortsatz oberhalb des Anus). Etwa an der Grenze zwischen Cardiamagen u. Blindmagen mit Sphinkter. – **V. L.** Nur ungenau bekannt, u. a. in der Ostsee im Brackwasser bei Rendsburg (Obere Eider) u. Greifswald. In mehreren Formen (kriechend, rankend, auch im Holz minierend) bisher angetroffen.
Tanganella mülleri (KRAEPELIN) (Abb. **567**/5)

2* Stock meist in äußeren verwitterten Schichten von Nadelholz, aber auch kriechend od. krustenförmig auf Unterlagen. Zoide mit äußerem Intertentakularorgan. Der mittlere Cardiamagenteil mit Kaumagen u. Ringmuskulatur. – **V. L.** Nur ungenau bekannt, u. daher noch von manchen neuen Fundorten zu erwarten. In der Ostsee u. a. im Brackwasser bei Rendsburg, Rostock, Greifswald, Pillau. Das Eindringen in das Holz geschieht durch Hineinquetschen von Stolonen u. Knospen in Ritzen, chemisches Bohren ist nicht nachgewiesen.
Bulbella ascondita BRAEM (Abb. **567**/6)

Überfamilie *Alcyonidoidea*

Stöcke massig u. fleischig-gelatinös, die kästchenförmigen od. rundlichen Zoide liegen eng zusammen u. sind mit ventralen Wänden in die gelatinöse Masse eingebettet.

Familie *Alcyonidiidae*

Fleischige krustenförmige od. aufrechte Stöcke. Orificium ohne hintere (proximale) Lippe. Cystide ohne längere Borsten.

Gattung *Alcyonidium* LAMOUROUX

1 Stöcke aufrecht keulenförmig od. unregelmäßig gelappt, bis 10 cm h. Stockoberfläche ohne Papillen, braungelb bis gelb. – **V. L.** In der Nordsee (Helgoland, Deutsche Bucht) u. westl. Ostsee bis etwa Darßer Ort. Auf harten Substraten (Molluskenschalen, Felsen, Steine) bis 100 m Tiefe.
Alcyonidium gelatinosum (L.) (Abb. **567**/7)

1* Stöcke krustenförmig od. mitunter zum kleinen Teil aufgerichtet 2

2 Stöcke immer krustenförmig (selten zum kleinen Teil aufgerichtet). Stockoberfläche ohne Papillen; junge Stöcke fast durchsichtig, ältere weißlich bis gelbgrau. – **V. L.** Nordsee, westl. Ostsee bis etwa Travemünde. Als Überzüge auf Algen, Steinen u. Schalen. *Alcyonidium polyoum* (HASSALL) (Abb. **567**/8)

2* Stöcke ebenfalls krustenförmig, teilweise zum geringen Teil aufgerichtet, Stockoberfläche immer mit zahlreichen kleineren Papillen 3

3 Stöcke braungelb, Oberfläche mit dicht gestellten konischen Papillen, dazwischen die Cystidmündungen, die sich nicht über die Stockoberfläche erheben. – **V. L.** In der Nord- u. Ostsee weit verbreitet. Die dickgelappten Krusten fast nur auf Algen, besonders auf *Fucus*-Arten.
Alcyonidium hirsutum (FLEMING) (Abb. **575**/1)

3* Stöcke grüngrau, ± mit Lehmpartikeln inkrustiert; Cystide mit fadenförmigen Papillen (wegen der Lehminkrustierung vielfach nicht deutlich zu erkennen), ihre Öffnungen ragen über die Stockoberfläche. – **V. L.** Wie vorige Art verbreitet. Meist auf Hydrozoen (Sertularien).
Alcyonidium parasiticum (FLEMING) (Abb. **575**/2)

Familie *Flustrellidae*

Gattung *Flustrella* GRAY

Flustrella hispida (FABRICIUS) (Abb. **575**/3)
Stöcke als dicke rotbraune Krusten bis über 5 cm Dicke, die Oberfläche durch viele schräggestellte chitinöse Borsten rauh. Die halbmondförmige Apertur der Cystide durch Lippe verschlossen. – **V. L.** In Nord- u. Ostsee weit verbreitet. Meist auf Algen, bes. auf *Fucus serratus.*

Überfamilie *Stoloniferoidea [Stolonifera]*

Autozoide sitzen auf stolonenartigen Kenozoiden, die durch Scheidewände gegeneinander abgegrenzt sind. Stolonen an der Unterlage od. aufgerichtet, die Autozoide ragen frei ins Wasser. 1 Art solitär.

Familie *Vesiculariidae*

Stöcke strauch- od. netzartig verzweigt, die Zoide einzeln od. in Gruppen stehend mit 8–10 Tentakeln, SRänder der Cystide teilweise mit Spitzen.

Gattungen *Buskia* ALDER, *Bowerbankia* FARRE

1 Stöcke netzartig verzweigt, Zoide flaschenförmig, einzeln, abgeplattet. SRänder der Cystide mit kleinen Spitzen. – **V. L.** Vor allem auf Hydrozoen im Seicht- u. Tiefenwasser bis 200 m Tiefe in der Deutschen Bucht, Helgoland, in der westl. Ostsee (Kieler Bucht). *Buskia nitens* (ALDER) (Abb. **575**/4)

1* Stöcke strauchartig verzweigt, Zoide zylindrisch bis schmal oval, meist in Gruppen zusammenstehend. SRänder der Cystide ohne spitze Fortsätze **2**

2 Stock kriechend od. in den distalen Teilen vom Untergrund abgehoben. Zoide in Gruppen od. einzeln, nicht spiralig angeordnet **3**

2* Stock aufrecht (hängend). Zoide zu Gruppen vereinigt, aber doch in 2er-Reihen, spiralig angeordnet (deutlich zu sehen bei jungen Zoidgruppen an Zweigspitzen). – **V. L.** Vorwiegend auf Algen in der Flachwasserregion bei Helgoland. *Bowerbankia pustulosa* (ELLIS & SOLANDER) (Abb. **575**/5)

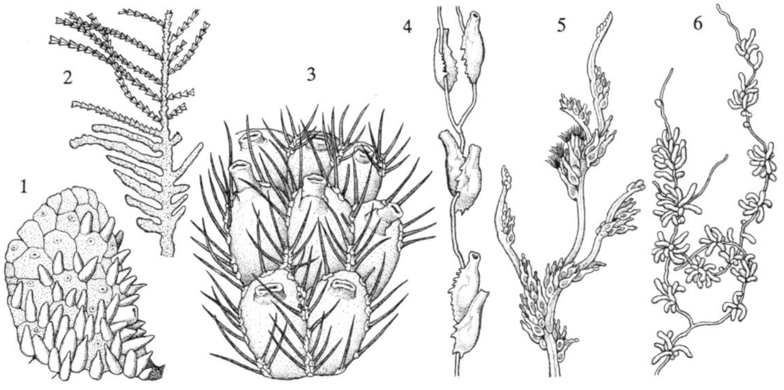

Abb. **575/1–6** **1** Teil eines Stockes von *Alcyonidium hirsutum* (Randpartie) mit hervortretenden konischen Papillen; **2** *Stockteil von Alcyonidium parasiticum*, überkleidet einen Sertularienstamm; **3** Cystide von *Flustrella hispida* mit kräftigen Borsten; **4** Zweig eines Stockes von *Buskia nitens*; **5** Zweig eines *Bowerbankia pustulosa*-Stockes; **6** Teil eines Stockes von *Bowerbankia imbricata*

3 Zoide meist in dichten Gruppen zusammenstehend, zwischen den Gruppen einzelne am Stolo. ∅ des Stolos größer als ∅ der Zoide. Zoide basal abgerundet od. mit wurzelähnlichen gelappten Fortsätzen. – **V. L.** Ostfriesische Küste, Helgoland, auch im Brackwasser, vor allem an Algen, Krabben u. Bryozoen.
Bowerbankia imbricata (ADAMS) (Abb. **575**/6)

3* Zoide meist paarweise angeordnet, mitunter auch in kleinen Gruppen od. einzeln. ∅ des Stolos maximal halber ∅ der Zoide. BasalE der Cystide mit spitzem Fortsatz (selten etwas verzweigt) endend. – **V. L.** Auf Algen bei Helgoland. In den Belten. *Bowerbankia gracilis* (LEIDY) (Abb. **576**/1)

Familie *Penetrantiidae*

Gattung *Penetrantia* SILÉN

Penetrantia concharum SILÉN (Abb. **576**/2)
Stolonen bilden Netz in oberen Kalkschichten der Schalen von lebenden Mollusken u. Cirripediern, die Zoide auf ihnen senkrecht, mit 10 Tentakeln, am Orificium eine deckelähnliche Klappe. Öffnungen der Wohnröhren nach außen meist kreisrund, mitunter etwas unregelmäßig sternförmig. – **V. L.** Tiefe Rinne bei Helgoland. Kosm.

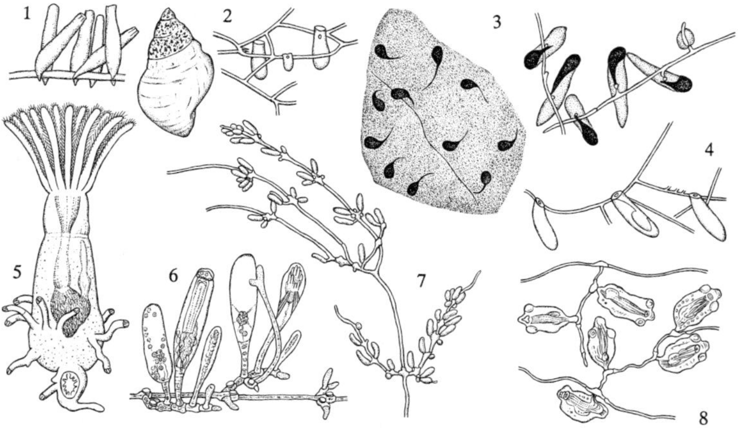

Abb. **576/1–8** **1** Zoide von *Bowerbankia gracilis* am Stolo in paarweiser Anordnung; **2** Stock von *Penetrantia concharum* in den Schichten der oberen Windungen einer Schneckenschale, daneben Teil des Stolonetzes mit Zoiden; **3** Öffnungen der Wohnröhren von *Terebripora comma* in einer Schneckenschale, daneben Teil eines Stockes; **4** Teil eines Stockes von *Immergentia suecica*; **5** Individuum von *Monobryozoon ambulans* mit Knospe an stolenartigem Fortsatz; **6** Stolonen von *Farrella repens* mit gestielten Zoiden; **7** Stockzweig von *Valkeria uva*; **8** Stolen u. Zoide von *Hypophorella expansa*

Familie *Terebriporidae*

Gattung *Terebripora* D'ORBIGNY

Terebripora comma SOULE (Abb. **576**/3)
Stolonennetze in oberen Schichten von Molluskenschalen, die aufrecht stehenden Zoide mit 8 Tentakeln, ohne Deckel. Öffnungen der Wohnröhren nach außen kommaförmig. – **V. L.** Wohl nahezu kosm, im Gebiet bisher in der Tiefen Rinne bei Helgoland.

Familie *Immergentiidae*

Gattung *Immergentia* SILÉN

Immergentia suecica SILÉN (Abb. **576**/4)
Stöcke in oberen Schichten von Molluskenschalen. Die kleinen, nur etwa 0,4 mm langen Zoide durch röhrenförmige Fortsätze der Cystide (od. Stolonen ohne Internodien u. Trennwände) verbunden. Systematische Stellung unsicher, evtl. zu *Paludicelloidea*. – **V. L.** Im Gullmar Fjord u. nördl. Kattegat, im Gebiet in der Tiefen Rinne bei Helgoland.

Familie *Monobryozoontidae*

Gattung *Monobryozoon* REMANE

Monobryozoon ambulans REMANE (Abb. **576**/5)
Keine Stöcke, sondern einzelne, 1,5 mm lange Zoide mit kurzen, 10–15 röhrenförmigen Fortsätzen am Cystid. Stolonenartige Fortsätze bilden Knospen aus, die aber nicht mit dem Mutterzoid zusammenbleiben. – **V. L.** Im Mesopsammon bei Helgoland u. an Nord- u. Ostseeküsten, wegen der verborgenen Lebensweise Verbreitung ungenau bekannt. Kann sich mit den Fortsätzen zwischen den Sandkörnchen bewegen (durch Festkleben od. Schieben).

Familie *Valkeriidae*

Der sehr dünne Stolo vor jeder Trennwand aufgetrieben, die schmal-ovalen Autozoide knospen nur an den aufgetriebenen Stellen.

Gattungen *Farrella* EHRENBERG, *Valkeria* FLEMING

1 Zoide gestielt, einzeln auf kurzen Teilstücken von sekundären u. tertiären Stolonen, im Durchschnitt mit 12 Tentakeln. – **V. L.** Von verschiedenen eur Küsten bekannt, im Gebiet in Küstengewässern der Nordsee an Hydrozoen, Algen u. Krabben. *Farrella repens* (FARRE) (Abb. **576**/6)

1* Zoide ungestielt, in Gruppen nahe den Internodien, mit 8 Tentakeln. Wenn Stöcke freihängend, dann reich verzweigt. – **V. L.** Im Seichtwasser der Nordsee (u. SW-Ostsee?), teilweise auch im Brackwasser, meist an Algen u. Hydrozoen. *Valkeria uva* (L.) (Abb. **576**/7)

Familie *Hypophorellidae*

Gattung *Hypophorella* EHLERS

Hypophorella expansa EHLERS (Abb. **576**/8)
Stolonennetz zwischen den Lamellen der Wohnröhren des Polychaeten *Lanice conchylega*, die etwa 1,5 mm langen Zoide strecken ihre Tentakelkronen durch Löcher in das Röhrenlumen hinein. – **V.L.** Im Mittelmeer u. nördl. Meeren, im Gebiet bisher nur von Ostfriesischen Inseln bekannt.

Unterordnung *Cheilostomata* – **Lippenmünder**

Cystide ± stark verkalkt (nur selten elastisch). Aperturen meist durch Deckel verschließbar. Zoide kästchen- od. tütenförmig, pflaster- od. dachziegelartig dicht beieinander, vielfach mit Brutkammern (Ooecien). Als Heterozoide, Kenozoide, häufig Avikularien u. selten Vibrakularien. Im Gebiet meist im Meer, selten im Brackwasser. 6 Sektionen (von 9).

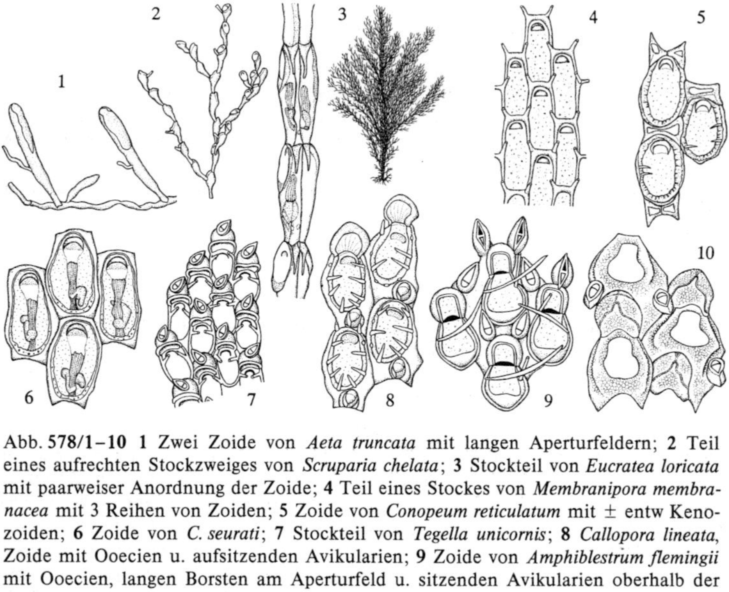

Abb. **578/1–10** **1** Zwei Zoide von *Aeta truncata* mit langen Aperturfeldern; **2** Teil eines aufrechten Stockzweiges von *Scruparia chelata*; **3** Stockteil von *Eucratea loricata* mit paarweiser Anordnung der Zoide; **4** Teil eines Stockes von *Membranipora membranacea* mit 3 Reihen von Zoiden; **5** Zoide von *Conopeum reticulatum* mit ± entw Kenozoiden; **6** Zoide von *C. seurati*; **7** Stockteil von *Tegella unicornis*; **8** *Callopora lineata*, Zoide mit Ooecien u. aufsitzenden Avikularien; **9** Zoide von *Amphiblestrum flemingii* mit Ooecien, langen Borsten am Aperturfeld u. sitzenden Avikularien oberhalb der Ooecien; **10** Zoide von *A. solidum* mit dreilappigen Aperturen

Sectio *Inovicellata*

Einreihige Zweige od. Geflechte aus langen, röhrenförmigen Zoiden mit wenig verkalkten Cystiden, die mit langem Basalabschnitt, der einen Stolo vortäuscht, am vorhergehenden Cystid festgeheftet ist. Mit Deckel, ohne Heterozoide u. Ooecien.

Familie *Aeteidae*

Gattung *Aeta* LAMOUROUX

Aeta truncata (LANDSBOROUGH) (Abb. **578**/1)
Aufrechter Teil des Cystids lg u. meist gerade, distale S mit langem Aperturfeld, am oberen E das Operculum. Die kalkige Cystidwand mit zahlreichen kleinen Poren. – **V. L.** Von verschiedenen Fundorten weltweit bekannt, an eur Küsten. Im Gebiet bei Helgoland u. westl. Ostsee (Kieler u. Eckernförder Bucht). Die haarfeinen Stöcke im Litoral an Algen, Steinen usw.

Sectio *Scrupariina*
Familie *Scrupariidae*

Pflanzenähnliche Stöcke aus ein- bis zweireihigen Zweigen aus tütenförmigen Cystiden. Teilweise mit zweiteiligen Ooecien, die auf kleineren Zoiden sitzen.

Gattungen *Scruparia* OKEN, *Eucratea* LAMOUROUX

Scruparia chelata (L.) (Abb. **578**/2)
Stöcke einreihig aus füllhornförmigen, meist aufrecht stehenden Zoiden, die jeweils aus einem anderen durch ein kleines knotenförmiges Gelenk entspringen. Mit kugelförmigen Ooecien, ohne Avikularien. – **V. L.** Schottland bis Mittelmeer, Deutsche Bucht, ostfriesische Küste, die haarfeinen Stöcke an verschiedenen Unterlagen, oft auf Bryozoen u. Hydrozoen im Litoral.

Eucratea loricata (L.) (Abb. **578**/3)
Zierliche, reich verzweigte Stöcke, oft 4–5 cm h (bisweilen bis 10 cm), die Zoide immer paarweise angeordnet (durch Verwachsen ihrer Basalseiten). Ohne Ooecien u. Avikularien. – **V.L.** Kosm. Nordseeküsten, westl. Ostsee, meist im oberen Litoral auf verschiedenen Unterlagen.

Sectio *Malacostega*

Cystide ± kästchenförmig, stoßen mit allen vertikalen Wänden meist aneinander. Ventrale Wand überwiegend elastisch, oft durch randständige Dornen geschützt. Operculum membranös.

Familie *Membraniporidae*

Gattung *Membranipora* BLAINVILLE

Membranipora membranacea (L.) (Abb. **578**/4)
Stöcke als krustenartige Überzüge aus rechteckigen, 0,5–1 mm langen Cystiden. FrontalS membranös, an den hinteren Cystidecken je 1 Kalkdorn. – **V. L.** Atl. Zahlreiche Funde an Nordsee- u. südwestl. Ostseeküsten, teilweise auch mit *Electra* verwechselt. Häufig an Algen, vor allem Laminarien.

Gattung *Conopeum* GRAY

Die krustenförmigen Stöcke aus unregelmäßig ovalen Zoiden. Die Apertur mit charakteristischem faltigen u. membranösen Rand.

1 Dornen – wenn vorhanden – am Rand des Aperturfeldes. Am distalen E jedes Cystids 1 Paar dreieckige Kammern (Kenozoide). – **V. L.** Nordsee, Deutsche Bucht, nordfriesisches Wattenmeer, auf hartem Substrat (Molluskenschalen, Steine). *Conopeum reticulum* (L.) (Abb. **578**/5)

1* Dornen bis auf ein kleines Paar am DistalE der Cystide reduziert. Kenozoidkammern selten, unregelmäßig u. nicht paarig. – **V. L.** Eur. Küsten. Im Gebiet im Brackwasser der Nordseeküsten möglich, im Nord-Ostsee-Kanal, Obere Eider, Kieler Förde, oft an Pflanzen. Brackwasservorkommen von *Membranipora membranacea* wohl mit dieser Art verwechselt. *Conopeum seurati* (CANU) (Abb. **578**/6)

Familie *Calloporidae*

Krustenartige Stöcke mit über der Apertur liegenden großen Ooecien u. vielfach mit Avikularien.

Gattungen *Tegella* LEVINSEN, *Callopora* GRAY, *Amphiblestrum* GRAY

1 Cystide mit Porenkammern (sichtbar am Rande des Stockes) an der BasalS, deren Ränder als bogenförmige Linien erkennbar sind 2

1* Cystide ohne Porenkammern. Stöcke als kleine abgerundete Krusten, die Cystide mit großem Aperturfeld (mehr als die Hälfte der FrontalS), am stark verkalkten Rand an jeder S 1 Dorn. Die meisten Zoide mit Ooecium mit starker Querrippe etwas oberhalb ihres proximalen Randes. Jedes Ooecium mit großem, schräg gestelltem Avikularium. – **V. L.** Boreal-arkt. An der Nordseeküste u. in den Belten, Vorkommen in Ostsee unklar. Meist auf harten Unterlagen (Molluskenschalen, Steine). *Tegella unicornis* (FLEMING) (Abb. **578**/7)

2 Am Rande des Aperturfeldes zahlreiche Borsten (6–14), aufrecht stehend od. nur wenig über das Aperturfeld konvergierend. Auf den Ooecien-Frontalseiten eine schwache stumpfwinklige Leiste. Die gerundeten Krusten aus ovalen Zoiden, das Aperturfeld groß (größter Teil der FrontalS) u. mit scharf markiertem Rand. Meist 1 Avikularium an einer S des Ooeciums (mitunter ein zweites an der anderen S). – **V. L.** Zirkumpolar bis Mittelmeer. In der Nord- u. westl. Ostsee (bis etwa Travemünde) vorzugsweise auf Algen, zuweilen auf harten Substraten. *Callopora lineata* (L.) (Abb. **578**/8)

2* Am Aperturfeldrand nur wenige (1–2, max. 6) oder keine Borsten. Ooecien anders gestaltet als bei vor. Art 3

3 Kryptocysten (horizontale Kalklamelle unterhalb der Frontallamelle) ziemlich groß, das membranöse Aperturfeld zunehmend dreilappig (kleeblattähnlich) . 4

3* Kryptocysten als schmaler Rand um das relativ große, ± längsovale Aperturfeld 5

4 Am Aperturfeldrand 2–6 Borsten (davon 1 mitunter sehr kräftig entw). Oberhalb des Ooeciums 1–2 Avikularien. Stöcke unregelmäßig gelappt, die Zoide br oval, am breitesten in der proximalen Hälfte. – **V. L.** Boreal-kaltgemäßigt. Im Gebiet bei Helgoland. *Amphiblestrum flemingii* (BUSK) (Abb. **578**/9)

4* Am Aperturfeldrand keine Borsten. Falls Avikularien vorkommen, dann an der Grenze zwischen 2 Zoiden od. an der Frontalwand am proximalen E. Stöcke gerundet bis unregelmäßig, lebend bleich olivgrün. Form der Zoide ähnlich denen von *A. flemingii*, meist schmaler. Apertur deutlich dreilappig. – **V. L.** Boreal-arkt. Ziemlich häufig in der Nordsee auf Steinen u. Schalen, mitunter an Algen. Fundangaben in westl. Ostsee bis Wismar unsicher. (Verwechslungen mit anderen Arten?) *Amphiblestrum solidum* (PACKARD) (Abb. **578**/10)

5 **(3)** Reife Zoide mit 2 Borsten (auch 4–6), davon mindestens eine dick u. groß. Ooecien ziemlich groß u. kuglig, mit gleichmäßig granulierter OFläche. Avikularien klein, an der Gymnocyste. – **V. L.** Mittelmeer bis Norwegen, vorwiegend im Flachwasser. Im Gebiet bei Helgoland.
Callopora dumerilii (AUDOUIN) (Abb. **582**/1)

5* Reife Zoide meist nur mit 1 nicht bes. großen Borste. Die Ooecien kleiner, auf der FrontalS mit prominenter, gewinkelter Rippe. Jederseits vom Ooecium nahe seinem distalen E ein kleines Avikularium (mitunter 1 am Proximalrande des Aperturfeldes). Stöcke als gerundete Krusten. – **V. L.** Mittelmeer bis Grönland. Im Gebiet in der Nordsee mitunter häufig im Flachwasser auf verschiedenen Substraten (auch im tieferen Wasser), in der westl. Ostsee bis etwa Bornholm.
Callopora aurita (HINCKS) (Abb. **582**/2)

Familie *Electridae*

Krustenförmige Stöcke ohne Ooecien u. Avikularien.

Gattung *Electra* LAMOUROUX

Cystide oval od. gerundet dreieckig, die Gymnocysten mindestens $\frac{1}{6}$ so lg wie die FrontalS. Am proximalen Teil des Aperturfeldes 1 stärkerer zentraler Dorn, dazu teilweise weitere, meist kleinere am Rande des Feldes.

1 Gymnocyste etwa halb so lg wie das Cystid, immer mit zahlreichen deutlichen Poren. Der proximale Dorn am Aperturfeldrand oft ziemlich lg. Stock krustenförmig, Rand vielfach mit aus wenigen Reihen von Zoiden bestehenden Vorsprüngen, die FrontalS glatt u. silbrig glänzend. – **V. L.** Von eur u. indopazifischen Küsten von verschiedenen Fundorten bekannt. Im Gebiet in Nord- u. Ostsee ziemlich häufig bis 80 m Tiefe auf Algen, Hydrozoen u. Muschelschalen. *Electra pilosa* (L.) (Abb. **582**/3)

1* Gymnocyste in der Regel kürzer, ohne Poren. Der proximale Dorn vorhanden, aber nicht besonders groß, weitere Dornen möglich 2

2 Gymnocysten nur ¼ so lg wie die Cystide. Nur 1 kurzer proximaler Dorn vorhanden. Operculum verkalkt, opaque, halbkreisförmig, mit konkavem unteren Rand. Stöcke krustenförmig bis schwammig, manchmal aufgerichtet, in Brackwassertümpeln mitunter als große unregelmäßige Massen. – **V. L.** Im Brackwasser an der ganzen Nordseeküste u. in Flußmündungen, in der Ostsee bis Bottnischer Meerbusen. An Steinen u. Pflanzen. *Electra crustulenta* (PALLAS) (Abb. **582**/4)

2* Gymnocysten fast halb so lg wie die Cystide. 1 längerer proximaler Dorn, dazu weitere Dornen am Aperturfeldrand. Operculum nicht verkalkt, unterer Rand undeutlich. – **V. L.** Verbreitungsgrenzen unsicher. In der Nordsee in Ästuarien u. brackigen Küsten, im Gebiet in der Wesermündung, bei Wangerooge, Küste Schleswig-Holsteins, an Schalen u. Steinen. Weitere Lokalitäten zu erwarten. [*E. hastingsae* MARCUS] *Electra monostachys* (BUSK) (Abb. **582**/5)

Familie *Flustridae*

Stöcke aus breiten, teils eingeschnittenen Lappen, aufrecht stehend. Teilweise mit eingesenkten Ooecien in der distalen Cystidwand u. mit vikariierenden (nicht aufsitzenden, sondern die Stelle von Autozoiden im Stock einnehmenden) Avikularien.

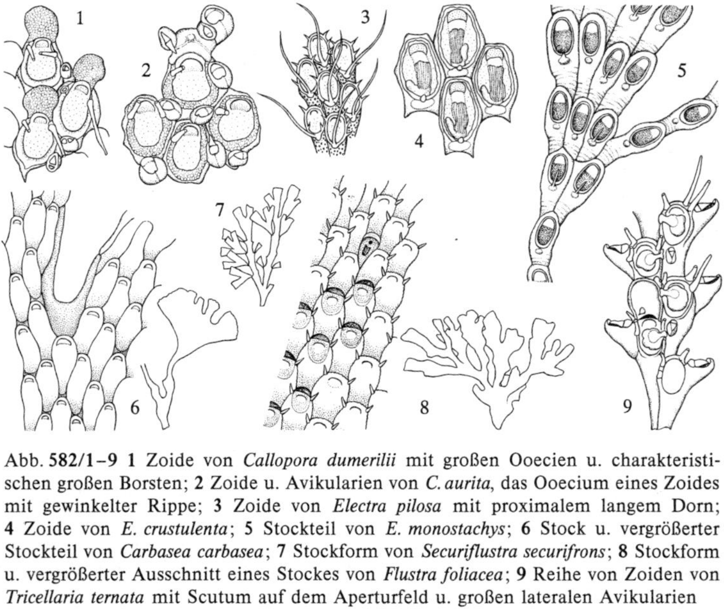

Abb. **582/1–9** **1** Zoide von *Callopora dumerilii* mit großen Ooecien u. charakteristischen großen Borsten; **2** Zoide u. Avikularien von *C. aurita*, das Ooecium eines Zoides mit gewinkelter Rippe; **3** Zoide von *Electra pilosa* mit proximalem langem Dorn; **4** Zoide von *E. crustulenta*; **5** Stockteil von *E. monostachys*; **6** Stock u. vergrößerter Stockteil von *Carbasea carbasea*; **7** Stockform von *Securiflustra securifrons*; **8** Stockform u. vergrößerter Ausschnitt eines Stockes von *Flustra foliacea*; **9** Reihe von Zoiden von *Tricellaria ternata* mit Scutum auf dem Aperturfeld u. großen lateralen Avikularien

Gattungen *Carbasea* GRAY, *Securiflustra* SILÉN, *Flustra* L.

1 Zoide nur in einer Schicht angeordnet. Keine Avikularien u. Ooecien (das sind Brutkammern der Zoide, keine Gonozoide!). Stöcke in Form verzweigter Lappen, die nach der Peripherie zu breiter sind. SRänder der Stöcke aus Kenozoiden. Bis 12 cm h, gelbbraun. – **V. L.** Nordsee bis Grönland. An Nordseeküsten meist an Steinen in der Uferzone u. im tieferen Wasser.
Carbasea carbasea (ELLIS & SOLANDER) (Abb. **582**/6)

1* Stöcke aus 2 Lagen von Zoiden mit einander zugekehrten BasalS. Ooecien u. vikariierende Avikularien kommen vor 2

2 Lappen od. Blätter der Stöcke an den Enden wie abgeschnitten. Cystide rechtekkig, ohne Dornen, meist 4mal so lg wie br. Stöcke oft 10–15 cm h, hell strohgelb, Befestigung an der Unterlage durch scheibenartige basale Ausbreitung u. durch zahlreiche schmale Wurzelfäden. – **V. L.** Zirkumpolar. Nordsee bis Mittelmeer. In der Nordsee vielfach häufig. Auf festen Substraten verschiedenster Art meist in Tiefen zwischen 10 u. 100 m. *Securiflustra securifrons* (PALLAS) (Abb. **582**/7)

2* Lappen od. Blätter der Stöcke an den Enden abgerundet. Cystide distal abgerundet, mit Dornen, etwa doppelt so lg wie br. H der Stöcke bis 18 cm, graubraun bis grünlichbraun. Befestigung an der Unterlage durch breite basale Scheibe, Wurzelfäden kommen nicht vor. – **V. L.** Barentssee bis Biskaya-Bucht. In der Nordsee auf harten Unterlagen etwa zwischen 5 u. 100 m Tiefe häufig, teilweise als förmliche Wiesen auf dem Untergrund, auch in der westl. Ostsee bis etwa Kadettrinne. Vielfach angespült. *Flustra foliacea* L. (Abb. **582**/8)

Sectio *Cellularina*

Aufrecht stehende, meist reich verzweigte Stöcke, die Ästchen nur aus 2 Längsreihen höchstens mäßig verkalkter Zoide in einer einfachen Schicht. Immer mit Avikularien, selten mit Vibrakularien. Kuglige Ooecien oberhalb der Apertur ragen meist über die Stockoberfläche.

Familie *Scrupocellariidae*

Stöcke aufgerichtet verzweigt, mit Rhizoiden an der Unterlage befestigt. Zoide bis auf Ventralmembran (meist durch bizarres Netz von Dornen geschützt) verkalkt. Mit sessilen Avikularien, oft mit Vibrakularien u. Ooecien.

Gattungen *Tricellaria* FLEMING, *Caberea* LAMOUROUX, *Scrupocellaria* VAN BENEDEN

1 Ohne Vibrakularien. Stöcke als zarte weißliche, 1–2 cm hohe Sträucher, die Zweige durch chitinige Glieder in Internodien aus 3 Zoiden geteilt. Aperturfeld oval im distalen Abschnitt, teilweise durch ± dreieckige Platte (Scutum) bedeckt, am Distalrand 2–3 kurze Borsten. Das jüngste bis alle Zoide eines Internodiums mit 1 (od. 2) Avikularien. – **V. L.** Nordsee bis Grönland. Im Gebiet in der Deutschen Bucht an zahlreichen Lokalitäten mit Rhizoiden an Hydrozoen, Algen, Schalen u. Steinen. *Tricellaria ternata* (ELLIS & SOLANDER) (Abb. **582**/9)

1* Mit Vibrakularien **2**

2 Stock durch elastische Glieder in Internodien geteilt. Vibrakularien bilden nie eine zusammenhängende Doppelreihe, ihre Borsten sind nicht gezähnt . . . **3**

2* Stock nicht in Internodien gegliedert. Entlang der BasalS des Stockes bilden große Vibrakularien eine doppelte Reihe, ihre Borsten sind im distalen Teil gezähnt. Stöcke strauchförmig, gelbbraun, bis 4 cm h, mit stark entw Wurzelfäden. – **V. L.** Nordsee bis Grönland, in der Deutschen Bucht an Hydrozoen, Wurmröhren, Bryozoen usw. vom flachen bis in tieferes Wasser.
Caberea ellisii (FLEMING) (Abb. **584**/1)

3 Mit Scutum (verbreiterte flache seitliche Randborste, die über die Frontalmembran hängt) **4**

3* Ohne Scutum, am Rand des Aperturfeldes 4 Borsten. Laterale Avikularien groß u. hervorspringend, frontale sehr klein bis fehlend. Borsten der Vibrakularien sehr lg. Stöcke strauchähnlich, grauweiß. – **V.L.** Weit verbreitet in warmen u. gemäßigten Gewässern. Eine der häufigsten Arten der Nordsee, oft als Rasen an Algen, Steinen, Hydrozoen oder Bryozoen vom oberen Litoral bis über 100 m Tiefe. *Scrupocellaria scruposa* (L.) (Abb. **584**/2)

4 Scutum in Lappen geteilt. Die Ooecienwand mit Poren. Aperturfeld mit 3–4 Borsten. Niedrige bräunliche Stöcke (2–3 cm h), durch Widerhaken der zahlreichen Wurzelfäden fest am Substrat verankert. Laterale Avikularien sehr klein u. selten, frontale groß. Borsten der Vibrakularien groß. – **V. L.** N-Eur bis Mittelmeer. In der Deutschen Bucht meist auf Braunalgen.
Scrupocellaria reptans (L.) (Abb. **584**/3)

4* Scutum rundlich dreieckig, nicht gelappt. Die Ooecienwand ohne Poren. Aperturfeld mit 4 Borsten. Form u. Farbe der Stöcke ähnlich denen von *S. scruposa.* Laterale Avikularien klein, frontale groß (am größten an Zoiden ohne Ooecium). Vibrakularien quer gestellt. – **V. L.** Zirkumpolar. Nordsee. An verschiedenen Stellen in der Deutschen Bucht an unterschiedlichen Substraten.
Scrupocellaria scabra (L.) (Abb. **584**/4)

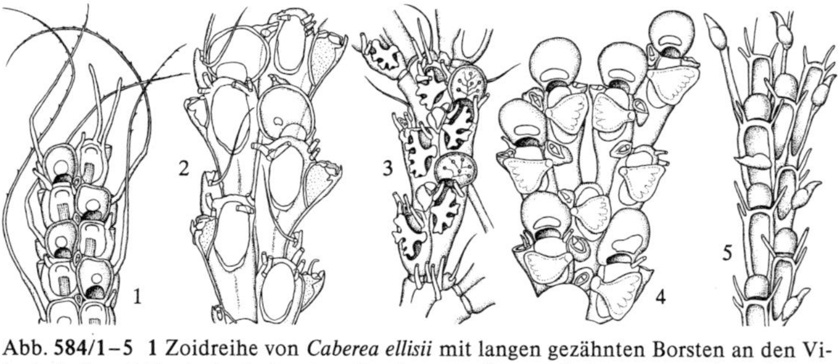

Abb. **584/1–5** **1** Zoidreihe von *Caberea ellisii* mit langen gezähnten Borsten an den Vibrakularien; **2** Zweigabschnitt eines Stockes von *Scrupocellaria scruposa* mit großen lateralen Avikularien, langen Borsten an den Vibrakularien u. 2 Ooecien; **3** Zweigabschnitt eines Stockes von *S. reptans*, über den Aperturfeldern jeweils ein gelapptes Scutum; **4** Zweigabschnitt an einer Gabelung von *S. scabra*, die Zoide mit rundlichem Scutum u. großem Ooecium; **5** Zweigabschnitt von *Bugula avicularia*, Avikularien groß u. mit schmal ausgezogenen Schnäbeln

Familie *Bugulidae*

Buschige u. flexible Stöcke aus nicht od. nur wenig verkalkten Zoiden, die alle in die gleiche Richtung zeigen, die Deckel meist ganz zurückgebildet. Cystide abgerundet rechteckig, Aperturfeldrand distal mit 1–4 kurzen Borsten, Ooecien an den Distalenden.

Gattungen *Bugula* OKEN, *Dendrobeania* LEVINSON

1 Zoide in 2er-Reihen. Avikularien nur lateral 2

1* Zoide zu 4–12 nebeneinander. Frontale u. laterale Avikularien möglich . . . 3

2 Am Distalrand des Aperturfeldes 2 Borsten an der äußeren Ecke, 1 Borste an der inneren. Avikularien groß, mit schmal ausgezogenen Schnäbeln. Stöcke etwa 2 cm h, tief orange, die Äste ± deutlich spiralig. Avikularien mehr als ⅓ Lg der Zoide. – **V. L.** Shetland, Mittelmeer, Rotes Meer. In der Deutschen Bucht nicht häufig, in wenigen bis etwa 100 m Tiefe an verschiedenen Substraten.
Bugula avicularia (L.) (Abb. **584**/5)

2* Nur an der äußeren Ecke des Aperturfeldrandes 1 Borste. Avikularien sehr klein mit kurzem Schnabel. Stöcke strauchähnlich verzweigt, unten mit kräftigen, von zahlreichen verflochtenen Wurzelfäden gestützten Zweigen, diese oben fein geteilt, hell lederfarben, etwa 3–10 cm h. – **V. L.** Schottland bis Mittelmeer. Helgoland, Deutsche Bucht, vom oberen Litoral bis in tieferes Wasser meist an Steinen u. Schalen. *Bugula plumosa* (PALLAS) (Abb. **585**/1)

3 **(1)** An jeder Ecke des Distalrandes des Aperturfeldes (in der Regel) 2 Borsten, keine an den SRändern. OFläche der Ooecien glatt. Laterale Avikularien 4–5mal größer als die frontalen, ihr Stiel zur unteren S verschoben. Stock aus langen schmalen, oft gespaltenen u. vielfach ± flächenförmig angeordneten Zweigen, etwa 2–3 cm, meist graubraun. – **V. L.** Nordsee. In der Deutschen Bucht u. bei Helgoland ziemlich häufig an verschiedenen Substraten in wenigen bis mehreren hundert m Tiefe. *Bugula flabellata* (GRAY) (Abb. **585**/2)

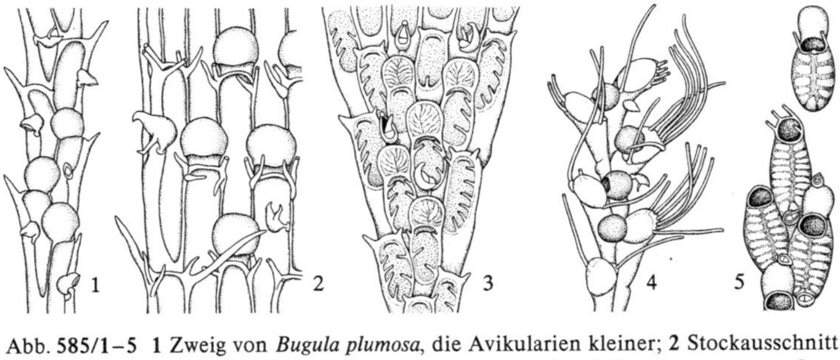

Abb. **585/1–5** **1** Zweig von *Bugula plumosa*, die Avikularien kleiner; **2** Stockausschnitt von *B. flabellata*, Ooecien glatt; **3** Stockausschnitt von *Dendrobeania murrayana*, Ooecien mit fächerförmig ausstrahlenden Leisten; **4** Zoidreihen von *Bicellaria ciliata*; **5** Zoide von *Membraniporella nitida*, deutlich sichtbar die über dem Aperturfeld liegenden rippenartigen Kalkdornen

3* An jeder Ecke des Distalrandes des Aperturfeldes 1 Borste, dazu einige an den SRändern (reduziert bei var. *fruticosa*). OFläche der Ooecien mit von ihrem proximalen Rand fächerförmig ausstrahlenden schmalen Leisten. Stiel der Avikularien an der Basis (Abb. **585**/3). Stöcke aus einer wechselnden Anzahl von Lappen, die distal etwas breiter werden (ähnlich einer kleinen *Flustra*), bräunlich, 3–4 cm h. – **V. L.** Arkt-boreal. In der Deutschen Bucht an verschiedenen Substraten ab 20 bis zu einigen hundert m Tiefe, die var. *fruticosa* vielleicht häufiger. *Dendrobeania murrayana* (JOHNSTON) (Abb. **585**/3)

Familie *Bicellariidae*

Gattung *Bicellariella* LEVINSON

Bicellariella ciliata (L.) (Abb. **585**/4)
Sehr zarte, zierlich verzweigte Stöcke, weißlich durchsichtig, etwa 1–1,5 cm h, die Zweige zweireihig aus füllhornförmigen, distal etwas nach außen gebogenen Cystiden. Am Distalrand des Aperturfeldes 4–7 lange Borsten (erheblich länger als das Cystid), am proximalen Rand nur 1 Borste. Kleine laterale Avikularien sind gestielt, ebenso helmförmige Ooecien. – **V. L.** Atl-Indopazifik. Deutsche Bucht, Helgoland, auf verschiedenen Substraten von der Gezeitenzone bis etwa 100 m Tiefe.

Sectio *Spinocystidea [Cribrimorpha]*

Brückenartig verbundene Kalkdornen des Aperturfeldrandes bilden Kalkschild außerhalb der Frontalwand, meist durch Löcher od. Schlitze unterbrochen. Mit kugelig hervortretenden Ooecien u. Avikularien. 1 Familie.

Familie *Cribrilinidae*

Gattungen *Membraniporella* SMITT, *Aspidoelectra* LEVINSON, *Cribrilina* GRAY

1 Die rippenartigen Kalkdornen stoßen in der Medianebene der Cystide aneinander od. sind dort ± zusammengewachsen, nebeneinanderliegende bleiben durch Spalten getrennt 2
1* Die Rippen sind in der Medianebene zusammengewachsen u. auch miteinander, zwischen ihnen bleiben Porenreihen 3
2 Stöcke als kleine, ± kreisförmige silbrige Krusten. Rippen zwischen 3 u. 11 Paaren, die Zwischenspalten meist deutlich. Am Distalrand der Aperturen 4–6 aufrecht stehende Borsten (mitunter abgefallen). Mit kleinen Avikularien u. rundlichen Ooecien an den Distalenden der Cystide. – **V. L.** Norwegen bis Frankreich, in der Deutschen Bucht (u. westl. Ostsee?) an Steinen, Algen u. Schwämmen bis etwa 25 m Tiefe. *Membraniporella nitida* (JOHNSTON) (Abb. **585**/5)
2* Stöcke als unregelmäßig gelappte Krusten, die Lappen distalwärts breiter, mitun-

ter fächerförmig, Rippen der Cystide (6–8 Paare) dicht beieinander, die Zwischenspalten oft kaum hervortretend. Oberhalb der Apertur 2 kurze dicke Fortsätze (gehören zu benachbarten Cystiden). Keine Ooecien u. Avikularien. – **V.L.** Von verschiedenen Fundorten in der Nordsee bekannt, vielfach in Ästuarien. Im Gebiet bei Helgoland, Weser-Mündung u. a. vorzugsweise auf Molluskenschalen. *Aspidoelectra melolontha* (LANDSBOROUGH) (Abb. **587**/1)

3 **(1)** Ohne Avikularien. Apertur ± länglich-oval. Cystide oval, ihre Poren meist in 6 Querreihen angeordnet. Stöcke als kleine rundliche, meist rötliche Krusten. – **V.L.** Norwegen bis Frankreich, in der Deutschen Bucht u. bei Helgoland (wohl nirgends häufig) von der Ebberegion bis in tiefes Wasser an Algen, Steinen u. Molluskenschalen. *Cribrilina annulata* (FABRICIUS) (Abb. **587**/2)

3* Mit Avikularien. Apertur annähernd nierenförmig. Cystide tonnenförmig, ihre Poren oft unregelmäßig angeordnet. Stöcke als flache, meist rundliche Krusten, silbrig glänzend (besonders junge Stöcke). Ooecien kuglig od. haubenförmig. Avikularien an einer od. an beiden S der Mdg (fehlen mitunter). – **V.L.** Norwegen bis SW- Frankreich, in der Deutschen Bucht u. bei Helgoland ziemlich häufig in der Gezeitenzone auf Algen u. Steinen. Ostsee?
Cribrilina punctata (HASSALL) (Abb. **587**/3)

Sectio *Ascophora*

Stöcke krustenförmig bis ± aufgerichtet. Die meist stark verkalkte Frontalwand der Cystide mit od. ohne Poren, diese jedoch zerstreut u. unregelmäßig. Zoide mit Kompensationssack unter der Frontalwand.

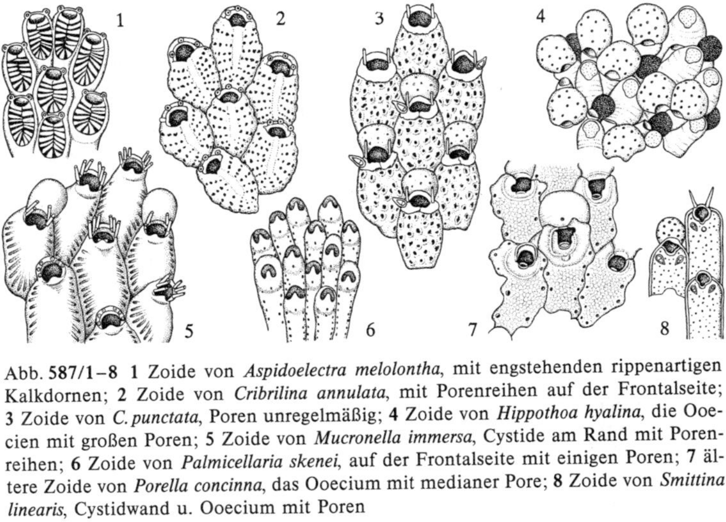

Abb. **587/1–8** **1** Zoide von *Aspidoelectra melolontha*, mit engstehenden rippenartigen Kalkdornen; **2** Zoide von *Cribrilina annulata*, mit Porenreihen auf der Frontalseite; **3** Zoide von *C. punctata*, Poren unregelmäßig; **4** Zoide von *Hippothoa hyalina*, die Ooecien mit großen Poren; **5** Zoide von *Mucronella immersa*, Cystide am Rand mit Porenreihen; **6** Zoide von *Palmicellaria skenei*, auf der Frontalseite mit einigen Poren; **7** ältere Zoide von *Porella concinna*, das Ooecium mit medianer Pore; **8** Zoide von *Smittina linearis*, Cystidwand u. Ooecium mit Poren

Familie *Hippothoidae*

Gattung *Hippothoa* LAMOUROUX

Hippothoa (Celleporella) hyalina (L.) (Abb. **587**/4)
Stöcke als kreisrunde, etwa pfenniggroße weißliche Krusten. Cystide schmal birnenförmig bis beinahe zylindrisch, ohne Poren u. ohne Borsten am Aperturfeldrand. Ooecien kugelrund, etwas über die Stockoberfläche ragend, mit zerstreuten, ziemlich großen Poren. – **V. L.** Arkt u. südl. an N-am Küsten, in Eur bis Biskaya-Bucht. In der Deutschen Bucht u. bei Helgoland von der Laminarienzone bis einige hundert m Tiefe ziemlich häufig auf Algen, Schalen u.a. Im Öresund, westl. Ostsee?

Familie *Mucronellidae* [*Escharellidae* u. *Smittinidae*]

Gattungen *Mucronella* HINCKS, *Palmicellaria* ALDER, *Porella* GRAY

Mucronella (Escharella) immersa (FLEMING) (Abb. **587**/5)
Stöcke als verschieden geformte Krusten od. als Hohlzylinder um Algenzweige. Meist kenntlich durch die über die Stockoberfläche hervorragenden Borsten sowie durch die fleischrote Farbe der Embryonen in den Ooecien. Cystide rhombisch mit einer Reihe Poren längs des Randes der FrontalS. Apertur von 4–6 langen Borsten umstellt, die bei älteren Zoiden nicht selten abfallen. Die kugelrunden Ooecien ohne Poren. – **V. L.** Boreal-arkt. In der Deutschen Bucht u. bei Helgoland an verschiedenen Substraten, häufig in der Flachwasserzone, aber auch im tieferen Wasser.

Palmicellaria skenei (ELLIS & SOLANDER) (Abb. **587**/6)
Stöcke mit einer krustenförmig ausgebreiteten Basis u. lappenartigen, aufgerichteten Zweigen aus 2 Lagen von Zoiden, gelblichrot, meist 1,5–3 cm h. Cystide lggestreckt zylindrisch, auf der gewölbten FrontalS mit einigen Poren. Ooecien nur klein. – **V. L.** Boreal-arkt. Verbreitung in deutschen Küstengewässern ungenau bekannt. In den Belten. Auf verschiedenen Substraten in 30 bis mehreren hundert m Tiefe.

Porella concinna (BUSK) (Abb. **587**/7)
Stöcke als große gerundete od. unregelmäßig geformte Krusten, lebend hell rötlich. Cystide nahezu sechseckig, im Alter zunehmend oval. Apertur zuweilen mit 2 Randborsten. Ooecien groß und kugelrund. – **V. L.** Grönland bis Adria. In der Deutschen Bucht bis 100 m Tiefe.

Gattung *Smittina* NORMAN

Stöcke krustenförmig, die Frontalwand mit zahlreichen Poren, ebenso die Ooecien. Mit seitlichen u./od. medianen Poren.

1 Stöcke rosafarben. Die Cystidfrontalwand mit über die Fläche verstreuten Poren. – **V. L.** Norwegen bis algerische Küste. Im Seichtwasser der Nordsee, bei Helgoland, auf der US von Steinen. *Smittina linearis* (HASSALL) (Abb. **587**/8)

1* Stöcke weißlich. Die Cystidfrontalwand nur am Rand mit großen, meist durch erhöhte Leisten getrennten Poren. – **V.L.** Nordsee, bei Helgoland, im tieferen Litoral bis größere Tiefen an verschiedenen Substraten.
Smittina (Smittoidea) reticulata (J. MACGILLIVRAY) (Abb. **589**/1)

Familie *Exochellidae*

Gattung *Escharoides* MILNE-EDWARDS

Escharoides coccinea (ABILDGAARD) (Abb. **589**/2)
Stöcke als gerundete Krusten, orangerot. Cystide br oval, sackförmig, frontal gewölbt, mit Porenreihe am Rand. Apertur rund, meist mit 6 Marginalborsten (bei älteren mitunter abgefallen). Jederseits der Apertur ein schräg gestelltes Avikularium. Die rundlichen Ooecien granuliert. – **V. L.** Boreal bis Mittelmeer. In der Nordsee wenig Fundorte bekannt, u.a. Helgoland. An verschiedenen Substraten, oft an Laminarien, von der Gezeitenzone abwärts.

Familie *Microporellidae*

Stöcke als Krusten verschiedener Form. Die Cystide auf der FrontalS bis nahe an der Apertur mit halbmondförmiger, oft wallartig eingerahmter Pore (Ascoporus).

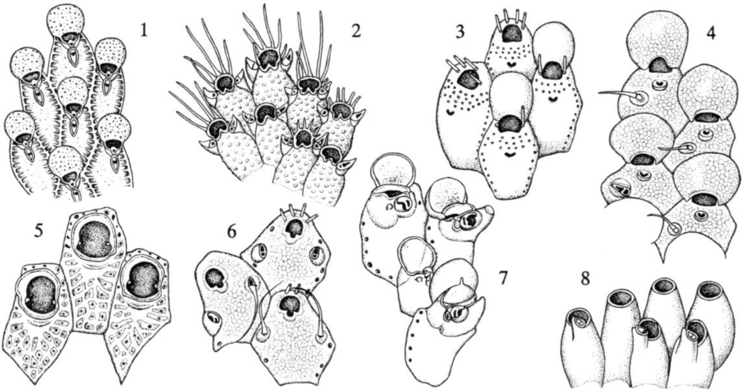

Abb. **589/1–8** **1** Zoide von *Smittina reticulata*, die Cystide am Rand mit großen Poren in Reihe; **2** Zoide von *Escharoides coccinea*, an beiden S der Apertur Avikularien; **3** Zoide von *Microporella malusii*, die Ooecien mit Randporen; **4** Zoide von *M. ciliata*, Ascoporus nahe der Apertur; **5** Zoide von *Cryptosulida pallasiana*, die Aperturen länger als br; **6** Zoide von *Schizoporella vulgaris*, Avikularien mit langer, borstenartiger Mandibel; **7** Zoide von *Cellepora ramulosa* u. Stockform; **8** junde Zoide von *C. pumicosa*, die 3 unteren mit je einem Avicularium auf einem Rostrum

Gattung *Microporella* HINCKS

1 Ascoporus median. Keine Avikularien. Die großen haubenförmigen Ooecien mit einer Reihe Randporen. – **V. L.** Kosm? In der Deutschen Bucht, bei Helgoland bis zu einigen hundert m Tiefe auf Algen, Schalen od. Steinen.
Microporella malusii (AUDOUIN) (Abb. **589**/3)

1* Ascoporus nahe der Apertur. Cystid an der FrontalS mit 1 (selten 2) seitlichen Avikularium. Runde Ooecien zuweilen mit strahlenartigen Graten u. Poren am Distalrand. – **V. L.** Ähnlich *M. malusii.*
Microporella (Fenestrulina) ciliata (PALLAS) (Abb. **589**/4)

Familie *Cryptosulidae*

Gattung *Cryptosula* CANU & BASSLER

Cryptosula (Lepralia) pallasiana (MOLL) (Abb. **589**/5)
Stöcke als rundliche od. unregelmäßig geformte, teilweise auch aufgerichtete Krusten, charakteristisch rotgelb. Cystide br oval bis rhombisch, die FrontalS mit relativ großen, etwas eingesenkten Gruben. Die Apertur groß u. länger als br. – **V. L.** Norwegen bis Rotes Meer. N-Am. Häufig an Steinen, Schalen, Algen u. a., im Seichtwasser der Deutschen Bucht.

Familie *Schizoporellidae*

Gattung *Schizoporella* HINCKS

Schizoporella vulgaris (MOLL) (Abb. **589**/6)
Stöcke als verschieden geformte Krusten. Cystide meist ± oval. Apertur halbkreisförmig mit medianem Sinus u. 3–5 Borsten am Distalrand. Median u. etwas seitlich jederseits 1 kleines Avikularium mit langer, fast borstenartiger Mandibel. Ooecien rundlich ohne Poren. – **V. L.** Irland bis Mittelmeer. Im Gebiet bisher nur bei Helgoland.

Familie *Celleporidae*

Gattung *Cellepora* L.

Zoide dicht gehäuft, wenigstens in den älteren Stockteilen in mehreren Schichten. Nahe des proximalen Aperturrandes ein kräftiger Fortsatz (Rostrum), der ein kleines Avikularium trägt.

1 Stöcke aufrecht, verzweigt, die Zweige am E abgerundet, 2–7 cm h, ± fleischrot. Cystide zylindrisch oval, glatt, das Rostrum kräftig. Ooecien rund, gewöhnlich ohne Poren. Neben den Avikularien auf den Rostren auch weitere zwischen den Zoiden liegende größere Autozoide möglich. – **V. L.** Norwegen bis Mittelmeer. Deutsche Bucht, bes. auf Hydrozoen, auch auf Schalen od. Steinen.
Cellepora (Omalosecosa) ramulosa L. (Abb. **589**/7)

1* Stöcke krustenförmig, oft als Hohlzylinder Algen- od. Hydrozoenstämme um-

schließend, hellrosa. Cystide oval bis urnenförmig, meist aufrecht, glatt. Ooecien klein, meist mit wenigen Poren. Nur jeweils 1 Avikularium auf den Rostren. – **V. L.** Norwegen bis Mittelmeer. Nordsee auf Steinen u. Hydrozoen bis 100 m Tiefe, Nachweise für Deutsche Bucht fehlen.
Cellepora pumicosa (PALLAS) (Abb. **589**/8)

Ordnung *Stenostomata [Cyclostomata]* – **Kreis- oder Rundmünder**

Cystide eng röhrenförmig u. steif verkalkt. Apertur kreisrund, mit langem Vorhof, der am Grunde mit Sphinkter verschlossen wird. Als Heterozoide sind Kenozoide u. auffällig große Gonozoide vorhanden, mitunter Nanozoide (wirken wie verkümmerte Autozoide). Im Meer. Im Gebiet Vertreter von 2 Unterordnungen.

Unterordnung *Articulata [Camptostega]*

Die Zweige der strauchartig verzweigten Stöcke sind durch unverkalkte elastische Abschnitte in Internodien untergliedert. Alle Aperturen auf einer S. Gonozoide vasen- od. birnenförmig. 1 Familie.

Familie *Crisiidae*

Gattungen *Crisidia* MILNE-EDWARDS, *Crisiella* BORG, *Crisia* LAMOUROUX

1 Internodien ab 2. Internodium meist (bei sterilen) bzw. immer (bei fertilen, d. h. Gonozoide beherbergenden Internodien) aus mehreren Zoiden 2

1* Internodien bestehen nur aus 1 Zoid. Stöcke wie kleine verästelte Sträucher bis 1,5 cm h, weiß. Jedes Zoid (nicht dort, wo 2 Äste abgehen) mit einer langen gegliederten Borste. Gonozoid annähernd birnenförmig. – **V. L.** Eur Küsten. In der Deutschen Bucht u. bei Helgoland, genaue Angaben fehlen. Oberes Litoral bis geringe Tiefe, vorwiegend an Algen. *Crisidia cornuta* (L.) (Abb. **592**/1)

2 Die distalen Internodien in der Regel frontal eingekrümmt. Gonozoide birnenförmig, nicht um die eigene Achse gedreht u. nicht von Autozoiden umstanden 3

2* Internodien nicht gekrümmt. Gonozoide lggestreckt keulenförmig, ± um die eigene Achse gedreht, von mehreren Zoiden doldenartig umstanden. Stöcke reich verästelt bis 10 mm, elfenbeinfarben, in den Basalteilen beinahe dichotom verzweigt. – **V. L.** Von einigen Fundorten in verschiedenen Meeren bekannt. Genaue Angaben zur Deutschen Bucht fehlen. Meist an Algen u. Steinen in der Gezeitenzone bis etwa 80 m Tiefe. *Crisiella producta* (SMITT) (Abb. **592**/2)

3 Stöcke mit zahlreichen bis wenigen (selten ohne) Kenozoiden in Dornenform. Gonozoide (meist nur bei Wuchsformen mit wenigen Dornen ausgebildet) in der 3. bis 8. Position im Internodium (von unten gezählt), vor allem in der 4. u. 6. Position. – **V. L.** Norwegen bis Mittelmeer. Im Gebiet nur bei Helgoland nachgewiesen. Bis 15 m Tiefe. *Crisia aculeata* HASSALL (Abb. **592**/3)

3* Stöcke ohne Kenozoide. Gonozoide meist in der 2. Position (selten in der 3. od. 4.). Stöcke strauchförmig, elfenbeinfarben, bis 15 mm h. – **V. L.** Verschiedene Fundorte in den Weltmeeren. Im Gebiet in der Deutschen Bucht u. westl. Ostsee, auch im Brackwasser u. in Flußmündungen, auf Algen u. Steinen im Seichtwasser bis etwa 100 m Tiefe. *Crisia eburnea* (L.) (Abb. **592**/4)

Unterordnung *Tubuliporina [Acamptostega]*

Die verzweigten bis massigen, der Unterlage anliegenden od. aufgerichteten Stöcke ohne elastische Glieder u. ohne wurzelartige Kenozoide. Gonozoide groß, verbreitert u. mit Ausbuchtungen. Im Gebiet Vertreter zweier Familien.

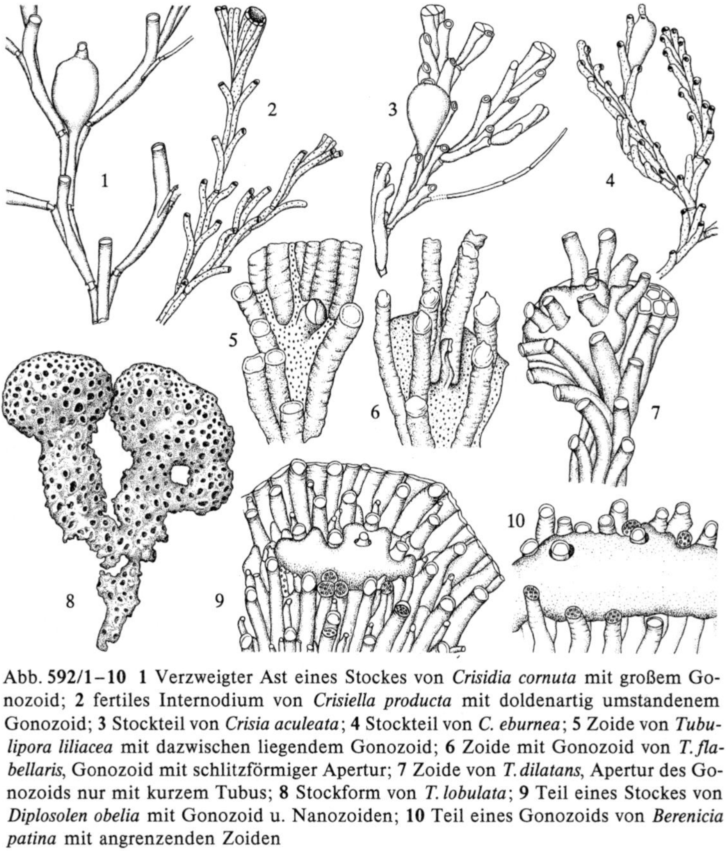

Abb. **592/1–10** **1** Verzweigter Ast eines Stockes von *Crisidia cornuta* mit großem Gonozoid; **2** fertiles Internodium von *Crisiella producta* mit doldenartig umstandenem Gonozoid; **3** Stockteil von *Crisia aculeata*; **4** Stockteil von *C. eburnea*; **5** Zoide von *Tubulipora liliacea* mit dazwischen liegendem Gonozoid; **6** Zoide mit Gonozoid von *T. flabellaris*, Gonozoid mit schlitzförmiger Apertur; **7** Zoide von *T. dilatans*, Apertur des Gonozoids nur mit kurzem Tubus; **8** Stockform von *T. lobulata*; **9** Teil eines Stockes von *Diplosolen obelia* mit Gonozoid u. Nanozoiden; **10** Teil eines Gonozoids von *Berenicia patina* mit angrenzenden Zoiden

Familie *Tubuliporidae*

Gattung *Tubulipora* LAMARCK

Stöcke auf der Unterlage ausgebreitet od. hängen mit lappenartigen Zweigen ins Wasser. Distale Cystidabschnitte ragen als Röhren über die Stockoberfläche. Ohne Nanozoide.

1 Stöcke fast ganz an der Unterlage angewachsen. Cystidröhren in distalen Abschnitten frei (in äußeren Teilen des Stockes bisweilen in radiären Reihen vereinigt). Tubus der Gonozoide frei 2

1* Stöcke in distalen Teilen frei von der Unterlage. Zoide überwiegend in quergestellten, in der M-Linie unterbrochenen Reihen angeordnet. Tubus der Gonozoide an ein Zoid od. an eine Zoidreihe angewachsen. Die lggestreckten Stöcke, oft ein- bis mehrfach dichotomisch in Lappen unterteilt, lebend bleich purpurfarben. – **V. L.** In der Deutschen Bucht von wenigen bis einige hundert m Tiefe an verschiedenen Substraten. *Tubulipora liliacea* (PALLAS) (Abb. **592**/5)

2 Stöcke von lggestreckter Form, distal meist mit erweiterten Lappen. Gonozoidtubus kurz od. fehlend 3

2* Stöcke ± fächerförmig. Gonozoide einzeln od. zu mehreren im Stock, in der Form sehr wechselnd zwischen lggestreckt bis br andere Zoide umwachsend, mit charakteristischem Tubus: lg u. schwach gebogen sowie seitlich zusammengedrückt, die Apertur schlitzförmig. – **V. L.** Eur-O-am. Bei Helgoland u. in den Belten nachgewiesen, vorzugsweise auf *Zostera* u. Algen in geringer Tiefe. *Tubulipora flabellaris* (FABRICIUS) (Abb. **592**/6)

3 Stock u. Lappen sehr schmal, nebeneinander stehende Zoide in sterilen Teilen der Lappen 2–5, in fertilen 6–9. Wuchsform der Stöcke meist nach Form der Unterlagen ausgerichtet. Tubus der Gonozoide sehr kurz. – **V. L.** Helgoland u. westl. Ostsee bis etwa Darßer Ort, in etwas tieferem Wasser auf Steinen, Schalen usw. *Tubulipora dilatans* (JOHNSTON) (Abb. **592**/7)

3* Stock u. Lappen nicht sehr schmal, nebeneinander stehende Zoide in sterilen Teilen der Lappen mindestens 6, in fertilen meist über 10. Tubus bei Gonozoiden fehlt. – **V. L.** Im Gebiet bei Helgoland meist an Steinen u. Schalen, meist unter 10 m. *Tubulipora lobulata* HASSAL (Abb. **592**/8)

Familie *Diastoporidae*

Krusten- bis blattförmige, dann aufgerichtete Stöcke mit großen gelappten Gonozoiden, die meist eine Anzahl von Autozoiden umschließen.

Gattungen *Diplosolen* CANU, *Berenicia* LAMOUROUX

1 Mit zahlreichen Nanozoiden, ihre Lg u. ihr Apertur ∅ nur etwa ⅓ der Autozoide. Stöcke kreisförmig od. etwas unregelmäßig, der Tubus kurz. – **V. L.** Helgoland, in den Belten, in wechselnder Tiefe häufig auf dem Mantel von Aszidien, auch auf Steinen, Schalen, Algen. *Diplosolen obelia* (JOHNSTON) (Abb. **592**/9)

1* Ohne Nanozoide. Junge Stöcke fächerförmig, werden durch Zusammenwachsen zunehmend kreisrund. Die Gonozoide halbmond- bis beinahe ringförmig, der

Tubus etwa doppelt so lg wie bei vor. Art u. nach oben gekrümmt. – **V. L.** Vom oberen Litoral bis in beträchtliche Tiefen auf Algen, Aszidien, Schalen usw. Im Gebiet bei Helgoland, in den Belten; in der Deutschen Bucht unsicher.
Berenicia patina (LAMARCK) (Abb. **592**/10)

Unterklasse *Phylactolaemata [Lophopoda]* – **Süßwassermoostierchen**

Immer stockbildend, mit mehr lggestreckten unverkalkten Cystiden u. mit Hautmuskelschlauch. Tentakelkrone meist hufeisenförmig. Mit Epistom. Kein Polymorphismus der Zoide. Dauerstadien als Statoblasten. Ohne echte Wimperlarven.
Meist im Süßwasser, einige Arten auch im Brackwasser. Im Gebiet Vertreter aller 4 Familien.

Familie *Fredericellidae*

Gattung *Fredericella* GERVAIS

Fredericella sultana (BLUMENBACH) (Abb. **595**/1)
Stöcke hirschgeweihartig verzweigt, aus chitinösen dunkelbraunen Cystidröhren, die Tentakelkronen kreisförmig aus etwa 17–25 Tentakeln. Statoblasten ohne Schwimmring, nur sitzend u. ± nierenförmig. Stöcke – meist stark mit Fremdkörpern inkrustiert – kriechend bis rankenartig hängend. – **V. L.** Nur im Süßwasser, an Wurzeln, Zweigen, Wasserpflanzen, nicht selten.

Familie *Plumatellidae*

Stöcke als verzweigte Fäden, gallertige Polster od. massige Klumpen, Tentakelkrone hufeisenförmig, aus 40–60 Tentakeln. Statoblasten rundlich bis oval, teils schwimmend mit gut ausgebildetem Schwimmring, teils sitzend mit rudimentärem Schwimmring.

Gattungen *Hyalinella* JULLIEN, *Plumatella* LAMARCK

1 Stöcke aus durchscheinenden, der Unterlage aufliegenden gelatinösen Röhren. Cystidmündungen fast immer von kleinen weißen Pünktchen umgeben. Schwimmstatoblasten br oval, der Ring tiefblau. – **V. L.** In M-Eur verstreut, ziemlich selten, in ruhigem bis mäßig bewegtem Wasser an verschiedenen Unterlagen. *Hyalinella punctata* (HANCOCK) (Abb. **595**/2)

1* Stöcke aus locker verbundenen od. klumpig verklebten Chitinröhren. Cystidmündungen ohne weiße Pünktchen. Farbe der Schwimmringe anders *(Plumatella)* **2**

2 Stöcke weit verzweigt, vielfach aufgerichtet bzw. hängend. Schwimmstatoblasten lg-oval (Lg : Br mindestens 2,5 : 1). – **V. L.** In M-Eur verstreut, selten. In ruhigem Wasser an verschiedenen Pflanzen. *Plumatella fruticosa* ALLMAN (Abb. **595**/3)

2* Stöcke meist krustenartig, verzweigt od. schwamm- bis buschförmig. Schwimmstatoblasten kürzer oval (Lg : Br unter 2,5 : 1) **3**

3 Schwimmstatoblasten Lg : Br etwa 1,8 : 1 . . . . **4**

3* Schwimmstatoblasten Lg : Br etwa 1,3 : 1 (maximal 1,4 : 1) **5**

4 Schwimmring der Statoblasten auf der DorsalS deutlich breiter als auf der VentralS. Aperturrand des Cystids mit deutlichem Einschnitt. Stöcke auf der Unterlage kriechend (nur die Zweigenden aufrecht) od. sich frei erhebend, ältere Stöcke meist rasenartig. – **V. L.** Zahlreiche Fundorte in M-Eur, vorwiegend in fließenden Gewässern unter Steinen, auf Holz u. Wasserpflanzen bis in wenige m Tiefe. *Plumatella emarginata* ALLMAN (Abb. **595**/4)

4* Schwimmring dorsal kaum breiter als auf der VentralS. Aperturrand des Cystids ohne Einschnitt. Stöcke kriechend, die Zweige gekielt. – **V. L.** Kosm verstreut. Im Gebiet nicht bekannt, aber zu erwarten. *Plumatella casmiana* OKA (Abb. **595**/5)

5 **(3)** Stock hirschgeweihartig verzweigt, an der Unterlage kriechend, mit kurzen aufrecht stehenden Zweigenden. Cystide lg, meist voneinander frei, nicht verklebt. Stöcke jung sparsam dendritisch verzweigt (beinahe hyalin), später dichter, beinahe rasenartig (die Röhren zunehmend gebräunt). – **V. L.** Häufigste Süßwasserart im Gebiet in Gewässern aller Art, mitunter im Brackwasser, an Seerosen, Steinen, Holz u. anderen Unterlagen, teilweise zusammen mit Schwämmen. *Plumatella repens* (L.) (Abb. **596**/1)

5* Stock aus dicht aneinander wachsenden, aufstrebenden, später zu Klumpen vereinigten Ästen zusammengesetzt. Cystide kürzer, stark miteinander verklebt. Die Stockklumpen können voll ausgewachsen Kindskopfgröße erreichen. – **V. L.** In M-Eur wohl überall häufig. In oberen Wasserschichten bis einige m tief in stehenden bis stark fließenden Gewässern (auch moorigen), vielfach an Stengeln von Wasserpflanzen, an Steinen, Holz usw., oft zusammen mit Schwämmen. *Plumatella fungosa* (PALLAS) (Abb. **596**/2)

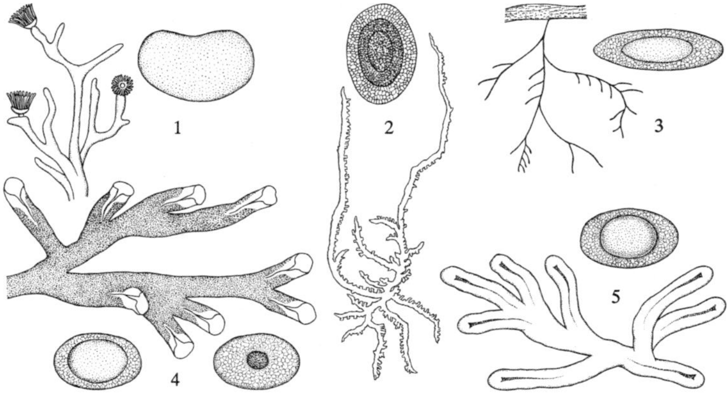

Abb. **595/1–5** **1** Teil eines Stockes von *Fredericella sultana* u. sessiler Statoblast; **2** Stockform u. Schwimmstatoblast von *Hyalinella punctata* im Sommer; **3** hängender Stock u. Schwimmstatoblast von *Plumatella fruticosa*; **4** Stockteil von *P. emarginata*; **5** Stock mit gekielten Zweigen u. Schwimmstatoblast von *P. casmiana*

Familie *Cristatellidae*

Gattung *Cristatella* CUVIER

Cristatella mucedo CUVIER (Abb. **596**/3)
Durchsichtige, gallertige Stöcke von etwa 2–3 (maximal 20) cm Lg, ähnlich den Laichballen einheimischer Süßwasserschnecken. Statoblasten tiefbraun mit 2 Kränzen von 32–60 Randhaken. – **V. L.** In kalten u. mäßig kalten Regionen. Im Gebiet überall ziemlich häufig, an verschiedenen Unterlagen in stehenden u. fließenden Gewässern.

Familie *Lophopodidae*

Cystide zu einem sackförmigen Gebilde mit dicker gallertiger Wand mit einheitlichem Coelomraum verschmolzen, in den alle Polypide eines Stockes hineinhängen. Statoblasten meist spindelförmig.

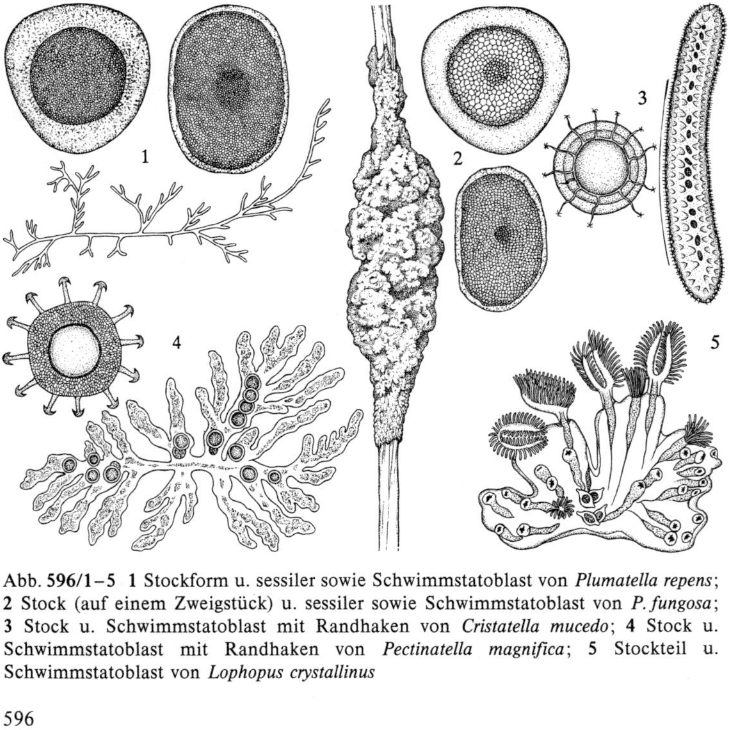

Abb. **596/1–5** **1** Stockform u. sessiler sowie Schwimmstatoblast von *Plumatella repens*; **2** Stock (auf einem Zweigstück) u. sessiler sowie Schwimmstatoblast von *P. fungosa*; **3** Stock u. Schwimmstatoblast mit Randhaken von *Cristatella mucedo*; **4** Stock u. Schwimmstatoblast mit Randhaken von *Pectinatella magnifica*; **5** Stockteil u. Schwimmstatoblast von *Lophopus crystallinus*

Gattungen *Pectinatella* LEIDY, *Lophopus* DUMORTIER

1 Stöcke rosettenartig zusammen auf kugliger bis flacher gallertiger Unterlage (bis kindskopfgroß). Schwimmringstatoblasten kreisrund, mit 10–20 Randhaken. – **V. L.** Wahrscheinlich kosm, im Gebiet verstreut, teilweise häufig. In fließenden, stehenden bis sumpfigen Gewässern bis 1 m Tiefe besiedeln die bis 1 kg schweren Stöcke Pfähle, ins Wasser hängende Zweige usw.
Pectinatella magnifica (LEIDY) (Abb. **596**/4)

1* Stöcke sackförmig gallertig, bis 2 cm ∅, wenn größer, dann gelappt. Wand schwach bläulich, Lophophoren zitronengelb, Darmkanal rotbraun mit gelblichen Längsstreifen. Statoblasten beiderseits zugespitzt, ohne Randhaken. – **V.L.** In M-Eur verstreut, meist in stehenden Gewässern, vorzugsweise lichtgeschützt unter Schwimmblättern von Wasserpflanzen, an Wurzeln u.a.
Lophopus crystallinus (PALLAS) (Abb. **596**/5)

Literatur

BORG, F.: Moostierchen oder Bryozoen in F. DAHL: Die Tierwelt Deutschlands und der angrenzenden Meeresteile. Jena 1930.

BRAEM, F.: Über Victorella und einige ihrer nächsten Verwandten, sowie über die Bryozoenfauna des Ryck bei Greifswald. Zoologica, Heft 102. 1951.

CORI, C. I.: Phoronidea. In: BRONNS Klassen und Ordnungen des Tierreichs, **4**, IV. Abt., 1,1. Leipzig 1939.

EMIG, C.C.: British and other Phoronids. – Symp. Brit. Fauna, N.S. No 13. 1979.

HAYWARD, P. J. & J. S. RYLAND: British Ascophorans Bryozoans. Synop. Brit. Fauna, N. S. No 14. 1979.

HOC, S.: Die Moostiere (Bryozoa) der deutschen Süß-, Brack- und Küstengewässer. Die Neue Brehm-Bücherei, Heft 310. Wittenberg Lutherstadt 1963.

JEBRAM, D.: Bryozoen als Holzschädlinge im Brackwasser. Kieler Meeresforsch. **25,** 1. 1969.

–: Zur Bryozoen-Fauna der deutschen Meeresgebiete und Brackwässer. I. Neue Funde. II. Kalkminierende Bryozoen. Kieler Meeresforsch. **25,** 2 u. **28,** 1. 1969 u. 1972.

KILIAS, R.: Tentaculata, Kranz- oder Armfühler. – MS für Lehrb. d. Spez. Zoologie (Begr. A. KAESTNER, Hrsg. H.-E. GRUNER) **1**, 6.

MARCUS, E.: Bryozoa-Moostiere. In: P. SCHULZE: Biologie der Tiere Deutschlands. Berlin 1925.

–: Bryozoa. In: GRIMPE U. WAGLER: Die Tierwelt der Nord- und Ostsee. Leipzig 1926.

–: Moschyr (Bryozoa eller Polyzoa) – Danm. Fauna **46.** 1940.

MUNDY, S.P.: A key to the British and European Freshwater Bryozoans. Freshw. Biol. Ass. Scient. Publ. No. 41. 1980.

RYLAND, J. S. AND P. J. HAYWARD: British Anascan Bryozoans. Synop. Brit. Fauna, N. S. No 10. 1977.

Chaetognatha – Pfeilwürmer

G. Pfeilförmige, glasklar durchsichtige Meeresbewohner mit bilateral-symmetrischem Körper u. (bis auf 1 Gattung) rein planktonischer Lebensweise. Körper lggestreckt (Abb. **598**/1–2), bei heimischen Arten bis etwa 30 mm lg; in Kopf-, Rumpf- u. Schwanzabschnitt gegliedert. Zur Stabilisierung beim Schwimmen dienen 1 od. 2 Paar SFlossen u. 1 Schwanzflosse; alle Flossen horizontal gestellt. Am Kopf ein komplizierter Fangapparat aus sensenförmigen Greifhaken u. 1. od. 2 Zähnchenreihen. In der Ruhe wird der Kopf teilweise von einer kapuzenartigen Hautfalte (Kopfkappe) überdeckt, die beim Beutefang zurückgezogen wird. Auf dem Kopf 1 Paar kleine, kreisrunde Augen. Darm zieht gerade durch den Körper, After am hinteren E des Rumpfabschnittes. – **V. L.** In allen Meeren, meist in den oberen 200 m. Im Brackwasser nur ausnahmsweise. – **B.** Zwitter. ♀ Geschlechtsorgane im Rumpf, ♂ im Schwanzabschnitt (äußerlich sichtbar die Samenblasen). Eier werden meist frei abgelegt. Direkte Entw (keine Larvenformen). Leben räuberisch, vor allem von *Copepoda* (u. anderen Zooplanktern).

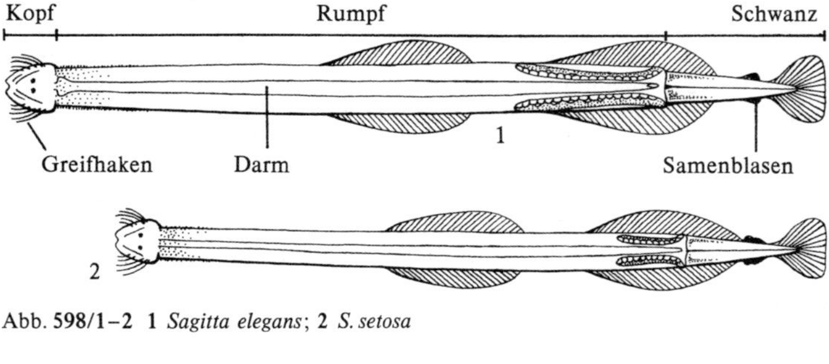

Abb. **598/1–2** 1 *Sagitta elegans*; 2 *S. setosa*

Spielen wegen des Individuenreichtums bedeutsame Rolle im marinen Ökosystem. Bewegung durch sehr schnelle, nur als Zittern wahrnehmbare Rumpfbiegungen in vertikaler Richtung. Schießen beim Beutefang pfeilartig durchs Wasser. In der Ruhe meist horizontal od. schräg im Wasser liegend. – Insgesamt etwa 100 Arten. Im Gebiet 2 Arten, die aber nicht in Küstennähe gefunden werden; mit Lupe nur als erwachsene Tiere bestimmbar.

1 Samenblasen direkt hinter der HFlosse liegend. HFlosse in der M am breitesten. Ohne Darmdivertikel. Mittelmeer, Nordsee, Ostsee bis Bornholmer Becken.
Sagitta setosa J. MÜLLER (Abb. **598**/2)

1* Samenblasen mit deutlichem Abstand von der HFlosse stehend. HFlosse im hinteren Drittel am breitesten. Darm in der Halsregion mit kleinen Divertikeln. In allen nördlichen Meeren, Nordsee, Ostsee bis Gotland-Tief.
Sagitta elegans VERRILL (Abb. **598**/1)

Literatur

KASSATKINA, A. P.: Chaetognatha der Meere der UdSSR und der angrenzenden Gewässer. Leningrad 1982 (russ.).

Echinodermata – Stachelhäuter

G. Radiärsymmetrische, fast immer fünfstrahlig gebaute Meerestiere, ohne paarige Anhänge. Körper ungegliedert, kugelig (Abb. **605**/3), sternförmig (Abb. **602**/1) od. walzenförmig (Abb. **605**/5). Immer einzeln lebend. Man unterscheidet orale (Mund-) u. aborale S. Symmetrieachse verläuft vom Mittelpunkt der oralen zum Mittelpunkt der aboralen S. Um diese Achse ordnet sich der Körper fünfstrahlig an. Strahlen äußerlich durch Saugfüßchen-Reihen markiert (Abb. **600**/1). Die Körperabschnitte mit Saugfüßchen heißen Radien, die zwischen den Radien liegenden Abschnitte Interradien. Lg ausgezogene Radien werden Arme genannt (Seesterne, Schlangensterne); springen die Radien nicht vor, dann hat der Körper kugeliges (Seeigel) od. walzenförmiges (Seewalzen) Aussehen. In der Unterhaut wird ein aus vielen Einzelteilen bestehendes Kalkskelett abgeschieden, das immer vom Epithel überzogen ist. – **V. L.** Nur marin, in allen Meeren. Meiste Arten vermeiden Brackwasser. Deshalb in der Ostsee nur ganz wenige Arten, deren Anzahl nach O zu rasch abnimmt. – **B.** Wenige Arten leben pelagisch, alle anderen sind Bodenbewohner, meist an einen bestimmten Untergrund gebunden. Bevorzugen teils steinigen Grund od. Sandboden, teils Schlamm- od. Lehmboden. Nur wenige Arten scheinen nicht wähle-

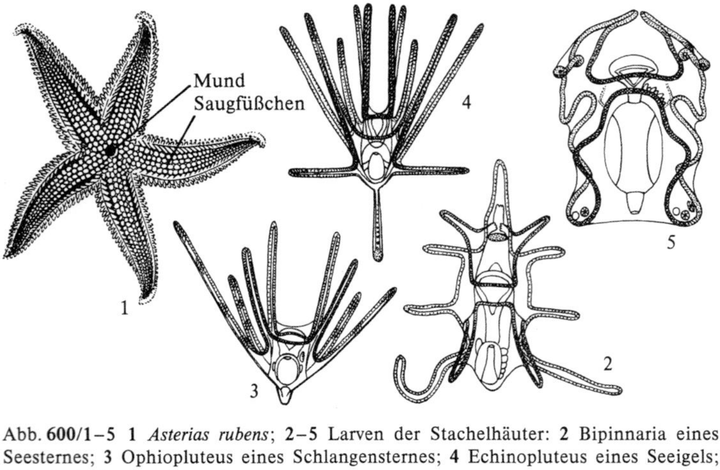

Abb. **600/1–5** **1** *Asterias rubens*; **2–5** Larven der Stachelhäuter: **2** Bipinnaria eines Seesternes; **3** Ophiopluteus eines Schlangensternes; **4** Echinopluteus eines Seeigels; **5** Auricularia einer Seewalze risch zu sein. Fast alle Arten getrenntgeschlechtig. Geschlechter äußerst selten äußerlich zu unterscheiden. Laichzeiten selbst bei Arten des gleichen Gebietes verschieden. Sperma u. Eier werden ins Wasser abgegeben, also keine Begattung. Einige Arten treiben Brutpflege. Entw über charakteristische Larvenformen, die planktonisch leben u. bilateral gebaut sind (Abb. **600**/2–5). Regenerationsvermögen außerordentlich groß. Manche Arten leben räuberisch von größeren Tieren, andere sind Detritus- od. Schlammfresser, wieder andere ernähren sich von Sinkstoffen. – Insgesamt etwa 6 270 Arten, davon 25 im Gebiet.

1 Körper sternförmig 2

1* Körper kugel-, ei- od. walzenförmig 3

2 Arme mit breiter Basis an der Scheibe ansetzend u. sich schnell verjüngend, Scheibe nicht deutlich abgesetzt. Saugfüßchen in einer Furche auf der OralS der Arme sichtbar. *Asteroida* – **Seesterne** S. 601

2* Arme mit schmaler Basis an der Scheibe ansetzend u. sich nur allmählich verjüngend, immer eine deutliche Scheibe abgesetzt. Saugfüßchen nicht erkennbar, keine Furche auf der OralS der Arme. *Ophiuroida* – **Schlangensterne** S. 602

3 **(1)** Körper kugel- od. eiförmig. Mit Stacheln. *Echinoida* – **Seeigel** S. 605

3* Körper walzenförmig. Mund von Tentakeln umstellt. *Holothurioida* – **Seewalzen** S. 606

Klasse *Asteroida* – Seesterne

G. Körper sternförmig, Radien zu Armen verlängert, gehen allmählich in die Scheibe über. Meist 5, seltener mehr (bis zu 15) Arme. Saugfüßchen deutlich in (meist offenen) Furchen auf der OralS der Arme, in 2 od. 4 Reihen angeordnet, mit verbreiterten Saugscheiben od. spitz endend. Kalkskelett aus regelmäßig angeordneten Platten. Mund im Mittelpunkt der OralS. After auf der aboralen S, fehlt bei vielen Arten völlig. Schwer sichtbare Geschlechtsöffnungen, gewöhnlich auf der aboralen S. Augen auf der OralS an den Spitzen der Arme auf Tentakeln; im Leben als rote Flecke zu erkennen. – **B.** Getrenntgeschlechtig. Arten mit Brutpflege haben keine Schwimmlarven. Laufen mit den als Hebelstangen wirkenden Saugfüßchen. Arten mit Saugscheiben saugen sich in der Ruhe oft am Untergrund fest. Räuber od. Detritusfresser. Na der Räuber: vorwiegend Muscheln u. andere Stachelhäuter. Die Beute wird verschlungen od. durch den ausgestülpten Magen des Seesternes in der Schale des Beutetieres verflüssigt. – Insgesamt etwa 1 550 Arten, davon 6 im Gebiet.

Maßangaben: Radius = Entfernung Mittelpunkt der Scheibe bis Armspitze.

1 Saugfüßchen ohne Saugscheibe, spitz endend, in 2 Reihen 2

1* Saugfüßchen mit Saugscheibe, in 2 od. 4 Reihen 3

2 Um das Tier verläuft am Rand der aboralen S ein vorspringender Kamm (Abb. **602**/1). – Arme (meist 5) br u. abgeplattet. Radius bis etwa 100 mm. Farbe rotbraun-violett. Na: andere Stachelhäuter, Muscheln, Würmer, Krebse. Lofoten bis Marokko u. Mittelmeer. Nordsee. 10–1 000 m Tiefe.
Astropecten irregularis (PENNANT) – **Kammstern** (Abb. **602**/1)

2* Rand der aboralen S ohne vorspringenden Kamm. – Arme (5) lg, schmal, abgeplattet, sehr zerbrechlich; Scheibe klein. Radius bis etwa 170 mm. Farbe rotbraun, auf den Armrändern dunkle Querflecke. Na: hauptsächlich Schlangen-

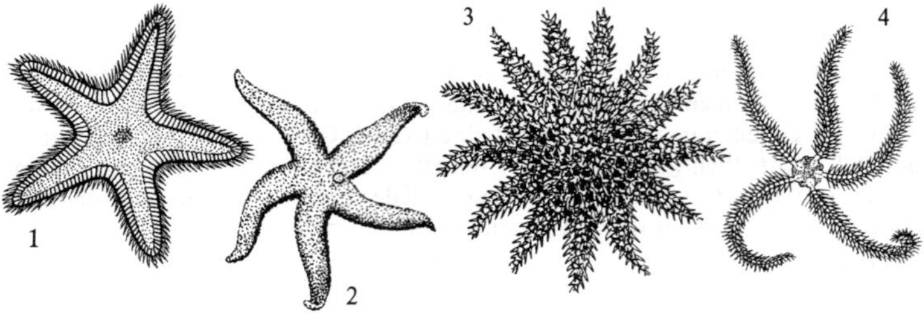

Abb. **602/1–4** 1 *Astropecten irregularis*; 2 *Henricia perforata*; 3 *Solaster papposus*; 4 *Ophiothrix fragilis*

sterne. Trondheim bis zu den Kapverden; Mittelmeer. Nordsee. 10–1 300 m Tiefe. *Luidia sarsi* DÜBEN & KOREN

3 **(1)** Saugfüßchen in 2 Reihen 5

3* Saugfüßchen in 4 Reihen 4

4 Arme (meist 5) verhältnismäßig kurz, rund, mit verengter Basis; Scheibe klein. Furche auf der OralS der Arme von abwechselnd einzeln u. paarweise stehenden Stacheln begrenzt, seitlich davon 3–4 Reihen von Stacheln. Radius bis etwa 260 mm. Farbe variabel, rotbraun bis dunkelviolett. Na: Muscheln u. Schnecken (schädlich auf Austern- u. Miesmuschelbänken). Weißes Meer, gesamte eur W-Küste, bis zum Senegal, Grönland, N-Am. Nordsee, westl. Ostsee. 0–200 m Tiefe. Häufigste Art. *Asterias rubens* L. – **Gemeiner Seestern** (Abb. **600**/1)

4* Arme (5) schlanker, an der Basis etwas dicker; Scheibe klein. Furche auf der OralS der Arme von 1 Stachelreihe begrenzt (nur ab u. zu paarweise), seitlich davon nur 1 Reihe von Stacheln. Radius bis 100 mm. Farbe rot bis schwach violett. Mit Brutpflege, Eier werden rings um den Mund gesammelt; keine Schwimmlarven. Zirkumpolar, südl. bis Helgoland. 0–800 m Tiefe. *Leptasterias muelleri* (M. SARS)

5 **(3)** Fünf Arme (Abb. **602**/2). – Arme lg, schlank, rund; Scheibe klein. Radius bis etwa 100 mm. Rotviolett bis safrangelb. Arkt-boreal. Nördl. Nordsee, westl. Ostsee. 2–1 200 m Tiefe. *Henricia perforata* (O. F. MÜLLER) (Abb. **602**/2)

5* Elf bis dreizehn Arme (Abb. **602**/3). – Arme kurz, rund; Scheibe groß. Radius bis etwa 340 mm. Farbe variabel, Scheibe meist purpurrot, Arme weißlich mit breitem rotem Band. Na: Andere Stachelhäuter. Arkt, im S bis zum Englischen Kanal. Nordsee, westl. Ostsee. 10–40 m Tiefe. – ▽ *Solaster papposus* (L.) – **Seesonne** (Abb. **602**/3)

Klasse *Ophiuroida* – **Schlangensterne**

G. Körper sternförmig. Radien zu Armen verlängert; deutlich von der runden, flachen Scheibe abgesetzt (Abb. **602**/4). Inneres Armskelett besteht aus „Wirbeln" (ähnlich wie Wirbelsäule der *Vertebrata*), die eine schlangenartige Beweglichkeit gestatten. Außenskelett der Arme aus schildförmigen Platten; man unterscheidet Rückenschild, Bauchschild u. SPlatten. Am Skelett der Scheibe fallen auf der aboralen S als größere Schilde Primärplatten u. Radialschilde auf. Eine Primärplatte im Zentrum, 5 weitere kreisförmig darum angeordnet. Radialschilde paarweise nahe der Basis jedes Armes (Abb. **604**/6). – Im Zentrum der OralS liegt der Mund. Über die Mundöffnung ragt in jedem Interradius ein Kiefer, der nach innen zu mit mehreren Zähnen od. Mundpapillen besetzt ist. Nach außen folgt jedem Kiefer ein großer Mundschild. Meist rötlichbraun bis grau, oft sehr variabel gefärbt. – **B.** Wenige Arten Zwitter, alle anderen getrenntgeschlechtig. Bei einigen Arten Brutpflege. Regenerationsfähigkeit außerordentlich groß. Kriechen viel umher. Strecken dabei 3 od. 4 Arme nach vorn, heften sie fest u. krümmen sie dann nach rückwärts. Körper wird dabei sprungartig nachgezogen. Manche Arten, bes. solche mit abstehenden Stacheln, bewegen sich auch durch Schlangenwindungen der Arme vorwärts. Na: vorwiegend Würmer u. Weichtiere. Verdauungstrakt besteht nur aus großem, sackförmigem Magen; ohne Darm u. After. Manche Arten in großer Individuenanzahl, dadurch Bedeutung als Na anderer Tiere (vor allem Fische), aber auch als Na-Konkurrenten (Verzehrer kleiner Muscheln). – Etwa 1950 Arten, davon 10 im Gebiet.

1 Rückenschilde der Arme von einem Kranz kleiner Schildchen umgeben (Abb. **604**/1). Ränder der Scheibe mit kurzen Stachelchen. – Scheibe 15–20 mm ∅, Arme 4mal so lg. Vor allem Detritusfresser. Wird häufig vom Dorsch gefressen. Auf steinigem Boden u. in Felsspalten. Zirkumpolar, Großer Belt. Südl. Nordsee. 0–300 m Tiefe. *Ophiopholis aculeata* (L.) (Abb. **604**/1)

1* Rückenschilde der Arme ohne Schildchenkranz 2

2 Auf der aboralen S an der Basis der Arme keine Papillenkämme (Abb. **604**/2, **604**/3). Scheibe klein, Arme mindestens 4mal so lg wie ∅ der Scheibe 3

2* Auf der aboralen S an der Basis der Arme 2 Papillenkämme (Abb. **604**/4–6), die auf die OralS übergreifen. Arme höchstens 4mal so lg wie ∅ der Scheibe. *(Ophiura)* 7

3 Radialschilde durch Schüppchenreihe getrennt (Abb. **604**/3) 4

3* Radialschilde in ganzer Lg zusammenstoßend (Abb. **604**/2). Armlänge = 4 Scheiben-∅. – ∅ der Scheibe 5 mm. Auf Sand, meist unter Steinen. Wird oft übersehen. Zwittrig u. vivipar. Anscheinend kosm. Südl. Nordsee. 0–250 m Tiefe. *Axiognathus squamatus* (D. CHIAJE) (Abb. **604**/2)

4 Kiefer ohne Zahnpapillen. ArmLg = mindestens 8 Scheiben-∅. Arme mit kurzen Stacheln 5

4* Jeder Kiefer mit einer Gruppe zahnartiger Papillen. ArmLg = 5 Scheiben-∅. Arme mit langen, kräftigen, abstehenden Stacheln. – Arme sehr zerbrechlich. Aborale S der Scheibe, außer auf den Radialplatten, dicht mit langen u. kurzen Stacheln besetzt. ∅ der Scheibe 15 mm. Kleintierfresser. Auf festem Untergrund. Lofoten bis Mittelmeer. Häufigste Art der Nordsee. 20–100 m. *Ophiothrix fragilis* (ABILDGAARD) – **Zerbrechlicher Schlangenstern**

5 Ränder u. orale S der Scheibe mit stachelförmigen Schuppen. ArmLg = 15 Scheiben-∅. – ∅ der Scheibe 12–13 mm. Auf Sand. Britische Küsten, Mittelmeer. Südl. Nordsee. 0–40 m Tiefe. *Acrocnida brachiata* (MONTAGU) (Abb. **604**/3)

5* Scheibe ohne stachelförmige Schuppen. Armlänge = 8 Scheiben-∅. ∅ der Scheibe 10–11 mm. Sehr leicht verletzlich 6

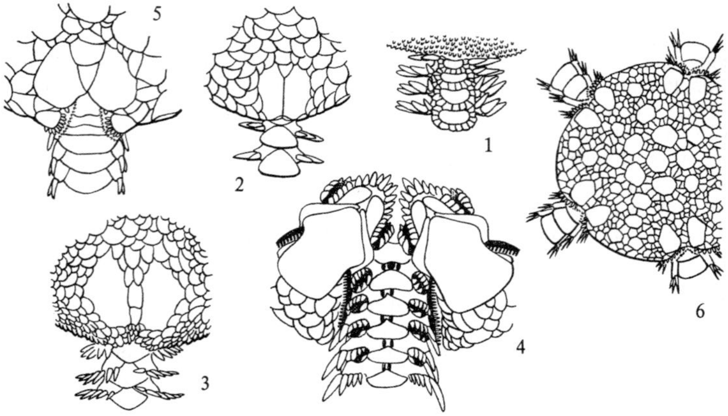

Abb. **604/1–6** Schlangensterne: Scheibenrand u. basale Armglieder von oben (aborale S): **1** *Ophiopholis aculeata*; **2** *Axiognathus squamatus*; **3** *Acrocnida brachiata*; **4** *Ophiura ophiura*; **5** *O. albida*; **6** *O. affinis*

6 Orale S der Scheibe nackt. – SStacheln der Arme leuchten bei Reizung. Auf weichem Boden. Vom Trondheimsfjord bis Mittelmeer, Azoren. Nordsee. 0–40 m Tiefe. *Amphiura filiformis* (O.F.MÜLLER)

6* Orale S der Scheibe mit flachen Schuppen bekleidet. – Vom Trondheimsfjord bis Mittelmeer. Nordsee. 20–200 m Tiefe. *Amphiura chiajei* FORBES

7 **(2)** An der Armbasis zwischen den Bauchplatten der Arme mehrere Poren (Ab. **604**/4). – ∅ der Scheibe 30 mm, Arme 3,5mal so lg. Auf Sand. Lofoten bis Mittelmeer, Kattegat, Großer Belt. Nordsee. 2–200 m Tiefe. [*O. texturata* LAMARCK] *Ophiura ophiura* (L.) (Abb. **604**/4)

7* Zwischen den Bauchplatten der Arme keine Poren **8**

8 Erster Rückenschild der Arme am äußeren Rand nicht eingebuchtet (Abb. **604**/6) **9**

8* Erster Rückenschild der Arme am äußeren Rand eingebuchtet, Schild dadurch herzförmig (Abb. **604**/5). – ∅ der Scheibe 15 mm, Arme 4mal so lg. Auf festem u. weichem Untergrund. Weißes Meer bis Azoren, Mittelmeer. Nordsee, westl. Ostsee. 0–500 m Tiefe. *Ophiura albida* FORBES (Abb. **604**/5)

9 Jede Primärplatte von einem regelmäßigen Kranz kleiner Plättchen umgeben (Abb. **604**/6). – ∅ der Scheibe 7–8 mm. Arme 3mal so lg. Arme sehr zerbrechlich. Auf festem u. weichem Untergrund. N des Atl Ozeans, Nordsee. 8–250 m Tiefe. *Ophiura affinis* LÜTKEN (Abb. **604**/6)

9* Primärplatten nicht von regelmäßigem Plättchenkranz umgeben. – ∅ der Scheibe bis 30 mm, Arme 4mal so lg. Auf festem u. weichem Untergrund. Zirkumpolar. Nordsee (Helgoland). 10–3 000 m Tiefe. *Ophiura sarsi* LÜTKEN

Klasse *Echinoida* – **Seeigel**

G. Körper kugel- od. eiförmig u. mit Stacheln besetzt. Radien nicht zu Armen verlängert. Radien u. Interradien aus je 2 Plattenreihen. Radialplatten am Außenrand mit Poren für die Saugfüßchen (je Füßchen ein Porenpaar). Interradialplatten ohne Poren, meist viel breiter als Porenplatten. Mund ursprünglich im Zentrum der US u. dann meist mit fünfzähnigem Kauapparat („Laterne des Aristoteles"); kann an den VTeil der US verschoben sein. After ursprünglich im Zentrum der aboralen S, kann sich an der HKante der Schale od. sogar auf der US befinden. Saugfüßchenreihen auf der gesamten Kugel od. nur auf der aboralen S. Mehrere Stacheln auf jeder Platte, auf kleinen Knötchen (Tuberkeln) beweglich befestigt. Einige Formen mit winzigen, keulenförmigen Stacheln, die in charakteristischen Bändern (Fasciolen) angeordnet sind. – **B.** Getrenntgeschlechtig. Bei heimischen Arten keine Brutpflege. Laichzeit: Frühling u. Sommer. Bewegen sich langsam kriechend mit Hilfe der Stacheln od. der Saugfüßchen der US. Manche können sich in Schlamm od. Sand eingraben. Na: Pflanzen od. Tiere (Weichtiere, Krebse, Würmer). – Etwa 950 Arten, davon 6 im Gebiet. Oft als Versteinerungen (Abb. **605**/1) zu finden (meist aus der Kreide stammend).

1 Körper rund, kugelförmig; mit langen harten Stacheln. After im Zentrum der US (mit Kauapparat). Saugfüßchenreihen vom Mund bis zum After ziehend . . . 2

1* Körper oval, eiförmig; mit kurzen, dicht stehenden Stacheln. After etwa an der HKante der Schale od. auf die US verschoben. Saugfüßchenreihen nur auf der aboralen S 3

2 Schale grünlich; Stacheln dunkelgrün, Spitzen gewöhnlich violett. – Schale niedrig gewölbt, ∅ bis 35 mm. Häufig zwischen Seegras *(Zostera)*. Na: *Zostera*, daneben Algen u. kleine Tiere. Trondheimsfjord bis Marokko u. Azoren. Nordsee, westl. Ostsee. 1–100 m Tiefe.
Psammechinus miliaris (GMELIN) – **Strandigel** (Abb. **605**/2)

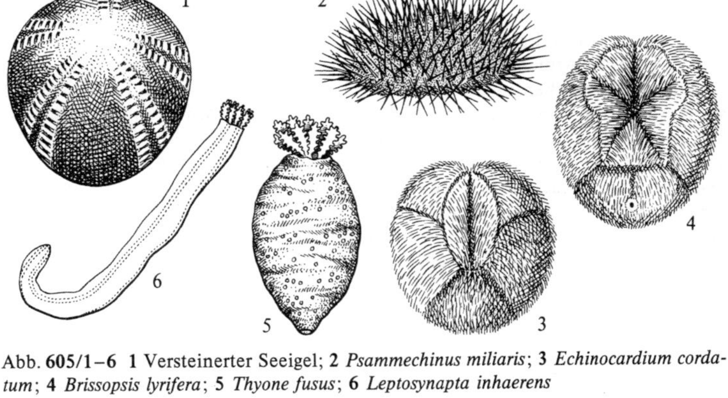

Abb. **605/1–6** **1** Versteinerter Seeigel; **2** *Psammechinus miliaris*; **3** *Echinocardium cordatum*; **4** *Brissopsis lyrifera*; **5** *Thyone fusus*; **6** *Leptosynapta inhaerens*

2* Schale rotviolett, mit weißen Tuberkeln. – Schale hochgewölbt, ∅ bis 160 mm. Bes. auf hartem Untergrund. Na: Algen u. kleine Tiere (z.B. Seepocken). In S-Eur als NaMittel. Island bis Portugal. Nordsee. 10–40 m Tiefe. – ▽
Echinus esculentus L. – **Eßbarer Seeigel**

3 (1) Mund im Zentrum der US; After ebenfalls auf der US. Ohne Fasciolen. – Körper länglich, am VE etwas zugespitzt. Schale grau od. grünlich. Lg bis 15 mm. Na: kleine Bodenorganismen u. Pflanzenreste. N-Norwegen bis Azoren, Mittelmeer. Nordsee, westl. Ostsee. 0–800 m Tiefe.
Echinocyamus pusillus (O.F.MÜLLER)

3* Mund in den VTeil der US verschoben; After an der HKante der Schale. Mit deutlichen Fasciolen. Größere Formen 4

4 Nur eine Fasciole unterhalb des Afters. Schale purpurrot. – Schale flach gewölbt, br u. herzförmig. ∅ bis 100 mm. Stacheln oft weißlich. Meist in Sandboden eingegraben. Na: vor allem Weichtiere u. Foraminiferen, die mit Bodenmaterial aufgenommen werden. Nordkap bis Azoren, Mittelmeer. Nordsee. 5–840 mm Tiefe. *Spatangus purpureus* O.F.MÜLLER – **Purpurigel**

4* Außer der Fasciole unterhalb des Afters noch eine weitere Fasciole auf der OS. Schale violett od. rotbraun u. sehr zerbrechlich 5

5 Mit einer Fasciole, die das vordere, stark vertiefte Radialfeld kreisförmig umgibt (Abb. **605**/3). Schale violett. – Vorderes Radialfeld stark eingesenkt, Poren stehen in einer unregelmäßigen Doppelreihe. Schale bis 50 mm lg. Lebt in einer 15–20 cm tiefen Sandröhre, deren Wände mit Schleim verklebt sind. Na: fast ausschließlich Detritus. Tromsö bis Mittelmeer. Nordsee. 5–6 m Tiefe.
Echinocardium cordatum (PENNANT) – **Herzigel** (Abb. **605**/3)

5* Mit einer Fasciole, die in einer lyraförmigen Figur auf der OS verläuft (Abb. **605**/4). Schale rotbraun. – Radialfelder auf der OS erweitert u. etwas vertieft; um diese Teile zieht die Fasciole. Schale bis 60 mm lg. Lebt tief im Schlammboden eingegraben. Na: Detritus. Lofoten bis Mittelmeer. Nordsee. 5–300 m Tiefe. *Brissopsis lyrifera* (FORBES) (Abb. **605**/4)

Klasse *Holothurioida* – **Seewalzen**

G. Körper in der oral-aboralen Achse stark verlängert, gurken- od. wurmförmig. Radien nicht zu Armen verlängert. Zusammenhängendes Kalkskelett fehlt, dafür kleine Kalkkörperchen in die Haut eingebettet. Um den Schlund ein Kalkring aus 5 radialen u. 5 interradialen Stücken. Saugfüßchen entweder in 5 Doppelreihen angeordnet od. über den ganzen Körper verstreut od. völlig fehlend. Mund am VE, von einem Tentakelkranz umgeben. Darm bildet im Körper meist eine Schlinge u. mündet mit einer Kloake am HE nach außen. Kloake spielt eine große Rolle bei der Atmung, kann erweitert u. verengt werden, wodurch Wasser eingesaugt u. wieder ausgepreßt wird. Oft gehen von der Kloake besondere Wasserlungen aus. – **V. L.** Leben auf dem Boden od. im Boden eingegraben. Die meisten Arten bevorzugen sandigen od. schlammigen Untergrund, manche heften sich mit der flachen US auf Felsen fest. – **B.** Meist getrenntgeschlechtig, wenige Arten protandrische Zwitter. Geschlechtszellen werden meist ins Wasser abgegeben. Brutpflege selten. Fortpflanzungszeiten unzureichend bekannt. Regenerationsvermögen sehr groß. Beim Fang werden oft Darm u. andere innere

Organe ausgepreßt, aber in wenigen Wo völlig regeneriert. Bei der Fortbewegung spielen die Saugfüßchen die Hauptrolle; werden durch wellenförmige Bewegungen des gesamten Körpers unterstützt. Arten ohne Saugfüßchen bewegen sich mit Hilfe der Kalkkörperchen der Haut vorwärts. Na: Detritus, der an den ausgebreiteten Tentakeln hängen bleibt u. in den Mund gesteckt wird. Manche Arten fressen Schlamm. – Etwa 1200 Arten, davon 4 im Gebiet.

1 Mit Saugfüßchen. Körper kurz-gurkenförmig. Sehr seßhafte Tiere, die im Schlamm od. Sand eingegraben leben u. nur V- u. HE vorstrecken **2**

1* Ohne Saugfüßchen. Körper wurmförmig lggestreckt. Mit 12 Tentakeln. Kriechen viel auf dem Boden od. im Boden umher **3**

2 Mit 10 Tentakeln (Abb. **605**/5). – Saugfüßchen über den gesamten Körper verstreut (bei ganz jungen Tieren in Doppelreihen). Weißgrau. Meist auf Schalenboden, maskiert sich mit Schalenfragmenten. Lg bis 200 mm. Trondheimsfjord bis Mittelmeer. 10–15 m Tiefe. *Thyone fusus* (O. F. MÜLLER) (Abb. **605**/5)

2* Mit 15 Tentakeln. – Tentakel in 2 Kränzen angeordnet, 10 große im äußeren, 5 kleine im inneren Kranz. Saugfüßchen über den gesamten Körper verstreut. Rötlich, Tentakel rotbraun bis violett. Auf Sandboden. Lg etwa 40 mm. Spitzbergen bis Kanal. Nordsee. 10–380 m Tiefe.
Thyonidium pellucidum DÜBEN & KOREN

3 **(1)** Tentakel mit 5–7 Paar SÄsten. Darm gerade, ohne Muskelmagen (Abb. **605**/6). – Haut durchsichtig u. dünn, rötlich. Im Schlamm od. Sand grabend. Lg bis 180 mm. Zwitter ohne Schwimmlarve. Lofoten bis französische Küste, Öresund. Nordsee. 2–50 m Tiefe.
Leptosynapta inhaerens (O. F. MÜLLER) – **Kletten-Holothurie** (Abb. **605**/6)

3* Tentakel mit 8–9 Paar SÄsten. Darm bildet eine Schlinge, mit Muskelmagen. – Haut dünn u. durchsichtig, rot. Im Schlamm grabend. Lg bis 200 mm. Trondheimsfjord, Bergen, Faröer, Skagerrak, Kattegat. Nordsee. 2–50 m Tiefe.
Leptosynapta bergensis (ØSTERGREN)

Literatur

LIEBERKIND, I.: Echinodermata in DAHL: Die Tierwelt Deutschlands und der angrenzenden Meeresteile, 4. Teil. Jena 1928.

MORTENSEN, TH., u. I. LIEBERKIND: Echinodermata in GRIMPE u. WAGLER: Die Tierwelt der Nord- und Ostsee, VIII. Leipzig 1928.

Tunicata – Manteltiere

G. Bilateral-symmetrische Tiere ohne paarige Anhänge. Über dem Darm zumindest embryonal ein Achsenstab (Chorda), dorsal davon das Nervensystem. Ohne Augen. Körper nicht segmentiert, 1 mm bis 4 m lg; von einem schützenden Cellulosemantel umgeben, der eine gallertige od. knorpelige bis lederartige Beschaffenheit hat u. bei manchen *Ascidiacea* durch eingelagerte Fremdkörper verfestigt ist. Am VE die Ingestions- od. Einströmöffnung. Vorderdarm als Kiemensack ausgebildet, dient gleichzeitig für Atmung u. Na-Erwerb. Eingeflimmertes Wasser gelangt durch die Kiemenspalten entweder direkt wieder nach außen od. in den Peribranchialraum, in den dann auch der Enddarm mündet u. der durch die Egestions- od. Ausströmöffnung nach außen führt. – **V. L.** Nur im Meer, über alle Weltmeere verbreitet; selten auch im Brackwasser. Bodentiere od. Bewohner der freien Wasserschichten. Fast alle Bodenbewohner als erwachsene Tiere festsitzend. Von der MeeresOFläche bis in fast 3 000 m Tiefe verbreitet. – **B.** Einzeln lebend od. Tierstöcke bildend. Fast ausschließlich Zwitter. Oft ungeschlechtliche Vermehrung durch Sprossung. Strudler. Von den Wimpern der Kiemenspalten durch die Einströmöffnung eingeflimmertes Wasser wird im Kiemendarm ausfiltriert; die zurückgehaltenen NaTeilchen (Detritus, pflanzliches u. tierisches Plankton) werden in den Magen transportiert. Einige *Ascidiacea* sind eßbar, andere werden als Angelköder verwendet. *Appendicularia* wegen ihres Individuenreichtums von Bedeutung als Na für andere Planktontiere. – Etwa 1 250 Arten, im Gebiet 20.

1 Freischwimmende Tiere mit Schwanzanhang; Schwanz an der Rumpfmitte ansetzend u. gegen den Rumpf um 90° abgeknickt. Immer einzeln lebend.
Appendicularia (Abb. **609**/1–2) S. 608

1* Am Untergrund festsitzende Tiere ohne Schwanzanhang. Ein- u. Ausströmöffnung stehen auf papillenartigen Erhebungen. Einzeln od. in Kolonien lebend.
Ascidiacea (Abb. **611**/1–4) S. 609

Klasse *Appendicularia* – Geschwänzte Manteltiere

G. Kleine, nur wenige Millimeter lange *Tunicata* mit Ruderschwanz, der zeitlebens erhalten bleibt. Er setzt etwa in der M des Rumpfes an, ist um 90° nach unten gegen den Körper abgeknickt u. außerdem um 90° gedreht, so daß seine morphologisch rechte S nach hinten weist. Mantel löst sich nach seiner Abscheidung vom Körper ab, bleibt nur mit dem Mundrand in Verbindung; kann den gesamten Körper einschließlich Schwanz umhüllen (Gehäuse) od. nur den VRumpf umschließen (Gallertblase). Nur 1 Paar Kiemenspalten, die direkt nach außen münden. – **V. L.** Planktontiere, vor allem im freien Ozean, vorwiegend in

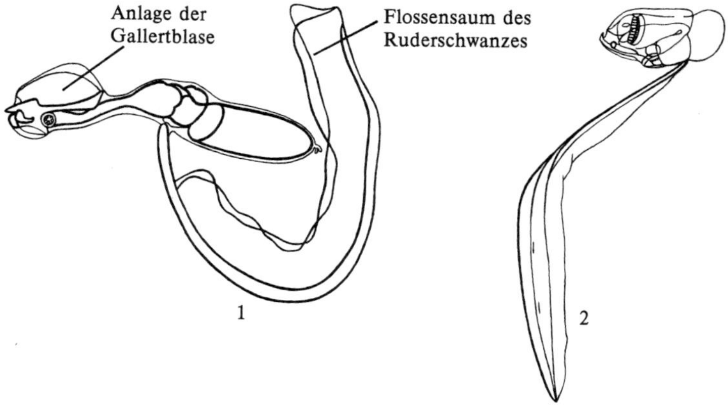

Abb. **609/1–2** **1** *Fritillaria borealis*; **2** *Oikopleura dioica*

den oberen 200 m. Gehören zu den individuenreichsten Meerestieren. – **B.** Fortpflanzung nur geschlechtlich. Fast alle Arten sind Zwitter. Geschlechtszellen werden ins Wasser abgegeben, danach sterben die Tiere meist ab. Fortpflanzung wohl vor allem im Sommer. Na: kleinste Planktonlebewesen, die von einem im Mantel gelegenen Reusenapparat ausfiltriert werden. Manche winzige Planktonten erstmalig im Reusenapparat der *Appendicularia* gefunden. – Etwa 70 Arten. Im Küstengebiet der Nord- u. Ostsee 2 Arten; erscheinen oft in solchen Massen, daß sie das Wasser milchigweiß trüben.

1 Rumpf lggestreckt. Mantel (Gallertblase) umhüllt nur VRumpf u. liegt diesem in der Ruhe mützenförmig auf. Schwanz meist nur wenig länger als Rumpf u. mit breitem Flossensaum. Rumpf bis 1,3 mm lg. – **V. L.** Weit verbreitet. Nord- u. Ostsee während des ganzen Jahres, am häufigsten II–V. – **B.** Tiere können geschickt schwimmen u. mühelos schweben.

Fritillaria borealis LOHMANN (Abb. **609**/1)

1* Rumpf kurz u. gedrungen. Mantel umhüllt als Gehäuse das gesamte Tier einschl. Schwanz. Schwanz meist 3–4mal so lg wie Rumpf u. mit schmalem Flossensaum. Rumpf bis 1,3 mm lg. – **V. L.** In allen Ozeanen. In den Sommermonaten in Nord- u. Ostsee häufig, scheint Küstennähe zu bevorzugen. – **B.** Getrenntgeschlechtig! Gehäuse wird bei geringster Störung verlassen, im Planktonnetz meist nur Tiere ohne Gehäuse. Ohne Gehäuse sinken Tiere schnell ab, mit Gehäuse können sie mühelos schweben. *Oikopleura dioica* FOL (Abb. **609**/2)

Klasse *Ascidiacea* – **Seescheiden**

G. Erwachsen niemals mit Ruderschwanz. Körper sackförmig, meist länglich-oval od. kugelig, manchmal auch schlauchförmig lg. Einströmöffnung am nach oben gekehrten E; Ausströmöffnung, als Folge sessiler Lebensweise, ± dicht daneben. Körper von eng anliegendem Mantel umschlossen. Mantel weich, gelatinös od. lederartig fest, an der Ein- u. Ausströmöffnung zu Siphonen verlängert. An den Öffnungen selbst 4–8 Mantellappen. Eingang in den großen Kiemensack von Tentakelkranz umstellt. Tentakel einfach sichelförmig od. gefiedert. Mit zahlreichen Kiemenspalten. – **V.L.** Erwachsene sind marine Bodenbewohner, leben auf hartem Untergrund (Steine, Weichtierschalen usw.) festgewachsen od. in weichem Schlick od. Sand eingebettet. In allen Meeren, Küstenregion bis Tiefsee. Meist an bestimmte Temperaturen u. bestimmten Salzgehalt gebunden. – **B.** Zwitter. EmbryonalEntw oft im Muttertier. Pelagisches Larvenstadium dient vor allem der Verbreitung. Viele Arten vermehren sich ungeschlechtlich durch Knospung. Einzeltiere bleiben dann zusammen u. bilden Kolonien. Nur geschlechtlich sich fortpflanzende Arten leben einzeln; manchmal treten aber solche Arten zu dichten, kolonieähnlichen Gruppen (Aggregationen) zusammen. – Etwa 1 150 Arten. Der Bestimmungsschlüssel erlaubt nur eine erste Orientierung, sichere Bestimmung nur nach Präparation der inneren Organe möglich. Im Gebiet 18 Arten.

1 Koloniebildend, Einzeltiere völlig in gemeinsame Mantelmasse eingesenkt . 2

1* Einzeln od. in Aggregationen lebend, Einzeltiere mindestens mit dem VE aus der Aggregation hervorragend 6

2 Einzeltiere sehr schlank u. lggestreckt (5–20 mm lg), durch scharfe Absätze in drei Abschnitte gegliedert 3

2* Einzeltiere meist nur wenig länger als dick, höchstens 3 mm lg 4

3 Einzeltiere bis 20 mm lg, Einströmöffnung mit 6 Lappen. Kolonie von der Konsistenz u. dem Aussehen einer Kartoffel, bis etwa Faustgröße, häufig zu mehreren aneinander gewachsen; Oberfläche oft mit Sandkörnchen inkrustiert. Arkt bis Englischer Kanal. Nordsee. 20–100 m (selten bis 650 m).
Synoicum pulmonaria (ELLIS & SOLANDER)

3* Einzeltiere 5–7 mm lg, Einströmöffnung mit 8 Lappen. Kolonie kugelig bis birnenförmig, etwa 6–8 mm hoch, sehr weich, fast gallertig; gelblich bis rötlich. Auf Felsen, Steinen usw. N-Norwegen bis Mittelmeer. Nordsee (Helgoland). 0–200 m. *Sidnyum turbinatum* SAVIGNY

4 Kolonie krustenförmig u. lederartig, mit eingelagerten Kalkkörperchen, nur 1,5–2,0 mm dick. Auf flachem Untergrund (z. B. Sandsteinklippen). Weiß bis leuchtend blau gefärbt. Einzeltier bis 1,3 mm lg. Färöer bis Plymouth; Nordsee (Helgoland). 0–24 m Tiefe. *Didemnum helgolandicum* MICHAELSEN

4* Kolonie weich, ohne Kalkkörperchen 5

5 Einzeltiere in kreisförmigen od. länglich-ovalen Systemen angeordnet u. parallel zur OFläche der Kolonie liegend. Kolonie weich, fast gallertig, in Form dünner Überzüge od. dickerer Polster auf Steinen, untergetauchtem Holz usw. Färbung meist sehr prächtig, aber ganz unterschiedlich. Einzeltiere 1,6–2,0 mm lg. N-Norwegen bis Mittelmeer u. Schwarzes Meer, O-Küste von N-Am; Nordsee. 0–650 m Tiefe. *Botryllus schlosseri* (PALLAS) (Abb. **611**/1)

5* Einzeltiere bandförmig od. in Doppelreihen angeordnet u. senkrecht zur OFläche der Kolonie liegend. Kolonien auf Steinen usw. in Form dünner Überzüge od. bis zu 18 mm dicker Klumpen. Prächtig rot od. violett. Einzeltier 1,5–3,0 mm lg. N-Atl Ozean, Norwegen bis Mittelmeer u. Schwarzes Meer; Nordsee (Helgoland). 0–650 m Tiefe. *Botrylloides leachi* (SAVIGNY)

6 **(1)** Einzeltiere keulenförmig, fast gallertig, bis etwa 14 mm lg, an der Basis durch

ein Wurzelgeflecht (Stolonen) zu büschelförmigen Aggregationen verbunden. W-Norwegen u. Färöer bis Mittelmeer; Nordsee (Helgoland). 0–50 m Tiefe.
Clavelina lepadiformis (O.F.MÜLLER) (Abb.**611**/2)

6* Einzeltiere nicht keulenförmig u. nicht durch basale Stolonen verbunden . . **7**

7 Einströmöffnung mit 8, Ausströmöffnung mit 6 Mantellappen. Tentakel einfach sichelförmig **8**

7* Einströmöffnung mit 4–6, Ausströmöffnung mit 4 Mantellappen. Tentakel einfach od. gefiedert **10**

8 Körper walzenförmig lggestreckt, etwa 3mal so h wie br; Darm u. Magen hinter dem Kiemensack gelegen. – Einzeln, manchmal in büschelförmigen Aggregationen, auf hartem u. weichem Untergrund. Mantel knorpelig, weich bis gallertig, fast durchsichtig, bei älteren Tieren schmutzig braun, glatt u. nackt. Siphonen verlängert u. dicht genähert. Innere Organe zinnoberrot durchschimmernd. Bis 150 mm lg. Arkt-zirkumpolar. Fast weltweit in größere Häfen verschleppt. Nordsee, Ostsee bis Wismar. 0–150 m Tiefe. *Ciona intestinalis* (L.) (Abb.**611**/3)

8* Körper seitlich abgeplattet, etwa 2mal so h wie br; Darm u. Magen links vom Kiemensack gelegen. – Einzeln, häufig in Aggregationen, auf hartem Untergrund od. Tangen. Mantel knorpelig, brüchig, milchig weiß, trüb durchscheinend, nackt u. glatt. Siphonen einziehbar. Bis 70 mm lg. Britische Gewässer, S-Norwegen bis Kattegat, W- u. N-Frankreich, Mittelmeer. Nordsee. 3–80 m (selten bis 400 m) Tiefe. Im Gebiet 2 Arten, die manchmal gemeinsam auftreten (*Ascidiella* ROULE) (Abb.**611**/4) **9**

9 Siphonen $\frac{1}{2}$–$\frac{1}{3}$ der KörperLg voneinander entfernt.
Ascidiella aspersa (O.F.MÜLLER)

9* Siphonen $\frac{1}{4}$–$\frac{1}{5}$ der KörperLg voneinander entfernt.
Ascidiella scabra (O.F.MÜLLER)

10 **(7)** Ein- u. Ausströmöffnung mit je 4 Mantellappen. Tentakel einfach sichelförmig **11**

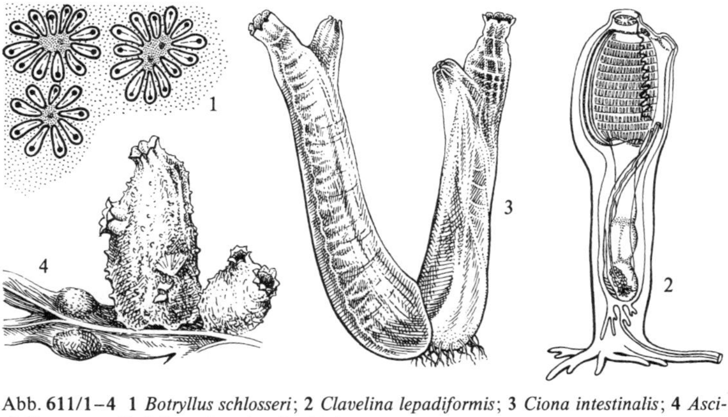

Abb. **611/1–4** **1** *Botryllus schlosseri*; **2** *Clavelina lepadiformis*; **3** *Ciona intestinalis*; **4** *Ascidiella aspersa* (links) u. *A. scabra* (rechts)

10* Einströmöffnung mit 6, Ausströmöffnung mit 4 Mantellappen. Tantakel gefiedert **15**

11 Stets einzeln in Sand od. Schlick lebend **12**

11* Auf fester Unterlage angewachsen, meist in Aggregationen **13**

12 Körper flaschenförmig, HE ampullenartig aufgetrieben. OFläche quer gerunzelt, am HE mit Haftfäden. Mantel dünn, lederartig. Färbung gelbgrau bis rostrot. Bis 40 mm lg. Arkt bis N-Frankreich; Nordsee (Helgoland). *Pelonaia corrugata* FORBES & GOODSIR (Abb. **612**/1)

12* Körper etwa kegelförmig. OFläche mit Sandkörnchen inkrustiert, am HE mit Haftfäden. Bis 20 mm lg. Arkt bis Portugal; Nordsee. 12 bis über 100 m Tiefe. *Polycarpa fibrosa* (STIMPSON) (Abb. **612**/2)

13 **(11)** Körper keulenförmig, der aufgetriebene distale Abschnitt quer gerunzelt, der stielartige basale Abschnitt längs gerunzelt. Färbung blaß gelbbraun, Siphonen mit 4 schokoladenbraunen Streifen. Bis 120 mm lg. Arkt-boreal bis Brit. Ins. u. N-Frankreich; Nordsee. Etwa ab 2 m Tiefe. *Styela clava* HERDMAN (Abb. **612**/3)

13* Körper oval-polsterförmig bis länglich-oval **14**

14 Beiderseits des Darmes Gonaden. Kiemensack jederseits mit 4 Längsfalten. Einzeln, manchmal in Aggregationen. Mantel lederartig fest, bei älteren Tieren gerunzelt, manchmal mit Fremdkörpern besetzt. Siphonen dick-warzenförmig, einander dicht genähert. Weißlich bis braun, junge Tiere rötlich. Bis 25 mm ∅. Arkt-boreal-zirkumpolar bis N-Frankreich; Nordsee, Ostsee bis Darßer Ort. 0–630 m Tiefe. *Styela coriacea* (ALDER & HANCOCK) (Abb. **612**/4)

14* Nur rechts des Darmes eine unverzweigte Gonade. Längsfalten am Kiemensack zurückgebildet. Einzeln, häufig in Aggregationen. Körper einzeln lebender Individuen oval polsterförmig bis kugelig, mit breiter Grundfläche angewachsen; die in Aggregationen lebenden Tiere länger als br, länglich oval, mit kleiner Grundfläche angewachsen. Mantel nackt u. meist glatt, Siphonen warzenförmig, $\frac{1}{4}$–$\frac{1}{3}$ der KörperLg voneinander entfernt. Farbe meist intensiv rot. 6–13 mm ∅. Arkt-zirkumpolar bis britische Gewässer u. N-Frankreich; Nordsee, Ostsee bis Darßer Ort. 0–1 100 m Tiefe. *Dendrodoa grossularia* (V. BENEDEN) (Abb. **613**/1)

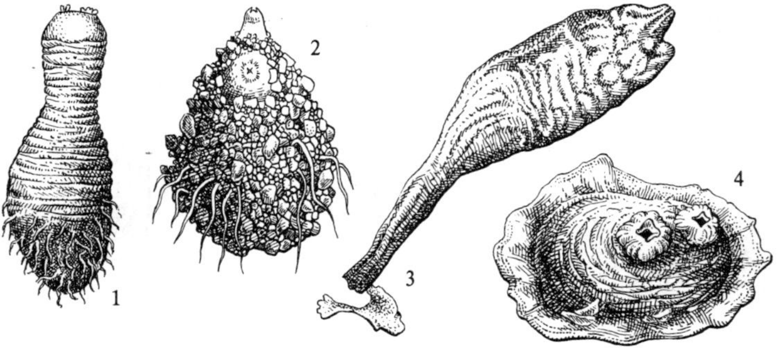

Abb. **612/1–4** **1** *Pelonaia corrugata*; **2** *Polycarpa fibrosa*; **3** *Styela clava*; **4** *S. coriacea*

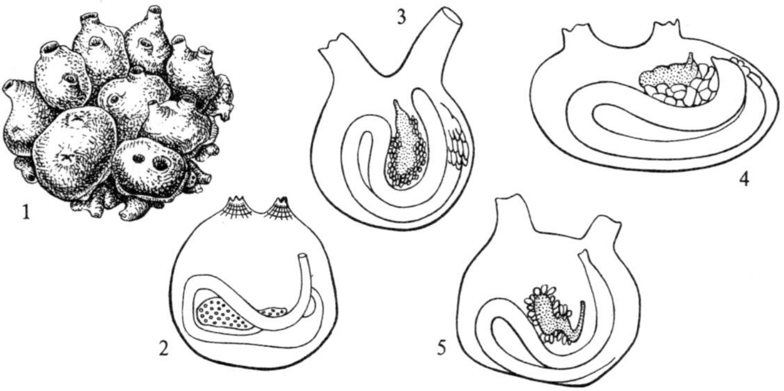

Abb. **613**/1–5 1 *Dendrodoa grossularia*; 2 *Eugyra arenosa*; 3 *Molgula manhattensis*; 4 *M. occulta*; 5 *M. citrina*

15 **(10)** Geschlechtsorgane unpaarig auf der linken S. Kiemensack ohne Längsfalten. Einzeln, im Schlick od. Sand sitzend. Körper weichlich, annähernd kugelig; Siphonen warzenförmig, dicht nebeneinander stehend. Mantel dünn u. zart, mit Sandkörnchen besetzt. Bis 15 mm ∅. Färöer bis N-Frankreich; Nordsee, Eingänge zur Ostsee. 10–100 m Tiefe.
Eugyra arenosa (ALDER & HANCOCK) (Abb. **613**/2)

15* Geschlechtsorgane paarig beiderseits des Darmes. Kiemensack jederseits mit 6–7 Längsfalten **16**

16 Darmschlinge tief ausgebuchtet verlaufend. Einzeln im Schlick od. auf fester Unterlage u. dann manchmal Aggregationen bildend. Körper elliptisch bis kugelig, mit langen Siphonen. Mantel dünn u. durchscheinend, mit kleinen Haftpapillen, manchmal mit Sand od. gröberen Fremdkörpern besetzt. Bis 17 mm ∅. Vom Weißen Meer bis Mittelmeer, N-Am; Nordsee, Ostsee bis Rügen. 0–150 m Tiefe. *Molgula manhattensis* (DE KAY) (Abb. **613**/3)

16* Darmschlinge gerade od. schwach ausgebuchtet verlaufend **17**

17 Darmschlinge gerade verlaufend. Einzeln im Sand od. Schlick steckend. Körper br elliptisch, meist seitlich etwas abgeplattet. Mantel dünn u. weich, mit Sand u. Bruchstücken von Weichtierschalen bedeckt, nur die Siphonen nackt. Bis 32 mm br u. 20 mm h. Von N-Norwegen bis Mittelmeer; Nordsee. 0–100 m Tiefe.
Molgula occulta KUPFFER (Abb. **613**/4)

17* Darmschlinge bogenförmig verlaufend. Einzeln, meist angewachsen, manchmal frei im Schlick. Körper kugelig. Mantel dünn u. durchscheinend, meist nackt u. glatt. Färbung olivgrün bis bräunlich. Etwa 10 mm ∅. Weißes Meer bis N-Frankreich, N-Am. Nordsee, südwestl. Ostsee (Kieler Förde, Kolberger Heide). 0–230 m Tiefe. *Molgula citrina* (ALDER & HANCOCK) (Abb. **613**/5)

Literatur

Bückmann, A.: Appendicularia in Grimpe u. Wagler: Die Tierwelt der Nord- und Ostsee. XII a, Leipzig 1926.
–: Appendicularia in Dahl: Die Tierwelt Deutschlands und der angrenzenden Meeresteile. 17. Teil, Jena 1930.
Huus, J.: Ascidiacea in Grimpe u. Wagler: Die Tierwelt der Nord- und Ostsee. XII a, Leipzig 1933.
Lützen, J.: Saekdyr (Tunicata). Danmarks Fauna 75. København 1967.
Michaelsen, W.: Ascidiacea in Dahl: Die Tierwelt Deutschlands und der angrenzenden Meeresteile. 17. Teil, Jena 1930.
Millar, R. H.: Tunicata-Ascidiacea. Marine Invertebrates of Scandinavia 1. Oslo 1966.

Acrania – Schädellose

Familie *Branchiostomidae*

Weidenblattähnlich, seitlich abgeflacht. VE u. HE zugespitzt (Abb. **17**/4). Keine paarigen Flossen, nur unpaarer Flossensaum über Rückenmitte–Schwanz–hintere Bauchhälfte. VE mit 12–20 Cirren (Tastborsten) auf Hautfalte. After auf der linken KörperS. Muskeln in gleichartigen Gruppen, deren Trennwände (Myocommata) in Seitenansicht winklig verlaufen. Darm ohne Peristaltik; Lumen bewimpert. Vorderdarm mit vielen Kiemenspalten, die in Kiemenraum münden; dieser öffnet sich durch vor dem After gelegenen Branchioporus nach außen. Körper von einem elastischen Zellstab (Chorda dorsalis) durchzogen. Darüber verläuft das Nervenrohr (Rückenmark) mit einer blasigen Auftreibung am VE. Im gesamten Rückenmark zahlreiche Lichtsinnesorgane (Pigmentbecherocellen); in der Haut Organe des Tastsinnes u. des chemischen Sinnes. Kein Herz; Blutgefäßsystem besteht in der Hauptsache aus dorsalem u. ventralem Gefäßstamm mit kontraktilen Teilen; Blut farblos. Getrenntgeschlechtig. Entwicklungsdauer 3 Mon. Nur 1 Art.

Branchiostoma [Amphioxus] lanceolatum PALLAS – **Lanzettierchen**
G. Körper glasig irisierend, 32–60 mm lg. – **V.** Kieler Bucht, Nordsee, Mittelmeer, O-Küste von N-Am. – **L.** Küste; im Sande vergraben, Bauchseite nach oben; nur Mundcirren ragen hervor. – **B.** Na: einzellige Tiere u. Pflanzen, werden herbeigestrudelt. Wimpern an den Kiemenspalten u. Räderorgan im Mundvorraum erzeugen starken Sog. Mit Flimmerzellen ausgestattete Schleimrinne führt Nahrung zum Darm. Fortbewegung schlängelnd rotierend.

Literatur

PIETSCHMANN, V.: Acrania in KÜKENTHAL, W.: Handbuch der Zoologie. Bd. 6, Lieferung 1 u. 2, Berlin u. Leipzig 1929.

Register

Das Zeichen * verweist auf eine Abbildung.

Abida 210, 210*
Abiëtinaria 60, 60*
Abra 296f., 297*
Abranchus 374, 374*
Acanthinula 146, 218, 218*
Acanthocardia 289, 289*
Acanthocephala 108, 135*
Acanthocephalus 135*, 137
Acanthodoris 153, 193, 194*
Acantholycosa 445*, 447
Acarapis 479
Acari 476ff.
Acaridae 477
Acartia 493
Acarus 478, 478*
Acaulis 52*, 53
Achaearanea 407*, 410f.
Achatschnecken 207
Achtarmer 317
Achtfüßer 317
Achtheres 492*, 494
Acicula 165f., 166*
Aciculidae 148, 165
Ackerschnecken 239ff.
Acmaea 155, 158, 158*
Acmaeidae 158
Acochlididae 186
Acrocnida 603, 604*
Acroloxidae 149, 268
Acroloxus 268, 268*
Acrothoracica 497
Acteon 152, 184, 184*
Acteonidae 184
Actinia 75*, 76
Actinosphaerium 35, 36*
Actinothoë 76
Aculepeira 423, 429*
Adalaria 194, 194*
Adocia 42*, 43
Aega 516
Aegopinella 146, 229, 230, 231*, 232, 232*
Aegopis 145, 229, 231*
Aelosoma 359, 363
Aeolidia 155, 204*, 205
Aeolidiidae 205
Aequipecten 278, 278*
Aequorea 59, 69*, 70, 71*
Aeta 578*, 579
Aeteidae 579
Afterskorpione 467ff.
Agalenatea 423, 429*
Agastra 69
Agelena 440*, 441, 442*
Agelenidae 439ff.
Aglantha 47, 71*
Aglaophamus 339*
Agriolimacidae 145, 239ff.
Agroeca 393*, 456*, 457
Akera 152, 187*, 188*, 190
Akeridae 190
Alaria 98
Alcyonidiidae 574
Alcyonidium 567*, 574, 575*
Alcyonioidea 574
Alcyonium 47, 73*
Alderia 150, 154, 191f., 192*
Allajulus 559*, 560*f.
Allantonema 120
Allochernes 468
Allocreadium 92
Allolobophora 368ff.
Allopauropus 563
Allorossia 311*, 312
Alloteuthis 313*, 314
Alopecosa 446*, 449
Alpheidae 528f.
Alvania 173
Amaurobiidae 398f.
Amaurobius 390*, 398*f.
Amauropsis 180
Ameisenjäger 406
Ameisenspinnen 411
Ameisenspringspinne 466
Ammothea 385
Amoeba 34, 34*, 35
Amoebina 35
Ampharete 351*, 352*, 353
Ampharetidae 353
Amphiblestrum 578*, 580f.
Amphicteis 353
Amphictene 353
Amphioxus 615
Amphipoda 502ff.
Amphiporus 104*, 105
Amphitrite 352
Amphiura 604
Ampithoe 508*, 509
Ampithoidae 509
Anaitides 335
Analgesidae 477
Analgopsis 478*

Anaspidea 190
Anchistropus 489
Ancula 153, 192*, 193
Ancylidae 149, 267f.
Ancylostoma 125
Ancylostomatoidea 124f.
Ancylus 267f., 268*
Anelasmocephalus 471*
Anelosimus 409*, 410
Anguina 117*, 118f.
Angulus 295*
Angyostrongylus 127
Anisus 264f., 265*
Anodonta 270, 281, 282*f.
Anomia 278f., 279*
Anomiidae 272, 278f.
Anomura 535f.
Anoplocephala 100
Anostraca 483
Antennophoridae 477
Antennophorus 477*
Anthomedusae 64
Anthozoa 47, 72
Anthrobathynella 499
Anthuridea 515
Antistea 444
Antrobatynella 499*
Anyphaena 391*, 460
Anyphaenidae 459f.
Aonides 343
Aoridae 509
Apatronemertes 103, 104*
Aphelenchoides 119
Aphrodita 330f., 331*
Aphroditidae 330f.
Apistobranchidae 344
Apistobranchus 344
Aplexa 261f., 262*
Aplysia 153, 188*, 190, 191*
Aplysiidae 190
Apocheiridium 468
Aporrectodea 368ff.
Aporrhaidae 178
Aporrhais 156, 178*
Apostenus 456*, 457
Appendicularia 608f.
Araeolaimida 113
Araneae 386ff.
Araneae, Bauplan 387*
Araneidae 420ff.
Araneus 392*, 394*, 421*, 432ff., 433*, 434*f.
Araniella 429*, 430
Archiacanthocephala 136
Archiannelida 357f.
Archidorididae 197
Archidoris 153, 197*
Arcidea 342*
Arcopagia 295*
Arctica 273, 284*, 286
Arcticidae 286
Arctosa 449
Arenicola 337*, 347
Arenicolidae 347
Arenomya 271, 301f., 302*
Argas 479
Argasidae 479
Argiope 421*, 425
Argulus 494*, 495
Argyroneta 391*, 444
Argyronetidae 444
Arianta 147, 253*, 253f.
Aricidea 342*
Arion 237ff., 238*
Arionidae 145, 237ff.
Armadillidiidae 524f.
Armadillidium 524, 525*
Artacama 351*
Artemia 483*
Articulata 591f.
Ascaridia 123
Ascaridida 114, 116, 121
Ascaridoidea 115*, 121
Ascaris 114*, 122
Ascidiacea 609ff.
Ascidiella 611*
Asellota 518f.
Asellus 518*, 519
Aspiculuris 123
Aspidobothria 87f.
Aspidoelectra 586f., 587*
Aspidogaster 87*, 88, 91
Asseln 514ff.
Assiminea 150, 157, 173, 174*
Assimineidae 173
Astacidae 533f.
Astacidea 532ff.
Astacilla 517*
Astacotrema 91
Astacus 533*f.
Astarte 283, 284*
Astartidae 273, 283
Asterias 600*, 602
Asteroidea 601f.
Astropecten 601, 602*
Atea 429*
Atentaculata 78f.
Athanas 528*, 529
Athecatae 51
Atyaephyra 527, 528*
Atyidae 188, 527
Atypidae 395f.
Atypus 388*, 395ff., 396*
Aulodrilus 362
Aulonia 447
Aulophorus 362*
Aurelia 48*, 49
Austern 279
Autolytus 331*, 336*
Avenonia 167
Axiognathus 603, 604*
Azeca 148, 207*
Azygia 92

Bänderschnecken 254f.
Balanomorpha 497
Balanus 496*, 497
Baldachinspinnen 415f.
Balea 149, 226*
Bandfüßer 563
Bandwürmer 80, 89ff.
Barbenegel 375
Barentsia 106*, 107
Barentsiidae 107
Barleeia 172*
Barnea 302*, 303
Basommatophora 257ff.
Bathynella 499
Bathynellacea 499
Bathyomphalus 267*

Bathyporeia 507
Batracobdella 378
Bauchhärlinge 108, 110
Bdella 477
Bdellidae 477
Bdellocephala 83*
Bdelloidea 109*, 110
Becherqualle 48
Berenicia 592*, 593f.
Berlandia 453*
Berlandina 451
Bernsteinschnecken 205f.
Beroë 78*, 79
Beulenkrankheit 39
Biacetabulum 90*, 91, 93
Bicellaria 585*
Bicellariella 586
Bicellariidae 586
Bienenkörbchen 218
Bienenmilbe 479
Bienenruhr 39
Bipalium 82
Bithynia 150f., 170*, 174*
Bithyniidae 170
Bittium 156, 175*, 176
Bivalvia 141, 269ff.
Blaniulidae 557f.
Blaniulus 558
Blasenschnecken 261f.
Blattfußkrebse 485
Blattkiemer 280ff.
Blumenkohlqualle 49
Blutegel 375
Bodenschnecken 227
Bodotria 512*
Boettgerilla 241*, 243
Boettgerillidae 145, 243
Bohnenmuschel 276f.
Bohrassel 516
Bohrmuschel 293
Bohrmuscheln 302f.
Bohrschwamm 42
Bolinopsis 78*, 79
Bontaea 306*
Boreobdella 377*, 378
Boreoiulus 558
Borkenschwamm 44
Bosmina 489, 490*
Botrylloides 610
Botryllus 610, 611*
Bougainvillia 56*, 57, 66*, 67
Bougainvilliidae 51, 55, 63, 66
Bowerbankia 575*, 575, 576*
Brachycoelium 94f.
Brachygeophilus 551
Brachyiulus 559
Brachylaemus 96
Brachystomia 189*
Brachyura 536ff.
Brada 349
Bradybaena 147, 244, 246*
Bradybaenidae 244
Branchellion 372
Branchiobdella 361, 364*
Branchiomma 355, 356*
Branchiostoma 615
Branchiostomidae 615
Branchipus 484*
Branchiura 363, 494f.
Brandesia 94
Brettkanker 471f.
Brissopsis 605*, 606
Brotkrumenschwamm 42
Brunnenschnecken 169
Bryozoa 567ff.
Buccinidae 181f.
Buccinum 156, 181*, 182
Bücherskorpion 469
Bugula 584*, 585*
Bugulidae 585f.
Bulbella 567*, 573
Bulgarica 227
Bunodera 92
Bunostomum 125
Buskia 575*
Bythinella 166*, 168
Bythiospeum 169
Bythotrephes 490

Caberea 583, 584*
Cadlina 153, 196, 197*
Cadlinidae 196
Caecidae 176
Caecum 156, 176
Calanoida 492*, 493
Calanus 493
Calicella 59
Caligus 493
Callianassa 534, 535*
Callianassidae 534
Callilepis 452*, 454
Calliobdella 374
Calliopiidae 508
Calliopius 508*
Calliostoma 158*, 159
Callopora 578*, 580f., 582*
Calloporidae 580
Calyptraeidae 177
Camallanoidea 114, 127
Camallanus 114*, 128
Cambaridae 534
Campanularia 62*, 69*, 70
Campanulariidae 51, 61ff., 69
Campanulina 59*
Campanulinidae 51, 59, 63, 70
Campylaea 252f.
Campylaeinae 147, 252f.
Cancer 539, 540*
Canceridae 539
Candacia 493
Candidula 246f., 248*
Candona 491*
Capillaria 131f.
Capitella 346*, 347
Capitellida 347f.
Capitomastus 347
Caprella 511*
Caprellidae 503, 510
Carbasea 582*, 583
Carcinus 540*
Cardiidae 273, 288ff.
Caridea 526ff.
Carychium 149, 257*
Caryophyllaeus 90*, 93
Catatropis 87*, 96

Catinella 207
Causa 146, 254
Cecilioides 148, 226*, 227
Cellepora 589*, 590f.
Celleporidae 590f.
Centrodorididae 199
Centropages 493
Cepaea 147, 254, 255*
Cephalaspidea 184
Cephalopoda 142, 307ff.
Cephalothrix 104*
Cerastobyssus 271, 289*, 290
Cerastoderma 271, 289*
Cercidia 421, 429*
Cerëus 75*, 76
Cerianthus 73, 74*
Cerithiidae 176
Cernuella 245
Cestoda 80, 89
Ceto 458, 459*
Chabertia 125
Chaetogaster 360, 364*, 365
Chaetonotida 110*, 111
Chaetopteridae 345
Chaetopterus 337*, 345
Chaetozone 346
Chamelea 292*
Charpentiera 223
Cheilostomata 578ff.
Cheiracanthium 459*
Cheiridium 467*, 468
Chelifer 467*, 469
Chelura 510*
Cheluridae 510
Chernes 468
Chilenophilidae 551
Chilopoda 544ff.
Chilostoma 252, 253*
Chione 292*
Chirocephalus 464*, 483*, 485
Chlamys 278*
Chlorohydra 53
Choanotaenia 97
Chondrina 210*
Chondrina, Mündungsarmatur 208*
Chondrinidae 149, 208ff.
Chondrula 149, 219*
Chone 355
Choneiulus 557*, 558
Chordeuma 557
Chordeumatidae 557
Chromadorida 113
Chrysallida 188, 189*
Chrysanthemenblattälchen 119
Chrysaora 48*, 49
Chrysso 407*, 408
Chthamalus 497
Chthonius 469*
Chydoroidea 489
Chydorus 489, 490*
Cicurina 439
Ciliata 36f.
Cingula 171, 172*
Ciona 493, 611*
Cirratulida 346
Cirratulidae 346
Cirratulus 346, 350*
Cirripedia 495ff.
Cittotaenia 102
Cladocera 487ff.
Clausilia 225, 226*
Clausiliidae 149, 220ff.
Clausilium 222*
Clava 55*
Clavelina 611*
Clavidae 51, 54
Clavopsella 55*, 55
Clavopsellidae 51, 55
Clinopodes 550*
Cliona 42
Clitellata 358ff.
Clitellio 361
Clubiona 392*, 393*, 458, 459*
Clubionidae 458f.
Cnidosporidia 39
Coccida 38
Cochlicopa 148, 207*
Cochlicopidae 207
Cochlodesma 273, 305, 306*
Cochlodina 222*
Cochlostoma 149, 160*
Coelotes 440*, 443
Columella 148, 213, 213*
Colus 156, 181*, 182
Conchostraca 486f.
Congeria 271, 286*, 286
Conopeum 578*, 580
Contracaecum 122
Copepoda 491ff., 492*
Corbula 272, 300*, 301
Corbulidae 301
Cordylophora 54, 55*
Coriarachne 462*, 464
Corophiidae 509
Corophium 509, 510*
Corymorpha 53, 54*, 65*, 66
Coryne 52*, 53, 64*, 65
Corynidae 51, 53, 63f.
Coryphella 155, 200, 201*
Coryphellidae 200
Corystes 539
Corystidae 539
Cosmocera 123
Crangon 526*, 531f.
Crangonidae 531f.
Crangonyx 506
Craspedacusta 72
Craspedosoma 552*, 556
Craspedosomatidae 556f.
Cratenopsis 155, 203*
Craterolophus 48*
Crenella 272, 276
Crenobia 83*, 84
Crenosoma 126
Crepidula 156, 177, 178*
Cribrilina 586, 587*
Cribrilinidae 586f.
Criodrilus 367
Crisia 591f.
Crisidia 591, 592*
Crisiella 591, 592*
Crisiidae 591f.
Crisis 592*
Cristatella 596*
Cristatellidae 596
Crustulina 407*, 411

Cryphoeca 439, 440*, 442*
Cryptopidae 549
Cryptops 549*
Cryptosula 590
Cryptosulida 589*, 590
Ctenostomata 572 ff.
Cucullanoidea 114, 124
Cucullanus 124
Cumacea 511 ff.
Cumella 513
Cumopsis 512*
Cuspidaria 273, 306*, 356
Cuspidariidae 356
Cuspidella 68*
Cuthonidae 201
Cyanea 48*, 49
Cyathocephalus 93
Cyathura 515, 516*
Cybaeus 440*, 441
Cyclocoelum 98
Cyclophoridae 160
Cyclopina 493
Cyclopoida 492*, 493
Cyclops 493
Cyclosa 421*, 425 f.
Cylichna 152, 184*, 185, 186*
Cylichnina 152, 185*, 187
Cylisticidae 522
Cylisticus 522*
Cypridopsis 491
Cypris 491*
Cystidicola 128
Cystobranchus 373*, 375
Cythere 491
Cythereis 491

Dactylochelifer 469
Damaeus 477*
Daphnia 488*, 489
Darwinula 491
Daudebardia 234, 236*
Daudebardien 234
Daudebardiinae 145, 234
Davainea 97
Decapoda 309 ff., 525 ff.
Deckelschnecke 170
Deckennetzspinnen 415 f.
Demodex 480*
Demodicidae 480
Dendrobaena 368 ff.
Dendrobeania 585*, 586
Dendrochernes 467*, 468
Dendrocoelum 83*, 85
Dendrodoa 612, 613*
Dendrodrilus 369 f.
Dendronotidae 199
Dendronotus 154, 199*
Dentalium 306*
Dermanyssidae 479
Dermanyssus 479*
Dermatophagoides 478
Dero 360*, 362*
Deroceras 240 ff., 241*
Dexamine 508*
Dexaminidae 508
Diademnum 610
Diadumene 75*
Diaea 462*
Diaphana 152, 185*, 186, 187*
Diaphanidae 186
Diaptomus 493
Diastoporidae 593 f.
Diastylis 513*
Dibranchiata 307 ff.
Dicrocoelium 87*, 100 ff.
Dictyna 397, 398*
Dictynidae 397 f.
Dictyocaulus 126
Difflugia 35*
Digenea 87
Dignathodontidae 551
Dina 377*
Dinocheirus 468
Dioctophymida 114, 115*, 130
Diotocardia 158
Diphasia 61*
Diphyllobothrium 90*, 98
Diplocephalus 415*
Diplocirrus 349
Diplodiscus 94
Diplopoda 551 ff.
Diplosolen 592*, 593
Diplostomum 93, 96
Diplostraca 486 ff.
Diplotriaena 129
Diplozoon 89*, 92
Dipoena 411
Dipylidium 99
Dirofilaria 130
Discocelides 86*
Discus 146, 228*
Dispharynx 128
Ditylenchus 118 f.
Dodecaceria 346*
Dolichoplana 82
Dolomedes 445*, 546
Donacidae 293
Donau-Kahnschnecke 159
Donax 273, 293*
Doppelfüßer 551 ff.
Dorvilleidae 341
Dorylaimida 113
Dosinia 291, 292*
Doto 154, 199*, 200
Dotoidae 200
Dracunculoidea 114, 127 f.
Drassodes 392*, 453*, 454
Drehkrankheit 39
Dreiecksmuscheln 286 f., 293
Dreikantmuscheln 286 f.
Dreissena 271, 286*, 287
Dreissenidae 270, 286 f.
Drepanorchis 497*, 498
Dugesia 83*, 84 f.
Duvaucelia 154, 198*
Dynamena 61*
Dysdera 388*, 401*
Dysderidae 400 ff.
Dysderina 403*

Ebala 188, 189*
Ebalia 537, 538*
Echemus 452, 453*
Echiniscus 380*, 381
Echinocardium 605*, 606
Echinochasmus 98, 100
Echinococcus 90*, 99, 101 f.
Echinocyamus 606

Echinoida 605f.
Echinostoma 96, 98, 101
Echinuria 128
Echinus 606
Echiurus 322*
Ectopleura 65*
Edelkrebs 534
Edukemius 359
Edwardsia 74*, 75
Egel 372ff.
Eimeria 38
Einsiedlerkrebse 536
Eirene 69*, 70
Eisenia 370
Eiseniella 368
Electra 581, 582*
Electridae 581f.
Eledone 317*
Ellobiidae 257f.
Elminius 497
Elysia 153, 191*
Elysiidae 191
Embolocephalus 365
Emmericia 174
Emmericidae 174
Ena 143*, 149, 219*
Enantiulus 561
Enchytraeidae 361, 366
Enchytraeide 360*
Enchytraeus 361
Endodontidae 228
Enidae 218f.
Enoplida 113
Enoplognatha 407*, 414
Ensis 299*, 300
Entamoeba 35
Entenegel 376
Entenmuscheln 496
Enterobius 123
Eoacanthocephala 136
Ephippium 488*
Ephydatia 44*, 45
Episinus 407*, 409
Epitoniidae 157, 176
Epitonium 175*, 176f.
Erbsenmuscheln 285f.
Erbsenzystenälchen 117
Erdbeerblattälchen 119
Eresidae 397
Eresus 389*, 397, 398*
Ergasilus 492*, 493
Eriocheir 542*, 543
Eriophyes 478*, 479
Eriophyidae 479
Erjavecia 223
Erntemilbe 477
Ero 391*, 438*
Erpobdella 375*, 376
Escharoides 589*
Essigälchen 120
Eteone 333*, 334*
Ethopolidae 549
Eualus 529
Eubothrium 93
Eubranchidae 200
Eubranchus 154f., 200, 201*
Eucheilota 69
Euchone 355
Eucladocera 489
Eucobresia 236*f.
Euconulidae 244
Euconulus 145, 244, 246*
Eucratea 578*, 579
Eucta 391*, 416, 418*
Eucyclops 493
Eudendriidae 51, 57
Eudendrium 56*, 57
Eudiaptomus 493
Eudorella 513
Eudorellopsis 513
Euglena 33*, 34
Euglenoidina 34
Eugyra 613*
Euilyodrilus 359
Eulalia 334
Eulamellibranchiata 280ff.
Eulima 157, 175*, 177
Eulimella 188, 189*
Eulimidae 177
Eumida 331*, 334*, 335
Eunereis 338
Eunicida 341f.
Euomphalia 252, 253*
Euomphalis 147, 252
Eupolybothrus 549
Eupolymnia 351*, 353
Eurydice 516*
Eurylepta 86*
Euryopis 407*, 411
Eurystomata 572ff.
Eurytemora 493
Eustrongylides 130
Eusyllis 336, 339*
Euthyneura 183
Eutima 69*, 70
Evadne 490*
Exochellidae 589f.

Fabulina 295*
Facelina 155, 203, 204*
Facelinidae 203f.
Faculiferidae 477
Fadenkanker 472ff.
Fadenkiemer 275ff.
Fadenschnecke 200, 205
Fadenwürmer 109
Fäßchenschnecken 208ff.
Fahnenmundquallen 49
Farrella 576*, 577
Fasciola 100ff.
Favorinidae 204
Favorinus 155, 204*
Federkiemenschnecken 162
Federschnecken 203
Feenlämpchenspinne 457
Feldspinnen 456f.
Felsenbohrer 300f.
Felsenschnecken 252f.
Ferrissia 267ff., 268*
Ferussaciidae 227
Federkiemer 273f.
Filarioidea 114*, 115, 127, 129
Filellum 59*
Filibranchiata 275ff.
Filicollis 137
Filzwurm 330
Fimbriaria 97
Finsterspinnen 398f.
Fischbandwurm 98

Fischegel 374f.
Fischläuse 494f.
Fitzingeria 369
Flabellifera 516
Flabelligera 349
Flabelligerida 349
Flabelligeridae 349
Flagellata 34
Fledermausmilben 479
Flohkrebse 502ff.
Flußdeckelschnecke 161
Flußdeckelschnecken 160
Flußkrebs, Amerikanischer 534
Flußmuscheln 280f.
Flußnapfschnecken 267f.
Flußperlmuscheln 283
Flußsteinkleber 171
Flustra 582*, 583
Flustrella 574, 575*
Flustrellidae 574
Flustridae 582f.
Folinia 172
Foviella 83*, 84
Fredericella 594, 595*
Fredericellidae 594
Fritillaria 609*

Galathea 535*, 536
Galatheidae 536
Galba 257*, 259
Gallertschwamm 41
Gallmilben 479
Gammarellus 508
Gammaridae 505f.
Gammaridea 503ff.
Gammarus 505, 506*
Gari 273, 293*, 294
Garnele 531f.
Garnelen 526ff.
Gastropoda 141, 143
Gastrosaccus 501*
Gastrotricha 108, 110*
Gattyana 332*
Gefiedermilben 477
Geflügelkokzidiose 38
Geißeltierchen 34
Geophilidae 550f.
Geophilus 550*, 551
Gespenstkrebse 510
Getreidezystenälchen 117
Geweihschwamm 43
Gibbaranea 433*, 434*, 436f.
Gibbula 158*, 159
Glanzschnecken 229ff.
Glasschnecken 235f.
Glomeridae 554f.
Glomeridellidae 553
Glomeris 554*, 555*
Glossiphonia 373*, 375*, 377f.
Glycera 337*, 339*, 340
Glyceridae 340
Glycimeridae 275
Glycimeris 272, 275, 277*
Glycinde 340
Glycyphagus 478
Gnaphosa 453*, 454
Gnaphosidae 451ff.
Golfingia 320, 321*
Gongylonema 129
Goniada 340
Goniadella 340
Goniadidae 340
Goniodorididae 193
Goniodoris 153, 192*, 193
Gonophoren 50
Gonotheken 50
Goodallia 283, 284*
Gordioidea 134
Gordius 133*, 134
Gorgodera 95
Grabfüßer 306
Granaria 210*
Granat 531
Graphidium 126
Grapsidae 542
Grasschnecken 216ff.
Graswurzelälchen 118
Gregarina 38*
Gregarinida 38
Griffelschnecke 193
Grubenkopf, Breiter 98
Guestphalinus 366
Gundlachia 268
Gurkenbandwurm des Hundes 99
Gürtelwürmer 358ff.
Gymnolaemata 572ff.
Gyraulus 265*f., 267*
Gyrodactylus 89, 92

Haarbalgmilben 480
Haarqualle 49
Haarschnecken 250f.
Haarwürmer 131f.
Haasea 553*, 556
Haaseidae 556
Habronema 129
Haematoloechus 95
Haementeria 379
Haemonchus 126
Haemopis 375*
Häubchenmuscheln 285
Haferkornschnecken 210
Hahnia 392*, 444
Hahniidae 444
Hakensaugwürmer 80, 88f.
Hakenwürmer 125
Halacaridae 477
Halacarus 477
Halammohydra 47, 71*, 72
Haleciidae 51, 57f.
Halecium 58*
Halichondria 42*
Haliclona 43
Haliclystus 48
Halicryptus 139*, 140
Halipegus 94
Halisarca 41
Haminea 152, 188*, 191*
Haplodrassus 453*, 454
Haplophilus 545*, 550
Haplophthalmus 521
Haplopoda 488
Haploporatia 556
Haplotaxis 365
Harmothoe 332*
Harpactea 401*, 402

Harpacticoida 492*, 493
Haubennetzspinnen 406ff.
Hausstaubmilben 478
Haustoriidae 506f.
Haustorius 507*
Hediste 331*, 333*, 338, 339*
Heideschnecken 245ff.
Helicella 245ff., 246*
Helicellinae 147, 245ff.
Helicidae 245ff.
Helicigona 147, 252, 253*
Helicinae 254ff.
Helicodiscus 228
Helicodonta 146, 252, 253*
Helicodontinae 252
Helicopsis 247, 248*
Heligmosomum 126
Heliozoa 35
Helix 147, 255*, 256
Helobdella 375*, 378
Helodrilus 368, 370
Hemibdella 373
Hemiclepsis 375*, 378
Hemiurus 92
Henicopidae 549
Henricia 602*
Heriaeus 464
Herzigel 606
Herzmuscheln 288ff.
Hesionidae 335f.
Heterakis 123
Heteranomia 278, 279*
Heterocypris 491
Heterodera 116, 117*
Heterolineus 104*, 105
Heteromastus 347
Heteromyenia 44*
Heteropodidae 460
Heterotanais 514*
Heterotyphlum 122
Hexacorallia 72
Hinterkiemer 183
Hiatella 300*f.
Hiatellidae 272, 300f.
Himantariidae 550
Hinia 156, 182, 183*
Hippeutis 267*
Hippolyte 529
Hippolytidae 529
Hippothoa 587*, 588
Hippothoidae 588
Hirudinea 372ff.
Hirudo 376*
Histricostoma 473*
Höhlenkrebs 506
Höhlenschnecken 169
Höhlenspinnen 414f.
Holopedium 489
Holothurioida 606f.
Holotricha 37
Holzbock 479
Homarus 532, 533*
Homochaeta 365
Hornmilben 477
Hufeisenwürmer 566f.
Hummelälchen 120
Hummer 532
Hundebandwurm, Dreigliedriger 99
Hundeegel 376
Hundertfüßer 544ff.
Hüpferlinge 493
Huschspinne 460
Hyale 505*
Hyalinella 594, 595*
Hyas 538*
Hydra 52*, 53
Hydrachnidia 477
Hydractinia 56*, 66*, 67
Hydrallmania 60*
Hydridae 47, 51
Hydrobia 151, 165*, 169
Hydrobiidae 157, 167
Hydrobiinae 150, 167
Hydroidea 51
Hydroides 356*
Hydroidpolypen 47, 51
Hydromedusen 47, 63
Hydrozoa 49
Hydryphantes 477
Hygrolycosa 445*, 447
Hygromiinae 148, 248ff.
Hyloniscus 521
Hymenolepis 90*, 97, 101
Hypania 353
Hyperia 511*
Hyperiidea 511
Hypophorella 576*, 578
Hypophorellidae 578
Hypsibius 380*, 381
Hypsosinga 426, 427*
Hyptiotes 390*, 400*
Hystrichis 130

Ichthyotaenia 93
Icosiella 129
Idotea 517*f.
Illex 314, 315*
Immergentia 576*, 577
Immergentiidae 577
Inachus 538
Inovicellata 579
Iphinoe 512, 513*
Isaeidae 509
Ischnochiton 142f.
Ischyroceridae 510
Ischyropsalididae 474
Ischyropsalis 470*, 474
Islandmuschel 286
Isognomostoma 146, 254, 255*
Isopoda 514ff.
Ixodes 479*
Ixodidae 479

Jaera 518*
Jagdspinnen 444f., 460
Jaminia 148, 219*
Janira 518
Jassa 510, 511*
Jorunna 153, 197*, 199
Julidae 558ff.
Julus 561*f.

Käfermilben 477
Käferschnecken 142
Käsemilbe 478
Kahnfüßer 306
Kahnschnecke 159
Kahnschnecken 159
Kalmar 313ff.

Kalmare 312 ff.
Kammkiemer 273 f.
Kammstern 601
Kammünder 572 ff.
Kammuscheln 277 f.
Kaninchenkokzidiose 38
Kanker 470
Kartäuserschnecken 247
Kartoffelzystenälchen 117
Katzenleberegel 100
Kefersteinia 335
Kegelchen 244
Kieferspinnen 416 ff.
Kielschnegel 242 f.
Kiemenschwanzkrebse 494 f.
Kiemenwurm 363
Kinorhyncha 108, 134*
Kinorhynchen 108, 134*
Kirchenpaueria 58*
Klaffmuscheln 301 f.
Kletten-Holothurie 607
Klumpenschwamm 43
Köcherwurm 354
Köderwurm 347
Kompaßqualle 49
Kopffüßer 142, 307 ff.
Kopfschildträger 184
Korallenmoos 60
Korallentiere 72
Korbmuscheln 301
Korkschwamm 41
Kornschnecken 208 ff.
Krabben 536 ff.
Krabbenspinnen 462 ff.
Krätzemilben 479
Kräuselradnetzspinnen 399 f.
Kräuselspinnen 397 f.
Krake 317
Krallenschwänze 486 ff.
Kratzer 108, 135
Kreiselschnecken 158
Kreismünder 591 ff.
Kreisspinnen 425 f.
Kreuzspinnen 420 ff.
Kritodrilus 369
Kryphoiulus 560*
Kugelasseln 524 f.
Kugelmuscheln 284 ff.
Kugelschnecke 190
Kugelspinnen 406 ff., 410
Küstenschnecken 257 f.

Laciniaria 226*
Laciniaria, Schließapparat 220*
Lacuna 164, 165*
Lacunidae 157, 164
Lafoëa 59*
Lafoëidae 51, 58 f.
Lafoëina 59*
Lagis 354*
Lamellaria 178*, 179
Lamellariidae 157, 179
Lamellenkiemer 280 ff.
Lamellidorididae 193
Lamellidoris 153, 194* f., 195
Lamprochernes 468
Lamprops 513*
Lamyctes 549
Landdeckelschnecken 165
Landlungenschnecken 205 ff.
Lanice 353
Lanzettegel 101
Lanzettierchen 615
Laodicëidae 63, 68
Laomedea 62*, 63
Laonome 355
Larinioides 431*, 432
Lasiochernes 468
Laternulidae 305
Lathys 398
Laubschnecken 249 f., 252
Laufmilben 477
Laufspinnen 460
Lauria 212, 213*
Leberegel, Großer 101
Leberegel, Kleiner 101
Lederkoralle 73
Lederzecken 479
Lehmannia 240, 241*
Leidynema 123
Leiobunum 475
Lepadidae 496
Lepas 496*
Lepeophtheirus 494
Lepidochiton 142*
Lepidochitona 142 f.
Lepidoniscus 521
Lepidonotus 331*
Lepidopleurus 142* f.
Lepidurus 486, 487*
Leptasterias 602
Leptestheria 487*
Leptocheirus 509
Leptodora 488*
Leptoiulus 559, 562
Leptomedusae 68
Leptomysis 501*, 502
Leptonemertes 103
Leptoplana 86
Leptosynapta 605*, 607
Lernaea 492*, 494
Lernaeocera 494
Leucosiidae 537
Leucosolenia 41*
Ligia 520*
Ligidium 520*
Ligiidae 520
Ligula 90*, 93, 97
Limacia 153, 195, 196*
Limacidae 145, 239 ff.
Limapontia 150, 153, 192*
Limapontiidae 192
Limax 241*, 242
Limax-Amöben 35
Limnadia 487*
Limnocythere 491
Limnodrilus 366
Limnoria 516*
Lineus 104*, 105
Linguatula 382, 383
Linsenfloh 489
Linyphia 394*, 415*, 416
Linyphiidae 415 f.
Liocarcinus 540*, 541
Liocranidae 456 f.

Liocranum 456*, 457
Lippenmünder 578 ff.
Lithobiidae 546 ff.
Lithobius 545*, 546* ff., 548*
Lithoglyphinae 171
Lithoglyphus 150, 170*, 171
Littorina 151, 163*, 164
Littorinidae 157, 163
Lizzia 67
Loliginidae 312 f.
Loligo 313*
Lophopodidae 596 f.
Lophopus 596*, 597
Loxoconcha 491
Loxosomatidae 107
Loxosomella 106*, 107
Lucernaria 48*
Luchsspinnen 450
Lucinella 287, 288*
Lucinidae 273, 287
Lucinoma 287, 288*
Luftröhrenwurm, Roter 125
Luidia 602
Lumbricidae 367*, 368*
Lumbriculus 366
Lumbricus 371
Lumbrineridae 341
Lumbrineris 341
Lunatia 179*, 180
Lungenschnecken 205 ff.
Lutraria 298*, 299
Lycosidae 446 ff.
Lymnaea 259, 260*, 261
Lymnaeidae 150, 258 ff.
Lynceus 487*
Lyonsia 272, 305, 306*
Lyonsiidae 305

Macoma 271, 294, 295*
Macracanthorhynchus 135*, 136
Macrobiotus 380*, 381
Macrodasyida 111
Macrodera 95
Macrogastra 222*, 224
Macronyssidae 479
Macropodia 538*
Macrosternodesmus 562
Mactra 269*, 298*
Mactridae 273, 297 ff.
Madenwurm 123
Mäuseöhrchen 258
Magelona 344, 345*
Magelonidae 344
Maja 538
Majidae 537 f.
Malacobdella 104*
Malacoceros 344, 345*
Malacolimax 242
Malacostraca 481*, 498
Maldane 348*
Maldanidae 347 f.
Mamilloretusa 152, 185* 187
Mañgora 420, 421*
Mantelschnecken 258
Manteltiere, Geschwänzte 608 f.
Marenzelleria 344
Margaritifera 271, 283*
Margaritiferidae 283
Margellopsidae 63 f.
Margellopsis 64*
Marstoniopsis 168
Maskenkrabbe 539
Maskenschnecken 254
Mastigona 555*, 556
Mastigophorophyllidae 556
Mastigophorophyllon 553*, 556
Mastophorus 129
Mauerassel 521
Mediorhynchus 136
Meeresmilben 477
Meeresmoostierchen 572
Meergürkchen 40
Meerhand 73
Megaluracarus 477*
Megaphyllum 559 f.
Mehlkäferlarven 38
Mehlmilbe 478
Meliceratum 68*
Melicertidae 63, 68
Melicertum 68
Melinna 353
Melogona 557
Meloidogyne 118
Membranipora 578*, 580
Membraniporella 585*, 586
Membraniporidae 580
Menetus 268
Meningo-Enzephalitis 35
Menschenbandwurm, Bewaffneter 99
Menschenbandwurm, Unbewaffneter 99
Mercierella 356*
Mermis 131
Mermithoidea 112, 114, 130
Mesoniscidae 521
Mesoniscus 521
Mesopodopsis 501*, 502
Meta 394*, 424* f.
Metastrongyloidea 115, 124, 126
Metastrongylus 126
Metatetranychus 479
Metopa 504
Metoponorthus 522
Metridium 75*
Micaria 452*, 455
Microbisium 469
Microdeutopus 508*, 509
Microhedyle 153, 186, 187*
Microhydra 46 f., 71*, 72
Micrommata 460
Microphthalmus 332*, 335
Microplana 82
Microporella 589*, 590
Microporellidae 589 f.
Microprotopus 509
Microtrombidium 476*, 477
Miesmuscheln 275 ff.
Milacidae 145, 242 f.
Milax 242 f.
Milben 476 ff.
Mimetidae 437 f.

Misumena 462*, 464
Misumenops 463
Mitostoma 472, 473*
Mitrocomidae 63, 68
Modiolus 272, 276, 277*
Moerella 296, 297*
Molgula 613*
Monacha 147, 247, 248*
Monacutidae 273
Monhysterida 113
Monia 278, 279*
Moniezia 100
Monieziella 478
Moniliformis 136
Monobryozoon 576*, 577
Monobryozoontidae 577
Monogenea 80, 88
Monogononta 109*, 110
Monopylephorus 359, 361
Monotocardia 160
Montacuta 287, 288*
Montacutidae 287
Moosblasenschnecken 261f.
Moosmilben 477
Moostierchen 567ff.
Mucronella 587*, 588
Mucronellidae 588
Multiceps 99, 101
Murchieona 368
Muricidae 180
Muschelkrebse 490f.
Muschelmilben 477
Muscheln 141, 269ff.
Muschelschaler 486f.
Muschelwächter 542
Musculium 285*
Musculus 272, 276, 277*
Mya 269*, 301, 302*
Mycale 42*
Mycogona 553*, 557
Myidae 272, 301f.
Myriochele 351
Myrmarachne 465*, 466
Mysella 287, 288*
Mysia 293*
Mysidacea 500ff.
Mysidae 500ff.
Mysis 500*, 501*, 502
Mysta 334
Mytilidae 275ff.
Mytilus 271f., 276, 277*
Myxas 258
Myxobolus 39
Myxosoma 39

Nacktkiemer 193ff.
Nadelschnecken 165f.
Nais 359, 364
Najaden 280ff.
Nasenwurm 383
Nassariidae 182
Nassarius 156, 182
Natatolana 516
Naticidae 157, 180
Nauplius 492*
Neanthes 338, 339*
Necrophloeophagus 550*, 551
Nemasoma 558
Nemasomatidae 558
Nemastoma 473*, 474*
Nemastomatidae 472ff.
Nematoda 109, 111*ff.
Nematomorpha 109, 133*
Nematotaenia 95
Nemopsis 66*, 67
Neoamphitrite 352*
Neobisium 469*, 469
Neoechinorhynchus 135*, 136
Neomysis 501*, 502
Neoscona 423, 429*
Neostyriaca 226
Neotrombicula 477
Neotrombidium 476*
Nephropidae 532
Nephtyidae 339
Nephtys 336*, 339*
Neptunea 156, 181*, 182
Nereidae 337f.
Nereimyra 336
Nereis 338
Neritidae 159
Nesovitrea 146, 229, 232*
Nesselqualle 49
Nesticidae 414f.
Nesticus 415*
Netzreusenschnecken 182
Nicania 283, 284*
Nicolea 352
Nicomache 348
Nigma 398
Niphargus 506*
Nopoiulus 558
Nordseegarnele 531
Nosema 39
Nothrus 477
Notodelphys 493
Notodromas 491
Notomastus 347
Notophyllum 333*f.
Notoplana 86*
Notostraca 485f.
Nucella 156, 181*
Nuctenea 430, 431*
Nucula 274*
Nuculana 272, 274*f.
Nuculanidae 274f.
Nuculidae 272, 274
Nudibranchiata 193ff.
Nußmuscheln 274
Nymphon 385

Obelia 62*, 63, 69*
Oceanobdella 374
Ochogona 557
Octocorallia 72
Octolasion 369f.
Octopoda 317
Octopodidae 317
Octopus 317*
Octorchis 70
Odostomia 188, 189*
Oenopota 156, 183*
Oesophagostomum 125
Ohrenqualle 49
Oikopleura 609*
Oithona 493
Oligochaeta 358ff.
Omalogyra 157, 174*
Omalogyridae 174
Ommastrephes 316*

Ommastrephidae 314ff.
Ommatoiulus 559f.
Onchocerca 130
Oniscidae 521
Oniscidea 519ff.
Oniscus 521, 522*
Onychoteuthidae 314
Onychoteuthis 314, 315*
Onychura 486ff.
Oonopidae 403f.
Oonops 388*, 403f.
Ophelia 350*
Opheliida 349f.
Opheliidae 349f.
Ophelina 350
Ophidonais 365
Ophiodesmus 562
Ophiodromus 332*, 336
Ophiopholis 603, 604*
Ophiothrix 602*, 603
Ophiura 604*
Ophiuroida 602ff.
Ophryotrocha 341, 342*
Ophyiulus 559*, 560*, 562
Opiliones 470ff.
Opisthioglyphe 94
Opisthorchis 100f.
Orbinia 341, 342*
Orbiniida 341f.
Orbiniidae 341
Orchestia 505*
Orconectes 526*, 533*, 534
Orcula 210*, 211
Orculidae 149, 208ff.
Oribatida 477
Ornithonyssus 479
Orthochordeumella 557
Ostracoda 490f.
Ostrea 271, 279*
Ostreidae 279
Oswaldocruzia 126
Ottermuschel 299
Ottonia 374*
Ovatella 150, 257*, 258
Owenia 348*, 351
Oweniida 351
Oweniidae 351
Oxidus 552*, 562
Oxychilus 146, 229ff., 231*
Oxyloma 206*
Oxyopes 389*, 446*, 450
Oxyopidae 450
Oxyptila 462*, 465
Oxytonostoma 373
Oxyuris 123
Oxyuroidea 114, 121ff.

Pachygnatha 417*, 418*
Pachymerium 545*, 551
Pachypodoiulus 562
Pacifastacus 534
Pagodenschnecken 211
Pagodulina 211, 213*
Paguridae 536
Pagurus 535*, 536
Palaeacanthocephala 136f.
Palaemon 530*
Palaemonetes 528, 530*
Palaemonidae 529f.
Paletten 304*
Palio 153, 196*
Pallasiola 506*
Pallene 385
Palmicellaria 587*, 588
Paludicella 567*, 573
Paludicellidae 573
Pandalidae 528
Pandalina 528
Pandalus 528
Pantoffelschnecke 177
Pantoffeltierchen 37
Paradoxosomatidae 562
Paramecium 36*, 37
Paramphistomum 100
Paranais 360, 365
Paranemostoma 473*
Paraonidae 342
Paraonis 342
Parascaris 122
Parasitidae 477
Parasitus 476*, 477
Pardosa 395*, 445*, 446*, 448
Parthenina 189*
Partulida 189*
Parvicardium 289*, 290
Passalurus 123
Pauropoda 563f.
Pauropus 564*
Peachia 74*
Pecten 278*
Pectinaria 354
Pectinariidae 353f.
Pectinatella 596*, 597
Pectinidae 271, 277
Pedicellina 106*, 107
Pedicellinidae 107
Pedicolopsis 479
Peitschenwürmer 132
Pelikanfuß 178
Pelmatohydra 52f.
Pelonaia 612*
Peloscolex 359, 360*, 364
Peltogaster 497*
Penetrantia 576*
Penetrantiidae 576
Pennariidae 51, 53
Pentacoelum 82
Perforatella 146, 249*, 250
Perigonimus 56*, 57, 66*, 68
Peritricha 37
Petricola 293*
Petricolaria 293*
Petricolidae 273, 292f.
Pfahlbohrwürmer 303f.
Pfeffermuschel 296f.
Pferdeaktinie 76
Pferdeegel 375
Pfriemenschwänze 122f.
Phaeocedus 452*
Phagocata 83*, 84
Phalangiidae 475
Phalangiide 470*
Phalangium 475*
Phascolion 321*
Phaxas 299*
Phenacolimax 235f.
Pherusa 349, 350*
Philine 152, 184*, 185*f.

Philinidae 185
Philinoglossa 153, 186*
Philodromidae 460
Philodromus 391*, 461*
Philometra 128
Philometroides 128
Philoscia 520*, 521
Philosciidae 521
Pholadidae 272, 302f.
Pholas 302*, 303
Pholcidae 405
Pholcomma 407*
Pholcus 389*, 405*
Pholoe 333
Phoronida 566f.
Phoronis 567*
Phoxocephalidae 507
Phoxocephalus 507, 508*
Phrurolithus 452*, 455
Phthiracarus 477
Phtisica 510, 511*
Phylactolaemata 594ff.
Phyllocoptes 479
Phyllodoce 335
Phyllodocida 330ff.
Phyllodocidae 333ff.
Phyllopoda 485
Physa 151, 261f., 262*
Physidae 150, 261f.
Pilgermuschel 278
Pilumnus 541, 542*
Pinnotheres 542*
Pinnotheridae 542
Pinselfüßer 553
Pirata 446*, 450
Pirimela 539, 540*
Pirimelidae 539
Pisaura 395*, 445*
Pisauridae 444f.
Piscicola 373*, 374*, 375
Pisidia 535*, 536
Pisidium 285*f.
Pisione 332*, 334*
Pisionidae 333
Pistius 463
Placophora 142
Placostegus 357
Planaria 83*, 84
Planarien 82
Planorbarius 263, 264*
Planorbidae 149, 262ff.
Planorbis 150, 264*
Plathyarthridae 521
Plattbauchspinnen 451ff.
Plattbauchspinnen, Echte 454
Plattmuscheln 294ff.
Platyarthrus 521
Platybdella 373
Platybunus 475
Platynereis 337
Pleopis 490*
Pleurobrachia 78*, 79
Pleurogenes 94
Plumaria 58*
Plumatella 494, 595*f.
Plumatellidae 594
Plumularia 58
Plumulariidae 51, 58
Podon 490
Poecilochaetidae 345
Poecilochaetus 345, 346*
Poecilochroa 452*, 454f.
Polstermilbe 478
Polsterschwamm 42
Polycarpa 612*
Polycelis 82, 83*
Polycera 153, 195, 196*
Polyceridae 195f.
Polychaeta 325ff.
Polycirrus 351
Polycladida 81, 85
Polycope 491
Polydesmidae 563
Polydesmus 562f.
Polydora 342*, 343f.
Polygordiidae 357
Polygordius 357
Polynoe 331
Polynoidae 331f.
Polypenfloh 489
Polyphemoidea 489
Polyphemus 490*
Polyphysia 350
Polyplacophora 142
Polystoma 89*, 94f.
Polyxenidae 553
Polyxenus 552*, 553
Polyzoniidae 556
Polyzonium 552*, 556
Pomatias 148, 165
Pomatiasidae 165
Pomatoceros 356*, 357
Pomphorhynchus 137
Pontobdella 373
Pontophilus 531
Pontoporeia 507
Porcellaniidae 536
Porcellio 520*, 522*, 523
Porcellionidae 522f.
Porcellium 523, 524*
Porella 587*, 588
Porre 531
Porrocaecum 122
Portumnus 540*
Portunidae 539ff.
Posthörnchen 265f.
Posthornschnecken 263
Potamilla 355
Potamopyrgus 151, 165*, 170
Pratylenchus 118
Praunus 501*, 502
Praxillella 348*
Priapulidae 139
Priapulus 139*
Prionospio 343
Pristina 359, 362*, 363f.
Proasellus 519
Procerodes 83*, 84
Processa 531*
Processidae 530f.
Prontobdella 373*
Prosthogonimus 98
Prosthorhynchus 137
Prostoma 103, 104*
Prostomatella 105
Proteroiulus 557*, 558
Protobranchiata 273f.
Protodorvillea 341, 342*
Protodrilidae 358
Protodrilus 352*, 356*, 358

Protohydra 46, 52*
Protostrongylus 127
Protracheoniscus 523
Psammechinus 605*
Pselaphochernes 468
Pseudalius 127
Pseudamphistomum 100
Pseudanodonta 270, 281, 282*
Pseudocuma 513*
Pseudofusulus 223
Pseudoscorpiones 467 ff.
Psilochorus 405*
Psoropsidae 479
Psoroptes 480*
Pulmonata 205 ff.
Punctum 146, 228*
Punktschnecke 228
Pupilla 212, 213*
Pupillidae 149, 208 ff.
Puppenschnecken 208 ff.
Purpurigel 606
Purpurrose 76
Purpurschnecke 181
Pycnogonum 385
Pygmephoridae 479
Pygospio 343, 345*
Pyramidellidae 157, 188
Pyramidenschnecken 208
Pyramidula 146, 207*, 208
Pyramidulidae 208
Pyroglyphidae 478

Quappenwurm 322
Quellschnecken 168
Quesenbandwurm des Hundes 99

Radix 151, 260, 261*
Radnetzspinnen 420 ff.
Rädertiere 108 ff.
Räudemilben 479
Raillietina 97
Rankenfußkrebse 495 ff.
Raphidascaris 121
Raphitoma 156, 183*
Rathkea 66*, 67
Raubspinnen 444 f.
Rectocephala 83
Regenwürmer 367
Reighardia 382*, 383
Renea 165, 166*
Retusa 152, 185*, 187* f.
Retusidae 186 f.
Rhabdias 121
Rhabditida 113 f., 115*, 116, 120
Rhabditis 120
Rhabditophanes 120
Rhithropanopeus 541
Rhizocephala 497 f.
Rhizopoda 35 f.
Rhizostoma 48*, 49
Rhizostomae 49
Rhodine 348*
Rhyacodrilus 365 f.
Rhynchelmis 366
Rhynchodemus 82
Riemenschnecken 252
Riementellerschnecke 267
Riemenwurm 97
Riesenkrabbenspinnen 460
Riesenkratzer 136
Rilaena 475*
Ripistes 360*, 363
Rissoa 151, 172*, 173
Rissoidae 157, 171
Robertus 414
Rochenegel 373
Röhrenschaler 142, 306
Röhrenspinnen 397
Roggenälchen 119
Rossia 311*, 312
Rossie 312
Rotatoria 108 ff.
Rote Spinne 479
Rübenzystenälchen 117
Rückenschaler 485 f.
Rucksackschnecke 234
Ruderfußkrebse 491 ff.
Ruhr, Rote 38
Rundmünder 591 ff.
Rüsselkrebs 489
Ruthenica 222*, 223
Ruttenegel 375

Sabella 354*, 355
Sabellaria 352*, 354 f.
Sabellariida 354 f.
Sabellariidae 354 f.
Sabellida 355 ff.
Sabellidae 355
Sabussowia 82
Saccoglossa 191 f.
Sacculina 497* f.
Sackschnecken 191 f.
Sackspinnen 458 f.
Sadleriana 167
Saduria 517*
Sägemuschel 293
Saftkugler 554 f.
Sagartia 75*, 76
Sagartiogetum 75*, 76
Sagitta 598*, 599
Saitenwürmer 109, 133
Salacia 60*
Salinenkrebs 483
Salticidae 465 f.
Salticus 395*, 465*, 466
Samtkrabbe 540
Samtmilben 477
Samtmuscheln 275
Samtschnecke 191
Sandmuschel 294
Sandpier 347
Sanguinolariidae 294
Sarcoptes 479*
Sarcoptidae 479
Sarsia 64
Saugwürmer 80, 86 ff.
Saugwürmer, Digenetische 87
Saumzecken 479
Saxicavella 300*, 301
Scalibregma 350*
Scalibregmidae 350
Scaphander 152, 184*, 185, 186*
Scaphandridae 184
Scapholebris 489, 490*
Scaphopoda 142, 306

Scharfaugenspinnen 450
Scheibenschnecken 264
Scheidenmuscheln 299f.
Schendyla 545*, 550
Schendylidae 550
Scherenasseln 514
Schiffsbohrwürmer 303f.
Schildkrötenegel 379
Schistocephalus 93, 97
Schistomysis 501*
Schizoporella 589*, 590
Schizoporellidae 590
Schlammschnecken 258f.
Schlangenstern 604*
Schlangensterne 602ff.
Schlauchschnecken 191f.
Schließmundschnecken 220ff.
Schlundsackschnecken 191f.
Schnabelmilben 477
Schnauzenschnecken 170
Schnecken 141, 143
Schneckenkanker 474
Schnegel 239ff.
Schneider 475
Schnirkelschnecken 245ff., 253ff.
Schnurfüßer 558ff.
Schüsselschnecken 228
Schwimmkrabbe 540
Schwimmkrabben 539ff.
Scolelepis 344
Scolopendrellidae 564
Scolopendrellopsis 564*
Scoloplos 337*, 341
Scotina 457f.
Scotophaeus 453*, 455
Scrobicularia 269*, 296, 297*
Scrobiculariidae 273, 296
Scruparia 578*, 579
Scrupariidae 579
Scrupocellaria 583, 584*
Scrupocellariidae 583f.
Scutigera 546
Scutigerella 564*
Scutigerellidae 564
Scutigeridae 546
Scyphozoa 47
Scytodes 388*, 403*, 404
Scytodidae 404
Sechsaugen 400ff.
Securiflustra 582*, 583
Seehasen 190
Seeigel 605f.
Seeigel, versteinerter 605*
Seemaßliebchen 76
Seemaus 330
Seemoos 61
Seenelke 75
Seepocken 497
Seerose 76
Seescheiden 609ff.
Seesterne 601f.
Seewalzen 606f.
Segestria 388*, 402*, 403
Segestriidae 402
Segmentina 267*
Sektorspinnen 427f.
Semaeostomae 49
Semibalanus 496*, 497
Semilimax 236*
Sepia 309f., 310*
Sepie 309f.
Sepietta 311*, 312
Sepiette 312
Sepiidae 309f.
Sepioida 309ff.
Sepiola 311*
Sepiolidae 311f.
Septenmützenschnecken 267f.
Septibranchiata 305f.
Serpula 352*, 356
Serpulidae 356
Sertularella 60*
Sertularia 61*
Sertulariidae 51, 60
Sessilia 37
Setaria 129
Sida 489
Sidnyum 610
Sidoidea 489
Sigalionidae 333
Singa 426, 427*
Sipho 181*
Siphonophanes 464*, 485
Siphonophora 50
Siphonostomatoida 492*
Sipunculus 320, 321*
Siriella 501*, 502
Skeneopsidae 174
Skeneopsis 156, 174*
Skrjabinema 123
Slavina 364
Smittina 587*, 588, 589*
Solaster 602*
Solenidae 272, 299f.
Sosane 353
Sosticus 453
Spatangus 606
Specaria 364
Speispinnen 404
Spermodea 218*
Sphaeriidae 270, 284ff.
Sphaerium 285*
Sphaerodoridae 339
Sphaerodorum 336*, 339
Sphaeroma 516*
Sphaerostoma 93
Sphaerularia 120
Sphyradium 210*, 211
Spinnenfresser 437f.
Spinnmilben 479
Spinturnicidae 479
Spinturnix 480*
Spio 344
Spionida 342ff.
Spionidae 342ff.
Spiophanes 343
Spiratella 152, 188*, 190, 191*
Spiratellidae 190
Spiridion 361
Spirocerca 129
Spirorbidae 357
Spirorbis 352*, 357
Spirosperma 364
Spirurida 114, 115*, 127

Spiruroidea 114, 115*, 127f.
Spisula 298*
Spongilla 42*, 43, 44*
Sporentierchen 37f.
Sporozoa 37f.
Springspinnen 465f.
Spulwürmer 121
Staatsquallen 50
Stachelhäuter-Larven 600*
Stachelschnecken 180, 218
Stäbchenkugler 556
Stagnicola 151, 259, 260*
Stauridia 64*
Stauromedusae 47*
Steatoda 409*, 412, 413*
Steinkrebs 533
Steinläufer 546ff.
Steinpicker 252
Stenostomata 591ff.
Stenothoidae 504
Stenula 504, 505*
Sternlochschwamm 43
Sternschnecke 193f.
Sthenelais 333, 334*
Stiliger 150, 154, 191, 192*
Stiligeridae 191f.
Stinkschwamm 43
Stockälchen 119
Stoloniferoidea 575
Strandfloh 505
Strandigel 605
Strandschnecke 173
Strandschnecken 163f.
Strauchschnecken 244
Streblospio 343
Streckerspinnen 416ff.
Streckerspinnen, Eigentliche 418f.
Streptoneura 157
Strigamia 545*, 551
Strigea 87*, 96
Strongylida 114, 115*, 116, 117*, 124ff.
Strongyloidea 114, 124f.
Strongyloides 121
Strongylosoma 562*
Strongylus 114*, 125
Strudelwürmer 80
Stumpfmuscheln 293
Styela 612*
Stygobromus 506
Stylaria 359, 360*, 362*, 363
Stylochoplana 86*
Stylodrilus 364*, 366
Stylommatophora 205ff.
Suberites 41
Succinea 206*
Succineidae 148, 205f.
Sumpfdeckelschnecke 161
Sumpfdeckelschnecken 160
Sumpfkrebs 534
Sumpfschnecken 259f.
Süßwasserlungenschnekken 257ff.
Süßwassermilben 477
Süßwassermoostierchen 594ff.
Süßwasserpolypen 51
Süßwasserschwamm 44f.
Sycon 40, 41*
Syllidae 336f.
Syllis 337
Symphyla 564
Synaema 462*, 464
Syngamus 125
Synoicum 610
Syphacia 124

Tachypodoiulus 558, 559*
Taenia 90*, 98f., 100ff.
Taeniarhynchus 99, 101
Talitridae 504f.
Talitrus 505
Talorchestia 505
Tanaidacea 514
Tanaissus 514
Tandonia 241*, 243
Tanganella 567*, 573
Tanymastix 484*, 485
Tapezierspinnen 395f.
Tapinesthis 404
Tarsonemidae 479
Tarsonemus 478*, 479
Taschenkrebs 539
Taubenzecke 479
Tegella 578*, 580
Tegenaria 392*, 440*, 442*f.
Teichmuscheln 281f.
Teichnapfschnecken 268
Tellerschnecken 262ff., 267
Tellinidae 273, 294ff.
Tellmuscheln 294ff.
Telorchis 95
Tenebrio 38
Tenellia 150, 155, 201, 202*
Tentaculifera 78f.
Teppichmuschel 291
Terebellida 351ff.
Terebellides 354*
Terebripora 576*, 577
Terebriporidae 577
Teredinidae 272, 303f.
Teredo 304*
Tergipes 154, 201, 202*
Testacea 35
Testacella 234
Tetragnatha 417*, 418*f.
Tetragnathidae 416ff.
Tetranychidae 479
Tetranychus 478*, 479
Tetrastemma 104*, 105
Tetrilus 439, 442*
Teuthoida 312ff.
Textrix 440*, 442*
Thalassinidea 534f.
Thanatus 461*
Tharyx 346
Thecatae 51, 57
Thelepus 352
Theodoxus 149, 151, 159, 160*
Theone 407
Theridiidae 406ff.
Theridion 393*, 407*, 410

Theridiosoma 437, 438*
Theridiosomatidae 437
Theromyzon 375*, 376
Thia 539
Thiidae 539
Thomisidae 462 ff.
Thomisus 391*, 462*, 463
Thoracica 496 f.
Thoralus 528*, 529
Thracia 273, 305, 306*
Thraciidae 305
Thyone 605*, 607
Thyonidium 607
Tiaropsis 68*, 69
Tibellus 461*
Tima 69*, 70
Tintenfisch 309
Titanoeca 399
Tmarus 462*, 463
Todarodes 315*
Todaropsis 315*
Tomopteridae 335
Tomopteris 335, 337*
Toxascaris 122
Toxocara 122
Toxoplasma 38
Toxoplasmose 38
Trachelipidae 523
Trachelipus 523, 524*
Trachelobdella 373
Trachylina 50, 71
Trachysphaera 552*
Trachysphaeridae 556
Travisia 349
Trematoda 80, 86 ff.
Triaenophorus 93
Tricca 446*, 447
Tricellaria 582*, 583
Trichia 146, 249*, 250 f.
Trichinella 132
Trichinen 132
Trichobranchidae 354
Trichoniscidae 521
Trichoniscus 521
Trichosomoides 132
Trichostrongyloidea 114, 124 f.
Trichostrongylus 126
Trichosyringida 112, 114 f., 130
Trichternetzspinnen 439 ff.
Trichuris 132, 133*
Trichuroidea 114 f., 130 f.
Tricladida 81 f.
Tridonta 284*
Trinchesia 155, 202*, 203*
Trinchesiidae 202
Triops 486, 487*
Triphora 156, 175*
Triphoridae 175
Tritonia 154, 197, 198*
Tritoniidae 197
Trivia 156, 179*
Triviidae 179
Trocheta 377*
Trochidae 157 f.
Trochochaeta 345*
Trochochaetidae 345
Trochoidea 247, 248*
Trochosa 446*, 449
Trochospongilla 44*
Trogmuscheln 297 ff.
Trogulidae 471 f.
Trogulus 471*, 472*
Trombidiidae 477
Trombidium 477
Trophonopsis 156, 181
Truncatellina 213, 215*
Trypetesa 497*
Tubifex 359 ff.
Tubificidae 365
Tubularia 53 f., 54*, 65*, 66
Tubulariidae 51, 63, 65
Tubulipora 592*, 593
Tubuliporidae 593
Tubuliporina 592 f.
Turbatrix 120
Turbellaria 80
Turboella 151, 172*, 173
Turbonilla 188, 189*
Turmdeckelschnecken 160
Turmschnecke 175
Turmschnecken 218 f.
Turridae 183
Turritella 157, 175*
Turritellidae 175
Tylenchida 112 f., 114*, 116
Typosyllis 337
Tyrophagus 478

Uloboridae 399 f.
Uloborus 390*, 399, 400*
Unciger 559*
Uncinais 360, 365
Unio 271, 280, 281*
Unionicola 477
Unionidae 280 ff.
Upogebia 535
Upogebiidae 534
Urnatella 106*, 107
Urogonimus 87*, 96
Urticina 75*, 76
Uteriporus 83*, 84

Valkeria 576*, 577
Valkeriidae 577
Vallonia 146, 216 f., 218*
Valloniidae 216 ff.
Valvata 149, 161, 162
Valvatidae 150, 162
Valvifera 517
Varroa 478*, 479
Varroidae 479
Vejdovskyella 364*
Velutina 178*, 179
Veneridae 273, 291 f.
Venerupis 291, 292*
Venusmuscheln 291 f.
Verruca 497
Verrucidae 496
Verticillina 62*
Vertiginidae 149, 208 ff.
Vertigo 148, 214, 215*
Vesiculariidae 575
Vestia 227
Victorella 567*, 573
Victorellidae 573
Vitrea 146, 232*, 233* f.
Vitrina 235, 236*
Vitrinidae 145, 235 f.

Vitrinobrachium 236
Viviparidae 160
Viviparus 150, 160, 161*
Vogelmilben 479
Vorderkiemer 157
Vorratsmilben 477
Vorticella 37*

Walckenaera 415*
Walddeckelschnecke 160
Wanzenspinne 464
Wasserassel 519
Wasserdeckelschnecken 167
Wasserflöhe 487ff.
Wasserfloh 489
Wasserjäger 450
Wasserkalb 134
Wasserspinne 444
Wattschnecken 169
Wattschwamm 43
Weberknechte 470ff.
Weberknechte, Echte 475
Webespinnen 386ff.
Wegschnecken 237ff.
Weinbergschnecken 256
Weizenälchen 118
Wendeltreppen 176
Wenigborster 358ff.
Wenigfüßer 563
Wimpertierchen 36f.
Windelschnecken 208ff., 214ff.
Winkelspinnen 442f.
Wolfsspinnen 446ff.
Wolfsspinnen, Eigentliche 448
Wollhandkrabbe 542f.
Wurmnacktschnecken 243
Wurzelfüßer 35f.
Wurzelgallenälchen 118
Wurzelkrebse 497f.
Wurzelmundquallen 49

Xanthidae 541
Xerobdella 372
Xerolycosa 446*, 448
Xestoiulus 561
Xestoleberis 491
Xiphinema 118
Xysticus 462*, 464

Zebraspinne 466
Zebrina 149, 218, 219*
Zehnarmer 309ff.
Zehnfüßer 309ff.
Zehnfußkrebse 525ff.
Zelotes 452*, 455
Zilla 422, 428*
Zirfaea 302*f.
Zitterspinnen 405
Zodariidae 406
Zodarion 389*, 405*, 406
Zonitidae 229ff.
Zonitoides 146, 229, 232*f.
Zora 395*, 450
Zoridae 450
Zweikiemer 307ff.
Zweischaler 486ff.
Zwergfüßer 564
Zwerghornschnecken 257
Zwergkalmar 314
Zwergkugler 553
Zwergsechsaugen 403f.
Zwiebelmuscheln 278f.
Zygiella 421*, 427, 428*
Zylinderrose 73
Zylinderwindelschnekken 213
Zypressenmoos 61

Abbildungsnachweis

Die Abbildungen wurden, sofern nicht anders vermerkt, nach Vorlagen der Autoren oder nach originalen Objekten von Herrn Hans-Jürgen Ehricht (die überwiegende Anzahl), Frau Brigitte Mehle (142/1 bis 158/5, 163/1 bis 165/5, 172/1 bis 204/4, 208/1, 220/1, 269/1 bis 279/4, 284/1–5, 288/1 bis 297/6, 306/5 bis 317/3) und Herrn Hans-Joachim Behrendt (567/1 bis 596/5) angefertigt. Nachstehende Abbildungen wurden in Anlehnung an folgende Quellen gezeichnet:
33/1, 34/1 Kükenthal-Renner (1982); 35/1,2 Kühn in Kästner (1954/55); 36/1,2 Kükenthal-Renner (1982); 37/1 Mackinnon u. Hawes in Kaestner (1980); 38/1–3 Kükenthal-Renner (1982); 41/2–5, 41A/3–4, 42/1–3, 42A/1 Arndt (1928); 44/1–7, 44A/1–7 Kükenthal u. Matthes (1953); 48/2 Krumbach (1930); 48/3 Riedl (1983); 48/4 Kükenthal u. Matthes (1953); 52/1–2, 52/5, 54/1–4, 54/7–8, 56/1–4, 56/6–9 Naumov (1960); 58/1–2 Riedl (1983); 58/3 Naumov (1960); 58/4 Broch (1928); 58/5–6 Riedl (1983); 59/1,3–5, 60/1–6, 61/1–4 Naumov (1960); 62/1 Broch (1928); 62/2–3 Naumov (1960); 62/5 Broch (1928); 62/6–7 Naumov (1960); 64/1 Broch (1928); 64/2–3, 65/1 Naumov (1960); 65/2 Broch (1928); 65/3 Russell (1939); 65/4, 66/1 Naumov (1960); 66/2 Russell (1953); 66/3 Naumov (1960); 66/4 Broch (1928); 68/1–3, 69/2–3 Naumov (1960); 69/4–5 Russell (1963); 71/1 Riedl (1983); 71A/1–3 Naumov (1960); 71A/4 Broch (1928); 73/3 Riedl (1983); 74A/1–2, 75/2,5 Campbell (1977); 78/3 Krumbach (1926); 83/1 Kükenthal u. Matthes (1949); 83/2,6 Dahm (1958); 83/3,14 Böhmig (1909); 83/4,11 Luther (1961); 83/5,9 Wilhelmi (1909); 83/7 Ball u. a. (1969); 83/8 Reynoldson (1967); 83/10 Bock (1925); 83/12 Reynoldson u. Bellamy (1970); 83/13 Reynoldson (1956); 86/1 Hyman (1939); 86/2 Keferstein (1968); 86/3 Quatrefages (1845); 86/4 Hyman (1941); 87/1 Kükenthal u. Matthes (1949); 87/2 Fiebiger (1947); 87/3,5,6 Lühe (1909); 87/4 Delphy (1935); 89/1 Lühe (1909); 90/1,2 Kükenthal u. Matthes (1949); 90/3,4 Wardle u. McLeod (1952); 90/5,6 Fiebiger (1947); 90/7,8 Lühe (1910); 104/1 Hyman (1951); 104/2 Hartwich (1981); 104/3 Reisinger (1926); 104/4 Wilfert u. Gibson (1974); 104/5 Bürger (1895); 104/6,7 Joubin (1894); 104/8,9 McIntosh (1873); 106/1–4 Cori (1930); 109/1,3 Weber (1898); 109/2 Bartoš (1959); 109/4 Jurczyk (1925); 110/1 Rudescu (1967); 110/2 Remane (1929); 111/1 Kaestner (1954/55); 113/1–3,6 Chitwood u. Chitwood (1950); 113/4,5 Mozgowoj (1951); 114/2 Šulc u. Gvozdev (1970); 114/3 Rauther (1930); 114/5 Törnquist (1931); 115/1–4 Šulc u. Gvozdev (1970); 115A/1 Šulc u. Gvozdev (1970); 115A/3 Ransom (1911); 115A/4 Jägerskiöld (1909); 117/1 Goffarth (1951); 117/2 Filipjev (1934); 117/3 Chitwood u. Chitwood (1950); 133/1–3 Heinze (1941); 134/1 Remane (1928); 135/1,3 Petročenko (1956); 135/2 Lühe (1911); 135/4 Travassos (1917); 139/1 Fischer (1925); 139/2 Théel (1906); 142/1 Nierstraß u. Hoffmann in Grimpe u. Wagler (1929); 143/1 Brohmer, Ehrmann, Ulmer (1933); 158/1–5, 163/1–4, 165/1–5, 172/1–8, 174/1–5, 175/1–7, 178/1–4, 179/1–4, 181/1–4, 183/1–4 Ziegelmeier (1966); 184/1–4, 185/1–3, 186/1–3, 187/1–4, 188/5, 192/1–3,

194A/2, 202/2, 204/2 Thompson u. Brown; 185/4–5, 188/1–4, 189/1–6, 191/1 Nordsieck (1972); 191/2, 317/1 Riedl (1963); 191/3 Sars (1878); 191/4 Hoffmann (1939); 192/4–5, 194A/1–3, 196/1–3, 197/1–3, 198/1–3, 199/1–3, 201/1–3, 202/1,3, 203/1–4, 204/1–3 Alder u. Hancock (1845–1855); 208/1, 220/1 Brohmer, Ehrmann, Ulmer (1933); 194/1,3, 269/1–3, 306/5 Jaeckel in Stresemann (1986); 274/1–2, 277/1,3, 278/1–3, 279/4, 284/1,4, 288/2–4, 289/1, 292/1–5, 293/1–4, 295/1–4, 302/4–5, 306A/2 Ziegelmeier (1962); 274/3–5, 277/2,4,5, 284/3,5, 288/1, 289/2–6, 297/1–6, 304/1–2, Jagnow u. Gosselck (1987); 298/1–4, 299/1–3, 300/1–4, 302/1–3, 304/1–2 van Benthem Jutting (1943); 306A/1,3–4 Tebble (1966); 310/1–3, 311/1–4, 313/1–4, 315/1–4, 316/1–2 Roper, Sweeney u. Nauen (1984); 317/2–3 Jatta (1896); 186/4 Hertling (1930); 160/1–3, 161/1–2, 162/1–4, 166/1–5, 170/1–3, 206/1–3, 207/1–5, 210/1–5, 213/1–5, 215/1–6, 218/1–5, 219/1–4, 222/1–6, 226/1–5, 228/1–3, 231/1–4, 232/1–5, 233/1–6, 236/1–4, 238/1–3, 241/1–6, 246/1–4, 248/1–4, 249A/1–2, 249/1–4, 253/1–5, 255/1–4, 257/1–4, 260/1–4, 261/1–3, 262/1–3, 264/1–5, 265/1–6, 267/1–5, 268/1–4, 281/1–4, 282/1–3, 283/1–2, 285/1–4, 286/1–3 Stocker (unveröffentlicht); 321/1,3,4 Théel (1905); 321/2 Selenka (1883); 322/1 Fischer (1925); 331/1 Fauvel (1923); 331/2 McIntosh (1908); 331/5 McIntosh (1910); 332/1–2,4 Hartmann-Schröder (1971); 332/3 Hempelmann (1931); 332/5 Hartmann-Schröder u. Stripp (1968); 333/1–2 Hartmann-Schröder (1971); 333/3 Fauvel (1923); 334/1,3 Fauvel (1923); 334/2 Hartmann-Schröder (1971); 334/4,5 Friedrich (1938); 334/6 Bick (1985); 336/1 Fauvel (1923); 336/2–3 Hartmann-Schröder (1971); 337/1,3–5 Ušakov (1955); 337/2 Friedrich (1938); 339/1,7,9 Hartmann-Schröder (1971); 339/2 McIntosh (1910); 339/3 Friedrich (1938); 339/4–5,8 Fauvel (1923); 339/6 Bick (1985); 342/1–4 Hartmann-Schröder (1971); 342/4 McIntosh (1915); 345/1 Hartmann-Schröder (1971); 345/2 Fauvel (1927); 345/3 Friedrich (1938); 345/4 Bick (1985); 346/1–2 Fauvel (1927); 346/3 Hartmann-Schröder (1971); 348/1–2 Ušakov (1955); 348/3–4 Hartmann-Schröder (1971); 350/1 Fauvel (1927); 350/2 Schlieper (1927); 350/3 Ušakov (1955); 350/4 Hartmann-Schröder (1971); 353/1–2 Ušakov (1955); 351/3 Hartmann-Schröder (1971); 351/4 Leunis (1886); 351/5 Friedrich (1938); 351/6 Hempelmann (1931); 351/7 Pierantoni (1908); 354/1,3 Hartmann-Schröder (1971); 354/2 Fauvel (1927); 356/1–2 Hartmann-Schröder (1971); 356/3 Fauvel (1927); 356/4 Blick (1985); 356/5–6 Remane (1932); 360/1,4–5 Wesenberg-Lund (1939); 360/2 Michaelsen (1927); 360,3, 362/1–5, 364/1,3–5 Michaelsen (1909); 364/2 Ude (1929); 368/1–4 Michaelsen (1909); 373/1 Lukin (1976); 373/2,4 Pawłowski (1936); 373/3 Herter (1968); 374/1–2 Johansson (1929); 374/3–4 Autrum (1959); 375/1,3,5,7 Johansson (1929); 375/2 Pawłowski (1936); 375/4,6 Autrum (1936); 376/1 Lukin (1976); 377/1 Autrum (1936); 377/2–3 Lukin (1976); 382/1 Brohmer (1977); 382/2 Heymons (1935); 300/1 Brohmer (1977); 300/2 Ramazzotti (1972); 300/3 Richters (1929); 387/1–2 Kaston (1953); 387/3 Locket u. Millidge (1951); 388/1 Bristowe (1958); 388/2 Wiehle (1953); 388/3, 388A/2,4 Bristowe (1958); 389/2,3 Bristowe (1958); 389/4 Wiehle (1953); 390/1–4 Bristowe (1958); 391/1–2 Brohmer (1977); 391A/1 Crome (1954); 391A/2 Wiehle (1953); 392/2,3–4 Bristowe (1958); 393/1–2 Locket u. Millidge (1951); 393/3 Bristowe (1958); 394/1–2 Dahl (1926); 394/4–5 Wiehle (1931); 395/1–4,6 Bristowe (1958); 396/2 Wiehle (1953); 396/3 v. Broen (1965); 396/4–5 Kraus u. Baur (1974); 398/4 Bristowe (1958); 400/1 Wiehle

(1953); 400/2 MacCook (1889); 400/3 Locket u. Millidge (1951); 400/5, 401/1–2 Wiehle (1953); 401/3 Locket u. Millidge (1951); 401/4 Wiehle (1953); 402/2 Miller (1971); 403/1–3 Wiehle (1953); 405/1 Bristowe (1958); 405/2 Moritz (1973); 405/3 Wiehle (1953); 407/1–2 Wiehle (1937); 407/3 Locket u. Millidge (1953); 407/4 Bristowe (1958); 407/5 Miller (1963); 407/7 Locket u. Millidge (1953); 407/9 Heimer (1980); 407/10 Wiehle (1937); 409/2,4–5 Wiehle (1937); 413/2,4,8 Wiehle (1937); 415/2 Wiehle (1953); 415/3–4 Bristowe (1958); 417/1–2 Crome (1970); 417/3–4 Levi (1981); 418/6–7 Crome (1954); 421/1 Nielsen (1932); 421/2–3 Wiehle (1931); 421/4 Crome (1955); 421/8–9, 424/3 Wiehle (1931); 427/1–2 Crome (1970); 427/5–6 Wiehle (1931); 428/1–3, 429/1 Wiehle (1931); 429/5 Crome (1970); 429/8 Wiehle (1931); 433/6–7 Wiehle (1963); 434/3–5 Wiehle (1931); 438/1–2,4 Wiehle (1931); 438/3 Bristowe (1958); 440/3–4 Crome (1970); 442/10 Loksa (1969); 442/11 Roberts (1985); 445/1,4 Bristowe (1958); 452/3 Grimm (1985); 452/7 Crome (1970); 452/8 Wunderlich (1979); 453/5,8 Grimm (1985); 453/4–5,6 Bristowe (1958); 459/6 Locket u. Millidge (1951); 459/5 Reimoser (1937); 461/2–3 Dondale u. Redner (1978); 462/1 Locket u. Millidge (1951); 462/2 Crome (1970); 462/8,11–12 Crome (1962); 465/2–3 Locket u. Millidge (1951); 467/1 Beier (1941); 467/2 Weygoldt (1966); 467/3 Brohmer (1977); 469/1–2 Brohmer (1977); 470/1 Kaestner (1928); 470/2 Brohmer (1977); 471/1–2 Spoek (1963); 472/1–3 Martens (1978); 473/1 Spoek (1963); 473/2 Martens (1978); 475/1 Kaestner (1928); 475/2 Spoek (1963); 475/3 Martens (1978); 476/1 Brohmer (1977); 476/2 Dahl (1926); 476/3, 477/1 Vitzthum (1931); 477/2 Berlese (1896); 477/3 Brohmer (1977); 478/1–2 Vitzthum (1931); 478/3 Türk u. Türk (1957); 478A/1,4 Brohmer (1977); 478A/2 Pritchard u. Baker (1955); 478A/3 Hirschmann (1980); 479/1,3 Hirst (1922); 479/2 Vitzthum (1931); 480/1,3 Hirst (1922); 480/2 Brohmer (1977); 483/1–4, 484/1–6, 484A/1–6, 487/1–6 Wagler (1937); 488/1–3, 490/1–6 Flössner (1972) u. Wagler (1937); 491/1–2, 492/6–8, 494/1–4 Wagler (1937); 496/1–4 Nilsson-Cantell (1978); 497/1–4 Høeg u. Lützen (1985); 499/1 Wagler (1937); 500/1, 501/1–10 Tattersall (1951); 505/1–3, 506/1–3, 507/1, 508/1–5, 510/1–2, 511/1–4 Lincoln (1979) u. Schellenberg (1942); 512/1–2 Jones (1976) u. Sars (1900); 514/1–2 Sars (1896); 516/1–4, 517/1–6, 518/1–2 Gruner (1966); 528/1–3, 530/1–3, 531/1–2, 535/1–4 Holthuis (1950); 538/1–3 Christiansen (1969) u. Ingle (1983); 540/1–5, 542/1–3 Christiansen (1969); 545A/1,3–4, 545/3, 548/8, 549/1–3, 550/1–3 Eason (1964); 546/3, 548/1–7 Kaczmarek (1979); 545/1–2, 546/1–2, 545A/2, 562/3 Stresemann (1976); 552/1–3, 552A/1, 553/1–4, 554/1–4, 555/1–4, 555A/1–3, 557/1–2, 559/2, 559/4, 561/2, 562/1–2 Schubart (1934); 552/1, 559/1, 559/3, 560/1–4, 561/1 Blower (1985); 564/1 Edwards (1959); 564/2 Kaestner (1959); 564/3 Verhoeff (1934); 567/1–2 Cori (1939); 567/3–4, 595/1,3–5, 596/1–3 Mundy (1980); 567/5,8, 575/5, 576/2–4, 584/2, 585/1–2, 587/2 Prenant u. Bobin (1956); 567/6, 595/2 Hoc (1963); 567/7, 575/1,3–4,6, 576/7, 582/5–6,8, 584/5, 585/3,5, 587/3,5, 589/3, 592/2,4 Kluge (1962); 575/2, 576/1,6,8, 578/4,7,9, 582/3, 587/1,6,8, 589/1–2,8, 592/1,5–10, 595/2, 596/2–3,5 Borg (1930); 576/5 Remane (1936); 578/1–3,5–6,8,10, 582/1–2,4,7–9, 584/1,3–4, 585/4 Ryland u. Hayward (1977); 587/4,7, 589/4–7 Hayward u. Ryland (1979); 592/3 Jebram (1969); 600/1–5, 602/1–4, 604/1–6, 605/1–6 Lieberkind (1928); 609/1–2 Bückmann (1930); 611/1–4, 612/1–4, 613/1–5 Lützen (1967) u. Michaelsen (1930).

Verzeichnis der Abkürzungen und Zeichen

A	Anfang, z. B. A III = Anfang März
Afr, afr	Afrika, afrikanisch
Alp, alp	Alpen, alpin
Am, am	Amerika, amerikanisch
Arkt, arkt	Arktis, arktisch
As, as	Asien, asiatisch
atl	atlantisch
Atl	Atlantik, Atlantischer Ozean
Austr, austr	Australien, australisch
B.	Biologie
bes.	besonders
Br, br	Breite, breit
Brit. Ins.	Britische Inseln
ca.	zirka
E	Ende, z. B. E III = Ende März
Entw, entw	Entwicklung, entwickelt
Eur, eur	Europa, europäisch
folg. Art	folgende Art

G.	Gestaltung
Geb	Gebirge
Gld	Glied
Gldmaßen	Gliedmaßen
H	Hinter-
Hlb	Hinterleib, Abdomen
H, h	Höhe, hoch
holarkt	holarktisch
Hü	Hüfte
J	Jahr
Jap. Ins.	Japanische Inseln
Kf	Kiefer
Kosm, kosm	Kosmoplit, kosmopolitisch
L.	Lebensstätte
Laubw	Laubwald
Lg, lg	Länge, lang
M	Mitte, z. B. M III = Mitte März
M-	Mittel-, Zentral-
Mdg	Mündung
medit	mediterran
M-Geb	Mittelgebirge
min	Minuten